石 峡 遗 址

——1973～1978年考古发掘报告

上册

广东省文物考古研究所
广东省博物馆 编著
广东省韶关市曲江区博物馆

文物出版社

北京 · 2014

封面设计　周小玮

责任印制　张道奇

责任编辑　肖大桂　窦旭耀

图书在版编目（CIP）数据

石峡遗址：1973～1978年考古发掘报告/广东省文物考古
研究所，广东省博物馆，广东省韶关市曲江区博物馆编著.
—北京：文物出版社，2014.9
ISBN　978-7-5010-3930-2

Ⅰ.石…　Ⅱ.①广…②广…③广…　Ⅲ.①文化遗址－发掘
报告－韶关市－1973～1978　Ⅳ.K878.05

中国版本图书馆CIP数据核字（2013）第298902号

·

石　峡　遗　址

1973～1978年考古发掘报告

广 东 省 文 物 考 古 研 究 所
广 东 省 博 物 馆 编著
广东省韶关市曲江区博物馆

*

文 物 出 版 社 出 版 发 行

北京市东直门内北小街2号楼

邮政编码：100007

http://www.wenwu.com

E-mail：web@wenwu.com

北京燕泰美术制版印刷有限责任公司印刷

新 华 书 店 经 销

889×1194　1/16　印张：61　插页：1

2014年9月第1版　2014年9月第1次印刷

ISBN　978-7-5010-3930-2　定价：580.00元（上下册）

序

严文明

学术界期望已久的石峡报告就要出版了，它是石峡考古的一个总结，是华南考古的重要收获。

所谓石峡，是指两座岩石山之间的峡谷地带。这两座岩石山连起来像一头雄狮，所以又称为狮子岩，或者分别称为狮头岩和狮尾岩。在前者的岩壁上有商承祚先生题写的"狮头岩"三个大字。在题壁的旁边有一个石灰岩洞，著名的马坝人就是在这个洞穴里挖出来的。我在多年以前曾经爬到这个洞穴里看过，发现有一些新石器时代和青铜时代的陶片，说明那时的人也熟悉这个洞穴。但他们不像旧石器时代的人只会狩猎和采集食物，也不会盖房，只好住在山洞里。他们则要从事种田养猪等生业，还要建立村舍，主要活动的地方就移到了狮子岩的腰部，也就是称为石峡的地方，那里有适合建村盖房的小块平地。

石峡这个遗址从新石器时代到青铜时代都有人居住，东周以后就长期废弃并开辟为农田。年长日久，在耕土层下逐渐形成了一个坚硬的铁锰淋滤层。这一层硬面的作用很大，可以防止水田渗漏，又保护了下面的文化层。

石峡的文化遗存可以分为四大期。第一期文化的陶器多圜底釜罐和圈足盘，釜罐上多施绳纹直至领部，圈足盘则施镂孔和刻划纹等，未见彩陶，与珠江三角洲的草堂湾等遗址的陶器比较接近，两地之间应该有一定的文化关系。年代估计距今五千多年。

第二期文化即石峡文化，资料丰富，本身又可以分为三小期。陶器的总体特点是多圜底器、圈足器和三足器，形制复杂多样，就中以各种型式的三足盘和圈足盘最富特征。子母口和器盖特别发达。以素面为多，还有绳纹、刻划纹、镂孔和几何形印纹等。石器中最富特征的是弓背形石镬，样子有点像十字镐，是专门挖土的工具。还有大量的石锛（包括有段石锛和有肩石锛）和石镬。这类遗存广泛分布于粤北地区，以北江上游为主，东到东江上游的和平，西到西江流域的封开，都有石峡文化的分布，其中心则是石峡遗址。从文化内容看，跟江西赣江流域的樊城堆文化有非常密切的关系，也受到良渚文化的一些影响。跟珠江三角洲虽有一些关系但不甚密切，可能是与两地经济形态不同有关。石峡文化本身又可以分为三期，前后相互衔接，基本上没有缺环。本期文化的年代，据^{14}C测定大约在距今四千三四百年到四千七八百年之间。

本期文化遗存的重要还在于发现了成组的居址和墓葬。三面盖房，中间建墓地的布局，提供了华南地区新石器时代聚落形态的一种模式。从墓葬的分化还可以看出粤北地区走上文明化的进程很接近长江流域。

第三期文化资料也比较丰富，而且可以划分为若干小期。报告将其分为前、后两组，第二组又分为前段墓、居址和后段墓，年代大致相当于夏商时期。

第四期文化遗存较少，夔纹陶发达，有少量原始青瓷器，还有少量青铜器如钺、矛、镞、锥等。年代大致在西周晚期到春秋早期。

石峡遗址的四期文化及各期文化的分段与分组，第一次给粤北地区建立了一个比较细致的考古学年代标尺，相当于提出了一个颇为详细的年表。各期段之间虽然还有某些缺环，但发展脉络仍然十分清楚。这在华南地区的考古遗址中是少见的。

石峡遗址的文化内容既具有自身的明显特点，又与长江流域和珠江三角洲有不同程度的联系。如果将各期段的文化遗存同周邻地区的相关文化进行比较，便可发现有一个逐渐接近和趋同的现象。第一期文化仅跟珠江三角洲地区的草堂湾等少数遗址有一些相似之处。第二期文化即石峡文化不但有较大的分布范围，而且与南岭以北的樊城堆文化有非常密切的关系。与江浙地区的良渚文化和珠江三角洲地区的同期文化也有一定的联系。第三期文化同珠江三角洲和东江流域的同期文化都有比较密切的关系，同江西的吴城文化等也多有联系。第四期文化几乎分布于广东全境，应该是南越先民的文化，同古称百越地区的诸多文化也有相当的联系。几千年间，各地文化的联系和交流逐渐加强，甚至逐渐走向融合的过程可以看得非常清楚。

以上发现自然是非常重要的。所以在发掘结束之后不久，苏秉琦先生就亲自到工地研究那些资料，发表了《石峡文化初论》，指出石峡遗址的发现，"为我们进一步探索岭南地区从原始社会到秦汉以前的社会文化的发展找到了一把重要的钥匙，还为我们探索这一地区社会发展诸阶段与我国其他诸文化发达地区之间的关系找到了一个重要的环节。不言而喻，它也是我们进一步探索我国与东南亚各国人民自古以来相互关系的一个出发点"①。

石峡资料的整理花费了比较长的时间。这是因为资料都是新的，又很丰富。要正确认识需要有一个逐步消化的过程。还不要忘记发掘的时候正值"文化大革命"的后期和刚结束的时候，能够进行考古发掘就不容易了，发掘的质量自然会受到影响，整理起来就比较费事。后来因为各种原因，使整理工作不得不时断时续。现在这些条件都已大为改善，可作比较的资料也多了起来。两位当年参加和主持发掘的业务掌门人杨式挺和朱非素都很热心和执着，虽然年事已高，仍毅然担任了发掘报告的编写任务。两位是我先后的同学，都有丰富的田野考古经验和研究能力。特别是朱非素，在健康欠佳的情况下一直坚持工作，一人到曲江库房整理那已积满尘垢的资料，报告的大部分任务都落在了她的肩上，令人十分感动。相信石峡报告的出版将是对华南考古的一大贡献。谨书数言，以表示对他们由衷的感谢。

①苏秉琦：《石峡文化初论》，《文物》1978年7期。

目　　录

插图目录

彩版目录

图版目录

第一章 前言

第一节 遗址的地理位置及环境

曲江县位于广东省北部，北江中上游。东界始兴，东南临翁源，南连英德，西接乳源，西北与乐昌毗邻，北邻仁化及南雄，为粤北蟠结之地。《通典》载："韶州，春秋、战国时，皆楚地。秦属南海郡。二汉属桂阳郡。吴分置始兴郡，晋因之。宋改为广兴郡。齐又为始兴郡。大唐置韶州，或为始兴郡。领县六：始兴、曲江、仁北、浈昌、翁源、乐昌。"[1]《元和郡县图志》："韶州，秦南海郡地，汉分置桂阳郡，今州即桂阳郡之曲江县也。后汉置始兴都尉，今州即都尉所部。吴甘露元年初，立为始兴郡。梁承圣中，萧勃据岭南，于此置东衡州，隋开皇九年平陈，改东衡州为韶州，取州北韶石为名。十一年废入广州……贞观元年改为韶州，复旧名也。"又曰："曲江县，本汉旧县也，属桂阳郡。江流迴曲，因以为名。吴置始兴郡，县属焉。隋置韶州，县属不改。皇朝因之。"[2]

《广东通志》卷三：郡县沿革表一记载："韶州府为禹贡扬州之域。春秋属越，战国属楚，秦为南海郡地，汉初属南越。武帝平南越属桂阳郡。后汉置始兴都尉。三国吴甘露元年始分桂阳南部置始兴郡，治曲江。晋因之。宋泰豫元年改为广兴郡。齐复曰始兴郡。梁承圣中于郡置东衡州。隋开皇九年平陈，郡废改东衡州曰韶州。十一年州废入广州。十二年移广州来治。开皇末广州还治南海。大业初，属南海郡。唐武德四年，置番州。寻改曰东衡州。贞观元年复曰韶州。天宝初，复曰始兴郡。乾元初，复曰韶州，属岭南道。五代属南汉。宋亦曰韶州始兴郡，属广南东道。元至元十五年置韶州路总管府，属广东道。明洪武初，改韶州府，属广州布政使司。本朝（清代）因之，属广东省，领县六。"[3]历代曲浯江县治均在韶关城。源自江西省信丰县石溪湾的浈水与来自湖南省临武县三峰岭的武水，在韶关城汇合成北江，南流至三水县思贤 与西江相通，进入珠江三角洲河网区。"浈水，在县东一里。元鼎五年（公元前112年）征南越，楼船将军下横浦，入浈水，即此水"[4]。《古今图书集成》韶州府志山川考："浈水：即郡城东河，源大庾岭，经乌迳入保昌县，南流至郡城与武水合。汉征南粤，楼船将军浈水即此。""武水，即郡城西河。源出郴州临武县，经宜章，南流入乐昌，又流百里经府治西南与浈水合，古名虎溪，唐改今名"[5]。

[1] 《通典》（王文锦等点校本），卷一百八十四《州郡十四·古南越》，中华书局，1988年。

[2] 《元和郡县图志》（贺次君点校本）卷三十四《岭南道一》，中华书局，1983年。

[3] 《（道光二年）广东通志》卷二《郡县沿革表一》，上海古籍出版社，1988年。

[4] 《元和郡县图志》（贺次君点校本）卷三十四《岭南道一》，中华书局，1983年。

[5] 《古今图书集成》第一千三百十五卷：《韶州府志山川考》，中华书局，巴蜀书社，1985年。

大庾岭（梅岭）和摺岭均有关隘，南北可通山路。自古以来，曲江县就是粤北连接赣、湘等长江流域地区的天然水陆通道。"府唇齿江湘，咽喉交广，据五岭之口，当百粤之冲，且地大物繁，江山秀丽，诚岭南之雄郡也"[1]。曲江县城原址韶关市城区，1966年2月迁到马坝镇，位于曲江县中南部，北距韶关市15公里。2004年改为韶关市曲江区。马坝镇是京广铁路与京珠高速公路、广韶公路的重要枢纽。铁路和公路紧贴城东而过，狮子岩伏卧西南，马鞍山雄居城北。地形东北高西南低，三面环山，西面平坦，为一处开阔的山间盆地。由曹溪、算溪二水汇合而成的马坝河，东西向流至白土镇后注入北江干流。马坝河两岸分布着连绵起伏，海拔高度在50至80米不等的岗丘。

石峡遗址位于马坝河南约1.5公里，西南距马坝镇约2.5公里，地理坐标东经113°35′，北纬24°41′。遗址坐落在北面的狮头岩（海拔高度120米）与南面的狮尾岩（海拔高度205米）两座石灰岩孤山之间的山腰峡地，俗称石峡。遗址南面紧靠狮尾岩北麓，地势较高，向北倾斜连接至狮头岩南麓，东西两面向外倾斜延伸，早已辟为农田。狮尾山南麓有一处终年涌动的泉眼。遗址海拔高度62米，面积3万平方米（图一；图版一：1、2，彩版一、二）。

第二节　发掘经过

自1958年举世闻名的"马坝人"化石发现以来，文博专业人员多次在马坝河沿岸进行考古调查，并在曹溪、算溪沿岸山冈和南华寺、东华围、圆墩岭、马鞍山、矮音洞、摇松顶、水阁岭、泥岭、矮石洞、仰天堂、黄泥岗、塔脚下、狮子岩等处，发现了数十处旧石器时代、新石器时代、青铜器时代以及历史时期的遗址和墓葬，采集到一大批各个时代的文化遗物。石峡遗址的发现，是这一系列考古调查工作的必然结果。

1972年冬，曲江县文化馆干部黄志高、刘成德在石峡梯田里发现陶片、石器和红烧土，并将这一情况上报广东省的文化主管部门。1973年1月11日至18日，广东省博物馆派人前往调查。通过地表踏查、观察田埂断面以及钻探地层，探明石峡遗址的分布范围约3万平方米。为弄清遗址的地层堆积和文化内涵，广东省博物馆的调查人员曾试掘了面积为8平方米的探沟1条（T1）。

1973年11月15日至12月30日，广东省文化局委托省博物馆在石峡遗址举办全省文物考古人员培训班。省博物馆派黄玉质（负责人）、彭如策、杨式挺、邱立诚、杨少祥等业务人员进行培训和指导发掘。参加第一次培训班的有来自韶关、惠阳、梅县、汕头、佛山、江门、湛江、肇庆等地区以及海南行署的学员。在发掘区北面开4米×6米探方1个（T2），中部及东部开5米×10米探方3个（T3～T5）。经过近一个半月的发掘，在揭露的176平方米面积内发现了不同时期的文化堆积，以及灰坑、柱洞、灶坑和红烧土等，出土了一批石器和陶器。最突出的是发现了5座墓葬，包括1座以石块围圹的一次葬浅穴墓和4座二次葬用火烧烤深穴墓。二次葬墓中有一次葬迁来和二次葬时放置的两套随葬品，随葬的陶器和石器多为广东乃至岭南地区前所未见的文化遗存，显示了石峡遗址的重要性，为继续发掘提供了可靠依据。

在第一次发掘的基础上，1974年3月12日广东省博物馆向广东省文化局提交了曲江马坝石峡遗

---

[1] 顾祖禹：《读史方舆纪要》卷一百二韶州条。

北

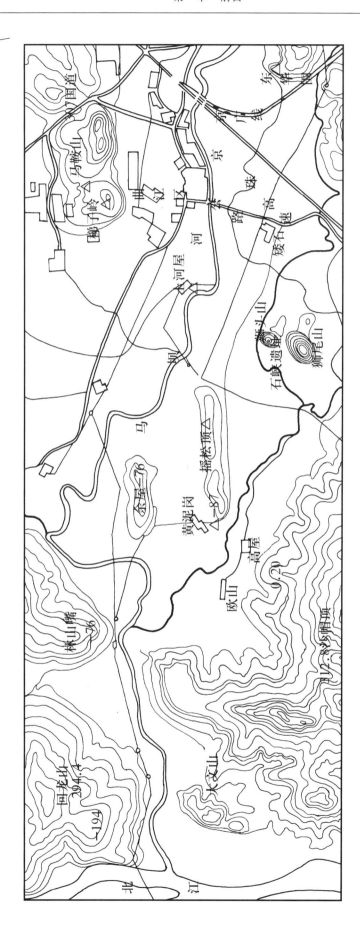

图一　石峡遗址位置图

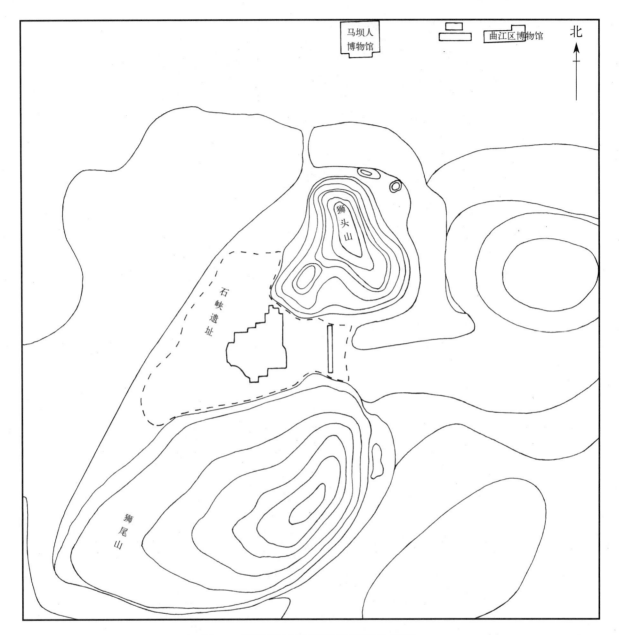

图二　石峡遗址地形及发掘区位置图

址第二期发掘工作计划，并向省民政厅申请减免准备征用发掘5亩地的公购粮指标，获得了批准。

1975年7月1日，广东省文化局发出《关于举办文物培训班的通知》（粤文化〈75〉38号）。决定在1975年7月15日至8月30日间，在马坝举办第二期文物考古培训班，学员共81人。其中梅县6人、惠阳8人、汕头10人、韶关9人、佛山11人、肇庆8人、湛江11人、海南行政区8人、海南黎族苗族自治州8人和广州市2人（番禺、新丰）。在国家文物局的支持下，由广东省文化局直接领导和业务人员具体负责以及来自全省学员和民工100多人对一个遗址进行发掘，在广东省的考古发掘史上是史无前例的。截止1975年底，共揭露遗址面积1200平方米，清理墓葬78座，出土不同时期的遗物共约1800多件（图版二：1）。培训班结束后，广东省博物馆发掘组人员继续进行田野发掘，并投入力量进行出土器物的修复和发掘资料的整理工作。

1975年11月，中国社会科学院考古研究所研究员苏秉琦应邀来粤指导工作。在广东省文管会副主任、中山大学教授商承祚与暨南大学历史系教授丘陶常等人陪同下来到马坝石峡（图版二，2），苏先生与发掘组人员共同进行器物的观察排比和研究，时间长达一个多月。期间苏先生还考察了曲江县龙归乡的葡勺岭遗址、始兴县城南的玲珑岩、中镇村和澄陂村遗址，写下了一份6000多字的《1975年马坝石峡发掘工作的主要收获》手搞，并据此撰写了《石峡文化初探》一文。

1977年6月15日，《人民日报》发表了题为《广东曲江发现新石器时代的石峡文化》的报道。这是"石峡文化"这一考古学文化名称首次见诸报端，引起了考古界的关注。石峡发掘小组编写的《广东曲江石峡墓葬发掘简报》发表于《文物》1978年第7期。

石峡遗址崭新而丰富的资料，引起了文物考古工作者对它作进一步了解、发掘的要求和热情。1977年9～10月间，广东省博物馆再次向广东省文化局呈报《关于继续在马坝举办文物训练班的报告》。在国家文物局的重视和支持（拨款3万元）下，广东省文化局发出在马坝公社举办广东省文物考古训练班的通知，决定在1977年12月20日至1978年1月30日办班和发掘，广东省博物馆派有关人员带领35位学员再次对石峡遗址进行发掘。培训工作结束之后，以广东省博物馆文物工作队人员为主，包括韶关市文化局、曲江县文化局有关人员共同组成的发掘组，继续对遗址进行了小规模发掘和室内整理工作。

自1973年至1978年底的三次发掘，共计开探方136个，揭露面积3666平方米（图二），出土各类文化遗物一万多件，清理墓葬132座，出土各类随葬品2565件；并发现大量的灰坑、柱洞、窑址、灶坑、红烧土、房址等文化遗存，为研究广东新石器时代至青铜器时代的内涵、特征、年代、分期及其与有关文化的关系，探索我国原始社会的解体和阶段性的发展过程等社会历史问题，提供了极为重要的、典型的实物资料。

1973～1978年期间先后参加石峡遗址发掘的人员达300多人次。先后参加的主要业务人员有广东省博物馆的黄玉质、彭如策、杨式挺、朱非素、曹子钧、邱立诚、古运泉和杨少祥，曲江县文化局的刘成德，原海南琼山县文化局陈波，中山大学历史系考古教研室韦贵耀，韶关市文化部门的罗耀辉、刘解中、毛根能、禤细贤、刘少琴、杜赛辉。此外中山大学人类学系、华南师范学院历史系和暨南大学历史系的部分师生，也通过参加遗址的发掘工作进行考古实习。

第二章 地层堆积与文化分期

第一节 地层堆积

　　发掘资料表明，石峡遗址自上而下包括五个不同时期的堆积。其中第①层为近现代农耕层，厚度一般为25厘米左右，这一层下普遍存在一层（个别探方有两层）厚4～6厘米的铁锰淋滤层（该层呈赤铁色，胶结坚硬，基本呈水平状态分布，内含极少文化遗物）。铁锰淋滤层之下为春秋至新石器时代的地层堆积和人类活动遗迹。由于石峡遗址的地层关系非常复杂，参加发掘人员水平不一和缺乏统一的发掘策划等原因，导致发掘过程中对遗址地层的划分和记录上比较粗糙、模糊。特别是没能明确辨识出田野工作中标号为遗址第③层的文化堆积实际上包含了时间不同、性质相异的两种文化堆积。在1979～1980年对石峡遗址发掘资料进行初步整理时，研究者发现遗物特征显示部分探方第③层实际上包含了性质不同的两类文化遗物，提出第③层可能可以划分

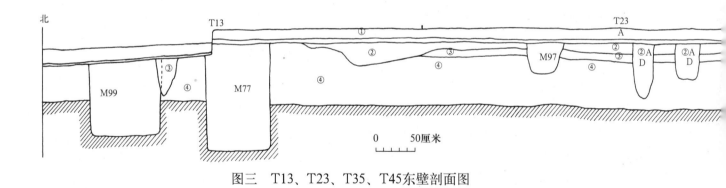

图三　T13、T23、T35、T45东壁剖面图

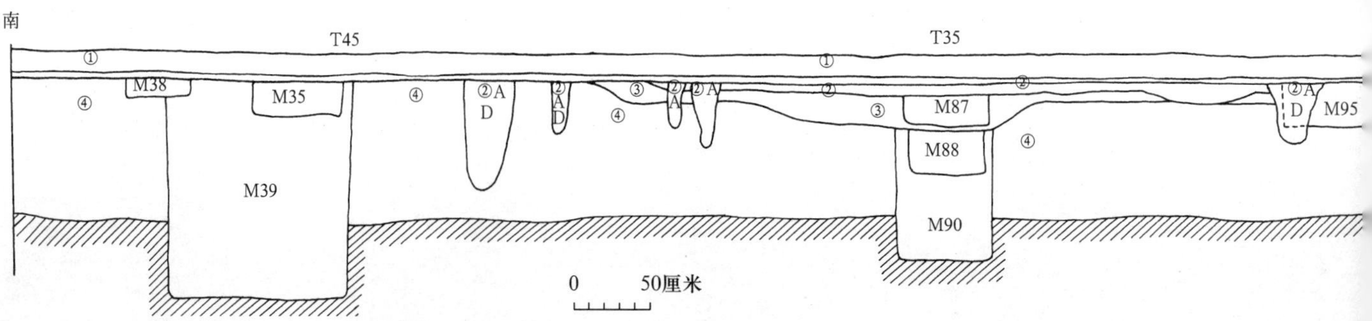

图四　T13、T23、T35、T45西壁剖面图

成不同的堆积层次的想法，这一认识在1985年秋发掘遗址东区（材料另发）时得到了明确的地层证实。根据1985年发掘资料的地层关系，报告整理者重新核对了石峡遗址历次考古发掘的各类原始记录，发现部分探方的第③层确实可以区分为两层文化堆积。现选择部分具有典型性的探方剖面，介绍遗址的地层堆积情况如下：

1.T13～T23～T35～T45东壁剖面（图三、四）

第①层　耕土层。厚14～20厘米，出土少量文化遗物和现代瓷片、杂物等。耕土层下普遍叠压一层厚5～8厘米的铁猛淋滤层（淋滤层中可见极少量石峡第四期和第三期文化遗物），其下可见发现较多的柱洞和少量墓葬（如M77、M97、M99）。柱洞的填土中包含石峡第三期文化的陶片以及夔纹、菱格纹、勾连云雷纹、粗方格纹、云雷粗方格等组合纹饰的硬陶罐、直沿和折腹矮圈足豆等石峡第四期文化遗物。

第②层　石峡第三期文化层。厚7～28厘米，灰褐色土，土质松软，夹杂较多灰土和红烧土屑。该层出土夹砂陶罐、陶器座、尊、弦纹细把豆、圈足盘等，常见陶片花纹曲折纹、复线长方格纹、双线方格纹、重圈纹、云雷纹和少量细绳纹、刻划纹等。开口于第2层下的遗迹多为墓葬，如M41、M42、M78、M92等。

第③层　石峡第二期文化层。厚2～60厘米，褐色土，出土少量石器、残碎陶片。

第④层　石峡第一期文化层。厚46～84厘米，红褐色土，土质坚实，夹杂少量灰土和红烧土。

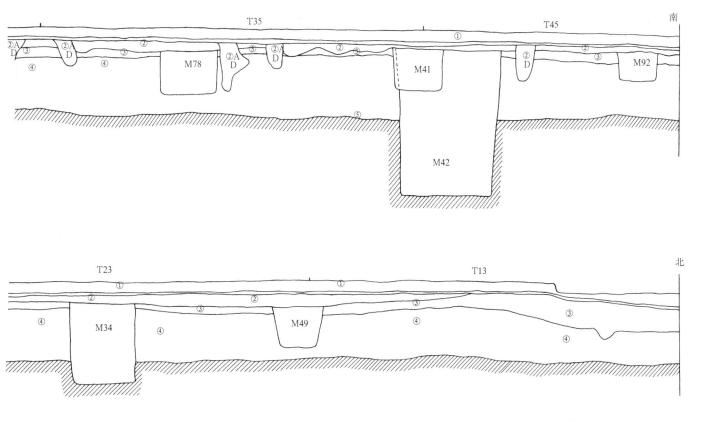

层内包含的遗物不多，仅见少量绳纹、刻划纹和刺点纹陶质釜罐残片。

2.T21西壁剖面（图五）

第①层　耕土层。厚12～22厘米，其下叠压着厚薄不匀的铁锰淋滤层。

第②层　石峡第四期文化层。厚22厘米，灰黑色土，土质松软，杂有红烧土碎粒。层内包含遗物较丰富，主要为石峡四期几何纹硬陶罐、盘、折腹豆、直沿豆、罐、器盖残片，器表纹饰有夔纹、粗方格纹、凸方块纹、云雷方格组合纹等。该层下开口的遗迹可见石峡第三期文化墓葬M58。

第③层　石峡第三期文化层。厚7～22厘米，灰褐色土，土质松软，出土夹砂釜、器座、罐、弦纹细把豆和曲折纹、复线长方格纹、曲折纹、重叠曲折纹、重圈纹、网结纹、绳纹等纹饰的陶器残片。这一层下开口的遗迹有H50和M48、M59。

第④层　石峡第一期文化层。厚56～72厘米，红褐色土，土质黏实，层内出土遗物少，可见细绳纹、刻划纹陶片等。

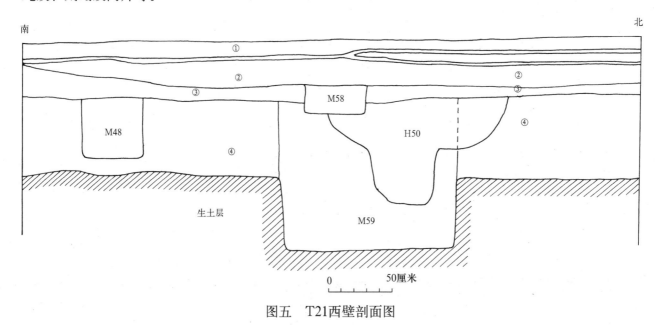

图五　T21西壁剖面图

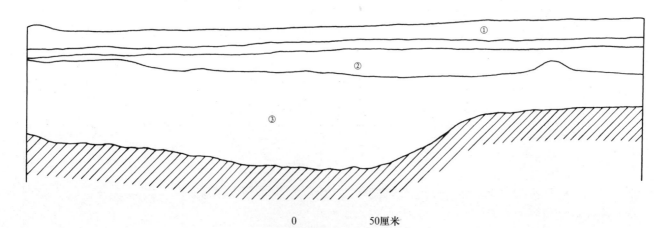

图六　T42南壁剖面图

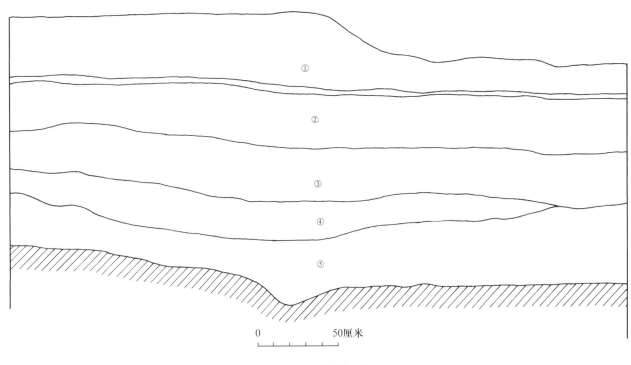

图七　T7C西壁剖面图

3.T42南壁剖面图（图六）

第①层　耕土层。厚14～20厘米，土色灰黄，松软，其下是一层厚4厘米铁锰淋滤层。淋滤层下开口的遗迹为一定数量的柱洞，柱洞内填土中包含复线长方格纹、曲折纹尊、罐和弦纹细把豆残片等。

第②层　石峡第二期文化层。厚4～56厘米，褐色土，较硬。该层出土遗物可见釜形鼎、盘形鼎、夹砂盖豆、瓦形足三足盘、圈足盘和陶罐残片等。

第③层　石峡第一期文化层。厚20～70厘米，红褐土，质硬。层内遗物甚少，主要为饰绳纹、刻划纹、刻划小圈点纹的陶片。

4.T7C西壁剖面图（图七）

第①层　耕土层。厚20～48厘米，由南向北倾斜，其北端已出露狮头山麓的巨大石块。层内包含物主要为近代瓦片、瓷片等。该层下同样叠压着较薄的铁锰淋滤层。

第②层　石峡第四期文化层。厚24～34厘米，灰黑色土，松软。该层为出土梯形锛、砺石、打制石器和陶纺轮、青铜镞残片。陶器包括夔纹方格组合纹、云雷方格组合纹、凸方块纹、粗方格纹、菱形纹的陶罐、原始瓷豆、陶豆等的残片。

第③层　石峡第三期文化层。厚30～36厘米，灰褐色土，土质松软，夹杂较多的红烧土块。出土石器、纺轮和罐、尊、弦纹细把豆、盂、夹砂陶器座等器物残片，其中泥质陶的纹饰有中、细方格纹、长方格纹、复线长方格纹、双线方格纹、双线方格凸点纹、曲折复线长方格组合纹、云雷纹；夹砂陶器常装饰曲折纹、粗绳纹。

第④层　石峡第二期文化层。厚10～24厘米，褐色土，较硬。出土石球、有肩石斧、石镞、砺

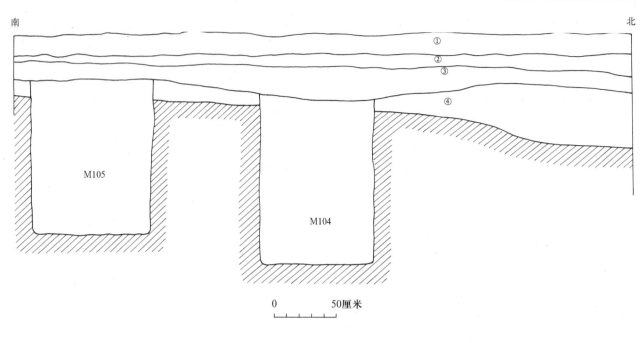

图八　T27西壁剖面图

石和猪牙等。陶器可见釜形鼎、盘形鼎、夹砂盖豆、瓦形足三足盘、圈足盘残片和数量较多的陶鼎足（有瓦形足、凿形足、楔形足等）。

第⑤层　石峡第一期文化层。厚12~48厘米，褐色土，土质较为纯净，遗物较少，出土装饰绳纹、刻划纹、篦点纹的陶罐残片。

5.T27西壁剖面图（图八）

第①层　耕土层。厚16厘米，灰黄色土，质地松软。出土近现代陶瓷片。该探方耕土层下未见铁锰淋滤层。

第②层　石峡第四期文化层。厚4~16厘米，灰黑色土，质地松软。该层在探方北部较厚，向南逐渐变薄。出土石器、打制石片、纺轮和青铜器残片等。陶器主要有曲壁豆、直壁豆、盂、罐、器盖等，器表纹饰包括夔纹、菱形方格纹、凸方块纹、双圈方格纹、云雷粗方格组合纹、勾连云雷纹和釉陶方格纹。

第③层　石峡第三期文化层。厚10~26厘米，灰褐色土，土质较松。出土残石锛、石镞、打制石片和陶纺轮等。可辨识的陶器包括曲折纹、复线长方格纹、篮纹、绳纹、云雷纹、长方格纹的罐、盂和夹砂陶器座等。开口于该层下的遗迹为属于石峡第二期文化的墓葬M104和M105。

第④层　石峡第一期文化层。厚13~44厘米，褐色土，较硬。文化遗物仅见少量夹砂罐和素面罐残片。

由于石峡遗址发掘时间持续较长，地层编号上未能实现统一编号。根据对各探方地层年代、特征的分析和对石峡遗址总体文化内涵的综合把握，本报告提供遗址的地层文化性质和探方地层关系对应关系见附表一。

第二节 文化分期

附表一已较清晰说明石峡遗址包含着不同时期的地层堆积。虽然因为遗址位于石灰岩孤山腰部，地势高低不平，造成堆积层不完全呈水平状分布，甚至部分探方会缺失一至两个不同时期的文化堆积层。但这种情况并不影响我们对于石峡遗址文化内涵和特征的把握，根据发掘区的各类遗迹现象的层位关系和出土遗物的特征，不难归纳石峡遗址的文化分期，以及各期文化的基本特征。

石峡第一期文化　发掘区由南至北均见到石峡第一期文化遗存，如T1A～T1K、T2C～2H、T3C～3F、T8～T17及T41～T49以南区域的第④层堆积。该层堆积直接叠压在生土层上，并被时代较晚的地层、墓葬叠压或者打破。石峡第一文化的遗迹、遗物均少，没有同期的墓葬。出土器物以陶器为主，烧制火候不高，易碎似饼干状。夹砂陶和夹细砂陶呈灰褐色、灰黄色、青灰色；泥质陶则以灰黄、橙黄色、灰白色为主。陶器流行圜底、圈足器，主要器类有夹砂圜底釜、罐、器盖，泥质圈足盘、杯等。夹砂釜的器表从领部到底部均饰绳纹、细绳纹，然后在口沿和肩部绳纹上加刻划纹组成的图案。泥质陶罐以素面为主，在器肩饰刻划纹、刺点纹、圈点纹。盘身素面，圈足饰圆形镂孔和圈点纹组合。这些陶器制法均为手制，部分器壁上见到泥片贴塑的痕迹。

石峡第二期文化　第二期文化是遗址的主体文化遗存，亦即石峡文化。该期文化的遗迹、遗物丰富，其特征可以部分探方的第③层堆积、部分墓葬和相关遗迹所出的遗物为代表。陶器有夹砂陶和泥质陶两类：夹砂陶以夹粗砂为主，陶色呈灰褐、灰黄、灰陶；泥质陶包括橙黄、灰黄、灰陶。器物形制流行圜底、圈足、三足器和子口带盖器。常见器类有釜、盘形鼎、釜形鼎、盆形鼎、夹砂盖豆和三足盘、圈足盘、豆（亦是盘类的盖）、壶、罐等。陶器以素面为主，纹饰中绳纹、镂孔、附加堆纹较多，划纹、凸弦纹、锥刺纹、压点纹、篮纹较少。几何印纹有大小方格纹、曲折纹、旋涡纹、重圈纹等，印痕较浅，排列密集却显得错乱。石峡第二期文化流行二次葬和用火烧烤墓坑的丧葬习俗，随葬成组陶器之外，还随葬经精细加工，大多数不曾使用过大型石器及玉质礼器、装饰品。

石峡第三期文化　同样是石峡遗址中遗迹、遗物较为丰富的文化遗存，地层单位包括发掘区的②B层（该层在发掘区内的堆积普遍较厚）、大小不等的柱洞、灰坑和数量较多的墓葬等。石峡三期文化又分为四个时段。三期早期以夹砂陶较多，陶色为红褐色、灰褐色，烧制火候比三期中期要低，易碎。泥质陶器以灰色、灰红色、灰黄色为主，形制流行直领或领稍高、广肩或不明显折肩，圈足，矮圈足，圜底，不见凹底器和捏流器。器类有釜、圈足罐、矮圈足罐、陶器座、豆等。除豆、器座、素面圈足罐外，陶器器表部分为素面，多数饰几何印纹，以曲折纹为主，其次条纹、方格纹、大重圈纹、双线方格纹、复线长方格纹、绳纹等。石峡三期中期Ⅰ段墓，陶器组合：罐、壶、盘、豆。形制流行圈足、折肩、圜底和三足器。新出现凹底器，捏流宽把壶，陶器花纹有细方格纹、复线长方格纹、复线方格凸点纹。墓葬流行一次葬，葬坑为长方形浅穴墓，已不见用火烧烤墓坑，随葬陶器多数为无实用价值的小型明器。石峡三期中期Ⅱ段，陶器形制流行敞口，折沿，高领，高圈足，折肩，凹底。出土少量有江西吴城文化因素的柱状鼎足、鬲足等。新出现高领、大折肩、高圈足尊，器壁较薄的绳纹陶器座。从轮修进入轮制阶段。陶器花纹仍以曲折纹为主，其次复线长方格纹、方格纹、复线方格凸点纹、云雷纹，开始出现曲折纹和复线方格组合纹等。石峡三期晚期墓打破石峡三期中期Ⅱ段地层。埋葬习俗有长方形浅穴土坑墓和石块堆砌墓，在墓底摆放石块和填土堆放石块的做法较罕见，随葬陶器很少，形制为折肩，凹底，平底，圜底，圈足。新出现双耳平底罐和边缘透雕四个"山"字形或"C"字形凸饰的玉玦。

石峡第四期文化　　该期的文化层为发掘区各期遗存中堆积最薄的，相关文化层仅见于发掘区的西南、东南和中部偏西区域。遗址中发现的部分柱洞和灰坑也属于该期。陶器以泥质硬陶为主，90%的陶器为烧成火候超过1100℃，吸水性弱，扣之有声。陶器器表饰夔纹、云雷纹、粗方格纹、凸方块纹、菱格纹、双圈纹、圈点纹、弦纹、篦点纹等组合的几何印纹。器类有夹砂鼎、釜、泥质瓮、罐、盂、盘、豆、器盖和原始瓷罐、碟、豆等。泥质的罐、瓮流行小口直领或敞口宽沿，削肩，圜底或圈足，有桥形和蝶形附耳、仿铜器铆钉开始流行。盘、豆为矮圈足或喇叭形足，少数为平底器。第四期文化的遗物还包括少量钺、斧、矛、镞、锥、人面纹匕首、刮刀等小型青铜器。

以上四期文化遗存，其陶器形制、特征和组合，各具自身特色，它们之间没有延续的轨迹，应分属于不同的考古学文化，相互之间在时间上有较大的缺环。石峡第一期文化、第二期文化代表着粤北地区新石器时代不同阶段的考古学文化。石峡第三期文化为广东境内（除粤东地区）相当于商代早中期或商代晚期考古学文化。石峡第四期文化已进入西周晚期至春秋早期遗存。

第三章 石峡第一期文化遗存

第一节 生活遗迹和遗物

一、遗迹

由于当年发掘水平和认识水平所限，记录和绘图资料不详，因而使该期的遗迹未能在田野工作中更多地辨认出来。现在确知为这一期的遗迹只有灰坑（图九）。

共揭露灰坑8个，分别编号为H01～H08。这些灰坑的坑口平面形状可分为椭圆形、不规则形和圆形三种。虽然灰坑的坑口距地表的深度不一，但其均开口于石峡第二期文化的地层堆积之下，打破生土层。灰坑填土为灰褐色，夹杂红烧土屑，填土内遗物甚少，基本都是夹砂陶、泥质陶碎片。

椭圆形 4个。坑口平面为椭圆形，整体呈口大底小的锅底状。

H01 位于T1D西南端。坑口距表土0.86米，H01口径长1.3、宽1.2、深0.23米（图一○：1）。出土陶片较细碎，能辨明器形的有小型细绳纹深腹罐、素面或绳纹罐及泥质灰陶、红陶罐残片134块。

H02 位于T98东北角。坑口距表土1米。H02口径长0.86、宽0.5、深0.23米（图一○：2）。出土夹细砂细绳纹罐残片3块。

H03 位于T98西南角，被石峡第二期文化的3个柱洞打破。坑口距表土1.2米，H03口径长0.94、宽0.66、深0.65米。坑壁呈桶形，较深（图一一：1）。出土夹砂细绳纹罐片和泥质灰黄、灰黑色素面陶片。

H08 位于T16西北部。坑口距表土1.2米，H08口径长0.9、宽0.72、深0.4米。出土少量夹砂绳纹罐片和泥质素面灰黄陶片。

不规则形 3个。

H04 位于T15中部，坑口距表土0.6米，坑口西边宽、东边窄，口径长1.4、宽0.92、深0.34米，填土夹砂红烧土粒，出土夹砂绳纹陶和泥质灰黄陶片。

H05 位于T15西北角，坑口距表土0.72米。坑口平面不齐整。长径2.4、宽2、深0.35米。灰坑虽大，出土遗物少，且破碎，有夹砂绳纹陶罐片和泥质素面灰黄陶片。被石峡文化F1南基槽打破。

H06 位于T15北边，坑口距表土0.72米，口径1.84、宽1.1、深0.15～0.7米，坑边较浅，坑中间较深（图一一：2）。出土夹砂绳纹罐片和泥质灰黄陶片。

圆形 1个。

H07 位于T16南边，坑口距表土1.1米。平面圆形。口径长0.72、宽0.68、深0.3米，出土夹砂绳纹陶2片，泥质灰黄陶碎片。

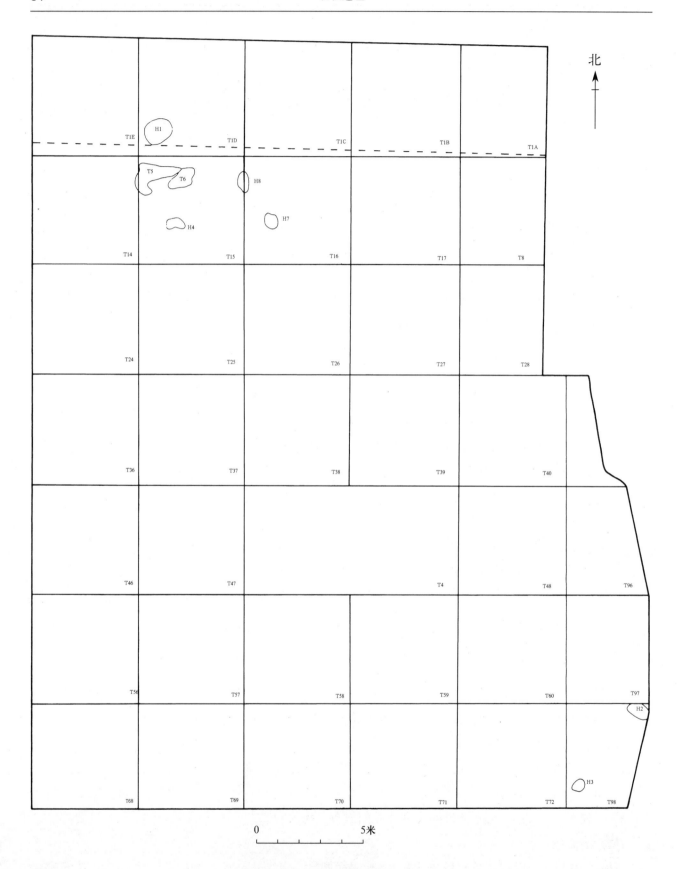

图九　石峡第一期文化遗迹分布图

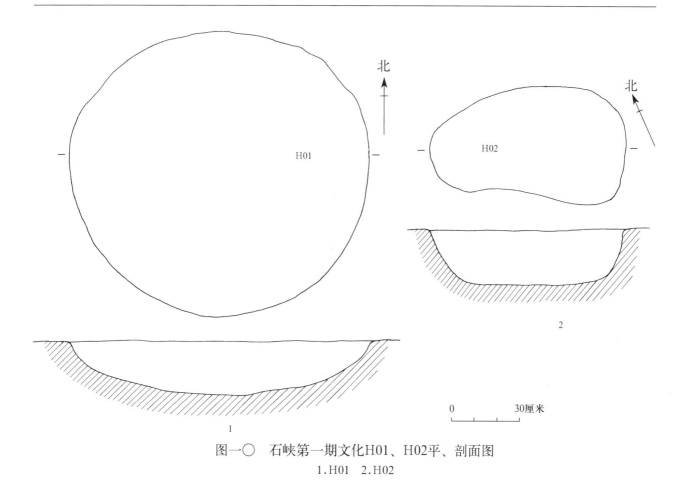

图一○ 石峡第一期文化H01、H02平、剖面图
1. H01   2. H02

石峡第一期文化遗存中的灰坑资料参见附表二。

二、遗物

石峡第一期文化的陶器均为手制，个别器物胎壁上可见贴塑的制作痕迹。夹砂陶以釜类为大宗，纹饰主要是绳纹、刻划纹和篦点纹；泥质陶主要是镂孔圈足盘，盘身多加磨光，圈足施各种大小镂孔和戳刺点纹、刻划纹、篦点纹、压印纹。

以下将分夹砂陶和泥质陶两类介绍。

（一）夹砂陶器

夹砂陶的掺和料均为细砂，未见夹粗砂者，也罕见厚胎陶。夹砂陶的个体一般较小，可辨的器形有素面圜底釜、器盖和装饰绳纹、刻划纹、篦点组合纹样的釜类等器物（图版三）。

釜 发掘出的釜类陶片共2043片，占本期夹砂陶总数的40.54%，其可能是第一期文化中数量最多的生活用器。这类器物烧成火候不高，易碎。陶色驳杂不一，表面有灰黄、橙黄、灰白等不同颜色。器物胎壁厚度在0.4~0.8厘米之间，口沿是另接的，故容易断落。口径多在14~20厘米之间，最大的为25厘米，最小的仅8~9厘米。器表纹饰精细，以绳纹（尤其是细绳纹）、刻划线纹（篦划纹）、网格划纹及篦点纹为主，还有少量戳印圆圈纹、圆点纹。一些纹饰在器物表面有固定的装饰

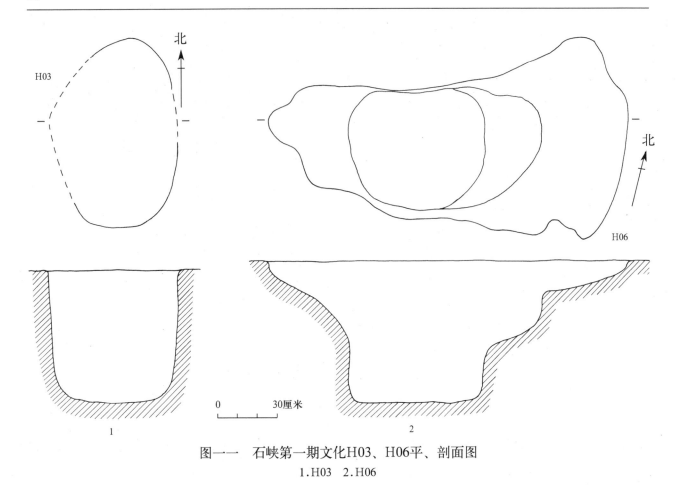

图一一　石峡第一期文化H03、H06平、剖面图
1.H03　2.H06

部位（图一二），如口沿外多施绳纹和刻划线纹，肩部纹饰形式较丰富，下腹多为素面。

　　根据肩部形态分三型。

　　A型　溜肩。据口沿的翻敛程度分三亚型

　　Aa型　斜翻沿。标本T1D④：168，方唇。外沿面装饰的细绳纹纹饰与器口垂直，上腹饰横向弦纹。口径23.5厘米（图一三：1）。标本T5D④：166，黄褐色。尖唇，内沿面微凸，外沿面装饰的细绳纹与器口垂直。口径20.5厘米（图一三：2）。标本T6C④：163，方唇，口沿面微凹。上腹施一组3线刻划纹，器物胎壁较厚。口径19厘米（图一三：3）。标本T88④：193，灰色陶胎，器表为灰黄色。饰浅刻划纹。口径16、陶胎厚0.8厘米（图一三：4）。标本T80④：192，外沿面饰双线刻划纹加刻划方格，颈部饰篦点纹。口径13厘米（图一三：6；图版三：3）。标本T90④：1，青灰色陶。外沿面饰交叉刻划纹，颈下饰细绳纹。口径14厘米（图一三：8；图版三：3）。标本T92④：171，灰褐陶胎，器表为灰黄色。饰细绳纹，口径16厘米（图一四：1）。

　　Ab型　直翻沿近折。标本T2E④：195，纵向细绳纹加3道横向刻划纹。口径19厘米（图一三：5；图版三：2）。标本T92④：3，土黄色胎。领外刻划双线纹和斜线纹交叉，颈部饰篦纹点。口径13、残高5.3厘米（图一三：7）。标本T1I④：167，红褐色陶胎，器表为灰黄色。领部饰细绳纹，肩部饰4周篦点纹。口径11.4、残高8.7厘米（图一三：9）。标本T90④：176，器表青灰、灰红间杂，薄胎，陶质坚硬。尖唇外卷，领外刻划纹较密。口径11、残高10.4厘米（图一三：10；图版六：2）。标本T88④：192，灰褐色陶胎，器表为青灰色。器物装饰绳纹、刻划纹和弦纹。口径14厘米（图一四：2）。

Ａc型　近直沿但沿壁外鼓内凹。标本T6C④：188，灰褐色陶。陶质坚硬，胎较厚，领部饰交叉刻划纹。口径13厘米（图一四：3；图版三：3）。标本T83④：173，灰黄色陶，陶质坚硬。领表饰细绳纹，颈、肩饰篦点纹。口径11厘米（图一四：4）。

Ｂ型　圆肩。据口沿的翻敛分三亚型。

Ｂa型　斜翻沿。标本T91④：143，灰黄色陶。肩部装饰一周圆圈戳点印纹，大圈点纹比较特别，口径9厘米（图一四：5；图版四：1）。标本T42④：190，灰褐色陶胎，器表为灰色。领外饰垂直绳纹，颈部饰粗疏的篦点纹，以下为间断绳纹。从腹壁可清楚看出有4片泥坯一边厚和一边薄相叠贴塑而

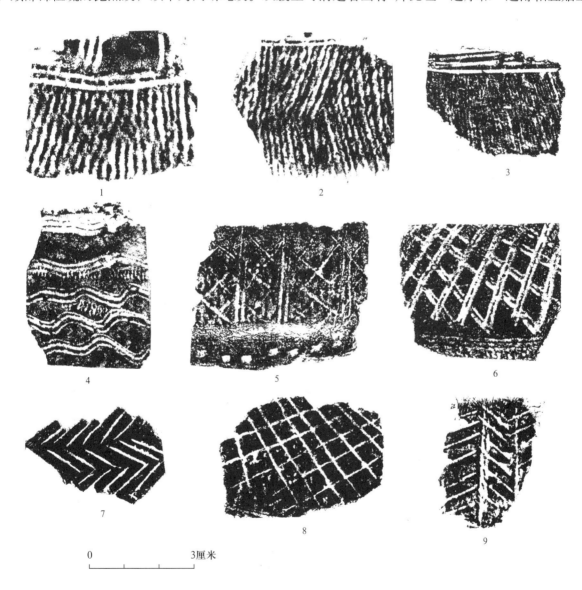

图一二　石峡第一期文化夹砂陶纹饰拓片

1～6.绳纹、细绳纹、刻划纹组合(T6C④、T1E④、T1E④、T5C④、T80④、T95④)　7.刻划曲折纹（T7④）　8.刻划方格纹(T3D④)　9.刻划叶脉纹(T2E④)

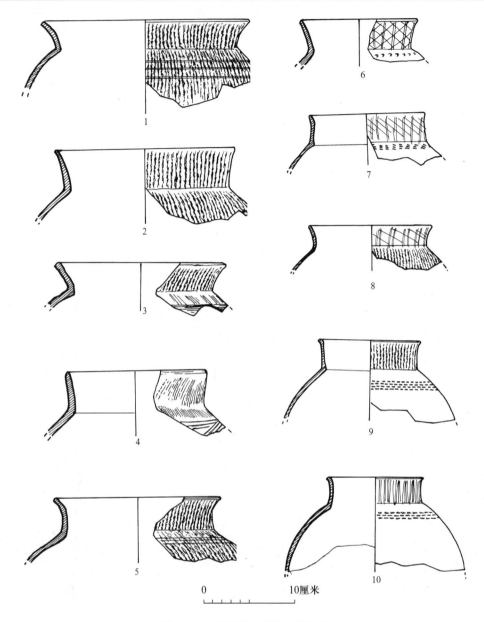

图一三 石峡第一期文化陶釜

1.Aa型釜（T1D④:168） 2.Aa型釜（T5D④:166） 3.Aa型釜（T6C④:163） 4.Aa型釜口沿（T88④:193）
5.Ab型釜（T2E④:195） 6.Aa型釜口沿（T80④:192） 7.Ab型釜口沿（T92④:3） 8.Aa型釜口沿（T90④:1）
9.Ab型釜口沿（T1I④:167） 10.Ab型釜口沿（T90④:176）

成。口径17、胎壁厚4～5厘米（图一四:6）。标本T96④:197，青灰色陶，陶质坚硬。尖唇外卷，肩部饰刻划纹。口径18厘米（图一四:7）。标本T1E④:1，青灰色陶胎，器表为灰黄色。领部饰细绳纹，颈部饰3条短线一组的刻划纹，以下为横向弦纹和细绳纹。口径12.4厘米（图一四:8）。标本T3D④:191，领外、肩部饰绳纹，颈部饰篦点纹。口径15厘米（图一四:9）。标本T1J④:174，圆唇。领表饰双线刻划纹，肩部饰二行圆圈纹。口径19.4厘米（图一五:1；图版四:1）。

Bb型 直翻沿近折。标本T85④:196，黄褐色陶胎，器表为青灰色。上腹施3条短线篦划纹。口径26厘米（图一五:8；图版三:1）。标本T4D④:200，青灰色陶，陶质较坚。饰绳纹、篦点

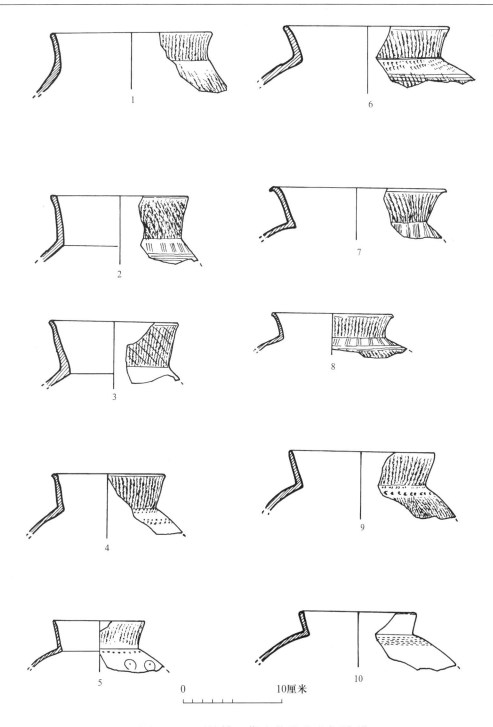

图一四　石峡第一期文化陶釜和深腹罐

1.Aa型釜口沿（T92④：171）　2.Ab型釜口沿（T88④：192）　3.Ac型釜口沿（T6C④：188）　4.Ac型釜口沿（T83④：173）　5.Ba型釜口沿（T91④：143）　6.Ba型釜（T42④：190）　7.Ba型釜（T96④：197）　8.Ba型釜口（T1E④：1　9.Ba型釜（T3D④：191）　10. 深腹罐（T4C④：172）

纹。口径13厘米（图一五：5）。标本T3C④：151，领外饰施垂直细绳纹，肩部饰二组竖向和横向箆点纹。口径13厘米（图一五：9）。标本T4C④：169，尖唇，直口。领外饰浅绳纹加刻划纹，肩部饰双线刻划纹箆点纹。口径16厘米（图一五：7）。

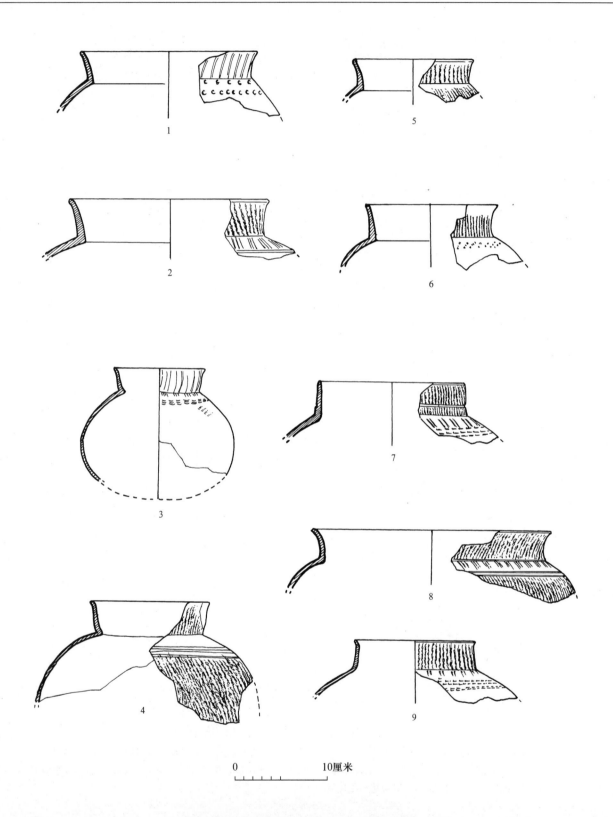

0　　　　　　　10厘米

图一五　石峡第一期文化陶釜和深腹罐

1.Ba型釜口沿（T1J④：174）　2．深腹罐（T6C④：170）　3.Bc型釜（T90④：2）　4.Bc型釜（T2C④：24）　5.Bb型釜口沿（T4D④：200）　6.深腹罐（T1F④：182）　7.Bb型釜口沿（T4C④：169）　8.Bb型釜（T85④：196）　9.Bb型釜口沿（T3C④：151）

Bc型　近直沿但沿壁外鼓内凹。标本T90④：2，青灰色陶，薄胎，陶质坚硬。尖唇，领外饰双线刻划纹，颈、肩部饰篦点纹，以下素面。口径10、腹径16.8、高约14厘米（图一五：3；图版六：3）。标本T2C④：24，青灰色陶，陶质坚硬。尖唇，通体饰绳纹，肩部加施9条不规整弦纹。口径13、腹径25、残高13厘米（图一五：4）。

C型　宽平肩。据口沿的翻敛分二亚型。

Ca型　斜翻沿。标本T4D④：1，尖唇外卷，扁圆腹，圜底。器表满饰绳纹。口径19、腹径26.7、高16.8厘米（图一六：1；图版六：1）。标本T2D④：165，青灰色陶胎，器表为灰红

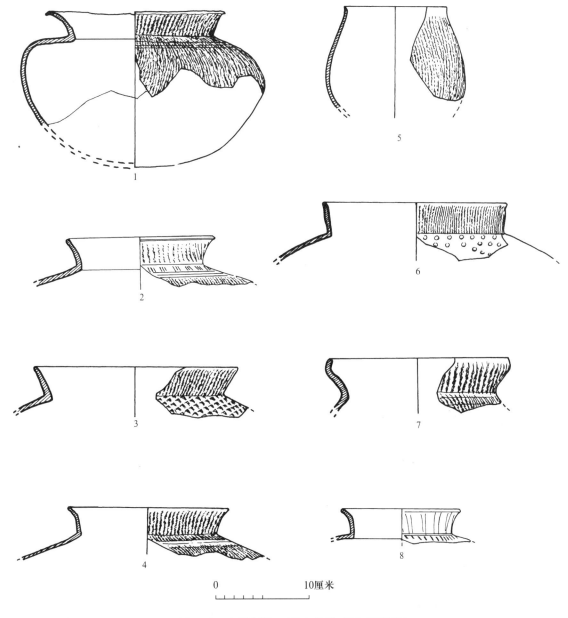

0　　　　　　　　10厘米

图一六　石峡第一期文化陶釜和深腹罐

1.Ca型釜（T4D④：1）　2.Ca型釜（T2D④：165）　3.Ca型釜（T90④：180）　4.Cb型釜（T2D④164）　5.深腹罐（T1D④：1）　6.Cb型釜（T80④：193）　7.深腹罐（T72④：1）　8.Cb型釜（T3C④：177）

色。圆唇，领表饰细绳纹，肩部饰篦划纹、弦纹组合和细绳纹。口径16厘米（图一六：2）。标本T90④：180，器物颈、肩部压印方格纹，较为罕见。口径22厘米（图一六：3）。

Cb型　直翻沿近折。标本T2D④：164，青灰色薄胎，器表为橙黄色。饰细绳纹加弦纹。口径17.3厘米（图一六：4；图版三：2）。标本T80④：193，尖唇。领表饰垂直细绳纹，颈、肩部戳印圆圈纹。口径20、残高6厘米（图一六：6）。标本T3C④：177，质地坚硬。器表饰双线刻划纹和短刻划纹。口径13厘米（图一六：8）。

深腹罐　可辨器形者极少，如标本T1D④：1，薄胎灰陶。敛口尖唇，溜肩鼓腹，最大径在下腹，可能为圜底。通体饰细绳纹。口径11.3、腹径15.3、高约13.8厘米（图一六：5）。标本T72④：1，斜沿方唇，近唇处内敛。满饰绳纹，肩部饰3道划纹。口径20厘米（图一六：7）。标本T6C：170，泥质。圆唇。领表饰细绳纹，肩部三线刻划纹和横弦纹。口径22厘米（图一五：2）。标本T1F④：182，泥质。领表施绳纹，颈部篦点纹，以下素面抹光，口径15.2厘米（图一五：6）标本T4C④：172，泥质灰白胎，表面米黄色，属白陶。短颈上无纹；肩部印一周篦点纹。胎厚0.3、口径11厘米，此件较特别（图一四：10）。

器盖　共统计到残片133块。器物表面主要装饰细绳纹。

标本T3C④：150，灰黄陶，质地坚硬。盖纽为圆形，器表有清晰的细绳纹。直径6厘米（图一七：1）。标本T2E④：143，盖内较平，素面。盖纽顶面直径5.7厘米（图一七：2）。标本T1F④：111，青灰色陶胎，器表为黄灰色，质地较坚硬。器物表饰细绳纹。盖纽顶面直径约6厘米（图一七：3）。标本T4D④：149，灰红色陶。盖纽较小，不外敞，少见。残口径7.4、残高4厘米（图一七：4）。标本T87④：159，黄褐色陶，火候较低。素面。盖纽顶面直径7.5厘米（图一七：5）。标本T29④：144，素面。残口径12、残高6.3厘米（图一七：6）。标本T91④：142，盖内中心突起，周围形成一沟槽。器表饰浅细绳纹。残口径8.2、残高3厘米（图一七：7）。T88④：150，纽残，盖内中心微突，素面。残口径9、残高4厘米（图一七：8）。标本T3D④：147，盖内底较平。器表饰浅细绳纹。残口径8、残高4厘米（图一七：9）。标本T31④：139，胎深灰色，表灰色。捉手背处有浅细绳纹，身为素面。口径13、高6厘米（图一七：10；图版七：3）。

（二）泥质陶器

多为细泥软陶，陶胎多较薄。陶色有米黄、灰白、灰黄色，部分可称白陶。器表以素面磨光为主，常见在陶罐肩部用刻划纹、篦点纹、线纹、戳点纹组成不同图案；陶盘的圈足多装饰镂孔、圈点组合（图一八；图版四、五）。器形有罐、镂孔圈足盘、豆盘、杯、器盖等，以白陶镂孔圈足盘数量多，也最具特色。

豆盘　统计到残片4106块，约占本期陶片总数的43.13%。造型特点一般为深盘，圜底。因为绝大部分已不能复原，只能按盘身和圈足分别描述。

盘身　根据口沿宽窄分两型。

A型　窄沿盘。根据沿之勾翻，分三亚型。

Aa型　窄沿内勾。标本T1I④：95，灰白陶，薄胎。敛口，弧折壁，器表磨光。口径16、残深3.5厘米（图一七：12）。

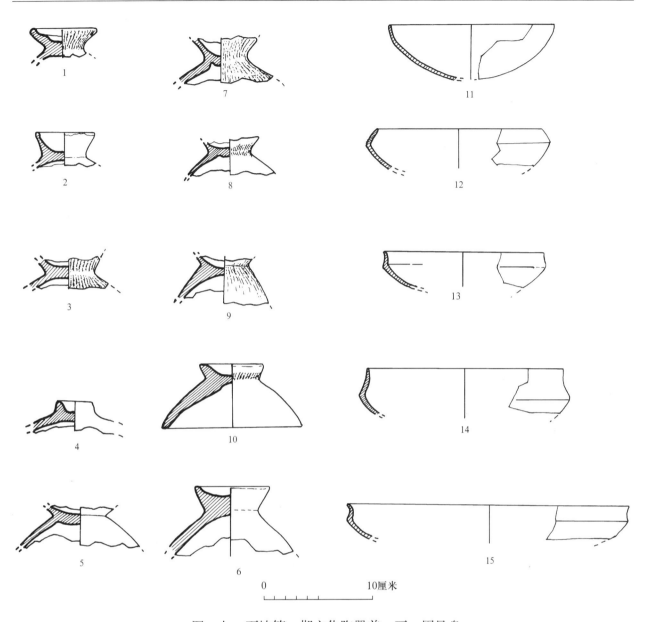

图一七　石峡第一期文化陶器盖、豆、圈足盘

1.器盖（T3C④：150）　　2.器盖（T2E④：143）　　3.器盖（T1F④：111）　　4.器盖（T4D④：149）　　5.器盖（T87④：159）　　6.器盖（T29④：144）　　7.器盖（T91④：142）　　8.器盖（T88④：150）　9.器盖（T3D④：147）　　10.器盖（T31④：139）　　11.Ac型豆（T24④：260）　12.Aa型豆（T1I④：95）　13.Ac型豆（T6C④：239）　14.Ba型圈足（T2F④：90）　　15.Ac型圈足盘（T1E④：2）

　　Ab型　窄沿内勾但唇尖近直。标本T3C④：152，尖唇，侈口，折弧腹，深盘，圜底，器表磨光。宽矮圈足外撇，饰圆镂孔、小圆锥刺纹组合纹样。口径19、通高8.5、足径16.6厘米（图一九：7；图版六：4）。

　　Ac型　窄沿内勾唇尖外翻。标本T24④：260，白陶。敞口圆唇，斜弧腹圜底，器表磨光。口径16、残深5.4厘米（图一七：11）。标本T6C④：239，灰白陶，薄胎。侈口尖唇，折弧腹，器表磨光。口径16、残深3.2厘米（图一七：13）。标本T1E④：2，白陶。侈口尖唇，折弧腹，浅盘。口径27厘米（图一七：15）。

图一八　石峡第一期文化泥质陶纹饰拓片

B型　宽沿盘。根据沿之勾翻，分四亚型。

Ba型　宽沿内敛折直。标本T1A④：1，深盘折腹，圜底，磨光。宽矮圈足根微鼓，以圆镂孔与小圆锥刺纹组合。口径18、通高9、足径15厘米（图一九：6；图版七：1）。标本T2F④：90，尖唇，侈口，折弧腹，薄胎，灰黄表，表有一层细泥浆。口径19、残深4.1厘米（图一七：14）。标本

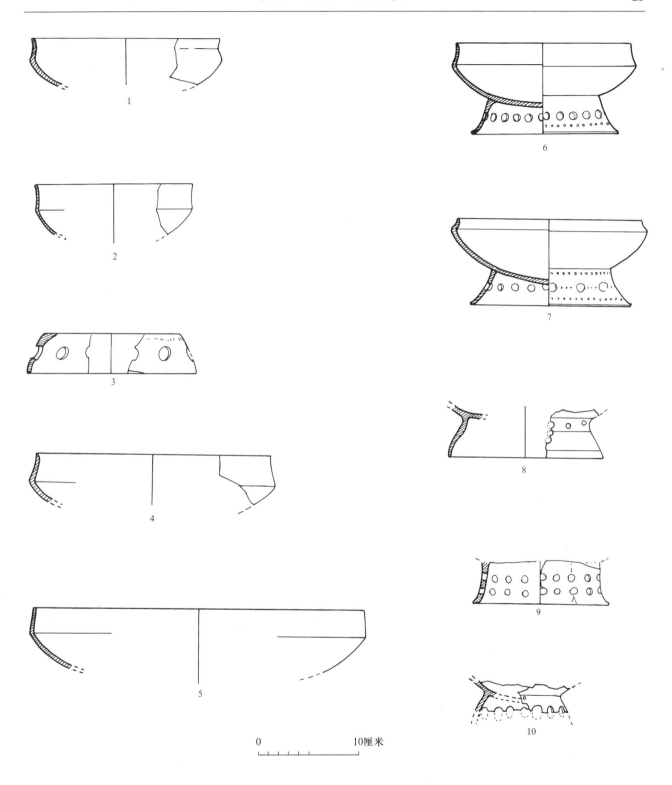

图一九　石峡第一期文化圈足盘和圈足

1.Ba型圈足盘（T1D④：236）　　2.Bb型圈足盘（T80④：194）　　3.A型圈足盘圈足（T29④：2）　　4.Ba圈足盘（T6C
④：225）　　5.Bc型圈足盘（T3D④：148）　　6.Ba型圈足盘（T1A④：1）　　7.Ab型圈足盘（T3C④：152）　　8.A型圈
足盘圈足（T7C④：1）　　9.B型圈足盘圈足（T6C④：247）10．A型圈足盘圈足（T1E④：3）

T6C④：225，白陶。尖唇，侈口，弧腹。口径24厘米（图一九：4）。标本T1D④：236，白陶。侈口圆唇，弧腹，器表磨光，口径19.2、残深4.5厘米（图一九：1）。

Bb型　直宽沿外翻。标本T80④：194，侈口圆唇，弧腹，深盘。口径16、残高5、胎厚0.4厘米（图一九：2）。

Bc型　直宽沿。标本T3D④：148，口微敛方唇，折弧腹，口沿压成齿锯状纹饰。口径34、胎厚0.5厘米（图一九：5）。

圈足　因圈足底部直径远大于高度，故可统称为宽矮圈足（图版四：2、图版五）。据圈足壁弧度变化分三型。

A型　外弧，足尖内收近直。标本T29④：2，白陶。饰一周简疏的大圆镂孔。足径17、高4厘米（图一九：3）。标本T7C④：1，米黄色陶，灰胎。装饰大镂孔刻划纹组合。足高4.8、足径16厘米（图一九：8）。标本T1E④：3，米黄色陶，青灰色陶胎。装饰一周较密的大圆镂孔，器表磨光。残足径10.4、高3.6厘米（图一九：10）。

B型　内弧呈亚腰形，足尖外撇。标本T8④：268，白陶。残高4.4、足径17厘米（图二〇：6）。标本T6C④：247，白陶，质软。饰两排平行的大圆镂孔。残高4.4、足径14厘米（图一九：9）。标本T4D④：254，青灰色陶胎，陶质较坚硬。装饰大圆镂孔、划纹组合，近足底部饰刺点纹。残高5、足径16厘米（图二〇：10）。标本T6C④：240，白陶。器表装饰的较疏的大圆镂孔用四方形刺点纹分隔，纹样精细。残高4.4、足径16厘米（图二〇：12）。

C型　内弧呈亚腰形，足根外鼓或中部起突棱。标本T32④：1，青灰色陶胎。足部饰一周凸棱和小圆镂孔、刺点纹组合纹样，器表磨光。残高4、足径15厘米（图二〇：7）。标本T90④：250，土黄色陶，薄胎。近足根部饰凸棱和圆镂孔。残高5厘米（图二〇：8）。标本T88④：252，青灰色陶，质地坚硬。圈足中部外鼓，足沿呈圆弧形，器表饰2周刺点纹。残高2.2、足径15厘米（图二〇：9）。标本T88④：160，灰黄色陶，陶胎较厚。近足根部外鼓，足沿外撇。饰圆镂孔、刺点纹组合纹。残高4.5、足径15.6厘米（图二〇：11）。

杯　统计到残片65块，因个体均较破碎，器物整体造型不明。标本T81④：274，平底直壁，底部边缘外突。残高3.4、底径11.2厘米（图二〇：1）。标本T66④：275，薄胎。口微敞，平底内弧壁。底径10厘米（图二〇：2）。标本T1G④：102，大敞口，斜壁，圜底。底径9.8厘米（图二〇：3）。标本T90④：6，大宽沿做弧线外翻，尖圆唇，下腹急收。口径11.6厘米（图二〇：4）。标本T90④：7，形状与上件相近。口沿直径10.6厘米（图二〇：5）。

袋形器足　共统计到12件。形似袋状，底呈钝锥形，中空或在足根部分穿一大圆孔，推测为器足。标本T88④：163，乳房状，空心，素面较粗糙。残高5厘米（图二一：1）。标本T74④：1，灰黄陶。素面。高5厘米（图二一：2）。标本T1B④：1，白陶。器表饰绳纹。残高4厘米（图二一：3）。标本T4④：4，灰白陶。素面，一侧有一圆镂孔。残高3.8厘米（图二一：4）。标本T88④：161，白陶，质较软。器表饰细绳纹。残高4.6厘米（图二一：5）。标本T2G④：1，灰白色，质较坚。表饰浅细线纹（图二一：6）。标本T85④：197，白陶，薄胎。足中空，一侧穿圆孔，上接残器的圜底部分。器表饰细绳纹。残高3.2厘米（图二一：7；图版七：2）。

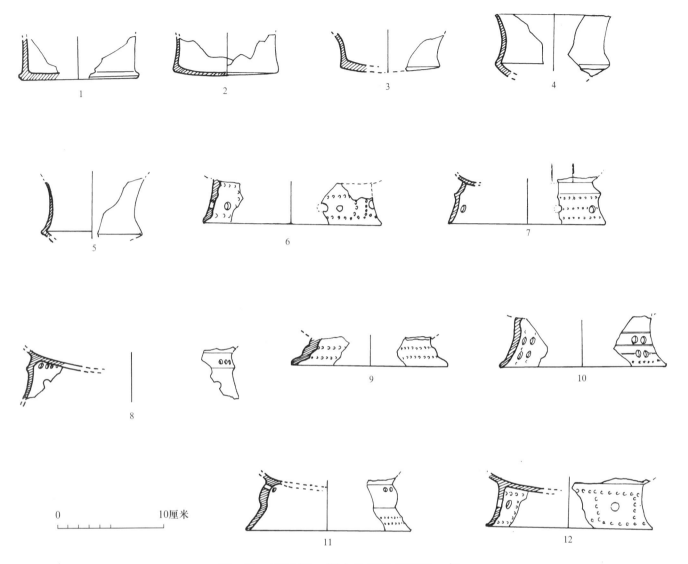

图二〇　石峡第一期文化圈足盘圈足、杯

1.杯（T81④：274）　2.杯（T66④：275）　3.杯（T1G④：102）　4.杯（T90④：6）　5.杯（T90④：7）　6.圈足盘圈足（T8④：268）　7.圈足盘圈足（T32④：1）　8.圈足盘圈足（T90④：250）　9.圈足盘圈足（T88④：252）　10.圈足盘圈足（T4D④：254）　11.圈足盘圈足（T88④：160）　12.圈足盘圈足（T6C④：240）

圆陶片　共4片。利用陶器残片打琢周边成圆形，边缘未见加工细磨，器表纹饰仍存，直径约3.5～6.5厘米不等。用途未明（图二二）。

第二节　小结

第一，层位问题。石峡第一期文化的层位为1978年以前发掘资料中标明的第③层早（或③层下）者，以及根据探方地层中包含的遗物特征判定应属于本期者。对于前者，报告整理者统一将其更改为第④层。从空间情况看，属于本期的地层主要分布在石峡遗址中部地势稍高处，即1978年前发掘区西北部的T1A～T1J行、T2C～T2H行和T8～T16行探方所在区域，同时在T21以及发掘区西部、西

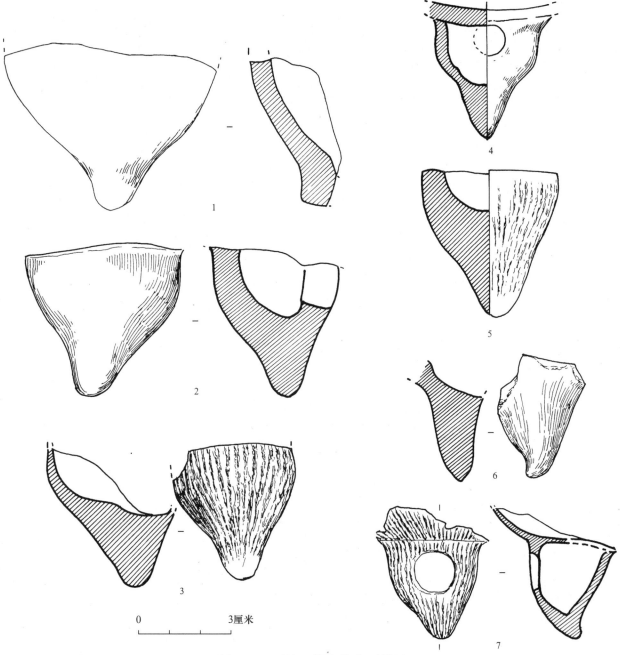

图二一 石峡一期文化袋形器足

1.袋形器足（T88④：163） 2.袋形器足（T74④：1） 3.袋形器足（T1B④：1） 4.袋形器足（T4④：4） 5.袋形器足（T88④：161） 6.袋形器足（T2G④：1） 7.袋形器足（T85④：197）

南部边缘（如T83、T88 、T90、T91、T94等探方）也存在本期文化遗存。由于受田野发掘水平的限制，我们有理由相信在近4000平方米发掘范围内，本期文化遗存分布应当远不止上述探方。

在1979～1980年室内整理过程中，发现一些探方第③层下部出土的器物（如绳纹刻划篦点纹罐、镂孔矮圈足白陶盘等）与石峡文化墓葬所出陶器在组合和特征上有显著差异。当时已经认识到它们的年代应该早于石峡文化墓葬，因而有人在文章中提出了"前石峡文化"之说。鉴于石峡遗址中确实存在着早于石峡文化的地层和灰坑等遗迹，其中出土的遗物也具有自身的独特文化面貌，因

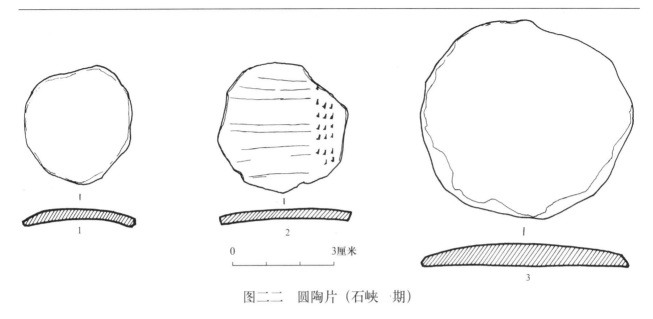

图二二　圆陶片（石峡　期）

此本报告称之为石峡第一期文化。

第二，遗迹问题。属于石峡第一期文化的遗迹数量少且种类单调（仅见地层堆积和灰坑），同时在空间上也较为分散。目前还没有发现墓葬和明确的房屋建筑。（详见图二：石峡第一期遗迹总平面分布图）。

第三，文化遗物问题。本期的文化遗物以日常生活所用的陶质器皿为主，现有发掘资料无法证明是否存在属于第一期文化的石器。石峡第一期文化的陶器多为碎片，在统计到的9318片陶片中夹砂陶占总数的54.07%、泥质陶占总数的45.93%。夹砂陶器中以素面圜底釜罐、器盖和装饰绳纹、刻划纹、篦点纹的釜罐最具特色。这些器物既不见于石峡文化墓葬随葬品组合，又具有岭南地区新石器时代较早阶段陶器的特点——手制，使用贴塑制作工艺，器表装饰绳纹、刻划纹、篦点纹等。具有装饰特点的灰褐色薄胎陶片在曲江县周田镇浈江河畔的鲶鱼转山岗遗址下层也曾有发现。泥质陶可辨器形包括素面薄胎罐、镂孔矮圈足盘、豆盘类、杯、器盖等。陶色以黄白、灰白和白色比例较多，多薄胎陶。镂孔矮圈足盘（多为白陶）是本期最富特征的器物，大小圆镂孔与刺点纹巧妙而有序地搭配在矮圈足上，制作精细，纹样美观。它不同于石峡文化墓葬的各种圈足盘，但与距今五～六千年前珠江三角洲—环珠江口区域的彩陶盘在形制和风格却有某些相似之处。此外白陶杯、尖圆锥形空心器足也颇有特点。

石峡第一期文化的年代，目前尚无[14]C的测定数据可资参照。考虑到本期陶器与石峡第二期文化陶器存在明显的区别，推测两者年代应相距甚远。结合本期陶器的陶质、陶色（如泥质陶中白陶占相当大的比重）、器形、纹饰和制作工艺的特点以及珠江三角洲地区彩陶遗存的年代数据，推测石峡第一期文化的年代大致在距今5500～6000年左右。

综上所述，石峡第一期文化具有独立的层位，有一定数量的生活遗迹，有相当数量的文化遗物，特别是具有自身特点的陶器群，明显区别于年代晚于它的、叠压在它上面的石峡第二期文化（石峡文化），而且在年代上也似有明显的缺环。这一文化命名的提出和进一步确立，在广东乃岭南地区新石器时代考古领域中，必将会有它应有的价值和意义。

第四章 石峡第二期文化遗存——石峡文化

第一节 生活遗迹和遗物

一、遗迹

第二期文化的遗迹有房屋基址、灰坑、柱洞、灶坑和红烧土堆积、红烧土硬面等（图二三，第二期文化遗迹和墓葬分布总平面图）。

为了弄清这些"基槽"和埋柱坑的性质和功能，1979年上半年，我们邀请杨鸿勋研究员来做现场考察，他认为石峡遗址的这种房屋居址，应当就是地面建筑木骨泥墙长屋。这一看法与苏秉琦教授1975年底在石峡遗址时提出的看法相一致。

随后，我们又对有关资料进行了整理、分析、拼图。现将鉴定中的几条主要看法归纳如下：

1.这些基槽是沿遗址等高线方向挖筑的，西头还有与之相垂直的南北向短墙基槽。基槽内还有柱子洞，有的柱洞底部还垫有起到"柱础石"作用的石块。基槽内外发现有较多红烧土，有些是成层、成片状的红烧土块构件，有些表面留有竹条之类的凹道，或芒草、草秆之类的痕迹，有些红烧土泥巴中见有稻谷壳和稻叶秆秆。这表明这些柱洞，安插上木柱，就可以支撑屋盖；在柱与柱之间加上如竹木条枝、树皮、芒草秆之类的轻质材料，再涂抹上泥巴，就是木骨泥墙。

2.基槽内外有众多的柱洞、灰坑，有用火的红烧土堆等，都与居住遗址有密切关系。

3.这种木骨泥墙有隔间的长屋，应是一种地面建筑的茅屋。其形状和结构，可能和河南郑州大河村[1]、淅川下王岗[2]以及湖北宜昌红花套遗址[3]的房址相似，而与龙山文化"品"字形小房屋的构造不同。

4.房基和墓葬之间关系

F1～F3范围内有6座墓，M113、M114、M116、M129、M131、M132。其中M113为石峡三期Ⅱ段3组文化遗存的墓，其余均为石峡文化早期墓，M114、M131、M132为早期Ⅰ段，M116、M129为早期Ⅱ段墓。M131位于T1G东南，F2南基槽打破该墓东、西、南边红烧土墓壁和深入填土0.4米，北边相距0.6米为M114。F3南边基槽西段打破M132，该墓为一次葬墓，致使墓坑仅存0.15米深度。F4范围内有7座墓，M68、M70、M72、M73、M74、M75、M76。其中M70、M72为石峡三期中期Ⅰ段、晚期文化遗存的墓，M76为石峡文化早期Ⅰ段，M68、M73为石峡文化早期Ⅱ段墓，均为一次葬已迁墓，M74、M75为石峡文化一次葬墓，无随葬品，未排期。因此可以肯定房基比石峡文化早期墓的时间要晚。

[1] 郑州市博物馆：《郑州大河村遗址发掘报告》，《考古学报》1979年3期。
[2] 河南省文物考古研究所：《淅川下王岗》，文物出版社，1989年出版。
[3] 林春：《长江西陵峡远古文化初探》，《葛洲坝工程文物考古成果汇编》，武汉大学出版社，1990年出版。

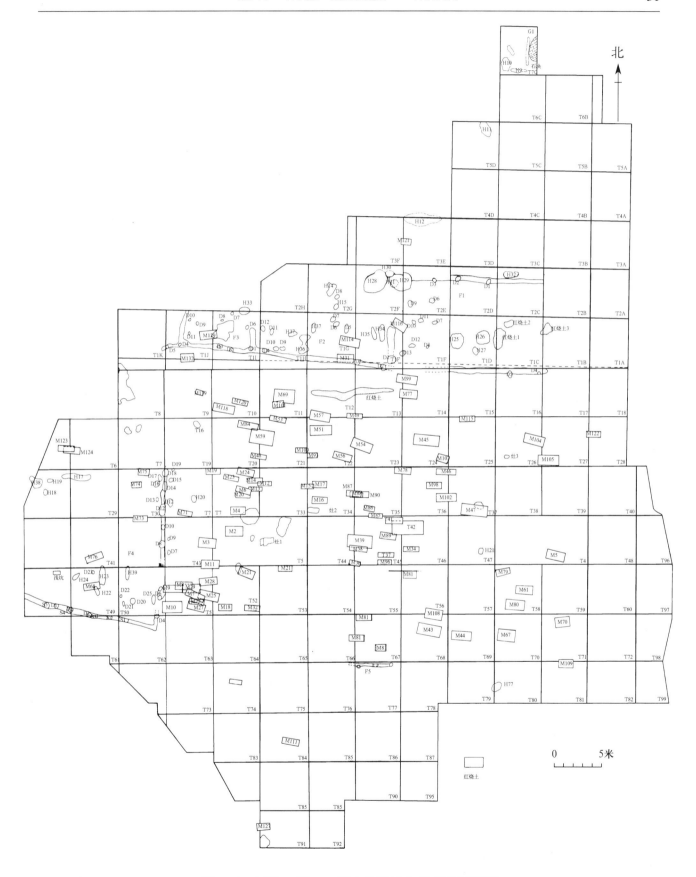

图二三　石峡一期、二期文化遗迹和墓葬总平面图

上述F1～F3为一座长方形三间一排的建筑，房间之间有门道相通，从现存墙基槽推测，在F1和F2之间有一处朝南公共门道，宽5米，也可能有朝北门道和东西两侧门道，未发现准确的位置。房内地面不见灶坑的原因，同石峡遗址地处亚热带季风气候有关，年平均温度20.1℃。7月平均温度28.9℃，1月平均温度9.5℃。推测当时用火主要是为了炊煮食物。不一定将灶坑安排在房屋内（图二四）。

（一）房基

1.概况

共发现房屋遗迹5处，编号F1、F2、F3、F4、F5。分布在发掘区北部、西部和西南部。F1、F2、F3之间相连，东西向一字排开，由于被石峡三期、四期堆积叠压和打破。破坏较为严重。没有发现墙基，灶坑和垫土，仅见部分墙基槽。从残存遗迹分析，房屋平面为长方形或方形，其中F5仅存东西向残存墙基槽4.5米。

2.举例

F1　位于T14、T15、T16和T2C、T2D、T2E之间，横跨六个探方，东西残长16.5、南北宽9.5米，面积156.75米。平面长方形，方向185°。叠压在石峡二期下，打破石峡一期文化层，南部被石峡三期叠压。南北墙基槽保存较好。北边墙基槽，位于T2C、T2D、T2E北边。东西向，平面为长条形，距表土0.4米，东端已残，残长14、宽0.3～0.4、深0.3～0.5、西端深0.75米。基槽里从东到西残留3个柱洞，柱洞口与基槽口一致，依次编号为1～3号。墙基槽西端，转角部分被石峡二期H29打破，深达0.75米。填土灰黑色，夹杂少量红烧土粒、较松。出土盘形鼎、釜形鼎口沿、瓦形足和凿形足、夹砂盖豆、釜、泥质三足盘、圈足盘、豆。石峡一期刻划绳纹罐、矮圈足盘残片。F1南边墙基槽，位于T14、T15、T16北边，沟口平面为东西向长条形，距表土0.4米，T14北边基槽被石峡三期文化层打破，遗迹已无存。T15北边和T16北边，基槽残长10、宽0.6、深0.25～0.4米，从东至西残留2个柱洞，编号4、5号。填土灰褐色，夹杂少量红烧土粒，出土釜形鼎口沿、釜、泥质圈足盘底、陶杯、夹砂盖豆，石峡一期绳纹刻划纹、篦点纹陶片、薄胎镂孔圈足盘残片（图二四）。F1东边不见墙槽，或许该房基原本无东墙。推测与岭南温湿天气有关。F1房基内，靠东边有3处红烧土堆积，编号为S1、S2、S3。S1，堆积范围长2.2、宽1.2、北端厚0.15～0.2米，南端厚0.4～0.6米。出土石峡文化盘形鼎，泥质瓦形足残片。S2，堆积范围长1.1、宽0.6、厚0.32米，出土盘形鼎、泥质梯形足残片。S3，堆积范围长1.4、宽1.1、厚0.3米。房基内中西部有柱洞作南北三行排列，柱洞编号6、7、8、9、10、11、12、13（附表三、四）。柱洞南边被石峡三期文化层打破，不见墙基槽。F1柱洞布局集中在中西部4个探方的100平方米内，东边2个探方有50平方米，柱洞少，仅见红烧土面和灰坑H25、H26、H27。

F1和F2隔墙基槽，位于T1F西边，南北向，平面长条形，残长2.4、宽0.6～0.8、深0.24米，填土灰褐色，夹杂红烧土粒和碎陶片。紧接基槽，有一个柱洞，编号为1号柱洞，（图二四；附表三、四），出土三足盘口沿、釜、泥质素面灰陶、夹砂褐陶片和石峡一期绳纹刻划纹罐口沿。

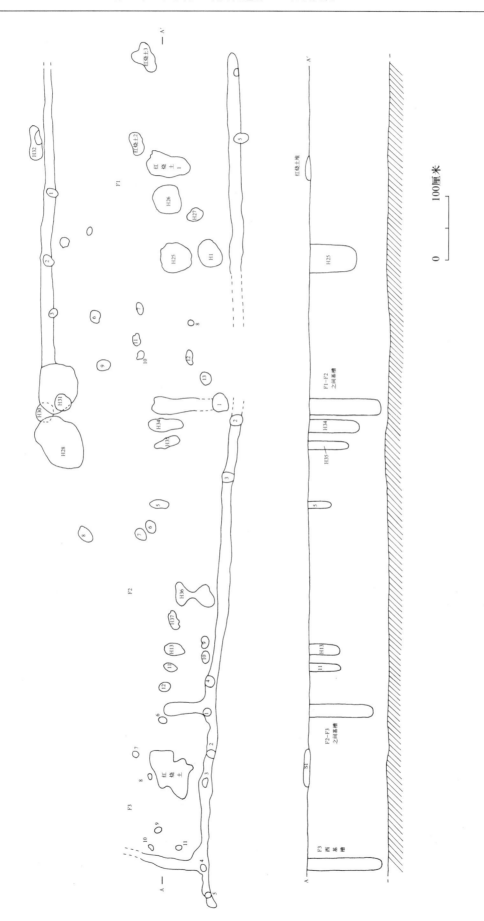

图二四　石峡二期F1、F2、F3平、剖面图

　　F2位于T1G、T2G～T1H、T2H，石峡二期文化层下，打破石峡一期文化层，北部被石峡三期、石峡四期文化层所打破，南部被石峡三期文化层叠压，尚残留大部分墙基槽。F2长14.5、残宽10.2米，残存面积147.9平方米，方向184°。南边墙基槽较完整，位于T1F、F1G、T1H南边，平面东西向长条形，距表土0.4～0.5米，长14.5、宽0.25～0.5、深0.4米。位于T1G墙基槽东段，打破石峡文化早期Ⅰ段墓M131南、东、西部分红烧土壁，深入填土0.4米，该墓坑深1米，说明F2墙基槽的年代比石峡文化早期墓要晚，该墓北边相距0.7米，为同期的M114（图二五；图版八：1）。从东到西残留3个柱洞，编号为2号、3号、4号。基槽填土灰褐色，出土遗物少，均为破碎夹砂、泥质素面陶片，少量石峡一期刻划、绳纹陶片。房基内有灰坑H13、H34、H35、H36、H37。靠近F1和F2之间通道隔墙基槽H34、H35，深度0.16～0.21米，推测不是埋柱坑。西南角4个柱洞，可能同F2南墙基槽和F2～F3之间过道墙基槽有关。房基内柱洞8个，编号为5、6、7、8、9、10、11、12号（图二四；附表三、四）。

　　F2西和F3东之间过道墙基槽位于T1I东边。南北向，平面长条形。距表土0.36米。长2、宽0.5、深0.48～0.5米。填土灰褐色，夹杂红烧土粒，炭屑、夹砂粗绳纹陶、砺石，石峡一期细绳纹刻划纹陶（图二四）。

　　F3　位于T1I～T1J之间，叠压在石峡三期下文化层，打破石峡一期文化层，石峡三期、四期（②A、②B层）柱洞打破房内堆积，东西长8米、南北残宽3.8米，残存面积30.4平方米，平面呈方形，方向184°。只清理东、南和西部残墙基槽。东边有门道与F2相通，房内有残存红烧土面和排列不规则的柱洞，没有灶坑。南边墙基槽保存尚好打破石峡文化早期Ⅰ段M132，北边、西边未发掘。南边墙基槽，

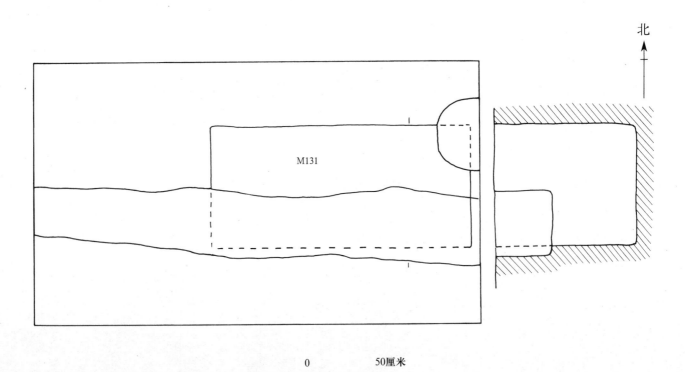

0　　　　　50厘米

图二五　石峡二期F2南墙基槽打破石峡文化早期Ⅰ段M131

位于T1I、T1J南边。东西向，平面长条形，距表土0.46米。东端连接F2南墙基槽。长9.5、宽0.5、深0.43~0.6米。基槽内从东到西残留5个柱洞，依次编号为1、2、3、4、5号。基槽填土灰褐色，夹杂红烧土粒，出土楔形鼎足，夹砂釜形鼎、夹砂盖豆、瓦形足三足盘、豆。石峡一期夹砂绳纹、刻划纹陶和薄胎淡黄色泥质陶片。F3西边墙基槽，位于T1J中部偏西，南北向，长条形。距表土0.46米。残长3、宽0.3~0.5、深0.4~0.5米。填土灰褐色，较松软，出土瓦形足、三足盘口沿、长身锛、石镞。石峡一期绳纹刻划纹陶片。房基内柱洞依次编号为6、7、8、9、10、11号（图二四；图版八：2；附表三、四）。

F4　位于发掘区西南部，T94、T61和T62北边、T49、T50、T93、T41、T42、T29、T30。叠压在石峡三期文化层下，打破石峡一期文化层。尚存东边和南边墙基槽，北边被石峡三期文化层打破，西边超出发掘区未清理。东西残长14.5、南北15.2米，残存面积220.4平方米，平面为方形，方向185°。房屋地面有圆形，长方形灰坑，东南角有一条南北向，长0.9、宽0.5、深1米的灰沟，房基地面被众多石峡三期、四期柱洞、灰坑及石峡三期M70、M72所打破。F4南边墙基槽，位于T94南，T61、T62北边。东西向，长条形，东端基槽弯向北边1米。距表土0.22米。残长14.4、宽0.25~0.44、深0.4米。填土灰黑色，夹杂红烧土块，出土夹砂陶罐、瓦形足三足盘、夹砂凿形足、泥质、夹砂陶罐、豆等。该墙基槽从东至西有5处红烧土堆，含大量红烧土块和破碎陶片，红烧土堆的南北两侧紧连基槽口，堆积平面同基槽口持平，形状多为椭圆形，依次编号为1~5号。1号红烧土堆，平面椭圆形，长0.88、厚0.3米。2号红烧土堆，平面椭圆形，长0.5、厚0.3~0.4米，与1号相距0.6米。3号红烧土堆，平面椭圆形，长0.92、厚0.3~0.4米，西端被3号柱洞所打破。4号红烧土堆，平面椭圆形，长0.52、厚0.3米，右半部分被2号柱洞打破。5号红烧土堆，平面近圆形，直径0.5、厚0.14米。基槽里有4个柱洞，从西至东，依次编号为1~4号。F4东边墙基槽。位于T42、T30东边，南北向，长条形。距表土0.35米。残长9、宽0.4、深0.2~0.3米。基槽内和基槽外两侧，从南到北，排列19个大小不等柱洞，依次编号为1~19号，基槽内的柱洞口与基槽口一致，并超出基槽范围。东边基槽靠南部分有6米无墙基槽。北基槽无存，有一个灰坑（H17），长2.5、宽0.6、深0.52米，坑中部有一个柱洞（D24），口径0.6、深0.5米，可能是北墙基槽残存部分。房基内有柱洞5个，依次编号为20、21、22、23、24。房内不见灶坑，墙基槽填土灰褐色，夹杂少量红烧土粒和破碎夹砂、泥质陶片（图二六；附表三、四）。

F5　残存墙基槽，表土层下，打破石峡一期文化层，位于T77北边，沟口平面为东西向长条形，方向182°距地表0.26米，残长4、宽0.2~0.34、深0.3。残基槽东端至西边，有3个柱洞，编号为1、2、3号，柱洞口与基槽口一致，1、2号柱洞壁，超出基槽边缘。基槽填土灰褐色，较松，夹杂少量红烧土粒，出土釜形鼎、盆形鼎、釜、绳纹陶罐、壶、圈足盘、三足盘、杯等残片。石峡一期绳纹刻纹和刻划圈足纹陶片（图二七；附表三、四）。

G1　位于T7C东面，发掘区北边，紧靠狮头山麓石灰岩，发现1条灰沟，呈南北向，沟口平面为长条形。距表土0.85~1米，南北长3.12、宽0.24~0.46、深0.2~0.35米，打破石峡一期文化层，沟东边有1.5米位于岩石下面。沟内填土灰褐色，出土有肩石斧1件，野猪牙齿1枚，陶器均已残，有ＡＡ I 型盘形鼎6件、釜形鼎3件、釜7件、夹砂盖豆5件及瓦形、凿形鼎足，残石器石料3件。另有石峡一期绳纹刻划陶罐17片（图二八）。T7C有完整的四叠层。

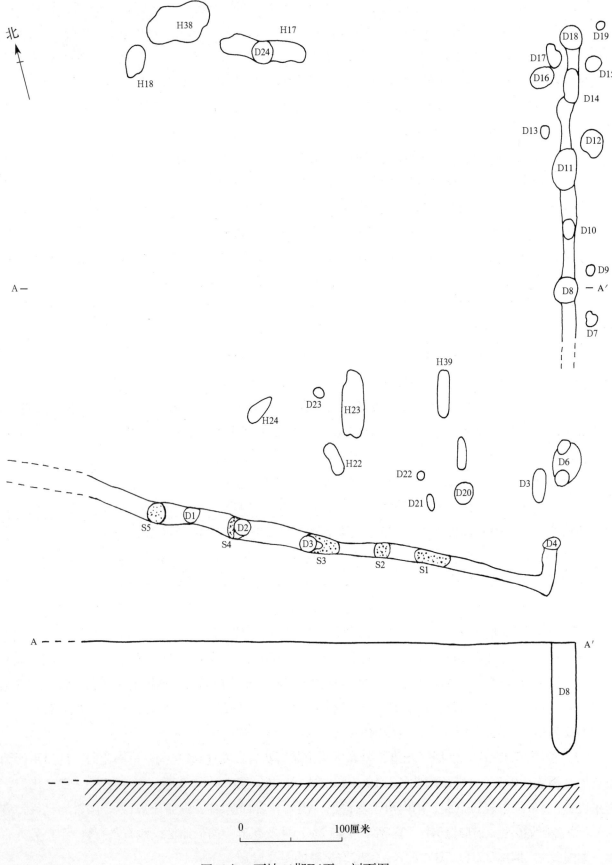

图二六　石峡二期F4平、剖面图

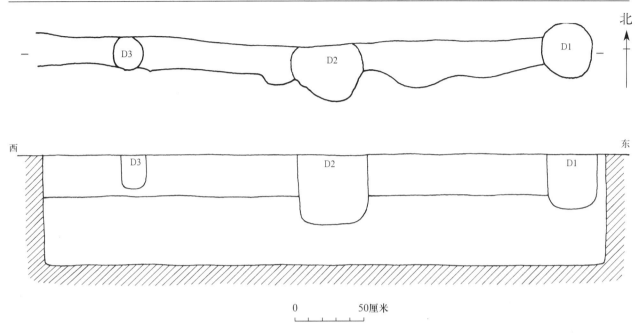

图二七　石峡二期F5残墙基槽平、剖面图

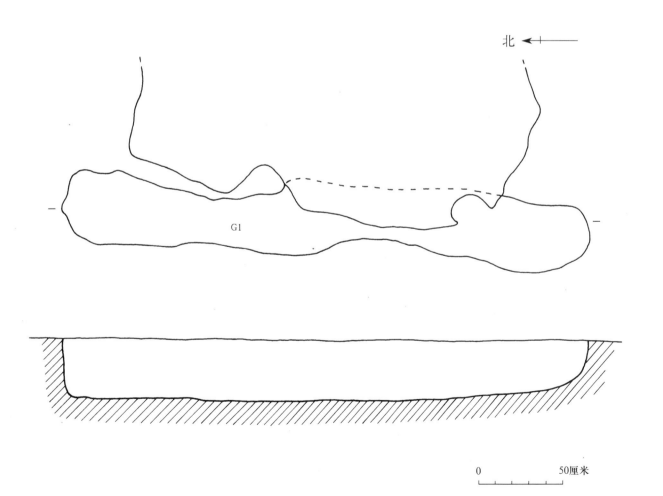

图二八　石峡二期G1平、剖面图

（二）灰坑

本期计有灰坑73个，多数灰坑出土遗物不多或仅见碎陶片，现将出土遗物较多的灰坑，作编号概述。

石峡二期灰坑，为表土下或石峡三期文化层下出现坑口，打破石峡一期文化层，灰坑口平面有椭圆形、不规则形、近圆形、长方形、深浅不一，坑壁稍斜呈锅底状。坑内填土灰褐色，稍松，有少量红烧土屑（附表二）。

H09　位于T7C南部，该方为发掘区北边最后一个探方，东边为狮头山山石。距表土1.4米，坑口平面不规则形，口径长1.14、宽0.61、深0.12～0.18米。出土瓦形鼎足，釜、夹砂盖豆残片，另有石峡一期夹砂绳纹刻划纹罐片和泥质灰黄薄胎陶片。

H10　位于T7C西南，距表土1.4米，坑口平面不规则形，口径长1.36、宽1.32、深0.1～0.2米。出土夹砂鼎足、釜、夹砂盖豆残片，泥质三足盘和石球1件。

H11　位于T5D东北角，距表土1米，坑口平面为椭圆形，长2、宽0.96、深0.7米。出土ＡＡⅠ盘形鼎、釜形鼎瓦形足、ＢⅡ釜形鼎、Ｄ型釜、Ｂ型罐、Ａ型豆、泥质错迭曲折纹罐4片，另有石峡一期泥质米黄陶罐、镂孔盘。

H12　位于T3F北，坑口平面不规则椭圆形，距表土0.4米，长4.03、宽1.44、深0.6米。出土ＡＡⅠ、Ⅱ盘形鼎、瓦形足、ＡbⅣ盘形鼎、鹅头状、凿形、楔形鼎足、Ｂ型釜形鼎，泥质瓦形足、罐、豆残片（图二九）。

H13　位于T1G西，坑口平面椭圆形，距表土0.34米，长1.28、宽0.74、深0.21米。出土Ａ型

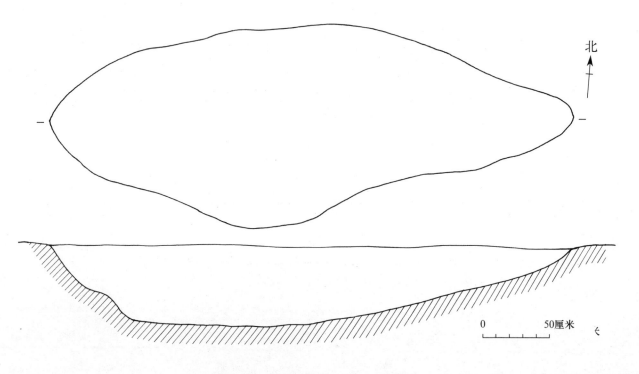

图二九　石峡二期H12平、剖面图

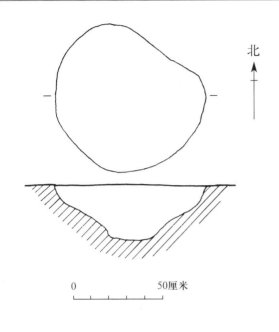

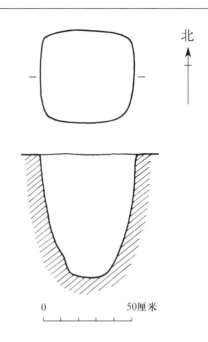

图三〇　石峡二期H16平、剖面图　　　　图三一　石峡二期H21平、剖面图

罐、盘形鼎、釜形鼎残片、A型豆泥质素面罐、三足盘口沿、圈足盘口沿、AⅠ陶纺轮等。

H14　位于T2G中部，距表土0.27米，坑口平面不规则形。长1.3、宽1.2、深0.5米。出土盘形鼎、釜、圈足罐、夹砂素面陶、泥质陶罐、三足盘、豆等残片。

H15　位于T2G东南，距表土0.27米，坑口平面近圆形，长0.78、宽0.76、深0.2米。出土盘形鼎、釜、圈足罐、夹砂素面陶、豆等残片。

H16　位于T19东北，距表土0.6米，坑口平面近圆形。长0.84、宽0.82、深0.3米。出土AⅡ圈足盘，可修复，长身石锛（图三〇）。

H17　位于T29西北边，距表土0.45米，坑口平面长条形，长2.5、宽0.6、深0.52米。可能是F4北边残留的墙基槽。出土AaⅠ盘形鼎、瓦形足、楔形足、夹砂盖豆、Ca圈足盘、A型豆圈足、AⅠ瓦形足三足盘、CⅠ梯形足三足盘等残片，一件完整小型直领附加堆纹矮圈足罐，还有石峡一期夹砂刻划、刺点纹罐残片。

H18　位于T29西扩方中部。距表土0.5米，坑口平面椭圆形，长0.9、宽0.5、深0.35米，坑内填土灰褐，夹杂少量红烧土。出土遗物夹砂盖豆等残片和器盖1件。

H19　位于T29西扩方中部。距表土0.5米，坑口平面椭圆形。长0.68、宽0.32、深0.35米。出土陶豆、夹砂素面红、黑、灰陶片和石峡一期泥质灰黄薄胎陶片。

H20　位于T31东南。距表土0.5米，坑口平面近圆形，长0.77、宽0.66、深0.3米。出土大镂孔圈足盘和石峡一期夹砂器盖。

H21　位于T47东南边，距表土0.53米，坑口平面圆角方形，长0.54、宽0.54、深0.68米。口大底小，底宽0.26米。坑内填土为红色、黑色烧土块，土块中印有稻秆痕迹，炭化米粒和椭圆形饼状烧土块及炭屑，少量夹砂陶片，残石器1件（图三一；图版九）。

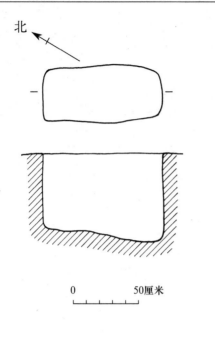

图三二　石峡二期H22平、剖面图

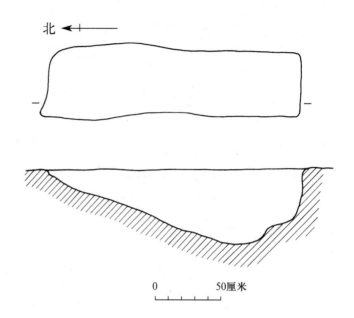

图三三　石峡二期H23平、剖面图

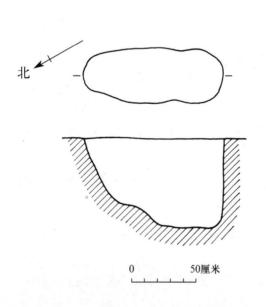

图三四　石峡二期H24平、剖面图

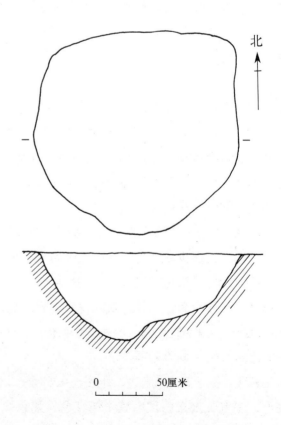

图三五　石峡二期H25平、剖面图

H22　位于T49东南。距表土0.4米。坑口平面圆角长方形，坑底斜。长0.94、宽0.44、深0.64米，坑内填土灰色松软，出土AbⅠ盘形鼎、素面夹砂陶、瓦形鼎足、小石凿、残石器（图三二）。

H23　位于T49东北。距表土0.4米。坑口平面长方形，坑底向南斜。坑内填土夹杂较多烧土块。长2、宽0.56、深0.6米。出土AaⅠ盘形鼎、瓦形鼎足、素面夹砂陶、残石镞和打制石片各1件（图三三）。

H24　位于T49西边。距表土0.4米。坑口平面椭圆形，坑内填土灰褐色，夹杂较多大块红烧土块。长1.1、宽0.4、深0.62米。出土石灰石1，砺石1件，夹砂盘形鼎、盆形鼎、釜形鼎残片和罐、盘残片（图三四）。

H25　位于T1D西南。距表土0.67米，打破H1上层填土，坑口平面为圆形，长1.54、宽1.54、深0.64米。坑内填土灰褐色夹杂炭块。出土夹砂陶釜、罐残片、绳纹陶片、泥质镂孔圈足盘、罐、豆等残片。还有石峡一期绳纹刻划纹罐，砺石1件（图三五）。

H26　位于T1D东边。距表土0.68米，坑内填土灰褐夹杂红烧土块。坑口平面圆形，长1.3、宽1.3、深0.5米。出土夹砂罐、夹砂盖豆、泥质三足盘、圈足盘口沿等，还有石峡一期绳纹刻划纹罐、泥质黄白薄胎陶，石灰石和动物碎骨（图三六）。

H27　位于T1D东南，距表土0.65米。坑口平面圆形。长0.8、宽0.5、深0.46米。出土夹砂盖

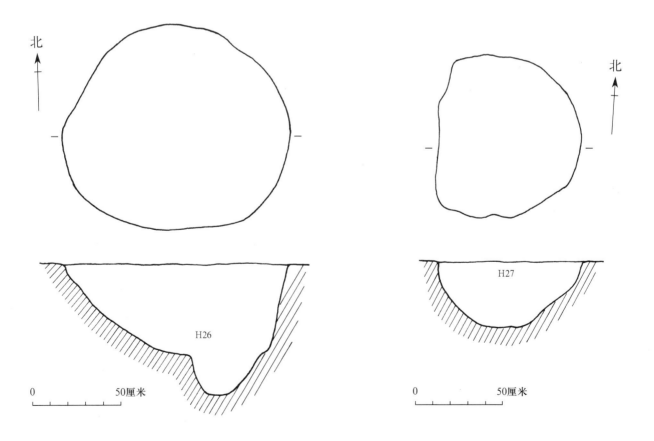

图三六　石峡二期H26平、剖面图　　　　图三七　石峡二期H27平、剖面图

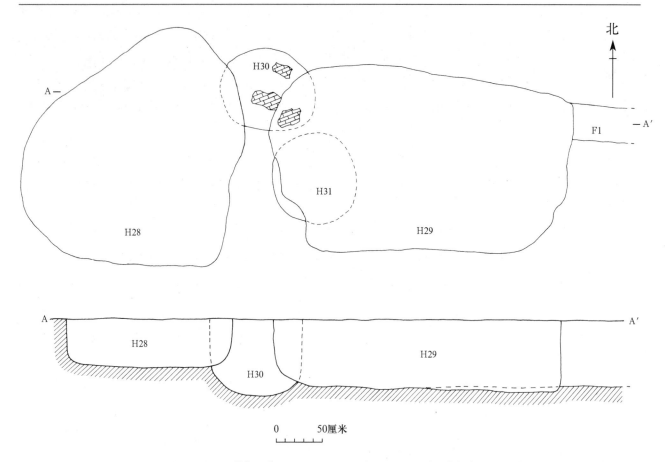

图三八　石峡二期H28、H29、H30、H31平、剖面图

豆、罐，泥质三足盘、圈足盘口沿，石峡一期绳纹刻划纹罐，泥质黄白薄胎陶片（图三七）。

　　H28　位于T2F中间，距表土0.7米，坑口平面椭圆形。长2.84、宽1.94、深0.7米。坑内填土灰褐色，较松软，夹杂大量红烧土块，从坑口便见到红烧土块和一块石灰石，红烧土块层，厚0.35米，之下为灰褐土。该灰坑打破H30，灰坑深0.8米，底部平放3块石灰石。出土遗物以盘形鼎口沿碎片为多见、釜形鼎、瓦形足三足盘，少量石峡一期镂孔圈足盘、杯残片（图三八）。

　　H29　位于T2F东—T2E西，距表土0.7米，坑口平面椭圆形。长3.26、宽1.96、深0.75米。坑口东北壁打破F1北边墙基槽和H30，东北壁打破F1北墙基槽到底部，灰坑和基槽深度均为0.75米，西部打破H31，该灰坑0.66米。坑内填土灰黑夹杂较多红烧土，土质黏，与F1墙基槽灰黑色中夹黄土的填土有区别。出土遗物有盘形鼎、瓦形鼎足、釜、夹砂盖豆，大镂孔A型圈足盘、白陶杯，其中一片泥质灰陶重叠曲折纹罐片为石峡文化晚期墓才出现的，石锛2件。另有石峡一期绳纹陶片（图三八）。

　　H30　位于T2F东北，距表土0.7米，西部被H28，东部被H29打破。坑口平面椭圆形。长1.1、宽0.84，深0.8米。坑内填土灰褐色，有3块石灰石，作等腰三角形平放在坑底。出土夹砂碎陶片（图三八）。

　　H31　位于T2F东，距表土0.7米。坑口平面圆形。长1、宽0.92、深0.66米，被H29打破。坑内填土灰褐色。出土鼎足、夹砂碎陶片（图三八）。

　　H32　位于T2C北边，F1距表土0.83米，坑口平面椭圆形。长1.58、宽0.64、深0.27。靠坑南

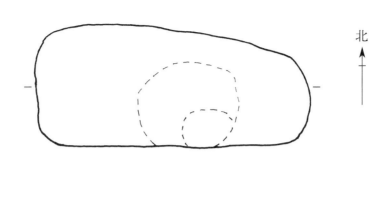

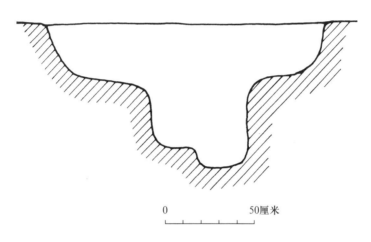

图三九　石峡二期H32平、剖面图

边有长0.58、宽0.48、深0.8米灰坑内圆洞，推测是墙基槽外边柱洞，坑内填土灰褐色。出土圈足盘、泥质陶、石峡一期绳纹陶罐（图三九）。

H33　位于T1Ⅰ东北，距表土0.4米。坑口平面为椭圆形。长1、宽0.8、深0.16～0.3米。坑内填土灰褐色，夹杂红烧土粒、木炭碎屑等。出土盘形鼎口沿和瓦形鼎足、断面四方凿形、鼎足、釜、夹砂盖豆、瓦形足三足盘口沿及瓦足残片，夹砂、泥质素面陶残片。石峡一期绳纹刻划纹陶罐片、米黄色薄胎镂孔圈足盘。

H34　位于T1F中部，距表土0.4米。坑口平面不规则的长方形。长1.74、宽0.6、深0.21米。坑内填土灰褐色，夹杂红烧土块。出土A型釜，灰色泥质罐、豆等残片。石峡一期米黄薄胎陶罐、镂孔圈足盘等。

H35　位于T1F部，距表土0.4米。坑口平面为不规则长方形。长1.8、宽0.5、深0.16米。坑内填土灰褐色，质较松。出土夹砂灰陶、泥质灰陶、橙红陶片、绳纹陶片。石峡一期泥质灰黄素面陶等。

H36　位于T1H东南，距表土0.6米。坑口平面为不规则形。长2.36、宽1.24、深0.43米。坑内填土灰褐色，夹杂少量红烧土粒。出土盘形鼎、釜、夹砂盖豆、器座、泥质陶罐、三足盘、陶纺轮、夹砂素面陶、泥质素面陶和石峡一期绳纹刻纹陶、镂孔圈足盘残片（图四〇）。

H37　位于T1H中部，距表土0.75米。坑口平面为不规则形。长0.9、宽0.64、深0.47米。坑内填土灰褐色，夹杂少量红烧土粒。出土盘形鼎足、釜、泥质陶罐、三足盘、泥质素面陶和石峡一期

北 ←

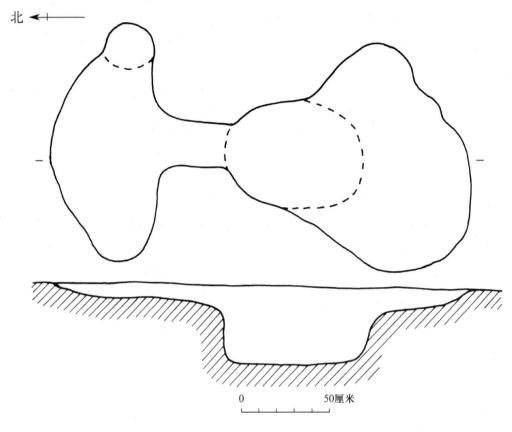

0　　　　　　　50厘米

图四〇　石峡二期H36平、剖面图

绳纹刻划纹陶罐片和镂孔圈足盘残片。

H38　位于T29西扩方西北，距表土0.4米，坑口平面不规则形，长2、宽1.1、深0.38米。坑内填土灰褐色，夹杂较多烧土粒，出土盘形鼎口沿、瓦形足、楔形足、夹砂盖豆、釜形鼎、泥质豆、石峡一期绳纹、篦点纹罐，均为残片。

H39　位于T50中部，距表土0.4米，坑口平面圆角长方形，长1.4、宽0.35、深0.22米。坑内填土灰褐色，出土盘形鼎、釜形鼎、夹砂盖豆、三足盘，石峡一期绳纹、刻划纹罐，均为残片。

（三）柱洞

约有近千个之多，除房基内柱洞排列较规整，其余结构均不明。如果我们以一个探方或以相邻的两个探方的范围来探寻房址的布局，从所见的柱洞缺乏规律性来看，目前仍未能对这批柱洞群说出什么道道来。

从洞口平面形状，柱洞大致有圆形洞，椭圆形洞和不规则洞等几种。剖面呈漏斗形，深度同房基墙基槽深度相差不大，均为距表土35～50厘米，打破石峡一期文化层的柱洞，分别举例说明（附表四、五）。

T1A　位于发掘区东边偏北，石峡二期柱洞，有6个，依次编号为1～6号，柱洞口平面形状以圆形为主，口径20～58、深10～33厘米，柱洞内无遗物或出土石峡一期夹砂绳纹陶罐碎片（图四一）。

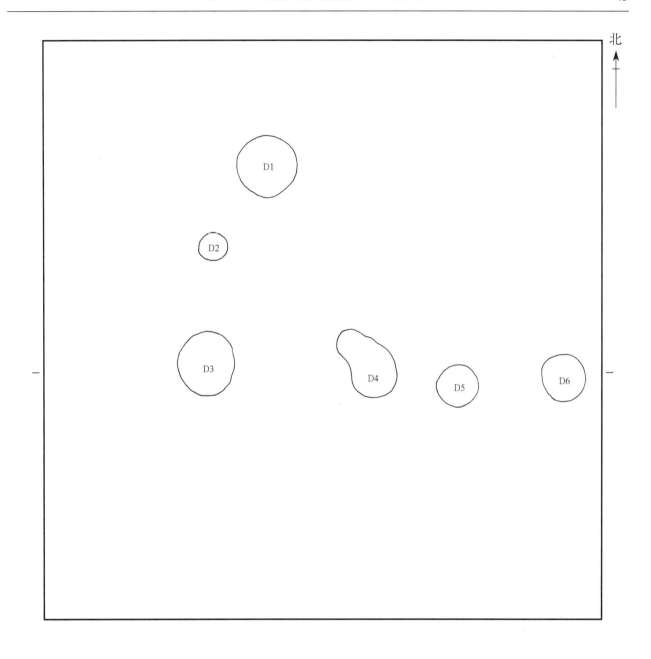

北

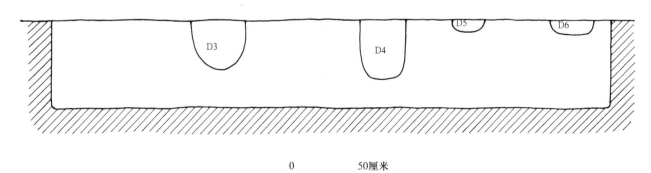

0　　　　　50厘米

图四一　T1A石峡二期柱洞平、剖面图

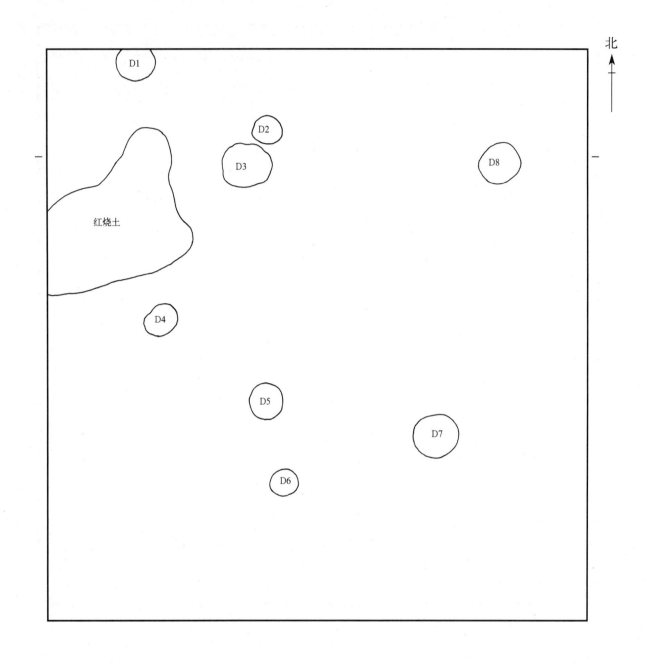

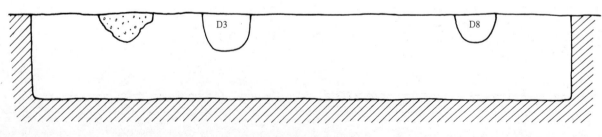

图四二　T1B石峡二期柱洞平、剖面图

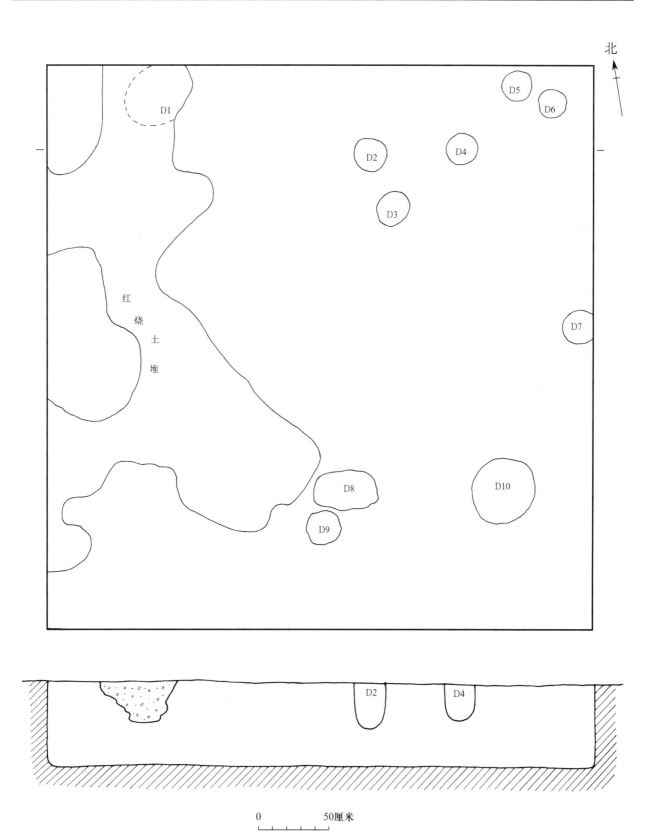

图四三　T8石峡二期柱洞平、剖面图

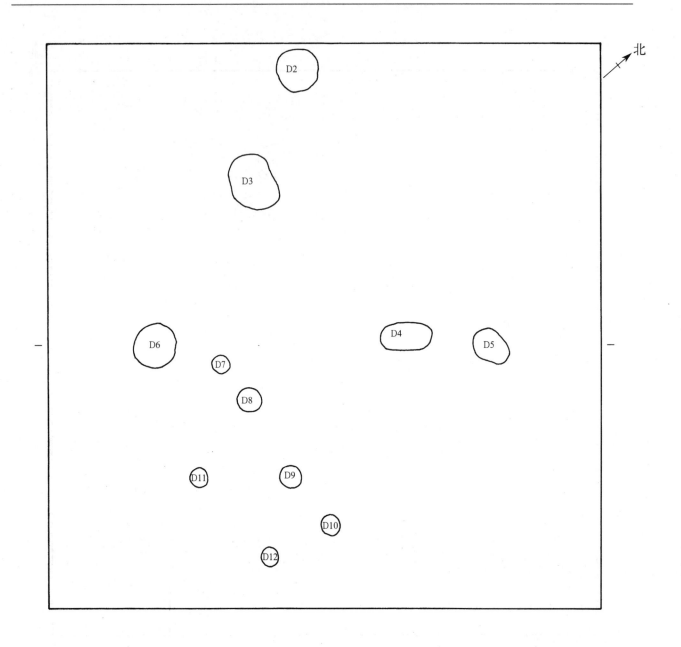

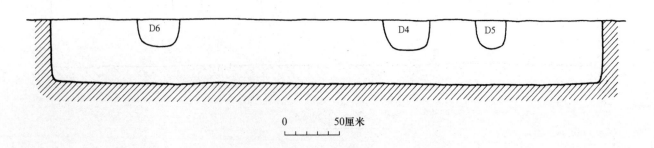

0　　　　　50厘米

图四四　T3E石峡二期柱洞平、剖面图

T1B　位于石峡二期F1东边，F1的红烧土堆在该方西北边。有9个柱洞，依次编号为1～9号，口径20～32、深20～38厘米，柱洞口平面圆形，柱洞内少数无遗物，多数出土石峡一期夹砂绳纹，素面陶和泥质素面黄白陶碎片（图四二）。

T3E　位于发掘区北边，F1北，相距2米。有12个柱洞，依次编号为1～12号，柱洞口平面以圆形为主，少数为椭圆形，口径18～54、深18～40厘米。出土遗物有石峡文化晚期墓错叠曲折纹陶片、残豆足和石峡一期夹砂绳纹、刻划纹陶、泥质白陶、红陶碎片（图四四；图版八：3）。

T8　位于发掘区西北面，F3西南，相距4米，F4北边，相距6米。有10个柱洞，依次编号为1～10号，柱洞口平面圆形，少数椭圆形，口径22～50、深18～34厘米。出土遗物，除1号柱洞出土石峡二期盘形鼎残片，其余多见石峡一期夹砂绳纹、镂孔圈足盘碎片。该方西边有厚达30～40厘米红烧土堆，长350、宽50～200厘米。推测可能是居住面（图四三）。

T34　位于发掘区中部。有10个柱洞，一个灶坑，柱洞依次编号为1～10号，洞口平面有圆形、椭圆形、不规则形，口径22～80、深32～84厘米。填土夹杂红烧土块或粒，北边有一个口径40、深25厘米的灶坑，编号Z2。柱洞出土遗物有夹砂黑陶碎片，卷瓦形釜鼎足、凿形足、罐口沿，多见于石峡文化贰期墓，泥质陶有陶豆足、圈足盘足和石峡一期夹砂绳纹刻划纹陶、泥质淡黄陶碎片（图四五）。

（四）灶坑

尚未在房基内发现灶坑，三处灶坑集中在发掘区中部。灶坑附近有烧过的红烧土炭灰土堆积。为平地下掘15～20厘米。灶坑呈圆形或椭圆形，经使用后，灶坑遗留2～4厘米红烧土壁和较厚的红烧土炭灰土夹杂层，灶坑周边有椭圆形红烧土硬块，上遗留手指痕迹。灶口朝东或东南。

Z1　位于T5中南部，石峡三期文化层下，打破石峡一期文化层，距表土40厘米。平面长方形，灶口朝东，长70、灶口宽40.4、灶后部宽60、深20厘米，灶坑周边有2～3厘米灰黑色火烧土灶墙，坑内填满红烧土块和炭灰土，出土夹砂陶釜、罐30片，底部较平，灶口前有4块无法辨别形状的烧焦残骨，灶后面为厚20.3厘米红烧土、椭圆形红烧土硬块和陶豆残片（图四六：1）。

Z2　位于T34，石峡三期文化层下，打破石峡一期文化层，距表土40厘米，平面椭圆形，灶口朝东南，前低后高，前比后低13厘米，灶坑范围长径31、短径28、深22.5厘米，灶壁残高16厘米。灶坑底近平，坑壁均烧成硬面，内填满灰土、炭屑、红烧土块。在略呈马蹄形灶坑沿面上，有12块椭圆形手掌大小的红烧土硬泥饼，其下较平，上面有手指的压痕，说明是人工做成饼状敷贴在灶坑边沿，用于支垫圜底炊器用的，泥饼中掺杂有稻谷壳。灶坑出土一片三足盘身残片（图四六：2）。此灶坑套在一个略呈圆形的大灰坑中，大灰坑填土为灰褐色土，较松，夹杂红烧土碎屑。灰坑口径56～64厘米，深度24、36和46厘米不等。大灰坑的年代相当于灶坑的年代，推测是灶坑的一部分。T34无②A层和②B层位，本文化层及灶坑、柱洞，出土瓦状鼎足、三足盘、圈足盘、豆等残件和3件石镞，属石峡文化遗物。

Z3　位于T26西南部，石峡三期文化层下，打破生土层，距表土40厘米平面近圆形，灶口朝东，长40、宽36、灶口深16、灶后部深22厘米，灶坑红烧土壁厚3～7.5厘米不等，灶口后沿高于灶口约10厘米，灶坑上覆盖有灰土、红烧土屑。在灶坑沿面上，除灶口外，敷贴有9块椭圆形泥饼，下

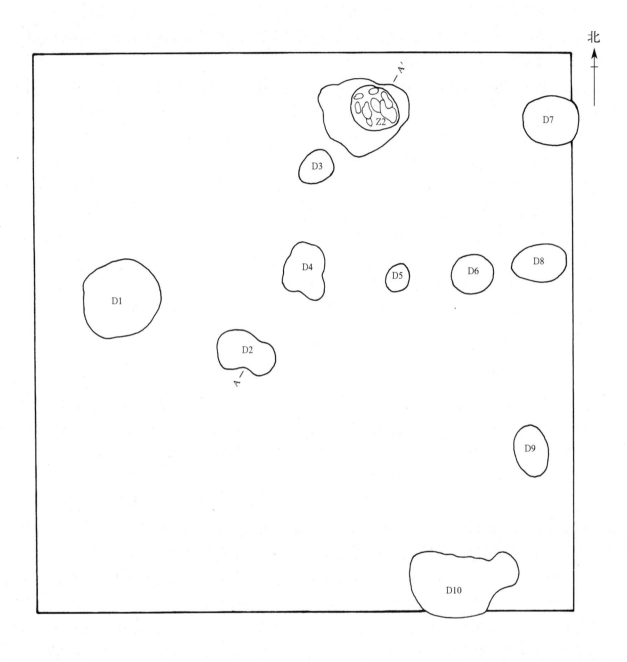

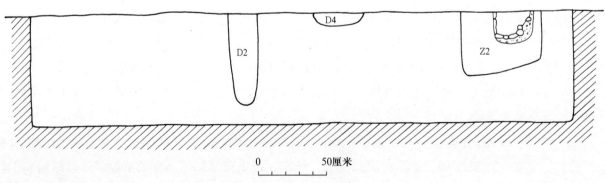

图四五　T34石峡二期柱洞Z2平、剖面图

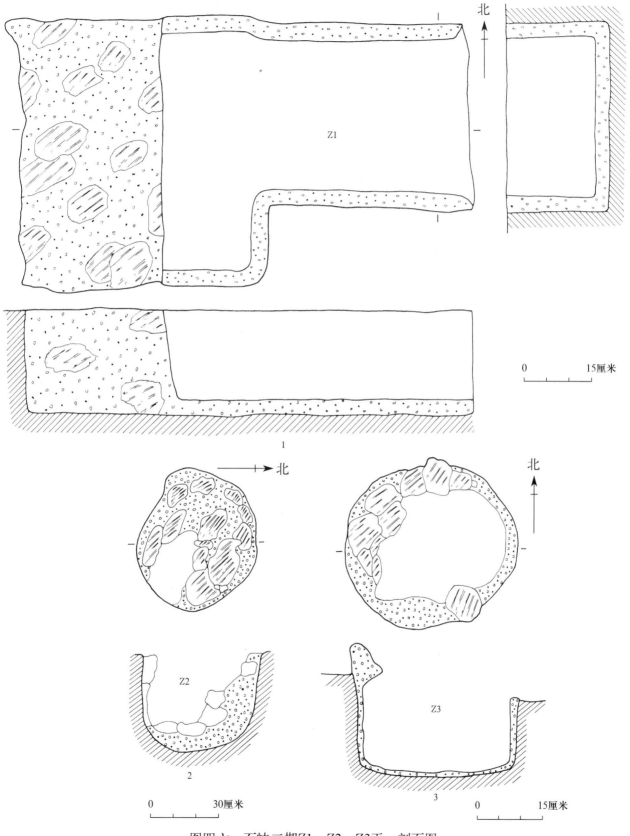

图四六　石峡二期Z1、Z2、Z3平、剖面图

1. Z1　2. Z2　3.Z3

面较平，上面有手指压道，经火烧烤后成了红烧土硬块，夹杂炭化稻谷（图四六∶3）。

　　此外，还有两个现象值得一提：一是在T94第③层（石峡文化层），清理一个长方形浅坑，在其东北隅，长2.18、宽0.64、深0.65米，见有5件石锛分成两行，其刃口均朝南，前一行3件为C型有段石锛2件，DⅡ式梯形石锛1件；后一行2件为DⅠ、DⅡ式梯形石锛各1件，排列有序，含义不明。但不是墓葬的器物（图四七）。二是T11第③层，在同一探方不同深度，出土各种石器及灰色千枚岩石料坯件50多件，从石料坯件到半成品至成品均有。这可能反映出这里或周围，曾有过石器制作加工场所。

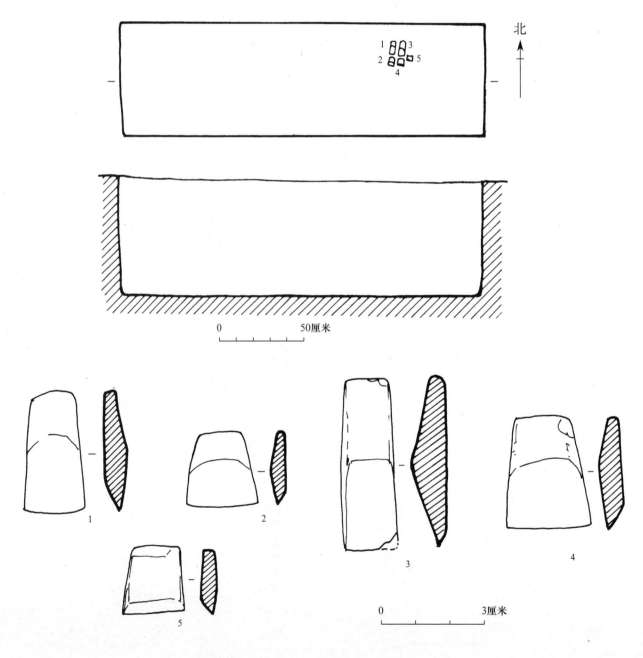

图四七　T94③长方形坑平、剖面图与出土石锛
1、3.C型有段石锛　2、5.D型Ⅱ式梯形小锛　4.D型Ⅰ式梯形锛

（五）红烧土

具体说有三种情况：一是红烧土堆积或红烧土硬面；二是零星的红烧土块；三是红烧土碎块、碎屑。

第一种情况主要存在于F1、F2及其附近。如T1B、T1C、T1I、T7、T8、T15及T29西扩方，T44、T52和T93等探方。这些红烧土堆积，范围最大的也仅有8～10平方米；T52一片，约12平方米（不及②B层的分布范围大）。这些红烧土遗迹，多属于与煮食、烧火性质的遗迹，故多有陶器残件伴出。

如T4B～T6B探方第③层的红烧土遗迹。在T4B南隔梁距地表深64厘米，出现一片红烧土硬面（编号S1），长1.5×1.2、厚0.07～0.15米，S1红烧土成层，厚1.5～2厘米，有的留有凹道痕迹，黑烧土块中有稻谷粒印痕。它被距地表深56厘米、厚20～25厘米的石峡三期的红烧土面叠压着，但又叠压着另一红烧土硬面（编号S2），S2范围约5平方米，S2往北压着另一片属于石峡文化层的红烧土遗迹（编号S3），S3范围约8平方米，厚4～8厘米不等，并向T5B探方延伸。S3夹杂有较多的灰黑松土，并有属于石峡文化的瓦状鼎足，泥质陶豆和陶盘的残件，还有1件特大的红砂岩砾石、表面有清楚的磨、砸使用痕迹。

第二种情况是红烧土硬块。有的一面较平整，另一面有竹木枝、茅草秆之类的夹道印痕，有的红烧土块则两面都较平，没有竹木条枝的印道。这些红烧土块，应是木骨泥墙房屋的墙体或房屋顶部泥巴的遗留。

如T4B③的红烧土硬块，残长45、残宽30、厚9厘米，其正面平整，背面有两条宽2、深1厘米、平衡间隔为3厘米的竹木条印痕（图版一〇：4）。

T24③的一块红烧土硬块，残长11.5、残宽7、厚3.5～4.3厘米，砖红色，坚硬如砖，正面较平整，背面凹凸不平，无夹竹木枝或茅秆痕道。

T1F③的红烧土硬块，内含有稻谷壳和稻草秆。

T26③：1的红烧土硬块，砖红色。残长12、残宽9、厚2.5厘米。一面较平整，另一面有竹木条的印道（图版一〇：1）。

T71③的红烧土硬块，表里砖红色，较坚硬。厚2～2.5厘米。另一块厚2～2.5厘米，青黑色，一面平整，另一面有茅草秆之类的凹道。

T6B③的红烧土硬块，砖红色，部分黑色。残长12.5、残宽9、厚6厘米。一面平整微凹；另一面有茅秆或木条之类的压道4条，高低不平（图版一〇：3）。

T6B③的红烧土硬块，砖红色，多层可以脱开，说明是人工多次涂抹形成的（图版一〇：2）；还有一些红烧土块含有稻谷壳印痕。这些红烧土硬块，无疑是木骨泥墙房屋的泥墙构件。

第三种情况是红烧土碎块。有些含有稻谷壳和稻草印痕。

二、遗物

（一）石器

第一，本期的石器以磨制和通体磨光为主，打制石器只是个别的少数。第二，当时已懂得石器

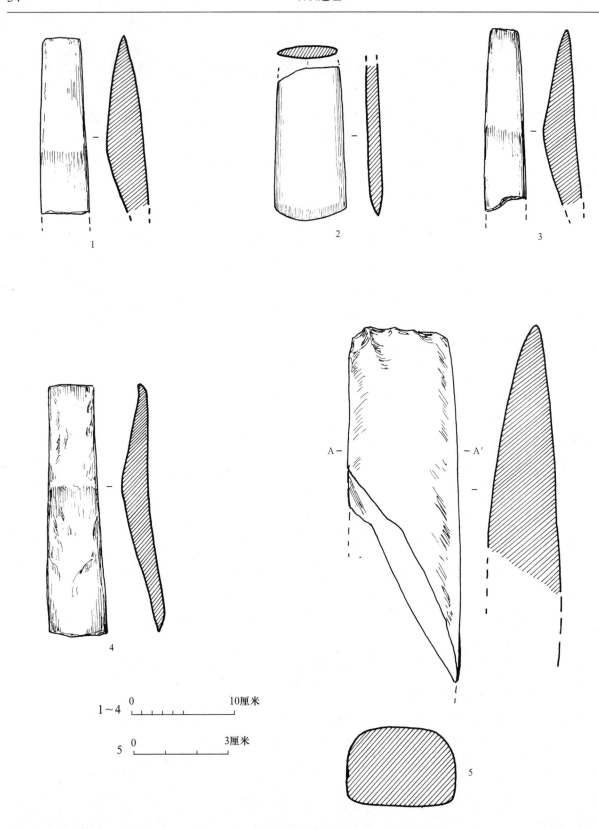

图四八　石峡文化石镬、石铲

1.C型Ⅱ式石镬（T49③：4）　2.Ⅰ式石铲（T11③：2）　3.C型Ⅱ式石镬（T11③：47）　4.C型Ⅲ式石镬（T90③：11）　5.B型Ⅰ式石镬（T90③：28）

的选材，如对窄长身厚体的掘土农具石镬，选择岩石结构呈片（层）状的页岩。对数量大的适于磨制的锛凿类，除了主要选用板岩、沙岩外，也就地取材选用了河砾石。对磨盘、磨具选用了云母石英砂岩。砺石均选用红色或褐色的砂岩。对数量大、易消耗易折断的石镞（箭头），主要选用岩性呈片状的千枚岩。对精美的玉石饰物则选用透闪石、矽卡岩和水晶石。第三，在各类石器的制作方法上，视器物的用途种类与部位不同，精细与粗磨有别。如农业工具石镬，从现存的情况看，主要是两端经打制少数刃部磨光，器身则多未认真磨光，尚残存一些凹凸的疤痕。扁平穿孔石铲，则磨光较好，有的身侧有切割痕迹，均穿孔，多数两面钻孔。锛凿类是手工工具中数量最多者。其中的长身型、隆背型和有段型，形制比较规整，如两侧和首端经切割或磨制整齐，正面磨平至刃部再磨出一单面刃；背面首部以下或切割出明显的阶段或磨出一个大斜面，下端与单面刃交接成锐利的刃口。石锛类中还有相当数量的梯形锛、长身锛，器身未见切割痕迹，磨制也不精细，器身两侧和首端，都留有打琢的疤痕。第四，制作的定型化及其磨制技艺的精湛。例如石镞形式多样但每一种的样式都比较固定。而石环、镯和小型穿孔石铲形器、小石钺及石英岩石芯，虽然数量不多，但仍然反映出选材的讲究和制作的精细。上述石器制作的特点，暗示着人们制作石器的组织性，因此T11第③层发现的数量较多的石料、坯件、半成品和成品等。我们推测这里附近很可能有过石器制作加工工场遗迹。地层石器形制，同墓葬出土石器一致分型式，倘若不见于墓葬，则其型式顺延向下编排。

镬　17件，13件残。又称弓背锛。分别出于16个探方。特点是窄长身，正面较平或中间微凹，背部中间隆起，两头减薄，侧视如弓背。如以隆背处为装柄支点，两头的长短不一，窄刃的一头器身较短，宽刃的一头较长，若捆绑在一根"T"字形的长柄上，形如现代的鹤嘴镐，适于开垦挖掘山冈黏性大的壤土，是本期文化最富特色的一种农具。石料以深灰色或青灰色页岩为主。由于风化，有的器身已竖向散裂成数片。一般制作不精，仅刃部磨光较好。有些器身留有打琢的疤痕。

B型Ⅰ式　标本T90③：28，深灰色页岩，残长11.5、窄刃宽3.5、厚2.5厘米（图四八：5）。

C型Ⅱ式　标本T49③：4，青灰色页岩，残长16.8、窄刃宽3.6、宽刃残、背厚4厘米（图四八：1，图版一一：2）。标本T11③：47，深灰色页岩，残长17.5、窄刃宽2.6、宽刃残、背厚3.5厘米（图四八：3，图版一一：1）。

C型Ⅲ式　标本T90③：11，灰色页岩，长24.5、窄刃4.3、宽刃5.6、背厚3厘米（图四八：4）。

铲　6件，均残。较大型者仅3件，均穿孔。

Ⅰ式　标本T11③：2，深灰色细砂岩，扁平长方体，两侧平直，弧刃。残长14.6、首宽6、刃宽7.2、厚1.2厘米（图四八：2）。标本T83③：1，灰褐色，岩石有斑纹。长方形扁体，首部和两侧切割痕迹，近首部穿一孔，单面钻。残长7.2、首宽5.8、厚0.7厘米（图四九：5；图版一一：3）。标本T91③：1，灰黑色页岩。器身稍残，首部下穿一孔，双面对穿，刃端弧形。长6.7、刃残宽2.7、厚0.4厘米（图四九：3；图版一六：2）。标本T90③D1：35，青灰色板岩。首端有一肩角，上部单面穿一孔，刃端弧形。长5.5、刃宽2.5、厚0.3厘米（图四九：4；图版一六：3），后两件为Ⅰ式微型铲。

Ⅱ式　标本T50③：1，云母石英页岩，表面黑色，磨制精细。扁平窄长方形，两侧平直，偏弧刃。残长11.5、刃宽6、厚0.4厘米（图四九：1，图版一一：4）。

Ⅴ式　标本T86③：18，灰色砂岩，圆首，两侧微凹，大穿孔，两面钻，下半部残。残长6.7、

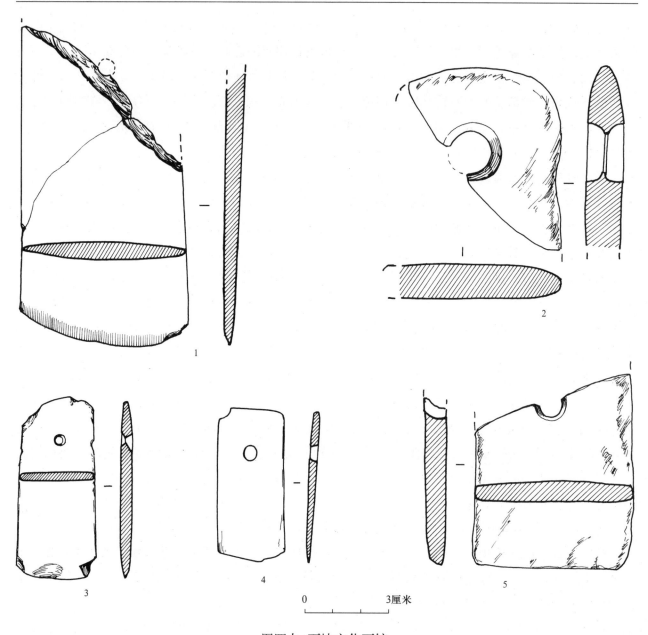

图四九　石峡文化石铲

1. Ⅱ式铲（T50③：1）　2. Ⅴ式铲（T86③：18）　3. Ⅰ式铲（T91③：1）　4. Ⅰ式铲（T90③D1：35）　5. Ⅰ式铲（T83③：1）

首残宽5、厚1.3厘米。此式不见墓中随葬（图四九：2）。

斧　8件。

长身斧　标本T11③：14，青灰色，长身方体，正面平、背面微弧，单面刃不明显，归入斧类。长14.6、刃宽5、厚1.8厘米（图五〇：1）。

梯形斧　标本T5③：2，对称刃部，刃呈弧形，长6.2、刃宽4.1、厚1.3厘米（图五〇：2）　标本T7C③：72，灰色泥质板岩，有肩型，肩角130度，弧刃。两面加磨，留有疤痕。长6.5、柄长3、刃宽5.8、厚1.5厘米（图五〇：3）。

双肩小斧　标本T80③：8，灰黑色砂岩。通体磨光，肩角呈钝角，弧形刃。长6、肩长2、刃宽2.8厘米（图五〇：4）。

有肩有段斧　标本T7C③：71，灰色细砂岩。柄呈长方形，高3厘米，肩角近于直角，背面有段，器身短阔，磨制精细。通高6.5、柄宽3.2、刃宽7.5、厚1.6厘米，肩角110度（图五〇：5；图版一二：1）。

锛　351件（较完整可分型的209件）占本期石器总数的46%，是数量最多的一类石质工具。分长身锛、梯形锛、有段锛、有肩锛、有肩有段石锛，此外，一种小型的两端刃器，并入锛类记述。

长身锛　61件（以较完整的计，其他同此）。长身扁圆或长身扁方体，横截面为梭形、椭圆形、馒头形、圆角长方形。单面下弧刃，长短大小不一。制作工艺不及墓葬里出土的长身石锛，且以A型、C型居多，其中部分是半成品。

A型　11件。均残。大型长身扁圆体，磨光精细，石料多为板岩。

Ⅰ式　8件。标本T47③：1，灰褐色泥质板岩，器身两面鼓起。残长8、宽8、厚2.2厘米（图五一：1）。标本T69③：1，灰黑色砂岩。长10、刃宽4.2、厚1.3厘米。为一件半成品（图五一：3）。

Ⅱ式　2件。标本T5③：1，为一器表色褐红砾石，正、背面加磨过，弧首，单面下斜刃，刃部有使用过崩痕。残长5.7、刃宽2.9、厚1.2厘米（图五一：4）。标本T17③：1，灰色石英岩，弧首，刃部两面经琢打未加磨。长8.8、刃宽4.3、厚1.8厘米（图五一：2）。

Ⅲ式　1件。标本T73③：1，青灰色细砂岩，弧首背面拱起，正面平直，单面下斜刃，刃端呈弧形。长5.2、刃宽1.5、厚0.8厘米。（图五一：11）

C型　7件。器身呈长方形，首、刃宽度相当。

Ⅰ式　5件。标本T4③：40，灰黑色粉砂岩，首残，正面平直，背面下半部拱起，单面斜刃。长5.4、刃宽2.6、厚1厘米（图五一：5）。标本T5D③H11：1，青灰色页岩，两面稍加磨光，两侧遗留琢痕，单面斜刃。长7.3、刃宽2.6、厚0.7厘米（图五一：8）。标本T29③：16，灰黄色砂岩，弧首长身厚体，单面斜刃，刃面较宽。长6、刃宽2、厚1.4厘米（图五一：9）。标本T45③：5，深灰色页岩，弧首，器身厚薄不匀，单面斜刃，刃端弧形。长7、刃宽3.2、厚0.7厘米（图五一：10）。标本T95③：9，深灰色砂质板岩。弧首，正面平直，背面微拱，一侧有切割痕迹，刃部残。残长8.2、首宽4、厚1.5厘米（图五一：7）。

Ⅱ式　2件。标本T7C③H10：7，深灰色页岩，弧首近平，正背面平直，刃部残。残长9、宽4、厚2.4厘米（图五一：6）。标本T11③：8，青灰色细砂岩，首残，器身保留琢痕，器身两面微拱，单面斜刃，刃端斜。长8、刃宽4、厚1.3厘米（图五一：12）。

梯形锛　107件。形制以宽体扁平梯形和小型短身，石料以粉砂岩，细砂岩和板岩为主，少数用页岩。首部有平首，弧首、斜首，形体较小，长不过10厘米，小的仅2～3厘米。其中弧顶，背部隆起处向下磨出斜面，器体厚重的DⅢ式和DⅣ式斜长体小梯形锛不见墓中随葬。

A型　10件。

Ⅰ式　10件。长方扁平梯形，平首，正、背面稍平，单面斜刃。标本T2E③：2，青灰色粉砂岩，长6、刃宽3.5、厚0.8厘米（图五二：2）。标本T92③：1，灰色砂岩。弧首，单面下斜刃。长

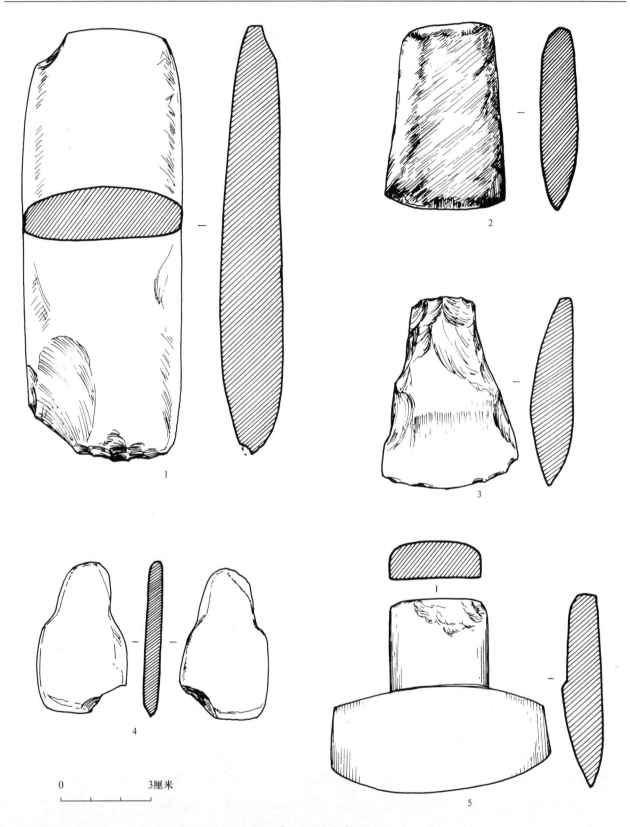

图五〇 石峡文化石斧

1.长身斧（T11③：14） 2.梯形斧（T5③：2） 3.梯形斧（T7C③：72） 4.双肩小斧（T80③：8） 5.有肩有段斧（T7C③：71）

图五一　石峡文化长身石锛

1.A型Ⅰ式长身锛（T47③：1）　2.A型Ⅱ式长身锛（T17③：1）　3.A型Ⅰ式长身锛（T69③：1）　4.A型Ⅱ式长身锛（T5③：1）　5.C型Ⅰ式长身锛（T4③：40）　6.C型Ⅱ式长身锛（T7C③H10：7）　7.C型Ⅰ式长身锛（T95③：9）　8.C型Ⅰ式长身锛（T5D③H11：1）　9.C型Ⅰ式长身锛（T29③：16）　10.C型Ⅰ式长身锛（T45③：5）　11.A型Ⅲ式长身锛（T73③：1）　12.C型Ⅱ式长身锛（T11③：8）

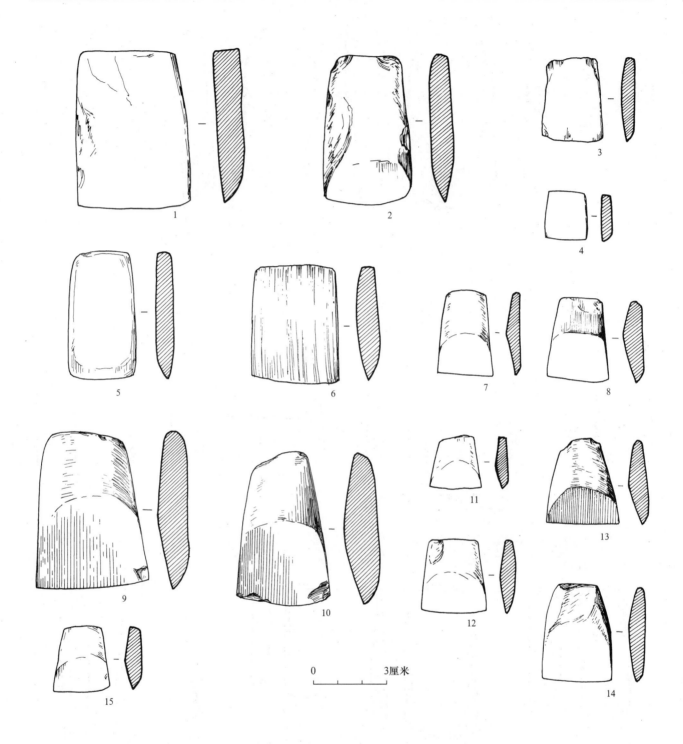

图五二　石峡文化梯形石锛

1.B型梯形锛（T95③：5）　2.A型Ⅰ式梯形锛（T2E③：2）　3.B型梯形锛（T1F③：96）　4.B型梯形锛（T94③：2）　5.A型Ⅰ式梯形锛（T92③：1）　6.B型梯形锛（T1B③：9）　7.D型Ⅱ式梯形锛（T61③：8）　8.D型Ⅱ式梯形锛（T94③：10）　9.D型Ⅰ式梯形锛（T65③：1）　10.D型Ⅰ式梯形锛（T5B③：21）　11．D型Ⅱ式梯形锛（T94③：8）12．D型Ⅱ式梯形锛（T23③：1）　13.D型Ⅱ式梯形锛（T69③：2）　14．D型Ⅱ式梯形锛（T11③：11）　15.D型Ⅱ式梯形锛（T92③：2）

5、刃宽2.7、厚0.7厘米（图五二：5）。

B型　24件。宽扁体梯形，平首，正面平，背面平或稍拱起。标本T95③：5，青灰色砂质板岩。体呈方形，单面斜刃，首部和两侧磨制较光滑。长6.3、刃宽4.6、厚1.2厘米（图五二：1），标本T1B③：9，深灰色页岩。长4.8、刃宽3.6、厚0.9厘米（图五二：6）。标本T1F③：96，青灰色砂岩，背部稍拱，单面斜刃，刃端斜。长3.4、刃宽2.5、厚0.6厘米（图五二：3）。标本T94③：2，灰色板岩。小型方体。长1.9、刃宽1.7、厚0.5厘米（图五二：4）。

D型　78件。扁平梯形，背部隆起，下半部磨出一大斜面，与正面磨出的单面刃相交成锐利的刃，刃端平或稍弧。其中18件可分型式。

Ⅰ式　2件。标本T65③：1，青灰色板岩。弧首，刃端斜。长6.3、刃宽4.6、厚1.2厘米（图五二：9）。标本T5B③：21，灰色板岩，斜首，刃端斜。长6、刃宽4、厚1.3厘米（图五二：10）。

Ⅱ式　6件。短身扁平梯形，器体小型。标本T61③：8，灰色细砂岩。磨制较规整。长3.4、刃宽2.3、厚0.6厘米（图五二：7）。标本T94③：10，青灰色板岩。磨制规整，平首，刃端斜，长3.3、刃宽2.5、厚0.7厘米（图五二：8）。标本T94③：8，青灰色板岩。长2、刃宽2.2，厚0.4厘米（图五二：11）。标本T23③：1，灰色板岩。长3、刃宽2.7、厚0.7厘米（图五二：12）。标本T92③：2，青灰色粉砂岩。长2.6、刃宽2.3、厚0.6厘米（图五二：15）。标本T69③：2，灰色板岩，刃端平且宽。长3.4、刃宽3、厚0.7厘米（图五二：13）。标本T11③：11，深灰色细砂岩。首部平，长3.9、刃宽2.9、厚0.6厘米（图五二：14）。

Ⅲ式　6件。弧首，背部隆起，背面下磨面大且斜，上半部横截面椭圆形或圆角长方形，器体厚重，单面斜刃，刃端弧形。标本T5③：5，青灰色泥质板岩。长7.5、刃宽4.3、厚1.6厘米（图五三：1）。标本T32③：5，灰色砂岩。首部微弧，两侧斜平。长7.4、刃宽4.4、厚2厘米（图五三：2）。标本T11③：10，深灰色砂岩。弧首，背面微隆，正面平直，刃端平。长6.2、刃宽3.1、厚1.4厘米（图五三：3）。标本T1F③：97，深灰粉砂岩。背部隆起，近首部器身渐薄。长4.9、刃宽3.1、厚1.3厘米（图五三：4）。标本T66③：20，青灰色细砂岩。弧首，两面微隆，器身厚重，刃端弧形。长6.8、刃宽3.2、厚1.5厘米（图五三：5）。标本T2E③：1，灰黄色粉砂岩。平首，短身，厚体，刃端弧形。长4.3、刃宽3.4、厚1.3厘米（图五三：6）。该型式仅见石峡文化层中出土。

Ⅳ式　4件。窄长梯形，正面平，背部隆起，下半部为长且宽大斜面，单面斜刃，器体较修长。标本T11③：5，深灰色页岩。长4.8、刃宽1.6、厚0.9厘米（图五三：7）。标本T94③：9，青灰色板岩。通体磨光较好。长4、刃宽1.9、厚0.6厘米（图五三：8）。标本T66③：1，青灰色粉砂岩。背面有琢打痕。长4.3、刃宽3、厚0.6厘米（图五三：9）。标本T5③：3，深灰色细砂岩。背面隆起，正面平，刃部有使用过崩裂断口。长4、刃宽1.9、厚0.6厘米（图五三：10）。该型式仅见石峡文化层出土。

有肩锛　29件。石料以砂岩和板岩为主，制作欠精细，双肩呈钝角，直角平肩的双肩锛几乎不见。以下分双肩锛和单肩锛两大类。

双肩锛　23件。弧顶为主，上小下大，肩以上为柄，长短不一，双肩以下为比柄要宽的器身，正面平或稍隆，背面平或隆起，单面斜刃。双肩均为钝角削肩。只有A型一种，分3式。其中10件可分型式。

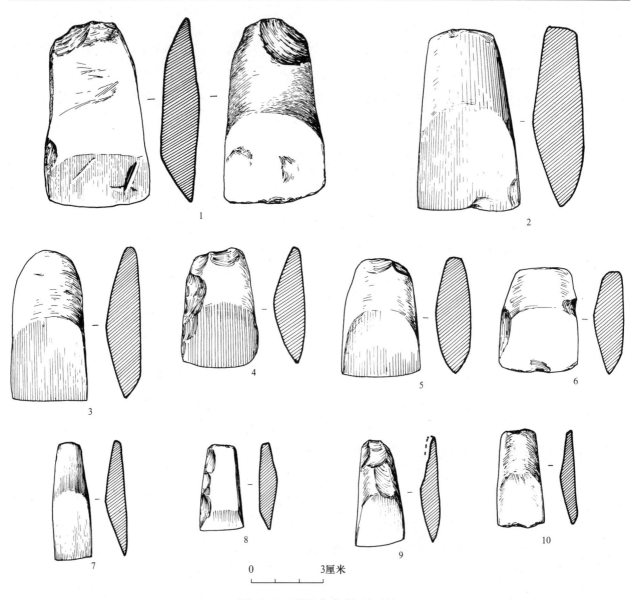

图五三　石峡文化梯形石锛

1．D型Ⅲ式梯形锛（T5③：5）　　2．D型Ⅲ式梯形锛（T32③：5）　　3．D型Ⅲ式梯形锛（T11③：10）　　4．D型Ⅲ式
梯形锛（T1F③：97）　　5．D型Ⅲ式梯形锛（T66③：20）　　6.D型Ⅲ式梯形锛（T2E③：1）　　7.D型Ⅳ梯形锛（T11
③：5）　　8．D型Ⅳ梯形锛（T94③：9）　　9.D型Ⅳ梯形锛（T66③：1）　　10.D型Ⅳ梯形锛（T5③：3）

　　Ⅰ式　4件。小型，柄部为器身长度二分之一或长柄短身，弧顶，削肩，刃端弧形。标本T12③：5，
灰色粉砂岩。粗磨有琢痕，背部微隆。长5.7、顶宽2.2、柄长1.8、身长3.8、刃宽3.9、厚0.9厘米
（图五四：1，图版一二：4）。标本T1J③：4，灰黄色细砂岩。斜顶，长柄短身。长4.7、顶宽2、
柄长2.4、身长2.3、刃宽3.1、厚1.2厘米（图五四：2）。标本T19③：3，青灰色粉砂岩。肩角90
度，背部下段磨出斜面，小型。长3、顶宽1.5、柄长1.3、身长1.7、刃宽2.7、厚0.6厘米（图五四：3）。
标本T4B③：2灰黑色砂岩。肩角140°～150°。长3.2、顶宽1.3、柄长1.5。身长1.7、刃宽2.5、厚
0.5厘米（图五四：4，图版一二：6）。

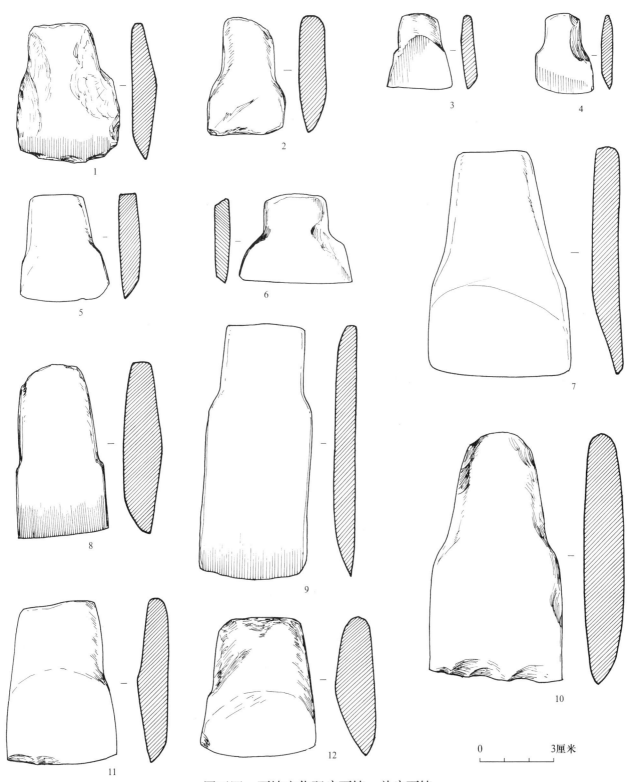

图五四　石峡文化双肩石锛、单肩石锛

1.A型Ⅰ式双肩锛（T12③：5）　　2.A型Ⅰ式双肩锛（T1J③：4）　　3.A型Ⅰ式双肩锛（T19③：3）　　4.A型Ⅰ式双肩锛（T4B③：2）　　5.A型Ⅱ式双肩锛（T89③：16）　　6.B型Ⅲ式双肩锛（T1J③：5）　　7.A型Ⅱ式双肩锛（T32③：6）　　8.A型Ⅱ式双肩锛（T95③：3）　　9.A型Ⅲ式双肩锛（T34③：8）　　10.B型Ⅰ式双肩锛（T45③：6）　　11.单肩锛（T11③：48）　　12.单肩锛（T6C③：1）

Ⅱ式　3件。平顶，长柄短身。标本T89③：16，灰褐色粉砂岩。磨制较精。长4.3、柄长2.2、身长2.1、刃宽3.6、厚0.9厘米（图五四：5；图版一二：5）。标本T32③：6，乳白色透闪石。背面下段磨出大斜面。长9、顶宽3、柄长5、身长4、刃宽6、厚1.1厘米（图五四：7）。标本T95③：3，青灰色泥质板岩。弧顶，长柄短身，双肩不明显，背部隆起，单面下斜刃，刃端平。长7、柄长4、身长3、刃宽3.7、厚1.5厘米（图五四：8）。

Ⅲ式　1件。标本T34③：8，透闪石制作，平顶，削肩，短柄长身，背面平直，单面下斜刃。长10.4、顶宽3.3、柄长2.7、身长7.7、刃宽4.3、厚0.9厘米（图五四：9）。

B型　2件。

Ⅰ式　标本T45③：6，灰色泥质板岩。弧顶，柄与器身长度相当，削肩，器身宽，正、背面稍隆，单面下斜刃，刃端斜，有使用过崩痕。长10.3、柄长4.4、身长5.9、刃宽5.6、厚1.7厘米（图五四：10，图版一四：1）。

Ⅲ式　1件。标本T1J③：5，灰色粉砂岩。弧顶，短身宽刃，削肩，单面斜刃，刃端平，小型薄体，不见墓中随葬。长3.5、柄长1.5、身长2、刃宽4.7、厚0.7厘米（图五四：6、图版一二：2）。

单肩锛　6件。一侧有肩，一侧平直，下半段磨出大斜面，形成隆背，单面斜刃。标本T11③：48，深灰色粉砂岩。斜顶，肩不明显，磨制较好。长6.6、柄长3、刃宽4.5、厚1厘米（图五四：11；图版一二：3）。标本T6C③：1，青灰色粉砂岩，表面风化。长5.6、柄长3、刃宽5、厚1.5厘米（图五四：12）。

有段锛　12件。背面上部或下部磨出大斜面，形成凸出横脊阶梯状或弧形凸出。均为窄长身梯形，不见墓葬中出土的B型方体有段锛和横向切割凹槽的D型有段锛。石峡文化层出土的窄长厚体，背面段部呈弧形凸出的横脊，如E型、F型、G型有段锛，不见在墓里出土。

A型　3件。扁平宽体长梯形，弧顶，背面隆起有段，段呈弧状或横向阶梯状，正面平直，单面斜刃，刃端弧形。

Ⅰ式　2件。窄体长梯形背面上部的段呈弧状凸出，横截面椭圆形。标本T11③：49，灰色细砂岩。背部磨出大斜面。长7.8、顶宽1.5、刃宽3、厚1.3厘米（图五五：1）。标本T11③：3，青灰色粉砂岩。背部有明显横向段。长8、顶残宽1.5、刃残宽4.3、厚1.4厘米（图五五：2）。

Ⅱ式　1件。标本T11③：51，灰色细砂岩。首残，背面段部为横向阶梯状。残长7、段以下锛身长6.4、刃宽5.5、厚1.5厘米（图五五：3）。

E型　7件。厚体窄长梯形，弧顶或平顶，背后段部呈横向弧状凸出，段下部器体较厚，该型不见墓中出土。标本T29③：15，灰黄色细砂岩。正、背面隆起，段上部为薄体，下部器体较宽，单面下斜刃不明显，刃端弧形。长8.2、顶宽2.4、刃宽4.3、厚1.2厘米（图五五：4）。标本T4③：9，深灰色千枚岩。窄身，弧顶，单面斜刃。小型。长3.3、刃宽1.8、厚0.8厘米（图五五：6）。标本T11③：4，深灰色页岩。厚体，弧顶，单面斜刃，刃端圆弧形。长6.8、顶宽2.5、刃宽2.2、厚1.4厘米（图五五：8）。标本T94③：12，青灰色板岩。窄长身厚体，平顶，首与刃宽度相当。长5.2、顶宽1.5、刃残宽1、厚1.3厘米（图五五：9）。

F型　1件。标本T86③：19，深灰色泥质板岩。背部三分之一处为横向的段，呈阶梯状，段以下隆背，厚体长条形，大型，器体正面和侧面及顶部和刃部宽度相当，磨制精致。长12.6、柄长

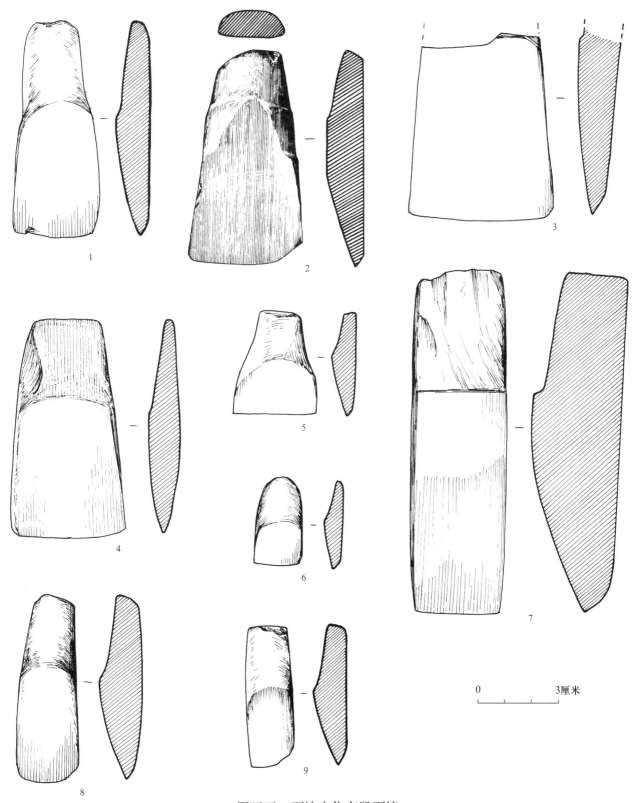

图五五　石峡文化有段石锛

1.A型Ⅰ式有段锛（T11③：49）　2.A型Ⅰ式有段锛（T11③：3）　3.A型Ⅱ式有段锛（T11③：51）　4.E型有段锛
（T29③：15）　5.G型有段锛（T81③：287）　6.E型有段锛（T4③：9）　7.F型有段锛（T86③：19）　8.E型有段
锛（T11③：4）　9.E型有段锛（T94③：12）

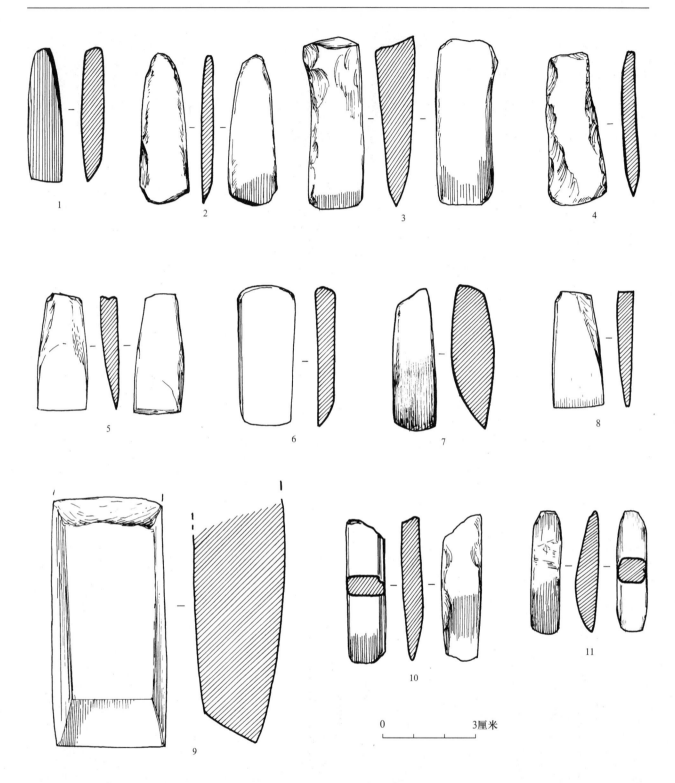

图五六　石峡文化石凿

1.A型Ⅰ式石凿（T71③：14）　　2.A型Ⅰ式石凿（T29③：18）　　3.A型Ⅳ式石凿（T29③：17）　　4.C型Ⅰ式石凿（T83③：1）　　5.C型Ⅰ式石凿（T1J③：2）　　6.A型Ⅴ式石凿（T5D③：20）　　7.A型Ⅳ式石凿（T75③：3）　　8.C型Ⅰ式石凿（T1J③：3）　　9. C型Ⅱ式石凿（T7C③：6）　　10.C型Ⅱ式石凿（T66③：11）　　11.C型Ⅱ式石凿（T5③：5）

4.6、顶宽3.3、刃宽3.3、厚3.4厘米（图五五：7；图版一四：2）。

G型　1件。T81③：287，青灰色细砂岩。形似双肩，斜顶，顶小刃宽，背面有弧形凸出的段，正面平直，单面斜刃，刃端平，器体小型。长3.8、顶宽1.6、刃宽3.1、厚0.8厘米（图五五：5）。

凿　23件。小型窄长身为主，不见墓中出土的大型宽体和有段石凿。

A型　11件。半圆体长条形。

Ⅰ式　5件。弧顶小，刃部稍大。标本T71③：14，黑色角岩。弧顶，窄长身，背面稍隆，单面下斜刃。长4.3、刃宽1、厚0.7厘米（图五六：1）。标本T29③：18，深灰色页岩。薄体，弧顶，单面刃，刃部锐利。长4.8、刃宽1.6、厚0.4厘米（图五六：2）。

Ⅳ式　5件。厚体窄长条形，弧顶，背部隆起。标本T29③：17，深灰色页岩。侧身为楔形，单面斜刃。长5.3、刃宽1.7、厚1.3厘米（图五六：3）。标本T75③：3，青灰色页岩。顶部残，厚体，正、背面隆起，单面下斜刃，刃端弧形。残长4.6、刃宽1.4、厚1.5厘米（图五六：7）。

Ⅴ式　1件。标本T5D③：20，青灰色板岩。弧顶宽，正、背面平直，上大下小，薄体，单面斜刃，磨制精致，该式不见墓中出土。长4.4、顶宽2、刃宽1.7、厚0.6厘米（图五六：6）。

C型　12件。长方体或方体窄长条形。

Ⅰ式　8件。长方体，小型。标本T83③：1，深灰色千枚岩。平顶，双面下斜刃，刃部锐利呈弧形。长5、顶宽1.2、刃宽2、厚0.5厘米（图五六：4）。标本T1J③：2，青灰色细砂岩。侧身为楔形。刃部薄且平。长3.7、顶宽1.1、刃宽1.6、厚0.6厘米（图五六：5）。标本T1J③：3，青灰色细砂岩。侧身为楔形。平刃锐利。长3.8、顶宽1、刃宽1.7、厚0.6厘米（图五六：8）。

Ⅱ式　4件。方体窄长方形。标本T7C③：6，青灰色细砂岩。顶残，厚体方形，两侧有切割痕迹，背隆起，正面平，单面斜刃。残长8、刃宽3.7、厚3厘米（图五六：9）。标本T66③：11，灰色粉砂岩。顶残，正、背面平，单面下斜刃，横截长方形。残长4.6、刃宽1.2、厚0.7厘米（图五六：10）。标本T5③：5，灰色粉砂岩。弧顶，窄身厚体，正面下部隆起，单面下斜刃，横截面方形。长4、刃宽0.8、厚0.9厘米（图五六：11）。

两端刃锛，8件。以往不大注意，多归入梯形锛或长身锛，由于发现石镰的两端有刃，即引起注意。既然有一定数量，应有它一定的功能和用途，拟称两端刃锛。器身梯形或长方形，器体有厚体、薄体之分，顶和刃部均见上斜和下斜刃面，部分上刃面不如下刃面锐利。分2式。

Ⅰ式　5件。厚体。标本T1I③：2，页岩，上刃与下刃方向不同，刃端弧形，部分器身已残。长8.2、下刃残宽1.2、上刃宽3、厚1.6厘米（图五七：1）。标本T1D③：3，深灰色页岩。刃端弧形，长6.8、上刃宽2.4、下刃宽3.2、厚1厘米（图五七：2）。标本T92③：3，灰黑色细砂岩。下部经磨光为斜刃，刃端弧形。长4.6、上刃宽1.6、下刃宽2.2、厚1.2厘米（图五七：3）。标本T49③：1，深灰色页岩。正、背面隆起，斜向两端的长度不同，近似镰。长5.3、上刃宽2.8、下刃宽3.2、厚1.3厘米（图五七：6）。标本T89③：1，灰色页岩。梯形厚体，上刃窄，已残。长5.8、上刃残宽2、下刃宽3.5、厚1.4厘米（图五七：7）。

Ⅱ式　2件。薄体。标本T93③：10，深灰色粉砂岩。梯形，两面隆起，刃端弧形。长4.3、上刃宽1.6、下刃宽2.4、厚0.7厘米（图五七：5）。标本T29③：19，青灰色千枚岩。长身扁体，两端稍

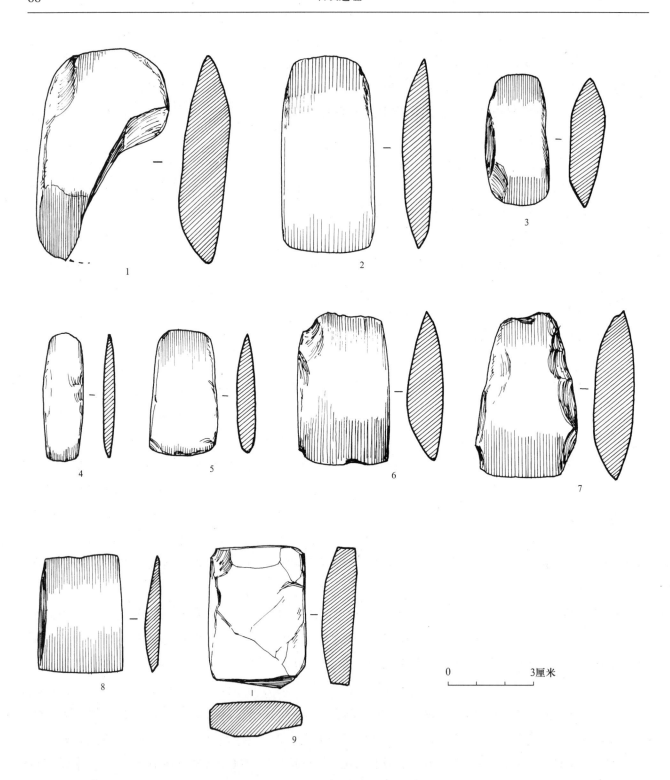

图五七　石峡文化两端刃石锛、四方形器

1. Ⅰ式两端刃锛（T1I③：2）　2. Ⅰ式两端刃锛（T1D③：3）　3. Ⅰ式两端刃锛（T92③：3）　4. Ⅱ式两端刃锛（T29③：19）　5. Ⅱ式两端刃锛（T93③：10）　6. Ⅰ式两端刃锛（T49③：1）　7. Ⅰ式两端刃锛（T89③：1）　8. Ⅲ式两端刃锛（T11③：13）　9. 四方形器（T25③：8）

小，形似凿，上下刃方向不同。长4.5、上下宽1.2、厚0.4厘米（图五七：4）。

Ⅲ式 1件。标本T11③：13，深灰色页岩。扁体近方形，正面平，背面隆起，上下斜刃。长4、上刃宽2.6、下刃宽3、厚0.6厘米（图五七：8）。

四方形器 1件。标本T25③：8，灰黄色砂质板岩。四方形，正面平，背面隆起，四边皆磨平。长4.8、宽3.3、厚1.1厘米（图五七：9）。

镞 136件，较完整有84件。是本期数量多且形制多样的石器。石料多选择深灰色或黑褐色的千枚岩。除成品外，还有相当数量的石料、坯件、半成品和残件。石镞形制多数与墓葬出土石镞类同，但不见窄长身尖锋、尖铤的D型石镞及F型三棱形石镞。而镞身和铤均为扁平的H型石镞是墓中没有的，制作石镞的工艺不如墓葬出土精致。

A型 37件。柳叶形，锐锋尖铤，身长铤短，镞身与铤界限分明，双面中间凸脊通铤尖，少数不通，镞身横截面扁菱形。

Ⅰ式 25件。宽叶锐锋短铤，多数凸脊通铤。标本T14③：1，长11.5、铤长3、宽2.2、厚0.55厘米（图五八：1；图版一三：1）。标本T19③：19，长9、宽1.8、厚0.6厘米（图五八：2；图版一三：2）。标本T5C③：1，长8.5、宽1.8、厚0.6厘米（图五八：3）。标本T11③：18，黑褐色，长8.6、宽2、厚0.4厘米（图五八：4；图版一三：3）。标本T11③：20，青灰色千枚岩。镞身剖面呈五边形。长7、宽1.9、厚0.5厘米（图五八：5；图版一三：4）。标本T29③：3，长6.2、宽1.6、厚0.6厘米（图五八：6）。

Ⅱ式 9件。窄叶锐锋，短尖铤。标本T92③：5，长10.5、宽1.4、厚0.6厘米（图五八：7；图版一三：5）。标本T94③：4，长10.9、宽1.9、厚0.5厘米（图五八：8；图版一三：6）。

Ⅲ式 3件。标本T5B③：57，厚体，前锋残，断面菱形，铤部断面六角形。残长7.5、宽2、厚0.8厘米（图五八：9）。标本T61③：10，厚体，前锋残，铤近圆，残长5.6、宽1.6、厚0.8厘米（图五八：25；图版一三：9）。

Ⅳ式 1件。标本T92③：6，扁平体，镞身长，铤部扁平剖面长方形。长5、宽2、厚0.4厘米（图五八：20）。

B型 3件。柳叶形，镞身和铤之间有一道横向凹痕，形成凸脊不通铤部。镞身断面菱形，铤身扁平。

Ⅱ式 1件。标本T41③：6，锐锋，长5.4、宽1.7、厚0.6厘米（图五八：22）。

Ⅲ式 2件。短身，锐锋，宽铤。标本T11③：25，长5.1、宽1.9、厚0.8厘米（图五八：23）。标本T2C③：9，短身，宽长铤。长4.3、宽1.9、厚0.5厘米（图五八：24）。

C型 10件。香椿叶形，镞身与铤部相连呈流线型，薄体无后锋，断面扁薄菱形，多数凸脊不通铤部。其中7件较完整。

Ⅰ式 1件。标本T1J③：1，凸脊不通铤部，铤尖呈弧形。长8、宽2.3厘米（图五八：10）。

Ⅲ式 6件。薄体，铤尖平，铤断面扁平长方形。标本T29③：1，长6.8、宽1.8、厚0.8厘米（图五八：11）。标本T92③：68，凸脊已残。长6、宽1.5厘米（图五八：12）。标本T7C③：1，凸脊通铤尖。长5.4、宽1.7厘米（图五八：13）。标本T29③：2，小型，凸脊通铤。长4、宽1.1厘米（图五八：14）。标本T53③：4，小型。残长3、宽1.3、厚0.3厘米（图五八：15）。标本T85③：24，扁

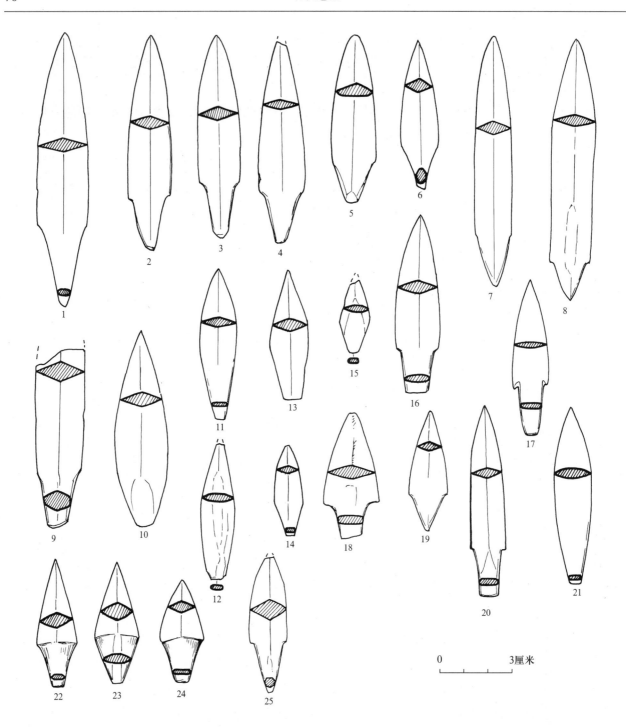

图五八　石峡文化石镞

1.A型Ⅰ式镞（T14③：1）　2.A型Ⅰ式镞（T19③：19）　3.A型Ⅰ式镞（T5C③：1）　4.A型Ⅰ式镞（T11③：18）
5.A型Ⅰ式镞（T11③：20）　6.A型Ⅰ式镞（T29③：3）　7.A型Ⅱ式镞（T92③：5）　8.A型Ⅱ式镞（T94③：4）
9.A型Ⅲ式镞（T5B③：57）　10.C型Ⅰ式（T1J3：1）　11.C型Ⅲ式镞（T29③：1）　12.C型Ⅲ式镞（T92③：68）
13.C型Ⅲ式镞（T7C③：1）　14.C型Ⅲ式镞（T29③：2）　15.C型Ⅲ式镞（T53③：4）　16.H型镞（T86③：15）
17.H型镞（T89③：7）　18.H型镞（T8③：38）　19.E型镞（T2F③：30）　20.A型Ⅳ式镞（T92③：6）　21.C型Ⅲ
式镞（T85③：24）　22.B型Ⅱ式镞（T41③：6）　23.B型Ⅳ式镞（T11③：25）　24.B型Ⅲ式镞（T2C③：9）　25.A
型Ⅲ式镞（T61③：10）

平无凸脊，长7.5、宽1.5、厚0.5厘米（图五八：21）。

H型　3件。柳叶形，宽叶锐锋，宽扁平铤，铤断面扁椭圆形。标本T86③：15，长7.4、宽1.8、厚0.4厘米（图五八：16）。标本T89③：7，锐锋，镞身和铤均扁平，有后锋。长6.5、宽1.6、厚0.2厘米（图五八：17）。标本T8③：38，宽叶，锋残，铤部扁平，残长5.3、宽2.4、厚0.6厘米（图五八：18；图版一三：7）。

E型I式　1件。T2F③：30，小型，宽叶、尖铤，有后锋，长5、宽1.6厘米（图五八：19；图版一三：8）。

磨盘　6件。材料多为云母石英砂岩河卵石。圆角长方形或椭圆形，磨面中间缓缓下凹，有明显的使用痕迹。标本T1H③：1，椭圆形，已残，正面磨面下凹，背面弧形，无磨面，横截面船形。残长15、宽19、厚3厘米（图五九：1；图版一五：1）。标本T2F③：1，扁平圆形。残长14、残宽13、厚5厘米（图五九：4）。标本T48③：1，圆角方形，器身光滑，两面有使用凹窝。长23.5、宽19、厚4.5厘米（图五九：7；图版一五：3）。

磨研器　8件。石料多选用云母石英粗砂岩河卵石。形状可分长条圆形和扁圆饼形，有的两面有使用痕迹。标本T15③：6，扁圆体形，圆边经过加工。长径16、短径14、厚5.4厘米，重2040克（图五九：2）。标本T1I③：1，长条圆杆形。长32、横截面7.6厘米，重3200克（图五九：6；图版一四：3）。标本T58③：13，方体长条形，器身有使用痕迹。长30、宽6.4、厚4厘米，重1400克（图五九：10）。

锤　2件。选用粗砂岩河卵石。标本T90③：34，粗砂岩，略呈圆球形，三边较平，有粗糙的锤砸痕迹，直径8.8厘米，重880克（图五九：3）。标本T2F③：2，灰黄色砂岩，椭圆形，器形粗糙，一端较平，另一端有锤砸痕迹，长13、宽8.4、厚6厘米，重1060克（图五九：9、图版一五：2）。

石坠　1件。标本T94③：19，砂岩河卵石，椭圆形，中间两侧经琢打呈亚腰状，以便绑系绳索，此物功用尚不明。长17、宽13.5、厚9.6厘米，重3190克（图五九：5；图版一五：4）。

圆饼状器　2件。扁圆形，两面和圆边经过加工。标本T1I③：103，灰褐色细砂岩。或为一件打磨工具。直径5.2、厚0.7厘米（图五九：8）。标本T5③：14，灰褐色细砂岩。直径10.3~11.5、厚0.7厘米（图五九：11）。

砺石　112块。石料多为砂岩。无一定形状，砥磨面明显，常见一件砺石有2~4个砥磨面。标本T15③：2，灰色千枚岩。器身周围有琢打疤痕，一面有砥磨凹面。长7.5、宽4.6、厚1.6厘米（图六○：1）。标本T11③：56，两面有砥磨凹面。残长9.4、宽7.8、厚7厘米（图六○：2）。标本T86③：20，两面有砥磨凹面。残长11.8、宽8.4、厚2厘米（图六○：3）。标本T40③：1，一面有砥磨凹面。残长11.5、宽10、厚4.4厘米（图六○：4）。标本T3E③：3，两面有砥磨面。残长13、宽9.6、厚9.2厘米（图六○：5）。

石环芯　4件。制作环、玦等饰物的副产品。从它的高矮、直径大小，可知环、玦的内径和高度，也可知为本地的制品。标本T11③：44，黄白色有透明感。表面平滑，单面钻孔，器身有明显的旋纹。顶面直径4、下面直径3、高2.6厘米，重100克（图六○：8；图版一六：4）。标本T11③：46，青玉

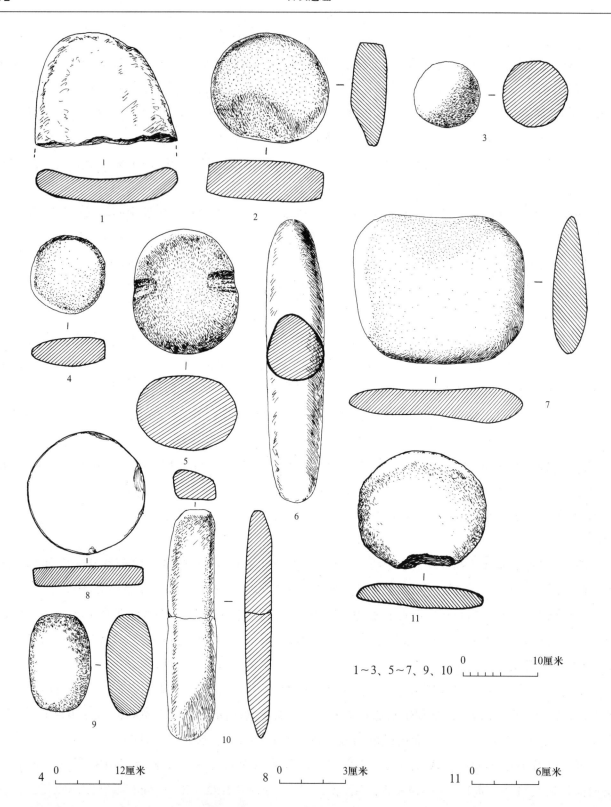

图五九　石峡文化石磨盘、石磨研器、石锤、石坠、石圆饼状器

1.磨盘（T1H③：1）　2.磨研器（T15③：6）　3.石锤（T90③：34）　4.磨盘（T2F③：1）　5.石坠（T94③：19）　6.磨研器（T1I③：1）　7.磨盘（T48③：1）　8.圆饼状器（T1I③：103）　9.石锤（T2F③：2）　10.磨研器（T58③：13）　11.圆饼状器（T5③：14）

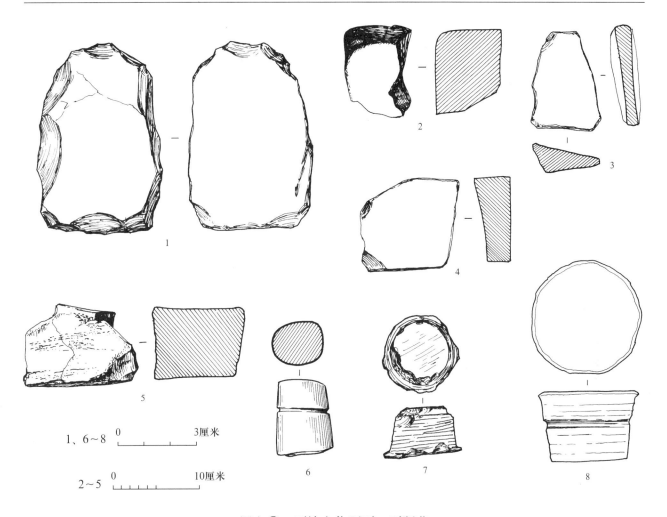

图六〇 石峡文化砺石、石环芯

1.砺石（T15③：2） 2.砺石（T11③：56） 3.砺石（T86③：20） 4.砺石（T40③：1） 5.砺石（T3E③：3） 6.石环芯（T11③：46） 7.石环芯（T11③：45） 8.石环芯（T11③：44）

色，半透明，石英岩。一头大，一头较小，中间还有一道切割沟道，或准备再做成其他饰物。直径1.6~1.8、高3厘米（图六〇：6；图版一六：5）。标本T11③：45，青白色石英岩，有透明感，截圆柱体，顶面直径较大，周边有打琢痕迹。底面较小，不平整，系单面穿孔，周边留有明显的平行旋转纹道。高1.8、面径2.7、底径1.3厘米。可知孔径较小，可能是制作耳环玦之类的（图六〇：7；图版一六：6）。T11第③层发现有20多件石镞石料（千枚岩）和镬、锛、钺、凿、环、石芯等半成品和成品，应是一处石器制作加工场所。

（二）玉器、装饰品

D型 玉钺

Ⅱ式 1件。标本T11③：1，黄白色半透明，平首微弧，单面穿孔，双面斜刃，刃端斜弧形。形制与葬墓出土D型Ⅱ式玉钺相同，此为一件微型玉钺。长8.3、首宽3.3、刃宽4.1，厚0.4厘米（图六一：1；图版一六：1）。

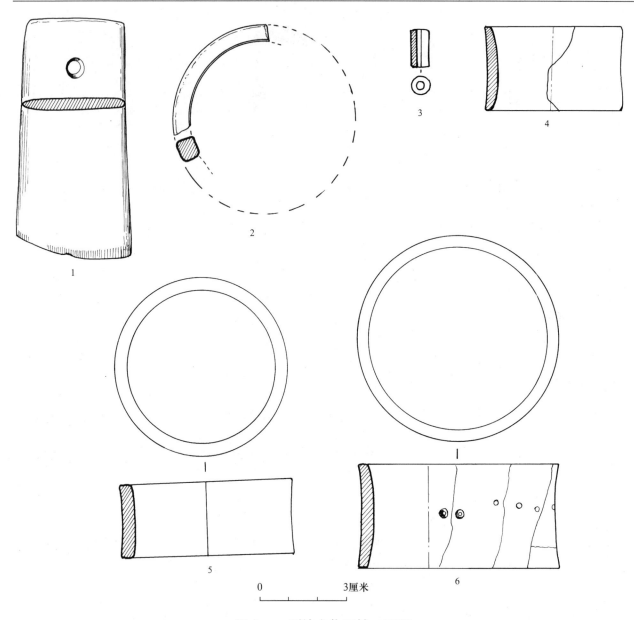

图六一 石峡文化玉钺、玉环

1.D型Ⅱ式玉钺（T11③：1） 2.A型Ⅰ式玉环（T5③：16） 3.玉管（T11③：101） 4.B型Ⅱ式玉环（T84③：5）
5.B型Ⅱ式玉环（T5C③：10） 6.B型Ⅱ式玉环（T34③：11）

玉、石环 4件

A型Ⅰ式 1件。标本T5③：16，已残，黑色页岩。矮身环形，断面呈方形。直径6.7、内径6、肉宽0.6、高0.7厘米（图六一：2）。

B型 3件。薄体高身筒形，环壁微弧呈亚腰形，断面窄长条形内弧。

Ⅱ式 3件。标本T84③：5，乳白色透闪石，已残。直径5、肉厚0.4、高2.8厘米（图六一：4）。标本T5C③：10，透闪石。直径6.1、内径5.3、肉厚0.4、高2.6厘米（图六一：5）。标本T34③：11，透闪石。出土时已破裂成4片，破碎处见6个钻孔，靠内壁孔径大，外壁孔径小。直径7、内径6.2、肉厚0.4、高3.6厘米（图六一：6）。

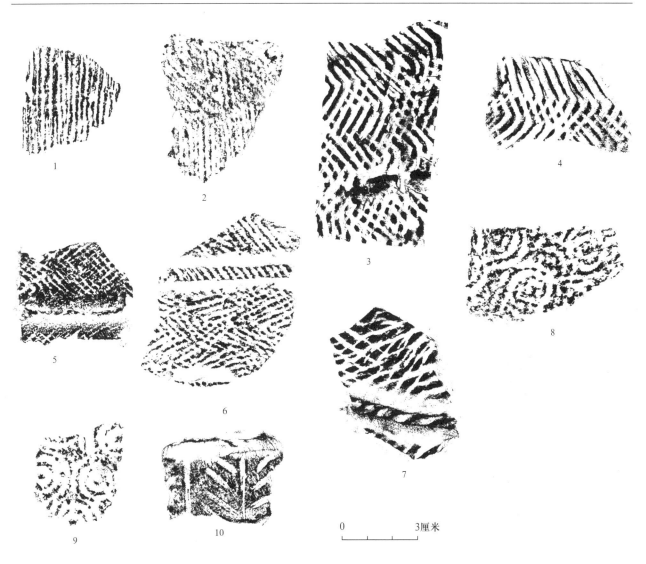

图六二　石峡文化陶器纹饰拓片

1.绳纹（T19③）　2.绳纹（T64③）　3.错叠曲折纹（T62③）　4.错叠曲折纹（T62③）　5.曲折纹附加堆纹（T3D③）　6.曲折纹附加堆纹（T29③）　7.曲折纹附加堆纹（T54③）8.云雷纹（T93③）　9.云雷纹（T73③）　10.刻划叶脉纹（T3C③）

玉管　1件。标本T11③：101，透闪石。圆形管状，中间双面铅孔，两端磨平，断面圆形。长13、直径0.6厘米（图六一：3）

（三）陶器

对50个含有石峡文化层的探方作统计，这批陶器绝大多数为残片，共计9333片，其中夹砂陶片6384片，以夹粗砂为多，占总数68.4%；泥质陶片2949片，占总数31.6%。

夹砂陶陶色以灰黑陶为主，其次是灰黄陶和红褐陶。泥质陶陶色以灰陶为主，灰黄色陶其次，少数为红陶。

夹砂陶器花纹以素面为主，其次是绳纹。泥质陶器也以素面为主，其次是错叠曲折纹、方格纹、重圈纹、云雷纹、篮纹、附加堆纹和镂孔及刻划在瓦形足上的叶脉纹（图六二：1~10）。

　　器类有夹砂陶素面和绳纹圜底釜、罐、盘形鼎、釜形鼎、盆形鼎、夹砂盖豆、器座、圈足罐、陶纺轮等。泥质陶有圈足罐、瓦形足三足盘、梯形足三足盘、圈足盘、豆等。陶器形制流行圜底、圈足和子口。

　　陶器以手制为主，还有模制；泥质陶器中有相当一部分圈足盘的圈足和口沿、三足盘和豆的口沿可以看到经慢轮修整的细浅旋纹；在泥质陶盘和罐类上多施细泥陶衣磨光。具体说，夹砂盘形鼎的盘身和口沿分两部分合成；三足以瓦形足为主，瓦形足是先做成一块长方梯形泥片，再捏成不同弧度的瓦足，有的下部向外捏紧成三角形，正视略呈"V"字形。其他形状的鼎足也是单独做成，然后附上盘底外缘，成三足鼎立状承托陶盘。釜罐类的口部往往是后加的。盖豆由盘身、口沿和喇叭形足三部分合成，器座似是用2块或2块以上的陶泥，中间夹一条圆木、竹棍做成，形成中间有圆孔，两头口径再手捏而成。从泥质陶三足盘盘身的断脱痕迹看，其薄薄的一圈口沿，应是另做再接上去的；有个别连裆三足，应是安上圈足再切割而成的。圈足罐器身由2、3片泥坯接成，接合的地方往往用泥条压成附加堆纹，既加固又装饰。矮圈足罐的底部往往拍印有错叠曲折纹或条纹，以增加与后接的矮圈足之间的摩擦系数，使之接合得更牢固一些。所以，本期出现的少量几何形印纹，主要见于矮圈足罐上。

　　地层出土陶器形制，器类与墓葬随葬陶器基本相同，区分型式时同墓葬一致，倘若不见于墓葬，则顺延向下编排。值得注意的是发掘区内石峡文化层，被后期的石峡三期文化打破，当时石峡三期堆积未清理干净，少数釜、罐的口沿或圈足，混入石峡文化层。所幸石峡文化墓葬出土完好的陶器组合可作为排比时的标准器。

　　1.夹砂陶

　　鼎类，可分为盘形鼎、釜形鼎、盆形鼎。地层出土鼎类残片689片。

　　盘形鼎　残片436片，占鼎类63.28%。分两型。

　　A型　瓦形足。根据盘底、腹底之间凸棱和瓦形足连接盘腹位置不同，分二亚型。

　　Aa型　盘腹与盘底之间有一周凸棱，器口成形时，与另一块圆形泥坯接驳而成，瓦足足跟紧贴器底，称之为"底足"。分二式。

　　Ⅰ式　子口。器腹略深。三足稍外撇。标本T7C③：277，灰黄色，盘较深，瓦足面有三道划线纹。口径17.1、通高15.4、盘深4厘米（图六三：1；图版一七：1）。标本T2F③H28：1，表灰黄，胎深灰。短颈，胎壁较厚。口径26、残高3厘米（图六三：2）。标本T1E③：268，灰黄色。器形较大。口径29、盘深6厘米（图六三：3）。标本T5C③：9，表灰褐胎深灰。直口、平底。口径24、残高4厘米（图六三：4）。标本T94③：3，表灰色，胎深灰。口径24、盘深约2.8厘米（图六三：5）。标本T29③：10，灰色。口径20、盘深3厘米（图六三：6）。标本T3F③：69，表灰黄，胎深灰。表面抹一层细泥，多未脱落。瓦状足上部宽10.6、残高10厘米（图六三：9）。标本T57③：319，表面涂一层薄薄的细泥，瓦形足刻划竖线纹，瓦足面残宽9、残高10厘米（图六三：10）。标本T29③：158，灰黄色。平唇外突，口径25、残高4.5厘米（图六三：11）。标本T3B③：304，表有一层灰黄色细泥陶衣。足顶面宽12厘米（图六三：15）。

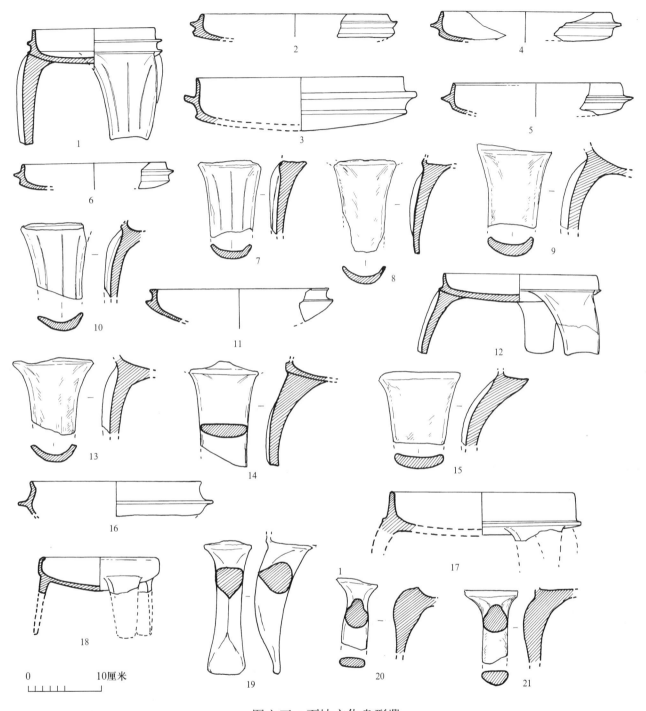

图六三　石峡文化盘形鼎

1.Aa型Ⅰ式盘形鼎（T7C③：277）　2.Aa型Ⅰ式盘形鼎（T2F③H28：1）　3.Aa型Ⅰ式盘形鼎（T1E③：268）　4.Aa型Ⅰ式盘形鼎（T5C③：9）　5.Aa型Ⅰ式盘形鼎（T94③：3）　6.Aa型Ⅰ式盘形鼎（T29③：10）　7.Aa型Ⅱ式盘形鼎（T3F③H12：78）　8.Aa型Ⅱ式盘形鼎（T3E③H12：30）　9．Aa型Ⅰ式盘形鼎（T3F③：69）　10.Aa型Ⅰ式盘形鼎（T57③：319）　11.Aa型Ⅰ式盘形鼎（T29③：158）　12.Ab型Ⅰ式盘形鼎（T37③：278）　13.Aa型Ⅱ式盘形鼎（T1F③：80）　14.Aa型Ⅱ式盘形鼎（T6B③：297）　15.Aa型Ⅰ式盘形鼎（T3B③：304）　16.Ab型Ⅳ式盘形鼎（T3E③H12：96）　17.Ab型Ⅰ式盘形鼎（T1C③：26）　18.E型盘形鼎（T67③：1）　19.B型Ⅰ式盘形鼎（T1D③：2）　20.B型Ⅱ式盘形鼎（T3F③：323）　21.B型Ⅱ式盘形鼎（T3C③：301）

Ⅱ式　直口。浅盘折腹或弧腹圜底。三足外撇后足尖收直。标本T6B③：297，表灰黄，胎深灰。足面宽9、残高13厘米（图六三：14）。标本T3F③H12：78，表里灰黄色。足面刻划3条阴弦纹。足面宽9、残高10厘米（图六三：7）。标本T1F③：80，灰红，胎深灰色。足残高10.3，足上部宽10.6厘米（图六三：13）。标本T3E③H12：30，表灰色或灰黄色。足面宽8.8、残高13厘米（图六三：8）。

Ａb型　浅盘弧腹圜底，腹底之间无折棱，子口和盘底一次连接成型，瓦形足连接在盘腹，称"腹足"。有二式。

Ⅰ式　浅盘，弧腹，圜底，盘腹之间无折棱。标本T37③：278，灰黄色，浅盘。口径21.7、通高11.2、盘深2.5厘米（图六三：12；图版一七：2）。标本T1C③：26，灰黑胎，胎壁较厚，口径26、盘深4.6厘米（图六三：17）。

Ⅳ式　侈口，盘身比Ⅰ式要深。标本T3E③H12：96，表里灰褐色，胎较薄，制作工艺较细。口径24、盘残高4.8厘米（图六三：16）。

B型　鼎足侧视为鹅头状或鸭头状，足跟部分粗，截面呈方形、长方形或椭圆形，鼎足下半部呈扁凿形着地。分二式。

Ⅰ式　浅盘，折腹，圜底近平，分子口，盘腹和盘底之部分成型。腹、底之间有折棱，足跟连接盘底成"底足"。标本T1D③：2，表灰色，胎灰黑。剖面近于弧边三角形，高17.4、最厚处4.3厘米。（图六三：19）。

Ⅱ式　浅盘弧腹，多为圜底，少数为圜底近平，腹底之间折棱不如Ⅰ式明显。标本T3F③：323，表灰黄，胎青灰色。足上部剖面呈椭圆形，残高9、足跟厚4厘米（图六三：20）。标本T3C③：301，夹粗砂，表里灰黄。足上部剖面近圆形，下部呈半圆形，残高10、足跟厚4厘米（图六三：21）。

E型　标本T67③：1，表面红褐色。器身如钵形，敛口、弧壁、圜底、浅盘、下附3条楔形足，比较特殊。墓葬中不见出土。口径15.5、通高11、钵深4厘米（图六三：18；图版一七：3）。

釜形鼎　残片239片，占鼎类总数34.69%。器身为夹砂圜底釜，腹下连接三足。鼎足形制多样，楔形足为多，其次有瓦形足、锥形足等，器形变化较明显在鼎身部位，有二型。

A型　敞口或侈口，鼓腹，圜底。地层中出土一件可修复A型Ⅱ式釜形鼎。标本T34③：9，灰褐色，素面。器身为釜形，侈口，颈微束，鼓腹，圜底，下接高楔形足。口径10、釜深7.2、通高17厘米（图六四：1）。

B型　子口，束颈。器身肩以下已残。

Ⅱ式　标本T3E③H12：134，表灰，胎黑。子口，束颈。口径20、残高5.5厘米（图六四：3）。标本T5D③H11：127，陶色、形式同上。口径17、残高5.2厘米（图六四：2）。

盆形鼎　残片14片，仅占夹砂陶2.03%。标本T7C③：3，为Ａb型Ⅰ式盆形鼎，灰黑色陶。敞口、亚腰、深盘、折腹、圜底近平，下接瓦形足。口沿已残，残高15、足高10厘米（图六四：4）。

鼎足　此期所见的鼎足中，足跟部分不带着器壁或器底者，已无法辨认是什么形制的鼎的鼎足，放在这里一起叙述。

瓦形鼎足　是盘形鼎的主要足形，也是鼎类中数量最多，富于变化的主要器足。标本T2③：25，表灰褐，正面呈长方梯形。顶面刻划叶脉纹，足面较平不下凹，剖面横长方形，罕见。顶面宽9、残

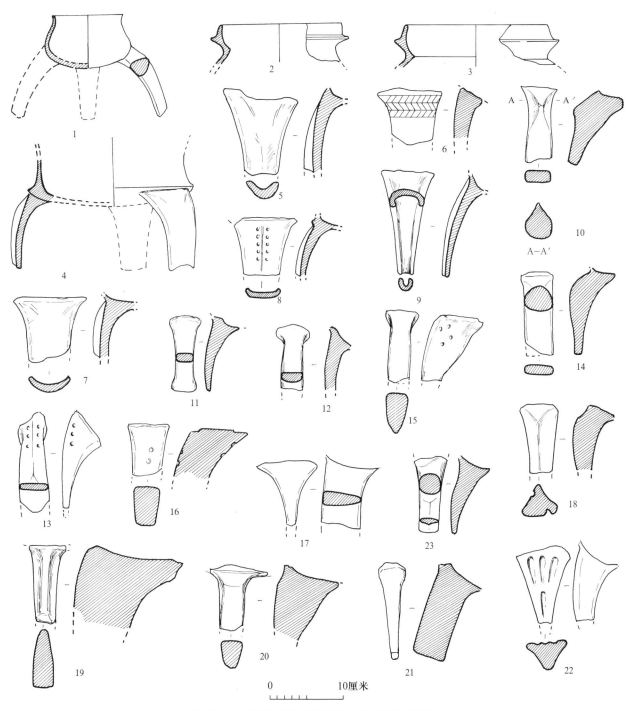

图六四　石峡文化釜形鼎、盆形鼎、鼎足

1.A型Ⅱ式釜形鼎（T34③：9）　2.B型Ⅱ式釜形鼎（T5D③H11：127）　3.B型Ⅱ式釜形鼎（T3F③H12：134）　4.Ab型Ⅰ式盆形鼎（T7C③：3）　5.瓦形鼎足（T5D③H11：312）　6.瓦形鼎足（T2③：25）　7.瓦形鼎足（T7C③：78）　8.瓦形鼎足（T5C③：3）　9.瓦形鼎足（T4B③：3）　10.鹅头形鼎足（T5C③：208）　11.凿形鼎足（T3C③：2）　12.凿形鼎足（T1D③：1）　13.三角形鼎足（T2G③：84）　14.鹅头形鼎足（T1K③：107）　15.凿形鼎足（T3F③H12：12）　16.三角形鼎足（T1A③：317）　17.楔形鼎足（T3F③H12：16）　18.三角形鼎足（T9③：322）　19.扁阔腿鼎足（T2G③：79）　20.扁阔腿鼎足（T5C③：302）　21.楔形鼎足（T1J③F3：106）　22.三角形鼎足（T3C③：1）　23.镢头嘴形鼎足（T3C③：83）

高8.2、厚2.4厘米（图六四：6）。标本T7C③：78，表灰黄，胎深灰。表面一层细泥。瓦形。顶面宽10.2、残高9厘米（图六四：7）。标本T5C③：3，表灰红色。足面中间直划一条弦纹，两侧各戳一行小圆点纹。顶面残宽7.4、残高7.8厘米（图六四：8）。标本T4B③：3，足跟与足尖宽度差别很大。高13.8、上宽7、下宽2厘米（图六四：9）。标本T5D③H11：312，外表红褐，内侧灰色，胎深灰。面宽10.5、残高11厘米（图六四：5）。

鹅头形鼎足　侧视似鹅头。标本T5C③：208，表红褐，胎深灰色。足上部剖面呈瓜仁形，下段呈长方形，残高9.8厘米（图六四：10）。标本T1K③：107，夹细砂。足上部剖面呈圆形，残高11厘米（图六四：14）。

凿形鼎足　标本T3C③：2，表灰黄，胎青灰。高10厘米（图六四：11）。标本T1D③：1，表黄褐，胎深灰。唯形体较小。残高，7厘米（图六四：12）。标本T3E③H12：12，表灰红色，足面上部中脊突起，两侧各刺3个圆点窝纹。高约14、底部宽4厘米（图六四：15）。

三角形鼎足　横断面作三角形。标本T3C③：1，表灰褐色，足面刻划4条凹道，残高10.4厘米（图六四：22）。标本T9③：322，横剖面略呈圆角三角形，足面戳刺小圆孔。残高9.4厘米（图六四：18）。标本T2G③：84，正面略呈三角形，侧视三角形，即足面宽平、内侧尖，横剖面略呈三角形。两侧戳刺4个小圆洞，残高15厘米（图六四：13）。标本T1A③：317，表黄褐色。正面呈长方形，剖面呈梯形，正面和内侧戳刺多个圆洞。残高7厘米（图六四：16）。

楔形鼎足　正视、侧视均为楔形。标本3F③H12：16，表里灰红色。正面宽8.7、侧面宽8、残高9厘米（图六四：17）。标本T1J③F3：106，出自F3南部墙基槽。表里灰褐色。正视和剖面均若三角形木楔子。残高12厘米（图六四：21）。

镢头嘴形鼎足　标本T3C③：83，表灰黄色。正面呈长方梯形。剖面上段圆柱形，下段逐渐减薄至底；侧视若镢头嘴形，比较特殊。高10.4厘米（图六四：23）。

扁阔腿鼎足　侧面上部特别宽阔，剖面呈横向圆角三角形，形体硕大厚重，俗称"牛腿形"。内侧均经切削成平面。此仅见6个个体。标本T5C③：302，侧面最宽8.7厘米（图六四：20）。标本T2G③：79，侧面最宽14、残高11厘米（图六四：19）。

釜罐类　有素面圆底釜、罐、绳纹釜罐，共计1458片，占夹砂陶总数16.32%，由于绝大多数釜罐类为残片，缺乏复原器，故难于把三种器形口沿部分准确地区别开来，只能做粗略的记述。石峡文化墓葬随葬的夹砂釜个体较小，釜罐形制不如地层出土的多样，推测当时炊煮器中的釜和夹砂罐，有实用器和用于随葬的明器之分。故此地层釜罐类单独分出型式。

釜　大口，圆底。分三型。

A型　侈口，高颈，大圆鼓腹。标本T1F③H34：98，深灰色，表面风化粗糙。口径29、残高6厘米（图六五：1）。标本T89③：520，表灰黄，胎深灰。领部和肩腹饰细绳纹。口径18、残高6.2厘米（图六五：2）。

B型　侈口，削肩，圆腹。标本T42③：18，薄胎，领部和腹部饰细绳纹，上腹加两道横向弦纹。口径16、残高7.2厘米（图六五：3）。

C型　扁圆腹。按口沿变化分二式。

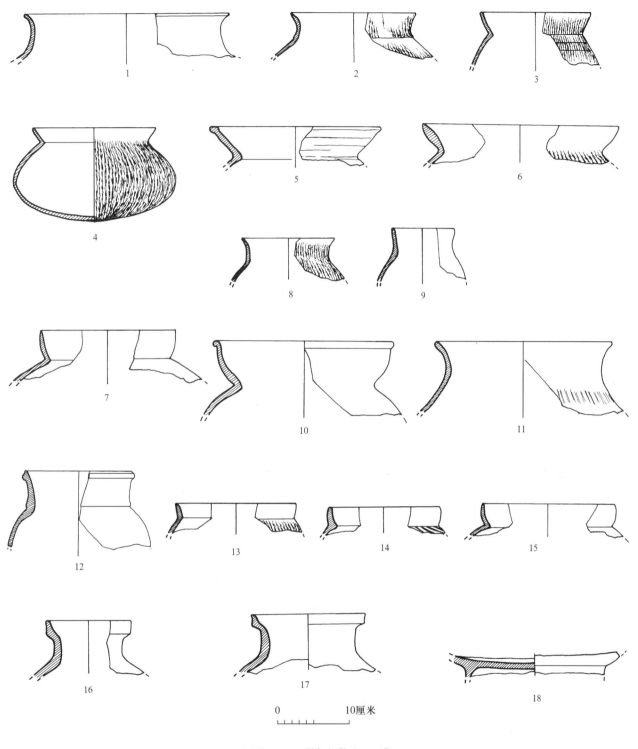

图六五　石峡文化釜、罐

1.A型釜（T1F③H34：98）　2.A型釜（T89③：520）　　3.B型釜（T42③：18）　4.C型Ⅰ式釜（T19③：5）　5.C型Ⅰ
式釜（T5D③H11：136）　6.C型Ⅰ式釜（T3③：20）　7.C型Ⅱ式釜（T5C③：123）　8.A型罐（T86③：493）　9.B型
罐（T5D③H11：122）　10.C型Ⅱ式釜（T3③：18）　11.A型罐（T2G③H15：25）　12.B型罐（T5③：2）　13.C型Ⅰ
式罐（T90③：124）　14.C型Ⅱ式罐（T4A③：135）　15.C型Ⅱ式罐（T1E③：126）　16.D型罐（T6C③：138）　17.D
型罐（T6C③：99）　18.罐圈足（T1E③：121）

Ⅰ式　外折沿。标本T19③：5，灰黑色，薄胎。器身满饰细绳纹。口径12.4、腹径23、高13.4、胎厚0.3厘米（图六五：4）。标本T5D③H11：136，表灰黄，胎深灰。宽口沿，沿背有突棱。口径24、残高5厘米（图六五：5）。标本T3③：20，尖唇，口沿外直内鼓。深灰色，肩部饰粗绳纹，厚胎。口径28、残高4.6厘米（图六五：6）。

Ⅱ式　折沿，外沿收敛，内沿内凹。标本T5C③：123，尖唇。表橙红、素面抹光。口径19、残高7厘米（图六五：7）。标本T3③：18，圆唇外卷，近于盘口。表灰红色，素面，细泥浆抹光。口径25.4、残高10.3厘米（图六五：10）。

罐　小口，圜底，或有圈足。分四型。

A型　侈口，高领，大圆鼓腹。标本T2G③H15：25，表灰褐色。颈部饰条纹（篮纹）。口径25、残高10厘米，（图六五：11）。标本T86③：493，表灰黄色。薄胎，领部和肩饰细绳纹。口径13、残高5.3厘米（图六五：8）。

B型　微侈口，削肩，圆腹。标本T5③：2，厚尖唇与领、肩交接处一圈下凹造成"套领"的感觉。表灰褐，素面。口径10、残高7厘米（图六五：12）。标本T5D③H11：122，表灰红胎灰黄。口径9、残高7.3厘米（图六五：9）。

C型　窄沿，扁圆腹。按口沿变化分二式。

Ⅰ式　外折沿。标本T90③：124，表灰黄色。肩部饰绳纹。口径17、残高4.3厘米（图六五：13）。

Ⅱ式　折沿，外沿收敛，内沿内凹。标本T4A③：135，表灰黑，胎黑色，夹砂夹炭陶。肩部饰条纹。口径16、残高3.6厘米，小型（图六五：14）。标本T1E③：126，表灰黄，胎深灰。胎较薄。口径19、残高4.6厘米（图六五：15）。

D型　直口近敛，高领，圆肩。标本T6C③：138，口如盘状。表面抹一层灰红色陶衣。口径16、残高7.8、胎厚1厘米（图六五：16）。标本T6C③：99，口如盘状。表面涂一层红褐色细泥浆，抹光。口径12.3、残高7.4厘米（图六五：17）。随葬品中不见此型陶罐。

罐圈足　885片，占夹砂陶总数的9.9%。都成碎片，无法修复。标本T1E③：121，表灰红，涂一层细泥浆。足径20、上接平底罐，残高3厘米（图六五：18）。

夹砂盖豆　盖豆由于器体大型，豆盘较深，有一器两用功能，既是鼎类器盖，同时可作盛食器的陶豆。有130片，占夹砂陶总数的1.45%。其型式与墓葬出土基本相同，仅见残豆盘、豆足和残片。

A型　敞口，折斜腹，浅盘，圜底。分二式。

Ⅰ式　标本T6C③：168，表灰褐色，胎深灰色。折斜腹。口径18、残高3厘米（图六六：1）。

Ⅱ式　敞口，器壁呈弧沿弧腹的双腹形，浅盘，圜底。该式不见在墓中出土。标本T3E③：128，表灰红，口径27、残高4.8厘米（图六六：2）。

G型　侈口或口微敛呈子口，口与腹之间有折棱或凸棱，弧腹，深盘，圜底。该式不见在墓中出土。标本T5C③：267，表灰褐，抹一层细泥，有两大块个体，口径19、残高4.5厘米（图六六：3）。标本T7C③：136，表灰红，胎深灰色。圆唇微敛。口径20、残高4厘米（图六六：4）。标本T2G③H15：26，灰黄皮磨光陶，尖圆唇外侈，子母口。口径30、残高8.5厘米（图六六：5）。标本T5D③H11：133，子母口微敛，深盘。表黄褐皮磨光。口径32、残高6.5厘米（图六六：6）。

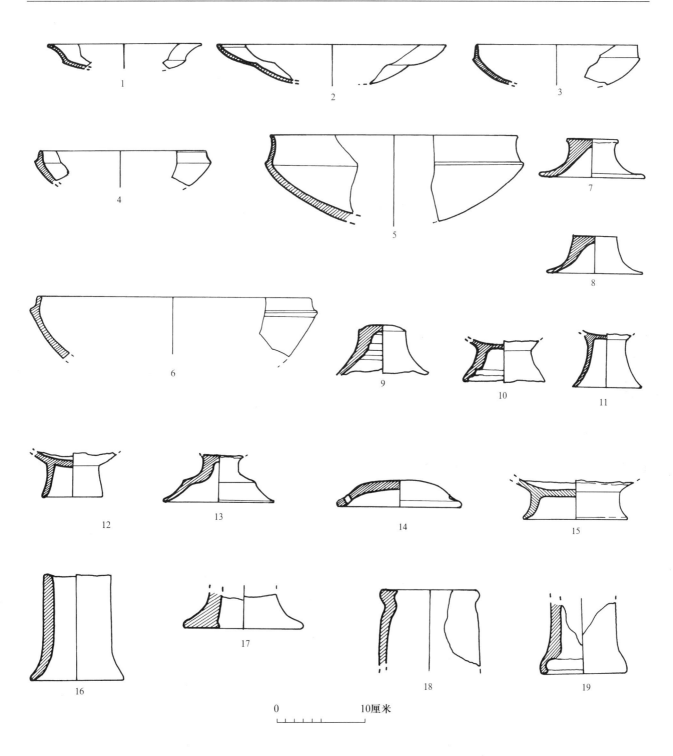

图六六　石峡文化夹砂盖豆、豆圈足、器盖、器座

1.A型Ⅰ式夹砂盖豆（T6C③：168）　　2.A型Ⅱ式夹砂盖豆（T3E③：128）　　3.G型夹砂盖豆（T5C③：267）　　4.G型夹砂盖豆（T7C③：136）　　5.G型夹砂盖豆（T2G③H15：26）　　6.G型夹砂盖豆（T5D③H11：133）　　7.B型豆圈足（T3E③：4）　　8.B型豆圈足（T6C③：107）　　9.B型豆圈足（T1J③F3：104）　　10.B型豆圈足（T5C③：157）　　11.B型豆圈足（T7C③：140）　　12.B型豆圈足（T1E③：147）　　13.A型豆圈足（T42③：148）　　14.器盖（T4A③：1）　　15.盖纽（T1I③：467）　　16.器座（T1B③：505）　　17器座（T1K③：1）　　18.器座（T6C③：1）　　19.器座（T2F③H28：98）

豆圈足　分二型。

A型　细把凸棱喇叭形足。标本T42③：148，表灰黄，胎深灰。高5.5、足径13厘米（图六六：13）。

B型　喇叭形足。此型为豆圈足的主要型式之一。标本T3E③：4，足面平齐，足径12.7、高4.5厘米（图六六：7）。标本T6C③：107，表灰褐色。足面齐平，足径11.6、高4.5厘米（图六六：8）。标本T1J③F3：104，足较高，圈足内轮旋纹明显。出于本方F3南边墙基槽。足径残宽11.6、残高5.6厘米，圈足内有轮旋纹道（图六六：9）。标本T5C③：157，圈足内有轮旋纹道。足径12、残高5厘米（图六六：10）。标本T7C③：140，深灰色。喇叭形足较高。高6、足底径8厘米（图六六：11）。标本T1E③：147，圈足较高较直。高5、足径9.5厘米（图六六：12）。

器盖　仅见1件完整器。标本T4A③：1，表红褐色，胎深灰色。浅盏形，两边各有两个对称小孔。口径10、高2厘米（图六六：14）。

盖纽　标本T1I③：467，表灰黄，深灰色间杂。纽径12厘米（图六六：15）。

器座　计172片（其中素面160、绳纹12片），占夹砂陶总数1.92%。石峡文化墓葬中不见有器座出土。标本T1B③：505，亚腰筒形。表里灰黄，表面抹光。口径7.8、残高12厘米（图六六：16）。标本T1K③：1，砖红色，残高4、口径14厘米（图六六：17）。标本T6C③：1，砖红色，粗砂陶，质松软，多成碎块。口径12、残高8.5厘米。（图六六：18）。标本T2F③H31：98，表红褐色。两头外撇，圆唇内敛，火候较低，质松软，多成碎块。底径10.5、残高8厘米（图六六：19）。

2.泥质陶

有三足盘、圈足盘、豆、罐、器盖等，绝大多数为残片或仅见口沿、圈足残件。计2949片，占陶器总数31.6%。同墓葬出土的形制基本一致，于是按随葬陶器分型式，倘若不见于墓葬的陶器，则其型式顺延向下编排。

三足盘　子口，浅盘身外有突棱，圜底近直。下接三足，部分连裆部分和足双侧边缘有明显切割痕迹。因绝大多数器物的器身与器足已无法拼合，只可分开叙述。

瓦形足三足盘

A型Ⅲ式　标本T3D③：1，尖唇，子口稍敛，浅盘，圜底，瓦形足连接盘腹外缘，足跟外撇。深灰色，素面，薄胎。通高8、口径13.4、盘深4、足高6.4厘米（图六七：3；图版一八：1）。

E型Ⅰ式　标本T5D③：287，表灰黄、红黄驳杂，胎深灰。子口，折腹，圜底近平，盘腹有两周凸棱，瓦形足。口径19、残高3厘米（图六七：4）。

梯形足三足盘　子口，浅盘，弧腹，圜底，下接连裆梯形足，均已残缺。

C型Ⅰ式　标本T29③H17：5，直子口，圜底。略外撇近直的三足附在器身与器底交接处。器表有灰褐色磨光陶衣。口径16、盘深3、残高4厘米（图六七：1）。标本T10③：290，足有圆形镂孔。表灰红，胎灰褐色。口径20.6、残高4厘米（图六七：2）。

E型　标本T2F③D4：97，表灰色，胎灰白，子口，浅盘，盘身宽大，腹部一周凸棱。残口径25、残高4.7厘米（图六七：5）。

三足盘足，分瓦形足、三角形足、"▽"形足。

瓦形足　标本T1E③：40，表面细泥抹光，黄灰色、青灰胎。面宽4、残高3厘米（图六七：6）。

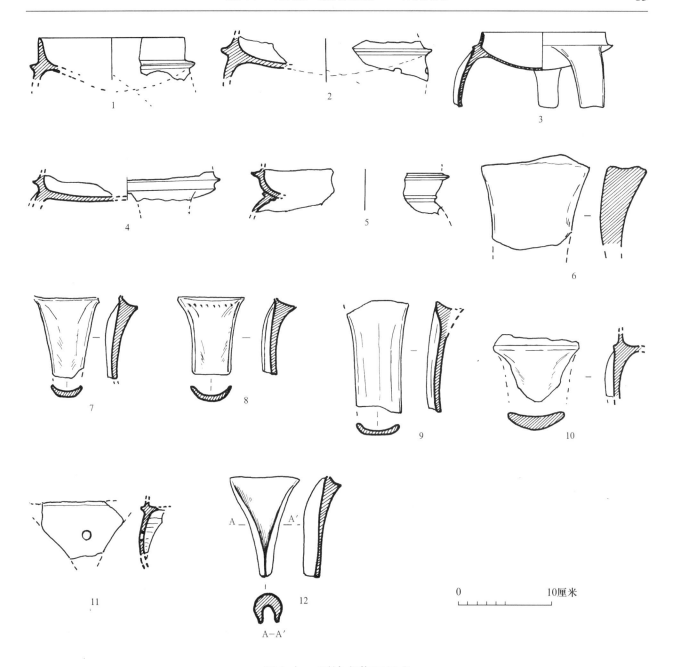

图六七　石峡文化三足盘

1.C型Ⅰ式梯形足三足盘（T29③H17：5）　　2.C型Ⅰ式梯形足三足盘（T10③：290）　　3.A型Ⅲ式瓦形足三足盘（T3D③：1）　　4.E型Ⅰ式瓦形足三足盘（T5D③：287）　　5.E型梯形足三足盘（T2F③D4：97）　　6.瓦形足（T1E③：40）　　7.瓦形足（T3E③：1）　　8.瓦形足（T3F③：91）　9.瓦形足（T1I③H33：99）　　10.瓦形足（T5C③：295）　　11.三角形足（T7C③：5）　　12.三角形足（T3F③：1）

标本T3E③：1，表灰黄，胎深灰色。足面宽7、残高8.2厘米（图六七：7）。标本T3F③：91，足面顶有一行刺点纹。面宽7、高8厘米（图六七：8）。标本T1I③H33：99，瓦足弧度较小，胎较薄。足面刻划3条直线。足面宽7、残高12厘米（图六七：9）。标本T5C③：295，表红褐色，似被火烧烤过。胎壁较厚。残高5.8、足面宽9.2厘米（图六七：10）。

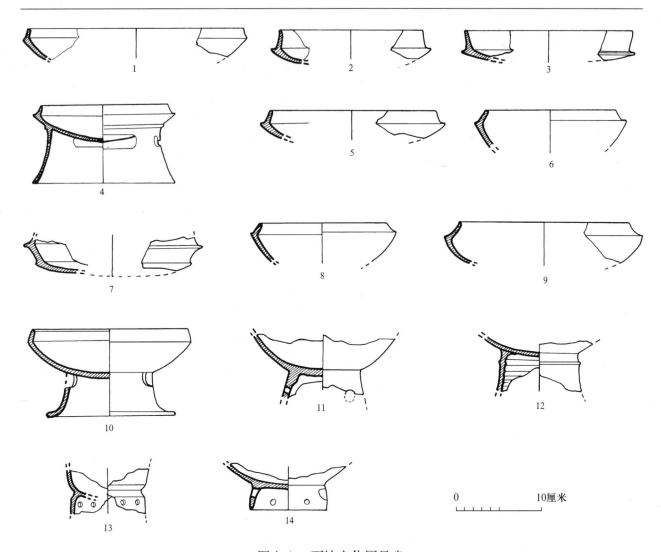

图六八　石峡文化圈足盘

1.Aa型Ⅱ式圈足盘（T5B③：227）　2.A型Ⅱ式圈足盘（T66③：269）　3.A型Ⅱ式圈足盘（T42③：235）　4.A型Ⅱ
式圈足盘（T19③H16：4）　5.A型Ⅱ式圈足盘（T83③：207）　6.圈足盘盘身（T2③：15）　7.圈足盘盘身（T81③：
288）　8.圈足盘盘身（T3③：203）　9.圈足盘盘身（T88③：1）　10.F型圈足盘（T2F③：25）　11.圈足盘盘身（T2
③：38）　12.圈足盘盘身（T29③H17：4）　13.圈足盘圈足（T32③：231）　14.圈足盘圈足（T2③：34）

三角形足　将梯形足向内卷边。标本T7C③：5，中间穿一小镂孔。残高7.4厘米（图六七：11）。

"▽"残足　将瓦形足下部外捏成"▽"形。标本T3F③：1，表土黄色，胎灰色。高11、面宽7、底宽1.2厘米。（图六七：12）。

圈足盘　形制为子口，浅盘，圜底，腹部或圜底下接圈足，圈足形制多样，有大小之分，有束腰，高矮不同，绝大多数圈足均饰大小形状各异的镂孔装饰，常见器表黑皮磨光陶。其形制与墓葬中出土基本相同，本期圈足盘计172片。盘身与圈足连在一起的标本甚少，只能按盘身和圈足分别叙述。

A型Ⅱ式　子口，浅盘，弧腹，圜底，下接大圈足，仅一件完整。标本T19③H16：4，腹下部接大圈足稍束腰，足沿外撇，盘腹有一周凸棱，圈足饰一对圆角长方形和"凹"形镂孔。器表灰色，胎深灰色。通高9.2、口径15、盘深4.4、圈足径16.8、足高4.8厘米（图六八：4；图版一八：2）。标本T66③：269，表里灰黄色。子口稍外侈，口径17、残高3厘米（图六八：2）。标本T42③：235，子口高稍外撇。口径20、残高3.5厘米（图六八：3）。标本T83③：207，灰黑皮磨光陶。子口微敛。口径20、残高3厘米（图六八：5）。标本T5B③：227，表里黄白色。子口稍矮。口径26、残高3.4厘米（图六八：1）。

圈足盘盘身　标本T88③：1，尖唇，子口敛，大弧腹。形制与墓葬出土BbⅠ式圈足盘一致。口径20、残高4.5厘米（图六八：9）。标本T2③：38黑皮磨光陶。口沿已残，弧腹，圜底近平，盘底下接圈足，饰圆形镂孔。残高7厘米（图六八：11）。标本T2③：15，灰黑皮磨光陶，黑皮多剥落。子口敛，弧腹。口径15.5、残高4厘米（图六八：6）。T3③：203，灰黑皮磨光陶，黑皮多剥落。子口敛，弧腹。口径15.3、残高4.4厘米（图六八：8）。标本T29③H17：4，器表灰黑磨光，已剥落，胎红褐色。口沿残，弧腹，圜底下接圈足，圈足外一周凸棱，圈足内壁有轮旋纹。残高5.4、残足径

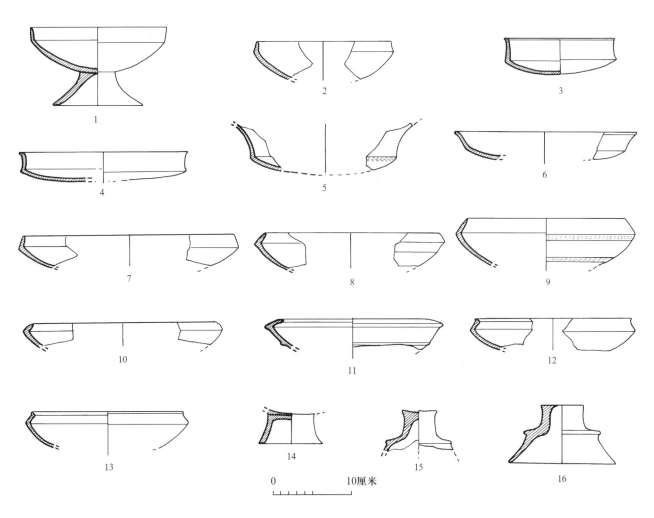

图六九　石峡文化陶豆

1.Ba型Ⅰ式陶豆（T7③：1）　2.Ba型Ⅰ式陶豆（T7C③：242）　3.侈口盘身（T54③：202）　4.侈口盘身（T3C③：87）　5.D型陶豆（T11③：271）　6.D型陶豆（T6C③：155）　7.敛口盘身（T53③：14）　8.敛口盘身（T3C③：223）　9.敛口盘身（T2③：26）　10.敛口盘身（T5B③：210）　11.F型陶豆（T5A③：17）　12.E型陶豆（T5B③：106）　13.E型陶豆（T5B③：206）　14.豆圈足（T89③：255）　15.豆圈足（T5C③：205）　16.豆圈足（T5C③D2：1）

10厘米（图六八：12）。上述4件圈足盘身和圈足，同墓葬出土Ｃａ型圈足盘形制一致，盘身口径较小，盘底下接高喇叭形足。标本T81③：288，子口残，外壁两周凸棱，斜腹，圜底，此形制不见于墓中。残口径19、残高4厘米（图六八：7）。

F型　标本T2F③：25，尖唇，口微敛，弧腹，圜底下接矮圈足，饰对称圆角长方形大镂孔和一对双圆孔，足沿外撇较甚的形制是随葬品中不见的。通高10、口径18.5、盘深5.2、足径15厘米（图六八：10；图版一八：3）。

圈足盘圈足　标本T2③：34，表黑皮磨光陶，胎红褐色。盘身残，弧腹，圜底，下附矮圈足，圈足两侧有对称的圆角长方形镂孔，另两侧有两个小圆镂孔。残高5.2、圈足径9.5厘米（图六八：14）。标本T32③：231，已残，但有盘有镂孔圈足。褐黑皮磨光陶、红褐胎。小巧精致、罕见。残口径9.6、残高5.2、残足径9厘米（图六八：13）。后两件标本的形制，不见于墓葬随葬品。

陶豆　以灰陶为主。陶豆可单独使用，亦可覆置当做盘类的器盖。地层出土陶豆，不少是墓葬中不见随葬用的，如敞口豆盘或敛口豆盘等。推测多数陶豆作盛食物用。除与墓葬陶豆相同形制之外，增加型式。

Ba型　口近直或口微敛，弧腹，深盘，矮喇叭形足。

Ⅰ式　口与腹之间有一周折棱。标本T7③：1，黑皮磨光，多剥落，灰褐色胎。下接矮喇叭足。口径18.2、盘深6.2、高10.6厘米（图六九：1）。标本T7C③：242，灰黑皮磨光陶，口径18、残深5厘米（图六九：2）。

D型　大敞口，浅盘或深盘，下部折弧腹有一周折棱，为墓中所未见。标本T11③：271，盘身较深。灰黄色磨光陶，下腹有一周篦点纹。口径25、残高6厘米（图六九：5）。标本T6C③：155，灰黄色表，深灰色胎。口径24、残高33厘米（图六九：6）。

E型　小尖唇处折，敛口，弧腹，深盘，口与腹之间有一周折棱。为墓中所未见。标本T5B③：106，口径20、残深5厘米（图六九：12）。标本T5B③：206，口径21、残深4厘米（图六九：13）。

F型　标本T5A③：17，圆唇，敛口内折，斜腹，腹部一周附加堆纹。褐皮磨光陶，制作精细，口径18、残高3.5厘米。为墓中所未见（图六九：11）。

残豆盘　有侈口，敛口。

侈口盘身，尖唇，侈口，折斜腹。标本T54③：202，斜腹，浅盘，圜底。口径14.2、残高4.6厘米（图六九：3）。标本T3C③：87，盘身较浅。表里灰黄。口径22、残高3.7厘米（图六九：4）。

敛口盘身　尖唇，敛口，内折沿，弧腹。标本T53③：14，黄褐皮磨光陶，口径28、残深4厘米（图六九：7）。标本T3C③：223，表橙黄色，胎灰色。口径24、残深4.5厘米（图六九：8）。标本T2③：26，灰黑皮磨光陶，多脱落。灰色薄胎。盘腹有两周宽附加堆纹，上面加刺点纹。该盘身同墓中CⅣ式陶豆相近，口径21、残深6厘米（图六九：9）。标本T5B③：210，表灰黄，深灰胎。口径24、残深2.8厘米（图六九：10）。

豆圈足　其形制与墓葬出土陶豆相同，B型喇叭形足，A型细把凸棱喇叭形足。标本T89③：255，矮喇叭足，表灰白，胎深灰。残高3.6、足径8厘米（图六九：14）。标本T5C③D2:1，细把凸棱喇叭足。表灰黄、胎深灰。高7.3、足径9.3厘米（图六九：16）。标本T5C③：205，细把凸棱喇叭足。残

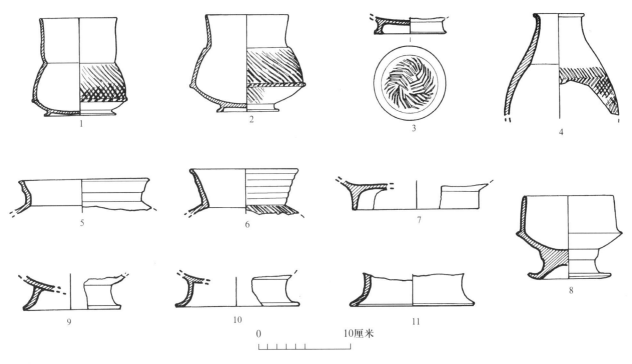

图七〇　石峡文化圈足罐、壶盖

1.圈足罐（T29③H17：9）　2.圈足罐（T33③：11）　3.罐圈足（T55③：18）　4.圈足罐（T3③：24）　5.罐口沿
（T1E③：1）　6.罐口沿（T29③：14）　7.罐圈足（T92③：204）　8.壶盖（T29③H18：4）　9.罐圈足（T2③：19）
10.罐圈足（T4B③：233）　11.罐圈足（T4B③：244）

高5.2、残足径10厘米（图六九：15）。

圈足罐　277片。多青灰色陶、陶质坚致，圈足很矮。以素面为主，纹饰有错叠曲折纹、篮纹、附加堆纹、重圈纹、方格纹等，以前三种纹饰最为普遍。但数量少，其中高领，削肩和小口，削肩曲折纹罐，为墓中所不见。标本T29③H17：09，直口呈椭圆形，领部有细而浅轮旋纹道，削肩，弧腹，圜底，下接矮圈足，足沿外撇，肩部先饰一周条纹，腹部拍印错叠曲折纹，腹下部一周绳索状附加堆纹。青灰色，薄胎，陶质较硬，通高10.5、口径（长径）8.5、领高4.5、足高0.5厘米（图七〇：1；图版一八：4）。标本T33③：11，敞口呈椭圆形，高领。削肩，扁圆腹，圜底，下接矮圈足，足沿外撇，下腹部一周绳索状附加堆纹，器表拍印条纹和部分错叠曲折纹。表灰黄色，薄胎，陶质，较硬。通高10.6、口径（长径）9、领高3.6、足径7厘米（图七〇：2；图版一八：5）。标本T3③：24，小口、尖唇微侈，高领、削肩鼓腹，颈与腹无明显分界。表灰褐，胎深灰，胎质坚硬。肩部一周条纹，紧接着拍印错叠曲折纹。口径5.5、腹径12.6、残高11厘米（图七〇：4）。标本T55③：18，圈足。青灰色，胎硬。腹底拍印变形曲折纹。纹饰从腹部一直拍印到圜底。在矮圈足面顶面和罐底划一圈短道道成粗糙触面，使圈足和器底连接得紧密。足径8、高1.4厘米（图七〇：3）。标本T1E③：1，口沿。窄沿外一周凸弦纹。磨光褐黑皮陶，多剥落。薄胎。口径14、残高3.5厘米（图七〇：5）。标本T29③：14，宽沿外有轮旋纹，肩部拍印条纹（篮纹）。青灰色，胎硬。口径12、残高5厘米（图七：6）。标本T92③：204，圈足。表里青灰色，罐底可见拍有曲折纹。足径14、高2厘米（图七〇：7）。标本T2③：19表灰黄色，表面磨光。足高3、圈足径10.4厘米（图七

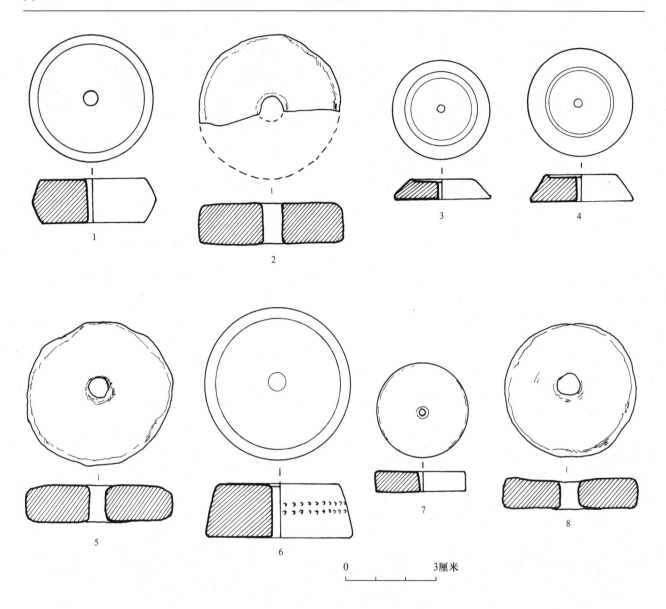

图七一　石峡文化陶纺轮

1.A型Ⅰ式陶纺轮（T50③H39：5）　　2.B型陶纹轮（T15③：12）　　3.C型Ⅱ式陶纺轮（T93③：24）　　4.C型Ⅱ式陶纺轮（T24③：23）　　5.B型陶纺轮（T77③：6）　　6.C型Ⅰ式陶纺轮（T55③：20）　　7.D型Ⅱ式陶纺轮（T1H③：22）　　8.B型陶纺轮（T29③：7）

○：9）。标本T4B③：233，黑皮磨光陶，红褐色胎，薄胎。高3.6、足径14厘米（图七○：10）。标本T4B③：244，黑褐皮磨光陶，红褐色胎、薄胎。足高3.0、足径13.2厘米（图七○：11）。

　　壶盖　标本T29③H18：4，灰黑皮磨光陶，形似喇叭足豆，捉手展口，顶面中间下凹，盖子母口。捉手直面径6.6、高6、口径6.2厘米（图七○：8；图版一九：1）。

　　陶纺轮　地层出土陶纺轮79个。胎质多为夹砂陶，泥质陶很少，火候不高，以下泥质者注出，夹砂陶质省略。其中F型陶纺轮墓中不见，其余形制与随葬的陶纺轮相近。

　　A型Ⅰ式　标本T50③H39：5，扁鼓形，周边外弧形有一周折棱，断面六边形。表面抹一层细泥，灰白与深灰色间杂。直径4.2、厚1.4厘米（图七一：1；图版一九：2）。

B型　扁圆形，断面扁平薄体椭圆形。标本T15③：12，直径4.8、厚1.3厘米（图七一：2；图版二〇：7）。标本T77③：6，灰褐色。直径5、厚1.2厘米，（图七一：5；图版二〇：5）。标本T29③：7，剖面扁平。直径4.5、厚0.8厘米（图七一：8；图版一九：4）。

C型　覆斗形，上小下大，周边外斜，断面圆角梯形。

Ⅰ式　厚身覆斗形。标本T55③：20，周边刺两周篦点纹，面径4.3、底径5、厚1.8厘米，（图七一：6；图版一九：6）。标本T75③：21，表深褐色，胎深灰色。泥质陶。顶面孔周围下凹，剖面呈梯形，面径2.8、底径4、厚1.6厘米。（图七二：4；图版一九：5）。

Ⅱ式　薄身覆斗形，顶部稍下凹。标本T24③：23，表灰黑，胎黑色。面径2.4、底径3.5、厚0.9厘米（图七一：4；图版二〇：2）。标本T93③：24，表灰白，青灰相杂。面径2.4、底径3.5、厚0.9厘米（图七一：3；图版二〇：1）。

D型　截圆柱体形，顶和底面同样大小，断面圆角长方形。

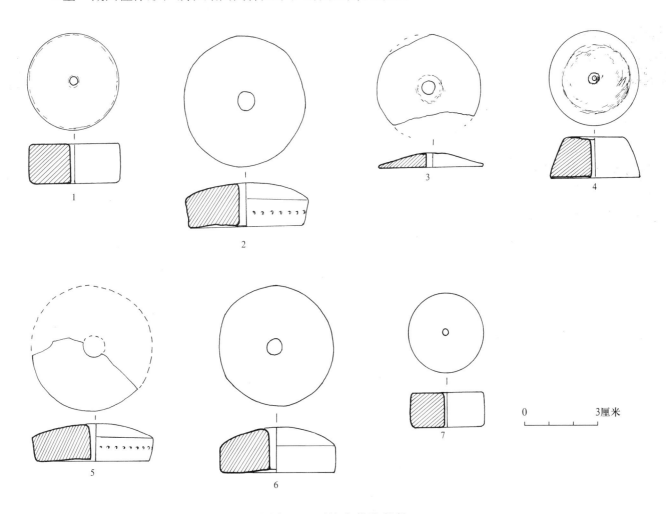

图七二　石峡文化陶纺轮

1.D型Ⅰ式陶纺轮（T89③：1）　2.F型陶纺轮（T1H③：11）　3.E型陶纺轮（T1G③：25）　4.C型Ⅰ式陶纺轮（T75③：21）　5.F型陶纺轮（T1H③：14）　6.F型陶纺轮（T9③：15）　7.D型Ⅰ式陶纺轮（T27③：1）

Ⅰ式　标本T89③：1，表灰褐，胎深灰。高身截圆柱体形，直径3.9、厚1.5厘米（图七二：1；图版二〇：6）。标本T27③：1，表灰色，胎深灰。直径3.2、厚1.4厘米（图七二：7）。

Ⅱ式　扁平截圆体形。标本T1H③：22，直径3、厚0.7厘米（图七一：7；图版一九：3）。

E型　圆顶斗笠形，中间厚，周边薄。标本T1G③：25，但较扁。底径4.4、中间厚0.6厘米（图七二：3；图版二〇：4）。

F型　馒头形，顶部隆起，底部靠孔部分稍内凹，周边直或内斜。标本T1H③：14，顶面灰褐，底面深灰色。边沿一周刺点纹。底径5、厚1.5厘米（图七二：5；图版二〇：8）。标本T1H③：11，表灰黄，胎深灰。边沿有刺点纹。直径5、厚1.7厘米（图七二：2）。标本T9③：15，表灰白，灰色相杂。完整件。素面无纹。直径5、厚1.7厘米（图七二：6；图版二〇：3）。

E型和F型陶纺轮，在墓葬中不见出土。

（四）其他遗物

1. 栽培稻遗迹

本期所见的栽培稻遗迹，一种是出于窖穴里（如T47③H21），保存有炭化稻米（参见第三章第二节灰坑）；一种是见于二次葬墓葬中，也是一撮已炭化稻米；再一种是见于红烧土块中，作为房屋泥墙的掺和料，多见稻谷壳和稻秆秣。经有关单位鉴定，属栽培稻（学名O.sativa L.种），与现今华南种植的水稻基本相同。品种有籼型稻和粳型稻，以籼型稻为主（图版二一：1；彩版三：1）（附表六；附录2）。

2. 动物遗骨

本期文化遗存中出土的动物遗骨为数很少。仅在T5一个灶坑前见有3根动物肢骨的烧骨（参见第一期文化的T5灶坑）；在T7C本期层位出土有4枚兽牙（猪牙）；另在M59填土中出土有一枚牛牙（臼齿）。值得指出的是，根据本遗址的地理环境，如石峡遗址前后接连狮头岩和狮尾岩，马坝盆地附近有众多的山冈丘陵环抱，也有岩溶洞穴，北面不远还有马坝河，以及遗址和墓葬出土有大量的石镞等狩猎工具，这与遗址出土如此少量的动物遗骨是不相称的。这应当与遗址红壤土含酸性的腐蚀作用不无关系。因为在狮子岩的一些石灰岩洞穴里，还是发现过相当数量的动物遗骨的。

3. 褐铁矿石

T5③，小块矿石，出自深80厘米。表面一边褐色，一边胭脂红，红色为赤铁矿。此块石经广东地质队鉴定为褐铁矿石，产地在曲江县一六镇（今属乳源自治县）山冈。

4. 山枣核果实

出自T89③，共5颗，椭圆形，经长年埋藏已炭化成黑色。另T24③出土山枣核2颗，其余为墓葬中出土。表明它是当时人们采撷的一种野果，采集仍是当时人们生活的来源之一（图版二一：2；彩版三：2）。

第二节　墓　葬

一、墓葬分布与层位

石峡遗址第二期文化遗存（石峡文化）墓葬102座，其中一次葬墓30座，一次葬已迁墓16座、二次葬墓56座。分布在遗址东部岗顶平缓处，东西长60米，南北宽55米，大约3300平方米范围内（图七三）。

墓葬之间有叠压、打破关系的共25组，其中10组为石峡第三期文化遗存墓葬叠压或打破本期墓葬，15组为本期墓葬之间的叠压、打破关系。

后期文化堆积叠压和打破本期墓葬的层位和遗迹可以分为两种情况。一类是由于遗址地势东部较高，西部平缓，南部高向北倾斜，表土层下（包括铁锰淋滤层），即可见到红烧土坑壁在层面上的横和纵的红线或断断续续红烧土点线。本期墓葬开口于表土层下打破石峡一期文化遗存的有33座墓：M2、M3、M7、M8、M9、M10、M11、M16、M18、M21、M22、M25、M26、M27、M28、M29、M30、M32、M33、M36、M37、M38、M39、M43、M44、M77、M91、M96、M99、M118、M123、M127、M129等一次葬墓和二次葬墓，常见墓里填土或墓壁被石峡三、四期文化遗存的柱洞、灰洞或灰坑打破。亦有石峡三期文化遗存墓葬打破本期墓葬的。如M35→M39、M92→M37、M55→M54、M55→M56、M58→M59、M60→M61。

另一类是遗址中部偏北较大片范围和东南、西部小面积范围内，石峡三期文化遗存保存较好，叠压在本期墓葬之上。清理石峡三期文化层后，层面上出现横或纵的红烧土点线，也有在石峡三期的坑壁、洞壁发现红烧土墓坑壁呈线状垂直向下或在灰坑、柱洞的底部出土本期墓葬填土中一次葬随葬品残陶器、石器。被石峡三期文化层叠压的墓有68座：M4、M5、M6、M12、M13、M14、M15、M17、M19、M20、M23、M24、M34、M41、M42、M45、M46、M47、M48、M49、M51、M53、M54、M56、M57、M59、M61、M67、M68、M69、M71、M73、M74、M75、M76、M78、M79、M80、M81、M84、M85、M86、M87、M88、M89、M90、M93、M98、M100、M101、M102、M103、M104、M105、M107、M108、M109、M111、M112、M114、M115、M116、M119、M120、M121、M122、M131、M132。

本期墓葬之间有叠压、打破关系的集中在发掘区北面T11中部、T45和西南面的T51。例如T51中8座墓：M22→M7→M8；M22叠压M27、M25之上；M7叠压在M25、M29之上；M8叠压在M9、M29之上；M29→M9、M25、M28。顺便提及，最后一组打破关系最为重要，4座墓均为红烧土壁深穴二次葬墓，它们之间虽有打破关系，但随葬器物陈放位置未被扰乱（图七四）。至于一、二次葬墓中的具体叠压、打破关系情况如下。

第一种是，一次葬浅穴墓之间叠压打破。如M12→M14、M13→M6、M87→M88→M90。

第二种是，一次葬浅穴墓或一次葬已迁墓打破或叠压二次葬墓。如M38→M39南壁和部分填土，M41→M42西北角墓壁，M15→M17西南角墓壁，M6→M20北壁和墓中填土。

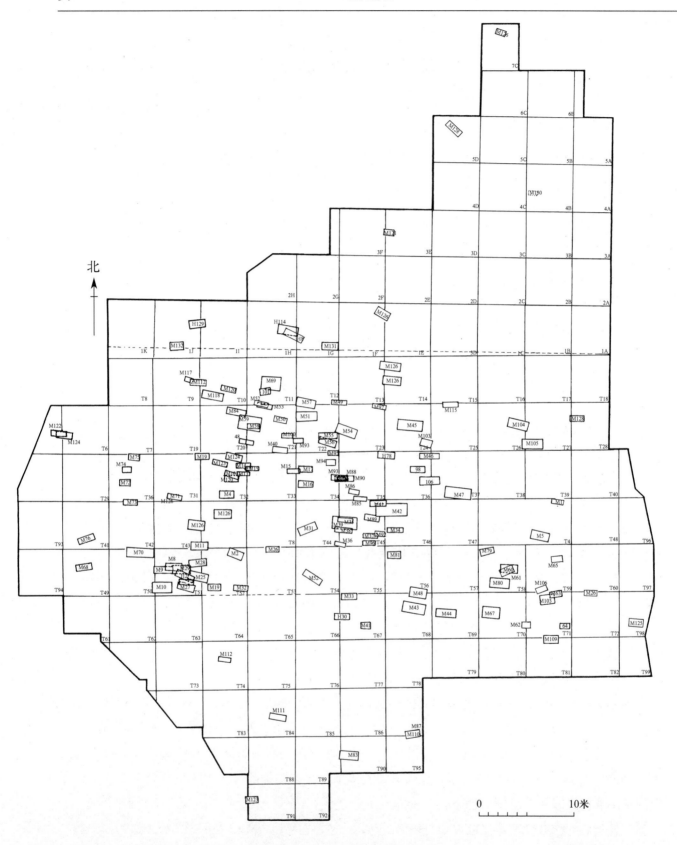

图七三　墓葬分布与层位

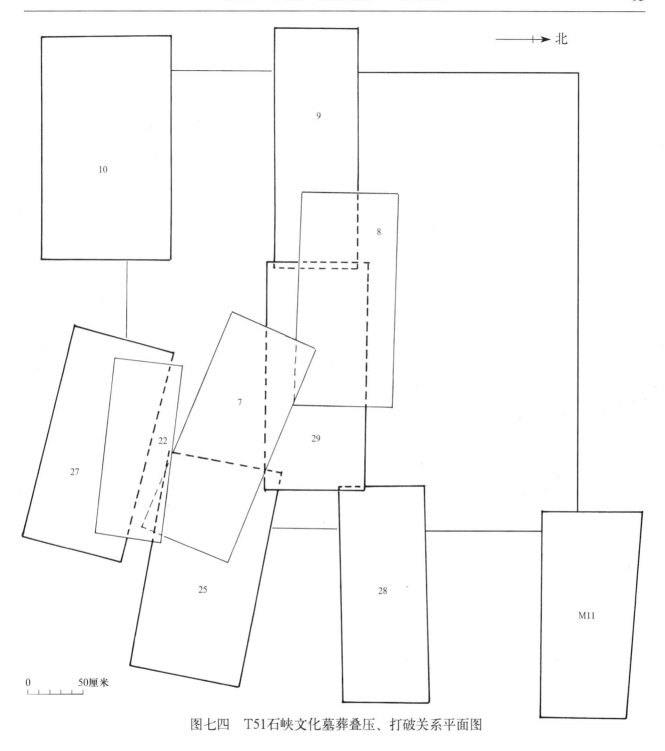

图七四 T51石峡文化墓葬叠压、打破关系平面图

　　第三种是，一次葬已迁墓叠压二次葬墓。其中M7叠压在M25、M29之上，M8叠压在M9、M29之上，M123叠压M124；也有一次葬墓打破一次葬已迁墓，如M22→M7、M8。

　　第四种是，二次葬墓打破一次葬墓，如M59（大型墓）→M84（仅此一例）。

　　第五种是，二次葬墓打破二次葬墓。如M42→M89，M101→M69，M29→M9、M25、M28。

　　本期墓葬打破石峡第一期文化堆积的现象容易分清，因为后者土质较硬，遗物较少。曾在M27、M39、M67、M81、M90、M116、M118、M124等8座墓填土里发现石峡一期文化遗存的陶片，有夹砂灰陶细绳纹釜口沿、肩部和泥质橙黄陶圈足盘的口沿、圈足、圈足上戳印小圆圈、小圆镂孔陶片。

二、墓葬形制

多为长方形竖穴土坑墓。长方梯形竖穴土坑墓仅10座：M11、M16、M17、M39、M68、M78、M79、M85、M91、M103。

土坑墓墓坑经火烧烤后，墓坑遗留有红烧土面的共66座，占本期墓葬总数的64.7%。墓壁红烧土层厚达0.5～2厘米。墓底或填土里有10～20厘米炭屑、炭块、黑灰土和红烧土块堆积层，部分墓底或填土中出土大条木炭，如M33墓底西端有4条木炭，长25～40厘米；M105在距墓口73厘米深度填土中有2条木炭，长70～105、直径5～10厘米；炭灰层里夹杂有燃烧后的竹枝、竹片炭块。

红烧土壁烧烤得完整的绝大多数是二次葬大型墓，有M10、M39、M42、M43、M44、M47、M54、M57、M69、M99、M105等11座和M115一次葬已迁墓。比较多见的是墓坑上半部红烧土壁完整，下半部不明显，仍以二次葬墓为主，有M2、M3、M5、M9、M11、M16、M17、M19、M25、M28、M29、M51、M59、M61、M67、M77、M80、M108（东、南、西面红烧土壁清楚，北壁不清楚）、M111、M112、M114（东南角红烧壁厚）、M118（东南红烧土壁清楚）、M124（东面红烧壁清楚，其余不明显）、M131等二次葬大、中型墓24座。墓坑红烧土壁下半部完整，上半部或墓口红烧土壁不明显的仅见二次葬墓M27、M79、M104等3座。墓坑曾经用火烧烤过，但红烧土壁不明显或仅遗留3、5处有小块红烧土面的，以一次葬浅穴墓或中等深穴墓为主，有M7、M12（东南角有大小10厘米烧壁）、M15、M32（南面红烧壁明显）、M36（东南面红烧壁明显）M41、M56、M68、M76、M86（东壁不明显）、M87、M100、M102、M120、M122、M123、M127等17座。二次葬墓有M20、M21、M30、M33、M45、M48、M46、M53、M89、M129等10座。

另外还有墓壁不见红烧土面，墓坑填土有大量红烧土、黑烧土块、黑灰土、炭屑等，形成这种填土的有两种可能，一是用火烧烤的时间不长，未形成红烧土壁；二是不曾烧烤过，从别处取来黑灰土、炭屑填放墓中。此类墓以一次葬浅穴墓为主，有M4、M6、M8、M13、M14、M18、M22、M23、M26、M34、M37、M38、M49、M71、M73、M74、M75、M78、M85（有厚夹砂陶片围墓坑壁）、M88、M90、M91、M96、M98、M103、M121等26座，其中M8、M18、M38、M49、M73等5座为一次葬已迁墓。中等深穴二次葬墓，有M24、M81、M101、M107、M109、M119等6座，占总数35.29%。墓坑未用火烧烤、填土土色纯净的一次葬浅穴墓有M93、M132，一次葬中等深穴墓M84和二次葬墓M116，共计4座，仅占本期墓葬的4.04%。而绝大多数墓坑内置尸骨和随葬品的位置有厚达15～25厘米炭灰、炭块、红烧土碎块堆积层。例如M90其填土为灰褐色，距墓口13厘米出现一层厚8～13厘米炭灰、红烧土屑、红烧土块铺在墓坑东、北、南部墓壁周围。

长方形墓坑四壁及墓底不平整，是因挖掘墓坑所使用的工具所致。在M99烧烤较好红烧壁上，可清晰地辨认出使用工具的痕迹，墓壁上出现凹凸不平，痕迹正面呈弧形内凹，长15～17、宽4～5厘米。推测是用大型长身石锛掘墓时留下的锛体印痕。墓中填土经过夯打的有M2、M39、M43等3座。以M43为例，当清理填土距墓口1米左右时，在填土层面上发现圆形夯窝，直径4～5厘米，以东北端最为明显，可分5层。第一层厚3厘米，第二层厚3.5厘米，第三层厚3厘米，第四层厚2.5厘米，第五层厚4厘米。夯层形成于随葬器物之上，层面高低不平。墓底筑二层台的墓仅见M69，做法是距墓口80厘米处，靠南壁留出宽24、靠北壁留出宽12厘米生土二层台，墓坑中间部分下挖深50厘米至墓底，放置尸骨堆和随葬品，二层台东北角陈放玉琮和玉环。M29墓底西端有一方坑，长82、宽60、深32厘米，坑内填充炭屑、黑灰土和红烧土块。同时出土石锛、陶纺轮各1件（有小方坑墓仅此一例）。

二次葬墓墓坑有大小、深浅之分，最大的M42，长330、宽140、深180厘米。最小的M119，长83、宽40、深34厘米。大型深穴墓长200、宽90、深90厘米或符合长、宽、深其中两条以上者有M5、M9、M10、M27、M29、M39、M42、M43、M44、M45、M47、M51、M54、M57、M59、M67、M69、M77、M80、M99、M104、M105、M114、M118计24座。均属墓坑烧烤过的二次葬墓，占墓葬总数的23.52%。墓坑长140～190、宽60～90、深度达80～120厘米的有M2、M3、M11、M17、M19、M20、M21、M24、M25、M28、M33、M53、M61、M79、M81、M89、M107、M108、M109、M111、M124、M129、M131等23座二次葬墓，占墓葬总数的23.53%。其中M17出土兽面纹玉琮。墓坑深度40～80厘米的有M4、M8、M16、M18、M30、M41、M46、M48、M49、M73、M76、M78、M84、M86、M90、M101、M112、M115、M122、M127等20座墓，占墓葬总数的19.61%，其中M16、M30、M46、M48、M101、M112为二次葬墓，其余均为一次葬墓或一次葬已迁墓。墓坑深度40厘米以下的为浅穴墓，最浅的墓，深度仅有10～19厘米。有M6、M7、M12、M13、M14、M15、M22、M23、M26、M32、M34、M36、M37、M38、M56、M68、M71、M74、M75、M85、M87、M88、M91、M93、M96、M98、M100、M102、M103、M116、M119、M120、M121、M123、M132等35座，占墓葬总数34.31%。其中M102、M116、M119为二次葬墓，二次葬墓多数是深穴墓，其次是中等深穴墓，一次葬墓多数为浅穴墓，少数为中等深穴墓。

墓葬方向为73°～122°。90°的有24座，占总数23.53%；91°～98°的有42座，占总数41.17%；100°～113°的有22座，占总数21.56%；73°～88°的有13座，占总数12.75%；122°的仅M116。大型深穴二次葬墓方向偏南，不见偏北的；中型深穴二次葬墓24座亦多数是偏南，偏北的仅4座。

三、葬式与葬俗

可分为一次葬墓、一次葬已迁墓、二次葬墓，其中一次葬墓30座，占总数29.41%；一次葬已迁墓16座，占总数15.68%；二次葬墓56座，占总数54.9%。一次葬已迁墓和二次葬墓总计72座，占总数70.59%。说明迁葬是当时相当流行的埋葬习俗。古代居民将死者先埋在浅穴墓或中等深穴墓中，若干年后再掘开墓穴取出尸骨和随葬品，第二次掩埋在另一座较深的、多数用火烧烤的墓穴坑里。20世纪80年代以前，粤北地区和马坝镇一带亦流行二次葬，做法是先施行土葬，将死者放置木棺，埋在长方形竖穴土坑墓里，过了三五年或七八年后，举行掘墓捡骨，木棺废弃不用，将尸骨迁葬，放置在大陶缸内，择地再葬，这类陶缸是特制的大缸，当地俗称"金缸"，专门用于二次葬。放置尸骨时，按照腿骨在下，头骨在上的摆放法，然后加盖。当地群众认为因"金缸"是陶窑里用火烧制的，缸体干燥，加盖密封后尸骨保存得较好。另外有些地区习俗是在一次葬放木棺前举行一种仪式，将一把稻草点燃扔进墓坑，称作"暖坑"。虽然说相距4千多年，其埋葬习俗不能相提并论，可能都同当地气候潮湿多雨有关。

上文已提及本期墓葬尸骨保存情况甚差，仅少数墓遗留尸骨碎片，为一次葬死者头向提供实据，例如M37一次葬已迁墓，在墓底西边出土下肢胫骨残段。M78一次葬墓底东80厘米范围内，发现零星残断已朽的肋骨、脊椎骨。M85一次葬墓底东端见到已腐朽的婴儿头盖骨。M86墓深65厘米，距墓口10厘米南壁，发现一段长18厘米桡骨和尺骨残肢，尺骨向外，可证明手心向上。M87一次葬墓底东端发现头骨碎片。M98一次葬墓底残存部分腐朽脊椎骨、上肢骨和头盖骨碎片，头骨位于东端，1件玉璜置头骨上，残留四颗门牙齿仍是乳齿。从上述六座墓葬残留碎骨位置判断，可推测本期一次葬墓葬式为头东脚西单人仰身直肢葬，其死者面向已无法辨认。本期二次葬流行将单人迁葬墓中尸骨集拢成堆，置二次葬墓底一隅，尸骨堆范围一般在长40～60、宽25～30厘米，堆积厚度10～20厘米。二次葬尸骨堆陈放位置，在墓底东南隅为多，有M2、M9、M10、M16、M17、M19、M20、M27、M39、M42、M47、M53、M67、M69、M77、M79、M81、M99、M101、M104、M105、M107、M108、M114、M129等25座，占二次葬墓总数44.64%。尸骨堆陈放在墓底中部偏东有M3、M11、M54、M57、M61、M109、M131等7座，占总数12.5%。尸骨堆陈放在墓底东端有M25、M28、M30、M33、M43、M48、M80、M102、M118等9座，占总数的16.07%。尸骨堆陈放在墓底东北隅有1座M45，尸骨堆陈放在墓底中部的有1座M111。中部偏南有M5、M124等2座。西部偏北1座M116。尸骨堆陈放墓底偏北1座M119。东部偏北M21、M29、M44 3座。尸骨无存不明陈放位置的4座M24、M46、M89、M112。二次葬中型深穴墓M2，墓底尸骨堆碎片保存稍好，尚辨认尸骨堆上的头盖骨放在东端，肋骨在头盖骨的下面，残肢骨置尸骨堆两侧。56座二次葬墓里绝大多数尸骨保存状况甚差，呈白色豆腐渣状，同墓底泥土粘连在一起，无法剥离，保存稍好的尸骨堆是指尚能辨认部分人体骨骼位置的，二次葬56座墓里未曾找到上下颌骨和牙齿，亦不见髋骨、股骨、骶骨等较大块的骨头。

有30座大型、中型墓底尸骨堆面上和附近或尸骨的东边、东北边撒有鲜红的朱砂，朱砂呈片状，常见尸骨堆上玉环或附近陶豆豆盘内、三足盘旁边染上小片朱砂。M10在尸骨堆东南面和尸骨堆中间夹着一层朱砂。推测是陈放尸骨或尸骨堆和随葬品之后，才撒朱砂。撒朱砂墓有M2、M3、M8、M9、M10、M11、M19、M20、M21、M24、M25、M27、M28、M29、M30、M39、M42、M44、M45、M47、M51、M57、M77、M78、M99、M104、M105、M114、M129、M131等30座。占石峡文化墓总数的29.41%。其中大型深穴二次葬墓15座，中型深穴二次葬墓12座，两类相加为27座。M8为一次葬已迁墓，朱砂撒在东南碎尸骨附近。M78为一次葬墓，朱砂撒在墓底东端。

一次葬已迁墓的墓葬有M7、M8、M18、M36、M38、M41、M49、M68、M73、M76、M93、M100、M115、M120、M123、M127等16座，都为浅穴墓，可以见到完整墓坑、黑灰土、炭块、红烧土块填土，部分为红烧壁墓坑，墓底遗留零星碎骨和少量残缺不全的陶器和石器，如盘形鼎足、圈足盘足残片、三足盘瓦形足、陶豆的喇叭形足，夹砂釜、罐口沿，石器较完整，有锛、镞等。例如M68，墓坑为红烧壁浅穴土坑墓，墓底中部有人骨碎渣，经迁走后还剩余两件盘形鼎楔形足和三足盘瓦形足。又例如M73的墓底中部，散落人骨碎片和厚达2～3厘米灰炭层，一次葬随葬品迁走后余下盘形鼎凿形足、圈足盘、夹砂釜、罐口沿和一块河卵石。

每座二次葬墓里有两套随葬品：一套是二次葬时放置的，器物完整，排列整齐。另一套是一次葬随葬品，迁葬时随尸骨一起取出，放置在二次葬墓坑里，其中除石器和装饰品较完整外，绝大部分陶器已残，但比遗留在一次葬已迁墓里的陶器要完整，有不少陶器可以复原。一次葬随葬品迁至二次葬墓里放置的位置，可分为四类：

第一类，堆放或散布在填土中。多种陶器器类碎片混杂在一起呈层状，距墓口10～45厘米填土里出土，除石器和装饰品外，难辨认器物个体，待出土后才能逐个归类拼合。器物层厚度视一次葬墓中迁葬器物多少而定，一般厚度在20～30厘米。如M89距墓口10厘米填土里，出现炭灰土层，陶器夹杂其中，有瓮、盘形鼎、三足盘、壶等残片，器物层厚30厘米，之下为一层土色较纯净土质硬的黄褐色填土，厚25厘米。而后才见炭屑黑灰土层和虽已破碎却排列整齐的二次葬器物。M47在距墓口40～55厘米，出现红烧土、木炭屑灰土层，一次葬迁来的随葬品68件夹杂其中。二次葬随葬品全部陈放在墓底，部分一次葬较完整石器和二次葬随葬品叠放在一起。一次葬随葬品散置在填土中的墓有M2、M3、M5、M9、M10、M16、M17、M19、M21、M25、M29、M42、M44、M45、M47、M48、M51、M53、M57、M61、M67、M69、M77、M79、M81、M89、M101、M107、M109、M111、M118、M119、M124、M131等34座。占二次葬墓总数60.71%。其中M2一次葬随葬品石铲1、盘形鼎1、釜1、三足盘2、在距墓口44～50厘米的炭灰、红烧土层里出土，二次葬随葬品壶1、三足盘2、盘形鼎1、釜1、夹砂罐1、梯形锛，陈放在尸骨堆北侧。M9一次葬随葬品25件在距墓口30～50厘米填土中出土，二次葬随葬品18件，整齐地排列在尸骨堆北侧。M44一次葬随葬品26件在距墓口30～50厘米墓边炭灰土、红烧土块填土中出土，二次葬随葬品置尸骨堆（墓底东北隅）东南和东部。M42二次葬随葬品37件置尸骨堆（东南隅）西北、北面。一次葬随葬品73件在距墓口130～145厘米炭屑灰土层出土。M77二次葬随葬品35件置尸骨堆（东南隅）西、西北边，一次葬随葬品15件在距墓口30厘米一层厚20厘米黑炭屑中出土，M89距墓口10厘米填土中出土瓮、盘形鼎、三足盘、壶等残陶器，灰炭土器物层厚达30厘米，接着是一层色纯质硬黄褐色填土，厚25厘米，而后才见到炭屑灰土层和排列整齐的二次葬随葬品。一座中型深穴墓M111二次葬随葬品4件置尸骨堆（中间）上，一次葬随葬品3件，在距墓口18～35厘米灰炭屑土层出土。少数墓中一次葬随葬品多数置填土器物层，少数同二次葬随葬品排列在一起，部分残断石器同二次葬完整石器叠放一起，例如M79距墓口5厘米器物层中出土一次葬6件陶器残片。有盘形鼎、釜、三足盘瓦形足、"V"形足。墓底有7件陶器置尸骨堆（东南隅）北边。其中1件三足盘缺一瓦足，此瓦形足在填土器物中找到，该三足盘实为一次葬随葬品。M101二次葬随葬品2件三足盘和1件盘形鼎缺三足，置尸骨堆（东南隅）西面和北面。M118二次葬随葬品10件置于尸骨堆（东南隅）西北边，一次葬随葬品38件陶器、纺轮、玉环在墓口40厘米西北角炭灰土层和墓底西北端出土。

第二类，堆放在墓底。一次葬残陶器呈层状夹杂在墓底西端、西南、东北角的红烧土、炭灰土层中，一次葬石器、陶纺轮、装饰品亦埋在陶器堆里。有M11、M20、M24、M28、M30、M46、M54、M80、M102、M104、M105、M112、M116等13座,占二次葬墓总数的23.21%。例如M20一、二次葬随葬品均放置墓底尸骨堆（东南隅）西边，石器、装饰品置北边，清理随葬品时很难区分一、二次随葬器物，从墓葬取出后分出有6件完整陶器，另有8件陶器为残缺不全。又如M30一、二次葬随葬品均在墓底，除石器外，陶器比较破碎，23件陶器中9件陶器较完整，14件残陶器，仅1件夹砂盖豆能复原。M11二次葬墓里随葬品共13件，陈放在尸骨堆（东南）西边，其中5件完整陶器和1件石铲当是二次葬随葬品，另有7件残陶器应属一次葬墓里迁来的。还有的二次葬墓底，完整二次葬陶器置于尸骨堆附近，破碎的一次葬墓迁来的随葬品置于墓底西边、西南端，同炭灰土、红烧土夹杂在一起。例如M102有4件陶器置尸骨堆（东南隅）西北边，一次葬4件破碎陶器置墓底西端。M104二次葬12件陶器在尸骨堆（东南隅）西边和西北边，一次葬12件陶器碎片堆积在墓底西南端。M105二次葬随葬品置尸骨堆（东南隅）西、西北边，石器置西南和南边，一次葬陶器残片堆在墓底西南角和东北端。

第三类，堆放在尸骨堆和二次葬随葬品下面。一次葬随葬品碎片夹杂在红烧土、炭灰土里，呈层状铺垫在墓底，之上放置尸骨堆和二次葬随葬品的有M27、M39、M43、M59、M99、M144、M129等7座墓，占二次葬墓总数约12.5%。例如M27一次葬随葬品18件，其中13件碎片夹杂在墓底6～9厘米炭灰土、红烧土层里，二次葬随葬品下面出土。M99一次葬随葬品共21件。残碎器物呈层状铺垫在墓底西南端、东北边及尸骨堆和二次葬随葬器的下面，与炭灰土、红烧土块混杂在一起，一件长身石锛出土时断裂为三截，两截压在尸骨堆下，一截在东边。M43一次葬随葬品有47件之多，同墓底10～15厘米炭灰层混杂一起，铺垫在墓底和二次葬随葬品下面。M129一次葬随葬品7件。距墓口60厘米出土陶纺轮1件及陶罐碎片，其他5件陶器碎片堆放在二次葬随葬品下面3～6厘米炭灰土、红烧土层里。

第四类，堆放在墓底第三层，与二次葬随葬品及尸骨堆之间，隔着一层填土，仅见M33、M108两座。填土里未发现一次葬残器物，墓底尸骨堆和二次葬随葬品排列有序，取出器物后，坑底是一层纯净黄褐土，下掘15～20厘米，便可以见到炭灰、红烧土层，厚5～6厘米和散乱破碎的一次葬随葬品。推测此两座墓可能利用原一次葬墓坑，填平后用于二次葬。

本期埋葬中未发现有葬具痕迹。一次葬墓、一次葬已迁墓、二次葬墓均为单人葬墓，从M56、M80、M86、M88、M98、M115等6座一、二次葬墓中残留的碎骨分析，是单人葬少年儿童墓，反映当时儿童墓的葬式与成年人相同。

四、关于随葬品的陈放位置

随葬品陈放位置，无疑是判断某些器物用途的最好例证，但本期一次葬墓尸骨已腐朽，仅于墓底偶尔发现几块尸骨碎片或尸骨渣。二次葬尸骨集拢成堆，无法恢复随葬品陈放在死者头足或身体不同的位置，现将一、二次葬随葬品陈放位置加以分析，或许能说明某些随葬品的价值和用途。

1. 一次葬墓随葬品陈放的情况

器物陈放于墓底东端和西端，推测相当于尸骨的头部和足部。偏北或偏南陈放的，相当于头部和足部的左侧或右侧。

（1）随葬品陈放在墓底东端和西端。有M15、M34、M56、M78、M91等5座。如M15的1件玉环置东端，石铲在墓底西北。M78陶罐、圈足盘置东南端，2件石锛位于墓底中部偏南，3件石镞中2

件于西端，镞锋朝西。M34玉环两件置东端分开放置，约相当于死者头部左侧和右侧。1件石钺放置西端，相当于足部。M56的1件河卵石置于东端，1件玉环断两截，半截在中部偏东，半截在西端。M91为儿童墓，1件圈足盘置于东北，1件陶豆和5件石片置于西端。

（2）随葬品陈放在墓底中部或中部偏北、中部偏东。有M4、M84、M90、M103、M132等5座。如M4墓底从东到西排列陶器，1件玉钺置中部偏南，相当于死者腰部。M90陶器置墓底中部偏北，从东到西有三足盘1、釜1、三足盘1、盘形鼎1、凿1、玉1、釜1。人骨碎渣在陶器下面和偏南处出土。M84陶壶1、三足盘1和盘形鼎1叠放一起，釜1、釜形鼎1置墓底中部偏东，推测是死者头部和胸部位置。M132三足盘、豆、盘形鼎、釜形鼎4件陶器置墓底中部，1件陶釜置东南，约相当于肩部。

（3）随葬品陈放在墓底西端。有M12、M14、M73、M87、M96、M98等6座。如M73圈足盘、盘形鼎、夹砂罐各1件，釜2件，重叠一起置墓底中西端。M14的1件陶釜置于西端。M98圈足罐、双耳罐各1件置西端。M12釜形鼎1件置西端，2件陶纺轮，1件在中部偏南可能相当于腰部，1件在西端相当于下肢部位。

（4）随葬品陈放在墓底东端。有M6、M88等2座。M6的1件玉环置东北部，1件环形琮已断为3块置于东南隅。M88玉环1件置东端偏南，1件玉钺置中部偏东约相当于死者上身部位。梯形石锛中部偏北，可能是死者手臂部位。

上述一次葬墓随葬装饰品以玉环为主，有6件之多，还有2件环形琮、1件玉璜均置墓底东端，石铲、石锛、石镞、打制石片和陶纺轮等多数置墓底中部和中部偏北或偏西端，尚未发现置墓底东端的。

2.二次葬随葬品在墓底陈放情况

墓坑的大小、长短、深浅虽有较大区别，但随葬品都环绕着尸骨堆为中心陈放，部分石器、装饰品和玉璧、琮、钺等置尸骨堆上或附近。陈放位置可分为尸骨堆北边、西边、南边或北边和西边、东边等。其中陶器陈放位置有一定的规律。现将陶器、石器、陶纺轮、玉器、装饰品在墓底陈放位置，分别加以说明。

（1）陶器陈放的位置

其一，置于尸骨堆西边和北边。有M2、M3、M16、M17、M19、M24、M77、M99、M101、M102、M107、M108、M118等13座。尸骨堆置东南隅。陶器从东至西排列有序，先陈放泥质陶饮食器，后是夹砂陶炊煮器，例如M2靠近尸骨堆北边，置壶→三足盘→三足盘→盘形鼎→釜→夹砂陶罐。M17有两套陶器随葬，第一套在尸骨堆北边，豆＋三足盘（"＋"号即豆盖在盘上，下同）、豆＋圈足盘并排放置→夹砂盖豆＋盘形鼎→第二套陶器：豆＋三足盘→釜、豆+泥质陶罐→釜（釜里藏7件石镞）。M77北边豆2＋三足盘→釜，西边圈足盘→豆＋三足盘→夹砂盖豆＋釜形鼎。M101为二次葬小型墓，尸骨堆北和西边各1件三足盘，附近盘形鼎缺三足为一次葬随葬品。M102一套陶器组合壶→三足盘→盘形鼎→泥质陶罐。M118尸骨堆北边圈足盘→釜形鼎→西边圈足盘→豆2→圈足盘、壶、圈足盘3件作北→南排列。

其二，置尸骨堆西边。有M5、M11、M20、M21、M25、M27、M30、M43、M48、M51、

M54、M57、M61、M116等14座。尸骨堆置东南隅或东端、东北隅。陶器陈放于尸骨堆西边。排列秩序有从东至西横排；作北南和东西纵横排列。例如M20尸骨堆西边圈足盘2→豆→豆2→平底罐。M61尸骨堆上1件三足盘，往西三足盘＋豆→盘形鼎→釜→盘形鼎。M5作东南至西北斜排，尸骨堆于中部偏南，先在尸骨堆上置陶釜→三足盘→釜形鼎，另一排在陶釜西边置三足盘→三足盘→盘形鼎。M25紧靠尸骨堆西端，一套4件，先放置盘形鼎，后置2件三足盘和壶。M57尸骨堆位于墓底中部，靠西端排列两组豆＋三足盘和豆＋圈足盘、盘形鼎置盘豆边缘。

其三，置于尸骨堆北边。有M9、M10、M46、M47、M67、M69、M79、M89、M114、M124、M129、M131等12座。陶器排列于尸骨堆北至西北边。例如M9一组豆＋三足盘和釜鼎置尸骨堆上，然后从东北往西排列，杯→豆、夹砂盖豆→盘形鼎→两组豆＋三足盘→豆→陶罐→豆＋三足盘。M47尸骨堆置东南隅，靠墓坑北壁从东至西排列有两套陶器，一套釜形鼎→罐→豆、三足盘、罐→三足盘↓盆形鼎↓（"↓"号即叠压之意，下同）圈足盘→（北→南）→豆、圈足盘。接着是另一套先在西边放置圈足盘，而后夹砂盖豆、釜形鼎，再放置两件豆和圈足盘。M67一、二次葬随葬品均置墓底，尸骨堆在东南隅，其尸骨西端1件一次葬残盆形鼎，尸骨东端是二次葬夹砂器盖和罐。尸骨堆北面从东至西排列豆→圈足盘→釜形鼎→夹砂盖豆（一次葬，残），该列陶器的北边是夹砂盖豆、豆、圈足盘。M124尸骨堆置中部偏南，北边陶器从东至西：壶→三足盘→三足盘→盘形鼎。

其四，置尸骨堆西北边。有M28、M39、M42、M81、M104、M105等6座。例如M28东至西三足盘→三足盘（小半器身在尸骨堆上）→三足盘→盘形鼎。M81三足盘置西北尸骨堆上，西南边是釜形鼎，北边东至西是壶→壶→釜→豆＋三足盘→三足盘。

其他还有将陶器置尸骨堆东边的M111、置西南边的M44，置西边和南边的有M29、M33、M45，置尸骨堆上的M119，置尸骨堆北、西、南的有M59、M109、M80等9座。

（2）石器陈放的位置

石器类锛、镬、铲、凿等多数与陶器混杂放置。部分大型长身石锛、镬、凿4～8件集拢成组放置。也见有序地排列在尸骨堆西侧、北侧和南侧。如M43、M47、M57、M67、M77、M80、M99、M104、M105等大型墓。15件石铲中有4件置尸骨上，8件置尸骨堆附近。36件钺有12件置尸骨堆上，11件置尸骨堆附近。随葬的石镞多数成组放置，少的一组4件，多的可达21件。现以二次葬墓随葬石镞为例，共计20座。M3一组7件、M20一组8件、M30一组17件；M39有两组，一组7件、一组12件；M43有两组，一组11件在19号盘鼎内，一组13件；M54一组8件、M67一组11件、M69一组2件、M77一组15件、M80一组13件、M108一组21件、M131一组8件，共12座。石镞随葬时镞锋朝西。镞锋朝北的有M105一组4件、M109仅1件。镞锋朝西、北、南的M16分六组22件。镞锋朝东、西、南、北有M104。M39另一组4件镞锋朝南。石镞于陶器群附近出土，镞锋方向不定的有M17的6件置于陶釜中，还有M42、M44、M47等四座。绝大多数镞锋不朝尸骨堆放置。

（3）陶纺轮陈放的位置

陶纺轮多陈放在尸骨堆西侧或陶器群西边，也有夹杂在陶器群里。

11座二次葬墓出土陶纺轮，M9、M10、M27、M29、M43、M48、M51、M59、M102、M118、

M129等。陶纺轮置陶器群以北的有M10、M129。M51有8件陶纺轮在墓底陶器群西边放置。有分散放置的，如M27，3件陶纺轮与盆形鼎一起放置，另4件纺轮在随葬品最西端，靠近西壁，从北至南呈弧线分散放置。有陶纺轮随葬的二次葬墓，没有石镞随葬，有石镞随葬的24座墓里，不见陶纺轮随葬，仅M43除外，该墓出土1件陶纺轮和24件石镞。

（4）琮、璧、环和装饰品陈放位置

琮、璧、环等玉器常见陈放在尸骨堆上或附近，如M42两件玉环置尸骨堆上，因上撒朱砂，致使玉环染上朱红色。石峡文化二次葬墓出土6件玉琮，M10、M17、M54、M104、M105等5座墓各随葬玉琮1件，置尸骨堆上，M69玉琮在东北角二层台出土。玉璧1件放置在M43尸骨堆上。M69出土玉环2件，1件置尸骨堆东北，1件同玉琮一起放置墓底东北二层台上。M104尸骨堆上玉环同玉琮并排放置。二次葬墓随葬22件玉环，有12件玉环置尸骨堆上，其他置尸骨堆附近和陶器群中。装饰品种类繁多，有玉笄（锥形器）、璜、玦、管、珠、坠饰、圆片饰等玉器，另外有水晶玦、绿松石片等，多数陈放在尸骨堆上和附近。

（5）随葬稻谷和稻米及其他（一次葬墓、二次葬墓一并叙述）

稻米作为祭食随葬，出土时已炭化成黑色，呈团状置墓底尸骨堆附近或陶器堆中。有少数在红烧土块里，随葬稻米的一次葬墓有M6、M7、M13、M14、M23。二次葬墓有M21、M39、M42、M43、M61、M104、M107、M108、M112等。M108炭化稻米在13号盆形鼎里；M112在尸骨堆附近出土1块炭化稻米，呈圆筒状，推断原盛稻米的器具是一节竹筒。墓底出土炭化山枣核、桃核的有M9、M10、M59、M98等4座。前3座只出土陶纺轮不见石镞出土，M59出土牛臼齿一枚，随葬动物遗骸的仅此一例。随葬小石粒的墓有3例。M45铁锰豆611粒、小石英石18粒，置20号壶附近。M51尸骨堆旁边有一堆圆形白色小石英粒。M118距墓口40厘米西北角至二次葬随葬品附近填土，出土470粒小石英石。铁锰豆在石灰岩地区风化红壤中找得到。小石英颗粒来源于马坝河滩。

五、随葬品的数量和种类

102座石峡文化墓葬，其中一次葬墓M22、M32、M71、M74、M75、M85、M93、M122和一次葬已迁墓M36、M41、M115等11座在墓坑底部只见到骨渣碎片，无随葬品。其余91座墓里出土随葬品2476件。二次葬墓56座，出土随葬品2250件，占石峡文化墓葬随葬品总数90.87%，其中二次葬随葬品1127件，占二次葬墓50.09%。二次葬墓从一次葬墓迁来的另一套随葬品1123件，占二次葬墓中随葬品总数的49.91%，每座二次葬墓里的一、二次葬随葬品数量不等。例如大型墓M42二次葬随葬品37件，一次葬随葬器82件。M43二次葬64件，一次葬51件。M47二次葬50件，一次葬67件。M69二次葬30件，一次葬11件，其中二次葬石器、陶器、装饰品比一次葬随葬品数量多。M104一、二次葬随葬品数量相差较大，二次葬68件，一次葬105件，其中89件是残石镞。多数二次葬墓中一、二次葬随葬品数量相差无几。如M57二次葬30件，一次葬26件。M67二次葬32件，一次葬34件。M44二次葬26件，一次葬26件。二次葬随葬品数量比一次葬多的如M59，二次葬50件，一次葬39件。M3二次葬20件，一次葬10件。M16二次葬30件，其中石镞有22件，一次葬7件，陶器数量相等。M77二次

35件，其中石镞有17件，一次葬16件。有随葬品的23座一次葬墓，出土器物144件。12座一次葬已迁墓出土残留随葬品82件。三类墓葬随葬品总计2476件。

本期墓葬其随葬品数量的多寡，出现较大差别，一次葬墓（不包括一次葬已迁墓）随葬品数量少的仅1件或2件，如M6随葬1件釜，1件玉环形琮。M14随葬1件残陶釜。M26随葬1件玉环。M56随葬1件残玉环和1块河卵石。多的5、6件至12、13件不等。M4、M84、M90、M91、M132等5座只随葬陶器。二次葬墓随葬品数量、质量和种类之间差别很大。最多的M104可达173件（包括一、二次葬），最少的仅8件。随葬品达100余件的有M42、M43、M47、M104。总计524件，占随葬品总数21.16%，占二次葬墓随葬品的23.29%。上述4座墓随葬品种类繁多，石器、装饰品制作上乘，陶器有2组以上组合。上文提到23座大型二次葬墓随葬品共1510件，占随葬品总数的60.96%，占二次葬墓随葬品67.1%。

随葬品种类有陶器、石器、玉器、装饰品、陶纺轮等，还有祭食稻米、野果核、铁锰豆（粒）、石英岩小河卵石等。

六、墓葬介绍

依据墓葬之间叠压和打破关系及对陶器进行分类排队，将石峡文化墓葬分为早、中、晚 3期。早、中期墓里又可分出一次葬墓、一次葬已迁墓和二次葬墓。晚期墓数量较少，不见一次葬已迁墓，有一次葬墓。

（一）早期墓

41座。一次葬墓7座，一次葬已迁墓3座，二次葬墓31座。早期墓又分Ⅰ段和Ⅱ段。

早期Ⅰ段，20座。一次葬墓3座，一次葬已迁墓1座，二次葬墓16座。

一次葬墓

M84（图七五、七六；图版二二：1），位于T20东北，石峡三期文化层下，打破石峡一期文化层，墓坑东南角被中期M59西北角红烧土墓壁所打破，清理时，发现东南角一块平整红烧土高出M84墓底随葬器物，原来是中期M59大型深穴墓西北红烧土墓壁。一次葬墓，方向103°。长方形竖穴土坑墓，该墓无红烧壁，墓长220、宽70、深40厘米。填土灰褐色，尸骨腐朽无存，5件随葬器物放在东边，有三角形足三足盘1件，壶1件，盘形鼎1件，与三足盘叠放在一起，釜形鼎1件，釜1件。

M90（图七七、七八；图版二二：2），位于T34东~T35西，石峡文化层下，打破石峡一期文化层，上层部分填土被中期M88打破。一次葬墓，方向93°。长方形竖穴土坑墓，墓长145、宽64、深24厘米。无红烧壁，距墓口13厘米紧贴墓坑东、南、北壁，有一层厚8~13厘米炭灰、红烧土、竹片炭层，出土两片石峡一期文化遗存夹砂绳纹陶片，刻划纹罐口沿，距墓口48厘米一层8厘米炭灰层，7件随葬器物放在炭灰层上，有瓦形足三足盘2件，盘形鼎1件，釜2件，有段锛1件，玉玦1件，器物南边残存尸骨碎渣。

M132（图七九、八〇），位于T1J南，石峡三期文化层下，打破石峡一期文化层。一次葬墓，方向93°。长方形竖穴土坑墓，墓长150、宽80、残深13厘米，墓底尸骨无存，5件随葬器物放在墓

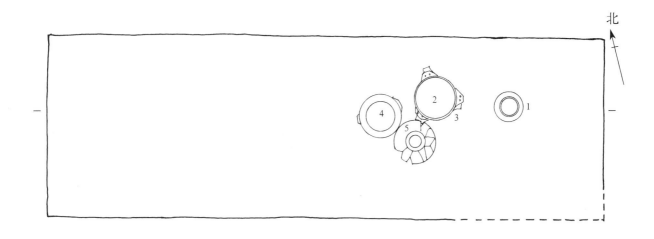

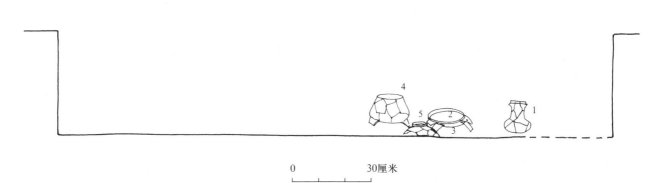

图七五　石峡文化早期Ⅰ段M84平、剖面图和随葬器物

1.A型Ⅰ式壶　2.A型Ⅰ式三角形足三足盘　3.Ac型Ⅱ式盘形鼎　4.A型Ⅰ式釜形鼎　5.A型Ⅰ式釜

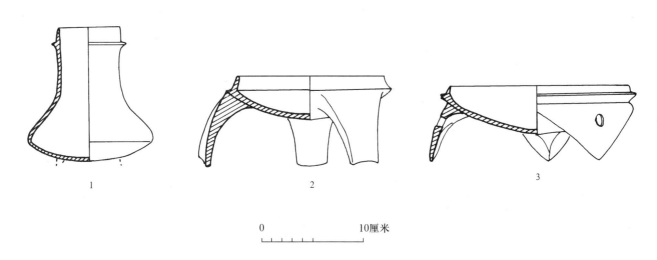

图七六　石峡文化早期Ⅰ段M84出土部分陶器

1.A型Ⅰ式壶（M84：1）　2.Ac型Ⅱ式盘形鼎（M84：3）　3.A型Ⅰ式三角形足三足盘（M84：2）

0　　　　　　　30厘米

图七七　石峡文化早期 I 段M90平、剖面图和随葬器物

1.未分型釜　2.Ab型 II 式盘形鼎　3.玉玦　4.C型有段锛　5、7.A型 I 式瓦形足三足盘（残）　6.B型 I 式陶釜

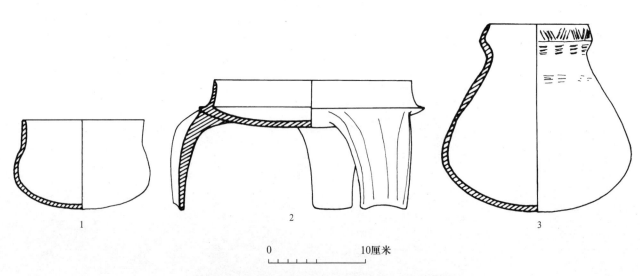

0　　　　　　　10厘米

图七八　石峡文化早期 I 段M90出土部分陶器

1.B型 I 式陶釜（M90：6）　2.Ab型 II 式盘形鼎（M90：2）　3.未分型陶釜（M90：1）

图七九 石峡文化早期Ⅰ段M132平、剖面图和随葬器物
1.C型Ⅰ式梯形足三足盘 2.豆（残） 3.Ac型Ⅰ式盘形鼎 4.A型Ⅱ式釜形鼎 5.D型Ⅱ式陶釜

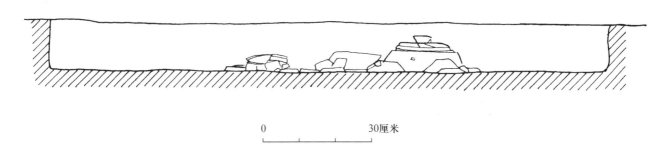
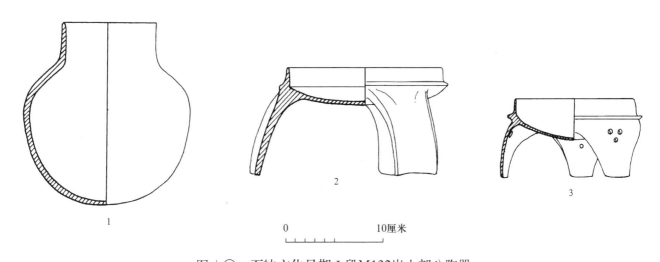

图八〇 石峡文化早期Ⅰ段M132出土部分陶器
1.D型Ⅱ式陶釜（M132：5） 2.Ac型Ⅰ式盘形鼎（M132：3） 3.C型Ⅰ式梯形足三足盘（M132：1）

底中部，有梯形足三足盘1件，豆1件，盘形鼎1件，釜形鼎1件，釜1件。

一次葬已迁墓

M76（图八一），位于T41南部，石峡三期文化层下，打破石峡一期文化层。一次葬已迁墓，方向74°。长方形红烧土壁竖穴土坑墓，墓长195、宽60、深41厘米。墓底有炭块、炭屑，之下有厚4、长90、宽60厘米红烧土层，墓底碎尸骨渣分布在中部和东部，3件随葬器物，有瓦形足三足盘2件，盘形鼎1件，均已残，填土出土石峡一期文化遗存夹砂绳纹陶片。

二次葬墓

M2（图八二、八三；图版二三∶1），位于T5北，石峡三期文化层下打破石峡一期文化层。二次葬墓，方向90°。长方形红烧土壁竖穴土坑墓，红烧土壁烧烤较好，墓长160、宽82、深103厘米。墓口至43厘米深度有红烧土壁，厚0.9～1厘米。距墓口44～50厘米炭灰、红烧土块层，夹杂一次葬墓迁至二次葬墓里的碎陶片、石器，该器物层以下不见红烧土壁。尸骨堆置墓底东南隅，上撒

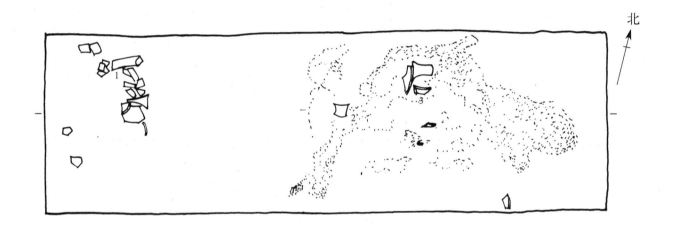

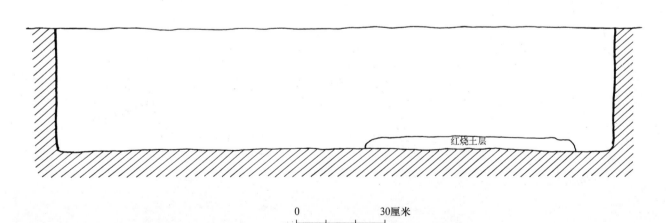

图八一　石峡文化早期Ⅰ段M76平、剖面图和随葬器物

1.C型盘形鼎（残）　2、3.B型Ⅰ式瓦形足三足盘（残）

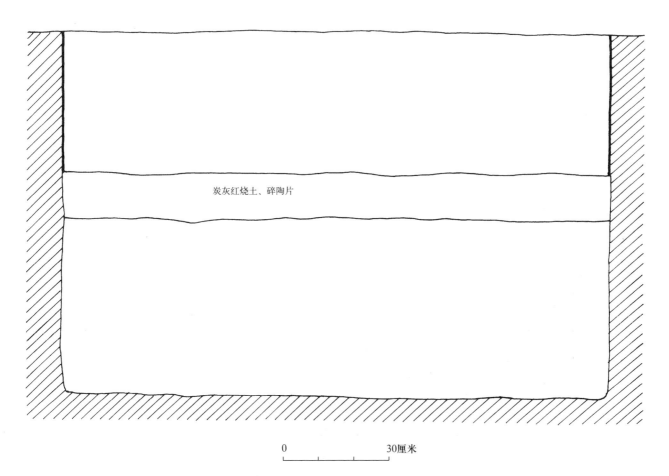

炭灰红烧土、碎陶片

0　　　　　　　　30厘米

图八二　石峡文化早期Ⅰ段M2二次葬平、剖面图和随葬器物

二次葬器物：1.C型Ⅰ式壶　2、3.C型Ⅱ式瓦形足三足盘、D型Ⅰ式瓦形足三足盘　7.A型Ⅲ式梯形石锛　4.C型盘形鼎　5.A
型Ⅱ式釜　6.Ba型Ⅰ式夹砂罐　13.Ac型Ⅰ式器盖

一次葬器物：8.Ab型Ⅱ式盘形鼎　9.A型Ⅱ式瓦形足三足盘　10.A型Ⅰ式石钺　11.A型Ⅲ式三角形足三足盘　12.A型Ⅱ式釜

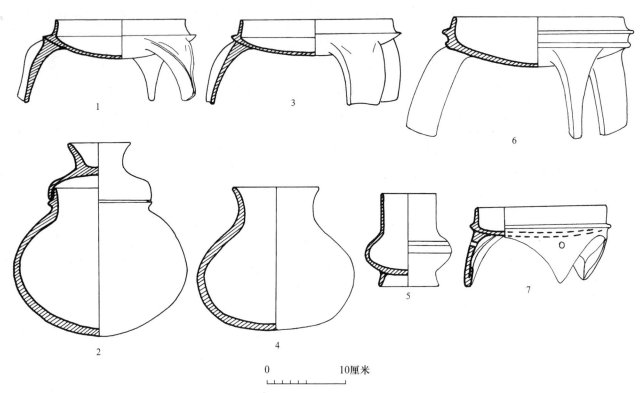

图八三　石峡文化早期Ⅰ段M2出土部分陶器

1.D型Ⅰ式瓦形足三足盘（M2：3）　2.Ba型Ⅰ式夹砂罐、Ac型Ⅰ式器盖（M2：6、13）　3.C型Ⅱ式瓦形足三足盘（M2：2）　4.A型Ⅱ式釜（M2：5）　5.C型Ⅰ式陶壶（M2：1）　6.C型盘形鼎（M2：4）　7.A型Ⅲ式三角形足三足盘（M2：11）

朱砂，能辨别尸骨堆部分碎骨，头骨碎片置东端，尺骨、肋骨、脊椎骨在中间，下肢骨放在西端，不见牙齿和髋骨、骶骨等较大的骨骼。二次葬器物8件，放在尸骨堆北侧，瓦形足三足盘2件，壶1件，盘形鼎1件，釜1件，夹砂罐1件，罐盖1件，梯形锛1件。5件一次葬器物有石钺1件，瓦形足三足盘1件，三角形足三足盘1件，盘形鼎1件，釜1件。

　　M3（图八四、八五；图版二三：2），位于T43东～T5西部，石峡三期文化层下，打破石峡一期文化层。二次葬墓，方向93°。长方形红烧土壁竖穴土坑墓，墓口长200、墓底长190、宽100、深120厘米。距墓口50～88厘米填土中出现一层由西向东倾斜，厚10厘米炭灰黑土层，夹杂木炭、竹片炭和部分一次葬钺和残陶器。该层以上红烧壁较完整，以下则无红烧壁痕迹，推测是放置二次葬随葬品后填土至70厘米，后投放干竹木烧烤墓坑而成。尸骨堆置墓底中部偏东，上撒朱砂。二次葬器物20件，玉钺1件、有段锛1件置尸骨堆上，7件为一组石镞置双耳罐附近，镞锋朝西，陶器放在尸骨堆西面和北侧，有瓦形足三足盘2件，三角形足三足盘2件，豆3件，盘形鼎2件，泥质双耳罐1件，夹砂罐1件。一次葬器物10件，夹杂在炭灰黑色填土层中，少部分残片在墓底出土，有玉钺1件，梯形足三足盘1件，三角形足三足盘2件，豆3件，盘形鼎1件，夹砂罐1件，泥质罐1件。

　　M5（图八六、八七；图版二四：1），位于T4东南部，石峡三期文化层下，打破石峡一期文化层。二次葬墓，方向113°。长方形红烧土壁竖穴土坑墓，墓长206、宽100、深92厘米，距墓口20厘

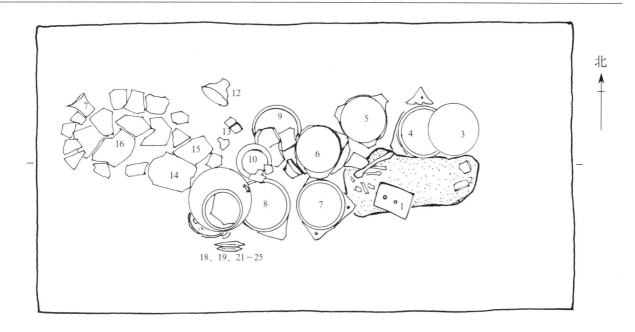

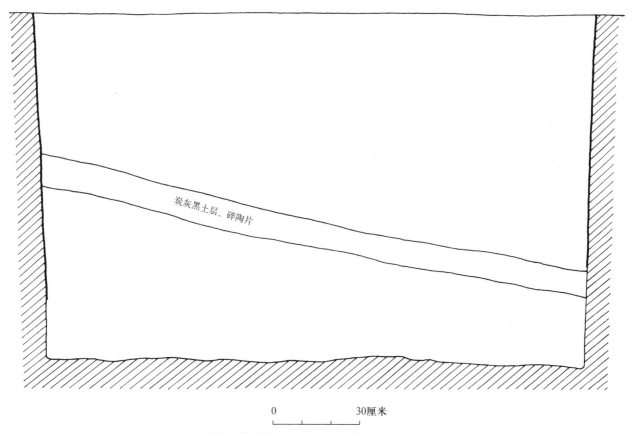

图八四　石峡文化早期Ⅰ段M3二次葬平、剖面图和随葬器物

二次葬器物：1.A型Ⅰ式玉钺　2.C型有段石锛　3、9、10.A型Ⅱ式、B型Ⅰ式豆　7、8.A型Ⅱ式三角形足三足盘　4、5.A型Ⅲ式瓦形足三足盘　6、17.Ab型Ⅰ式、Ab型Ⅱ式盘形鼎　11.Ba型Ⅰ式双耳圆底罐　16.夹砂罐（残）　18.19.21~25.A型Ⅱ式石镞

一次葬器物：28.A型Ⅱ式石钺　29.B型Ⅰ式盘形鼎　30.夹砂罐（残）　13、27.B型Ⅰ式、A型Ⅱ式三角形足三足盘　26.A型Ⅰ式梯形足三足盘　15.Aa型Ⅰ式豆　12、20.Ba型Ⅰ式豆　14.泥质罐（残）

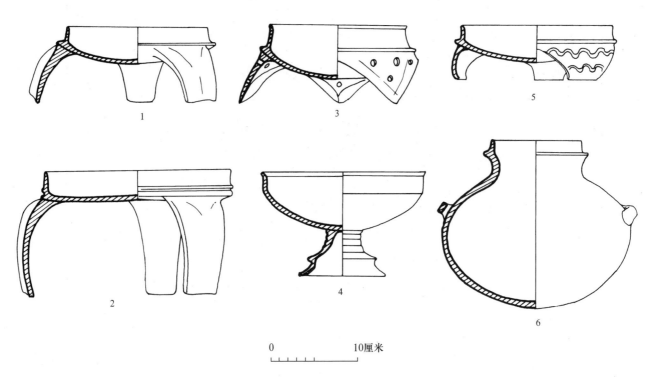

图八五　石峡文化早期 I 段 M3 出土部分陶器

1.A 型Ⅲ式瓦形足三足盘（M3：5）　2.Ab 型 I 式盘形鼎（M3：6）　3.A 型Ⅱ式三角形足三足盘（M3：4）　4.Aa 型Ⅱ式豆（M3：3）　5.A 型 I 式梯形足三足盘（M3：26）　6.Ba 型 I 式双耳圜底罐（M3：11）

米，有一层厚 5 厘米红烧土块、竹片炭黑灰土层填土，其中夹杂一次葬残碎陶片、残石铲、残长身石锛等，此层以上红烧土壁厚达 1.2～1.8 厘米。尸骨堆置墓底中部偏南，尚能辨认出部分头盖骨和肢骨、肋骨，5 件二次葬器物放在尸骨堆西侧，有瓦形足三足盘 3 件，盘形鼎 1 件，釜形鼎（残）1 件。一次葬器物个体和数量比二次葬器物要多一倍，共 10 件，有残石铲 1 件，残长身石锛 1 件，瓦形足三足盘 3 件，盘形鼎 2 件，釜形鼎 1 件（仅见两条鼎足），釜 1 件，夹砂盖豆 1 件，其中一次葬 6 号釜形鼎残片置尸骨堆上及附近。

M11（图八八、八九；图版二四：2），位于 T43 东南—T5 西南，石峡三期文化层下，打破石峡一期文化层。二次葬墓，方向 90°。长方梯形红烧土壁竖穴土坑墓，墓长 190、东宽 82、西宽 88、深 82 厘米。坑壁上半部分红烧壁明显，下半部不明显，距墓口 40 厘米见炭灰土层，夹杂破碎陶片。尸骨堆置墓底中部偏东，上撒朱砂。6 件二次葬器物放在尸骨堆西边，有瓦形足三足盘 3 件，泥质罐 1 件，盘形鼎 1 件，玉钺 1 件，其中②、⑥号三足盘上下叠放一起。8 件一次葬陶器同二次葬器物一起放置，均残破，有瓦形足三足盘 3 件，觯形器 1 件，釜 2 件，釜形鼎 1 件，盘形鼎 1 件。

M19（图九〇、九一；图版二五：1），位于 T31 东北—T32 西北，石峡三期文化层下，打破石峡一期文化层。二次葬墓，方向 90°。长方形红烧土壁竖穴土坑墓，墓口稍大，墓口长 153、宽 62、墓底长 145、宽 55、深 90 厘米。墓壁上部约三分之一红烧壁烧烤得较好，红褐色填土。尸骨已腐朽，仅见到零星骨渣在墓底东南角，上撒朱砂。6 件二次葬器物放在墓底中部，有三角形足三足盘 2 件，盘

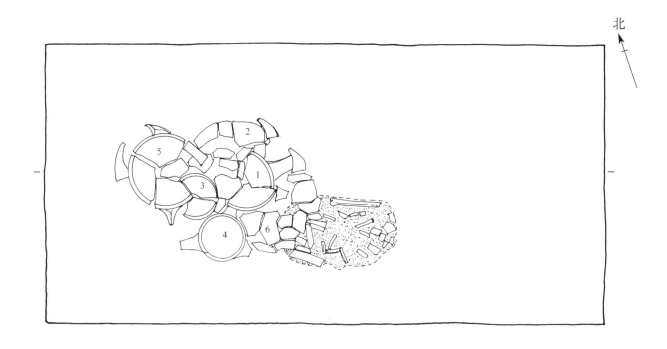

北

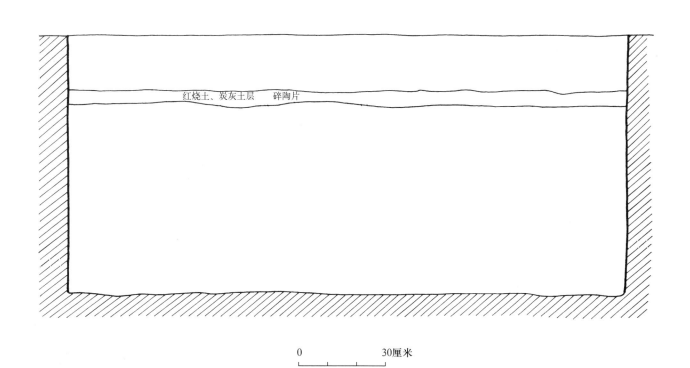

红烧土、炭灰土层　碎陶片

0　　　　　　30厘米

图八六　石峡文化早期Ⅰ段M5二次葬平、剖面图和随葬器物

二次葬器物：1、4.A型Ⅳ式瓦形足三足盘　5.B型Ⅰ式盘形鼎　3.C型Ⅱ式瓦形足三足盘　2.釜形鼎（残）

一次葬器物：7、Ⅱ型石铲　9.残锛　8、13.B型Ⅰ式、Aa型Ⅰ式盘形鼎　15.A型Ⅰ式夹砂盖豆　10、11、14.瓦形足三足盘（残）　6.釜形鼎（残）　12.A型Ⅰ式釜

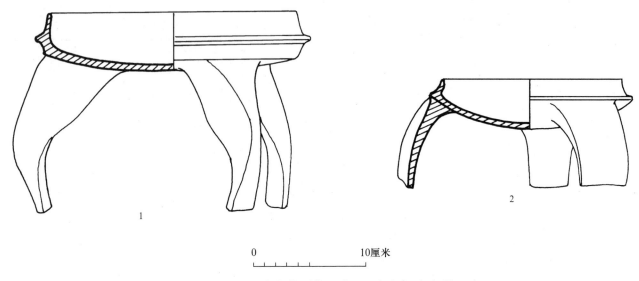

图八七　石峡文化早期Ⅰ段M5出土部分陶器

1.B型Ⅰ式盘形鼎（M5：5）　2.A型Ⅳ式瓦形足三足盘（M5：4）

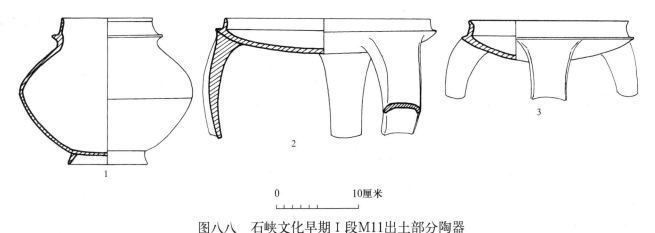

图八八　石峡文化早期Ⅰ段M11出土部分陶器

1.Bb型Ⅰ式泥质陶罐（M11：3）　2.Ab型Ⅰ式盘形鼎（M11：5）　3.A型Ⅲ式瓦形足三足盘（M11：4）

形鼎1件，梯形锛1件，长身锛1件，玉钺1件，出土时同填土胶结在一起。一次葬器物为8件在西北角距墓口60厘米出土，残梯形锛1件，镞7件。

M25（图九二、九三；图版二五：2），位于T51东南—T52西，表土层下，打破石峡一期文化层，墓坑西部上层填土被中期M7打破，西北角被中期M29东南墓壁所打破。二次葬墓，方向100°。长方形红烧土壁竖穴土坑墓，经烧烤的红烧土壁不太明显，墓长190、宽100、深117厘米。红褐色填土夹杂少量红烧土。尸骨堆置墓底东部，附近撒朱砂，4件二次葬器物放在尸骨堆西边，有瓦形足三足盘2件，壶1件，盘形鼎1件；一次葬器物为梯形锛1件，填土中出土。

M28（图九四、九五；图版二六：1），位于T51东—T52西，表土层下，打破石峡一期文化层，墓坑西南壁被二期M29东北角墓壁打破。二次葬墓，方向85°。长方形红烧土壁竖穴土坑墓，墓坑烧烤得较差，仅见小片红烧土壁，墓长190、宽75、深117厘米。尸骨堆置墓底东部，尚能分辨小片

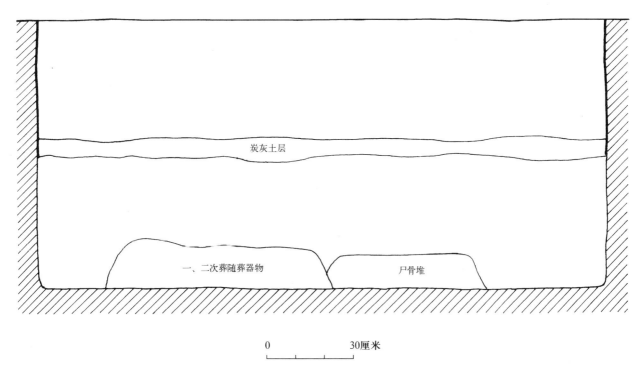

图八九　石峡文化早期Ⅰ段M11二次葬平、剖面图和随葬器物

二次葬器物：1.A型Ⅱ式玉钺　2.A型Ⅱ式瓦形足三足盘　4、6.A型Ⅲ式瓦形足三足盘　3.Bb型Ⅰ式泥质陶罐　5.Ab型Ⅰ式盘形鼎

一次葬器物：7、8、12瓦形足三足盘（残）　9.盘形鼎（残）　10.釜形鼎（残）　11.D型Ⅰ式釜　13.觯形器　14.A型Ⅱ式釜

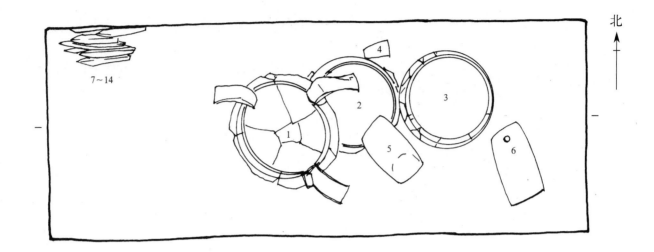

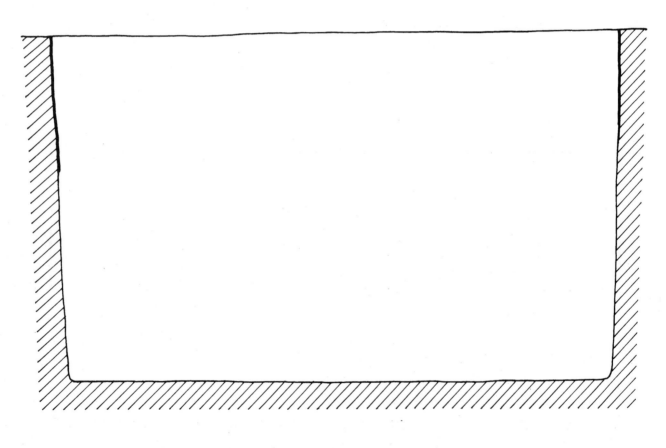

图九〇　石峡文化早期Ⅰ段M19二次葬平、剖面图和随葬器物

二次葬器物：1.B型Ⅰ式盘形鼎　2、3.B型Ⅰ式三角形足三足盘　4.A型Ⅰ式梯形足锛　5.C型Ⅰ式长身石锛　6.A型Ⅰ式玉钺

一次葬器物：7、9.A型Ⅰ式石镞　8、10～12、14.A型Ⅱ式石镞　13.A型Ⅱ式梯形石锛

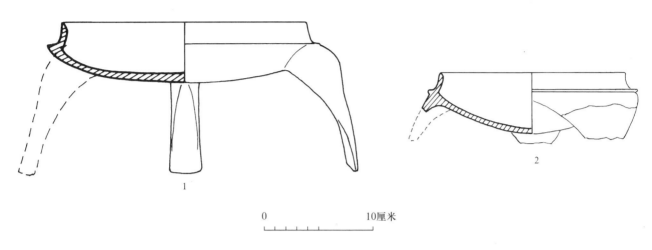

图九一　石峡文化早期Ⅰ段M19出土部分陶器

1. B型Ⅰ式盘形鼎（M19：1）　2. B型Ⅰ式三角形足三足盘（M19：2）

头骨片和小段肢骨，尸骨堆东北角及附近撒朱砂。6件二次葬器物放在尸骨堆西北侧，有瓦形足三足盘3件，盘形鼎1件，镞2件。4件一次葬器物，釜1件置墓底盘形鼎附近，镞3件于填土中出土。

M61（图九六、九七；图版二六：2），位于T58中部，表土下，打破石峡一期文化层，填土上层东北至西南被石峡三期晚期M60打破，深入填土40厘米。二次葬墓，方向94°。长方梯形红烧土壁竖穴土坑墓，红烧土壁烧烤较好，墓口长180、墓底长170、墓口东宽95、西宽88、墓底东宽90、西宽85、深104厘米。距墓口58厘米有一层15～20厘米炭屑、红烧土层，中间下凹，东西两端高起，夹杂一次葬破碎陶片，在清理石峡三期Ⅱ段3组M60时发现该墓红烧壁，尸骨堆置墓底中部偏东南，10件二次葬器物放在尸骨堆北边和西边，有瓦形足三足盘3件，豆1件，盘形鼎2件，釜1件，玉钺1

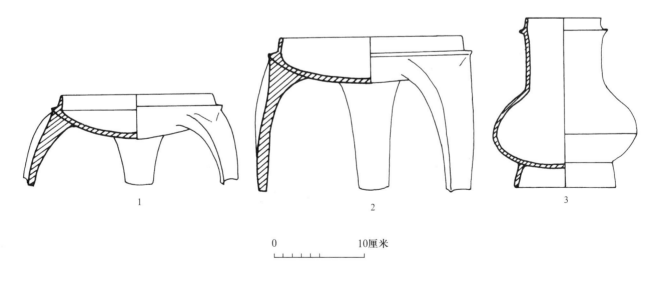

图九二　石峡文化早期Ⅰ段M25出土部分陶器

1. Aa型Ⅰ式盘形鼎（M25：2）　2. A型Ⅳ式瓦形足三足盘（M25：3）　3. A型Ⅰ式壶（M25：4）

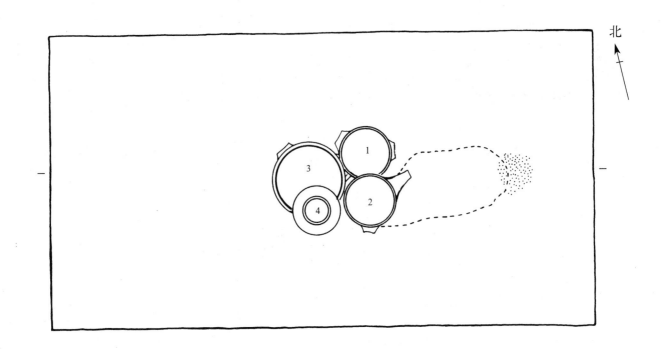

0 　　　　　10厘米

图九三　石峡文化早期Ⅰ段M25二次葬平、剖面图和随葬器物

二次葬器物：1、2.A型Ⅳ式瓦形足三足盘　3.Aa型Ⅰ式盘形鼎　4.A型Ⅰ式壶

一次葬器物：5.A型Ⅱ式梯形石锛

件，有段锛2件。10件一次葬器物有瓦形足三足盘3件，壶1件，铲1件，（一半放在填土，一半在墓底），长身锛1件，镞3件，残石器1件。

　　M79（图九八、九九；图版二七：1），位于T58西北，表土层下，打破石峡一期文化层。二次葬墓，方向82°。长方梯形红烧土壁竖穴土坑墓，下半部有红烧土壁，不明显，填土和墓底有较多炭

图九四　石峡文化早期Ⅰ段M28二次葬平、剖面图和随葬器物

二次葬器物：1~3.A型Ⅱ式瓦形足三足盘　4.Ab型Ⅱ式盘形鼎　6、7.A型Ⅱ式石镞

一次葬器物：5.A型Ⅰ式釜　8~10.A型Ⅱ式石镞

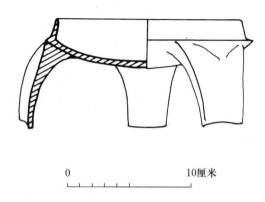

0　　　　　　　　　　　　10厘米

图九五　石峡文化早期 I 段M28出土部分陶器
1.A型 II 式瓦形足三足盘（M28：3）

灰、红烧土块，夹杂一次葬器物，墓长150、西宽60、东宽54、深65厘米，尸骨堆置墓底东南，6件二次葬器物放在尸骨堆北边，有瓦形足三足盘3件，壶1件，盘形鼎1件，釜1件。5件一次葬器物，有瓦形足三足盘3件，盘形鼎1件同二次葬三足盘叠放一起，残石器1件。绳纹弦纹划纹釜片2片，属石峡一期文化遗物。木炭标本经 ^{14}C测定（BK76024）为公元前2270±110年，树轮校正公元前2730±155年。

　　M89（图一〇〇、一〇一；图版二七：2），位于T45东，石峡三期文化层下，打破生土，东北角被中期M42西南角打破，M42红烧土壁完整，当清理到M42西南角上部分墓壁时，红烧土壁不清楚，刚巧遇到M89填土的炭屑灰土层，因而墓壁烧烤效果不好。二次葬墓，方向94°。长方形红烧土壁竖穴土坑墓，墓壁烧烤较差，仅见距墓口20厘米南壁，有长宽15厘米红烧土壁，墓长170、宽65、深80厘米。距墓口25～45厘米炭屑灰土层，夹杂一次葬陶器碎片，顺着墓底二次葬器物周边炭屑灰土层，找到明显墓坑边，墓底尸骨堆无存，5件二次葬和1件一次葬器物放在墓底中部靠北，有瓦形足三足盘2件，壶1件，器盖1件（4号器盖＋1号壶），盘形鼎1件。5件一次葬器物，有瓦形足三足盘2件，大瓮1件，盘形鼎1件，釜形鼎1件和二次葬盘形鼎一起放置。

　　M109（图一〇二、一〇三、一〇四），位于T81北T71南，石峡三期文化层下，打破生土。二次葬墓，方向90°。长方形竖穴土坑墓，墓长160、宽80、深70厘米。尸骨堆置墓底中间偏东，8件二次葬器物放在尸骨堆北边，器物上面有一层4～6厘米炭灰、红烧土层，有瓦形足三足盘2件，壶1件，盘形鼎1件，釜1件，梯形锛1件，镞1件，石钺1件。6件一次葬器物有4件陶器残片与二次葬器物一起陈放，三足盘、罐、釜碎片和镞在距墓口30厘米填土里出土，一次葬器物有瓦形足三足盘1件，泥质罐1件，盘形鼎2件，釜1件，镞1件。

　　M111（图一〇五、一〇六、一〇七；图版二八：1），位于T84中部，石峡三期文化层下，打破石峡一期文化层，二次葬墓，方向98°。长方形红烧土壁竖穴土坑墓，西壁和南壁红烧土明显且厚达1～1.5厘米，墓口长190、墓底长180、墓口东宽69、西宽68、墓底宽62、深86厘米，距墓口15厘米出现15～20厘米炭灰层，之下是一次葬碎陶片，尸骨堆置墓底中间，仅见少量骨渣，4件二次葬器物放在尸骨堆上，有三角形足三足盘1件，豆1件，壶1件，盘形鼎1件。3件一次葬器物残片在距墓口18～35厘米填土中出土，有瓦形足三足盘1件，盘形鼎1件，夹砂盖豆1件。还出土石峡一期文化遗存

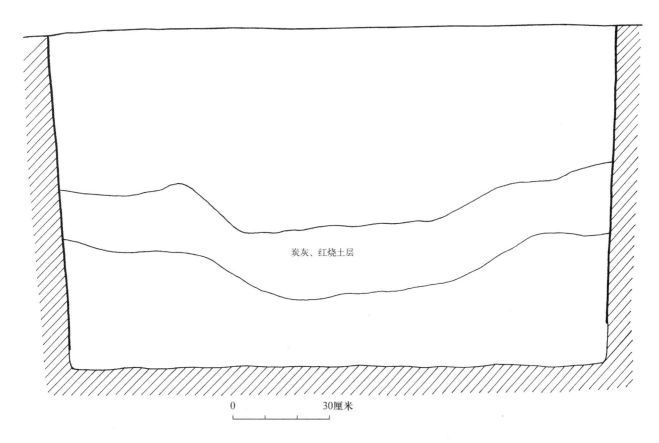

炭灰、红烧土层

0　　　　　　30厘米

图九六　石峡文化早期Ⅰ段M61二次葬平、剖面图和随葬器物

二次葬器物：1.B型Ⅰ式玉钺　9、10.A型Ⅲ式、B型Ⅰ式有段石锛　2、4.B型Ⅰ式盘形鼎　3.A型Ⅰ式釜　5、6、18.A型Ⅰ式瓦形足三足盘　7.Ba型Ⅰ式陶豆

一次葬器物：11.Ⅰ式石铲　12.残石器　13.C型Ⅰ式长身石锛　14、15、16.A型Ⅱ式、A型Ⅰ式、E型Ⅰ式石镞　8、20.A型Ⅰ式瓦形足三足盘　19.C型Ⅰ式瓦形足三足盘　17.壶（残）

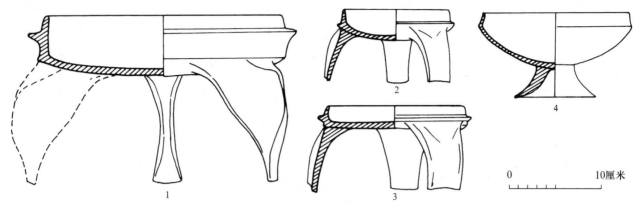

图九七　石峡文化早期Ⅰ段M61出土部分陶器

1.B型Ⅰ式盘形鼎（M61：2）　2.A型Ⅰ式瓦形足三足盘（M61：20）　3.C型Ⅰ式瓦形足三足盘（M61：19）　4.Ba型Ⅰ式陶豆（M61：7）

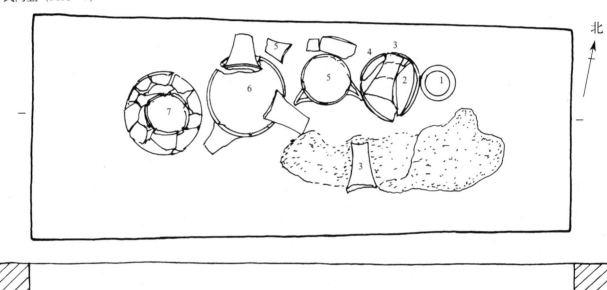

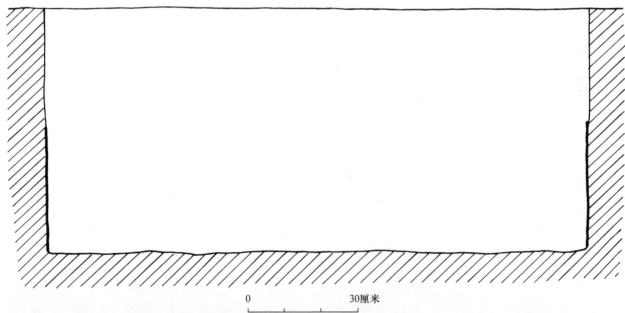

图九八　石峡文化早期Ⅰ段M79二次葬平、剖面图和随葬器物

二次葬器物：1.D型Ⅰ式壶　2、4.A型Ⅱ式瓦形足三足盘　5.D型Ⅱ式瓦形足三足盘　6.Ab型Ⅱ式盘形鼎　7.A型Ⅱ式釜
一次葬器物：3.Ab型Ⅰ式盘形鼎　8、9、10.D型Ⅱ式、C型Ⅰ式、A型Ⅱ式瓦形足三足盘　11.A型Ⅰ式长身石锛（残）

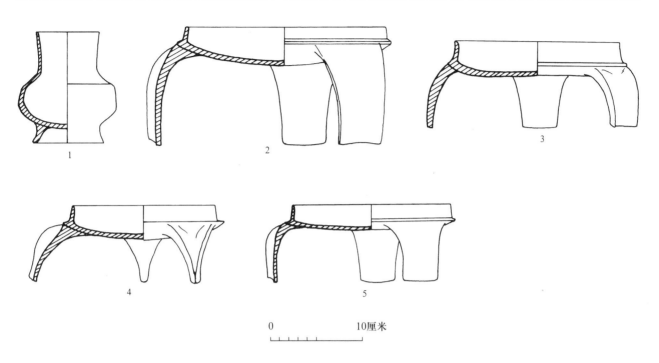

图九九　石峡文化早期Ⅰ段M79出土部分陶器

1.D型Ⅰ式壶（M79∶1）　　2.Ab型Ⅱ式盘形鼎（M79∶6）　　3.A型Ⅱ式瓦形足三足盘（M79∶2）　　4.D型Ⅱ式瓦形足三足盘（M79∶5）　　5.C型Ⅰ式瓦形足三足盘（M79∶9）

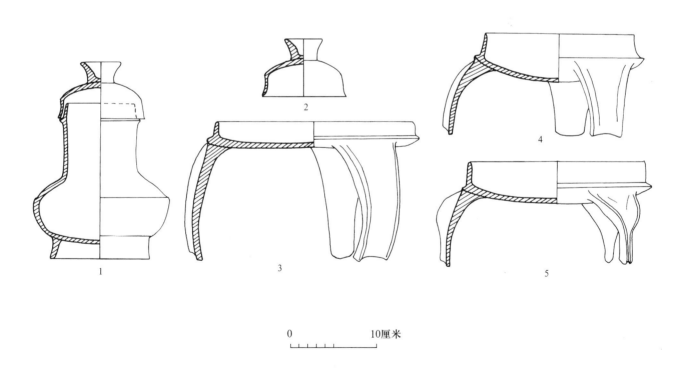

图一〇〇　石峡文化早期Ⅰ段M89出土部分陶器

1.A型Ⅰ式壶（M89∶1）　　2.Aa型Ⅱ式器盖（M89∶4）　　3.Ab型Ⅰ式盘形鼎（M89∶2）　　4.A型Ⅱ式瓦形足三足盘（M89∶5）　　5.D型Ⅰ式瓦形足三足盘（M89∶9）

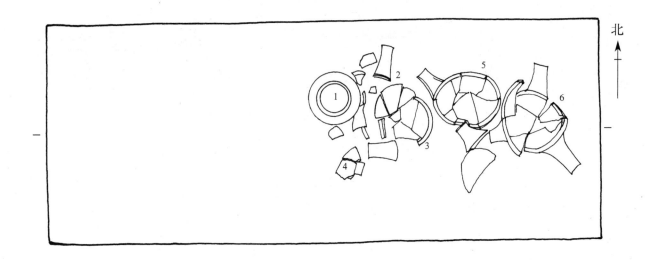

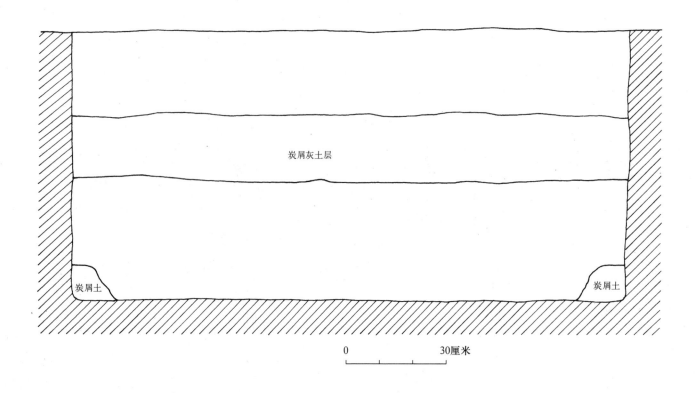

图一〇一　石峡文化早期Ⅰ段M89二次葬平、剖面图和随葬器物

二次葬器物：1.A型Ⅰ式壶　2.Ab型Ⅰ式盘形鼎　4.Aa型Ⅱ式器盖　5、6.A型Ⅱ式、A型Ⅲ式瓦形足三足盘

一次葬器物：3.B型Ⅰ式釜形鼎　7.Ab型Ⅰ式盘形鼎（残）　8.A型Ⅱ式瓦形足三足盘　9.D型Ⅰ式瓦形足三足盘　10.瓮（残）

圈足盘的镂孔残圈足和夹砂绳纹罐口沿。

M114（图一〇八、一〇九；图版二八：2），位于T1G东边，南边与早期Ⅰ段M131相距70厘米，石峡三期文化层下，打破生土，石峡三期晚期M113，打破石峡三期中期地层叠压在M114之上，M113墓底距M114墓口12厘米。二次葬墓，方向98°。长方形红烧土壁竖穴土坑墓，东壁和南壁红烧土明显且厚，墓长210、宽100、深110厘米，墓口至50厘米的填土灰褐色较纯，之下填土色深，夹杂炭屑、红烧土块，土质松，清理到距墓口80厘米见到二次葬器物。尸骨堆置墓底东南隅，上撒朱砂，21件二次葬器物放在尸骨堆北边和西边，有瓦形足三足盘2件，梯形足三足盘2件，豆3件，壶1件，夹砂罐1件，泥质陶鼎1件，器盖1件（1号器盖＋27号泥质陶鼎），盘形鼎1件，釜形鼎1件，夹砂盖豆1件，长身锛2件，梯形锛2件，有肩玉锛1件，玉钺1件，玉环1件放在尸骨堆上，环身染有朱砂。34件一次葬残破器物，散布在墓底东北角和西南角，少数被叠压在二次葬器物下面，有圈足盘1件，豆2件，泥质陶罐1件，夹砂陶罐3件，盘形鼎2件，釜形鼎1件，釜2件，夹砂盖豆3件，盘形鼎的瓦形足1件。长身锛1件，小石凿1件，镞7件，打制石片5件，砺石1件在填土中出土，残石器1件，玉钺1件已变形，石片饰1件。

M119（图一一〇、一一一），位于T9东，石峡三期文化层下，打破石峡一期文化层，东端被石峡三期晚期M117叠压，两墓之间相距27厘米。二次葬墓，方向100°。长方形竖穴土坑墓，墓长83、宽40、深34厘米，填土灰黑色夹杂炭碎和一次葬器物，土质松软，尸骨堆呈长条形置墓底偏北，3件二次葬器物放在墓底尸骨堆上，有三角形足三足盘2件，铲1件。2件一次葬器物，有三角形足三足盘1件，梯形锛1件。

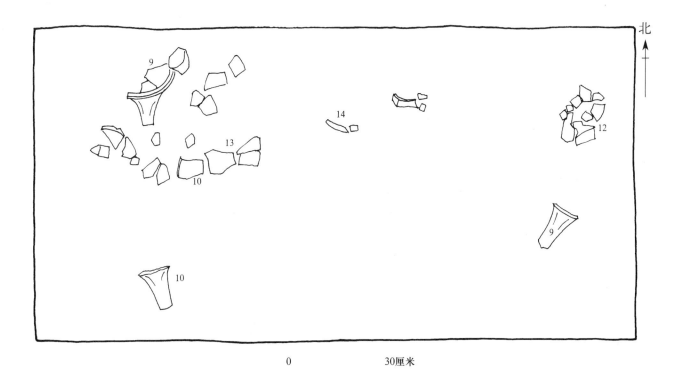

图一〇二　石峡文化早期Ⅰ段M109填土残器物

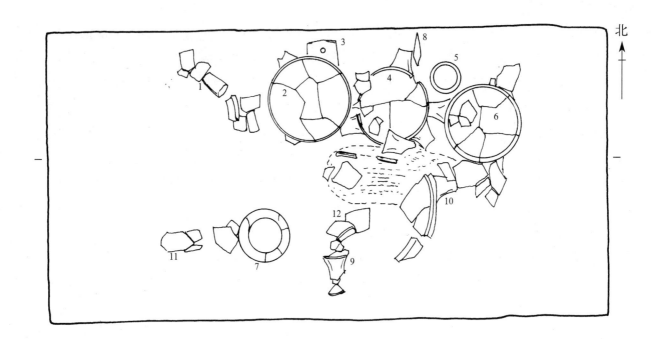

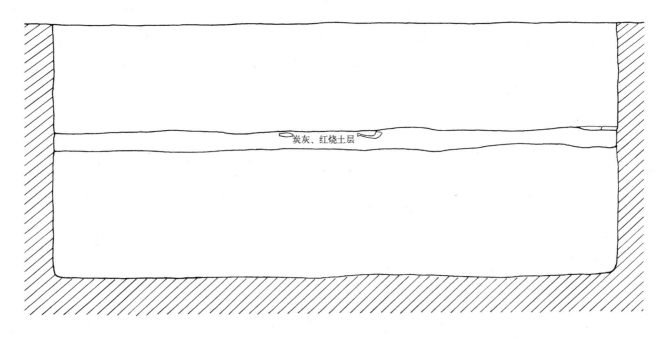

图一〇三　石峡文化早期Ⅰ段M109二次葬平、剖面图和随葬器物

二次葬器物：1.A型Ⅰ式梯形石锛　3.A型Ⅱ式石钺　8.A型Ⅱ式石镞　2.Aa型Ⅱ式盘形鼎　4、6.A型Ⅳ式、A型Ⅲ式瓦形足三足盘　7. A型Ⅲ式釜　5.D型Ⅱ式壶

一次葬器物：14.A型Ⅰ式石镞　9.C型Ⅱ式瓦形足三足盘　10.Aa型Ⅱ式盘形鼎　11.盘形鼎（残）　12.泥质陶罐（残）　13．A型Ⅱ式釜（残）

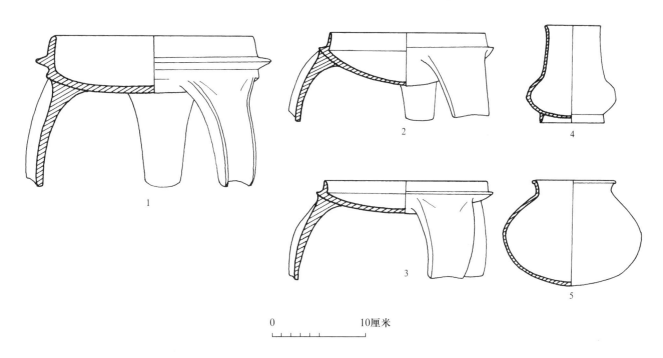

图一〇四　石峡文化早期Ⅰ段M109出土部分陶器

1.Aa型Ⅱ式盘形鼎（M109：2）　2.A型Ⅳ式瓦形足三足盘（M109：4）　3.C型Ⅱ式瓦形足三足盘（M109：9）　4.D型Ⅱ式壶（M109：5）　5.A型Ⅲ式釜（M109：7）

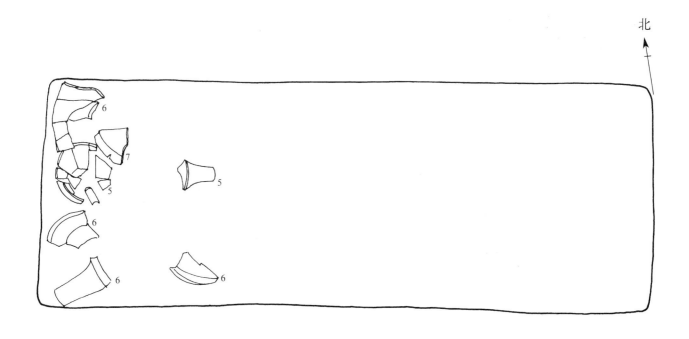

图一〇五　石峡文化早期Ⅰ段M111填土残器物

图一○六　石峡文化早期Ⅰ段M111二次葬平、剖面图和随葬器物

二次葬器物：1.C型Ⅰ式壶　2.Ba型Ⅰ式陶豆　3.A型Ⅱ式三角形足三足盘　4.Aa型Ⅰ式盘形鼎

一次葬器物：5.A型Ⅲ式瓦形足三足盘　6.Aa型Ⅰ式盘形鼎（残）　7.A型Ⅰ式夹砂盖豆（残）

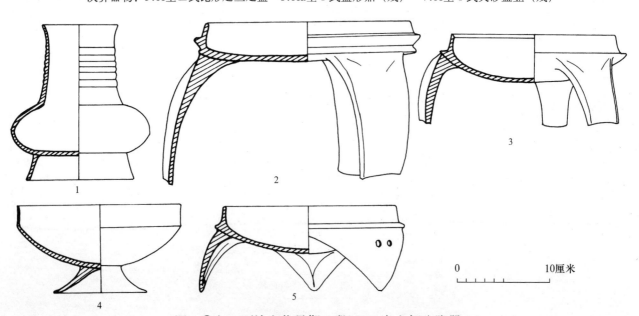

图一○七　石峡文化早期Ⅰ段M111出土部分陶器

1.C型Ⅰ式壶（M111∶1）　2.Aa型Ⅰ式盘形鼎（M111∶4）　3.A型Ⅲ式瓦形足三足盘（M111∶5）　4.Ba型Ⅰ式陶豆
（M111∶2）　5.A型Ⅱ式三角形足三足盘（M111∶3）

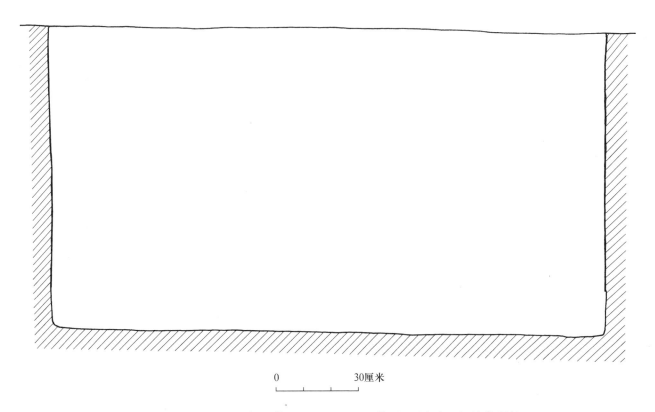

0　　　　　　　30厘米

图一〇八　石峡文化早期Ⅰ段M114二次葬平、剖面图和随葬器物

二次葬器物：1.Aa型Ⅰ式器盖　2.A型Ⅱ式壶　17、21.E型Ⅰ式、A型Ⅰ式瓦形足三足盘　20、24.B型Ⅱ式、D型梯形足三足盘　18.Aa型Ⅰ式盘形鼎　19.B型Ⅰ式釜形鼎　22.A型Ⅰ式夹砂陶罐　23、28.Ab型Ⅰ式豆　25.Bc型Ⅰ式豆　26.B型Ⅱ式夹砂盖豆　27.泥质陶鼎　29.B型Ⅰ式玉环　3.B型Ⅰ式玉钺　6、8.A型Ⅱ式、C型Ⅰ式长身石锛　7.C型有肩玉锛　9、10.B型、A型Ⅰ式梯形石锛

一次葬器物：4.A型Ⅰ式长身石锛　5.B型Ⅰ式玉钺　11.A型Ⅱ式小石凿　12、15.B型Ⅱ式、B型Ⅰ式石镞　13、53、54.A型Ⅰ式石镞（残）　14、16.D型Ⅱ式、E型Ⅰ式石镞　40~43、47.打制石片　51.砺石　52.残石器　30、50.豆（残）　31、36、37.B型Ⅱ式夹砂盖豆（残）　33.B型Ⅰ式盘形鼎　34、39.盘形鼎（残）　35.圈足盘（残）　32.Ba型Ⅱ式泥质陶罐　38、44、45.夹砂陶罐（残）　46、49.A型Ⅰ式釜（残）　48.釜形鼎（残）　55.磨光小石片饰

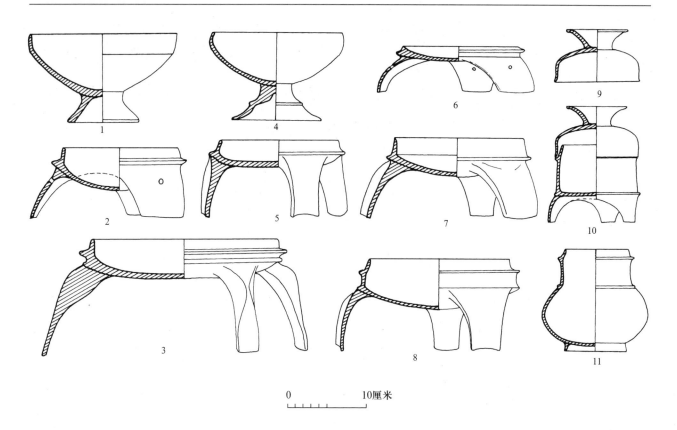

0　　　　　　　　10厘米

图一〇九　石峡文化早期Ⅰ段M114出土部分陶器

1.B型Ⅱ式夹砂盖豆（M114∶26）　2.B型Ⅱ式梯形足三足盘（M114∶20）　3.B型Ⅰ式盘形鼎（M114∶33）　4.Ab型Ⅰ式陶豆（M114∶28）　5.Aa型Ⅰ式盘形鼎（M114∶18）　6.D型梯形足三足盘（M114∶24）　7.A型Ⅰ式瓦形足三足盘（M114∶21）　8.E型Ⅰ式瓦形足三足盘（M114∶17）　9.Aa型Ⅰ式器盖（鼎盖）（M114∶1）　10.泥质陶鼎（M114∶27）　11.A型Ⅱ式壶（M114∶2）

　　M124（图一一二、一一三；图版二九∶1），位于T6西，石峡文化中期M123墓葬下，打破石峡一期文化层，被M123叠压，与M124墓口相距8厘米。二次葬墓，方向97°。长方形红烧土壁竖穴土坑墓，墓长175、宽70、深73厘米，仅东端红烧土壁烧烤得较好，距墓口6～40厘米有一层10～15厘米炭灰层，尸骨堆置墓底中部偏南，6件二次葬器物放在尸骨堆北边，有瓦形足三足盘2件，壶1件，盘形鼎1件，残镞1件，玉环1件置尸骨堆上，14件一次葬器物在距墓口6～40厘米填土中出土，有簋1件，豆足1件，大瓮1件，盘形鼎1件，釜形鼎2件，釜2件，夹砂盖豆1件，镞4件，石片1件。填土中有石峡一期文化遗存陶器碎片。

　　M131（图一一四、一一五、一一六；图版二九∶2）位于T1G东南，石峡三期文化层下，打破石峡一期文化层。南壁上段被F2墙基槽所打破。二次葬墓，方向90°。长方形红烧土壁竖穴土坑墓，北壁、西壁、南壁红烧壁烧烤较好，东壁仅存中间一段有红烧土壁，墓长185、宽85、深100厘米，距墓口55～65厘米填土有第一层3～6厘米炭灰层，由西向东倾斜，距墓口80厘米有第二层炭灰土层，厚3～7厘米，夹杂一次葬碎陶片和石器，尸骨堆置墓底中部偏东，17件二次葬器物放在尸骨堆北边，有瓦形足三足盘1件，附近撒朱砂，梯形足三足盘1件，豆1件，泥质罐2件，盘形鼎1件，器盖1件（4号器盖＋3号泥质罐），梯形锛2件，一组镞8件置墓底西南边，镞锋朝西。21件一次葬器

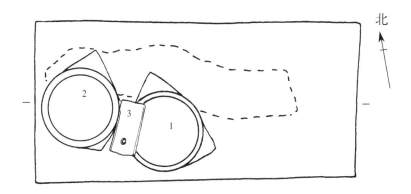

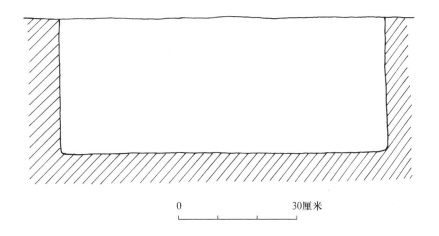

图一一〇　石峡文化早期Ⅰ段M119二次葬平、剖面图和随葬器物
二次葬器物：1、2.B型Ⅰ式三角形足三足盘　3.Ⅱ式石铲
一次葬器物：4.A型Ⅰ式梯形石锛　5.B型Ⅰ式三角形足三足盘

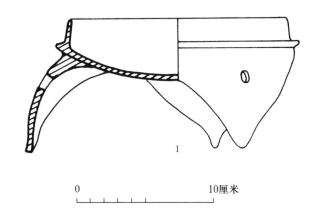

图一一一　石峡文化早期Ⅰ段M119出土部分陶器
1.B型Ⅰ式三角形足三足盘（M119：1）

物，有瓦形足三足盘1件，梯形足三足盘1件，豆1件，杯1件，盘形鼎1件，釜形鼎1件，釜2件，夹砂盖豆1件，长身锛1件，梯形锛1件，镞10件。其中一次葬器物的18号长身石锛一半距墓口33厘米出土，一半在距墓口72厘米出土。

　　早期Ⅱ段　21座。一次葬墓4座，一次葬已迁墓2座，二次葬墓15座。

　　一次葬墓

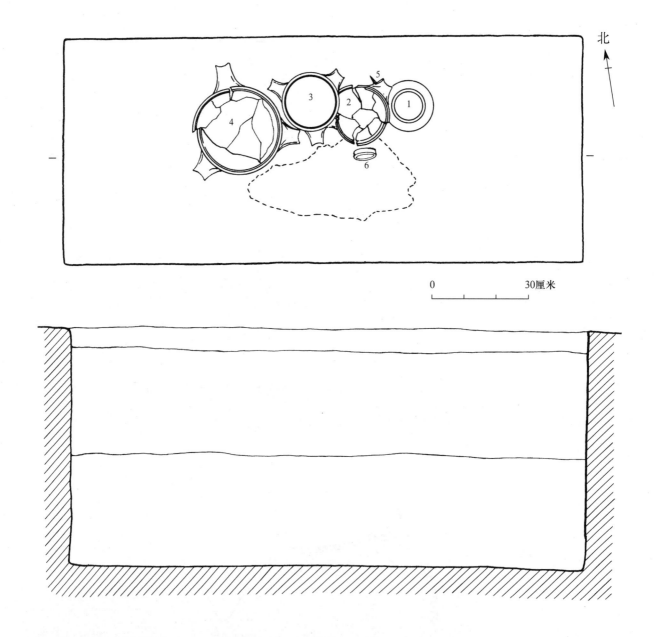

北

0　　　　　　　　　30厘米

图一一二　石峡文化早期Ⅰ段M124二次葬平、剖面图和随葬器物

二次葬器物：1.A型Ⅰ式壶　2、3.A型Ⅱ式、A型Ⅳ式瓦形足三足盘　4.Aa型Ⅰ式盘形鼎　5.A型Ⅰ式残石镞　6.A型Ⅱ式玉环

一次葬器物：14、15、17、18.A型Ⅰ式石镞　7、8.釜形鼎（残）　9.A型Ⅰ式簋（残）　10.B型Ⅰ式盘形鼎（残）　11.大瓮（残）　12.夹砂盖豆（残）　13.豆足　16、19.A型Ⅰ式釜（残）　20.石片

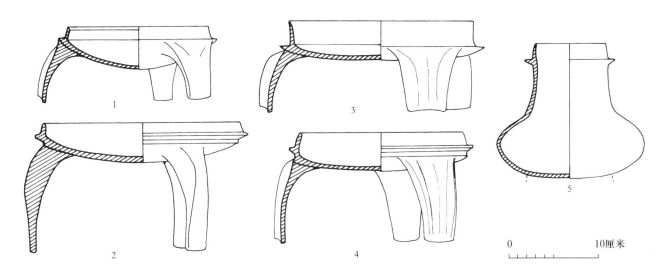

图一一三 石峡文化早期Ⅰ段M124出土部分陶器

1.A型Ⅳ式瓦形足三足盘（M124∶3） 2.B型Ⅰ式盘形鼎（M124∶10） 3.A型Ⅱ式瓦形足三足盘（M124∶2） 4.Aa型Ⅰ式盘形鼎（M124∶4） 5.A型Ⅰ式壶（M124∶1）

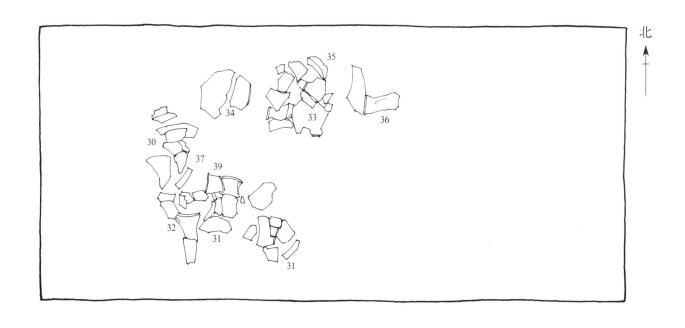

图一一四 石峡文化早期Ⅰ段M131填土残器物

M14（图一一七），位于T32东北、T33西北。东南壁被中期M12打破，石峡三期文化层下，打破石峡一期文化层。一次葬墓，方向92°。长方形浅穴土坑墓，墓长161、宽59、深27厘米，填土多见黑色烧土、炭灰及夹杂红烧土块，墓底有厚4～10厘米坚硬黑色烧土层，东北角一条被压扁的木炭，长40、宽8、厚2～3厘米，墓底北侧五处见到碎骨，随葬一团炭化稻谷凝块，置北侧偏东，釜1件置西端，已残。

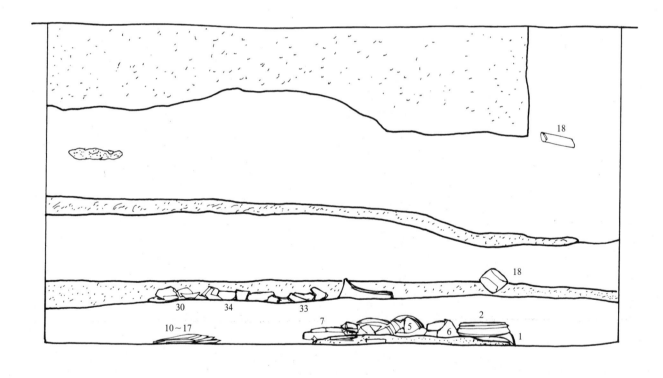

图一一五　石峡文化早期Ⅰ段M131二次葬平、剖面图和随葬器物

二次葬器物：1.A型Ⅰ式瓦形足三足盘　2.Aa型Ⅰ式豆　3.Ba型Ⅱ式泥质陶罐（残）　4.Aa型Ⅰ式器盖（3号罐盖）　5.B型Ⅰ式盘形鼎（残）　6.B型Ⅰ式梯形足三足盘　7.Ba型Ⅱ式泥质陶罐　8、9.A型Ⅰ式梯形石锛　10、11.A型Ⅰ式石镞　12~17.A型Ⅱ式石镞

一次葬器物：18.A型Ⅰ式长身石锛　19.A型Ⅰ式梯形石锛　20~28、38.A型Ⅱ式石镞（残）　29.A型Ⅳ式瓦形足三足盘（残）　30.夹砂盖豆（残）　32.B型Ⅰ式梯形足三足盘（残）　31.B型Ⅰ式釜形鼎（残）　33、35.A型Ⅱ式、A型Ⅰ式釜（残）　34.Ba型Ⅰ式豆（残）　36.B型Ⅰ式盘形鼎（残）　37.Ⅱ式杯（残）

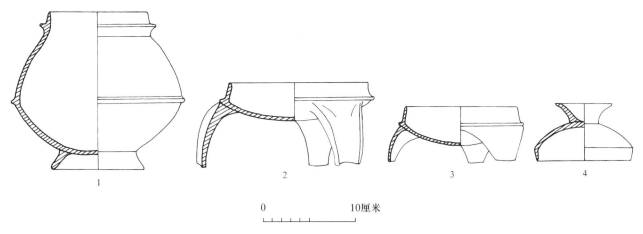

0　　　　　　　　10厘米

图一一六　石峡文化早期Ⅰ段M131出土部分陶器

1.Ba型Ⅱ式泥质陶罐（M131：7）　　2.A型Ⅰ式瓦形足三足盘（M131：1）　　3.B型Ⅰ式梯形足三足盘（M131：6）　　4.Aa型Ⅰ式器盖（M131：4）

M37（图一一八），位于T45东南，石峡三期文化下，打破生土层，东北壁及填土被石峡三期中期Ⅰ段M92打破。一次葬墓，方向85°。长方形浅穴土坑墓，墓长165、宽60、深15厘米，铁锰淋滤层面上已出现灰黑色填土，较松软。墓底西端保存部分下肢骨，东边有碎骨，随葬器物13件，放在墓底西边，有陶纺轮2件，铲1件，凿1件，有肩锛1件，小石锛1件，镞3件，坠饰2件，石块1件（无加工痕迹），河卵石1件。无陶器随葬。

M96，位于T45南，石峡三期文化层，一次葬墓，方向92°。长方形竖穴土坑墓，墓长140、宽55、深20厘米，墓底北边尚存少量碎骨，随葬3件陶纺轮，放在西南边。

M98（图一一九、一二○），位于T36东，石峡三期文化层下，打破石峡二期文化层。一次葬墓，方向90°。长方形竖穴土坑墓，墓长175、东宽72、西宽68、深35厘米，清理探方东端柱洞时，挖出大量炭屑，找到M98。墓底一层15厘米炭灰、红烧土，墓口西端一层5厘米炭灰、红烧土。墓底中部有头骨和脊椎骨碎片，头骨骨壁厚0.4厘米，推测为10岁儿童头骨，21件随葬器物，有双耳釜1件，夹砂罐1件（残），长身锛1件，梯形锛3件，有肩锛2件，残锛3件，残镞1件，石片1件，砺石1件，磨光小石条1件，玉璜2件，圆石片饰2件，残石饰1件，山枣核8枚（一个器物号）散落在骨头上和西边。

一次葬已迁墓

M68，位于T49中部，石峡三期文化层下，打破石峡一期文化层。墓坑东端被石峡三期灰坑打破，深88厘米，一次葬已迁墓，方向79°。长方梯形红烧土壁竖穴土坑墓，墓长180、墓东宽80、西宽65、深30厘米，填土中夹杂炭灰、红烧土屑和4件破碎陶器，有瓦形足三足盘3件，盘形鼎1件，墓底中部有零星骨碎。

M73（图一二一），位于T30南、T42北，石峡三期文化层下，打破石峡一期文化层。一次葬已迁墓，方向100°。长方形土坑墓，墓口长155、墓底长158、墓口宽60、墓底宽62、深50厘米，墓底有红烧土，上有一层厚2～3厘米炭灰土，上面放置7件随葬品，集中于西端，墓底中部偏东和器物下压着部分碎骨，有圈足盘2件，盘形鼎1件，釜2件，夹砂罐1件，河砾石1件，均为残件。填土里出土

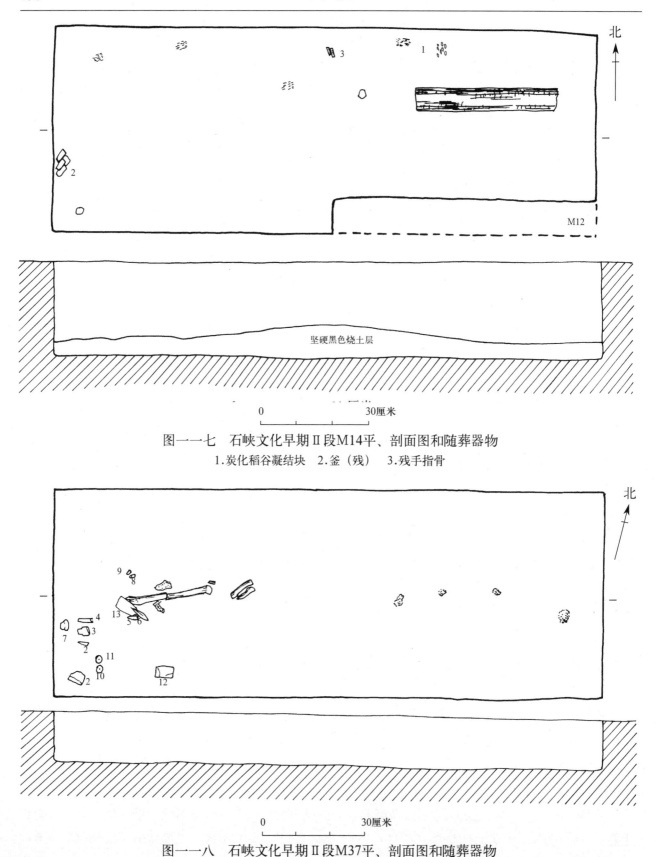

北

0　　　　　　　30厘米

图一一七　石峡文化早期Ⅱ段M14平、剖面图和随葬器物
1.炭化稻谷凝结块　2.釜（残）　3.残手指骨

北

0　　　　　　　30厘米

图一一八　石峡文化早期Ⅱ段M37平、剖面图和随葬器物
1.D型Ⅰ式石凿　2.A型Ⅱ式石镞　5、6.C型Ⅱ式、C型Ⅲ式石镞　3.A型Ⅰ式有肩石锛　4.小石锛　7.石块（无加工痕迹）　8.水晶坠饰　9.河卵石坠饰　10、11.C型Ⅱ式陶纺轮　12.Ⅰ式石铲　13.河卵石

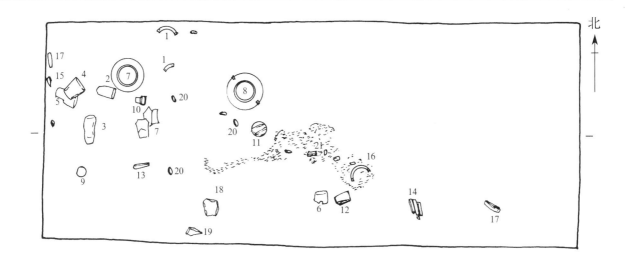

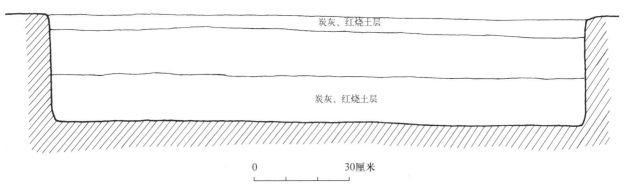

图一一九　石峡文化早期Ⅱ段M98平、剖面图和随葬器物

1、16.A型Ⅰ式玉璜　9、11.圆石片饰　15.残石饰　2、4.A型Ⅱ式、A型Ⅰ式梯形石锛　3.A型Ⅰ式石　5、10.B型Ⅰ式、A型Ⅰ式有肩石锛　6、12、14、17.残石锛　13.磨光小石条　18.磨光石块　19.残砺石　21.残石镞　20.山枣核8枚　8.夹砂直口双耳罐　7.夹砂陶罐（残）

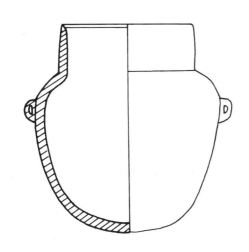

图一二〇　石峡文化早期Ⅱ段M98出土部分陶器

1.直口双耳罐（M98：8）

石峡一期遗存夹砂陶，饰方格划纹。

二次葬墓

M9（图一二二、一二三；图版三〇：1），位于T51中西部，表土层下，打破石峡一期文化层。二次葬墓，方向90°。长方形红烧土壁竖穴土坑墓，墓长208、宽74、深122厘米。墓坑上半壁烧烤得较好，呈砖红色，下半壁为灰色，墓底有10～15厘米炭灰土层，墓坑东北角上部填土被中期M8西南部墓坑打破，M9先于中期M29发现，近墓底东端被M29打破，由于M29西端墓壁挖断M9东端红烧壁，所以M9不见东壁部分红烧壁。尸骨堆置墓底东南隅，上撒成片朱砂。一次葬器物在距墓口30～50厘米炭灰土层中出土，计26件，有梯形足三足盘3件，豆5件，大瓮2件，贯耳壶1件，釜形鼎1件，盘形鼎4件，盆形鼎2件，夹砂盖豆3件，釜1件，陶纺轮4件。一次葬残陶器至墓底二次葬陶器之间有50厘米土质硬且纯净填土，二次葬器物20件放在尸骨堆北侧，有瓦形足三足盘1件，梯形

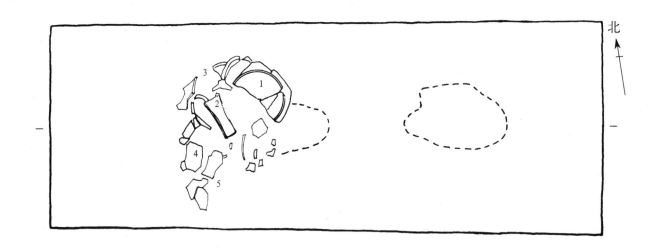

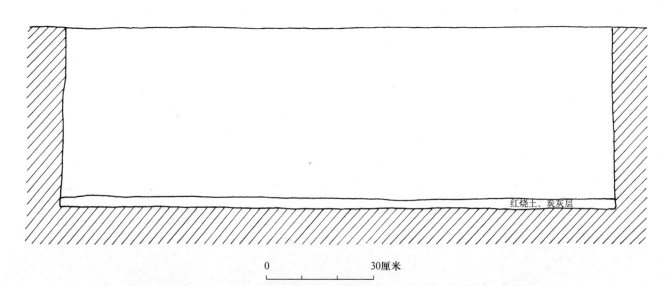

图一二一　石峡文化早期Ⅱ段M73平、剖面图和随葬器物

1、6.圈足盘（残）　2.B型Ⅱ式盘形鼎（残）　3.夹砂陶罐（残）　4、5.CⅠ、AⅠ釜（残）　7.河卵石

足三足盘3件，三角形足三足盘1件，豆6件，泥质罐1件，杯1件，釜形鼎1件，夹砂盖豆2件，器盖1件，陶纺轮2件，炭化山枣核4枚、桃核1枚（编1个号）。其中11号豆覆盖在16号梯形足三足盘上（以下用"＋"号表示出土时组合排列，下同）；8号豆＋9号梯形足三足盘；5号豆＋6号三角形足三足盘。炭化果核放置在9号盘内。18号釜形鼎和11号豆＋16号盘置尸骨堆上。

M16（图一二四、一二五；图版三〇：2），位于T34西南，石峡三期文化层下，打破石峡一期文化层。二次葬墓，方向90°。长方形红烧土壁竖穴土坑墓，墓坑南壁烧烤较好，墓长115、宽75、深55厘米。距墓口10～20厘米，有一层炭灰、红烧土屑层，厚10～20厘米，夹杂一次葬碎陶片，该层之下为一层厚20厘米黄褐色填土，较坚实，墓底有一层5厘米炭灰、红烧土块层。尸骨堆置墓底东南端炭灰层上。30件二次葬器物放在尸骨堆北侧和西边，上面盖一层炭灰，有瓦形足三足盘1件，圈足盘2件，豆1件，釜形鼎1件，釜1件，石钺1件，凿1件，镞22件，其中18件镞分为两堆，镞锋向西，余下4件镞锋向北或向南。7件一次葬器物有瓦形足三足盘1件，圈足盘1件，盘形鼎3件，釜1件，夹砂盖豆1件。有4件陶器与二次葬陶器一起放置。

M17（图一二六、一二七；图版三一：1），位于T34西部，石峡三期文化层下，打破石峡一期文化层，西南角墓坑上部填土被中期M15打破。二次葬墓，方向92°。长方形红烧土壁竖穴土坑墓，墓长148、宽70、深78厘米。南壁红烧土壁烧烤得较好，东西壁不明显，墓壁四周有厚约10厘米黑炭灰土，墓底有10～12厘米炭灰土层。尸骨堆置东南。34件二次葬器物放在尸骨堆西北边，有瓦形足三足盘1件，圈足盘2件，豆4件，泥质罐1件，盘形鼎1件，夹砂盖豆1件，釜1件，出土时21号豆＋22号圈足盘；24号豆＋25号瓦形足三足盘；26号豆＋27号圈足盘；28号夹砂盖豆＋29号盘形鼎；玉环和玉琮各1件置尸骨堆上，梯形锛2件，长身锛1件，镞18件，其中7件镞放在23号釜内。11件一次葬器物，在距墓口7～40厘米填土中陆续出土，瓦形足三足盘1件，圈足盘2件，釜形鼎1件，盘形鼎1件，釜1件，夹砂罐1件，夹砂盖豆1件，镞2件，石钺1件，钺的上半段在西侧填土中出土，器体表面粗糙呈灰色，下半段在墓底炭灰层出土，呈光亮灰黑色。

M39（图一二八、一二九；图版三一：2）位于T44西、T45东，表土层下，打破石峡第一期文化层，北边填土被石峡三期中期Ⅰ段M35打破，南壁上部被中期M38打破。二次葬墓，方向92°。长方梯形红烧土壁竖穴土坑墓，红烧土壁烧烤得较好，墓口长265、墓底长260、墓口东宽122、西宽126、墓底东宽116、西宽122、深138厘米。红褐色填土中出土石峡第一期文化遗存夹砂罐残片，墓底器物下有15～20厘米，炭屑黑灰土、红烧土层，夹杂破碎陶片、石器、炭化稻谷。尸骨堆置墓底东南隅，上撒朱砂，一、二次葬器物均放在墓底，较多的一次葬破碎器物堆置墓底西边，其余一次葬器物放在墓底，被二次葬器物和尸骨堆叠压。47件二次葬器物，有梯形足三足盘4件，圈足盘1件，豆2件，壶2件，釜形鼎1件，釜1件，夹砂盖豆1件，器盖1件，长身锛3件，有段锛1件，凿2件，镞26件，玉钺1件（已变形），砺石1件。26件镞分3组：西北边7件一组和15件一组，镞锋朝西，靠南部一组4件，镞锋向南。29件一次葬器物，有瓦形足三足盘1件，梯形足三足盘1件，豆5件，泥质罐1件，盘形鼎1件，釜形鼎2件，夹砂盖豆2件，镞15件，河卵石石棒1件。

M44（图一三〇、一三一；图版三二：2），位于T69中部偏西，表土层下，打破生土，北壁中部墓口被石峡四期文化遗存H72所打破，铁锰淋滤层面上已见到红烧土墓边。二次葬墓，方向95°。

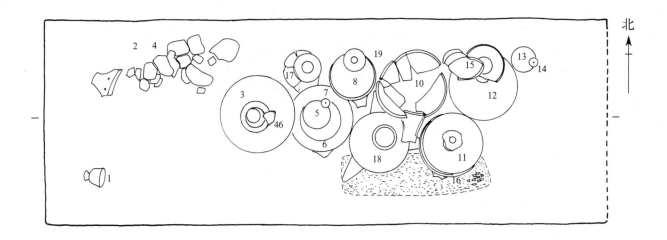

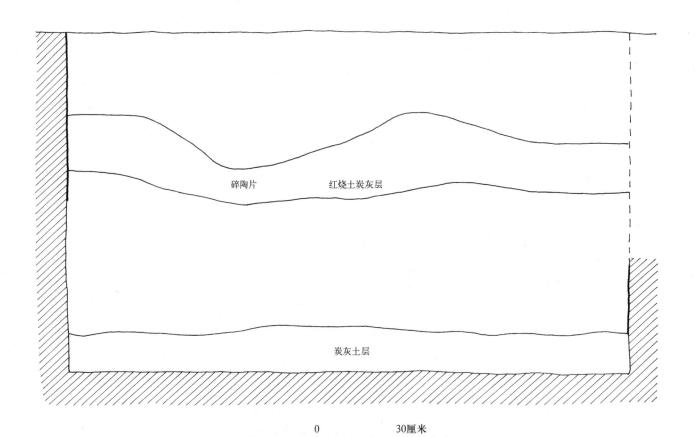

图一二二　　石峡文化早期Ⅱ段M9二次葬平、剖面图和随葬器物

二次葬器物：1.B型Ⅰ式夹砂盖豆　2、16.A型Ⅱ式梯形足三足盘　3.A型Ⅰ式泥质陶罐　4、8、12.Ba型Ⅰ式豆　6.B型Ⅲ式三角形足三足盘　7.D型Ⅰ式陶纺轮　14.A型Ⅰ式陶纺轮　5.Aa型Ⅰ式豆　13.Ⅰ式杯　9.B型Ⅱ式梯形足三足盘　10.B型Ⅰ式瓦形足三足盘　11.Aa型Ⅱ式豆　15.A型Ⅰ式夹砂盖豆　17.Aa型Ⅰ式豆　18.A型Ⅰ式釜形鼎　19.山枣核4、桃核1　46.Aa型Ⅰ式器盖

一次葬器物：20.釜形鼎（残）　21.Aa型Ⅱ式盆形鼎　22、30、44.Aa型Ⅰ式盘形鼎　23.B型Ⅲ式夹砂盖豆　24.Bb型Ⅰ式豆　25、26、45.Aa型Ⅱ式豆　27、28、35.A型Ⅱ式梯形足三足盘　29.B型Ⅱ式盘形鼎　31.Aa型Ⅰ式盆形鼎　32、33.B型Ⅰ式夹砂盖豆　34.E型双贯耳壶　36、37.B型Ⅰ式大瓮　38.A型Ⅰ式釜　39、40、41、42.A型Ⅰ式陶纺轮　43.Aa型Ⅰ式豆

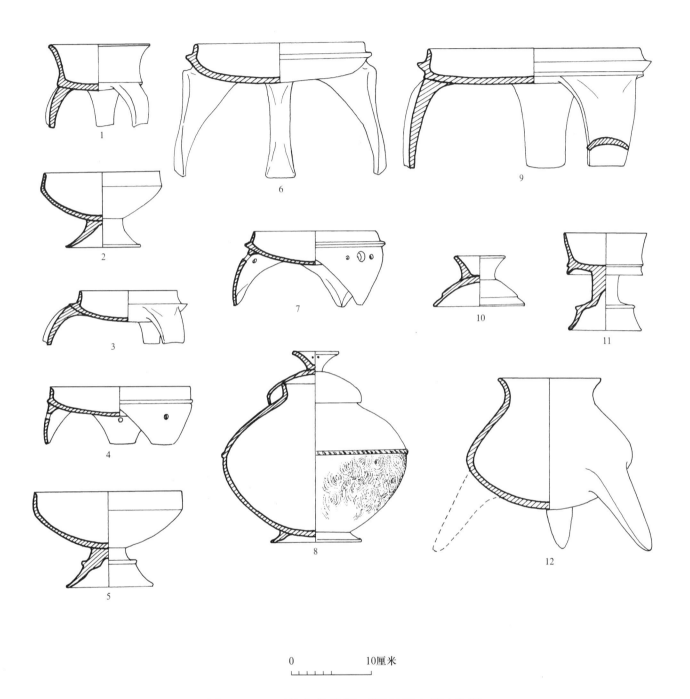

0　　　　　　10厘米

图一二三　石峡文化早期Ⅱ段M9出土部分陶器

1.Aa型Ⅱ式盆形鼎（M9：21）　　2.Ba型Ⅰ式豆（M9：8）　　3.B型Ⅱ式瓦形足三足盘（M9：10）　　4.A型Ⅱ式梯形足三足盘（M9：2）　　5.Aa型Ⅰ式豆（M9：5）　　6.B型Ⅰ式盘形鼎（M9：29）　　7.B型Ⅲ式三角形三足盘（M9：6）　　8.A型Ⅰ式泥质陶罐（M9：3）　　9.Aa型Ⅰ式盘形鼎（M9：44）　　10.A型Ⅰ式夹砂盖豆（M9：15）　　11.Ⅰ式陶杯（M9：13）　　12.A型Ⅰ式釜形鼎（M9：8）

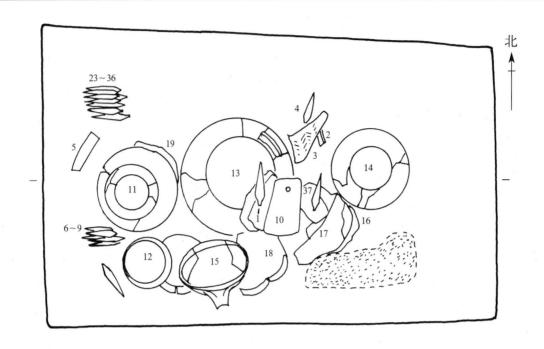

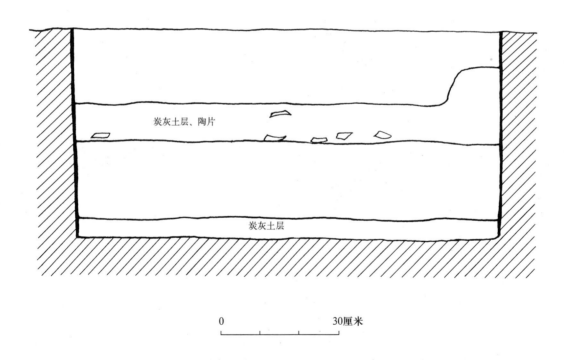

图一二四　石峡文化早期Ⅱ段M16二次葬平、剖面图和随葬器物

二次葬器物：6、33.A型Ⅰ式石镞　1、2、4、7、8、23～32、34～37.A型Ⅱ式石镞　9.C型Ⅲ式石镞　5.C型Ⅰ式石凿　10.A型Ⅱ式石钺　11.B型Ⅰ式釜形鼎　12.A型Ⅰ式釜　14、19.Aa型Ⅰ式、Aa型Ⅱ式圈足盘　15.A型Ⅲ式瓦形足三足盘　17.Ba型Ⅰ式豆

一次葬器物：3、13.B型Ⅰ式盘形鼎　22.盘形鼎（残）　16.A型Ⅲ式瓦形足三足盘　18.A型Ⅰ式釜　20.A型Ⅰ式夹砂盖豆　21.Aa型Ⅱ式圈足盘

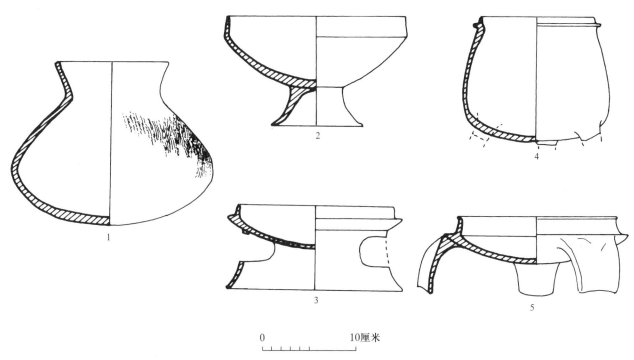

图一二五　石峡文化早期Ⅱ段M16出土部分陶器

1.A型Ⅰ式釜（M16∶12）　2.Ba型Ⅰ式豆（M16∶17）　3.Aa型Ⅰ式圈足盘（M16∶14）　4.B型Ⅰ式釜形鼎（M16∶11）
5.A型Ⅲ式瓦形足三足盘（M16∶15）

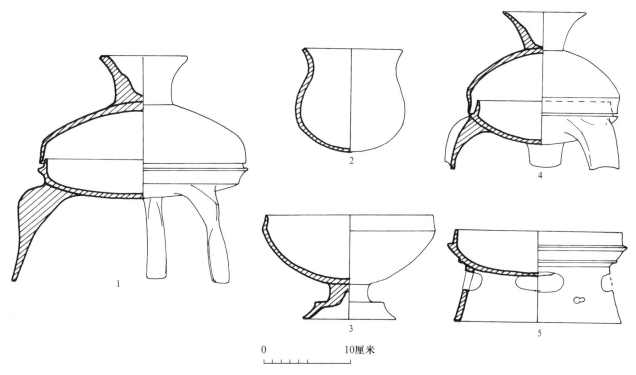

图一二六　石峡文化早期Ⅱ段M17出土部分陶器

1.B型Ⅲ式夹砂盖豆、B型Ⅱ式盘形鼎（M17∶28、29）　2.B型Ⅰ式釜（M17∶4）　3.Aa型Ⅰ式豆（M17∶20）　4.A型
Ⅲ式瓦形足三足盘（M17∶25）　5.Aa型Ⅱ式圈足盘（M17∶22）

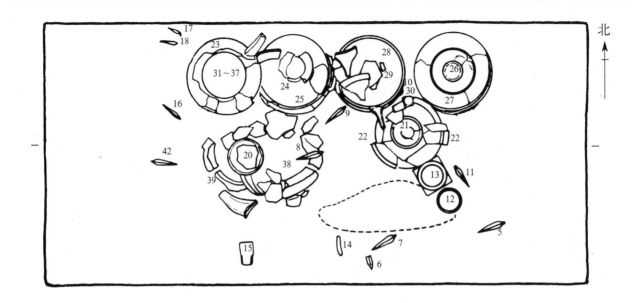

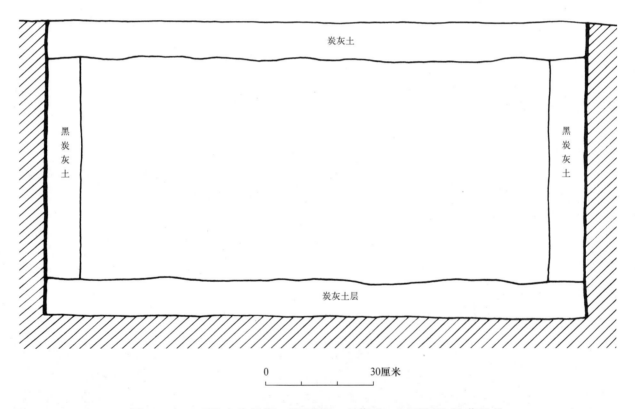

图一二七 石峡文化早期Ⅱ段M17二次葬平、剖面图和随葬器物

二次葬器物：5~7、9~11、16~18、33、34、37、42.A型Ⅱ式石锛 8.B型Ⅰ式石锛 12.A型Ⅰ式玉环 13.玉琮 31、32、35、36.A型Ⅰ式石锛 14、15.A型Ⅰ式、A型Ⅱ式梯形石锛 30.C型Ⅰ式长身石锛 20、21.Aa型Ⅰ式、Aa型Ⅱ式陶豆 24.豆（残） 23.B型Ⅰ式釜 25.A型Ⅲ式瓦形足三足盘 26.Ba型Ⅰ式豆 22、27.Aa型Ⅱ式、Aa型Ⅰ式圈足盘 28.B型Ⅲ式夹砂盖豆 29.B型Ⅱ式盘形鼎 38.Ba型Ⅱ式泥质陶罐

一次葬器物：1、3.A型Ⅱ式石锛 2.A型Ⅱ式石钺 4.B型Ⅰ式釜 19.C型Ⅱ式夹砂盖豆 39.B型Ⅱ式盘形鼎 41.A型Ⅱ式夹砂陶罐 40.A型Ⅱ式夹砂陶罐 40、43.Aa型Ⅰ式圈足盘 44.B型Ⅰ式釜形鼎 45.A型Ⅲ式瓦形足三足盘

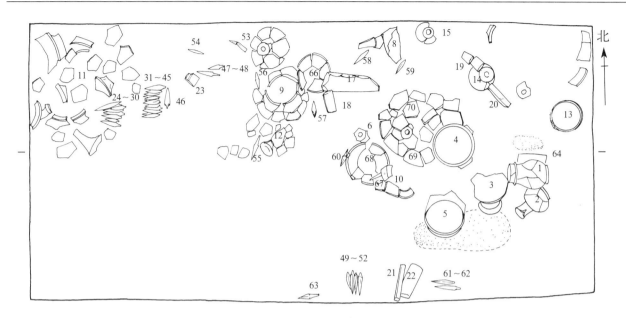

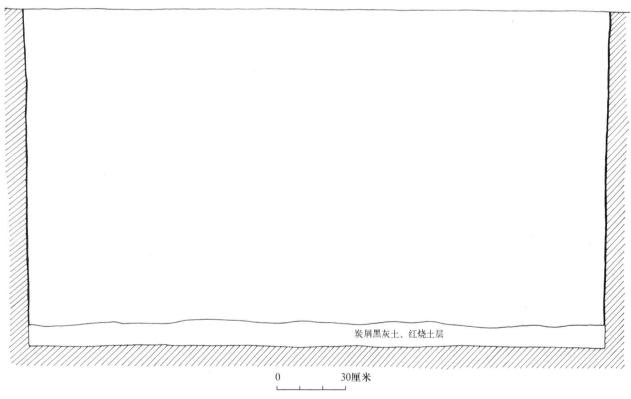

炭屑黑灰土、红烧土层

0　　　　　30厘米

图一二八　石峡文化早期Ⅱ段M39二次葬平、剖面图和随葬器物

二次葬器物：1、2.A型Ⅱ式、C型Ⅱ式壶　3.Aa型Ⅰ式豆　4.B型Ⅱ式梯形足三足盘　5.Aa型Ⅲ式圈足盘　9.A型Ⅰ式釜　10.A型Ⅱ式釜形鼎　12.A型Ⅰ式夹砂盖豆　13.D型豆　68、69.C型Ⅱ式梯形足三足盘　70.C型Ⅰ式梯形足三足盘　73.Ab型器盖　17.砺石　18、19、22.C型Ⅰ式、D型Ⅰ式、B型Ⅰ式长身石锛　20、21.C型Ⅱ式石凿　23.D型有段石锛　24～32、50.D型Ⅰ式石镞　33、36、37、39～42、44、51.A型Ⅰ式石镞　34、35、38、43、45、52.A型Ⅱ式石镞　49.A型Ⅲ式石镞　64.C型Ⅰ式玉钺

一次葬器物：6、15.Aa型Ⅰ式豆　7、16.豆（残）　8.C型Ⅰ式梯形足三足盘　11.B型Ⅱ式釜形鼎　14、65.D型Ⅰ式夹砂盖豆　66.Ba型Ⅰ式豆　71.瓦形足三足盘（残）　72.泥质罐（残）　74.石棒（河卵石）　75、76.盘鼎足、釜鼎足　46、53.A型Ⅰ式、A型Ⅱ式石镞　47、48、54～63、67.D型Ⅰ式石镞

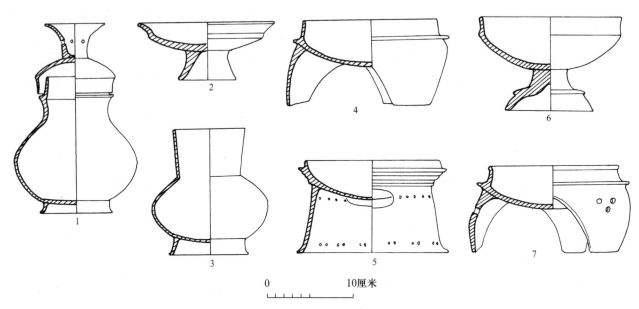

图一二九　石峡文化早期Ⅱ段M39出土部分陶器

1.A型Ⅲ式壶（M139：1、28）　2.A型Ⅰ式夹砂盖（M39：12）　3.C型Ⅱ式壶（M39：2）　4.B型Ⅱ式梯形足三足盘
（M39：4）　5.Aa型Ⅲ式圈足盘（M39：5）　6.Aa型Ⅰ式豆（M39：6）　7.C型Ⅱ式梯形足三足盘（M39：69）

长方形红烧土壁竖穴土坑墓，红烧土壁烧烤较好，墓长226、宽90、深90厘米。尸骨堆置墓底东部偏北，东南撒朱砂。25件二次葬器物陈放在尸骨堆西南和南侧的炭灰土层上，有瓦形足三足盘2件，豆3件（6号豆＋18号盘、7号豆＋19号盘），贯耳壶1件，盘形鼎1件，釜形鼎1件，盆形鼎1件，夹砂盖豆1件，镬1件，长身锛1件，有段锛3件，镞9件，石钺1件置尸骨堆上。28件一次葬器物在距墓口25厘米靠墓边炭灰土层的出土，部分残镞和锛同二次葬石器一起陈放，有瓦形足三足盘1件，圈足盘2件，豆2件，泥质罐1件，盘形鼎2件，夹砂盖豆1件，有段锛1件，凿1件，梯形锛1件，镞15件，石钺1件。其中二次葬12号有段锛和一次葬21号有段锛为同一种石料制成，且形制相近。

　　M53（图一三二、一三三；图版三二：1），位于T11南、T21北边，石峡三期晚期M52打破该墓北壁和西壁。墓底深入该墓填土15厘米。该墓打破石峡一期文化层。二次葬墓，方向100°。长方形红烧壁竖穴土坑墓，仅存东壁上部30厘米红烧壁，墓长170、宽51、深74厘米。灰褐色填土夹杂少量木炭和一次葬碎陶器，尸骨堆置墓底东南隅，2件二次葬器物置尸骨堆上，有铲1件，玉环1件。3件一次葬器物，有梯形足三足盘1件，盘形鼎1件，残夹砂盖豆1件。

　　M57（图一三四、一三五；图版三三：2），位于T12西南—T22西北，石峡三期晚期层下，打破生土，墓口和上层填土被石峡三期文化H51打破，二次葬墓，方向100°。长方形红烧土壁竖穴土坑墓，红烧土壁烧烤较好，墓长213、墓口宽100、墓底宽93、深100厘米。尸骨堆置墓底中部偏东，尸骨堆上和附近撒有大片朱砂，30件二次葬器物放在尸骨堆西边和附近，大型石镬、长身石锛紧随尸骨堆北边和西边陈放，墓底有一层红烧土、炭灰土，厚15厘米，有瓦形足三足盘2件，三角形足三足盘1件，圈足盘1件，豆3件（20号豆＋19号瓦形足三足盘），觯形器1件，盘形鼎1件，夹砂盖豆1件，镬1件，长身锛5件，有段锛1件，凿2件，玉钺1件置尸骨堆上，因受沁变形，玉环1件置尸骨堆上，玉笄2件，玉管2件，玉珠5件，上述装饰品陈放在尸骨堆上或附近，有部分染上朱砂。26件一次

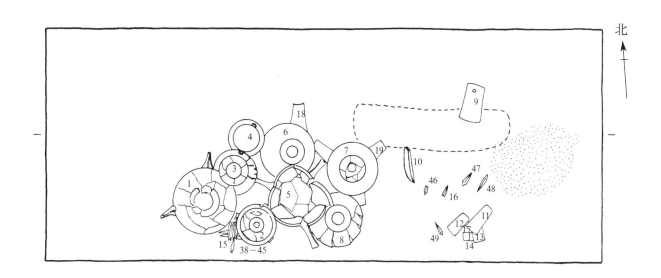

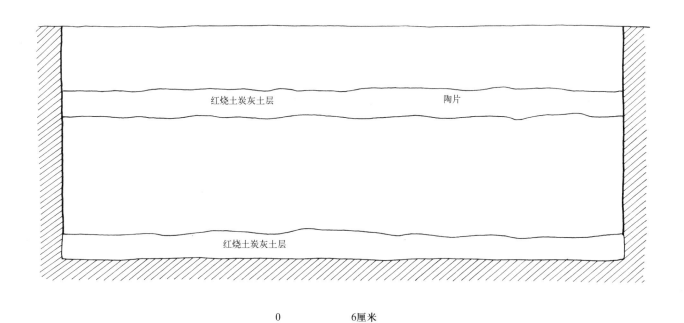

图一三〇　石峡文化早期Ⅱ段M44二次葬平、剖面图和随葬器物

38、39、41、42、45.A型Ⅰ式石镞　15、40、43、44.A型Ⅱ式石镞　1.A型Ⅰ式釜形鼎　2.Aa型Ⅱ式盆形鼎　3.A型Ⅰ式夹砂盖豆（2号鼎盖）　4.E型贯耳壶　5.B型Ⅲ式盘形鼎　18、19.A型Ⅲ式瓦形足三足盘　6、7.Ba型Ⅰ式豆（18、19号盘盖）　8．Aa型Ⅱ式豆

一次葬器物：20.E型Ⅰ式石凿　21.A型Ⅰ式有段石锛　22.A型Ⅱ式石钺　17.A型Ⅰ式梯形足锛　23、24、26~30、16、46~51.A型Ⅰ式石镞　25.A型Ⅱ式石镞　31、32.Ab型Ⅱ式、B型Ⅲ式盘形鼎　33.A型Ⅳ式瓦形足三足盘　34.Aa型Ⅰ式圈足盘　35.泥质陶罐（残）　36.B型Ⅱ式夹砂盖豆　37、52.Bc型Ⅰ式、Aa型Ⅱ式豆　53.豆（残）

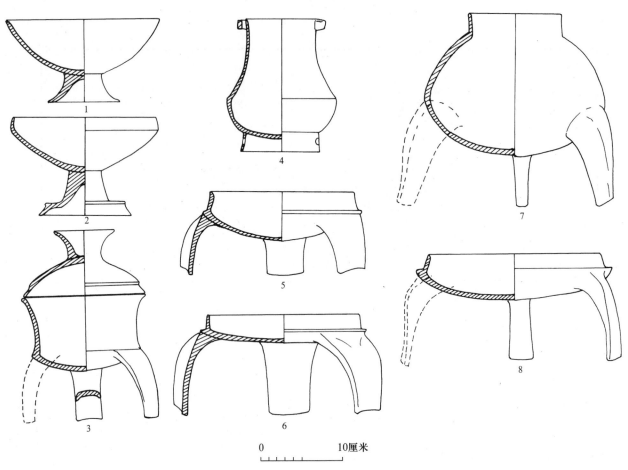

0　　　　　　　　　　10厘米

图一三一　石峡文化早期Ⅱ段M44出土部分陶器

1.Bc型Ⅰ式豆（M44：37）　2.Aa型Ⅱ式豆（M44：8）　3.Aa型Ⅰ式盆形鼎、A型Ⅰ式夹砂盖豆（盆鼎盖）（M44：2、3）
4.E型贯耳壶（M44：4）　5.A型Ⅲ式瓦形足三足盘（M44：18）　6.Ab型Ⅱ式盘形鼎（M44：31）　7.A型Ⅰ式釜形鼎
（M44：1）　8.B型Ⅱ式盘形鼎（M44：5）

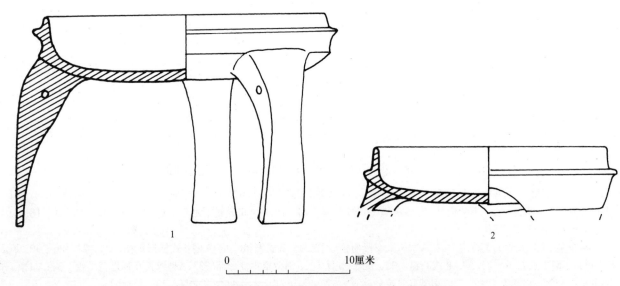

0　　　　　　　　　　10厘米

图一三二　石峡文化早期Ⅱ段M53出土部分陶器

1.B型Ⅰ式盘形鼎（M53：3）　2.A型Ⅱ式梯形足三足盘（M53：2）

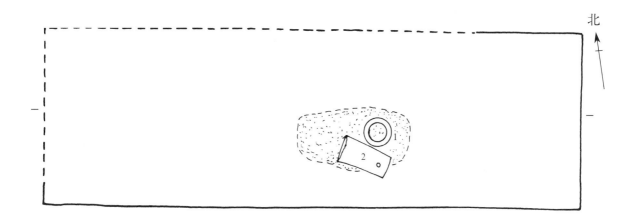

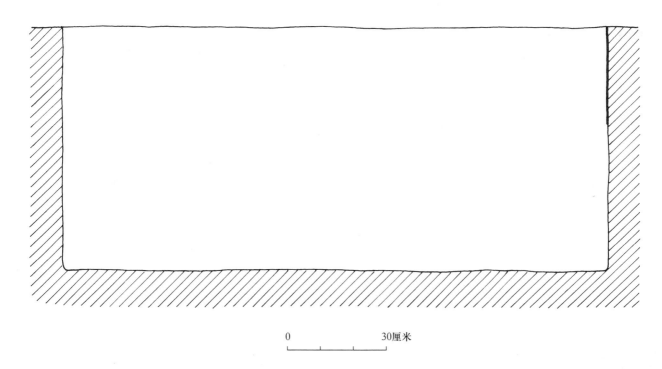

图一三三　石峡文化早期Ⅱ段M53二次葬平、剖面图和随葬器物

二次葬器物：1.A型Ⅰ式玉环　2.Ⅱ式石铲　一次葬器物：3.B型Ⅰ式盘形鼎　4.A型Ⅱ式梯形足三足盘　5.夹砂盖豆（残）

葬器物在距墓口25～30厘米红烧土、炭灰土层出土，有瓦形足三足盘1件，圈足盘4件，豆4件，泥质罐1件，釜1件，盘形鼎1件，夹砂盖豆1件，梯形锛1件，有段锛1件，凿1件，锥1件，石钺1件，玉环1件，玉珠7件。

　　M69（图一三六、一三七、一三八；图版三三：1），位于T11中部，石峡三期文化层下，打破石峡一期文化层，墓坑西南角上部分填土被中期M101北壁、东北壁打破，M101填土与M69墓坑填土颜色不同，M101填土灰褐色夹杂木炭、红烧土块、深入M69填土49厘米。二次葬墓，方向92°。长方形红烧土壁竖穴二层台土坑墓，红烧土壁烧烤较好，墓口长220、墓底长205、墓口宽124、墓底宽108、深124～140厘米，距墓口深80厘米，南北壁伸出生土二层台，北壁宽9～13、南壁宽20～23厘米，尸骨堆置墓底东南隅，31件二次葬器物放在尸骨堆北和西面，少数在二层台上，有三角形足三足盘4件，豆4件，泥质罐1件，大口罐1件，盘形鼎2件，釜形鼎1件，夹砂盖豆2件，镬2件，一件放在东南角二层台上，铲2件，一件置尸骨堆上，长身锛1件，镞4件，玉琮1件置东北角二层台上，玉环3件，其中1件同玉琮并排放置，悬胆形玉坠饰1件，鸟形玉坠饰1件，玉珠1件。10件一次葬器物在填土中出土，有圈足盘1件，三角形三足盘1件，豆4件，盆形鼎1件，有段锛1件，残石器1件，砺石1件。

　　M77（图一三九、一四〇；图版三四：2），位于T13东、T14西部，表土层下，打破生土。二次葬墓，方向96°。长方形红烧土壁竖穴土坑墓，上半部红烧土壁烧烤较好。墓长200、西口宽88、东口宽92、深118厘米。距墓口25厘米，有一层厚20厘米炭块、红烧土，夹杂一次葬破碎器物。尸骨堆

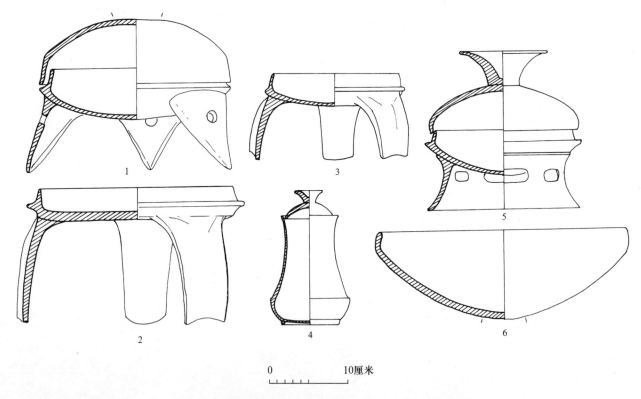

0　　　　　　　10厘米

图一三四　石峡文化早期Ⅱ段M57出土部分陶器

1．C型三角形足三足盘（M57：17）　2.Aa型Ⅰ式盘形鼎（M57：45）　3.A型Ⅰ式瓦形足三足盘（M57：19）　4.觯形器（M57：14）　5.Aa型Ⅰ式圈足盘、Ba型Ⅰ式豆（M57：28、29）　6.C型Ⅱ式夹砂盖豆（M57：46）

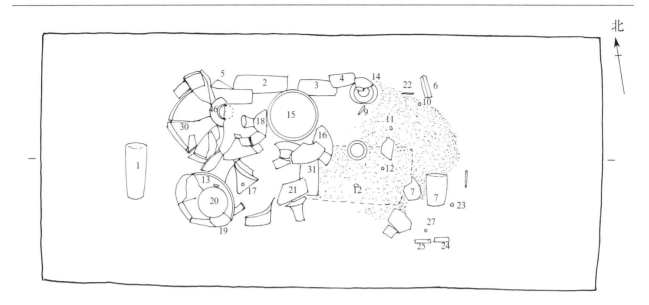

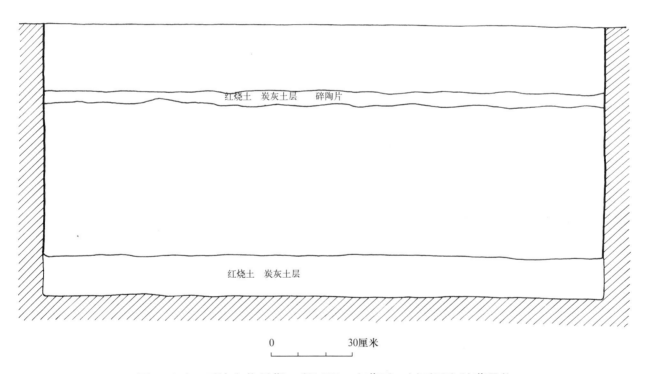

图一三五　石峡文化早期Ⅱ段M57二次葬平、剖面图和随葬器物

二次葬器物：1、3~5、7.A型Ⅰ式长身石锛　2.A型Ⅱ式石　6.D型有段石锛　24、25.C型Ⅰ式、D型Ⅰ式石凿　31.A型Ⅲ式玉钺（变形）　14.觯形器　15.Aa型Ⅰ式圈足盘　16.Bb型Ⅰ式豆　18、20.Ba型Ⅰ式豆　19、21.A型Ⅰ式瓦形足三足盘　17.C型三角形足三足盘　30.Aa型Ⅰ式盘形鼎　46.C型Ⅱ式夹砂盖豆　8.B型Ⅰ式玉环　9、22.玉笄（锥形器）　10~12、23、27.玉珠　13、26.玉管　51.Bb型Ⅲ式泥质陶罐　38~44.玉珠　33.B型Ⅰ式玉环

一次葬器物：32.A型Ⅲ式石钺　35.A型Ⅰ式石凿　36.残石凿　37.A型Ⅰ式梯形石锛　34.石锥　28、53、54、56.Aa型Ⅰ式圈足盘　29、47.Ba型Ⅰ式豆　48、49.Aa型Ⅰ式豆　50.A型Ⅲ式瓦形足三足盘　45.Aa型Ⅰ式盘形鼎　52.A型Ⅰ式釜　55.C型Ⅱ式夹砂盖豆

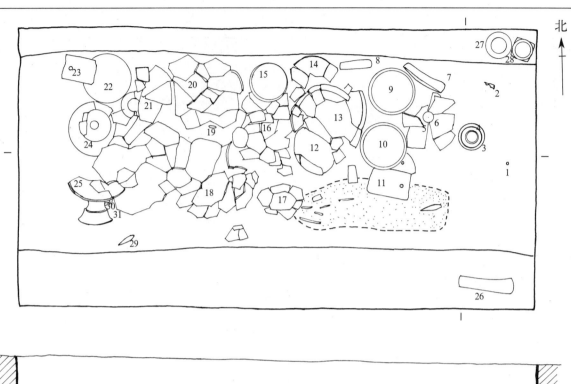

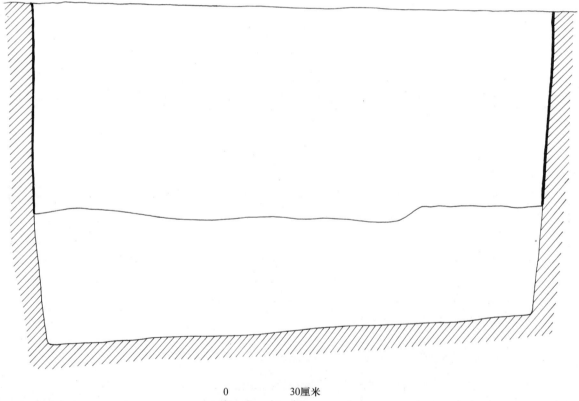

0　　　　　　　30厘米

图一三六　　石峡文化早期Ⅱ段M69二次葬平、剖面图和随葬器物

二次葬器物：7、26.C型Ⅰ式、A型Ⅱ式石　11、23.Ⅰ式铲　8.A型Ⅰ式长身石锛　5、29～31.C型Ⅰ式石镞　6、24.Aa型Ⅰ式豆　22、25.Aa型Ⅱ式豆　13、18.B型Ⅰ式盘形鼎　17.A型Ⅰ式釜形鼎　9、10、12、15.B型Ⅰ式三角形足三足盘　14、21.C型Ⅱ式、C型Ⅰ式夹砂盖豆　16.Bb型Ⅱ式泥质陶罐　20.大口罐　1.玉珠　2.玉鸟形坠饰　3、27.C型Ⅰ式玉环　4.B型Ⅰ式玉环　19.玉悬胆形坠饰　28.玉琮

一次葬器物：32.Aa型Ⅱ式盆形鼎　34.B型Ⅰ式三角形足三足盘　35～37、39豆（残）　38.Aa型Ⅰ式圈足盘33.A型Ⅰ式有段石锛　40.残石器　41.砺石

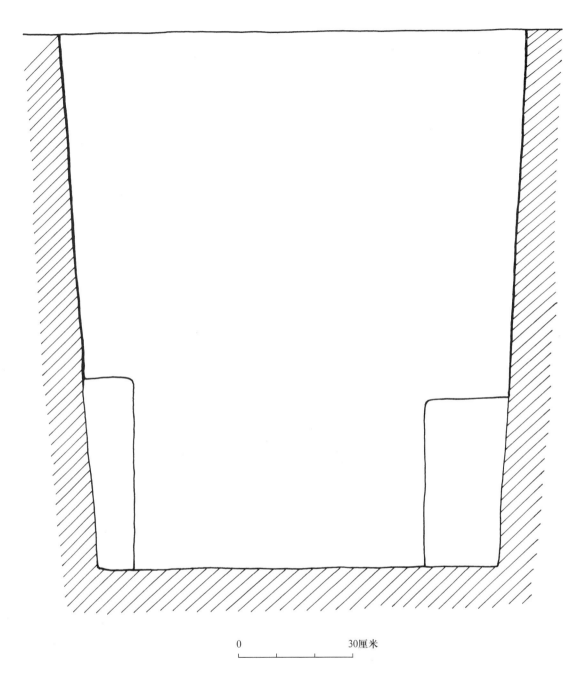

0　　　　　　　　30厘米

图一三七　石峡文化早期Ⅱ段M69二层台剖面图

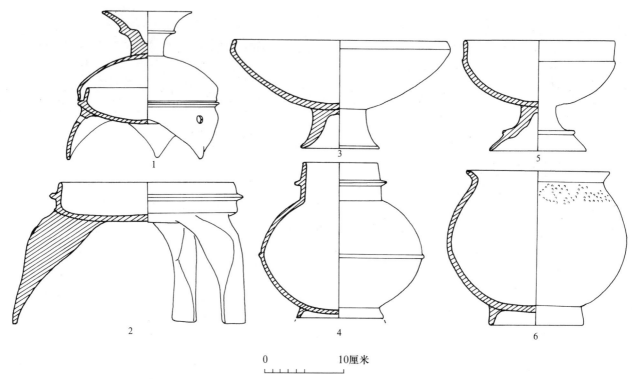

图一三八　石峡文化早期Ⅱ段M69出土部分陶器

1.B型Ⅰ式三角形足三足盘、Aa型Ⅰ式豆（M69：9、24）　2.B型Ⅰ式盘形鼎（M69：18）　3.C型Ⅰ式夹砂盖豆（M69：21）　4.Bb型Ⅱ式泥质陶罐（M69：16）　5.Aa型Ⅰ式豆（M69：6）　6.大口罐（M69：20）

置墓底东南隅，东侧附近撒朱砂，35件随葬器物放在尸骨堆北边和西边，有梯形足三足盘2件，圈足盘1件，豆3件（25号豆＋23号三足盘、41号豆＋21号三足盘），釜形鼎1件，釜1件，夹砂盖豆2件，镬1件，长身锛1件，梯形锛2件，有段锛1件，凿2件，未分型锛1件，镞17件其中15件镞放在西南隅，镞锋向西。16件一次葬器物，有梯形足三足盘1件，圈足盘1件，瓮1件（器壁厚2厘米），盘形鼎2件，凿形鼎足3件（1个器号），镬1件，铲1件，其中一件铲的刃部在填土出土为黑色发亮，墓底出土铲身为灰色，长身锛1件，凿1件，镞4件，残石器1件，砺石1件，部分残陶器放在墓底东北、北边。

M99（图一四一、一四二；图版三四：1），位于T13东北、T14西北，表土层下，打破生土。二次葬墓，方向97°。长方形红烧土壁竖穴土坑墓，墓坑口大底小，墓口长230、墓底长210、墓口宽100、底部东宽92、西宽94、深90厘米，红烧土壁烧烤较好且完整，墓坑东壁有4处长18、宽7～9厘米，弧形内凹痕迹，推测是长身石锛掘墓坑时留下的锛印痕。从墓口到深48厘米，填土为黄褐色夹杂少量红烧土块、炭屑，质较硬，距墓口67厘米，土质较松，开始出器物，东北角填土出土2件一次葬缺喇叭足的陶豆，其余一次葬器物放在二次葬器物、尸骨堆下面及墓底东北角和西南边炭灰、红烧土层里。尸骨堆置墓底东南隅，南边撒一小片朱砂，尚能分辨出头骨片和肢骨残段。二次葬器物和尸骨堆下铺一层10～12厘米木炭红烧土层。其四周不见红烧土壁。15件二次葬器物放在尸骨堆北边和西边，有瓦形足三足盘1件，三角形足三足盘1件，豆2件（12号豆＋13号三足盘、14号豆＋15号三足盘），盘形鼎1件，盆形鼎3件，夹砂盖豆3件（16号盖豆＋17号盆形鼎、18号盖豆＋19号盆形

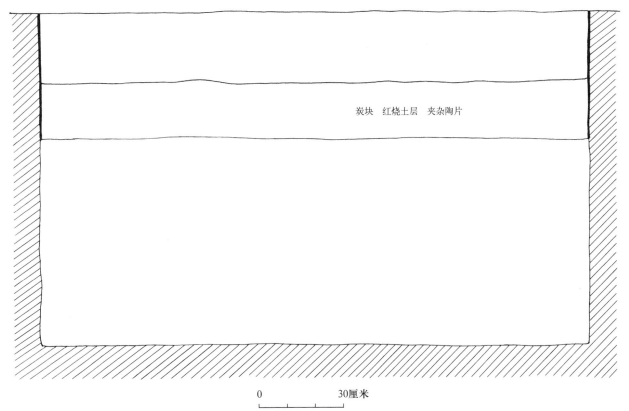

图一三九　石峡文化早期Ⅱ段M77二次葬平、剖面图和随葬器物

二次葬器物：1.未分型石锛　2.B型Ⅰ式有段石锛　3、6.C型、B型梯形石锛　5.A型Ⅱ式长身石锛　7.A型石　4、8.A型Ⅰ式、B型Ⅰ式石凿　16~18、34.A型Ⅰ式石镞　9~15、24、27、31~33、35.A型Ⅱ式石镞　19、40.A型Ⅰ式夹砂盖豆　20.B型Ⅱ式釜形鼎　21、23.C型Ⅲ式梯形足三足盘　22.Aa型Ⅰ式圈足盘　25、36、41.Ba型Ⅰ式豆　39.D型Ⅰ式釜

一次葬器物：42.C型Ⅰ式石　43.C型Ⅱ式凿　44.A型Ⅱ式长身石锛　45.砺石　46~49.A型Ⅰ式石镞（残）　50.残石器　29.Ⅰ型石铲　26.Aa型Ⅰ式圈足盘（残）　28.大瓮（残）　38.Ab型Ⅲ式盘形鼎　37.B型Ⅱ式梯形足三足盘　30.盘形鼎（残）　51.凿形鼎足

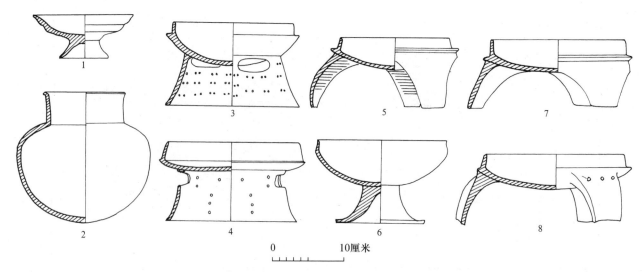

图一四〇　石峡文化早期Ⅱ段M77出土部分陶器

1.A型Ⅰ式夹砂盖豆（M77：40）　2.D型Ⅰ式釜（M77：39）　3.4.Aa型Ⅰ式圈足盘（M77：22、26）　5.C型Ⅲ式梯形足三足盘（M77：21）　6.Ba型Ⅰ式豆（M77：41）　7.B型Ⅱ式梯形足三足盘（M77：37）　8.Ab型Ⅲ式盘形鼎（M77：38）

鼎、22号盖豆＋22号盆形鼎），釜2件，长身锛1件，玉钺1件。21件一次葬器物，有瓦形足三足盘1件，圈足盘1件，豆2件，小方格纹大瓮1件，盘形鼎1件，盆形鼎3件，夹砂盖豆5件，夹砂罐1件，长身锛1件，镞2件，玉龙首环1件，打制石片1件，残石器1件。

　　M102（图一四三、一四四；图版三五：2），位于T36东、T37西，石峡三期文化层下，打破生土。二次葬墓，方向87°。长方形红烧土壁竖穴土坑墓，西南角红烧土壁明显，南壁、北壁靠东边清楚，墓长220、宽80、深34厘米，墓底有厚8～13厘米红烧土、炭屑层，尸骨堆置墓底东端和中间偏南，6件二次葬器物放在尸骨堆附近，有瓦形足三足盘1件，壶1件，泥质罐1件，盘形鼎1件，陶纺轮2件。4件一次葬器物，放在墓底西端，有瓦形足三足盘2件，盘形鼎1件，釜1件。瓦形足三足盘有部分残片在距墓口17厘米出土。

　　M105（图一四五、一四六；图版三六：1、2、三七：1），位于T26东南、T27西南，石峡三期文化层下，打破石峡一期文化层，二次葬墓，方向90°。长方形红烧土壁竖穴土坑墓，填土灰褐色，土质松，距墓口20厘米以下红烧土壁烧烤得较好，距墓口73厘米，墓中部偏南，出土两条木炭，一条长70厘米，已压扁，另一条长105、直径5～7厘米，距墓口106厘米以下不见红烧土壁，墓底有一层10～14厘米炭灰、红烧土块，墓长208、西宽100、东宽96、深120厘米。尸骨堆置墓底东南隅，上撒朱砂。二次葬器物中的陶器放在尸骨堆西边，石器排列在南边。一件石峡文化墓葬最大型玉琮放在尸骨堆上，同玉钺并排放置。二次葬器物共20件，有梯形足三足盘1件，盘形鼎3件，釜形鼎1件，釜1件，夹砂盖豆2件，镬3件，长身锛2件，小型有段锛1件，镞4件，玉钺1件，大玉琮1件。22件一次葬器物放在墓底东北边和西南边，有豆2件，盘形鼎1件，釜1件，夹砂盖豆1件，玉钺1件，有段锛1件，镞15件，石镞埋在炭灰层中，绝大多数已残。

　　M107（图一四七、一四八；图版三五：1），位于T71北边，石峡三期文化层下，打破生土，东

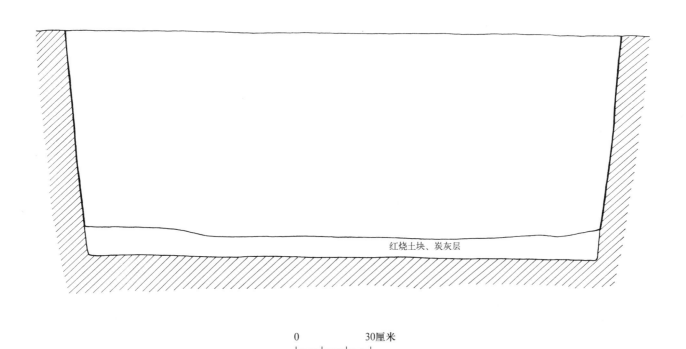

红烧土块、炭灰层

0　　　　　30厘米

图一四一　石峡文化早期Ⅱ段M99二次葬平、剖面图和随葬器物

二次葬器物：2.C型Ⅰ式玉钺　3.B型Ⅰ式长身石锛　4、23.B型Ⅰ式、A型Ⅱ式釜　12、14.Ba型Ⅰ式、Aa型Ⅱ式豆　13.A型Ⅰ式瓦形足三足盘　15.B型Ⅰ式三角形足三足盘　16、18.A型Ⅲ式夹砂盖豆　20.A型Ⅱ式夹砂盖豆17、19.Ab型Ⅰ式、Aa型Ⅰ式盆形鼎　22.Ba型Ⅰ式盆形鼎　21.Aa型Ⅰ式盘形鼎

一次葬器物：1.B型Ⅰ式长身石锛　11.打制石片　34.残石器　5.玉龙首环　35、36.B型Ⅱ式石镞
6、31.Ab型Ⅱ式、Ba型Ⅰ式豆（残）　7.Aa型Ⅱ式圈足盘　8、9.Aa型Ⅰ式盆形鼎（残）　32、BbⅠ式型盆形鼎（残）　24～26、28.C型Ⅱ式夹砂盖豆（残）　10.B型Ⅰ式盘形鼎（残）　27.A型大瓮（残）　33.夹砂陶罐（残）　29.B型Ⅲ式夹砂盖豆（残）　30.A型Ⅰ式瓦形足三足盘（残）

0   10厘米

图一四二　石峡文化早期Ⅱ段M99出土部分陶器

1.A型Ⅱ式夹砂盖豆（M99：20）　2.B型Ⅲ式夹砂盖豆（M99：29）　3.A型Ⅲ式夹砂盖豆（M99：16）　4.Ab型Ⅰ式盆形鼎（M99：17）　5.Aa型Ⅰ式盘形鼎（M99：21）　6.C型Ⅱ式夹砂盖豆（M99：25）　7.Bb型盆形鼎（M99：32）　8.B型Ⅰ式三角形足三足盘（M99：15）　9.A型瓮（M99：27，比例1：5）　10.A型Ⅱ式釜（M99：23）　11.Ab型Ⅱ式豆（M99：6）　12.A型Ⅱ式夹砂盖豆、Ba型Ⅰ式盆形鼎（M99：20、22）

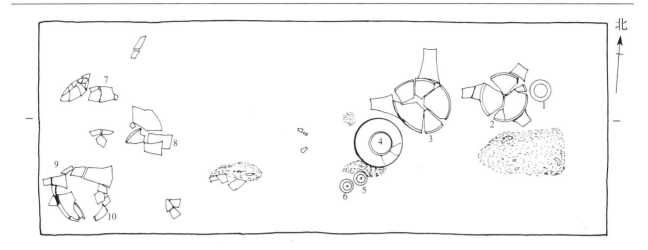

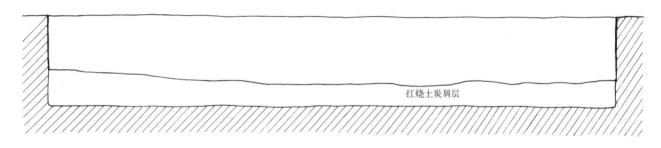

0 ⌊—————⌋ 30厘米

图一四三　石峡文化早期Ⅱ段M102二次葬平、剖面图和随葬器物

二次葬器物：1.D型Ⅰ式壶　2.A型Ⅳ式瓦形足三足盘　3.Ab型Ⅱ式盘形鼎　4.C型Ⅰ式泥质陶罐　5、6.A型Ⅰ式陶纺轮
一次葬器物：7、10.B型Ⅱ式、E型Ⅱ式瓦形足三足盘　8.Ab型Ⅰ式盘形鼎　9.未分型釜

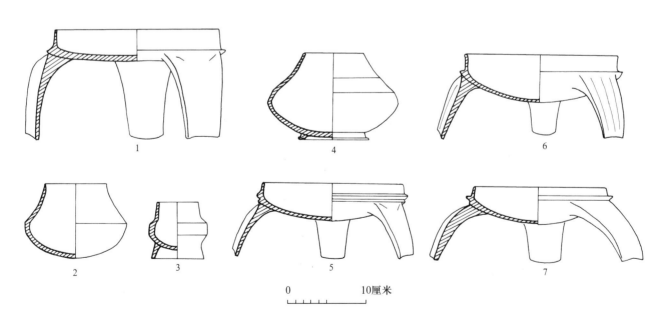

0 ⌊—————⌋ 10厘米

图一四四　石峡文化早期Ⅱ段M102出土部分陶器

1.Ab型Ⅰ式盘形鼎（M102：8）　2.未分型釜（M102：9）　3.D型Ⅰ式壶（M102：1）　4.C型Ⅰ式罐（M102：4）
5.E型Ⅱ式瓦形足三足盘（M102：10）　6.A型Ⅳ式瓦形足三足盘（M102：2）　7.B型Ⅱ式瓦形足三足盘（M102：7）

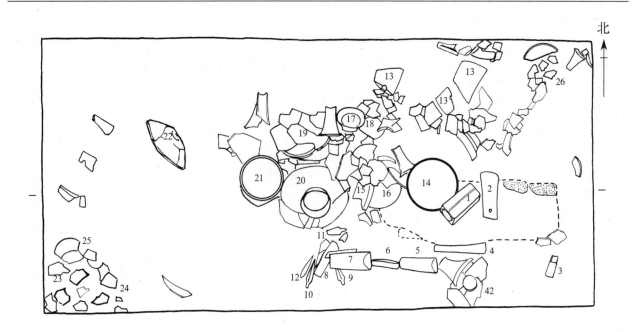

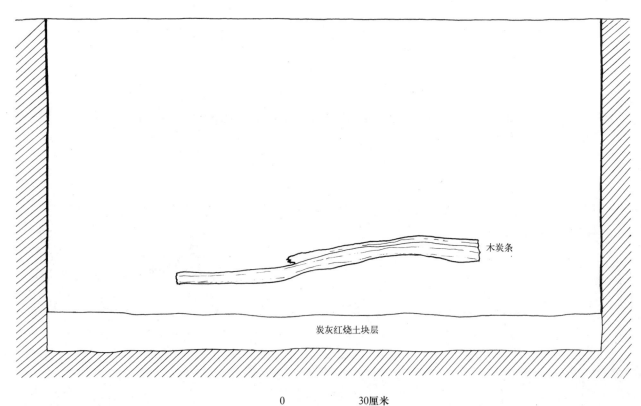

图一四五　石峡文化早期Ⅱ段M105二次葬平、剖面图和随葬器物

二次葬器物：1.玉琮　2.C型Ⅲ式玉钺　3.A型Ⅰ式有段石锛　4.C型Ⅱ式镬　6、8.B型Ⅰ式镬　5、7.A型Ⅰ式长身石锛　9、10.A型Ⅱ式、A型Ⅲ式石镞　11、12.A型Ⅰ式石镞　14、16、19.Aa型Ⅰ式盘形鼎　15、22.D型Ⅰ式夹砂盖豆　20.A型Ⅰ式釜　21.A型Ⅱ式釜形鼎　18.C型Ⅰ式梯形足三足盘

一次葬器物：17、42.豆（残）　24.A型Ⅰ式釜（残）　25.B型Ⅳ式夹砂盖豆（残）　26.Aa型Ⅰ式盘形鼎（残）　13.C型Ⅱ式 玉钺　23.A型Ⅰ式有段石锛　27.A型Ⅲ式石镞　28、33、34、38、39～41.A型Ⅰ式石镞　29～32、35～37.A型Ⅱ式石镞

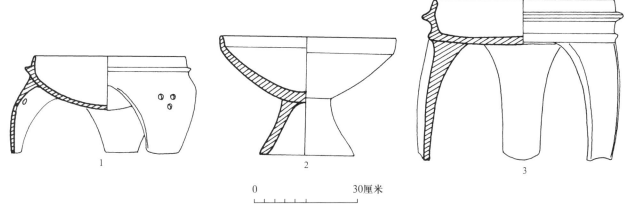

图一四六　石峡文化早期Ⅱ段M105出土部分陶器

1.C型Ⅱ式梯形足三足（M105：18）　2.D型Ⅰ式夹砂盖豆（M105：22）　3.Aa型Ⅰ式盘形鼎（M105：14）

北被石峡三期晚期墓葬M63打破，深入M107填土8厘米。二次葬墓，方向83°。长方梯形竖穴土坑墓，墓长170、东宽84、西宽90、深50厘米，填土灰褐色夹杂大块木炭，距墓口40厘米和尸骨堆附近出土炭化稻谷。尸骨堆置墓底东南隅，17件二次葬器物放在尸骨堆西边和北边，器物上的填土土质较硬，有瓦形足三足盘4件，圈足盘1件，豆5件（8号豆＋9号三足盘、13号豆＋15号三足盘），壶1件，泥质罐1件，盘形鼎1件，盆形鼎1件，异形鼎1件，铲1件，玉环1件，铲和玉环放在尸骨堆上。13件一次葬器物距墓口3～4厘米填土中出土，有瓦形足三足盘1件，豆1件，盘形鼎1件，夹砂盖豆2件，残铲1件，镞6件，扁圆形河砾石1件。其中夹砂盖豆、盘形鼎2件，置墓底西北角。

M116（图一四九、一五〇），位于T1E西北、T1F东北，石峡三期文化层下，打破石峡一期文化层。二次葬墓，方向122°。长方形竖穴土坑墓，西北壁向外弧出。墓长160、宽90、深35厘米，填土灰褐色较纯净，尸骨堆置墓底中部偏北，6件二次葬器物放在尸骨堆西北边，有圈足盘1件，豆1件，盘形鼎2件，盆形鼎1件，夹砂盖豆1件。15件一次葬器物，有盘形鼎1件，夹砂盖豆1件同二次葬陶器一起放置，一组13件镞在距墓口10厘米西边填土出土。

M129（图一五一、一五二；图版三七：2），位于T1J东北、T1I西北，表土层下，打破石峡一期文化层。二次葬墓，方向84°。长方形红烧土壁竖穴土坑墓，墓长185、西宽86、东宽84、深78厘米，西、北、南壁红烧土烧烤得较好，东壁无红烧土壁，东南角被石峡三期柱洞所打破，距墓口45厘米东端出土一次葬陶器碎片，距墓口60厘米开始出现炭灰土，墓底有一层3～6厘米炭、红烧土层，尸骨堆置墓底东南隅，尸骨堆东北边和12号陶豆下面撒朱砂，23件二次葬器物放在尸骨堆北边和东边，有梯形足三足盘1件，三角形足三足盘3件，豆4件（11号豆＋19号三足盘），壶1件，泥质罐1件，泥质陶鼎1件，器盖1件（15号器盖＋10号泥质陶鼎），釜形鼎1件，夹砂盖豆1件，陶纺轮7件，梯形锛1件，玉笄1件置尸骨堆上。8件一次葬器物，少数出在填土，多数在二次葬器物下面，其中1件豆压在尸骨堆里，有梯形足三足盘1件，三角形三足盘1件，豆2件，泥质罐1件，盘形鼎1件，陶纺轮2件。

（二）中期墓

40座。一次葬墓11座，一次葬已迁墓9座，二次葬墓20座。

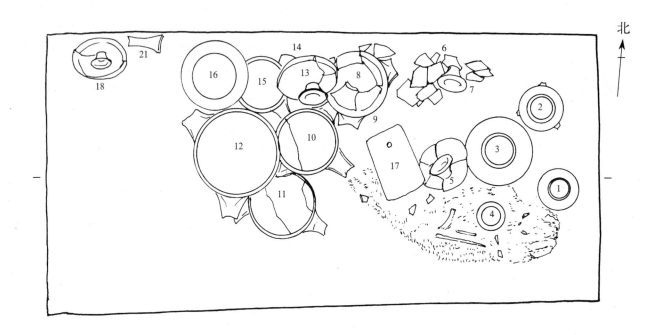

北

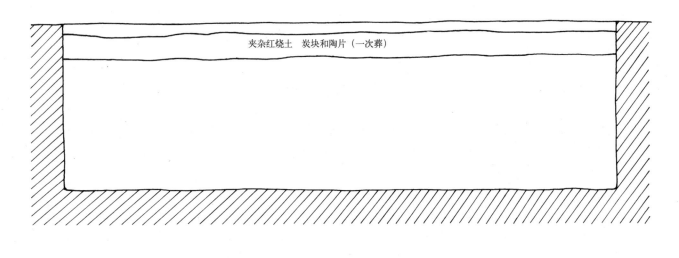

夹杂红烧土　炭块和陶片（一次葬）

0　　　　　30厘米

图一四七　石峡文化早期Ⅱ段M107二次葬平、剖面图和随葬器物

二次葬器物：1.C型Ⅱ式壶　2.异形鼎　3.A型Ⅱ式泥质陶罐　5、7、8、13、14.Ba型Ⅰ式豆　6.E型圈足盘　9、10、11、15.A型Ⅲ式、B型Ⅲ式、A型Ⅱ式、A型Ⅴ式瓦形足三足盘　12.Aa型Ⅱ式盘形鼎　16.Ba型Ⅱ式盆形鼎　17.Ⅰ式石铲　4.A型Ⅰ式玉环

一次葬器物：18、20.C型Ⅱ式夹砂盖豆　19.Ba型Ⅰ式豆　21.Ab型Ⅱ式盘形鼎　22.A型Ⅰ式瓦形足三足盘　23.Ⅰ式石铲　24~29.C型Ⅱ式石镞　30.扁圆形河卵石

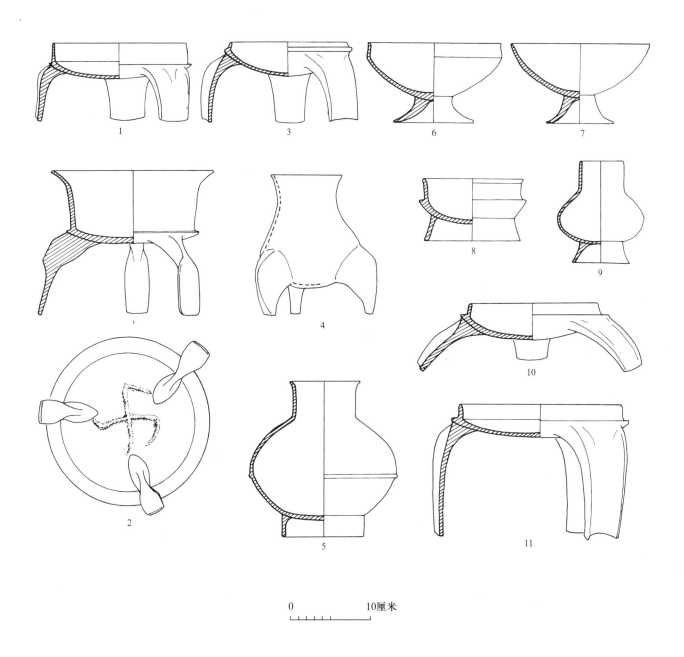

图一四八　石峡文化早期Ⅱ段M107出土部分陶器

1.A型Ⅱ式瓦形足三足盘（M107：11）　　2.Ba型Ⅱ式盆形鼎（M107：16）　　3.A型Ⅴ式瓦形足三足盘（M107：13）　　4.异形鼎
（M107：2）　　5.A型Ⅱ式泥质陶罐（M107：3）　　6.Ba型Ⅰ式豆（M107：13）　　7.C型Ⅱ式夹砂盖豆（M107：18）　　8.E型圈
足盘（M107：6）　　9.C型Ⅱ式壶（M107：1）　　10.B型Ⅲ式瓦形足三足盘（M107：10）　　11.Ab型Ⅱ式盘形鼎（M107：21）

北

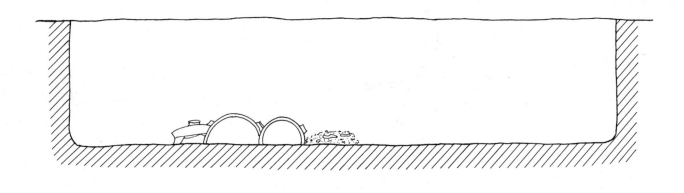

0   30厘米

图一四九　石峡文化早期Ⅱ段M116二次葬平、剖面图和随葬器物

二次葬器物：1.Aa型Ⅰ式圈足盘　2.Bb型Ⅰ式盆形鼎　20.Aa型Ⅰ式豆　21.A型Ⅳ式夹砂盖豆　3、4.B型Ⅰ式、Aa型Ⅱ式盘形鼎

一次葬器物：5～9、12、14、17.A型Ⅰ式石镞　10、11、13、15.A型Ⅱ式石镞　16.D型Ⅰ式石镞　18.B型Ⅰ式盘形鼎（残）　19.A型Ⅳ式夹砂盖豆（残）

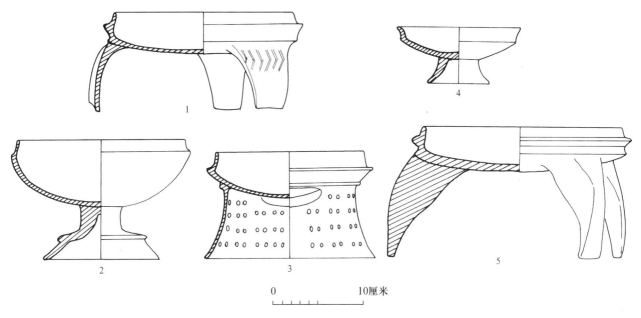

0　　　　　　　　　10厘米

图一五〇　石峡文化早期Ⅱ段M116出土部分陶器

1.Aa型Ⅱ式盘形鼎（M116：4）　2.Aa型Ⅰ式豆（M116：20）　3.Aa型Ⅰ式圈足盘（M116：1）　4.A型Ⅳ式夹砂盖豆（M116：21）　5.B型Ⅰ式盘形鼎（M116：3）

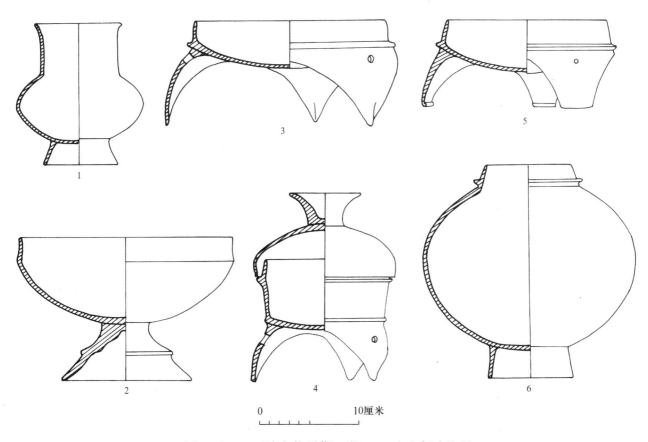

0　　　　　　　　　10厘米

图一五一　石峡文化早期Ⅱ段M129出土部分陶器

1.C型Ⅱ式壶（M129：14）　2.Aa型Ⅰ式豆（M129：11）　3．B型Ⅱ式三角形足三足盘（M129：19）　4.Aa型Ⅰ式器盖、泥质陶鼎（M129：15、10）　5.B型Ⅰ式梯形足三足盘（M129：20）　6.Ba型Ⅱ式泥质陶罐（M129：17）

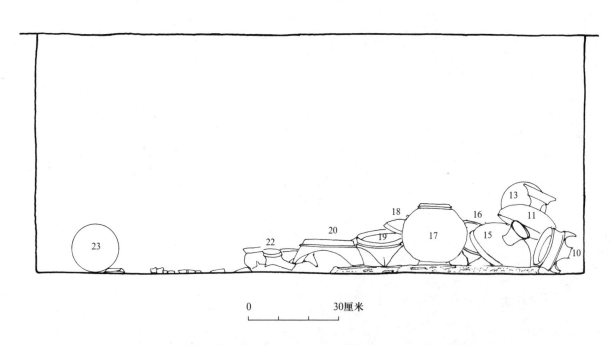

0   30厘米

图一五二　石峡文化早期Ⅱ段M129二次葬平、剖面图和随葬器物

二次葬器物：1.玉笄（锥形器）　2.A型Ⅱ式梯形石锛　3、6.A型Ⅰ式陶纺轮　5、7.B型陶纺轮　4、8.C型Ⅱ式、C型Ⅰ式陶纺轮　9.D型Ⅰ式陶纺轮　10.泥质陶鼎　11、13、23.Aa型Ⅰ式豆　12.Ba型Ⅰ式豆　14.C型Ⅱ式壶　15.Aa型Ⅰ式器盖　16.B型Ⅰ式三角形足三足盘　17.Ba型Ⅱ式泥质陶罐　18.C型Ⅱ式夹砂盖豆　19.B型Ⅱ式三角形足三足盘　20、21.B型Ⅰ式梯形足三足盘　22.B型Ⅱ式釜形鼎

一次葬器物：28、30.B型、A型Ⅰ式陶纺轮　31.Ba型Ⅱ式泥质陶罐（残）　24.Ab型Ⅱ式盘形鼎（残）　25、26.Ba型Ⅰ式豆（残）　29.B型Ⅰ式三角形足三足盘（残）　27.B型Ⅱ式梯形足三足盘

一次葬墓

M4（图一五三、一五四），位于T32南，石峡三期文化层下，打破石峡一期文化层。一次葬墓，方向95°，长方形竖穴土坑墓。墓长160、宽80、深58厘米，填土掺杂炭灰和红烧土块，尸骨腐朽无存，15件随葬器物陈放墓底，窄身玉钺1件，已变形置墓底中间偏南，陶器有豆2件，圈足盘2件，釜形鼎2件，小盆形鼎1件，釜4件，小甑1件，夹砂罐1件，器盖1件。该墓随葬的陶器个体小型。

M12（图一五五），位于T32东—T33西，石峡三期文化层下，打破石峡一期文化层，该墓西北壁打破早期Ⅱ段M14东南壁。一次葬墓，方向92°。长方形红烧土壁竖穴土坑墓，仅见南壁有长55、宽1.5厘米红烧壁。墓长142、宽50、深30厘米。填土多见黑色烧土、炭灰土及夹杂红烧土块，墓底有一层厚5～10厘米坚硬黑色烧土层，不见骨碎，3件器物置墓底中部和西端，有陶纺轮2件，残盆形鼎1件。

M15（图一五六、一五七），位于T33中部东—T34中部西，石峡三期文化层下，打破石峡一期文化层，墓坑东北部打破早期Ⅱ段M17西南角上部墓壁，深入填土10厘米。一次葬墓，方向90°。长方形红烧土壁竖穴土坑墓，墓长142、宽50、残深10厘米，西边、北边残留小片红烧土壁，填土黑灰色，松软夹杂炭灰、红烧土块，墓底有厚7厘米木炭层。墓底尸骨腐朽无存，随葬器物3件，石铲1件置西端偏北，釜形鼎1件与铲并排放置，玉环1件置东端偏北。

M23（图一五八），位于T32北，石峡三期文化层下，打破石峡一期文化层。一次葬墓，方向98°。不规则长方形浅穴土坑墓，墓残长170、宽55、深20厘米。表土下铁锰淋滤层已见到墓中炭灰黑色填土和大片红烧土层，夹杂炭化稻谷的黑色土块贴墓坑北壁放置，东西两端有零星骨渣，随葬器物釜1件，釜碎片撒落在墓底。

M26（图一五九），位于T53北，表土层下，打破石峡一期文化层，墓南壁中间被石峡三期文化柱洞打破。一次葬墓，方向90°。长方形浅穴土坑墓，墓长154、宽70、深18厘米。表土层下铁锰淋滤层面上出现灰黑土红烧土屑，尸骨腐朽无存，墓底有大量炭块，玉环1件，置墓底东南隅。木炭标本经^{14}C测定（BK75050）为公元前2070±100年（树轮校正：公元前2480±150年）。

M34（图一六〇），位于T46西南，石峡三期文化层下，打破生土。一次葬墓，方向90°。长方形土坑墓，墓长180、宽50、深30厘米，北壁被石峡三期文化层柱洞打破。灰色填土，红烧土块，尸骨腐朽无存，3件随葬器物，有玉环2件，置墓底东端，残玉钺1件置西端。

M86（图一六一；图版三八：1），位于T35西南，M85的北边（无随葬品），石峡三期文化层下，打破石峡一期文化层。一次葬墓，方向95°。长方形红烧土壁竖穴土坑墓，墓长115、宽60、深40厘米，填土灰褐色，夹杂较多红烧土块、炭屑，距墓口26厘米为炭灰层，厚10厘米，南壁距墓口10厘米，有残上肢骨一段，长18厘米，为桡骨和尺骨及肘关节面，尺骨向外，骨壁薄0.15厘米，骨腔小，墓底从东到西均有骨渣碎片。23件随葬器物放在北半边，从距墓口10厘米至墓底的不同深度出土，有圆形玉片饰5件，玉环1件，陶纺轮1件，玉钺1件，为石峡文化墓葬出土最大一件玉钺，出土时已破碎，散落在墓底北边，残镞1件，河砾石石片14件，薄刃有使用崩口，集中放在中部北边玉钺残片下面和附近。

M87，位于T34东—T35西，石峡三期文化层下，打破石峡一期文化层，该墓叠压在中期M88之

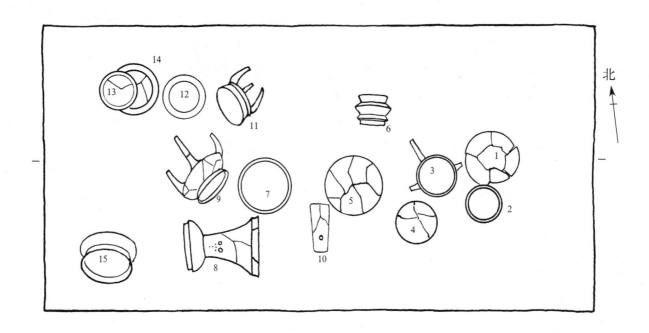

北

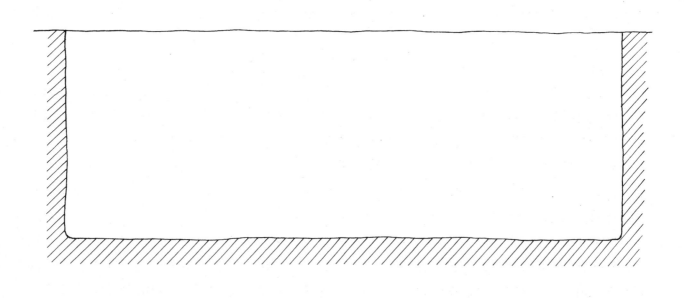

0　　　　　　30厘米

图一五三　石峡文化中期M4平、剖面图和随葬器

1、5.C型Ⅱ式豆　7、8.Cc型Ⅰ式圈足盘　3、9.B型Ⅲ式、A型Ⅲ式釜形鼎　11.Bb型Ⅰ式盆形鼎　12、13.E型Ⅱ式
釜　14、15.C型Ⅱ式釜　6.A型Ⅲ式甗　2.D型夹砂罐　10.C型Ⅰ式玉钺　4.Ab型器盖

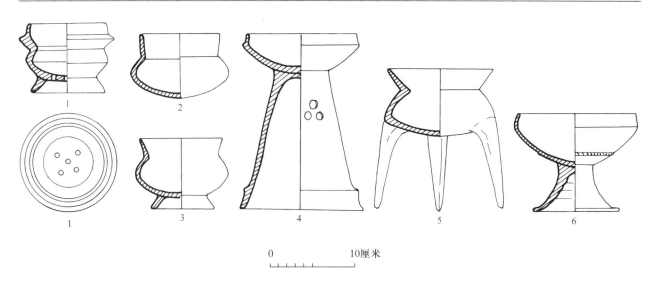

图一五四　石峡文化中期M4出土部分陶器

1.A型Ⅲ式甗（M4：6）　2.E型Ⅱ式釜（M4：12）　3.D型夹砂罐（M4：2）　4.Cc型Ⅰ式圈足盘（M4：7）　5.A型Ⅲ式釜形鼎（M4：9）　6.C型Ⅱ式豆（M4：1）

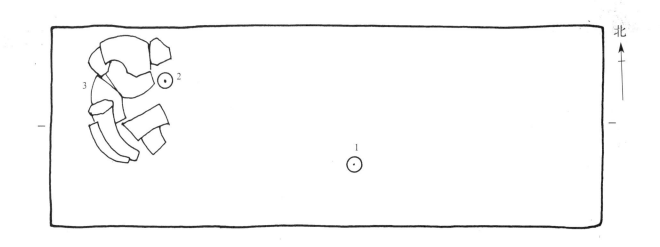

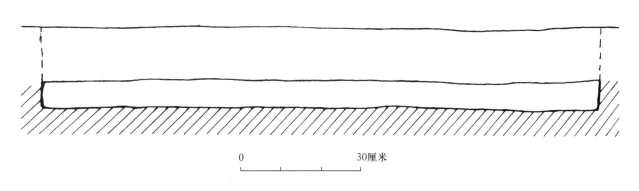

图一五五　石峡文化中期M12平、剖面图和随葬器物

1.E型陶纺轮　2.C型Ⅱ式陶纺轮　3.Ab型Ⅰ式盆形鼎

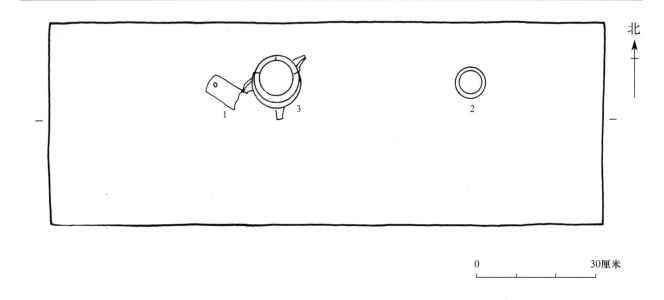

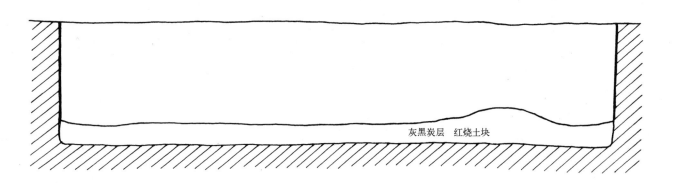

图一五六　石峡文化中期M15平、剖面图和随葬器物
1.Ⅱ式石铲　2.D型Ⅰ式玉环　3.A型Ⅱ式釜形鼎

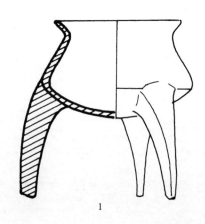

图一五七　石峡文化中期M15出土部分陶器
1.A型Ⅱ式釜形鼎（M15：3）

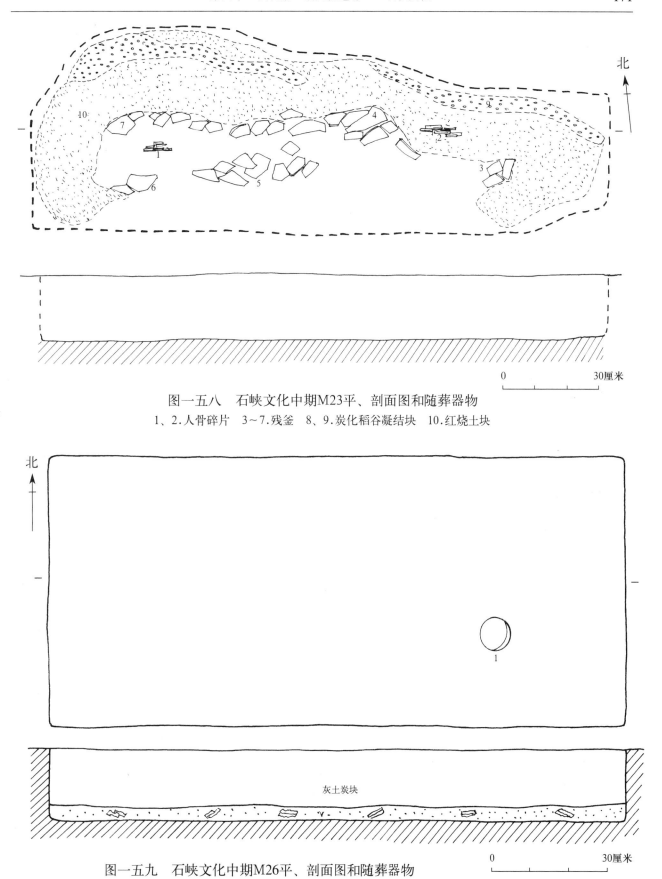

图一五八　石峡文化中期M23平、剖面图和随葬器物
1、2.人骨碎片　3～7.残釜　8、9.炭化稻谷凝结块　10.红烧土块

0　　　　　　　30厘米

图一五九　石峡文化中期M26平、剖面图和随葬器物
1.B型Ⅰ式玉环

0　　　　　　　30厘米

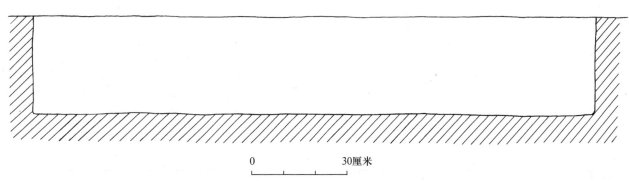

0　　　　　　　　30厘米

图一六〇　石峡文化中期M34平、剖面图和随葬器物
1、2.A型Ⅰ式、A型Ⅲ式玉环 3、玉钺（残）

上。一次葬墓，方向92°。长方形红烧土壁竖穴土坑墓，仅见西北壁有小块红烧土和灰黑边，填土
灰褐色，夹杂红烧土、炭屑，墓长160、宽62、深17厘米。墓底西边残留少许骨渣，2件随葬器物，
梯形锛1件，陶纺轮1件。

　　M88（图版三八：2），位于T34—T35西，石峡三期文化层下，打破石峡一层文化层，墓坑西半
部被M87东半边墓坑叠压，两墓上下之间相距35厘米，M88打破早期Ⅰ段M90西半边，深入填土15厘
米，填土灰褐色，松软，有明显墓边。一次葬墓，方向90°。长方形竖穴土坑墓，墓长95、宽52、
深32厘米，墓底东端保存头骨及肢骨骨碎，3件随葬器物，有玉环1件，梯形锛1件，玉钺1件，碎为6
块，填土里出土9块夹砂黑色烧土块，不知何用。分析头骨碎片，应是儿童墓。

　　M103（图版三九：1），位于T24东南角，石峡三期文化层下，打破石峡一期文化层。一次葬
墓，方向102°。长方梯形竖穴土坑墓，墓长100、东宽85、西宽75、深15～18厘米，填土夹杂较多
红烧土和炭屑，墓底靠南边有一块骨碎，12件随葬器物放在墓底，有釜1件，陶纺轮2件，残梯形锛1
件，镞1件，砺石2件，半成品石器3件，石片2件。

　　M121，位于T3E西—T3F东，表土层下，打破石峡一期文化层。一次葬墓，方向96°。长方形
竖穴土坑墓，墓长98、西宽60、东宽58、深30厘米，铁锰淋滤层已见该墓填土，夹杂大量炭灰和竹
炭片，厚23厘米，土质松软。墓底尸骨无存，随葬器物3件，有簋2件，梯形锛1件。

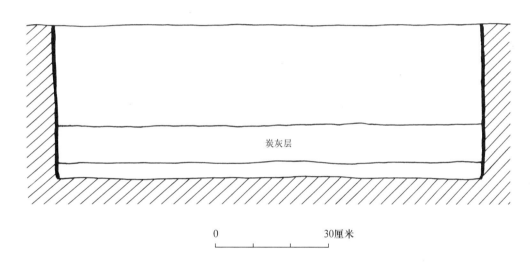

图一六一　石峡文化中期M86平、剖面图和随葬器物

1~4、10.圆形玉片饰　5.B型Ⅰ式玉环　6.D型Ⅱ式玉钺　7.A型Ⅱ式镞　8.D型Ⅰ式陶纺轮　9、11~22.打制石片

一次葬已迁墓

M7（图一六二），位于T51中部，表土层下，打破石峡一期文化层，东南角被石峡文化晚期一次葬墓M22打破（无随葬品）。M7西北墓坑打破石峡文化中期一次葬已迁墓M8东南角墓边，叠压在早期Ⅰ段M25、中期M29之上。一次葬已迁墓，方向112°。长方形红烧土壁竖穴土坑墓，墓长206、宽62、深38厘米。距地表18厘米，发现红烧土块及烧土屑，夹杂破碎陶片，仍可辨认随葬品有22件，瓦形足三足盘1件，豆3件，壶1件，釜1件，釜形鼎1件，盘形鼎2件，还有玉环1件，陶纺轮8件，均已残缺。镞1件，河卵石2件。炭化稻谷凝结块1。墓底黑色炭灰土层厚20厘米。

M8（图一六三、一六四；图版三九：2），位于T51中部，东南墓坑被M7打破，该墓西南墓坑打破早期Ⅱ段M9东北上部分填土，叠压在中期M29。一次葬已迁墓，方向92°。长方形竖穴土坑墓，墓长186、宽88、深45厘米。耕土层下铁锰淋滤层已见墓坑内红烧土屑填土，厚20厘米，以下是25厘米黑炭土层至墓底。其中夹杂13件破碎陶片和残石器，有石钺1件，断裂为3段在墓底三处不同位置出土，长身石锛1件，梯形锛1件，镞1件，打制石片2件，圈足盘4件，夹细砂瓦形足三足盘1件，豆2件。

M18，位于T52西南角，石峡三期文化层下打破石峡一期文化层。一次葬已迁墓，方向90°。长方形竖穴土坑墓，墓长190、宽70、深40厘米。铁锰淋滤层面上已见到炭灰填土，夹杂4件碎陶片和石器，残豆盘1件，镞1件，石锥1件，残石器1件。填土中有石峡一期绳纹陶片。

M38位于T44东—T45西，表土层下，打破石峡第一期文化层，墓北壁打破早期Ⅱ段M39部分南壁。一次葬已迁墓，方向95°。长方形浅穴土坑墓，墓长115、宽45、深12厘米，铁锰淋滤层面上已见灰黑色填土，有残锛刃1件。西北角填土2件残陶器：夹砂盖豆1件，釜1件。墓底见有零星骨渣。

M49，位于T12东南角—T13西南角，石峡三期文化层下，打破石峡一期文化层。一次葬已迁墓，方向95°。长方形竖穴土坑墓，墓长190、宽67、深44厘米，填土有炭灰黑土，墓底有厚10厘米木炭灰土层，东端和东南壁附近发现腐朽骨渣，随葬残玉玦1件，石头2块（未加工）。

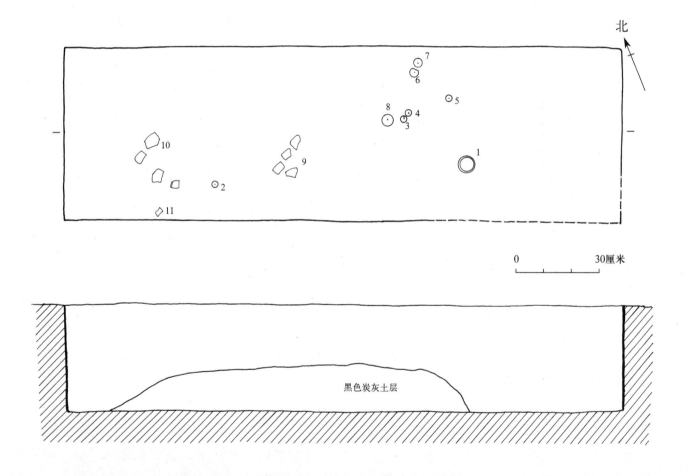

图一六二　石峡文化中期M7平、剖面图和随葬器物

1.A型Ⅱ式玉环　3、4、5.A型Ⅱ式陶纺轮　8.B型陶纺轮　　2、6、7.C型Ⅱ式陶纺轮　9.釜形鼎（残）　10.盘形鼎（残）
11.C型Ⅳ式瓦形足三足盘（残）

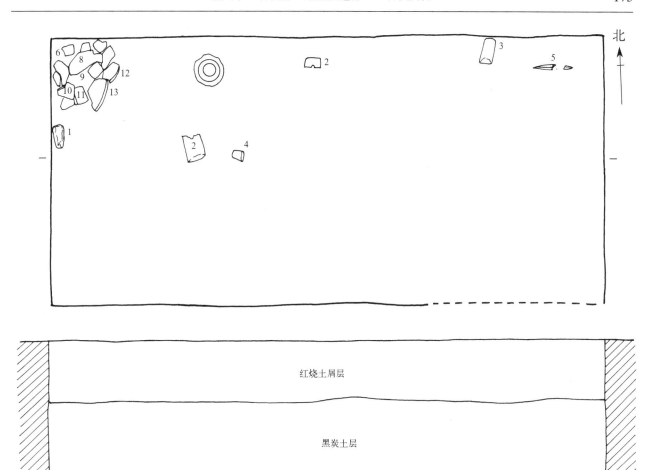

图一六三　石峡文化中期M8平、剖面图和随葬器物

1.打制石片　2.A型Ⅲ式玉钺　3.A型Ⅱ式长身石锛　4.B型梯形石锛　5.A型Ⅰ式石镞　6.打制石器　12、7.Ab型Ⅱ式豆　8、9.圈足盘（残）　10、13.Ab型Ⅳ式圈足盘（残）　11.A型Ⅱ式瓦形足三足盘（残）

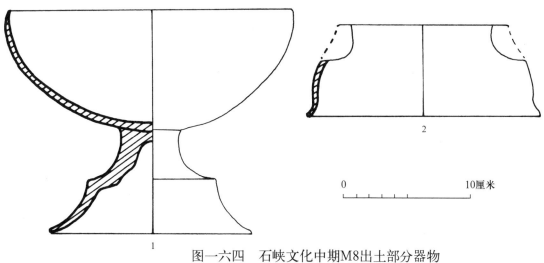

图一六四　石峡文化中期M8出土部分器物

1.Ab型Ⅱ式豆（M8：7）　2.Ab型Ⅳ式圈足盘（M8：13）

M100，位于T21东南，石峡三期文化层下，打破石峡一期文化层。一次葬已迁墓，方向91°。长方形红烧土壁竖穴土坑墓，南壁烧烤得较好，墓长110、宽50、深30厘米，墓底有8～10厘米炭灰层，东端残留碎骨渣，仅见西南角有一堆6件小陶圆球，填土出土陶纺轮1件。

M120，位于T10东南，石峡三期文化层下，打破石峡一期文化层。一次葬已迁墓，方向104°。长方梯形红烧土壁竖穴土坑墓，墓长185、东宽52、西宽45、深17厘米，墓坑西南角为红烧土壁，其他部分墓壁烧成黑色，填土灰褐色，夹少量炭屑。墓底西端残存碎骨渣，11件随葬器物从墓口至墓底陆续出土，有残豆盘1件，残盘形鼎瓦足1件，梯形锛2件，镞2件，砺石3件，打制石片2件。

M123，位于T6西，表土层下，打破石峡二期文化层，叠压在M124上面，墓底与M124墓口相距8厘米。一次葬已迁墓，方向95°。长方形红烧土壁竖穴土坑墓，仅存几块红烧壁，墓长170、宽58、深33厘米，填土灰褐色，夹杂较多红烧土块，楔形鼎足、凿形足、瓦形足、夹砂盖豆把等残片和残镞，推测在迁一次葬随葬品时，残留的陶器残片。墓底有一层4～6厘米炭灰层，无尸骨。

M127位于T91西，石峡三期文化层下，打破石峡一期文化层。一次葬已迁墓，方向85°。长方梯形红烧土壁竖穴土坑墓，墓长152、西宽72、东宽62、深70厘米，从墓口至墓底填土为灰黑、杂木炭、红烧土块，墓底无尸骨碎片，与M123相同因素仅见填土里出土釜形鼎、豆盘、夹砂盖豆残片和梯形锛1件，石锥1件。

二次葬墓

M10（图一六五、一六六；图版四○：1），位于T51西南，表土层下，打破石峡一期文化层。二次葬墓，方向90°。长方形红烧土壁竖穴土坑墓，墓长206、宽115、深122厘米。从墓口至墓底四壁烧烤得较好，红烧壁厚达1～2厘米，铁锰淋滤层下见到长方形墓口红线。尸骨堆置墓底东南隅，东边撒朱砂。35件二次葬器物放在尸骨堆北部和西边，器物在炭灰、红烧土屑层中出土，墓底一层5厘米炭灰层垫底，有圈足盘1件，带盖白陶鼎1件，带盖杯1件，豆3件，盂1件，釜3件，圈足甑1件，盘形鼎1件，器盖（杯、白陶鼎的器盖）2件，炭化果核54枚（山枣核53枚、桃核1枚），于6号圈足盘附近出土，陶纺轮11件，玉琮1件压在尸骨堆中，石器有镬1件，长身锛1件，梯形锛3件，凿2件，打制石片1件。18件一次葬器物多数在填土出土，少数与二次葬器物一起放置，有圈足盘6件，豆4件，杯1件，盆形鼎2件，釜3件，夹砂盖豆2件。一次葬圈足盘、豆的件数比二次葬多。

M20（图一六七、一六八；图版四○：2），位于T32中部，石峡三期文化层下，打破石峡一期文化层，晚期M6叠压在该墓北部。二次葬墓，方向93°。长方形红烧土壁竖穴土坑墓，墓长150、宽70、深72厘米。红烧土壁不明显，仅见不成片的红烧壁。红褐色填土，很少炭屑、灰土，尸骨堆置墓底东南隅，上撒朱砂。墓坑东南角于1973年11月试掘时被切下一块。一次葬器物均破碎，垫在二次葬器物底部，墓底有少量灰灰、红烧土。一次葬器物8件，圈足盘3件，豆3件，釜形鼎1件。夹砂罐1件。二次葬器物18件，有圈足盘2件，豆3件，平底罐1件，玉钺1件已变形，梯形锛1件，镞8件，放在墓底中部北壁附近，镞锋向西，水晶玦2件置东北边。

M24（图一六九、一七○），位于T32东北端，石峡三期文化层下，打破石峡一期文化层。二次葬墓，方向95°。长方形竖穴土坑墓，墓长180、宽84、深74厘米。较纯净红褐色填土，墓底器物下有少量零散炭屑，尸骨无存，东南有空白地方原来可能有尸骨堆，东端撒朱砂，一、二次葬器物均

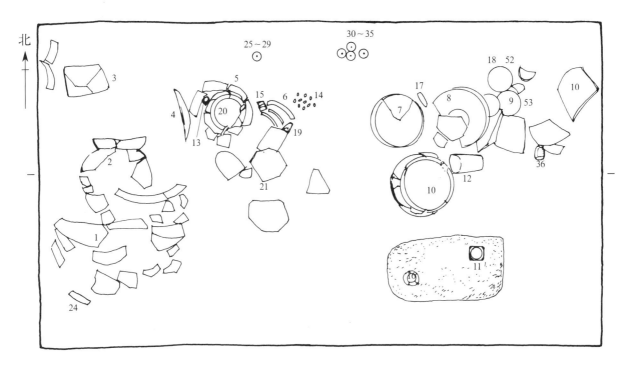

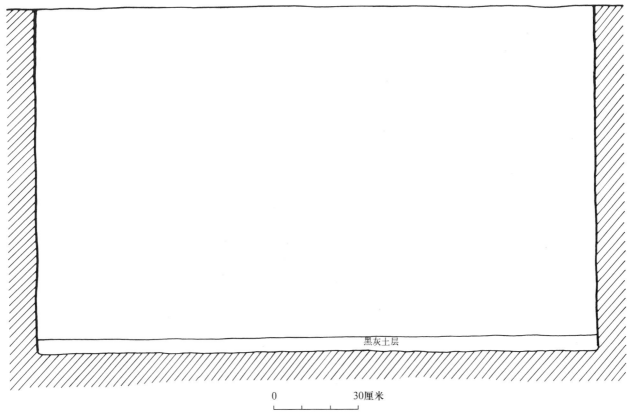

图一六五　石峡文化中期M10二次葬平、剖面图和随葬器物

二次葬器物：1.A型Ⅰ式甑　2、10、21.A型Ⅱ式釜　3.Ac型Ⅰ式盘形鼎　4.B型Ⅲ式石　5、8.Ab型Ⅰ式豆　16.Ⅰ式盂　18.Ⅲ式　6.Ab型Ⅳ式圈足盘　7.Bb型Ⅰ式豆　9.白陶鼎　11.玉琮　12.A型Ⅲ式长身石锛　14.山枣核、桃核　13.B型梯形石锛　15.小石锛　17.A型Ⅲ式石凿　19、36.C型梯形石锛　24.打制石片　25、26、28、31、32、34.A型Ⅰ式陶纺轮　27、29、30、33、35.A型Ⅱ式陶纺轮　53.Aa型Ⅰ式器盖（白陶鼎盖）　52.B型Ⅱ式器盖（18号杯盖）

一次葬器物：22.Ab型Ⅰ式豆　37、41.Ab型Ⅳ式圈足盘　38.Ab型Ⅴ式圈足盘　39.Ⅲ式杯　40、42、43.圈足盘（残）　44、48.A型Ⅰ式夹砂盖豆　45、46、47.夹砂盖豆（残）　49、50.Ac型Ⅰ式盆形鼎　20、23.A型Ⅱ式釜　51.A型Ⅲ式釜

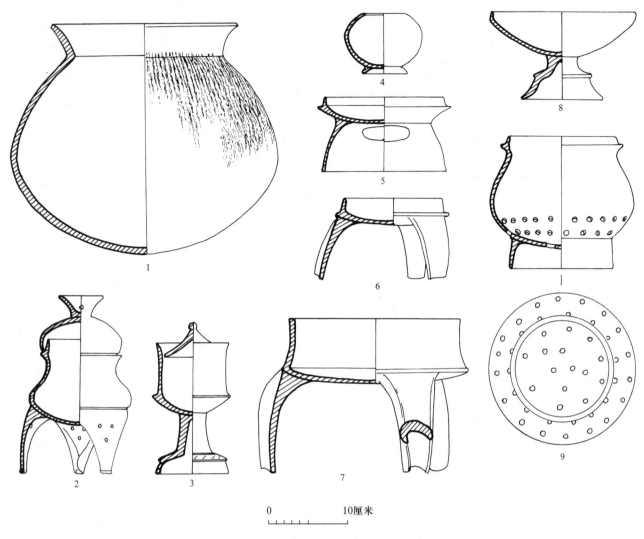

图一六六　石峡文化中期M10出土部分陶器

1.AⅢ釜（M10∶51）　2.白陶鼎（M10∶9）　3.Ⅲ式杯（M10∶12）　4.Ⅰ式盂（M10∶16）　5.Ab型Ⅳ式圈足盘
（M10∶6）　6.Ab型Ⅱ式盘形鼎（M10∶3）　7.Ac型Ⅰ式盆形鼎（M10∶50）　8.Ab型Ⅰ式陶豆（M10∶5）　9.A型
Ⅰ式陶甑（M10∶1）

放置墓底。9件二次葬器物，有圈足盘4件，豆3件，泥质罐1件，石圆片饰1件置东端。6件一次葬器
物，有圈足盘1件，豆2件，盂1件，釜形鼎1件，鼎足1件（3残鼎足一个器物号）。

M27（图一七一、一七二；图版四一∶1），位于T51东南部，表土层下，打破石峡一期文化
层，M22（无随葬品）打破北部墓口部分填土。二次葬，方向105°。长方形红烧土壁竖穴土坑墓，
墓长200、宽90、深116厘米。北壁上半部和南壁下半部红烧土壁烧烤得较好，厚0.5厘米，其他部分
不明显。距墓口107厘米至墓底有一层厚6～9厘米炭灰土及红烧土，夹杂一次葬墓迁来破碎陶片。尸
骨堆置墓底东南，东端有朱砂。29件二次葬器物放在尸骨堆西边，有玉环1件置尸骨堆上，捏流绳纹
釜1件，放在墓底东北角，玉笄（锥形器）1件，附近撒有朱砂，三角形足三足盘1件，圈足盘2件，
豆4件，盆形鼎3件，釜形鼎2件，釜1件，夹砂盖豆3件，甑1件，陶纺轮7件，玉钺1件，梯形锛1件。

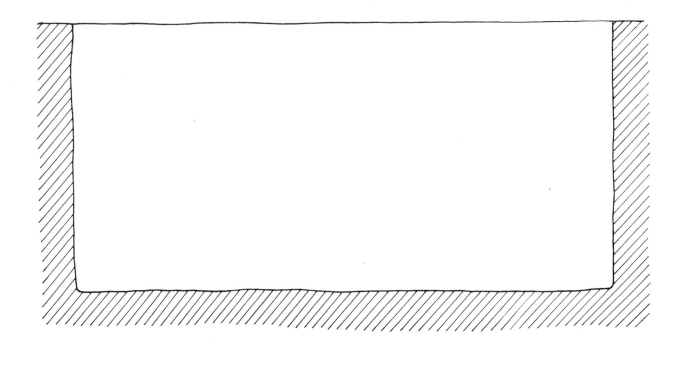

图一六七 石峡文化中期M20二次葬平、剖面图和随葬器物

二次葬器物：1.玉钺（变形）   2、3.水晶玦 5.B型梯形石锛 4、10～12、25.A型Ⅰ式石镞 24.A型Ⅱ式石镞 13.A型Ⅳ式石镞 14.C型Ⅲ式石镞 7、18.Ba型Ⅱ式豆 16.Ba型Ⅲ式陶豆 8.平底罐 20、6.Bb型Ⅱ式圈足盘

一次葬器物：9.C型Ⅰ式豆 15、17.豆（残） 19、21.圈足盘（残） 22.Cc型Ⅱ式圈足盘 23.夹砂陶罐（残） 26.C型Ⅱ式釜形鼎（残）

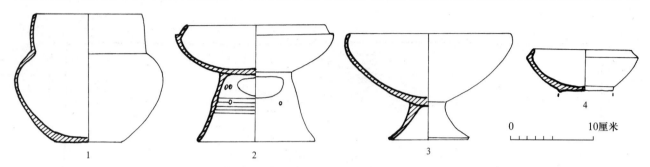

图一六八　石峡文化中期M20出土部分陶器

1.平底罐（M20∶8）　2.Bb型Ⅱ式圈足盘（M20∶6）　3.Ba型Ⅱ式豆（M20∶7）　4.Cc型Ⅱ式圈足盘（M20∶22）

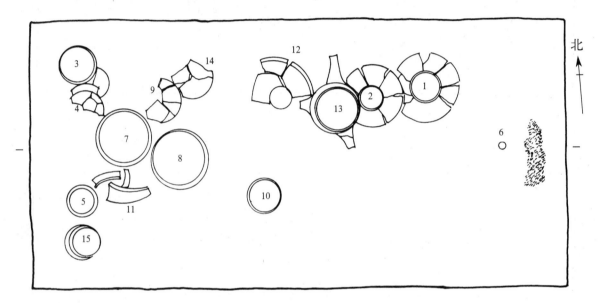

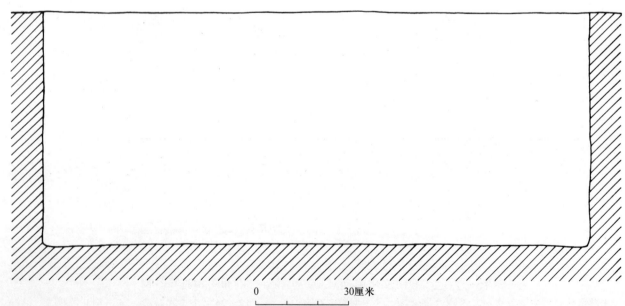

图一六九　石峡文化中期M24二次葬平、剖面图和随葬器物

二次葬器物：1、12.Bc型Ⅱ式豆　2、3.Ab型Ⅳ式圈足盘　4、7.Ba型Ⅱ式、Bc型Ⅰ式圈足盘　8.Ba型Ⅱ式豆　15.残泥质
陶罐　6.玉圆片饰　一次葬器物：5.Bc型Ⅱ式豆　9.Ab型Ⅳ式圈足盘　10.Ⅱ式盂　11.瓦形足　13.残釜形鼎　14.残豆

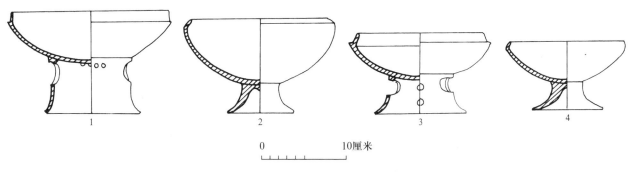

图一七〇　石峡文化中期M24出土部分陶器

1.Ba型Ⅱ式圈足盘（M24：4）　2.Ba型Ⅱ式豆（M24：8）　3.Bc型Ⅰ式圈足盘（M24：7）　4.Bc型Ⅱ式豆（M24：1）

21件一次葬器物少数在填土中出土，大多数残片在墓底二次葬器物下面灰炭层中出土，石器保存较好，有镶2件，长身锛1件，有肩锛1件，圈足盘2件，豆5件，盘形鼎1件，釜形鼎2件，盆形鼎1件，甑1件，绳纹釜2件，夹砂盖豆3件。

M29（图一七三、一七四），位于T51中部，表土层下，打破石峡一期文化层，西壁打破早期Ⅱ段M9东壁，东北角墓壁打破早期Ⅰ段M28墓坑西南角，东南角墓壁打破早期Ⅰ段M25西北壁。二次葬

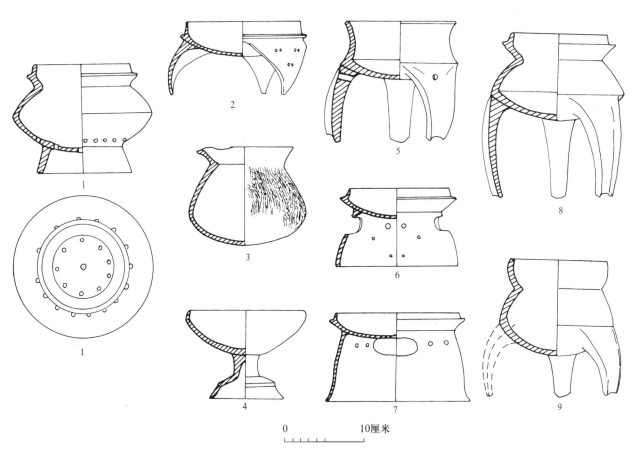

图一七一　石峡文化中期M27出土部分陶器

1.A型Ⅱ式甑（M27：11）　2.B型Ⅳ式三角形足三足盘（M27：20）　3.流釜（M27：24）　4.Ab型Ⅱ式豆（M27：6）　5.Ab型Ⅰ式盆形鼎（M27：21）　6.Ab型Ⅳ式圈足盘（M27：37）　7.Ab型Ⅳ式圈足盘（M27：14）　8.B型Ⅱ式釜形鼎（M27：12）　9.C型Ⅰ式釜形鼎（M27：13）

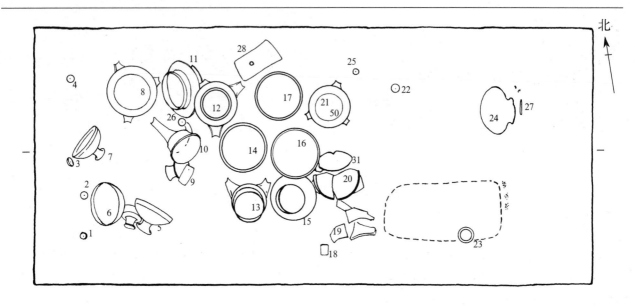

炭灰土及红烧土层和陶碎片

0   30厘米

图一七二　石峡文化中期M27二次葬平、剖面图和随葬器物

二次葬器物：1~3、22、25.A型Ⅱ式陶纺轮　26.A型Ⅰ式陶纺轮　4.C型Ⅰ式陶纺轮　18.D型Ⅰ式梯形石锛　28.C型Ⅱ式玉钺　8、10、21.Ab型Ⅰ式盆形鼎　12、13.B型Ⅱ式、C型Ⅰ式釜形鼎　15.B型Ⅱ式釜　5、7.B型Ⅳ式夹砂盖豆　9.Ab Ⅰ式豆　6、16、31.Ab型Ⅱ式豆　14、17.Ab型Ⅳ式圈足盘　11.A型Ⅱ式甗　20.B型Ⅳ式三角形足三足盘　24.Ⅰ流釜　23.B型Ⅰ式玉环　27.玉笄（锥形器）　50.A型Ⅳ式夹砂盖豆

一次葬器物：29、30.C型Ⅱ式石　32.A型Ⅲ式长身石锛　36.A型Ⅱ式甗　33.B型Ⅰ式有肩石锛　19.Ab型Ⅳ式盘形鼎　34.B型Ⅱ式釜形鼎　35.Ab型Ⅲ式盆形鼎　45、49.A型Ⅱ式绳纹釜　37、38.Ab型Ⅲ式、Ab型Ⅳ式圈足盘　39.B型Ⅳ式夹砂盖豆　40~43.Ab型Ⅰ式豆　44.豆（残）　46.残釜形鼎　47.残夹砂盖豆　48.Aa型Ⅱ式器盖

墓，方向90°。长方形红烧土壁竖穴土坑墓，墓坑下部红烧土壁烧烤较好，墓口长200、墓底长196、墓口宽90、墓底82、深87厘米。距墓口深50～60厘米，为炭灰土层，南、北墓壁附近有条状横置木炭，夹杂一次葬器物破碎陶片、镞等，墓底西端一方坑，长82、宽60、深32厘米，坑底炭灰层堆积厚21厘米，夹杂一次葬碎陶片、陶纺轮等。尸骨堆置墓底东端偏北，上撒朱砂。11件二次葬器物放在尸骨堆西边和南边，有圈足盘3件，豆2件（8号豆+6号圈足盘），壶1件，盘形鼎1件，釜形鼎2件，夹砂盖豆1件，陶纺轮1件。从一次葬墓迁来的随葬器物50件之多，除去石器、大部分陶纺轮和少量陶器可修复，多数是破碎个体，有肩镞1件、残有段镞1件、残镞2件，陶纺轮14件在墓底西端小坑炭灰层出土，其余均夹杂在填土炭灰层，有圈足盘10件，豆7件，壶1件，白陶罐1件，夹砂罐1件，盆形鼎1件，釜形鼎4件，釜1件，器盖1件，玉钺1件，长身镞1件，梯形镞1件，玉笄（锥形器）1件，玉坠饰1件。

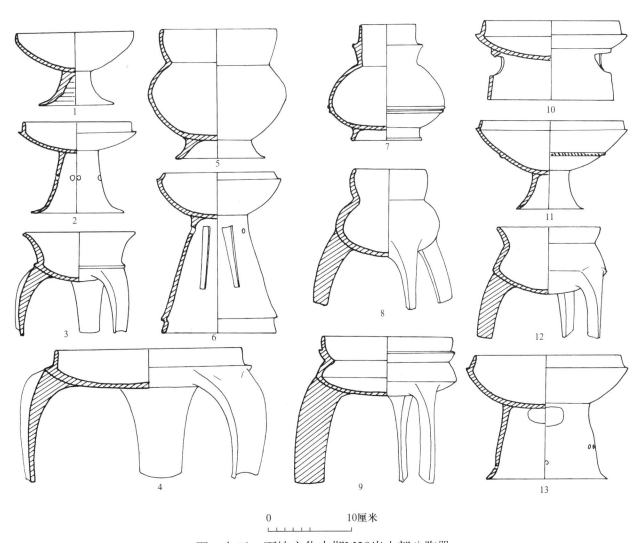

0　　　　　　10厘米

图一七三　石峡文化中期M29出土部分陶器

1.Bc型Ⅱ式豆（M29：8）　2.Ca型Ⅱ式圈足盘（M29：12）　3.Ab型Ⅱ式盆表鼎（M29：4）　4.Ab型Ⅴ式盘形鼎（M29：5）　5.D型白陶罐（M29：58）　6.Cc型Ⅱ式圈足盘（M29：6）　7.B型Ⅱ式壶（M29：9）　8.C型Ⅱ式釜形鼎（M29：38）　9.B型Ⅲ式釜形鼎（M29：1）　10.Ab型Ⅴ式圈足盘（M29：40）　11.C型Ⅱ式豆（M29：49）　12.A型Ⅱ式釜形鼎（M29：2）　13.Bb型Ⅱ式圈足盘（M29：11）

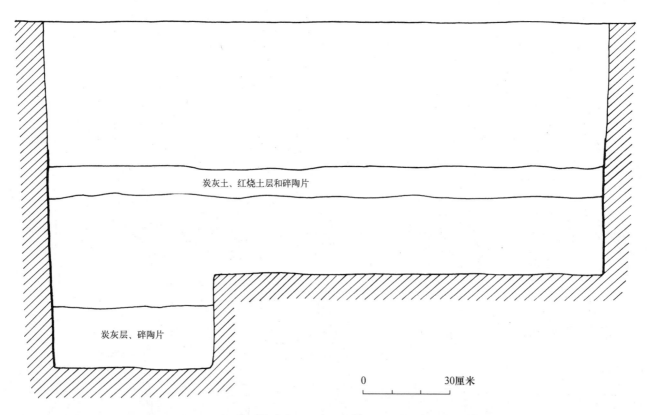

图一七四　石峡文化中期M29二次葬平、剖面图和随葬器物

二次葬器物：1、2.B型Ⅲ式、A型Ⅱ式釜形鼎　3.G型夹砂盖豆　4.Ab型Ⅱ式盆形鼎　5.Ab型Ⅴ式盘形鼎　6、11.Cc型Ⅱ式、Bb型Ⅱ式圈足盘　9.B型Ⅱ式壶　10.C型Ⅱ式陶纺轮　7、8.Bb型Ⅱ式、Bc型Ⅱ式豆

一次葬器物：20、25、26、29、32.A型Ⅱ式陶纺轮　21、23、24、61.B型陶纺轮　27.C型Ⅰ式陶纺轮　22、28、30、31.C型Ⅱ式陶纺轮　16.C型梯形石锛　17.A型Ⅲ式玉钺　18.A型Ⅱ式有肩石锛　19.A型Ⅱ式长身石锛　13、38.C型Ⅱ式釜形鼎　37.A型Ⅰ式釜形鼎　55.B型Ⅱ式釜形鼎　14.Ab型Ⅱ式盆形鼎　40.Ab型Ⅴ式圈足盘　12、45.Ca型Ⅱ式、Ca型Ⅰ式圈足盘　42、46.Ca型Ⅱ式圈足盘　41、43、44、47、48.残圈足盘　15、50.Ab型Ⅱ式豆　35、49.C型Ⅰ式、C型Ⅱ式豆　51～53.残豆　39.B型Ⅱ式壶　54.A型Ⅱ式釜　54.A型Ⅱ式釜　36.Bb型Ⅲ式夹砂陶罐　57.Ⅰ式器盖（39壶盖）　58.D型白陶罐　56.A型Ⅱ式有段石锛　59、60.A型Ⅱ式石镞　33.玉笄（锥形器）　34.玉坠饰

M30（图一七五、一七六），位于T66东—T67西，表土层下，打破生土。二次葬墓，方向90°。长方形红烧土壁竖穴土坑墓，墓口长190、宽80、墓底长173、宽58～62（西端）、深72厘米。表土层下铁锰淋滤层面上，已出现断断续续红烧土边线，墓坑烧烤后仅见小片红烧土壁，红褐色填土夹杂红烧土屑、炭屑、灰土。尸骨腐朽较甚，散见在墓底东端，撒有朱砂，一、二次葬器物混放在墓底，位于尸骨堆西边。现将27件可修复陶器、石器归于二次葬器物，有圈足盘3件，豆4件，盘形鼎1件，夹砂盖豆1件，梯形锛1件，镞17件，石镞放在墓底北边，镞锋向西，其中2件镞放在东端尸骨堆位置。15件一次葬器物均已残，有圈足盘2件，豆3件，泥质罐1件，盘形鼎2件，釜形鼎2件，釜1件，夹砂盖豆3件，残石器1件。

M33（图一七七、一七八；图版四二：1），位于T67西北，表土层下，打破生土。二次葬墓，方向90°。长方形红烧土壁竖穴土坑墓，墓口长180、墓底长172、墓口宽87、墓底宽61、深86厘米。墓壁烧烤较好，东、西红烧壁明显，填土灰褐色较松，距墓口68厘米，填土里发现三段木炭，长85、54、30厘米，直径6～7厘米，第一层为二次葬器物和少数一次葬陶器。尸骨腐朽无存，仅见东端少量骨渣，陶器较破碎，7件二次葬器物放在该层南及西边，有圈足盘2件，豆1件，细把杯1件，釜1件，玉钺1件置东南角，玉环1件置西北边，器物下面为一层较纯净黄褐色土，下掘5～6厘米，又见炭屑灰土、红烧土块层，厚3～5厘米不等，该第二层出土的才是一次葬墓迁来的随葬器物堆放的位置，8件一次葬破碎陶片和石器平铺在墓底，有圈足盘1件，残豆3件，梯形锛2件，镬1件，凿1件。

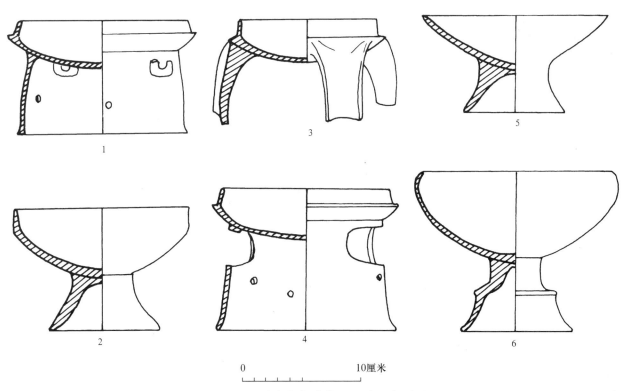

0　　　　　　　　10厘米

图一七五　石峡文化中期M30出土部分陶器

1.A型Ⅵ式圈足盘（M30：28）　2.D型Ⅰ式夹砂盖豆（M30：22）　3.Ac型Ⅱ式盘形鼎（M30：23）　4.Ab型Ⅲ式圈足盘（M30：30）　5.A型Ⅲ式夹砂盖豆（M30：25）　6.Ab型Ⅰ式豆（M30：29）

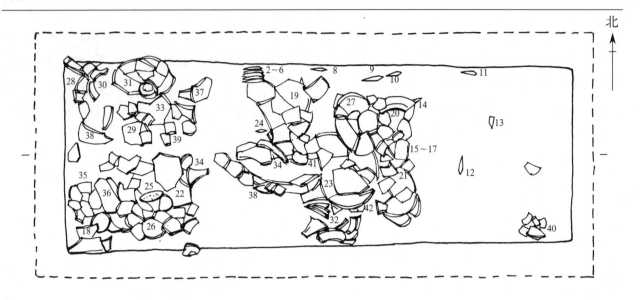

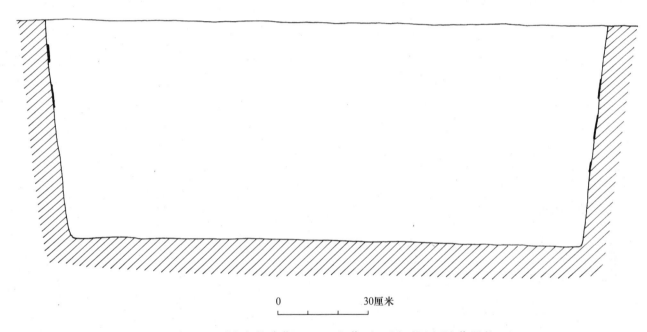

0　　　　　　　　30厘米

图一七六　石峡文化中期M30二次葬平、剖面图和随葬器物

二次葬器物：1.A型Ⅰ式梯形石锛　2~7、12、13、17.A型Ⅰ式石镞　9.A型Ⅱ式石镞　11、16、24.A型Ⅲ式石镞　8、10、14、15.D型Ⅱ式石镞　19、27.Ab型Ⅱ式豆　26、29.Ab型Ⅰ式豆　20、28、30.A型Ⅴ式、Ab型Ⅵ式、Ab型Ⅲ式圈足盘　23.Ac型Ⅱ式盘形鼎　25.A型Ⅲ式夹砂盖豆

一次葬器物：18、41.Ab型Ⅰ式豆　21.豆（残）　22.D型Ⅰ式夹砂盖豆　31、33.A型Ⅲ式夹砂盖豆　32、37.A型Ⅱ式、B型Ⅱ式釜形鼎　34、39.Ab型Ⅱ式盘形鼎　38.A型Ⅲ式釜　35、36.Ab型Ⅳ式圈足盘　40.Bb型Ⅲ式泥质陶罐　42.残石器

　　M42（图一七九、一八〇、一八一；图版四二：2、四三：1），位于T45东北—T46西北，石峡三期文化层下，打破生土，西北部墓壁及上层填土被M41（无随葬器物）打破，西南角墓坑打破早期Ⅰ段M89东北壁。二次葬墓，方向92°。长方形红烧土壁竖穴土坑墓，墓口长350、墓底长330、墓口宽140、墓底宽125、深180厘米，红烧壁烧烤较完整厚实，厚1~1.5厘米，该墓为石峡文化墓葬中最大型一座。一次葬墓迁来随葬器物个体的数量比二次葬器物多2倍有余。尸骨堆置墓底东南隅，

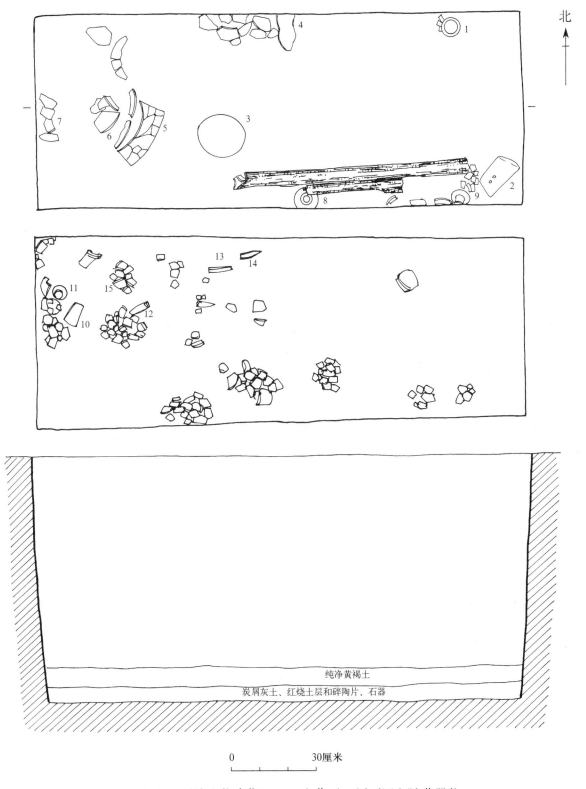

图一七七　石峡文化中期M33二次葬平、剖面图和随葬器物

二次葬器物：1.C型Ⅰ式玉环　2.D型Ⅳ式玉钺　3.Ab型Ⅱ式豆（残）　4、5.Ab型Ⅳ式圈足盘（残）　6.A型Ⅱ式釜　9.Ⅱ型杯

一次葬器物：10.A型Ⅰ式梯形石锛　12.D型Ⅰ式梯形石锛　13.B型Ⅱ式石凿　14.B型Ⅱ式石　11.Ab型Ⅱ式豆（残）　7.Ab型Ⅳ式圈足盘　8、15.豆足

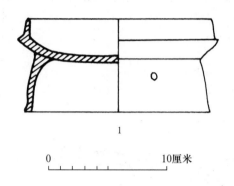
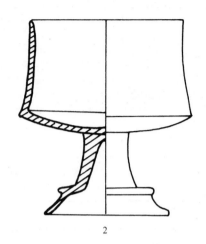

图一七八　石峡文化中期M33出土部分陶器
1.Ab型Ⅳ式圈足盘（M33：7）　2.Ⅱ式杯（M33：9）

尚能辨认出几片头骨和小块肢骨，尸骨堆东北撒有大片朱砂和炭化稻谷，一、二次葬随葬器物均在墓底，37件二次葬器物放在尸骨堆北边和西边，有圈足盘4件，豆5件，泥质罐1件，瓮2件，盘形鼎1件，釜2件，镬1件，铲2件，有段锛4件，集中放在㉟号陶豆下面，镞8件，与西端一次葬器物堆放在一起，玉钺3件，⑦号玉钺置尸骨堆上，②号玉钺置尸骨堆东边，一面被朱砂染红，说明是放置尸骨堆和装饰品后才撒上朱砂，玉环1件，玉龙首环1件，置尸骨堆上染有朱砂，玉坠饰1件，玉珠1件。
83件一次葬器物在西部距墓口深130～145厘米炭屑土层和深170厘米填土中出土，少数同二次葬器物一起放置，一次葬器物碎陶片中最多见是陶豆喇叭足和盘形鼎、釜形鼎的瓦形足、楔形足、羊角形足等，并代表不同个体，有瓦形足三足盘3件，圈足盘1件，豆5件，瓮1件，盘形鼎5件，釜形鼎7

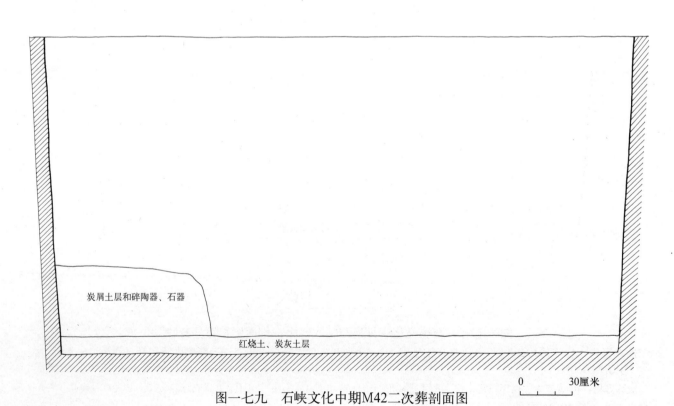

炭屑土层和碎陶器、石器

红烧土、炭灰土层

图一七九　石峡文化中期M42二次葬剖面图

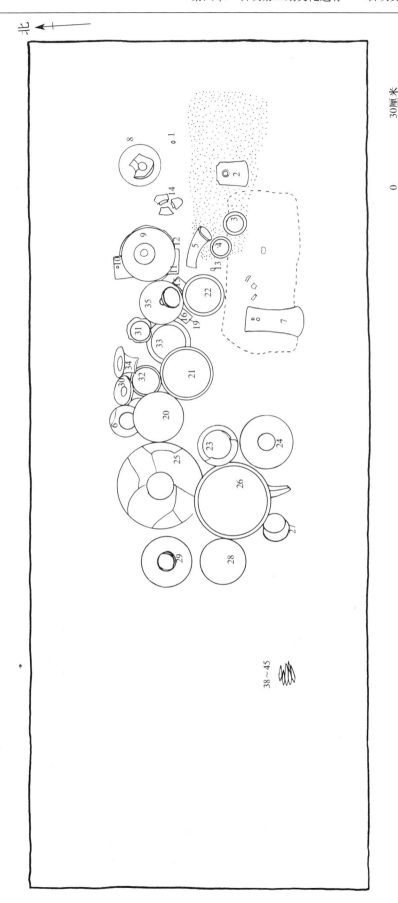

图一八〇　石峡文化中期M42二次葬平面图和随葬器物

二次葬器物：1.玉坠饰　2.E型玉钺　3.D型Ⅱ式玉环　4.玉龙首环　7.B型Ⅲ式玉钺　10.A型Ⅱ式石钺　11、12.Ⅱ式、Ⅰ式石铲　15.A型Ⅲ式石　16～18.A型Ⅱ式有段石铲　19.B型Ⅰ式有段石铲　38～41、43～45.A型Ⅱ式石镞　42.A型Ⅲ式石镞　13.玉珠　8、9、28、35.Aa型Ⅱ式豆　20.Ba型Ⅱ式豆　21、22、32.Ab型Ⅰ式圈足盘　33.Ba型Ⅰ式圈足盘　23、27.C型Ⅱ式釜　24、25.B型Ⅱ式、B型Ⅰ式釜　26.B型Ⅳ式盘形鼎　29.A型Ⅳ式盘形鼎

一次葬器物：51～53.Ⅰ式石铲　36.C型Ⅱ式石凿　37.A型Ⅰ式梯形石铲　46～48、50、97～101、103～110、112、114～117.A型Ⅱ式石铲　49、119.A型Ⅲ式石镞　102、111、113、118.A型Ⅴ式石镞　14.A型Ⅴ式石镞　80、81.C型Ⅱ式瓦形足三足盘　74、75.Aa型Ⅲ式、Ab型Ⅳ式盘形鼎　77、78、79.B型Ⅲ式釜形鼎　83.C型Ⅱ式釜　73.Ab型Ⅰ式圈足盘　63、66.Ab型Ⅱ式、Ac型Ⅱ式豆　67、76.豆（残）　68.Aa型Ⅰ式器盖　69、70.A型Ⅳ式、E型夹砂盖豆　82.盆形鼎足　71、72.B型、A型Ⅱ式瓶　84、87、93.凿形盘　85.瓦形盘形鼎足　86.羊角形盘形鼎足　88、92.钉形釜鼎足　89～91.三角形釜鼎足　94.Aa型Ⅰ式泥质罐　95.A型Ⅱ式泥质罐　96.Aa型Ⅰ式豆足　54.玉玦　55.玉珏（锥形器）　56.玉坠饰　120.玉坠饰形鼎足

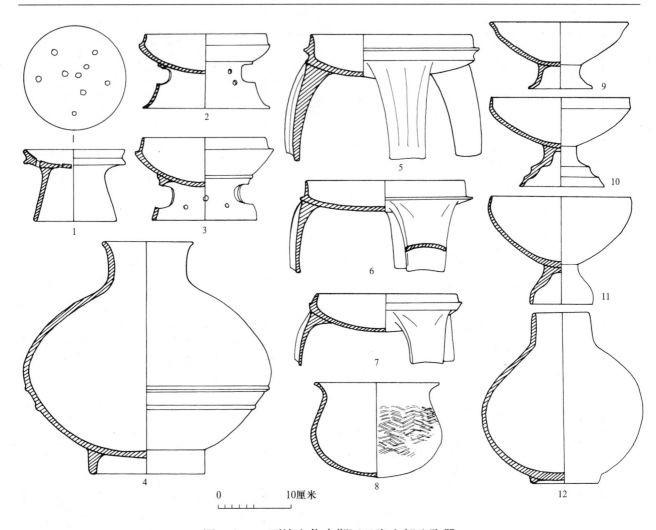

图一八一　石峡文化中期M42出土部分陶器

1.B型甗（M42：71）　2.Ab型Ⅰ式圈足盘（M42：21）　3.Ba型Ⅰ式圈足盘（M42：33）　4.B型Ⅰ式瓮（M42：25）　5.Aa型Ⅱ式盘形鼎（M42：74）　6.C型Ⅱ式瓦形足三足盘（M42：80）　7.A型Ⅴ式瓦形足三足盘（M42：14）　8.C型Ⅱ式釜（M42：23）　9.A型Ⅳ式夹砂盖豆（M42：69）　10.Aa型Ⅱ式豆（M42：9）　11.Ba型Ⅱ式豆（M42：20）　12.B型Ⅱ式瓮（M42：24）

件，釜1件，甗2件，夹砂盖豆2件，器盖2件，罐1件，残陶豆足12件，盘形鼎足2件，釜形鼎足2件，铲3件，梯形锛1件，凿1件，镞28件，玉笄（锥形器）1件，玉玦1件，玉坠饰2件。

　　M43（图一八二、一八三；图版四三：2、四四：1），位于T68中部，表土层下，打破生土。二次葬墓，方向100°。长方形红烧土壁竖穴土坑墓，红烧土壁烧烤较好且完整，墓口长268、墓底长262、墓口宽124、墓底宽119厘米、深115厘米，墓底二次葬器物之上，有5层夯土层，厚16厘米，第1层厚3厘米、第2层厚3.5厘米、第3层厚3厘米、第4层厚2.5厘米、第5层厚4厘米，圆形夯窝直径4～5厘米。尸骨堆置墓底偏东，墓底有厚15厘米木炭、红烧土块、灰土层，其中出土炭化稻谷，一次葬器物放在墓底，多数已破碎，64件二次葬器物放在一次葬器物碎片之上，尸骨堆的西侧，有圈足盘4件，豆4件，簋1件，盘形鼎3件，釜形鼎2件，釜2件，夹砂盖豆4件，陶纺轮2件，锼1件，铲2件，长身锛2件，梯形锛1件，有肩锛2件，有段锛1件，凿3件，镞24件，玉钺3件，玉璧1件，放在尸骨堆上，玉笄（锥形器）1件，玉珠1件。其中3件玉钺围绕尸骨堆附近东、南、西三面摆放，10件镞放在19号盘形鼎上，13件镞为一组放在尸骨堆南侧，大型长身锛、凿放在靠近尸骨堆东北侧及墓底西北角和北壁中部。51件一次葬器物有三角形足三足盘1件，豆2件，泥质罐1件，夹砂罐3件，器盖1件，盘形鼎1件，釜形鼎2件，甑1件，夹砂盖豆10件，凿形鼎足1件，有肩锛1件，凿1件，镞23件，河砾石石片3件。

M46（图一八四、一八五；图版四四：2），位于T36东北—T37西北，石峡三期文化层下，打破生土。二次葬墓，方向102°，长方形红烧土壁竖穴土坑墓，墓长219、宽60、深56厘米。墓底有红烧土、黑烧土块，西端木炭层，厚13厘米。墓底西部及紧靠西壁有较多陶片，可分为两层，上面一层为二次葬器物，下面一层破碎陶器，为一次葬器物，西南端陶盘下有骨碎，11件二次葬器物，有圈足盘3件，梯形足三足盘1件，豆7件。9件一次葬器物，有瓦形足三足盘1件，三角形足三足盘1件，豆3件，盘形鼎1件，夹砂釜1件，釜1件，夹砂盖豆1件。

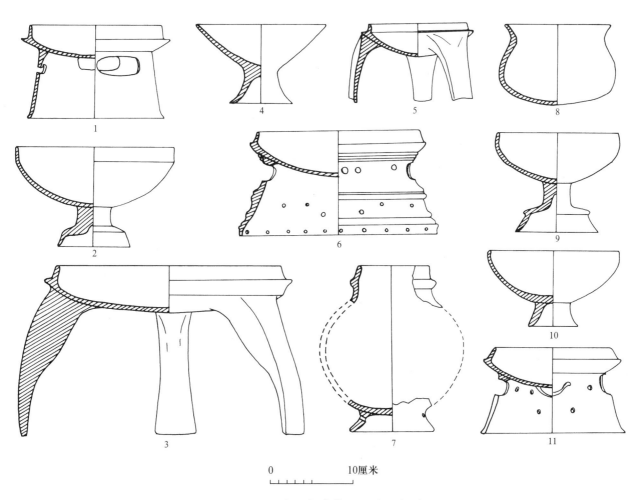

0   10厘米

图一八二 石峡文化中期M43出土部分陶器

1. Ab型Ⅲ式圈足盘（M43：26） 2. Aa型Ⅰ式豆（M43：14） 3. B型Ⅲ式盘形鼎（M43：3） 4. A型Ⅲ式夹砂盖豆（M43：16） 5. Ac型Ⅲ式盘形鼎（M43：19） 6. B型簋（M43：36） 7. Bb型Ⅳ式夹砂陶罐（M43：107） 8. C型Ⅱ式釜（M43：15） 9. Ab型Ⅱ式豆（M43：43） 10. B型Ⅳ式夹砂盖豆（M43：17） 11. Ab型Ⅱ式圈足盘（M43：21）

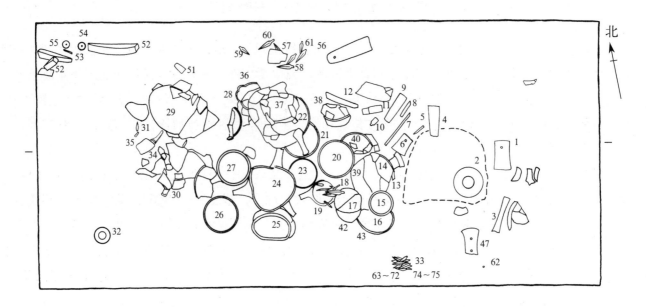

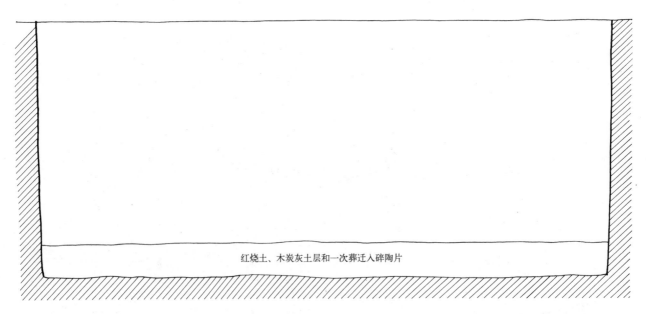

红烧土、木炭灰土层和一次葬迁入碎陶片

0   30厘米

图一八三　石峡文化中期M43二次葬平、剖面图和随葬器物

二次葬器物：1、6.B型Ⅰ式玉钺　4、7.B型Ⅱ式、A型Ⅰ式长身石锛　8、9、12.A型Ⅲ式、C型Ⅰ式、E型Ⅱ式石凿　10、57.B型Ⅱ式、B型Ⅰ式有肩石锛　11.A型Ⅰ式有段石锛　13、56.Ⅱ式、Ⅳ式石铲　47.D型Ⅳ式玉钺　51.A型Ⅰ式梯形石锛　52.C型Ⅲ式石　18、63、65、69、70、74、79、84.A型Ⅰ式石镞　66、67、72、80、82、85.A型Ⅱ式石镞　33、68、71~78、81、83.A型Ⅲ式石镞　64.D型Ⅱ式石镞　3、19、24.B型Ⅳ式、Ac型Ⅲ式、Aa型Ⅱ式盘形鼎　15、29.C型Ⅱ式、A型Ⅱ式釜　22、27.A型Ⅱ式釜形鼎　16.A型Ⅲ式夹砂盖豆　17、28.B型Ⅳ式夹砂盖豆　38.F型夹砂盖豆　21、23、26.30.Ab型Ⅱ式、Ab型Ⅳ式、Ab型Ⅲ式、Ab型Ⅵ式圈足盘　14.Aa型Ⅰ式豆　20、39、40.Ab型Ⅱ式豆　36.B型簋　54、55.A型Ⅱ式、A型Ⅰ式陶纺轮　2.玉璧　5.玉笄（锥形器）　62.玉珠

一次葬器物：46.A型Ⅲ式有肩石锛　53.石凿（残）　95~97.石片　50、87、93.A型Ⅰ式石镞　31、41、45、73、91、92、110.A型Ⅱ式石镞　44、48、49、86、89、90、94.A型Ⅲ式石镞　58、59、61、61、111.D型Ⅰ式石镞　60.D型Ⅲ式石镞　88.E型Ⅰ式石镞　25、107.Bb型Ⅱ式、Bb型Ⅳ式夹砂陶罐　42.Bb型Ⅲ式泥质陶罐　106.夹砂陶罐（残）　35.Ab型Ⅱ式盘形鼎　109.A型Ⅱ式釜形鼎　108.A型Ⅲ式甑　34、100、102.C型Ⅱ式、A型Ⅳ式、B型Ⅳ式夹砂盖豆　99、101、103~105、113、114.夹砂盖豆（残）　37.A型Ⅲ式三角形足三足盘　32.Aa型Ⅰ式器盖　43、98.Ab型Ⅱ式豆　112.凿形鼎足（刻划曲折纹）　115.釜鼎足

　　M47（图一八六、一八七；图版四五：1、2），位于T37南部，石峡三期文化层下，打破生土。二次葬墓，方向96°。长方形红烧土壁竖穴土坑墓，墓口长290、墓底长280、墓口宽128、墓底宽110、深130厘米，为石峡文化大型墓葬之一，有明显完整的红烧壁，厚达1~1.5厘米。尸骨堆置墓底东南，上撒朱砂，49件二次葬器物放在尸骨堆北部和西部，有瓦形足三足盘2件，圈足盘4件，豆7件，泥质罐2件，器盖2件（113号器盖＋17号罐），釜形鼎2件，盘形鼎1件，夹砂盖豆2件，有肩锛1件，大小配套弧刃凹口凿5件并排放置，镞4件；玉钺6件，其中1件置尸骨堆上同尸骨粘在一起，1件大型玉钺置尸骨堆南侧，其他4件玉钺叠放在西南端；玉环4件，其中1件玉环置尸骨堆上；玉笄1件；玉璜3件，其中1件为镂花璜；玉珠1件，玉纽形坠饰2件。67件一次葬器物大多数在距墓35~50厘米炭灰土层中出土，包括残镞、锛和陶器残片，少数器物放在填土西南端，有圈足盘2件，夹砂盖豆2件，瓦形足1件，长身锛3件，梯形锛4件，有段锛1件，凿3件，双刃凹口小锛1件；镞44件，多数已残；玉钺1件，玉笄1件，玉玦4件。

　　M48（图一八八、一八九；图版四六：1），位于T20东南—T21西南端，石峡三期文化层下，打破石峡一期文化层。二次葬墓，方向102°。长方形红烧土壁竖穴土坑墓，红烧土壁烧烤较好，墓长170、

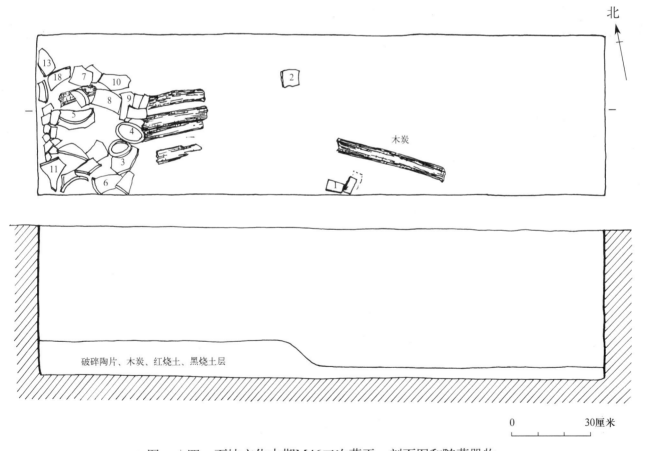

图一八四　石峡文化中期M46二次葬平、剖面图和随葬器物

二次葬器物：3.Ba型Ⅱ式圈足盘　5、6.Ca型Ⅱ式、Ca型Ⅲ式圈足盘　7、10.Ab型Ⅰ式豆　11.Ab型Ⅱ式豆　4.Ac型Ⅲ式豆　9.Aa型Ⅱ式豆　8、13.Ba型Ⅲ式、Bb型Ⅰ式豆　18.E型梯形足三足盘
一次葬器物：1.C型Ⅳ式瓦形足三足盘　2.A型Ⅲ式夹砂盖豆　12、14、15.豆（残）　16.盘形鼎（残）　17.A型Ⅲ式三角形足三足盘　19.盂（残）　20.A型Ⅱ式釜（大方格纹、残）

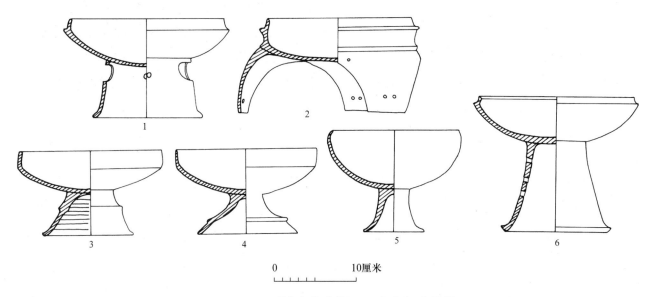

图一八五　石峡文化中期M46出土部分陶器

1.Ba型Ⅱ式圈足盘（M46：3）　2.E型梯形足三足盘（M46：18）　3.Ac型Ⅲ式豆（M46：4）　4.Aa型Ⅱ式豆（M46：9）　5.Ba型Ⅲ式豆（M46：8）　6.Ca型Ⅲ式圈足盘（M46：6）

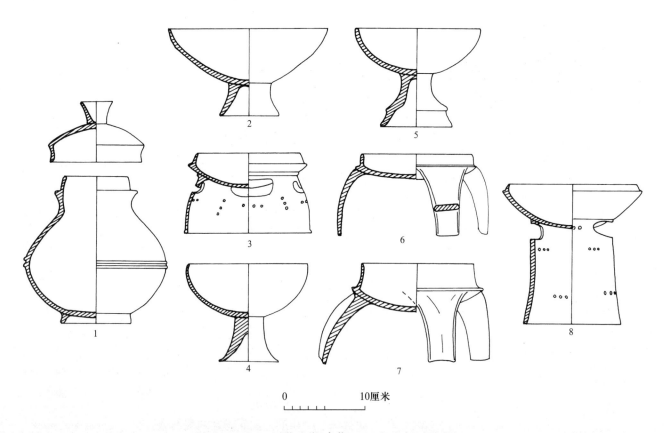

图一八六　石峡文化中期M47出土部分陶器

1.Bb型Ⅳ式泥质陶罐、Aa型Ⅱ式器盖（罐盖）（M47：17、116）　2.C型Ⅱ式夹砂盖豆（M47：5）　3.Ab型Ⅵ式圈足盘（M47：6）　4.Ba型Ⅲ式豆（M47：26）　5.Ab型Ⅱ式豆（M47：15）　6.C型Ⅳ式瓦形足三足盘（M47：11）　7.E型盘形鼎（M47：10）　8.Cb型Ⅱ式圈足盘（M47：3）

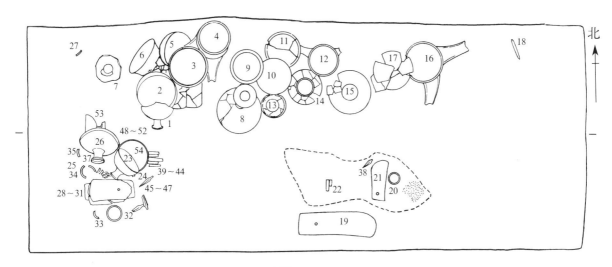

M47

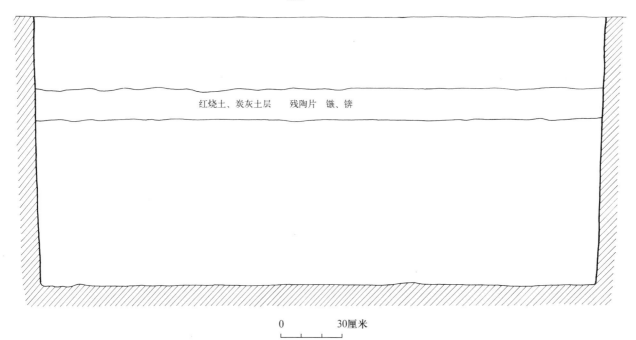

红烧土、炭灰土层　　残陶片　镞、锛

0　　　　30厘米

图一八七　石峡文化中期M47二次葬平、剖面图和随葬器物

二次葬器物：1.Bb型Ⅰ式豆　2、15、23、Ab型Ⅱ式豆　3、13.Cb型Ⅱ式、Cb型Ⅰ式圈足盘　6、9.Ab型Ⅵ式圈足盘　11、12.C型Ⅳ式瓦形足三足盘　116.Aa型Ⅱ式器盖　4、16.B型Ⅱ式、A型Ⅱ式釜形鼎　5、24.C型Ⅱ式夹砂盖豆　10.E型盘形鼎　7.E型夹砂盖豆　26.Ba型Ⅲ式豆　8.Aa型Ⅰ式豆　53.Ab型Ⅰ式豆　17.Bb型Ⅳ式泥质陶罐　14.Bb型Ⅲ式泥质陶罐　113.Ac型Ⅱ式器盖（罐盖）　21、30.D型Ⅱ式玉钺　19、28、29、31.D型Ⅲ式玉钺　39、40.B型Ⅱ式石凿　41.E型Ⅱ式石凿　42、43.B型Ⅱ式　B型Ⅰ式石凿　45、46.A型Ⅱ式、A型Ⅰ式石镞　38、47.A型Ⅲ式石镞　18.玉笄（锥形器）　20、34.A型Ⅰ式玉环　32、37.B型Ⅱ式玉环　36.B型玉璜　48、49.A型Ⅰ式玉璜　50.玉珠　51、52玉纽形饰

一次葬器物：22、55、56.A型Ⅰ式梯形石锛　105、106、114.C型Ⅱ式、D型、B型Ⅰ式长身石锛　57.A型Ⅲ式梯形石锛　58.双刃小石锛　59.A型Ⅱ式有段石锛　61.D型Ⅱ式石凿　60、62.E型Ⅱ式石凿　64~66、68、73、74、94、108.A型Ⅰ式石镞　63、67、72、76、80~90、92、95~102、109、110、111.A型Ⅱ式石镞　69、70、71、75、77~79、91、93.A型Ⅲ式石镞　103.D型Ⅱ式玉钺　104.夹砂盖豆（残）　54、107.Cb型Ⅰ式圈足盘　112.E型夹砂盖豆　117.瓦形鼎足　25、27、33、35.玉钺（残）　115.玉笄（锥形器）

宽50、深52厘米。距墓口15～25厘米灰土夹炭、红烧土层，夹杂一次葬破碎陶片，尸骨堆置墓底东部，墓底铺一层7～20厘米木炭层。11件二次葬器物放在木炭层之上，尸骨堆的西边，有圈足盘1件，豆1件。盂1件，簋1件，泥质罐1件，盘形鼎1件，釜形鼎2件，夹砂盖豆1件，盂盖1件，陶纺轮1件。10件一次葬器物，有圈足盘2件，豆1件，器盖1件，釜形鼎2件，夹砂盖豆2件，盖形石坠饰2件。

　　M51（图一九〇、一九一；图版四六：2），位于T22西北，被石峡三期文化层下，打破生土。二次葬墓，方向90°。长方形红烧壁竖穴土坑墓，红烧壁烧烤较好。墓长230、宽100、深128厘米。尸骨堆置墓底中部偏东南，上撒朱砂，旁边有一堆37粒小石英砾石，26件二次葬器物放在尸骨堆西边的炭灰土层上，炭灰层厚10～15厘米，有圈足盘1件，豆3件，壶1件，器盖1件（30号器盖＋1号壶），夹砂罐1件，夹砂簋1件，盘形鼎1件，釜1件，夹砂盖豆1件，陶纺轮8件，玉环1件，玉坠饰2件，绿松石片9片（编两个号），菱形石片饰1件，圆形石片饰1件。15件一次葬器物，部分在距墓口20～30厘米炭灰土层出土，少数在墓底西部和西北角出土，有圈足盘1件，豆4件（缺豆盘），泥质罐1件，夹砂罐1件，盘形鼎1件，釜形鼎2件，楔形鼎足1件，夹砂盖豆1件，残石锛1件，砾石石片1件，砺石1件。

　　M59（图一九二、一九三；图版四七：1），位于T20东－T21西，石峡三期文化层下，打破石峡一期文化层，该墓西北角有完整红烧土壁打破早期Ⅰ段M84东南角墓壁，M58为石峡三期文化遗存墓，无随葬品，被石峡四期文化层叠压，打破M59南部填土。二次葬墓，方向97°。长方形红烧

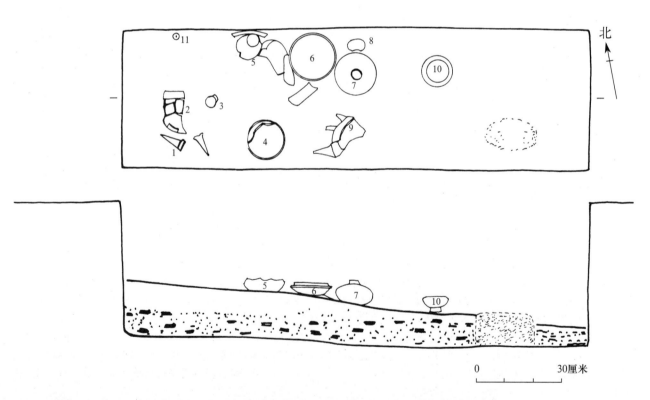

图一八八　石峡文化中期M48二次葬平、剖面图和随葬器物

二次葬器物：1、2.A型Ⅱ式釜形鼎　3.E型豆　4.A型Ⅱ式簋　5.B型Ⅲ式夹砂盖豆　6.Ba型Ⅱ式圈足盘　7.C型Ⅱ式泥质陶罐　8.B型Ⅱ式器盖（盂盖）　9.D型盘形鼎　10.Ⅱ式盂　11.C型Ⅱ式陶纺轮

一次葬器物：12、13.盖形石坠饰　14、15.B型Ⅱ式夹砂盖豆　16.Aa型Ⅰ式器盖　17.Ad型豆　18.圈足盘（残）　19、20.B型Ⅱ式、B型Ⅲ式釜形鼎　21.Ab型Ⅳ式圈足盘

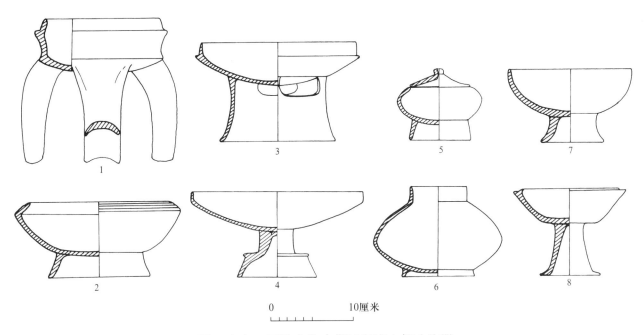

图一八九　石峡文化中期M48出土部分陶器

1.D型盘形鼎（M48：9）　2.A型Ⅱ式簋（M48：4）　3.Ba型Ⅱ式圈足盘 4.Ad型豆（M48：17）　5.B型器盖、Ⅱ式盉
（M48：10、8）　6.C型Ⅱ式陶罐（M48：7）　7.B型Ⅲ式夹砂盖豆（M48：5）　8.E型豆（M49：3）

土壁竖穴土坑墓，红烧土壁烧烤较好，墓长250、宽150、深117厘米，墓底有一层厚5厘米炭屑、红烧土块。尸骨堆置墓底中部偏东南，49件二次葬器物放在尸骨堆南、北、西边，有圈足盘8件，豆4件，泥质罐3件，直腹罐1件，簋1件，盉2件（45号盉内有骨渣，已腐朽），盘形鼎2件，盆形鼎1件，甑1件，夹砂盖豆1件，器盖1件（81号器盖＋42号泥质罐），陶纺轮8件，镶1件，玉钺3件（均因受沁变形），玉环3件，其中两件环置尸骨堆上，玉笄（锥形器）1件，玉玦1件，玉坠饰2件，桂叶形饰1件，玉管3件，玉珠1件。40件一次葬器物在墓底东北和西部二次葬器物下面出土，多数已破碎，有圈足盘2件，豆13件，瓮1件，夹砂罐2件，盉1件，簋1件，器盖1件，鼎足2件，釜形鼎3件，夹砂盖豆8件，陶纺轮3件，长身锛1件，玉钺1件，山枣核4枚，填土里出土牛臼齿1件。

　　M67（图一九四、一九五；图版四七：2），位于T70西部，石峡三期文化层下，打破石峡一期文化层，二次葬墓，方向96°。长方形红烧土壁竖穴土坑墓，红烧土壁烧烤较好，墓长190、宽120、深109厘米。上部分填土和北壁、东壁、南壁东部上段被石峡三期文化层打破。距墓口52～62厘米为黑灰炭屑层，夹杂一次葬破碎器物，填土中出土石峡第一期文化夹砂绳纹陶片。尸骨堆置墓底东南隅，32件二次葬器物放在尸骨堆上和北边、西边，有圈足盘2件，豆2件，夹砂罐1件，釜形鼎1件，盆形鼎1件，夹砂盖豆2件（9号夹砂盖豆＋10号盆形鼎），长身锛1件，梯形锛3件，有肩锛2件，其中一件是珠江三角洲同期遗址常见的霏细岩双肩锛，凿1件，小石锛1；镞13件，其中10件放在墓底西端，尖锋朝西，玉钺1件于尸骨堆东端，玉环1件，其中有11件石器集拢一起放置。34件一次葬器物，有圈足盘1件，豆2件，曲折纹陶瓮1件，盘形鼎1件，釜形鼎2件，盆形鼎1件，釜1件，夹砂盖豆3件，梯形锛5件，凿3件，镞11件，玉钺1件，河砾石石片2件。

　　M80（图一九六、一九七；图版四一：2），位于T58南，石峡三期文化层下，打破石峡一期文

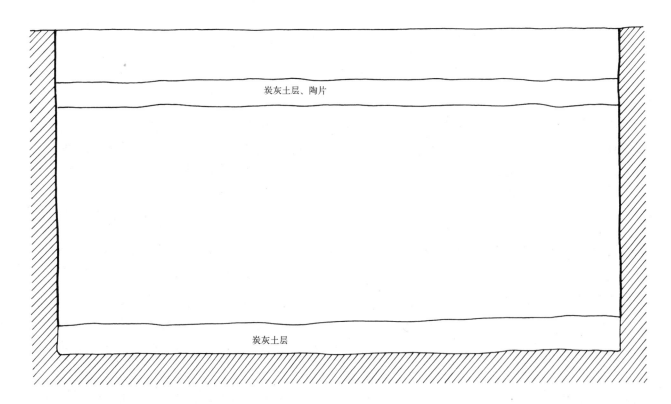

0　　　　　　30厘米

图一九○　石峡文化中期M51二次葬平、剖面图和随葬器物

二次葬器物：1.B型Ⅰ式壶　30.Ac型Ⅱ式器盖（壶盖）　3、7、9.Bb型Ⅱ式豆　4.Ba型Ⅱ式圈足盘　6.A型Ⅱ式夹砂陶罐　10.C型Ⅱ式釜　13.盘形鼎（残）　31.D型Ⅲ式夹砂盖豆　32.A型Ⅳ式簋　17、20、21、23.A型Ⅱ式陶纺轮　22.B型陶纺轮　19.C型Ⅰ式陶纺轮　16、18.C型Ⅱ式陶纺轮　8.B型Ⅱ式玉环　24.圆形玉片饰　25.菱形黑色石片饰　26、27.绿松石片（9片）　28、29.圆形石坠饰

一次葬器物：2.A型Ⅱ式泥质陶罐　5.Ba型Ⅱ式圈足盘　11、39、40、41.豆（残）　12.Bb型Ⅳ式夹砂陶罐　14、15.B型Ⅲ式釜形鼎　33.D型Ⅲ式夹砂盖豆　34.楔形鼎足　35.盘形鼎（残）　36.残石锛　37.打制石片　38.砺石

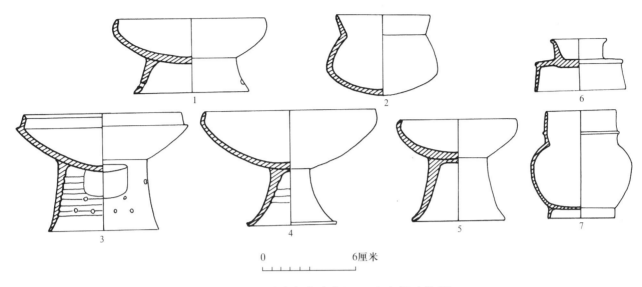

图一九一　石峡文化中期M51出土部分陶器

1.A型Ⅳ式簋（M51：32）　2.C型Ⅱ式釜（M51：10）　3.Ba型Ⅱ式圈足盘（M51：4）　4.Bb型Ⅱ式豆（M51：9）
5.D型Ⅲ式夹砂盖豆（M51：31）　6.Ac型Ⅱ式器盖（壶盖）（M51：30）　7.B型Ⅰ式壶（M51：1）

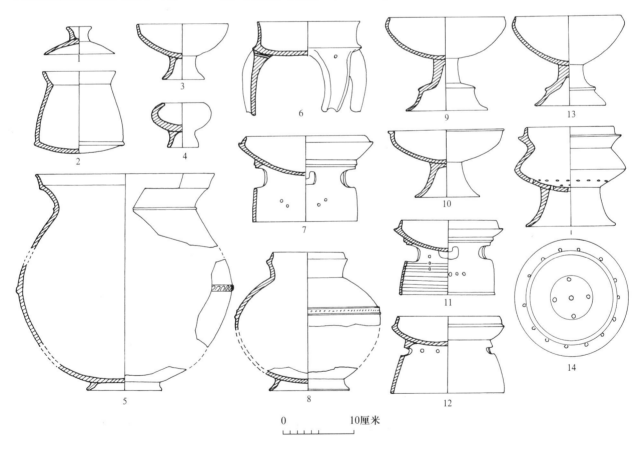

图一九二　石峡文化中期M59出土部分陶器

1.Ad型器盖（M59：89）　2.直腹罐（M59：20）　3.A型Ⅴ式夹砂盖豆（M59：82）　4.Ⅲ式盂（M59：45）　5.C型瓮
（M59：13）　6.Ac型盆形鼎（M59：77）　7.Ab型Ⅴ式圈足盘（M59：5）　8.Bb型泥质陶罐（M59：11）　9.Ab型Ⅱ
式豆（M59：4）　10.F型豆（M59：88）　11.Ab型Ⅵ式圈足盘（M59：22）　12.Ab型Ⅳ式圈足盘（M59：44）　13.Ab
型Ⅰ式豆（M59：47）　14.A型Ⅳ式甑（M59：21）

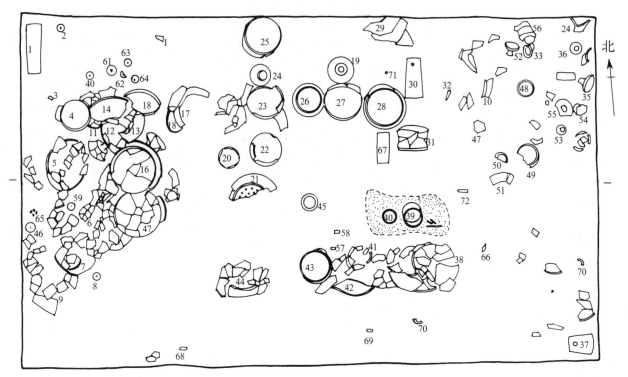

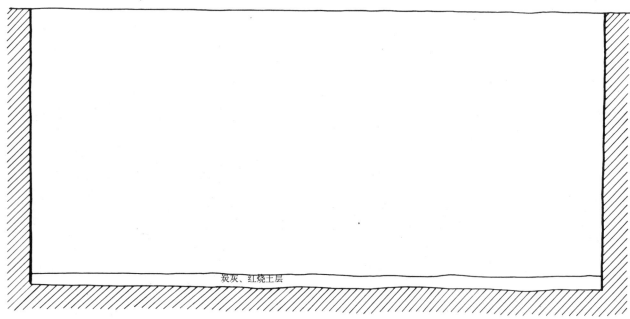

图一九三　石峡文化中期M59二次葬平、剖面图和随葬器物

二次葬器物：1.C型Ⅲ式石　37.B型Ⅰ式玉钺 30、67.D型Ⅱ式玉钺　2、3、8、46、59、61.A型Ⅱ式陶纺轮 60、64.B型陶纺轮　12、14、47.Ab型Ⅰ式豆　4.Ab型Ⅱ式豆　11、38、42.Bb型Ⅲ式泥质陶罐 16.C型簋 20.直腹罐 17、23.盘形鼎（残）21.A型Ⅲ式甗 22、27、31.Ab型Ⅵ式圈足盘 5、25.Ab型Ⅴ式圈足盘 44.Ab型Ⅳ式圈足盘 26.Bb型Ⅰ式圈足盘 28.Ab型Ⅱ式圈足盘 24.夹砂盖豆（残）41、45.Ⅲ式小盂 81.Ad型Ⅰ式器盖 77.Ac型盆形鼎 32.玉笄（锥形器）39、40、48.B型Ⅱ式、B型Ⅰ式、A型Ⅰ式玉环 57、58、69.玉管 70.玉玦 68、72.玉坠饰 66.桂叶形坠饰 71.玉珠

一次葬器物：15.C型Ⅱ式长身石锛 29.D型Ⅱ式玉钺 62、63、73.B型陶纺轮 10、51、75.釜形鼎（残）9、87楔形鼎足、瓦形鼎足 34、35.B型Ⅳ式夹砂盖豆 82、83.A型Ⅴ式、B型Ⅴ式夹砂盖豆 56、84、85、86.夹砂盖豆（残）7、43.夹砂陶罐（残）13.C型瓮 74、76.Ab型Ⅳ式圈足盘 18、19、33、36、49、50.Ab型Ⅱ式豆 53.Ab型Ⅰ式豆 88.F型豆 6、52、54、55、79.豆（残）78.小盂 65.山枣核4粒 80.C型簋 89.Ad型器盖 90.牛白齿1枚

图一九四　石峡文化中期M67二次葬平、剖面图和随葬器物

二次葬器物：2、6.Ab型Ⅰ式豆　3、4.Ab型Ⅵ式圈足盘　5.Bb型Ⅲ式夹砂陶罐　7.9.D型Ⅱ式、A型Ⅳ式夹砂盖豆　8.B型Ⅱ式釜形鼎　10.Ab型Ⅰ式盆形鼎　14.A型Ⅱ式玉环　1.D型Ⅰ式玉钺　15、25、27、38~43.A型Ⅰ式石镞　21.C型Ⅰ式石镞　45.D型Ⅲ式石镞　46.A型Ⅱ式石镞　16.小石锛　17.D型长身石锛　18、19.B型Ⅲ式、A型Ⅱ式有肩石锛　20.A型Ⅰ式梯形石锛　22、23.B型梯形石锛　24.C型Ⅱ式石凿　44.G型石镞

一次葬器物：12、13、66.夹砂盖豆（残）　26.瓮（残）　57.Bc型Ⅱ式豆　58.豆（残）　59.Ab型Ⅱ式圈足盘　60.B型Ⅱ式釜形鼎　61.A型Ⅱ式釜　62.盘形鼎（残）　63.釜形鼎（残）　11.Ab型Ⅰ式盆形鼎　28、34.E型Ⅱ式、A型Ⅰ式石凿　29.残石凿　30、32.B型梯形石锛　33、35.C型梯形足锛　31.D型Ⅰ式梯形石锛　36、47、48、50、54、55.A型Ⅰ式石镞　53.A型Ⅱ式石镞　37、49、52.B型Ⅲ式石镞　51.D型Ⅰ式石镞　56.A型Ⅱ式玉钺（变形破碎）　64、65.石片

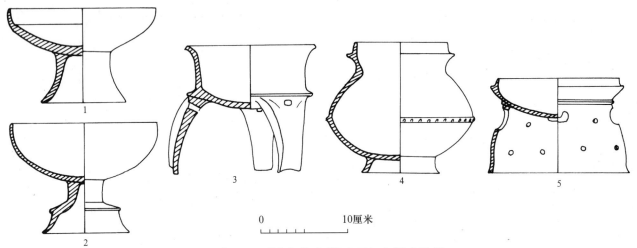

图一九五　　石峡文化中期M67出土部分陶器

1.D型Ⅱ式夹砂盖豆（M67∶7）　2.Ab型Ⅰ式豆（M67∶6）　3.Ab型Ⅰ式盆形鼎（M67∶10）　4.Bb型Ⅲ式夹砂陶罐
（M67∶5）　5.Ab型Ⅵ式圈足盘（M67∶4）

化层。二次葬墓，方向95°。长方形红烧土壁竖穴土坑墓，仅见小面积断断续续烧土壁，墓长208、宽100、深110厘米，填土为红褐色较纯净，墓底有一层2～3厘米黑炭灰土，尸骨堆置东端、一、二次葬器物均陈放在墓底尸骨堆周围和西南边，21件陶器仅6件修复，石器数量多，共42件且种类齐全。32件二次葬器物，有圈足盘1件，壶1件、器盖1件（29号器盖＋30号壶），豆1件，盘形鼎2件，镬1件，长身锛4件，梯形锛1件，有段锛2件，铲1件，镞13件，放在西南，镞锋向西，玉钺1件，石钺2件，两件置尸骨堆上，圆石片饰1件。31件一次葬器物，陶器个体比二次葬要多，有残瓦形足三足盘1件，豆2件，盘形鼎3件，釜2件，夹砂盖豆6件，镞17件。一次葬石镞同一次葬迁来的碎陶器一起放置，较为零乱。

　　M81（图一九八、一九九；图版四八∶1、2），位于T56西北，石峡三期文化层下，打破石峡一期文化层。二次葬墓，方向90°。长方梯形竖穴土坑墓，墓长140、墓口东宽78、墓口西宽72、墓底宽66、深88厘米，填土有较多炭屑，同周围土质土色有明显不同。距墓口56厘米，西南边出土铲和陶器残片，为一次葬器物。尸骨堆置墓底东南，8件二次葬器物放在尸骨堆北边和西边，有瓦形足三足盘3件，豆1件，泥质罐1件，觯形器1件，釜形鼎1件，釜1件。8件一次葬器物，有瓦形足三足盘2件，豆2件，盘形鼎1件，釜形鼎1件，釜1件，铲1件。填土里出土石峡一期文化遗存夹砂绳纹釜、圈足盘残片。

　　M101（图二○○、二○一；图版四九∶1），位于T11中部，石峡三期文化层下，打破生土该墓北壁打破早期Ⅱ段M69西南壁上部分填土，M69于1975年12月发掘，当时在发掘M69南壁上部分时，不见红烧壁，全是炭屑堆积，实为M101北壁及填土部分。该墓炭屑填土从墓口至墓坑底，墓范围清楚。二次葬墓，方向85°。长方形竖穴土坑墓，墓长110、宽60、深55厘米。尸骨堆置墓底东南隅，在1号瓦形足三足盘和3号盘形鼎下面，二次葬器物为2件瓦形足三足盘。6件一次葬器物，其中3号盘形鼎缺三足，同二次葬三足盘并排放在尸骨堆旁，其余5件残陶器于距墓口10厘米至墓底填土里出土，有瓦形足三足盘1件，盘形鼎1件，夹砂罐1件，夹砂盖豆2件。

　　M104（图二○二、二○三；图版四九∶2），位于T26东—T27西，石峡三期文化层下，打破石

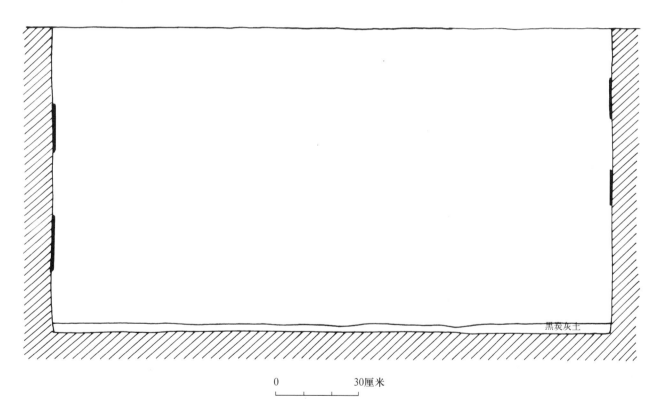

0　　　　　30厘米

图一九六　石峡文化中期M80二次葬平、剖面图和随葬器物

二次葬器物：1、18.B型Ⅱ式、A型Ⅲ式有段石锛　2、19、20、22.C型Ⅲ式、B型Ⅰ式、A型Ⅰ式、D型长身石锛　3.C型梯形石锛　4.A型Ⅲ式石镞　17.C型Ⅲ式石　23、24.C型Ⅲ式石钺　25.Ⅳ式石铲　27.D型Ⅲ式玉钺　6.A型Ⅰ式石镞　5、7~16.A型Ⅱ式石镞　28.Ab型Ⅳ式圈足盘　29.B型Ⅱ式器盖　30.C型Ⅳ式壶　32、33.Ab型Ⅳ式盘形鼎（残）　34.Aa型Ⅰ式豆（残）　26.磨光小石片

一次葬器物：21、35、39、46、48、49、53.A型Ⅰ式石镞　31、40、41、43、45、47、50、54、59、60.A型Ⅱ式石镞　55.E型Ⅰ式石镞　36.Ab型Ⅳ式盘形鼎（残）　38、44.Ab型Ⅲ式盘形鼎（残）　62.A型Ⅲ式夹砂盖豆（残）　56、57、63、64.B型Ⅲ式夹砂盖豆（残）　42.C型Ⅱ式夹砂盖豆（残）　51、61.D型Ⅱ式釜（残）　58.Aa型Ⅰ式豆（残）　37.豆（残）　52.瓦形足三足盘（残）

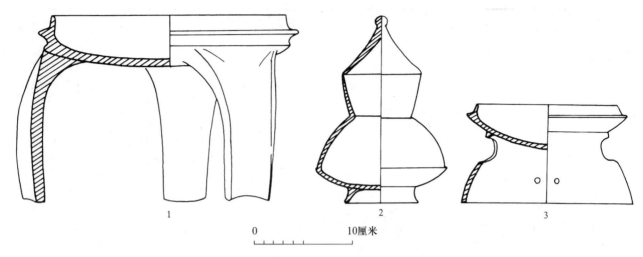

0　　　　　　　10厘米

图一九七　石峡文化中期M80出土部分陶器

1.Ab型Ⅱ式盘形鼎（M80：38）　　2.C型Ⅳ式壶、B型器盖（M80：29、30）　　3.Ab型Ⅳ式圈足盘（M80：28）

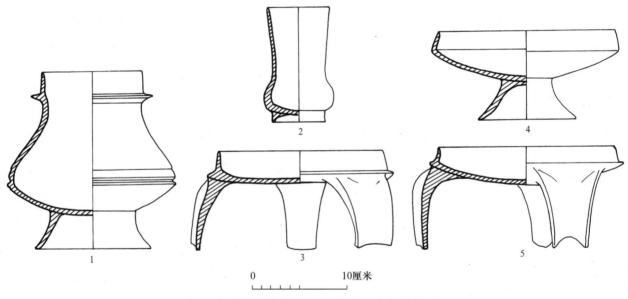

0　　　　　　　10厘米

图一九八　石峡文化中期M81出土部分陶器

1.Bb型Ⅴ式泥质陶罐（M81：2）　　2.觯形器（M81：3）　　3.C型Ⅰ式瓦形足三足盘（M81：9）　　4.Bb型Ⅰ式豆（M81：5）　　5.C型Ⅲ式瓦形足三足盘（M81：6）

峡一期文化层。二次葬墓，方向102°。长方形红烧土壁竖穴土坑墓，四壁烧烤得较好，南壁向墓坑内倾斜，北壁下端向北凹进去，墓长227、宽118、深135厘米，填土上层较纯净红褐土，距墓口54厘米，填土土色渐深为灰褐色，夹杂炭灰和红烧土，出土半块陶纺轮和河砾石1件，距墓口深120厘米至墓底为一层15厘米炭屑、红烧土，尸骨和二次葬器物置炭屑层上面，尸骨堆置东南隅，其北侧附近及尸骨堆上陈放的玉琮，玉环，上撒朱砂。该墓随葬石镞数量最多，一、二次葬总计119件。68件二次葬器物放在尸骨堆西边和北边，有圈足盘2件，豆2件（29号豆＋30号圈足盘），盆形鼎2件，釜形鼎1件，釜2件，夹砂盖豆3件，镬1件，铲2件，长身锛4件，梯形锛4件，有段锛5件，凿2件，镞30

图一九九　石峡文化中期M81二次葬平、剖面图和随葬器物

二次葬器物：2.Bb型Ⅴ式泥质陶罐　3.觯形器　4.A型Ⅱ式釜　5.Bb型Ⅰ式豆　6、8.C型Ⅲ式瓦形足三足盘　7.A型Ⅱ式釜形鼎　9.C型Ⅰ式瓦形足三足盘

一次葬器物：1.Ⅰ式石铲　10.A型Ⅱ式釜（残）　11、16.豆（残）　12.盘形鼎（残）　13.A型Ⅱ式釜形鼎（残）　14、15.A型Ⅱ式瓦形足三足盘（残）

图二○○　石峡文化中期M101二次葬平、剖面图和随葬器物

二次葬器物：1、2.B型Ⅲ式、A型Ⅲ式瓦形足三足盘
一次葬器物：3、4.Aa型Ⅱ式盘形鼎（残）　5.瓦形足三足盘（残）　6、7.夹砂盖豆（残）　8.夹砂陶罐（残）

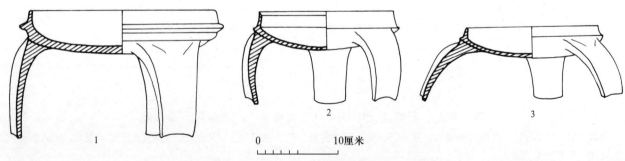

图二○一　石峡文化中期M101出土部分陶器

1.Aa型Ⅱ式盘形鼎（M101：3）　2.A型Ⅲ式瓦形足三足盘（M101：2）　3.B型Ⅲ式瓦形足三足盘（M101：1）

件（三棱形镞1件）；玉玦、石钺3件，其中一件石钺放在尸骨堆上，一件放在30号圈足盘内，一件玉钺压在尸骨堆下面；玉琮1件，玉环1件放在尸骨堆上，玉笄（锥形器）1件，玉玦1件，玉珠1件，装饰品置尸骨堆附近。105件一次葬器物放在墓底西端炭灰土层里，且层层叠压，有圈足盘2件，豆2件，壶1件，盘形鼎1件，盆形鼎2件，夹砂盖豆3件，鼎足1件，镞90件均已残，石片1件，石棒1件，石饼1件，墓底西南一次葬残陶片下，炭灰层里出土炭化稻谷和稻米。

M108（图二〇四、二〇五、二〇六；图版五〇：1），位于T68东北—T56东南，石峡三期文化层下，打破生土。二次葬，方向100°。长方形红烧土壁竖穴土坑墓，红烧土壁烧烤较好，仅北壁上部红烧壁不明显，墓口长182、墓底长192、墓口宽102、墓底宽104、深80厘米，尸骨堆置墓底东南隅，39件二次葬器物放在尸骨堆西边和北边，有梯形足三足盘1件，圈足盘1件，豆2件，壶1件，夹砂罐2件，小型盘形鼎1件，盆形鼎2件，夹砂盖豆3件，器盖2件（8号器盖＋9号夹砂罐、82号器盖＋14号壶）。长身锛1件，梯形锛2件，镞21件一组放在1号盆形鼎附近，镞锋向西，尸骨堆下4厘米中有炭化稻谷4团。一次葬器物放在墓底一层厚4～5厘米炭灰、红烧土中，一、二次葬器物之间有厚达15厘米褐色较纯净土间隔，43件一次葬器物，有圈足盘2件，豆3件，壶2件，盘形鼎2件，盆形鼎1件，釜形鼎1件，釜3件，夹砂盖豆4件，器盖1件（79号器盖＋47号壶），镬1件，长身锛2件，镞21件，同碎陶片一起放置。西端42夹砂盖豆下出土炭化稻谷。

（三）晚期墓

10座。一次葬墓5座，二次葬墓5座。

一次葬墓

M6（图二〇七、二〇八；图版五〇：2），位于T32中部，石峡三期文化层下，打破石峡一期文化层，该墓东北壁被石峡文化晚期一次葬墓M13西壁打破，叠压在石峡文化二次葬墓中期M20北壁。长方形一次葬竖穴土坑墓，方向108°。墓长175、宽52、深38厘米。发掘时原以为是不规则长方形灰坑，在墓底东北角发现宽20厘米红烧土，长30厘米。残下肢骨及环、环形琮、釜等随葬品，才确定为墓葬，墓坑范围以红烧土屑层和厚近20厘米炭灰土层为准，残下肢骨位于墓底西边北侧，东端及北侧和南侧均见到腐朽骨渣。3件随葬器物，玉环1件置东端北侧，玉环形琮1件，碎为3段置东端南侧，釜1件，其碎片贴南侧墓边，从西至中部直线排列，有5团炭化稻谷，于下肢骨附近出土，一团长28、宽15、厚10厘米炭灰堆积块在墓底东北端，上有残留骨渣。

M13（图二〇九），位于T32东—T33西，打破M6东北壁，西南角叠压在中期M20上，石峡三期文化层下，打破石峡二期文化层。一次葬墓，方向91°。长方形浅穴土坑墓，墓长143、宽46、深26厘米，填土多见黑色烧土、炭灰土及夹杂红烧土块，墓底有厚约5～8厘米坚硬黑色烧土层，西南边见两处腐朽骨渣，一团炭化稻谷凝块置于墓底东端，另有2片夹砂陶片。

M56（图二一〇），位于T22东南，石峡三期文化层下，打破石峡二期文化层。一次葬墓，方向104°。长方形红烧土壁浅穴土坑墓，墓长180、宽70、深28厘米，填土为灰土夹木炭屑，尸骨保存尚好的有下颌骨白齿4枚，上颌骨牙齿5枚，均为儿童乳齿，还有部分残存下肢骨，人骨的头向为头东脚西，2件随葬品，玉环形琮1件，出土时已碎为6块，小河砾石1件放在头骨南侧。

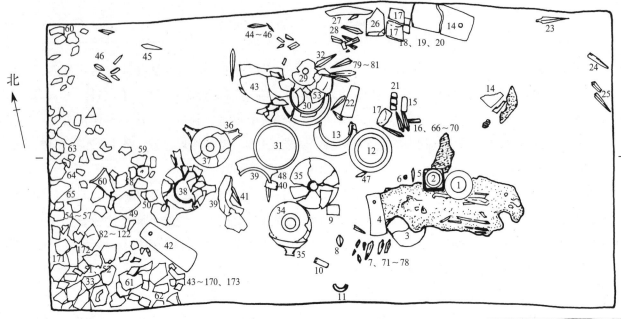

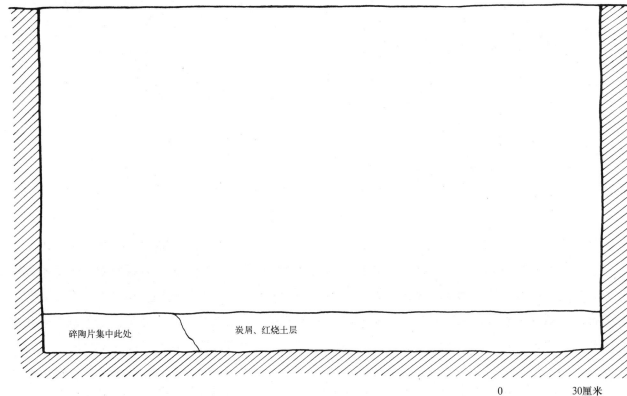

北

碎陶片集中此处　　　炭屑、红烧土层

0　　　　　　30厘米

图二〇二　石峡文化中期M104二次葬平、剖面图和随葬陶器

二次葬器物：3.B型Ⅲ式玉钺　4、53.C型Ⅱ式、B型Ⅱ式石钺　14、42.Ⅲ式、Ⅳ式石铲　9、18、19、40.B型、A型Ⅰ式、C型、A型式Ⅱ式梯形石锛　27.B型Ⅲ式石　15、21.A型Ⅲ式长身石锛　17.B型Ⅱ式长身石锛　10、22.C型Ⅰ式石凿　52.A型Ⅳ式石凿　20、51.A型Ⅲ式有段石锛　26.A型Ⅱ式有段石锛　49、50.B型Ⅱ式有段石锛　7、23、24、70、71.A型Ⅲ式石镞　28、66、69、77、78、81.A型Ⅰ式石镞　45、68、72、80.A型Ⅱ式石镞　16.B型Ⅲ式石镞　25、32、41、44、46、47、67、73~76、79.D型Ⅱ式石镞　8.E型Ⅱ式石镞　48.F型三棱石镞　12、13.A型Ⅰ式釜　29、35.Ab型Ⅱ式豆　30、31.Ab型Ⅴ式、Ab型Ⅳ式圈足盘　34、37.B型Ⅳ式夹砂盖豆　43.B型Ⅲ式夹砂盖豆　36、39.Ac型、Ba型Ⅱ式盆形鼎　38.B型Ⅱ式釜形鼎　1.C型Ⅰ式玉环　2.玉琮　5.玉笄（锥形器）　6.玉珠　11.玉玦

一次葬器物：33.Ab型Ⅱ式豆　54、55.Ab型Ⅲ式圈足盘　56.豆（残）　57.A型Ⅳ式壶（残）　58、59.C型Ⅱ式夹砂盖豆（残）　171.C型Ⅱ式夹砂盖豆　60、61.Ab型Ⅰ式、Ba型Ⅱ式盆形鼎（残）　62.鼎足　63.石片　64.石棒（河卵石）　65.石饼（河卵石）　172.D型盘形鼎（残）　83、89~91、94、97、98、101、103、105、106、109、112、113、116、124、125、127~133、135、136、138、139、142.A型Ⅱ式石镞　82、84~88、92、93、95、96、99、100、102、104、107、108、110、111、114、115、117~119、120~123、126、134、137、140、141、143.D型Ⅱ式石镞　144~170.石镞（残）　173.F型三棱石镞

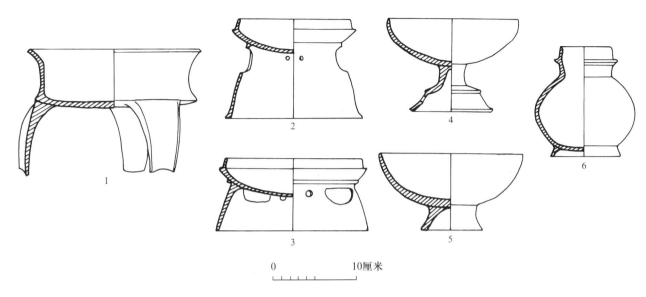

图二〇三　石峡文化中期M104出土部分陶器

1.Ac型盆形鼎（M104：36）　　2.Ab型Ⅲ式圈足盘（M104：54）　　3.Ab型Ⅳ式圈足盘（M104：31）　　4.Ab型Ⅱ式豆
（M104：29）　　5.B型Ⅲ式夹砂盖豆（M104：43）　　6.A型Ⅳ式壶（M104：57）

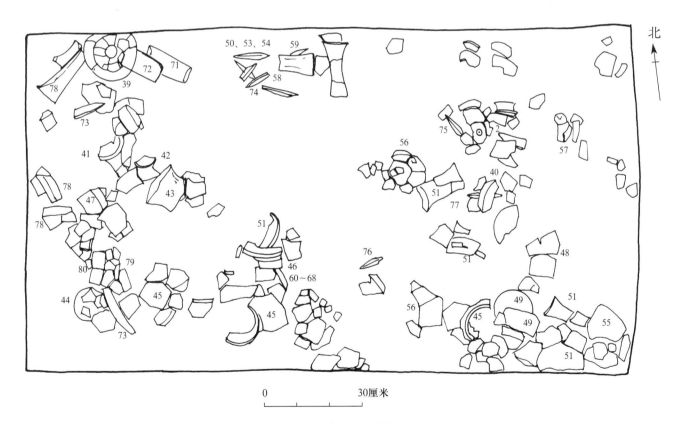

图二〇四　石峡文化中期M108一次葬器物放置墓底平面图

一次葬器物：78、80.B型Ⅲ式、Ab型Ⅱ式盘形鼎　39、44.Aa型Ⅰ式豆　41.豆（残）　40.E型双贯耳壶（残）　42、
57.A型Ⅴ式夹砂盖豆　52、56.D型Ⅱ式、A型Ⅳ式夹砂盖豆　43.Ab型Ⅰ式盆形鼎　45、49、70.C型Ⅱ式釜　51.B型
Ⅱ式釜形鼎　55.Ab型Ⅱ式圈足盘　48.圈足盘（残）　47.C型Ⅲ式壶　79.B型器盖　71、72.C型Ⅱ式、A型Ⅰ式长身石
锛　73.B型Ⅱ式石　74～77、46、50、53、59、61、62、64、67、69、81.A型Ⅱ式石镞　54、58、60、63、65、68.A型Ⅰ式
石镞　66.B型Ⅲ式石镞

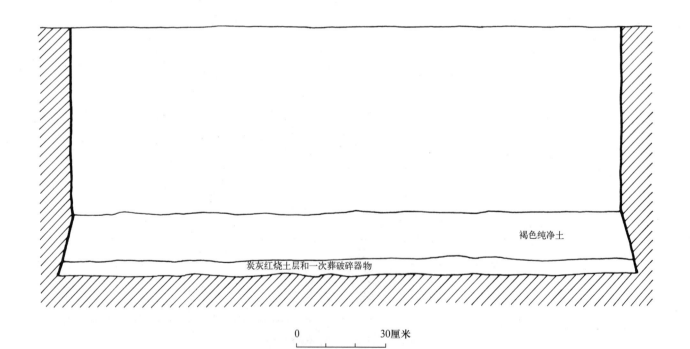

图二〇五　石峡文化中期M108二次葬平、剖面图和随葬器物

二次葬器物：1、3.Ad型、Ab型Ⅲ式盆形鼎　2、6、13.A型Ⅰ式、B型Ⅲ式、A型Ⅴ式夹砂盖豆　5.C型Ⅳ式梯形足三足盘　11.Ab型Ⅱ式圈足盘　4、12.Bb型Ⅱ式、Ab型Ⅰ式豆　7、9.Bb型Ⅳ式夹砂陶罐　10.Ab型Ⅳ式盘形鼎　14.C型Ⅲ式壶　8.Ac型Ⅰ式器盖（罐盖）　82.B型器盖（壶盖）　15、16.A型Ⅱ式梯形石锛　17.C型Ⅲ式长身石锛　18～27、29、30、32、35、36.A型Ⅱ式石镞　28、31、33、34、38.A型Ⅰ式石镞　37.A型Ⅲ式石镞

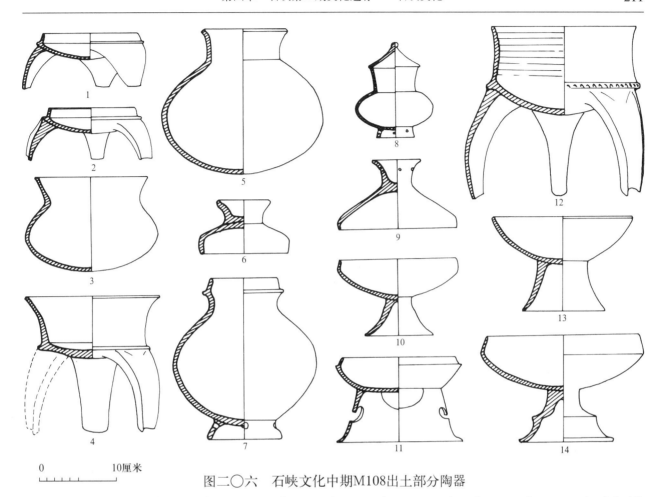

0 　　　　　10厘米

图二〇六　石峡文化中期M108出土部分陶器

1.C型Ⅳ式梯形足三足盘（M108：5）　　2.Ab型Ⅳ式盘形鼎（M108：10）　　3.C型Ⅱ式釜（M108：45）　　4.Ab型Ⅲ式盆形鼎（M108：3）　　5.A型Ⅱ式釜（M108：70）　　6.Ac型Ⅰ式器盖（M108：8）　　7.Bb型Ⅳ式夹砂陶罐（M108：9）　　8.C型Ⅲ式壶（M108：14）　　9.A型Ⅴ式夹砂盖豆（M108：13）　　10.Bb型Ⅱ式豆（M108：4）　　11.Ab型Ⅱ式圈足盘（M108：11）　　12.Ad型盆形鼎（M108：1）　　13.D型Ⅱ式夹砂盖豆（M108：52）　　14.Aa型Ⅰ式豆（M108：44）

　　M78（图二一一、二一二；图版五一：1），位于T35东北—T36西北，石峡三期文化层下，打破石峡二期和石峡一期文化层。一次葬墓，方向96°。长方梯形竖穴土坑墓，墓口长184、墓底长177、墓口东宽75、西宽70、墓底东宽73、西宽60、东深55、西深46厘米，墓西端便见炭屑、红烧土块、灰土层堆积，厚32厘米，向东倾斜至墓底，东端厚20厘米。墓底东边长80厘米、厚3～5厘米炭屑烧土层内，散见碎骨，有肋骨、脊椎骨、肢骨碎片，东端撒朱砂，7件随葬器物，有圈足盘1件，曲折纹泥质陶罐1件，梯形锛2件，镞3件。

　　M91（图二一三、二一四；图版五一：2）位于T67南，石峡三期文化层下，打破石峡一期文化层。一次葬墓，方向90°。长方梯形竖穴土坑墓，墓长96、东宽72、西宽64、深30厘米，填土灰褐色杂有少量炭屑、红烧土，尸骨无存，7件随葬器物放在墓底，有圈足盘1件，豆1件，河砾石石片5件，其中两件石片的薄刃部分曾磨过，甚锋利。

　　二次葬墓

　　M21（图二一五、二一六；图版五二：1、2），位于T52东北，表土层下，打破石峡一期文化层，南壁被石峡三期柱洞打破。二次葬墓，方向110°。长方形红烧土壁竖穴坑墓，墓长180、宽90、

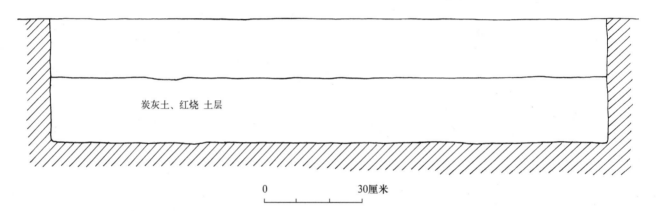

图二〇七　石峡文化晚期M6平、剖面图和随葬器物

1.B型Ⅱ式玉环　2.玉环形琮　3.B型Ⅲ式釜（残）　4.残下肢骨　5.炭化稻谷凝结块

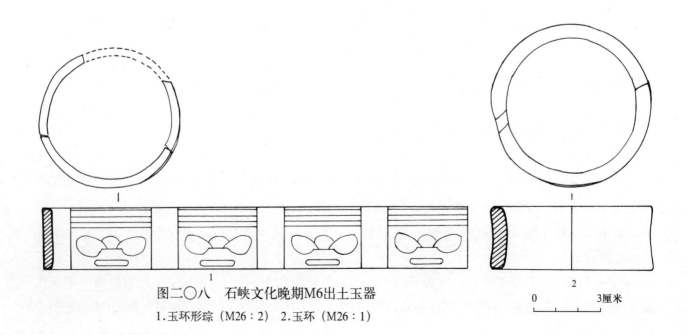

图二〇八　石峡文化晚期M6出土玉器

1.玉环形琮（M26：2）　2.玉环（M26：1）

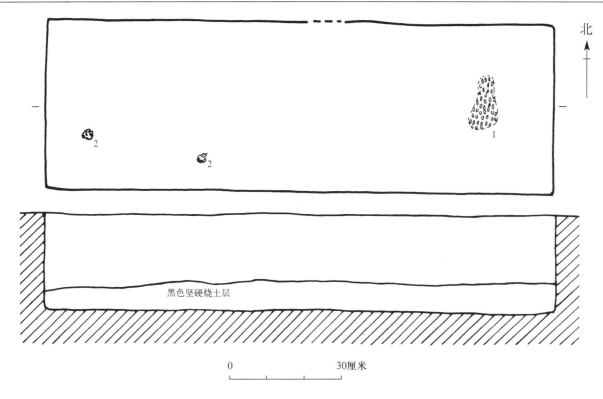

图二〇九 石峡文化晚期M13平、剖面图和随葬器物
1.炭化稻谷凝结块 2.骨渣碎片

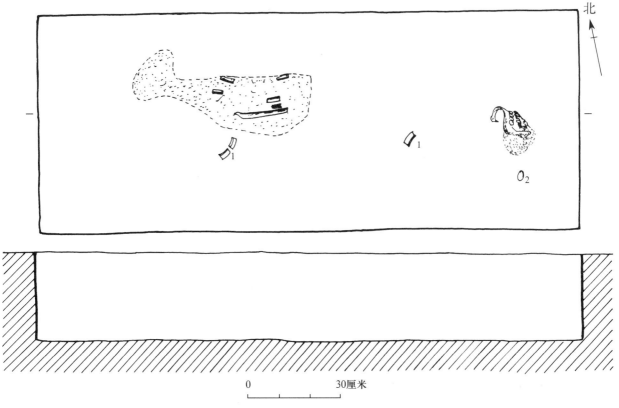

图二一〇 石峡文化晚期M56平、剖面图和随葬器物
1.玉环形琮（残） 2.小河卵石

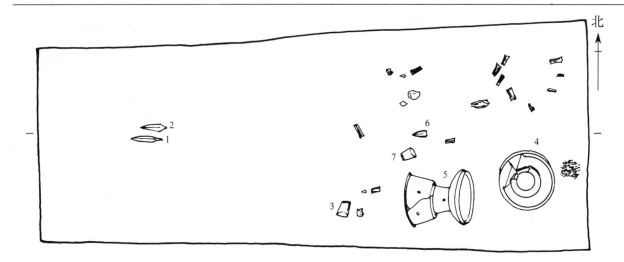

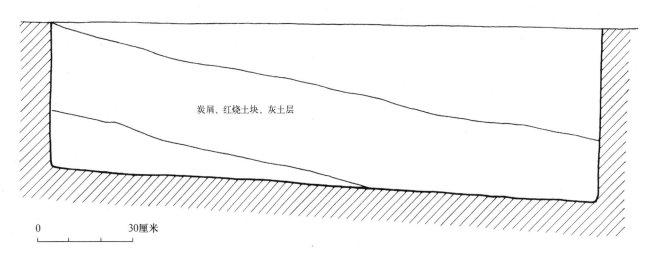

炭屑、红烧土块、灰土层

0　　　　　　30厘米

图二一一　石峡文化晚期M78平、剖面图和随葬器物

随葬器物：1、2、6.A型Ⅱ式石镞　3、7.D型Ⅱ式、D型Ⅰ式梯形石锛　4.曲折纹泥质陶罐　5.Da型Ⅲ式圈足盘

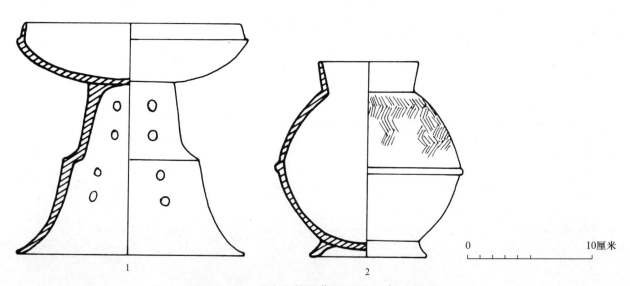

0　　　　　　10厘米

1　　　　　　　　　　　　　　2

图二一二　石峡文化晚期M78出土部分陶器

1．曲折纹泥质陶罐（M78：5）　2.Da型Ⅲ式圈足盘（M78：4）

深110厘米，墓坑烧烤欠佳，仅见小块红烧土壁，表土层下铁锰淋滤层已见红烧土块、木炭、黑炭灰土，距墓口65～70厘米为一堆一次葬迁来碎陶片。尸骨堆置墓底东端偏北，上撒朱砂。20件二次葬器物放在尸骨堆东边，玉笄（锥形器）1件置尸骨堆上，圈足盘6件，豆7件，釜形鼎2件，釜3件，器盖1件。8件一次葬器物，有圈足盘4件，豆2件，曲折纹陶罐1件，釜1件，红烧土块中夹杂炭化稻谷。

M45（图二一七、二一八；图版五三：1），位于T24中部，石峡三期文化层下，打破生土，西南墓口被石峡三期文化层打破。二次葬墓，方向97°。长方形红烧土壁竖穴土坑墓，南壁上半壁烧烤痕迹不明显，其余部分红烧壁烧烤得较好，墓口北壁中间有一半圆形浅坑向外凸出，同样经烧烤过，可能是踏脚用的，墓长275、宽110、深120厘米。尸骨堆置墓底东北隅，上撒少量朱砂，15件二次葬器物和一堆铁锰豆陈放在尸骨堆南边，有圈足盘2件，豆1件（豆盘中央撒朱砂），壶1件，器盖1件，玉珠4件，玉管1件，绿松石片2件，玉笄（锥形器）1件、玉环1件，上述装饰品除环之外，均放在尸骨堆或附近，铁锰豆611粒，石英小颗粒18粒，聚拢在一起，陈放在20号壶附近，铁锰豆是石灰岩风化后散布在泥土中的颗粒，石英石颗粒均小而圆润，推测是从河边砂粒中采集的。22件一次

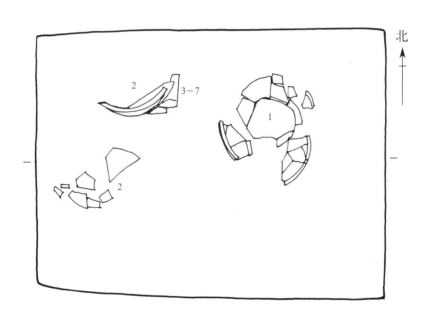

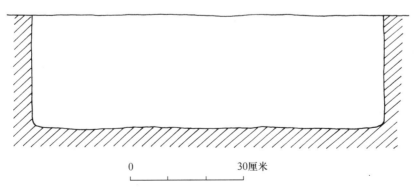

图二一三　石峡文化晚期M91平、剖面图和随葬器物
1. F型圈足盘　2. C型Ⅳ式豆　3～7. 打制石片（其中2件刃部磨光）

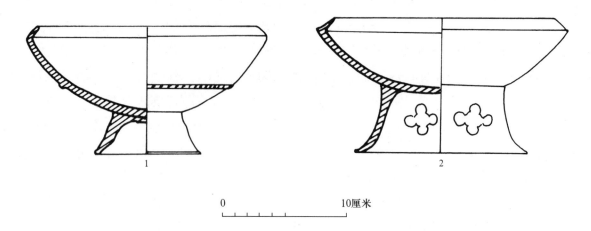

0   10厘米

图二一四　石峡文化晚期M91出土部分陶器
1. C型Ⅳ式豆（M91：2）　2.F型圈足盘（M91：1）

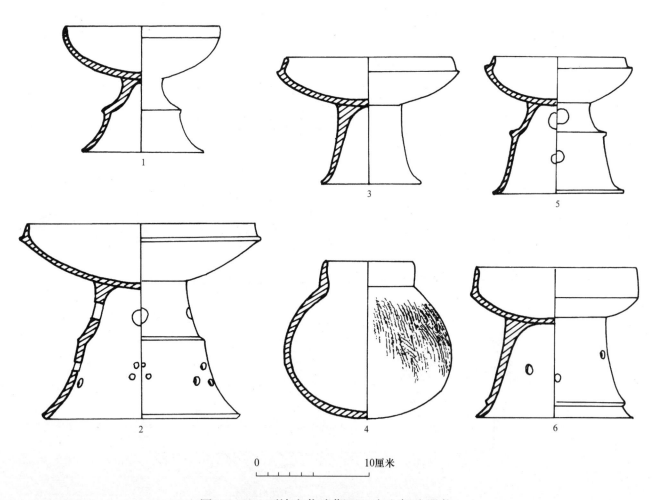

0   10厘米

图二一五　石峡文化晚期M21出土部分器物
1.Ac型Ⅳ式豆（M21：17）　2.Da型Ⅲ式圈足盘（M21：7）　3.Bd型Ⅰ式豆（M21：9）　4.B型Ⅲ式釜（M21：15）　5.Db型Ⅱ式圈足盘（M21：22）　6.Cc型Ⅲ式圈足盘（M21：12）

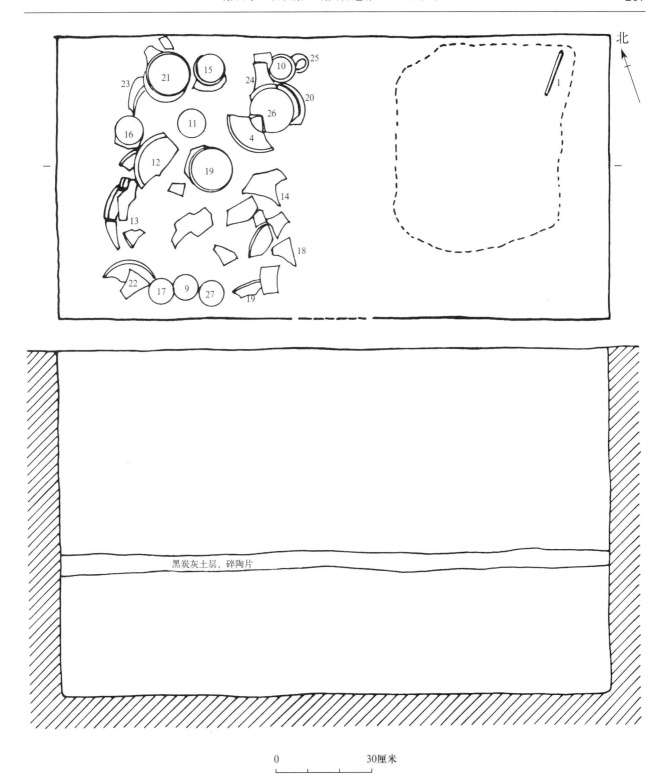

图二一六　石峡文化晚期M21二次葬平、剖面图和随葬器物

二次葬随葬器物：1.玉笄（锥形器）　10、13、17.Ac型Ⅳ式豆　9、16、27.Bd型Ⅰ式豆　11.残豆　23、24.B型Ⅱ式釜形鼎　20.A型Ⅱ式釜　25.残器盖　14、15.B型Ⅲ式釜　12、21.Cc型Ⅲ式圈足盘　26.Da型Ⅳ式圈足盘　18、19、22.Db型Ⅱ式圈足盘

一次葬随葬器物：2.B型Ⅲ式釜　3、8.Bd型Ⅱ式豆　6.曲折纹圈足罐　4.Cb型Ⅲ式圈足盘　5、7.Da型Ⅲ式圈足盘　28.Db型Ⅱ式圈足盘

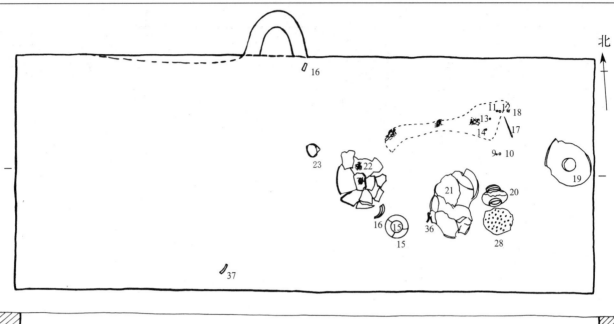

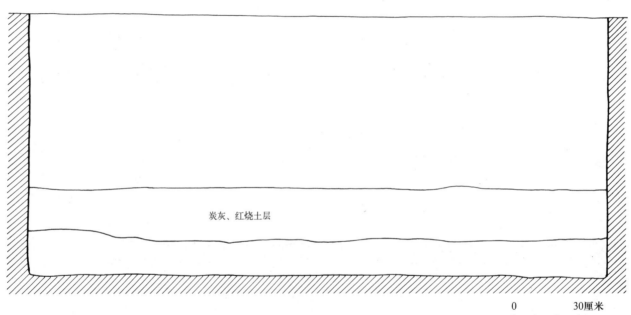

图二一七　石峡文化晚期M45二次葬平、剖面图和随葬器物

二次葬器物：19、21.Da型Ⅲ式、Db型Ⅰ式圈足盘　20.壶（残）　22.Bd型Ⅱ式豆　23.Ab型器盖　9～12.玉珠　13、14.绿松石片　15.C型Ⅱ式玉环　17.玉笋（锥形器）　18.玉管　28.铁锰豆611粒、白色石英18粒

一次葬器物：1～8.玉管　24.D型Ⅲ式釜　25.豆（残）　26.Da型Ⅲ式圈足盘　27、34.A型Ⅴ式釜形鼎　29.泥质罐（残）　30、31.曲折纹陶罐　32、33.D型簋　35.A型Ⅳ式有肩石锛　16、36、37.A型Ⅱ式玉璜

葬器物在距墓口深80厘米，厚约20～25厘米炭灰、红烧土层和近墓底出土，炭屑中有许多是竹片烧过的炭，破碎陶器集中西端贴西壁出土，有圈足盘1件，簋2件，豆1件，泥质罐3件（2件为曲折纹矮圈足罐），釜形鼎2件，釜1件，有肩锛1件，玉璜3件（16、36号原是1件器物），玉管8件。

M54（图二一九、二二〇；图版五三：2），位于T22东边—T23西边，石峡三期文化层下，打破生土，石峡三期文化中期Ⅱ段M55墓底东北角打破M54西南角填土。二次葬墓，方向107°。长方形红烧土壁竖穴土坑墓，红烧土壁烧烤较好，墓口长240、墓底长230、东宽88、西宽98、深105厘米。尸骨

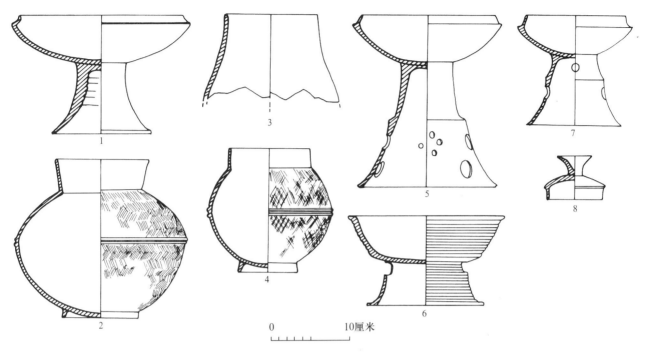

图二一八　石峡文化晚期M45出土部分陶器

1.Bd型Ⅰ式豆（M45：22）　2、4.曲折纹陶罐（M45：31、30）　3.D型Ⅲ式釜（M45：4）　5.Da型Ⅳ式圈足盘（M45：19）　6.D型簋（M45：32）　7.Db型Ⅰ式圈足盘（M45：21）　8.Ab型器盖（M45：23）

堆置墓底中部偏东，墓底有10厘米炭灰土层，一、二次葬器物均放置墓底炭灰土层上，尸骨堆西边。30件二次葬器物与一次葬器物混放一起，有圈足盘4件，豆4件，泥质罐1件，鬶1件，釜形鼎1件，釜1件，夹砂盖豆1件，梯形锛1件置尸骨堆上，玉钺1件；镞14件放在尸骨堆南，镞锋朝西；玉琮1件置尸骨堆东南。38件一次葬器物，少数残锛在填土出土，其余在墓底，多数已残，有矛形足三足盘1件，圈足盘4件，豆4件，泥质罐1件，鬶2件（仅见分裆部分），盂1件，釜形鼎1件，釜1件，陶纺轮1件，长身锛2件，梯形锛1件，镞19件压在二次葬陶器物下面。石峡文化墓葬中只有该墓出土3件陶鬶个体。

M112（图二二一、二二二；图版五四：1），位于T74中部，石峡三期文化层下，打破生土。二次葬墓，方向95°。长方形红烧土壁竖穴土坑墓，红烧土壁痕迹不明显，墓长130、宽50、东深65、西深42厘米，墓底呈斜坡状，西高东底。距墓口13厘米西南端，见红烧土块和炭块，至15厘米整个墓坑填土见红烧土和炭块、炭屑，土质较松，墓底有一层从西向东倾斜炭灰、红烧土层，西边厚21、东边厚4厘米，距墓口15~35厘米填土里夹杂部分一次葬破碎器物，多数一次葬器物在墓底与二次葬器物一起放在红烧土炭屑层上，尸骨堆腐朽无存，8件二次葬器物，有圈足盘3件，豆3件，釜形鼎2件。8件一次葬器物，有圈足盘4件，豆3件，凿形鼎足1件。墓底中部偏东出土半块圆筒形实心炭化物，直径6、残高5厘米，推测原来是装在竹筒里的稻谷或米。

M118（图二二三、二二四），位于T10西南，石峡三期文化层下，打破石峡一期文化层。二次葬墓，方向100°。长方梯形红烧土壁竖穴土坑墓，墓长234、东宽90、西宽78、深95厘米，东南角红烧土壁较清楚，其余部分墓壁仅见小片红烧土，距墓口40厘米西北填土为炭屑和一次葬碎陶片，其堆积西端长90、厚30厘米，薄2厘米。由西向东倾斜，之下为灰褐色填土，尸骨堆置墓底东端，

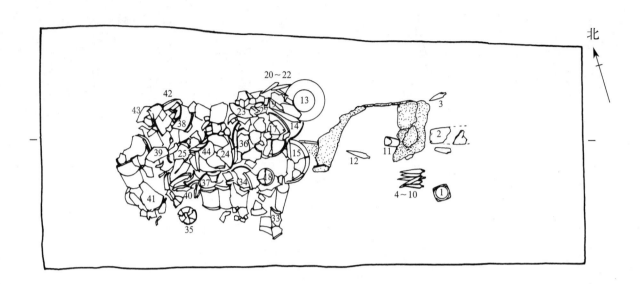

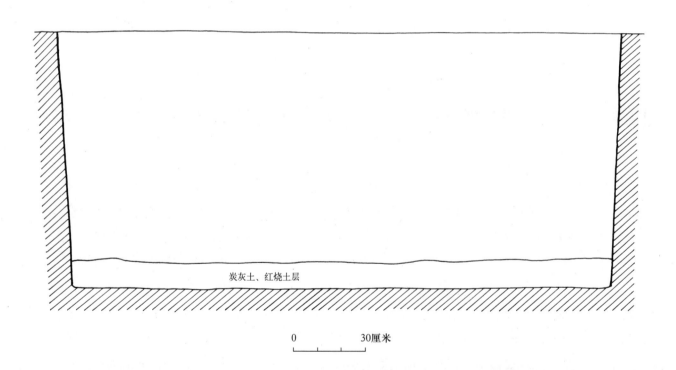

炭灰土、红烧土层

0   30厘米

图二一九 石峡文化晚期M54二次葬平、剖面图和随葬器物

二次葬器物：1.玉琮 2.D型Ⅴ式玉钺 3～10、12、14、19～22.A型Ⅳ式石镞 11.D型Ⅰ式梯形石锛 13.C型Ⅲ式泥质陶罐 15、17.Da型Ⅰ式圈足盘 18.Bc型Ⅱ式圈足盘 24.Cb型Ⅲ式圈足盘 43.D型Ⅲ式釜 23.A型Ⅴ式釜形鼎 25.陶鬶 27.D型Ⅳ式夹砂盖豆 34、36.Bd型Ⅰ式、Ba型Ⅳ式豆 35、37.Bc型Ⅲ式、Bd型Ⅰ式豆

一次葬器物：26、28～32、52～63.A型Ⅳ式石镞 49.B型Ⅲ式长身石锛 50.D型Ⅰ式梯形石锛 51.残石锛 61.D型Ⅱ式陶纺轮 67.残石镞 41、48.Bd型Ⅰ式豆 16.豆（残） 46.C型Ⅲ式豆 38.Ab型Ⅵ式圈足盘 40.Da型Ⅰ式圈足盘1 42.Cb型Ⅲ式圈足盘 33.圈足盘（残） 39.D型三角形足三足盘 44、45.陶鬶（残） 47.C型Ⅲ式泥质陶罐 64.C型Ⅲ式釜 66.盂（残） 68.A型Ⅴ式釜形鼎

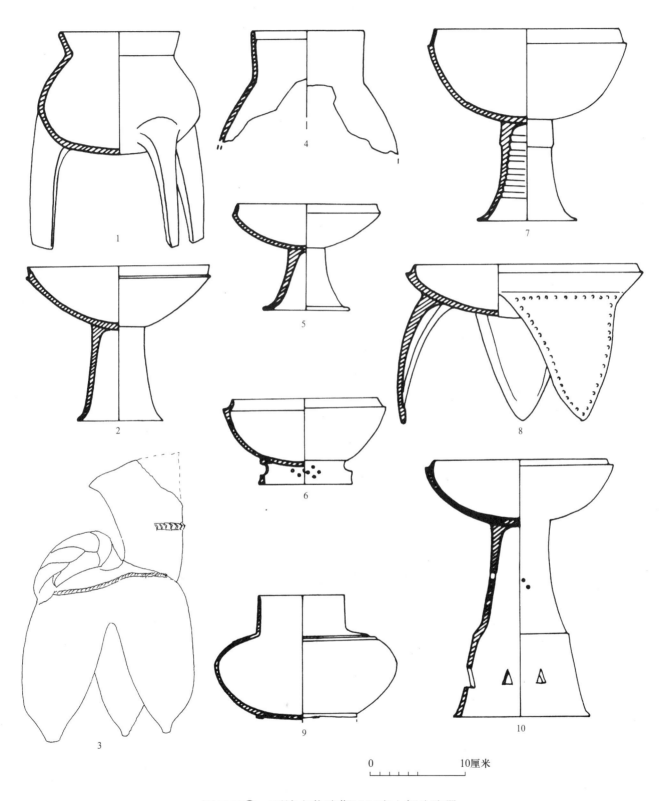

图二二〇　石峡文化晚期M54出土部分陶器

1.A型Ⅴ式釜形鼎（M54：23）　2.Bd型Ⅰ式豆（M54：37）　3.陶鬶（M54：25）　4.D型Ⅲ式釜（M54：43）　5.Bc型Ⅲ
式豆（M54：35）　6.Bc型Ⅱ式圈足盘（M54：18）　7.Ba型Ⅳ式豆（M54：36）　8.D型三角形足三足盘（M54：39）　9.
C型Ⅲ式泥质陶罐（M54：13）　　10.Da型Ⅰ式圈足盘（M54：17）

图二二一　石峡文化晚期M112二次葬平、剖面图和随葬器物

二次葬器物：1.A型Ⅴ式釜形鼎　4.Da型Ⅱ式圈足盘　5.Bc型Ⅳ式豆　6.A型Ⅳ式釜形鼎　8.Bd型Ⅱ式豆　9.Bc型Ⅳ式豆　11、12.Da型Ⅱ式圈足盘

一次葬器物：2、7、16.Bc型Ⅳ式豆（残）　3、10、14、15.Da型Ⅱ式圈足盘（残）　13.盘形鼎足

11件二次葬器物放在尸骨堆北边和西边，有圈足盘4件，豆3件，壶1件，釜形鼎1件，器盖1件（42号器盖＋2号壶），陶纺轮1件放在尸骨堆上。38件一次葬器物，多数放在墓底西端，少数陶器、纺轮、玉璜在填土炭屑层出土，其中470粒白色圆形小河卵石，在距墓口40厘米西北角填土中开始出现，散布在30×50厘米范围内，直至墓底器物层，该墓一次葬器物数量比二次葬器物多3倍，有圈足盘5件，豆4件，泥质陶鼎1件，壶1件，泥质陶罐1件，器盖1件，盘形鼎1件，釜形鼎3件，甑1件，盂1件，夹砂盖豆2件，凿形足1件，陶纺轮3件，梯形锛2件，有肩锛1件，镞1件，残锛1件，玉璜2件，玉笄（锥形器）1件，玉坠饰3件，石片饰1件，圆石英小河卵石47颗（编一件号），兽骨1块在填土出土。填土中有石峡一期文化遗存夹砂绳纹、刻划纹陶片。

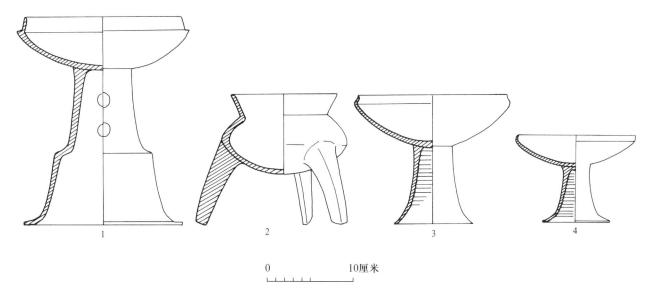

图二二二　石峡文化晚期M112出土部分陶器

1.Da型Ⅱ式圈足盘（M112：11）　2.A型Ⅳ式釜形鼎（M112：6）　3.Bd型Ⅱ式豆（M112：8）
4.Bc型Ⅳ式豆（M112：5）

　　无随葬品墓　11座。

　　M22，位于T51东南，表土层下，打破石峡二期文化层。墓坑北壁打破中期M7东南壁，南部三分之二墓坑打破中期M27北壁及上层填土。一次葬墓，方向97°。长方形浅穴土坑墓，墓长156、宽60、深24厘米。表土层18厘米下已见到填土中大量的灰土、木炭块呈长方形堆积，墓边清晰，墓内仅存少量骨渣。

　　M32，位于T52东南，表土层下，打破石峡一期文化层。一次葬墓，方向95°。长方形红烧土壁土坑墓，墓长170、宽60、深15厘米。墓坑南壁红烧土明显，墓底东端和西北角尚存少量骨渣，填土为灰黑色土。东西两端填土被石峡三期文化柱洞打破，无随葬器物。

　　M36，位于T44东南角、T55西北角，表土层下，打破石峡一期文化层。一次葬已迁墓，方向100°。长方形红烧土壁土坑墓，墓长120、宽49、深28厘米，东南部分红烧土壁烧烤较好，北壁为灰黑色土边，填土灰黑色，厚10~12厘米，尸骨无存，无随葬品。

　　M41，位于T45东北—T46西北，石峡三期文化层下，打破石峡一期文化层，墓坑东南部打破中期M42东北壁及上部分填土。一次葬已迁墓，方向94°。长方形红烧土壁土坑墓，墓口长180、墓底长177、墓口宽66、墓底宽64、深55厘米。墓底有一条腿骨骨渣痕迹。

　　M71，位于T31南，石峡三期文化层下，打破石峡一期文化层。一次葬墓，方向87°。长方梯形土坑墓，墓长150、宽49、残深10厘米，填土灰黑色，墓底东部有骨渣，无随葬器物。

　　M74，位于T30中部，石峡三期文化层下，打破石峡二期文化层。一次葬墓，方向87°。长方形浅穴土坑墓，墓长98、宽65、深10厘米，填土灰黑色，无随葬器物，墓底东、中部见零星碎骨渣。

　　M75，位于T30北部，石峡三期文化层下，打破石峡二期文化层。一次葬墓，方向95°。长方形浅穴土坑墓，墓长120、宽75、深15厘米，填土灰黑色，无随葬器物，墓底东端有碎骨渣。

0　　　30厘米

图二二三　石峡文化晚期M118二次葬平、剖面图和随葬器物

二次葬器物：1、9.Ca型Ⅳ式圈足盘　3、6.Bb型Ⅲ式圈足盘　4.Bc型Ⅲ式豆　2.B型Ⅲ式壶　42.Ab型器盖（壶盖）　5、20.C型Ⅳ式豆　7.A型Ⅳ式釜形鼎　8.B型Ⅱ式陶纺轮

一次葬器物：14、17.D型Ⅱ式、A型Ⅱ式梯形石锛　19.A型Ⅳ式有肩石锛　18.A型Ⅰ式石镞　21.残石锛　15、16.C型Ⅱ式陶纺轮　38.B型Ⅱ式陶纺轮　10.泥质陶鼎（残）　11、23.C型Ⅳ式夹砂盖豆（残）　22.A型Ⅳ式釜形鼎（残）　24、34、41.Da型Ⅰ式、Ba型Ⅰ式、Ba型Ⅲ式、Ca型Ⅳ式圈足盘　25.Ca型Ⅲ式圈足盘（残）　26.Ad型器盖　27.Bb型Ⅳ式泥质陶罐　33.C型Ⅲ式豆　29、30、31.豆（残）　28.壶（残）　32.盘形鼎（残）　35.A型Ⅲ式甑　43、44.釜形鼎（残）　45.凿形足　46.圈足盘（残）　49.Ⅲ式盉　12、36、47.玉坠饰　37.石片饰　39、40.A型Ⅲ式玉璜　13.玉笄（锥形器）　48.圆石英小河卵石470颗、兽骨1块

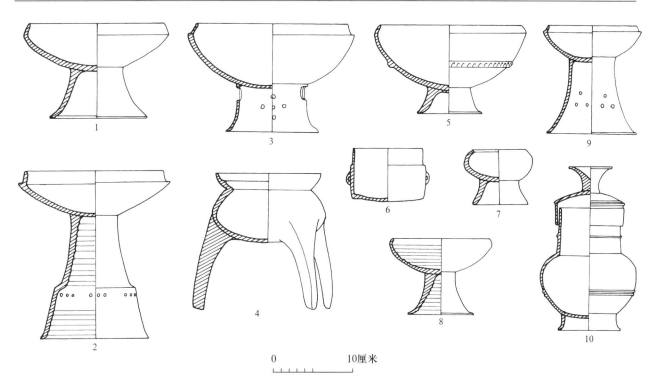

图二二四　石峡文化晚期M118出土部分陶器

1.D型Ⅳ式夹砂盖豆（M118：11）　2.Da型Ⅰ式圈足盘（M118：24）　3.Bb型Ⅲ式圈足盘（M118：3）　4.A型Ⅳ式釜形鼎（M118：7）　5.C型Ⅳ式豆（M118：5）　6.泥质陶鼎（M118：10）（残）　7.Ⅲ式盂（M118：48）　8.Bc型Ⅲ式豆（M118：4）　9.Ca型Ⅳ式圈足盘（M118：9）　10.B型Ⅲ式壶（M118：2、42）

M85，位T35南—T45北，石峡三期文化层下，打破石峡一期文化层。一次葬墓，方向90°。不规则长方形土坑墓，墓边用夹砂陶碎片和灰黑烧土块围绕，填土灰褐色，松软，夹杂大小红烧土块、木炭块，墓长150、西宽24、东宽32、残深10厘米。墓底东端尚存3片头盖骨碎片，为两三岁儿童遗骨，无随葬品。

M93，位于T21东南—T22西南，石峡三期文化层下，打破石峡二期文化层，东北边填土被石峡三期文化层打破。一次葬墓，方向90°。长方形竖穴土坑墓，墓长240、宽160、深34厘米，填土红褐色较纯净，仅见墓底中部北壁附近一段腐朽肢骨，无随葬器物。

M115，位于T15南—T25北，石峡三期文化层下，打破石峡一期文化层。一次葬墓，方向88°。长方梯形红烧土壁竖穴土坑墓，墓长170、东宽48、西宽56、深46厘米，墓坑红烧土壁完整，厚且结实，墓底有一层8～12厘米厚木炭土，之上散布零星骨碎，东端有头骨，骨壁较薄，距墓口18厘米填土有较多炭灰、红烧土，无随葬器物。

M122，位于T27东—T28西北，石峡三期文化层下，打破石峡二期文化层。一次葬墓，方向90°。长方形红烧土壁竖穴土坑墓，墓长160、宽60厘米，距墓口16厘米以下，东、南、北壁红烧土壁烧烤得较好，填土里有较厚炭灰层，东端厚30、西端厚6厘米，从西向东倾斜，夹杂少量夹砂陶，尸骨无存，无随葬品。

第三节 墓葬出土遗物

一、石器、玉器

（一）石器

962件，占随葬品总数的38.88%。分别出自61座墓，其中二次葬墓45座，一次葬墓12座，一次葬已迁墓4墓。

石器的制作，由选择、切割、琢打成型到通体磨光，并根据不同器形进行细部加工，已有一套较完整的程序，部分长身锛、铲、钺的器表经过抛光，显得平滑光亮。选料以沉积岩中泥质板岩、砂质板岩为主。石料来自遗址北边附近马坝河，尚未发现采用狮头山或狮尾山出产石灰石制作石器。占石器总数67.46%的石镞，主要用千枚岩磨制而成。仅见1件霏细岩双肩石锛，乃M67二次葬墓随葬品，按霏细岩石材，系南部西樵山特产，分析该石锛的形制和制法，知为西樵山遗址同时期交换所得的产品。

器类有镬、铲、大型长身锛、梯形锛、有段锛、有肩锛、凿、镞、砺石、锤、锥和打制石片等。随葬石镬的墓里，石器品种齐全，数量较多，且有琮、钺共存，推测镬之功能不仅限于生产，可能还是墓主人生前权力或财富的象征。大型长身石锛，不少器表经抛光，刃部锐利，但无使用痕迹。随葬石镞数量的多寡，与之共存石器种类的多少成正比，应有特殊含义。

镬 20件，占随葬石器的2.07%。出自14座二次葬墓，1座一次葬墓，占本期墓葬总数的14.7%。分别为：M10、M27、M33、M42、M43、M44、M57、M59、M69、M77、M80、M104、M105、M108和一次葬墓M98。除M33、M108为中型深穴墓，其他均为大型深穴墓。镬的形制为长梯形或长条形，背部中段拱起，正面内凹，器体较厚部分于拱背处，上下两端器体渐薄，两端有刃，上端琢打刃面，大多数没有加磨，下端单面斜刃，刃端弧形，横截面作梯形或圆角梯形，侧视为弓背状锛。分三型。

A型 6件。短身，宽体，长梯形或薄体长梯形，背部稍拱，正面平直或微凹，两端刃，上端经打制，下端磨制下斜刃或齐刃，刃端弧形。侧视背部微拱。分3式。

I式 3件。长梯形厚体较宽，身短，上端顶部平，上下两端宽度相差小。标本M77：7（图二二五：1；图版五五：1），上端钝平，下端单面斜刃，背面上段隆起，正面稍凹，横截面圆角长方形。长14、上端宽4、刃宽5.2、厚2.5厘米。标本M44：10（图二二五：5），厚体宽身长梯形，正面平直，下段稍内凹，上端平，下端单面齐刃，横截面长方形。长14.4、上端宽4.5、刃宽5.5、厚5.6厘米。

II式 2件。宽身薄体长梯形。标本M57：2（图二二五：3；图版五五：2），宽身薄体长梯形，背部拱，正面内凹，上下端为单面斜刃，横截面梯形。长19.2、上端宽4.8、刃宽6.5、厚1.8厘米。标本M69：26（图二二五：9），薄体长梯形，上窄下宽，上端琢打成刃，刃面有缺口，下端单面斜刃，背面上段拱起，正面内凹，横截面圆角梯形。长20.5、上端宽4.5、刃宽7.5、厚2.4厘米。

III式 1件。标本M42：15（图二二五：8；图版五五：3），宽身扁平薄体长梯形，上窄下宽，上端似刃部分，经琢打未加磨，下端单面斜刃，刃已残。长18.7、上端宽5.5、刃宽8、厚2.2厘米。

B型 6件。窄身厚体长条形，背部明显拱起，正面平或稍内凹，上端扁薄呈楔形，无刃面，下端单面斜刃，器身厚体部分在拱背处，横截面梯形。分3式。

Ⅰ式 2件。标本M105：8（图二二五：4），上端无刃面，背面拱起部分以上有上斜面，正面平直，单面斜刃，两端均残。长13.5、上端宽3.5、刃宽4.2、厚2.6厘米。标本M105：6（图二二六：2；图版五五：4；彩版四：1），上端经琢打高低不平无刃面，正面平直，单面斜刃，器身保留琢打痕迹，器体小型。长11、上端宽2.6、刃宽3.6、厚2.2厘米。

Ⅱ式 2件。以拱背隆起处为界，向上向下各有斜面，正面平直，下段微凹。标本M108：73（图二二五：6），厚体，上端刃部琢打无刃面，下端单面斜刃。长17.2、上端宽3.3、刃宽5、厚3.3厘米。

Ⅲ式 2件。正面稍内凹。标本M10：4（图二二五：7），上刃琢打未加磨，下刃残断后再加磨，刃端平直，长15.8、上端宽2.8、刃宽5、厚2.8厘米。标本M104：27（图二二五：2；图版五五：5），背面中上部拱起，器身厚重，单面斜刃。长19.7、上端宽3.6、刃宽5、厚3.4厘米。

C型 8件。窄身厚体长条形，背部中段或中上段拱起，不同于B型的部分是正面内凹较甚，器体比B型窄，上端窄有琢打刃面未加磨，下端宽单面斜刃，刃端弧形，横截面圆角梯形，器体均大型。长18～22厘米。最大一件长31厘米。器体于中段上部拱背部分较厚实，上段和下段渐薄。分3式。

Ⅰ式 2件。标本M69：7（图二二五：10；图版五五：6；彩版四：2），背部中上段拱起，下段向下斜平，正面内凹，单面斜刃，器身遗留琢打疤痕。长19、上端宽3.5、刃宽5.6、厚2.8厘米。

Ⅱ式 3件。上窄下稍宽，器体上、下段渐薄，下端为单面大斜刃。标本M105：4（图二二五：11；图版五五：7；彩版四：3），背部拱起，正面内凹，两端均见刃面，上刃窄，下刃宽，单面斜刃，下刃端呈弧形。长19、上端刃宽2、下端刃宽4.2、厚2厘米。标本M27：30（图二二六：1），背面中上段拱起，上下段器身渐薄，上端有琢打刃面未加磨，下端单面斜刃。长22.5、上端面宽2.6、刃宽4.3、厚3.8厘米。

Ⅲ式 3件。器体均为大型，拱背厚处在上段，正面内凹，拱背至上下两端器体渐薄，器体窄且长，比上述列举石镬均显得轻巧灵便。标本M80：17（图二二五：12；图版五五：8），上端有琢打刃面，已残，下端大而长单面斜刃面。长20.5、上端宽2.5、刃宽3.4、厚3.2厘米。标本M59：1（图二二六：3；图版五五：9；彩版四：4），背面上段拱起，器体较厚，下三分之二器身薄而弧，形如鹤嘴镐。长28.4、上端宽3.5、刃宽5.6、厚3.5厘米。标本M43：52（图二二五：13），器体特厚，上段背面拱起，下部三分之二为下斜弧面，上端有琢打刃面，下端单面斜刃，刃端弧形，此件为石镬中最巨者，长31、上端宽3.8、刃宽6、厚4.6厘米。

上述随葬石镬的15座墓，其中M44、M57、M69、M77、M105共5座为石峡文化早期墓，其余10座为石峡文化中期墓。C型石镬8件，有5件在中期墓中出土，而C型Ⅲ式镬只在中期墓出土，均为大型二次葬墓。叁期墓里已不见石镬随葬。

铲 21件。占随葬石器的2.18%，出自14座墓，占墓葬总数的13.72%。分别为：M5、M15、M37、M42、M43、M53、M61、M69、M77、M80、M81、M104、M107、M119。除M15、M37为一次葬墓，其他均为二次葬墓。铲的形制为扁平薄体长方形或长梯形，弧首、平首或斜首，双侧平直或下斜，上端穿一孔，双面下斜刃，横截面双尖头锥形。分4式。

Ⅰ式 11件。扁平薄体长方形，弧首、平首或斜弧首，宽体，两侧下斜磨成双面刃或无刃

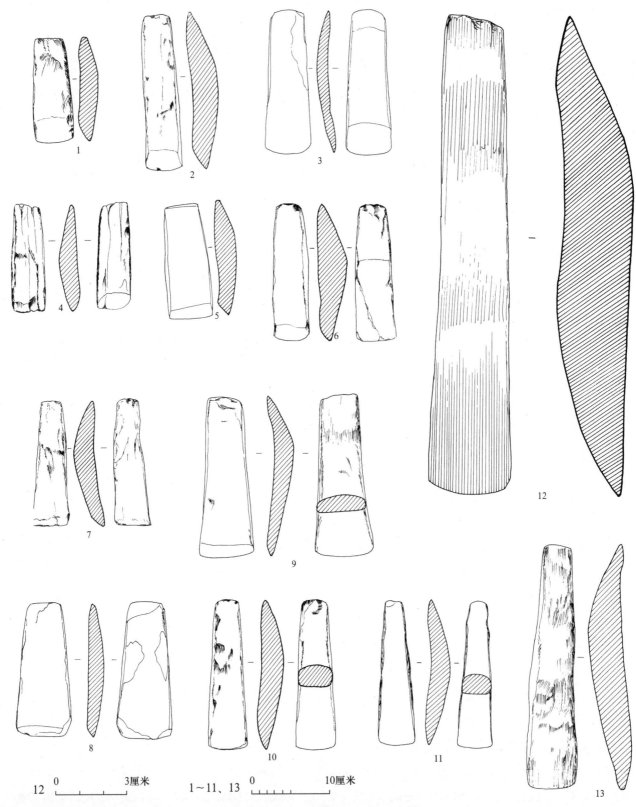

12　　0 ⊢——⊢——⊢——⊣ 3厘米

1～11、13　0 ⊢—⊢—⊢—⊢—⊢—⊣ 10厘米

图二二五　石峡文化随葬石镮

1、5.A型Ⅰ式镮（M77：7、M44：10）　3、9.A型Ⅱ式镮（M57：2、M69：26）　8.A型Ⅲ式镮（M42：15）　4.B型Ⅰ式镮（M105：8）　6.B型Ⅱ式镮（M108：73）　2、7.B型Ⅲ式镮（M104：27、M10：4）　10.C型Ⅰ式镮（M69：7）　11.C型Ⅱ式镮（M105：4）　12、13.C型Ⅲ式镮（M80：17、M43：52）

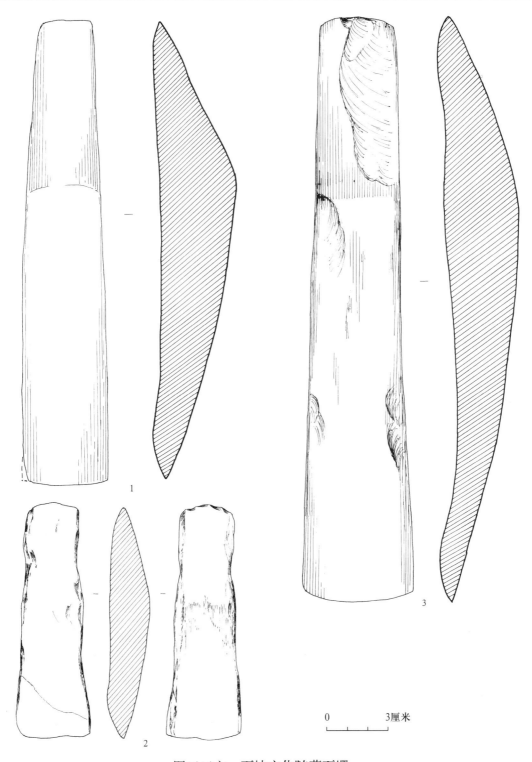

0　　　3厘米

图二二六　石峡文化随葬石镬

1.C型Ⅱ式（M27：30）　　2.B型Ⅰ式（M105：6）　　3.C型Ⅲ式（M59：1）

面，上端双面管钻一孔，正背面平直，双面下斜刃，刃端弧形。横截面双尖头锥形。标本M69：11（图
二二七：1；图版五六：1），长17.1、首宽8.9、刃宽10.5、厚0.9厘米。标本M77：29（图二二七：4；
图版五六：2），出土时已断为四块，刃部一角在填土中出土，为光滑发亮黑色，其余在墓底出

土，呈灰色粗糙面。长13.9、首宽7.1、刃宽7.8、厚1.1厘米。标本M107：17（图二二七：5；图版五六：3），宽体，双侧有刃不明显。长19.2、首宽11.4、刃宽12.7、厚1.9厘米。标本M81：1（图二二七：7；图版五六：4），器身两侧微斜弧无刃面，横截面平头锥形。长15.4、首宽8.9、刃宽10.6、厚1.1厘米。标本M42：12（图二二七：2），薄体斜弧首，两侧斜直，双面斜刃，刃端稍弧有崩损，横截面双尖头锥形。长18、首宽8.4、刃宽10、厚0.6厘米。

Ⅱ式　6件。扁平薄体长方梯形，上端双面管钻一孔，双侧斜直薄无刃口，正、背面平直，双面斜刃，刃端平直或稍弧，横截面双尖头锥形。标本M53：2（图二二七：3；图版五六：5），两侧直身磨平无刃口，双面斜刃，刃端弧有崩损口。长15.7、首宽7、刃宽8.2、厚1厘米。标本M119：3（图二二七：6；图版五六：6；彩版四：5），平首有切割痕迹和半个孔，上端双面管钻一孔，双面斜刃，刃端弧。长18.3、首宽7.7、刃宽9.1、厚0.9厘米。标本M42：11（图二二七：8），双面斜刃，刃端平。长18.1、首宽7.8、刃宽9.4、厚1厘米。

Ⅲ式　1件。标本M104：14（图二二七：10；图版五六：7；彩版四：6），大型扁平薄体长梯形，弧首，上端有双面管钻一圆孔，两侧下斜有不明显的刃，双面平直下斜刃，刃端平直斜向一侧，横截面双尖头锥形。长24、首宽11、刃宽13.8、厚0.9厘米。此件铲为石铲中最大型一件。

Ⅳ式　3件。扁平窄身长梯形，斜首，两侧下斜，正、背面平直或稍隆起，近首部内收，上段有双面实心钻或管钻一圆孔，双面下斜刃，刃端斜弧形，横截面双尖头锥形，器表经抛光。标本M43：56（图二二七：12；图版五六：8；彩版四：7），正背面稍隆起。长20.3、顶宽6、刃宽7.2、厚1.1厘米。标本M80：25（图二二七：9；图版五六：9；彩版四：8），上段双面实心钻一圆孔，正背面稍隆起。长18.8、顶宽5.8、刃宽7.8、厚1.3厘米。标本M104：42（图二二七：11），器身一侧亚腰，一侧下斜，上段双面实心钻一圆孔，长23、首宽6.6、刃宽8.5、厚1.4厘米。

上述随葬石铲的14座墓，其中早期墓8座，早期Ⅰ段3座和Ⅱ段5座。6座为中期墓，M15一次葬墓，其余为中期大型二次葬墓。Ⅰ、Ⅱ式石铲在早、中期墓出土，Ⅲ式石铲只见在中期墓出土。晚期墓中已不见随葬石铲。

长身锛　46件，占随葬石器的4.78%。出自25座墓，占本期墓葬总数的24.5%。其中除M8为一次葬墓外，其余24座为二次葬墓：M10、M17、M19、M27、M29、M39、M43、M44、M47、M54、M57、M59、M61、M67、M69、M77、M79、M80、M99、M104、M105、M108、M114、M131。除M17、M19、M61、M79、M131外，均为大型深穴墓。M17、M39、M44、M57、M61、M69、M77、M99、M105、M114、M131共11座为早期墓，出土长身石锛21件；M54为晚期墓，出土1件长身石锛；其余为中期墓，出土长身石锛24件。长身锛为长身扁圆体或长身扁方体，正面和背面平直或稍隆起，平顶或弧顶，器体双侧磨锐或磨平，横截面为梭形、椭圆形、馒头形、圆角长方形，单面下斜刃或单面内凹卷刃，刃端弧形，长短大小不一。分四型。

A型　24件。大型长身扁圆体，平顶或弧顶，器体正、背面隆起，双侧锐薄，单面下斜刃。一般长度12～21、厚2.2～2.6、少数小型的长8～10、厚2厘米。分3式。

Ⅰ式　16件。长身扁圆形。标本M57：5（图二二八：1；图版五七：1；彩版七：4），顶窄刃部稍宽，横截面近梭形，长21、顶宽6.6、刃宽8.8、厚2.4厘米。标本M57：1（图二二八：2；图

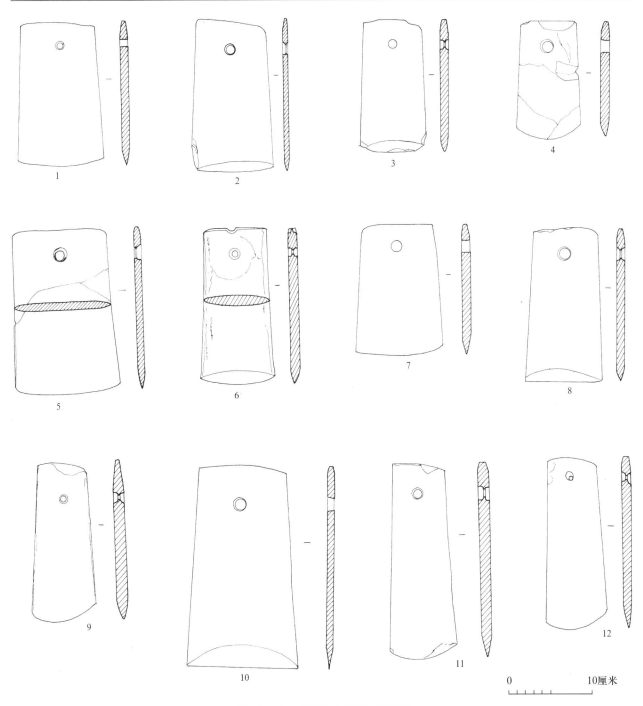

图二二七　石峡文化随葬石铲

1、2、4、5、7.Ⅰ式铲（M69∶11、M42∶12、M77∶29、M107∶17、M81∶1）　　3、6、8.Ⅱ式铲（M53∶2、M119∶3、M42∶11）10.Ⅲ式铲（M104∶14）　　9、11、12.Ⅳ式铲（M80∶25、M104∶42、M43∶56）

版五七∶2），弧顶，背面平直，正面隆起，器身保留琢打成型打击点，横截面为不规则椭圆形。长20.8、顶宽5.8、刃宽8、厚2.8厘米。标本M57∶4（图二二九∶1；图版五七∶3），平顶，正背面隆起，单面下斜刃，横截面梭形，顶部和两侧遗留打制面。长10.3、顶宽3、刃宽5.2、厚2厘米。标本M105∶7（图二二八∶3；图版五七∶4），平顶，背面近平，正面隆起，单面下斜刃，横截面

图二二八 石峡文化随葬长身石锛

1～3.A型Ⅰ式长身锛（M57：5、1、M105：7） 4～6.B型Ⅰ式长身锛（M99：3、M39：22、M47：114） 7.B型Ⅱ式长身锛（M104：17） 8、9.C型Ⅰ式长身锛（M114：8、M19：5）

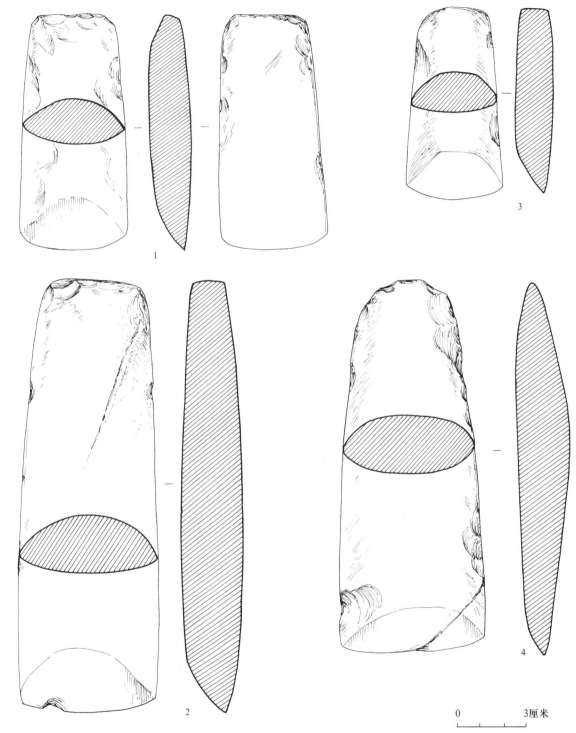

图二二九 石峡文化随葬长身石锛

1~4.A型Ⅰ式长身锛（M57：4、M131：18、M77：5、M114：4）

馒头形，顶部和两侧遗留打制面。长16.2、顶宽5.6、刃宽7.5、厚2.6厘米。标本M131：18（图二二九：2；图版五七：5），平顶，横截面为不规则椭圆形。从一次葬墓迁来随葬品，出土时断裂为两节在不同位置出土。长18.7、顶宽4.5、刃宽6、厚2.5厘米。标本M43：7（图二三〇：1；图版五七：6；彩版五：1），厚扁圆体长条形，上下器身两端收小，中间稍大，正背面隆起，横截面梭形，刃部有破损疤痕。长19.5、顶宽5、中间宽6、刃宽5.6、厚2厘米。标本M77：5（图二二九：3；图版五七：7），厚体短身，弧顶，背面隆起，正面中部高，向两侧磨出斜面，单面斜刃。长8.3、顶宽3.2、刃宽4.5、厚1.7厘米。标本M80：20（图二三〇：3），弧顶，上小下大，正、背面稍隆起，单面下斜刃，横截面近椭圆形。长13.5、顶宽4.5、刃宽6.1、厚1.8厘米。标本M114：4（图二二九：4；图版五七：8），长身厚体，弧顶，正面稍平，背面隆起，横截面椭圆形，两侧遗留打制痕迹，单面斜刃，刃端已裂，呈弧形。长16.2、顶宽2.8、刃宽6.5、厚2.4厘米。标本M105：5（图二三〇：4；图版五七：9），平顶，器身上厚下薄，正背面从上至下斜收，横截面扁椭圆形，单面斜刃，刃端斜。长13.5、顶宽4、刃宽10.5、厚1.8厘米。

Ⅱ式　4件。长身稍短扁圆形，正、背面隆起，横截面不规则椭圆形或馒头形。标本M29：19（图二三〇：6；图版五八：1），短身，上小下大，背面弧形下斜，正面中部隆起，向双侧弧斜。一次葬墓迁来随葬品，出土时断裂为两半。长8.5、顶宽2.8、刃宽4、厚1.7厘米。标本M8：3（图二三〇：2；图版五八：2），平顶已残，背面隆起，单面斜刃，刃端弧形，横截面椭圆形，长9、顶宽4、刃宽4.6、厚1.6厘米。

Ⅲ式　4件。长条扁圆体，弧顶，厚体，正面平直，背面稍隆，器身两侧磨平，单面下斜刃，横截面椭圆形或半球形。标本M10：12（图二三〇：5；图版五八：3），平顶稍弧，背面隆起，正面稍平，双侧磨圆，横截面椭圆形，利用河卵石自然面加工而成，长11、顶宽3、刃宽4.3、厚1.5厘米。标本M104：15（图二三〇：7；图版五八：4），弧顶且薄，背面下段隆起，单面下斜刃，横截面半球形。长6.1、顶宽1.6、刃宽2.1、厚1厘米。标本M27：32（图版五八：6），厚体弧顶，上小下大，正背面稍隆，单面斜刃，刃端稍弧，两侧腰部经琢打，保留打制面，横截面椭圆形。长10、顶宽2、刃宽5、厚1.9厘米。

B型　8件。形制同AⅠ式基本一致，所不同的是该型刃部为单面斜平刃面或内凹卷刃，形似圆口凿。分3式。

Ⅰ式　5件。长身厚扁圆体，器身两面隆起，横截面呈椭圆形或馒头形。标本M99：3（图二二八：4；图版五八：5），横截面椭圆形，器身保留琢打疤痕。长17.5、顶宽5.4、刃宽6.5、厚2.5厘米。标本M39：22（图二二八：5；图版五八：7），背部隆起，正面平直，横截面馒头形。长17.2、顶宽5.5、刃宽7.2、厚2.6厘米。标本M47：114（图二二八：6），上下端宽度相差较小，横截面椭圆形，顶一边已残，从一次葬墓迁来随葬品，出土时已断为5块，分散在黑灰土层中。长22.2、顶宽6.3、刃宽6.9、厚2.4厘米。标本M80：19（图二三一：1），平顶，正背面隆起，单面下斜刃，横截面椭圆形。长16.3、顶宽4.4、刃宽5.8、厚2.5厘米。

Ⅱ式　2件。短身厚扁圆体。单面内凹卷刃的刃面约占器身的三分之一或四分之一。标本M43：4（图二三一：2；图版五八：8；彩版五：2），弧背，正面隆起，横截面馒头形，刃面占器身近三分之一。长13.5、顶宽5、刃宽6.5、厚2.6厘米。标本M104：17（图二二八：7；图版五八：9），单面内凹卷刃，刃端呈弧线，横截面馒头形。长14.5、顶宽7.5、厚2.6厘米。

Ⅲ式　1件。标本M54：49（图二三一：4；图版五九：2），长身梯形薄扁圆体，平顶，器身双侧磨平，横截面钝尖榄形，单面内凹卷刃，刃面短且窄。长8.2、顶宽2.6、刃宽3.8、厚1.1厘米。

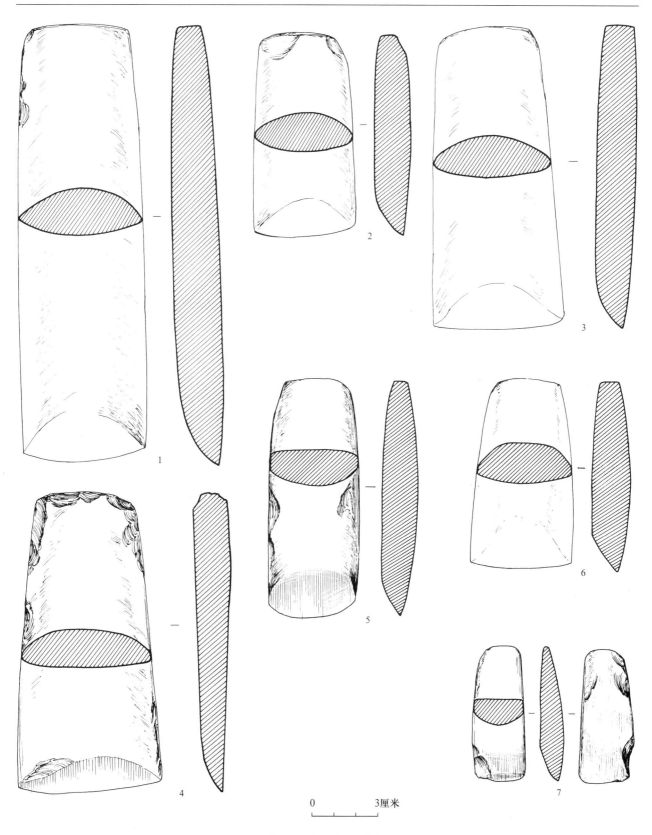

图二三〇 石峡文化随葬长身石锛

1、3、4.A型Ⅰ式长身锛（M43：7、M80：20、M105：5） 2、6.A型Ⅱ式长身锛（M8：3、M29：19） 5、7.A型Ⅲ式
长身锛（M10：12、M104：15）

C型　11件。长身、宽身或长梯形扁方体，平顶或弧顶，正面平直或正背面稍隆起，双侧磨平，单面齐刃，刃端平或弧形，横截面圆角长方形或梯形。分3式。

Ⅰ式　5件。长身扁方体较厚，横截面圆角长方形。标本M39：18（图二三二：3），斜顶，正面平直，背面隆起，单面齐刃。长10、顶宽3.8、刃宽4.8、厚1.9厘米。标本M114：8（图二二八：8；图版五九：3），平顶，背面平稍隆，双侧磨平，横截面圆角长方形。长16.3、顶宽6、刃宽7.2、厚18厘米。标本M17：30（图二三一：3；图版五九：4；彩版五：3），厚体，平顶，单面齐刃，刃端斜，器身两面有琢打疤痕。长14、顶宽3.6、刃宽4.8、厚2.2厘米。标本M19：5（图二二八：9；图版五九：5），平顶，器身双侧磨平，正背面留有琢打疤痕。长14、顶宽7、刃宽8.5、厚2.4厘米。

Ⅱ式　3件。宽身扁方体，长与宽之比约2：1，正面平，背面稍隆起。标本M108：71（图二三一：5；图版五九：6），斜顶，器身双侧磨平，单面齐刃，刃端平，棱角规整，横截面呈梯形。长12.4、顶宽4.6、刃宽5.5、厚1.7厘米。

Ⅲ式　3件。长梯形扁方体，斜顶或弧顶，双侧磨平，单面斜刃，刃端斜。标本M44：11（图二三二：2；图版五九：7），薄身扁方体，弧顶，正面稍内凹，单面齐刃。长12.2、顶宽3.4、刃宽5.4、厚1.2厘米。标本M108：17（图二三二：5），斜顶，背面稍隆，单面斜刃，横截面圆角长方形，因风化，表面不光滑。长8.1、顶宽2.8、刃宽3.6、厚1.1厘米。标本M80：2（图二三二：1；图版五九：8），长9、顶宽13、刃宽3.3、厚1.3厘米。

D型　3件。长身薄扁方体或扁圆体，平顶或弧顶，双侧磨平，正面平直，背面稍隆起，单面齐刃，横截面椭圆形。标本M39：19（图二三二：4；图版五九：9），长10.9、顶宽2.8、刃宽5.6、厚0.8厘米。标本M47：106（图二三二：6），长9.5、顶宽2.9、刃宽4.3、厚0.5厘米。

上述长身石锛A型Ⅰ式、B型Ⅰ式大型长身石锛，主要在早期墓出土，中期墓已少见，晚期墓不见出土，仅见B型Ⅲ式长身锛1件。

梯形锛　63件，占随葬石器的6.54%。出自以下35座葬墓：M2、M8、M10、M17、M19、M20、M25、M27、M29、M30、M33、M42、M43、M44、M47、M54、M57、M67、M77、M78、M80、M87、M88、M98、M104、M108、M109、M114、M118、M119、M120、M121、M127、M129、M131，占本期墓总数的33.33%。其中早期Ⅰ段墓7座，早期Ⅱ段墓6座，中期墓19座，晚期墓3座。反映出梯形锛是较常见的石质工具。梯形锛形制有长方梯形、宽体扁平梯形、短梯形、扁圆体长梯形、小型扁体短梯形，体形较小，形制各异，均为上小下大呈梯形，平顶为主，亦见弧顶。两侧平，下斜或弧形，单面齐刃，刃端平或斜，横截面长方形、圆角长方形、扁长梯形或椭圆形。分四型。

A型　33件。梯形长方体，平顶或弧顶，正面和双侧磨平，背面平直或隆起，单面齐刃，刃端平或稍弧，横截面长方形。分3式。

Ⅰ式　21件。扁平长梯形，弧顶或平顶，单面齐刃，刃端平或斜一侧，横截面长方形，Ⅰ式数量较多，大小厚薄不一。标本M114：10（图二三三：1；图版六〇：1），扁平长梯形，透闪石残钺再利用制成，锛身一侧保留钺斜首，另一侧遗留钺上端穿孔的一半，残断部分经磨平，单面齐刃。长8.2、顶宽3.5、刃宽4.5、厚0.8厘米。标本M119：4（图二三三：2；图版六〇：2；彩版五：4），用透闪石制成，弧顶，顶部器身留有琢打疤痕。长8、顶残宽3.5、刃宽5.6、厚0.9厘米。标本M131：8

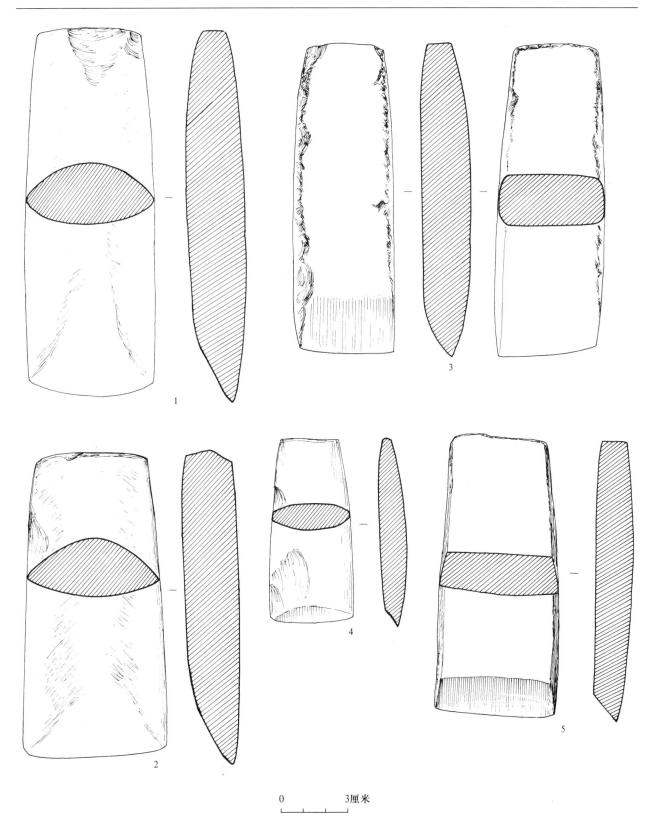

图二三一　石峡文化随葬长身石锛

1.B型Ⅰ式长身锛（M80：19）　2.B型Ⅱ式长身锛（M43：4）　3.C型Ⅰ式长身锛（M17：30）　4.B型Ⅲ式长身锛（M54：49）　5.C型Ⅱ式长身锛（M108：71）

0   3厘米

图二三二　石峡文化随葬长身石锛

1、2、5.C型Ⅲ式长身锛（M80：2、M44：11、M108：17）　3.C型Ⅰ式长身锛（M39：18）　4、6.D型长身锛（M39：19、M47：106）

0　　　　3厘米

图二三三　石峡文化随葬梯形石锛

1、2.A型Ⅰ式梯形锛（M114：10、M119：4）　　3、8.A型Ⅰ式梯形锛（M131：8、19）　　4～7.A型Ⅰ式梯形锛（M33：10、M43：51、M30：1、M42：37）　　9.A型Ⅰ式梯形锛（M109：1）

（图二三三：3；图版六〇：3），平顶斜角，上窄下稍宽，单面齐刃，刃端平。长9.5、顶宽4、刃宽7.1、厚0.9厘米。标本M131：19（图二三三：8；图版六〇：4），平顶，背面上段靠双侧各加磨一个平面，可能便于捆扎时用的。背面下段有斜面。长5.2、顶宽2.7、刃宽3.8、厚0.9厘米。标本M30：1（图二三三：6；图版六〇：5），薄体，弧顶，正、背面平直，单面齐刃。长5.2、顶宽2.1、刃宽3、厚0.5厘米。标本M33：10（图二三三：4；图版六〇：6），斜顶，背部下段有下斜面，正面稍内凹，单面齐刃，刃端平。长8.8、顶宽4、刃宽6.5、厚0.5～1厘米。标本M42：37（图二三三：7；图版六〇：7），器体小型。长4.7、顶宽2.1、刃宽2.9、厚0.6厘米。标本M43：51（图二三三：5；图版六〇：8），器体小型，斜顶，背面隆起，器身一侧有半个未穿透圆孔，横截面钝角半梭形，长5.5、顶宽2、刃宽3.5、厚0.7厘米。M109：1（图二三三：9；图版六〇：9），薄体，背部稍隆，正面一侧保留石材经琢打后粗糙面，单面齐刃，刃端斜残。长7.5、顶宽3、刃宽4、厚1厘米。

Ⅱ式 10件。扁平厚体长梯形，弧顶，上小下大，正面平直，背面隆起，多见单面斜刃，刃端圆弧形，横截面扁馒头形。标本M17：15（图二三四：1；图版六一：1），弧顶，两侧磨成圆形，上端薄，下端厚，单面斜刃，器身遗留打制痕迹。长7.8、顶宽2.7、刃宽4.1、厚1.2厘米。标本M25：5（图二三四：3），弧顶，背面稍拱，单面斜刃，刃端圆弧形，横截面椭圆形。长7.6、顶宽3.4、刃宽4.3、厚1.1厘米。标本M44：17（图二三四：6），小型，弧顶，上小下大，近顶部磨薄，单面斜刃，刃端弧形，横截面椭圆形。长5.3、顶宽1.7、刃宽2.6、厚0.8厘米。标本M104：40（图二三四：2；图版六一：2），平顶，背面稍拱，正面凹凸不平，遗留打制痕迹，单面斜刃，刃端圆弧形，横截面扁馒头形。长6.4、顶宽2.5、刃宽3.8、厚1厘米。标本M108：16（图二三四：5；图版六一：3），弧顶稍平，两侧磨平，背面稍拱，单面齐刃，刃端稍弧，横截面馒头形。长6.1、顶宽3、刃宽3.7、厚1.1厘米。

Ⅲ式 2件。宽体扁平梯形，弧顶，正面平直，背面拱起，双侧斜面，单面齐刃，刃端弧形，横截面为扁圆角长梯形。标本M2：7（图二三四：7；图版六一：4），弧顶，背面微拱，单面齐刃，刃端平。长4.7、顶宽3.3、刃宽4.2、厚0.7厘米。标本M47：57（图二三四：4；图版六一：5），宽体，弧顶，单面齐刃，刃端弧形。长8.5、顶宽5.7、刃宽6.5、厚0.8厘米。

B型 10件。宽体扁短梯形，器身棱角较为规整，多数平顶，正面窄面平直，背面宽稍隆起，双侧磨平，单面齐刃，刃端斜，横截面圆角梯形。不分式。标本M8：4（图二三五：1；图版六一：6），弧顶，单面齐刃，正面遗留打制痕迹。长4.8、顶宽2.3、刃宽3.8、厚0.9厘米。标本M114：9（图二三五：6；图版六一：7；彩版五：5），扁平宽体，平顶，长8.5、顶宽5、刃宽5.7、厚0.9厘米。标本M77：6（图二三五：4；图版六一：8），厚体扁平短梯形，平顶，单面齐刃，刃端斜，器身一侧有切割后加工磨平痕迹。长5.5、顶宽4、刃宽5、厚1.3厘米。标本M67：23（图二三五：2；图版六一：9），宽体扁平梯形，弧顶，单面齐刃，长6.8、顶宽4.4、刃宽5.3、厚0.9厘米。标本M67：32（图二三五：7），刃宽大于体长，扁宽体短梯形近方，平顶，单面齐刃。长3.5、顶宽3.6、刃宽4.1、厚0.8厘米。标本M67：22（图二三五：5；图版六二：2），小型宽体短梯形。长3、顶宽2.3、刃宽3.2、厚0.7厘米。标本M104：9（图二三五：3；图版六二：3），短梯形近方，顶稍弧，横截面近长方形。长5.2、顶宽4、刃宽0.8厘米。

C型 10件。扁圆体长梯形，弧顶或斜顶，双侧磨成圆形，单面斜刃，刃端平或斜弧，正、背

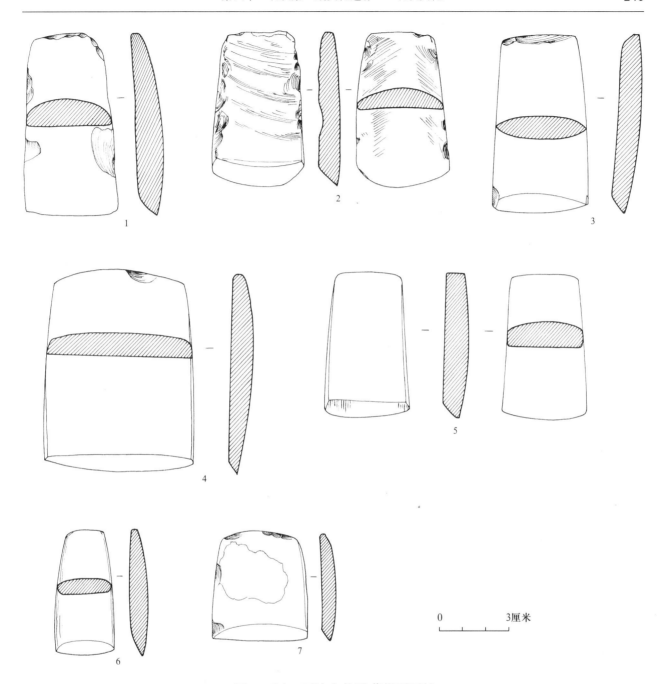

图二三四　石峡文化随葬梯形石锛

1~3.A型Ⅱ式梯形锛（M17：15、M104：40、M25：5）　　5、6.A型Ⅱ式梯形锛（M108：16、M44：17）　　4、7.A型Ⅲ式梯形锛（M47：57、M2：7）

面隆起，横截面扁椭圆形。不分式。M29：16（图二三六：1；图版六二：4），厚体，斜顶，背面隆起，单面斜刃，刃端斜弧。长4.6、顶宽2.4、刃宽3、厚1.1厘米。标本M67：33（图二三六：2；图版六二：1），弧顶，正、背面斜平，单面斜刃。长4.5、顶宽1.7、刃残宽2.5、厚0.6厘米。标本M80：3（图二三六：3；图版六二：5），平顶，刃端弧形。长4.6、顶宽2.9、刃宽3.3、厚1厘米。标本M67：35（图二三六：4；图版六二：6），斜顶，正、背面隆起，单面斜刃，刃部残一角。长4.9、顶宽2、刃残宽1.9、厚0.9厘米。标本M104：19（图二三六：6；图版六二：7），弧顶，正面

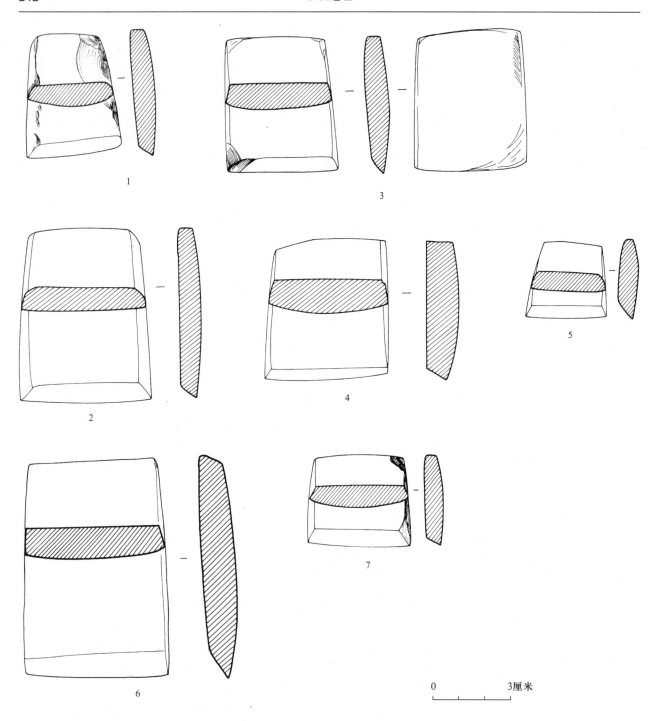

图二三五　石峡文化随葬梯形石锛

1、3、4、6.B型梯形锛（M8：4、M104：9、M77：6、M114：9）　2、5、7.B型梯形锛（M67：23、22、32）

双侧有下斜面，正、背面微隆起，单面齐刃，刃端平，横截面椭圆形。长5、顶宽2、刃宽3、厚0.8厘米。标本121：3（图二三六：5；图版六二：8），弧顶，厚体，正面平，一侧有打制痕迹，背面隆起，单面齐刃，刃端弧形。长5.4、顶残宽1、刃宽2.6、厚1.2厘米。

D型　10件。小型扁薄梯形，上窄下宽，平顶或弧顶，正面平直，背面磨制出下斜面至刃部，有明显上弧线为界线，单面齐刃，刃面窄且锐利。上段横截面椭圆形或半椭圆形，下段横截面圆角或锐角长方形。分2式。

Ⅰ式　7件。扁平长梯形。标本M33：12（图二三六：8；图版六三：1），背面上段隆起，下段斜直平面，正面保留琢打面。长5.5、顶宽1.7、刃宽3.5、厚0.8厘米。标本M88：2（图二三六：9；图版六三：2），弧顶，上窄下宽，正面稍内凹，背面隆起处向下斜，上、下斜面之间有一条横向凸棱，单面齐刃，刃端弧形。长5.2、顶宽1.2、刃宽3.3、厚1.2厘米。标本M54：11（图二三六：7；图版六三：3），弧顶，上薄下厚，上部扁圆形，背面隆起有下斜面，单面齐刃，刃端斜。长6、顶宽2.2、刃宽4、厚1.1厘米。标本M67：31（图二三六：10；图版六三：4），窄身弧顶，上端薄，上小下大，正面平直，背面隆起，有下斜磨面，单面齐刃，刃端平。长6、顶宽1.3、刃宽2.7、厚1.2厘米。

Ⅱ式　3件。小型，扁平宽体短梯形。标本M78：3（图二三六：12；图版六三：5），背面下半

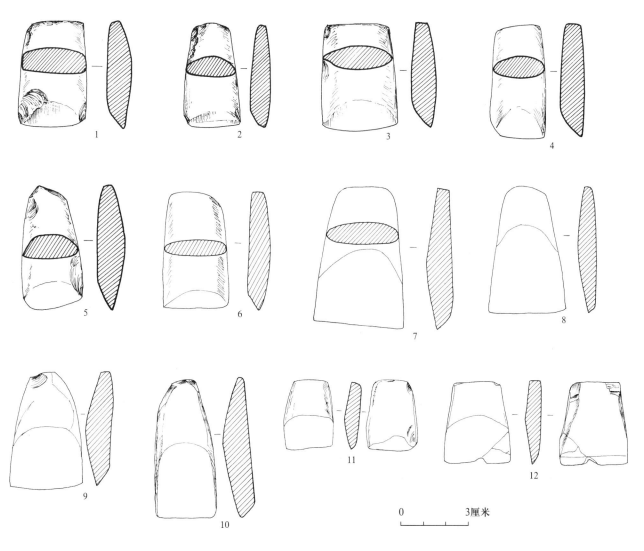

图二三六　石峡文化随葬梯形石锛

1～6.C型梯形锛（M29：16、M67：33、M80：3、M67：35、M121：3、M104：19）　7～10.D型Ⅰ式梯形锛（M54：11、M33：12、M88：2、M67：31）　11、12.D型Ⅱ式梯形锛（M120：4、M78：3）

部为下斜磨面，刃端斜。长3.6、顶宽2.1、刃宽3、厚0.7厘米。标本M120∶4（图二三六∶11），平顶，背面有下斜磨面，正面平直，单面齐刃，刃端斜。长3、顶宽1.6、刃宽2、厚2厘米。

上述梯形石锛C型仅见中期墓中，D型在中、晚期墓出土，数量均较少。

有段锛　28件，占随葬石器总数的2.9%。出自14座二次葬墓：M3、M29、M39、M42、M43、M44、M47、M57、M61、M69、M77、M80、M104、M105和1座一次葬墓：M90。其中M39、M44、M57、M69、M77、M105和M42、M43、M47、M80、M104等为大型深穴二次葬墓。出土有段石锛的墓仅占本期墓葬总数的14.7%。而M44、M104各出4件，M42、M61、M80、M105各出2件，这6座墓所出的即占有段石锛总数的61.53%，反映出有段石锛既是石器中较少数的器类，但又比较集中为某些人所拥有。有段石锛形制有扁体长方形、长梯形、扁平宽体长方形或近方形，平顶，双侧平，正面平直。背面隆起有段、向下切割横向凹痕段和呈阶梯状段，单面齐刃，刃端平直或斜。分四型。

A型　17件。扁平体窄长方形或宽长梯形，平顶，正面和双侧平直，背面隆起有段，呈阶梯状，单面齐刃，刃端平直或斜，棱角规整，横截面长方形。分3式。

Ⅰ式　5件。扁体窄长方形，棱角规整，横截面长方形。标本M69∶33（图二三七∶1；图版六三∶6），窄长方体，背面上端三分之一有段，段部不明显，单面齐刃，刃端斜弧，长16.7、顶宽4.6、刃宽5.7、厚1.6厘米。标本M105∶3（图二三七∶8；图版六三∶7；彩版五∶6），扁体长方形，平顶，背面上部有阶梯状段，下部稍斜，单面齐刃，刃端平直，小型，磨制精致。长6.4、顶宽2、刃宽2.3、厚0.9厘米。标本M43∶11（图二三七∶7；图版六三∶8），斜顶，背面上端三分之一有段，段部明显高出锛身呈阶梯状，单面齐刃，刃端斜，器体一侧遗留切割痕迹。长11.9、顶宽2.8、刃宽3.4、厚1.3厘米。

Ⅱ式　8件。扁平体宽长梯形，器体稍薄，背面上部四分之一或三分之一处有段，段部横向平直或斜，标本M44∶13（图二三七∶6；图版六三∶9），薄体长梯形，弧顶，正面平稍内凹，背面有段高出不明显，单面斜刃，刃端弧形，段上端横截面呈扁椭圆形，下部横截面梯形。长8.8、顶宽2.8、刃宽4.4、厚0.7厘米。标本M44∶12（图二三七∶5；图版六四∶1），背面上端有段，段部斜，单面齐刃，刃端斜。长8.3、顶宽4.3、刃宽4.5、厚1.1厘米。标本M104∶26（图二三七∶4；图版六四∶2），薄体，段在背面上端四分之一处，单面齐刃，刃端稍斜。长12.5、顶宽6.5、刃宽7.2、厚0.7厘米。标本M42∶17（图二三七∶3；图版六四∶3；彩版五∶7），背面段部横斜，高出锛身不明显，单面齐刃，刃端平直。长7.3、顶宽3.8、刃宽4.1、厚1.1厘米。标本M47∶59（图二三七∶2；图版六四∶4），扁平薄体长梯形，背面段部明显，段以上呈弧面，段以下为斜面至刃部，单面齐刃，刃端平直。长10.8、顶宽5、刃宽6、厚1.4厘米。

Ⅲ式　4件。扁平厚体长方形，器身棱角较规整，段部在背面近二分之一处，明显阶梯状，呈横向弧形或斜，平顶，段部以上斜平，向下隆起呈弧面，器体较厚。标本M61∶9（图二三八∶8；图版六四∶5；彩版五∶8），背面段部呈横向弧形，单面齐刃，刃端斜弧。长11.5、顶宽4.7、刃宽5、厚2.2厘米。标本M104∶20（图二三八∶2），背面中部有段，段部呈横斜，单面齐刃，刃端斜，器身一侧遗留切割痕迹。长4.3、顶宽2、刃宽2.1、厚0.9厘米。标本M104∶51（图二三八∶5；图版六四∶6），扁平厚体长方形，背面阶梯状段呈横面弧形，段上部器体稍薄，下部厚稍隆起至刃部，

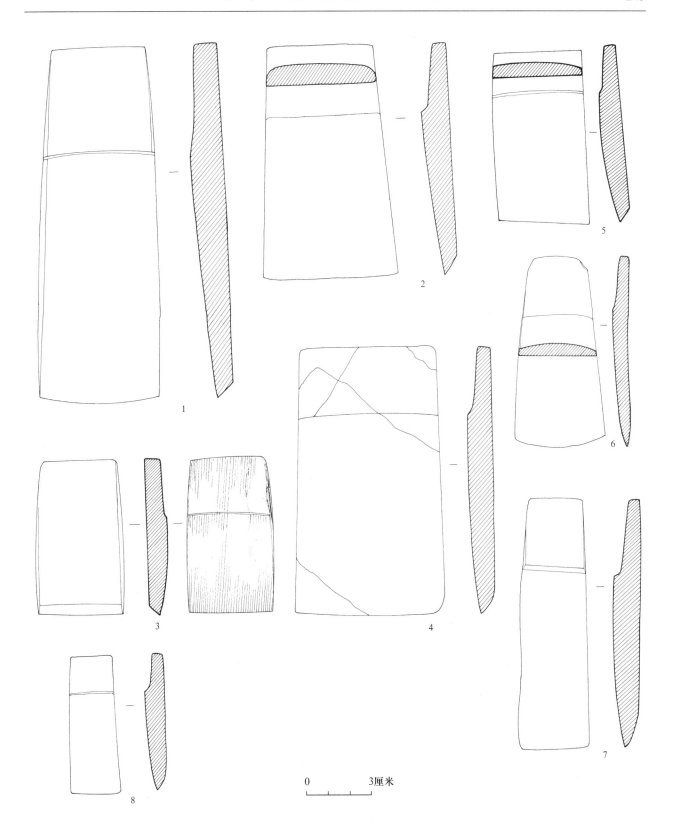

图二三七　石峡文化随葬有段石锛

1、7、8.A型Ⅰ式有段锛（M69：33、M43：11、M105：3）　2~6.A型Ⅱ式有段锛（M47：59、M42：17、M104：26、M44：12、13）

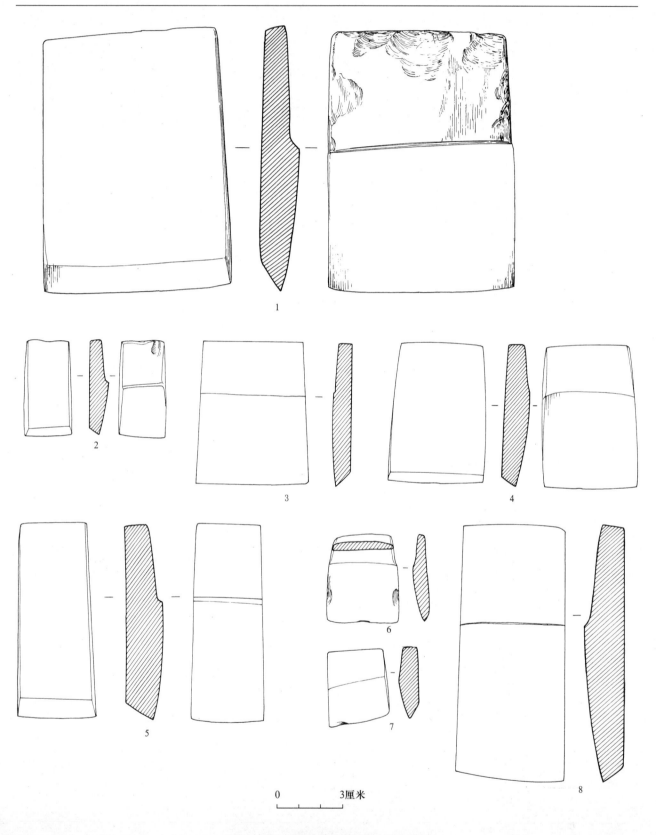

图二三八　石峡文化随葬有段石锛

1.B型Ⅱ式有段锛（M80：1）　2、5、8.A型Ⅲ式有段锛（M104：20、51、M61：9）　3、4、6、7.B型Ⅰ式有段锛
（M77：2、M61：10、M44：14、M42：19）

单面齐刃，刃端弧形。长8.8、顶宽3.1、刃宽3.5、厚1.8厘米。

B型　7件。扁平宽体近方形，平顶，双侧和正面平直，背面有段呈阶梯状或不明显，段上部薄，下部厚，单面齐刃，刃端平或斜，横截面长方形。分2式。

Ⅰ式　4件。背面段部不明显，仅见段上下各有斜面构成一横向拱起的段。标本M77：2（图二三八：3；图版六四：7；彩版五：9），背面段部不明显为稍凹的磨制面，段下部微弧，单面齐刃。长6.4、顶宽4.7、刃宽5.3、厚0.8厘米。标本M61：10（图二三八：4；图版六四：8），背面为一横向稍许拱起的段，单面齐刃，刃端稍弧。长6.5、顶宽3.6、刃宽4.3、厚1.2厘米。标本M44：14（图二三八：6；图版六四：9），小型，宽体短身梯形，弧顶，背面段部为一横向下斜面，单面斜刃。长4、顶宽2.6、刃宽3.3、厚0.5厘米。标本M42：19（图二三八：7；图版六五：1），扁宽体近方形，平顶，背面横斜面的段稍拱起，单面斜刃，刃端斜。长3.3、顶宽2.6、刃宽2.8、厚0.9厘米。

Ⅱ式　3件。扁平宽体，背面段部明显呈阶梯状。标本M104：49（图二三九：1；图版六五：2；彩版六：1），背面隆起，上部遗留琢打痕迹，近中部有段高出呈阶梯状，单面齐刃，刃端斜。长8.6、顶宽5.8、刃宽6.3、厚1.6厘米。标本M80：1（图二三八：1；图版六五：3；彩版六：2），有段石锛中最大型者，斜顶，背面中部有横斜线的段呈阶梯状，单面齐刃，刃端斜。长11.8、顶宽7.8、刃宽9.6、厚1.9厘米。标本M104：50（图二三九：4；图版六五：4），平顶，背面上部有段呈横弧形阶梯状，单面齐刃，刃端斜。长5.3、顶宽3.5、刃宽3.7、厚1.1厘米。

C型　2件。小型窄长方形，顶部斜，正面和双侧平直，背面段部稍拱起，段以上薄体，段以下隆起下斜至刃部，单面齐刃或斜刃，刃端弧，横截面长方形。标本M3：2（图二三九：6；图版六五：5），斜顶，两侧平直，一侧有切割痕迹，背面段部稍拱起，单面斜刃。长4.9、顶宽2、刃宽2.2、厚1厘米。标本M90：4（图二三九：5；图版六五：6），背面段部不明显，单面斜刃，刃端弧形。长4.6、顶宽1.6、刃宽1.8、厚0.6厘米。

D型　2件。宽体近方形，平顶，正面和双侧平直，背面拱起，段部为一横向切割凹口，单面齐刃，刃端斜。标本M39：23（图二三九：3；图版六五：7），顶部有琢打痕迹，背面拱起，切割一凹口为段，单面齐刃，刃部斜有崩口。长6、顶宽4、刃宽4.7、厚1.1厘米。标本57：6（图二三九：2；图版六五：8），平顶，背面拱起，段部为一横向切割凹口，单面齐刃，刃端斜。长8.3、顶宽4.8、刃宽5.2、厚1.4厘米。

早、中期墓均见有段石锛出土，早期墓背部的段不明显或仅见一横向切割凹口，中期墓有段锛，背面段部呈深级的阶梯状，到晚期墓已不见有段锛出土。

有肩锛　14件，是随葬石器中较稀少的器类。出自8座二次葬墓：M27、M29、M43、M45、M47、M67、M114、M118和2座一次葬墓：M37、M98。仅占石峡文化墓葬总数的9.8%，有肩石锛占本期墓葬石器总数的1.45%。有肩石锛形制为器身上部窄，有柄和双肩，肩以下宽，单面齐刃或斜刃，刃端平直或弧形，柄部横截面椭圆形，锛体横截面圆角梯形。分三型。

A型　8件。不明显的双削肩。分4式。

Ⅰ式　2件。小型，上小下大，平顶，柄和锛体之间双削肩不明显，正面平直，背面中间隆起，下部有斜直磨光面，单面齐刃。标本M98：10（图二四〇：7），小型，弧顶，刃端斜。长2.7、顶

0　　　　3厘米

图二三九　石峡文化随葬有段石锛

1、4.B型Ⅱ式有段锛（M104：49、50）　2、3.D型有段锛（M57：6、M39：23）　5、6.C型有段锛（M90：4、M3：2）

宽1.7、柄长1.4、身长1.3、刃宽2.8、厚0.7厘米。标本M37：3（图二四〇：12），小型，上窄下宽，双削肩柄部稍长，背后中段隆起，下段斜直，单面齐刃，刃端斜。长3.3、顶宽1.4、柄长2、身长1.3、刃宽2.4、厚0.8厘米。

Ⅱ式　2件。双削肩比Ⅰ式明显或双侧琢打凹痕为肩部。标本M67：19（图二四〇：9；图版六五：9），平顶，宽柄，双削肩，正面平直，背面锛体有下斜磨光面，单面齐刃，刃端平，长4.6、顶宽1.8、柄长2.5、身长2.1、刃宽3.5、厚0.8厘米。标本M29：18（图二四〇：2），平顶，背面靠柄部稍隆起，双削肩不明显，正面平，单面齐刃，刃端斜，柄部横截面梯形。长4.4、顶宽2、刃宽3.3、柄长2.1、身长2.3、厚0.8厘米。

Ⅲ式　2件。扁平薄体长条形，柄短锛体长，双削肩。标本M47：44（图二四〇：4；图版六六：1），平顶，上窄下端稍宽，双削肩不明显，柄部横截面圆角梯形，锛身为长方形。长7.6、顶宽2.1、柄长2.2、身长5.4、刃宽3.2、厚0.8厘米。标本M43：46（图二四〇：11），弧顶，双削肩不明显，正背面近平直，薄体，单面齐刃，刃部有崩口，横截面圆角长方形。长5.6、顶宽1.5、柄长2.3、身长3.3、残刃宽2.2、厚0.6厘米。

Ⅳ式　2件。其中一件残，标本M118：19（图二四〇：8），小型，弧顶，柄部短锛体稍长，双削肩比前三式明显，正面平直，背面柄部平，锛体稍隆，单面斜刃，刃端平斜。长3.5、顶宽1.3、柄长1.1、身长2.4、刃宽2、厚0.7厘米。标本M45：35（图二四〇：5），小型，已残，削肩，柄部和锛身已残，背面稍隆，正面平直，单面斜刃，刃端弧形。残长5.8、柄残长1.5、身长3.2、刃残宽2.1、厚0.8厘米。

B型　5件。短柄，锛体宽呈扇面或长柄方宽体，双肩明显留有琢打加工痕迹。分3式。

Ⅰ式　3件。短柄，宽体呈扇形。标本M98：5（图二四〇：3），平顶，双削肩有打制痕迹，单面斜刃，刃端弧形，缺一角。长5.6、顶宽2.8、柄2.4、身长3.2、刃残宽4.9、厚0.8厘米。标本M27：33（图二四〇：13；图版六六：2），平顶保留自然石面，双肩呈钝角，背面隆起，正面平，遗留打制面，单面斜刃，刃端弧形，横截面梯形。长5.2、顶宽2.2、柄长1.5、身长3.7、刃宽4.6、厚1.1厘米。标本M43：57（图二四〇：1；图版六六：3；彩版六：3），斜顶，双削肩，正面平直，背面稍隆，单面齐刃，刃端斜弧。长8.8、顶宽4、柄长3.4、身长5.4、刃宽7、厚1厘米。用透闪石制成。

Ⅱ式　1件。标本M43：10（图二四〇：6；图版六六：4；彩版六：4），器身扁平，弧顶，柄稍宽，身长，双肩明显近直角，并遗留琢打痕迹，正面平直，背面稍隆，单面斜刃，刃端弧，柄横截面椭圆形，锛体横截面梯形。长6.1、顶宽2.6、柄长1.7、身长4.4、刃宽3.7、厚0.8厘米。

Ⅲ式　1件。标本M67：18（图二四〇：10；图版六六：5；彩版六：五），弧顶，长柄，宽身近方形，双肩近直角，柄部和双肩遗留经精细琢打的疤痕，背面下段有平斜磨光面，正面双侧稍薄，单面斜刃，刃端斜，用霏细岩制作。石峡文化墓葬仅出土此件，其形制和制法与西樵山遗址同期双肩石锛相同。长5.2、顶宽1.8、柄长2.1、身长3.1、刃宽4.2、厚1厘米。

C型　1件。标本M114：7（图二四〇：14；图版六六：6；彩版六：6），弧顶，宽柄短身扁体，双肩近直角，正、背面稍弧，锛体近刃部双面钻一圆孔，单面齐刃，刃端弧，横截面呈圆角长方形，用透闪石磨制成，推测此件有肩锛是利用残断玉钺再加工制成。长7、顶宽5、柄长2.5、身长

0   3厘米

图二四〇　石峡文化随葬有肩石锛

1、3、13.B型Ⅰ式有肩锛（M43：57、M98：5、M27：33）　　7、12.A型Ⅰ式有肩锛（M98：10、M37：3）　　2、9.A型Ⅱ式有肩锛（M29：18、M67：19）　　4、11.A型Ⅲ式有肩锛（M47：44、M43：46）　　5、8.A型Ⅳ式有肩锛（M45：35、M118：19）　　6.B型Ⅱ式有肩锛（M43：10）　　10.B型Ⅲ式有肩锛（M67：18）　　14.C型有肩锛（M114：7）

4.5、刃宽8.5、厚1厘米。

小石锛　4件。出自4座墓，形制特征为小型，未有相近形制。长度在4.8~2.3厘米之间。不分型式。标本M37：4（图二四一：1），扁平薄体，上尖下宽，背面稍拱，向下呈斜面，正面平直，单面齐刃。长4.8、刃宽1.8、厚0.6厘米。标本M10：15（图二四一：4；图版六六：7），厚体长方形，平顶，正、背面和两侧均平直，上下一般大，单面齐刃，刃面宽平。长2.3、顶宽1.3、刃宽1.3、厚0.9厘米。标本M47：58（图二四一：6），两端刃小石锛，圆角长方形，背面弧形，两侧斜，正面上下端有刃，一端为单面斜刃，一端为单面内凹弧刃，刃端稍弧，横截面近椭圆形。长3.9、上刃宽2、下刃宽1.9、厚0.9厘米。标本M67：16（图二四一：2；图版六六：8），扁体长方形，顶端稍弧，正、背面平直，两侧下斜，单面齐刃，刃端稍斜。长3、顶宽1.1、刃宽1.7、厚0.6厘米。

凿　34件，占随葬石器总数的3.53%，属石器中较少数的器类。出自13座二次葬墓：M10、M16、M33、M39、M42、M43、M44、M47、M57、M67、M77、M104、M114和1座一次葬墓：M37。共占本期墓葬总数的14.7%。其中M47随葬8件，M43、M77、M104各随葬3件，M57、M67各随葬4件，共计25件，占石凿总数的73.53%。这5座墓均为大型深穴二次葬墓。石凿形制为方体长条形或半圆体长条形，器体厚身，平顶，正面平直，双侧平直或弧形，背面稍隆或有阶梯形段，单面齐刃或单面内凹弧刃，刃端弧形，刃面平直圆弧或半圆形。横截面有方形、长方形、梯形、半球形、椭圆形，大小长短不一。分五型。

A型　8件。半圆体长条形，平顶或弧顶，背面平直或背面隆起，正面平直，两侧弧形，上端小，下端大，少数上、下端内收，单面斜刃或单面内凹斜刃。分4式。

Ⅰ式　3件。半圆体长条形，正面平直，背面隆起，单面齐刃，刃端弧形，横截面半圆形。标本M57：35（图二四一：3；图版六七：1），厚半圆体长条形，上段稍窄，下段宽，平顶，器身中段厚，上下两端稍薄，单面齐刃，横截面半球形。长14.5、顶宽2、刃宽3.5、厚2.2~2.7厘米。标本M67：34（图二四一：11），小型长条形，平顶，单面斜刃，刃端斜向一侧，器身遗留打制痕迹。长4.9、顶宽1.7、刃宽2.5、厚0.9厘米。标本M77：4（图二四一：5；图版六七：2），半圆体长条形，弧顶未加工，单面齐刃，刃端弧形。长5、刃宽1.8、厚0.8厘米。

Ⅱ式　1件。标本M114：11（图二四一：7；图版六七：3），小型，厚身扁圆长条形，平顶，上端和下端内收，背面隆起，单面内凹卷刃，刃端弧形。器身上半部双侧，经过精细琢打成粗糙面，推测用于捆绑木柄时不易脱落，横截面椭圆形。长5.3、顶宽1.5、刃宽1.5、厚0.7厘米。

Ⅲ式　2件。扁圆长条形，用河卵石制作，保存石条自然面。标本M43：8（图二四一：10；图版六七：4），顶部和上段加磨过，器形为顶窄刃宽，平顶，单面斜刃，刃端弧形，横截面圆角长方形。长7.7、顶宽0.8、刃宽2.3、厚1.2厘米。标本M10：17（图二四一：8；图版六七：5；彩版六：7），选用一件弧顶扁圆长条形河卵石，仅在一头磨成单面斜刃，刃端弧形，横截面椭圆形。长10、刃宽2.5、厚1.2厘米。

Ⅳ式　1件。标本M104：52（图二四一：9），厚体窄长条形，平顶，上部分厚，背面稍隆向下斜，下部渐薄，侧面楔形，横截面方角长方形，单面斜刃，器身有琢打痕迹。长10.4、顶宽2.5、刃宽3.4、厚2.4厘米。

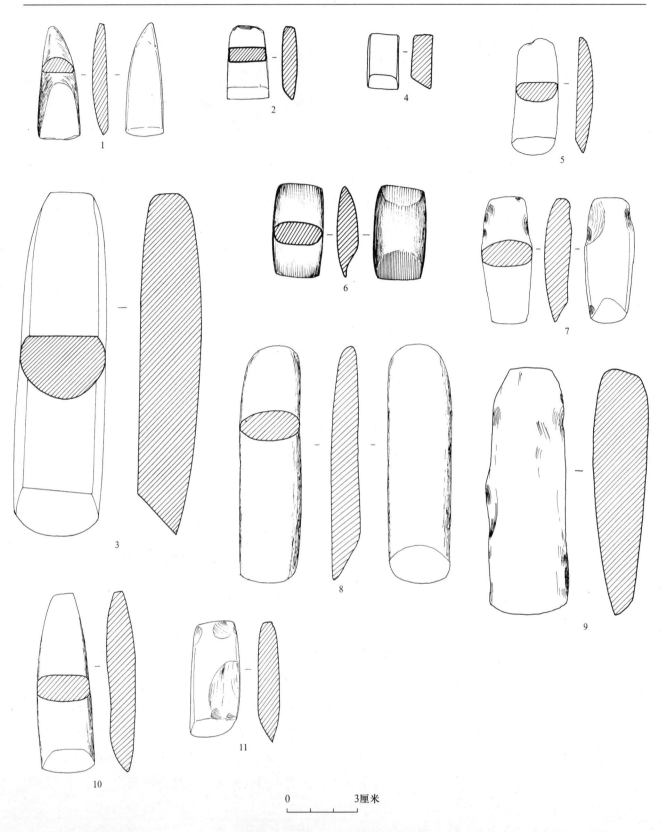

图二四一　石峡文化随葬石凿、小石锛

1、2、4、6.小石锛（M37：4、M67：16、M10：15、M47：58）　3、5、11.A型Ⅰ式凿（M57：35、M77：4、M67：34）
7.A型Ⅱ式凿（M114：11）　8、10.A型Ⅲ式凿（M10：17、M43：8）　9.A型Ⅳ式凿（M104：52）

B型　7件。扁体细长条形，平顶或弧顶，背面稍拱，正面平直，双侧平直或弧形，单面齐刃、斜刃或刃面内凹，形如圆口凿，刃端弧形。横截面馒头形或椭圆形。分2式。

Ⅰ式　2件。薄体长条形，平顶，单面齐刃。标本M77：8（图二四二：2；图版六七：6），上端和下端稍内收，顶部和刃部宽度相近，单面齐刃，横截面馒头形。长12.1、顶宽2、刃宽1.9、厚1.2厘米。标本M47：43（图二四二：1；图版六七：7），弧顶，背面靠上端为斜弧面，之下渐薄至刃部，单面斜刃，刃端弧形已残。上端横截面馒头形，中部为圆角梯形，侧面楔形。长17.5、顶宽2.5、刃宽3、厚1.2厘米。

Ⅱ式　4件。长条形，细长，顶和刃部稍内收，平顶，背面稍隆起，正面平直或稍隆起，单面内凹卷刃，形似圆口凿，刃端弧形，横截面椭圆形或馒头形，侧面呈楔形。在M47二次葬大型深穴墓中，随葬4件BⅡ式和1件BⅠ式石凿，5件一套并排陈放在墓底尸骨堆的西南隅，大的长17.5、小的仅长6.2厘米。标本M47：39（图二四二：3；图版六七：8），斜弧顶，正面平直，背面隆起，上半段磨出斜面，横截面馒头形。长11.3、顶宽2.2、刃宽3、厚0.7厘米。标本M47：40（图二四二：6；图版六七：9），窄身细长扁薄体，正面平直，背面微隆，单面内凹卷刃，横截面馒头形。长10.5、顶宽1.5、刃宽1.7、中段宽2、厚0.9厘米。标本M33：13（图二四二：4；图版六八：1），弧顶，正背面稍隆起，正面两侧遗留琢打痕迹，单面斜刃。横截面椭圆形。长8.6、顶宽1.6、刃宽1.8、中段宽2、厚0.9厘米。标本M47：42（图二四二：8；图版六八：2），小型，细长条，正背面微隆起，单面内凹卷刃，横截面椭圆形。长6.2、顶宽1.2、刃宽1.3、中段宽1.6、厚0.7厘米。

C型　11件。大型厚方体长条形，平顶呈长方形或梯形，正面和双侧平直，背面隆起，上部分较厚，下三分之一稍薄，单面宽齐刃，刃端平或斜，横截面梯形。分2式。

Ⅰ式　5件。器身稍短，背面稍隆起。标本M16：5（图二四二：5；图版六八：3），平顶，背面比正面宽，单面齐刃，刃端平，横截面梯形。长9.8、顶宽3.8、刃宽3.7、厚2厘米。标本M57：24（图二四二：7；图版六八：4），平顶，正面平直稍窄，单面齐刃，横截面梯形。长5.6、顶宽1.9、刃宽2.1、厚1厘米。标本M43：9（图二四二：9；图版六八：5），方宽体长条形，厚身，平顶，背面隆起，正面平直，单面齐刃，刃端斜，横截面长方梯形。长12.9、顶宽4、刃宽4.4、厚2.5厘米。标本M104：10（图二四三：4；图版六八：6），平顶，双侧下斜，顶窄身厚，背面隆起，正面下半部内弧，器体渐薄，单面齐刃，刃端斜，横截面上端馒头形，中段近椭圆形，器身侧面为楔形。长6.5、顶宽1.5、刃宽2.5、厚0.9厘米。标本M104：22（图二四三：5；图版六八：7；彩版六：8），平顶，正、背面平直，单面斜刃，棱角规整，横截面长方形。长13.6、顶宽3.5、刃宽4.1、厚2.3厘米。

Ⅱ式　5件。大型，平顶，顶部和刃部宽度一致或上宽下窄，正面和双侧平直，背面稍隆起，近顶部有斜面，单面齐刃，刃端平或稍斜，横截面圆角方形或梯形。标本M39：21（图二四三：3；图版六八：8），顶部和刃部宽度一样，背面上部稍隆起，后向下斜，单面齐刃，横截面梯形，器身侧面为楔形。长17.4、顶宽3.2、刃宽3.2、厚2.3厘米。标本M67：24（图二四三：2；图版六八：9；彩版六：9），顶宽刃窄，厚体，上端背面有斜面至顶部，单面齐刃，刃面较宽，横截面圆角长方形。长13.5、顶宽3、刃宽2.6、厚2.2厘米。标本M42：36（图二四三：1；图版六九：1），大型，厚方体，上部稍薄，下半部厚，正面平直，背面上半部双侧加工成弧形，单面齐刃，横截面梯形。

0   3厘米

图二四二　石峡文化随葬石凿

1、2.B型Ⅰ式凿（M47∶43、M77∶8）　3、4、6、8.B型Ⅱ式凿（M47∶39、M33∶13、M47∶40、M47∶42）　5、7、9.C型Ⅰ式凿（M16∶5、M57∶24、M43∶9）

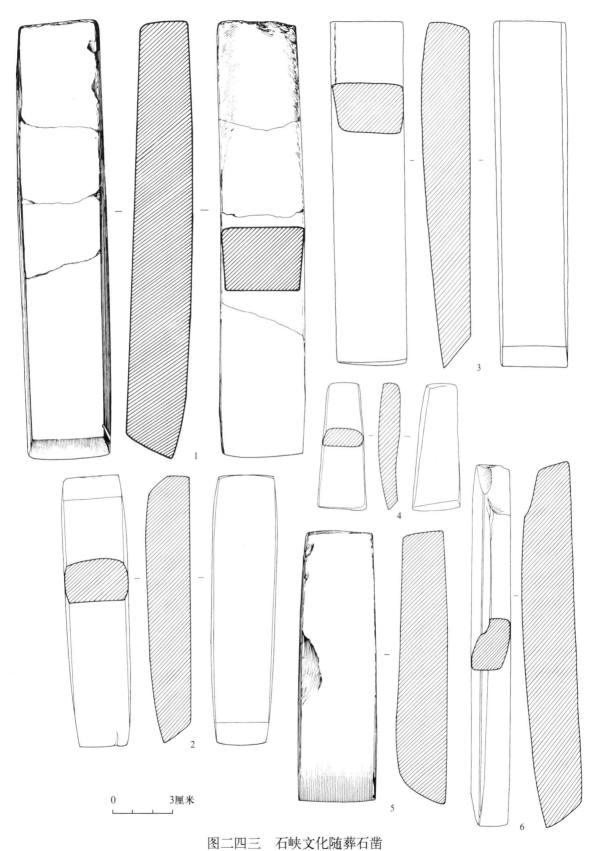

0　　　3厘米

图二四三　石峡文化随葬石凿

1—3、6.C型Ⅱ式凿（M42：36、M67：24、M39：21、M77：43）　　4、5.C型Ⅰ式凿（M104：10、22）

近刃部一侧遗留斜切割痕迹。长21.8、顶宽4、刃宽4.2、厚3厘米。标本M77：43（图二四三：6；图版六九：2），平顶，背面隆起，正面平直，器身较厚，侧面比正面宽，单面齐刃，刃面宽，器身双侧遗留有切割加工痕迹，横截面不规则方形。长18.2、顶宽1.7、刃宽1.6、厚2.4厘米。

D型　3件。半圆体有段长条形，平顶或斜顶，正面平直，背面隆起，上部有段呈阶梯状，单面齐刃、斜刃或内凹卷刃，横截面椭圆形。分2式。

Ⅰ式　1件。标本M37：1（图二四四：1；图版六九：3），扁圆体，顶部保留琢打痕迹。背部隆起，段部呈弧形，横截面扁馒头形，段下部斜直内收，双侧磨平，正面平直，横截面椭圆形，单面斜刃，刃端斜。长11.4、顶宽2.8、刃宽3.8、厚1.7厘米。

Ⅱ式　2件。标本M57：25（图二四四：2；图版六九：4；彩版七：1），小型，厚体长条形，斜顶，背面上部有段，横截面半球形，段以下斜弧至刃，双侧平直，单面齐刃，刃端圆弧。横截面梯形。长5.7、顶宽1、刃宽1.1、厚1厘米。标本M47：61（图二四四：3；图版六九：5；彩版七：2），大型，平顶，形制与Ⅰ式相近，背面半圆形隆起线条流畅，区别在于弧形段的上端和下部双侧为圆弧形，单面内凹弧刃，横截面上段半球形，中部椭圆形。长17.8、顶宽3.2、刃宽3.7、厚2.5厘米。

E型　5件。方体有段长条形，器身宽度和厚度相近，器体大型，平顶，正面和双侧平直，背面上部或中部有段呈阶梯状，段部向下斜弧内收，单面齐刃，刃面窄且厚，横截面方形或长方形、高梯形。分2式。

Ⅰ式　1件。标本M44：20（图二四四：4；图版六九：6），厚体长方形，介于锛、凿之间，其刃部与顶部宽度相近，平顶，背面上部三分之一稍薄，以下隆起，上下之间形成稍微拱起的段，正面平直，单面齐刃，刃端弧形，横截面圆角长方形。长10.6、顶宽3.2、刃宽3.8、厚2.3厘米。

Ⅱ式　4件。方体厚身有段长条形，平顶方形，背面有段呈阶梯状，段以下斜弧向下内收，正面平直，单面齐刃，刃端斜，刃与顶部宽度相近，横截面方形。标本M43：12（图二四五：1；图版六九：7），厚体，平顶方形，器身双侧和正面平直，背面稍宽，段以下拱起向下斜收，上部分有段呈阶梯状，横截面梯形，单面齐刃，刃面宽。长20.1、顶宽2.5、刃宽2.6、厚3厘米。标本M67：28（图二四四：5；图版六九：8；彩版七：3），平顶稍斜，背面段以下斜直内收，单面斜刃，刃端斜，横截面方形，器体侧视呈楔形。长18.4、顶宽2.8、刃宽2.9、厚2.7厘米。标本M47：62（图二四五：2；图版六九：9），平顶，背面中部有段，段以上遗留琢打疤痕，段以下拱起向下斜收，刃宽和器身厚度相近，单面齐刃，刃端稍弧，刃面宽，横截面正方形。长18、顶宽3、刃宽3.1、厚3厘米。M47：60（图二四五：3；图版七〇：1），平顶长方形，保留自然石面，上窄下宽，背面段以下拱起向下斜收，单面齐刃，刃端弧形，横截面梯形，器身一侧遗留切割痕迹。长19.8、顶宽3.5、刃宽4.8、厚2.6厘米。

早、中期墓均随葬石凿，D型Ⅱ式石凿只在中期墓出土，晚期墓已不见石凿随葬。

镞　649件，占随葬石器的67.46%。出自29座二次葬墓、5座一次葬墓、3座一次葬已迁墓。二次葬墓随葬石镞635件，占随葬石器60%，其中一次葬随葬360件（包括不分型式残镞28件），二次葬随葬275件。一次葬已迁墓随葬5件，一次葬墓随葬9件。从早期墓到晚期墓均有石镞随葬，随葬陶纺轮墓除外。其中621件可分出型和式。形状以柳叶形为主，镞身和铤界限分明，宽叶利锋或窄叶利锋，镞身双面有凸脊，横截面为菱形，短铤呈锥形或圆角六边形。少数为香椿叶形，镞身与铤部相连成流线型，薄体无后锋，个别为三棱形镞，横截面三角形，分七型。

A型　503件。柳叶形，占石镞总数77.5%；镞身与铤界限分明，有后锋，分4式。

Ⅰ式　150件。柳叶形，宽叶利锋，短铤，断面为扁体菱形，镞身凸脊直通铤端。镞身两侧锐利。标本M17∶31（图二四六∶1），尖铤断面六边形。长11厘米。标本M77∶17（图二四六∶2），钝尖，铤断面圆角六边形。长11.2厘米。标本M17∶32（图二四六∶10），铤端尖锥形，铤两侧有加磨后遗留粗糙面。长9.5厘米。标本M30∶3（图二四六∶9；图版七〇∶2；彩版八∶1），宽叶利锋，铤体扁平钝尖。长8.2厘米。标本M43∶74（图二四六∶3；图版七〇∶3），宽叶呈弧形，短尖铤。长9.9厘米。标本M47∶68（图二四六∶16；图版七〇∶4；彩版八∶2），宽叶，钝尖短铤，透闪石制成，呈黄色。长9.5厘米。标本M67∶43（图二四六∶8；图版七〇∶5），镞身稍短薄，铤部稍厚，断面六边形。长7.3厘米。标本M67∶39（图二四六∶11；图版七〇∶5），铤身近扁圆形。长7.5厘米。

Ⅱ式　276件。柳叶形，窄叶利锋，短尖铤，断面菱形。标本M16∶37（图二四六∶4；图版七〇∶6），尖短铤。长12.5厘米。标本M44∶40（图二四六∶5；图版七〇∶7），铤短尖，铤身破损，两侧有加磨横纹。长9.2厘米。标本M39∶38（图二四六∶12），柳叶形，尖短铤，断面近椭圆形。长8.4厘米。标本M43∶67（图二四六∶23；图版七〇∶8），窄叶长身，锋残。残长13.3厘米。标本M104∶71（图二四六∶7；图版七一∶4），长身竹叶形，窄叶锐锋，锋尖呈三角形，厚体，铤尖圆锥形。长14.1厘米。标本M80∶5（图二四六∶6；图版七一∶1），尖铤断面六边形。长11.1厘米。标本M108∶20（图二四六∶15；图版七一∶2；彩版八∶3），厚体，尖铤断面扁圆形。长10.7厘米。

Ⅲ式　44件。瘦体柳叶形，镞身长短均有，短尖铤或粗短尖铤。标本M131∶13（图二四六∶14；图版七一∶3），锐锋呈三角形，尖短铤。长14厘米。标本M39∶49（图二四六∶19），厚体，尖短铤断面六边形。长10.5厘米。标本M105∶10（图二四六∶18），厚体，前锋锐利呈锥形，铤尖钝断面近圆形，长10.5厘米。标本M30∶11（图二四六∶13），厚体，粗短铤断面多边形近圆。长8.4厘米。标本M104∶70（图二四六∶20；图版七〇∶9），厚体，粗尖短铤断面近圆形，长9.8厘米。标本M105∶27（图二四六∶22；图版七一∶5），小型，钝尖短铤断面椭圆形。长6.3厘米。标本M43∶33（图二四六∶21；图版七一∶6），器身短小，铤身较长，表面遗留黑色物质，断面近圆形。长7.8厘米。标本M43∶75（图二四六∶17），厚体，钝尖铤部稍长断面近圆形。长7.8厘米。

Ⅳ式　33件。前锋窄叶，后锋宽叶，断面为扁平菱形，短且扁的铤部，铤端磨平。标本M54∶3（图二四七∶1），前锋窄叶锐利，短铤断面扁平六边形。长9.2厘米。标本M54∶56（图二四七∶2；图版七一∶7），修长柳叶形，断面扁平菱形，前锋锋叶特窄。长12.1厘米。标本M54∶14（图二四七∶3；图版七一∶7），长身，短铤，尖锋残，石镞中最长者，短铤断面扁平六边形。长18.4厘米。标本M54∶7（图二四七∶4；图版七一∶8；彩版八∶4），前锋叶特窄，锋尖残，镞身凸脊不通铤，短铤断面扁圆形。长9.3厘米。标本M54∶60（图二四七∶5；图版七一∶8；彩版八∶4），短身，前锋窄叶部分比后锋厚，镞身断面扁菱形，铤部断面圆角长方形。长6.9厘米。

B型　10件。柳叶形，断面扁平菱形或菱形，镞身凸脊不通铤部，镞身和铤之间有一道切割或磨制横向凹痕为界，有后锋。分3式。

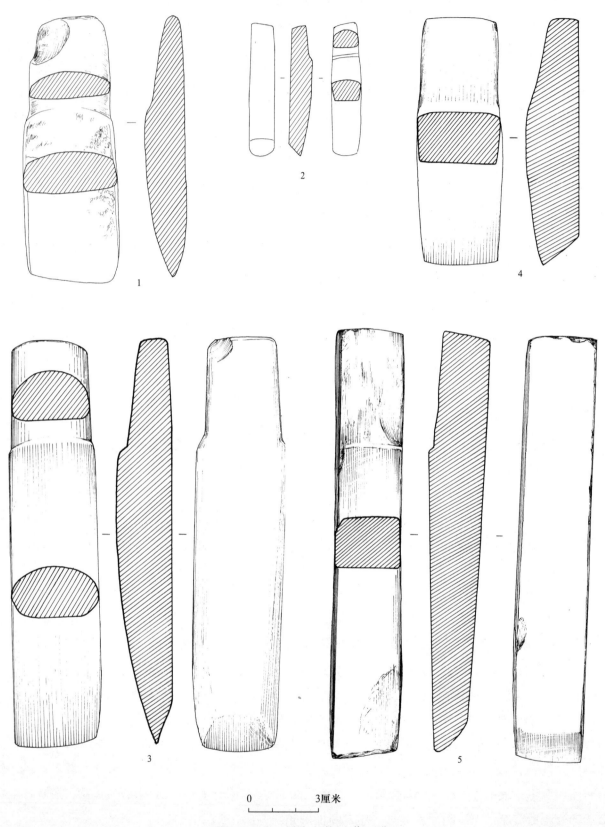

0　　　3厘米

图二四四　石峡文化随葬石凿

1.D型Ⅰ式凿（M37∶1）　2、3.D型Ⅱ式凿（M57∶25、M47∶61）　4.E型Ⅰ式凿（M44∶20）　5.E型Ⅱ式凿
（M67∶28）

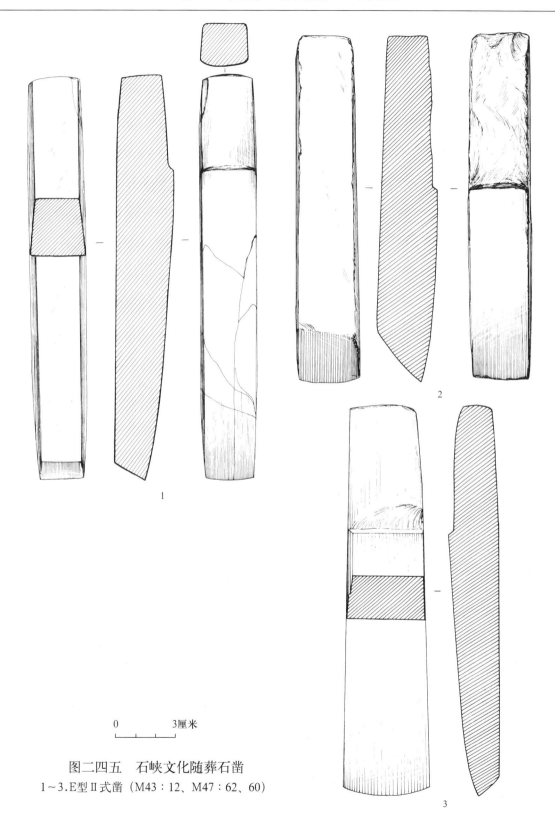

0　　3厘米

图二四五　石峡文化随葬石凿
1~3.E型Ⅱ式凿（M43：12、M47：62、60）

Ⅰ式　2件。短身，宽叶，铤断面椭圆形。标本M114：15（图二四七：12），短身，宽叶，前锋残，镞身与铤用一道切割凹痕分界，扁短铤，铤下端平，断面椭圆形。残长6.9厘米。标本M17：8（图二四七：9；图版七一：9），宽叶，尖铤长且扁，断面椭圆形，铤部表面泛黑色。长7.3厘米。

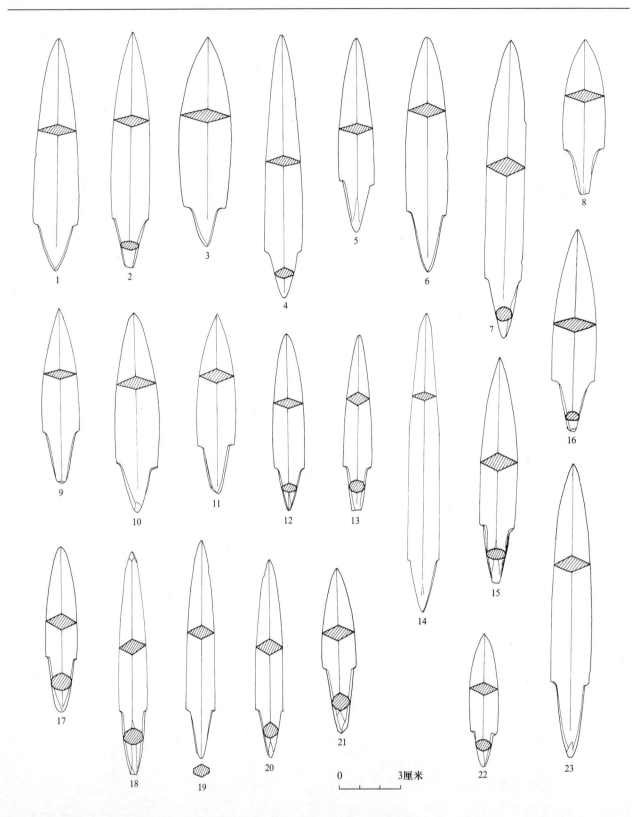

图二四六　石峡文化随葬石镞

1~3、8~11、16.A型Ⅰ式镞（M17：31、M77：17、M43：74、M67：43、M30：3、M17：32、M67：39、M47：68）

4~7、12、15、23.A型Ⅱ式镞（M16：37、M44：40、M80：5、M104：71、M39：38、M108：20、M43：67）　　13、

14、17~22.A型Ⅲ式镞（M30：11、M131：13、M43：75、M105：10、M39：49、M104：70、M43：33、M105：27）

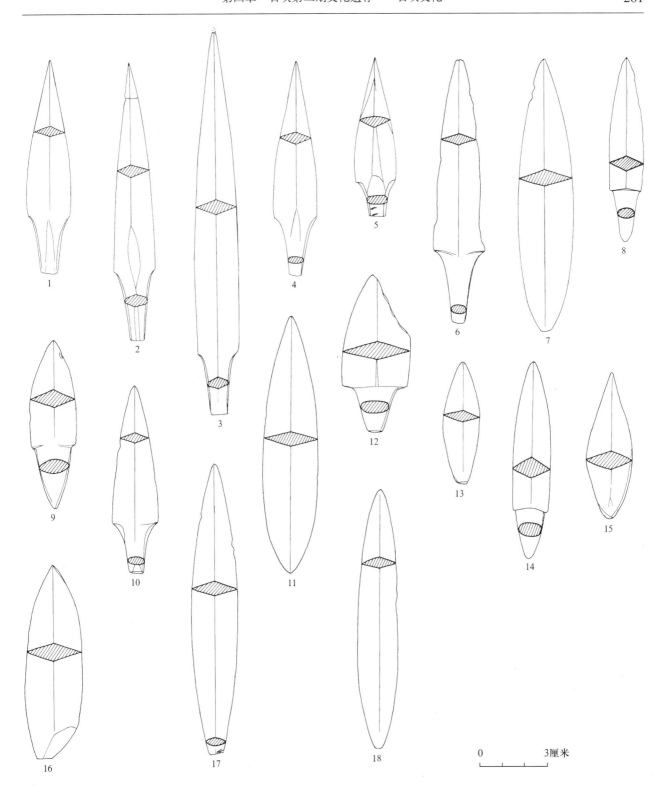

图二四七　石峡文化随葬石镞

1～5.A型Ⅳ式石镞（M54：3、56、14、7、60）　9、12.B型Ⅰ式石镞（M17：8、M114：15）　6、10.B型Ⅱ式石镞
（M99：35、36）　8、14.B型Ⅲ式石镞（M104：16、M108：66）　7、11、16.C型Ⅰ式石镞（M69：29、30、M67：21）　13、
15.C型Ⅱ式石镞（M120：1、M107：24）17、18.C型Ⅲ式石镞（M20：14、M16：9）

Ⅱ式　3件。柳叶形，窄叶薄体，镞身与铤之间磨制一横向不很明显凹痕，扁平铤，铤端磨平，断面椭圆形。标本M99：35（图二四七：6；图版七二：1），尖锋残，残长11.4厘米。标本M99：36（图二四七：10），形制与该墓35号石镞相同。长8.1厘米。

Ⅲ式　5件。厚体，窄叶，短扁圆铤，镞身与铤之间有一道切割凹痕为界。标本M104：16（图二四七：8），窄叶，前锋已残，扁锥形铤，断面椭圆形。残长7厘米。标本M108：66（图二四七：14；图版七二：2；彩版八：5），窄叶，断面厚体菱形，扁圆形尖铤。长8.5厘米。

C型　17件。香椿叶形，镞身与铤部相连呈流线型，浑然一体，两面有凸脊，薄体无后锋，断面扁菱形。分3式。

Ⅰ式　5件。薄体，宽叶锐锋，前锋薄，下端稍厚。标本M69：29（图二四七：7；图版七二：3），镞身两面凸脊笔直。长11.8厘米。标本M69：30（图二四七：11；图版七二：4；彩版八：6），形制同该墓29号镞，前锋锐利，下端厚，边缘磨平。长11.2厘米。标本M67：21（图二四七：16），厚体，下端已残。残长8.5厘米。

Ⅱ式　9件。镞身短小，前锋窄叶锐利，下端铤部为厚体。标本M107：24（图二四七：15），石质风化较甚。长6.4厘米。标本M120：1（图二四七：13），小型，石质风化较甚。长5.2厘米。

Ⅲ式　3件。薄体修长，窄叶锐锋，铤下端磨平。标本M16：9（图二四七：18；图版七二：5），镞身凸脊不通铤端。长11.3厘米。标本M20：14（图二四七：17；图版七二：6），铤下端磨平。长12厘米。

D型　83件。厚体柳叶形，窄叶锐锋，镞身断面菱形，无后锋，铤部长圆锥形，上半段粗厚，下端尖锥形或磨平，断面圆形，铤部有条状加工磨痕。分3式。

Ⅰ式　28件。窄长条，锋尖和铤端为圆锥形，无后锋，铤部下半端遗留黑色物质残迹，推测可能是铤部插入箭杆时涂的某类物质遗留的颜色。M39出土石镞上较多见，断面圆形。标本M39：29（图二四八：1；图版七二：7；彩版八：7），器身细长，镞锋和铤端两头尖，铤部遗留黑色物质残迹。长11.4厘米。标本M39：30（图二四八：2），比29号镞细长。长11.5厘米。标本M39：50（图二四八：3；图版七二：7；彩版八：7），短身，锋尖加磨呈六边锥形，铤部下半段为尖锥形。长7.5厘米。标本M39：62（图二四八：4；图版七二：7；彩版八：7），锋尖加磨成六边锥形，铤部下半段遗留黑色物质残迹。长10.1厘米。标本M67：51（图二四八：5），细长条形，锋尖呈锐角，窄叶，断面为凹面菱形，铤细长，断面圆角菱形。长9.4厘米。

Ⅱ式　52件。瘦长柳叶形，窄叶锐锋，长身，无后锋，下段内收为短圆锥形铤，断面圆形或扁圆形。标本M30：8（图二四八：6），镞身断面菱形近方，铤部细长。长7.5厘米。标本M104：67（图二四八：7；图版七二：8），短锥形铤。长10.5厘米。标本M104：32（图二四八：8），短锥形铤，断面圆角六边形。长11.1厘米。标本M104：84（图二四八：9），短锥形铤，断面六边形。长11.4厘米。标本M104：41（图二四八：10；图版七二：8），镞身稍薄，短锥形铤，断面扁圆形。长7.6厘米。

Ⅲ式　3件。厚体，窄叶锐锋，无后锋，长且圆的铤，镞身与铤之比近1：1。标本M43：61（图二四八：13；图版七二：9；彩版八：8），镞身与铤之比为1：1，无后锋，铤身厚重，断面圆形，铤下端磨平。长6.8、铤长3.4厘米。标本M43：60（图二四八：12；图版七二：9；彩版八：8），

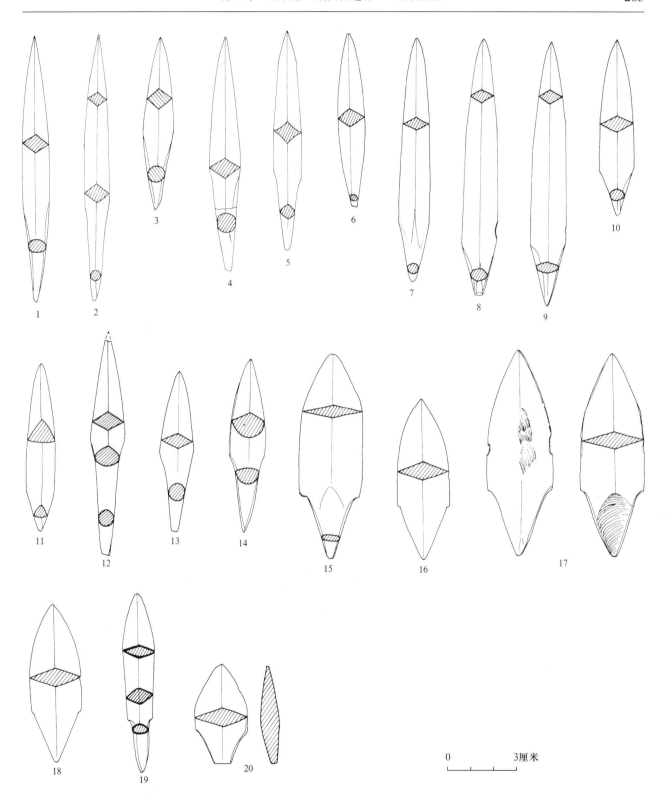

图二四八　石峡文化随葬石镞

1~5.D型Ⅰ式镞（M39：29、30、50、62，M67：51）　　6~10.D型Ⅱ式镞（M30：8，M104：67、32、84、41）　　12~
14.D型Ⅲ式镞（M43：60、61，M67：45）　　15~18.E型Ⅰ式镞（M114：16，M61：16，M80：55，M43：88）
20.E型Ⅱ式镞（M104：8）　　11.F型镞（M104：48）　　19.G型镞（M67：44）

窄叶，尖锋残，铤身长条圆形，下端平，断面圆形，身与铤之比近1：1。长9.1、铤长4.1厘米。标本M67：45（图二四八：14；图版七三：1），尖锋残，镞身一面有凸脊，另一面无凸脊，断面呈半圆形；铤部圆锥形，断面半圆形。长7.5、铤长3.2厘米。

E型　5件。阔叶形，叶宽且扁，有后锋，镞身断面扁菱形。分2式。

Ⅰ式　4件。标本M114：16（图二四八：15；图版七三：2），宽叶扁体，镞身凸脊不通铤部，有后锋，扁体尖铤，断面圆角长方形。长8.8、身宽2.7厘米。标本M61：16（图二四八：16），宽叶利锋，宽扁尖铤，凸脊通铤，断面扁菱形。长6.9厘米。标本M80：55（图二四八：17），宽叶尖锋，凸脊通铤，宽扁尖铤一面剥落。长8.8、身宽2.8厘米。标本M43：88（图二四八：18），形如扁体榄核，宽扁尖短铤。长6.8厘米。

Ⅱ式　1件。标本M104：8（图二四八：20；图版七三：3），小型阔叶形，短身，无后锋，短铤下端磨平。长4.3、身宽2.5厘米。

F型　2件。三棱形，镞身断面为三角形，无后锋，仅见M104出土。标本M104：48（图二四八：11；图版七三：4），尖锋，尖铤，身和铤断面均为三角形。长7.2厘米。

G型　1件。标本M67：44（图二四八：19；图版七三：5），窄叶形，镞身前段宽扁，后段收狭，两侧厚且无刃，有不明显后锋，扁锥形铤，断面椭圆形。长7.7厘米。

石矛　2件。标本M67：36（图二四九：6；图版七三：6），出自M67填土中，其中1件已残，形制与A型Ⅰ式石镞相似，锋已残，宽叶，尖铤，断面扁菱形。残长12.8厘米。

锥　3件。出自3座墓。形制为长条形，一端磨制成锐角。标本M57：34（图二五〇：1；图版七四：1），用长条形河砾石制作，上大下小，上端保留自然面，横截面近椭圆形，下端锥尖上段为近方形，之下磨成锐尖。长9.5厘米。标本M127：2（图二五〇：3），扁平形，上端宽，下端锐利，其他部分保留粗糙面，横截面扁平长方形。长5.4厘米。

锤　2件。出自2座墓。扁圆形河砾石，石块表面有人为使用后留下的凹痕，均为一次葬随葬器物。标本M104：65（图二四九：2；图版七四：5），表面遗留很多凹痕，在填土中出土，附近有用石锤敲实填土，留下圆形下凹痕迹。直径9.5~13、厚3厘米。标本M107：30（图二四九：1；图版七四：3），直径9.7~10、厚2.5厘米。

棒　2件。出自2座墓。选用鞋底形河砾石，未经加工，一端大一端小，标本M39：74（图二四九：5；图版七四：6），扁长椭圆形，一面较平，一端较小，可用手握，横截面椭圆形。长31、宽9~12.4、厚5.6厘米。标本M104：64（图二四九：4；图版七四：4），一面较平，横截面馒头形。长21、宽4.2~6、厚4厘米。

砺石　11件。出自8座墓。个体大小不一，形状不规则，常见保留砂岩原粗糙面，一面、双面或一侧有下凹光滑磨砺面，不分型式。标本M39：17（图二四九：3；图版七四：2），扁长形，周边保留粗糙面，两面为内凹光滑磨砺面，此为最大一件。长26.8、宽5.5~8.5、厚4.3厘米。标本M114：51（图二五〇：5），长条形，器体扁薄，上下端和一侧保留粗糙面，双面和一侧均见磨砺面。长11.3、宽4.8、厚1.4厘米。标本M77：45（图二五〇：2），厚体长方形，五面保留粗糙面，一面为下凹磨砺面。长6.8、宽4.3、厚2.7厘米。标本M69：41（图二五〇：6），一件砺石上剥

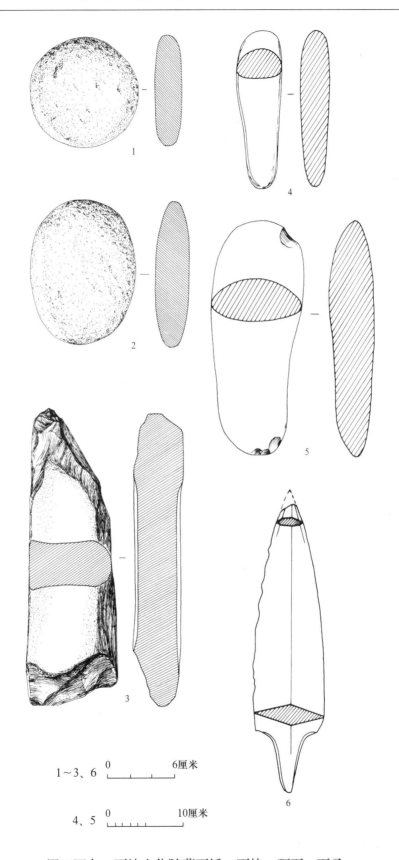

1~3、6   0 _____ 6厘米

4、5   0 _____ 10厘米

图二四九　石峡文化随葬石锤、石棒、砺石、石矛

1、2. 石锤（M107：30、M104：65）　3.砺石（M39：17）　4、5.石棒（M104：64、M39：74）　6.石矛（M67：36）

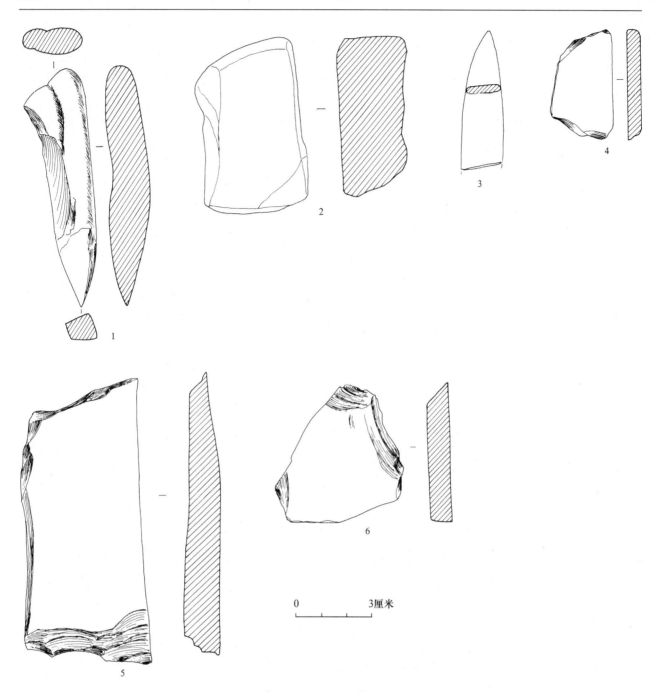

图二五〇　石峡文化随葬石锥、砺石

1、3.石锥（M57∶34、M127∶2）　　2、4~6.砺石（M77∶45、M98∶19、M114∶51、M69∶41）

落的残片，一面有磨砺面。残长5.6、残宽5.6、厚0.9厘米。标本M98∶19（图二五〇∶4），残砺石，长身扁体，一侧磨砺面，其他为砂岩粗糙面。残长4.4、残宽2.5、厚0.6厘米。

　　打制石片　38件。出自13座墓。大小长短不一的打制石片，多数用河砾石作石材，打制而成，少数从磨光残石器上打制成片状，部分刃部经第二次琢打。不分型式。标本M10∶24（图二五一∶1），扁平长椭圆形，一面为剥落面，两侧边缘曾磨过。长8.1、宽2.5、厚0.9厘米。标本M104∶63（图二五一∶6），扁平圭形，周边加工成刃口，推测是一件石器半成品。长9.5、宽3、厚0.8厘米。标本

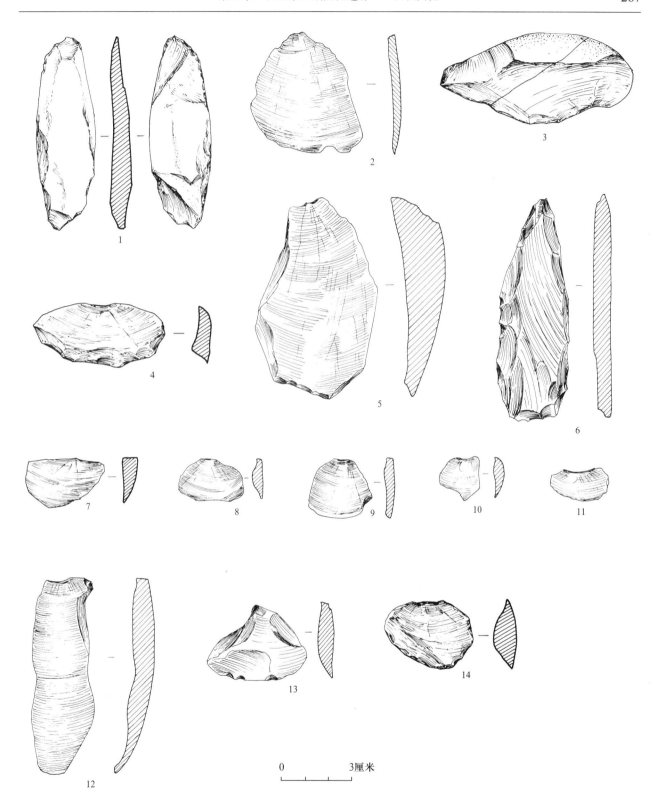

图二五一　石峡文化随葬打制石片

1.打制石片（M10：24）　　2、12.打制石片（M43：95、96）　　3、4、7、14.打制石片（M86：15、12、23、13）　　5.打制
石片（M67：64）　　6.打制石片（M104：63）　　8～11.打制石片（M114：42、41、47、43）　　13.打制石片（M124：20）

M43：95（图二五一：2），扇形，薄体，从河砾石石材上经打制剥落而成，背面保留河砾石石面，没有第二次加工痕迹。长5.1、宽4.5、厚0.4厘米。标本M43：96（图二五一：12），长条形，河砾石上打制下的石片。长8.4、宽2.8、厚0.9厘米。标本M67：64（图二五一：5），近椭圆形，上端厚，下端刃部第二次加工成利刃。长8.4、宽5.1、厚1.9厘米。标本M86：15（图二五一：3），一件椭圆形河砾石，一面经打制成上端厚、下端第二次加工形成薄刃。长4、宽8.5厘米。标本M86：23（图二五一：7），半月形，一面为河砾石光滑面，一面为剥落面，下端有锐利刃部。长2.1、宽3.5、厚0.6厘米。标本M86：13（图二五一：14），近椭圆形，中间厚，一面河砾石光滑面，剥落面边缘作第二次加工成利刃。长2.9、宽3.9、厚1厘米。标本M86：12（图二五一：4），椭圆形，下端厚，加工成刃部，推测曾使用过。长2.7、宽5.6、厚0.8厘米。标本M114：42（图二五一：8），该墓打制石片均为磨光残石器上打制剥落而成，形状小而不规则，多数刃部未加工，却薄而锐利。该石片为椭圆形，下端边缘薄且锐利。长1.8、宽2.8、厚0.5厘米。标本M114：43（图二五一：11），近椭圆形，刃部锐利。长1.2、宽2.5、厚0.4厘米。标本M114：47（图二五一：10），小型，长1.7、宽1.8、厚0.5厘米。标本M114：41（图二五一：9），小扇形，下端小斜刃经加磨过。长2.5、宽2.7、厚0.5厘米。标本M124：20（图二五一：13），用河砾石石材打制而成，刃部曾加工琢打过，较锐利。长3.2、宽4.2、厚0.7厘米。

河砾石　6件。出自4座墓。标本M37：14（图二五二：1），扁圆形，长径3.2、短径2.7、厚0.7厘米。标本M56：2（图二五二：2），椭圆形。该墓仅残留小孩下颌骨碎片和3枚乳齿，河砾石

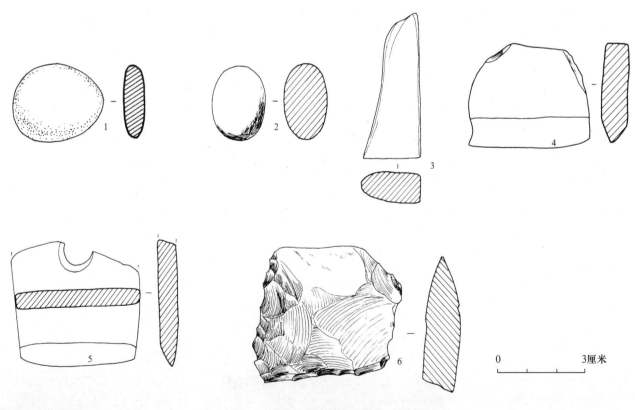

图二五二　石峡文化随葬河卵石、残石器

1、2.河卵石（M37：14、M56：2）　3、5.残石器（M98：13、6）　4.残石器（M99：34）　6.残石器（M114：52）

在下颌内侧出土。长径2.5、短径1.9、厚1.5厘米。

残石器　21件。出自9座墓。石峡文化墓葬随葬品中，无法归类的残石器数量比例较少，较多见是残石镞，可以归类或分出型式，因而不归入残石器统计。

标本M114：52（图二五二：6），近方形打制石片，下端加磨，刃部锐利。残长4.5、残宽4.8、厚0.7厘米。标本M99：34（图二五二：4），正、背面平直，双面斜刃，为一件刃部残片。残长3.5、残刃宽4.2、厚1厘米。标本M98：13（图二五二：3），通体磨光石块，原是一件残石器制成，该墓主人是一位少年，推测是墓主人生前习作。长5、宽2、厚1厘米。标本M98：6（图二五二：5），利用穿孔残石器顶部，加磨单面斜刃。残长4.3、刃宽4.1、厚0.7厘米。

（二）玉器、装饰品

玉器形制多样，可分为礼器和装饰品，礼器有琮、璧、龙环首和钺，多数放置尸骨堆上，其中龙首环上浮雕龙首纹达5～7组。玉钺或石钺，部分放在二次葬墓底尸骨堆上或附近出土。玉钺多数用透闪石制作。装饰品有玉环、玉玦、玉锥石器、玉璜、坠饰、玉管、玉珠、绿松石片、圆石片饰等。质料均用透闪石——阳起石制成，个别用水晶石和绿松石制成，坠饰形状多样，有飞鸟形、悬胆形、桂叶形或用玉环残片加工成圆形、长形坠饰，上钻一小孔。

玉器、装饰品207件。出自52座墓，其中二次葬墓38座、一次葬墓11座、一次葬已迁墓3座。大多数装饰品、玉器由于受沁程度不同，呈无光泽的灰白色或灰黄色，硬度低，其中不少未完全受沁的，仍能见到淡墨色、淡褐色石斑纹。

玉、石礼器：钺、琮、璧、环形琮、龙首环67件，以钺的数量较多。

玉钺、石钺　54件。出自28座墓，其中二次葬墓26座，出土49件，一次葬随葬12件，二次葬随葬37件。一次葬墓4座，各随葬1件，一次葬已迁墓出土1件。其形制扁平薄体圆角长梯形，斜首，少数平首，双侧亚腰，部分有锐利刃面，上端有一孔或双孔，常见双面管钻，少数双面实心钻，下端双面下斜刃，刃端弧形似扇面展开或斜弧形，器身横截面呈两端尖头锥形。器体有大小、长短、宽窄的不同，最大型长39.7、刃宽18.5厘米，小型长11.5、刃宽7.2厘米。玉钺多数用透闪石制作，出土时因受沁变色为灰白色、牙白色，极易断裂，常见出土时同墓里填土粘连一起，另外部分钺用灰色、青灰色泥质板岩制作，器表均经过抛光，玉钺有4件已残（不分型），分五型。

A型　18件。扁平薄体短身长方形，器体大小同石铲相若。分3式。

Ⅰ型　4件。直角长方形，斜首，直腰，双面下斜刃，刃端斜或平刃。标本M2：10（图二五三：1；图版七五：1），斜首，斜刃，双面管钻一孔。长14.5、首宽9、刃残宽9.3、厚0.8厘米。标本M3：1（图二五三：2；图版七五：2），扁平长方梯形，器身双面微拱，横截面棱形。斜首，刃端残，上端和中间双面管钻双孔，透闪石制作，边缘残断呈狗牙状。长17、首宽9.5、刃残宽10.5、厚1厘米。

Ⅱ式　9件。圆角长方梯形，弧首或斜弧首，亚腰，双面下斜刃，刃端弧形或弧形稍斜。标本M3：28（图二五三：3），器身两面稍拱起，横截面棱形，弧首，双侧亚腰无刃面，刃端斜，有使用过崩口，双面管钻一孔。长13.8、首宽7.8、刃宽9、厚0.9厘米。标本M17：2（图二五三：7；图版七五：3），弧首，亚腰，刃端弧形，双面管钻一孔，器身双侧和下端均见薄刃。钺体有两种颜色，上半段在填土中出土，器体表面粗糙呈灰色，下半段在墓底炭灰土层出土呈光亮灰色。长15.7、首宽8.7、刃宽10、厚0.8厘米。标本M44：9（图二五三：9；图版七五：4），斜弧首，双侧亚腰无刃面。双面下斜刃，刃端斜弧形，横截面尖头锥形。长15、首宽8.4、刃宽9.3、厚2厘米。标本M42：10（图二五三：8；图版七五：5），斜首，双侧亚腰有刃面，双面下斜刃，刃端稍斜，单孔为双面实心钻。长16.8、首宽9、刃宽10.7、厚1厘米。

Ⅲ式　5件。薄体圆角窄长梯形，斜弧首，双侧亚腰无刃面，双面或单面管钻，下端双面下斜刃，刃端斜弧形，横截面尖头锥形。标本M57：32（图二五三：5；图版七五：6），弧首，亚腰，器体一面拱起，双面管钻单孔。长15.8、首宽7.5、刃宽8.5、厚1.1厘米。标本M29：17（图二五三：4；图版七五：7、8；彩版九：1），弧首残，双侧亚腰磨薄，双面管钻一孔，透闪石制作，器体大部分为灰白色，少部分未风化，仍可见到青灰色和白色石纹，刃端斜弧形。长13.3、首宽6.4、刃宽7、

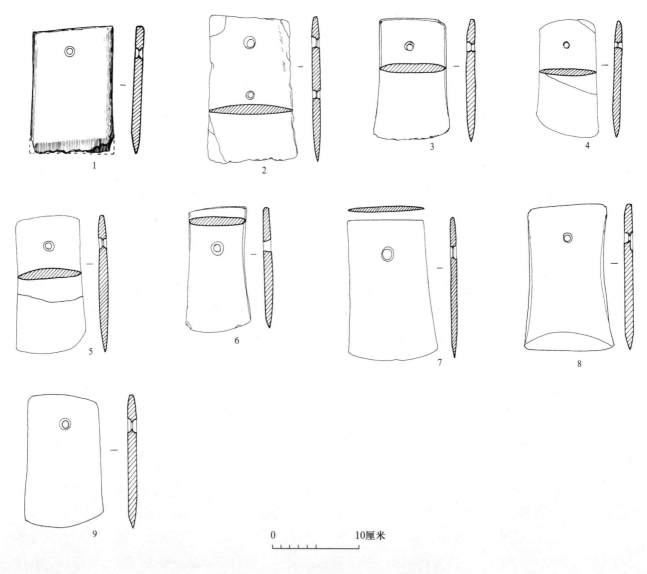

0   10厘米

图二五三　石峡文化随葬玉钺、石钺

1、2.A型Ⅰ式玉钺（M2：10、M3：1）　3、7~9.A型Ⅱ式石钺（M3：28、M17：2、M42：10、M44：9）　4~6.A型Ⅲ式钺（M29：17、M57：32、M8：2）

厚0.8厘米。标本M8:2(图二五三:6;图版七五:9),斜弧首,双侧亚腰,单面管钻一孔,刃端弧形,透闪石制作,仍见清晰青灰色、白色石纹。长14.2、首宽7、刃宽7.7、厚1.1厘米。

B型　9件。扁平薄体圆角宽身或短身长梯形,弧首,双侧亚腰多数有薄刃,双面管钻一孔或双孔,下端双面下斜刃,刃端圆弧形,横截面锐尖或钝尖锥形。均选用透闪石制成。分3式。

Ⅰ式　4件。宽身短体,刃端为圆弧形。标本M114:3（图二五四:1;图版七六:1）,首残,双侧亚腰磨薄无刃面,双面管钻一大孔,横截面钝尖锥形。长11.7、首宽6.2、刃宽7.6、厚0.6厘米。标本M59:37（图二五四:4;图版七六:7）,双面管钻大圆孔,孔内壁加磨过,较平滑,双侧亚腰有刃,首部残。长11.1、首宽7.1、刃宽8.3、厚0.7厘米。标本M43:6（图二五四:13;图版七六:8;彩版一〇:1）,首残,双侧亚腰有薄刃,下端刃弧形,单面管钻一孔,器体小型。长11.9、首残宽6.1、刃宽7.2、厚0.5厘米。

Ⅱ式　2件。标本M104:53（图二五四:2;图版七六:9）,扁平薄体宽身长梯形,平首稍斜,两侧亚腰薄而无刃,横截面钝尖锥形,双面管钻单孔,双面下斜刃,刃端弧出。长18.2、首宽8.5、刃宽11.5、厚0.7厘米。

Ⅲ式　3件。扁平薄体宽身圆角长梯形,双侧亚腰有薄刃,双面下斜刃,横截面尖锥形。标本M104:3（图二五四:5;图版七六:2;彩版九:2）,斜弧首,双面管钻一小孔,器身上端和下端厚0.9厘米,中段磨薄仅厚0.6厘米。刃端圆弧形稍斜。长23.3、首宽10.6、刃宽15.4、厚0.6~0.9厘米。标本M42:7（图二五四:12;图版七六:3;彩版九:3）,圆角斜首,亚腰有薄刃,双面管钻双孔,刃端圆弧形,长23、首宽10、刃宽13.3、厚0.7厘米。牙白色,出土时石质已松散。

C型　10件。扁平薄体窄长条形,斜首或弧首,双侧平直或亚腰有薄刃。刃端弧形或斜弧形,横截面尖头锥形。分3式。

Ⅰ式　3件。扁平窄体长条形,双侧平直或稍斜。标本M99:2（图二五四:8;图版七六:4）,斜首保留切割痕迹,双侧平直,双面对钻一孔,刃端弧形,透闪石制作。牙白色。长14.5、首宽5、刃宽5.4、厚0.6厘米。

Ⅱ式　3件。扁平体长条形,斜弧首,双侧亚腰有薄刃,双面下斜刃,刃端稍呈斜弧形,刃面两侧转角为锐角。标本M105:13（图二五四:6;图版七六:5）,双面管钻一孔,留下不对称管钻痕迹。长22.5、首宽8.8、刃宽10.2、厚1.1厘米。标本M27:28（图二五四:11;图版七六:6）,双侧亚腰有刃,单面实心钻一孔,透闪石制作,牙白色,出土时已风化变形。长25.2、首宽8.8、刃宽12、厚0.8厘米。标本M104:4（图二五四:9;图版七七:1）,斜首双面管钻一孔,器身两面微隆起,双侧微亚腰无刃面,刃端稍呈斜弧形。长17、首宽6.6、刃宽7.7、厚1.1厘米。

Ⅲ式　3件。器体比前两式窄长,平首或斜首,双侧亚腰有刃面,横截面尖头锥形,刃端弧出呈扇面形。标本M105:2（图二五四:3;图版七七:7）,平首,双面实心钻一孔,经抛光。长17.9、首宽5.4、刃宽7.5、厚1厘米。标本M80:24（图二五四:7;图版七七:2;彩版一〇:2）,斜首,双侧亚腰无刃面,双面管钻一孔。长15.6、首宽6.1、刃宽7、厚1厘米。标本M80:23（图二五四:10;图版七七:8;彩版一〇:3）,平首微斜,两侧亚腰有薄刃,双面管钻一孔,制作器身时遗留凹痕,器体大型。长26.8、首宽8.8、刃宽10.7、厚1.1厘米。

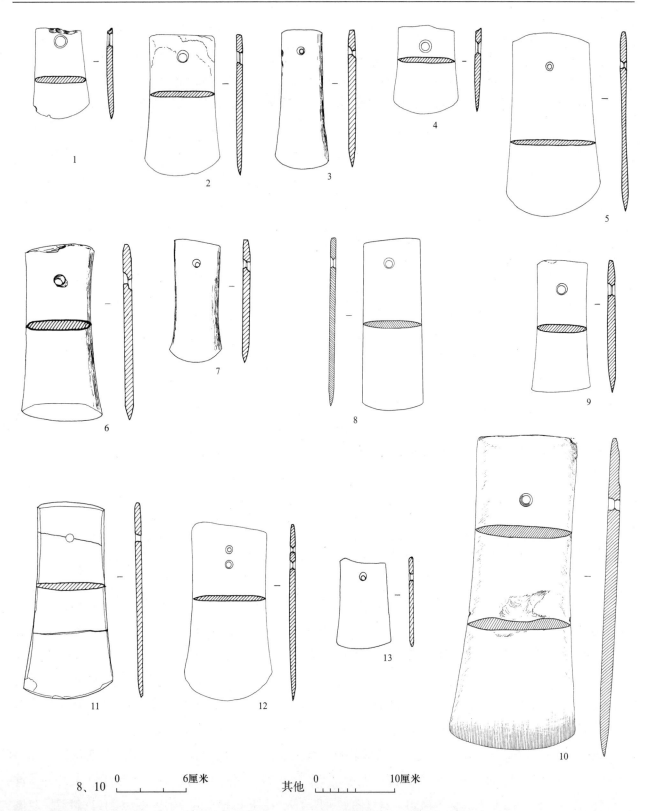

8、10　0 ⊢⊣⊢⊣⊢⊣ 6厘米

其他　0 ⊢⊣⊢⊣⊢⊣⊢⊣⊢⊣ 10厘米

图二五四　石峡文化随葬玉钺、石钺

1、4、13．B型Ⅰ式玉钺（M114：3、M59：37、M43：6）　2.B型Ⅱ式玉钺（M104：53）　3、7、10.C型Ⅲ式石钺（M105：2、M80：24、23）　5、12.B型Ⅲ式玉钺（M104：3、M42：7）　8.C型Ⅰ式玉钺（M99：2）　6、9、11.C型Ⅱ式石钺（M105：13、M104：4、M27：28）

D型 16件。扁平宽身薄体长梯形，平首或斜首，双侧亚腰有薄刃，双面管钻一孔，刃端作大弧形偏刃或弧形偏刃，横截面尖头锥形。分5式。

Ⅰ式 1件。标本M67：1（图二五五：1；图版七七：3），宽身薄体长梯形，平首，上窄下宽，双面管钻一孔，刃端作弧形偏刃。透闪石制作。长19.2、首宽8.5、刃宽11.6、厚0.7厘米。

Ⅱ式 8件。透闪石制作，出土时已风化变形，斜首，双侧亚腰有薄刃，刃端为弧形偏刃。标本M47：30（图二五五：11；图版七七：5），斜首有切割痕迹，双面管钻一孔稍偏一侧，刃端弧形偏刃，为保存较好的一件。长17.7、首宽7.4、刃宽8.5、厚0.8厘米。标本M47：103（图二五五：5；图版七七：4），大型扁平宽体，斜首，双侧亚腰有薄刃，双面管钻一孔，出土时器体中部变形。长36.6、首宽13.8、刃宽15.5、厚0.8厘米。标本M86：6（图二五五：6；图版七七：6），出土时已碎为15片，散布在墓底靠北边，为器体最大型一件，斜首，双面管钻一孔，双侧亚腰有刃面，横截面尖锥形，刃端斜弧形。长39.7、首宽15.8、刃宽18.5、厚0.5厘米。

Ⅲ式 3件。器体大型，扁平薄体圆角长身，平首或斜首，双侧亚腰有薄刃，双面下斜刃，同Ⅰ、Ⅱ式不同之处是刃端作大弧形偏刃，双面管钻一孔。标本M47：28（图二五五：9；图版七八：1；彩版一〇：4），斜首，出土时已断裂，牙白色。长30.5、首宽9.3、刃宽15.1、厚0.5~0.8厘米。标本M47：29（图二五五：10），形制与28号钺相同，长24.5、首宽9、刃宽10.7、厚0.8厘米。标本M47：19（图二五五：2；图版七八：2），弧首，双侧稍直有薄刃，出土时器体已变形。长39.5、首宽11.5、刃宽13、厚1.2厘米。

Ⅳ式 2件。与上述式别不同之处是短身，首部较斜，器身上端和中段双面管钻双孔。标本M33：2（图二五五：3；图版七八：6；彩版一〇：7），首部特斜，遗留切割痕迹。长14、首宽7.6、刃宽8、厚0.8厘米。标本M43：47（图二五五：4；图版七八：3；彩版一〇：5），斜首，首部曾加磨过，亚腰较甚有薄刃，刃端斜弧刃较宽呈扇形，双孔间距大，透闪石制成，未完全受沁，仍可见到青灰、白色石纹。长14.4、首宽5.4、刃宽8、厚0.6厘米。

Ⅴ式 1件。标本M54：2（图二五五：7；图版七八：4），平首有切割痕迹，短身，双侧亚腰有锐利刃面，双面管钻一孔，下端斜薄刃，刃端斜弧形，出土时已变形。长13.2、首宽8.8、开宽8.5、厚0.8厘米。

E型 1件。标本M42：2（图二五五：8；图版七八：5；彩版一一〇：6），扁平短身梯形，弧首，双侧有肩，双侧下斜，双面齐刃，刃端圆弧形，双面管钻大孔。长12.2、首宽8.8、刃宽10.4、厚0.9厘米。

玉琮 6件。出自6座二次葬墓，早期Ⅱ段墓M17、M69、M105，中期墓M10、M104，晚期墓M54。4件置尸骨堆上，1件置墓底西北角二层台，同玉环并排出土，1件置墓底东南角同石镞一起出土。其形制为内圆外方，外缘弧边钝角，以方角为中线构成一组相连续花纹，用阴刻镂花纹，两组花纹之间为素面无纹直通射口，射口凸出于琮体，除M105：1琮体分为五节，上大下小，其余5件琮体均为一节，花纹不太清晰。高身琮13.8厘米，矮身仅2.3厘米。标本M10：11（图二五六：2；图版七九：1、2；彩版一一：1、2），内圆外方，方形外缘弧形，钝角，肉薄，孔径大，方角两面为一组简化人面纹，额部为两道凸出横纹，上刻细弦纹，两对角重圈眼，无眼线，下为横凸纹嘴，有一面左角重圈眼被同心圆弧线痕切损，圆孔光滑。受沁蚀呈灰白色，有淡褐色石纹。高3~3.4、射径5.3~

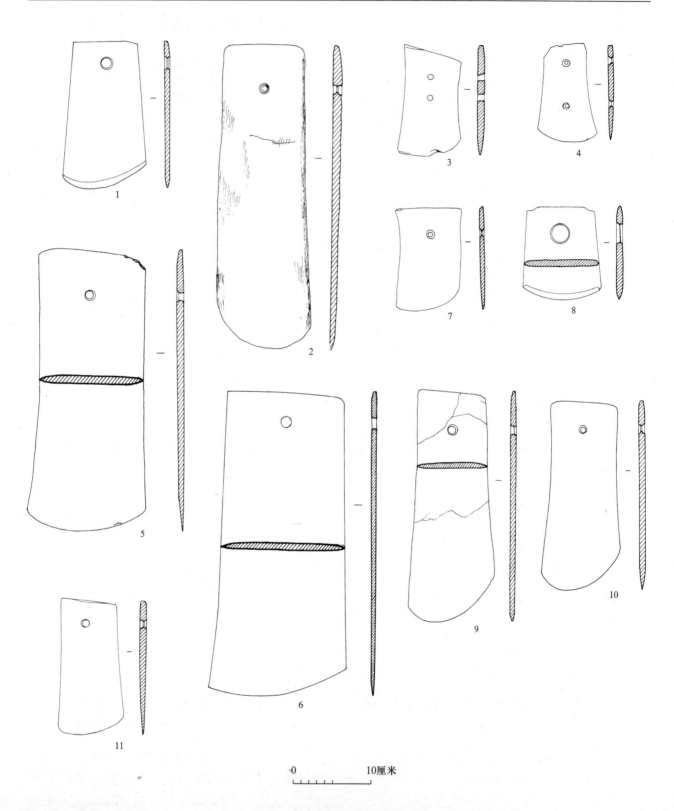

0 　　　　　　　10厘米

图二五五　石峡文化随葬玉钺

1.D型Ⅰ式玉钺（M67：1）　　2、9、10.D型Ⅲ式玉钺（M47：19、28、29）　　3、4.D型Ⅳ式玉钺（M33：2、M43：47）　　5、6、11.D型Ⅱ式玉钺（M47：103、M86：6、M47：30）　　7.D型Ⅴ式玉钺（M54：2）　　8.E型玉钺（M42：2）

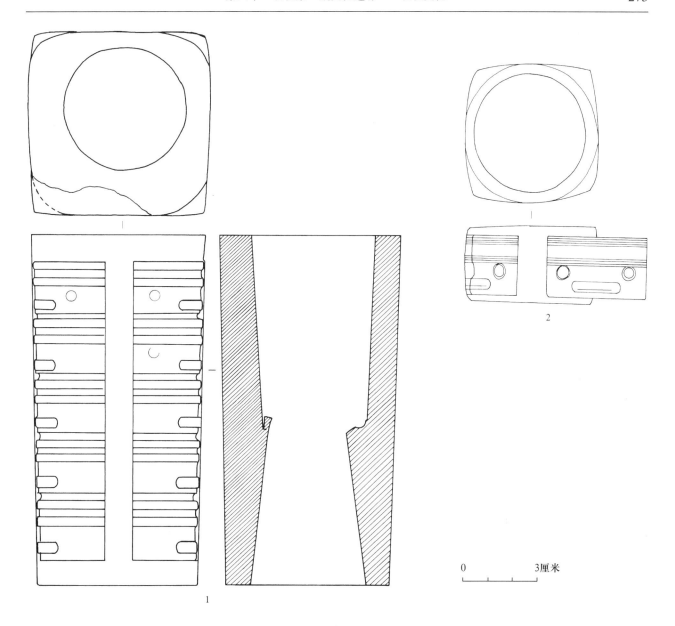

图二五六 石峡文化随葬玉琮
1.玉琮（M105∶1） 2.玉琮（M10∶11）

5.6、孔径4.6~5厘米。标本M17∶13（图二五七∶1；图版七九∶3、4；彩版一二∶1、2），内圆外方，方形外缘弧形，四边钝角各有一组神人纹，额部两道凸横纹，上刻2~3道细弦纹，一对向内卷的纹饰似眉毛，之下是重圈大眼，圈外有眼线，双圆眼之间菱形图案为鼻，下端短凸带纹在方角部位构成嘴，菱形鼻和嘴之间有双线纹，向左右伸出并向上向外卷曲，像男性脸谱上的一副胡须。石质保质较好，呈深灰色，有黑色石纹，琮的外缘四边棱角和内圆孔周边留下磨损痕迹。高3.7~4.3、射径7.3、孔径5.5厘米。标本M54∶1（图二五七∶3；图版八〇∶1；彩版一三∶1），内圆外方，钝角，每方角为一组简化人面纹，额部3横向弦纹，之下为单线圆形眼睛，下端嘴为凸出圆角长方形，花纹因磨损已不清晰。受沁蚀呈灰白色，有淡墨、淡褐色石纹，出土时已断为两段，折断处各穿一孔连接。高2.2、射径6.6、孔径5.9厘米。标本M69∶28（图二五七∶4；图版八〇∶3、4；彩版一三∶3、4），

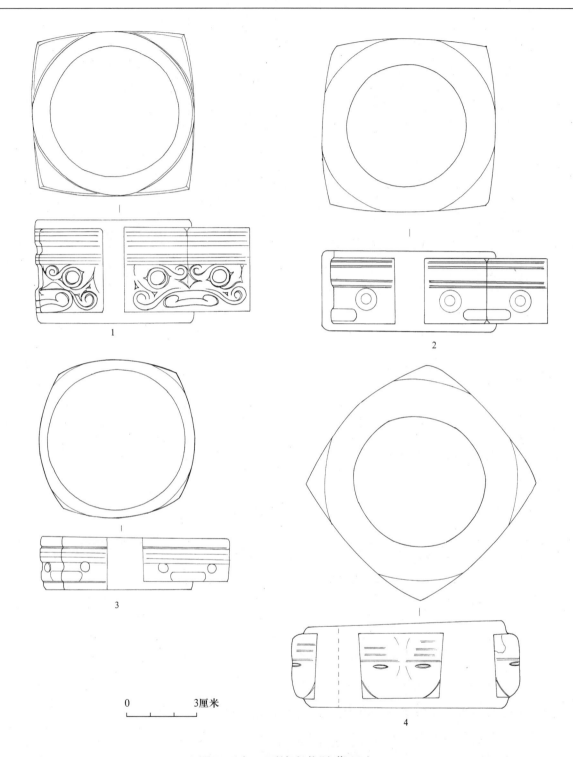

图二五七　石峡文化随葬玉琮

1.玉琮（M17：13）　2.玉琮（M104：2）　3.玉琮（M54：1）　4.玉琮（M69：28）

内圆外方，外缘弧形钝角，四方角各雕刻三棱体凸面，上刻出一组人面纹，花纹之间竖槽素面特宽，凸面上方额部为2～3横向弦纹，额纹下左右刻椭圆形丹凤眼、嘴的部位不清晰，下端左右角用弧线勾勒出脸庞，将人面凸现出来。受沁蚀呈灰白色，下端沁蚀较甚，器表粗糙，上端保存稍好，琮面光滑有淡墨色石纹。琮体厚重，高3.3、射径8.3、孔径5.7厘米。标本M104：2（图二五七：2；图版八

○：2；彩版一三：2），内圆外方，外缘弧形，钝角，四组简化人面纹，额部横凸有4横向弦纹，额纹下左右刻重圈眼，旁边无眼线，下端为凸出圆角长方形。经沁蚀呈灰白色，花纹不太清楚，器表粗糙，有淡黑色、淡褐色斑点石纹。高3.4、射径7.3、孔径5.1厘米。标本M105：1（图二五六：1；图版八一：1、2、3；彩版一四：1、2、3），长方柱体，内圆外方，上大下小，内圆孔用双面管钻，孔内遗留有残断石芯，四面平直，近直角，分五节，每节之间刻出明显的凹槽，每一节以方角为中轴刻出一组简化人面纹，额部两条横向凸带纹，下端相当于嘴的位置，刻出一条横向短凸带纹，带内填刻纤细弦纹，有不太清晰单线圆眼圈纹。灰黑色、灰色石斑纹，琮体光滑。高13.8、上射径7.2、下射径6.6、上孔径5、下孔径4.7厘米。6件玉琮制作技术有较大差距，早期Ⅱ段3件，制作较为精致，到晚期墓，琮体薄，四面呈弧形钝角近圆形，花纹粗糙。

璧　1件。标本M43：2（图二五九：1；图版八二：1；彩版一三：6），扁平圆形，肉宽而薄，中间管钻一孔，孔壁留有旋痕，璧边缘平直，器身光洁，素面无纹，灰白色。直径11.8、孔径3.8、厚0.7～0.9厘米。

环形琮　2件。出自2座一次葬墓。高身，圆筒形，外壁有四组花纹。标本M6：2（图二五八：1；图版八二：3；彩版一三：5），环形，形似宽带臂环，外壁雕刻四组简化兽面纹，每组花纹构成为上端额部有3道横纹，之下为一对椭圆形眼，眼角上斜，之间有宽鼻相连，下端横向短凸带嘴，四组花纹之间有1.2厘米为素面无纹，花纹为浅浮雕。受沁蚀为灰白色，有黑色石纹，花纹不清晰。出土时已残，直径6.5、内径5.7、高2.7厘米。标本M56：1（图二五八：2；图版八二：4），高身筒形，出土时已碎为6块，外壁稍内弧，等距离分两节，雕刻八组简化人面纹，仅见一组较清晰，上端额部有2道横纹，下为一对单圈眼，下端横向短凸带嘴，两节花纹之间为阴刻一周横线为界，下节无额纹，一对单圈眼，之下是短凸带嘴。四组花纹之间为0.9～1.1厘米素面无纹。受沁蚀为灰白色，器表粗糙。直径6.7、内径6.5、高3.4厘米。

龙首环　2件。出自2座二次葬墓。矮身宽肉环。外壁饰浮雕龙首纹，受沁蚀花纹已不清晰。标本M99：5（图二五九：4；图版八三：1；彩版一五：1），扁平环形，宽肉，环外壁等距离浮雕7组龙首纹，仅一组龙首纹稍清楚，上端平额为两行横凸带，之下为一对椭圆形突出眼球，外刻一周眼圈，三角形鼻，下端两条宽平凸带为嘴唇，其间有3枚大牙齿，每组浮雕额、眼、嘴花纹均突出于环体两侧扁平部分。环身因沁蚀较甚，呈黄白色粗糙面。直径12、内径6.9、肉宽2.8、高1.5～1.6厘米。标本M42：4（图二五八：3；图版八二：2），扁平环形，宽肉，环外壁等距离浮雕5组龙首纹，上端平额部为两行横凸带，之下为圆形凸眼球，外刻一周眼圈，下端有两行凸带为无牙齿阔嘴，每组浮雕花纹均突出于环体两侧扁平部分。因使用过，沁蚀较甚，环体呈灰白色粗糙面，花纹已模糊，出土时置尸骨堆上，环上遗留有朱砂。直径8.3、内径5.8、肉宽1.2、高2.2厘米。

环　32件。出自23座墓，24件为16座二次葬墓出土，其中二次葬随葬品23件，一次葬随葬品1件，7件为6座一次葬墓出土，1件为1座一次葬已迁墓出土。形制为圆形，中间穿大孔，有矮身环形、高身筒形、扁平圆形等。少数环出土时已断裂，大部分保存较好。分四型。

A型　10件。矮身环形，环外壁直或圆角外弧，断面竖长方形。分2式。

Ⅰ式　8件。环外壁直，断面竖长方形。标本M17：12（图二五九：3；图版八三：2；彩版一五：2），

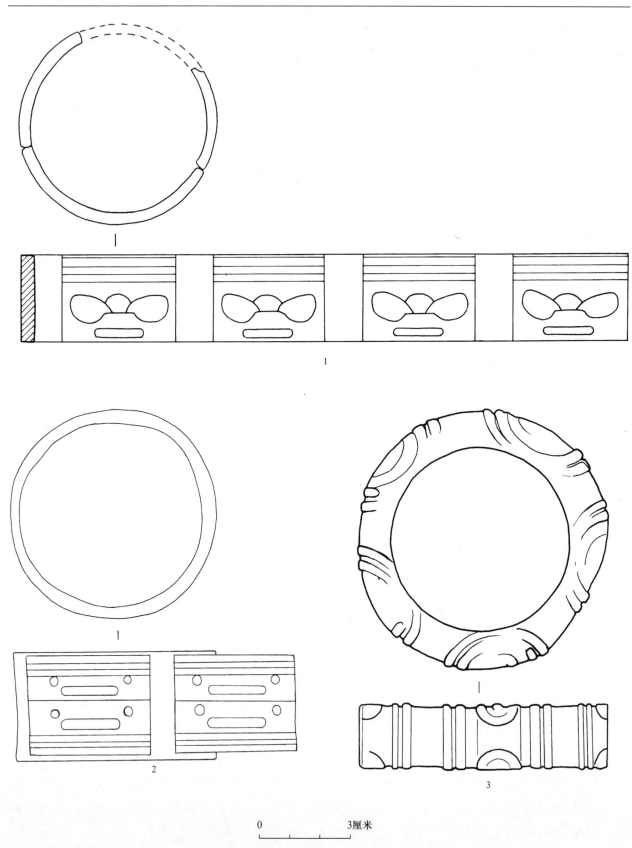

0　　　　　　　3厘米

图二五八　石峡文化随葬玉环形琮、玉龙首环
1、2玉环形琮（M6：2、M56：1）　3.玉龙首环（M42：4）

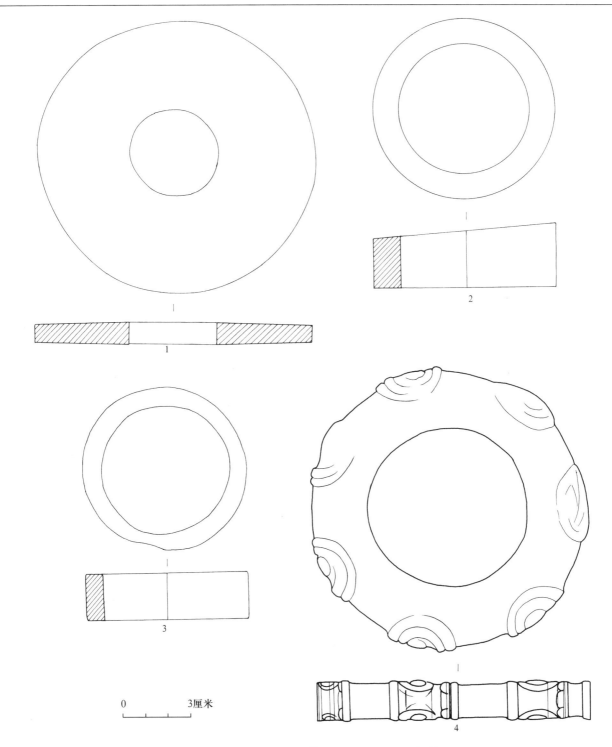

图二五九　石峡文化随葬玉璧、玉环、玉龙首环

1.玉璧（M43：2）　　2、3.A型Ⅰ式玉环（M107：4、M17：12）　　4.玉龙首环（M99：5）

环身棱角光滑，推测已使用过，出土时置尸骨堆上。有黑色、淡褐色石纹。直径7.1、内径5.5、肉宽0.8、高2~2.1厘米。标本M107：4（图二五九：2；图版八三：3），棱角锐利，似未曾使用过，环体一边高一边矮，出土时置尸骨堆上。直径7.9、内径5.6、肉宽1.1~2.8厘米。标本M47：20（图二六〇：1；图版八三：4），内壁圆得规整，外壁圆形磨得稍差，至使环肉宽窄不一，环身一面有一道

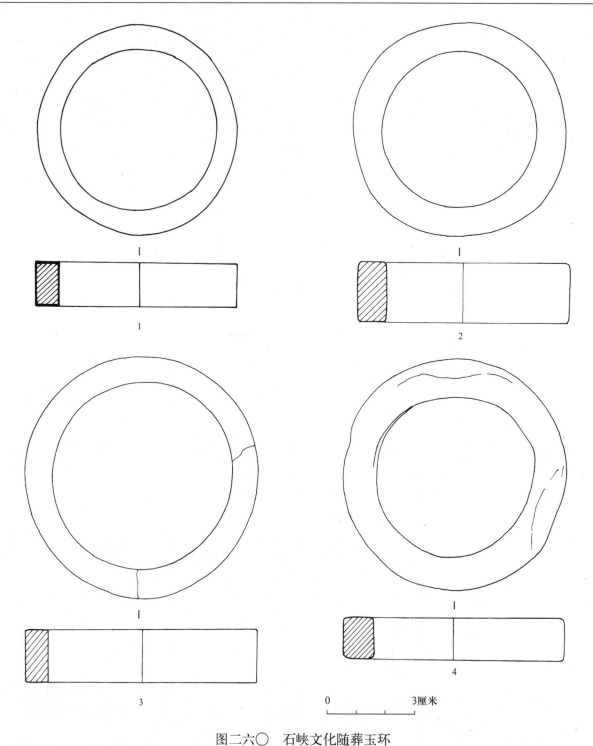

图二六〇　石峡文化随葬玉环

1、3.A型Ⅰ式玉环（M47：20、34）　　2、4.A型Ⅰ式玉环（M59：48、M53：1）

长2厘米弧形割痕。环壁光滑，石质保存较好，有黑色、淡褐石纹。直径7～7.2、内径5.7、肉宽
0.6～0.7、高1.4～1.6厘米。标本M47：34（图二六〇：3；图版八三：5；彩版一五：3），出土时
已断为两截，于墓底西南角同钺一起放置。石质保存尚好，有黑色、淡褐色石纹。直径8.2、内径
6.3～6.4、肉宽0.8～1、高1.8厘米。标本M53：1（图二六〇：4；图版八四：3），内壁和外壁为

不规整圆形，断面圆角近方形，外壁棱角和两处断缺部分的裂口均较光滑。受沁蚀呈灰白色。直径7.7～7.9、内径5.5～5.7、肉宽1.1～1.2、高1.5厘米。标本M59：48（图二六〇：2；图版八四：1），内壁圆形规整，外壁不太圆，环肉宽窄不一，棱角锐利，出土时置尸骨堆上，受沁蚀内壁有一处纵裂痕，环壁光滑，有墨色、褐色石纹。直径7.2～7.4、内径5.3、肉宽0.8～1、高1.9～2.3厘米。标本M124：6（图

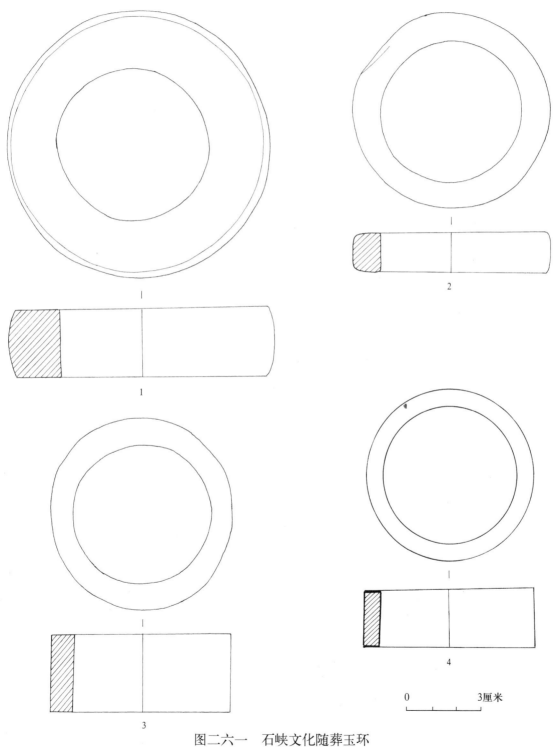

图二六一　石峡文化随葬玉环

1、2.A型Ⅱ式玉环（M67：14、M124：6）　3、4.B型Ⅰ式玉环（M57：33、8）

二六一：2；图版八四：2），孔壁平直，外壁弧形，断面近方形，一边外弧，外壁曾有3.4厘米断裂处，加工时将其磨平，另有1.3厘米断裂口曾加磨过，使其光滑些许，环身一侧高一侧低，出土时置尸骨堆上。保存尚好，有白色、淡褐色石纹。直径7.6、内径5.5、肉宽0.8~1.1、高1.7~2厘米。

Ⅱ式　2件。孔壁直，外壁弧形。标本M67：14（图二六一：1；图版八四：4；彩版一五：4），大型厚体，内壁平直，外壁隆出，环肉厚薄不一，棱角锐利，出土时置墓底石器堆附近。保存较好，有淡绿色、淡褐色石纹。直径9.7~10.2、内径5.8、肉宽1.9~2.3、高2.6厘米。

B型　14件。高身筒形，环肉比A型环薄，断面窄长条形，外壁平直或亚腰形。分2式。

Ⅰ式　8件。环身较高，孔壁和外壁均平直。标本M57：33（图二六一：3；图版八四：5；彩版一五：6），环身高，内外壁均平直，圆形欠规整，棱角锐利，无使用痕迹，在填土中发现，为一次葬随葬品。保存较好，有黑色、褐色石纹。直径7~7.3、内径5.3、肉宽0.8~1、高2.9~3厘米。标本M57：8（图二六一：4；图版八四：6；彩版一五：5），环身稍高，内外壁圆形不规整，棱角锐利，出土时置尸骨堆上。受沁蚀呈牙白色，有淡褐色石纹。直径6.6、内径5.1、肉宽0.6~0.8、高2.2~2.3厘米。标本M69：4（图二六二：4；图版八五：1；彩版一五：7），厚体高身，内外壁圆形欠规整，棱角为钝角，断面圆角长条形，环身一侧高，一侧稍低，出土时置尸骨堆东北，叠放在3号环之上。受沁蚀呈牙白色，内外壁光滑。直径8.1、内径5.7、肉宽0.9~1.3、高3.3~3.7厘米。标本M114：29（图二六二：1），薄体高身，内外壁平直，断面窄长条形，出土时置尸骨堆上。保存尚好，有黑色、淡褐色石纹。直径6.8、内径5.7、肉宽0.4~0.6、高3.1厘米。标本M27：23（图二六二：2），厚体高身，棱角规整，内壁正圆形，外壁圆形欠规整，出土时置尸骨堆上。牙白色，有褐色细线条石纹。直径7.4、内径5.3、肉宽0.9~1.1、高2.7厘米。标本M59：40（图二六二：3；图版八五：2；彩版一六：1），环身内外壁圆形欠规整，一侧高一侧稍低，棱角锐利，出土时置尸骨堆上，已断为两截。呈牙白色，有黑色石纹。直径6~6.3、内径5~5.2、肉宽0.5~0.6、高2~2.2厘米。

Ⅱ式　6件。薄体高身筒形，环壁微弧呈亚腰形，断面窄长条形内弧。标本M6：1（图二六三：1；图版八五：3），环壁稍内弧，出土时已断为两截，从断口处穿一孔呈曲尺形与外壁孔口相通，可用于捆结后再使用。受沁蚀呈牙白色粗糙面，有淡褐色斑点纹。直径7.4、内径6、肉宽0.6、高2.8厘米。标本M47：32（图二六三：2；图版八五：4；彩版一六：4），薄肉高身亚腰，内环规整，出土时在墓底西南角与玉钺一起放置。牙白色，有淡褐色石纹。直径7、内径5.9、肉宽0.5、高2.8厘米。标本M47：37（图二六三：3；图版八五：5；彩版一六：2），高身亚腰内环规整，出土时在墓底西南角与玉钺一起放置。牙白色有褐色石纹。直径7.1~7.2、内径5.7~5.9、肉宽0.6~0.7、高2.7厘米。标本M51：8（图二六三：4；图版八五：6；彩版一六：5），薄体高身筒形，环壁微内弧，内外壁圆形欠规整，环肉厚薄不一，棱角锐利，出土时置墓底西南部与陶纺轮一起放置。受沁蚀较甚部分器表粗糙呈灰白色，其余较光滑，有褐色石斑。直径6.3~6.5、内径5.2~5.4、肉宽0.3~0.5、高3.9~4厘米。标本M59：39（图二六四：1；图版八六：1），薄体高身筒形，环壁微内弧，出土时置尸骨堆上，已碎为6块。受沁蚀呈灰白色。直径6.9~7、内径6.2、肉宽0.3~0.4、高4.3厘米。

C型　6件。扁平圆形，环肉宽，断面横长方形，中间孔径有大小之分，大孔与A、B型环相同，孔径稍小的介于璧和环之间。分2式。

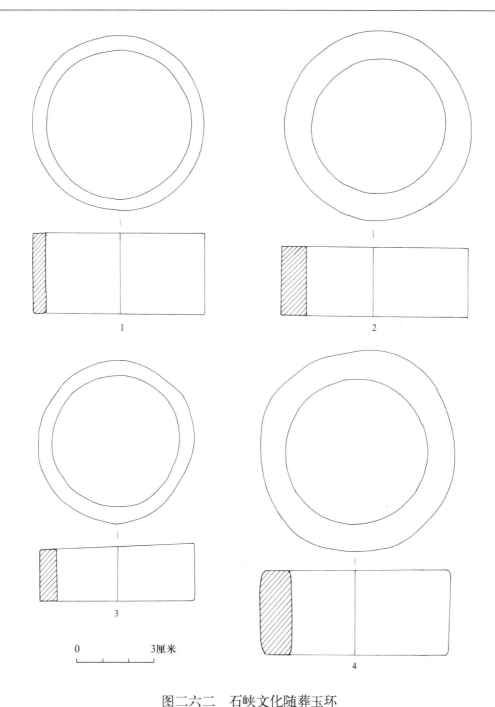

0　　　　　　3厘米

图二六二　石峡文化随葬玉环
1、2.B型I式玉环（M114∶29、M27∶23）　　3、4.B型I式玉环（M59∶40、M69∶4）

I式　5件。扁平圆形，断面横长方形。标本M33∶1（图二六四∶3；图版八六∶2；彩版一六∶3），
内外环圆形不规整，一侧有磨损痕迹。大孔，断面横长方形，出土时置墓底东北隅。受沁蚀呈灰白
色，有淡褐色石纹。直径7.4、内径4.8～5、肉厚1.2～1.4、高1厘米。标本M88∶1（图二六四∶2；
图版八六∶3；彩版一六∶6），扁平圆形，大孔，断面横长方形，该墓为一次葬墓，出土时置墓底
东端。受沁蚀呈牙白色，有黑色、褐色石纹。直径8.8～9、内径5.5～5.7、肉厚1.5～1.7、高0.9厘
米。标本M69∶27（图二六四∶4），扁平圆形，环肉宽，孔径稍小，断面扁长方形，出土时与该墓

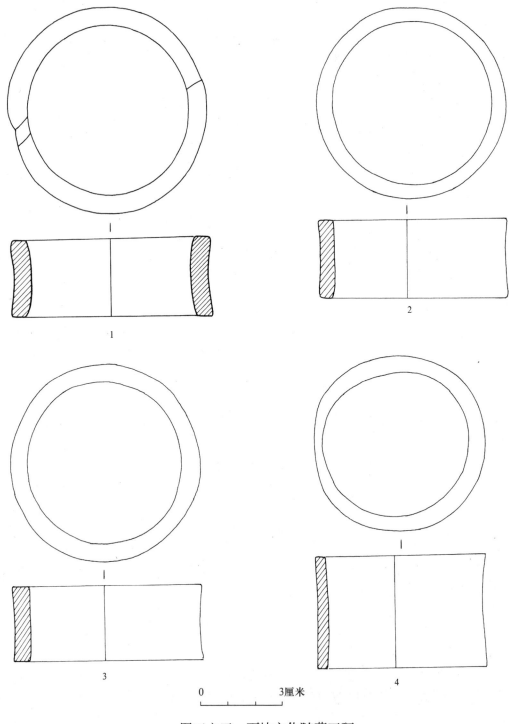

图二六三　石峡文化随葬玉环

1、4.B型Ⅱ式玉环（M6：1、M51：8）　　2、3.B型Ⅱ式玉环（M47：32、37）

玉琮并排放置在墓底东北角二层台上。受沁蚀呈灰白色。直径9.8~10.1、内径5.4~5.5、肉宽2~2.3、高1~1.2厘米。标本M69：3（图二六五：1；图版八六：4；彩版一六：7），肉宽而薄，孔径附近略厚，周边渐薄，断面圆角楔形，出土时于尸骨堆东北，同④号环一起放置。保存尚好，表面光滑呈牙白色，有淡褐色石纹。直径9.8~10.2、内径5.2~5.4、肉宽2.2~2.4、高0.3~0.7厘米。标本

图二六四　石峡文化随葬玉环
1.B型Ⅱ式玉环（M59：39）　　2～4.C型Ⅰ式玉环（M88：1、M33：1、M69：27）

M104：1（图二六五：4；图版八六：5；彩版一六：8），扁平圆形，环肉宽，孔径稍小，内环圆形规整，棱角锐利，出土时同该墓玉琮并排置尸骨堆上，受沁蚀呈灰白色，有淡墨、淡褐色石纹。直径11.3～11.5、内径5.6、肉宽3.1、高0.7厘米。

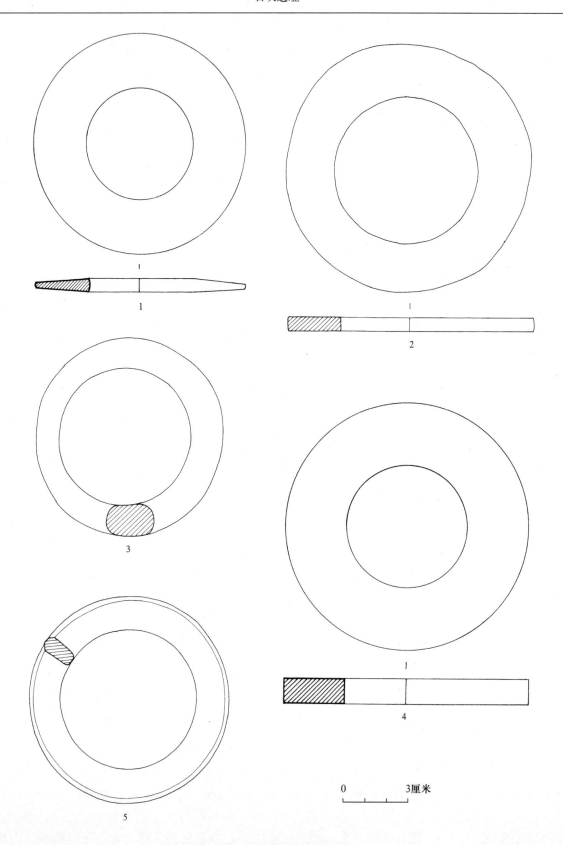

图二六五　石峡文化随葬玉环

1、4.C型Ⅰ式玉环（M69：3、M104：1）　2.C型Ⅱ式玉环（M45：15）　3.D型Ⅱ式玉环（M42：3）　5.D型Ⅰ式玉环
（M15：2）

Ⅱ式　1件。标本M45：15（图二六五：2；图版八六：6），圆形扁薄体，宽肉大孔径，棱角光滑，环肉厚薄不一，出土时已断为三截，在墓底东边与玉璜一起放置。受沁蚀呈牙白色，有淡墨色石纹。直径11.4～11.7、内径6.7、肉宽2.2～2.6、高0.3～0.7厘米。

D型　2件。大孔窄肉圆形，外壁弧形凸出，棱角光滑，断面椭圆形。分2式。

Ⅰ式　1件。标本M15：2（图二六五：5；图版八七：1），大孔扁平窄肉圆形，内外环圆形规整，两侧环面平直，外壁弧形凸出，棱角光滑，断面扁平椭圆形，为一次葬墓，出土时置墓底东北端。石质保存较好，有黑色斑点纹。直径9.8、内径6.5、肉宽1.5、高0.7厘米。

Ⅱ式　1件。标本M42：3（图二六五：3；图版八七：2；彩版一七：1），大孔圆形，内壁、外壁和环身双侧面为凸弧面，环身光滑，断面椭圆形，出土时于尸骨堆上与龙首环并排放置。受沁蚀呈牙白色。直径8.8～9.1、内径6.2～6.3、肉宽1.1～1.5、高2.2厘米。

璜　10件。8件出自3座二次葬墓，其中一次葬随葬2件，二次葬随葬品6件。一次葬墓出土2件。半环形，两端口磨平，各穿一孔或双孔，断面长方形或近椭圆形，个别透雕花纹，多数出土时已残断。分两型。

A型　9件。半环形，断面为长方形、窄长弧形和椭圆形。分3式。

Ⅰ式　4件。半环形，璜体平直，棱角明显，断面长方形。标本M47：48（图二六六：1；图版八七：6），半环形，一边端口磨平双面钻一孔，另一边端口残断处仅磨平突出部分，双面钻单孔，断面长方形，出土时同钺、环一起放置在墓底西南边。石质受沁蚀呈灰白色，有淡黑色石纹。高0.9、宽5.8、厚0.6厘米。标本M47：49（图二六六：2），半环形，两端口磨平各对钻一孔，在璜体原断口处，各对钻一孔便于绑结用。石质受蚀呈牙白色，有淡黑色石纹。高1、宽7.5、厚0.5厘米。标本M98：16（图二六六：3），半环形，一边端口双面钻一孔，一边端口单面钻一孔，孔附近有双道下切凹痕，断面近方形。石质受沁蚀呈灰白色。高0.8、宽7、厚0.5厘米。标本M98：1（图二六六：4；图版八七：3），半环形，两端磨平各对钻一孔，原折断处各对钻一孔便于梆结时用，断面近方形。石质受沁蚀呈灰白色。高0.8、宽6.8、厚0.6厘米。

Ⅱ式　3件。半环形，断面窄长形。标本M45：36（图二六六：6；图版八七：4），两端口磨平对钻双孔。石质受沁蚀呈灰白色，璜体表面粗糙。高0.6、宽5.3、厚1.7厘米。标本M45：16（图二六六：5），半环形，两端口磨平对穿双孔，折断处各对钻一孔，同该墓36号璜为同一件玉环改制而成。石质受沁蚀呈灰白色。高0.6、宽7.9、厚1.7厘米。标本M45：37（图二六六：7；图版八七：4），半环形，两端口磨平，原折断处和端口均为单面钻双孔，用残环改制而成。灰白色。高0.5、宽7.5、厚1.5厘米。

Ⅲ式　2件。半环形，璜体棱角光滑，断面近椭圆形。标本M118：39（图二六六：8；图版八七：5；彩版一七：2），两端口磨平各对钻一孔。石质保存尚好，有淡墨色、褐色石纹。高1.2、宽7.5、厚0.6厘米。标本M118：40（图二六六：9；图版八七：5），一边端口对钻双面，另一边对钻一孔。石质保存尚好，有墨色、褐色石纹。高1.1、宽7.6、厚0.6厘米。

B型　1件。标本M47：36（图二六六：10；图版八八：1；彩版一七：3），半环形，两端磨平单面钻一小孔，断面薄体长条形，用透雕技法在璜体刻镂花纹，出土时于墓底西南同钺一起放置，

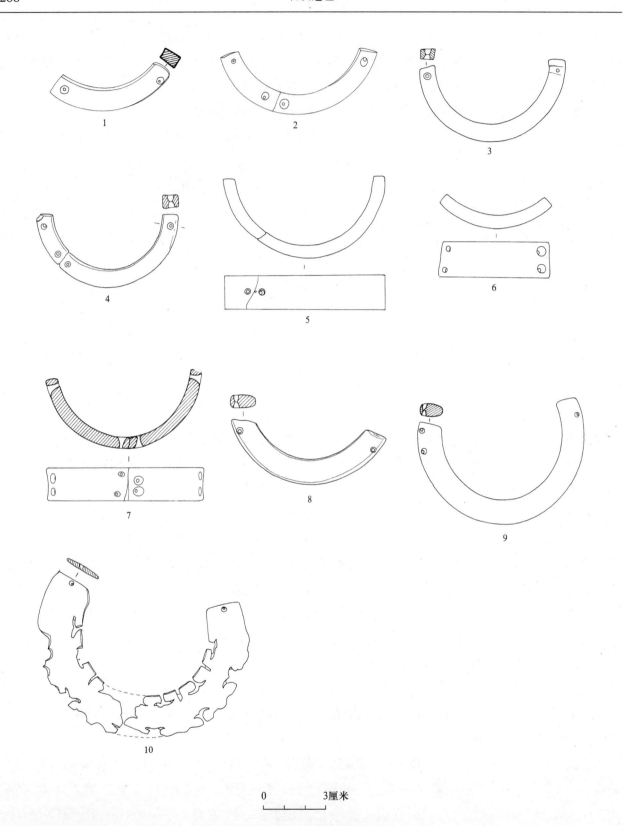

图二六六　石峡文化随葬玉璜

1、2.A型Ⅰ式玉璜（M47：48、49）　3、4.A型Ⅰ式玉璜（M98：16、1）　5～7.A型Ⅱ式玉璜（M45：16、36、37）
8、9.A型Ⅲ式玉璜（M118：39、40）　10.B型玉璜（M47：36）

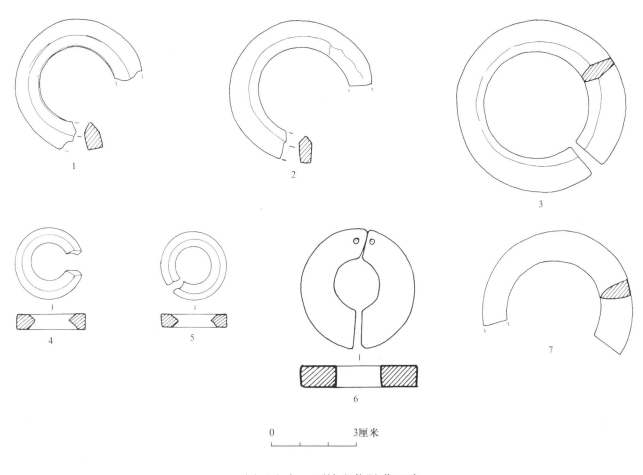

图二六七　石峡文化随葬玉玦

1、2.玉玦（M47：27、33）　3.玉玦（M90：3）　4、5.水晶玦（M20：3、2）　6.玉玦（M59：70）　7.玉玦（M42：54）

已破碎。石质受沁蚀较重，呈灰白色。高2、宽9、厚0.2厘米。

　　玦　11件。9件出自5座二次葬墓，其中一次葬随葬5件，二次葬随葬4件。1件出自一次葬墓，1件出自一次葬已迁墓。形制为小型扁平环形，一侧有切割和磨平的缺口，外壁平直，内壁双面钻孔后磨薄，断面呈圭形，少数内外壁均平直，断面近方形。用透闪石、水晶石制作而成。不分型式。

　　标本M20：2（图二六七：5；图版八八：2；彩版一七：4），小型，外壁平直，双面管钻，内壁加工后甚薄，断面圭形。水晶石制成。直径2.4、内径1.3厘米。标本M20：3（图二六七：4），形状与该墓2号玦同，原已断裂为三截，一侧缺口已残，出土时同置墓底东北边。直径2.5、内径1.4厘米。标本M42：54（图二六七：7），一侧缺口整齐，另一侧残，断面圭形。石质受沁蚀呈灰白色。直径5.5、内径3.4厘米。标本M47：33（图二六七：2；图版八八：3），一侧缺口切割面平整，一侧缺口已残，断面圭形。石制受沁蚀呈牙白色。直径5.1、内径3厘米。标本M47：27（图二六七：1；图版八八：4），缺口均已残，断面圭形。石质受沁蚀呈灰白色。直径4.7、内径2.6厘米。标本M59：70（图二六七：6；图版八八：5；彩版一七：5），扁平环形，缺口部分肉宽，同缺口相对部分较窄且已折断，折断处钻两个孔，孔径较小，断面长方形。石质受沁蚀灰白色。直径4.3、内径1.8厘米。标本M90：3（图二六七：3；图版八八：6；彩版一七：6），薄体扁平环形，缺口切割整齐，肉较宽，内外壁较平整，断面为平头梭形。石质保存较好，有白色、青灰色石纹。直径6.3、内径4厘米。

锥形器　14件。出自12座二次葬墓，其中一次葬随葬3件，二次葬随葬11件。形制为圆柱体或扁圆柱体细长条形，上粗下细，下端磨成钝尖锥形，上端有柄或钝尖，4件柄部有孔，断面圆形或椭圆形，出土时单独放置。不分型式。

标本M21：1（图二六八：6；图版八九：1；彩版一八：1），圆柄部对钻一孔，下端钝尖呈六边形，锥身光滑，出土时置尸骨堆上，牙白色。长14.8厘米。标本M27：27（图二六八：1；图版八九：2；彩版一八：2），柄部圆头无孔，下端钝尖锥形。灰白色。长6厘米。标本M29：33（图二六八：11；图版八九：3），柄部已残有孔，出土时石质受沁蚀较甚呈灰白色。残长6.9厘米。

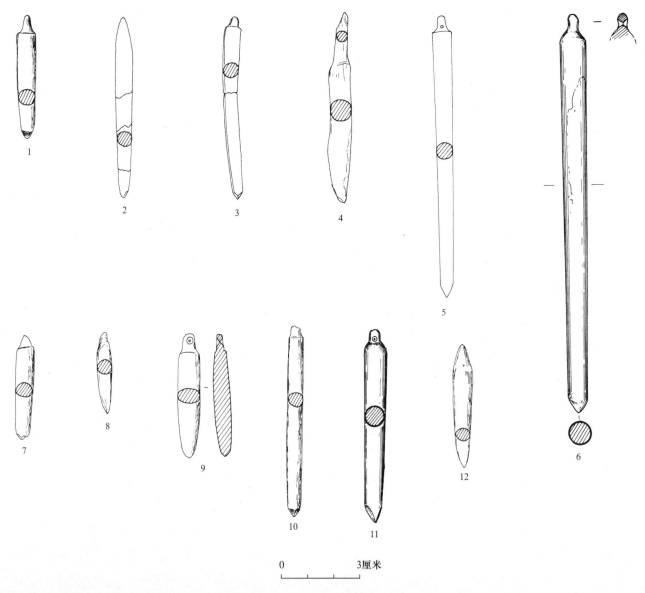

图二六八　石峡文化随葬玉锥形器

1.玉锥形器（M27：27）　2、9.玉锥形器（M57：22、9）　3、5.玉锥形器（M47：115、18）　4.玉锥形器（M45：17）　6.玉锥形器（M21：1）　7.玉锥形器（M59：32）　8.玉锥形器（M118：13）　10～12.玉锥形器（M43：5、M29：33、M104：5）

标本M43：5（图二六八：10；图版八九：4），柄部头残，无孔，下端钝尖。牙白色，有淡墨色斑纹。残长7.2厘米。标本M45：17（图二六八：4），柄部较细长无孔，锥身较粗。石质受沁蚀呈灰白色已变形。残长7.2厘米。标本M47：18（图二六八：5），圆头短柄有孔，下端钝尖。牙白色。长10.4厘米。标本M47：115（图二六八：3；图版八九：5），柄部圆头无孔，锥身上段断面圆形，下段椭圆形，尖部锥形。石质受沁蚀较甚，呈灰白色已弯变形。长6.7厘米。标本M57：22（图二六八：2；图版八九：6；彩版一八：3），两端钝尖锥形，上端较粗无孔，下端稍细，出土时已折断4段，置尸骨堆上。灰白色。长6.7厘米。标本M57：9（图二六八：9），扁体短条形，柄部圆形有孔，头部锥形，断面椭圆形，出土时置尸骨堆上。牙白色。长4.6厘米。标本M59：32（图二六八：7；图版八九：7；彩版一八：4），粗短圆柱形，柄部锥形无孔，锥头钝尖。牙白色，有墨绿色石纹。长3.8厘米。标本M104：5（图二六八：12；图版八九：8；彩版一九：1），两端均为锥形，上端较粗，无明显柄部，下段渐细。牙白色，有淡褐色石纹。长4.5厘米。标本M118：13（图

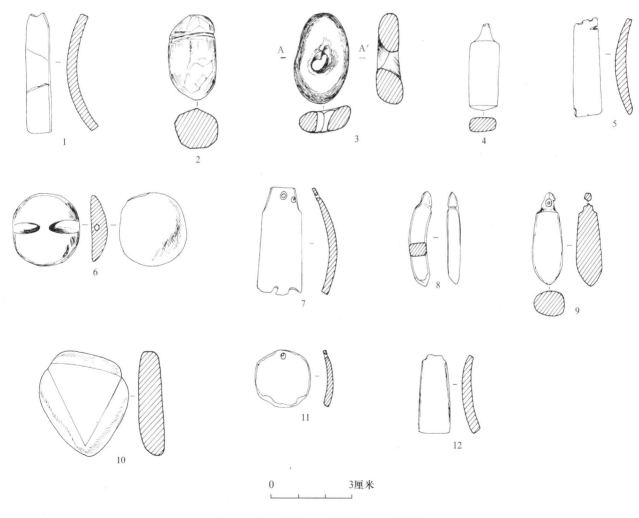

0　　　　　　　3厘米

图二六九　石峡文化随葬玉、石坠饰

1.长条弧形坠饰（M29：34）　　2.悬胆形水晶石坠饰（M37：8）　　3.猪腰形坠饰（M37：9）　　4.扁长方形坠饰（M42：1）　　5、7、12.扁平长条弧形坠饰（M42：120、M59：68、M51：24）　　6.圆纽扣形坠饰（M47：51）　　8.香蕉形坠饰（M118：12）　　9.悬胆形坠饰（M69：19）　　10.心形河砾石坠饰（M118：47）　　11.扁圆弧形坠饰（M51：29）

二六八：8），小型短身圆柱形，两端锥形。灰白色。长3厘米。

坠饰 19件。17件出自8座二次葬墓，其中一次葬随葬品4件，二次葬随葬品13件，2件出自1座一次葬墓。形制各异，不分型式。

标本M29：34（图二六九：1），扁平长条弧形，顶部有孔已残，出土时折断三段。残长4.7、宽0.9厘米。标本M37：8（图二六九：2），悬胆形，选用椭圆形砾石，经磨制，上端切割一周凹槽，用于系绳悬挂，断面近圆形。白色半透明水晶石制作。长3.1、直径1.5~1.6厘米。标本M37：9（图二六九：3；图版八九：9），猪腰形河砾石，中间有双面琢打而成的斜形孔。黑色。长3.3、宽2厘米。标本M42：1（图二六九：4；图版九〇：1），长方形坠饰，柄部钝尖对穿一孔，下端扁平弧形，断面长方形。牙白色。长3.2、宽1厘米。标本M42：120（图二六九：5；图版九〇：2），扁平长条弧形，上端有双孔已残。灰白色。残长3.7、宽1.1厘米。标本M42：56（图版九〇：1），近椭圆形，上端柄部穿一孔，已残，下端圆形，断面圆角长方形。牙白色。残长2、宽1.1厘米。标本M47：51（图二六九：6；图版九〇：3），圆纽扣形，正面拱起，背面磨平，对钻一孔，另有52号坠饰形状相同。灰白色。直径2.3~2.7、厚0.8厘米。标本M48：12（图二七〇：3；图版九〇：4），形似器盖的坠饰，正面大而扁平，圆面磨光，背面小扁平圆形凸起，大小圆面之间为内弧形槽。灰色。大圆面直径4.5、小圆面直径2.2、高1厘米。标本M48：13（图二七〇：1；图版九〇：4），形制与12号相同。大圆面直径4.7、小圆面直径2.2、高1.1厘米。标本M51：29（图二六九：11；图版九〇：5），扁圆形微弧，上端单面钻一小孔。牙白色，有淡黑色斑点。直径2.1、厚0.1~0.2厘米。标本M51：24（图二六九：12；图版九一：1），扁平长条弧形，上端穿孔已残。灰白色。残长2.9、宽1.2厘米。标本M59：66（图二七〇：2；图版九一：2；彩版一九：2），桂叶形，叶柄细长而厚，断面六边形，叶面

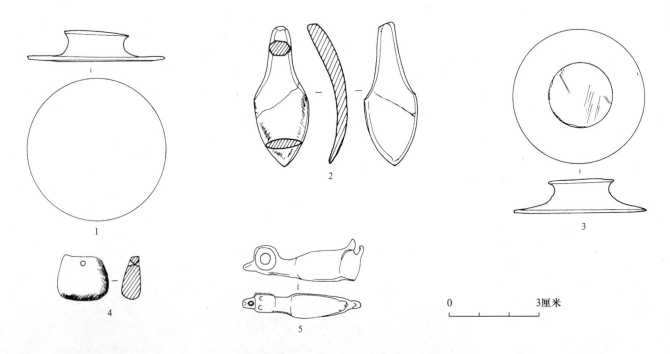

图二七〇 石峡文化随葬玉、石坠饰

1、3.器盖形坠饰（M48：13、12） 2.桂叶形坠饰（M59：66） 4.圆角方形坠饰（M118：36） 5.鸟形坠饰（M69：2）

宽且薄呈椭圆弧形。灰白色，有淡褐色石纹。长4.7、宽0.5～1.8厘米。标本M59：68（图二六九：7；图版九一：3），扁平长条弧形，上端对钻双孔。牙白色，有淡墨色石纹。长3.9、宽0.9～1.6厘米。同该墓72号坠饰形状相同，已残。标本M69：2（图二七〇：5；图版九一：4；彩版一九：3），鸟形，大眼，扁嘴，长颈，翘尾，作空中飞翔状，鸟嘴和鸟尾各穿一孔，尾孔已残。牙白色。长4.2厘米。标本M69：19（图二六九：9；图版九一：5；彩版一九：4），悬胆形，柄部短小，对钻一孔，坠体椭圆形，断面近圆形。牙白色。长3.4厘米。标本M118：12（图二六九：8；图版九一：2；彩版一九：2），香蕉形，坠体稍弯，上端和下端锥形，上端柄部与坠体之间刻一周凹槽，断面长方形，灰白色。长4、宽0.6厘米。标本M118：47（图二六九：10），扁平心形小河砾石，两面有人工刻划三角线和"」"线。灰白色。长3.8、宽3.3、厚0.8厘米。标本M118：36（图二七〇：4；图版九一：3），圆角方形，上端对钻一孔，断面椭圆形。牙白色，有淡墨色石纹。长1.5、宽1.7、厚0.6厘米。

　　珠　22件。出自8座二次葬墓，其中一次葬随葬品7件，二次葬随葬品15件。圆形或短身管状，中间双面钻孔，两端磨平或磨圆，断面圆形，经沁蚀均为灰白色。标本M45：9、10、11、12（图

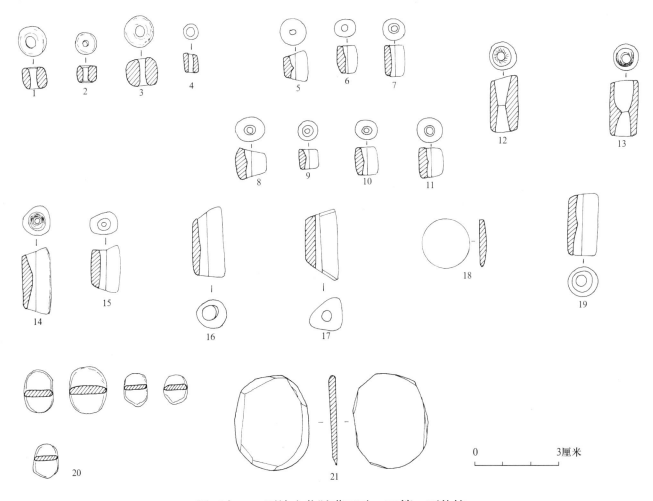

图二七一　石峡文化随葬玉珠、玉管、石片饰

1～4.玉珠（M45：9、10、11、12）　　5～11.玉珠（M57：38、39、40、41、42、43、44）　　12、13.玉管（M57：13、26）　　14、15.玉管（M45：1、8）　　16、17、19.玉管（M59：57、58、69）　　18.石片饰（M24：6）　　20.石片饰（M86：1～4、10）　　21.石片饰（M80：26）

二七一：1~4；图版九二：1），圆形，长0.6~1、直径0.5~1.1厘米。标本M57：38、39、40、41、42、43、44（图二七一：5~11；图版九二：1），长0.6~1.1、直径0.7~1厘米。

管　8件。出自3座二次葬墓。其中2件为一次葬随葬品，6件为二次葬随葬品。长身管状，中间双面钻孔，两端平，断面圆形。

标本M57：13、26（图二七一：12、13），长1.7~1.9、直径0.9~1厘米。标本M59：57、58、69（图二七一：16、17、19），长1.8~2.5、直径1.1厘米。其中58号玉管，两端磨成斜面，断面钝角三角形。标本M45：1、8（图二七一：14、15），长1.6~2.3、直径1厘米。

石片饰　12件。出自6座墓。4件为4座二次葬墓出土，其中一次葬随葬品1件，二次葬随葬品3件，8件为2座一次葬墓出土。石片饰均小型薄片，无孔圆形或椭圆形，正面经抛光，背面有磨制条痕。

标本M80：26（图二七一：21；图版九二：2），扁平椭圆形，周边有加工时磨痕，断面长条形。长径3.2、短径2.6、厚0.2厘米。标本M24：6（图二七一：18；图版九二：3；彩版二〇：1），圆形，正面微拱经抛光，背面平。直径1.7、厚0.3厘米。标本M86：1~4、10（图二七一：20；图版九〇：5），同墓出土5件。均为扁平椭圆形，大小不一。有淡褐色斑点石纹。长径1~1.6、短径0.8~1.2、厚0.1~0.3厘米。

绿松石片　12片，出自2座二次葬墓，均为二次葬随葬品，出土时置尸骨堆上，形状有长方形、圆形、椭圆形等，正面抛光。还有一件菱形黑色抛光石片，放在M51尸骨堆上。标本M45：13、14，M51：25、26、27共10片（图版九二：4；彩版二〇：2）。

二、陶器

陶器是主要随葬品。一次葬、二次葬随葬陶器，与迁葬时已破碎但仍可辨认出器类和个体的陶器，共计1125件，其中夹砂陶器451件，泥质陶器674件。本期墓葬随葬陶器与同期地层出土陶器，在形制、陶质等方面基本相同，不过地层出土的器类不如随葬陶器多样，但盘形鼎和瓦形鼎足的个体比较大型。

陶质分夹砂陶和泥质陶两大类，夹砂陶占总数40.08%，泥质陶占59.91%。

盘、豆、壶、罐、杯等盛食器一般用经过淘洗的细陶土制坯。陶色较为繁杂，有灰陶、红陶、黑陶、灰褐陶、土黄陶、橙黄陶和极少数白陶。灰陶又有灰色和青灰色；红陶呈暗红色，个别为砖红色，不施红陶衣；有不少介于黄、红之间的橙黄色和土黄色，常见陶胎和器表陶色不一，器胎有灰色和灰褐色。黑陶多数器表黑色或黑皮磨光，磨光部分极容易剥落，器胎为红色、灰色或灰褐色，以红胎较常见。石峡文化晚期墓陶器，器表和陶胎陶色趋向一致，少数盘、罐器表磨光，黑皮不易剥落。白陶仅见M10：9白陶鼎和M33：9陶杯，陶色白色泛黄，质地细腻，火候较高。

用作炊煮器的陶鼎、釜、甗、鬶和部分陶罐，用夹细砂或夹粗砂陶土制坯，陶色多数为灰褐陶，其次灰陶、土黄陶、黑陶等，胎表陶色一致，胎质较粗糙，火候不高，易破碎，因而出土后能修复的夹砂陶器数量较少。

常见同一件泥质陶器和夹砂陶器，器表陶色不尽一致，有灰色与橙黄色、黑色与灰色在豆、盘、盘形鼎、釜等器身的不同部位出现。

陶器以素面为主，素面占陶器73.9%。常见纹饰有绳纹、条纹（篮纹）、刻划纹、镂孔、凹凸弦纹、附加堆纹和压点纹、锥刺纹及几何印纹等。镂孔装饰是圈足盘圈足主要装饰，几何印纹占陶器花纹0.5%。少数豆、圈足盘、壶、罐等，器表施一层黑色陶衣，经过磨光。

绳纹多见于陶釜、釜形鼎，绳纹线条有粗有细，器物肩部拍印排列整齐的竖行绳纹，腹部拍印斜行交错绳纹。

镂孔纹饰带有装饰和实用价值。主要用于圈足盘、三足盘、豆、杯、壶、罐、鼎类大小圈足和三足上，少数器盖纽上亦见，其中在圈足盘的大圈足部位采用镂孔纹饰最为普遍，有半月形、椭圆形、凹字形大镂孔，对称地安排在大圈足两侧，插手搬动圈足盘时用。另有大小圆形、三角形、长方形镂孔，呈品字形、四点对称形、长条形等镂孔，有序地铺排在圈足上。

刻划纹多用于罐、釜口沿、泥质瓦形足、梯形足和夹砂瓦形、锥形、鹅头形鼎足上。用刻划手法组成的花纹有斜格纹、水波纹、曲折纹等。

附加堆纹多见于壶、罐、豆、釜、鼎、瓮的腹外壁和陶鬹颈部。附加堆纹为窄而扁的带条或凸带条，带面用手指甲加压或在带面戳印小圆点、小长方格，亦有在带面刻划斜纹呈绳索状，而石峡文化晚期墓陶罐上的附加堆纹为扁宽带素面无纹。

压点纹见于盘形鼎的瓦形足，用手指指尖在瓦形足正面从上至下压印出1～5个相连的凹点。

弦纹见于圈足盘的圈足部位，利用轮旋时压成凹凸平行纹。锥刺纹仅见于M69∶20大口红陶圈足罐的肩部，用锥刺手法组成带状三角纹。

几何印纹见于大瓮、釜、罐、釜形鼎的肩部和腹部，花纹纹样有大小方格纹、曲折纹、条状、重圈纹、旋涡纹等，花纹印痕浅且排列不规整（图二七二、二七三、二七四：陶器花纹拓片）。

陶器成型的方法，包括手制、模制和轮制三种，其中轮制为其次。例如常见的盘形鼎和三足盘，盘身部分用模制，瓦形足用手制成后粘接在盘底，而后在盘身外沿接一周扁薄泥条作子口，最后用轮修成型。圈足盘制作程序，先将模制盘身覆置，在盘底粘接模制大圈足，经过轮修，至今圈足内壁遗留凹凸平行纹。亦可以将圈足切割成连裆梯形或内捏梯形足和三角形足，叁期墓葬高圈足盘的圈足分两次成型。所有陶器扁薄泥条状子口，均单独粘接。陶豆的盘身和喇叭形足，分两节制成，而后对接，为使粘接口不易脱落，常见豆盘底部刻划有放射状凹痕。模制、轮修后陶器，一般器形比较规整，口沿、圈足、盘底、腹壁部分厚薄均匀，遗留有清晰的平行纹、凸弦纹、同心圆纹。深腹陶器如釜形鼎、盆形鼎、釜、罐、壶，其颈、肩、腹等部位分两段或三段粘接一起，连接处有一周凸起接痕，或于连接处加饰一周绳索状或扁带状附加堆纹，内壁留有用手垫接时的凹指纹，个别大型陶瓮可能用泥条盘筑法，口沿经慢轮修整过。

陶器器类有夹砂陶鼎、釜、罐、甑、盂、鬹、夹砂盖豆等，其中以鼎类和夹砂盖豆数量最多，鼎类可分出釜形鼎、盘形鼎、盆形鼎；甑、盂、鬹少见，夹细砂陶在M54二次葬出土1件，较完整，一次葬随葬品仅见陶鬹碎片。泥质陶器有盘、豆、壶、杯、瓮、罐、白陶鼎、盒形鼎、觯形器、器盖等。其中盘豆类形制多样，有三足盘、圈足盘、陶豆等。陶豆除代表个体作随葬用，亦见当做陶盘的器盖，倒置在陶盘之上出土。随葬品中陶器常见的组合：鼎、豆、盘、壶、罐，或有壶无罐；有罐无壶；罐、壶齐全。大量夹砂盖豆，有单件或几件用于随葬，其中绝大多数用作盘形鼎、盆形

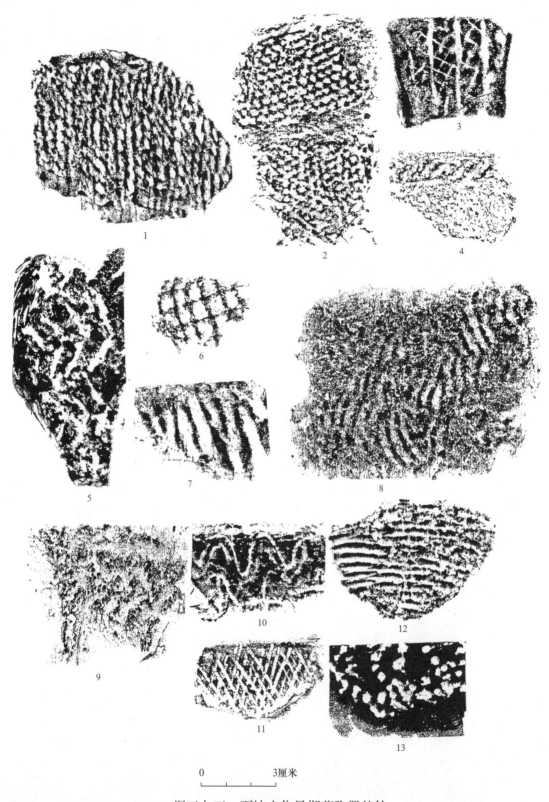

图二七二　石峡文化早期墓陶器纹饰

1.绳纹（M39：9）　2、6.方格纹（M99：29、M124：16）　3、5、9、10、11.刻划纹（M109：9、M16：3、M99：9、M3：26、M16：18）　4.附加堆纹（M109：12）　7、12.条纹（M99：26、M131：33）　8.旋涡纹（M9：3）　13.锥刺纹（M69：20）

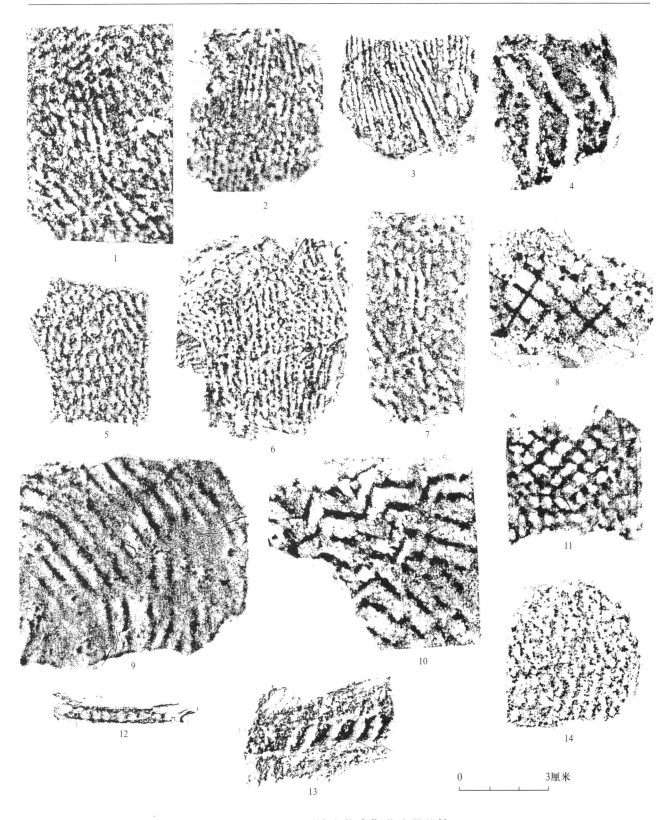

图二七三　石峡文化中期墓陶器纹饰

1～3、5、6.绳纹（M42：27、M104：12、M10：21、M27：49、24）　4.刻划纹（M43：109）　7、8、11、14.方格
纹（M42：29、M46：20、M10：10、M33：6）　9.条纹（M42：23）　10.曲折纹（M67：26）　12、13.附加堆纹
（M59：11、13）

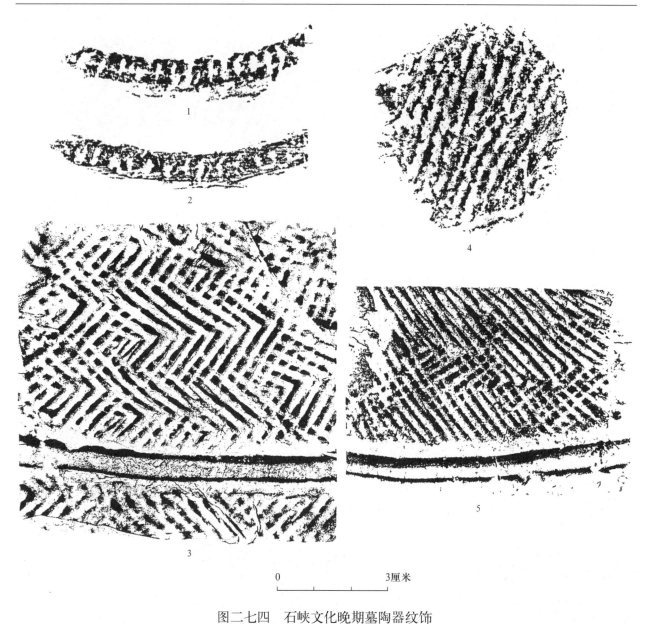

图二七四　石峡文化晚期墓陶器纹饰

1、2.附加堆纹（M54：46、M118：5）　　3、5.附加堆纹、曲折纹（M45：31、30）　　4.绳纹（M21：15）

鼎、釜形鼎、夹砂罐的器盖。现按器类叙述如下。

下面分夹砂陶和泥质陶两大类具体介绍。

（一）夹砂陶

鼎　231件。占随葬陶器20.4%，可分为盘形鼎、盆形鼎、釜形鼎。

盘形鼎　115件。出自58座墓葬。3座一次墓葬3件，5座一次葬已迁墓6件，50座二次葬墓出土106件，其中二次葬随葬43件、一次葬随葬63件，可分型式的有92件，因破碎无法确定型式的有23件盘形鼎。分五型。

A型　58件。子口，浅盘，瓦形足，根据盘底、腹底之间凸棱和瓦形足连接盘腹位置不同，分三亚型。

Aa型　27件，分3式。

Ⅰ式　16件。子口，盘腹与盘底之间有一周折棱，实为成型时，器底用另一块圆形泥坯接驳而成，瓦足跟紧贴器底靠中间部位称之为"底足"。标本M105：14（图二七五：1；图版九三：1；彩版二一：1），圆唇，子口稍敛，浅盘，折腹，盘底近平，腹与盘底外壁有一周折棱。素面，夹砂灰陶。通高16、口径182、足高14厘米。标本M57：45（图二七五：2；图版九三：2），圆唇，子口近直，浅盘，折腹，平底，腹底之间折棱呈弧形，宽瓦形足紧接盘底。素面，夹砂灰黄陶。通高17、口径25、足高13厘米。标本M111：4（图二七五：6），圆唇，口微敛，底近平。素面，夹砂灰陶。通高17、口径22.5、足高14厘米。标本M99：21（图二七五：3；图版九三：3），圆唇，子口直，浅盘，折腹，底近平，腹底之间一周折棱，瓦足接底腹之间。素面，夹砂灰陶。通高15.2、口径23、足高12厘米。标本M9：44（图二七五：4），尖唇，子口直，浅盘折腹，底近平，腹底之间一周折棱，呈锐角，宽瓦形足接盘底。素面，夹砂灰陶。通高15.3、口径28、足高11.1厘米。标本M25：3（图二七五：5；图版九四：3），方唇，直子口，浅盘弧腹圜底，瓦形足接盘腹和盘底之间。素面，夹砂红陶。通高17.1、口径21.2、足高15.2厘米。标本M124：4（图二七五：7；图版九三：4），圆唇，口微敛，浅盘折腹圜底，子口、器腹和器底分三节成型。瓦形足有三竖条刻划纹，夹砂灰黄陶。通高12.4、口径18.8、足高10厘米。

Ⅱ式　6件。浅盘折腹或弧腹圜底。标本M107：12（图二七六：1；图版九三：5），圆唇，直子口，浅盘折腹，圜底，腹底之间有一周弧形转角，盘底下接瓦形足。素面，夹砂红陶。通高15、口径26.5、足高10.8厘米。标本M116：4（图二七六：4；图版九三：6），尖唇，腹底之间一周折棱，矮底足。瓦足上段刻划曲折纹，夹砂红陶。通高11、口径20、足高7.4厘米。标本M109：2（图二七六：2；图版九四：7；彩版二一：2），圆唇，子口稍高近直，浅盘，折腹圜底，腹底之间折棱，瓦足接圜底。素面，夹砂红陶。通高16.3、口径22、足高12厘米。以上AaⅠ式、Ⅱ式盘形鼎为早期墓中较多见。

Ⅲ式　5件。足高且内卷，足尖稍内收。标本M42：74（图二七六：3；图版九四：1），尖唇，浅盘折腹圜底，下接瓦形足，腹底之间一周折棱。瓦足上刻划三条竖线。通高16.8、口径22、足高11.8厘米。标本M80：38（图二七六：6；图版九四：2），尖唇，浅盘折腹圜底，腹底之间一周折棱，瓦足接盘底。素面，器表灰、土黄色，斑驳不一。通高18.5、口径24、足高15厘米。标本M101：3（图二七六：5；图版九四：4），圆唇，区分明显的器腹和圜底，瓦足接腹底之间。素面，夹砂陶橙红、灰色斑驳不一。通高15.6、口径23、足高12厘米。以上AaⅢ式为中期墓随葬品。

Ab型　25件。同Aa型较大区别，浅盘弧腹圜底，腹底之间无折棱，子口和盘底一次连接成型，瓦形足连接在盘腹，称谓"腹足"。分五式。

Ⅰ式　5件。浅盘弧腹，盘底近平。标本M89：2（图二七七：1；图版九四：5），圆唇，直子口，浅盘弧腹，底近平，瓦形足连接盘腹，卷瓦足下端内收。素面，夹砂红陶，通高16.5、口径24、足高14厘米。标本M102：8（图二七七：2；图版九四：6），圆唇，直子口，浅盘，弧腹底近平，瓦形足接盘腹。素面，夹砂土黄陶。通高13.8、口径21、足高11.2厘米。标本M44：31（图二七七：3；图版九五：1），尖唇，直子口，浅盘，弧腹，圜底近平，足跟外撇，下半部直着地。

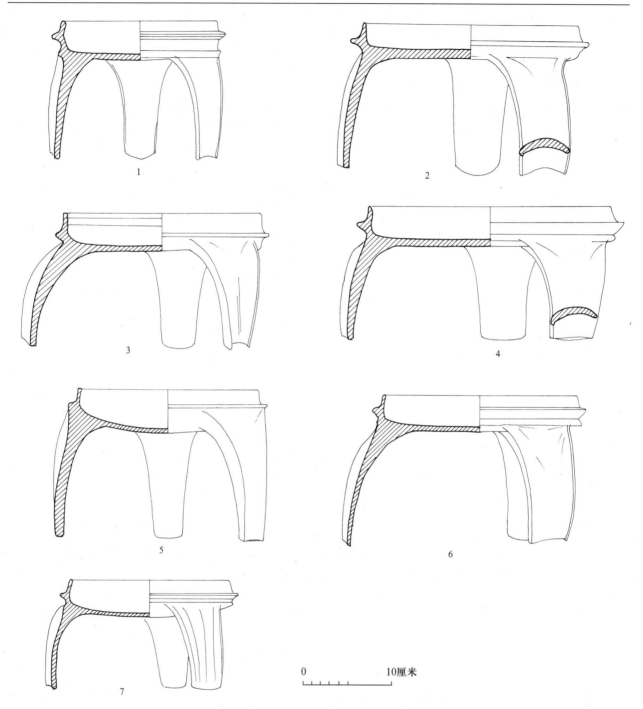

图二七五 石峡文化随葬盘形鼎

1~3.Aa型 I 式盘形鼎（M105：14、M57：45、M99：21） 4~7.Aa型 I 式盘形鼎（M9：44、M25：3、M111：4、M124：4）

素面，夹砂红陶。通高12、口径19、足高9.6厘米。

Ⅱ式 12件。浅盘，弧腹，圜底，盘身比 I 式要深，瓦足连接盘腹。标本M90：2（图二七七：4；图版九五：4），尖唇，子口微敛，浅盘弧腹，圜底，足跟外撇，下半部直着地。瓦形足面刻划三条竖线，夹砂灰陶。通高13.2、口径21、足高10厘米。标本M2：8（图二七七：6；图版九五：2），尖唇，直子口，浅盘弧腹，圜底，高瓦形足端内收。素面，橙黄色夹砂粗陶。通高16.5、口径19、足高14厘

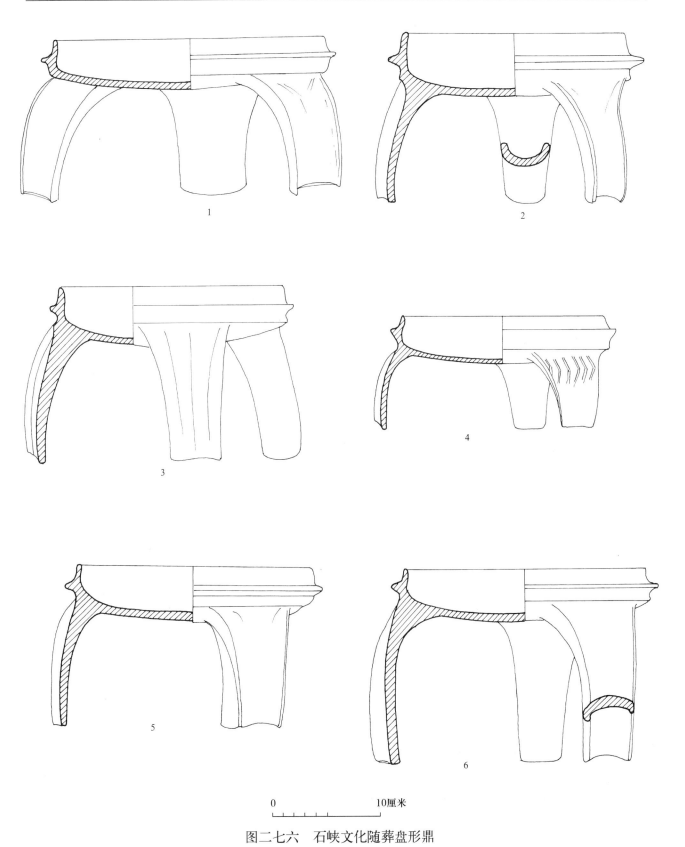

0   10厘米

图二七六 石峡文化随葬盘形鼎

1、2、4、5.Aa型Ⅱ式盘形鼎（M107：12、M109：2、M116：4、M101：3） 3、6.Aa型Ⅲ式盘形鼎（M42：74、M80：38）

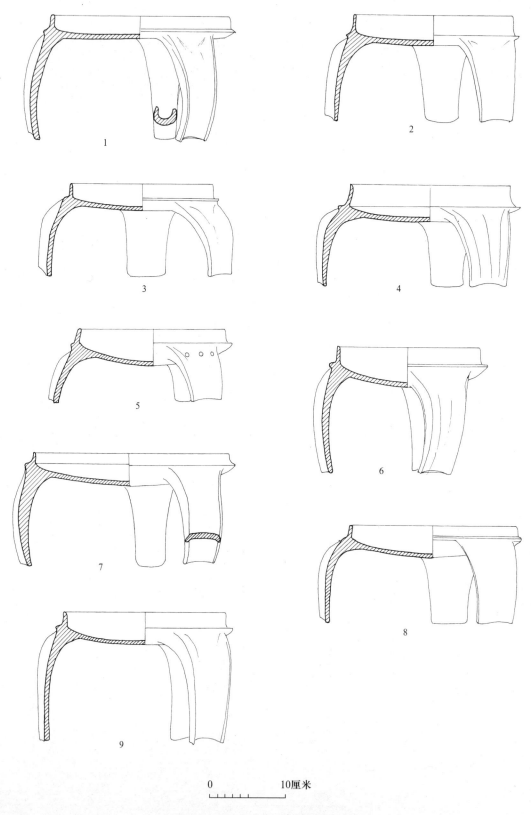

图二七七　石峡文化随葬盘形鼎

1~3.Ab型Ⅰ式盘形鼎（M89：2、M102：8、M44：31）　　4、6~9.Ab型Ⅱ式盘形鼎（M90：2、M2：8、M11：5、M79：6、M107：21）　5.Ab型Ⅲ式盘形鼎（M77：38）

米。标本M11：5（图二七七：7；图版九五：3），尖唇，浅盘弧腹圜底，瓦形足端内收。素面，夹砂红陶。通高14.5、口径26、足高12厘米。标本M79：6（图二七七：8；图版九五：5），圆唇，子口微敛，浅盘，弧腹，圜底，足跟外撇，下端稍内收。素面，夹砂土黄陶。通高12.6、口径22.2、足高17.7厘米。标本M107：21（图二七七：9），尖唇，直子口，浅盘弧腹，圜底，近直瓦形足。素面，夹砂橙红、灰色斑驳不一。通高17、口径22、足高14厘米。

Ⅲ式 1件。盘身渐深。标本M77：38（图二七七：5；图版九五：6），圆唇，子口微敛，浅盘弧腹圜底，矮瓦形足外撇，瓦形足上端压印三个圆形凹窝，夹砂红陶，小型。通高9.5、口径19.5、足高7厘米。以上AbⅠ～Ⅲ式为早期墓随葬品。

Ⅳ式 6件。盘身比以上Ⅰ、Ⅱ、Ⅲ式均要深。标本M42：75（图二七八：1；图版九六：1），尖唇，子口侈，浅盘弧腹圜底，瓦形足稍外撇，瓦足面刻划三条竖线，夹砂灰黄陶。通高17.6、口径26、足高14.5厘米。标本M27：19（图二七八：2；图版九六：2），尖唇，子口微敛，浅盘弧腹圜底，高瓦形足近直（缺两瓦足）。素面，夹砂橙黄陶。通高17、口径24、足高14厘米。

Ⅴ式 1件。标本M29：5（图二七八：3；图版九六：3），圆唇，直子口与浅盘弧腹圜底连接一气呵成，瓦足跟外撇，下端稍内收。素面，夹砂红陶。通高15.2、口径22.6、足高8.2厘米。以上AbⅣ、Ⅴ式为中期墓随葬品。

Ac型 6件。小型，子口稍敛，"腹足"斜直外撇。分3式。

Ⅰ式 2件。子口稍敛，瓦形足尖外撇。标本M132：3（图二七八：4；图版九六：4），尖唇，直子口，浅盘弧腹，圜底，瓦足外斜。素面，夹砂灰陶。通高11.1、口径16.7、足高9厘米。标本M10：3（图二七八：5；图版九六：5），尖唇，子口稍敛，浅盘弧腹，圜底近平，瓦形足外撇，小型。素面，夹砂陶，盘里黑色，瓦足红、橙红色。通高10、口径12.5、足高8.2厘米。

Ⅱ式 2件。子口稍敛或敛口，瓦形足外斜。标本M84：3（图二七八：6；图版九六：6；彩版二一：3），圆唇，子口微敛，浅盘弧腹圜底，瓦形足外撇，小型。素面，夹砂灰陶。通高9、口径5、足高7.2厘米。标本M30：23（图二七八：7；图版九七：1），圆唇，直子口，浅盘弧腹圜底，足跟连接器底与器腹之间，小型。素面，夹砂灰陶。通高8.7、口径12、足高7厘米。

Ⅲ式 2件。子口较矮，盘底中间部分较深。标本M108：10（图二七八：8；图版九七：2），圆唇，子口微敛，浅盘弧腹圜底，瓦形足外撇，小型。素面，夹砂褐陶。通高6.7、口径11.6、足高5.2厘米。标本M43：19（图二七八：9；图版九七：3），尖唇，侈子口，盘中间稍深，弧腹，圜底，瓦形足稍外撇，小型。素面，夹砂红陶。通高9.5、口径12.5、足高8厘米。Ac型为早期、中期墓随葬品，以中期墓为多，数量少。

B型 28件。鼎足侧视为鹅头状或鸭头状，足跟部分粗，截面为方形、长方形或椭圆形，鼎足下半部呈扁凿形着地。分4式。

Ⅰ式 19件。浅盘，折腹，圜底近平，分子口、盘腹和盘底三部分成型。腹底之间有折棱，足跟连接盘底的"底足"。标本M69：18（图二七九：1），圆唇，子口微敛，圜底近平，鹅头状凿形足，足端呈凿形。素面，夹砂褐陶。通高17.5、口径22、足高14.2厘米。标本M61：2（图二七九：2；图版九七：4），圆唇，直子口，腹底之间有折棱，盘稍深，扁鹅头形凿形足，连接器底，仅见M61：2、4

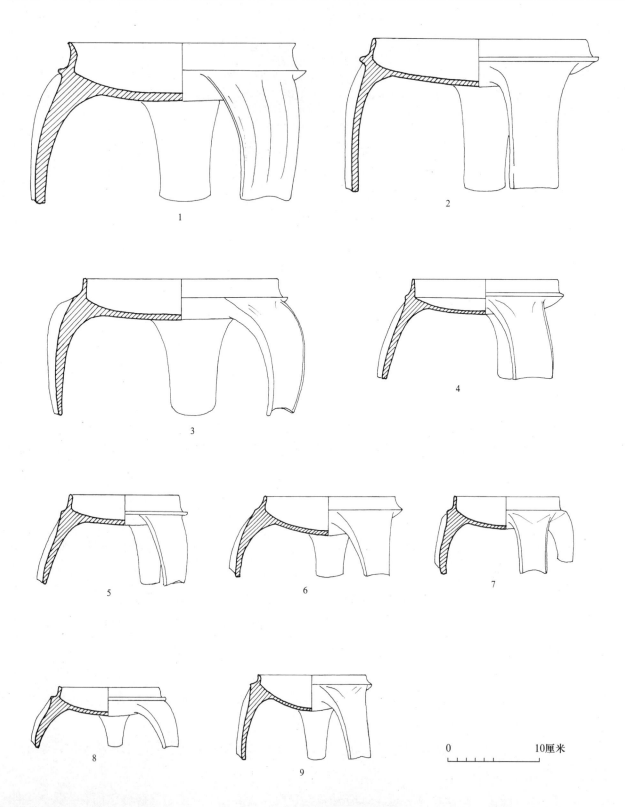

图二七八 石峡文化随葬盘形鼎

1、2.Ab型Ⅳ式盘形鼎（M42∶75、M27∶19） 3.Ab型Ⅴ式盘形鼎（M29∶5） 4、5.Ac型Ⅰ式盘型鼎（M132∶3、M10∶3) 6、7.Ac型Ⅱ式盘形鼎（M84∶3、M30∶23） 8、9.Ac型Ⅲ式盘形鼎（M108∶10、M43∶19）

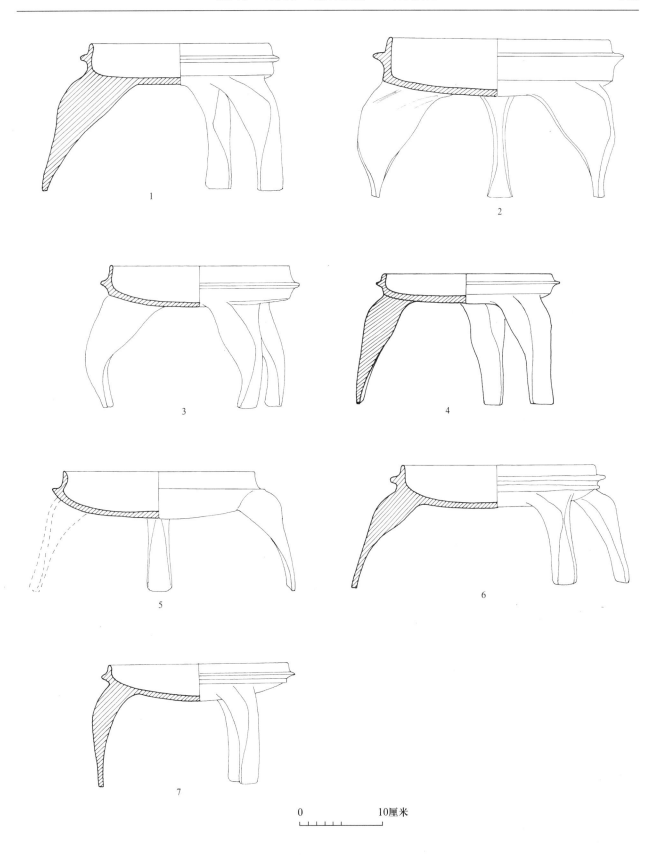

图二七九　石峡文化随葬盘形鼎

1~3.B型Ⅰ式盘形鼎（M69：18、M61：2、M5：5）　　4~7.B型Ⅰ式盘形鼎（M131：5、M19：1、M114：33、M124：10）

两件。素面，夹砂红陶。通高19、口径27、足高14厘米。标本M5：5（图二七九：3；图版九七：5），圆唇，子口微敛，浅盘折腹，圜底，腹底之间有折棱，"底足"，凿形足端内收。素面，夹砂橙红陶。通高17、口径22、足高13.2厘米。标本M131：5（图二七九：4；图版九七：6），圆唇，矮子口，浅盘折腹，圜底近平，盘身和盘底之间有明显折角和内凹处经手抹平的指痕，足跟截面呈长方形，鹅头状凿形足稍外撇。素面，红褐陶。通高15.6、口径21.2、足高12.8厘米。标本M19：1（图二七九：5），尖唇，子口微敛，浅盘，弧腹，圜底，鹅头状凿形足连接盘腹，三足外撇。素面，夹砂灰陶。通高14、口径24、足高11.2厘米。标本M114：33（图二七九：6；图版九八：1），圆唇，弧腹，圜底，腹外壁一周凸棱，鹅头状凿形足外撇。素面，夹砂橙黄、灰色陶，陶色斑驳不一。通高14.5、口径24、足高11.6厘米。标本M124：10（图二七九：7；图版九八：2），圆唇，矮子口，浅盘，弧腹，圜底，腹外壁一周凸棱。圆鹅头状凿形足连接盘腹。素面，夹砂灰陶。通高14.5、口径22、足高12.2厘米。

Ⅱ式　4件。与Ⅰ式不同之处是浅盘弧腹，圜底多见，少数为圜底近平，腹底之间折棱不如Ⅰ式明显。标本M17：29（图二八〇：1；图版九八：3），尖唇，浅盘折腹，圜底，凸鹅头状凿形"底足"，足端稍外撇。出土时28号夹砂盖豆覆置于子口上。素面，夹砂红陶。盘高14.5、口径23、足高11.4厘米。标本M9：29（图二八〇：2），圆唇，子口微敛，浅盘弧腹圜底，凸鹅头状"底足"，足端稍内收。素面，夹砂褐陶。通高17、口径22、足高11厘米。标本M17：39（图二八〇：3；图版九八：4），尖唇，子口敛，浅盘折腹，圜底近平，腹底之间有折棱，鹅头状凿形"底足"。素面，夹砂红褐陶。通高15.8、口径27、足高12.8厘米。

Ⅲ式　2件。浅盘，弧腹，圜底，足跟连接盘腹，鹅头状的鹅头部分不如BⅠ、BⅡ凸出。标本M44：5（图二八〇：4；图版九八：5；彩版二一：4），尖唇，子口微敛，浅盘，弧腹，圜底，鹅头状凿形足。素面，夹砂灰陶。通高13、口径21、足高10.6厘米。标本M44：32（图二八〇：5；图版九八：6），圆唇，高子口微敛，浅盘，弧腹，圜底，矮鹅头状凿形足连接盘腹，缺一条足。素面，夹砂红陶。通高11.5、口径16、足高8厘米。

B型Ⅰ～Ⅲ式盘形鼎，主要为早期墓随葬品。

Ⅳ式　3件。底腹之间有一周折棱，三足特高且粗大，呈凿形或牛角形。标本M108：78（图二八一：3），圆唇，子口微敛，浅盘，圜底，鹅头状凿形足高且粗，足底连接盘、腹之间。素面，夹砂灰陶。通高21、口径25、足高17.6厘米。标本M43：3（图二八一：1；图版九九：1；彩版二一：5），圆唇，子口微敛，浅盘，弧腹，圜底，鹅头状凿形足较粗，截面呈钝角三角形，连接盘腹与底。素面，夹砂灰黄陶。通高20.5、口径27、足高16.4厘米。标本M42：26（图二八一：2），圆唇，子口微敛，浅盘，弧腹，圜底，腹底之间一周凸棱。粗大牛角形足，截面椭圆形，足跟连接足盘底和盘腹，大型。素面，夹砂褐陶。通高20、口径30、足高17厘米。Ⅳ式为中期墓随葬器物。

C型　3件。标本M2：4（图二八一：6；图版九九：2；彩版二一：6），圆唇，子口微敛，浅盘，折腹，圜底，腹底之间一周凸棱。楔形足连接盘腹。素面，夹砂褐陶。通高15.5、口径22、足高11.6厘米。另外两件已残，在M68：1和M76：1出土，为两座一次葬已迁墓，3座均为早期墓。

D型　2件。标本M48：9（图二八一：5；图版九九：3），圆唇，子口敛，深盘，束腰，折腹，圜底，高瓦足连接盘底外缘。素面，夹砂褐陶。通高17.5、口径14、足高12.6厘米。另外，M104：172为

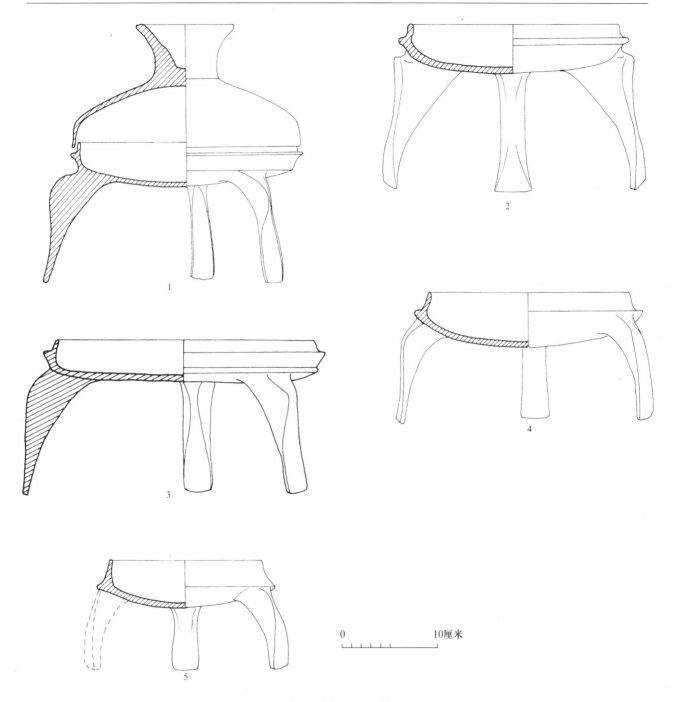

图二八〇　石峡文化随葬盘形鼎

1～3.B型Ⅱ式盘形鼎（M17：29、M9：29、M17：39）　　4、5.B型Ⅲ式盘形鼎（M44：5、32）

残器，均为中期墓随葬器物。

E型　1件。标本M47：10（图二八一：4），小型，形似瓦形足三足盘，侈口，尖唇，折腹，圜底，下接瓦形足外撇。素面，夹砂灰陶。通高12、口径14、足高13.8厘米。

釜形鼎　83件。出自41座墓，其中4座一次葬墓，出土5件。一次葬已迁墓1座，出土1件。36座二次葬墓出土77件，一次葬随葬46件，二次葬随葬31件。有61件可辨别器形。已复原的仅占少数。

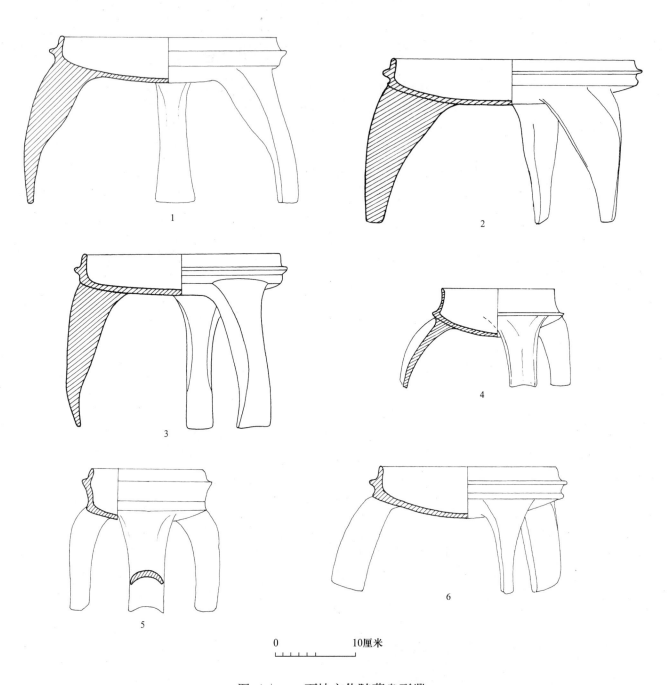

图二八一　石峡文化随葬盘形鼎

1～3.B型Ⅳ式盘形鼎（M43：3、M42：26、M108：78）　4.E型盘形鼎（M47：10）　5.D型盘形鼎（M48：9）　6.C型盘形鼎（M2：4）

　　22件釜形鼎因已破碎，无法分型式。釜形鼎的器身为夹砂圆底釜，腹下连接三足。鼎足形制多样，以楔形足为多，其次有瓦形足、矛形足、锥形足等，器形变化较明显在鼎身部位，分为三型。

　　A型　28件。敞口或侈口，束颈，鼓腹圆底或折腹圆底。分5式。

　　Ⅰ式　4件。侈口或敞口，束颈，大而深鼓腹，圆底。标本M44：1（图二八二：1；图版九九：4），圆唇，直领，圆肩，大而深鼓腹，圆底，下接鳍形足。用鳍形足的仅此1件。器表施绳纹，不清晰，

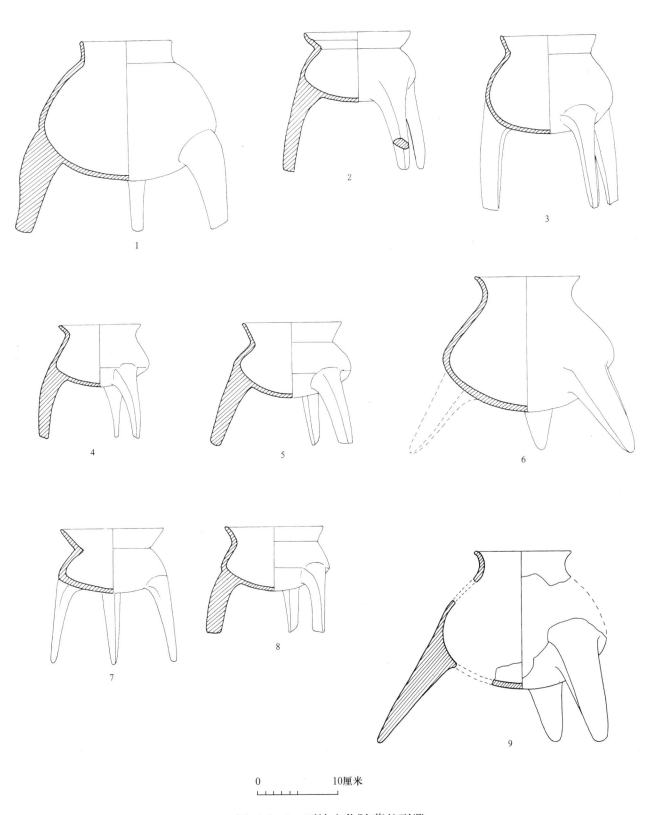

0　　　　　　　　　10厘米

图二八二　石峡文化随葬釜形鼎

1、6、9.A型Ⅰ式釜形鼎（M44：1、M9：18、M69：17）　　2、5.A型Ⅳ式釜形鼎（M118：7、M112：6）　　3.A型Ⅴ式釜
形鼎（M54：23）　　4、8.A型Ⅱ式釜形鼎（M15：3、M29：2）　　7.A型Ⅲ式釜形鼎（M4：9）

夹砂褐陶。通高23.2、口径11.5、腹径22、腹深17.2、足高12.6厘米。标本M9：18（图二八二：6；图版九九：5），圆唇，侈口，卷沿，广肩，大而深鼓腹，圜底，下接矛形足或称扁圆锥形足。素面，夹砂灰陶。通高22、口径13.5、腹径22、腹深16.8、足高12厘米。标本M69：17（图二八二：9），形制与M9：18釜形鼎相同。素面，夹砂灰陶。残高22、口径12.5、腹径约22、腹残深16.8、足高15厘米。以上3件均属早期Ⅱ段墓随葬器物。

Ⅱ式　15件。敞口，卷沿，束颈，削肩，折腹，圜底，下接楔形足为主，少数为瓦形足、凿形足。标本M29：2（图二八二：8；图版九九：6），圆唇，卷沿，束颈，削肩，折腹，釜身浅，足高，釜底外缘接楔形足。素面，夹砂灰陶。通高13.2、口径12.4、腹深7.5、腹径14、足高7.4厘米。标本M15：3（图二八二：4；图版一〇〇：1），高楔形足，素面，黑陶。通高14、口径10.6、腹径12.6、腹深8、足高9.2厘米。AⅡ式釜形鼎，早期墓3件，中期墓15件。

Ⅲ式　1件。标本M4：9（图二八二：7），尖唇，敞口，宽沿外折，束颈，削肩，折腹靠下，圜底，下接细长锥形足。器表施条纹，不清晰，夹砂褐陶。通高16.5、口径13、腹径13.8、腹深8、足高9.5厘米。AⅢ式为中期墓随葬器物。

Ⅳ式　3件。与Ⅱ、Ⅲ式相同处，均为扁圆腹，不同的是腹底之间无明显折腹，而是弧腹过渡到圜底。标本M118：7（图二八二：2；图版一〇〇：2），圆唇，折沿盘形口，束颈，圆肩，弧腹，圜底，下接高楔形足外撇。素面，夹砂灰陶。通高17.2、口径13.5、腹径14.5、腹深8.8、足高11.2厘米。标本M112：6（图二八二：5；图版一〇〇：3），圆唇，敞口，宽折沿，束颈，圆肩，弧腹，圜底，下接楔形足。素面，夹砂灰陶。通高15.2、口径12.7、腹径15、腹深9.4、足高9.4厘米。AⅣ式3件均为晚期墓随葬器物。

Ⅴ式　5件。侈口，折沿，深腹，圜底，高楔形足。同Ⅰ式不同处，Ⅴ式侈口折沿，口径和腹径相比为1：1.1，Ⅰ式为1：2。标本M54：23（图二八二：3；图版一〇〇：4），圆唇，侈口，折沿，圆肩，弧腹，圜底，下接长条楔形足。素面，夹砂红陶。通高21.5、口径12、腹径16、腹深12、足高14厘米。AⅣ、Ⅴ式均为晚期墓随葬器物。

B型　28件。子口，弧腹或折腹，下接瓦形足、楔形足、锥形足、扁长条形足。分3式。

Ⅰ式　3件。子口，深弧腹，圜底，下接锥形足或凿形足。标本M16：11（图二八三：1；图版一〇〇：5），矮子口，下斜肩，深弧腹，圜底，下接锥形足已残。素面，夹砂红陶。残高13、口径12.5、腹径15.2、腹深13.2厘米。BⅠ式3件均为早期墓随葬器物。

Ⅱ式　17件。子口，束颈，削肩，折腹，圜底，器腹较深，下接瓦形足为多，少数下接楔形足、凿形足。标本M27：12（图二八三：7；图版一〇〇：6；彩版二二：1），圆唇，子口微敛，束颈，削肩，折腹，腹外壁一周凸棱，圜底，下接高卷瓦形足。素面，夹砂褐陶。通高20.6、口径12、腹径17、腹深11、足高13厘米。BⅡ式釜形鼎，早期墓出土6件，中期墓出土11件。

Ⅲ式　9件。高子口，束颈，折腹，器腹特浅，圜底，下接楔形足。标本M29：1（图二八三：2；图版一〇一：1），圆唇，盘状大子口，束颈，削肩，折腹，腹浅，腹外壁一周凸棱，圜底，下接瘦高楔形足。素面，夹砂灰黄陶。通高17、口径16、腹径17.4、腹深17、足高12.2厘米。标本M4：3（图二八三：3），圆唇，子口微敛，束颈，广肩，折腹，圜底，下接扁长条形足，一足因烧制时变形，器

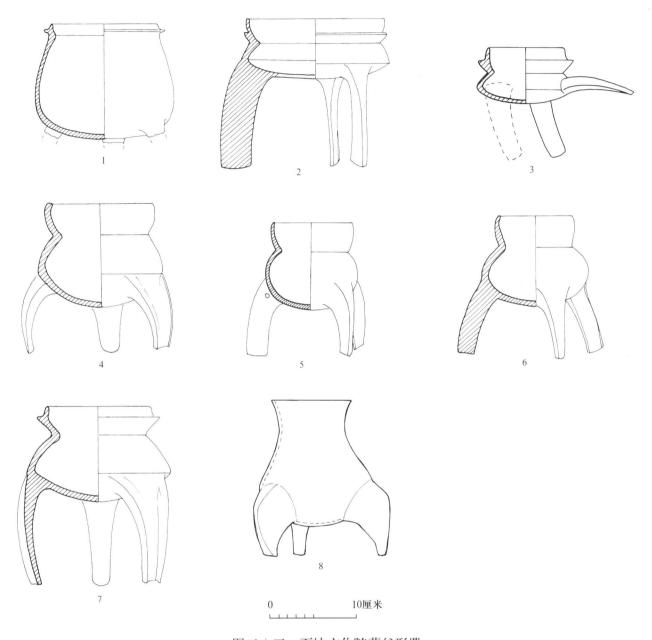

图二八三　石峡文化随葬釜形鼎

1.B型Ⅰ式釜形鼎（M16：11）　　2、3．B型Ⅲ式釜形鼎（M29：1、M4：3）　　4.C型Ⅰ式釜形鼎（M27：13）　　5、6.C型Ⅱ式釜形鼎（M29：13、38）　　7.B型Ⅱ式釜形鼎（M27：12）　　8.异形鼎（M107：2）

体小型。素面，夹砂褐陶。通高13、口径9、腹径11.5、腹深6.4、足高8厘米。BⅢ式釜形鼎均为中期墓随葬器物。

C型　4件。葫芦形口沿，束颈，圆肩，弧腹，圜底，器腹较深，下接瓦形足或楔形足。分2式。

Ⅰ式　1件。标本M27：13（图二八三：4；图版一〇一：2；彩版二二：2），圆唇，敛口，束颈，广肩，圆鼓腹，圜底，下接瓦形足。素面，夹砂褐陶。通高17、口径12.5、腹径14.5、腹深12、足高9厘米。

Ⅱ式　3件。尖唇，敛口，束颈，广肩，圆鼓腹，圜底，下接楔形足。标本M29：38（图二八三：6；图版一○一：3），素面，夹砂灰陶。通高15.7、口径9、腹径12.6、腹深10.6、足高9厘米。标本M29：13（图二八三：5；图版一○一：4），楔形足跟部分横穿一孔。素面，夹砂灰陶。通高15、口径9、腹径11、腹深10、足高9厘米。C型4件釜形鼎均为中期墓随葬器物。

异形鼎　1件。标本M107：2（图二八三：8；图版一○一：5），尖唇侈口，长颈，削肩，弧腹，圜底，下接短鹅头状凿形足，其中两条足稍小靠前，另一条足稍粗大靠后连接腹部。素面，夹砂红陶。通高18、口径9.5、腹径13.2、腹深14.6、足高8～8.8厘米。仅此一件为中期墓出土。

盆形鼎　32件。出自15座墓，2座为一次葬墓，出土2件。13座为二次葬墓，出土30件，其中一次葬随葬15件，二次葬随葬15件。盆形鼎器身为敞口、深盘、亚腰或斜内弧腰、折腹、圜底，少数圜底近平，器底下接瓦形足、少数接凿形足。器形变化较明显在器身部分。分两型。

A型　25件。侈口，亚腰，盆身深，折腹，圜底，下接瓦形足或卷瓦足。分四亚型。

Aa型　7件。盆身高，足短，足跟接盘底，口径和器身高度相近。分2式。

Ⅰ式　5件。圆唇，侈口，亚腰，盆身深，折腰，平底，下接矮瓦形足。标本M99：18、19（图二八四：1；图版一○二：1），出土时鼎口覆盖18号夹砂盖豆，口径与折腹径相近。素面，夹砂灰陶。通高20.4、口径13、足高6.4厘米。

Ⅱ式　2件。侈口，亚腰，盆身深，折腹，圜底，下接瓦形足。标本M44：2、3（图二八四：4；图版一○二：2；彩版二二：3），出土时3号夹砂盖豆倒置2号盆形鼎上。圆唇，敞口，亚腰，深腹，圜底，口径比折腹径要宽，下接矮瓦形足，盆身深和足高相近。素面，夹砂灰陶。通高23、口径15、足高8厘米。标本M9：21（图二八四：2；图版一○二：3），圆唇，敞口，口径大于折腹径，亚腰，折腹，盆身深，圜底，下接矮瓦形足稍外撇。素面，夹砂红陶。通高10.4、口径13、足高5厘米。小型。

Ａｂ型　13件。侈口或敞口到大敞口，盘壁从亚腰发展到下斜内弧，折腹有一周凸棱，圜底，器底外缘下接瓦形足或卷瓦形足，瓦足逐渐升高，口径与器身高度相近。分3式。

Ⅰ式　9件。盆身比Aa型矮，鼎足增高，敞口。亚腰，盆身深，折腹部位有一周凸棱，圜底，下接瓦形足外撇。标本M99：17（图二八四：6；图版一○二：4），圆唇，敞口，亚腰，盆身深，折腹，一周凸棱，圜底，器底外缘下接瓦形足。素面，夹砂灰陶。通高11.5、口径13、足高6.8厘米。小型。标本M27：10（图二八四：5；图版一○三：7；彩版二二：4），圆唇，敞口，亚腰，盆身深，折腹，一周凸棱，下接瓦形足。素面，夹砂灰陶。通高11、口径12、足高7.4厘米。标本M27：8（图二八四：8；图版一○三：1），方唇，敞口，亚腰，盆身深，折腹一周凸棱，圜底，下接瓦形足外撇，足跟透穿一小圆孔。素面，夹砂红陶。通高13、口径14.5、足高8厘米。标本M27：21（图二八四：3；图版一○三：2），方唇，侈口，亚腰较甚，盆身深，折腹一周凸棱，圜底，下接高瓦形足，足尖内收，足跟穿一小圆孔，未透穿。素面，夹砂土黄陶。通高15、口径14、足高9.4厘米。标本M108：43（图二八四：7；图版一○三：3），方唇，敞口，亚腰，盆身稍浅，折腹一周凸棱，圜底近平，下接较直的高瓦形足。素面，夹砂灰陶。通高17.2、口径18、足高11厘米。标本M67：10（图二八四：9；图版一○三：4），方唇，敞口，亚腰，盆身深，折腹一周凸棱，圜底，下接高瓦形足，足跟外撇，上穿一长方形小孔，足端稍内收。素面，夹砂灰黄陶。通高15.2、口径14.4、足高9厘米。

Ⅱ式　2件。敞口，下斜壁内弧，高瓦形足。标本M29：14（图二八五：1；图版一○三：5），圆

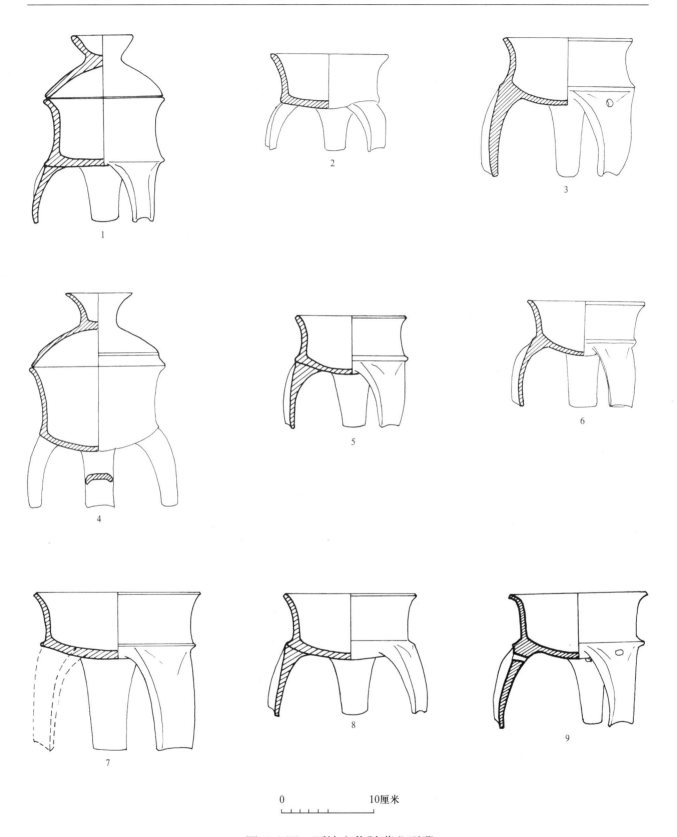

图二八四　石峡文化随葬盆形鼎

1.Aa型Ⅰ式盆形鼎（M99：18、19）　2、4.Aa型Ⅱ式盆形鼎（M9：21、M44：2、3）　3、5～9.Ab型Ⅰ式盆形鼎（M27：21、10，M99：17、M108：43、M27：8、M67：10）

唇，敞口，下斜壁内弧，折腹，圜底，下接较直高瓦形足。素面，夹砂灰陶。通高11.6、口径13.5、足高7.2厘米。标本M29∶4（图二八五∶4；图版一〇三∶6；彩版二二∶5），圆唇，大敞口，下斜腹内弧，折腹一周凸棱，下接高瓦形足，足跟外撇。素面，夹砂灰黄陶。通高12、口径13、足高14.4厘米。

Ⅲ式　2件。大敞口，斜壁，折腹，平底或底近平。标本M108∶3（图二八五∶3；图版一〇四∶1），圆唇，大敞口，下斜壁，盆身深，折腹一周凸棱，圜底近平，下接高瓦形足。素面，夹砂褐陶。通高11.6、口径17.5、足高11厘米。标本M27∶35（图二八五∶5），方唇，大敞口，下斜壁，盆身深，折腹，平底，底部下接高瓦形足，近足跟部穿一长方形孔。素面，夹砂灰色、橙黄陶，陶色斑驳不一，通高14.5、口径17、足高14.4厘米。

Ac型　4件。侈口，盆身浅，器壁略呈亚腰形，圜底近平。分2式。

Ⅰ式　3件。侈口，盆身浅，折腹处直径比口径更大，高卷瓦形足。标本M59∶77（图二八五∶6；

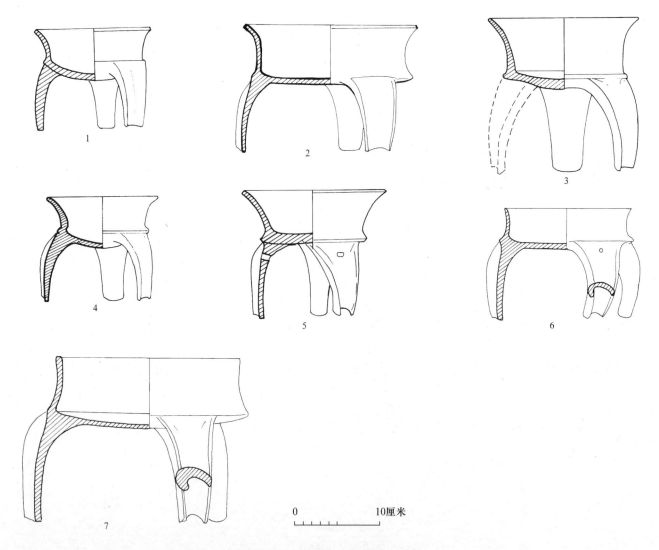

图二八五　石峡文化随葬盆形鼎

1、4.Ａb型Ⅱ式盆形鼎（M29∶14、4）　2.Ａc型Ⅱ式盆形鼎（M104∶36）　3、5.Ａb型Ⅲ式盆形鼎（M108∶3、M27∶35）　6、7.Ac型Ⅰ式盆形鼎（M59∶77、M10∶50）

图版一〇四：2），尖唇，侈口，浅盆，亚腰，折腹，圜底近平，下接高卷瓦形足，足端内收，近足跟部穿一小圆孔。素面，夹砂灰褐陶。通高13、口径15、足高9厘米。标本M10：50（图二八五：7；图版一〇四：3），圆唇，侈口，下斜壁稍内弧，折腹，圜底，下接高卷瓦形足。素面，夹砂橙红、灰色陶，斑驳不一。通高19、口径22、足高12.8厘米。

Ⅱ式　1件。标本M104：36（图二八五：2；图版一〇四：4），方唇，敞口，亚腰，盆身浅，折腹，圜底近平，下接瓦形足。素面，夹砂橙黄陶。通高14.8、口径20、足高8.9厘米。

Ａd型　1件。标本M108：1（图二八六：1；图版一〇四：5），尖唇，侈口，亚腰，盆身深，腹内壁有明显轮修凹凸平行纹，折腹处一周凸棱和绳索状附加堆纹，圜底，下接高卷瓦形足。素面，夹砂灰陶。通高22.2、口径19.5、足高14厘米。

Ｂ型　7件。同Ａ型区别在于下接鼎足形制不同。分两亚型。

Ｂa型　5件。分3式。

Ⅰ式　1件。标本M99：22（图二八六：3；图版一〇五：1；彩版二二：6），方唇，侈口，亚腰，盆身深，折腹，圜底，下接矮凿形足。出土时20号夹砂盖豆倒置盘口上。盘内壁有明显的凹凸平行纹。素面，夹砂灰陶。通高18.8、口径15.3、足高6厘米。

Ⅱ式　3件。敞口，盆身深，折腹，圜底近平，下接凿形足或鹅头状凿形足。标本M107：16（图二八六：5；图版一〇五：4；彩版二三：1），尖唇，大敞口，下斜壁，深盘，折腹一周凸棱，圜底近平，下接高鹅头状凿形足。器底饰绳索状"凵"附加堆纹，通高18.5、口径21、足高10.6厘米。

Ⅲ式　1件。标本M4：11（图二八六：4；图版一〇五：2），小型，圆唇，敞口，斜壁，折腹一周凸棱，下接凿形足外撇，素面，夹砂红陶。通高10、口径11、足高6.4厘米。

Ｂb型　2件。标本M99：32（图二八六：2；图版一〇五：3），圆唇，敞口，亚腰，盆身浅，折腹，底近平，下接短鹅头状凿形足。素面，灰黄陶。通高11.5、口径17、足高6.2厘米。

盆形鼎是早、中期一次、二次葬墓随葬器物，晚期墓已不见随葬。Ａa型、ＢⅠ、ＢⅡ、Ｂb式盆形鼎在早期大型墓M9、M44、M69、M99和中型深穴墓M107出土。Ａb型、Ａc型、Ａd型、ＢⅢ式占盆形鼎59.4%，是中期墓随葬器物，除M4为中期中等深穴一次葬墓之外，M29、M108为中等深穴二次葬墓，M10、M27、M59、M67、M104为大型深穴二次葬墓。随葬盆形鼎数量最多的是M99，一次葬3件，二次葬3件，同墓出土石峡文化墓葬少见的大型龙首环。M9、M29各出土两件盆形鼎，同墓随葬陶纺轮6～14件。M10、M69、M104大型墓随葬礼器——玉琮各1件。

釜　81件。出自45座墓。6座为一次葬墓，出土10件；3座为一次葬已迁墓，出土4件，均残；36座为二次葬墓，出土67件，其中一次葬随葬39件，二次葬随葬28件。由于烧制火候不高和雨水浸过，可供修复的陶釜很少。其形制为侈口或敞口，削肩或广肩，圆鼓腹，圜底。以素面为多，器表饰纹17件，其中拍印大方格纹3件、方格纹3件，印痕较浅，几何纹排列较零乱。刻划纹6件，施刻划纹位置在陶釜颈部和肩部，多见刻划曲折纹、水波纹、方格纹和弦纹。拍印篮纹1件，有2件在器腹外壁饰附加堆纹，其余器腹饰粗绳纹和细绳纹。饰花纹的釜共计36件，占陶釜总数45%。分五型。

Ａ型　47件。分3式。

Ⅰ式　16件。小侈口，圆唇，卷沿，削肩或广肩，鼓腹，圜底。腹径和口径之比为2：1。标本

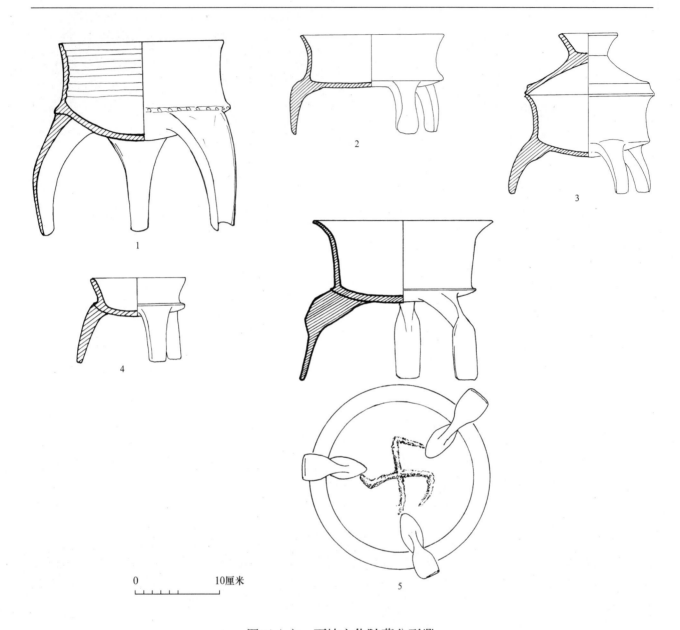

0 ————————— 10厘米

图二八六　石峡文化随葬盆形鼎

1.Ad型盆形鼎（M108：1）　　2.Bb型盆形鼎（M99：32）　　3.Ba型Ⅰ式盆形鼎（M99：22）　　4.Ba型Ⅲ式盆形鼎（M4：11）　　5.Ba型Ⅱ式盆形鼎（M107：16）

M16：12（图二八七：1；图版一〇五：6），圆唇，小口外侈，斜领，束颈，斜肩，弧腹，圜底。器表饰绳纹，夹砂灰陶。高7.5、口径12、腹径22厘米。

　　Ⅱ式　28件。小口外侈，卷沿，束颈，广肩，圆鼓腹，圜底，腹径与口径之比为2：1。标本M2：5（图二八七：2；图版一〇五：5），侈口，圆唇，卷沿，广肩，圆鼓腹，圜底。素面，夹砂红褐陶。高18.3、口径11.5、腹径21厘米。标本M99：23（图二八七：5；图版一〇六：1），小侈口，圆唇，广肩，圆鼓腹，圜底。素面，夹砂灰陶。高16.8、口径11、腹径20厘米。标本M108：70（图二八七：3；图版一〇六：2），侈口，方唇，卷沿，广肩，圆鼓腹，圜底。素面，夹砂橙黄、灰色陶，斑驳不一。高18.8、口径11、腹径21厘米。标本M43：29（图二八七：4；图版一〇六：3），侈口，圆唇，卷沿，

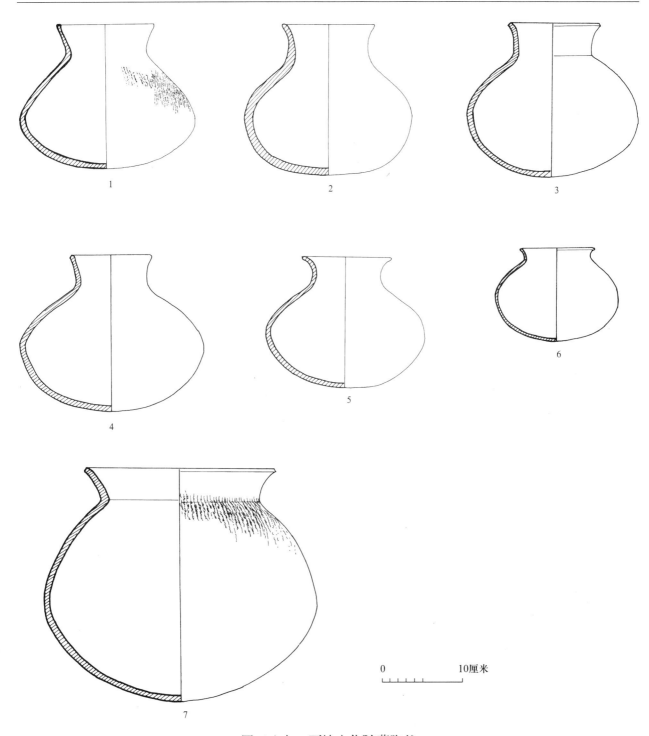

图二八七　石峡文化随葬陶釜

1.A型Ⅰ式釜（M16∶12）　　2～5.A型Ⅱ式釜（M2∶5、M108∶70、M43∶29、M99∶23）　　6、7.A型Ⅲ式釜（M109∶7、M10∶51）

广肩，圆鼓腹，圜底。素面，夹砂灰陶。高19、口径10、腹径23厘米。

　　Ⅲ式　3件。敞口，矮领，卷沿，束颈，大圆鼓腹。标本M109∶7（图二八七∶6；图版一〇六∶5），敞口，尖唇，矮领束颈，广肩，大圆鼓腹，素面，夹砂黑陶。高11.5、口径9、腹径15.5厘米。标本M10∶51（图二八七∶7；图版一〇六∶6），敞口，卷沿方唇，斜领，束颈，广肩，大鼓腹，圜底，大型。器表从颈部至器身饰绳纹，夹砂灰陶。高28、口径23.5、腹径34厘米。

B型　7件。大口，削肩，圆腹，圜底。分3式。

Ⅰ式　3件。标本M99：4（图二八八：2；图版一○六：4；彩版二三：2），大口，方唇，束颈，削肩，垂腹，圜底。腹下部饰一周绳索状附加堆纹，夹砂灰陶。高12、口径10.8、腹径15.5厘米。标本M17：4（图二八八：1；图版一○七：1），侈口，圆唇，微束颈，削肩，圆腹，圜底，腹径小于口径。器表饰绳纹，印痕线，出土时已剥落，仅剩一小片绳纹，夹砂灰陶。高12、口径12、腹径8厘米。

Ⅱ式　1件。标本M27：15（图二八八：3；图版一○七：2），大口侈，方唇，颈部不明显，削肩，圆鼓腹，最大腹径在下腹部，圜底。素面，夹砂红陶。高14、口径11.5、腹径16厘米。

Ⅲ式　3件。标本M21：15（图二八八：4；图版一○七：3），小口，圆唇，直口，矮领外壁稍鼓出，广肩，圆腹，圜底。器表饰绳纹，夹砂红陶。高14、口径8、腹径15厘米。

C型　13件。大口，扁圆腹，圜底。分3式。

Ⅰ式　1件。标本M73：4（图二八八：5；图版一○七：4），大口卷沿，圆唇，束颈，削肩，扁圆腹，圜底，最大腹径在下腹部。口径与腹径大于器身高度。素面，夹砂红陶。高11.5、口径16、腹径18.2厘米。

Ⅱ式　10件。敞口，卷沿，削肩，扁圆腹，腹径、口径大于器身高度，圜底。标本M42：27（图二八八：7；图版一○七：5），小型，敞口，圆唇，卷沿，削肩，扁圆腹，圜底。器身横截面为椭圆形。器表饰绳纹，夹砂褐陶，高8.5、口径11、腹径11.8厘米。标本M43：15（图二八八：8；图版一○七：6），敞口，卷沿，圆唇，束颈，削肩，扁圆腹，圜底。素面，夹砂褐陶。高9.5、口径13、腹径14厘米。标本M108：45（图二八八：6；图版一○八：1），器体已变形，敞口，卷沿，束颈，广肩，扁圆腹，圜底。素面，夹砂红陶。高12.5、口径15、腹径17.5厘米。标本M42：23（图二八八：9；图版一○八：2；彩版二三：3），敞口，圆唇，卷沿，削肩，扁圆腹，圜底。器身饰篮纹，夹砂红陶。高10.8、口径14.5、腹径15.4厘米。

Ⅲ式　2件。均残。敞口，卷沿，领部对穿一圆孔，多见于晚期墓M21：14和M54：64。

D型　8件。直口，高领，圆肩，长圆腹，圜底，器身高度大于口径和腹径。分2式。

Ⅰ式　6件。标本M77：39（图二八九：2；图版一○八：3），直口稍侈，方唇，卷沿，宽圆肩，圆鼓腹，圜底。素面，夹砂红陶。高18、口径11、肩宽18、腹径17.4厘米。M7：13、M11：11的Ⅰ式釜已残，在直领外壁刻划曲折纹、水波纹。标本M132：5（图二八九：1；图版一○八：4），直口，方唇，卷沿，圆肩，长圆腹，圜底。素面，器表灰色、褐色斑驳不一。高18.9、口径9.8、腹径17.5厘米。

Ⅱ式　2件。均残。直口，圆唇，直领，长圆腹，底部残。标本M54：43（图二八九：4），直口，圆唇，高直领接削肩，长圆腹，底残。素面，夹砂灰陶。残高12.5、口径11.5厘米。标本M45：24（图二八九：5；图版一○八：5），直口，圆唇，削肩似领部的延续，下腹和釜底已残。素面，夹砂灰黄陶，器颈部有手指压痕。残高11.5、口径12厘米。

E型　3件。分2式。

Ⅰ式　1件。标本M90：6（图二八九：7；图版一○八：6），小型。直口，圆唇，扁圆腹。圜底。素面，夹砂红褐陶。高8.9、口径12.8、腹径14.2厘米。

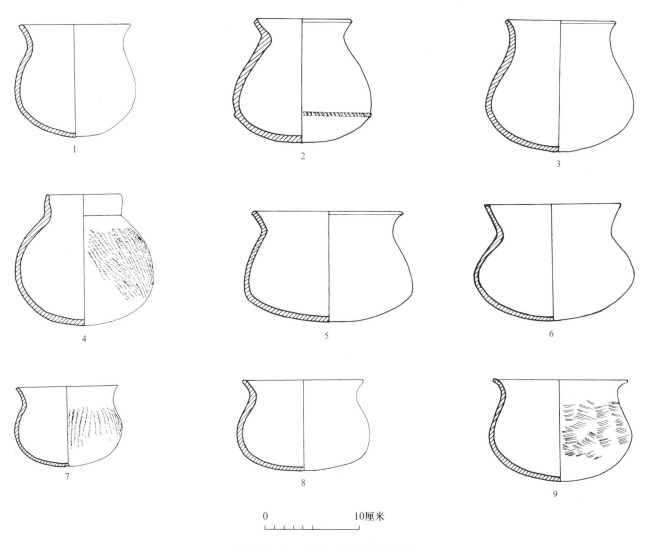

图二八八　石峡文化随葬陶釜

1、2.B型Ⅰ式陶釜（M17∶4、M99∶4）　　3.B型Ⅱ式陶釜（M27∶15）　　4.B型Ⅲ式陶釜（M21∶15）　　5.C型Ⅰ式陶釜
（M73∶4）　6~9.C型Ⅱ式陶釜（M108∶45、M42∶27、M43∶15、M42∶23）

　　Ⅱ式　2件。小型。大口，圆唇，高直领，圆肩，扁圆腹，圜底，器身高度小于口径和腹径。标本M4∶12（图二八九∶8；图版一〇九∶3），素面，夹砂褐陶。高7.5、口径9.5、腹径12厘米。标本M4∶13（图二八九∶9；图版一〇九∶1），大口，尖唇，高斜领呈弧状，圆肩，扁圆腹，圜底。素面，夹砂红褐陶。高9.8、口径10.8、腹径13厘米。

　　有流陶釜　1件。标本M27∶24（图二八九∶6；图版一〇九∶2），敞口，尖唇，卷沿，口沿一侧捏成流口，束颈，削肩，弧腹，圜底。通体饰绳纹，夹砂红陶。高12.5、口径12、腹径15厘米。

　　未分型陶釜　2件。标本M90∶1（图二八九∶10；图版一〇九∶4），葫芦状敛口，束颈，斜肩，大鼓腹，圜底。领部外周和颈、肩部有刻划纹，腹下部至底部饰细绳纹，夹砂灰陶。高19、口径10.5、腹径20厘米。最大径在腹下部。标本M102∶9（图二八九∶3；图版一〇九∶5），小型，敛口，圆唇，斜肩，折腹，圜底。高9.5、口径8、腹径13厘米。

随葬陶釜的墓葬，以早期、中期居多，有41座，晚期墓4座。其中中期墓随葬陶釜44件，占陶釜总数54.32%，而M10、M27两座大型墓出土10件，占陶釜总数12.5%。

甑　9件。出自7座墓，一次葬墓1件，二次葬墓8件。子口，束颈，圆腹或折腹，圜底，圈足或高圈足，器腹和底部3～4周圆孔做成箅子。分二型。

A型　8件。子口，束颈，圈足。分3式。

Ⅰ式　1件。标本M10：1（图二九〇：1；图版一一〇：1），子口，尖唇，削肩，圆弧腹，圜底，圈足斜直。器腹两周箅孔，器底三周箅孔，排列不太规整。素面，夹砂灰陶。通高16.5、口径13.5、腹径18、圈足高3.8厘米。

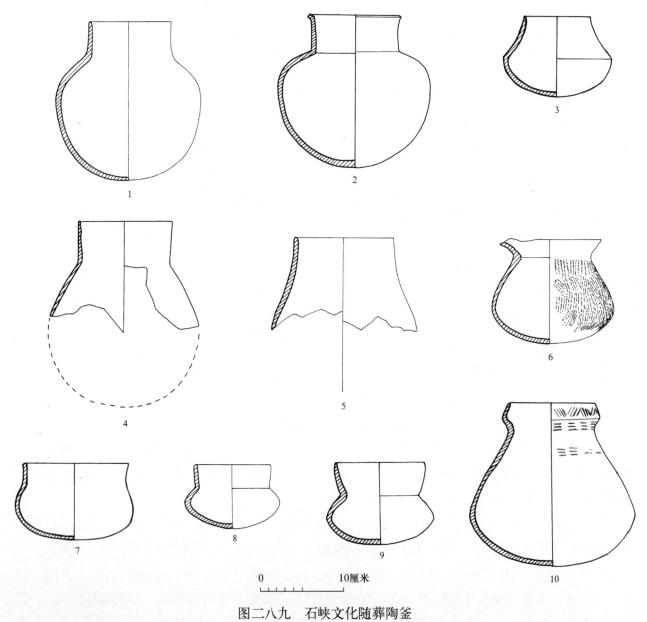

图二八九　石峡文化随葬陶釜

1、2.D型Ⅰ式陶釜（M132：5、M77：39）　3、10.未分型陶釜（M102：9、M90：1）　4、5.D型Ⅱ式陶釜（M54：43、M45：24）　6.有流陶釜（M27：24）　7.E型Ⅰ式陶釜（M90：6）　8、9.E型Ⅱ式陶釜（M4：12、13）

II式　3件。子口，束颈，圆肩，折腹，圜底，圈足，腹和器底有算孔。标本M27：11（图二九〇：3；图版一一〇：2；彩版二三：4），子口，圆唇，束颈，圆肩，折腹一周凸棱，扁圆腹，圜底，圈足稍外斜，腹下部一周算孔，器底一周算孔加中央一算孔。素面，夹砂红陶。通高13.5、口径12、腹径17、圈足高3厘米。

III式　4件。子口，斜肩，折腹，高圈足外撇。标本M4：6（图二九〇：5；图版一一〇：5），小型。子口微敛，圆唇，束颈，斜肩，折腹，圜底，圈足外撇，底部有5个算孔，子口和颈部比器腹稍大，无实用价值。素面，夹砂褐陶。标本M59：21（图二九〇：2；图版一一〇：3），子口，尖唇，束颈，斜肩，折腹，圜底，高圈足呈亚腰形，足底外撇，下腹部一周算孔，器底5个算孔。素面，夹砂红陶。通高14、口径13、腹径16.2、圈足高5.4厘米。

B型　1件。标本M42：71（图二九〇：4；图版一一〇：4），敞口，圆唇，浅盘，盘沿下有一周凹槽，形成双层盘沿，圜底近平，高圈足处斜，盘底有9个算孔。素面，夹砂灰陶。通高9.5、口径13.5、圈足高7厘米。

陶甑在石峡文化墓葬中是出土数量较少的器类。只见于中期、晚期墓中，除M4为中等浅穴一次葬墓，其他M10、M27、M42、M59、M118均为大型深穴二次葬墓。

夹砂盖豆　117件。出自36座二次葬墓，一次葬随葬79件，二次葬随葬38件。夹砂盖豆97件可分型式，20件为残件，可分出不同个体，但无法分型式。夹砂盖豆分七型。

A型　31件。敞口，折斜腹或斜腹，折腹部分有一周折棱，浅盘，圜底，喇叭形足。分5式。

I式　12件。浅盘，折斜腹或斜腹，喇叭形足。标本M39：12（图二九一：1；图版一一一：1），敞口，圆唇，折斜腹，浅盘，圜底近平，下接喇叭形足。素面，夹砂褐陶。通高6.5、口径16、足径6.8、足高3.2厘米。标本M44：3（图二九一：3；图版一一一：2），敞口，圆唇，折斜腹微弧，圜底近平，喇叭形足。素面，夹砂灰陶。通高8.1、口径12、足径7.5、足高3.6厘米。标本M77：40（图二九一：5；图版一一一：3），敞口，尖唇，折斜壁，浅盘，圜底，喇叭形足。素面，夹砂红陶。通高5.8、口径13.8、足径6.6、足高2.2厘米。标本M9：15（图二九一：6；图版一一一：4），敞口，圆唇，折斜腹，浅盘，圜底，大喇叭形足。素面，夹砂红陶。通高6.5、口径12、足径6.5、足高2.6厘米。标本M108：2（图二九一：2；图版一一一：5），敞口，圆唇，折斜腹，盘甚浅，圜底，大而高喇叭足。素面，夹砂灰陶。通高10、口径20、足径106、足高6厘米。标本M43：100（图二九一：4；图版一一一：6），敞口，圆唇，折斜腹，浅盘，圜底矮小，喇叭形足。素面，夹砂红陶。通高7、口径17.5、足径5.7、足高2.8厘米。

II式　1件。标本M99：20（图二九一：7；图版一一二：7；彩版二三：5），敞口，尖唇，折沿一周凸棱，斜腹，圜底，矮喇叭形足。素面，夹砂灰陶。通高7、口径15.2、足径6.8、足高2.6厘米。

III式　7件。敞口，斜腹。标本M99：18（图二九一：8；图版一一二：1），敞口，尖唇，斜腹，浅盘，圜底。覆盖在19号盆形鼎上。素面，夹砂灰陶。通高7、口径14、足径6.5、足高6厘米。标本M99：16（图二九一：9；图版一一二：2），敞口，尖唇，斜腹，浅盘，圜底，喇叭形足，盘内壁有平行纹。素面，夹砂灰陶。高7.2、口径14、足径7、足高3.2厘米。标本M30：25（图二九一：10；图版一一二：3），敞口，圆唇，斜壁，浅盘，圜底，粗把喇叭形足。素面，夹砂灰陶。通高8、口径

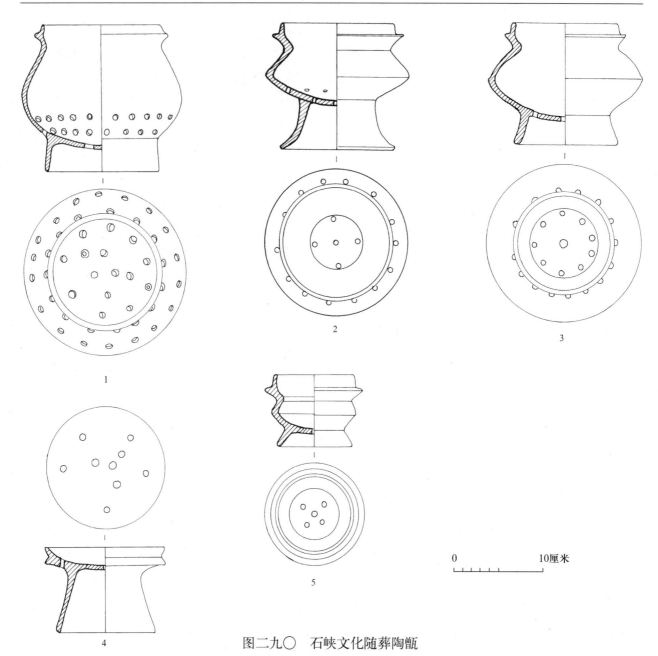

图二九〇　石峡文化随葬陶甗

1.A型Ⅰ式陶甑（M10：1）　　2、5.A型Ⅲ式陶甑（M59：21、M4：6）　　3.A型Ⅱ式陶甑（M27：11）　　4.B型陶甑（M42：71）

16、足径8.8、足高3.2厘米。标本M43：16（图二九一：11；图版一一二：4），敞口，尖唇，斜腹，浅盘，圜底，稍高喇叭形足。素面，夹砂红陶。通高9.5、口径16、足径8、足高4厘米。

　　Ⅳ式　8件。折沿，近口沿外壁一周向内弧，斜弧腹，喇叭足足端外撇，标本M116：21（图二九一：12；图版一一二：5），敞口，圆唇，折沿，浅盘，斜弧腹，圜底近平，矮喇叭足。素面，夹砂褐陶。通高6、口径14、足径7.4、足高3厘米。标本M67：9（图二九一：14；图版一一二：6），敞口，方唇，折沿外周内凹，浅盘，斜弧腹，圜底近平，矮喇叭足。素面，夹砂灰陶。通高8.5、口径15.1、足径8.4、足高3.8厘米。标本M42：69（图二九一：13；图版一一三：1），敞口，圆唇，浅盘，斜弧腹，圜底近平，矮喇叭形足。素面，夹砂红陶。通高9、口径19、足径9、足高3厘米。

Ｖ式　3件。敞口或侈口，浅盘，斜腹或斜弧腹，细把小喇叭形足。标本M108：42（图二九一：16；图版一一三：2），敞口，圆唇，浅盘，斜弧腹，圜底，细把小喇叭形足。素面，夹砂橙黄陶。通高8.5、口径16、足径7、足高4厘米。标本M108：13（图二九一：17；图版一一三：3），侈口近直，尖唇，浅盘，斜腹，圜底，细把小喇叭形足，足端一周5个小圆孔。素面，夹砂橙黄陶。通高9、口径16、足径6.5、足高3.4厘米。标本M59：82（图二九一：15；图版一一三：4），侈口，圆唇，弧腹，圜底，小喇叭形足。素面，夹砂灰陶。通高7.8、口径13、足径6、足高3.6厘米。

Ｂ型　31件。侈口，深盘，弧腹，小且矮喇叭形足。分5式。

Ⅰ式　3件。盘壁近口处一周凸棱，深盘，弧腹。标本M9：1（图二九二：1；图版一一三：5），侈口，圆唇，近口处两周凸棱，深盘，弧腹，圜底，矮而小喇叭形足。素面，夹砂橙黄陶。通高8.5、口径13、足径6.2、足高2.5厘米。标本M9：32（图二九二：2；图版一一三：6），侈口，尖唇，盘壁近口处一周凸棱，深盘，弧腹，圜底，矮而小喇叭形足。素面，夹砂红陶。通高10、口径16、足径7.5、足高3.6厘米。

Ⅱ式　5件。口沿与斜弧腹之间一周折棱。标本M44：36（图二九二：4；图版一一四：1），侈口，外壁一周折棱，深盘，斜弧腹，圜底，矮而小喇叭足。素面，夹砂红陶。通高9、口径15.5、足径7.2、足高2.8厘米。标本M114：26（图二九二：3；图版一一四：2），侈口近直，圆唇，沿外壁折，深盘，斜弧腹，圜底，矮喇叭形足。素面，夹砂红陶。通高11.3、口径19.2、足径9.3、足高3.6厘米。

Ⅲ式　12件。侈口，深盘，弧腹，圜底，矮喇叭形足。标本M99：29（图二九二：5；图版一一四：3），侈口，圆唇，深盘，弧腹，圜底，小而矮喇叭形足。素面，夹砂灰黄陶。通高9、口径16、足径6、足高2.6厘米。标本M114：37（图二九二：7；图版一一四：4），口微敛，尖唇，深盘，弧腹，圜底，矮喇叭形足，盘底内壁有手制痕迹。素面，夹砂褐陶。通高9.1、口径17.1、足径9、足高3.2厘米。标本M104：43（图二九二：6；图版一一四：5），侈口，圆唇，深盘，弧腹，圜底，矮喇叭形足。素面，夹砂红陶。通高8.5、口径18、足径7.8、足高2.6厘米。标本M48：5（图二九二：8；图版一一四：6），侈口，圆唇，深盘，弧腹，矮喇叭形足。素面，夹砂陶，褐、灰色斑驳不一。通高9、口径15.5、足径8、足高3厘米。

Ⅳ式　10件。口微敛，深盘，弧腹下部斜收。标本M27：7（图二九二：12；图版一一五：1；彩版二三：6），口微敛，圆唇，深盘，盘腹上弧下斜，圜底，矮喇叭形足。素面，夹砂褐陶。通高8.5、口径14、足径7、足高2.8厘米。标本M27：5(图二九二：11；图版一一五：2)，口微敛，圆唇，深盘，盘腹上弧下斜收，内壁有两周凹凸平行纹，圜底，矮而小喇叭形足。素面，夹砂褐陶。通高9.3、口径15.2、足径6.4、足高2.8厘米。标本M43：102(图二九二：10；图版一一五：3)，侈口，圆唇，深盘，弧腹斜收，圜底，矮而小喇叭形足。素面，夹砂陶，豆盘灰色，足黑色。通高8.5、口径14.5、足径6.2、足高3.2厘米。标本M43：17（图二九二：9；图版一一五：4），口微敛，圆唇，深盘，弧腹，圜底，矮而小喇叭形足。素面，夹砂红陶。通高9、口径16、足径6、足高3厘米。

Ⅴ式　1件。标本M59：83（图二九二：13；图版一一五：5），侈口，圆唇，浅盘，弧腹，圜底近平，喇叭形足外撇，足上对穿4圆孔。素面，夹砂灰陶。通高7、口径13、足径7、足高3厘米。

Ｃ型　18件。器体大型，主要用于盘形鼎的器盖。分2式。

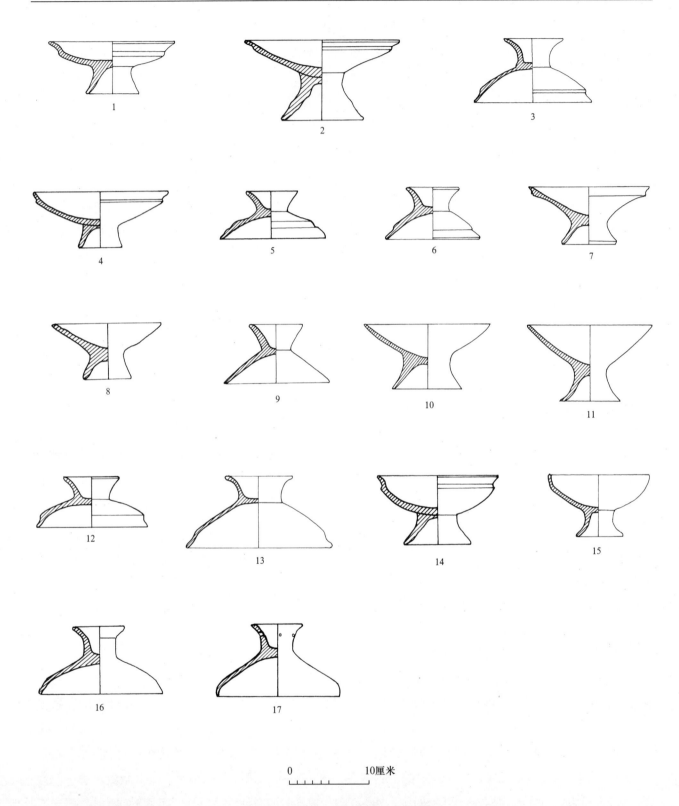

0   10厘米

图二九一　石峡文化随葬夹砂盖豆

1~6.A型Ⅰ式夹砂盖豆（M39：12、M108：2、M44：3、M43：100、M77：40、M9：15）　7.A型Ⅱ式夹砂盖豆（M99：20）　8~11.A型Ⅲ式夹砂盖豆（M99：18、16，M30：25、M43：16）　12~14.A型Ⅳ式夹砂盖豆（M116：21、M42：69、M67：9）　15~17.A型Ⅴ式夹砂盖豆（M59：82、M108：42、13）

0　　　　　　　　　10厘米

图二九二　石峡文化随葬夹砂盖豆

1、2.B型Ⅰ式夹砂盖豆（M9：1、32）　　3、4.B型Ⅱ式夹砂盖豆（M114：26、M44：36）　　5~8.B型Ⅲ式夹砂盖豆（M99：29、M104：43、M114：37、M48：5）　　9~12.B型Ⅳ式夹砂盖豆（M43：17、102、M27：5、7）　　13.B型Ⅴ式夹砂盖豆（M59：83）

Ⅰ式 1件。标本M69：21（图二九三：4；图版一一五：6），敛口，圆唇，深盘上斜下弧收，圜底近平，喇叭形足，此大型敛口夹砂盖豆少见。素面，夹砂红陶。通高13.5、口径27、足径10、足高5厘米。

Ⅱ式 17件。大型，口径多数20～30厘米，敞口，深盘，矮圈足外撇。标本M99：26（图二九三：2；图版一一六：1），敞口，尖唇，深盘上斜下弧收，圜底，矮喇叭形足外撇。盘外壁施条纹，印痕浅，夹砂灰黄陶。通高13、口径26、足径11、足高4.2厘米。标本M99：28（图二九三：3；图版一一六：2），敞口，尖唇，深盘，豆盘上斜下弧收，圜底近平，喇叭足外撇，足沿部分有两周弦纹。素面，夹砂红陶。通高11.8、口径23、足径11.8、足高4.2厘米。标本M107：18（图二九三：1；图版一一六：3），敞口，尖唇，深盘上微斜下弧收，圜底，喇叭足外撇。素面，夹砂红陶。通高10、口径18.5、足径8.8、足高3.8厘米。标本M99：25（图二九三：8；图版一一六：4），侈口，圆唇，深盘，弧腹，底近平，喇叭形足外撇。素面，夹砂灰陶。通高16、口径31、足径12、足高6厘米，为最大一件夹砂盖豆。标本M17：19（图二九三：6；图版一一六：5），口微敛，圆唇，深盘，圜底，矮喇叭形足外撇。素面，夹砂红陶。通高12.5、口径24、足径9.5、足高4.2厘米。标本M43：34（图二九三：7；图版一一六：6），敞口，尖唇，深盘，弧腹，圜底，矮喇叭足外撇。素面，夹砂灰陶。通高13、口径26、足径10、足高4厘米。标本M47：5（图二九三：5；图版一一七：1），敞口，尖唇深盘，豆盘上斜下弧，圜底近平，矮小喇叭形足。素面，夹砂陶，褐色、灰色斑驳不一。通高10.5、口径20.5、足径7.5、足高4厘米。

D型 12件。侈口或敛口，深盘或中等深豆盘，高或高而粗喇叭形足，此型夹砂盖豆不作鼎盖用。分4式。

Ⅰ式 5件。侈口或直口，足高近通高的一半，标本M105：22（图二九四：1；图版一一七：2），侈口，圆唇，口沿内壁有一周折沿痕迹，中等深豆盘，上弧下斜，圜底近平，高喇叭形足。素面，夹砂褐陶。通高11.5、口径18、足径9.6、足高5.2厘米。标本M39：14（图二九四：2），侈口近直，圆唇，中等深豆盘，圜底近平，稍粗喇叭形足。素面，夹砂灰陶。通高9.6、口径15、足径8.8、足高4厘米。标本M39：65（图二九四：3；图版一一七：3），直口，深盘，豆盘上折下弧，圜底近平，高而粗喇叭形足，足壁斜。素面，夹砂灰黄陶。通高10、口径14、足径8、足高4.6厘米。标本M30：22（图二九四：4；图版一一七：4），直口，尖唇，深盘，豆盘上折下弧，圜底，稍高喇叭形足。素面，夹砂灰黄陶。通高10.2、口径15、足径9.5、足高4.8厘米。

Ⅱ式 2件。敞口或侈口，浅盘，高而粗喇叭形足。标本M67：7（图二九四：5；图版一一七：5），侈口，尖唇，口沿内壁有一周内凹面，浅盘，豆盘上弧下斜，圜底，高而粗喇叭形足。素面，夹砂灰陶。通高10、口径17、足径9.6、足高5.4厘米。标本M108：52（图二九四：6；图版一一七：6），敞口，方唇，浅盘，斜弧腹，圜底，高而粗喇叭形足。素面，夹砂灰陶。通高12.5、口径19、足径11.1、足高5.8厘米。

Ⅲ式 2件。口微敛，浅盘，足跟粗大喇叭形足，仅见中期墓M51，一、二次葬各1件。标本M51：33（图二九四：10；图版一一八：1），口微敛，圆唇，浅盘，弧腹，圜底近平，大喇叭形足。素面。夹砂褐陶。通高8.5、口径13.5、足径9、足高4.8厘米。标本M51：31（图二九四：9；

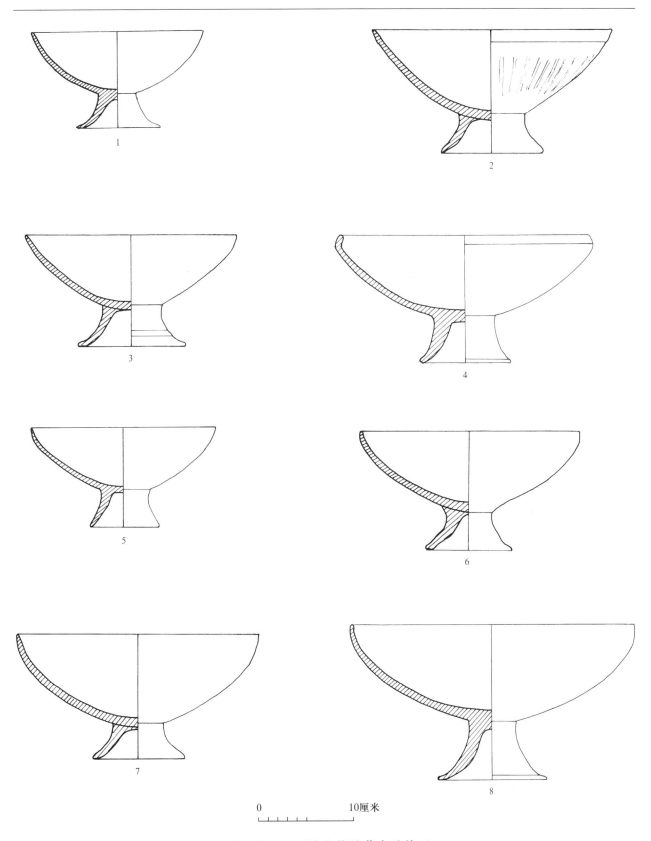

图二九三　石峡文化随葬夹砂盖豆

1～3.C型Ⅱ式夹砂盖豆（M107：18、M99：26、28）　4.C型Ⅰ式夹砂盖豆（M69：21）　5～8.C型Ⅱ式夹砂盖豆
（M47：5、M17：19、M43：34、M99：25）

图版一一八：2），敛口，圆唇，浅盘，弧腹，圜底近平，高而粗大喇叭形足。素面，夹砂褐陶。通高10.8、口径13、足径10.4、足高7厘米。

IV式　3件。均在晚期墓出土，仅1件完整。敛口，浅盘，大而高喇叭形足。标本M118：11（图二九四：7；图版一一八：3），敛口，圆唇，中等深盘，弧腹，圜底近平，足跟大而高喇叭形足。素面，夹砂陶，陶色为灰色、红色斑驳不一。通高11.5、口径17、足径12.2、足高6.4厘米。

E型　3件。其中2件均在中期大型墓M42和M47出土，M47一、二次葬各1件。标本M42：70（图二九四：12；图版一一八：4），敞口，口沿上有一周不明显凸棱，盘身特浅平，斜壁，圜底，高喇叭形足外撇。素面，夹砂橙黄陶。通高9、口径16、足径10、足高5.6厘米。

F型　1件。标本M43：38（图二九四：11；图版一一八：5），敞口，圆唇，浅盘，豆盘外壁斜，弧腹形似双腹，圜底，细柄高喇叭形足外撇，足内壁有两周平行纹。素面，夹砂红陶。通高9.3、口径11.5、足径6.6、足高6厘米。

G型　1件。标本M29：3（图二九四：8；图版一一八：6），高子口，浅盘，斜壁，圜底平，粗而高喇叭形足，足端外撇。素面，通高12、口径15.6、足径14、足高8厘米。形制介于圈足盘与陶豆之间，陶质为夹砂陶，其功能不属盖豆。

夹砂盖豆可以单独使用，亦发现和墓葬中鼎类配对。例如M17：28夹砂盖豆出土时，覆盖在M17：29盘形鼎上，M44：03盖豆覆盖在2号盆形鼎上，M67：9盖豆覆盖在10号盆形鼎上。但夹砂盖豆和鼎类配对大部分不完全一致，有夹砂盖豆件数比鼎类多，也有少的。到晚期墓夹砂盖豆数量锐减，这种变化同晚期墓里不再见到盆形鼎和盘形鼎出土有直接关联。盖豆由于豆盘较深，或器体较大型，有一器两用功能，既是鼎类器盖，同时可作盛食器的陶豆。

鬹　3件。同出晚期M54，二次葬1件，较完整，一次葬2件，仅残留纽绳式器把和分裆部分及少量袋足残片。标本M54：25（图二九五：1；图版一一九：5），椭圆形口，用手捏而成的流口已残（图版上流口上扬形状不准确）。平沿稍外折，长颈昂起状连接于器肩前侧，颈根后部为圆肩，纽绳式鋬，跨在肩足之间，羊乳状袋足，分裆鼎立，颈和肩部饰半周和一周绳索状附加堆纹。器表磨光，夹细砂灰陶。残高28、残口径3.3～4.5厘米。

盂　9件。其中6件可分式。出自7座二次葬墓，一次葬随葬5件，二次葬随葬4件。陶质以夹砂陶为主，个别为泥质陶。其形制敛口，球腹或扁圆腹，圜底，下接圈足。器体均小型，分3式。

I式　1件。标本M10：16（图二九五：2；图版一一九：1），圆唇，敛口，球腹，圜底近平，下接外撇矮圈足。素面，泥质灰陶。通高7.2、口径5.2、腹径10、足径6厘米。

II式　2件。其中1件完整。标本M48：8、10（图二九五：3；图版一一九：3），圆唇，敛口，扁圆腹，圜底，下接圈足近直，盂口上置斗笠形盖，圆纽中间穿一孔。素面，夹砂褐陶。通高8.8、口径8、腹径10.6、足径7.8厘米。

III式　3件。盂腹比II式要扁，小圈足外撇，器壁厚。标本M59：41（图二九五：5；图版一一九：2），圆唇，敛口稍宽，矮扁圆腹，圜底，下接小圈足外撇。素面，夹砂红陶。通高5.6、口径6.4、腹径9.8、足径4.4厘米。标本M59：45（图二九五：4；图版一一九：4；彩版二四：1），圆唇，敛口稍宽，矮扁圆腹，圜底，下接稍高圈足外撇，出土时在盂内装有骨渣，已无法辨别个体。素

0　　　　　　10厘米

图二九四　石峡文化随葬夹砂盖豆

1~4.D型Ⅰ式夹砂盖豆（M105：22，M39：14、65，M30：22）　5、6.D型Ⅱ式夹砂盖豆（M67：7，M108：52）　7.D型Ⅳ式夹砂盖豆（M118：11）　8.G型夹砂盖豆（M29：3）　9、10.D型Ⅲ式夹砂盖豆（M51：31、33）　11.F型夹砂盖豆（M43：38）　12.E型夹砂盖豆（M42：70）

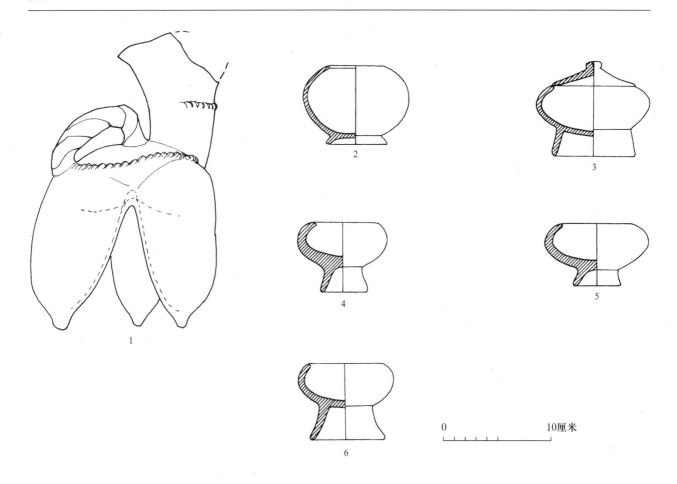

图二九五　石峡文化随葬陶鬶、陶盉

1.陶（M54：25）　2.Ⅰ式陶盉（M10：16）　3.Ⅱ陶盉（M48：10、8）　4~6.Ⅲ式陶盉（M59：45、41，M118：48）

面，夹砂灰陶。通高6.3、口径5.5、腹径8.5、足径4.4厘米。标本M118：48(图二九五：6)，圆唇，宽敛口，扁圆腹，圜底，下接高圈足，足沿外撇。素面，夹砂灰黄陶，灰色斑驳不一。通高7、口径7、腹径9、足径7厘米。

（二）泥质陶

三足盘类　均为子口，浅盘，弧腹，圜底，盘底连接不同形制的三足，有瓦形足，联裆梯形足和联裆三角形足，共计149件，占泥质陶器21.7%。

瓦形足三足盘91件。出自28座二次葬墓，1座一次葬墓和4座一次葬已迁墓。形制为子口，浅盘，弧腹、圜底，腹底一次成型下接瓦形足。85件为28座二次葬墓随葬器物，其中一次葬随葬36件，二次葬随葬49件。除二次葬墓之外，有1座一次葬墓随葬2件，4座一次葬已迁墓随葬7件。瓦形足三足盘有80件分出型式，11件残破个体无法分型式。分五型。

A型　51件。分5式。

Ⅰ式　12件。子口稍高，瓦足连接部位靠盘底，称之为"底足"，子口与盘腹之间有明显的一周凸棱。标本M114：21(图二九六：2；图版一二〇：1)，尖唇，子口稍高，浅盘，弧腹，圜底，一周凸棱呈锐角，瓦形足体较宽，连接部位靠盘底。素面，泥质灰陶。通高11.2、口径16.5、盘深5、足高7.4厘米。标本M61：18（图二九六：3；图版一二〇：2），圆唇，子口微敛，浅盘，弧腹，圜底，"底足"，一周凸棱呈锐角。素面，泥质灰陶。通高9.5、口径17.5、盘高4.2、足高7厘米。标本M57：19（图二九六：5；图版一二〇：3），圆唇，子口微敛，浅盘，弧腹，圜底，"底足"，一周凸棱呈钝角。素面，泥质灰黄陶。通高10.5、口径16.5、盘深4.2、足高7.8厘米。标本M61：20（图二九六：4；图版一二〇：4），小型器。尖唇，子口近直，浅盘，弧腹，圜底，"底足"，子口与盘腹之间一周凸棱。素面，泥质橙黄陶。通高8.4、口径12.5、盘深3.6、足高5.2厘米。标本M131：1(图二九六：1；图版一二〇：5；彩版二四：2)，尖唇，子口微敛，浅盘，弧腹，圜底。子口与盘腹之间一周凸棱，瓦形足。素面，泥质灰陶。通高9、口径15.5、盘深4.2、足高7厘米。

Ⅱ式　9件。子口高近直，粘接在盘腹边突出的靠里部位，不见一周凸棱，瓦形足连接盘腹边缘，盘腹微弧。标本M28：1（图二九六：7；图版一二〇：6），尖唇，子口高近直，浅盘，微弧

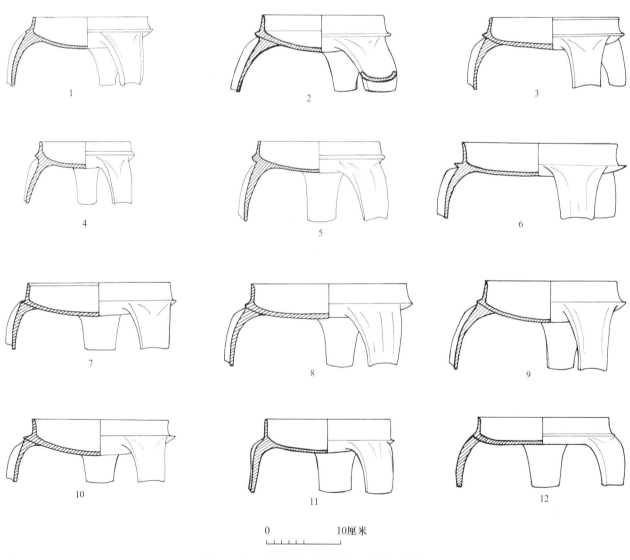

0　　　　　10厘米

图二九六　石峡文化随葬瓦形足三足盘

1~5.A型Ⅰ式瓦形足三足盘（M131：1、M114：21、M61：18、20、M57：19）　6~9.A型Ⅱ式瓦形足三足盘（M124：2、M28：1、M89：8、5）　10~12.A型Ⅱ式瓦形足三足盘（M11：2、M107：11、M79：2）

腹，圜底，瓦形足连接盘腹边缘。素面，泥质灰黄陶。通高9、口径19、盘深4.6、足高6.4厘米。标本M107：11（图二九六：11；图版一二一：1），圆唇，子口高且直。浅盘，弧盘，圜底，盘腹和圜底为盘身的三分之一，瓦形足。素面，泥质橙黄陶。通高9.8、口径17、盘深4.6、足高7厘米。标本M124：2（图二九六：6；图版一二一：2），尖唇，子口高微侈，浅盘，微弧腹，圜底近平，盘腹和圜底为盘身三分之一，瓦形足，素面，泥质陶，陶色灰橙黄色陶斑驳不一。通高10.2、口径21.5、盘深4.4、足高7厘米。标本M89：5（图二九六：9；图版一二一：3），尖唇，高子口微侈，浅盘，弧腹，圜底，盘腹和圜底为盘身的二分之一，瓦形足。瓦形足面刻划两条直线。素面，泥质灰陶。通高12、口径18、盘深5.4、足高9厘米。标本M89：8（图二九六：8；图版一二一：4），尖唇，高子口微侈，浅盘，微弧腹，圜底近平。圜底和盘腹为盘身的五分之二弱，瓦形足面刻划三条直线。素面，泥质陶，陶色橙黄、橙红斑驳不一。通高10.9、口径21、盘深4.6、足高7.8厘米。标本M11：2（图二九六：10；图版一二一：5），尖唇，高子口微侈，浅盘，弧腹，圜底。盘腹和圜底为盘身的五分之三弱，瓦形足连接盘腹外缘。素面，泥质橙黄陶。通高8.5、口径18.5、盘深4.6、足高6厘米。标本M79：2（图二九六：12；图版一二一：6），尖唇，高子口近直，浅盘，微弧腹，圜底近平，盘腹和圜底为盘身的三分之一，瓦形足。素面，泥质土黄陶。通高9.3、口径18、盘深3、足高7.5厘米。

Ⅲ式　19件。子口稍外侈，盘身圜底似半球形，瓦形足连接于盘腹外缘，足跟外撇，下端斜直，瓦形足稍短。标本M16：15（图二九七：1；图版一二二：1），圆唇，子口稍外侈，口沿外一周不明显棱，浅盘，弧腹圜底，宽而短瓦形足。素面，夹细砂陶。通高8.3、口径17、盘深5.2、足高5.2厘米。标本M17：25（图二九七：8；图版一二二：2），尖唇，子口稍外侈，浅盘，弧腹，圜底中间部位稍深，瓦形足跟外撇，下端斜直。出土时24号陶豆覆盖在三足盘之上。素面，泥质灰陶。豆加盘通高18、盘通高8.2、口径15.9、盘深5.4、足高6.2厘米。标本M3：5（图二九七：3；图版一二二：3），圆唇，子口近直，浅盘，弧腹圜底，盘腹外缘突出，瓦形足。素面，泥质橙红陶。通高8.5、口径16.5、盘深4、足高6厘米。标本M44：18（图二九七：2；图版一二二：4），圆唇，子口微侈，浅盘，弧腹圜底，盘底中间较深，瓦形足，素面，泥质红陶。通高10、口径18、盘深6、足高7.8厘米。标本M79：10（图二九七：4；图版一二二：5），尖唇，子口微敛，浅盘弧腹，圜底，盘腹外缘突出，瓦形足，足跟外撇，下端斜直。素面，泥质灰陶。通高9.2、口径19.5、盘深4.6、足高7.4厘米。标本M109：6（图二九七：10；图版一二二：7；彩版二四：4），圆唇，子口微侈，浅盘，弧腹，圜底，瓦形足边缘稍内卷。素面，泥质橙黄、灰陶，陶色斑驳不一。通高10、口径20、盘深5、足高8厘米。

Ⅳ式　9件。矮子口稍敛，浅盘底中间部位较深似半球形，瓦形足连接盘腹外缘，瓦形足外斜。标本M5：4（图二九七：5；图版一二二：6），尖唇，矮子口稍敛，浅盘，弧腹，圜底，瓦形足外斜。素面，泥质橙黄陶。通高9.5、口径16、盘深4.4、足高8厘米。标本M25：2（图二九七：6；图版一二三：1），尖唇，矮子口微敛，浅盘，弧腹，圜底中间部位较深，瓦形足外斜。素面，泥质橙黄陶。通高10、口径17、盘深5、足高8厘米。标本M124：3（图二九七：7；图版一二三：2），尖唇，矮子口微敛，浅盘，圜底中间部位较深，瓦形足外斜。素面，泥质红陶。通高8.3、口径16、盘深4.8、足高6.8厘米。标本M109：4（图二九七：9；图版一二三：3），尖唇，子口微敛，浅盘，圜底，瓦形足外斜。素面。泥质灰陶。通高9.3、口径17.5、盘深5.6、足高7.8厘米。

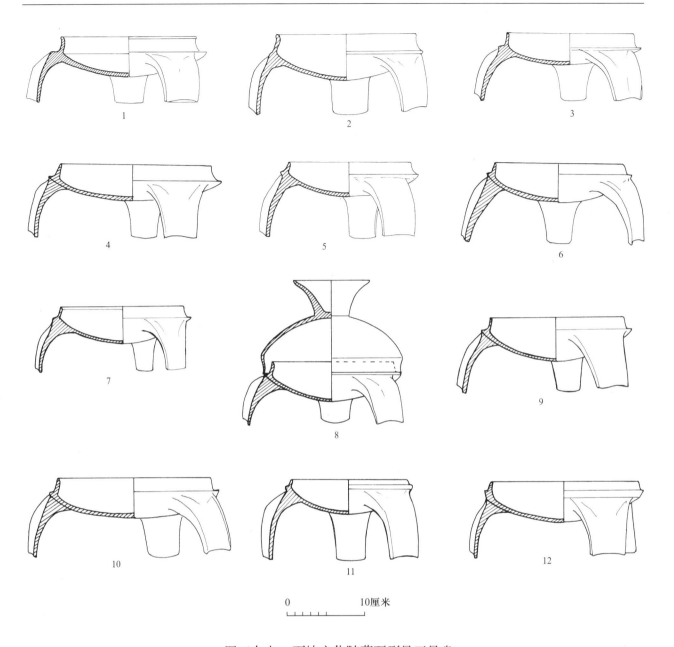

0   10厘米

图二九七 石峡文化随葬瓦形足三足盘

1~4、8、10.A型Ⅲ式瓦形足三足盘（M16：15、M44：18、M3：5、M79：10、M17：25、M109：6） 5~7、9.A型Ⅳ式瓦形足三足盘（M5：4、M25：2、M124：3、M109：4） 11、12.A型Ⅴ式瓦形足三足盘（M107：15、M42：14）

Ⅴ式 2件。子口特矮。子口和盘腹之间有一周凸棱，盘身圜底似半球形。标本M107：15（图二九七：11；图版一二三：4），圆唇，矮子口敛，浅盘，弧腹，圜底中间部位较深，子口与盘腹之间有一周凸棱，瓦形足。素面，泥质灰黄陶。通高10、口径15.5、盘深4.6、足高9厘米。标本M42：14（图二九七：12；图版一二三：5），尖唇，特矮子口近直，浅盘，弧腹，圜底中间部位较深，瓦形足外斜。素面，泥质红陶。通高9.5、口径19.5、盘深5、足高8.4厘米。

B型 6件。子口，浅盘，弧腹，瓦形足外撇特甚。分3式。

Ⅰ式 3件。瓦形足作弧形外撇或斜直外撇。标本M9：10（图二九八：1；图版一二三：6；彩版二四：3），尖唇，子口微侈，浅盘，弧腹，圜底，瓦形足作弧状外撇。素面，泥质黑皮磨光陶。通高8、口径12.5、盘深4、足高5厘米。器体小型。标本M76：2（图二九八：2；图版一二四：1），尖唇，高子口稍侈，浅盘，弧腹，圜底，瓦形足斜直外撇，子口与弧腹之间一周凸棱，素面，泥质黑陶。通高8.3、口径16.5、盘深4.6、足高5.4厘米。

Ⅱ式　1件。标本M102：7（图二九八：3；图版一二四：2），尖唇，矮子口微敛，浅盘，弧腹，圜底，子口和盘腹之间一周凸棱，圜底中间部位较深，瓦形足靠里连接呈弧状外撇。素面，泥质灰黄陶。通高9.5、口径17.2、盘深4.8、足高7.4厘米。

Ⅲ式　2件。瓦形足外撇特甚。标本M107：10（图二九八：4），圆唇，矮子口，浅盘，弧腹，圜底，瓦形足连接弧腹外撇特甚，瓦形足长8.6厘米，足高5.6厘米。素面，泥质红陶。通高8.7、口径17、盘深4.6厘米。标本M101：1（图二九八：5；图版一二四：3），圆唇，矮子口微敛，浅盘，弧腹，圜底近平，瓦形足连接盘腹呈弧状外撇。素面，泥质红陶。通高9、口径16.5、盘深4、足高7.4厘米。

C型　16件。同A、B型区别为盘身更浅，瓦形足较高（其中2件不分式）。分4式。

Ⅰ式　3件。子口，盘身特浅，折腹，圜底平，"底足"。标本M79：9（图二九八：12；图版一二四：6），尖唇，薄子口直，盘身特浅，弧腹，圜底近平，瓦形足。素面，土黄陶。通高8.2、口径17.5、盘深2.8、足高6.6厘米。标本M61：19（图二九八：6；图版一二四：4），尖唇，子口近直，盘身特浅，折腹，圜底平，子口和折腹之间一周凸棱，瓦形足近直连接盘底。素面，泥质陶，陶色以橙黄为主，部分器体为灰陶。通高9.7、口径16、盘深2.4、足高7.8厘米。标本M81：9（图二九八：7；图版一二四：5），尖唇，子口微敛，盘身特浅，折腹，圜底近平，瓦形足连接腹底之间，瓦足面内卷较浅。素面，泥质陶，陶色灰色土黄，斑驳不一。通高10.4、口径18、盘深3.4、足高8厘米。

Ⅱ式　6件。子口，浅盘，圜底，高瓦形足连接在盘腹。标本M107：22（图二九八：9；图版一二五：5），尖唇，直子口，浅盘，弧腹，圜底近平，瓦形足连接盘腹，足面刻划三条竖线。素面，泥质橙黄色陶，两条瓦足为灰色陶。通高10、口径16、盘深3、足高8厘米。标本M2：2（图二九八：10；图版一二五：1），尖唇，子口微敛，浅盘，弧腹，圜底，高瓦形足。素面，泥质橙黄陶。通高11、口径20、盘深4.5、足高8.4厘米。标本M5：3（图二九八：8；图版一二五：2），尖唇，子口微侈，浅盘，弧腹，圜底，高瓦形足。素面，泥质橙黄陶。通高9.5、口径18.5、盘深4.2、足高7.4厘米。标本M109：9（图二九八：11；图版一二五：3），尖唇，矮子口微侈，盘身浅，弧腹，圜底，高瓦形足。素面，泥质橙黄陶。通高10.7、口径18.5、盘深3.4、足高8.8厘米。

Ⅲ式　3件。瓦形足连接子口和盘腹之间，足跟外撇，足直体着地。标本M42：80（图二九九：1；图版一二五：4），尖唇，子口直且高，浅盘，弧腹，圜底近平。素面，泥质橙红陶。通高12.5、口径22、盘深4.2、足高9.8厘米。标本M81：8（图二九九：3；图版一二五：6），圆唇，子口近直，浅盘，弧腹，圜底近平，瓦形足。素面，泥质灰陶。通高11.5、盘深4.4、足高9厘米。标本M81：6（图二九九：2；图版一二六：1），尖唇，子口侈，浅盘，弧腹，圜底，瓦形足连接盘腹和底之间，瓦足高，足面内卷较甚。素面，泥质橙黄陶。通高10.7、口径19、盘深4、足高8.6厘米。

Ⅳ式　2件。出土在同一座墓，小型，薄胎，瓦形足扁薄呈片状不内卷。标本M47：11（图

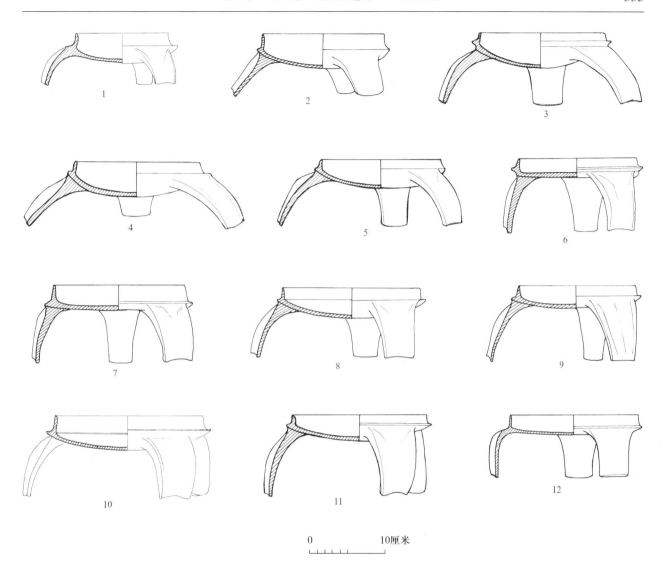

0　　　　　　　　10厘米

图二九八　石峡文化随葬瓦形足三足盘

1、2.B型Ⅰ式瓦形足三足盘（M9：10、M76：2）　3.B型Ⅱ式瓦形足三足盘（M102：7）　4、5.B型Ⅲ式瓦形足三足盘（M107：10、M101：1）　6、7、12.C型Ⅰ式瓦形足三足盘（M61：19、M81：9、M79：9）　8~11.C型Ⅱ式瓦形足三足盘（M5：3、M107：22、M2：2、M109：9）

二九九：4；图版一二六：2），圆唇，子口直，浅盘，弧腹，圜底近平，扁薄片状瓦形足作弧形外撇着地。素面，泥质红胎，黑衣陶，已剥落。通高9.5、口径14、盘深3、足高8.2厘米。标本M47：12（图二九九：8；图版一二六：3），圆唇，子口直，浅盘，弧腹，圜底近平，扁薄片状瓦形足，足跟宽，足端窄。素面，泥质红胎，黑衣陶，已剥落。通高9、口径13、盘深3、足高7.4厘米。

D型　4件。瓦形足下端捏合呈"▽"形，分2式。

Ⅰ式　2件。盘体稍深。标本M2：3（图二九九：7；图版一二六：7），尖唇，子口侈，浅盘，弧腹，圜底呈半球形，"▽"形足外撇。素面，泥质橙黄陶。通高11、口径17、盘深5.2、足高8.6厘米。标本M89：9（图二九九：9；图版一二六：4），圆唇，子口较高且直，浅盘，弧腹，圜底，"▽"形足。素面，泥质橙红陶。通高12、口径21.3、盘深5、足高9厘米。

Ⅱ式　2件。盘身比Ⅰ式浅，圜底近平。标本M79：5（图二九九：6；图版一二六：5），圆唇，子口近直，浅盘，圜底近平，"▽"式足外撇，素面，泥质土黄陶，通高8.3、口径16、盘深3.6、足高5.6厘米。标本M79：8（图二九九：5；图版一二六：6），圆唇，子口近直，浅盘，弧腹，圜底平，"▽"形足。素面，泥质橙黄陶。通高9、口径17、盘深3、足高7厘米。

E型　3件。均为早期墓随葬品。分2式。

Ⅰ式　2件。标本M114：17（图二九九：10），圆唇，子口微敛，深盘，折腹，圜底，子口、折腹、圜底分三段成型。盘腹有两周凸棱，瓦形足。素面，泥质橙黄陶。通高11.5、口径18.5、盘深6.4、足高8厘米。

Ⅱ式　1件。标本M102：10（图二九九：11；图版一二七：1），圆唇，子口微敛，浅盘，弧腹，圜底，子口和弧腹之间两周凸棱形成凹槽，盘身分三段成型，瓦形足连接弧腹部位。素面，泥质橙黄陶。通高9.5、口径18、盘深5.2、足高7厘米。

瓦形足三足盘是三足盘中数量较多的一类，有26座早期墓出土74件，占瓦形足三足盘81.3%，8座中期墓出土17件，占瓦形足三足盘18.7%，晚期墓已不见瓦形足三足盘随葬。

梯形足三足盘　26件。出自11座二次葬墓，1座一次葬墓。25件为二次葬墓随葬品，其中一次葬随葬品9件，二次葬随葬品16件，1座一次葬墓随葬1件。梯形足三足盘为子口，浅盘，弧腹，圜底，下接联裆梯形足，联裆部分和梯形足双侧边缘有明显切割痕迹，足面饰1～4个圆形镂孔。分五型。

A型　7件。子口，浅盘，弧腹，联裆较矮，梯形足下端足沿内卷或稍内卷。分2式

Ⅰ式　1件。标本M3：26（图三〇〇：1；图版一二七：2），尖唇，子口外侈，浅盘，弧腹，圜底，矮联裆梯形足，足端内卷，梯形足上刻划水波纹。泥质红陶胎，黑皮陶，黑皮已剥落。通高6.4、口径18、盘深4.2、足高3.8厘米。

Ⅱ式　6件。子口外侈，梯形足饰镂孔。标本M9：16（图三〇〇：2；图版一二七：7；彩版二四：5），尖唇，子口外侈，浅盘，弧腹，圜底，子口与弧腹之间一周凸棱，矮联裆梯形足，足沿内卷，切割痕迹清晰，足上镂3圆孔。素面，泥质灰陶。通高8、口径17.5、盘深4.8、足高5.2厘米。标本M9：2（图三〇〇：5；图版一二七：3），尖唇，子口近直，浅盘，弧腹，圜底，矮联裆梯形足，足沿稍内卷，梯形足镂1孔。素面，泥质橙红陶。通高7.5、口径18、盘深4.4、足高5.6厘米。标本M9：28（图三〇〇：7；图版一二七：4），尖唇，子口外侈，浅盘，弧腹，圜底，联裆梯形足，足沿稍内卷。素面，泥质橙红陶，器表黑皮磨光已剥落。通高8.5、口径20、盘深4.4、足高5.6厘米。

B型　8件。与A型区别在于联裆梯形足外撇，子口微敛或子口近直。分2式。

Ⅰ式　3件。标本M131：6（图三〇〇：4；图版一二七：5），圆唇，子口微敛，浅盘，弧腹，半球形圜底，矮联裆形足，足沿向外，足面各有一个未穿透圆孔。足部制作方法，先接一周圈足后切割联裆梯形足，接口和切割痕迹清晰。素面，泥质橙黄陶。通高6、口径13、盘深4、足高3.6厘米。器体小型。标本M129：20（图三〇〇：3；图版一二七：6；彩版二四：6），尖唇，子口微敛，浅盘，弧腹，半球形圜底，联裆梯形足，足沿向外，足端边内卷，梯足镂1孔。子口和弧腹之间有一周凸棱。素面，泥质灰陶。通高8.7、口径16.5、盘深5.2、足高5.8厘米。

Ⅱ式　5件。梯形足外撇，联裆部分升高。标本M39：4（图三〇〇：6；图版一二八：1），圆

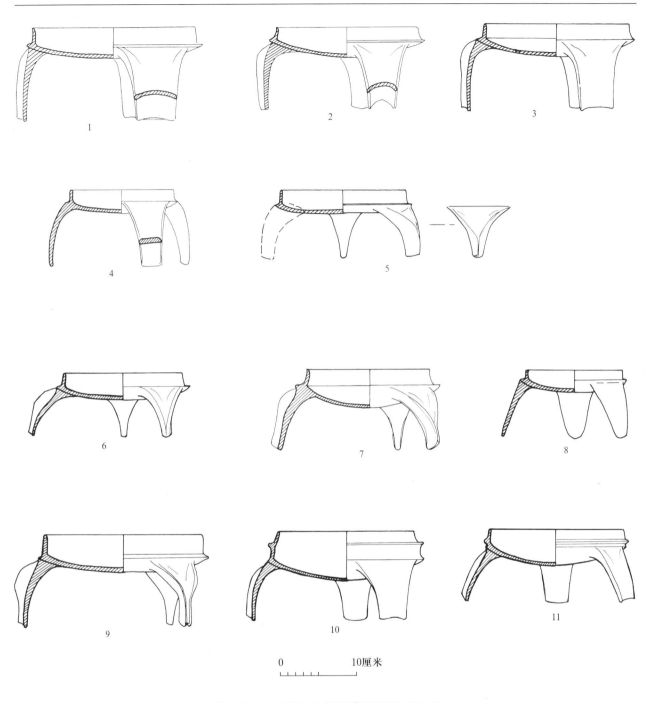

图二九九　石峡文化随葬瓦形足三足盘

1.C型Ⅲ式瓦形足三足盘（M42：80）　2、3.C型Ⅲ式瓦形足三足盘（M81：6、8）　4、8.C型Ⅳ式瓦形足三足盘（M47：11、12）　7、9.D型Ⅰ式瓦形足三足盘（M2：3、M89：9）　5、6.D型Ⅱ式瓦形足三足盘（M79：8、5）　10.E型Ⅰ式瓦形足三足盘（M114：17）　11.E型Ⅱ式瓦形足三足盘（M102：10）

唇，子口微敛，浅盘，弧腹，圜底，直联裆宽梯形足，足沿稍向外，子口与弧腹之间一周圆缘凸棱。素面，泥质灰胎黑皮陶已剥落。通高10、口径15.7、盘深5.4、足高7厘米。标本M77：37（图三〇〇：8；图版一二八：2），圆唇，子口直，浅盘，弧腹，圜底，矮联裆梯形足外斜，子口与弧腹一周凸棱。素面，泥质灰陶。通高9.5、口径19、盘深4.6、足高6.4厘米。标本M114：20（图三〇一：5；图版

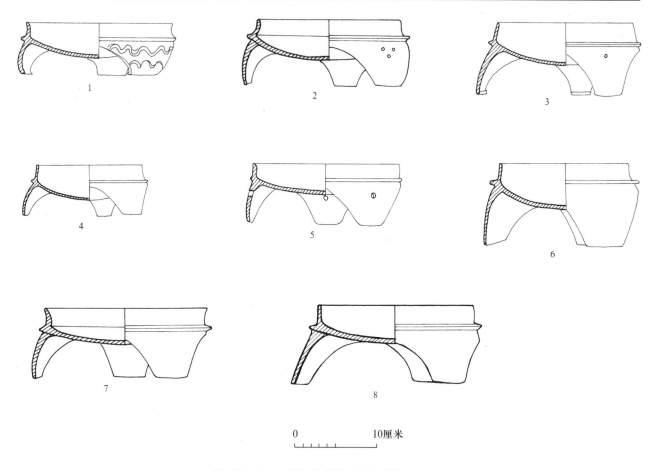

图三〇〇　石峡文化随葬梯形足三足盘

1.A型Ⅰ式梯形足三足盘（M3：26）　　2、5、7.A型Ⅱ式梯形足三足盘（M9：16、2、28）　　3、4.B型Ⅰ式梯形足三足盘（M129：20、M131：6）　　6、8.B型Ⅱ式梯形足三足盘（M39：4、M77：37）

一二八：3），圆唇，子口微敛，浅盘，弧腹，半球形圜底，稍高的联裆宽梯形足外撇，子口与弧腹之间一周锐缘凸棱。梯形足镂1孔。素面，泥质黑陶。通高9、口径15、盘深5.4、足高6.4厘米。

C型　9件。联裆梯形足比B型还要升高。分4式。

Ⅰ式　3件。标本M39：70（图三〇一：2；图版一二八：4），尖唇，子口近直，弧腹，圜底，子口与弧腹之间一周凸棱。高联裆梯形足，足面镂1圆孔，联裆切割痕迹清晰。素面，泥质灰陶。通高10.2、口径15、盘深4.6、足高7.6厘米。标本M39：8（图三〇一：6；图版一二八：5），圆唇，高而直子口，浅盘，弧腹，圜底，子口与弧腹之间一周凸棱，高联裆梯形足，足面镂3圆孔。素面，泥质灰陶。通高10.1、口径16、盘深5.8、足高6.8厘米。标本M132：1（图三〇一：4；图版一二九：1），薄尖唇，子口微敛，浅盘，弧腹，圜底，高联裆梯形足，足面上段外鼓，镂3圆孔，子口与弧腹之间一周凸棱。素面，泥质红陶。通高8、口径12.6、盘深4.2、足高4.8厘米。小型陶器。

Ⅱ式　3件。梯形足中段外鼓斜直着地，足部切割痕迹清晰。标本M39：68（图三〇一：1；图版一二八：6），尖唇，子口侈，浅盘，弧腹，圜底，高联裆梯形足，足面外鼓，镂3圆孔，子口与弧腹之间一周凸棱。素面，泥质灰陶。通高9.7、口径15.5、盘深4、足高7.4厘米。标本M39：69（图三〇一：7；图版一二九：2），圆唇，子口侈，浅盘，弧腹，圜底，高联裆梯形足外鼓斜直着地，足面镂

3圆孔，子口与弧腹一周凸棱，　素面，泥质橙黄陶。通高9.8、口径15、盘深4.8、足高7.2厘米。标本M105：18（图三〇一：3；图版一二九：3），薄尖唇，子口微敛，浅盘，弧腹，半球形圜底，高联裆梯形足外鼓斜直着地，足面镂3圆孔。素面，泥质橙黄陶。通高9.5、口径15、盘深5.2、足高7.2厘米。

Ⅲ式　2件。高联裆梯形足外撇。标本M77：21（图三〇一：8；图版一二九：7；彩版二五：1），尖唇，子口微敛，浅盘，弧腹，圜底，高联裆梯形足外撇，内壁遗留轮修平行纹，足面下段稍瘦且外鼓，子口与弧腹之间一周锐缘凸棱。素面，泥质黑陶。通高9.7、口径13、盘深4.4、足高7.4厘米。标本M77：23（图三〇一：10；图版一二九：4），尖唇，子口近直，浅盘，弧腹，圜底。高联裆梯形足外撇，足面镂1圆孔，圆足沿外折，子口与弧腹之间一周锐缘凸棱。素面，泥质黑陶。通高11、口径17、盘深4.8、足高8.2厘米。

Ⅳ式　1件。标本M108：5（图三〇一：9；图版一二九：5），圆唇，子口微敛，浅盘，弧腹圜底，高裆宽梯形足弧形外鼓。素面，泥质橙黄陶。通高7、口径12.5、盘深3.4、足高5.2厘米。器体小型。

D型　1件。标本M114：24（图三〇一：11；图版一二九：6），平唇，子口矮，盘身甚浅，弧腹，圜底近平，矮联裆宽梯形足呈弧形外撇，足面镂1圆孔，子口与盘腹之间为一周锐缘凸棱。素面，泥质黑陶。通高5.6、口径15、盘深1.8、足高4.4厘米。器体小型。

E型　1件。标本M46：18（图三〇一：12；图版一三〇：1），尖唇，子口微敛，盘身宽大，双腹，深盘，圜底，高联裆宽梯形足作弧形着地，子口与双腹之间有两周凸棱，足面镂4圆孔。素面，泥质橙黄陶。通高11.5、口径18.3、盘深5.2、足高8厘米。

梯形足三足盘集中在早期墓Ⅰ段、Ⅱ段M9、M39、M77、M114、M129、M131等6座墓，出土20件，占该类盘的76.92%，其余M3、M46、M53、M105、M108、M132等各出土1件。其中M3、M53为早期Ⅰ段，M105为Ⅱ段，M46、M108为中期墓。

三角形足三足盘　30件。出自14座二次葬墓，1座一次葬墓，28件为二次葬墓随葬品，其中一次葬随葬品9件，二次葬随葬品19件，1座一次葬墓随葬1件。其形制为子口，浅盘，弧腹，圜底，下接联裆三角形足，其制法是梯形足或圈足经切割后，将三足和联裆部分边缘向里面捏贴，足面饰1～4圆形镂孔，少数三角形足经捏贴后，再切割加工修整。盘体素面。分四型。

A型　9件。子口，浅盘，弧腹，圜底，下接联裆三角形足，原为切割后的梯形足，而后将足边缘和联裆向里捏贴而成。分3式。

Ⅰ式　1件。标本M84：2（图三〇二：1；图版一三〇：2），尖唇，矮子口微敛，浅盘，斜弧腹，圜底呈半球状，下接三角形足，足面饰1圆形镂孔。素面，泥质橙红陶。通高7.5、口径18.5、盘深4.8、足高5.8厘米。

Ⅱ式　4件。子口稍高，浅盘，弧腹，圜底下接稍矮联裆三角形足。标本M3：27（图三〇二：5；图版一三〇：3），尖唇，子口稍高微侈，浅盘，弧腹，圜底近平，下接矮联裆三角形足，足边和联裆部分经切割后向里捏贴，贴痕清晰，足面各饰1圆形镂孔。素面，泥质红陶。通高8、口径16.6、盘深4.8、足高5.6厘米。标本M3：7（图三〇二：6；图版一三〇：4），尖唇，子口微侈，浅盘，弧腹，圜底，下接矮联裆三角形足，联裆部分捏贴边较窄，足面饰1圆形镂孔。素面，泥质红陶。通高8、口径15、盘深4.4、足高4.8厘米。标本M3：4（图三〇二：2；图版一三〇：7；彩版二五：2），

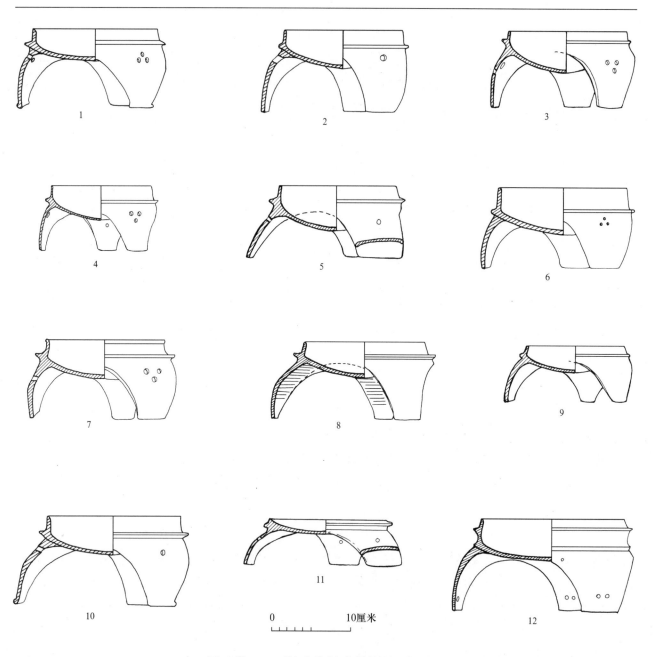

图三〇一　石峡文化随葬梯形足三足盘

1、3、7.C型Ⅱ式梯形足三足盘（M39:68、M105:18、M39:69）　2、4、6.C型Ⅰ式梯形足三足盘（M39:70、M132:1、M39:8）　5.B型Ⅱ式梯形足三足盘（M114:20）　8、10.C型Ⅲ式梯形足三足盘（M77:21、23）　9.C型Ⅳ式梯形足三足盘（M108:5）　11.D型梯形足三足盘（M114:24）　12.E型梯形足三足盘（M46:18）

尖唇，子口稍高微侈，盘较深，弧腹，圜底，下接矮联裆三角形足，内捏贴边部分不太规整。足面饰4圆形镂孔和刻划纹。素面，泥质橙黄陶。通高9、口径16.2、盘深5.8、足高5.8厘米。标本M3:8（图三〇二:3；图版一三〇:5），尖唇，子口微侈，浅盘，弧腹，圜底近平，下接矮联裆三角形足，足沿和联裆泥边向内捏贴，随后用切割手法修整联裆部分，足面饰1圆形镂孔。素面，泥质橙黄陶。通高8、口径16.5、盘深4.6、足高5厘米。标本M111:3（图三〇二:4；图版一三〇:6），圆唇，直子口，浅盘，弧腹，圜底，下接联裆三角形足，足沿和联裆泥边向内捏贴部分经切割修整，比较整齐，足面饰双圆镂孔。素面，泥质红陶。通高9、口径19、盘深4.8、足高5.4厘米。

Ⅲ式　4件，仅1件可修复。标本M2：11（图三〇二：7；图版一三一：1），尖唇，子口近直，浅盘，圆底近平，下接稍高联裆三角形足，足面饰1圆形镂孔。素面，泥质陶，陶色灰白、橙红斑驳不一。通高10、口径17、盘深4、足高7.2厘米。

B型　19件。三角形足制法与上述A型三角形足有较大区别，其制法是先在盘底连接圈足，然后在圈足上等距离纵向切割三刀，将泥片向盘底部位粘贴，三角足尖外壁用手轻捏成锐尖着地。分4式。

Ⅰ式　16件。标本M69：10（图三〇二：8；图版一三一：2），圆唇，子口微敛，浅盘，弧腹，圜底，下接稍高联裆三角形足，足内壁粘贴痕迹清晰，足面饰4个圆形镂孔。素面，泥质橙黄陶。通高10.4、口径16.2、盘深5.4、足高8.2厘米。标本M69：9、24（陶豆）（图三〇二：10；图版一三一：3），圆唇，子口微敛，浅盘，弧腹，圜底，下接三角形足，足尖用手捏成锐角着地，足面饰1圆形镂孔，出土时24号豆覆置盘口上。素面，泥质灰陶。通高18.6、盘高9.1、口径15.5、盘深4.4、足高7厘米。标本M119：2（图三〇二：9、图版一三一：4），圆唇，子口近直，浅盘，弧腹，圜底，下接稍高联裆三角形足，圈足经切割后，泥片向盘底跟足部分捏贴，贴痕清晰可见，足尖外壁用手捏成锐尖着地。素面，泥质红陶。通高9.2、口径16、盘深4.4、足高7厘米。标本M119：1（图三〇三：1；图版一三一：5），圆唇，子口，浅盘，弧腹，圜底，下接稍高联裆三角形足，圈足经切割后泥片向盘底内捏，接痕被抹平，足面饰1圆形镂孔。素面，泥质红陶。通高9.5、口径16.5、盘深4.6、足高7.2厘米。标本M129：21（图三〇三：7；图版一三一：8；彩版二六：2）。尖唇，子口直，浅盘，弧腹，圜底，下接联裆三角形足，背面遗留接贴痕迹，三足各镂1孔。泥质灰陶。通高9.3、口径16、盘深4.6、足高7厘米。

Ⅱ式　1件。标本M129：19（图三〇三：4；图版一三一：7；彩版二五：3），圆唇，子口近直，浅盘，弧腹，圜底，下接三角形足，圈足经切割纵向三刀后，泥片向盘底和足里捏贴，捏接痕清晰，而后进一步加工时，在联裆和两条足上留下切割痕迹，足尖用手捏成锐角着地，足面饰1椭圆形镂孔。素面，泥质灰陶。通高10.5、口径20、盘深4.4、足高7.8厘米。

Ⅲ式　1件。标本M9：6（图三〇三：2；图版一三一：6；彩版二六：1），圆唇，子口微敛，浅盘，弧腹，圜底，下接三角形足，其制作方法有区别，切割成联裆梯形足后，捏成三角形足，无泥片内捏痕迹。素面，泥质灰陶。通高10、口径16、盘深4.2、足高7.4厘米。

Ⅳ式　1件。标本M27：20（图三〇三：3；图版一三二：1），圆唇，子口，浅盘，弧腹，圜底，下接高联裆三角形足，其制法泥边向盘底捏贴后，再切割成狭而锐尖三角形足，足尖内弧着地，足面饰3对双圆形镂孔。素面，泥质灰陶。通高9、口径14.6、盘深4、足高6.4厘米。

C型　1件。标本M57：17（图三〇三：5；图版一三二：2），圆唇，子口微敛，浅盘，弧腹，圜底，下接不联裆等腰三角形足，足尖捏成锐尖着地，足面饰1圆形大镂孔，仅此1件。素面，泥质灰陶。通高12.6、口径21.5、盘深6.4、足高10厘米。

D型　1件。标本M54：39（图三〇三：6；图版一三二：3），尖唇，矮子口微敛，浅盘，弧腹，圜底，近盘底下接无联裆矛形三足。窄泥边向足里捏贴，足面边沿饰联珠戳点纹，仅此1件。素面，泥质灰陶。通高15.7、口径23、盘深5、足高12.6厘米。

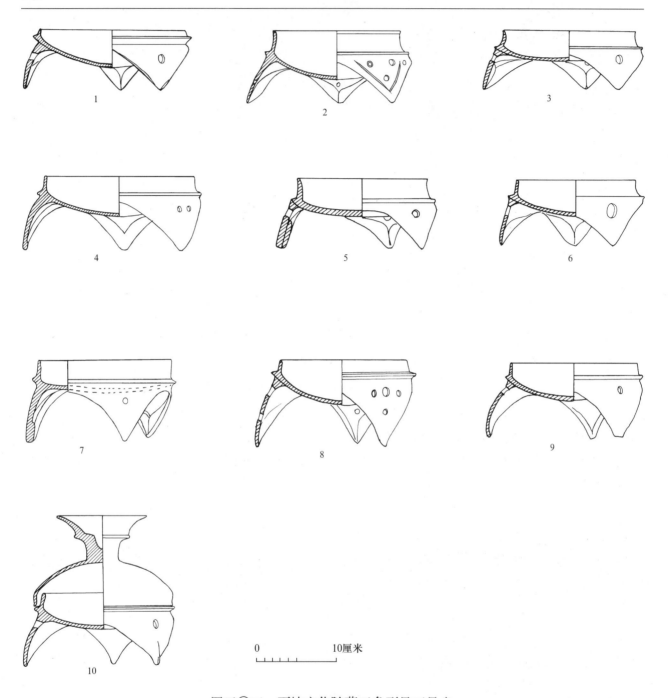

图三〇二　石峡文化随葬三角形足三足盘

1.A型Ⅰ式三角形足三足盘（M84：2）　2～6.A型Ⅱ式三角形足三足盘　（M3：4、M3：8、M111：3、M3：27、7）
7.A型Ⅲ式三角形足三足盘（M2：11）　8～10.B型Ⅰ式三角形足三足盘（M69：10、M119：2、M69：9、24）

　　三角形足三足盘较集中在M3、M69、M119、M129等4座墓，共出土17件，占墓葬26.67%，占出土三角形足三足盘58.62%。三角形与梯形足三足盘共存有M129；与圈足盘共存有M69、M27、M43；与瓦形足三足盘、圈足盘共存仅M99一座；与瓦形足三足盘共存有M2、M111；瓦形足、梯形足、三角形足三足盘共存有M3、M9、M46。

　　圈足盘　151件，其中133件可分型式。出自39座墓。34座为二次葬墓，出土141件，可分为一次

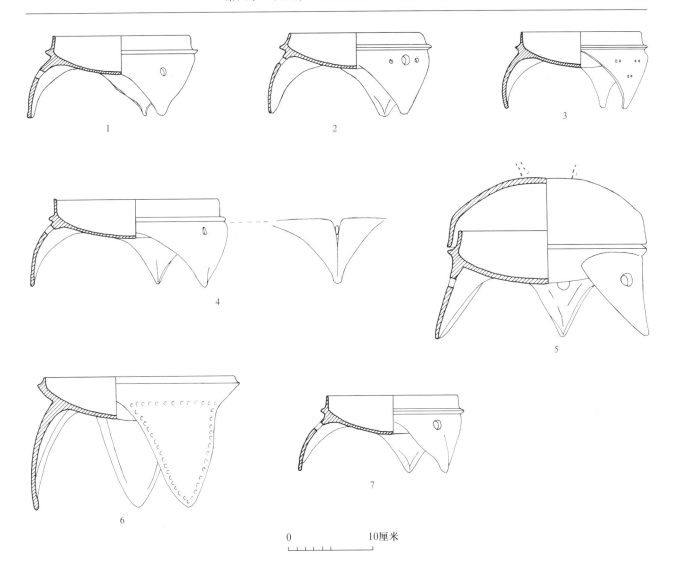

0   10厘米

图三〇三 石峡文化随葬三角形足三足盘

1.B型Ⅰ式三角形足三足盘（M119：1） 2.B型Ⅲ式三角形足三足盘（M9：6） 3.B型Ⅳ式三角形足三足盘（M27：20） 4.B型Ⅱ式三角形足三足盘（M129：19） 5.C型三角形足三足盘（M57：17） 6.D型三角形足三足盘（M54：39） 7.B型Ⅰ式三角形足三足盘（M129：21）

葬随葬67件，二次葬随葬74件。3座一次葬墓出土4件，2座一次葬已迁墓出土6件。其形制为子口，浅盘，弧腹，圜底，腹部或圜底下接圈足，圈足形制多样，有大小之分，足壁有束腰或向外鼓，高矮不同，绝大多数圈足均饰大小形状各异的镂孔装饰，常见器表为黑皮磨光陶。分六型。

A型 70件。以圈足形制变化分两亚型。

Aa型 18件。子口，浅盘，弧腹，圜底，弧腹下接大圈足呈束腰形，足沿外撇，圈足饰一对大镂孔和若干小镂孔。盘腹与圈足之间，有一周凸棱。分3式。

Ⅰ式 13件。子口，浅盘，弧腹，圜底，大圈足呈束腰形，足沿外撇，足径比口径大。标本M116：1（图三〇四：1；图版一三二：7；彩版二五：4），圆唇，子口微敛，束腰形大圈足，圈足饰3～4组双圆孔共11直行和一对半圆形大镂孔，功用是端盘时，双手插入大孔，贴近盘底平举圈足盘。

泥质灰陶。通高12、口径17、盘深4.8、圈足径19.5、足高9厘米。标本M77∶22（图三〇四∶2），方唇，直子口，束腰形大圈足，圈足饰一对椭圆形大镂孔和36对排列整齐的双小圆镂孔。泥质灰陶。通高10.4、口径17.2、盘深6、足径19、足高7.2厘米。标本M16∶14（图三〇四∶3；图版一三二∶4），圆唇，子口稍矮，束腰形圈足，饰一对椭圆形大孔。泥质红陶。通高9、口径17.4、盘深4.2、圈足径19.5、足高6.6厘米。标本M77∶26（图三〇四∶4），圆唇，子口微敛且高，浅盘，底部近平，束腰形大圈足，饰一对圆角长方形大镂孔和排列有序的32个小圈镂孔。泥质橙红陶。通高10.8、口径18.4、盘深4、圈足径18.6、足高6.4厘米。标本M17∶27（图三〇四∶5；图版一三二∶6；彩版二五∶5），尖唇，子口微敛，弧腹，圜底，盘稍深，束腰形大圈足，足沿外撇，圈足饰一对椭圆形大孔和一对小镂孔。泥质橙红陶。通高10、口径16.6、盘深6.2、圈足盘19、足高6.6厘米。标本M57∶28、29（豆）（图三〇四∶6；图版一三二∶5；彩版二六∶3），圆唇，子口敛，束腰大圈足饰椭圆形大镂孔，近圆形镂孔各一对，出土时16号陶豆覆置盘口上。泥质红胎，器表灰色陶。通高28.2、盘身通高14、口径25、盘深6.6、圈足径26.8、足高8.6厘米。标本M17∶40（图三〇四∶7），圆唇，直子口，浅盘，圜底，束腰形大圈足和4个小圆镂孔。泥质红陶。通高8.4、口径17.5、盘深3.2、圈足径16.5、足高6厘米。标本M57∶15（图三〇四∶8），圆唇，子口敛，弧腹，圜底，束腰形大圈足，盘腹与圈足之间有一周凸棱，圈足饰4个大镂孔。泥质灰褐胎，黑皮陶。通高10.2、口径17、盘深6、圈足径19、足高8厘米。

Ⅱ式　4件。圈足稍束腰，足沿斜直外撇。标本M16∶19（图三〇四∶11；图版一三三∶1），圆唇，直子口，盘腹有一周凸棱，圈足饰一对椭圆形和"凹"形及四组倒品字形小圆孔。泥质灰陶。通高9.3、口径16、盘深4.2、圈足径19.5、足高6.4厘米。标本M17∶22（图三〇四∶10），圆唇，子口直，弧腹外壁一周凸棱，圈足外撇，饰一对椭圆形和圆形镂孔，两组双穿小镂孔。泥质橙黄陶。通高10.8、口径20、盘深4.8、圈足径20、足高6.8厘米。标本M16∶21（图三〇四∶9），尖唇，子口，弧腹，浅盘，圜底，束腰形大圈足，饰一对椭圆形镂孔和8个小圆孔。泥质灰黄陶。通高10.2、口径18、盘深4.6、圈足径21、足高7厘米。

Ⅲ式　1件。标本M39∶5（图三〇四∶12；图版一三三∶2），圆唇，矮子口，弧腹有两周凸棱，较高的大圈足，足沿外折，圈足饰一对椭圆形大镂孔和24对分上下两周排列的小镂孔，泥质灰陶。通高10.5、口径16、盘深4.2、圈足径18、足高7.8厘米。

Ａｂ型　52件。大圈足形制由Ⅰ式至Ⅴ式，从束腰形逐渐变化为圈足壁外鼓，足径比口径大或相等，"凹"形镂孔从少见到常见，多数陶器器胎比Aa型要薄。分6式。

Ⅰ式　4件。束腰形大圈足比AaⅠ式矮。标本M42∶21（图三〇五∶1；图版一三三∶3），尖唇，子口微敛，弧腹，圜底，近盘底处下接矮束腰形大圈足，饰一对椭圆形镂孔和4对双镂孔。泥质灰陶。器表黑皮磨光已剥落。通高10、口径17、盘深5、圈足径17.5、足高6厘米。标本M42∶32（图三〇五∶2，图版一三三∶4），束腰形大圈足饰一对椭圆形大镂孔和6个小圆孔，足沿外撇。泥质灰陶，磨光黑皮已部分脱落。通高8.7、口径16、盘深4.6、圈足径16.5、足高5.4厘米。标本M42∶22（图三〇五∶16），圆唇，子口微敛，弧腹，浅盘，圜底，束腰形大圈足，足沿外折，饰一对椭圆形大镂孔和8个小圆镂孔。泥质橙黄胎，黑皮陶。通高10.5、口径18、盘深5.8、圈足径18、足高7.4厘米。

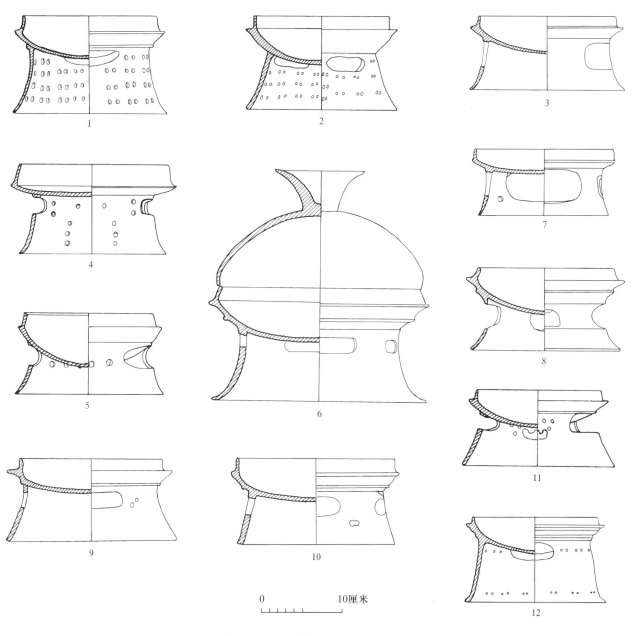

图三〇四　石峡文化随葬圈足盘

1~3.Aa型Ⅰ式圈足盘（M116：1、M77：22、M16：14）　　4~6.Aa型Ⅰ式圈足盘（M77：26、M17：27、M57：28、29）　7~8.Aa型Ⅰ式圈足盘（M17：40、M57：15）　9.Aa型Ⅱ式(M16：21)　　10、11.Aa型Ⅱ式圈足盘（M17：22、M16：19）　　12.Aa型Ⅲ式圈足盘（M39：5）

　　Ⅱ式　4件。大圈足束腰部分不如Ⅰ式明显，足沿外撇。标本M43：21（图三〇五：5；图版一三三：5），圆唇，子口敛，浅盘，弧腹，圜底，腹部下接大圈足，足壁斜外撇，圈足饰一对椭圆形、“月牙”形镂孔和两组3个小镂孔。泥质红胎，器表器里黑色陶。通高10、口径14、盘深4.4、圈足径18、足高6.2厘米。标本M108：11（图三〇五：3；图版一三三：6），圆唇，子口敛，浅盘，弧腹，圜底近平，近器底部位下接大圈足，足壁向外斜，足沿外折，圈足饰一对半月形孔和“凹”字形镂孔。泥质灰陶。通高11、口径15.2、盘深4、圈足径17、足高7.2厘米。标本M67：59

（图三〇五：4），尖唇，子口微敛，浅盘，浅盘，弧腹，圜底近平，大圈足、足壁外斜，圈足饰一对椭圆形大孔和一对圆镂孔。泥质橙红陶。通高12.3、口径19、盘深5.6、圈足径19.2、足高8.2厘米。

Ⅲ式　5件。圈足特高，中部稍鼓，盘身较浅，与圈足高之比约1：3，圈足径大于口径。标本M104：54（图三〇五：8；图版一三四：2），圆唇，子口微敛，弧腹。圜底，下接大圈足，下斜微鼓，足沿外折，圈足饰一对椭圆形大镂孔和圆形、长方形小孔。泥质灰胎，器表橙红色磨光，部分剥落。通高11.5、口径13.5、盘深3.8、圈足径16.8、足高9厘米。标本M59：28（图三〇五：6；图版一三四：1），圆唇，子口微敛，浅盘，弧腹，圜底，弧腹近圜底处下接大圈足，圈足上部分微微鼓饰一对椭圆形大镂孔和一对圆孔。泥质灰陶。通高12、口径17.6、盘深5.5、圈足盘16.2、足高8.4厘米。标本M30：30（图三〇五：9；图版一三四：3），圆唇，子口微敛，盘稍深，圈足中部外鼓，足沿外折，饰一对椭圆形镂孔和8个小圆孔。泥质灰陶。通高12、口径14.5、盘深4、圈足径15.8、足高9厘米。标本M43：26（图三〇五：7；图版一三四：4），尖唇，子口近直，圜底近平，弧腹下接大圈足，圈足沿外折，饰一对椭圆形大孔和"凹"字形镂孔。泥质灰陶。通高11、口径15.6、盘深3.6、圈足径16.6、足高8厘米。标本M27：37（图三〇五：11），圆唇，矮子口，盘特浅，圜底近平，弧腹下接高且大的圈足，足壁中部鼓出，足沿外折，饰一对椭圆形镂孔和两组双孔。泥质红胎黑皮陶。通高11、口径16、盘深3、圈足径18.6、足高9.2厘米。

Ⅳ式　22件。圈足壁下部外鼓，圈足径大于口径。标本M80：28（图三〇五：10；图版一三四：5），尖唇，子口敛，弧腹，圜底，大圈足下部分外鼓，饰一对椭圆形大镂孔和一对小圆孔。泥质橙黄陶。通高10、口径14.5、盘深4、圈足径17.5、足高7.2厘米。标本M104：31（图三〇五：12；图版一三五：1），圆唇，子口微敛，盘较深，弧腹有一周凸棱，下接大圈足，足壁外鼓，饰一对半月形大镂孔和一对小圆孔。泥质灰陶。通高8.5、口径16.5、盘深4、圈足径18.5、足高5.4厘米。标本M59：44（图三〇五：13；图版一三五：2），方唇，子口稍敛，浅盘，圜底近平，足壁外鼓，足沿已残，圈足饰一对半月形镂孔和一对双圆孔。泥质橙红胎，黑皮磨光陶。残高10.8、口径15、盘深3.4、圈足径16.8、足高7.6厘米。标本M10：6（图三〇五：15；图版一三五：3），圆唇，子口，斜腹，圜底近平，圈足壁下部外鼓，饰一对椭圆形镂孔。泥质灰陶。通高9、口径15、盘深3、圈足径16、足高6厘米。标本M44：23（图三〇五：14），尖唇，子口微敛，弧腹，圜底，大圈足稍外鼓，圈足饰一对椭圆形大镂孔和一对小圆镂孔。泥质灰陶。通高9.3、口径16.5、盘深4.4、圈足径16.8、足高6.6厘米。标本M10：37（图三〇五：17），圆唇，子口微敛，弧腹，圜底。大圈足下部外鼓，饰一对椭圆形大镂孔和2对小圆镂孔。泥质红陶。通高8.5、口径16、盘深4.6、圈足径22.5、足高6.4厘米。标本M27：14（图三〇五：18），尖唇，子口微敛，弧腹，圜底。大圈足下部外鼓，饰一对椭圆形大镂孔和12个小圆镂孔。泥质灰陶。通高10、口径13.5、盘深3.8、圈足径16、足高7.2厘米。

Ⅴ式　6件。大圈足壁稍外鼓，圈足近直着地，口径大于圈足径。标本M59：5（图三〇六：7；图版一三五：4），圆唇，子口敛，弧腹，圜底。盘与圈足之间一周凸棱，足沿近直，饰一对椭圆形大孔和一对"凹"形镂孔及4对双圆孔。泥质红胎黑皮陶。通高12.2、口径17.5、盘深5、圈足径15、足高9厘米。标本M104：30（图三〇六：2；图版一三五：5），圆唇，子口直，弧腹，圜底，弧腹近盘底部位下接大圈足稍外鼓，足沿外折，饰一对椭圆形大镂孔和4对双镂孔。泥质灰陶。通高

图三〇五　石峡文化随葬圈足盘

1~2、16.Ab型Ⅰ式圈足盘（M42：21、M42：32、M42：22）　　3、4、5.Ab型Ⅱ式圈足盘（M108：11、M67：59、M43：21）　　6~9、11.Ab型Ⅲ式圈足盘（M59：28、M43：26、M104：54、M30：30、M27：37）　　10、12、13.Ab型Ⅳ式圈足盘（M80：28、M104：31、M59：44）　　14、15、17、18.Ab型Ⅳ式圈足盘（M43：23、M10：6、M10：37、M27：14）

10.5、口径16、盘深4、圈足径14、足高7厘米。标本M29：40（图三〇六：3；图版一三五：6），圆唇，子口微敛，弧腹下接圈足，足壁稍鼓近直着地。饰一对半月形大镂孔。泥质灰胎黑皮陶。通高9.6、口径16.8、盘深4、圈足径15.4、足高6厘米。标本M10：38（图三〇六：1），圆唇，子口敛，弧腹，圜底，浅盘，圈足接在圜底，圈足饰一对近长方形大镂孔。泥质灰陶。通高8.3、口径13、盘深4、圈足径11.5、足高5.4厘米。标本M30：20（图三〇六：4），尖唇，子口微敛，弧腹，圜底，浅盘。大圈足中部稍外鼓，饰一对圆角长方形大镂孔。泥质橙黄陶。通高12.2、口径16.5、盘深5.4、圈足径15.5、足高8.2厘米。标本M59：25（图三〇六：5），尖唇，子口微敛，弧腹，圜底，浅盘，大圈足稍外鼓，足沿外折，饰一对"凹"形镂孔和一对半月形大镂孔及两对小双圆镂孔。泥质灰陶。通11.5、口径15、盘深4.6、盘足径16、足高9厘米。

VI式　11件。圈足壁从上至下均外鼓，足沿稍外折呈钝角凸棱一周，部分圈足内壁有轮修时遗留凹凸平行纹，器壁较薄，圈足饰"凹"形镂孔已较多见，口径和圈足径大小相若。标本M43：30（图三〇六：14；图版一三六：1），尖薄唇，子口微敛，浅盘，弧腹和圈足接口处一周凸棱，圜底，弧腹下接大圈足外鼓，饰一对椭圆形大镂孔和一对"凹"字形镂孔及四组2～3个小镂孔。泥质灰胎黑皮陶。通高11.2、足径16.5、盘深4、圈足径16、足高8.6厘米。标本M59：22（图三〇六：6；图版一三六：2；彩版二六：5），尖唇，子口微敛，浅盘，圜底，弧腹与圈足接口处一周凸棱，大圈足外鼓，足内壁有凹凸平行纹，饰一对半圆形大孔和"凹"字形镂孔及六组横、竖排列小圆孔。泥质灰陶。通高10.5、口径14、盘深3.8、圈足径14、足高8.2厘米。标本M67：4（图三〇六：8；图版一三六：4；彩版二五：6），尖唇，子口微敛，浅盘，圜底，弧腹与圈足接口有一周凸棱，大圈足外鼓，饰半圆形、"凹"字形镂孔各一对，四组排列呈品字形小圆孔。泥质灰陶。通高10.8、口径14、盘深4、圈足径16.4、足高8.2厘米。标本M47：6（图三〇六：12；图版一三六：3；彩版二六：4），薄尖唇，子口敛，浅盘，圜底，弧腹和圈足接口处一周凸棱，圈足外鼓较甚，内壁有凹凸平行纹，饰半圆形，"凹"字形镂孔各一对，横、竖排列3连孔各四组。泥质灰陶。通高9.8、口径13、盘深4.2、圈足径16、足高7.6厘米。标本M59：27（图三〇六：9），尖唇，子口微敛，弧腹和圈足之间一周凸棱，弧腹，圜底，浅盘，大圈足外鼓，足沿外折呈一周凸棱，圈足内壁有凹凸平行纹，饰一对"凹"字形和一对椭圆形大镂孔及3个一组小圆镂孔。泥质灰陶，陶胎较薄。相同形制仅在M59出土2件。通高10.5、口径14、盘深4.4、圈足径15.8、足高8.2厘米。标本M47：9（图三〇六：10），圆唇，子口微敛，弧腹，圜底，盘较深，下接大鼓腹圈足，饰半圆形大镂孔和小圆镂孔。泥质橙黄陶。通高15、口径16.5、盘深6.4、圈足径6、足高10.8厘米。标本M27：17（图三〇六：11），尖唇，子口微敛，弧腹，圜底，浅盘，大圈足外鼓，饰一对半圆形大镂孔和圆形小镂孔。泥质灰陶。通高10.8、口径16.5、盘深3.6、圈足径15、足高8厘米。标本M67：3（图三〇六：13），圆唇，子口内敛，弧腹，圜底，浅盘，大圈足外鼓，足沿外折，饰一对半圆形大镂孔和6对双小镂孔。泥质灰陶。通高12、口径15、盘深5、圈足径16.7、足高9.2厘米。标本M59：31（图三〇六：15），圆唇，子口微敛，弧腹，圜底，弧腹与圈足之间一周凸棱，圈足外鼓，饰一对椭圆形大镂孔和2个圆镂孔。泥质灰陶。通高10.5、口径14.5、盘深4.4、圈足径16.5、足高7.8厘米。

B型　16件。圈足连接在盘底，口径大于圈足径。分三个亚型。

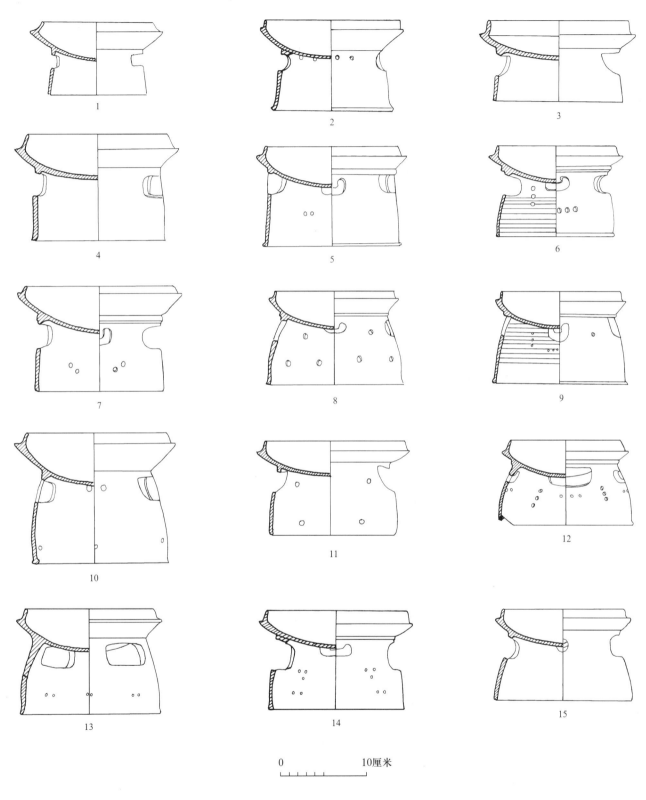

图三〇六 石峡文化随葬圈足盘

1～3.Ab型Ⅴ式圈足盘（M10：38、M104：30、M29：40） 4、5、7.Ab型Ⅴ式圈足盘（M30：20、M59：25、M59：5）
6、8、9.Ab型Ⅳ式圈足盘（M59：22、M67：4、M59：27） 10～12.Ab型Ⅵ式圈足盘（M47：9、M27：17、M47：6）
13～15.Ab型Ⅵ式圈足盘（M67：3、M43：30、M59：31）

Ba型 7件。子口，浅盘，斜弧腹，圜底，圈足径比A型盘圈足小，小束腰，足沿外撇，圈足饰椭圆形大镂孔一对。分3式。

Ⅰ式 1件。标本M42：33（图三〇七：1），圆唇，子口微敛，盘较深，弧腹，圜底，圈足矮小束腰，饰一对椭圆形大镂孔和6个小圆孔。泥质灰陶。通高11、口径17、盘深5.6、圈足径14.5、足高6.4厘米。

Ⅱ式 5件。圈足稍高，小束腰，足沿外撇。标本M46：3（图三〇七：5；图版一三六：5），圆唇，子口微敛。浅盘，弧腹稍斜，圜底，圈足沿外折，饰一对半圆形大镂孔和一对小镂孔。泥质灰陶。通高12.2、口径19、盘深5.2、圈足径13.5、足高7厘米。标本M48：6（图三〇七：3；图版一三六：6），尖唇，直子口，浅盘，斜腹，圜底，圈足小，束腰稍高，足沿外撇，饰椭圆形大镂孔、"凹"字形镂孔各一对。泥质橙黄陶。通高12、口径19、盘深4.6、圈足径14.2、足高8厘米。标本24：4（图三〇七：2；图版一三七：1），尖唇，薄子口直，浅盘，弧腹，圜底，圈足稍矮，足沿外折，饰一对椭圆形大镂孔和两对双圆孔。泥质灰陶。通高12、口径18.5、盘深5.8、圈足径11.4、足高6.6厘米。标本M51：4（图三〇七：4；图版一三七：2），尖唇，子口微敛，浅盘，斜壁，圜底，圈足为直身，足沿稍外撇，足内壁有凹凸平行纹，饰一对半圆形大镂孔，四组2～3孔组成小镂孔。泥质红胎黑皮陶。通高12.7、口径17、盘深5.6、圈足径11.5、足高7.6厘米。

Ⅲ式 1件。标本M118：34（图三〇七：6；图版一三七：3），方唇，子口微敛，盘较浅，斜腹，圜底近平，圈足接连盘底，圈足稍外鼓，饰一对半圆形大镂孔和一对双圆孔。泥质红胎黑皮陶。通高11、口径17.5、盘深3.7、圈足径12、足高7厘米。

Bb型 7件。子口敛，盘比Ba型深，圆弧腹，圈足壁中段稍外鼓。分3式，Ⅲ式圈足矮且小。

Ⅰ式 1件。标本M59：26（图三〇七：7；图版一三七：4），圆唇，子口敛，圈足下斜，中部稍外鼓，足沿外撇，饰半圆形大镂孔、圆形孔各一对及八组2～3小孔。泥质灰陶。通高13.8、口径16、盘深6.4、圈足径15.8、足高7.2厘米。

Ⅱ式 4件。圈足跟部直径比Ⅰ式要小。标本M20：6（图三〇七：9；图版一三七：5），圆唇，子口敛，盘稍深，圆弧腹，圜底近平，下接中部外鼓圈足，下斜外撇，饰一对半圆形镂孔和两组4小圆镂孔。泥质灰白陶。通高13.7、口径17.5、盘深5、圈足径15、足高8厘米。标本M29：11（图三〇七：8；图版一三七：6；彩版二六：6），圆唇，子口敛，盘稍深，弧腹，圜底近平，下接中部外鼓圈足，足沿外撇，饰一对半圆形大镂孔和四组双小镂孔。泥质灰陶。通高14.4、口径18、盘深5.6、圈足径15、足高8.8厘米。标本M20：20（图三〇七：10）。圆唇，子口，弧腹，圜底，深盘，圈足壁，近直，足沿外撇。圈足一对半月形大镂孔。泥质灰白陶。通高15、口径18、盘深7、圈足径16、足高8.6厘米。

Ⅲ式 2件。深盘，小且矮圈足。标本M118：3（图三〇七：11；图版一三八：1），圆唇，子口敛，深盘，圆弧腹，圜底近平，器底下接小圈足，足沿外撇呈喇叭形，饰一对半圆形大镂孔，一对五个成组小圆镂孔。泥质灰陶。通高13.5、口径19、盘深7.6、圈足径12、足高5.6厘米。标本M118：6（图三〇七：12；图版一三八：7；彩版二八：1）。器体较大型，形制与M118：3相同。圈足一对半圆形大镂孔和两组4个小圆镂孔。泥质灰陶。通高14.6、口径22、盘深8.4、圈足径14.6、足高5.6厘米。

图三〇七　石峡文化随葬圈足盘

1.Ba型Ⅰ式圈足盘（M42：33）　　2～5.Ba型Ⅱ式圈足盘（M24：4、M48：6、M51：4、M46：3）　　6.Ba型Ⅲ式圈足盘（M118：34）　　7.Bb型Ⅰ式圈足盘（M59：26）　　8～10.Bb型Ⅱ式圈足盘（M29：11、M20：6、M20：20）　　11、12.Bb型Ⅲ式圈足盘（M118：3、6）　　13.Bc型Ⅰ式圈足盘（M24：7）　　14.Bc型Ⅱ式圈足盘（M54：18）

Bc型　2件。子口敛，深盘，圆弧腹。圜底，下接足径小的矮圈足，分2式。

Ⅰ式　1件。标本M24：7（图三〇七：13；图版一三八：2），尖薄唇，子口稍敛，深盘，圆弧腹，圜底，器底下接束腰形矮圈足，足沿外撇，饰一对半圆形大镂孔和双圆镂孔。泥质灰白陶。通高9.5、口径15.6、盘深5.2、圈足径11、足高4.4厘米。

Ⅱ式　1件。标本M54：18（图三〇七：14；图版一三八：3），尖唇，子口稍敛，深盘，圆弧腹，圜底，下接特矮圈足，足直，饰一对稍大椭圆形镂孔和两组4小镂孔。泥质橙黄胎黑皮磨光陶。通高8.5、口径14.6、盘深6、圈足径9.7、足高2.8厘米。

C型　23件。子口，浅盘，斜腹或弧腹，圜底，圜底下接高圈足呈大喇叭形，饰镂孔，器体大小不等。分三亚型。

Ca型　10件。子口，浅盘，斜腹或弧腹，高圈足，足沿外撇，口径大于圈足径。分4式。

Ⅰ式　1件。标本M29：45（图三〇八：1；图版一三八：4），圆唇，高且直子口，盘特浅，斜腹，圜底近平，高且粗圈足，足沿外撇，饰八组双圆镂孔。泥质橙红陶。通高15.6、口径16.7、盘深4、圈足径15.4、足高11.2厘米。

Ⅱ式　2件。浅盘，斜弧腹，圜底，喇叭形高圈足，足跟直径比Ⅰ式小。标本M29：12（图三〇八：2；图版一三八：5），圆唇，子口直，浅盘，斜弧腹，圜底，细把中空喇叭形高圈足，足沿外折，饰4个对称小镂孔。泥质灰陶，器体小型。通高10.7、口径12.8、盘深3.4、圈足径11、足高7.2厘米。标本M46：5（图三〇八：3；图版一三八：6），圆唇，子口微敛，浅盘，斜弧腹，圜底，下接喇叭形高圈足，足沿外折，饰六组对称双镂孔。泥质灰胎、黑皮陶。通高14、口径17.3、盘深4.2、圈足径12.4、足高9.2厘米。

Ⅲ式　3件。与Ⅱ式不同之处为矮子口，弧腹浅盘，圜底近平。标本M46：6（图三〇八：6；图版一三九：1），圆唇，矮子口，弧腹，圜底，底部下接喇叭形高圈足，足沿面斜而外折，饰四组3连镂孔作纵向排列。泥质灰胎黑皮陶。通高16.7、口径19.2、盘深5.2、圈足径13.4、足高11.2厘米。标本M29：42（图三〇八：4；图版一三九：2），圆唇，矮子口，盘稍深，弧腹，圜底近平。喇叭形高圈足，足沿外撇，近圈足跟部分饰四对双圆镂孔和一对单镂孔。泥质橙红陶。通高19.8、口径20.5、盘深5.8、圈足径15、足高13.6厘米。标本M29：46（图三〇八：5），尖唇，矮子口，浅盘，弧腹，圜底近平，喇叭形高圈足，足沿外撇，饰一对圆孔和两组3小圆孔。泥质橙黄陶，器体小型。通高11.2、口径13.2、盘深3.8、圈足径9、足高7厘米。

Ⅳ式　4件。子口微敛，浅盘，圆弧腹，圜底，下接喇叭形高圈足，薄胎，器体小型。标本M118：41（图三〇八：9；图版一三九：3；彩版二八：4），圆唇，子口稍敛，圆弧腹，圜底近平，下接喇叭形高圈足，足沿外撇，纵排3连孔。泥质灰陶。通高12、口径11.2、盘深4、圈足径9.5、足高8厘米。标本M118：9（图三〇八：8；图版一三九：4），尖唇，矮子口微敛，浅盘，弧壁，圜底近平，下接喇叭形高圈足，足沿外撇与口径同样大小，饰三组对称"品"字排列小镂孔。泥质橙黄胎黑皮陶。通高13.5、口径11.5、盘深4、圈足径11.5、足高9.4厘米。标本M118：1（图三〇八：7；图版一三九：5），尖唇，子口微敛，浅盘，圆弧腹，圜底近平，下接喇叭形高圈足，足沿外撇，盘底遗留轮修时螺旋纹，盘和圈足内壁有平行纹，圈足饰一对双镂孔和一对3镂孔。泥质灰胎黑皮陶。通高13.5、口径11、盘深4、圈足径11、足高9.4厘米。

Cb型　7件。与Ca型差别，圈足跟直径较大，圈足径上下均较粗，圈足饰一对半圆形大镂孔。分3式。

Ⅰ式　3件。仅一件完整，标本M47：13（图三〇八：10；图版一三九：6），尖唇，子口，盘身较浅，斜腹，圜底近平，下接筒形高圈足，足壁外斜，足沿外折，圈足饰一对半圆形大镂孔和一大二小镂孔及两排交错排列双圆孔。泥质灰胎黑皮陶。通高13、口径14.5、盘深3、圈足径11、足高10厘米。

Ⅱ式　1件。标本M47：3（图三〇八：11；图版一四〇：1），尖唇，子口微敛，浅盘，弧腹，圜底，下接近直筒形高圈足，足沿稍外斜，饰一对半圆形大镂孔和八组3连镂孔。泥质灰胎黑皮陶。通高17、口径16、盘深5、圈足径12.6、足高12.8厘米。

Ⅲ式　3件。仅一件完整。标本M54：24（图三〇八：12；图版一四〇：2），圆唇，直口，浅盘，斜腹，圜底近平，下接中部稍外鼓筒形高圈足，足跟直径小仅7厘米，足沿稍外斜，饰一对半圆形大镂孔和一对三角形、圆形镂孔。泥质灰胎黑皮陶。通高16、口径14.2、盘深4、圈足径10.5、足高12厘米。

Cc型　6件。子口，小浅盘。斜腹或弧腹，圜底，下接高且大而粗喇叭形足，足沿外折或内折有一周凸棱，口径比足径小或相当。分3式。

Ⅰ式　2件。大喇叭形圈足，其足沿外折。标本M4：7（图三〇九：2；图版一四〇：3），圆唇，子口，浅盘，斜腹，圜底，足径大于口径，圈足中部外鼓，足沿外折有一周凸棱，饰一对"品"字形排列3圆孔。泥质灰胎黑皮陶。通高20.6、口径13.2、盘深4、圈足径15、足高16.3厘米。标本M4：8（图三〇九：1；图版一四〇：4），尖唇，子口，浅盘，斜弧腹，圜底，下接高且大喇叭形圈足，足壁中部外鼓，足沿外折有一周凸棱，圈足镂孔分两个组合，上半部一对双圆孔和5个小镂孔，下部靠折沿有对称6小孔。泥质灰陶。通高20、口径14、盘深3.6、圈足径16、足高16.2厘米。

Ⅱ式　2件。标本M29：6（图三〇九：3；图版一四〇：5；彩版二八：3），圆唇，子口敛，浅盘，弧腹，圜底近平，下接大喇叭形高圈足，上小下大，足沿内折有一周凸棱，饰一对长方形大镂孔和一对圆镂孔。泥质红胎黑皮陶。通高19、口径13.5、盘深5、圈足径14、足高14厘米。

Ⅲ式　2件。标本M21：12（图三〇九：4；图版一四〇：6），尖唇，直口和浅盘之间有一周折棱，斜弧腹，圜底近平，粗足跟喇叭形高圈足，足沿内折有一周凸棱，饰6个小镂孔。泥质灰白陶。通高13.3、口径14.4、盘深4.6、圈足径14、足高8.8厘米。

D型　22件。子口，浅盘，斜腹或弧腹，圜底，器底下接双层喇叭形高圈足，足沿外撇，圈足饰镂孔。分两亚型。

Da型　17件。子口，浅盘，弧腹或斜腹，圜底，双层喇叭形高圈足，口径大于圈足径，圈足饰镂孔，分4式。

Ⅰ式　4件。子口，浅盘，弧腹或斜腹，圜底近平，下接双层喇叭形高圈足，上层高且较细，下层粗矮。标本M54：15（图三〇九：5；图版一四一：1；彩版二七：1），圆唇，子口敛，浅盘，弧腹，圜底近平，下接粗足跟双层喇叭形高圈足，足沿外撇，上层和下层各饰6圆孔。泥质灰胎黑皮陶。通高25、口径16、盘深5.4、圈足径15、足高19.2厘米。标本M54：17（图三〇九：6；图版一四一：2），

0　　　　　　　　10厘米

图三〇八　石峡文化随葬圈足盘

1.Ca型Ⅰ式圈足盘（M29：45）　2、3.Ca型Ⅱ式圈足盘（M29：12、M46：5）　4～6.Ca型Ⅲ式圈足盘（M29：42、M29：46、M46：6）　7～9.Ca型Ⅳ式圈足盘（M118：1、9、41）　10.Cb型Ⅰ式圈足盘（M47：13）　11.Cb型Ⅱ式圈足盘（M47：3）　12.Cb型Ⅲ式圈足盘（M54：24）

尖唇，子口敛，浅盘，弧腹，圜底，下接双层喇叭形高圈足，上层细且直，下层短粗，足沿稍外撇，上层饰四对双圆镂孔，下层饰4个三角形镂孔。泥质红胎黑皮陶。通高25.5、口径18、盘深5.8、圈足径14、足高19.4厘米。标本M118：24（图三〇九：10；图版一四一：5），圆唇，子口，浅盘，斜腹，圜底近平，下接细足跟双层喇叭形高圈足，圈足内壁有凹凸平行纹，足沿稍外撇，下层圈足饰排列成一周1～3小镂孔。泥质灰胎黑皮陶。通高21.6、口径17.5、盘深5、圈足径15.6、足高13.6厘米。

Ⅱ式　7件。子口，浅盘，弧腹，圜底，下接双层喇叭形高圈足，上层细，下层粗似倒置盆身形状，上下层高矮相当，该式均为M112一、二次葬随葬品。标本M112：11（图三〇九：9；图版一四一：3），圆唇，子口微敛，浅盘，弧腹，圜底，上层圈足较直，饰一对双镂孔，下层无镂孔。泥质橙红陶。通高24、口径18、盘深5.4、圈足径18、足高18.4厘米。标本M112：12（图三〇九：8；图版一四一：6；彩版二七：2），尖唇，薄子口微敛，盘身浅而小，弧腹，圜底，下接双层喇叭形高圈足，上层足跟径小，细把中空，下层似大喇叭口，足沿外撇，口径比圈足径小，上层饰三组直排双圆孔，下层饰三组直排3圆孔。泥质灰陶，薄胎。通高17.5、口径10.8、盘深3.8、圈足径13、足高13.6厘米。标本M112：4（图三〇九：7；图版一四一：7），尖唇，薄子口近直，浅盘，斜弧腹，圜底近平，下接喇叭形高圈足。上层饰两组对称品字形圆孔。泥质灰陶，薄胎。通高15.2、口径12.2、盘深4.4、圈足径15.4、足高14厘米。

Ⅲ式　5件。子口，浅盘，斜腹或弧腹，圜底，下接双层喇叭形高圈足，上层粗矮，下层稍高呈亚腰形，足沿外撇较甚，饰镂孔。标本M45：26（图三一〇：2；图版一四一：4；彩版二七：3），圆唇，子口微敛，浅盘，斜腹，圜底近平，下接粗足跟双层喇叭形高圈足，足沿外折，上层饰五组双镂孔，下层饰两组4镂孔组成花纹。泥质灰陶。通高18、口径15、盘深3.8、圈足径15、足高19厘米。标本M78：5（图三一〇：3；图版一四二：7；彩版二七：5），尖唇，子口微敛，浅盘，弧腹，圜底近平，下接双层喇叭形高圈足，上下层各饰四组双圆孔。泥质红陶。通高18.5、口径18、盘深4.4、圈足径19、足高13.6厘米。标本M21：7（图三一〇：4；图版一四二：1），尖唇，子口，浅盘，弧腹，圜底，下接双层喇叭形高圈足，下层足壁外斜，宽沿面外折，上层饰对称4圆孔，下层饰四组"品"字形排列小圆孔。泥质红胎黑皮陶。通高17.3、口径20、盘深5、圈足径17、足高12厘米。标本M45：19（图三一〇：1；图版一四二：2；彩版二七：4），尖唇，子口稍敛，斜弧腹，圜底近平，下接双层喇叭形高圈足，上层较细壁直，无镂孔，下层足壁向外斜，足沿外撇，饰两组斜着排列大圆镂孔和4个小镂孔。泥质灰陶。通高21.6、口径17.5、盘深5.8、圈足径18、足高15.8厘米。

Ⅳ式　1件。标本M21：26（图三一〇：5；图版一四二：3），尖唇，口微敛，无明显子口，浅盘，弧腹，圜底近平，下接双层喇叭形高圈足，足跟接盘底处有一圆形凹窝，上层矮无镂孔，下层足壁外斜，饰六组"品"字形排列小镂孔。泥质红胎黑皮陶。通高16.3、口径18、盘深4.4、圈足径15.4、足高11.6厘米。

Db型　5件。子口，浅盘，弧腹，圜底，下接双层亚腰喇叭形足，上层矮，下层高且粗大，饰镂孔。器体小型，薄胎。分2式。

Ⅰ式　1件。标本M45：21（图三一〇：6；图版一四二：4；彩版二七：6），尖唇，子口敛，浅盘，斜弧腹，圜底，下接双层喇叭形足，上下层之间一周凸棱为界，下层足壁亚腰斜向外撇，上下层各饰一对圆形镂孔。泥质灰陶，薄胎。通高14、口径13、盘深4.8、圈足径12.5、足高8.8厘米。

Ⅱ式　4件。均为M21随葬品，其中M21：28为一次葬器物，已残，其余3件为二次葬器物，较完整。标本M21：19（图三一〇：8；图版一四二：5），圆唇，子口敛，浅盘，弧腹，圜底，下接双层

图三〇九　石峡文化随葬圈足盘

1、2.Cc型Ⅰ式圈足盘（M4：8、7）　3.Cc型Ⅱ式圈足盘（M29：6）　4.Cc型Ⅲ式圈足盘（M21：12）　5、6、10.Da型
Ⅰ式圈足盘（M54：15、M54：17、M118：24）　7～9.Da型Ⅱ式圈足盘（M112：4、12、11）

喇叭形圈足，上层甚矮。下层亚腰形比上层高，足壁外撇，上下各饰一对大圆镂孔。泥质灰白陶，薄胎。通高12.2、口径13.5、盘深4.4、圈足径12.2、足高7.8厘米。标本M21：22（图三一〇：7；图版一四二：6），尖唇，子口稍敛，浅盘，弧腹，圆底近平，下接双层喇叭形圈足，足沿外折，上下层圈足各饰一对圆镂孔。泥质灰陶，薄胎。通高12、口径12、盘深3.6、圈足径12、足高8厘米。标本M21：18（图三一〇：11）。尖唇，子口微敛弧腹，圆底，双层喇叭形足，每层有一对圆镂孔，泥质灰陶，薄胎。通高13.8、口径14.2、盘深4.4、圈足径12.6、足高9.2厘米。

E型　1件。标本M107：6（图三一〇：9；图版一四三：1）。圆唇，子口直，深盘，占盘高的三分之二，斜腹，圆底，下接矮圈足，足壁外斜，无镂孔。泥质灰陶，素面。通高8、口径13.5、盘深5.2、圈足径13、足高3.2厘米。

F型　1件。标本M91：1（图三一〇：10；图版一四三：2），尖唇，子口敛，深盘，占盘高的二分之一，斜腹，圆底，下接亚腰形矮圈足，足沿外折，饰一对半圆形镂孔和一对花瓣形镂孔。泥质灰陶。通高10.5、口径18、盘深5.6、圈足径14、足高5.2厘米。

豆　260件。其中190件可分型式。出自49座墓。42座为二次葬墓，出土249件，可分为一次葬随葬126件，二次葬随葬123件。4座一次葬墓出土4件，3座一次葬已迁墓出土7件。其形制为大口，浅盘，弧腹，圆底，器底下接矮喇叭形足或细把凸棱喇叭形足。绝大多数为素面或黑皮磨光，少数于弧腹外壁饰一周附加堆纹。陶豆为两用器，有单数出土，亦见同圈足盘，三足盘配对出土。分六型。

A型　104件。大口，浅盘，弧腹，圆底，下接细把凸棱喇叭形足。以制作口沿时分两次成型或一次成型，以及豆足细把高矮和盘腹形制的变化，可分为4个亚型。

Aa型　40件。直口，口沿和盘腹两节连接成型，外壁有一周凸棱，圆弧腹，深盘豆把较粗矮，分2式。

Ⅰ式　24件。豆盘口近直，口腹之间一周折棱，圆弧腹，器壁稍厚。标本M69：6（图三一一：1），圆唇，直口，深盘，圆弧腹，圆底，下接粗把凸棱喇叭形足。素面，泥质红胎黑皮陶。通高13.8、口径19.5、盘深7.6、足径12.4、足高5.8厘米。标本M9：5（图三一一：2；图版一四三：3），尖唇，直口，深盘，圆弧腹，圆底下接粗把凸棱喇叭形足。素面，泥质灰黄陶，器壁较厚。通高12、口径19、盘深5.6、足径11.5、足高5厘米。标本M129：11（图三一一：3；图版一四三：7；彩版二八：2），圆唇，口微侈，深盘，圆弧腹，圆底，下接粗把凸棱矮喇叭形足，口和盘腹由两节粘接而成。素面，泥质灰陶。通高14.5、口径21.5、盘深8、足径13.2、足高6厘米。标本M108：44（图三一一：4；图版一四三：4），尖唇，口微敛，口沿外壁一周折棱，深盘，弧腹，圆底，下接细把凸棱喇叭形足。素面，泥质红陶足，灰陶盘，斑驳不一。通高14.5、口径21、盘深7、足径13、足高7厘米。标本M43：14（图三一一：5；图版一四三：5），圆唇，直口，深盘，圆弧腹，圆底，下接实心细把凸棱矮喇叭形足。素面，泥质红胎黑皮陶。通高12、口径19、盘深7、足径9、足高5厘米。标本M42：96（图三一一：7；图版一四三：6），尖唇，侈口，口腹之间一周折棱，深盘，圆弧腹，圆底，下接粗把凸棱矮喇叭形足，器体大型。素面，泥质灰陶。通高17.6、口径30、盘深9.6、足径14、足高7.4厘米。

Ⅱ式　16件。与Ⅰ式不同之处是斜弧腹。标本M3：3（图三一一：8；图版一四四：1；彩版二八：5），圆唇，口微侈，深盘，斜弧腹，圆底，下接细把凸棱喇叭形足，口与盘腹间一周折棱，豆

图三一〇　石峡文化随葬圈足盘

1～4.Da型Ⅲ式圈足盘（M45：19、M45：26、M78：5、M21：7）　5.Da型Ⅳ式圈足盘（M21：26）　6.Db型Ⅰ式圈足盘（M45：21）　7、8、11.Db型Ⅱ式圈足盘（M21：22、19、18）　9.E型圈足盘（M107：6）　10.F型圈足盘（M91：1）

把遗留有凹凸平行纹。素面，泥质橙黄陶，器表黑皮磨光。通高12、口径19、盘深6.2、足径10、足高5.2厘米。标本M9：25（图三一一：9；图版一四四：3），尖唇，口微侈，深盘，斜弧腹，圜底，下接细把凸棱矮喇叭形足，口与盘腹间一周折棱。素面，泥质灰陶。通高13.2、口径20、盘深7.2、足径9.5、足高5.8厘米。标本M69：25（图三一一：6；图版一四四：2），圆唇稍外折，口微敛，深盘，斜弧腹，圜底，下接凸棱喇叭形足，口沿与弧腹间一周折棱。素面，泥质红胎黑皮磨光。通高13.5、口径18、盘深6.8、足径13.5、足高6.4厘米。标本M42：28（图三一一：10；图版一四四：5），圆唇，直口，深盘，斜弧腹，圜底，下接粗把凸棱矮喇叭形足，口沿与弧腹间一周折棱。素面，泥质灰陶，足为橙红陶。通高12.2、口径19、盘深6.6、足径12.5、足高5.2厘米。标本M46：9（图三一一：11；图版一四四：4），尖唇，侈口，浅盘，斜弧腹，圜底，下接粗把凸棱大而矮喇叭形足，口沿与弧腹之间有一周折棱。素面，泥质灰陶，斑驳不一。通高10.5、口径18、盘深4.8、足径12.6、足高5厘米。

Ａb型　57件。口微敛，口沿和盘腹一次成形，外壁无折棱，深盘，圆弧腹，圜底，下接细把凸棱喇叭形足，豆把比Ａa型要高。分2式。

Ⅰ式　25件。口微敛或敛口，细把凸棱喇叭形足。标本M114：28（图三一二：1；图版一四四：6），圆唇，口微敛，深盘，圆弧腹，圜底，下接细矮喇叭形圈足。素面，泥质红陶。通高11.5、口径17、盘深6.4、足径12、足高4.6厘米。标本M67：6（图三一二：2；图版一四四：7），圆唇，口微敛，盘深，圆弧腹，圜底，下接细把凸棱喇叭形足。素面，泥质灰陶。通高12.5、口径16.8、盘深6.2、足径10、足高6厘米。标本M59：47（图三一二：3；图版一四五：1），尖唇，口微敛，深盘，圆弧腹，圜底，下接细把凸棱喇叭形足。素面，泥质灰陶。通高12.5、口径16、盘深6.2、足径10.5、足高5.8厘米。标本M27：41（图三一二：7），小圆唇，敛口，深盘，圆弧腹，圜底，下接细把凸棱大喇叭形足，盘壁较薄。素面，泥质灰陶。通高11、口径16、盘深5.4、足径11.5、足高5.4厘米。标本M30：29（图三一二：5；图版一四五：2），圆唇，敛口，深盘，圆弧腹，圜底，下接细把凸棱小喇叭形足。素面，泥质红陶。通高13.5、口径16.5、盘深6.8、足高6厘米。

Ⅱ式　32件。同Ⅰ式不同处是豆把细且高，器壁稍薄，豆盘比Ⅰ式要浅。标本M99：6（图三一二：11；图版一四五：3），方唇，口微敛，浅盘，弧腹，圜底，下接高且细凸棱大喇叭形足。素面，泥质橙红陶。通高15、口径17、盘深5.4、足径13.5、足高8厘米。标本M46：11（图三一二：6；图版一四五：4），尖唇，口微敛，浅盘，弧腹，圜底，下接细高凸棱大喇叭形足。素面，泥质灰胎黑皮陶。通高11.5、口径15.2、盘深5.4、足径12.2、足高5.6厘米。标本M59：4（图三一二：4；图版一四五：5），方唇，敛口，浅盘，弧壁，下接细高凸棱喇叭形足。素面，泥质灰陶。通高13、口径17、盘深5.2、足径12、足高7.2厘米。标本M43：43（图三一二：8；图版一四五：6），圆唇，口微敛，浅盘，弧腹，圜底，盘壁较薄，下接细高凸棱喇叭形足。素面，泥质灰陶。通高12、口径15、盘深5.6、足径10.2、足高6.2厘米。标本M27：6（图三一二：9；图版一四六：1），圆唇，口微敛，浅盘，斜弧腹，圜底，下接细高凸棱喇叭形足。素面，泥质灰陶。通高11.5、口径15、盘深4.6、足径9.2、足高5.8厘米。标本M104：29（图三一二：10；图版一四六：2），圆唇，口微敛，浅盘，弧腹，圜底，下接细高凸棱喇叭形足，足饰3个小圆镂孔，较罕见。素面，泥质橙黄陶。通高11、口径16.2、盘深5、足径9.6、足高5.4厘米。

图三—— 石峡文化随葬陶豆

1~4.Aa型Ⅰ式陶豆（M69∶6、M9∶5、M129∶11、M108∶44） 5、7.Aa型Ⅰ式陶豆（M43∶14、M42∶96） 6、8~11.Aa型Ⅱ式陶豆（M69∶25、M3∶3、M9∶25、M42∶28、M46∶9）

图三一二 石峡文化随葬陶豆

1~3、5、7.Ab型Ⅰ式陶豆（M114：28、M67：6、M59：47、M30：29、M27：41） 4、6、8~11.Ab型Ⅱ式陶豆
（M59：4、M46：11、M43：43、M27：6、M104：29、M99：6）

　　Ac型　6件。直口或侈口，浅盘，斜腹，圜底，下接粗把中空凸棱高喇叭形足。分4式。

　　Ⅰ式　1件。标本M3：9（图三一三：1；图版一四六：3），尖唇，口微侈，口与腹两节成型，之间一周折棱，深盘，弧腹，圜底，下接粗把中空喇叭形足。素面，泥质橙黄胎，黑皮磨光陶。通高12.5、口径19.2、盘深6.4、足径10.5、足高6厘米。

　　Ⅱ式　1件。标本M42：66（图三一三：2；图版一四六：4），尖唇，侈口，口与腹间有一周折棱，浅盘，斜腹，圜底，下接粗短把中空凸棱特显的喇叭形足。素面，泥质灰陶。通高10.5、口径17、盘深5.2、足径10.5、足高5厘米。

　　Ⅲ式　1件。标本M46：4（图三一三：3；图版一四六：5），方唇，直口，外壁一周折棱，浅盘，斜腹，圜底近平，下接粗足跟中空凸棱不明显喇叭形足，足内壁有轮修痕迹。素面，泥质红胎黑皮陶。通高10.6、口径17.6、盘深4.6、足径11、足高5.6厘米。

　　Ⅳ式　3件。口微敛或敞口，盘口和盘身一次成型，浅盘，弧腹，圜底近平，足跟中空双层喇叭形足，足沿外折，器胎较薄，器体小型。标本M21：17（图三一三：4；图版一四六：6），圆唇，口微敛，浅盘，弧腹，圜底，下接足跟中空双层喇叭形足，素面，泥质灰白陶。通高11、口径14、盘深4.2、足径11、足高6.8厘米。标本M21：10（图三一三：5；图版一四七：1），尖而薄唇，侈口，浅盘，斜弧腹，下接足跟中空，高双层喇叭形足，足沿器壁特薄。通高12、口径16、盘深3.6、足径9.5、足高8厘米。

　　Ad型　1件。标本M48：17（图三一三：6；图版一四七：2），方唇，直口，浅平盘，斜腹，圜底近平，下接直细把凸棱喇叭形足。通高10.5、口径21.5、盘深4.2、足径10、足高5.8厘米。

　　B型　74件。口微敛或敛口，深盘或浅盘，圆弧腹或弧腹，圜底，下接矮喇叭形足或足跟中空高喇叭形足。分4个亚型。

　　Ba型　39件。深盘，圆弧腹，矮喇叭形足。分4式。

　　Ⅰ式　30件。侈口或口微敛，深盘，口沿和盘腹两节连接而成，口腹之间有一周折棱，圆弧腹，圜底，下接矮喇叭足，足径较大，部分陶豆出土时，覆置在瓦形足三足盘、梯形足三足盘和圈足盘的子口上。标本M77：41（图三一三：7；图版一四七：3），尖唇，口微侈，深盘，圆弧腹，圜底，下接厚胎矮喇叭形足。素面，泥质黑陶。通高11.5、口径18、盘深6、足径12.5、足高5.2厘米。标本M17：26（图三一三：11；图版一四七：4），圆唇稍外折，侈口，深盘，圆弧腹，圜底，下接矮喇叭形足。素面，泥质灰陶。通高12、口径18、盘深7、足径10、足高4.6厘米。标本M107：13（图三一三：9；图版一四七：5），尖唇，口微侈，深盘，圆弧腹，圜底，下接矮喇叭形足，口与腹间一周折棱。通高10、口径18.4、盘深6.4、足径11、足高3.4厘米。标本M9：8（图三一三：10、图版一四七：7、彩版二八：6），尖唇，口微敛，深盘，圆弧腹，圜底，下接矮喇叭形足。素面，泥质灰胎黑皮陶。通高9.5、口径15.4、盘深5.6、足径9.8、足高3.4厘米。标本M9：4（图三一三：8；图版一四七：6），尖唇，口微侈，深盘，圆弧腹，圜底，下接矮喇叭形足。素面，夹细砂灰陶。通高14.5、口径26、盘深8.8、足径13、足高5厘米。器体大型。

　　Ⅱ式　5件。与Ⅰ式不同之处，口沿与弧腹一次成型，敛口或口微敛，深盘，矮喇叭形足。标本M20：18（图三一四：1；图版一四八：1），圆唇，敛口，深盘，圆弧腹，圜底，下接矮喇叭形足。素

图三一三 石峡文化随葬陶豆

1.Ac型Ⅰ式陶豆（M3：9） 2.Ac型Ⅱ式陶豆（M42：66） 3.Ac型Ⅲ式陶豆（M46：4） 4、5.Ac型Ⅳ式陶豆（M21：17、10） 6.Ad型陶豆（M48：17） 7～11.Ba型Ⅰ式陶豆（M77：41、M9：4、M107：13、M9：8、M17：26）

面，泥质橙黄陶。通高12.5、口径18.6、盘深7.8、足径10、足高4厘米。标本M24：8（图三一四：2；图版一四八：3），尖唇，敛口，深盘，圆弧腹，圜底，下接小而矮喇叭形足，豆盘底部有轮修时遗留凸泥块，器胎轻薄。素面，泥质橙黄陶。通高11、口径16.5、盘深7.4、足径8、足高3.6厘米。标本M42：20（图三一四：10；图版一四八：2），圆唇，口微敛，盘特深，斜弧腹，圜底，下接小型覆豆形足，仅此一例。素面，泥质灰陶。通高14.4、口径19、盘底8.4、足径8.4、足高5.2厘米。

Ⅲ式　3件。其喇叭形足形制为足跟和足壁较小，比Ⅰ、Ⅱ式要高。标本M46：8（图三一四：4；图版一四八：5），尖唇薄，口微敛，深盘，圆弧腹，圜底，下接小型喇叭形足。素面，泥质灰陶。通高12.5、口径16、盘深6.6、足径7.5、足高5.4厘米。标本M20：16（图三一四：5；图版一四八：4），圆唇，口微敛，深盘，圆弧腹，下接小型喇叭形足，器壁较薄。素面磨光，泥质红陶。通高10.4、口径14、盘深5.8、足径7.5、足高4.2厘米。标本M47：26（图三一四：6；图版一四八：6），圆唇薄，口微敛，深盘，圆弧腹，圜底，盘体一次成型，下接小型喇叭足。素面，泥质灰陶。通高12、口径15、盘深6、足径7.5、足高5.6厘米。器体小型。

Ⅳ式　1件。标本M54：36（图三一四：8；图版一四九：1），圆唇，口微敛，外壁一周折棱似子口，深盘，器体较大，圆弧腹，圜底，下接足跟小而高的空心喇叭形足。素面，泥质灰胎黑皮陶。通高19、口径19、盘深8.6、足径10.5、足高11厘米。

Bb型　11件。敛口或微敛，深盘，斜盘腹或斜腹，圜底，下接喇叭足。分2式。

Ⅰ式　6件。直口或口微侈，深盘，口与腹由两截泥片连接成型，外壁一周折棱，但不明显，斜弧腹，圜底，下接矮喇叭形足。标本M9：24（图三一四：12；图版一四九：2），尖唇，侈口，深盘，斜弧腹，圜底，下接矮小喇叭形足。素面，泥质橙红陶。通高11.5、口径23、盘深7、足径10、足高4厘米。器体大型。标本M57：16（图三一四：9；图版一四九：3），尖唇，直口，口与腹之间一周折棱，深盘，斜弧腹，圜底，下接矮喇叭形足。素面，泥质灰黄陶。通高10、口径18.5、盘深4.8、足径11.3、足高4.8厘米。标本M10：7（图三一四：3；图版一四九：4），尖唇，口近直，口与腹间外壁一周折棱，深盘，斜弧腹，圜底，下接矮小喇叭形足。素面，泥质红陶胎，黑皮磨光。通高10、口径18、盘深5.6、足径8、足高4厘米。

Ⅱ式　5件。口微敛，口与腹部一次成型，足比Ⅰ式高些。标本M51：9（图三一四：11；图版一四九：5），圆唇，口微敛，浅盘，斜弧腹，圜底，下接稍高喇叭形足，足沿外折，足内壁有轮修后凹凸平行纹。素面，泥质红陶。通高12.2、口径19、盘深5.4、足径10、足高6厘米。标本M108：4（图三一四：7；图版一四九：6），尖唇，口微敛，浅盘，斜弧腹，圜底，下接喇叭形足，素面，泥质灰陶。通高10、口径16、盘深4.6、足径9.2、足高5.6厘米。

Bc型　13件。敞口或口微敛，深盘或浅盘，斜弧腹，圜底，下接矮喇叭形足或细高喇叭形足，盘身一次成型。分3式。

Ⅰ式　2件。敞口，深盘，斜腹。标本M114：25（图三一五：2；图版一五〇：1），尖唇，敞口，深盘，斜腹，圜底，下接喇叭形足。盘壁较薄。素面，泥质红陶。通高11.5、口径17、盘深6、足径10.3、足高5.4厘米。标本M44：37（图三一五：1；图版一五〇：2），尖唇，敞口，深盘，斜腹，下接矮喇叭足。素面，泥质橙黄陶。通高10、口径19、盘深6、足径9、足高4.6厘米。

图三一四　石峡文化随葬陶豆

1、2、10.Ba型Ⅱ式陶豆（M20∶18、M24∶8、M42∶20）　4~6.Ba型Ⅲ式陶豆（M46∶8、M20∶16、M47∶26）　8.Ba型Ⅳ式陶豆（M54∶36）　3、9、12.Bb型Ⅰ式陶豆（M10∶7、M57∶16、M9∶24）　7、11.Bb型Ⅱ式陶豆（M108∶4、M51∶9）

　　Ⅱ式　5件。口微敛，矮且小喇叭形足，器体小型。标本M24∶1（图三一五∶3；图版一五〇∶3），尖唇，口微敛，深盘，斜腹，圜底，下接矮喇叭形足。素面，泥质红陶。通高8、口径14、盘深4.6、足高3.2厘米。标本M29∶8（图三一五∶4），薄圆唇，口微敛，深盘，斜腹，圜底，下接矮喇叭形足，足内壁有轮修平行纹。素面，泥质橙黄陶。通高8.5、口径14、盘深4.2、足径9.2、足高3.8厘米。

　　Ⅲ式　2件。标本M118：4（图三一五：7；图版一五〇：7；彩版二九：1），圆唇，口微敛，浅盘，弧腹，圜底，盘和足内壁有轮修平行纹，下接稍高喇叭形足，足沿外折，足壁中空。素面，泥质灰陶。通高9.5、口径12.5、盘深3.8、足径8.5、足高5.4厘米。标本M54：35（图三一五：6），尖唇，口微敛，浅盘，弧腹，圜底，下接高喇叭形足，足沿外折，足壁中空，薄胎。素面。通高10.5、口径14、盘深4.4、足径9、足高6.2厘米。

　　Ⅳ式　5件。在晚期M112中出土，3件已残。豆盘甚浅，下接细且高喇叭形足，足壁中空，内有轮修平行纹，器壁薄，器体小型。标本M112：5（图三一五：9；图版一五〇：4），尖唇，敞口，浅平盘，斜腹，圜底，下接空心细把高喇叭形足，足内有轮修平行纹。素面，泥质橙红陶。通高9、口径14、盘深3.2、足径8、足高6.4厘米。标本M112：9（图三一五：8；图版一五〇：5），尖唇，敞口，浅平盘，斜腹，圜底，下接空心细把高喇叭形足。素面，泥质红陶。通高9、口径14、盘深2.6、足径8.5、足高6厘米。

　　Bd型　11件。敛口，口与腹之间一周折棱或凸棱，少数敛口近似子口，下接粗把中空高喇叭形足，器体大型或小型。分2式。

　　Ⅰ式　5件，出自M54。标本M54：37（图三一五：11；图版一五〇：6），尖唇，敞口，口与腹之间一周凸棱，浅盘，斜腹，圜底近平，下接空心近直高喇叭形足。素面，泥质橙红陶。通高15.4、口径18、盘深5.4、足径8.5、足高9.4厘米。

　　Ⅱ式　6件。敛口，口与腹间一周折棱，浅平盘，斜弧腹，下接粗把中空高喇叭形足，足内壁有轮旋平行纹。标本M54：34（图三一五：10；图版一五一：1），尖唇，敛口，浅平盘，圜底，下接粗把高喇叭足，足沿外折，足内壁有轮旋平行纹。素面，泥质灰胎黑皮陶。通高10.6、口径14、盘深4.4、足径9、足高6厘米。标本M21：9（图三一五：5；图版一五一：2），圆唇，敛口，口沿与盘腹由两截成型，连接部位有一周凸棱，浅平盘，斜腹，圜底，下接粗把近直高喇叭形足，盘底有圆形凹坑和刻划五条线。素面，泥质磨光红陶。通高11.2、口径15、盘深3.6、足径9、足高7厘米。标本M45：22（图三一五：12；图版一五一：3），尖唇，敛口，口与腹连接成型，呈子口状，浅平盘，斜弧腹，圜底近平，下接足跟径小高喇叭形足，足内壁有轮旋平行纹。素面，泥质灰胎黑皮磨光。通高14.8、口径21、盘深5.6、足径12.8、足高9厘米。标本M112：8（图三一五：13；图版一五一：4），尖唇，敛口，口与腹一次成型，浅盘，弧腹，圜底近平，下接空心高把喇叭形足。素面，泥质红陶。通高15、口径18、盘深5.2、足径9.5、足高9厘米。

　　C型　9件。敛口，少数敞口，浅盘或深盘，弧腹，圜底，盘口或盘腹饰一周带条状附加堆纹，带面上有刺点纹、剔点纹，圜底，下接喇叭形足。分4式。

　　Ⅰ式　1件。标本M29：35（图三一六：1；图版一五一：5），圆唇，敞口平沿一周附加堆纹，上饰刺点纹，浅盘，斜弧腹，圜底，下接矮喇叭形足。泥质灰白陶。通高9.2、口径15.8、盘深5.4、足径9、足高4.6厘米。

　　Ⅱ式　3件。口微敛，盘腹下部饰带条状附加堆纹。标本M4：1（图三一六：2；图版一五一：6），圆唇，口微敛，口腹之间有一周不明显折棱，浅盘，弧腹，腹壁下部饰一周带条附加堆纹，带面戳印圆点纹，圜底，下接稍高喇叭形足，器体小型。泥质灰陶。通高11.5、口径14.5、盘深5.6、足

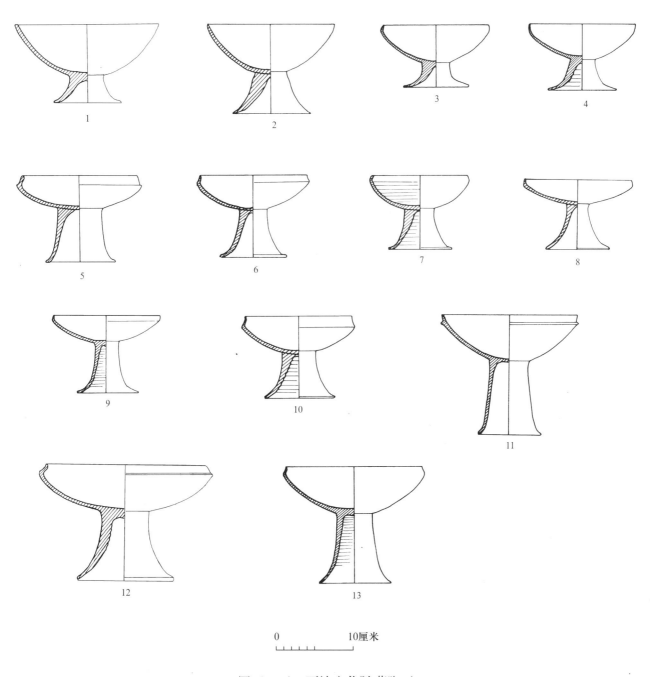

图三一五 石峡文化随葬陶豆

1、2.Bc型Ⅰ式陶豆（M44：37、M114：25） 3、4.Bc型Ⅱ式陶豆（M24：1、M29：8） 6、7.Bc型Ⅲ式陶豆（M54：35、M118：4） 8、9.Bc型Ⅳ式陶豆（M112：9、5） 11.Bd型Ⅰ式陶豆（M54：37） 5、10、12、13.Bd型Ⅱ式陶豆（M21：9、M54：34、M45：22、M112：8）

径10.5、足高5.6厘米。标本M4：5（图三一六：3；图版一五二：1），其形制与M4：1陶豆相同。泥质灰陶。通高11.4、口径15、盘深4.5、足径9.5、足高6.2厘米。标本M29：49（图三一六：4；图版一五二：2），圆唇，口微敛，口与腹间一周折棱，浅盘，斜弧腹，腹下部一周带条状附加堆纹，上有剔刺纹，圜底，下接足跟小矮喇叭形足。泥质红陶。通高10.5、口径17.5、盘深5.8、足径8.5、足高4.6厘米。

Ⅲ式　1件。标本M118：33（图三一六：5；图版一五二：3），尖唇，敞口，浅平盘，斜弧腹，腹下部一周带条状附加堆纹，圜底，下接小且矮喇叭形足。泥质红陶胎，黑皮磨光陶。通高8、口径21、盘深4.8、足径8、足高3厘米。

Ⅳ式　4件。敛口，深盘，圆弧腹，矮喇叭足。标本M91：2（图三一六：9；图版一五二：4），尖唇，敛口，深盘，圆弧腹，腹下部一周带条状附加堆纹，上剔刺长方形纹，圜底，下接矮喇叭形足。泥质橙黄陶。通高10、口径18.5、盘深6.6、足径9、足高3.2厘米。标本M118：5（图三一六：10；图版一五二：5），薄尖唇，敛口，深盘，圆弧腹，腹部一周带条状附加堆纹，上饰刺点纹，圜底，下接矮喇叭形足。泥质灰陶。通高11、口径18.5、盘深7.4、足径8.5、足高3.2厘米。标本M118：20（图三一六：11；图版一五二：6），尖唇，敛口，深盘，圆弧腹，腹下部一周带条状附加堆纹，上饰圆点纹，圜底近平，下接矮喇叭形足。泥质灰胎黑皮陶。通高11.7、口径23、盘深7.4、足径10.5、足高3.4厘米。

D型　1件。标本M39：13（图三一六：6；图版一五三：1），圆唇，子口凹槽，浅平盘，斜腹，圜底，下接细把凸棱喇叭形足。素面。泥质灰陶。通高8.5、口径15.5、盘深3.8、足径7.5、足高4.4厘米。

E型　1件。标本M48：3（图三一六：8；图版一五三：2），尖唇，矮子口，浅盘，斜腹，圜底近平，下接细把中空高喇叭形足，足沿外折。素面，泥质红陶。通高10.5、口径12、盘深3.6、足径7.5、足高6.4厘米。

F型　1件。标本M59：88（图三一六：7；图版一五三：3），尖唇，平沿，敞口，浅平盘，斜弧腹，圜底，下接喇叭形足。素面，泥质灰陶。通高9.6、口径17、盘深4.2、足径9.5、足高5厘米。

壶　28件。出自21座二次葬墓，1座一次葬墓，1座一次葬已迁墓。2件已残。26件为二次葬墓随葬品，其中一次葬随葬7件，二次葬随葬19件。一次葬墓和一次葬已迁墓各1件。其形制为子口或直口，长颈或短颈，扁圆腹或圆鼓腹，弧腹，圜底，下接圈足，子口或直口上附覆豆形或斗笠形器盖。亦见少数双贯耳壶和折腹壶。其中2件不分式。分五型。

A型　8件。子口，长颈或短长颈，扁圆腹，弧腹，圜底，下接圈足，少数陶壶出土时附器盖。分4式。

Ⅰ式　4件。子口，长颈或长束颈，广肩，扁圆腹，弧腹，圜底，下接圈足。标本M89：1（图三一七：1；图版一五三：4），尖唇，子口，长直颈，广肩，扁圆腹，弧腹，圜底，下接稍高圈足，肩腹之间一周折棱。子口之上附覆豆形器盖。素面，泥质橙红陶。通高23.2、壶高18.3、口径8.2、腹径16、足径11.5、足高3厘米。标本M25：4（图三一七：5；图版一五三：5；彩版二九：2），尖唇，子口，长直颈，广肩，扁圆腹，弧腹，圜底，下加稍高圈足外撇，弧腹中部有一周连接弧腹时接痕。素面，泥质橙红陶。通高19、口径8.5、腹径16、足径11.5、足高26厘米。标本M84：1（图三一七：7），尖唇，子口，长直颈，削肩，扁圆腹特扁，圈足缺。素面，泥质灰陶。残高灰陶。残高13、口径6.2、腹径12.6厘米。

Ⅱ式　1件。标本M114：2（图三一七：2；图版一五三：6），尖唇，子口稍敛，直颈稍短，广肩，扁圆腹，弧腹，圜底，下加矮圈足。素面，泥质红陶。通高13、口径8.2、腹径14、足

图三一六 石峡文化随葬陶豆

1.C型Ⅰ式陶豆（M29∶35） 2～4.C型Ⅱ式陶豆（M4∶1、M4∶5、M29∶49） 5.C型Ⅲ式陶豆（M118∶33） 9～11.C型Ⅳ式陶豆（M91∶2、M118∶5、M118∶20） 6.D型陶豆（M39∶13） 7.F型陶豆（M59∶88） 8.E型陶豆（M48∶3）

高1厘米。

　　Ⅲ式　1件。标本M39∶1（图三一七∶3；图版一五四∶4；彩版二九∶3），薄唇，子口，短束颈，削肩，圆弧腹，圜底近平，矮圈足稍外撇，子口上附覆豆形器盖。素面，泥质灰陶。通高21.6、壶高15.5、口径6.8、腹径14、足径8.2、足高2.2厘米。

　　Ⅳ式　1件。标本M104∶57（图三一七∶4；图版一五四∶1），尖唇，子口微敛，束颈比Ⅱ式短，广肩，圆弧腹，圜底，下接矮圈足外撇。素面，泥质红陶，器表磨光。通高13、口径7.5、腹径12.2、足径9.6、足高1.2厘米。

B型 3件。直而高子口，短颈圆肩，圆鼓腹或扁圆腹，圜底，下接圈足。分3式。

Ⅰ式 1件。标本M51：1（图三一七：8），尖唇，直子口，短颈稍内束，圆肩，圆鼓腹，弧腹，圜底近平，下接矮圈足。素面，泥质灰陶，薄胎。通高11.7、口径7.8、腹径11、足径7.5、足高1厘米。

Ⅱ式 2件。标本M29：9（图三一七：6；图版一五四：2；彩版二九：4），尖薄唇，高子口近直，短束颈，广肩，扁圆腹，弧腹，圜底近平，下接矮圈足稍外撇，腹下部饰两周凸弦纹。素面，泥质灰陶，薄胎。通高13.5、口径6.8、腹径14.2、足径8.5、足高1.4厘米。

Ⅲ式 1件。标本M118：2（图三一七：9；图版一五四：3；彩版二九：5），圆唇，高且直子口，直颈，圆肩，圆鼓腹，弧腹，圜底，下接稍高圈足外撇，腹下部饰两周凸弦纹。素面，泥质灰陶，胎壁较薄。通高20.5、壶高15.4、腹径12.2、足径8、足高1.8厘米。

C型 9件。侈口，长颈，圆肩，扁圆腹，弧腹，圜底，下接圈足。分4式。

Ⅰ式 2件。侈口，长颈，扁圆腹。标本M111：1（图三一八：1；图版一五四：6；彩版二九：6），圆唇，侈口，长颈，广肩，扁圆腹横截面呈椭圆形，弧腹，圜底近平，下接高圈足，长颈外壁有轮修时遗留的凹凸平行纹。素面，泥质红陶。通高16.5、口径8.2、腹径15、足径11.5、足高4厘米。标本M2：1（图三一八：9；图版一五四：5），圆唇，直口，长直颈，广肩，扁圆腹，弧腹，圜底，下接圈足，腹上部有轮修平行纹。素面，泥质灰陶。通高11.8、口径7.3、腹径11.4、足径8、足高1.8厘米。

Ⅱ式 3件。侈口，长颈比CⅠ式壶短，扁圆腹，通高与腹径相差无几，圜底，圈足外撇。标本M39：2（图三一八：3；图版一五五：5），圆唇，长颈稍斜，广肩，扁圆腹，弧腹，圜底，下接圈足，足沿外折。素面，泥质灰薄胎黑皮磨光。通高14.4、口径8.6、腹径13.8、足径9.4、足高2厘米。标本M129：14（图三一八：5；图版一五五：1；彩版三〇：1），圆唇，敞口，口沿稍外折，长颈直，广肩，扁圆腹，弧腹，圜底，下接高圈足外撇。素面，泥质灰陶。通高14.2、口径9、腹径13、足径7.6、足高1.2厘米。标本M107：1（图三一八：4；图版一五五：2），圆唇，直口，直颈，削肩，扁圆腹，弧腹，下接高圈足外撇。素面，泥质橙黄陶。通高13、口径6、腹径11.4、足径7.5、足高2.4厘米。

Ⅲ式 2件。敞口，扁圆腹更甚，腹径大于壶高。标本M108：14（图三一八：6；图版一五五：3；彩版三〇：2），尖唇，敞口，长颈外斜，广肩，扁圆腹，弧腹，圜底，下接矮圈足，足上穿4个对称小圆孔，口沿附斗笠形器盖。素面，泥质灰胎黑皮陶。通高12.3、壶高9、口径6.4、腹径10、底径4.8、足高1.2厘米。

Ⅳ式 1件。标本M80：30（图三一八：10；图版一五五：4），尖唇，敞口，斜长颈，削肩，折腹，圜底近平，下接圈足外撇，腹下部一周凸棱，口沿附斗笠形器盖。素面，泥质灰黑陶。通高18.6、壶高12.8、口径8、腹径12.8、足径7.5、足高1.4厘米。

D型 3件。形制不同之处壶腹有双折棱。分2式。

Ⅰ式 2件。标本M102：1（图三一八：2；图版一五六：1），圆唇，直颈，折肩，折腹，扁圆

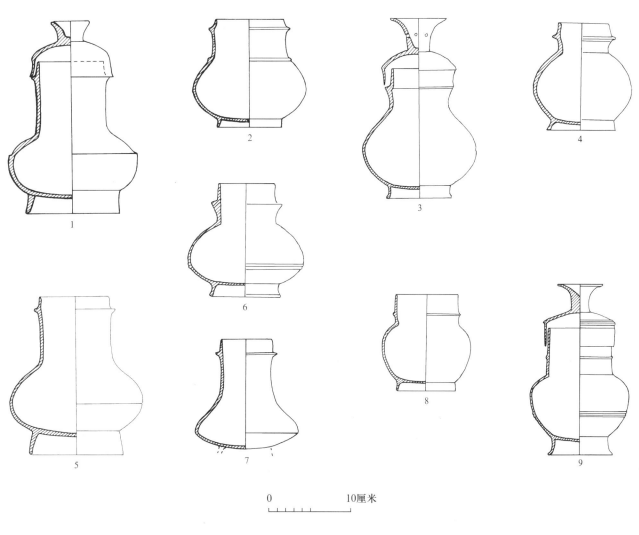

0　　　　　　　10厘米

图三一七　石峡文化随葬陶壶

1、5.A型Ⅰ式壶（M89：1、M25：4）　2.A型Ⅱ式壶（M114：2）　3.A型Ⅲ式壶（M39：1）　4.A型Ⅳ式壶（M104：57）
6.B型Ⅱ式壶（M29：9）　7.A型Ⅰ式壶（M84：1）　8.B型Ⅰ式壶（M51：1）　9.B型Ⅲ式壶（M118：2）

腹，圜底，下接圈足外撇，器颈和圈足较粗大。素面，泥质灰陶。通高7.3、口径5.4、腹径7.6、足径7、足高2厘米。小型明器。标本M79：1（图三一八：8；图版一五六：3；彩版三○：4），尖唇，侈口，下接圈足外撇。素面，泥质灰陶。通高12、口径7、腹径10.6、足径7.8、足高2厘米。

　　Ⅱ式　1件。折肩和折腹不如DⅠ式壶明显。标本M109：5（图三一八：7；图版一五六：2），圆唇，侈口，颈部稍长，折肩和折腹不明显，扁圆腹，圜底，下接矮圈足。素面，泥质红陶。通高10.5、口径6.2、腹径9.5、足径7.2、足高1厘米。

　　E型　3件。该壶与长江下游良渚文化陶器群中典型器双鼻壶相似，仅1件较完整，其余两件为双鼻壶口沿残片。1件M9：34在早期Ⅱ段出土，1件M108：40在中期出土。标本M44：4（图三一八：11；图版一五六：4；彩版三○：3），尖唇，侈口，口沿两侧附双鼻或双贯耳，长颈向下加粗，颈腹之间一周折棱，弧腹，圜底，下接圈足，足上穿2个对称小圆孔，圆孔与双鼻方向一致。素面，泥质灰陶，器表较粗糙未经磨光。通高16、口径9.2、腹径13.8、足径10、足高2.5厘米。

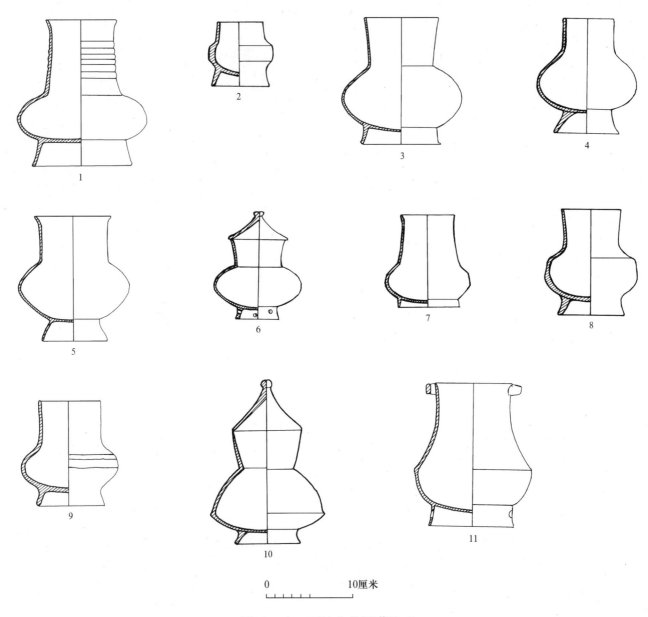

图三一八 石峡文化随葬陶壶

1、9.C型Ⅰ式壶（M111：1、M2：1） 2、8.D型Ⅰ式壶（M102：1、M79：1） 3～5.C型Ⅱ式壶（M39：2、M107：1、M129：14） 6.C型Ⅲ式壶（M108：14） 7.D型Ⅱ式壶（M109：5） 10.C型Ⅳ式壶（M80：30） 11.E型壶（M44：4）

罐 66件。其中46件可分型式。出自34座墓。32座为二次葬墓，出土46件。可分为一次葬随葬19件，二次葬随葬27件。3座一次葬墓随葬3件。其形制较为多样，有侈口、直口圈足罐、大口罐、平底罐、几何印纹陶罐、子口圈足罐等，以子口或侈口、直口圈足罐为主，可分为四型。

A型 7件。小口侈，矮领或高领，广肩，大鼓腹，圜底，圈足，罐通高与腹径相差无几。分2式。

Ⅰ式 1件。标本M9：3（图三一九：1；图版一五六：7），平沿，小口侈，矮领，束颈，广肩，大鼓腹，圜底，矮圈足外撇，罐身外壁中上部饰一周绳索状附加堆纹，腹下部到罐底拍印旋涡纹，印痕浅且不整齐，罐口上置覆豆式盖，盖纽有4件小圆孔。泥质灰陶。通高24、罐高20、口径8.4、腹径24、足径11.7厘米。

Ⅱ式　6件。多数无法修复。标本M107∶3（图三一九∶5；图版一五七∶3；彩版三〇∶5），圆唇，小口侈，高领，直颈，广肩，大鼓腹，圜底，下接直圈足，罐身外壁下部一周条状附加堆纹。泥质灰陶。通高19.7、口径9.5、腹径19.5、足径11厘米。

B型　26件。子口，短颈，广肩，鼓腹，圜底，圈足。罐高和腹径相当。分两亚型。

Ba型　8件。小子口，广肩，鼓腹，圜底，圈足，部分罐身外壁中部饰一周附加堆纹。分2式。

Ⅰ式　2件。子口较高且直，广肩，鼓腹，圜底，圈足。标本M2∶6（图三一九∶3），圆唇，直子口，广肩，大且圆鼓腹，圜底，缺圈足，罐底遗留连接圈足痕迹。子口上附覆豆式盖。素面，夹砂红陶，厚胎。通高25、罐残高19.5、口径12.4、腹径22.4厘米。标本M3∶11（图三一九∶4；图版一五六∶6），尖唇，子口微侈，领稍高，束颈，肩部附环形双耳，圈足残。素面，泥质红陶。残高19.5、口径10.8、腹径22.5厘米。

Ⅱ式　6件。均为泥质陶。子口微敛，短缩颈，广肩，鼓腹，圜底，圈足外撇或直。标本M131∶7（图三一九∶2；图版一五六∶5），圆唇，子口微敛，短颈，削肩，鼓腹，圜底，下接外撇圈足，罐身外壁中部有一周条状附加堆纹。泥质灰陶。通高17.5、口径10.6、腹径18.4、足径10.4厘米。

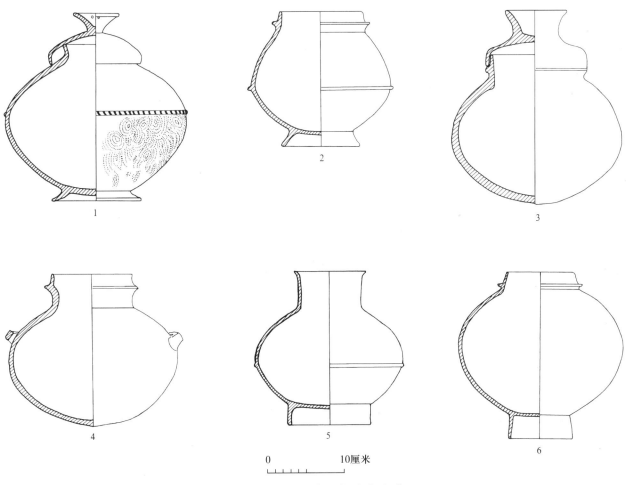

图三一九　石峡文化随葬陶罐

1.A型Ⅰ式罐（M9∶3）　　5.A型Ⅱ式罐（M107∶3）　3、4.Ba型Ⅰ式罐（M2∶6、M3∶11）　　2、6.Ba型Ⅱ式罐（M131∶7、M129∶17）

标本M129：17（图三一九：6）；小口，圆唇，子口微敛，短缩颈，广肩，大鼓腹，圜底，下接直圈足。素面，泥质灰陶。通高21.5、口径8.8、腹径22、足径8.5厘米。

Bb型　18件。子口，领稍高，束颈，广肩，鼓腹，圜底，下接矮圈足。分5式。

Ⅰ式　1件。标本M11：3（图三二〇：1；图版一五七：2；彩版三一：1），圆唇，子口微敛，短束颈，广肩，大鼓腹，圜底，下接矮圈足稍外撇，罐身外壁中部靠上有一周凸棱，可能是制作罐身时接缝。素面，泥质灰白陶，器壁较薄。通高18、口径11.5、腹径21.5、足径9.5厘米。

Ⅱ式　1件。标本M69：16（图三二〇：3；图版一五七：1），圆唇，直子口稍高，广肩，大鼓腹，圜底，圈足残，罐身外壁中部有一周条状附加堆纹，整个器体在烧造时已变形。泥质灰陶，器表磨光。残高19.5、口径9.5、腹径20.6厘米。

Ⅲ式　9件。多数无法修复。2件夹砂陶，7件泥质陶。子口，斜领，束颈，广肩，大鼓腹，圜底，圈足。标本M59：38（图三二〇：4；图版一五七：4；彩版三一：2），圆薄唇，子口微敛，斜领，束颈，广肩，大鼓腹，圜底，下接矮圈足外撇，罐身外壁中部有一周扁带状附加堆纹，上戳印两排圆圈纹。素面，泥质灰陶。通高18.5、口径8.5、腹径20、足径9.5厘米。标本M67：5（图三二〇：5；图版一五七：5），圆唇，子口微敛，束颈，削肩，鼓腹，圜底，下接矮圈足稍外撇，罐身外壁中部有一周绳索状附加堆纹。夹砂灰陶。通高14.7、口径10.5、腹径17、足径8.8厘米。

Ⅳ式　6件。4件夹砂陶，2件泥质陶。罐颈部比Ⅲ式长。标本M47：17（图三二〇：2），尖唇，子口微敛，束颈稍长，圆肩，鼓腹，圜底，下接矮圈足，罐身中部外壁有两带条状附加堆纹。泥质灰陶。通高18、口径7.5、腹径17、足径8.4厘米。标本M108：9（图三二〇：6；图版一五七：6），圆唇，子口微敛，束颈稍长，广肩，鼓腹，圜底，下接圈足，足跟有对称4圆孔，足沿内敛，子口上置覆豆式盖。素面，夹砂红陶。通高25.6、罐高21、口径9、腹径20、足径10厘米。

Ⅴ式　1件。标本M81：2（图三二〇：7；图版一五八：1），尖薄唇，直子口，颈较长，削肩，扁圆腹，圜底，下接高圈足外撇，罐身中部外壁有2周凹弦纹，形制介于罐壶之间。泥质灰陶。通高18.5、口径10.5、腹径17.2、足径12.2厘米。

C型　4件。敛口或直口，直领，扁圆腹，圜底，矮圈足，器体小型，腹径大于通高。分3式。

Ⅰ式　1件。标本M102：4（图三二〇：8；图版一五八：2），平沿，小口敛，无领无颈，广肩，扁圆腹，圜底，下接特矮圈足外撇，肩部两周弦纹。泥质灰黄陶。通高11、口径8、腹径17、足径9厘米。

Ⅱ式　1件。标本M48：7（图三二〇：9；图版一五八：3），平唇，小口直领，广肩，扁圆腹，圜底，下接矮圈足外撇。素面，泥质红胎黑皮陶，通高11、口径7、腹径16、足径9.5厘米。

Ⅲ式　2件。标本M54：13（图三二〇：10；图版一五八：4），尖薄唇，小口直领稍高，广肩，截面呈椭圆形扁圆腹，圜底近平，下接圈足已残，肩部有一周扁带状附加堆纹。泥质灰陶，薄胎。残高12、口径8.8、腹径18.2、足径8.2厘米。

D型　2件。斜领，扁圆腹，圜底，稍高圈足外撇。标本M4：2（图三二一：2；图版一五八：5），圆唇，敞口，斜领，束颈，圆肩，扁圆腹，圜底，下接稍高圈足外撇。素面，夹砂褐陶。通高8.2、口径10、腹径11.2、足径7.5厘米。器体小型。标本M29：58（图三二一：1；图版一五八：6），平

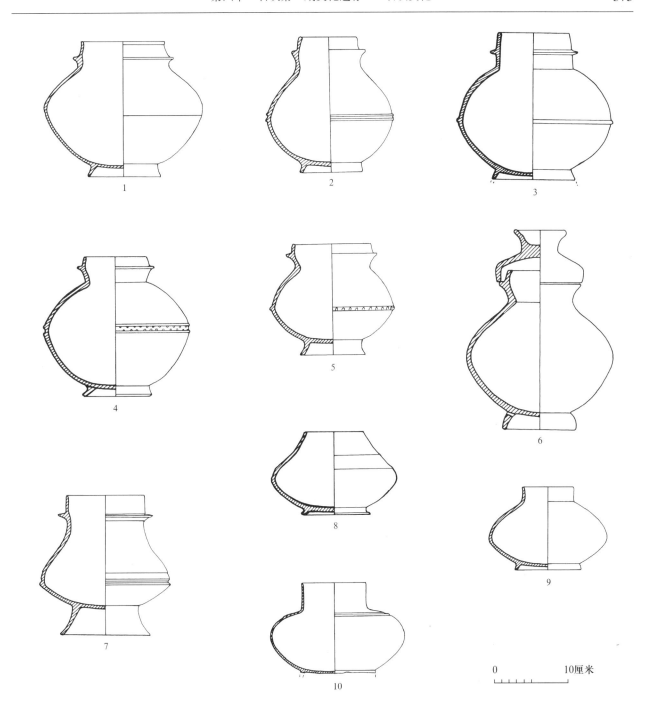

图三二〇 石峡文化随葬陶罐

1.Bb型Ⅰ式罐（M11：3） 3.Bb型Ⅱ式罐（M69：16） 4、5.Bb型Ⅲ式罐（M59：38、M67：5） 2、6.Bb型Ⅳ式罐
（M47：17、M108：9） 7.Bb型Ⅴ式罐（M81：2） 8.C型Ⅰ式罐（M102：4） 9.C型Ⅱ式罐（M48：7） 10.C型Ⅲ
式罐（M54：13）

唇，口微敛，斜领，束颈，圆肩，扁圆腹，圜底，下接稍高圈足外撇。素面磨光，泥质灰白陶。通
高15、口径14、腹径16.8、足径10.6厘米。

几何印纹陶罐 4件。斜领，广肩或圆肩，鼓腹，圜底，矮圈足，器表拍印条纹，曲折纹。标本

M45：31（图三二一：3；图版一五九：1；彩版三一：3），平沿，侈口，斜领，广肩，大鼓腹，圆底着地，下接矮圈足近似一周泥条，领以下压印一周斜向条纹，之下拍印曲折纹，印痕较为错乱，罐身中部外壁有一周扁带状附加堆纹，经观察附加堆纹和圈足是最后一道工序。泥质灰陶。通高20、口径12.2、腹径21.8、足径9.8厘米。标本M45：30（图三二一：5；图版一五九：2），平沿，直口，直领，削肩，鼓腹，圆底，下接矮圈足，器表拍印条纹，曲折纹，印痕错乱，罐身中部外壁有一周扁带状附加堆纹。泥质灰陶。通高15.6、口径10.5、腹径16、足径7.8厘米。标本M78：4（图三二一：6），尖唇，侈口，斜领，圆肩，圆鼓腹，圆底，下接矮圈足外撇，罐壁中部有一周条状附加堆纹，器表拍印曲折纹，仅见肩部残留一小块错乱曲折纹，其他部位已不清晰，泥质灰陶。通高15.7、口径8、腹径15、足径9.5厘米。

大口罐　1件。标本M69：20（图三二一：8；图版一五九：3），尖唇，大敞口，束颈，削肩，圆鼓腹，圆底，下接圈足近直，肩部有一周锥刺纹组成三角纹图案。泥质红陶。通高19.5、口径18.4、腹径23、足径12厘米。

平底罐　1件。标本M20：8（图三二一：7、图版一五九：4；彩版三一：4），薄尖唇，大口微敛，高领，圆肩，扁圆腹下部内收，平底。素面，泥质灰白陶，薄胎。通高15、口径13、腹径18、底径8厘米。墓葬出土的平底器仅此1件。

直身罐　1件。标本M59：20（图三二一：4；图版一五九：5），圆唇，敞口，斜领，斜肩，斜直腹，圆底，腹和圈底之间一周折棱。素面，泥质橙黄陶。通高11.5、口径10、腹径12.2厘米。

瓮　11件。其中7件可分型式。出自8座二次葬墓，一次葬随葬9件，二次葬随葬2件，多数一次葬陶瓮只见到残口沿、圈足和腹片，无法修复。其形制小口外侈，高领，大鼓腹，圆底或圈足，瓮残片中见到有子口、盘形口、鼓腹外壁有两周绳索状附加堆纹，下加直圈足。分三型。

A型　1件。标本M99：27（图三二二：1、图版一五九：6），尖唇，小敞口，高斜领，束颈，广肩，大鼓腹，器里深且宽，圆底。泥质灰陶，器表拍印细方格纹。高40.5、口径14.5、腹径48厘米。

B型　5件。小口，高领，广肩，大鼓腹，圈足。分2式。

Ⅰ式　4件，1件完整。标本M42：25（图三二二：2；图版一六〇：1；彩版三一：5），圆唇，小敞口，高领稍内弧，广肩，大鼓腹，圆底，下接直圈足，腹壁有两周条状附加堆纹。泥质灰陶。通高31、口径12、腹径33.3、足径15厘米。

Ⅱ式　1件。标本M42：24（图三二二：3；图版一六〇：2；彩版三一：6），平沿，小直口，直领，广肩，大鼓腹，圆底，下接矮圈足。素面，泥质灰黄陶。通高22.6、口径7.6、腹径22、足径9厘米。

C型　1件。标本M59：13（图三二二：4），尖唇，盘形口，束颈，广肩，鼓腹，圆底，矮圈足，腹部饰一周绳索状附加堆纹。泥质黑胎黑皮陶。残高36、口径25.2、腹径30、足径16厘米。该瓮口沿部分形制，为珠江三角洲地区同期古文化遗存陶器形制特征之一，石峡文化墓葬出土仅此1件。

杯　5件。出自4座二次葬墓，一次葬随葬2件，二次葬随葬3件，均为泥质陶，其形制为敞口，器身为束腰形，折腹，圆底，下接细把凸棱喇叭形足，个别附斗笠形器盖。分3式。

Ⅰ式　1件。标本M9：13（图三二三：4；图版一六〇：3；彩版三二：1），尖唇，敞口，器壁束腰，折腹，下连接一周泥条呈垂沿，圆底近平，下接半实心细把凸棱喇叭形足。素面，泥质灰胎

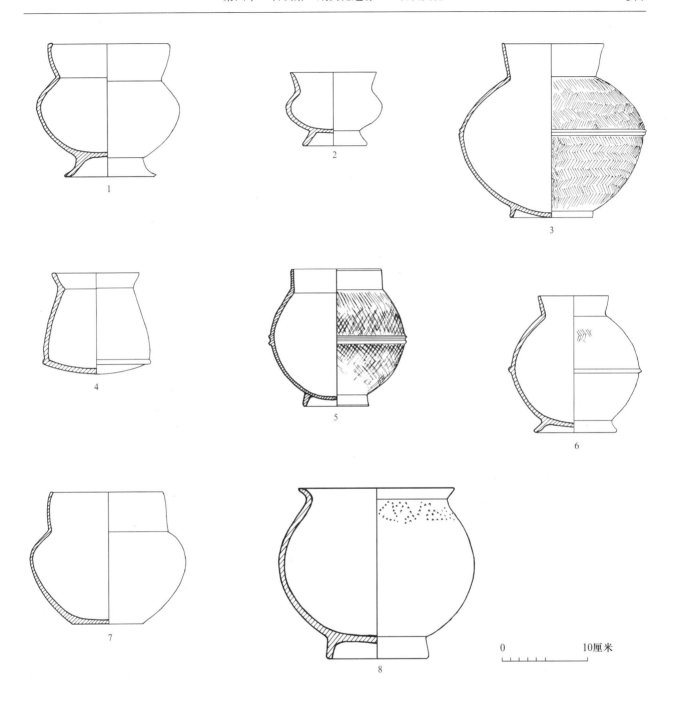

图三二一 石峡文化随葬陶罐

1、2.D型罐（M29：58、M4：2） 3、5、6.几何印纹陶罐（M45：31、M45：30，M78：4） 4.直身罐（M59：20） 7.平底罐（M20：8） 8.大口罐（M69：20）

黑皮陶。通高12.5、口径11、足高7.6、足径9.8厘米。

Ⅱ式 2件。标本M33：9（图三二三：2；图版一六三：4），圆唇，宽敞口，深盘，束腰，折腹，圜底，下接细把中空凸棱喇叭形足。素面，泥质黄白陶。通高16.4、口径12.5、足高6.6、足径10.4厘米。

Ⅲ式 2件。形制为高身，折腹，圈足饰镂孔。标本M10：18（图三二三：6），尖唇，敞口，高身，器壁近直，折腹处一周凸棱，圆底，下接高细把凸棱喇叭形足，圈足上饰圆镂孔，杯口置斗笠形器盖。泥质橙黄陶。通高18.7、杯高15.2、口径9.4、足高7、足径9.4厘米。标本M10：39（图三二三：1；图版一六一：1），形制与18号陶杯相近，为M10一次葬随葬品，缺圈足，细把中空饰4个圆孔。泥质红陶。残高14.3、口径8.5、足残高6.2厘米。

簋 10件。出自6座二次葬墓，共有8件，一、二次葬随葬各4件。1座一次葬墓出土2件，均为泥质陶。形制敛口或敞口，口径宽，器身较矮，个别为子口，深盘或浅盘，矮圈足多见。分四型。

A型 5件。敛口，矮圈足，足径宽。分4式。

Ⅰ式 1件。标本M124：9（图三二三：8），圆唇，敛口，深盘，弧腹，圆底，下接矮圈足，足沿外撇，圈足饰半月形小镂孔一对。泥质灰陶。通高8.3、口径17.5、盘深5.6、足径11.7、足高3厘米。

Ⅱ式 1件。标本M48：4（图三二三：3；图一六一：7），圆唇，敛口内折沿，深盘，弧腹，圆底近平，下接矮圈足外撇，敛口部分饰6周平行弦纹。泥质灰陶泛白色。通高9.2、口径17、盘深6、足径12.5、足高3厘米。

Ⅲ式 1件。标本M121：2（图三二三：7；图版一六一：2），圆唇，敛口，深盘，弧腹，圆底，下接矮圈足外撇。素面，泥质灰陶。通高7、口径12、盘深4.8、足径8.8、足高2.2厘米。

Ⅳ式 2件。口微敛，浅平盘，稍高圈足。标本M121：1（图三二三：5；图版一六一：3），圆唇，口微敛，浅平盘，圆弧腹，下接稍高大圈足，足沿外撇。素面，泥质灰陶。通高8.5、口径14、盘深4.4、足径11、足高4厘米。标本M51：32（图三二三：9；图版一六一：4），圆唇，口微敛，浅平盘，弧腹，下接大圈足，足沿外撇，近足沿部分有一对小镂孔。泥质褐陶。通高8、口径16、盘深4、足径12.5、足高4厘米。

B型 1件。标本M43：36（图三二三：10；图版一六一：5），圆唇，子口微敛，浅盘，弧腹，圆底，下接高且大圈足，盘腹有两周凸棱，足壁有4周棱脊，从上至下有3组镂孔带，接盘腹处有一对椭圆形大镂孔和两对双圆孔，之下是4周棱脊之间饰小镂孔，足沿内折饰一周排列规整小镂孔。泥质灰胎黑皮陶。通高12.5、口径20、盘深5、足径24.5、足高10厘米。

C型 2件。标本M59：16（图三二四：2；图版一六二：1），平唇，敞口，浅平盘，折斜腹，圆底近平，下接足跟粗高圈足，足壁外鼓，近足沿饰"品"字形圆孔和一对小圆孔。泥质灰胎黑皮陶。通高8.8、口径20、盘深2.4、足径12.4、足高5厘米。

D型 2件。敞口，深盘，大圈足。标本M45：32（图三二四：1；图版一六一：6），平沿，敞口，深盘，斜弧腹，圆底近平，下接大圈足，足沿外折，盘身和圈足外壁饰凸凹圆棱平行纹，圈足有一对椭圆形镂孔和4个对称小镂孔。泥质灰陶，器表磨光。通高11.2、口径20.5、盘深5.4、足径15.4、足高5.6厘米。标本M45：33（图三二四：9；图版一六二：2），圆唇，敞口，深盘，斜弧腹，圆底近平，下接大圈足，盘外壁上部和腹部有5周条状附加堆纹，圈足有一对半月形大镂孔。泥质灰陶，器表磨光。通高11.5、口径20、盘深6、足径14、足高5.2厘米。

觯形器 3件。出自3座二次葬墓，一次葬随葬1件，已残，二次葬随葬2件，器体小型。标本M57：14（图三二四：4；图版一六二：3；彩版三二：2），尖唇，侈口，长颈，颈壁呈束腰形，

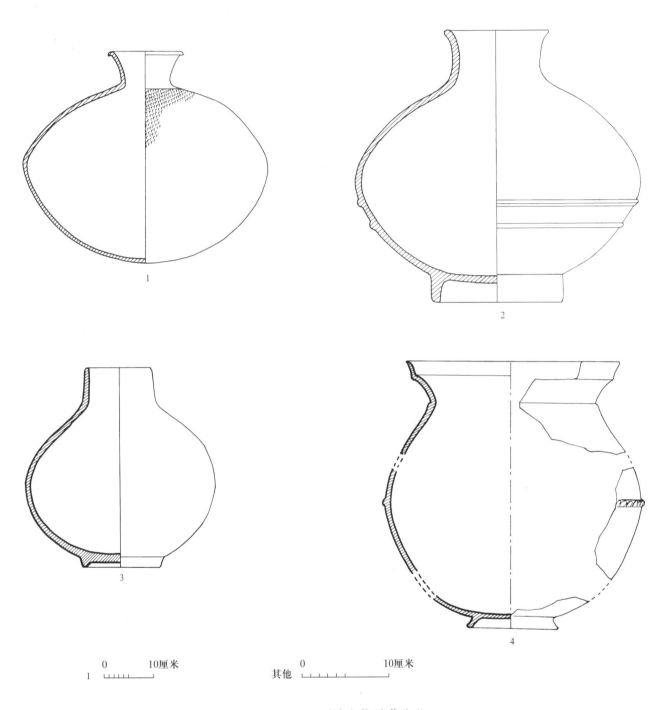

图三二二　石峡文化随葬陶瓮

1.A型瓮（M99：27）　　2.B型Ⅰ式瓮（M42：25）　　3.B型Ⅱ式瓮（M42：24）　　4.C型瓮（M59：13）

矮扁圆腹，圜底，下接特矮圈足，口沿上置覆豆式盖。素面，泥质红陶。通高16.6、身高13.6、腹径10.2、足径7.5、足高0.7厘米。标本M81：3（图三二四：7；图版一六二：4），尖唇，侈口，长颈，颈壁下斜，矮扁圆腹，圜底，下接矮圈足。素面，泥质红陶。通高12、口径6.8、腹径7.5、足径5.7、足高1厘米。

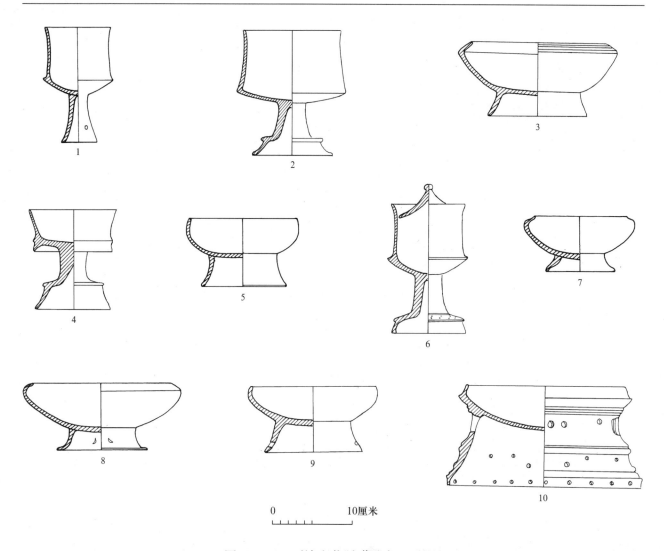

图三二三　　石峡文化随葬陶杯、陶簋

1、6.Ⅲ式杯（M10∶39、18）　2.Ⅱ式杯（M33∶9）　4.Ⅰ式杯（M9∶13）　3.A型Ⅱ式簋（M48∶4）　5、9.A型Ⅳ式簋（M121∶1、M51∶32）　7.A型Ⅲ式簋（M121∶2）　8.A型Ⅰ式簋（M124∶9）　10.B型簋（M43∶36）

　　泥质陶鼎　3件。出自3座二次葬墓，其中一次葬随葬1件，二次葬随葬2件。均为泥质陶，形制为子口，深直腹形似盒，下接连裆三足，不同于子口三足盘，亦非饮食器。标本M129∶10、15（图三二四∶3；图版一六二∶5），圆唇，子口微敛，深直腹稍内斜，圜底，腹与底之间有一周折棱，圜底外缘接矮联裆三角形足，足泥边内捏，饰圆镂孔各1个。子口上置覆豆式盖。泥质灰陶。通高19、鼎身高12.4、口径12.5、腹径12.2、足高6厘米。标本M114∶27、1（图三二四∶8；图版一六三∶1；彩版三二∶3），尖唇，子口微敛，深直腹稍外斜，平底，底部外缘接联裆矮梯形足，子口上置覆豆式盖。素面，泥质红陶。通高15、鼎身高10、口径9.2、腹径10.4、足高3.2厘米。标本M118∶10（图三二四∶5；图版一六三∶2），尖唇，直子口，深直腹，圜底近平，器身一对横穿耳，三足已残。素面，泥质灰黄陶。残高6.5、口径8.8厘米。仅此1件。

　　白陶鼎　1件。标本M10∶9（图三二四∶6；图版一六三∶3；彩版三二∶4），尖唇，子口微敛，束颈，扁圆腹，圜底，下接联裆高梯形足，足边内捏，足上各饰镂孔3个，子口上置覆豆式盖，盖纽穿3孔。泥质黄白陶。通高21.7、身高16.4、口径8.4、腹径12.8、足高8厘米。

　　器盖　33件。出自21座二次葬墓，其中一次葬随葬8件，二次葬随葬21件，一次葬墓1件。形制为覆豆形盖和斗笠形盖两类。大多数是罐、壶、盂、杯、泥质陶鼎的器盖，其中2件已残。分两型。

　　A型　20件。覆豆形，喇叭形盖纽。分三亚型。

　　Aa型　12件。盖口沿稍敛，弧腹，细把或粗把喇叭形盖纽。分2式。

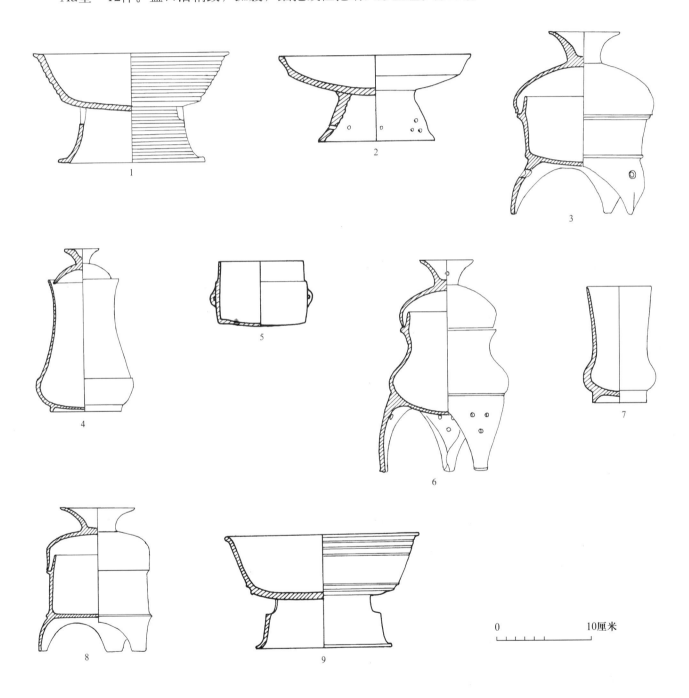

图三二四　石峡文化随葬陶簋、觯形器、泥质陶鼎、白陶鼎

1、9.D型陶簋（M45：32、33）　2.C型陶簋（M59：16）3、5、8.泥质陶鼎（M129：10、15，M118：10，M114：27、1）
6.白陶鼎（M10：9）　4、7.陶觯形器（M57：14、M81：3）

Ⅰ式　9件。细把喇叭形盖纽。标本M9：46（图三二五：1），圆唇，盖口微敛，弧腹，细把矮喇叭形盖纽上穿双孔，为该墓3号罐盖。泥质灰陶。通高6.6、口径11.8、纽径6、纽高2.6厘米。标本M131：4（图三二五：2；图版一六四：1），尖唇，盖口微敛，口沿与弧腹间一周折棱，矮喇叭形盖纽，为该墓3号罐盖。素面，泥质灰陶。通高6.3、口径10.5、纽径6.4、纽高2.2厘米。标本M10：53（图三二五：3），尖唇，盖口微敛，弧腹，矮喇叭形盖纽上有3圆孔，为该墓9号白陶鼎盖。泥质黄白陶。通高7、口径10、纽径5.8、纽高2.6厘米。

Ⅱ式　3件。侈口，弧腹，小喇叭形盖纽。标本M89：4（图三二五：4；图版一六四：2），尖唇，侈口，圆弧腹，小喇叭形盖纽，为该墓1号壶盖。素面，泥质红胎黑皮陶。通高10.6、口径6.8、纽径4.6、纽高2.6厘米。标本M47：116（图三二五：5；图版一六四：3），圆唇，侈口，口与腹之间一周折棱，弧腹，小喇叭形纽，为该墓4号罐盖。素面，泥质红陶。通高7.4、口径11、纽径4、纽高3厘米。

Ab型　4件。直子口，折斜腹或折弧腹，宽口喇叭形盖纽。标本M39：73（图三二五：6），尖唇，直子口，折弧腹，高宽口喇叭形盖纽，纽壁有3圆孔，为该墓1号壶盖。泥质灰陶。通高8、口径8.7、纽径7、纽高4.2厘米。标本M118：42（图三二五：7），尖唇，直子口，折斜腹，细把半中空，高宽口喇叭形盖纽，盖腹饰3周弦纹，为该墓2号壶盖。泥质灰陶。通高7.6、口径8.4、纽径5.4、纽高3.2厘米。

Ac型　4件。粗喇叭形盖纽，斜平腹。分2式。

Ⅰ式　2件。标本M2：13（图三二五：11），圆唇，直口，斜平腹，粗喇叭形盖纽，为该墓6号夹砂罐盖。素面，夹砂红陶。通高7.4、口径13.4、纽径8.2、纽高3.8厘米。标本M108：8（图三二五：8；图版一六四：4），形制与M2：13同，为该墓9号夹砂罐盖。素面，夹砂红陶。通高7、口径11.5、纽径6.9、纽高3厘米。

Ⅱ式　2件。子口直或外斜，斜平腹，粗矮喇叭形盖纽。标本M47：113（图三二五：9），尖唇，直子口，为该墓17号罐盖。素面，泥质灰胎黑皮陶。通高5.2、口径9.5、纽经5、纽高2厘米。标本M51：30（图三二五：10；图版一六四：5），尖唇，子口外斜，平腹，粗矮喇叭形盖纽，为该墓1号壶盖。素面，泥质灰胎黑皮陶。通高5.5、口径10、纽径6、纽高2.2厘米。

B型　8件。盖身斗笠形，敞口，斜壁，矮小喇叭形盖纽，盖身有高矮不同。分2式。

Ⅰ式　2件。平沿，敞口，斜腹，盖身为斗笠形，盖纽为喇叭形。标本M59：89（图三二五：12；图版一六四：6），平沿，敞口，斜壁，矮小喇叭形盖纽。素面，泥质灰陶。通高3.8、口径10、纽径3.2、纽高2厘米。

Ⅱ式　1件。标本M118：26（图三二五：13；图版一六五：1），尖唇，敞口，斜壁，喇叭形盖纽。素面，泥质橙红陶。通高6.5、口径12、纽径6、纽高3厘米。

C型　5件。盖身为矮平沿或高斗笠形。分2式。

Ⅰ式　1件。标本M48：8（图三二五：14；图版一六五：2；彩版三二：5），平沿，矮斗笠形，圆珠形纽中间穿一孔，为该墓10号盂盖。素面，夹砂褐陶。通高2.4、口径7.6厘米。

Ⅱ式　4件。标本M108：82（图三二五：15），斗笠形，扁圆形纽，为该墓14号壶盖。素面，

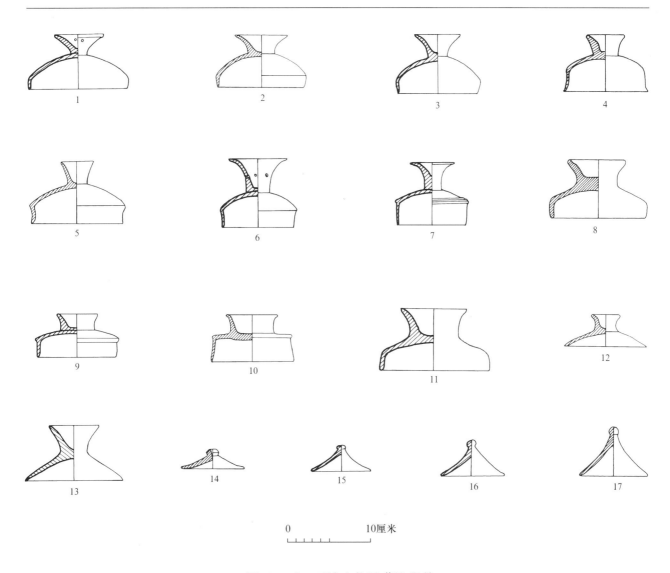

0　　　　　　　　10厘米

图三二五　石峡文化随葬陶器盖

1~3.Aa型Ⅰ式器盖（M9：46、M131：4、M10：53）　4、5.Aa型Ⅱ式器盖（M89：4、M47：116）　6、7.Ab型器盖
（M39：73、M118：42）　8、11.Ac型Ⅰ式器盖（M108：8、M2：13）　9、10.Ac型Ⅱ式器盖（M47：113、M51：30）　12、
13.B型Ⅰ式器盖（M59：89、M118：26）　14.C型Ⅰ式器盖（M48：8）　15、16、17.C型Ⅱ式器盖（M108：82、M10：52、
M80：29）

泥质灰胎黑皮陶。通高3.2、口径7.4厘米。标本M10：52（图三二五：16），斗笠形，斜壁稍内弧，圆珠形盖纽，为该墓18号杯盖。素面，泥质橙黄陶。通高4.4、口径8厘米。标本M80：29（图三二五：17；图版一六五：3），平沿，敞口，尖顶斗笠形，圆珠形盖纽，为该墓30号壶盖。素面，泥质磨光黑陶。通高5.5、口径8厘米。

陶纺轮　95件。出自20座墓，其中二次葬墓12座、一次葬墓6座、一次葬已迁墓2座。二次葬墓里一次葬随葬26件，二次葬随葬50件，一次葬已迁墓出土8件，一次葬墓出土11件。陶质有夹砂陶和泥质陶，表面抹光，多数为素面，少数底面用刻划、刺点"米"字形、"十"字形、"火轮状"纹和花瓣状纹或戳四个对称圆窝纹。纺轮直径一般为3.7~4.5厘米，最大者直径5.5、小的2.3厘米，厚度1~1.8厘米，最厚者2.2厘米，薄者仅0.5厘米。分五型。

　　A型　48件。扁鼓形，中间穿一孔，周边外弧形有一周折棱，断面六边形，少部分底面饰刻划纹、刺点纹。分2式。

　　I式　20件。高身厚体，个体较大，直径4~4.6、厚1.6~2.2厘米。标本M102∶6（图三二六∶1），直径4.2、厚2厘米。标本M9∶42（图三二六∶3），直径4.6、厚1.8厘米。标本M129∶6（图三二六∶5；图版一六五∶4），直径4.5、厚2.2厘米。标本M43∶55（图三二六∶2；图版一六五∶5），周边呈外圆弧形无折棱，直径4、厚1.7厘米。标本M10∶34（图三二六∶4；图版一六五∶6），直径4.5、厚1.6厘米。标本M27∶26（图三二六∶6；图版一六六∶1），周边外弧形无折棱，直径4.3、厚1.6厘米。

　　II式　28件。矮身扁鼓形，断面六边形或扁鼓形，个体比I式小，直径2.7~4.4、厚1~1.4厘米，部分底面饰花纹。标本M7∶4（图三二七∶1；图版一六六∶2），小型，直径2.7、厚1.1厘米。标本M59∶61（图三二七∶2；图版一六六∶3），直径3.5、厚1厘米。标本M27∶22（图三二七∶3；图版

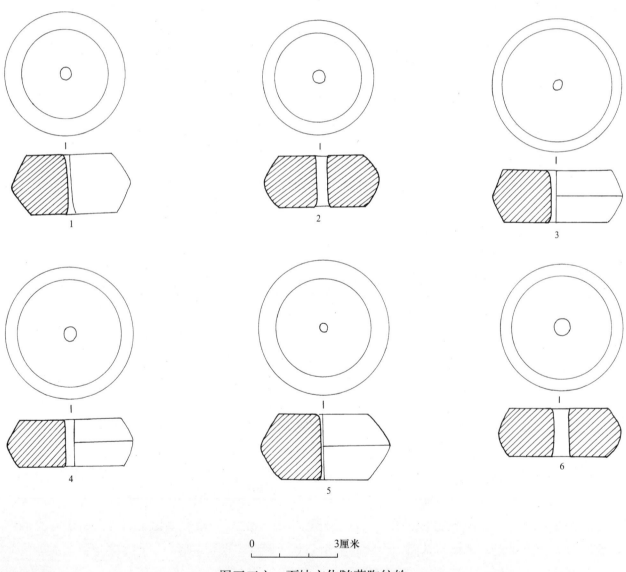

0　　　　　　3厘米

图三二六　石峡文化随葬陶纺轮

1~3.A型I式陶纺轮（M102∶6、M43∶55、M9∶42）　　4~6.A型I式陶纺轮（M10∶34、M129∶6、M27∶26）

一六六：4），断面圆角六边形，表面用手抹平。直径4、厚1.1厘米。标本M43：54（图三二七：4、图版一六六：5），断面呈扁鼓形，周边外圆弧形，底面刻划直线成四格，每格饰圆窝纹。直径4.5、厚1.4厘米。标本M10：30（图三二七：5；图版一六六：6），断面扁鼓形，底面饰对称四圆窝纹。直径4、厚1.2厘米。标本M59：8（图三二七：6；图版一六六：3），断面六边形，底面饰交叉刺纹。直径4.2、厚1.3厘米。标本M27：1（图三二七：7；图版一六六：4），断面六边形，底面饰刺"十"字纹。直径4.4、厚1.4厘米。标本M51：23（图三二七：8；图版一六七：1），底面饰刺"十"字纹。直径3.8、厚

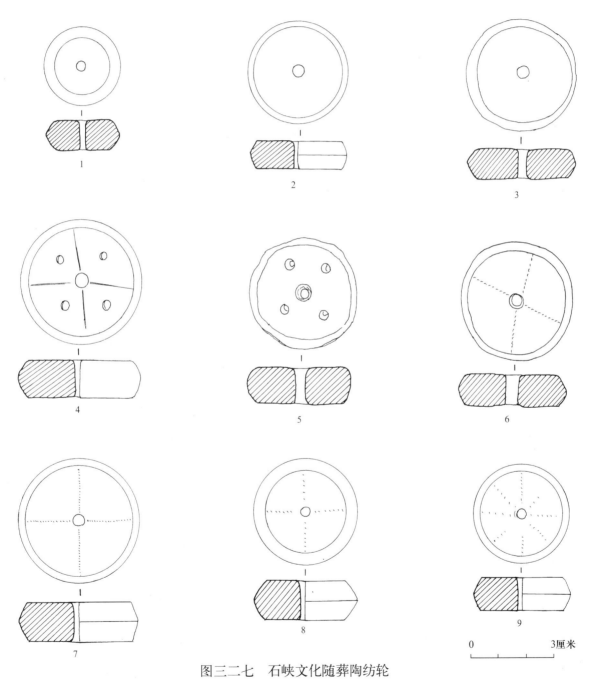

图三二七 石峡文化随葬陶纺轮

1~4.A型Ⅱ式陶纺轮（M7：4、M59：61、M27：22、M43：54） 5~7.A型Ⅱ式陶纺轮（M10：30、M59：8、M27：1） 8、9.A型Ⅱ式陶纺轮（M51：23、M29：29）

1.4厘米。标本M29：29（图三二七：9），断面六边形，底面饰刺"米"字纹。直径3.6、厚1.2厘米。

　　B型　19件。扁圆形，中间穿一孔，断面扁平薄体椭圆形，直径3.3～5、厚0.6～1.1厘米。有大小厚薄之分。标本M96：3（图三二八：1；图版一六七：2），小型，直径3.3、厚0.6厘米。标本M129：28（图三二八：2），直径4.9、厚1厘米。标本M29：61（图三二八：5），器表抹平，底面一半饰刺纹。直径3.7、厚1.1厘米。标本M59：64（图三二八：4；图版一六七：3），底面饰3条刺纹。直径4.2、厚1.1厘米。标本M118：38（图三二八：3；图版一六七：5），薄体，直径3.8、厚0.7厘米。

　　C型　24件。覆斗形，上小下大，中间穿一孔，周边外斜，断面圆角梯形。分2式。

　　Ⅰ式　6件。高身覆盆形。标本M129：8（图三二八：6；图版一六五：4），底部残，直径3.9、厚1.4厘米。标本M27：4（图三二八：7；图版一六六：4），直径4.4、厚1.6厘米。标本M87：2（图三二八：8；图版一六七：4），直径4.3、厚1.4厘米。

　　Ⅱ式　18件。矮身覆斗形，部分底面饰花纹。标本M37：10（图三二九：7；图版一六八：1），小型，直径2.3、厚0.8厘米。标本M29：27（图三二九：3；图版一六八：3），上半部残，底面饰刺"米"字纹。直径3、厚0.8厘米。标本M29：28（图三二九：2），底面饰刺"十"字和花瓣纹。直径3.6、厚0.8厘米。标本M29：10（图三二九：1），周边稍外斜，底面刺"米"字纹。直径

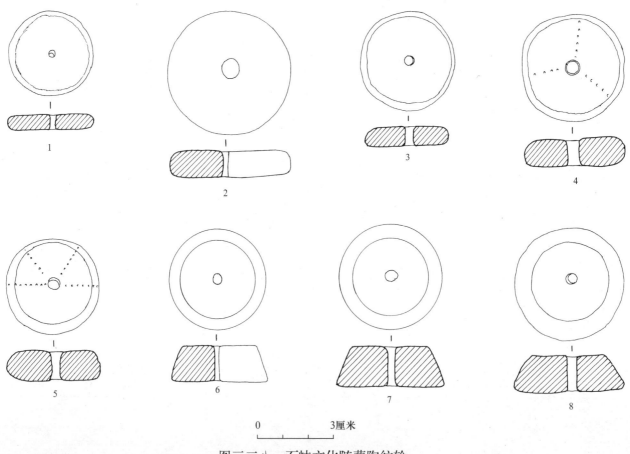

0 　　　3厘米

图三二八　石峡文化随葬陶纺轮

1～5.B型陶纺轮（M96：3、M129：28、M118：38、M59：64、M29：61）　6～8.C型Ⅰ式陶纺轮（M129：8、M27：4、M87：2）

3.7、厚1厘米。标本M29：30（图三二九：4；图版一六八：3），一半已残，底面刺火轮状纹。直径4、厚0.7厘米。标本M29：31（图三二九：5），形似平顶斗笠，顶部特小内凹，周边向外斜。直径4、厚0.8厘米。标本M118：16（图三二九：6），直径3.7、厚0.6厘米。

D型　3件。圆柱体形，顶和底面同样大小，中间穿一孔，周边平直，断面圆角长方形。分2式。

I式　2件。高身圆柱形。标本M9：7（图三二九：10），周边微弧，表面抹平。直径4.7、厚1.2厘米。标本M129：9（图三二九：12），高身圆柱形。直径3.5、厚1.9厘米。标本M86：8（图三二九：9），周边平直，边角稍弧。直径5.5、厚1.9厘米，是墓葬中最大一件陶纺轮。

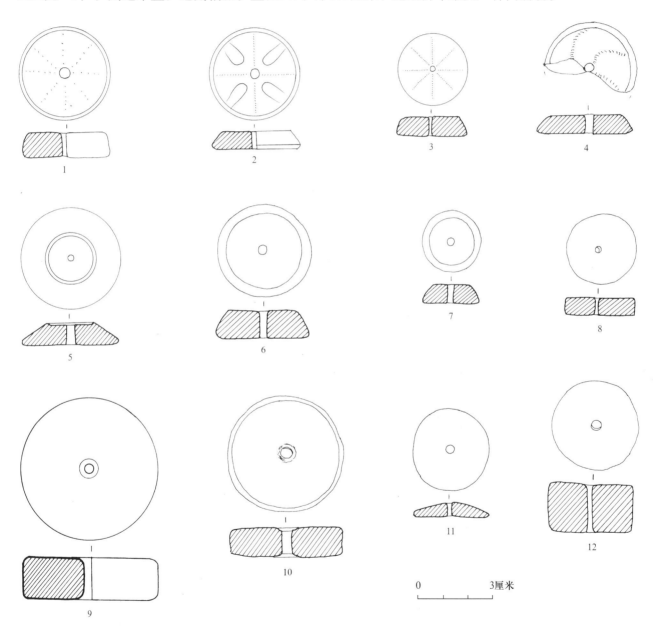

图三二九　石峡文化随葬陶纺轮

1～3.C型Ⅱ式陶纺轮（M29：10、28、27）　4～7.C型Ⅱ式陶纺轮（M29：30、31，M118：16，M37：10）　8.D型Ⅱ式陶纺轮（M54：65）　9、10、12.D型Ⅰ式陶纺轮（M86：8、M9：7、M129：9）　11.E型陶纺轮（M12：1）

Ⅱ式　1件。标本M54：65（图三二九：8），小型，扁平圆柱形，周边平直，中间穿一孔，断面长方形。直径2.9、厚0.7厘米。

E型　1件。标本M12：1（图三二九：11；图版一六八：2），小型，馒头形，顶部隆起，周边薄，底面平，中间穿一孔。直径3.1～3.2、厚0.6厘米。

三、其他遗物

石英石颗粒　672粒，出自3座二次葬墓，均为细小白色石英河砾石，洁白而晶莹，有圆形、椭圆形，大的长1厘米，小的长约0.3～0.5厘米，置尸骨堆附近，M118出土470粒石英颗粒，在墓坑西端距墓口40厘米开始出现，到距墓口95厘米深度仍见出土。石英颗粒来源于马坝河滩。M51：42，出土184粒，置墓底东南隅尸骨附近。M45出土18粒，同铁锰颗粒一起置墓底。

铁锰小颗粒　611粒。在M45二次葬尸骨堆东南端20号陶壶附近出土。铁锰颗粒在石峡遗址地层即可得到，是石灰岩风化后夹杂在泥土里的小粒铁锰结核。

炭化稻谷和米粒凝结块，作为祭食和其他随葬品一起在墓中出土。有M6、M7、M13、M14、M21、M23、M39、M42、M43、M61、M80、M104、M107、M108、M112等15座。稻谷和米粒凝结成块，已炭化变黑色，颗粒仍可分辨，其中以米粒为多。上述墓中属二次葬墓10座，一次葬墓5座。常见二次葬墓里炭化稻谷和米在陶器附近出土，推测原来陪葬时是放置在陶器内的。例如M108墓底发现炭化稻谷、米在1号盆形鼎附近出土，还在距墓底尸骨堆下4厘米出土炭化稻谷凝结块4块。M112的炭化稻米于墓底中部偏东出土，呈半块圆筒形，直径6、残高5厘米，推测原是盛在竹筒里用于陪葬的稻米。上述15座墓，有4座一次葬墓，M13、14两座墓相距不远，墓中炭化稻谷凝结块置墓底东端，内有稻壳和断碎稻秆，同死者头向一置。M23出土炭化稻谷是夹杂在黑色土块，贴着墓坑北壁放置。M6炭化稻谷凝团块置墓主人右残肢附近。20世纪70年代中期，广东省农业科学院粮食作物研究所对石峡文化M61和M80出土稻米鉴定的结果是："两个标本都是米粒，籽粒较小，基本上是籼稻，其中个别粒形稍阔，但很扁，仍属籼稻。"广东农林学院（现为华南农业大学）农学系有关专家鉴定认为石峡文化M47出土谷粒印痕细长，长阔比为2.05倍，是籼稻型。并指出"M42号墓出土稻谷照片左起第二粒长阔比为2.05倍，但米粒较宽，似粳稻，但从实物看，米粒虽较宽，较薄，综合看，还应是籼稻"，并指出，"从红烧土中看到谷粒或米粒的大小和形状很不一致，反映当时品种的纯度很差，农业耕作技术比较原始。"证实属于人工栽培稻（O.sativa L），可分为籼稻，即籼亚种（O.S.L.subsp.Hsien Ting）和粳稻，即粳亚种（O.S.L·subsp.keeng keeng ting），而以籼稻为主（附录三—附录七）。

山枣核　69枚，均已炭化呈黑色。出自4座墓，M9的4枚山枣核和1枚桃核在该墓二次葬9号梯形足三足盘中出土。M10的53枚山枣核和1枚桃核在二次葬6号圈足盘附近出土，显然是有意给死者的祭食，至今遗址附近山岭仍生长着这些野果树。

桃核　2枚。在M9、M10墓底同山枣核一起放置。

牛白齿　1枚。于M59填土中出土。

兽骨　2块。已腐朽，无法辨别何种动物骨骸。M59二次葬随葬品45号小盂内出土骨渣，M118

填土出土兽骨一块。

第四节　分期与年代

石峡文化墓葬分期，是依据墓葬之间叠压和打破关系，进而分析墓葬随葬陶器并进行分类排队，将石峡墓葬分为早、中、晚期。

石峡遗址墓葬之间叠压、打破关系的有二十五组，其中十组为石峡第三期文化遗存墓葬叠压或打破石峡文化墓葬，其余十五组均为石峡文化墓葬之间叠压和打破关系，其间有一次葬墓之间打破关系，M13→M6，M12→M14，M87→M88又叠压在M90之上，有一次葬墓或一次葬已迁墓叠压在二次葬墓之上的M38→M39，M15→M17，M6→M20，M41→M42，M7叠压在M25、M29之上，M8叠压在M9、M29之上，二次葬墓打破一次葬墓M59→M84，二次葬墓打破二次葬墓的有M42→M89，M101→M69，M29→M9，M29→M25、M28。上述墓葬除M6→M20为晚期墓打破中期墓，M13打破M6，比晚期墓还晚，可惜M13无随葬品可进行排比。其他为中期墓打破或叠压早期墓。然后选定早期墓、中期墓陶器群中常见的盘形鼎、釜形鼎、盆形鼎、釜、甑、夹砂盖豆、瓦形足三足盘、梯形足三足盘、三角形足三足盘、圈足盘、豆、壶、罐等，向形态比较接近有打破关系的墓葬陶器群靠拢。从中选择从早—晚期墓均见到随葬的陶豆、圈足盘、釜形鼎、釜、壶、盂、罐等进行排比。其中圈足盘、陶豆形制变化较为清晰。

102座墓中有12座无随葬器物，不归入分期墓，其中有7座一次葬墓：M13、M22、M32、M71、M74、M75、M122；5座一次葬已迁墓：M36、M41、M93、M115、M123等。

（一）早期墓

墓葬之间打破关系清楚，且陶器类别较多样的有五组：M59→M84；M42→M89；M29→M25、M28；M29→M9；M8叠压M9，均为中期墓打破早期墓，其中M25、M28、M84、M89四座随葬品组合较接近。陶器形制和组合与上述4座墓有关联的102座石峡文化墓葬中有41座为早期墓，其中31座二次葬墓，有M2、M3、M5、M9、M11、M16、M17、M19、M25、M28、M39、M44、M53、M57、M61、M69、M77、M79、M89、M99、M102、M105、M107、M109、M111、M114、M116、M119、M124、M129、M131；7座一次葬墓，有M14、M37、M84、M90、M96、M98、M132；3座一次葬已迁墓，M68、M73、M76。埋葬位置在遗址西部较平缓坡地。该期夹砂陶器盆形鼎、釜形鼎、盘形鼎、釜、泥质陶器瓦形足三足盘、梯形足三足盘、三角形足三足盘、圈足盘为较常见的陶器组合，其中盆形鼎和圈足盘延续至中期墓，于是将陶器组合有无盆形鼎和圈足盘共存为依据，可以分出第Ⅰ段和第Ⅱ段。

第Ⅰ段：M2、M3、M5、M11、M19、M25、M28、M61、M76、M79、M84、M89、M90、M109、M111、M114、M119、M124、M131、M132等20座。陶器组合中不见盆形鼎和圈足盘。17座墓出土瓦形足三足盘51件，其型式有AⅠ式~AⅡ式~AⅢ式~AⅣ式~AⅤ式、BⅠ式~BⅡ式、CⅠ式~CⅡ式~CⅢ式、DⅠ式~DⅡ式、E型，占瓦形足三足盘56.04%。梯形足三足盘6件，其型式有AⅠ式、BⅠ式~BⅡ式、CⅠ式、D型，占梯形足三足盘23.07%。三角形足三足盘13件，AⅠ式~AⅡ式~AⅢ式、BⅠ

式，占三角形足三足盘52%。ＡⅠ式、ＣⅠ式子口或侈口长颈高领陶壶为早期墓第Ⅰ段特有。型式为Ａa
Ⅰ式～ＡaⅡ式、ＡbⅠ式、ＡcⅠ式、ＢaⅠ式、ＢcⅠ式陶豆有12件，残豆4件，陶豆作为盘类器盖，第Ⅰ
段尚未流行。Ⅰ、Ⅱ段均见到型式为ＡaⅠ式～ＡaⅡ式、ＡbⅠ式～ＡbⅡ式、ＢⅠ式～ＢⅡ式、Ｃ型盘形
鼎，第Ⅱ段出现ＡbⅢ式、ＢⅢ式盘形鼎。多数二次葬墓和少数一次葬和一次葬已迁墓均见盘形鼎。

第Ⅱ段：M9、M14、M16、M17、M37、M39、M44、M53、M57、M68、M69、M73、M77、
M96、M98、M99、M102、M105、M107、M116、M129等21座。陶器组合中三足盘仍流行。9座墓出
土瓦形足三足盘23件，其型式有ＡⅠ式～ＡⅡ式～ＡⅢ式～ＡⅣ式、ＢⅠ式～ＢⅡ式～ＢⅢ式、ＣⅢ式、
Ｅ型，占瓦形足三足盘25.27%，数量比前期Ⅰ段墓减少。梯形足三足盘18件，其型式有ＡⅡ式、ＢⅠ式
～ＢⅡ式、ＣⅠ式、ＣⅡ式、ＣⅢ式，占梯形足三足盘69.23%，比前期增加。三角形足三足盘12件，其
型式有ＢⅠ式～ＢⅡ式～ＢⅢ式、Ｃ型，占三角形足三足盘48%。ＡⅢ式、ＣⅡ式、Ｄ、Ｅ型陶壶颈部变
矮，形制接近良渚文化双贯耳壶，在早期Ⅱ段M44、M9和中期墓M108二次葬墓中出土，M44：4为1
件完整器，其余2件仅存贯耳残片。新出现盆形鼎和圈足盘是划分早期墓Ⅰ段和Ⅱ段的重要标志。盆
形鼎12件，其型式有ＡaⅠ式～ＡaⅡ式、Ａb型、ＢaⅠ式～ＢaⅡ式、ＢbⅠ式，占盆形鼎总数37.5%，
形制特点为瓦形足或凿形足粘接点近盘底，盆身较深，足较矮。圈足盘17件，其型式有ＡaⅠ式～
ＡaⅡ式、Ｅ型，占圈足盘总数6.54%，形制特点亚腰形大圈足，部分圈足上饰小双圆孔和一对椭圆
形大镂孔。只有M44、M69、M99、M107、M116盆形鼎和圈足盘共存，前4座为较大型红烧土壁深
穴墓，如M99出土盆形鼎6件之多，一、二次葬各3件，同墓出土龙首纹玉环。型式为ＡaⅠ式～Ａa
Ⅱ式、ＡbⅡ式、ＢaⅠ式、ＢbⅠ式、ＢcⅠ式、Ｄ型陶豆55件，残豆8件，其数量几乎同盘类持平，推测
陶豆作为盘类器盖到此时已比较流行。陶豆形制Ⅰ段和Ⅱ段之间变化不大，多数豆盘较深，口沿与
弧腹间，因接驳时留下一周折棱，少数口沿一次成型，Ａ型凸棱喇叭足和Ｂ型喇叭足较矮，足跟胎壁
较厚。釜形鼎中ＡⅠ式为Ⅰ段和Ⅱ段墓葬均出土，为束颈，圆肩，大且深的圆鼓腹，三足粘接在圜底
处。而ＡⅡ式敞口折腹和ＢⅠ式～ＢⅡ式子口圆腹和子口折腹鼎已开始出现。

（二）中期墓

有7组打破、叠压早期墓：M15→M17；M29→M9、M25、M28；M38→M39；M42→M89；M59→
M84；M101→M69；M7、M8叠压在M29、M9、M25之上，此一组叠压在早、中期墓之上。其中
M42、M59、M29、M101为二次葬墓，M15为一次葬墓，墓中ＡⅡ式釜形鼎为该类鼎排比时的标尺。陶
器形制和组合与上述五座墓有关联，将其放在中期墓。有40座，其中二次葬墓有20座，M10、M20、
M24、M27、M29、M30、M33、M42、M43、M46、M47、M48、M51、M59、M67、M80、M81、
M101、M104、M108等。11座一次葬墓，M4、M12、M15、M23、M26、M34、M86、M87、M88、
M103、M121。一次葬已迁墓9座，M7、M8、M18、M38、M49、M100、M120、M123、M127。其中
M7、M8叠压在M29之上，从两座墓出土瓦形足三足盘、圈足盘和盘形鼎、釜形鼎残片分析，其形制特
点与中期墓器物同类，说明同期墓中年代有早晚之分。中期墓随葬陶器组合：夹砂陶器有ＡaⅡ式、Ａb
Ⅱ式、ＢⅡ式～ＢⅢ式～ＢⅣ式、Ｄ型盘形鼎，ＡbⅠ式～ＡbⅡ式～ＡbⅢ式、ＡcⅠ式～ＡcⅡ式、ＡdⅡ式
ＢaⅡ式～Ｂb型盆形鼎，ＡⅡ式～ＡⅢ式、ＢⅡ式～ＢⅢ式、ＣⅠ式～ＣⅡ式釜形鼎，ＡⅠ式～ＡⅡ式～Ａ

Ⅲ式、BⅡ式、CⅡ式、DⅡ式、EⅡ式夹砂陶釜，AⅠ式、AⅢ式~AⅣ式~AⅤ式、BⅠ式~BⅡ式~BⅢ式~BⅣ式~BⅤ式、CⅡ式、DⅠ式~DⅡ式~DⅢ式、E型夹砂盖豆；泥质陶器有AⅡ式~AⅢ式~AⅣ式~AⅤ式、BⅢ式、CⅠ式~CⅡ式~CⅢ式~CⅣ式、DⅡ式瓦形足三足盘，CⅣ式、E型梯形足三足盘，BⅠ式、BⅣ式、AⅢ式三角形足三足盘，AaⅢ式、AbⅠ式~AbⅡ式~AbⅢ式~AbⅣ式~AbⅤ式~AbⅥ式、BaⅠ式~BaⅡ式、BbⅠ式~BbⅡ式、BcⅠ式、CaⅠ式~CaⅡ式~CaⅢ式、CbⅠ式~CbⅡ式、CcⅠ式~CcⅡ式、E型圈足盘，AaⅠ式~AaⅡ式、AbⅠ式~AbⅡ式、AcⅡ式~AcⅢ式、Ad型、BaⅡ式~BaⅢ式、BbⅠ式~BbⅡ式、BbⅢ式、CⅠ式~CⅡ式、E型陶豆，AⅣ式、BⅠ式~BⅡ式、CⅢ式~CⅣ式、DⅢ式、E型陶壶，AⅡ式、BbⅢ式~BbⅣ式~BbⅤ式、CⅡ式、D型陶罐。出土石峡文化墓葬唯一泥质灰白陶平底罐，直身罐；BⅠ式~BⅡ式陶瓮；Ⅰ~Ⅱ式陶盂；Ⅱ~Ⅲ式陶杯；AⅡ式~AⅢ式~AⅣ式、B型、C型陶簋；觯形器；AaⅠ式~AaⅡ式、Ab型、AcⅠ式~AcⅡ式、Ad型、B型器盖；仅见的一件泥质陶白色泛黄葫芦形陶鼎和中期墓开始出现的AⅠ式~AⅡ式~AⅢ式、B型陶甗。中期墓陶器与早期墓陶器之间，除去型式有变化之外，在数量上亦出现或增或减的趋势。瓦形足三足盘，早、中期墓均见出土，41座早期墓有26座墓出土74件，40座中期墓有8座墓出土17件，占瓦形足三足盘18.68%。梯形足三足盘仅见2座中期墓M46、M108各出土1件。三角形足三足盘在4座中期墓出土5件，反映出到中期墓时，三足盘数量锐减。而圈足盘在中期墓数量大增，20座墓随葬91件，占圈足盘总数60.26%。形制多样，A型圈足盘的圈足向外鼓，新出现B型，圈足径比盘口径小，C型高喇叭镂孔圈足，盘口小，B型、C型延续至晚期墓。23座中期墓出土陶豆146件，占总数56.15%，陶豆数量增加同圈足盘数量成正比，推测多数陶豆是圈足盘的器盖，出土时因挤压已破碎，无法配对，该期陶豆除少量早期墓常见口沿与弧腹一周折棱外，大量陶豆口沿为一次成型，器壁较薄，A型凸棱喇叭足的细把变细变高。B型喇叭足无凸棱，BcⅡ式陶豆始见薄器胎，足内壁有轮修平行纹，该式延续至晚期墓。鼎类中盆形鼎、盘形鼎在中期墓仍流行。9座中期墓出土20件盆形鼎，占总数62.5%，形制明显变化，早期墓盆身为侈口、敞口、亚腰、三足较矮。中期墓为大敞口，盆壁从亚腰发展到外敞，向下斜内弧，折腹有一周凸棱，三足升高，足跟粘接点向外，多见在盆底边沿。到晚期墓，不见盆形鼎踪迹，是什么原因戛然而止？18座中期墓出土50件釜形鼎，占釜形鼎60.24%，A型、B型同前期较大区别是大敞口，束颈，削肩，扁圆腹，三足粘接在折腹或下腹外侧，三足升高。8座中期墓出土陶壶11件，占陶壶总数的39.28%。A型壶到该期成为短束颈，圆腹，矮圈足。B型壶为中期墓独有，延续至晚期墓。C型壶短颈，扁圆腹比前期更甚，个别为斜肩折腹，矮圈足。值得注意的是中期墓中M4、M15、M20、M24、M29、M46、M47、M48、M59等9座墓出土AcⅢ式、BcⅡ式、CⅡ式陶豆与晚期墓M21、M54、M91、M118出土的AcⅥ式、BcⅢ式、CⅢ式~CⅣ式陶豆，中期墓出土的BaⅡ式、BbⅠ式~BbⅡ式、BcⅠ式、CaⅠ式~CaⅡ式~CaⅢ式、CbⅠ式~CbⅡ式、CcⅠ式~CcⅡ式圈足盘与晚期墓BaⅢ式、BbⅢ式、BcⅢ式、CaⅣ式、CbⅢ式、CcⅢ式圈足盘，BⅡ式陶壶与晚期墓BⅢ式陶壶，AⅡ式~AⅢ式釜形鼎与晚期墓AⅣ式~AⅤ式釜形鼎等有着清晰的发展轨迹。

（三）晚期墓

晚期墓打破中期墓，M6→M13、M20。M6仅出土1件残陶釜，其形制与M21：15中BⅢ式陶釜相近。除上文提到陶豆、圈足盘、陶壶、釜形鼎同中期墓有关联之外，D型双层高喇叭足形圈足盘、F型圈足盘和曲折纹矮圈足罐是晚期墓独有。而早、中期墓陶器组合中常见盘形鼎、盆形鼎、瓦形足三足盘、梯形足三足盘、三角形足三足盘等已不再见到，随之用作鼎类器盖的夹砂盖豆骤然减少。石峡文化墓葬中归属晚期墓有9座，其中二次葬墓5座：M21、M45、M54、M112、M118；一次葬墓5座：M6、M13、M56、M78、M91。晚期墓陶器组合：夹砂陶器有AⅣ式～AⅤ式釜形鼎，BⅢ式、DⅡ式夹砂陶釜，DⅣ式式夹砂盖豆，AⅢ式陶甑；泥质陶器有AbⅣ式、BaⅢ式、BbⅢ式、BcⅡ式、CaⅣ式、CbⅢ式、CcⅢ式、DaⅠ式DaⅡ式～DaⅢ式～DaⅣ式、DbⅠ式～DbⅡ式、F型圈足盘，AcⅣ式、BaⅣ式、BcⅢ式～BcⅣ式、BdⅠ式～BdⅡ式、CⅢ式～CⅣ式陶豆，BⅢ式陶壶，BbⅣ式、CⅢ式陶罐，曲折纹陶罐，Ⅲ式陶盂，陶鬶。该期出土1件矛形足三足盘（M54∶39），其形制与前期迥然不同，矮子口内敛，三足不联裆，粘接处靠近盘底，足边内卷，足外壁饰戳点纹。由于晚期墓葬仅10座之多，器物形制之间有少许区别，其中M13一次葬墓，无随葬品可用于排此，暂且将晚期墓分为两段：

第Ⅰ段：M54、M91、M112、M118。

第Ⅱ段：M6、M21、M45、M56、M78。

第Ⅰ段　AbⅣ式圈足盘（M54∶38）、BbⅣ式附加堆纹圈足罐（M118∶27），是中期墓中流行的陶器。而BaⅢ式圈足盘（M118∶34）、BaⅣ式圈足盘（M118∶1、9）、CaⅣ式圈足盘（M118∶41）、BcⅡ式圈足盘（M54∶18）、CbⅢ式圈足盘（M54∶24）、BcⅢ式陶豆（M54∶35）、CⅢ式陶豆、CⅣ式陶豆（M118∶38、5、20）、CⅣ式陶豆（M91∶2）、BⅢ式陶壶（M118∶2）、Ⅲ式盂（M118∶49）、AⅣ式釜形鼎（M112∶6、M118∶7）、AⅤ式釜形鼎（M54∶23）、DⅡ式夹砂釜（M54∶43）、AⅢ式子口陶甑等陶器，开始在中期墓时盛行，延续发展至晚期。第Ⅰ段陶器组合：陶豆、圈足盘出土数量较多，陶豆21件、圈足盘24件，其次是釜形鼎、夹砂釜、罐。个别墓出土壶、甑、鬶、泥质陶鼎等。晚期Ⅰ段AcⅣ式陶豆，与中期墓AcⅢ式陶豆，其形制有较大区别，为口微敛、浅盘、足跟中空双层喇叭足，此类双层喇叭足是晚期流行的圈足。BcⅢ式、BcⅣ式陶豆，形制细且高，足壁中空喇叭形足，比中期墓BcⅡ式陶豆喇叭足要高，足内壁有轮修平行纹，口沿和盘身一次成型。敛口、口与腹之间一周凸棱，下接粗把中空高喇叭形足的BDⅠ式、BDⅡ式陶豆为晚期墓特有。形制为口微敛、浅盘、斜腹、细高喇叭足，器腹饰一周附加堆纹的CⅠ式、CⅡ式陶豆，中期墓曾出土5件，到了晚期墓CⅢ式、CⅣ式陶豆形制为敛口、弧腹、深盘、矮喇叭足，腹部一周附加堆纹。第Ⅰ段DaⅠ式双层高喇叭足圈足盘，形制为喇叭足上层接盘底部分，较高且稍细长，下层粗矮，盘口直径大于足径，足沿稍外撇。同组的CaⅡ式陶豆，其形制为口径与足径相若或足径大于口径，喇叭足上层仍比下层高些，足沿外折。BⅢ式壶（M118∶2），子口和圈足比前期高，直口直颈，腹径宽处于近肩部。夹砂盖豆2件，口稍敛，喇叭形足较高且粗，口径比该墓出土的釜形鼎口径大得多，推测不作器盖，单独使用。暂未见到几何纹陶罐共存。

第Ⅱ段　M6∶3号BⅢ式夹砂陶釜同M21出土的15号BⅢ式陶釜相近，共存有BⅡ式玉环和玉环形琮。石峡文化墓葬出土2件环形琮，另一件在M56出土，共存是一颗小河卵石，所以将M56归入晚期Ⅱ段。该段M21、M45、M78出土DaⅢ式、DbⅠ式、DbⅡ式双层高喇叭足圈足盘和曲折纹、附加堆纹矮圈足罐共存。出土圈足盘14件，陶豆12件。其中CbⅢ式（M21∶4）、CcⅢ式（M21∶12、

	豆	壶	罐

...墓葬陶器分期图（二）

三角形足三足盘（M3：8）　5.A型Ⅲ式三角形足三足盘（M111：3）　6.Ac型Ⅰ式豆（M3：9）　7.A型Ⅰ式壶（M89：1）　8.C型Ⅰ

二2.C型Ⅰ式瓦形足三足盘（M79：9）　12.C型Ⅰ式梯形足三足盘（M39：70）　13.B型Ⅰ式三角形足三足盘（M699）　14.Aa型Ⅰ

形足三足盘（M39：4）　19.C型Ⅱ式梯形足三足盘（M5：18）　20.C型Ⅲ式梯形足三足盘（M77：21）　21.B型Ⅲ式三角形足三足盘

7：3）　26.Bb型Ⅱ式罐（M69：16）　27.C型Ⅱ式瓦形足三足盘（M42：80）　28.E型双贯耳壶（M44：4）　29.C型Ⅲ式瓦形足三足

27：20）　33.Ab型Ⅳ式圈足盘（M67：7）　34.Ba型Ⅱ式圈足盘（M24：4）　35.Bb型Ⅱ式圈足盘（M20：6）　36.Ca型Ⅱ式圈足盘

26）　41.Bc型Ⅱ式豆（M29：8）　42.C型Ⅱ式豆（M4：1）　43.A型Ⅳ式壶（M104：57）　44.B型Ⅱ式壶（M29：9）　45.C型Ⅳ式

4：39）　50.Ba型Ⅲ式式圈足盘（M118：34）　51.Bb型Ⅲ式圈足盘（M118：3）　52.Ca型Ⅳ式圈足盘（M118：1）　53.Da型Ⅰ式圈

Db型Ⅱ式圈足盘（M21：19）　58.Ac型Ⅳ式豆（M21：17）　59.Ba型Ⅳ式豆（M54：36）　60.Bc型Ⅳ式豆（M112：5）　61.Bd型Ⅰ

4：13）　66.几何印纹陶罐（M45：30）　67.几何印纹陶罐（M45：31）

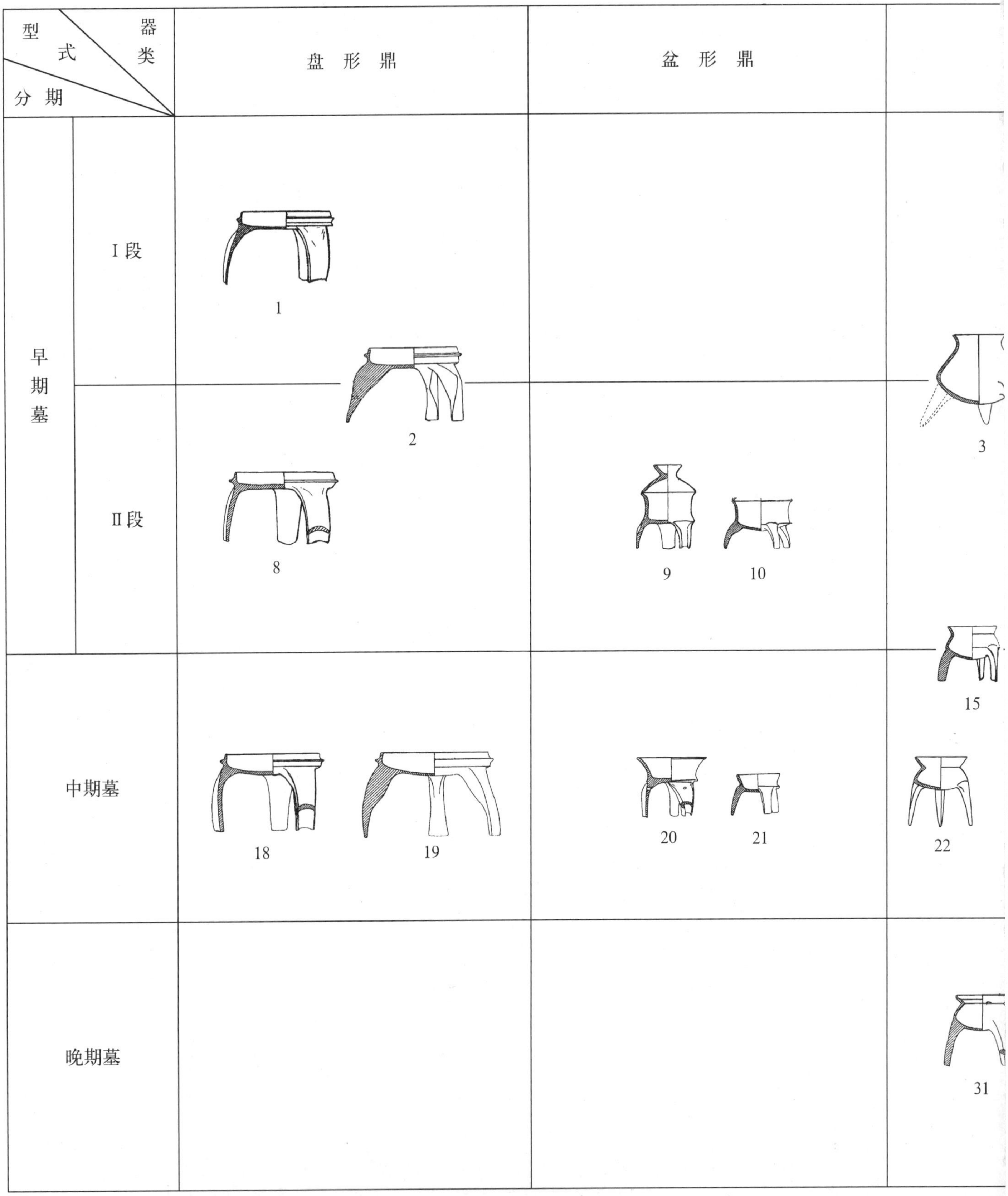

型　式　器类 分期		盘　形　鼎	盆　形　鼎	
早期墓	Ⅰ段	1		
	Ⅱ段	8	9　　10	3
中期墓		18　　　19	20　　21	15
				22
晚期墓				31

图三〇　石峡文化墓葬

1.Aa型Ⅰ式盘形鼎（M111：4）　2.B型Ⅰ式盘形鼎（M69：18）　3.A型Ⅰ式釜形鼎（M9：18）　4.B型Ⅰ式釜形鼎（M16：11
（M57：45）　9.Aa型Ⅰ式盆形鼎（M99：19）　10.Ba型Ⅰ式盆形鼎（M99：22）　11.B型Ⅰ式釜（M99：4）　12.C型Ⅰ式釜
型Ⅱ式釜形鼎（M27：12）　17.C型Ⅱ式夹砂盖豆（M43：34）　18.Aa型Ⅲ式盘形鼎（M80：38）　19.B型Ⅳ式盘形鼎（M43：3
鼎（M29：1）　24.C型Ⅰ式釜形鼎（M27：13）　25.A型Ⅱ式釜（M43：29）　26.B型Ⅱ式釜（M27：15）　27.C型Ⅱ式釜（M4
型Ⅳ式釜形鼎（M118：7）　32.B型Ⅲ式釜（M21：15）

釜 形 鼎	釜	釜 砂 盖 豆

陶器分期图（一）

）　5.A型Ⅰ式釜（M16：12）　6.A型Ⅰ式夹砂盖豆（M39：12）　7.B型Ⅰ式夹砂盖豆（M9：32）　8.Aa型Ⅰ式盘形鼎
M73：4）　13.B型Ⅱ式夹砂盖豆（M44：36）　14.C型Ⅰ式夹砂盖豆（M69：21）　15.A型Ⅱ式釜形鼎（M29：2）　16.B
）　20.Ab型Ⅲ式盆形鼎（M27：35）　21.Bb型Ⅱ式盆形鼎（M4：11）　22.A型Ⅲ式釜形鼎（M4：9）　23.B型Ⅲ式釜形
2：23）　28.A型Ⅰ式夹砂盖豆（M108：2）　29.B型Ⅳ式夹砂盖豆（M27：5）　30.D型Ⅱ式夹砂盖豆（M67：7）　31.A

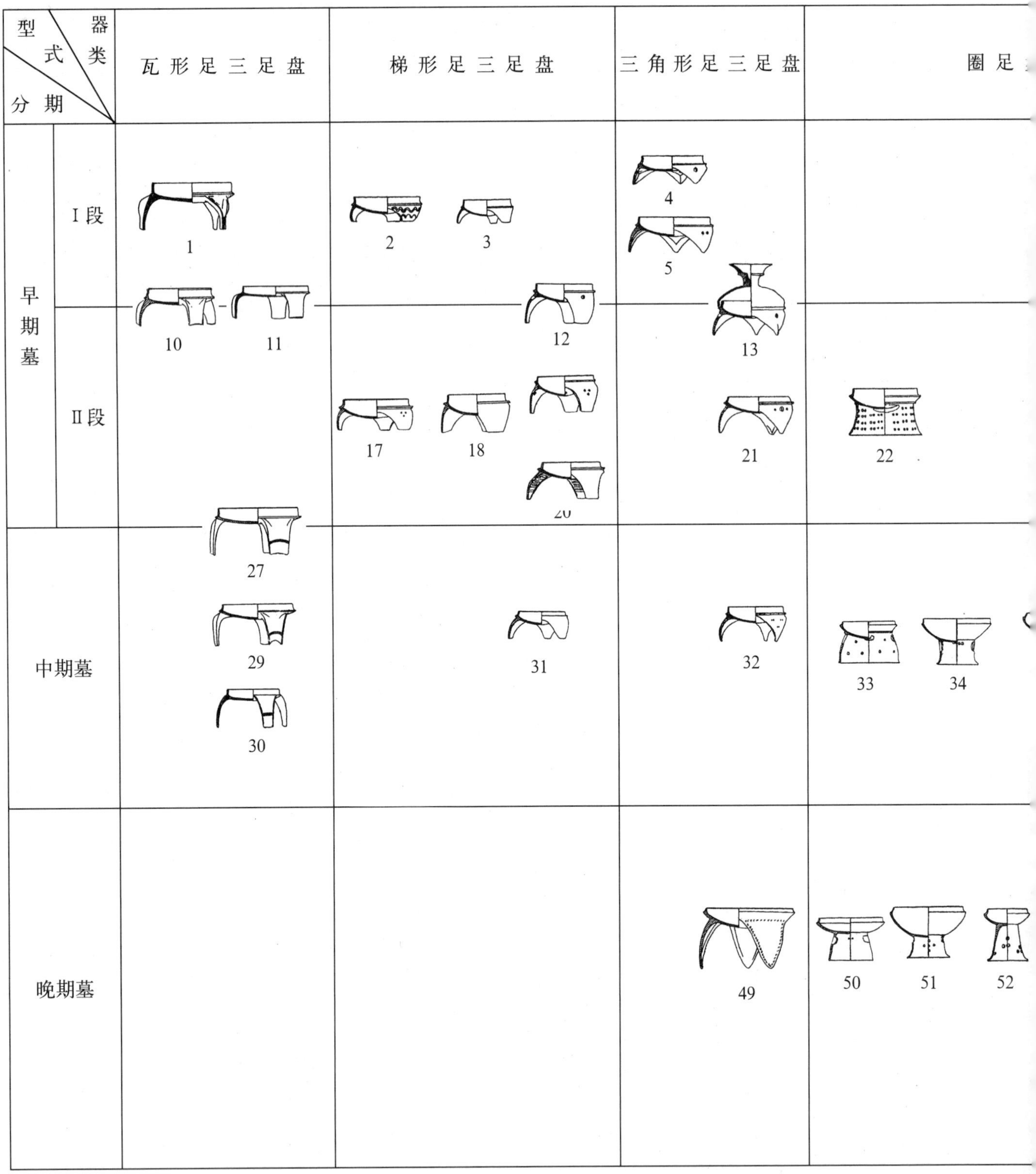

图三三一 石峡文化

1.D型Ⅰ式瓦形足三足盘（M89：9） 2.A型Ⅰ式梯形足三足盘（M3：26） 3.B型Ⅰ式梯形足三足盘（M131：6） 4.A型Ⅱ
式壶（M111：1） 9.Bb型Ⅰ式罐（M11：3） 10.A型Ⅰ式瓦形足三足盘（M61：18） 11.C型Ⅰ式瓦形足三足盘（M79：9）
式豆（M9：5） 15.Ba型Ⅰ式豆（M77：41） 16.A型Ⅰ式罐（M9：3） 17.A型Ⅱ式梯形足三足盘（M9：16） 18.B型Ⅱ式
（M9：6） 22.Aa型Ⅰ式圈足盘（M116：1） 23.A型Ⅲ式壶（M39：1） 24.C型Ⅲ式壶（M129：14） 25.A型Ⅱ式罐（M10
盘（M81：6） 30.C型Ⅳ式瓦形足三足盘（M47：11） 31.C型Ⅳ式梯形足三足盘（M108：5） 32.B型Ⅳ式三角形足三足盘（
（M29：12） 37.Aa型Ⅱ式豆（M42：28） 38.Ac型Ⅱ式豆（M42：66） 39.Ac型Ⅲ式豆（M46：4） 40.Ba型Ⅲ式豆（M47：
壶（M108：14） 46.Ba型Ⅲ式罐（M59：38） 47.C型Ⅱ式罐（M48：7） 48.平底罐（M20：8） 49.D型三角形足三足盘（M
足盘（M54：15） 54.Da型Ⅲ式圈足盘（M45：19） 55.Da型Ⅳ式圈足盘（M78：5） 56.Db型Ⅰ式圈足盘（M45：21） 57.
式豆（M54：37） 62.Bd型Ⅱ式豆（M45：22） 63.C型Ⅳ式豆（M118：5） 64.B型Ⅲ式壶（M118：2） 65.C型Ⅲ式罐（M5

21）圈足盘，BⅢ式夹砂陶釜（M21∶15）与晚期Ⅰ段相同，其他陶器形制均有变化。口径与足径相当或足径稍大于口径，双层喇叭足上层变矮，下层变高且足沿外撇。DaⅣ式圈足盘，口径大于足径或小于足径，双层喇叭形足筒身变粗，上层粗矮，下层高，足沿外撇。DbⅠ式～DbⅡ式圈足盘在晚期墓第Ⅱ段才见到，为小型矮身双层喇叭形足圈足盘，DbⅠ式双层之间为一周凸棱，DbⅡ式双层之间有明显两层分界，上层特矮，泥质陶胎薄呈灰白色。AcⅣ式陶豆（M21∶17）为晚期墓第Ⅱ段才有，钵形浅盘，下接凸棱粗喇叭形足，足跟中空，器胎薄。BDⅡ式陶豆，第Ⅰ段已有，延续至第Ⅱ段。CⅣ式饰附加堆纹陶豆，Ⅱ段已不见（图三三○、三三一）。

第五节　小结

石峡遗址第二期文化遗存的发现和发掘，为广东境内新石器时代晚期考古学文化研究，翻开了新的一页。墓地出现的埋葬习俗和陶器形制及组合，区别于其他已知的同期文化遗存，据此，命名为石峡文化。石峡文化是分布在粤北地区北江中上游和东江上游及其支流附近山间盆地低岗，属新石器时代晚期的考古学文化，至今尚未发现到达珠江三角洲地区。该期地层普遍存在于发掘区内，只不过地层堆积厚薄不一，造成此区别的原因，是石峡三期文化遗存地层、灰坑叠压和打破该层，常在②B层遗物中有为数不少的石峡文化典型陶器，常见盘形鼎、釜形鼎、瓦形足三足盘、陶豆、夹砂盖豆等残片，甚至典型的石峡文化石镶，都曾与之共存。

该期发掘的102墓葬，出土2476件随葬品，科学地诠释了石峡文化是岭南地区重要的考古学文化之一。墓葬中大量随葬器物出土，为研究同岭北赣江流域同期考古学文化的关系；而墓葬中玉琮、玉钺、玉环、玉龙首环和双贯耳壶的出土，为探讨远至长江下游环太湖良渚文化关系，提供了丰富的资料。

一、文化特征和文化性质

（1）陶器陶质以泥质灰陶和夹砂橙黄、土黄陶为主，夹砂陶占52.79%，泥质陶占47.61%。其他有红陶、黑皮陶、灰褐陶和极少的黄白陶。常见陶胎和器表陶色不一。陶器以素面为主，占陶器73.9%，常见纹饰有绳纹、镂孔、刻划纹、附加堆纹、凹凸弦纹、压点纹等。几何印纹有大小方格纹、条纹、重圈纹、曲折纹，占陶器花纹0.5%。陶器成型方法，有手制、模制和轮修。

器形盛行三足器、圈足器、圜底器。盘、壶、罐、鼎口沿用一周泥片作成子口。具代表性器类为鼎、豆、盘、釜，有夹砂陶釜、盘形鼎、釜形鼎、盆形鼎、夹砂盖豆等。泥质陶有圈足盘、三足盘、豆、壶、罐。夹砂盖豆和泥质陶豆可单独使用，亦可用作鼎、盘的器盖。其他器类有鬶、甑、白陶鼎、盒形鼎、簋、杯、觯形器、大口圈足罐、平底罐、双贯耳壶、曲折纹矮圈足罐等，数量很少。上述常见的各类鼎和圈足盘、三足盘、壶、罐等，是石峡文化早期墓至晚期墓里最常见随葬品，从而清晰地反映出三个时期发展变化的轨迹。

（2）石器制作过程，由选料、切割、琢打成型到通体磨光或抛光，并根据不同器形进行细部加工，已有一套较完整的工艺技术，钻孔部分以双面管钻多见，个别用实心钻。选料以沉积岩中泥质板岩、页岩为主，石料来自遗址北边附近马坝河，尚未发现用狮头山和狮尾山出产石灰石制作石器。

种类有石镬、长身石锛、石铲、梯形石锛、石凿、有段石锛、有肩石锛和少量砺石、石锥、石锤、石棒、打制石片和占墓葬出土石器67.56%的石镞。地层中还出土谷物加工工具石磨盘和磨研器。

（3）墓葬区在遗址东部和东南部岗顶平缓处。墓葬形制为东西向长方形或长方梯形竖穴土坑墓。墓坑经火烧烤过，形成红烧墓壁，填土中遗留灰炭层和炭条、炭块。埋葬习俗流行二次迁葬。石峡文化墓葬有102座，分别为一次葬墓、二次葬墓、一次葬已迁墓等三类。二次葬墓和一次葬已迁墓相加为72座，占墓葬总数的70.59%。二次葬墓里尸骨集拢成堆置墓底东南隅或偏东部，有两套随葬品，陈放在墓底较完整，排列较整齐的为二次葬时的随葬品。另一套随葬品由原一次葬墓中同死者遗骨一起迁到二次葬墓坑中，绝大多数陶器已破碎残缺。墓葬陶器组合特点，以鼎、豆、盘、釜为主，大型二次葬深穴墓则会增加上述4种器类的数量，部分墓里随葬壶、罐、甑、盂等。常见二次葬墓中，一次葬器物和二次葬器物的数量多少不等。石峡文化二次葬墓随葬品占总数90.87%，墓坑以大型、中型为主。墓里尸骨已腐朽呈豆腐渣状，无法辨别墓主人性别和年龄。

（4）形制多样的玉器，可分为礼器和装饰品。礼器有玉琮、玉璧、玉龙首环、玉环形琮和玉钺，多数放置在尸骨堆上。装饰品有玉环、玉玦、水晶玦、锥形器、玉璜、玉坠饰、玉管、玉珠、绿松石片，圆石片饰等。质料均用透闪石制成，个别有绿松石和水晶石。用透闪石制作的成品，出土时因受沁变为灰白色或黄白色，极易断裂。

（5）遗迹：房址、灰坑、柱洞、红烧土遗迹和灶坑。房子为木骨泥墙长屋，有墙基槽和槽内埋柱子洞，少数洞底放垫石，未发现红烧土居住面，发现较多红烧土木骨泥墙残构件，平面残留木和竹条被烧后的凹痕。除F1～F5房基墙基槽之外，还清理很多柱洞，推测这类木骨泥墙长屋属地面建筑，建筑面积达240～350平方米，为广东境内同期文化遗存中少见的。

（6）墓葬与房址的关系：F1～F5地面堆积，已被石峡三期文化遗存打破，所以只能从尚存的墙基槽和墓葬之间打破关系，进而探讨其年代。在F1～F3房址范围，清理5座墓，除一座为表土层下打破④层，其余4座为②B层下，打破④层。在T1G南，F2南墙基槽东段打破石峡文化早期Ⅰ段墓M131东、南、西部分红烧土壁，深入填土0.4米，该墓坑深1米。该墓北边相距0.7米，为同期的M114。从F1～F5墙基槽出土陶片分析，除了打破石峡一期的绳纹刻划纹、篦点纹罐片、薄胎镂孔矮圈足盘之外，主要是石峡文化早期Ⅱ段常见的盘形鼎、釜形鼎、釜、夹砂盖豆、瓦形足三足盘和圈足盘、盆形鼎，后两种器类到石峡文化早期Ⅱ段墓葬中才开始出现。因此，将石峡文化房址年代，其上限比石峡文化早期Ⅰ段晚，下限比石峡文化中期墓要早。

（7）墓地空间布局：以石峡文化二次葬墓为例，常见同期墓葬两座或三座一起作南北向排列，方向有正南北、东北—西南、西北—东南。亦见单独一座墓的，如石峡文化早期Ⅱ段墓M39、M44、M69，均为大型深穴墓，墓地南部高向北倾斜，从东南到西北为M44、中间M39、西北M69，之间距离38.5米，50°斜角线，三座墓之间无同期墓相隔。其余17组墓，作双双排列时，相距较近，短的南北相距0.35～0.40米，长的相距3.7米。先排出石峡文化早期墓Ⅱ段共四组：①M131（南，中型深穴墓）—M114（北，大型深穴墓，出土玉钺2件）。②M25（南）—M28（北，均为中型深穴墓）。③M11（西南）—M3（中间）—M2（东北），均为中等深穴墓。④M79（西北，中型深穴墓）—M61（东南，中型深穴墓，出土玉钺1件）—M5（东北，大型深穴墓），呈倒品字形，仅见三座一组的早期

Ⅰ段墓。石峡文化早期墓Ⅱ段有两组：①M77（南）—M99（北，出土玉钺、玉龙首环各1件。均为大型深穴墓）。②M16（南，中型深穴墓，出土石钺1件）—M17（北，中型深穴墓，出土玉琮、石钺各1件）。有三组大型深穴墓双双排列，它们属石峡文化早期Ⅱ段与石峡文化中期墓：①M9（北，早期Ⅱ段）—M10（南，中期墓，出土玉琮1件）。②M57（北，早期Ⅱ段，出土玉钺、石钺各1件）—M51（南，中期墓）。③M105（东南，早期Ⅱ段，出土石钺2件，大玉琮1件）—M104（西北，中期墓，出土玉钺、玉琮各1件）。上述三组墓，虽然属不同期，关系比较密切，说明早期Ⅱ段与中期墓年代比较接近。石峡文化中期墓有八组两座墓南北双双排列的：①M27（南，大型深穴墓，出土玉钺1件）—M29（北，中型深穴墓，出土玉钺1件）。②M20（南，出土玉钺1件）—M24（北，均为中型深穴墓）。③M48（南，中型深穴墓）—M59（北，大型深穴墓，出土玉钺3件）。④M30（西南）—M33（东北，出土玉钺1件，均为中型深穴墓）。④M67（南，出土玉钺2件）—M80（北，出土玉钺1件，均为大型深穴墓）。同是中期墓，一大一小的有三组：①M81（南，中型深穴墓）—M42（北，该期最大型深穴墓，出土玉钺2件，玉龙首环1件）。两座墓相距3.7米。②M43（南，大型深穴墓，出土玉璧1件，玉钺3件）—M108（北，中型深穴墓）。③M47（东南，大型深穴墓，出土玉钺7件）—M46（西北，中型深穴墓）。到了石峡文化晚期墓，已经见不到双双排列墓葬，5座二次葬墓，3座在西边，从南到北一条直线上，M112位于南边稍向东，中间是M21，相距11.3米，北边M118，与M21相距15.5米。另一组M45和M54，从西到东横排，相距4.4米。后两座为大型深穴墓，M54出土玉琮、玉钺各1件。

上述早期、中期、晚期39座墓，均为红烧土壁二次葬墓，占二次葬墓69.64%。出土玉、石钺37件，占出土钺66.07%，玉琮6件，玉龙首环2件，玉璧1件，均于上述墓葬中出土。

二、与相关遗存的文化关系

石峡文化是广东境内粤北地区新石器时代晚期具有代表性的考古学文化。从石峡文化特点和内涵分析，与周围同期文化之间有交流并产生互相影响。从地理位置分析，向北有北江支流浈江上游和南岭山脉隘口可通岭北，向南有北江河谷到达珠江三角洲，在西江和北江交汇处，向西沿西江到达粤西封开、德庆、郁南、罗定等地。

（1）石峡文化遗存在广东境内分布及与珠江三角洲同期遗存的关系：石峡文化遗存主要分布在粤北地区，北江支流或主流附近低岗或台地，有曲江县乌石镇床饭岭一期[1]、乌石老街南狮子山遗址下层、樟市拱桥岭遗址下层、翁源县有下角垄遗址一期[2]、南雄镇童子营遗址、六里镇拳头岭遗址、下乡横岭埂遗址、岩庄乡坛子岗遗址等，上述遗址中均采集到盘形鼎、三足盘和圈足盘。仁化县覆船岭早期[3]、连平黄潭寺早期[4]、始兴县城南中镇村台地遗址。石峡文化粤西封开鹿尾村对面岗M1、罗伞岗M1[5]、封开乌骚岭墓地[6]。粤东榕江中游揭阳埔田宝山嵷遗址一期，出土几何印纹矮圈足罐与夹砂瓦形，楔形鼎足、圈足盘残片共存。虽说石峡文化遗存南向分布的界线至今尚不清楚，而南北之

[1] 李子文：《曲江县床板岭石峡文化墓地》，《中国考古学年鉴》1989年，文物出版社，1990年版。
[2] 李子文：《翁源县下角垄新石器时代遗址》，《中国考古学年鉴》1989年，文物出版社，1990年版。
[3] 广东省文物考古研究所等：《广东仁化覆船岭遗址发掘》，《文物》1998年7期。
[4] 广东博物馆等：《广东连平县黄潭寺遗址发掘简报》，《考古》1992年2期。
[5] 杨式挺：《封开县鹿尾村新石器时代墓葬》，《中国考古学年鉴》1989年，文物出版社，1990年版。
[6] 广东省文物考古研究所等：《封开县乌骚岭新石器时代墓葬群发掘简报》，《文物》1991年11期。

间同期文化之间存在交流是有据可查的。例如石峡文化中期墓M67出土1件南海西樵山遗址石料制作的霏细岩双肩石锛，为西樵山遗址产品[1]。晚期墓随葬曲折纹矮圈足陶罐，很显然其形制、花纹均受珠江三角洲和海滨同期文化影响，形制为鼓腹，矮圈足。器表印纹做法，先在颈肩之间压印一周斜条纹，此种斜条纹在圆洲一和二组[2]、银洲一组[3]、鱿鱼岗一期[4]、香港涌浪[5]上文化层出土陶罐、出土陶罐、陶釜颈肩之间斜条纹装饰相同，罐身通体饰曲折纹做法亦来自南部。陶罐腹部带条状附加堆纹为石峡文化陶罐特有装饰。珠江三角洲同期文化遗存不流行三足器，因受石峡文化影响，曾出土过盘口釜形鼎和瓦形鼎足，如银洲一组M30：4鼎，盘口形扁圆腹圜底，器表压印条纹、叶脉纹，此是珠江三角洲本地特点的花纹和形制。腹下接瓦形足，是石峡文化陶器流行的，其足沿双侧外卷后压扁，这样的瓦形足综合了珠三角和石峡文化的特色。此类瓦形足曾经在圆洲一、二组出土，是珠江三角洲本地特点的花纹和形制。有夹砂红陶鼎足2件，其中1件瓦足跟遗留珠三角地区特有的长方格纹印痕。灶岗[6]出土陶罐、出土1件夹砂红陶鼎足，其形制均为瓦足双侧边外卷后压扁的瓦形足。河宕[7]③层出土1件，扁体形鼎足和采集1件长条锥形鼎。香港涌浪上文化层遗存，曾出土玉钺，其中有1件玉钺同石峡文化中期大墓M42：7、M104：3的B型Ⅲ式玉钺形制相近，所选用石料却完全不同。反映出粤北石峡文化、珠江三角洲中心地区银洲一组、鱿鱼岗一期、圆洲一和二组、珠江口岛屿涌浪上文化层等文化遗存。代表着新石器时代晚期后段三种不同类型的考古学文化，处在三个地区不同的地理环境中，它们之间在同时期内进行过文化交流的例证，各具本地特色，又有各自发展变化的轨迹。

（2）石峡文化与良渚文化的关系。

石峡文化墓葬中玉钺、玉琮、玉龙首环、玉环形琮、宽带玉环、玉锥形器和贯耳壶的发现和出土，引起考古学界的关注。上述玉器形制，显然具有良渚文化玉器的特征。推测石峡文化先民，于太湖地区良渚文化中期、晚期时，两地曾有过直接交往。粤北石峡遗址和太湖地区之间并无高山大岭相阻隔，可以推测石峡文化先民们是通过南岭的隘口，而后顺着赣江上游支流河谷进入赣江干流两岸，向北经鄱阳湖区，再沿着长江中下游河谷平原，进而入长江三江洲以南以太湖地区为中心的苏南平原。石峡文化玉琮的制作工艺水平不如良渚文化，且花纹亦稍有区别[8]。早期M99：5、中期M42：4出土两件龙首纹玉环，浮雕刻出5～7组龙首纹，其龙首纹饰不同于良渚文化。石峡文化玉器文化因素肯定来自良渚文化，但不是从几千里之外的太湖地区"原装"输入，也不是良渚文化先民中的玉工来到石峡制作的，而是石峡文化的"使者们"向良渚人学习玉石制作后，由当时石峡人制作的。3件贯耳壶出土在早期墓第Ⅱ段墓葬和中期墓中，几乎同期出土玉琮、玉龙首环。贯耳壶数量不多，仅占陶器0.23%。说明这是石峡文化同良渚文化交流，在陶器器类上留下的痕迹。从埋葬习俗、陶器形制和组合、石质工具种类等因素分析，二者之间迥然各异。

[1] 广东省博物馆：《广东南海县西樵山遗址》，《考古》1983年12期。
[2] 广东省文物考古研究所：《广东东莞市圆洲贝丘遗址的发掘》，《考古》2000年6期。
[3] 广东省文物考古研究所等：《广东三水市银洲贝丘遗址发掘简报》，《考古》2000年6期。
[4] 广东省文物考古研究所等：《广东南海市鱿鱼岗贝丘遗址的发掘》，《考古》1997年6期。
[5] 香港古物古迹办事处：《香港涌浪新石器时代遗址发掘简报》，《考古》1997年6期。
[6] 广东省博物馆：《广东南海县灶岗贝丘遗址简报》，《考古》1984年3期。
[7] 广东省博物馆：《佛山河宕遗址》，广东人民出版社，2006年出版。
[8] 朱非素，《广东石峡文化出土的琮和钺》，《良渚文化研究》，科学出版社。1999年版。

（3）石峡文化与岭北江西樊城堆文化的关系。

岭北樊城堆文化是赣江流域新石器时代晚期考古学文化，同石峡文化是近邻，陶器形制均流行子口、三足、圈足器，其中以盘形鼎、凸棱喇叭形足陶豆的形状最为相近，从陶器群组合和形制特点分析，两者之间有相近，又各有特点。樊城堆文化流行扁管状足、横截面"丁"字形足、侧扁足、扁平足，足部大而厚重，盘形鼎是该文化代表性陶器。石峡文化不见上述形制鼎足，除足部轻巧的盘形鼎，还有亚腰或折腹盆形鼎和折腹高瓦形足或凿形足釜形鼎。樊城堆文化陶器形制流行三足、圈足、圜底和平底。石峡文化墓葬仅出土1件平底罐。石峡文化早、中期墓有发展脉络清晰的泥质三足盘；中期与晚期墓有大圈足发展到双层高喇叭形足的圈足盘以及与之共存曲折纹陶罐。早、中期常见夹砂盖豆，樊城堆文化很少见到。两地经济形态同是从事栽培稻农业活动，石峡文化特有的窄身长条形石镘，大型长身石锛和小型工具圆口凹刃石凿、有肩石锛和大量石镞等，不见于樊城堆文化。从埋葬习俗分析，相同的有流行二次葬，墓坑经火烧烤。不同之处，拾年山二、三期墓分为有圹墓、无圹墓和瓮棺葬墓，随葬品很少，常见1~4件，最多11件，陶器多见鼎、豆、壶，个别墓里才有石器随葬[1][2]。不见石峡文化墓里随葬的玉礼器和玉装饰品。拾年山第三期[3]曾出土1件玉琮残片（T32②层：2），形状较为粗陋，其制作技术远不如石峡人制作的玉琮。石峡文化先民既然可以翻过五岭远赴长江下游太湖地区同良渚文化接触交流，所以可以肯定，同近邻樊城堆文化交流会更为频繁得多。

三、生产与社会发展阶段

石峡遗址位于五岭南坡的曲江盆地中低岗，马坝河流经遗址北边，从东向西于白墟注入北江。属亚热带季风气候，年平均温度20.1℃，常年多雨，气候湿润，农作物生长期长，野生稻资源丰富。石峡文化16座墓葬有作为祭食与其他随葬品一起出土的炭化稻谷和稻米粒凝结块。经鉴定为人工栽培稻，可分为籼型稻和粳型稻，而以籼稻为主[4]，谷粒或米粒的大小和形状很不一致，反映当时品种纯度很差，农业耕作技术比较原始。墓葬里出土大型石镘和大型长身石锛，便是用于掘土的工具。遗址周围山冈是石峡人狩猎场所，墓中出土649件石镞，推测主要用于狩猎。出土的石器、玉器种类繁多，从选料到切割、琢打、钻孔、抛光等工艺，制作水平相当高超且精细，推测已有一批专门从事石器、玉器制作的人。

社会发展阶段拟从墓葬规模、随葬品种类和数量的多寡作如下分析。早期墓Ⅰ段2座大型深穴墓随葬品15~55件，计70件，平均35件。1座二次葬浅穴墓M119，仅5件随葬品。早期Ⅱ段大型深穴二次葬墓增至9座，随葬品36~76件，计399件，平均49.9件。其余13座随葬品计179件，平均13.8件。9座大型深穴墓随葬器物占早期Ⅱ段69.03%。种类繁多的石器是墓葬中重要随葬品。41座早期墓随葬石器357件，占随葬器物56.76%，其中20座早期Ⅰ段墓葬出土石器86件，占早期墓石器24.04%。早期Ⅱ段21座墓葬随葬石器271件，占早期墓石器75.91%。早期Ⅰ段有2座大型墓M5、M114。出土石器21件，占Ⅰ段石器24.41%。M114随葬玉钺2件。早期Ⅱ段有21座，其中大型墓M9、M39、M44、M57、M69、M77、M99、M105、M129等9座。除去M9、M129随葬陶纺轮墓，仅1件石器。7座大型

[1]　江西省文物工作队：《清江樊城堆遗址发掘报告》，《江西历史文物》1985年2期。

[2]　李家和等：《再论樊城堆—石峡文化》，《东南文化》1989年3期。

[3]　江西省文物考古所：《新余市拾年山遗址第三次发掘》，《东南文化》1991年5期。

[4]　杨式挺：《谈谈石峡发现的栽培稻遗址》，《文物》1978年7期。

墓出土石器171件。占早期Ⅱ段墓63.1%，平均24.4件。并随葬石钺、玉钺7件、玉龙首环1件。早期墓Ⅱ段M17、M69、M105各随葬玉琮1件，随葬器物40件以上。中期墓39座，10座为大型深穴二次葬墓，占中期墓25%，随葬41～172件不等，共计875件，占中期墓随葬品67.15%，每墓平均87.5件。石器多达407件，占该期石器的73.86%。其次为中型二次葬墓，有10座，随葬品15～81件，共计304件，平均30.4件。其余一次葬墓11座，随葬品1～23件，共计70件，平均6.4件。一次葬已迁墓8座，有54件是迁葬时遗留在墓里的石器和陶器残件。我们分析二次葬墓从一次葬墓迁来的陪葬品，大型墓出土石器共计447件，平均44.7，中型墓153件，平均15.3件，以此推测上述11座一次葬墓中，可能大多数不会进行二次迁葬。随葬玉琮、玉龙首环，双贯耳壶等，是从早期Ⅱ段墓开始出现。

晚期墓10座，3座为大型深穴二次葬墓，随葬品37～69件，共计155件，平均51.7件。石器43件，平均14.7件。2座中型二次葬墓，共计44件，平均22件，其余5座为一次葬墓，随葬2～7件，共计19件，平均4.8件，石器10件。

上述数据说明以下几个值得探讨的问题。首先二次葬虽说是石峡文化流行的埋葬习俗，但并非每个死者都能享受二次迁葬待遇。第二，从早期墓开始，墓坑规模大小深浅、墓壁烧烤是否完整，同随葬器物多少成正比，而随葬石制工具、玉礼器、装饰品出现多寡，可能同墓主人生前地位高低或拥有的财富，多少有直接关联。第三，大型深穴二次葬随葬陶器器类齐全，豆、盘、鼎、釜、壶或罐，且有2～3套以上。第四，常见墓中随葬锛、镞，若是随葬陶纺轮的，不见石镞或很少石镞，只见锛，少数墓有石镬。大型深穴墓石器品种齐全，有镬、长身锛、梯形锛、铲、凿，部分墓随葬有段锛、有肩锛和钺。早期Ⅱ段大型墓：M9、M39、M44、M69、M77、M99、M105、M129等9座。其中M9，随葬陶纺轮8件，无石器随葬；M129随葬陶纺轮9件，仅随葬梯形石锛1件。其余7座墓，随葬石器171件，石、玉钺8件、玉琮2件、玉龙首环1。余下中等深穴和一次葬墓12座，共出土石器84件，石钺2件、琮1件（M17：13）。21座Ⅱ段墓出土石器255件。7座大型墓石器占早期Ⅱ段石器的67.05%。中期墓39座，出土石器557件。中期大型墓M10、M27、M29、M42、M43、M47、M51、M59、M67、M80、M104等11座。其中M10、M27、M29、M51、M59出土陶纺轮51件，石器24件。其余6座大型墓出土石器398件，占中期墓石器的71.45%。中期墓出土石、玉钺33件，11座大型墓出土钺23件，占中期墓钺的70%。作为代表墓主人身份的玉璧、玉琮、玉龙首环等，亦在大型深穴墓里出土。上述有关石器和钺数量，反映出石器在随葬品中占有重要的位置。晚期墓时期，石峡人可能迁徙到别的地方或者发生无法猜测的变故，虽然只有10座墓，同样存在着墓坑大小深浅不同，随葬品数量、质量有差别的问题。

石峡文化墓葬有三座墓木炭标本经 ^{14}C 测定：早期墓Ⅰ段M79（BK76024）公元前2270±110年（树轮校正公元前2730±155年）、中期墓M26（BK75050）公元前2070±100年（树轮校正公元前2480±150年）、M43（BK75046）公元前2380±90（树轮校正公元前2865±185年）。

发掘区内清理遗迹并不丰富，而石峡文化早期Ⅱ段墓和中期墓相加有61座，占石峡文化墓葬59.8%，推测是石峡文化人群在石峡遗址活动的高峰期，居住遗址可能还在发掘区西边比较平坦地方，而且离狮尾山麓泉水口很近。该期墓葬出土玉琮5件、玉龙首环2件、石钺10件、玉钺31件，占出土钺73.2%。从目前周边地区发现的石峡文化遗存分析，石峡文化时期的石峡遗址是一处规模较大的中心聚落。

第五章 石峡第三期文化遗存

第一节 生活遗迹和遗物

一、遗迹

该期文化遗存的遗迹包括灰坑、灶坑、废窑、红烧土面等（图三三二）。发掘区南边T83和北边T2A～T5A、T2B～T5B、T4C～T6C，共11个探方，275平方米范围内的石峡三期存在两层文化堆积，两层红烧土遗迹，从出土遗物分析，陶器形制有区别，现将其分为石峡三期早期和石峡三期中期叙述。

（一）灰坑

本期发现的灰坑较多，多数灰坑打破石峡文化层，部分打破石峡三期早期文化层和石峡文化墓葬填土。灰坑形状有圆形灰坑，圜底或平底；椭圆形灰坑、不规则形灰坑，灰坑底部多为圜底，出土遗物绝大多数为陶器碎片，无法复原。分述如下。

H40　位于T40东部，距表土0.4米，石峡四期文化层下，打破石峡文化层。坑口平面呈椭圆形，长2.1、宽1、深0.34米。坑边和坑底有5块石灰石，陶器；夹砂陶釜、陶器座、重圈纹陶罐、残石镞、石锛（图三三三），为石峡三期早期。

H41　位于T47中部，距表土0.23米，坑口平面椭圆形，表土层下，打破石峡文化层。长2.4、宽1.34、深0.42米。上层堆积为灰褐色土，夹杂较多红烧土块；下层为灰黑色土，土质松软，出土一段长0.32、宽0.05米的已压成扁平的木炭，另出土小口圈足罐1件、少量陶片和小陶杯1件（图三三四）。为石峡三期中期Ⅱ段。

H42　位于T29东南，距地表0.2米，坑口平面呈椭圆形，长2、宽0.80、深0.15～0.8米。表土层下为石峡四期地层，压着该灰坑口，打破石峡三期早期，填土灰黑色。出土器物相当丰富。石器有长身锛、梯形锛、凿、三棱镞、砺石等。泥质陶片数百片，多为橙红色或橙黄色和青灰胎几何印纹陶，胎壁较薄，印纹以规整的曲折纹为主，还有复线长方格、双线方格凸点纹、云雷纹和少量叶脉纹。器形有大口高领折肩圈足罐（尊）、敞口宽沿扁圆腹凹底罐等，是石峡三期中期大灰坑出土遗物中的陶器，作为与早期排比时的陶器标本（图三三五）。为石峡三期中期Ⅱ段。

H43　位于T4D东北，距表土0.4米。坑口平面呈不规则形，长1.46、宽0.38～0.94、深0.42米，表土层下即坑口，打破石峡三期早期文化层。填土灰褐色，出土泥质陶曲折纹、云雷纹、长方格纹、复线方格纹、绳纹、刻划纹、素面陶片和罐口沿（图三三六）。为石峡三期中期Ⅱ段。

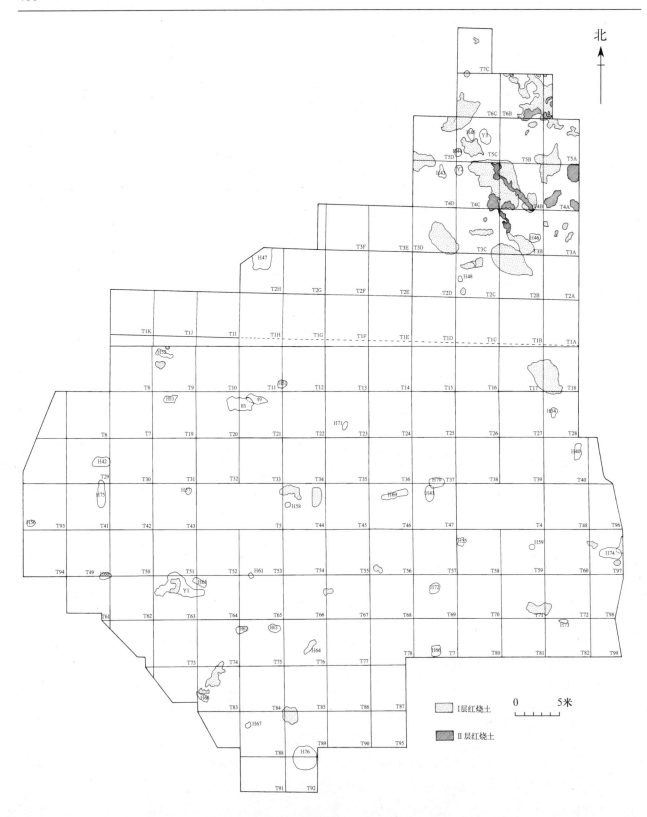

北

图三三二　石峡三期、四期文化遗迹总平面图

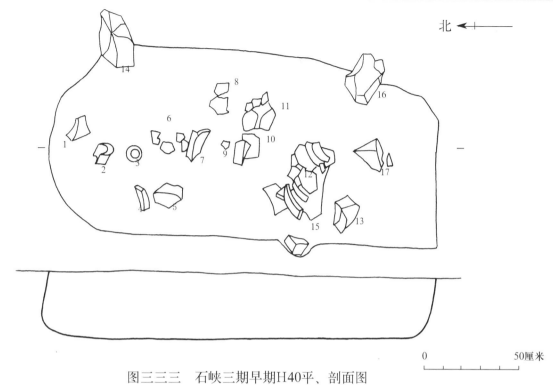

图三三三　石峡三期早期H40平、剖面图
1、4~8、10、11.夹砂釜　2、3、9.陶器座　12.石刀　13.砺石　14~17.石灰石

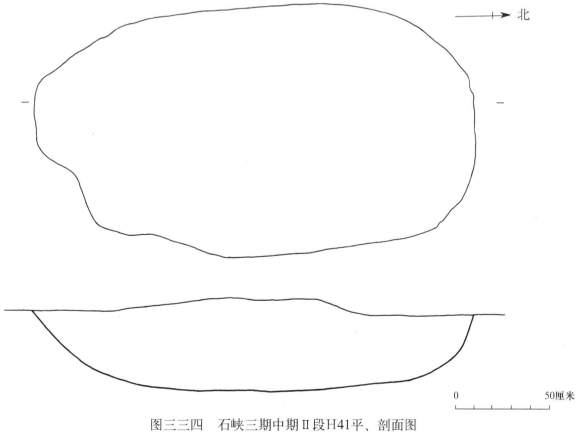

图三三四　石峡三期中期Ⅱ段H41平、剖面图

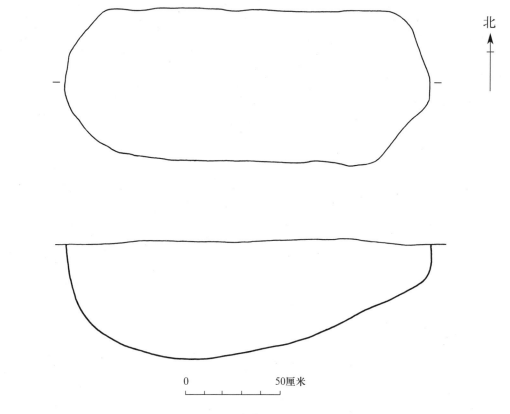

北

图三三五　石峡三期中期Ⅱ段H42平、剖面图

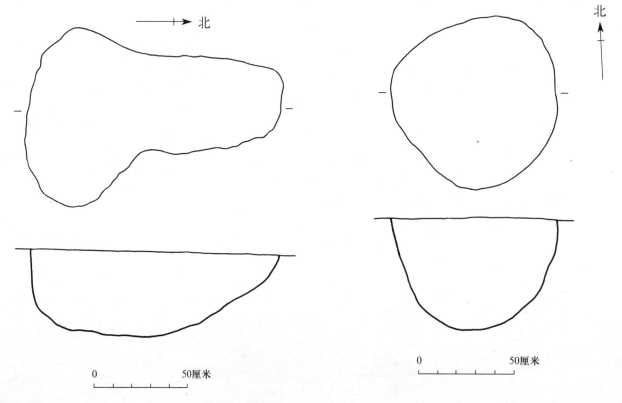

北

北

图三三六　石峡三期中期Ⅱ段H43平、剖面图　　　图三三七　石峡三期中期Ⅱ段H44平、剖面图

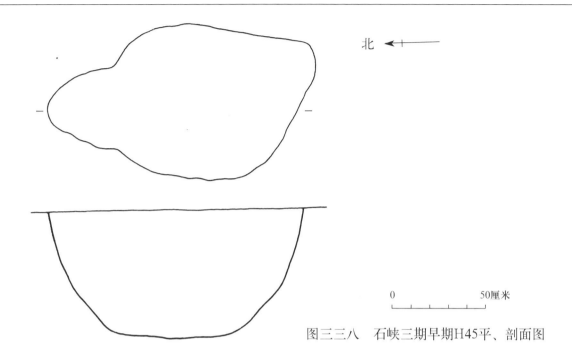

图三三八　石峡三期早期H45平、剖面图

H44　位于T5C西南角，距表土0.45米，坑口平面呈圆形。表土层下，打破石峡三期早期，长0.92、宽0.88、深0.54米。填土灰褐色，出土泥质陶长方格纹、规整曲折纹、重叠曲折纹等陶片和石峡文化盘形鼎口沿（图三三七）。为石峡三期中期Ⅱ段。

H45　位于T5C中部，距表土0.95米，坑口平面呈不规则椭圆形。石峡三期中期红烧土面叠压在坑口南边和北边部分，打破石峡文化层。长1.5、宽0.82、深0.68米。填土灰褐色，出土夹砂绳纹、间断绳纹、泥质陶、曲折纹、复线长方格纹和石峡一期划纹陶片、石峡二期豆足等（图三三八）。为石峡三期早期Ⅱ段。

H46　位于T3B东南，距表土0.5米，坑口平面呈不规则椭圆形，打破石峡三期早期文化层，附近有石峡三期中期红烧土硬面叠压在下层红烧土硬面之上，长1.2、宽0.92、深0.37米。填土灰褐色，出土泥质陶曲折纹、复线长方格纹陶片和器座（图三三九）。为石峡三期中期Ⅱ段。

H47　位于T2H北边，距表土0.2米。坑口平面呈不规则形。表土层下，打破石峡文化层。灰坑被3个石峡四期柱洞打破，深达0.9米。长3.18、宽1.68、深0.58米。填土灰褐色，出土较多陶片，夹砂陶片花纹有曲折纹、方格纹、云雷纹。泥质陶片花纹有中方格纹、细方格纹、复线长方格纹、卷草、复线长方格组合纹、曲折纹、重叠曲折纹、重圈纹、叶脉纹、云雷纹、素面等。陶器器类有器座、细把豆、罐。石器有石锤1件、砺石4件及一些残石器。还有石峡文化釜形鼎、盘形鼎、豆、夹砂盖豆和石峡一期罐（图三四○）。为石峡三期中期Ⅱ段。

H48　位于T2C西南，距表土0.43米。坑口平面近圆形，表土层下，打破石峡文化层。填土灰褐色，长0.68、宽0.62、深0.48米。出土泥质陶有复线长方格纹、复线方格纹、曲折纹、重叠曲折纹、云雷纹、绳纹陶片。器类有罐、尊和石峡一期刻划纹圈足盘（图三四一）。为石峡三期中期Ⅱ段。

H49　位于T21西北，距表土0.42米。坑口平面椭圆形，长2.6、宽0.9、深0.3米。石峡四期文化层下，打破石峡三期早期文化层和H50东北角，该灰坑东端被石峡三期晚期M50打破，无遗物。填土灰黑色，遗物少，有泥质陶曲折纹、复线长方格纹陶片6片。为石峡三期中期Ⅱ段。

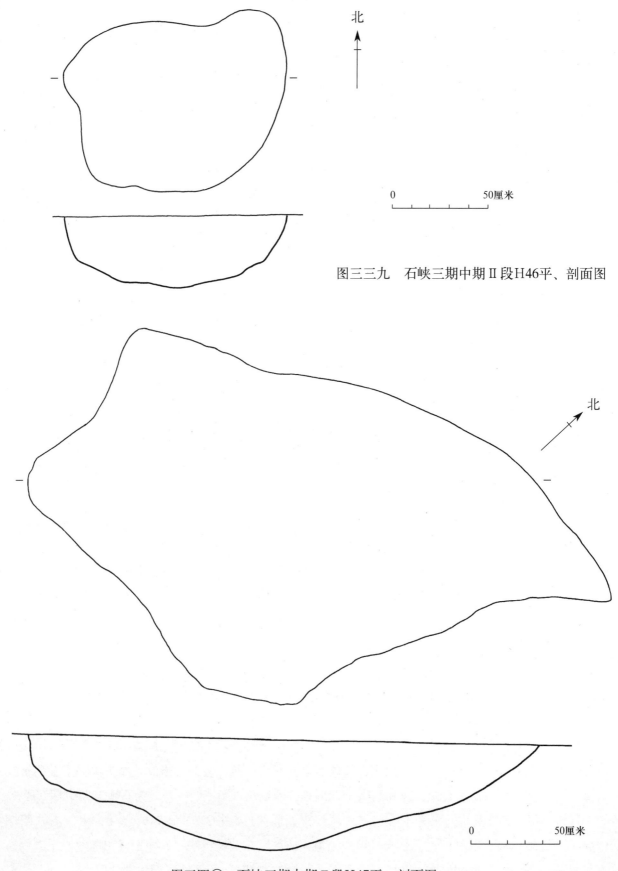

北

0 _____ 50厘米

图三三九　石峡三期中期Ⅱ段H46平、剖面图

北

0 _____ 50厘米

图三四〇　石峡三期中期Ⅱ段H47平、剖面图

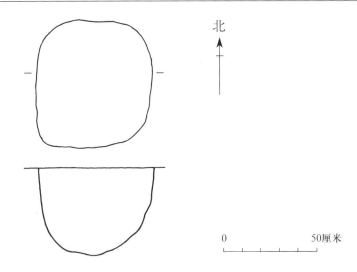

北

0 50厘米

图三四一 石峡三期中期Ⅱ段H48平、剖面图

H50 位于T21西北－T20东边，距表土0.44米，坑口呈不规则形。坑口上有一层0.08~0.12米石峡三期中期文化层。灰坑长2.82、宽1.56、深0.8米。东南被石峡三期晚期M58打破，可惜没有随葬品，东北被H49打破。灰坑打破石峡文化中期M59、深入填土0.8米，北边打破石峡文化层。出土夹砂罐、釜、器座、细把豆和复线长方格纹、曲折纹、重叠曲折纹、篮纹、网结纹泥质陶片。重圈纹、云雷纹、绳纹夹砂陶、长身石锛等，还有石峡文化三足盘（图三四二）。为石峡三期早期。

H51 位于T12西南角，距表土0.1米，已见灰坑口，坑口平面呈圆形，表土层下，打破石峡文化M57，深入填土0.05米。长1.18、宽1.08、深0.7米。填土灰褐色，出土泥质陶复线长方格纹、双线方格纹、曲折纹、重圈纹、云雷纹、栏栅纹、篮纹等陶罐碎片、陶器座和石峡文化釜形鼎、盘形鼎、夹砂盖豆、圈足盘、豆等（图三四三）。为石峡三期早期。

H52 位于T9西北，距表土0.34米。坑口平面呈不规则形。表土层下，打破石峡文化层。长1.4、宽0.5、深0.3米，填土灰黑色，夹杂红烧土粒。只出土3片曲折纹、方格纹陶片。为石峡三期中期Ⅱ段。

H53 T19北边，距表土0.34米，坑口平面呈不规则形。石峡四期文化层下，打破石峡文化层。长1.6、宽0.8、深0.52米。填土灰褐色，出土少量泥质陶复线长方格纹、交叉长方格纹、双线方格纹、曲折纹、重叠曲折纹、篮纹等陶片，还有石峡文化圈足盘、豆等。为石峡三期中期Ⅱ段。

H54 位于T28中部，距表土0.4米，坑口平面椭圆形，石峡三期中期下，打破石峡文化M122（无随葬品）和石峡文化层，长1.12、宽0.94、深0.12~0.41米。填土灰褐色，夹杂较多红烧土，出土夹砂曲折纹陶和泥质曲折纹陶片。为石峡三期早期。

H55 位于T58西北，距表土0.36米，坑口平面呈圆角方形。表土层下，打破石峡文化层。长0.88、宽0.76、深0.5米。填土灰褐色，出土复线长方格纹、曲折纹、重叠曲折纹、网结纹、云雷纹陶片，陶器有夹砂罐、器座和泥质陶罐、盂、器座、弦纹细把豆和石峡文化的盘形鼎、罐（图三四四）。为石峡文化三期中期Ⅱ段。

H56 位于T93南，距表土0.3米，坑口平面呈椭圆形。表土层下，打破石峡文化层。长1、宽0.7、深0.33米，填土灰褐色，出土泥质陶中方格纹、细方格纹、双线方格纹、曲折纹、篮纹陶片，

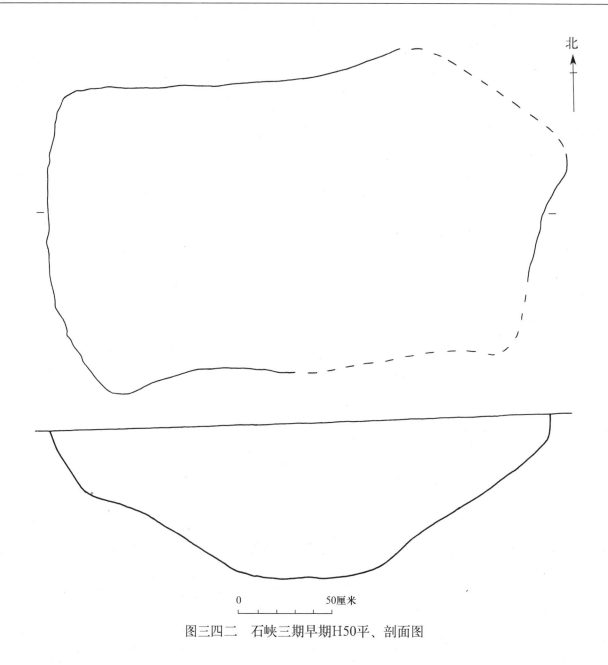

图三四二　石峡三期早期H50平、剖面图

器类有盂、器座、细把豆、罐和石峡文化釜、釜形鼎、盘形鼎、夹砂盖豆（图三四五）。为石峡三期中期Ⅱ段。

　　H57　位于T43东北。距表土0.18米，坑口平面呈圆形，表土层下，打破石峡文化层。长0.8、宽0.72、深0.56米。填土灰褐色，出土夹砂陶罐、陶器座，泥质陶罐，陶器花纹有曲折纹、重叠曲折纹、绳纹、篮纹、素面等，还有石峡文化夹砂盖豆。为石峡三期中期Ⅱ段。

　　H58　位于T44西边，距地表0.48米。坑口平面呈圆形。表土层下，打破石峡文化层。长0.56、宽0.54、深0.34米。填土灰褐色，夹杂红烧土屑，松。出土泥质陶复线长方格纹、双线方格纹、曲折纹、重叠曲折纹、云雷纹、绳纹等，器类有罐、釜、器座、尊、圈足盘（图三四六）。为石峡三期中期Ⅱ段。

　　H59　位于T59东边，距表土0.23米。坑口平面呈圆形，表土层下，打破石峡文化层。长0.82、

北

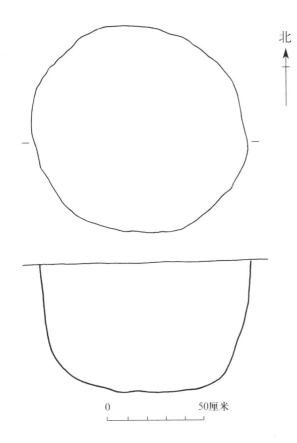

北

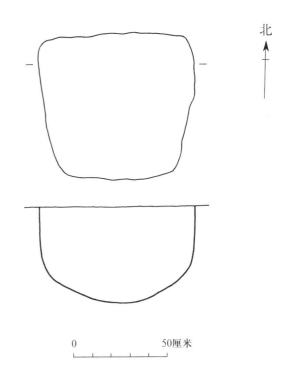

图三四三　石峡三期早期H51平、剖面图

图三四四　石峡三期中期Ⅱ段H55平、剖面图

北

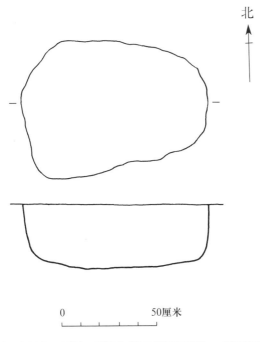

北

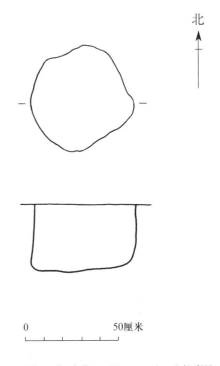

图三四五　石峡三期中期Ⅱ段H56平、剖面图

图三四六　石峡三期中期Ⅱ段H58平、剖面图

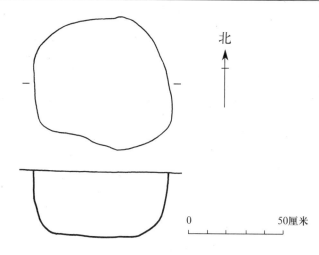

北

0　　　　　　　　　50厘米

图三四七　　石峡三期中期Ⅱ段H59平、剖面图

宽0.74、深0.35米。填土灰褐色，松。出土泥质陶曲折纹、长方格纹陶片和夹砂陶器座、罐等（图三四七）。为石峡三期中期Ⅱ段。

　　H60　位于T62西北角，距表土0.2米，坑口平面呈椭圆形，表土层下，打破石峡文化层。长1.4、宽0.7、深0.43米。填土灰褐色，出土夹砂陶器座，泥质陶罐、器座、细把豆和复线长方格纹、曲折纹、篮纹等陶片，还有石峡文化釜、釜形鼎、盘形鼎、夹砂盖豆等（图三四八）。为石峡三期早期。

　　H61　位于T65北边，距表土0.16米。坑口平面呈圆形，表土层下，打破石峡文化层。长0.7、宽0.5、深0.38米。填土灰褐色，松。出土夹砂陶器座，泥质陶罐、细把豆和中方格纹、细方格纹、复线长方格纹、曲折纹、重圈纹、绳纹等陶片。为石峡三期中期Ⅱ段。

　　H62　位于T75西边，距表土0.18米。坑口平面呈椭圆形，表土层下，打破石峡文化层。长1.3、宽0.8、深0.94米。填土灰褐色，夹杂较多红烧土块，出土遗物不多，有夹砂碎陶片、泥质陶曲折纹、篮纹、方格纹陶片和石峡文化夹砂鼎足、罐口沿（图三四九）。为石峡三期中期Ⅱ段。

　　H63　位于T75东边，距表土0.18米，坑口平面呈椭圆形，表土层下，打破石峡文化层。长1.5、宽0.9、深0.88米。填土灰褐色，夹杂红烧土粒，出土遗物少，有夹砂碎陶片，泥质陶有双线方格纹、曲折纹陶片，还有石峡文化瓦形足（图三五〇）。为石峡三期中期Ⅱ段。

　　H64　位于T76东南，距表土0.21米，坑口平面呈不规则形。表土层下，打破石峡文化层。长1.8、宽0.76、深0.7~1米。填土灰褐色，夹杂大量红烧土块堆积，出土大量夹砂、泥质碎陶片，陶片花纹有复线长方格纹、重叠曲折纹、曲折纹、云雷纹，器类有罐、陶器座和石峡文化盆形鼎口沿（图三五一）。为石峡三期中期Ⅱ段。

　　H65　位于T64西北，距表土0.19米，坑口平面呈圆角长方形，表土层下，打破石峡文化层。长1.6、宽0.6、深0.4米。填土灰褐色，夹杂较多红烧土粒，出土遗物不多，有夹砂陶釜和曲折纹、重圈纹等陶片，推测年代与附近Y1同时（图三五二）。为石峡三期早期。

　　H66　位于T79南边，距表土0.18米，坑口平面呈圆角方形，表土层，打破石峡文化层。长1.1、宽0.9、深1米。填土灰褐色，出土夹砂陶釜、器座、罐，泥质陶罐、细把豆，陶器花纹有中方格纹、曲折纹、重叠曲折纹、绳纹。还有石峡文化壶、罐、圈足盘（图三五四）。为石峡三期中期Ⅱ段。

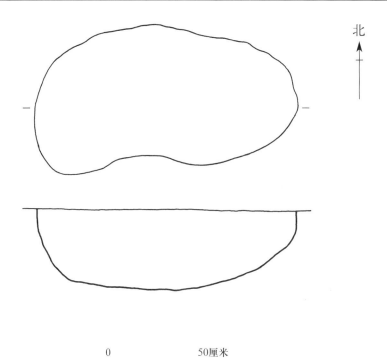

0　　　　　　　　50厘米

图三四八　石峡三期早期H60平、剖面图

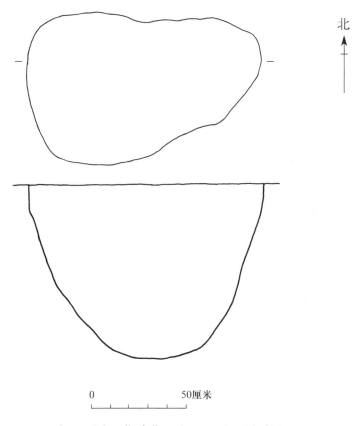

0　　　　　　　　50厘米

图三四九　石峡三期中期Ⅱ段H62平、剖面图

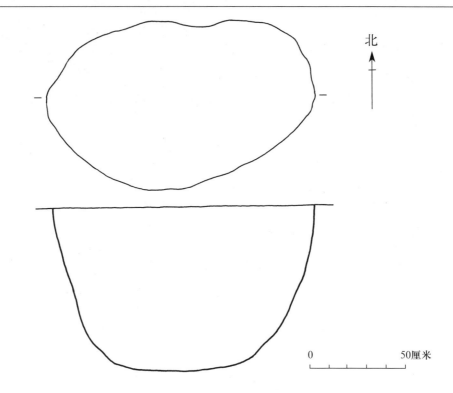

北

图三五〇　石峡三期中期Ⅱ段H63平、剖面图

0　　　　　　　　50厘米

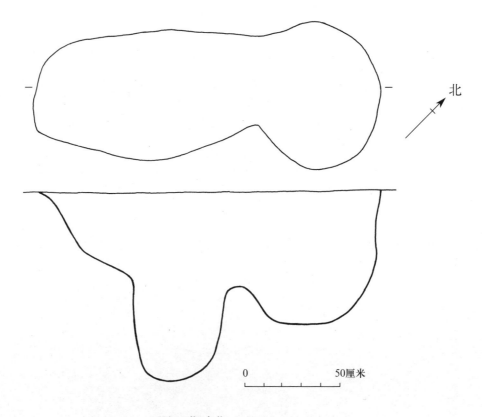

北

图三五一　石峡三期中期Ⅱ段H64平、剖面图

0　　　　　　　　50厘米

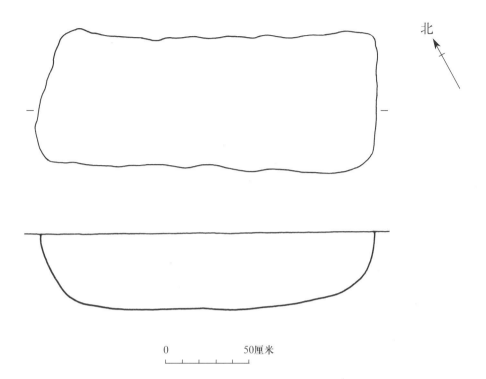

北

0　　　　　　50厘米

图三五二　石峡三期早期H65平、剖面图

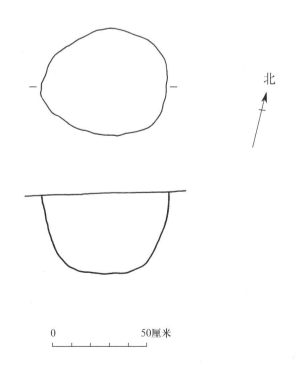

北

0　　　　　　50厘米

图三五三　石峡三期中期Ⅱ段H67平、剖面图

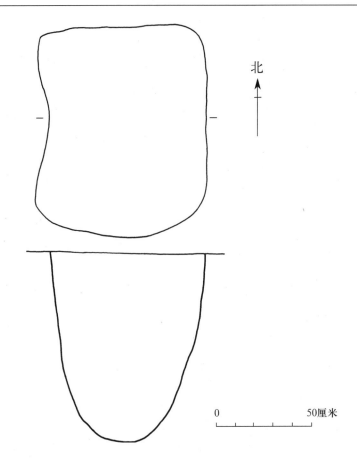

图三五四　石峡三期中期Ⅱ段H66平、剖面图

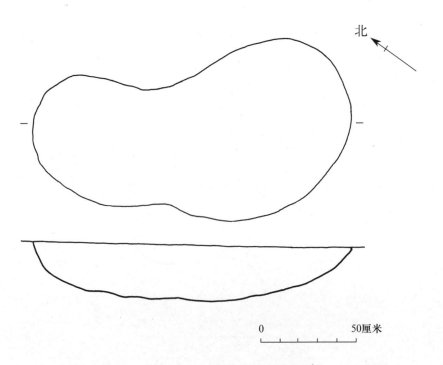

图三五五　石峡三期早期H68平、剖面图

H67　位于T88西边，距表土0.6米，坑口平面呈圆形，石峡四期下，打破石峡三期早期文化层，厚达0.5米。灰坑长0.68、宽0.58、深0.42米。填土灰褐色，夹杂较多红烧土粒，出土夹砂绳纹器座、罐，泥质陶罐、细把豆，陶片花纹有中方格纹、细方格纹、复线长方格纹、曲折纹（图三五三）。为石峡三期中期Ⅱ段。

H68　位于T83西南边，距表土0.52米，坑口平面不规则椭圆形，长1.72、宽0.9、深0.28米。该方有厚达0.2～0.42米的石峡四期文化层，H68在石峡四期文化层下，打破石峡文化层。填土灰黑色和红烧土块堆积，且较硬，出土夹砂陶罐片和泥质陶曲折纹、编织纹、素面陶片（图三五五）。为石峡三期早期。

（二）柱洞

本期发现过许多大小、深浅不一的柱洞。最深的达70～80厘米，打破石峡文化层并深入生土。最浅的仅10厘米，一般为30～50厘米。许多柱洞填土中夹杂有红烧土粒；有的洞底垫有石块。

例如T8，在铁锰淋滤层下9厘米，出现6个柱洞（d2～d7），洞深分别为50、25、45、34、25、25厘米，其中多数柱洞出土有少量本期陶片。这6个柱洞分布略呈椭圆形，东西长3、南北长4米。类似的柱洞群还可以举出多例，但这些柱洞的分布并不成形，这可能与房址的使用时间较长，其间经先后增补木桩或受到部分破坏等情况有关。由于缺乏其他遗迹结合观察分析的材料，难于了解当时的建筑平面结构。

以洞口的形状分，大致可分为圆形、椭圆形和瓢形三种，以前二种居多。

圆形柱洞　大口尖圆底，一般深度40～60厘米。如T27的d10、d11（二者相距为24厘米）。又如T6B南断面的d10、d11，二者相距50厘米。

椭圆形柱洞　剖面略呈梯形。一般深度20～30厘米。

瓢形柱洞　剖面略呈曲尺形。柱洞分二级：上部大而浅，下部窄而深。可能是先挖一个瓢形浅坑，打上木桩，然后上部再填实泥土。木桩腐朽后便成此洞。另外，还有些柱洞是两个并叠的，可能反映木桩是先后打入或替补的（图三五六；图版一六九：1、2）。

（三）灶坑

保存比较清楚的有3个。属石峡三期文化中期。1973年试掘 T1～T5。

例一：位于T2②B层的一片红烧土遗迹上。平面呈马蹄形红烧土硬面灶坑，坑内填满炭屑和黑灰土，周壁有坚硬的红色、黑色烧土壁，当为灶坑。

例二：属于T3②B层。为一个面宽为90、厚26、深92厘米的烧土坑。坑口朝东北，坑内残存有灰黑土、炭屑等。其灶坑后沿发现一小堆炭化稻谷（图三五七）。

例三：位于T4A②B层的红烧土堆中。其间发现有2件有炊煮痕迹的残釜。

（四）废窑

4座。从残存形状和结构看，1座是长方形的，3座是椭圆形的。从出土陶器特点看，均属于石峡三期文化早期。

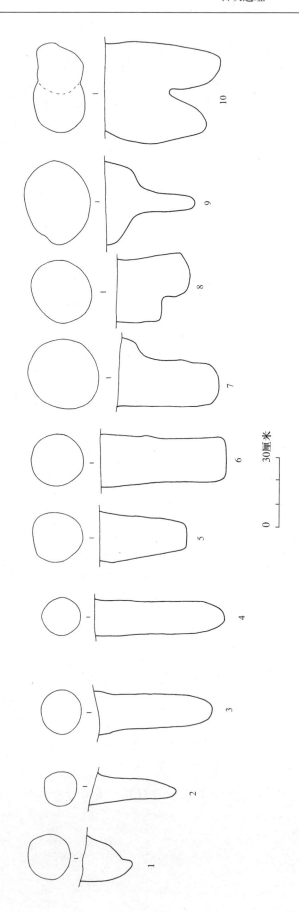

图三五六　石峡三期部分柱洞平、剖面图

1.T27②B：d10　2.T27②B：d11　3.T6B②B：d11　4.T6B②B：d10　5.T35②B：d4　6.T35②B：d5　7.T3②B：d6　8.T37②B：d8　9.T37②B：d9　10.T35②B：d13

Y1　位于T63北半部，T64西边。窑坑口平面呈不规则椭圆形。距表土19厘米，出现长570、宽250、厚10厘米的红褐色土，夹杂红烧土块，叠压在Y1之上，窑坑打破石峡二期文化层，东西向，长246、宽60～90、残深50～54厘米。坑壁残存有厚2～4厘米的青黑色的窑壁硬土。

窑坑的堆积情况是：上层有厚30厘米左右的含有陶器残件的红烧土碎块和碎粒的堆积。中层有厚3～5厘米的烧土硬面，但不平整相连。下层有含炭块和灰烬的红烧土堆积，内有15个个体的夹砂陶器座及大量陶器残件；靠坑底还有7块较大的砂岩石块（图三五八；图版一七○：1、2），出土陶器有夹砂陶釜、圈足罐、豆（或盘）、器座；泥质陶瓮、罐、圈足罐、豆（盘）等。是石峡三期早期可同中期排比用的器物标本。

Y2　位于T4C西北，T4D东北。距表土70厘米，耕土层36厘米，之下为石峡三期中期Ⅱ段文化层，厚38厘米，叠压在Y2之上，窑坑打破石峡文化层。现存窑坑平面略呈椭圆形，长径150、短径124、残深26～40厘米。Y2口大底小，底部基本平整，坑底挖入石峡一期文化层。在南北边坑口尚留有向坑内弧曲的硬烧土，应是窑顶封盖泥土的残留。在北边和东南边窑壁上见有2～3厘米厚度的红烧土壁，由上而下延续至坑底，坑底也有烧土硬面。清理时坑内填满红褐色、黑色的烧土块、炭屑、灰烬和灰土。靠近底部有一些较大片的陶器残件，如夹砂圈足罐，曲折纹、错叠曲折纹等泥质软陶罐片等（图三五九）。

Y3　位于T5C东部，距表土122厘米。窑坑平面呈椭圆形。石峡三期中期Ⅱ段文化层，叠压在Y3之上，窑坑打破石峡文化层。东北部被柱洞打破，口径长190、宽120、残深15～26厘米。底部中间鼓起，四周低凹。在坑壁四周及底部均有一层3厘米左右的红烧土硬面。东北面坑口残存一段长120、宽12厘米的红烧土硬面向坑口内弧曲，应是窑顶封盖的泥土。坑里仅有数片陶片。填土堆积和Y2基本相同（图三六○；图版一七一：1）。

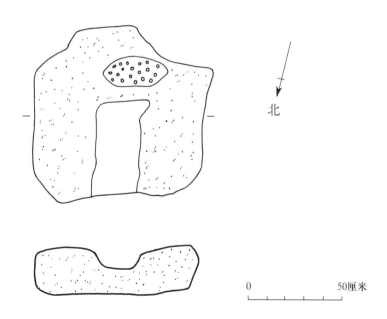

图三五七　石峡三期中期Ⅱ段灶坑平、剖面图

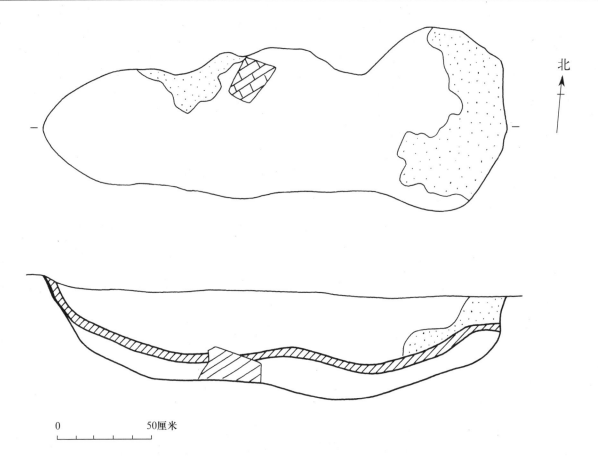

北

0　　　　　　　50厘米

图三五八　　石峡三期早期Y1平、剖面图

（五）红烧土

本期发现的红烧土遗迹，分布范围比较大。主要分布在发掘区东北部一些探方内，有的断断续续连成一片。红烧土遗迹，可分为两层堆积，第一层，距表土从南至北为24～30～36厘米，被石峡三期中期Ⅱ段文化层叠压，红烧土堆积厚12～30厘米，叠压在石峡三期早期文化层之上。第二层，距表土从南至北为64～74～106厘米，被石峡三期早期文化层叠压，红烧土堆积厚20～40厘米不等，叠压在石峡文化层上。不见红烧土硬面呈平面状，而是红褐色土，夹砂红烧土粒、炭屑等，土质较松，夹杂其中的红烧土硬块，质硬，常见一面平整或2～3块叠在一起，有竹、木印痕，部分红黑烧土块中，夹有稻谷壳或禾本科植物叶印痕，应与居址构件有关。有第一层红烧土遗迹分布的探方16个：T18、T3A、T4A、T2B、T3B、T4B、T5B、T6B、T2C、T3C、T4C、T5C、T6C、T3D、T4D、T5D。有第二层红烧土遗迹分布的探方6个：T4A、T5A、T3B、T4B、T6B、T4C。第二层范围比第一层要小。这些红烧土遗迹，显然与当时人们用火有直接关系。由于有两层红烧土遗迹，因而石峡三期可分出早期、中期，又由于少数墓葬的葬坑打破三期中期，就分出石峡三期晚期。下面举例说明之。

例一：T4B②B西－T4C②B东红烧土遗迹，有两层红烧土，文化层堆积南高北低，由西南向东北倾斜。第一层红烧土遗迹，距表土从南至北24～30～36厘米，被堆积厚12～34厘米，石峡三期中期Ⅱ段文化层叠压，红烧土遗迹叠压在石峡三期早期文化层之上。探方由南向北倾斜，西南、东南、西北有

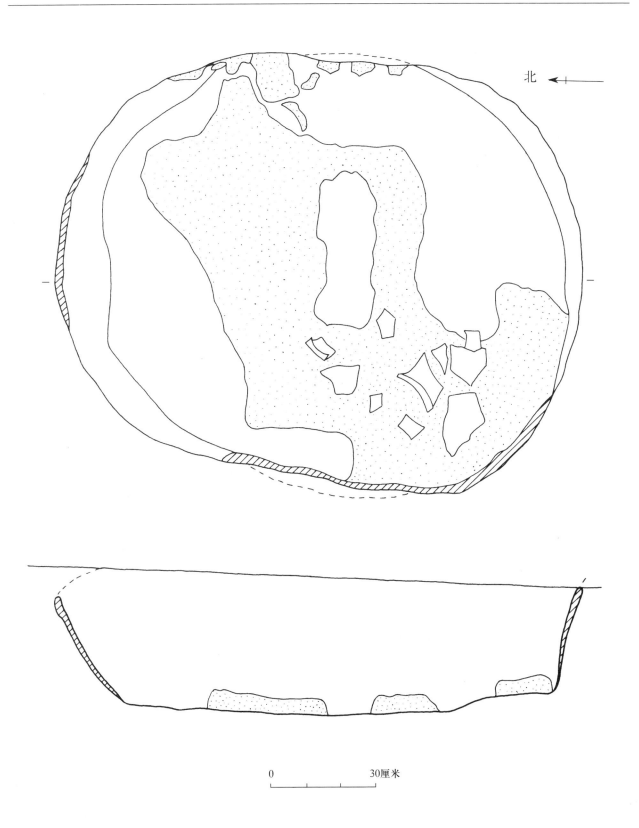

北

0　　　　　　30厘米

图三五九　石峡三期早期Y2平、剖面图

北 ←—

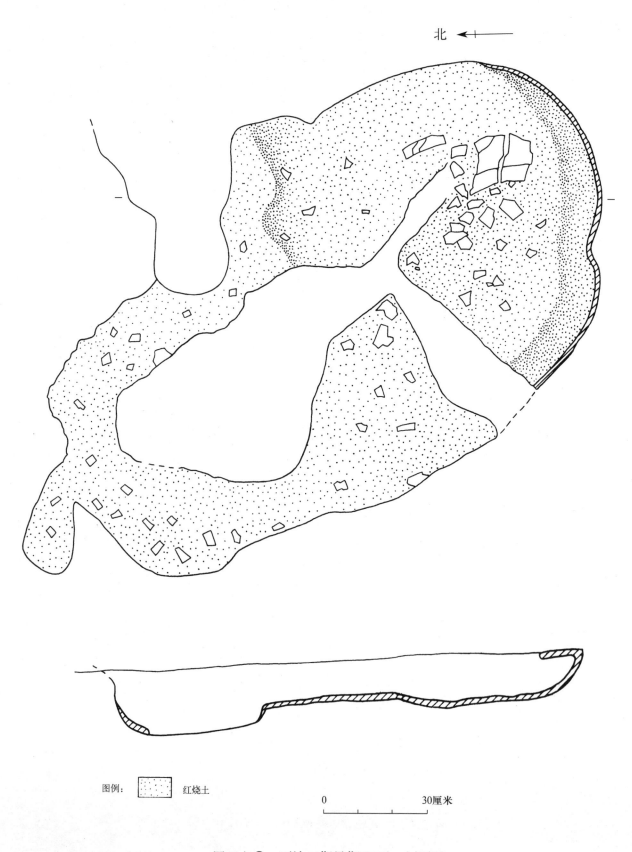

图例： 红烧土

0   30厘米

图三六〇　石峡三期早期Y3平、剖面图

北

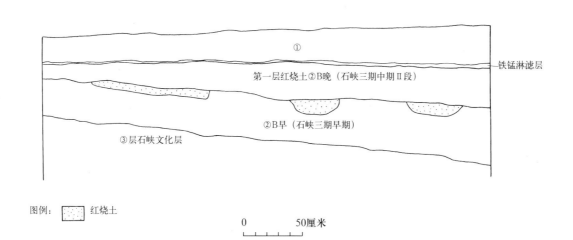

图例：□ 红烧土

0 ———— 50厘米

图三六一　石峡三期中期Ⅱ段T4B②B第一层红烧土遗迹平、剖面图

间断不连接成片红烧土遗迹，厚4～20厘米，中间厚，两边薄（图三六一；　图版一七一：2）。该层出土遗物较多。石器：大小长身锛、有肩锛、有肩有段锛、梯形锛、三棱石镞和残石戈。陶器：夹砂陶有曲折纹圈足罐圈足、陶器座；泥质陶有敞口宽沿圈足罐，折肩饰云雷纹。捏流宽把壶，陶片花纹有曲折纹、复线长方格纹、复线方格、三线方格凸方块纹。

第二层红烧土遗迹，距表土从南至北64～74～104厘米，被厚38～62厘米的石峡三期早期文化层叠压，红烧土层叠压在石峡文化层上。该层红烧土范围长700、宽350、厚12～20厘米。红褐色土，夹杂红烧土粒、炭屑，土质较松，其中红烧土块质硬，常见一面平整或2～3块叠在一起，有竹木印痕，在红黑烧土块中夹有稻谷壳或禾本科植物叶子印痕，应与房屋居址有关。红烧土块旁边出土一块大砺石（砂岩），遗留磨砺痕迹，红烧土硬块中出土木骨泥墙构件，同时清理6个柱洞，编号为D1～D6，直径20～46、深20～30厘米，填土灰褐色，出土夹砂陶和素面陶碎片，D1填土夹杂红烧土粒。T4B石峡三期早期出土遗物：石器有大型、中型长身锛，有肩锛，石凿，圆铤三棱镞，圆饼形砾石。陶器有夹砂陶器座、罐口沿、圈足、陶纺轮和石峡文化鼎足。泥质陶罐、豆口沿、器肩，陶片花纹有叶脉纹、曲折纹、重圈纹，折肩处饰云雷纹（图三六二）。

例二：T6B红烧土遗迹，位于探方东边，有两层红烧土。第一层红烧土遗迹距表土88～98厘米。该方有完整石峡四期、三期、二期堆积层。石峡四期文化层，叠压在石峡三期中期Ⅱ段文化层上，红烧土遗迹在中期文化层之下，厚度4～12厘米，红烧土面较平，未见连成一片，附近有3个柱洞，编号：D1、D2、D3，平面呈圆形和椭圆形，D1：口径36、深40厘米，出土折肩罐口沿、泥质方格纹、长方格纹、复线方格纹、曲折纹陶片。D2：口径48、深107厘米，少量碎陶片。D3：口径50、深85厘米，出土碎陶片（图三六三）。该方石峡三期中期Ⅱ段文化层堆积厚度16～40厘米。出土石器：长身锛、梯形锛、有段有肩锛、柳叶形镞、三棱形镞、玉璜、石璜、环各1个。陶器：高领、敞口、凹底罐、短颈折肩罐、细把豆、捏流宽把壶、陶纺轮10个、夹砂陶器座和泥质陶方格纹、细方格纹、复线长方格纹、云雷纹、曲折纹等陶片。

第二层红烧土遗迹，距表土104～106厘米，遗迹已十分破碎，所剩无几，被石峡三期早期文化层叠压，之下为石峡文化层。石峡三期早期堆积厚14～28厘米，出土石器：长身锛、隆背锛、梯形锛、柳叶形锛、三棱石镞。陶器：陶纺轮、圆形陶片、夹砂陶罐口沿，泥质陶曲折纹、篮纹、附加堆纹组合陶片。

例三：T71、T2B、T6B、T4B等探方的堆积。发现一些红烧土硬块，有的一面抹平，另一面有竹、木直条夹压的直沟道。有的红烧土硬块中还含有稻谷壳或稻秆草。这种红烧土块应是木骨泥墙房屋的材料构件（图三六四：1、2）。

二、遗物

（一）石、玉器

1130件。当时人们已经认识了石料的选择（详见石器石料鉴定表）。如数量最多的石锛、石凿，大多选用板岩和细砂岩、粉砂岩，当然也有河砾石的。数量很大的石镞，还有新出现的穿孔

北

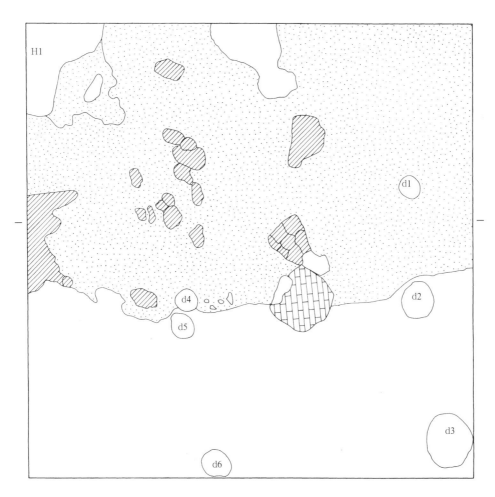

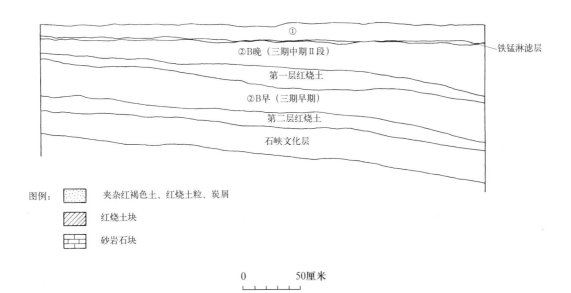

图例：　　夹杂红褐色土、红烧土粒、炭屑

红烧土块

砂岩石块

0　　　50厘米

图三六二　石峡三期T4B②B第二层红烧土遗迹平、剖面图

→ 北

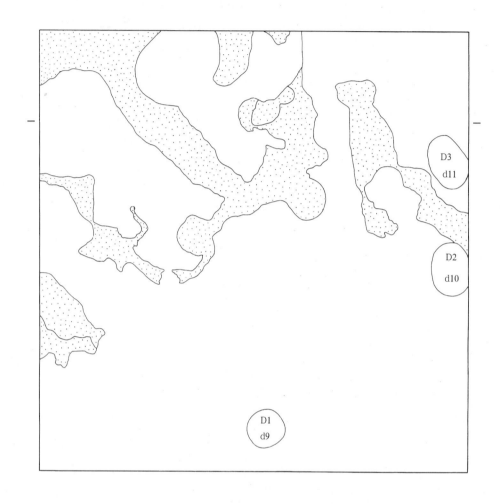

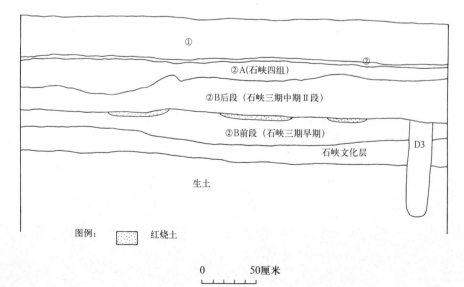

图例：▦ 红烧土

0 ——— 50厘米

图三六三　石峡三期中期Ⅱ段T6B第一层红烧土遗迹平、剖面图

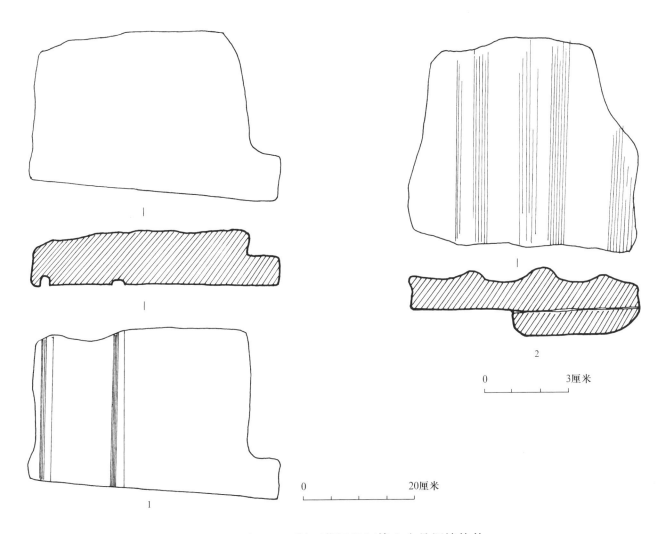

图三六四　石峡三期T4B红烧土木骨泥墙构件

石戈、矛，主要是选用呈片状结构的千枚岩。磨盘、磨研器和砺石，主要是选用灰色砂岩和红色砂岩。装饰品玉石环、玦等，多选用泥质板岩、石英岩、透闪石等。制作工艺包括打琢、切割、穿孔（单面钻和两面钻）、磨光乃至抛光等。当然并非每件石器的制作都需要运用这些工艺。虽然出土有钻孔石器，但目前并未发现有使用金属钻孔工具的证据。

　　镢　3件。均残。灰色页岩。标本T6B②B：1，纵向裂成一边，残长7.2、残宽3.2、厚1.6厘米（图三六五：1）。标本T4A②B：1，纵向裂成宽刃一头的一半。残长5.5、厚1.8厘米（图三六五：2）。标本T64Y1：3，平刃，残长5.3、刃宽3.1、厚1.7厘米（图三六五：5）。分析其形制特点，是石峡三期地层打破石峡文化地层，翻上来的石峡文化的石镢。

　　穿孔铲形器　1件。标本T46②B：1，灰白色带淡青斑纹石英片岩。平刃，下身中穿圆孔。两面磨光精细光滑（图三六五：6）。

　　斧　6件。正锋弧刃。有梯形斧和双肩斧。

　　梯形斧　正视为长方梯形。标本T4C②B：1，灰褐色石英细砂岩。器身有琢打疤痕。长19.4、

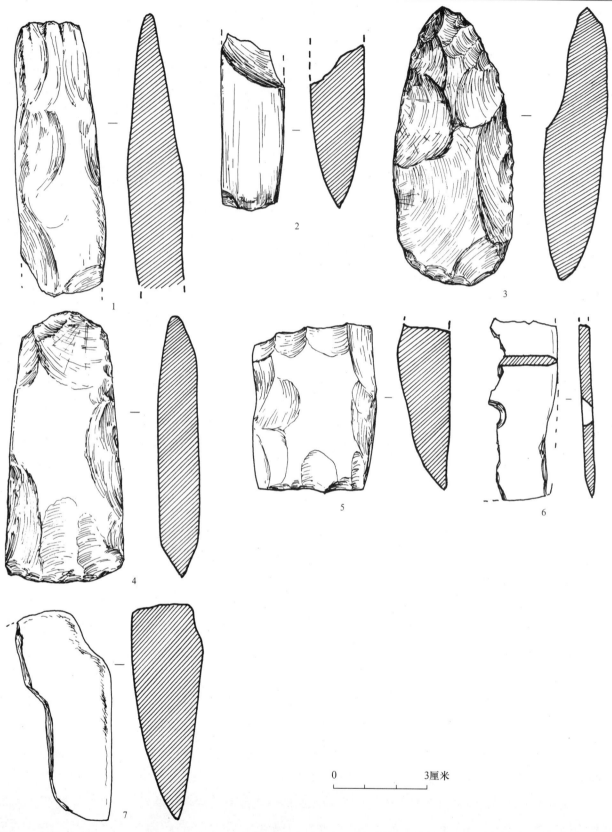

图三六五　石峡三期石锛、玉铲、梯形石斧、双肩石斧

1.石锛（T6B②B：1）　2.石锛（T4A②B：1）　3.梯形斧（T22②B：1）　4.梯形斧（T4C②B：1）　5.石锛（T64Y1：3）
6.玉铲（T46②B：1）　7.双肩斧（T2C②B：1）

刃宽8、厚2.6厘米，重860克（图三六五：4）。标本T22②B：1，青灰色细砂岩。柄部较薄。器身有打琢疤痕。长8.7、刃宽3、厚2厘米（图三六五：3）。

双肩斧　标本T4②B：2，灰黑色细砂岩。器身两侧及刃部打琢，粗磨。通长8.2、刃宽3.7、厚3厘米（图三六六：5）。标本T2C②B：1，灰色砂岩。有不明显的段。残长7、厚2.3厘米（图三六五：7）。

锛　偏锋弧刃。627件，占本期石器总数1130件的55.48%。是本期数量最多的一种石器。其中较完整者362件。可分长身锛、梯形锛、两端刃锛、有段锛、有肩锛和有肩有段锛六类型。

长身锛　身长大于刃宽一倍以上者。121件。占本期锛类总数的19.30%。其中较完好的有88件。型号、大小的不同，应与其用途有一定的关系。故将长8厘米以上者称大型；5～8厘米者称中型；5厘米以下者称小型。

大型长身锛　分二型。

A型　背部隆起。标本T5A②B：1，青灰色板岩。残长13.6、刃宽7、背厚2.5厘米（图三六六：3；图版一七二：1）。标本T4B②B：2，青灰色板岩。长8.3、刃宽3.7、厚1.7厘米（图三六六：6）。标本T66②B：14，灰色泥质粉砂岩。背部隆起明显。长8.2、柄长3.5、刃宽4.2、厚1.8厘米（图三六六：1）。标本T5C②B：1，灰色砂质板岩。长8、刃宽3.9、厚2.1厘米（图三六七：2）。

B型　不隆背。标本T5D②B：1，灰黄色砂岩。圆首，斜刃较高。长11.4、刃宽5.5、厚2.2厘米（图三六六：2）。标本T4A②B：2，灰白色石英砂岩。首部及两侧留有打琢疤痕。长8.2、刃宽3.7、厚1.5厘米（图三六七：6）。标本T5D②B：2，砂质板岩。器身四周有打琢疤纹。长10.4、刃宽5.2、厚1.7厘米（图三六六：4）。标本T5B②B：1，红褐色砂岩。长9.5、刃宽3.6、厚2.2厘米（图三六七：5）。标本T21②BH50：2，黑色角岩。器身正面中央有一梭形沟道，用意不明。特殊仅此一件。重480克。长16.5、首宽6.5、刃宽8、厚2厘米（图三六七：1）。

中型长身锛　分二型。

A型　器身正视呈长方梯形，刃宽于首。标本T2②B：27，浅灰色细砂岩。器身有疤痕。长8、刃宽4、厚1.5厘米（图三六七：7）。标本T66②B：5平刃，背部下段磨出大斜面，与正面单面刃形成锐利的刃部。灰色砂质板岩。长68、刃宽3.4、厚0.9厘米（图三六七：4）。标本T1K②B：1，灰色砂质页岩。长6.7、刃宽3.2、厚1.6厘米（图三六七：3）。标本T52②B：1，两面较鼓，近于对称刃。表灰黄色细砂岩。长6.2、刃宽2.9、厚1厘米（图三六七：8）。标本T25②B：1，柄端略残，背面下段的斜面特长，弧背。深灰黄色细砂岩。残长5.5、刃宽2.2、厚1.3厘米（图三六八：5）。

B型　器身正视呈长方形，首宽与刃宽相当。标本T6B②B：2，正面平直，背面弧形。深灰色泥质粉砂岩。长6.7、刃宽2.8、厚1.3厘米（图三六八：6）。标本T2H②B：1，正视圆角长方形。背面微鼓，器身及边沿留下许多打琢疤痕。灰色砂质板岩。长7.6、刃宽3.5、厚1.9厘米（图三六八：1）。

小型长身锛　分二型。

A型　首端弧圆，未经磨平。标本T3A②Bd15：1，灰色砂质板岩。长4.9、刃宽2.3、厚1.2厘米（图三六八：2）。

B型　首端磨平。标本T5C②B：2，背面中段以下磨出大斜面，至下端与刃口相接成锐刃。斜面

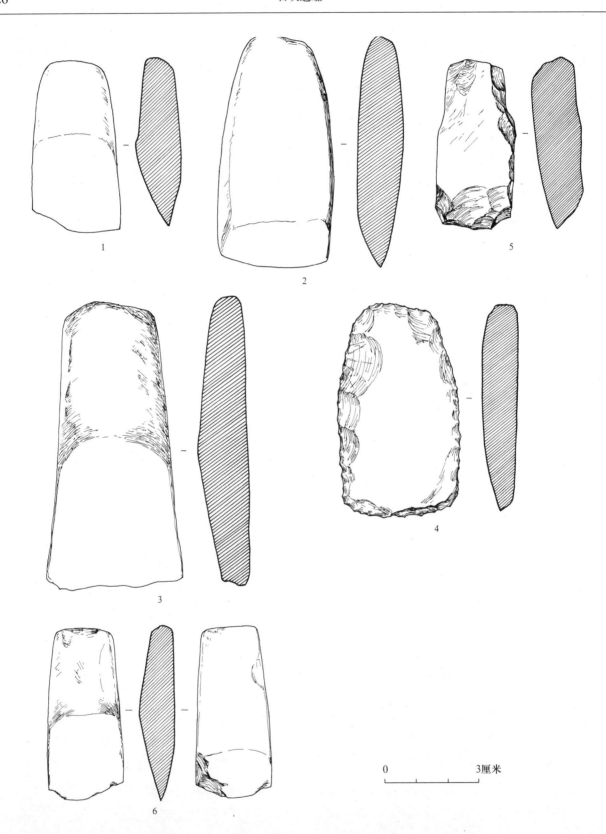

图三六六　石峡三期大型长身石锛、双肩石斧

1.A型大型长身锛（T66②B：14）　2.B型大型长身锛（T5D②B：1）　3.A型大型长身锛（T5A②B：1）　4.B型大型
长身锛（T5D②B：2）　5.双肩石斧（T4②B：2）　6.A型大型长身锛（T4B②B：2）

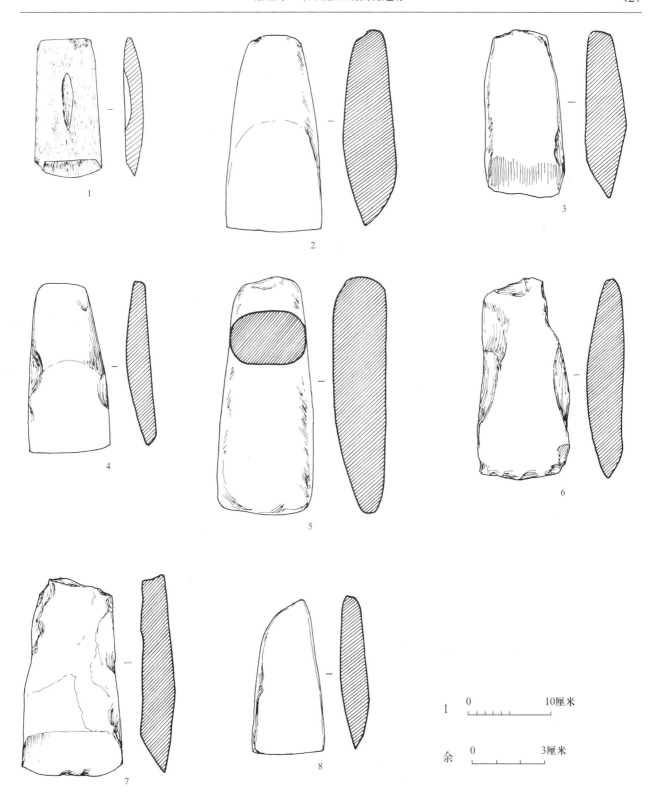

图三六七　石峡三期大型长身石锛、中型长身石锛

1.B型大型长身锛（T21②BH50：2）　2.A型大型长身锛（T5C②B：1）　3.A型中型长身锛（T1K②B：1）　4.A型中型长身锛（T66②B：5）　5.B型大型长身锛（T5B②B：1）　6.B型大型长身锛（T4A②B：2）　7.A型中型长身锛（T2②B：27）　8.A型中型长身锛（T52②B：1）

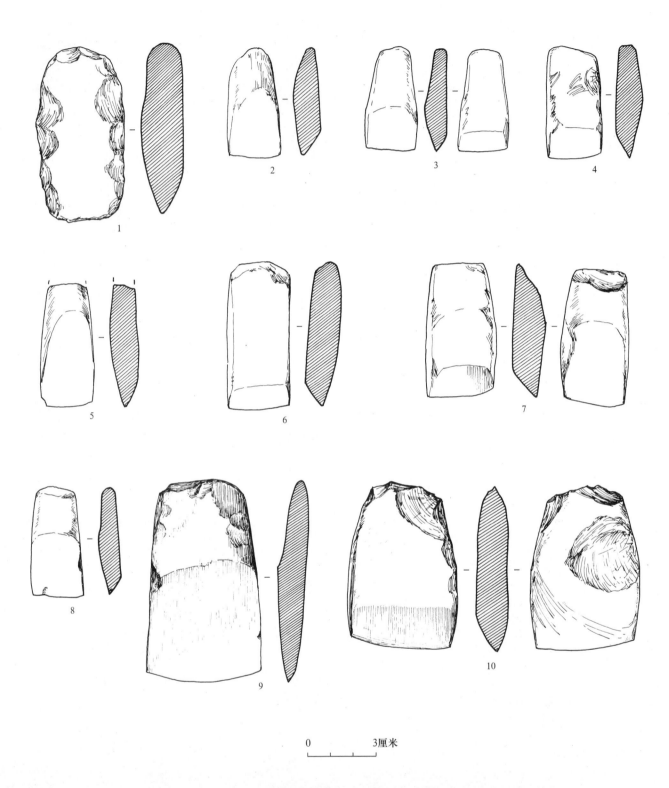

0　　　　　　3厘米

图三六八　　石峡三期中型长身石锛、小型长身石锛、大型梯形石锛

1.B型中型长身锛（T2H②B：1）　　2.A型小型长身锛（T3A②Bd15：1）　　3.B型小型长身锛（T5C②B：3）　　4.B型小型长身锛（T6B②B：4）　　5.A型中型长身锛（T25②B：1）　　6.B型中型长身锛（T6B②B：2）　　7.B型小型长身锛（T34②B：2）　　8.B型小型长身锛（T5C②B：2）　　9．A型大型梯形锛（T2②B：29）　　10.A型大型梯形锛（T74②B：4）

弧线突起明显。灰色细砂岩。长4.9、刃宽2.3、厚0.9厘米（图三六八：8）。标本T5C②B：3，灰色泥质板岩。长4.5、刃宽2.1、厚1厘米（图三六八：3）。标本T34②B：2，灰色细砂岩。长6、刃宽2.8、厚1.4厘米（图三六八：7）。标本T6B②B：4，灰黄色泥质板岩。长5、刃宽2.3、厚1.2厘米（图三六八：4）。

梯形锛　172件，占本期锛类的27.43%。正视呈方梯形，顶部多见弧形，上小下大，即刃宽略大于首宽。一般磨制方法是：正面磨平，至下半部磨出斜刃；背部加磨，下段磨出大斜面，使下端与单面刃形成锐刃，刃端多见斜或弧形。按器身长短分二型。每型均有相对的大中小之差别。身长在6.0厘米以上者为大型；身长在4.1至5.9厘米之间者为中型；身长在4厘米以下者为小型。对于小型锛，尤其是长度在3厘米以下的作何用途不明。

A型　器身较短宽。

大型者如标本T2②B：29，灰褐色细砂岩。长9、刃宽5.5、厚1.2厘米（图三六八：9）。标本T74②B：4，深灰色砂质页岩。正面缓折磨成单面刃，背面较平，近于对称刃。长7.3、刃宽4.5、厚1.3厘米（图三六八：10）。标本T4C②B：11，青灰色砂质板岩。长7.1、刃宽5、厚1.7厘米（图三六九：2）。标本T83②B：23，灰色板岩。长6.6、刃宽4.8、厚1.2厘米（图三六九：1）。标本T6B②B：5，灰色砂质板岩。长7.3、刃宽4.3、厚1.6厘米（图三六九：4）。标本T4②B：5，青灰色泥质细砂岩。长7、刃宽约5.2、厚1.8厘米（图三六九：3）。

中型者数量较多。如标本T58②B：1，灰黄色板岩。长5.8、刃宽3、厚1.2厘米（图三六九：6）。标本T4B②B：23，灰色泥质粉砂岩。长4.5、刃宽2.5、厚0.9厘米（图三六九：7）。标本T88②B：28，泥质粉砂岩。长5、刃宽3.2、厚0.9厘米（图三六九：5）。标本T4A②B：5，灰黄色板岩。长3.9、刃宽3.3、厚1.3厘米（图三七〇：1）。

小型者如标本T62②B：8，浅红色细砂岩。长3.4、刃宽1.9、厚0.5厘米（图三七〇：5）。标本T3A②B：3，灰色粉砂岩。长3.7、刃宽3.2、厚1.1厘米（图三七〇：3）。标本T5A②B：4，灰色泥质板岩。长3.9、首宽3.5、刃宽4.6、厚1厘米（图三七〇：4）。标本T1K②B：2，刃部磨光精细。深灰色页岩。长3.4、刃宽2.8、厚1厘米（图三七〇：2）。

B型　器身较窄长。

大型者如标本T6B②B：6，灰色砂质板岩。长8、刃宽4.6、厚1.5厘米（图三七〇：7）。标本T6B②B：7，青灰色泥质板岩。长7、刃宽4.4、厚1.1厘米（图三七〇：9）。标本T4B②B：1，灰色板岩。长6.3、刃宽4.4、厚1.2厘米（图三七一：1）。标本T28②B：1，灰黄色板岩。长6.1、刃宽3.6、厚1.4厘米（图三七〇：8）。

中型者数量较多。如标本T2②B：8，背面拱起似段，灰白色长石砂岩。长5.8、刃宽4.8、厚1.3厘米（图三七〇：6）。标本T5A②B：2，灰黄色板岩。长5.3、刃宽3.7、厚1厘米（图三七一：7）。标本T4A②B：4，灰黄色泥质粉砂岩。长4.1、刃宽3.4、厚1厘米（图三七一：6）。标本T1B②B：1，灰白色板岩。长4.7、刃宽3、厚1.2厘米（图三七一：2）。标本T4A②B：3，灰色泥质粉砂岩。长5.2、刃宽3.8、厚1.0厘米（图三七一：4）。

小型者数量多，一般磨制较精细。如标本T72②B：11，青灰色细砂岩。长3.5、刃宽2.2、厚1

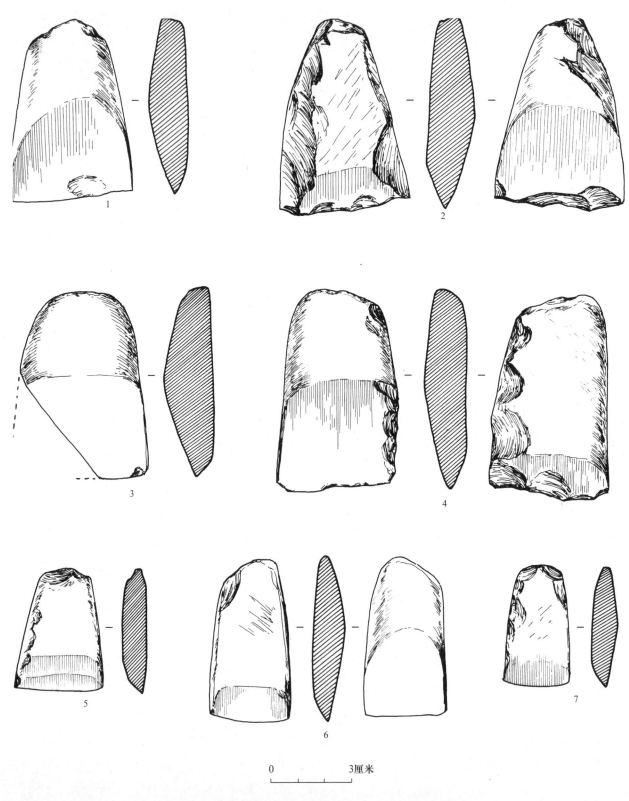

0   3厘米

图三六九　石峡三期大型梯形石锛、中型梯形石锛

1.A型大型梯形锛（T83②B：23）　2.A型大型梯形锛（T4C②B：11）　3.A型大型梯形锛（T4②B：5）　4.A型大型梯形锛（T6B②B：5）　5.A型中型梯形锛（T88②B：28）　6.A型中型梯形锛（T58②B：1）　7.A型中型梯形锛（T4B②B：23）

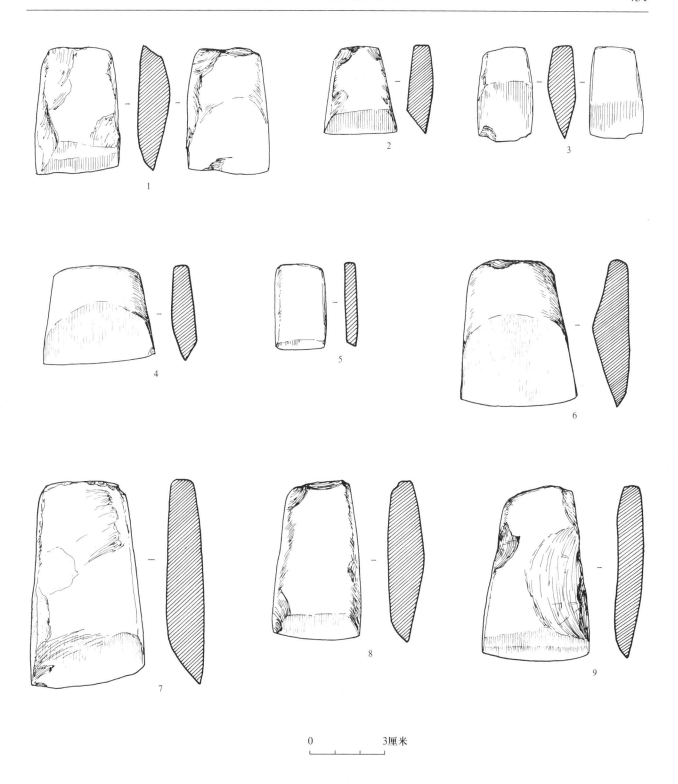

0　　　　　　　　3厘米

图三七〇　石峡三期大型梯形石锛、中型梯形石锛、小型梯形石锛

1.A型中型梯形锛（T4A②B：5）　2.A型小型梯形锛（T1K②B：2）　3.A型小型梯形锛（T3A②B：3）　4.A型小型梯形锛（T5A②B：4）　5.A型小型梯形锛（T62②B：8）　6.B型中型梯形锛（T2②B：8）　7.B型大型梯形锛（T6B②B：6）　8.B型大型梯形锛（T28②B：1）　9.B型大型梯形锛（T6B②B：7）

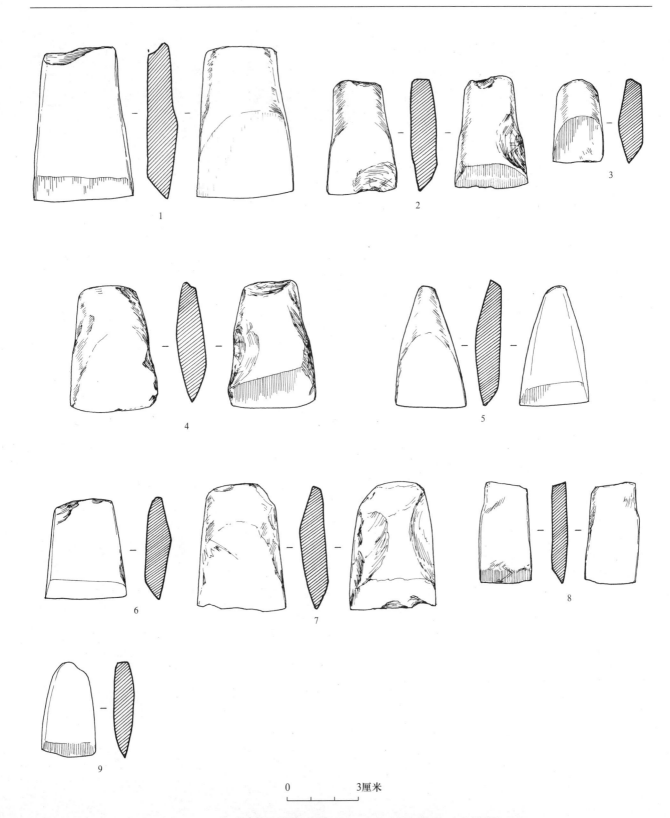

0 ————— 3厘米

图三七一　石峡三期大型梯形石锛、中型梯形石锛、小型梯形石锛

1.B型大型梯形锛（T4B②B：1）　2.B型中型梯形锛（T1B②B：1）　3.B型小型梯形锛（T72②B：11）　4.B型中型
梯形锛（T4A②B：3）　5.B型中型梯形锛（T4D②BH43：84）　6.B型中型梯形锛（T4A②B：4）　7.B型中型梯形锛
（T5A②B：2）　8.B型小型梯形锛（T5A②B：3）　9.B型小型梯形锛（T84②BD1：16）

厘米（图三七一：3）。标本T4D②BH43：84，正视近似长身三角形。灰黄色板岩。长5、刃宽3、厚1厘米（图三七一：5）。标本T84②BD1：16，灰色板岩。长4、刃宽2.3厘米（图三七一：9）。标本T5A②B：3，灰色泥质粉砂岩。长3.4、刃宽2.8、厚0.6厘米（图三七一：8）。

有段锛 19件。约占本期锛类的3.03%。指背部有明显"阶段"者，而不包括"隆背"锛。分二型。

A型 梯形。标本T2②B：29，深灰色细砂岩。背部分段明显，弧刃。磨光好。长8.8、段高3.6、刃宽5.6、厚1.8厘米（图三七二：1）。标本T3C②B：20，青灰色板岩。长3.8、段高2、刃宽3.5、厚0.7厘米（图三七二：2）。标本T5C②B：6，深灰色页岩。磨光较好。刃残损。背部分段明显。通高5.5、段高3.2、刃宽4.5、厚1.5厘米（图三七二：6）。

B型 长身，标本T3D②B：1，长柄，段呈弧形，平刃，磨光较细。通长6.9、首至段长3.4、刃宽3.5、最厚1.8厘米（图三七二：4）。标本T5A②B：5，灰褐色泥质板岩，锛体特厚。通长8.3、柄长约3.6、刃宽4、厚2.8厘米（图三七二：8）。标本T29②B H42：81，青灰色细砂岩。长5.7、刃宽2.5、厚1.5厘米（图三七二：5）。标本T4A②B：8，灰色粉砂岩。残柄。残长5、身长4.3、刃宽2.1、厚1厘米，特点是凹弧刃（图三七二：7）。标本T6C②B：1，深灰色页岩。段部很低，比较特殊。长4、刃宽1.9、身厚0.7厘米（图三七二：3）。

双肩锛 25件，占本期锛类总数627件的4%弱。分四型。

A型 长柄、溜肩。分2式。

Ⅰ式 无孔。标本T32②B：6，乳白色，质润泽，表面光滑，弧背。长9、首宽3.3、柄高5.5、厚1.5厘米。重100克。（图三七三：1；图版一七三：1）。标本T6B②B：16，青灰色砂质板岩。溜肩。长8.4、肩高约3.5、刃宽5.3、厚1.7厘米，重140克（图三七三：2）。标本T74②B：5，青灰色砂质板岩。长7.5、肩（柄）高3.2、宽5、厚1.6厘米（图三七三：4）。

Ⅱ式 有孔。标本T2②B：31，黑色角砾岩，质坚硬。柄端残，身柄之间中央穿双孔，一孔未穿透。弧刃，残长8、柄残高3.2、肩宽5.3、厚1.5厘米，重140克（图三七三：5；图版一七三：2）。标本T2②B：30，身柄之间中央穿一孔。残高6.3厘米（图三七三：3）。

B型 数量较多。长柄短身，肩角不完全对称。均小型。标本T6B②B：17，青灰色泥质板岩。长6、柄长4、刃宽3.2、厚0.9厘米（图三七三：6；图版一七三：5）。标本T6B②B：18，灰色泥质板岩。双肩不对称。长4.2、厚0.6厘米（图三七三：8）。标本T2②B：28，灰色细砂岩。两肩不对称。长4.3、柄长2.3、刃宽2.3、厚0.6厘米（图三七三：7）。标本T4B②B：5，灰色泥质板岩。长4.1、柄长2.2、刃宽3.3、厚0.9厘米（图三七四：1；图版一七三：3）。

C型 器身较短宽，肩角多不对称。标本T4D②B：1，灰色细砂岩，肩角近于直角，磨制较好。长5.2、刃宽5、厚1厘米（图三七四：7）。标本T89②B：1，灰色砂质板岩。长5.6、刃宽约4、厚1厘米（图三七四：9）。标本T5D②B：4，深灰色细砂岩。长3.3、刃宽2.8、厚0.7厘米（图三七四：3）。标本T33②B：3，透闪石，乳白色，表面有光泽。肩角一侧近于直角。磨光精细。长3.3、柄长1.5、刃宽3、厚0.6厘米（图三七四：8）。标本T25②B：2，深灰色泥质粉砂岩。长6.5、柄长1.2、刃残宽4.6、厚1厘米（图三七四：2）。

单肩锛 8件，占本期锛类总数627件的1%强。梯形隆背。标本T3A②B：5，深灰色泥质板岩。

图三七二　石峡三期有段石锛

1.A型有段锛（T2②B：29）　2.A型有段锛（T3C②B：20）　3.B型有段锛（T6C②B：1）　4.B型有段锛（T3D②
B：1）　5.B型有段锛（T29②B H42：81）　6.A型有段锛（T5C②B：6）　7.B型有段锛（T4A②B：8）　8.B型有
段锛（T5A②B：5）

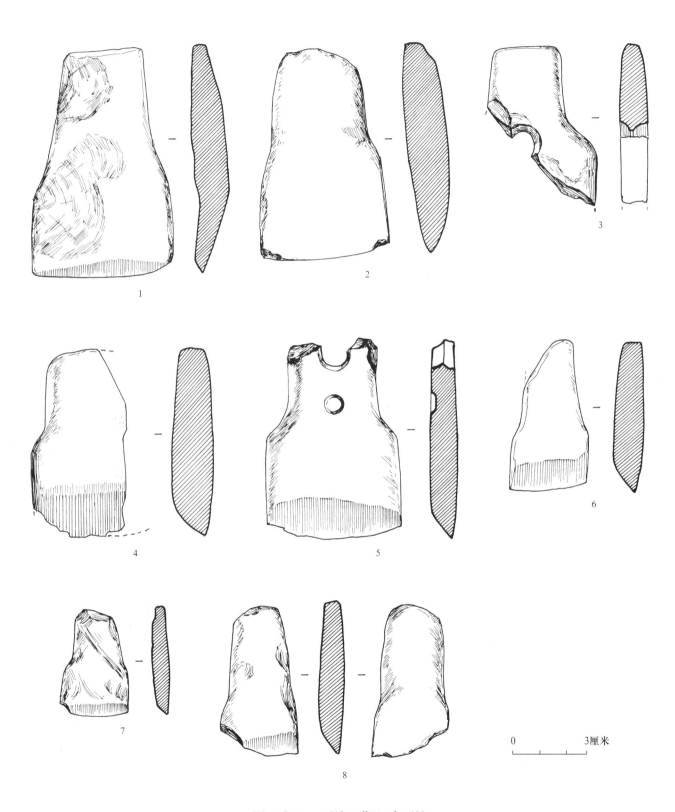

图三七三　石峡三期双肩石锛

1.A型Ⅰ式双肩锛（T32②B：6）　2.A型Ⅰ式双肩锛（T6B②B：16）　3.A型Ⅰ式双肩锛（T2②B：30）　4.A型Ⅱ式双肩锛（T74②B：5）　5.A型Ⅱ式双肩锛（T2②B：31）　6.B型双肩锛（T6B②B：：17）　7.B型双肩锛（T2②B：28）　8.B型双肩锛（T6B②B：18）

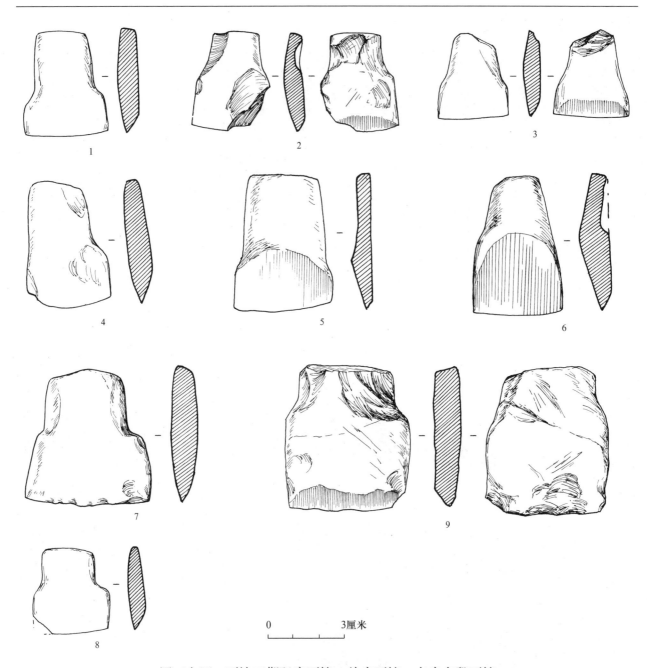

0　　　　　3厘米

图三七四　石峡三期双肩石锛、单肩石锛、有肩有段石锛

1.B型双肩锛（T4B②B：5）　2.C型双肩锛（T25②B：2）　3.C型双有锛（T5D②B：4）　4.单肩锛（T1I②B：1）　5.有肩有段锛（T33②B：12）　6.单肩锛（T88②BH67：58）　7.C型双肩锛（T4D②B：1）　8.C型双肩锛（T33②B：3）　9.C型双肩锛（T89②B：1）

大型长身。单肩为溜肩。通体留下许多打琢疤痕，器体较厚。重220克。长10.6、柄长5.6、刃宽5.6、厚2.1厘米（图三七五：1）。标本T88②B H67：58，长5.3、柄长2.3、刃宽3.5、厚1.2厘米（图三七四：6）。标本T1I②B：1，青灰色砂质板岩。长5、柄长2.5、刃宽3.5、厚1厘米（图三七四：4）。标本T71②B：1，灰色细砂岩。背部隆起较明显。似有段。长46、柄长2.9、刃宽3.8、厚1厘米（图三七五：4）。

　　有肩有段锛　11件。标本T4B②B：6，灰黄色粗砂岩。长柄，肩角呈直角，四方形身。背部呈弧面，下段再磨斜面，故柄部剖面呈半圆形。刃部使用略残损。通长10.6、柄长5、刃宽5.5、厚2.1厘米（图三七五：2；图版一七四：1）。标本T4B②B：7，肩角呈钝角。刃部残。残长7.8、柄长3、刃宽约4.6、厚2.1厘米（图三七五：3；图版一七四：2）。标本T33②B：12，灰色泥质粉砂岩。长柄短身，薄体，肩角稍大于直角。长5.2、首宽3.1、柄长3.3、刃宽3.7、厚0.5～0.7厘米（图三七四：5；图版一七三：4）。标本T2②B：10，灰色砂质板岩。长柄方体，段部明显。长

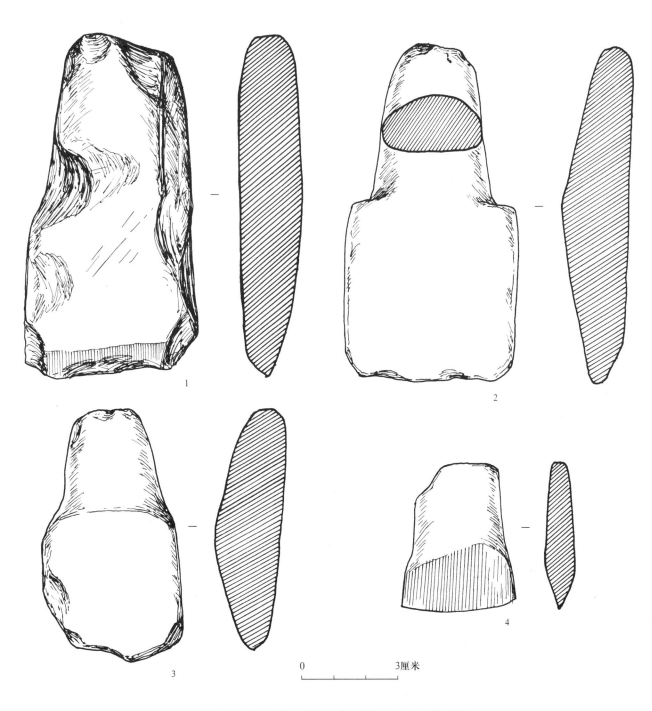

图三七五　石峡三期单肩石锛、有肩有段石锛

1.单肩锛（T3A②B：5）　　2.有肩有段石锛（T4B②B：6）　　3.有肩有段石锛（T4B②B：7）　　4.单肩锛（T71②B：1）

4.2、刃宽2.1、厚0.6~0.9厘米（图版一七五：1）。

另，本期尚有磨光残石器265件。主要是磨光石锛类，可能还含有凿类。由于残缺过甚，无法划分式，附带在此作一说明。

凿 25件，占本期锛凿类总数652件的3.83%。实即厚体窄身锛。制作定型，磨制精细。可分三型：A型，隆背型；B型，有段型；C型，长身型。

A型 窄长身，背部的大斜面不明显。标本T5A②B：6，红色细砂岩。长8.2、刃宽2.4、厚1.4厘米（图三七六：1）。标本T4B②B：3，深灰色细砂岩。背部似弓背，两头有刃，宽度相当，但器身两头长短不一。似弓背锛，刃宽2、厚1.3厘米（图三七六：2）。标本T4B②B：4，灰色砂质板岩。长5.7、刃宽1.4、厚1厘米（图三七六：3）。

B型 隆背，厚体窄身，正面磨成平直，单面斜刃，背面下段磨出大斜面，故背部隆起。有大中小型号之别。标本T6B②B：12，灰色砂质板岩。长7.5、刃宽2.6、厚2.3厘米（图三七六：8）。标本T2②B：32，粉红色细砂岩。长7、刃宽1.3、厚1.7厘米（图三七六：4；图版一七四：5）。标本T3C②B：1，深灰色细砂岩。长6.6、刃宽2、厚2厘米（图三七六：5；图版一七四：4）。标本T6B②B：13，灰色泥质板岩。长5、刃宽2、厚1.5厘米（图三七六：9）。标本T57②B：1，深灰色细砂岩。长4.2、刃宽1.8、厚1.2厘米（图三七七：4）。标本T3A②B：4，首部稍残。长5、刃宽1.7、厚1.1厘米（图三七六：7）。

C型 有段。标本T83②B：27，灰色泥质板岩。长8.1、刃宽2、厚2.5厘米（图三七六：10；图版一七四：3）。标本T29②B H42：82，深灰色砂质板岩。通长7.2、柄高2.5厘米，约占身高的1/3，刃宽2.5、厚1.7厘米（图三七七：1；图版一七五：1）。标本T6B②B：14，灰色细砂岩。通高6.6、柄高3.3、占身高的1/3、刃宽1.8、厚1.7厘米（图三七六：6；图版一七五：1）。标本T6B②B：15，灰色砂质板岩。通高5.4、柄高2、刃宽2、厚1.1厘米（图三七六：12）。

另有弧刃或平刃小型石凿，用途不明。如标本T20②B：6，灰色细砂岩。背部微弧。长4.5、刃宽1.7、厚0.8厘米（图三七七：5）。标本T22②B：2，深灰色千枚岩。长3.2、刃宽1.2、厚仅0.25厘米（图三七七：6）。T5C②B：7，灰褐色粉砂岩。弧刃。长3.3、刃宽0.8、厚0.2~0.3厘米（图三七六：11）。

两端刃锛 9件。以往罕见，或不被注意。由于有一定制法和数量，想必有它自身的用途。分二型。

A型 四边刃。标本T39②B：1，青灰色泥质粉砂岩。长方形厚体，正面磨平后，然后向四边各斜磨出斜边，但上下刃面斜长并不一致。上端较短，下端刃较长。背面上磨出呈鼓弧形的两个斜面，使之与正面的斜刃相接成锐利的刃口。剖面略呈四边形。长5.6、上刃宽3.4、下刃宽约4、厚1.6厘米（图三七七：2）。

B型 两端刃。标本T64②B：4，深灰色泥质粉砂岩。近方形。正面两端斜刃不对称，背面中间隆起。上刃宽3、下刃宽3.5、厚1.5厘米（图三七七：7）。标本T5B②B：2，灰色泥质粉砂岩。长方形。正面平直，两端有刃；背面微鼓，上下斜面不对称，下端斜面较长。长4.7、上刃宽1.3、下刃宽1.9厘米（图三七七：3）。

矛 5件。均为千枚岩或页岩，磨光较好。标本T1H②B：1，器身剖面呈棱形，短扁的柄。全长

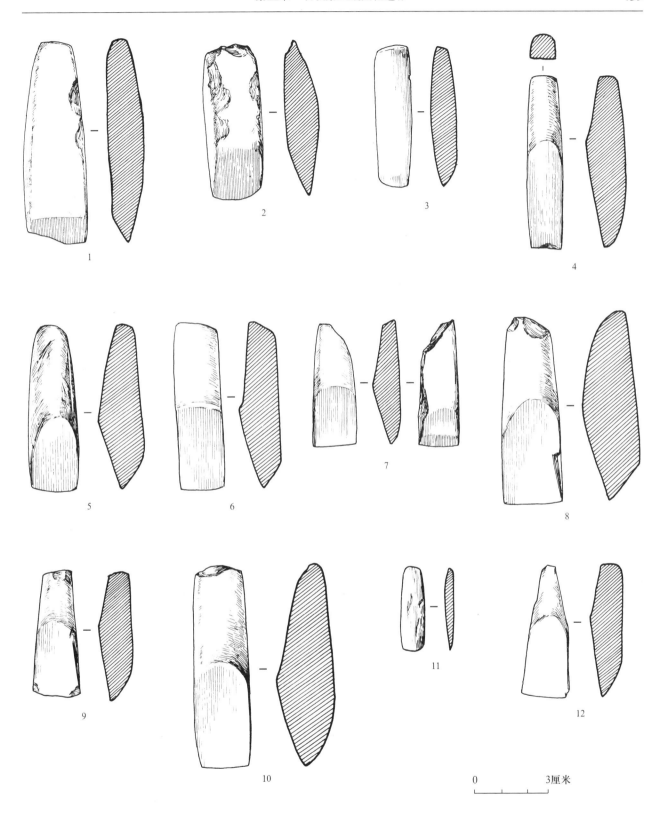

图三七六 石峡三期石凿

1.A型凿（T5A②B：6） 2.A型凿（T4B②B：3） 3.A型凿（T4B②B：4） 4.B型凿（T2②B：32） 5.B型凿（T3C②B：1） 6.C型凿（T6B②B：14） 7.B型凿（T3A②B：4） 8.B型凿（T6B②B：12） 9.B型凿（T6B②B：13） 10.C型凿（T83②B：27） 11.小石凿（T5C②B：7） 12.C型凿（T6B②B：15）

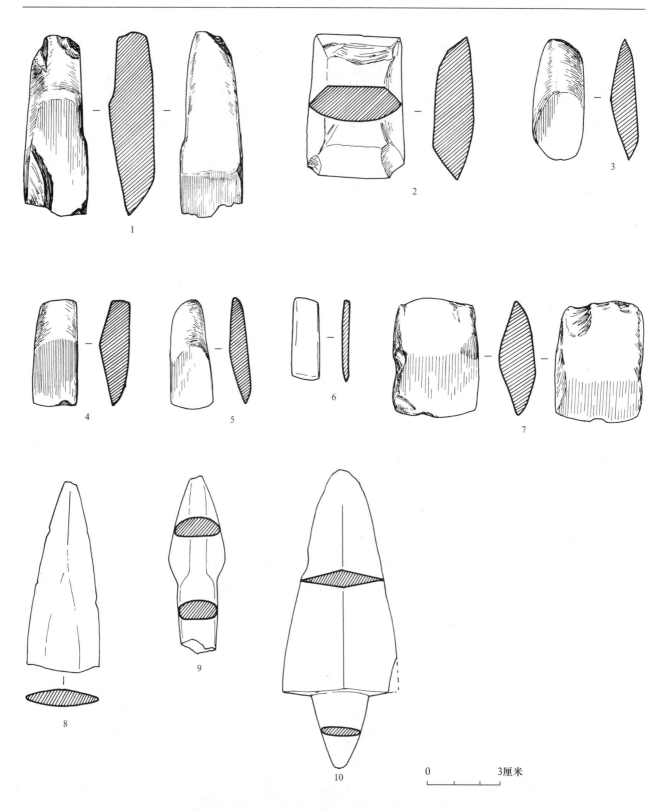

图三七七　石峡三期石凿、两端刃锛、石矛

1.C型凿（T29②BH42：82）　　2.A型两端刃锛（T39②B：1）　　3.B型两端刃锛（T5B②B：2）　　4.B型凿（T57②B：1）
5.小石凿（T20②B：6）　　6.小石凿（T22②B：2）　　7.B型两端刃锛（T64②B：4）　　8.石矛（T3A②B：6）　　9.石矛（T2B②
B：1）　　10.石矛（T1H②B：1）

12、柄长3、器宽5、厚0.8厘米（图三七七：10；图版一七五：2）。标本T3A②B：6，器身呈长三角形，身残，剖面呈圆弧形。残长7.6、厚0.6厘米（图三七七：8）。标本T2B②B：1，长柄，体较厚，剖面呈椭圆形。残长7、柄残长2.8、身厚0.5厘米（图三七七：9）。

镞　176件，约占本期各类石器总数1130件的15.58%。其中较完好的有91件。石料主要是千枚岩。根据器身横断面形状分三型。

A型　菱形。又据铤之区别分二亚型。

Aa型　扁铤。分2式。

Ⅰ式　无明显后锋。标本T5A②B：8，通长7.8、宽1.8、厚0.5厘米（图三七八：2）。标本T3A②B：7，通长5.8、宽1.9、厚约0.5厘米（图三七八：6）。标本T2②B：37，残长6.5、宽1.8、厚0.5厘米（图三七八：5）。标本T90②B：2，残长0.7、柄长2.5、宽1.6、厚0.5厘米（图三七八：3）。标本T6B②B：19，小型。磨制精致。长3.6、宽1.1、厚0.2厘米（图三七八：4）。标本T2A②B：1，铤剖面呈横向六边形。残长8.5、身宽1.9、厚0.6、柄厚0.3厘米（图三七八：1）。

Ⅱ式　有明显后锋和铤。标本T34②B：1，残长9.7、铤长2.2、宽1.8、厚0.7厘米（图三七八：11）。标本T22②B：3，通长5.6、铤长1.3、宽1.9、厚0.35厘米（图三七八：8）。标本T57②B：3，灰色泥质板岩。铤较长。残长5.2、铤长2.6、身宽2.1、身厚0.7厘米（图三七八：10）。标本T33②B：1，前锋残。通长7.7、铤长2、身宽2.1、厚0.8厘米（图三七八：7）。标本T5B②B：3，通长8.3、铤长2.7、身宽2.4、厚0.7厘米（图三七八：9）。

Ab型　圆铤或近圆铤。分2式。

Ⅰ式　无明显后锋。标本T38②B：14，铤较长。残长7.5、铤长3.2、宽1.7、厚0.6厘米（图三七九：3）。标本T92②B：1，通长6、铤长2、身宽1.5、圆铤径0.4厘米（图三七九：4）。标本T4B②B：9，通长6.2、铤长1.7、身宽1.4、厚0.6厘米（图三七九：5）。标本T7C②B：1，短铤，铤长1.2、通长6.7、身宽1.5、铤宽0.6厘米（图三七九：2）。标本T90②B：3，推测为残镞重新加工过。长4、宽1.6、厚0.5厘米（图三七九：1）。

Ⅱ式　有明显后锋。标本T41②B：1，通长9.3、铤长2.1、宽2、厚0.5厘米（图三七九：6）。标本T34②B：3，通长8.4、铤长2、宽1.5、厚0.5厘米（图三七九：9）。标本T5A②B：10，通长7.5、铤长2.5、铤厚0.6厘米（图三七九：8）。标本T57②B：2，器较厚。身宽3.1、厚0.8、铤长3.37厘米（图三七九：7）。

B型　器身横断面三角形。圆铤。分二亚型。

Ba型　器身横断面三角形。标本T5A②B：12，身长6.6、铤长1.9厘米（图三八〇：14）。标本T5A②B：13，残长4.8、边宽0.9、铤长1.4厘米，呈三角形（图三八〇：3）。标本T4A②B：9，通长5.4、身长3.8；铤长1.6、直径0.5厘米（图三八〇：4）。标本T45②B：7，锋残，残长10，圆铤略残，直径1.2厘米（图三八〇：1）。标本T39②B：2，残长4.8、边宽1.1、铤径0.6厘米（图三八〇：6）。

Bb型　器身分两段，前段横截面三角形，后段圆形。标本T4B②B：11，通长8.2、身长6.6；三棱体长5.5；圆柱体长1.1、直径0.9、三棱体边宽1、铤长1.6、直径0.5厘米（图三八〇：10）。标本T6B②B：21，通长4.7、身长3.4；三棱体长2.6、边宽1厘米；圆柱体直径0.9；铤长1.3、径0.3~

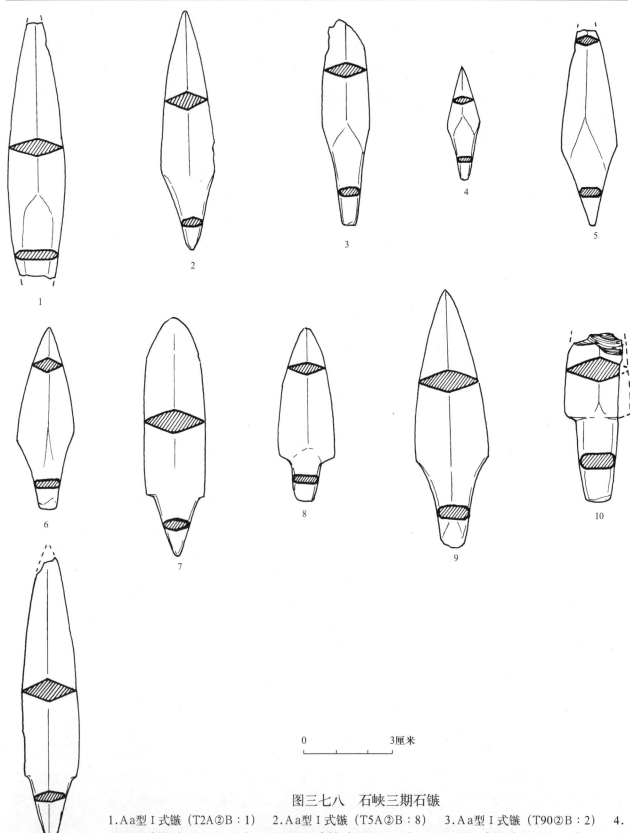

图三七八 石峡三期石镞

1.Aa型Ⅰ式镞（T2A②B：1） 2.Aa型Ⅰ式镞（T5A②B：8） 3.Aa型Ⅰ式镞（T90②B：2） 4.Aa型Ⅰ式镞（T6B②B：19） 5.Aa型Ⅰ式镞（T2②B：37） 6.Aa型Ⅰ式镞（T3A②B：7） 7.Aa型Ⅱ式镞（T33②B：1） 8.Aa型Ⅱ式镞（T22②B：3） 9.Aa型Ⅱ式镞（T5B②B：3） 10.Aa型Ⅱ式镞（T57②B：3） 11.Aa型Ⅱ式镞（T34②B：1）

0.5厘米（图三八〇：9）。标本T6B②B：20，身长6.9、三棱体长4.3、边宽0.9、圆柱体长2.6、直径0.85厘米，铤径0.6厘米（图三八〇：5）。标本T29②B：4，身长4.8、三棱体长2.8、圆角三角形体长2、边长1.1、铤残长0.2、直径0.5厘米（图三八〇：13）。

　　C型　器身横截面近圆形。标本T6C②B：3，四棱形，尖锋，圆柱铤已残断。身长4.6，其中四棱体长2、边宽0.5、圆柱体长2.6、直径1.1厘米，铤径0.5厘米（图三八〇：11）。标本T42②B：5，器身剖面五棱形，身宽1.3，中脊不通铤。铤剖面略呈六边形，铤长3、宽1、厚0.6厘米（图三八〇：7）。

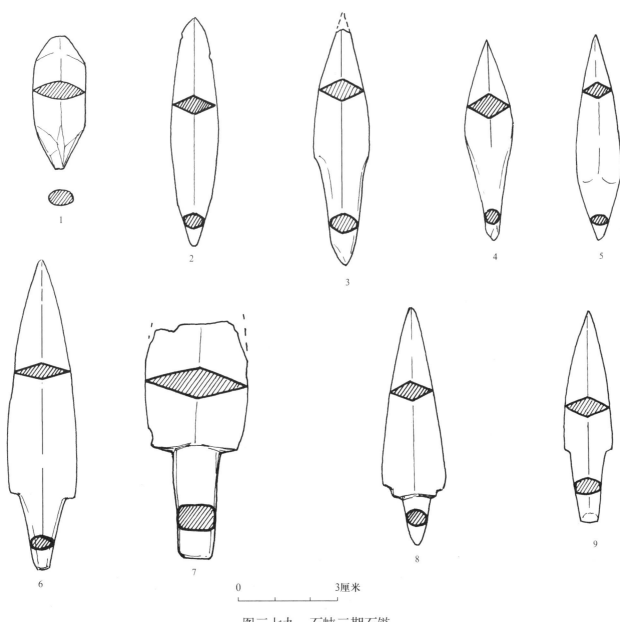

图三七九　石峡三期石镞

1.Ab型Ⅰ式镞（T90②B：3）　2.Ab型Ⅰ式镞（T7C②B：1）　3.Ab型Ⅰ式镞（T38②B：14）　4.Ab型Ⅰ式镞（T92②B：1）　5.Ab型Ⅰ式镞（T4B②B：9）　6.Ab型Ⅱ式镞（T41②B：1）　7.Ab型Ⅱ式镞（T57②B：2）　8.Ab型Ⅱ式镞（T5A②B：10）　9.Ab型Ⅱ式镞（T34②B：3）

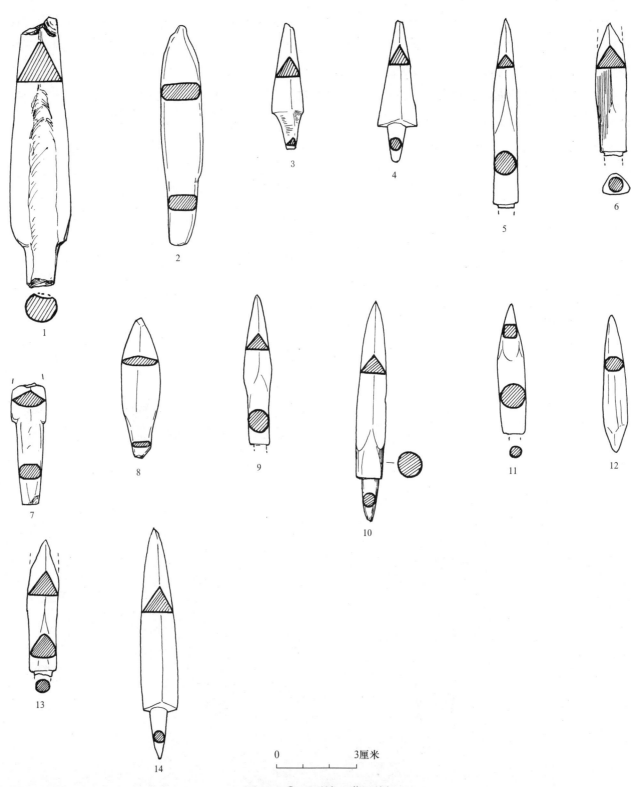

图三八〇　石峡三期石镞

1.Ba型镞（T45②B：7）　2.D型镞（T4A②B：3）　3.Ba型镞（T5A②B：13）　4.Ba型镞（T4A②B：9）　5.Bb
型镞（T6B②B：20）　6.Ba型镞（T39②B：2）　7.C型镞（T42②B：5）　8.D型镞（T5A②B：18）　9.Bb型镞
（T6B②B：21）　10.Bb型镞（T4B②B：11）　11.C型镞（T6C②B：3）　12.C型镞（T6C②B：4）　13.Bb型镞
（T29②B：4）　14.Ba型镞（T5A②B：12）

标本T6C②B：4，身与柄两侧分界不明显，小型。全长5、铤长0.8厘米。器身剖面呈六边形，椭圆形铤（图三八〇：12）。

D型　2件。标本T5A②B：18，叶形小镞，器身剖面略呈五边形。铤剖面略呈扁长方形。全长5.2、身宽1.5厘米（图三八〇：8）。标本T4A②B：3，长叶形，器身两面磨平，无中脊。身与柄剖面均呈扁长方形。全长6、铤长2.6、身宽1.6、厚0.6厘米（图三八〇：2）。

刀　5件。典型者仅1件。标本T2A②B：2，红褐色板岩或砂岩。长方形器身的下端磨出对称锐刃，中上部对穿圆孔。磨光较精细。长6.2、高3.5、厚0.5厘米（图三八一：2；图版一七六：2）。标本T97②B：1，红色云母细砂岩。长方形，一边残断。下端磨成对称刃，两面磨光，顶端不甚平整。高3.7、残宽5.3、厚0.7厘米（图三八一：1）。标本T6C②B：5，深灰色千枚岩。器身长方形。两面磨成对称利刃。身长8.4，剖面呈五边形，柄残长1.7厘米，剖面似楔形（图三八一：3）。

石镞坯和半成品　69件。质料大多数是千枚岩。器身有明显打琢片疤。标本T41②B：13，长条形，器身有尖锋，有打琢片疤。长10.3、宽3、厚1.2～1.8厘米（图三八一：4）。标本T41②B：18，长7.4、宽2.6、厚0.4～0.8厘米（图三八一：7）。标本T85②B：1，长20.2、宽2.6、厚0.7～1.0厘米（图三八一：5）。标本T3A②B：8，长7.6、宽3.8、厚0.6～1厘米（图三八一：6）。

石戈　16件，均为残件，多见戈内部分，无阑，内呈长方形，有一穿，内后缘斜或直，器体横和直的截面均为扁平长方形，个别内呈梯形，后缘窄，有穿部分变宽。用深灰色千枚岩或页岩制成。标本T4B②B：12，戈援已残，残留戈内部分，呈长方形，后缘斜，有一穿。残长7.5、宽4.6、宽1.2厘米（图三八二：1）。标本T6B②B：22，内呈长方形，前有一穿，后缘平，遗留切割痕迹，残长7.8、宽2.8、厚0.8厘米（图三八二：2）。标本T72②B：17，内近方形和援相连，无阑，有一穿，后缘斜。残长6.2、宽4.2、厚0.6厘米（图三八二：3）。标本T96②B：6，内呈长方形，有一穿，后缘斜弧形。残长5.7、宽3.5、厚1厘米（图三八二：4）。标本T2A②B：4，短内呈梯形，有一穿，后缘平，残长3.7、残宽5.1、厚0.7厘米（图三八二：5）。标本T6B②B：25，窄内呈长方形，援部比内宽，内与援之间无阑，形成器肩似的界线，援后部穿一孔，内后缘斜。残长4.5、援宽3.5、内宽2.3～2.9、厚1.1厘米（图三八二：6）。标本T4②B：3，深灰色千枚岩。窄内，宽援，内与援之间无阑，援后部穿一孔，内后缘平，横截面扁椭圆形。残长4.6、援宽3.3、内宽1.7～2.7、厚0.4～0.8厘米（图三八二：7）。标本T5C②B：35，灰黑色细砂岩，无阑，内穿1孔，内后缘斜。内长5.6、宽3.6、厚1.7厘米（图三八二：8）。

穿孔砾石器　1件。标本T2D②B：1，灰褐色砂岩。扁圆体，两面琢凿、钻孔，孔径外大内小。直径10.6、厚6.4、外孔径2.4、内孔径1厘米（图三八三：1）。

石网坠　1件。标本T3②B：1，灰黑色细砂岩。腰部两侧打琢呈亚腰形，两头呈圆弧形。重80克。长8.3、厚1～1.4厘米（图三八三：5；图版一七七：2）。

磨盘　8件。残，形状与石峡二期石磨盘基本相同。

石杵　4件。圆条形砾石，一端有明显的使用疤迹，可能用作捣磨食物或稻米加工。标本T66②B：1，赭红色砂岩。椭圆柱体，表面光滑，下端有使用疤迹。长10、上端宽2.4、下端宽2.7、横径3.6厘米（图三八三：2）。标本T43②B：1，深灰色砂砾石。圆柱体。上段光滑，下端有使用痕

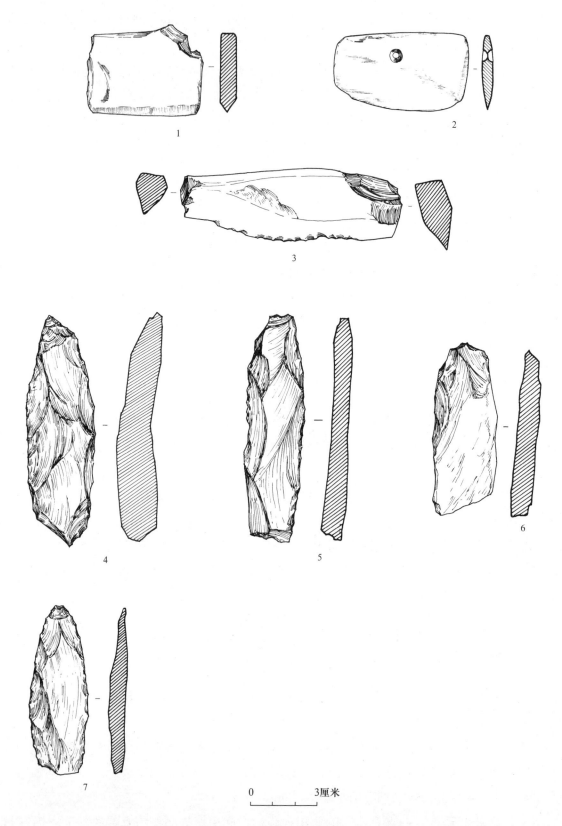

0　　　　3厘米

图三八一　石峡三期石刀、石镞坯件

1.石刀（T97②B：1）　2.石刀（T2A②B：2）　3.石刀（T6C②B：5）　4.石镞坯件（T41②B：13）　5.石镞坯件（T85②B：1）　6.石镞坯件（T3A②B：8）　7.石镞坯件（T41②B：18）

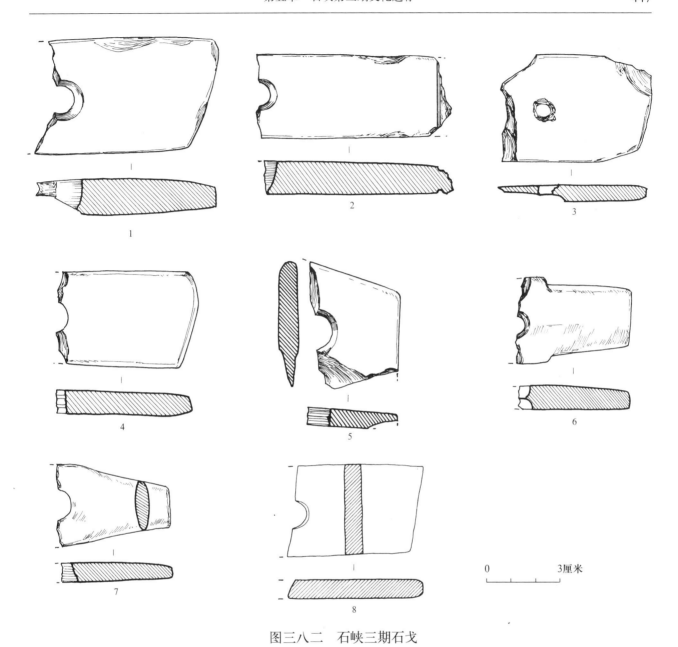

图三八二　石峡三期石戈

1.石戈（T4B②B：12）　2.石戈（T6B②B：22）　3.石戈（T72②B：17）　4.石戈（T96②B：6）　5.石戈（T2A②B：4）　6.石戈（T6B②B：25）　7.石戈（T4②B：3）　8.石戈（T5C②B：35）

迹。长8.4、下端宽2.8、直径3厘米（图三八三：4；图版一七七：1）。标本T6B②B：26，灰黑色细砂色。圆柱体，两端残断。残长9、直径3.8厘米（图三八三：3）。

磨研器　9件。石料多为砂砾石。扁圆体。器身一面或两面有磋磨使用痕迹，可能是谷物脱壳加工工具。标本T4B②B：13，一面较光滑，一面有使用痕迹。直径10.4、厚3.6厘米（图三八四：1）。标本T5A②B：1，一面微鼓，一面较平，有使用痕迹。直径9、厚4.8厘米（图三八四：2；图版一七七：3）。T85②B：10，两面较平，周边有琢打疤痕，均有加磨使用疤迹。直径11、厚2.5厘米（图三八四：3）。

石磨轮　1件。标本T6B②B：27，深灰色页岩。形若大型环璧，惟周沿特厚，似不宜作饰物，暂作谷物碾磨加工工具视之。两面对钻孔，孔壁留下9条规则的旋转纹道。外沿厚2、孔沿厚3厘米

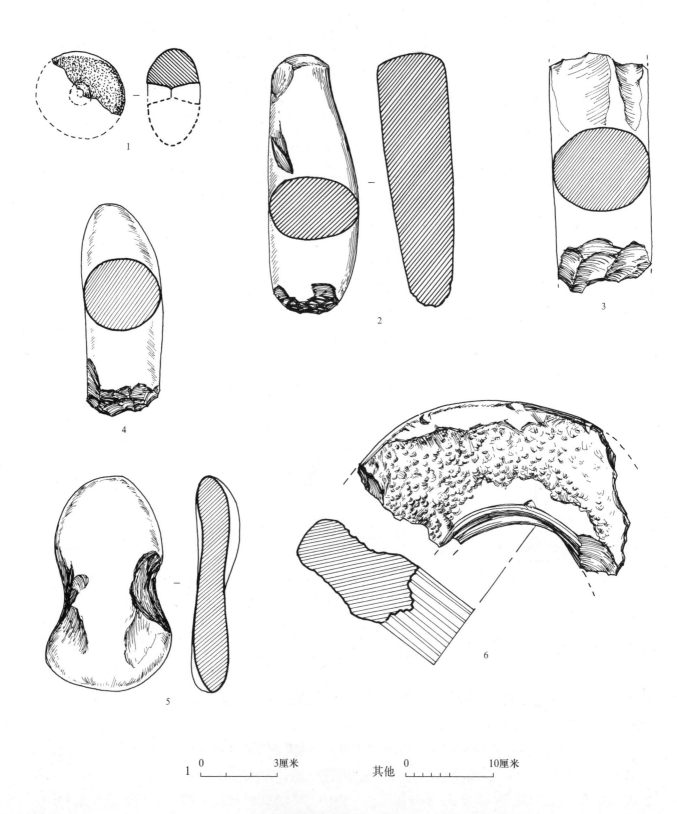

图三八三 石峡三期石杵、石网坠、石磨轮、穿孔砾石器

1.穿孔砾石器（T2D②B：1） 2.石杵（T66②B：1） 3.石杵（T6B②B：26） 4.石杵（T43②B：1） 5.石网坠（T3②B：1） 6.石磨轮（T6B②B：27）

（图三八三：6；图版一七六：1）。

水晶石制品　1件。标本T31②B：11，淡茶色，有透明感。多面体，没有明显的使用痕迹（图三八四：4）。

石环　16件。可分三型。

A型　大环，环肉宽，外径在9厘米以上者，有的孔径较小，似不适于成年人戴在手腕上，有的周边厚钝，与一般环类不同。标本T4②B：10，深灰色泥质粉砂岩。外沿减薄。外径12.8、孔径6、厚0.9厘米，重160克（图三八五：3；图版一七八：1）。标本T5A②B：14，深灰色千枚岩。边沿磨平。外径10.2、孔径4.4、厚1厘米（图三八五：2）。标本T37②B：9，灰色细砂岩。边沿减薄。外径13、孔径6厘米（图三八五：1；图版一七八：2）。

B型　窄带扁体，周边或薄尖或平薄。外径在8.8厘米以下者。标本T4B②B：15，黑色页岩。外径8.6、孔径5.8、宽1.4、孔壁厚0.9厘米（图三八五：7）。标本T25②B：3，灰黑色砂质板岩。边沿钝圆。外径7厘米（图三八五：6）。标本T7C②B：2，深灰色千枚岩。窄带扁平体（图三八五：5）。

C型　窄带厚体，剖面圆角方形。标本T4D②B：18，黄白色云母石英岩，有透明感。宽0.9～1、厚1.1厘米（图三八五：8；图版一七九：1）。标本T91②B：3，乳白色，透闪石，磨制精细。宽1、厚1.1厘米（图三八五：4）。标本T43②B H57：3，黄棕色石英岩，有透明感。宽0.7、厚1、外径8厘米（图三八五：9；图版一七九：3）。

石镯　2件。标本T24②B：44，肉壁内弧。表面光滑。外径6.8、高1.8、厚0.4厘米（图三八五：10；图版一七九：2）。标本T18②B：1，深灰色砂质板岩。外径6.8、高1.15、厚0.6厘米（图三八五：11；图版一七九：2）。

玉玦　3件。标本T41②B：8，乳白色透闪石。肉径宽度不对称，宽0.9～1.5、圆孔径3.5厘米（图三八六：2）。标本T41②B：3，大小相当。乳白色透闪石。外径4.1、孔径3.3、厚0.2米（图三八六：1）。

石环芯　5件。石环芯即制作穿孔环玦之类中间留下的副产品。从其大小厚薄及转动旋纹，可以

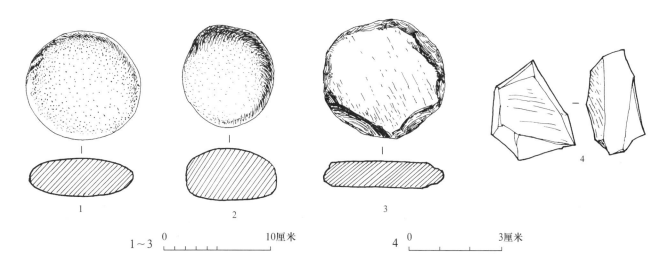

1～3　0　　　　　10厘米　　　　4　0　　　　3厘米

图三八四　石峡三期磨研器、水晶石制品

1.磨研器（T4B②B：13）　2.磨研器（T5A②B：1）　3.磨研器（T85②B：10）　4.水晶石制品（T31②B：11）

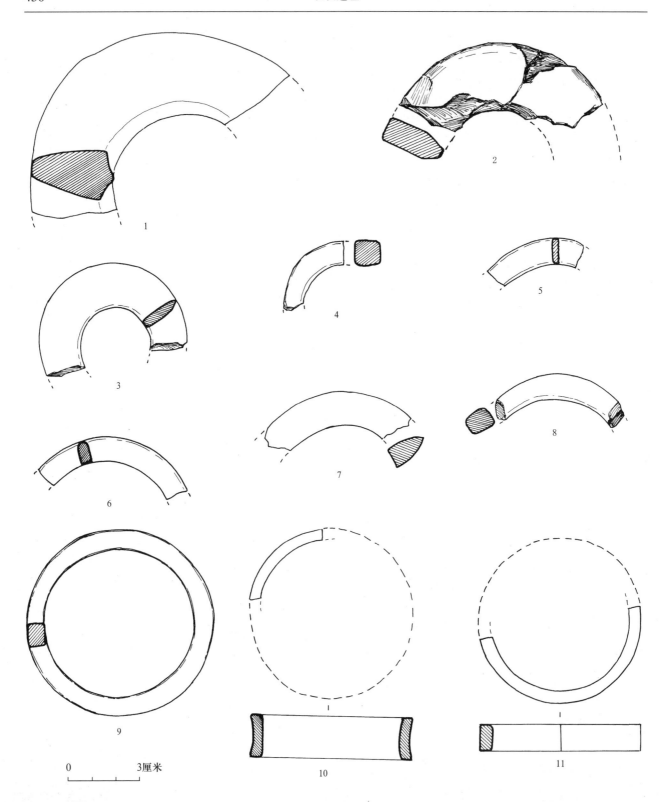

0 ____ 3厘米

图三八五 石峡三期石环、石镯

1.A型石环（T37②B：9） 2.A型石环（T5A②B：14） 3.A型石环（T4②B：10） 4.C型石环（T91②B：3） 5.B型石环（T7C②B：2） 6.B型石环（T25②B：3）7.B型石环（T4B②B：15） 8.C型石环（T4D②B：18） 9.C型石环（T43②BH57：3） 10.石镯（T24②B：44） 11.石镯（T18②B：1）

得知各类穿孔器物的大小厚薄及其制作方法。在港、澳、珠海、深圳等环珠江口区新石器时代及青铜时代早期的沙堤遗址中，发现过制作工场遗迹石环块和石环芯共存，甚至可以套合在原件上的情景。石峡遗址发现过大量的各种环块饰物，然至今尚无发现石器制作工场遗址。标本T5B②B：7，深灰色页岩。两面大小不一。直径3.9～4.3、厚0.3～0.4厘米（图三八六：5）。标本T3B②B：1，直径3.9～4.3、厚0.3～0.4厘米（图三八六：6）。

石器半成品 9件。标本T5C②B：8，圆饼形，周边有打琢加磨痕迹（图三八六：3）。标本T5C②B：9，云母细砂岩，平面较圆，周边有琢磨痕迹。器身略有厚薄。直径4、厚0.7～1.0厘米（图三八六：8）。标本T4A②B：11，灰色砂质板岩。圆形薄体。两面磨平，周边有打琢加磨痕迹。中间钻一圆孔，未穿透。长径4.5、短径3.6、厚0.6厘米（图三八六：7）。

四方形器 3件。此种石器用途未明。标本T5②B：9，灰黄色砂岩，四边磨平，无刃。长6.4、宽4.3、厚1.2厘米（图三八六：4；图版一八○：1）。标本T3②B：18，浅红色细砂岩。周边稍加打琢，两面有加磨痕迹。长6.8、宽5.1、厚1.1厘米（图三八六：9）。标本T99②B：1，灰褐色细砂岩。四边两面均加磨。长5.2、宽4.3、厚1.5厘米（图三八六：10；图版一八○：1）。

石球形器 27件。圆形或椭圆形。多无明确的加工使用痕迹，但又不似天然砾石。T3A②B：9，河砾石。似圆馒头形。直径5.5厘米。重230克（图三八七：4）。T3②B：19，蜡黄色石英岩，有透明感。扁圆形。直径6.6厘米，重300克（图三八七：3）。T4B②B：14，砂砾石。直径4.2厘米，重110克（图三八七：2）。

尖状器 用途不清楚。标本T91②B：1、T91②B：2，均为深灰色千枚岩。形如璋，通体磨光，尖端斜刃的一边经打磨，1号长8.7、宽2.6、厚0.6；2号长9.2、宽2、厚0.4厘米（图三八七：9、10）。标本T5B②B：4，红色细砂岩。三棱体。比较厚重，不似石镞。残长12、边宽2～2.3厘米（图三八八：4）。

带切割沟道石器，标本T96②B：1，千枚岩石片。两面各有一纵向切割沟道。长5.9、宽4.7、厚0.9厘米（图三八七：7）。标本T4A②B：12，深灰色千枚岩石片，两侧打琢。一面不甚平整，另一面磨平，并有一道切割沟道。长7.3、宽3.6、厚1厘米（图三八七：5）。标本T4A②B：13，千枚岩石片。一面磨平并有一条切割沟道，长7.3、宽4.4、厚1.5厘米（图三八七：6）。标本T6B②B：28，灰黄色砂岩。似为一件有肩器的残断柄部，通体加磨，但柄部两面各有一条对应的较宽的直沟道。柄高5.7、厚1.6厘米（图三八七：8）。

石片 148件。含石片和石片石器。石料多为质料较坚而脆性的砂砾石或角岩。石片多有弧度，外弧的一面多保留厚砾石面，未加磨制；内面从上至下可清楚看出打击点、放射线、细密的波纹。薄利的刃部有些可见明显的打琢、加工和使用痕迹。此类石片或石片石器多具有一定形状，可作于切割或作石刀之用。标本T50②B：10，弧形刃，两侧和刃部有加工使用痕迹。高6.2、宽4.5、厚0.5厘米（图三八七：1）。标本T90②B：21，蚌壳形，顶部较厚，至刃部逐渐薄利。高5.2、宽7.7、厚1厘米（图三八八：3）。标本T2②B：40，蚌壳形，高5、宽9.3、厚0.8厘米（图三八八：1）。标本T2②B：39，略呈扇形，弧刃。高5.5、宽7.2、厚0.4～0.9厘米（图三八八：2）。

砺石 124件。石料多为红色或灰色、灰黄色细砂岩，也有少数板岩。器形大致可分两类：一类是大小、形状、厚薄不定形的，占106件，器身留下或深或浅，或大或小的磨砺凹面，也有少数或长或短

图三八六 石峡三期玉玦、石环芯、四方形器、石器半成品

1.玉玦（T41②B：3） 2.玉玦（T41②B：8） 3.石器半成品（T5C②B：8） 4.四方形器（T5②B：9） 5.石环芯
（T5B②B：7） 6.石环芯（T3B②B：1） 7.石器半成品（T4A②B：11） 8.石器半成品（T5C②B：9） 9.四方形
器（T3②B：18） 10.四方形器（T99②B：1）

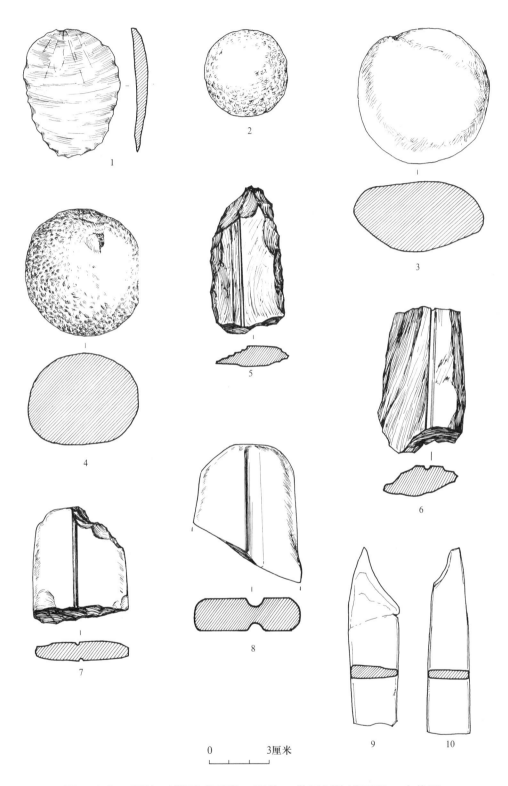

图三八七　石峡三期石球形器、石片、带切割沟道石器、尖状器

1.石片（T50②B：10）　2.石球（T4B②B：14）　3.石球（T3②B：19）　4.石球（T3A②B：9）　5.带切割沟道石器（T4A②B：12）　6.带切割沟道石器（T4A②B：13）　7.带切割沟道石器（T96②B：1）　8.切割沟道石器（T6B②B：28）　9.尖状器（T91②B：1）10.尖状器（T91②B：2）

的磨砺沟道，每件一般是1~3个磨面。另一类是小件成型的，计18件，器身呈长方形、方形或长条形的，器身上有多面的磨砺使用痕迹。标本T3②B：9，平面呈不规则长方形，长50、宽16~21、厚3.5~5厘米（图三八九：1；图版一八〇：2）。标本T5D②B：5，灰褐色细砂岩。残长9、宽7.8、厚1.7厘米（图三八九：3）。标本T2G②B：1，灰褐色砂岩。有磨砺。凹面残长14.4、残宽12厘米（图三八九：2）。

（二）陶器

据1979~1980年统计，本期共出陶片49,794片，其中夹砂陶17,408片，占陶片总数的34.96%；泥质陶32,386片，占总数的65.04%。夹砂陶以粗陶为主。陶色驳杂不一致，与石峡文化夹砂陶陶色基本相同，但基本没有如石峡第二期文化的黑皮泥质磨光陶；泥质陶中灰色、灰红色和

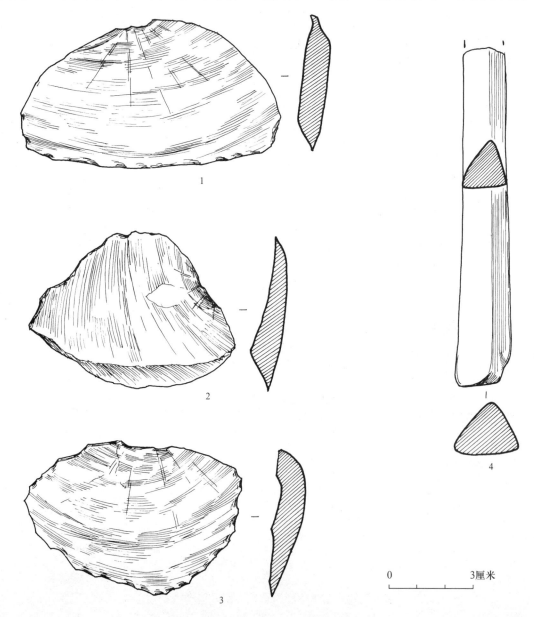

0　　　　　3厘米

图三八八　石峡三期石片、尖状器

1.石片（T2②B：40）　2.石片（T2②B：39）　3.石片（T90②B：21）　4.尖状器（T5B②B：4）

灰黄色陶有较多的增加，是本期陶色的一个特点。制法上，以慢轮制作或慢轮修饰为特征。

本期夹砂陶纹饰有绳纹、曲折纹、重圈纹、方格纹、篮纹（条纹）、刻划纹等。泥质陶的纹饰，花纹多样，印纹发达，精细美观，组合纹盛行。主要有曲折纹（以规整曲折纹为特点）、复线长方格纹、双线菱格（方格）纹、双线（复线）方格凸点纹、重方格对角线纹、重圈纹、云雷纹、各种方格纹、叶脉纹、编织纹、梯子格纹、刻划纹、折肩处云雷纹、鱼鳞纹、小圆圈纹（连珠纹）、篮纹（条纹）等。但以组合纹饰为主要特点，仅见3件陶器有刻划纹（图三九〇～三九五）。

陶器群和器形与石峡二期文化有着根本的区别。第二期文化最富特色的三足鼎、三足盘、夹砂盖豆等，在本期已消失殆尽，取而代之的是以釜、罐、盘、豆、壶等为主的陶器群。弦纹细把豆、折肩器、

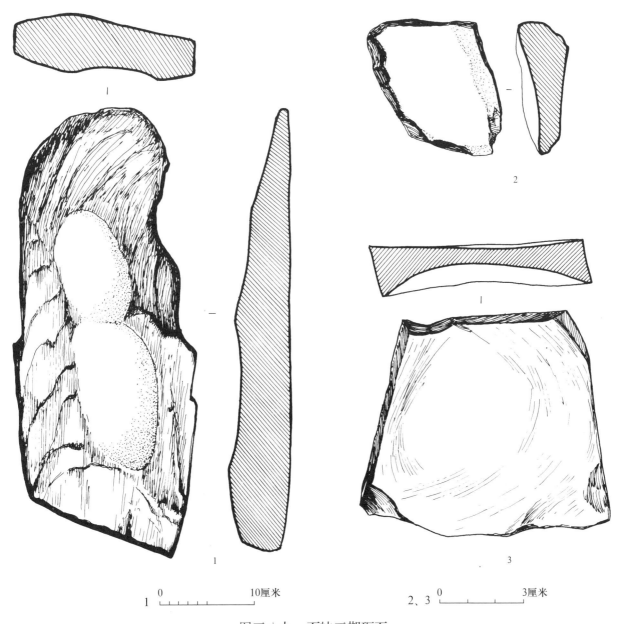

0　　　　　　　10厘米
1 ⌊—⌊—⌊—⌊—⌊

2、3　0　　　　　3厘米
⌊—⌊—⌊—⌊

图三八九　石峡三期砺石

1.砺石（T3②B：9）　2.砺石（T2G②B：1）　3.砺石（T5D②B：5）

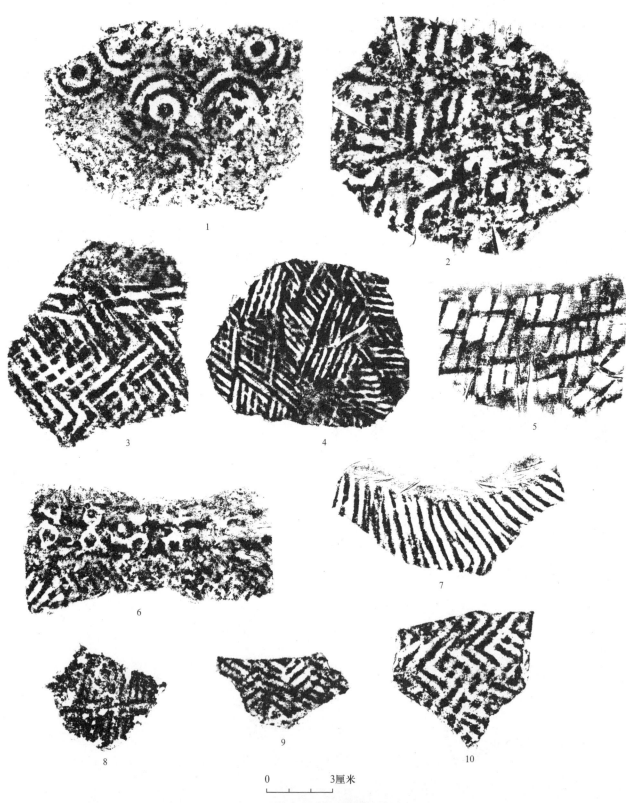

0   3厘米

图三九〇 石峡三期早期T64Y1陶器纹饰拓片

1.重圈纹（夹砂陶） 2.大菱格凸点纹（夹砂陶） 3、9、10.粗曲折纹 4.编织纹 5.大长方格纹 6.圆圈曲折纹组合
7.条纹 8.间断条纹

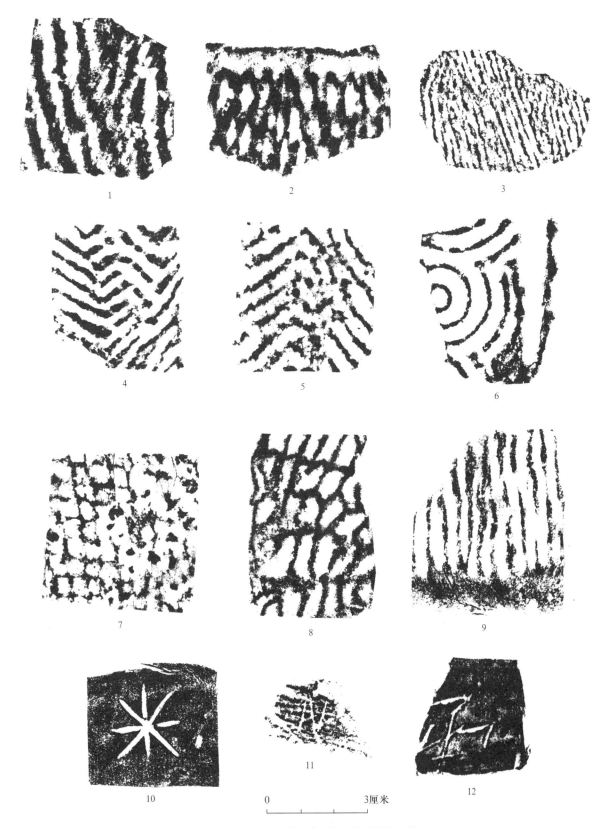

图三九一 石峡三期夹砂陶纹饰拓片

1~3.绳纹（T92②B、T6B②B、T83②B） 4、5.粗曲折纹（T6B②B、T2B②B） 6.重圈纹（T6B②B） 7.方格纹（T59②B） 8.大长方格纹（T5D②B） 9.条纹（T70②B） 10~12.刻划符号（T3F②B、T27②B、T29②B）

0 ———— 3厘米

图三九二　石峡三期泥质陶纹饰拓片

1、3.双线方格纹（T99②B、T59②B）　2.三线菱格纹（T4D②B）　4、5、7.双线方格凸点纹（T29②B H42、T72②B、T5D②B）　6.三线菱格凸点纹（T6B②B）　8～11.重圈纹（T83②B、T22②B、T81②B、T28②B）　12～15.方格纹（T1F②B、T91②B、T88②B、T99②B）　16.麦穗纹（T6B②B）　17.曲折纹（T6B②B）　18.云雷纹（T3B②B）

图三九三　石峡三期泥质陶纹饰拓片

1、2.云雷纹（T40②B、T4A②B）　　3～5.叶脉纹（T88②B、T6B②B、T5A②B）　　6、7.鱼鳞纹（T65②B、T74②B）　　8～10.小圆圈纹（T38②B、T2H②B、T19②B）　　11.梯子格纹（T5D②B）　　12～14.云雷纹（折肩）（T65②B、T83②B、T5A②B）　　15.曲折、条纹组合（T4A②B）

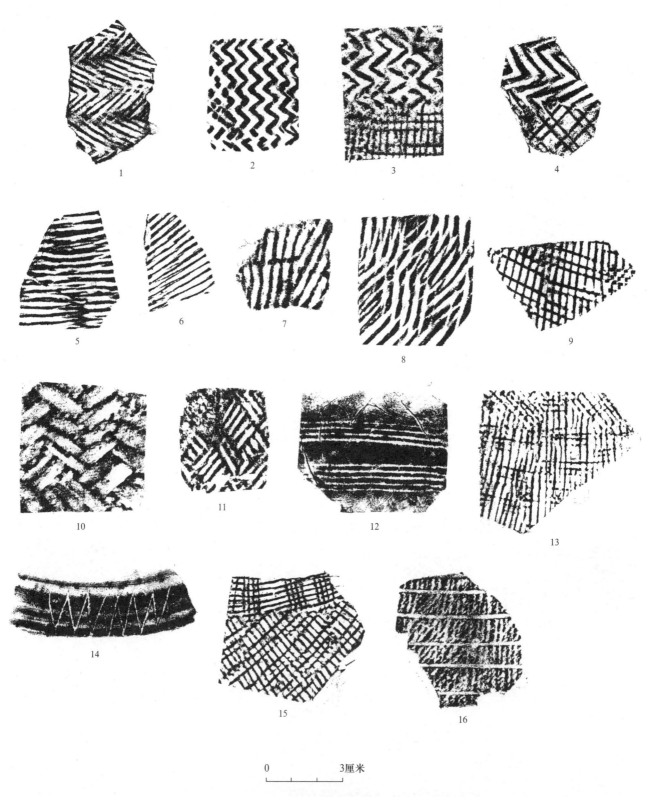

0　　　　　3厘米

图三九四　石峡三期泥质陶纹饰拓片

1～4.规整曲折纹（T41②B、T5D②B、T4A②B、T7C②B）　5～8.条纹（T5B②B、T99②B、T2G②B、T5D②B）　9、13、15.复线长方格纹（T83②B、T6B②、T70②B）　10、11.席纹（T88②B、T24②B）　12.弦纹（T70②B）　14.刻划纹（T72②B）　16.间断绳纹（T4A②B）

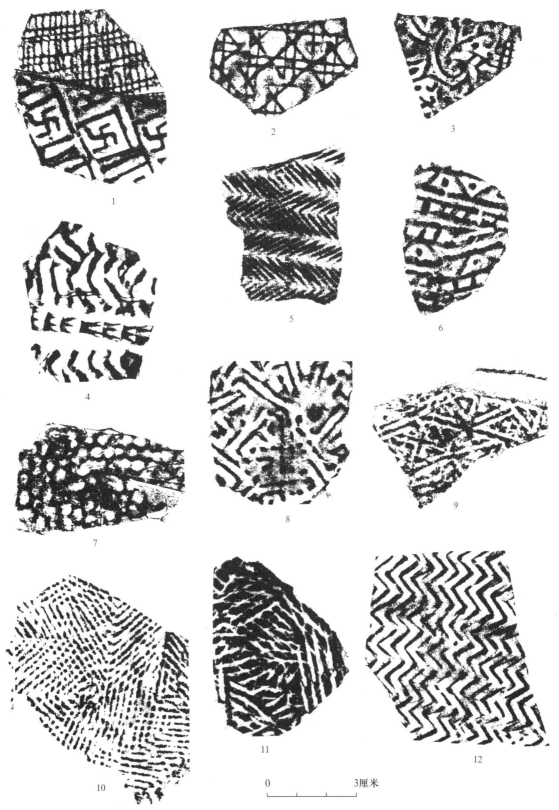

图三九五　石峡三期泥质陶纹饰拓片

1."卍"字纹（T22②B）　2.井字格纹（T84②B）　3.卷草纹（T71②B）　4.附加堆纹（T3B②B）　5.曲折纹（T47②B）　6.三角凸点纹（T46②B）　7.网织纹（T3B②B）　8.云雷纹（T6B②B）　9.三角形纹（T2②B）　10、11.错叠曲折纹（T83②B、T4A②B）　12.规整曲折纹（T96②B）

有流罐、有流带把壶，平底器、凹底罐以及一部分锥足（鬲）和袋足（残件）等，都是新出现的器物。此外，文化层和同期墓葬随葬品中，出现一些小型陶器，似为明器。釜、罐（含大口高颈圈足罐或称尊）出现了敞口、棱角显著的宽沿、高颈，这些新的形态特征也与第二期文化的陶器特征有所不同。

1. 石峡三期早期陶器

（1）夹砂陶

有釜、圈足罐、器座等。

釜　5041片，占石峡三期夹砂陶的28.96%，敞口，圆唇或尖唇。多数为卷沿，束颈高领，少部分领的外沿或内沿有一周轮旋时遗留的凸棱。从T64Y1：11陶釜形制特点分析，为削肩，扁圆腹，圜底。另一种形制为盘形口，束颈，折肩，斜腹，圜底（T5C②B：22）。陶器花纹以素面为主，部分饰绳纹、水平曲折纹、大重圈纹、大方格纹等。分三型。

A型　分4式。

Ⅰ式　敞口，沿面弧形外翻，无完整器。标本T13②B：483，粗砂陶。尖唇。内外沿面均打磨微鼓，溜肩，颈间有细绳纹。口沿厚1.8、口径28厘米（图三九六：1）。标本T40②BH40：131，粗砂陶，表灰黄，胎深灰。圆唇，内沿面打磨微鼓，溜肩，肩腹拍绳纹。口径24厘米（图三九六：2）。标本T13②B：528，表灰黑色，粗砂陶，质较坚。圆唇，溜肩，肩饰细绳纹，抹光。口径31厘米（图三九六：3）。标本T64Y1：8，表灰色。肩部拍印曲折纹。口径20厘米（图三九六：4）。标本T64Y1：17，表灰黄，胎灰黑。肩部拍印曲折纹。口径22厘米（图三九六：5）。标本T26②B：1，粗砂陶。尖唇，内沿面打磨斜直，束颈，广肩。表有一层薄薄的陶衣，饰绳纹。口径16厘米（图三九六：6）。标本T2②B：29，表红褐色。肩腹拍印四周重圈纹。残口径21厘米（图三九六：7）。标本T64Y1：12，表里灰黑色。肩腹部饰粗绳纹。口径21.4、残高6厘米（图三九六：8；图版一八二：2）。标本T4A②B：16，方唇，溜肩，薄胎，饰绳纹。口径23、残高6.2厘米（图三九六：9）。标本T64Y1：16，表灰色、灰黄间杂，胎较厚。饰绳纹。口径21厘米（图三九六：10；图版一八二：1）。标本T64Y1：9，表深灰，胎灰黑，薄。素面。口径18厘米（图三九六：11）。标本T4A②B：21，表灰黄、胎灰黑。口径16厘米（图三九六：12）。

Ⅱ式　敞口，尖唇或圆唇，束颈，折沿外翻，口沿外有一周凸棱，溜肩或广肩，仅1件完整器。标本T64Y1：11，表灰红色。溜肩鼓腹，圜底，最大径在下腹。器身至底拍印满粗方格纹。口径20、腹径23、高18厘米（图三九七：1；图版一八一：2；彩版三四：1）。标本T64Y1：3，表灰黄，胎深灰，厚。口径32厘米（图三九七：2）。标本T64Y1：1，表灰黄色，胎灰黑，厚。从上腹断面可见由2～3片泥片叠压而成，或即贴塑法做成。口径28厘米（图三九七：3；图版一八一：2）。标本T64Y1：5，灰黄、青灰间杂。口径30厘米（图三九七：4）。标本T64Y1：6，表灰黑，胎黑色，尖唇，翻沿近折。广肩。口径21、残高6.5厘米（图三九七：5）。标本T5A②B：428，尖唇，外沿面近唇处微收，内沿面微凹，溜肩。表红褐，胎青灰色。口径18厘米（图三九七：6）。标本T4A②B：17，胎灰黑色。内沿面微凹，腹部拍印曲折纹。口径24厘米（图三九七：7）。标本T64Y1：50，表灰黑，胎黑色。腹部拍印曲折纹。口径24厘米（图三九七：8；图版一八二：3）。

Ⅲ式　方唇，折沿外翻。标本T64Y1：15，表红褐，胎深灰。口径21厘米（图三九七：9）。

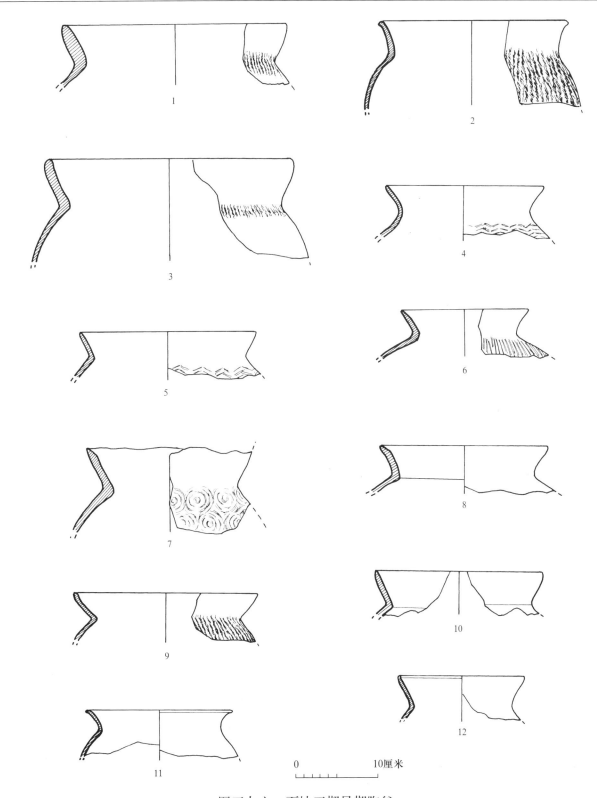

图三九六　石峡三期早期陶釜

1.A型Ⅰ式釜（T13②B：483）　2.A型Ⅰ式釜（T40②B H40：131）　3.A型Ⅰ式釜（T13②B：528）　4.A型Ⅰ式釜（T64Y1：8）　5.A型Ⅰ式釜（T64Y1：17）　6.A型Ⅰ式釜（T26②B：1）　7.A型Ⅰ式釜（T2②B：29）8.A型Ⅰ式釜（T64Y1：12）　9.A型Ⅰ式釜（T4A②B：16）　10.A型Ⅰ式釜（T64Y1：16）　11.A型Ⅰ式釜（T64Y1：9）　12.A型Ⅰ式釜（T4A②B：21）

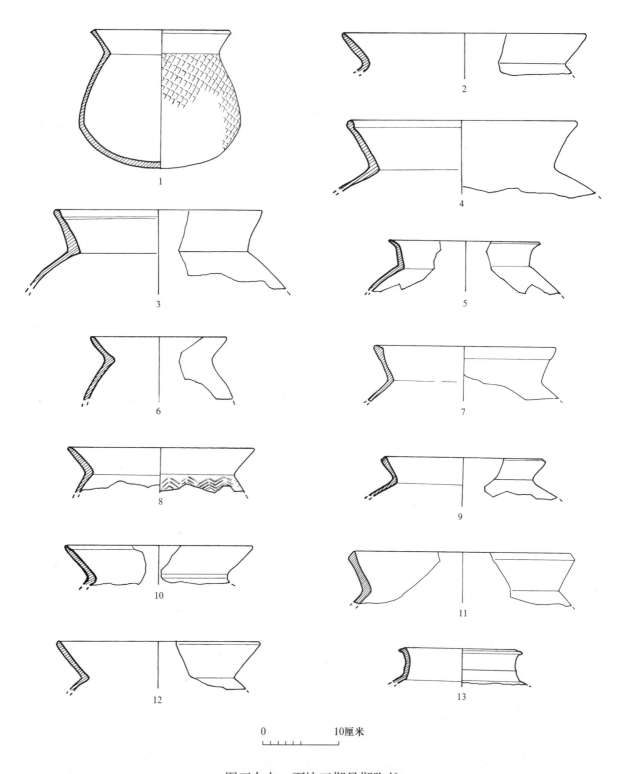

图三九七　石峡三期早期陶釜

1.A型Ⅱ式釜（T64Y1：11）　2.A型Ⅱ式釜（T64Y1：3）　3.A型Ⅱ式釜（T64Y1：1）　4.A型Ⅱ式釜（T64Y1：5）
5.A型Ⅱ式釜（T64Y1：6）　6.A型Ⅱ式釜（T5A②B：428）　7.A型Ⅱ式釜（T4A②B：17）　8.A型Ⅱ式釜（T64Y1：50）
9.A型Ⅲ式釜（T64Y1：15）　10.A型Ⅲ式釜（T64Y1：2）　11.A型Ⅲ式釜（T73②B：485）　12.A型Ⅲ式釜（T91②B：31）
13.A型Ⅳ式釜（T64Y1：9）

标本T64Y1：2，表里灰黄色。口径25、残高5厘米（图三九七：10）。标本T73②B：485，方唇，内沿面微凹，唇外沿一周凸棱，溜肩。表灰黑色。口径29厘米（图三九七：11）。标本T91②B：31，方唇，口沿面斜直，溜肩，器表有一层薄薄的黄褐色陶衣，多剥落。口径27厘米（图三九七：12）。

Ⅳ式　尖唇，直领稍内弧，广肩。标本T64Y1：4，表灰白色。口径16厘米（图三九七：13）。

B型　敞口，圆唇或圆唇子口，卷沿，内沿面凹，呈盘形口，束颈，折肩。分2式。

Ⅰ式　敞口，圆唇，卷沿，盘形口，束颈。标本T88②B：30，厚胎，表灰红色，圆唇，束颈，口径15厘米（图三九八：1）。标本T3A②B：13，灰黄色细砂陶。圆唇，溜肩。口径17厘米（图三九八：2）。

Ⅱ式　敞口，圆唇，内沿有凸棱似子口，盘形口，束颈。标本T5C②B：22，灰黑色夹砂陶。圆唇。口沿面有轮旋纹，折腹，尖圜底。素面。口径17.5、折腹宽15.5、高9.5厘米（图三九八：3）。标本T5C②B：23，表红褐，胎深灰色。圆唇，内沿面下凹。口径27厘米（图三九八：4）。

C型　敞口，卷沿，领较高，盘形口靠领的上端。标本T2H②BH47：484，表灰黄、灰黑间杂。尖唇，内沿凸棱明显。束高颈。口径26厘米（图三九八：5）。标本T83②B：7，敞口，折沿，高领，上端呈盘形口，外刻划水平曲折纹，领下端高直，饰浅线网格纹并有2道凸棱。口径32厘米（图三九八：6）。

圈足罐　8239片（包括早期、中期Ⅱ段），约占夹砂陶总数的47.32%。均为残片。

标本T5C②B：8，表灰黄色。圆唇，卷沿，深腹略鼓，大圜底，最大径在腹中部，矮圈足。腹部拍印粗疏曲折纹。口径11、腹径15、高16、足径9.5厘米（图三九九：1；图版一八三：2）。标本T2B②B：91，灰黑色，胎壁较薄。圆唇。翻平沿。深腹略鼓，大圜底，最大径在下腹。圈足斜外撇，不起凸棱。素面。口径16、腹径17.5、高17.8、足径12厘米（图三九九：2；图版一八三：1）。标本T82②B：15，表灰黑色，细砂陶。方唇，翻沿近唇处内收，鼓腹，大圜底。矮圈足。素面。口径6.5、腹径8.2、高6.5、足径5厘米（图三九九：3；图版一八三：3）。

器座　1115片。均为夹砂陶。早期陶器座和中期陶器座之间有较清楚的延续轨迹，因此放在一起分型式。T64Y1出土10多件器座，似亦可用作垫烧陶坯件之用。形制特点为束腰长鼓形，中空，上、下端口呈喇叭形，器壁较厚。分二型，早期有一型，中期有二型。

A型，分四亚型。

Aa型　束腰，上下端口为圆唇，器壁中间部分较厚。分4式。

Ⅰ式　标本T64Y1：18，砖红色，陶质松软。残高9.4、口径11.2厘米（图四〇〇：1）。标本T5C②B：25，表黄褐色，素面。孔径6、口径12、残高15厘米（图四〇〇：2）。标本T64Y1：51，灰黑、灰黄杂驳色。高15、上端口径10、底径10.5厘米（图四〇〇：3；图版一八四：1；彩版三三：1）。标本T64Y1：39，表灰黄，胎深灰色。高13、上端口径10.8、底径12厘米（图四〇〇：4）。

Ⅱ式　上端、底部的沿部平。标本T40②BH40：21，红褐色夹砂陶，器腰稍内弧，高13、孔径4、口径9、底径10厘米（图四〇〇：5；图版一八四：3）。标本T64Y1：20，表橙黄色。底径11、残高9.2厘米（图四〇〇：6）。

Ⅲ式　上、下沿为圆唇，器壁厚，中空部分窄小。标本T64Y1：41，红褐色夹砂陶。壁厚3.2、孔径2.8、底径11.4、残高7.4厘米（图四〇〇：7）。标本T64Y1：19，表里砖红色。孔径小，口沿部分

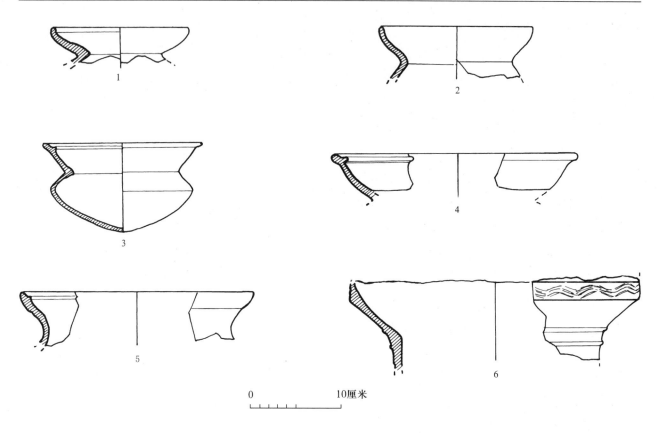

图三九八　石峡三期早期陶釜

1.B型Ⅰ式釜（T88②B：30）　2.B型Ⅰ式釜（T3A②B：13）3.B型Ⅱ式釜（T5C②B：22）　4.B型Ⅱ式釜（T5C②B：23）
5.C型釜（T2H②BH47：484）　6.C型釜（T83②B：7）

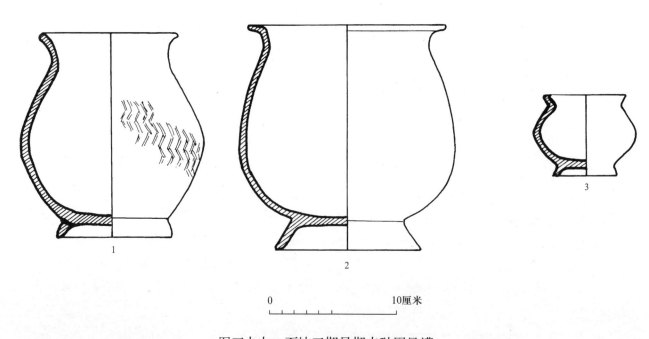

图三九九　石峡三期早期夹砂圈足罐

1.夹砂圈足罐（T5C②B：8）　2.夹砂圈足罐（T2B②B：91）　3.夹砂圈足罐（T82②B：15）

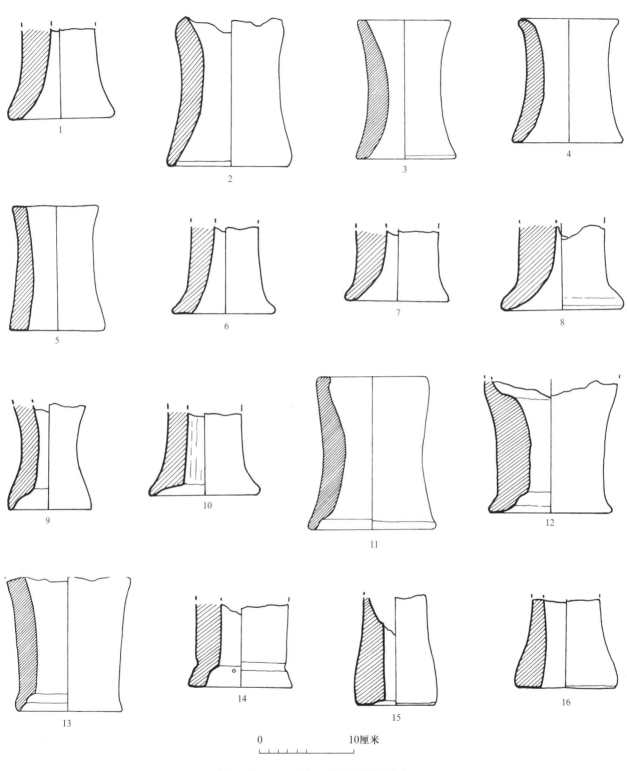

0　　　　　　　　10厘米

图四〇〇　石峡三期早期陶器座

1.Aa型Ⅰ式器座（T64Y1：18）　2.Aa型Ⅰ式器座（T5C②B：25）　3.Aa型Ⅰ式器座（T64Y1：51）　4.Aa型Ⅰ式器座（T64Y1：39）　5.Aa型Ⅱ式器座（T40②BH40：21）　6.Aa型Ⅱ式器座（T64Y1：20）　7.Aa型Ⅲ式器座（T64Y1：41）　8.Aa型Ⅲ式器座（T64Y1：19）　9.Aa型Ⅳ式器座（T64Y1：21）　10.Aa型Ⅳ式器座（T64Y1：22）　11.Ab型Ⅰ式器座（T45Y1：86）　12.Ab型Ⅱ式器座（T64Y1：37）　13.Ab型Ⅱ式器座（T40②BH40：22）　14.Ac型器座（T40②BH40：497）　15.Ad型器座（T87②B：507）　16.Ad型器座（T62②B：504）

胎收薄，而使口内径增大。器壁厚4、孔径窄处仅0.7、底径13.2、残高9厘米（图四〇〇：8）。

Ⅳ式　中空部分窄小，器壁比Ⅲ式要薄，唇沿内侧向下弧形变薄。标本T64Y1：21，表里灰黄色。掺少许细砂。孔径2、底径9、残高11厘米（图四〇〇：9）。标本T64Y1：22，陶色灰黄、深灰、灰黑间杂。内壁平直，底径11.8、残高8.6厘米（图四〇〇：10）。

Ab型　上沿为圆唇，下端器底内侧有一周弧形凹槽，束腰部分不明显。分2式。

Ⅰ式　标本T64Y1：86，表灰黄，胎深灰。器身较宽，圆唇，上端口微敛。孔径8.2、口径13.5、底径12、高16厘米（图四〇〇：11；图版一八四：2；彩版三三：2）。

Ⅱ式　下端沿面稍外撇，上大下小，标本T64Y1：37，表红褐，胎深灰色，胎壁中部特厚，上端大，下端稍小。孔径6、上端残径14.6、底径13.4、残高14厘米（图四〇〇：12）。标本T40②BH40：22，红褐色夹砂陶，器身厚实。孔径7、上端残径14、底径11.8、残高15.4厘米（图四〇〇：13；图版一八四：4）。

Ac型　标本T40②BH40：497，砖红色，质地松软。器壁近直，下端方沿着地，外壁有一周凹槽。孔径4.8、底径11.2、残高8.6厘米（图四〇〇：14）。

Ad型　小型。厚胎，下端平沿着地。标本T87②B：507，红褐色，胎壁较厚。孔径2、底径8.8、残高11.6厘米（图四〇〇：15）。标本T62②B：504，砖红色。孔径小，器壁着地部分较厚。底径10.6、残高9.3厘米（图四〇〇：16）。

（2）泥质陶

有32386片。约占本期陶片总数49794片的65.04%。石峡三期早期泥质陶器多数已残，仅见口沿或圈足，器形有小口圈足罐、素肩罐、敞口卷沿罐、罐圈足、豆、豆喇叭足。

小口圈足罐　侈口或直口，溜肩或广肩、小折肩，大鼓腹，矮圈足外撇，器身饰附加堆纹，全身饰几何印纹。分二型。

A型　圆唇，侈口，领稍斜，大鼓腹，矮圈足。分3式。

Ⅰ式　标本T62②BH60：7，灰黄色，质地较坚致。圆唇，侈口，折沿，斜领，最大径在下腹，圆底，矮圈足。器身拍印错叠曲折纹，腹部中间有一周附加堆纹。口径10.8、通高16、腹径17、足径10、圈足高1厘米（图四〇一：1；图版一八五：1）。标本T93②B：521，口径14厘米（图四〇一：6）。

Ⅱ式　圆唇，侈口，折沿，斜领，圜底，矮圈足尖稍外撇，肩、腹饰素面带状附加堆纹。标本T47②BH41：1，陶色灰褐。圆唇。内沿面微鼓，广肩，扁圆大鼓腹，矮圈足，通体饰错叠曲折纹，而后从肩至腹下部饰5周素面附加堆纹。口径14.5、腹径38、足径13.5、通高30厘米（图四〇一：2；图版一八五：2）。标本T2②B：4，青灰色，质坚致。圆唇，折沿，斜领，鼓腹，圜底近平，矮圈足尖稍外撇，腹片残，颈部两周短条纹和附加堆纹，腹底错叠曲折纹。口径13.2、足径9.6厘米（图四〇一：3）。

Ⅲ式　尖唇，近唇部沿面被修饰内凹而使唇部形成双唇或沿面外翻。标本T4②B：9，尖唇外翻，折沿，直领，广肩，大鼓腹，矮圈足外撇，腹片残缺。青灰色，质坚硬。口径18、底径13.6厘米（图四〇一：4）。标本T6B②B：39，灰色硬陶。仅存口沿和领、肩部、尖唇，沿面稍内凹，口微侈，直领，广肩，肩部拍印编织纹。口径19.5厘米（图四〇一：5）。

B型　圆唇或圆唇内勾，卷沿，广肩，圆鼓腹，圜底，矮圈足外撇，不明显的小折肩，素面肩或

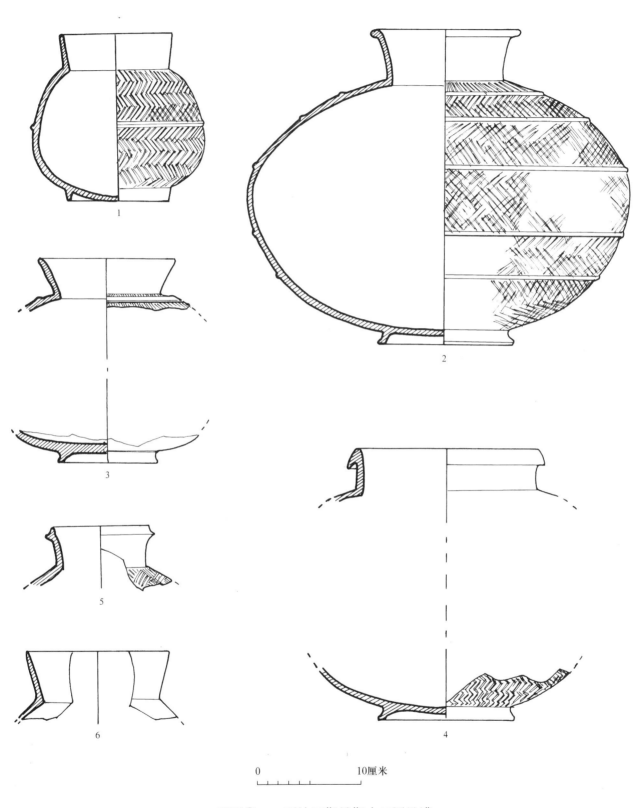

图四〇一　石峡三期早期小口圈足罐

1.A型Ⅰ式小口圈足罐（T62②BH60：7）　2.A型Ⅱ式小口圈足罐（T47②BH41：1）　3.A型Ⅱ式小口圈足罐（T2②B：4）　4.A型Ⅲ式小口圈足罐（T4②B：9）　5.A型Ⅲ式小口圈足罐（T6B②B：39）　6.A型Ⅰ式罐口沿（T93②B：521）

通体饰几何纹。现将口沿残片与罐一起分式，分2式。

Ⅰ式　标本T64Y1∶30，表灰褐色，胎深灰色，质较坚致。圆唇内勾，侈口，卷沿，领部内弧，折肩，圆鼓腹，圆底，矮圈足。肩至底拍印错叠曲折纹，腹中部一横向两条附加堆纹。口沿烧制时已变形。口径14、通高32、腹径33、足径12、足高1厘米（图四〇二∶1；图版一八五∶3）。

Ⅱ式　标本T88西扩方②B∶4，红褐色，质地较坚致。圆唇，侈口，斜领有一周凸棱，折肩，深鼓腹，下附矮圈足。折肩为素面，折肩下有两周叶脉纹，器身拍满篮纹。口径13、腹径30、足径18.5、通高31、足高1.2厘米（图四〇二∶2）。标本T64Y1∶45，表灰黄色，胎深灰，圆唇，直领，广肩，素面。口径19厘米（图四〇二∶3）。标本T64Y1∶7，表红褐色，尖唇，侈口，领外沿

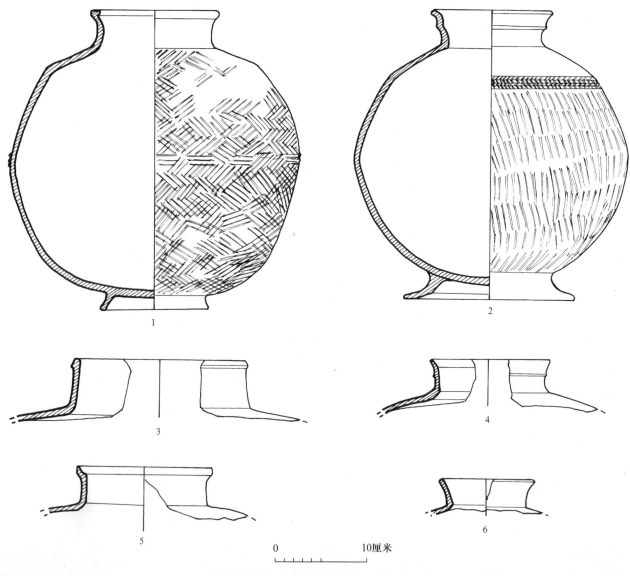

图四〇二　石峡三期早期小口圈足罐

1.B型Ⅰ式小口圈足罐（T64Y1∶30）　2.B型Ⅱ式小口圈足罐口沿（T88②B∶4）　3.B型Ⅱ式小口圈足罐口沿（T64Y1∶45）4.B型Ⅱ式小口圈足罐口沿（T64Y1∶47）　5.B型Ⅱ式小口圈足罐口沿（T64Y1∶73）　6.B型Ⅱ式小口圈足罐口沿（T64Y1∶34）

一周凸棱，广肩，素面。口径13厘米（图四〇二：4）。标本T64Y1：73，表红褐色。尖唇有凹槽，直领，广肩，素面。口径15厘米（图四〇二：5）。标本T64Y1：34，表灰褐色。方唇，侈口，斜领，广肩，素面。口径10.6厘米（图四〇二：6）。

圈足罐圈足为矮圈足，足沿稍外撇，上接鼓腹罐圜底，腹下部饰错叠曲折纹。其形制特点，推测是小口圈足罐圈足。不分型式。

标本T5D②B：408，表灰色，胎青灰。圈足甚矮，罐腹内外同一高度，有轮旋留下的5周凸弦纹，足径10、足高0.3厘米（图四〇三：1）。标本T5D②B：392，表灰色和灰红，胎青灰，鼓腹，圜底下接圈足，腹下部素面。足径12.5、足高1.4厘米（图四〇三：2）。标本T11②B：1，表里青灰，腹及底拍印错叠曲折纹。足径16.2、足高1.4厘米（图四〇三：3）。标本T3②B：14，表橙黄色。罐腹及底拍印错叠曲折纹。足径9、足高0.5厘米（图四〇三：4）。标本T5②B：10，外表灰白色，内橙红色。罐底拍印错叠曲折纹。足径14.4、足高0.8厘米（图四〇三：5）。

罐口沿　尖唇，敞口，卷沿或小折沿，领部直或微束，广肩，肩部饰几何纹或素面。分三型。

A型　肩部饰几何纹。分5式。

Ⅰ式　侈口，尖唇，卷沿，领部微束或直，广肩饰几何纹。标本T31②B：343，表灰黄色，尖唇，肩饰斜条纹，口径12厘米（图四〇四：1）。标本T47②B：433，表青灰色。肩部拍印细方格

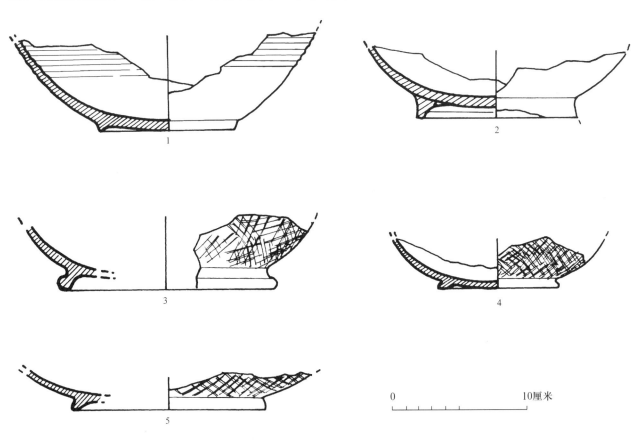

图四〇三　石峡三期早期圈足罐圈足

1.圈足罐圈足（T5D②B：408）　2.圈足罐圈足（T5D②B：392）　3.圈足罐圈足（T11②B：1）　4.圈足罐圈足（T3②B：14）　5.圈足罐圈足（T5②B：10）

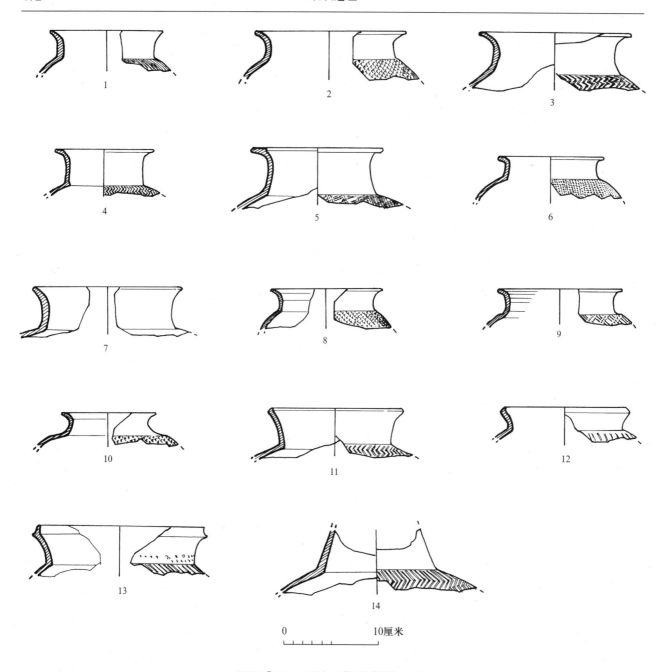

图四〇四 石峡三期早期罐口沿

1.A型Ⅰ式罐口沿（T31②B：343） 2.A型Ⅰ式罐口沿（T47②B：433） 3.A型Ⅰ式罐口沿（T70②B：450） 4.A型Ⅰ式罐口沿（T10②B：37） 5.A型Ⅰ式罐口沿（T70②B：38） 6.A型Ⅰ式罐口沿（T6B②B：42） 7.A型Ⅰ式罐口沿（T6B②B：36） 8.A型Ⅱ式罐口沿（T5C②B：26） 9.A型Ⅱ式罐口沿（T72②B：350） 10.A型Ⅱ式罐口沿（T5B②B：357） 11.A型Ⅲ式罐口沿（T6B②B：35） 12.A型Ⅲ式罐口沿（T92②B：70） 13.A型Ⅳ式罐口沿（T32②B：1） 14.A型Ⅴ式罐口沿（T64Y1：44）

纹。口径16厘米（图四〇四：2）。标本T70②B：450，表红褐，胎青灰色，肩部拍印规整曲折纹。口径16厘米（图四〇四：3）。标本T10②B：37，表灰褐，胎深灰色。腹部拍印曲折纹。口径14厘米（图四〇四：4）。标本T70②B：38，表青灰色，质坚致。肩部拍印复线长方格纹。口径14厘米（图四〇四：5）。标本T6B②B：42，表砖红色。小型薄胎。口径11厘米（图四〇四：6）。标本

T6B②B：36，表橙红色细砂陶。口径16厘米（图四〇四：7）。

Ⅱ式 与Ⅰ式不同之处，领部内面有凹凸平行纹，束领比Ⅰ式更明显。标本T5C②B：26，表灰红色。肩拍印细方格纹。口径12厘米（图四〇四：8）。标本T72②B：350，表青灰色。肩拍印复线长方格纹。口径13.4厘米（图四〇四：9）。标本T5B②B：357，表灰黄色。肩拍印复线长方格纹。口径10厘米（图四〇四：10）。

Ⅲ式 方唇，折沿，外沿面近唇处微收。少数为夹砂。标本T6B②B：35，表里灰黄，夹粗砂。上腹拍印曲折纹。口径14.6厘米（图四〇四：11）。标本T92②B：70，表灰色，胎深灰，夹细砂。广肩。腹饰斜条纹。口径13厘米（图四〇四：12）。

Ⅳ式 标本T32②B：1，表灰黄色。圆唇，外沿面内凹，形似子口，颈部有刺点纹，肩部饰斜条纹。口径17厘米（图四〇四：13）。

Ⅴ式 标本T64Y1：44，表砖红色。口沿已残，领部上端内敛，广肩，肩部饰线条粗疏清晰的曲折纹（图四〇四：14）。

B型 侈口或敞口，卷沿，少数折沿，广肩均为素面无纹。分4式。

Ⅰ式 尖唇或圆唇，侈口，卷沿，广肩。标本T64Y1：31，表红褐色。口径13厘米（图四〇五：1）。标本T64Y1：49，表里砖红色。素面，口径20厘米（图四〇五：2）。标本T41②B：77，红褐色表皮，灰黑胎。圆唇稍外卷，广肩，鼓腹。口径22厘米（图四〇五：3）。

Ⅱ式 方唇或尖唇，内沿面加宽或呈盘口形。标本T27②B：423，表灰黄色，素面磨光。方唇，口沿外卷折平。口径15厘米（图四〇五：4）。标本T5A②B：29，灰黄色。内沿面下凹呈盘口形，双唇尚不明显。口径23厘米（图四〇五：5）。标本T59②B：72，表橙黄色，胎灰色。方唇，领部有旋纹。口径16厘米（图四〇五：6）。

Ⅲ式 标本T10②B：430，表黄褐色。方唇，沿面平斜，领近直，广肩。口径17厘米（图四〇五：7）。

Ⅳ式 方唇，唇尖外翻下垂呈钩状，卷沿或折沿，束领，广肩。标本T5A②B：13，表土黄色。口径28厘米（图四〇五：8）。标本T40②BH40：412，折沿，斜领，束颈，表橙黄色。口径14厘米（图四〇五：9）。

C型 标本T42②B：492，表灰黑色。圆唇。直口，溜肩，腹微鼓。素面。口径11、腹径12.6厘米（图四〇五：10）。标本T90②B：344，表里灰白色，胎较薄，口颈烧制起泡变形，质坚硬，应属硬陶。肩部拍曲折纹。口径13厘米（图四〇五：11）。

圈足罐圈足 多数为T64Y1中出土，其圈足高度比小口圈足罐的圈足要高，上接罐的圜底，圈足内外有1~2周轮旋留下的凹凸槽和棱，足沿外撇。不分型式。

标本T64Y1：23，表深灰色，一件大型圈足罐圈足，足沿圆唇，稍外撇，无凹凸轮旋纹。足径20、足高2.8厘米（图四〇六：1）。标本T64Y1：14，表灰黄色，胎深灰。足外壁有凸棱，足高2.2、足径16.4厘米（图四〇六：2）。标本T64Y1：10，表灰黄色，胎深灰。足内壁有凹槽，足高2、足径12.2厘米（图四〇六：3）。标本T64Y1：43，表灰黄，胎青灰色。足内壁有一周凹槽。足高2.4、足径12.2厘米（图四〇六：4）。标本T96②B：524，表红褐色，胎青灰色，罐底有印纹。

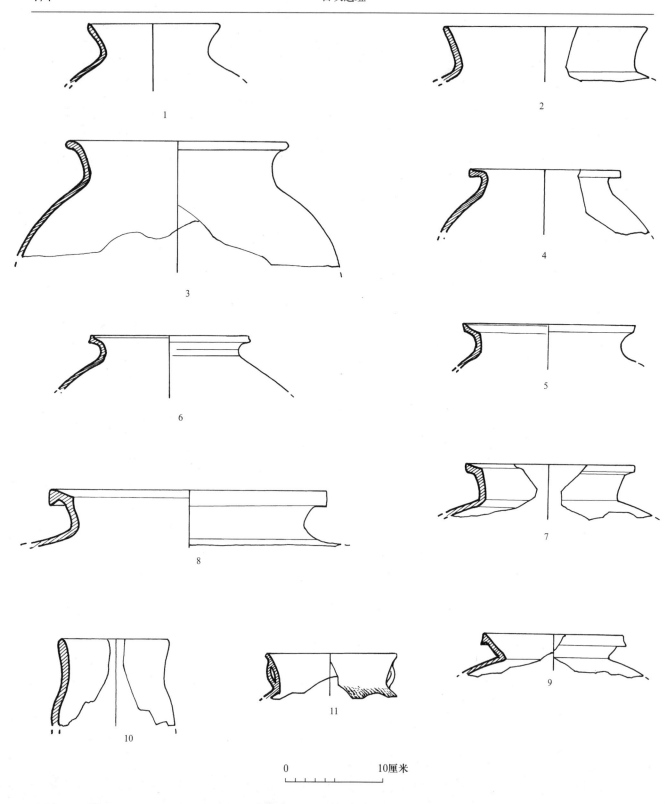

图四〇五　石峡三期早期罐口沿

1.B型Ⅰ式罐口沿（T64Y1：31）　2.B型Ⅰ式罐口沿（T64Y1：49）　3.B型Ⅰ式罐口沿（T41②B：77）　4.B型Ⅱ式罐口沿（T27②B：423）　5.B型Ⅱ式罐口沿（T5A②B：29）　6.B型Ⅱ式罐口沿（T59②B：72）　7.B型Ⅲ式罐口沿（T10②B：430）　8.B型Ⅳ式罐口沿（T5A②B：13）　9.B型Ⅳ式罐口沿（T40②BH40：412）　10.C型罐口沿（T42②B：492）　11.C型罐口沿（T90②B：344）

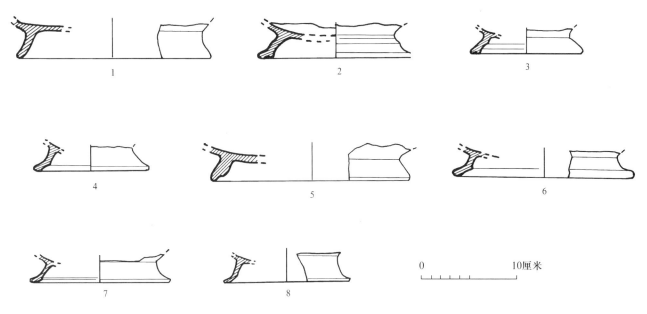

图四〇六　石峡三期早期圈足罐圈足

1.圈足罐圈足（T64Y1：23）　　2.圈足罐圈足（T64Y1：14）　　3.圈足罐圈足（T64Y1：10）　　4.圈足罐圈足（T64Y1：43）
5.圈足罐圈足（T96②B：524）　　6.圈足罐圈足（T64Y1：50）　　7.圈足罐圈足（T6B②B：45）　　8.圈足罐圈足（T16②B：399）

足高2、足径21厘米（图四〇六：5）。标本T64Y1：50，表灰黄色，底外撇，上接罐的圜底，上饰几何纹。足高2.4、足径19厘米（图四〇六：6）。标本T6B②B：45，表橙黄、胎灰色。腹底拍印曲折纹。足径14.5、足高2.2厘米（图四〇六：7）。标本T16②B：399，表灰红，胎青灰色。足径13、足高2.3厘米（图四〇六：8）。

陶豆　尖唇或圆唇，敛口，口外折沿有一周凸棱，弧腹，深盘。出土时仅1件较完整，其余只见豆盘和无法接驳的豆喇叭足。陶豆从早期延续至中期，现统一分为五型。

A型　尖唇或圆唇，敛口，弧腹。分二亚型。

Aa型　口外折沿较宽，呈子口状，少数口沿和盘腹分别成型连接。分3式。

Ⅰ式　尖唇，口外折沿明显。标本T5D②B：10，表灰黄、胎青灰。子口，口径18.6厘米（图四〇七：1）。标本T52②B：378，表灰黑，盘内红褐。子口，口径20厘米（图四〇七：2）。标本T64Y1：42，表灰黄色。子口，口径20厘米（图四〇七：3）。

Ⅱ式　圆唇，子口敛，口沿与豆盘连接处有一周凸棱。标本T64Y1：41，表灰黄色。口径17厘米（图四〇七：4）。标本T37②B：489，夹细砂，表里灰褐色。子口，尖唇内勾。斜腹略深。素面。口径20厘米（图四〇七：5）。

Ⅲ式　标本T52②B：264，敛口残，沿面宽斜，比盘腹要大，弧腹。口径17厘米（图四〇七：6）。

Ab型　尖唇，敛口，口沿外一周折棱不明显，分4式。

Ⅰ式　标本T64Y1：46，表深灰色，斜弧腹口。口径22厘米（图四〇七：7）。标本T4D②B：2，表灰黑色，陶衣已剥落。口径18厘米（图四〇七：8）。标本T2A②B：7，表灰色，胎青灰，表面磨光，口径17厘米（图四〇七：9）。标本T3F②B：1，复原器。表灰色，素面，磨光陶。敛口，弧腹，浅盘，圜底近平，下接外撇矮圈足。口径16.8、通高6.4、足径9.6、足高2厘米（图四〇七：10；图版

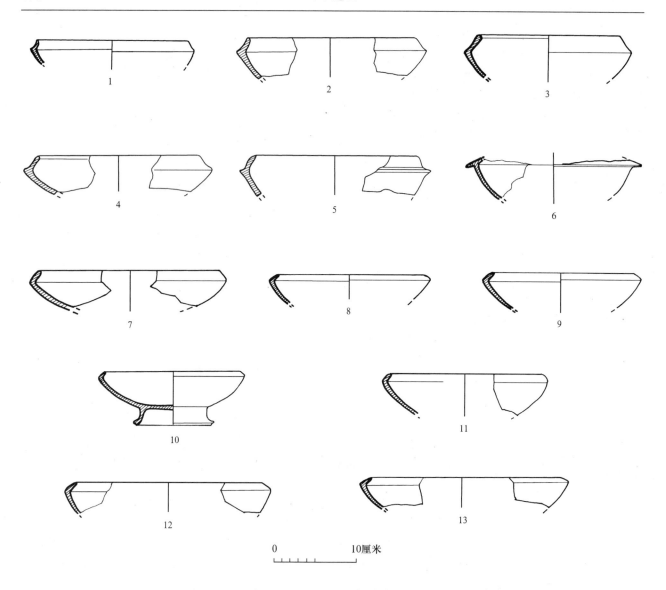

0 ├────────┤ 10厘米

图四〇七　石峡三期早期陶豆和豆盘

1.Aa型Ⅰ式豆盘（T5D②B：10）　2.Aa型Ⅰ式豆盘（T52②B：378）　3.Aa型Ⅰ式豆盘（T64Y1：42）　4.Aa型Ⅱ式豆盘（T64Y1：41）　5.Aa型Ⅱ式豆盘（T37②B：489）　6.Aa型Ⅲ式豆盘（T52②B：264）　7.Ab型Ⅰ式豆盘（T64Y1：46）　8.Ab型Ⅰ式豆盘（T4D②B：2）　9.Ab型Ⅰ式豆盘（T2A②B：7）　10.Ab型Ⅰ式豆（T3F②B：1）　11.Ab型Ⅰ式豆盘（T86②B：1）　12.Ab型Ⅰ式豆盘（T2A②B：6）　13.Ab型Ⅰ式豆盘（T6B②B：68）

一八六：2）。标本T86②B：1，夹砂，灰黑色。尖唇内勾。斜腹略深。口径19厘米（图四〇七：11；图版一八六：1）。标本T2A②B：6，表灰色，胎青灰，磨光。口径23厘米（图四〇七：12）。标本T6B②B：68，表灰褐，胎灰白，陶衣已剥落。口径23厘米（图四〇七：13）。

　　Ⅱ式　圆唇，敛口，口沿内外均有折棱，弧腹，深盘。标本T46②B：365，灰色磨光陶，盘内灰红，胎深灰色。口径22厘米（图四〇八：1）。标本T64Y1：40，表灰黄，胎深灰，弧腹，深盘。口径14厘米（图四〇八：2）。

　　Ⅲ式　标本T3D②表灰黑，陶衣已脱落，胎土黄色。盘较深，外表有多条轮旋纹。口径17.8厘米（图四〇八：3）。

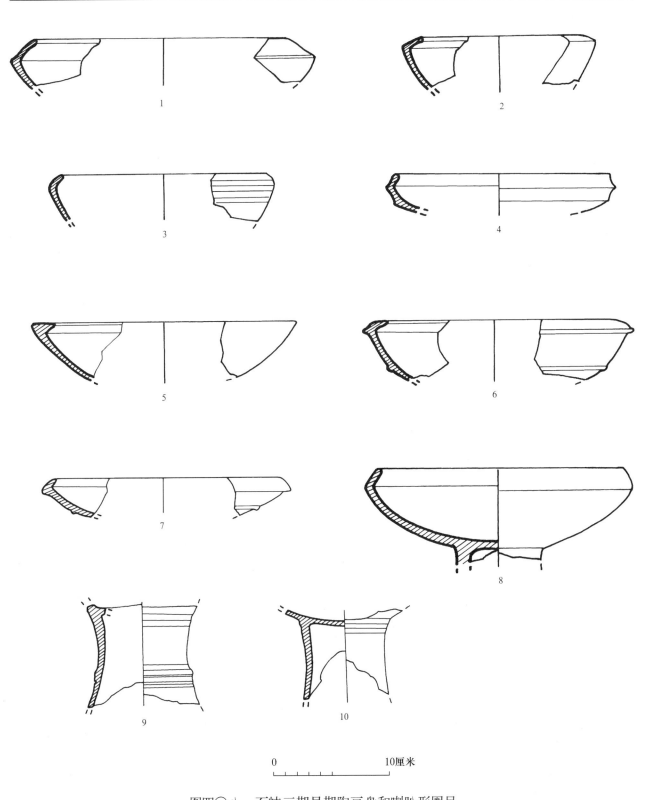

图四〇八　石峡三期早期陶豆盘和喇叭形圈足

1.Ab型Ⅱ式豆盘（T46②B：365）　2.Ab型Ⅱ式豆盘（T64Y1：40）　3.Ab型Ⅲ式豆盘（T3D②B：1组红烧土）　4.Ab型Ⅳ式豆盘（T64Y1：330）　5.B型Ⅰ式豆盘（T61②B：1）　6.B型Ⅱ式豆盘（T5A②B：370）　7.B型Ⅱ式豆盘（T2A②B：9）　8.C型Ⅰ式豆盘（T64Y1：331）　9.C型Ⅰ式豆喇叭形圈足（T6B②B：73）　10.C型Ⅰ式豆喇叭形圈足（T57②B：511）

Ⅳ式 标本T64Y1：330，表灰黄色。圆唇，敛口，折腹，浅盘。口径19.2厘米（图四〇八：4；图版一八六：3）。

B型 尖唇，敛口，盘腹饰附加堆纹。分2式。

Ⅰ式 标本T61②B：1，表灰白，胎深灰，磨光陶衣多剥落。尖唇，口沿内敛且平，内面折，斜腹，口径21厘米（图四〇八：5）。

Ⅱ式 尖唇，敛口，沿面斜弧向外，比盘腹要宽，外周有凸棱，盘腹饰一周附加堆纹。标本T5A②B：370，表深褐，胎深灰。口径20厘米（图四〇八：6）。标本T2A②B：9，表灰色，胎深灰。口径20厘米（图四〇八：7）。

C型 圆唇，敛口，弧腹，圜底，下接细把高喇叭形圈足，外饰弦纹4～5周。

Ⅰ式 标本T64Y1：331，表黄褐色磨光。盘底下接细把，已残。口径22、盘深6.4厘米（图四〇八：8；图版一八七：1）。标本T6B②B：73，表里灰色。柄上下段有弦纹，并有一周凸棱（图四〇八：9）。标本T57②B：511，青灰色。柄上段有弦纹，足身稍内弧（图四〇八：10）。

陶豆圈足 粗矮身，足沿外撇上接豆盘底部。不分型式。标本T64Y1：48，表灰黄色，残（图四〇九：1）。标本T64Y1：47，表灰黄色，足径12、足高5厘米（图四〇九：2）。标本T64②B：509，表灰黄间杂。磨光。足径12、足高6厘米（图四〇九：3）。标本T94②B：1，夹细砂，表里灰黄色。足径9、足高4厘米（图四〇九：4）。标本T70②B：506，表黄褐色，质坚。足较直，上接豆盘圜底，足径7、足高5厘米（图四〇九：5）。标本T24②B：2，表深灰色，矮圈足外撇，足径10、足高4厘米（图四〇九：6）。标本T6B②B：70，表里砖红色，矮圈足外撇。足径8.2、足高2.8厘米（图四〇九：7）。标本T62②BH60：8，夹细砂，表灰黄色，足径7.4、足高3.2厘米，或可能是盖纽（图四〇九：8）。标本T41②B：508，表灰黄，胎青灰，磨光。足沿甚外撇，上接豆盘底部，该形制与石峡文化二期墓B、C型Ⅱ式陶豆相似，推测为石峡文化遗物。足径12、足高5厘米（图四〇九：9）。标本T64Y1：75，表灰黄，磨光。足径16.5、足高4.5厘米（图四〇九：10）。标本T64Y1：78，表青灰色。矮圈足外撇，上接豆盘圜底。足径12.3、足高4.5厘米（图四〇九：11）。

2.石峡三期中期Ⅱ段陶器

陶器形制和组合有比较大的变化，在文化面貌上，有了一些新的因素。

陶质 泥质陶量比夹砂陶要多；器类增加了凹底罐、高领折肩尊和罐、敛口盂、盘形口罐、捏流宽把圈足壶、绳纹器座等。形制特点：高领，高圈足，器体大型，领部和圈足均见轮制时的凹凸平行纹。流行圈足器、凹底器和圜底器、出土极少量平底器和残袋足器、鼎足器。夹砂器座和泥质陶豆从早期延续到中期。其中捏流宽把壶开始流行。

（1）夹砂陶

器类有陶釜、器座、鼎足、锥状足、袋状足等。

陶釜 圆唇或尖唇，敞口，高领，宽折沿外翻，口沿内外壁均见凹凸平行纹。不分型式。标本T72②B：482，灰黑色。内沿面被修整成多个斜直面，折棱不明显。口径27厘米（图四一〇：1）。标本T4C②B：61，表灰褐色，圆唇，内沿面一周凸棱。口径29厘米（图四一〇：2）。标本T5A②B：17，灰黑胎。圆唇，广肩，表面抹一层薄薄的灰黄色细泥陶衣，多脱落。腹饰细绳纹。口径31

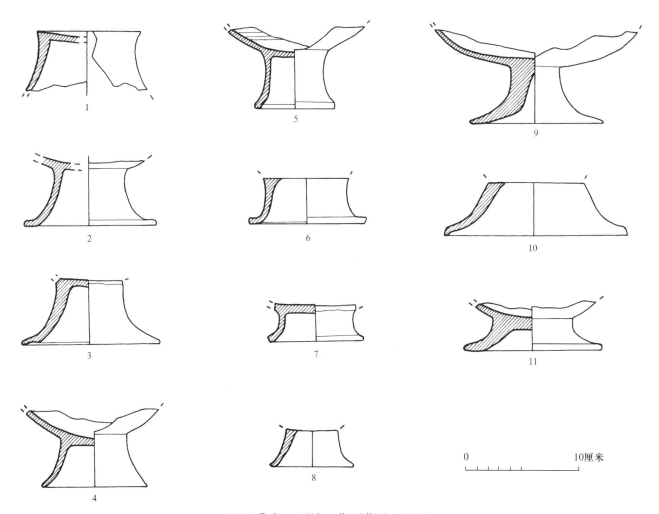

图四〇九　石峡三期早期陶豆圈足

1.豆圈足（T64Y1∶48）　　2.豆圈足（T64Y1∶47）　　3.豆圈足（T64②B∶509）　　4.豆圈足（T94②B∶1）　　5.豆圈
足（T70②B∶506）　6.豆圈足（T24②B∶2）　7.豆圈足（T6B②B∶70）　8.豆圈足（T62②B H60∶8）　9.豆圈足
（T41②B∶508）　　10.豆圈足（T64Y1∶75）　　11.豆圈足（T64Y1∶78）

厘米（图四一〇∶3）。标本T2E②B∶530，胎灰黑色。表抹一层灰黄色细泥陶衣，肩饰细绳纹。圆唇，内沿面一周凸棱。口径24厘米（图四一〇∶4）。标本T4A②B∶18，表灰黄色，内沿面一周凸棱。口径32厘米（图四一〇∶5）。标本T4②B∶535，表灰黑色。内沿面一周凸棱，斜领内弧呈盘口形。口径31厘米（图四一〇∶6）。

鼎足　2件。标本T71②B∶477，表灰黑、灰红色，胎黑色。圆柱状实足，靠腹部饰错叠绳纹，残高12、足径4厘米（图四一〇∶7）。标本T1E②B∶1，表米黄、胎深灰色。圆柱状足，残高10、足径3.4厘米（图四一〇∶8）。

锥状足和袋状足　数量很少，器形特殊。

锥状足　标本T24②B∶1，表灰色软陶夹细砂。上部有一段内空，并可见有连裆部位；下部为圆柱实足。外表饰细绳纹，连裆部位饰方格划纹，颇似陶鬲的足部。顶部残宽7.4、实足径3、残高5厘米（图四一〇∶9）。

　　袋足　袋足内空，底部呈乳突形。为某种陶器的袋足。标本T5A②B：16，青灰色夹砂陶，质较坚致。表饰绳纹。上面残宽8.5、残高4、胎壁厚0.5厘米（图四一〇：10）。标本T3E②B：1，灰褐色夹砂陶。中空，内平整，胎壁较厚。残高4、胎壁厚0.7~1.2厘米（图四一〇：11）。标本T6C②B：6，深灰色细砂陶，上部残，中空底较平，足尖呈乳突状。残宽5.8、残高2.2、胎厚0.5~0.8厘米（图四一〇：12）。

　　器座　陶质中除夹砂陶，还有泥质陶。器身比石峡三期早期修长，器壁比早期薄，素面。同早期器座一起分型式。

　　Aa型

　　Ⅴ式　器身修长，壁薄。标本T6B②B：78，夹砂陶，外表一端灰黑色，一端灰黄色。上端口尖唇，下端口平，稍外撇。上端口径9、下端口径9.2厘米（图四一一：1；图版一八七：2）。标本T99②B：495，制作精细，上端残。孔径4.4、底径11厘米（图四一一：2）。标本T6B②B：79，泥质陶灰黄陶，上、下端口平唇，薄壁。上端口径8.4、下端口径9厘米（图四一一：3；图版一八七：3；彩版三三：4）。标本T2A②B：517，泥质陶，表灰黄，胎青灰。上端残，下端口圆唇。底径11厘米（图四一一：4）。标本T22②B：494，表砖红色，上端残。下端口尖唇外撇。底径10.4厘米（图四一一：5）。标本T6C②B：516，泥质陶，表里灰黄色。下端口平沿内勾，小型，已残。底径8厘米（图四一一：6）。标本T3A②B：16，表灰黄，胎青灰色。束腰，瘦高，下端口平唇外撇，已残。底径10.2厘米（图四一一：7）。标本T58②B：499，砖红色，器形小，制作精细，下端口圆唇外撇，上端渐大，已残。底径7.6厘米（图四一一：8）。

　　Ab型

　　Ⅲ式　标本T5A②B：501，表灰黄色，器身近直，器壁靠下端口加厚，下端口平唇，里面内凹，外面圆形，已残。底径12厘米（图四一一：9）。

　　Ⅳ式　下端口圆唇外撇，里面内凹。标本T5A②B：496，表红褐色。器身已残。底径14厘米（图四一一：10）。标本T2②B：23，表灰褐色。器身上大下小，下端口圆唇外折，器里内凹，已残。底径13.5厘米（图四一一：11）。

　　Ⅴ式　标本T5A②B：500，表灰黄，器身向下内收，下端口圆唇稍外撇，器里内凹，已残。底径9厘米（图四一一：12）。

　　B型　绳纹陶器座，为Ⅱ段新出现的，器身修长，器壁饰绳纹，也有泥质陶。分3式。

　　Ⅰ式　器身稍束腰，器壁薄。标本T6B②B：81，泥质陶，表灰红，胎青灰。上端口平唇，壁薄，下端残。口径12.6厘米（图四一二：1）。标本T6B②B：82，表灰黄色，器壁近直，下端口平唇，已残。底径10.6厘米（图四一二：2）。标本T70②B：513，泥质陶，表红褐色，质较坚致。小型，下端口平唇的中间有一周凹槽，已残。底径8厘米（图四一二：3）。标本T6B②B：80，夹细砂，表灰黄。修长，束腰，薄壁，下端口平唇内勾，已残。底径10.6厘米（图四一二：4；图版一八七：4；彩版三三：5）。

　　Ⅱ式　小型，修长，束腰较甚，下端口平唇稍内敛，孔径小。标本T70②B：514，表灰黄色，器腰特小，内壁有凹凸弦纹，已残。底径8.6厘米（图四一二：5）。标本T71②B：512，泥质陶，

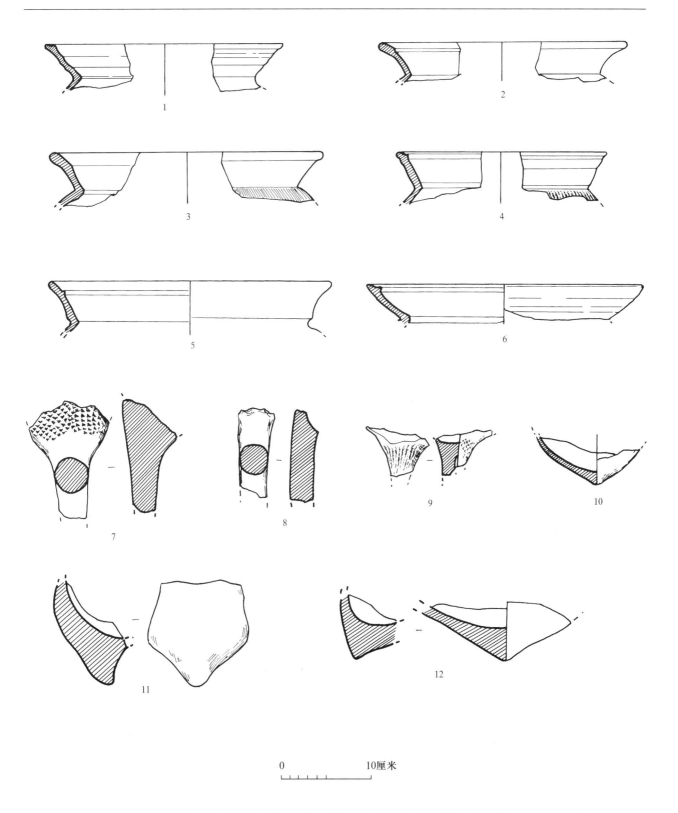

图四一〇　石峡三期中期Ⅱ段陶釜、鼎足、锥形足、袋形足

1.夹砂釜（T72②B：482）　　2.夹砂釜（T4C②B：61）　　3.夹砂釜（T5A②B：17）　　4.夹砂釜（T2E②B：530）　　5.夹砂釜（T4A②B：18）　　6.夹砂釜（T4②B：535）　　7.锥形足（T71②B：477）　　8.锥形足（T1E②B：1）　　9.锥形足（T24②B：1）　　10.袋形足（T5A②B：16）　　11.袋形足（T3E②B：1）　　12.袋形足（T6C②B：6）

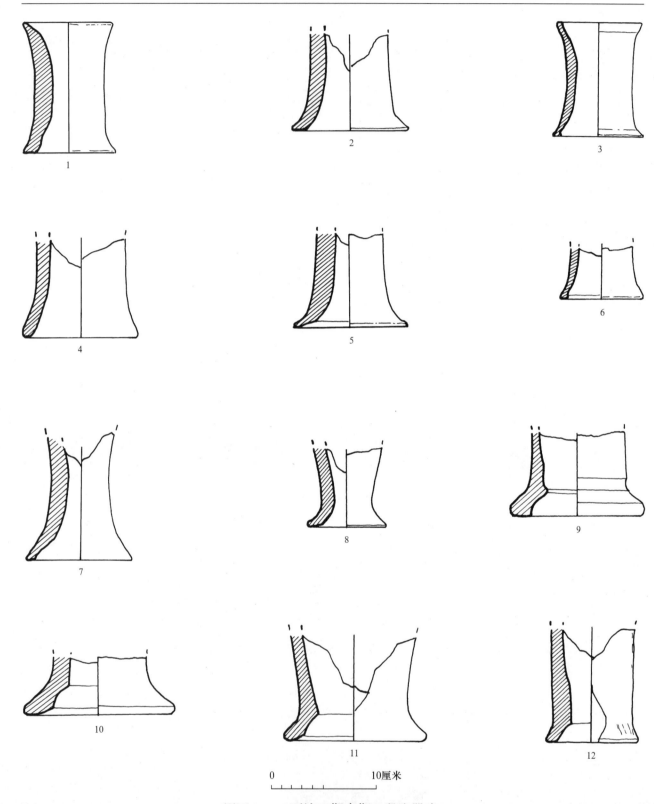

图四一一　石峡三期中期Ⅱ段陶器座

1.Aa型Ⅴ式陶器座（T6B②B：78）　　2.Aa型Ⅴ式陶器座（T99②B：495）　　3.Aa型Ⅴ式陶器座（T6B②B：79）　　4.Aa型Ⅴ式陶器座（T2A②B：517）　　5.Aa型Ⅴ式陶器座（T22②B：494）　　6.Aa型Ⅴ式陶器座（T6C②B：516）　　7.Aa型Ⅴ式陶器座（T3A②B：16）　　8.Aa型Ⅴ式陶器座（T58②B：499）　　9.Ab型Ⅲ式陶器座（T5A②B：501）　　10.Ab型Ⅳ式陶器座（T5A②B：496）　　11.Ab型Ⅳ式陶器座（T2②B：23）　　12.Ab型Ⅴ式陶器座（T5A②B：500）

表灰白，胎青灰，火候高，质地坚硬。已残。底径9厘米（图四一二：6）。

Ⅲ式　器身近直，器壁厚实，孔径小，下端口平唇着地，稍外撇。标本T35②B：498，表灰青色。器壁厚3.8厘米，已残。底径9厘米（图四一二：7）。标本T34②B：502，青灰色陶。孔径2、壁厚3、底径10.4厘米（图四一二：8）。

（2）泥质陶

器类：尊、凹底罐、圈足罐、凹底折肩罐、豆、盘、盂、捏流宽把壶等。其中圈足罐和豆，Ⅰ段已有出土，除D型罐之外，其余A、B、C型罐，形制有较大不同。而尊、凹底罐、盂、有流罐等均为中期Ⅱ段新出现陶器。

尊　圆唇，部分唇面有一周凹槽，大敞口，折沿，高领向外斜，广折肩，弧腹，圜底，下接高圈足。肩、腹饰几何纹，领部和圈足有致密的凹凸平行纹。现拟将高领和圈足残件，均放在一起叙述。不分型式。

尊　标本T29②BH42：10，表灰红、胎青灰色。整体薄胎，制作精细。广折肩，腹缓收成圜平底，下接高圈足。形态均匀美观。颈外有3条凸棱纹，肩、腹拍印规整曲折纹，高圈足上亦有旋纹。口径32.5、肩径44、通高40、足径26厘米（图四一三：1；图版一八八：1；彩版三三：3）。标本T29②BH42：464，橙红色。口径36厘米（图四一三：7；图版一八八：2）。标本T29②BH42：7，表里灰红色，青灰胎。口径32厘米（图四一三：8）。标本T29②BH42：1，外表青灰，磨光，内表

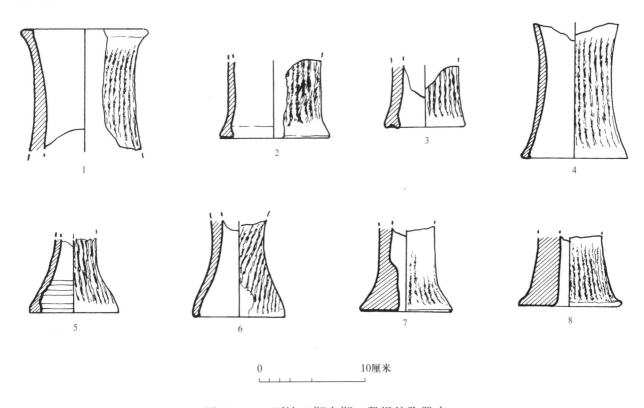

图四一二　石峡三期中期Ⅱ段绳纹陶器座

1.B型Ⅰ式陶器座（T6B②B：81）　2.B型Ⅰ式陶器座（T6B②B：82）　3.B型Ⅰ式陶器座（T70②B：513）　4.B型Ⅰ式陶器座（T6B②B：80）　5.B型Ⅱ式陶器座（T70②B：514）　6.B型Ⅱ式陶器座（T71②B：512）　7.B型Ⅲ式陶器座（T35②B：498）　8.B型Ⅲ式陶器座（T34②B：502）

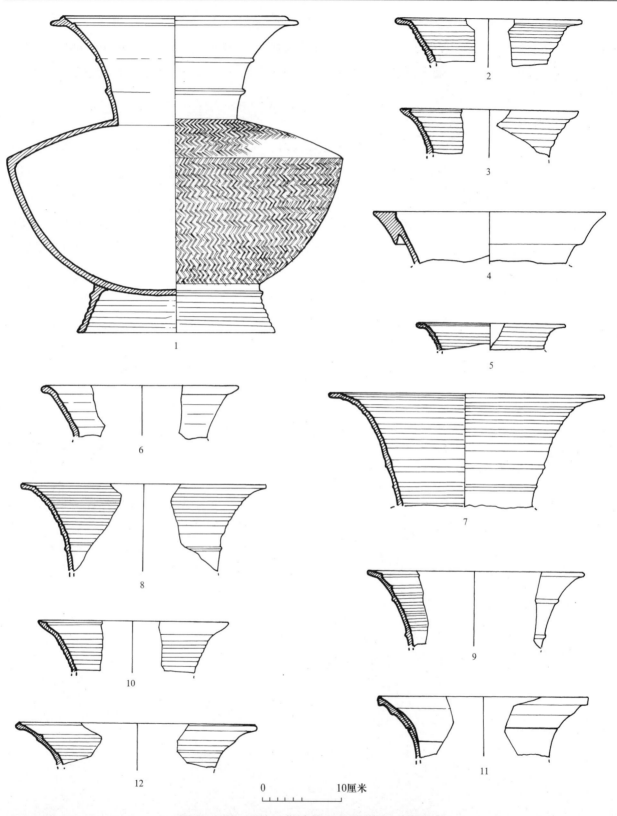

图四一三　石峡三期中期Ⅱ段陶尊和高领残片

1.陶尊（T29②BH42：10）　　2.高领残片（T29②BH42：58）　　3.高领残片（T29②BH42：2）　　4.高领残片（T46②B：14）
5.高领残片（T34②B：449）　　6.高领残片（T34②B：519）　　7.高领残片（T29②BH42：464）　　8.高领残片（T29②BH42：7）
9.高领残片（T29②BH42：1）　　10.高领残片（T29②BH42：11）　　11.高领残片（T4B②B：536）　　12.高领残片（T1H②B：1）

粉红色，胎深灰。口径28厘米（图四一三：9）。标本T29②BH42：58，表灰红，胎青灰。口径24厘米（图四一三：2；图版一八八：3）。标本T29②BH42：11，表皮灰红，胎青灰色。口径25厘米（图四一三：10）。标本T29②BH42：2，表皮内外有一层薄薄的灰红色，胎青灰色。口径23厘米（图四一三：3；图版一八八：3）。标本T46②B：14，表灰黄，胎青灰色。尖唇，平沿向外内斜，有一周沟槽，较少见。口径30厘米（图四一三：4）。标本T34②B：449，表橙黄色，青灰色胎。口颈内外有多道凸棱。口径19厘米（图四一三：5）。标本T34②B：519，表橙黄，青灰色胎。圆唇。宽沿面有多道浅轮旋纹。口径26厘米（图四一三：6）。标本T4B②B：536，表灰黄，背面深灰色。方唇，领外壁有2周凸棱。口径27厘米（图四一三：11）。标本T1H②B：1，表灰白，胎青灰，火候高，应属硬陶。口径31厘米（图四一三：12）。

高圈足　足高，上接圜底。足沿圆形或平折内勾，圈足壁内外有轮制时的凹凸平行纹形成的凸棱。圈足高4.5～6厘米，应是陶尊的圈足。不分型式。

标本T6B②B：48，表里灰红色，薄胎。罐底见有曲折纹。圈足内外轮旋纹明显。足径14、足高6厘米（图四一四：1）。标本T70②B：150，表灰红，胎青灰色。足径14.2、足高4.2厘米（图四一四：2）。标本T6B②B：49，表橙红色，胎青灰色。罐底拍印规整的曲折纹。足径13.3、足高4.4厘米（图四一四：3）。标本T91②B：516，表灰黄色，足内外有旋纹。足径16、足高4.6厘米（图四一四：4）。标本T7C②B：391，表砖红色，陶质较坚。圈足内有6条平行轮旋纹。足径17、足高3.8厘米（图四一四：5）。标本T6B②B：50，青灰色硬陶，罐底拍印曲折纹。足径15、足高4.6厘米（图四一四：6）。标本T3A②B：410，表灰黄色。足内外有旋纹。足径25、高5厘米（图四一四：7）。标本T6B②B：47，表里灰红色。足径19、足高5厘米（图四一四：8）。标本T70②B：390，表灰红，胎青灰色。罐底拍印曲折纹。圈足内外有7条平行细密轮旋纹。制作精细。足径20、足高6厘米（图四一四：9）。标本T3②B：7，表灰色，下腹及底部拍印规整曲折纹。足径24、足高4.8厘米（图四一四：10）。标本T58②B：59，表灰红，罐底拍印复线长方格纹。足径14、足高5厘米（图四一四：11）。标本T29②BH42：62，砖红色。足内、外壁也有细密的平行轮旋纹。足径15.4、足高6.4厘米（图四一四：12）。

陶罐　有圜底罐、凹底罐、敞口折肩罐、小口直领罐和折沿、盘形口罐、大口折肩罐。陶罐中多数仅存口沿和圈足。先将完整器简述如下。

高领圜底罐　标本T6B②B：Ⅱ段红烧土：25，橙黄色，薄胎。口部烧制时已变形，似有流口。腹部至底拍满4～6条为Ⅰ段的复线方格纹。敞口，折沿，高领外斜有凹凸旋纹，溜肩，扁圆腹，圜底。口径29.6～31、通高24.6、沿宽6厘米（图四一五；图版一八九：1）。

凹底罐　敞口，折沿，折肩或广肩，扁圆腹，凹底。分三型。

A型　标本T29②BH42：3，橙黄色。圆唇，折沿外翻，沿内面一周凹槽，束颈，溜肩，扁圆腹，凹底。通体拍印粗疏曲折纹。口径17.8、腹径21、高13厘米（图四一六：1；图版一八九：2；彩版三四：2）。

B型　均残，尖唇，侈口，广肩，大鼓腹，凹底。标本T29②BH42：4，橙黄色。拍印规整曲折纹。口径18.6厘米（图四一六：2）。标本T29②BH42：406、407，灰红色，为凹底罐凹底部分。拍

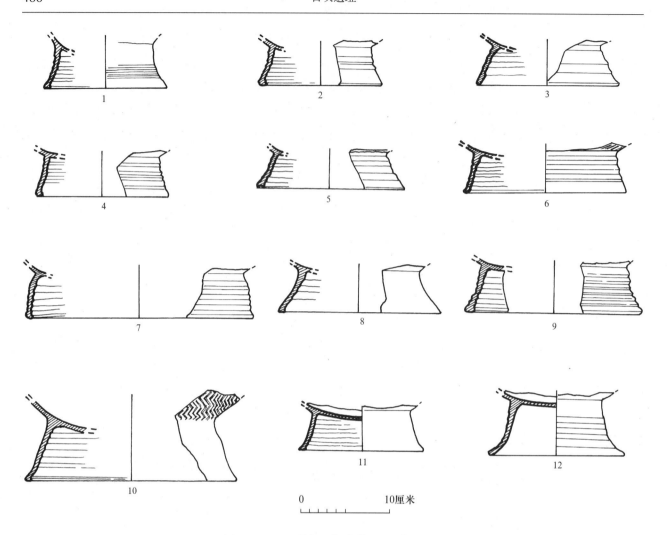

图四一四　石峡三期中期Ⅱ段高圈足

1.高圈足（T6B②B：48）　2.高圈足（T70②B：150）　3.高圈足（T6B②B：49）　4.高圈足（T91②B：516）　5.高圈足（T7C②B：391）　6.高圈足（T6B②B：50）　7.高圈足（T3A②B：410）　8.高圈足（T6B②B：47）　9.高圈足（T70②B：390）　10.高圈足（T3②B：7）　11.高圈足（T58②B：59）　12.高圈足（T29②BH42：62）

印规整曲折纹，底径17、14.4厘米（图四一六：3、4）。标本T6B②B：61，表里青灰色软陶。凹底拍印的似勾连云雷纹（图四一六：6；图版一八九：3）。标本T7C②B：450，表红褐色软陶。凹底拍印复线长方格纹（图四一六：7）。

　　C型　标本T29②BH42：444，表灰黄色。最大径在下腹。肩、腹拍印曲折纹和双线菱格纹（图四一六：5）。

　　小口高领罐　圆唇或方唇，侈口，折沿，高领近直，领的内外壁有凹凸弦纹，广肩，扁圆腹，器底残。器身拍印规整曲折纹。现将残口沿一并描述。标本T29②BH42：44，灰红色。圆唇，侈口，高领近直，广肩，扁圆腹。领内外均有细密的轮旋纹，腹、底拍印规整的曲折纹。口径18、腹径30厘米（图四一七：1）。标本T29②BH42：38，表青灰陶，胎质坚致。口沿残，领内外有致密的凹凸弦纹，肩部拍印规整曲折纹。广肩，残口径18厘米（图四一七：2）。标本T6B②B：43，表青灰，质坚致。宽沿。口径19厘米（图四一七：3）。标本T71②B：76，表灰色，胎

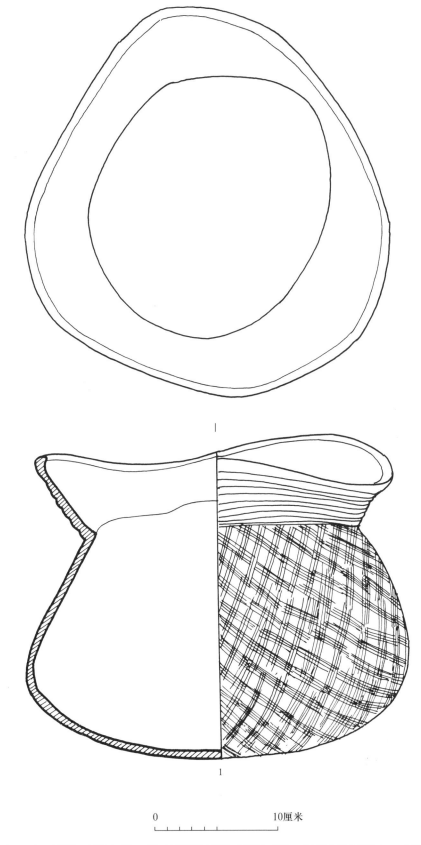

0　　　　　　　10厘米

图四一五　石峡三期中期Ⅱ段高领圜底罐（T6B②B：Ⅱ段2组红烧土：25）

青灰，质坚致。颈部内面有多道轮旋纹，肩部拍印曲折纹。方唇，宽沿，口径18.6厘米（图四一七：
4）。标本T29②BH42：35，青灰陶。方唇外翻，领部内外有致密轮旋纹，肩部拍印规整曲折纹。口径
22厘米（图四一七：5）。标本T5D②B：8，表灰红，胎深灰。圆唇沿外翻，领近直。口径15厘米（图
四一七：6）。标本T70②B：452，表灰红，胎深灰色。口沿面内凹。口径20厘米（图四一七：7）。
标本T7C②B：3，表灰色。小型薄胎。颈内面有多道轮旋纹。肩部拍印复线长方格纹。口径

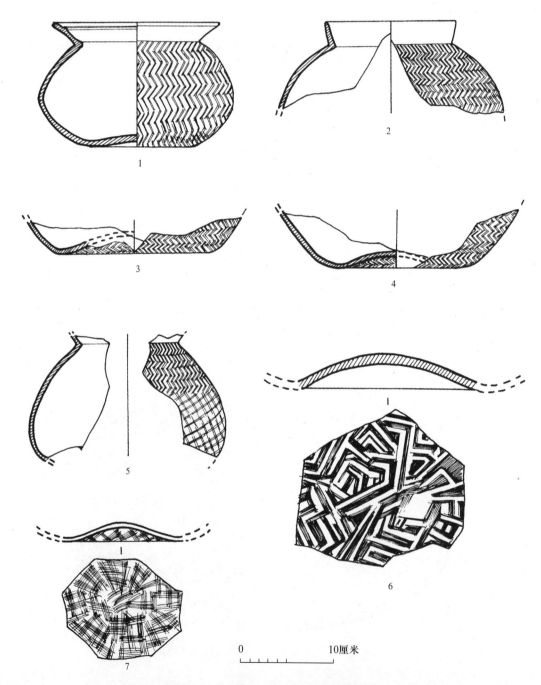

0　　　　　　　　10厘米

图四一六　石峡三期中期Ⅱ段凹底罐

1.A型凹底罐（T29②BH42：3）　2.B型凹底罐（T29②BH42：4）　3．B型凹底罐（T29②BH42：406）　4.B型凹底罐
（T29②BH42：407）　5.C型凹底罐（T29②BH42：444）　6.B型凹底罐（T6B②B：61）　7.B型凹底罐（T7C②B：450）

10.5厘米（图四一七：8）。

　　陶罐口沿　大型为主，多见残留的口沿，形制特点为敞口，宽折沿，高领外翻，器身均拍印几何纹。依据口沿形制特点，分为七型。

　　A型　尖唇或唇沿有一道凹槽，宽折沿，敞口，领部外斜，口沿内外有凸棱，广肩，肩部拍印几

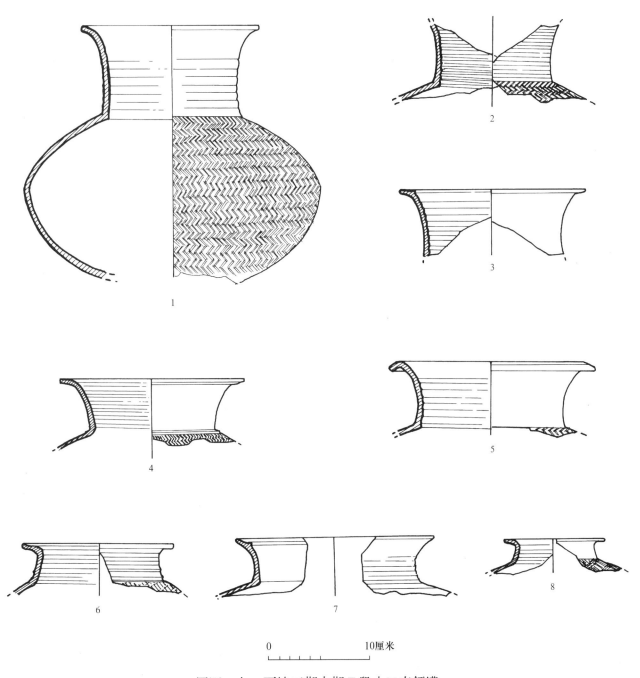

图四一七　石峡三期中期Ⅱ段小口直领罐

1.敞口折肩罐（T29②BH42：44）　　2.敞口折肩罐（T29②BH42：38）　　3.敞口折肩罐（T6B②B：43）　　4.敞口折肩罐（T71②B：76）　　5.敞口折肩罐（T29②BH42：35）　　6.敞口折肩罐（T5D②B：8）　　7.敞口折肩罐（T70②B：452）　　8.小口直领罐（T7C②B：3）

何纹。分3式。

Ⅰ式　领部外壁无凸棱。标本T40②B：487，表灰黄色。口沿内面微凹，广肩，肩部拍印规整曲折纹。口径22厘米（图四一八：1）。标本T91②B：189，表橙黄色，薄胎。腹拍印双线长方格纹。口径22厘米（图四一八：2）。标本T72②B：456，表里灰黄色，薄胎。宽沿，腹拍三线长方格纹。残口径256厘米（图四一八：3）。标本T2②B：21，表橙红，胎青灰色。肩拍印规整曲折纹，内沿面一周内凹。口径21.8厘米（图四一八：4）。标本T29②BH42：20，表橙黄色，肩拍印规整曲折纹。口径23厘米（图四一八：5；图版一九〇：2）。

Ⅱ式　领外斜，外壁有1～2道凸棱。标本T4A②B：19，胎灰黑色。圆唇。内沿面微凹，广肩。表抹一层灰黄色泥浆，颈下施细条纹，肩部拍印规整的曲折纹。口径27厘米（图四一八：7）。标本T29②BH42：24，灰红色。肩拍印曲折纹。口径18.5厘米（图四一八：8）。标本T29②BH42：21，表灰红色。肩拍印曲折纹。口径22厘米（图四一八：9；图版一九〇：3）。标本T4A②B：6，表灰黄色。薄胎，颈下饰细斜条纹，肩部拍印规整曲折纹。口径30厘米（图四一八：10）。

Ⅲ式　标本T29②BH42：23，表灰黄色。宽折沿外翻较甚，肩拍印规整曲折纹。口径32厘米（图四一八：6；图版一九〇：1）。

B型　尖唇或方唇，高领外斜，内外有精细的凹凸弦纹，领内面微凹，宽折沿，广肩，肩部拍印几何纹，其领不如尊领高，推测是高领罐的口沿。多数残器在T29②BH42中出土，分2式。

Ⅰ式　尖唇或方唇，敞口，折沿广肩。标本T96②B：69，表橙红色。肩部拍印复线长方格纹。口径20厘米（图四一九：1）。标本T29②BH42：442，表灰色，胎青灰。肩拍印规整曲折纹。口径22厘米（图四一九：2）。标本T70②B：424，表黄褐，胎青灰色。肩拍印曲折纹。口径22厘米（图四一九：3）。标本T29②BH42：13，表灰色，胎青灰，口沿已残，高领内面凹弧，肩部拍印曲折纹。残口径30厘米（图四一九：4）。标本T72②B：420，灰褐陶。肩部拍印复线方格纹。口径24厘米（图四一九：5）。标本T7C②B：445，表橙红、青灰间杂，胎青灰。肩拍印长方格纹。口径31厘米（图四一九：6）。标本T29②BH42：5，橙黄色。肩部拍印曲折纹。口径30.6厘米（图四一九：7）。标本T47②B：409，表黄褐色。肩拍印复线长方格纹。口径18厘米（图四一九：8）。标本T29②BH42：437，表橙红色，胎青灰色。口径27厘米（图四一九：9）。标本T29②BH42：18，表橙黄色。肩拍印曲折纹。口径32厘米（图四二〇：1）。标本T37②B：427，表黄褐色。口沿略残。肩拍复线长方格纹，口径14厘米（图四二〇：2）。标本T29②BH42：6，灰红色。腹部拍规整曲折纹。口径23厘米（图四二〇：3）。

Ⅱ式　同Ⅰ式不同之处，颈部有1～2周凸棱。标本T34②B：490，夹细砂，表红褐、胎深灰。肩部拍印菱格纹。残口径24厘米（图四二〇：4）。标本T93②B：132，表里灰黄色，夹细砂。肩部拍印重圈纹。残口径30厘米（图四二〇：5）。

C型　圆唇，折沿外撇或圆唇外折，领部没有A、B型高，束颈，广肩，肩拍印几何纹。分4式。

Ⅰ式　圆唇或方唇，大敞口，折沿外翻，领部内外有凸凹平行纹。标本T58②B：453，表橙红色。内沿面有数道轮旋纹。肩拍印复线长方格纹。口径25厘米（图四二一：1）。标本T70②B：364，表橙红，胎青灰色。肩饰规整曲折与复线长方格组合纹。口径22厘米（图四二一：2）。标本T70②

B：425，表灰红，胎青灰色。肩部拍规整曲折纹。口径23厘米（图四二一：3）。标本T70②B：451，表灰黄色，薄胎。肩拍印规整曲折纹。口径23厘米（图四二一：4）。标本T2H②B：54，表橙红、胎青灰色。内沿面有多条轮旋纹道。肩拍印规整曲折纹。口径30厘米（图四二一：5）。标本T70②B：435，

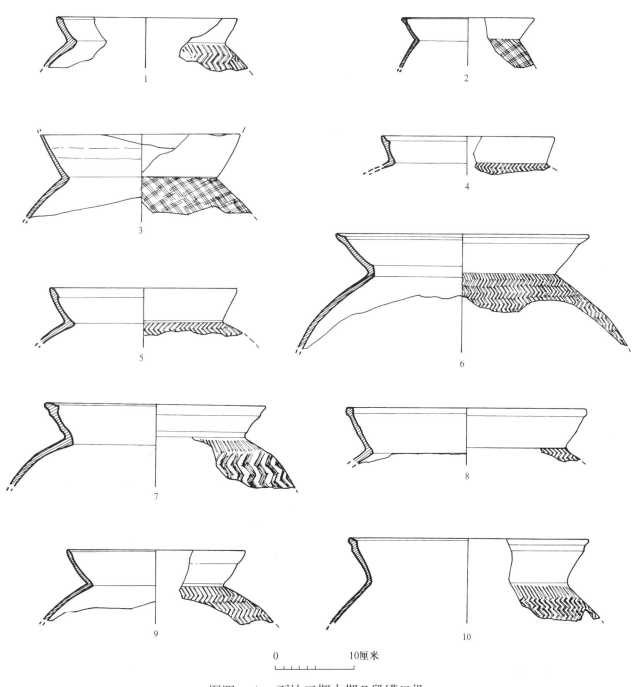

0　　　　　10厘米

图四一八　石峡三期中期Ⅱ段罐口沿

1.A型Ⅰ式罐口沿（T40②B：487）　　2.A型Ⅰ式罐口沿（T91②B：189）　　3.A型Ⅰ式罐口沿（T72②B：456）　　4.A型Ⅰ式罐口沿（T2②B：21）　　5.A型Ⅰ式罐口沿（T29②BH42：20）　　6.A型Ⅲ式罐口沿（T29②BH42：23）　　7.A型Ⅱ式罐口沿（T4A②B：19）　　8.A型Ⅱ式罐口沿（T29②BH42：24）　　9.A型Ⅱ式罐口沿（T29②BH42：21）　　10.A型Ⅱ式罐口沿（T4A②B：6）

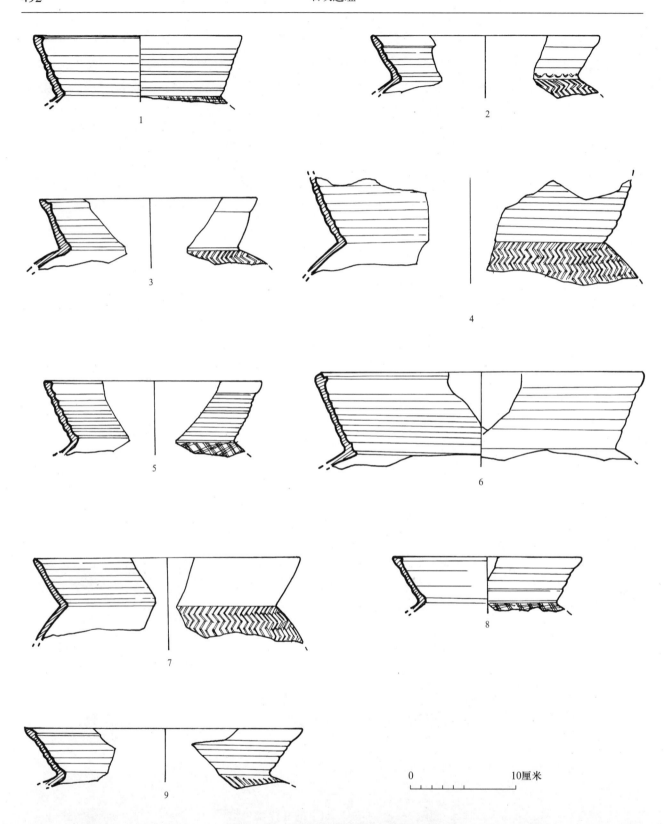

图四一九　石峡三期中期Ⅱ段罐口沿

1.B型Ⅰ式罐口沿（T96②B：69）　　2.B型Ⅰ式罐口沿（T29②BH42：442）　　3.B型Ⅰ式罐口沿（T70②B：424）　　4.B型Ⅰ式罐口沿（T29②BH42：13）　　5.B型Ⅰ式罐口沿（T72②B：420）　　6.B型Ⅰ式罐口沿（T7C②B：445）　　7.B型Ⅰ式罐口沿（T29②BH42：5）　　8.B型Ⅰ式罐口沿（T47②B：409）　　9.B型Ⅰ式罐口沿（T29②BH42：437）

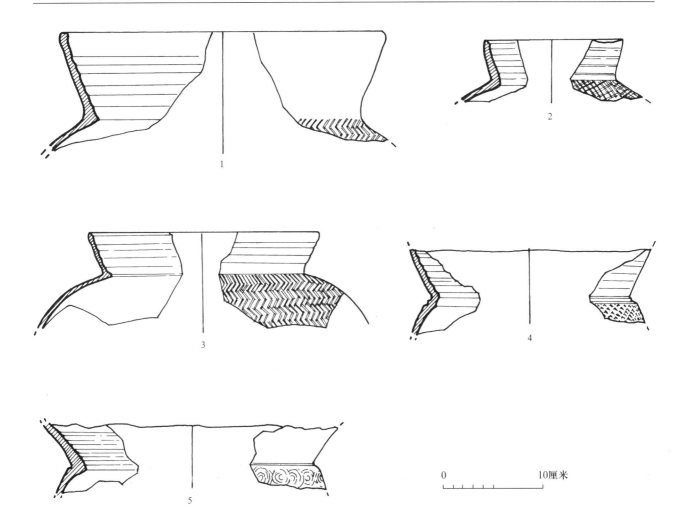

图四二〇　石峡三期中期Ⅱ段罐口沿

1.B型Ⅰ式罐口沿（T29②BH42：18）　2.B型Ⅰ式罐口沿（T37②B：427）　3.B型Ⅰ式罐口沿（T29②BH42：6）　4.B型Ⅱ式罐口沿（T34②B：490）　5.B型Ⅱ式罐口沿（T93②B：132）

表灰褐色。内沿面有多条轮旋纹道。肩拍印规整曲折纹。口径26厘米（图四二一：6）。标本T29②BH42：10，灰褐色，肩拍印双线菱格纹。口径20厘米（图四二一：7）。

　　Ⅱ式　圆唇，唇面有一道不明显凹槽，折沿，领部比Ⅰ式更外斜。标本T6B②B：58，表灰红色。肩拍印复线长方格纹。口径36厘米（图四二一：8）。标本T6B②B：59，表灰黄色。肩部拍印复线长方格纹。口径32厘米（图四二一：9）。标本T6B②B：57，表灰黄，胎青灰。肩部拍印曲折纹。口径25厘米（图四二一：10）。标本T47②B：1，青灰色陶。肩拍印规整曲折纹。口径16厘米（图四二一：11）。

　　Ⅲ式　圆唇特厚且外翻，沿面有一周凸棱。标本T2②B：20，表灰褐色。小型。肩拍印细长方格纹。口径16厘米（图四二一：12）。标本T47②BH41：60，表里青灰色。口径26.6厘米（图四二一：13）。标本T21②B：51，表橙黄色。肩部拍印曲折纹。口径28厘米（图四二一：14）。标本T73②B：58，表橙黄色，肩部拍印复线长方格纹。口径29.6厘米（图四二一：15）。

Ⅳ式　标本T70②B：65，表灰黄色。圆唇外折，宽平沿，高领稍外斜，肩残。宽平沿3.4、口径29厘米（图四二一：16）。

D型　折沿外斜，领较矮，束颈，广肩，肩部拍印几何纹。器体较小型。分5式。

Ⅰ式　圆唇，折沿。标本T3②B：9，表红褐，胎青灰。质坚致。敞口鼓腹，肩饰条纹（篮纹），较少见。口径15.5厘米（图四二二：1）。标本T2H②B：434，表灰黄色。领内沿稍凹。肩部拍印单线长方格纹。口径14厘米（图四二二：2）。标本T36②B：347，表灰红，胎青灰色。肩部拍印方格纹。口径11厘米（图四二二：3）。

Ⅱ式　折沿角度比Ⅰ式大，口沿内外有一周不明显凸棱。标本T20②BH50：356，表砖红、胎青灰。肩部拍印双线长方格纹。口径14厘米（图四二二：4）。标本T72②B：10，表砖红，胎青灰。肩部拍印细方格纹。口径12厘米（图四二二：5）。标本T6B②B：51，青灰胎表。肩部拍印复线长方格纹。口径14厘米（图四二二：6）。标本T6B②B：52，青灰色硬陶。肩部拍印长方格纹。口径13厘米（图四二二：7）。标本T71②B：67，橙红色陶。肩部拍印曲折纹。内沿面稍内凹。口径15.4厘米（图四二二：8）。标本T4D②B：62，橙红色陶。肩部拍印曲折纹。口径21厘米（图四二二：9）。

Ⅲ式　圆唇或方唇，内沿外弧或斜平。领比Ⅱ式高。标本T5A②B：72，表灰黄色。肩素面。口径15厘米（图四二二：10）。

Ⅳ式　圆唇，内沿面有一斜面，领内外有凸棱。标本T33②B：1，表灰红，胎青灰色。肩部拍印长方格纹。口径17厘米（图四二二：11）。标本T40②B：526，表灰色。肩部拍印条纹。口径12厘米（图四二二：12）。标本T70②B：479，灰红色陶。圆唇内面稍内凹。肩部素面。口径12厘米（图四二二：13）。标本T70②B：50，表灰红、胎青灰色。肩部拍印复线长方格纹。口径25厘米（图四二三：1）。

Ⅴ式　圆唇，卷沿，领部呈束腰形，广肩。标本T5D②B：66，表里橙红色。肩拍印复线长方格纹。口径11厘米（图四二三：2）。标本T5D②B：9，表里青灰色。质较坚。肩部拍印规整曲折纹。口径17.4厘米（图四二三：3）。

E型　圆唇，卷沿，颈和肩之间有1～2周凹槽，形似小折肩。分2式。

Ⅰ式　标本T29②BH42：34，表灰色。圆唇，颈肩之间一周凹槽。肩部拍印曲折纹。口径16厘米（图四二三：4；图版一九〇：5）。

Ⅱ式　口沿已残。颈与肩之间有2道凹槽。标本T7C②B：5，表砖红，胎青灰。腹部饰细绳纹。残口径14.4厘米（图四二三：5）。标本T3A②B：15，表砖红色。腹部拍印复残长方格纹。残口径11.4厘米（图四二三：6）。

F型　标本T7C②B：317，青灰色硬陶。尖唇外折，卷沿，折肩，肩腹拍印细方格纹。口径9.2厘米（图四二三：7）。

G型　标本T5A②B：443，灰黄色。尖唇，窄折沿，沿外壁一周凸棱，垂肩。肩腹部拍印复线长方格纹。口径19厘米（图四二三：8）。

盘形口罐口沿　石峡三期中期Ⅱ段时，数量大增，主要特点：敞口，唇部稍内敛，领部外壁呈弧形至器颈，内壁凹弧呈盘口形，束颈，折沿，广肩。多数肩部拍印几何纹，口沿和领部内外有凹

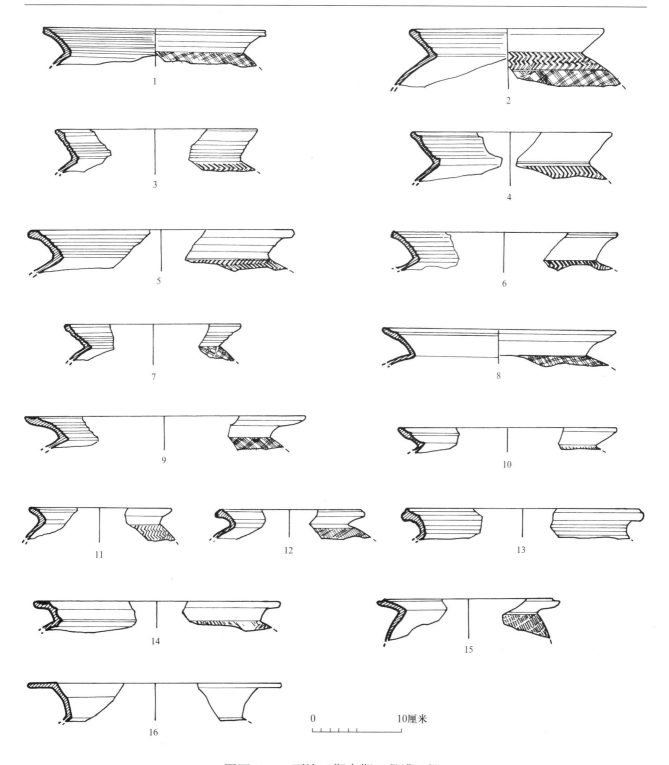

图四二一　石峡三期中期Ⅱ段罐口沿

1. C型Ⅰ式罐口沿（T58②B：453）　　2. C型Ⅰ式罐口沿（T70②B：364）　　3. C型Ⅰ式罐口沿（T70②B：425）　　4. C型Ⅰ式罐口沿（T70②B：451）　　5. C型Ⅰ式罐口沿（T2H②B：54）　　6. C型Ⅰ式罐口沿（T70②B：435）　　7. C型Ⅰ式罐口沿（T29②BH42：10）　　8. C型Ⅱ式罐口沿（T6B②B：58）　　9. C型Ⅱ式罐口沿（T6B②B：59）　　10. C型Ⅱ式罐口沿（T6B②B：57）　　11. C型Ⅱ式罐口沿（T47②B：1）　　12. C型Ⅲ式罐口沿（T2②B：20）　　13. C型Ⅲ式罐口沿（T47②BH41：60）　　14. C型Ⅲ式罐口沿（T21②B：51）　　15. C型Ⅲ式罐口沿（T73②B：58）　　16. C型Ⅳ式罐口沿（T70②B：65）

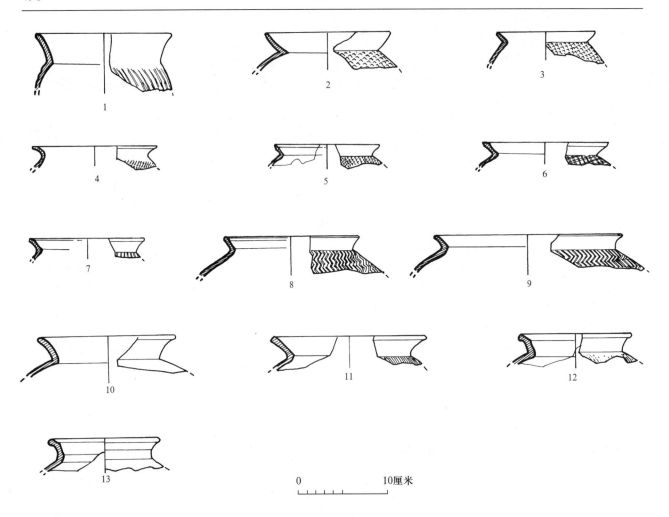

图四二二　石峡三期中期Ⅱ段罐口沿

1.D型Ⅰ式罐口沿（T3②B：9）　2.D型Ⅰ式罐口沿（T2H②B：434）　3.D型Ⅰ式罐口沿（T36②B：347）　4.D型Ⅱ式罐口沿（T20②BH50：356）　5.D型Ⅱ式罐口沿（T72②B：10）　6.D型Ⅱ式罐口沿（T6B②B：51）　7.D型Ⅱ式罐口沿（T6B②B：52）　8.D型Ⅱ式罐口沿（T71②B：67）　9.D型Ⅱ式罐口沿（T4D②B：62）　10.D型Ⅲ式罐口沿（T5A②B：72）　11.D型Ⅳ式罐口沿（T33②B：1）　12.D型Ⅳ式罐口沿（T40②B：526）　13.D型Ⅳ式罐口沿（T70②B：479）

凸平行纹。分三型。

　A型　尖唇或圆唇，唇部稍内敛，口沿内有一周凸棱，领部内外有一周至数周凹凸平行纹。分4式。

　Ⅰ式　圆唇或尖唇，口沿内有一周凸棱，领外壁光滑。标本T72②B：339，表灰黄色。肩部拍印复线长方格纹。口径18厘米（图四二四：1）。标本T7C②B：4，表灰红，胎胭脂红色。肩饰细绳纹，较罕见。口径16厘米（图四二四：2）。标本T29②BH42：19，表灰红色，胎青灰。口沿内面有一周凸棱。肩部拍印曲折纹。口径18厘米（图四二四：3）。

　Ⅱ式　尖唇，唇面有一周凹痕，与领部内壁之间形成一周凸棱，口沿内和领部有2～6周平行纹。标本T6B②B：53，表灰红色，胎青灰色。唇面有一周凹痕。内沿面有密集旋纹，肩部拍印双线方格纹。口径20厘米（图四二四：4）。标本T6B②B：54，表灰白色。质较坚致。肩部拍印曲折纹。口径18厘米（图四二四：5）。标本T29②BH42：45，表灰褐色。尖唇内一周凹痕，领内壁有7

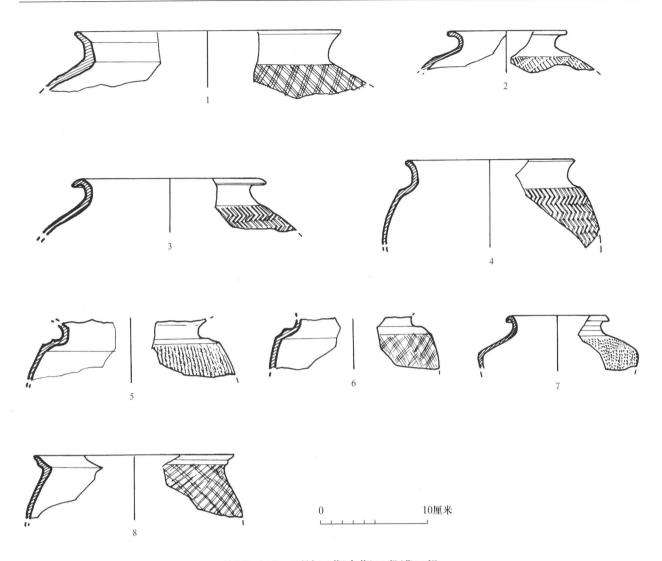

图四二三　石峡三期中期Ⅱ段罐口沿

1.D型Ⅳ式罐口沿（T70②B：50）　2.D型Ⅴ式罐口沿（T5D②B：66）　3.D型Ⅴ式罐口沿（T5D②B：9）　4.E型Ⅰ
式罐口沿（T29②BH42：34）　5.E型Ⅱ式罐口沿（T7C②B：5）　6.E型Ⅱ式罐口沿（T3A②B：15）　7.F型罐口沿
（T7C②B：317）　8.G型罐口沿（T5A②B：443）

周平行纹。肩部拍印曲折纹。口径26厘米（图四二四：6）。标本T6C②B：482，表红褐，胎灰黑。尖唇。内沿面微凹。肩部素面。口径17厘米（图四二四：7）。标本T2②B：9，表橙黄，胎灰白色。内沿面和颈部有多条轮旋纹。肩部拍印复线长方格纹。口径13.6厘米（图四二四：8）。

Ⅲ式　与Ⅰ、Ⅱ式不同之处，为圆唇稍内敛，内沿面下凹，勾唇。标本T7C②B：440，表青灰色。肩部拍印线条极细的复线长方格纹。口径20厘米（图四二四：9）。标本T29②BH42：27，表灰红，胎深灰。肩部拍印曲折纹。口径30厘米（图四二四：10）。标本T1E②B：53，表灰黄，胎青灰。肩拍印曲折纹。口径18厘米（图四二四：11）。标本T5B②B：52，表橙黄，胎青灰色。肩部拍复线长方格纹。口径26厘米（图四二四：12）。

Ⅳ式　标本T5A②B：460，表黄褐，胎青灰色。圆唇，领部外壁双层内凹，之间一周凸棱。肩部素面。口径32厘米（图四二四：13）。

　　B型　圆唇较长，内沿面下凹，勾唇，宽沿，领内壁呈内弧形，唇与领之间一周凸棱。分2式。

　　Ⅰ式　圆唇较长，唇面内凹，勾唇。标本T45②B：1，表里灰褐。肩部拍印纹饰已不清楚。口径31.6厘米（图四二五：1）。标本T5D②B：56，表灰黄色。肩部拍印曲折纹。口径30厘米（图四二五：2）。

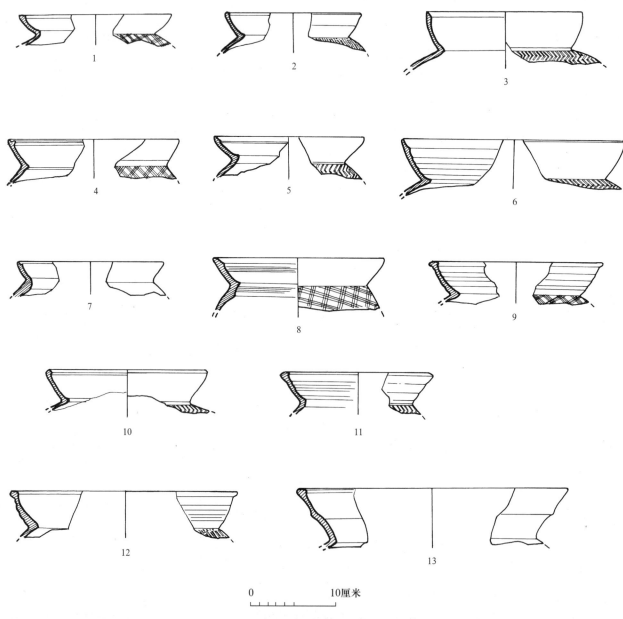

0　　　　　　10厘米

图四二四　石峡三期中期Ⅱ段盘形口罐口沿

1.A型Ⅰ式盘形口罐口沿（T72②B：339）　2.A型Ⅰ式盘形口罐口沿（T7C②B：4）　3.A型Ⅰ式盘形口罐口沿（T29②BH42：19）　4.A型Ⅱ式盘形口罐口沿（T6B②B：53）　5.A型Ⅱ式盘形口罐口沿（T6B②B：54）　6.A型Ⅱ式盘形口罐口沿（T29②BH42：45）　7.A型Ⅱ式盘形口罐口沿（T6C②B：482）　8.A型Ⅱ式盘形口罐口沿（T2②B：9）　9.A型Ⅲ式盘形口罐口沿（T7C②B：440）　10.A型Ⅲ式盘形口罐口沿（T29②BH42：27）　11.A型Ⅲ式盘形口罐口沿（T1E②B：53）　12.A型Ⅲ式盘形口罐口沿（T5B②B：52）　13.A型Ⅳ式盘形口罐口沿（T5A②B：460）

Ⅱ式 圆唇比Ⅰ式要短，唇面有一周凹槽形成勾唇，领壁斜弧。标本T25②B：429，表黄褐色。肩部饰绳纹。口径29.4厘米（图四二五：3）。标本T29②B H42：22，表灰红色，灰色胎。肩拍印规整曲折纹。口径30厘米（图四二五：4；图版一九〇：4）。

C型 圆唇，唇沿稍内敛，卷沿，领部不如A、B型斜外翻，领外壁两层弧形向内，内壁弧形，束颈，广肩。分2式。

Ⅰ式 圆唇，口沿有一周凸棱。标本T4B②B：22，表橙黄，胎橙红。肩部素面。口径33厘米（图四二五：5）。标本T6B②B：55，表灰黄色。肩部素面。口径32厘米（图四二五：6）。

Ⅱ式 标本T5A②B：17，表橙色，胎灰黄色，方唇，侈口，卷沿，领下斜至颈部急收。肩部素面。口径36厘米（图四二五：7）。

陶罐圈足 出土数量很多，形式多样，其形制特点：圈足高度比石峡三期早期（下同）要高；足壁要厚，可能同中期陶罐的器体大有关；足呈喇叭形，足沿有1周或几周凸棱，风格与口沿一致。给人更坚实有力的感觉。分二型。

A型 足沿外撇或向下着地，有1周或3周凸棱，上接罐圆底。分四个亚型。

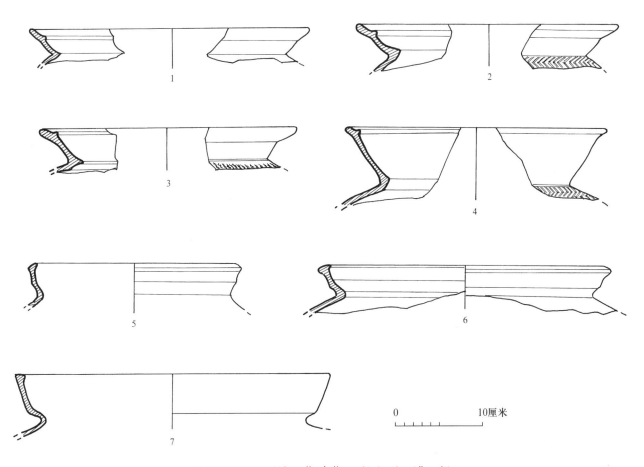

图四二五 石峡三期中期Ⅱ段盘形口罐口沿

1.B型Ⅰ式盘形口罐口沿（T45②B：1） 2.B型Ⅰ式盘形口罐口沿（T5D②B：56） 3.B型Ⅱ式盘形口罐口沿（T25②B：429） 4.B型Ⅱ式盘形口罐口沿（T29②B H42：22） 5.C型Ⅰ式盘形口罐口沿（T4B②B：22） 6.C型Ⅰ式盘形口罐口沿（T6B②B：55） 7.C型Ⅱ式盘形口罐口沿（T5A②B：17）

Aa型　足沿外撇，壁较薄。分4式。

Ⅰ式　标本T29②BH42：8，表灰色，质坚硬。圈足矮，上接曲折纹罐圜底。足径10、足高5厘米（图四二六：1）。

Ⅱ式　圈足比Ⅰ式要高，足沿外撇，圈足壁外斜。标本T29②BH42：63，圈足底外撇，上接圜底罐。表灰红，胎深灰色。腹底部亦有曲折纹，足内壁一周凸棱。足径12.5、足高3.5厘米（图四二六：2）。标本T1B②B：2，表有一层薄薄的细泥陶衣，胎深灰色，夹粗砂粒。足径15、足高2.8厘米（图四二六：3）。标本T3A②B：14，表橙黄色。罐腹及底面拍印复线长方格纹。足径16、足高2.2厘米（图四二六：4）。

Ⅲ式　足壁外弧，有一周凸棱，足沿着地。标本T72②B：297，表黄褐色，质较松软。足径20、足高4厘米（图四二六：5）。标本T99②B：396，表黄褐色，胎质较松软。足径17.5、足高4.2厘米（图四二六：6）。

Ⅳ式　标本T4A②B：65，足沿外撇似喇叭形，外壁一周凸棱。表灰黑，胎黑色。足径14、足高5厘米（图四二六：7）。

Ab型　足壁厚，呈亚腰形，足沿外翻或水平着地，足沿外壁有1周或2周凸棱，形似二层台。上接陶罐圜底。分3式。

Ⅰ式　圈足沿厚壁平着地，矮圈足外壁一周弧形足沿，足壁为束腰形。标本T5A②B：18，表灰黄色。足径11.5、足高1.4厘米（图四二六：8）。标本T6B②B：44，表灰黄色。罐底面有曲折纹。足径23、足高1.2厘米（图四二六：9）。标本T3B②B：53，表灰黄色。薄胎。足径15、足高1.5厘米（图四二六：10）。

Ⅱ式　足壁比Ⅰ式要厚，足沿外壁的弧形沿比Ⅰ式要高，足沿内壁弧形，一周凸棱。标本T3A②B：54，表里灰黑色。足径15、足高2.4厘米（图四二六：11）。标本T5A②B：19，表面有灰黄色陶衣，胎黑色。足径18、足高3厘米（图四二六：12）。标本T4C②B：6，表青灰色、灰黄色间杂，陶质较坚。足径13.6、足高1.8厘米（图四二六：13）。标本T5B②B：10，表有一层红褐色陶衣，胎灰黑。足径19、足高2.6厘米（图四二六：14）。

Ⅲ式　足沿呈圆形外撇，口沿外壁为厚的圆弧形，内沿有凸棱。标本T4B②B：21，表面有灰黄色陶衣，胎黑色。足径14、足高3厘米（图四二七：1）。标本T65②B：389，表灰黄，磨光，胎深灰色。圈足稍高。足径18、足高3.4厘米（图四二七：2）。

Ac型　足沿外翻，足尖上翘。外壁有几层凸棱。分3式。

Ⅰ式　标本T91②B：518，表橙黄色，胎青灰色。足尖上翘，足沿外一周凸棱。足径23.6、足高3厘米（图四二七：3）。

Ⅱ式　足沿外翻，足壁和足沿有2周凸棱。标本T2②B：380，表灰褐色，薄胎。足径20、足高4.5厘米（图四二七：4）。

Ⅲ式　足外壁有1~2周束腰和凸棱。标本T4A②B：22，罐底拍印细方格纹。足径16、足高3厘米（图四二七：5）。标本T4②B：395，表灰黄色，有细砂。足有2周凸棱，内沿1周凸棱。足径28、足高4.4厘米（图四二七：6）。标本T84②B：33，表灰黄，胎青灰色。足壁束腰，有3周凸棱。圈足

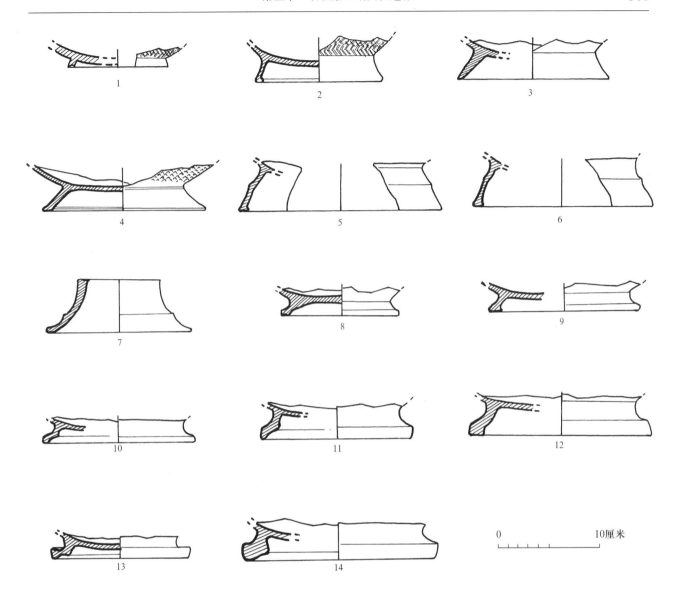

图四二六　石峡三期中期Ⅱ段罐圈足

1.Aa型Ⅰ式罐圈足（T29②BH42：8）　　2.Aa型Ⅱ式罐圈足（T29②BH42：63）　3.Aa型Ⅱ式罐圈足（T1B②B：2）
4.Aa型Ⅱ式罐圈足（T3A②B：14）　　5.Aa型Ⅲ式罐圈足（T72②B：297）　　6.Aa型Ⅲ式罐圈足（T99②B：396）　7.Aa
型Ⅳ式罐圈足（T4A②B：65）　　8.Ab型Ⅰ式罐圈足（T5A②B：18）　　9.Ab型Ⅰ式罐圈足（T6B②B：44）　　10.Ab型Ⅰ
式罐圈足（T3B②B：53）　　11.Ab型Ⅱ式罐圈足（T3A②B：54）　　12.Ab型Ⅱ式罐圈足（T5A②B：19）　　13.Ab型Ⅱ式
罐圈足（T4C②B：6）　　14.Ab型Ⅱ式罐圈足（T5B②B：10）

较高。足径18.4、足高4厘米（图四二七：7）。标本T61②B：520，表灰黄，胎青灰色。罐腹及底拍印错叠曲折纹。足沿外翻，一周凸棱比足沿要宽。足径20、足高2.8厘米（图四二七：8）。标本T48②B：521，表灰黄色，质坚致。足径14、高1.8厘米（图四二七：9）。标本T40②B：383，砖红色，质较软。足径16、足高3.3厘米（图四二七：10）。

　　Ad型　标本T6C②B：506，表灰红，胎青灰色，罐腹和底有印纹。圈足底外缘突出，沿面有一周凹槽。足径11、足高2厘米（图四二七：11）。

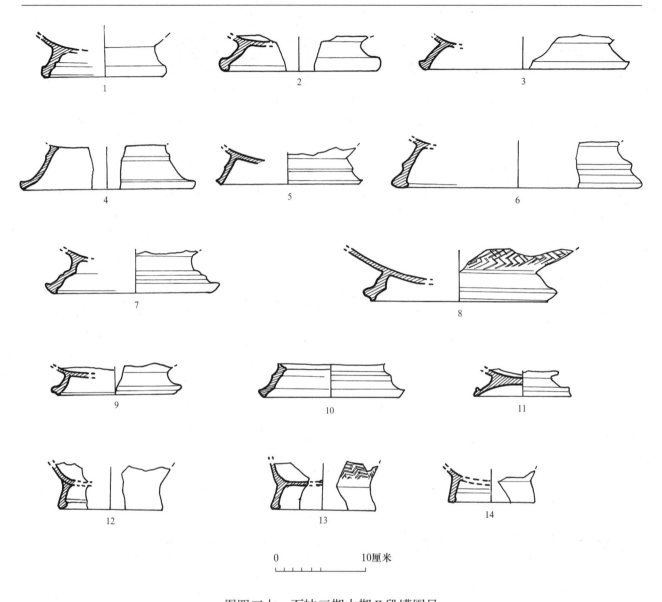

图四二七　石峡三期中期Ⅱ段罐圈足

1.Ab型Ⅲ式罐圈足（T4B②B：21）　2.Ab型Ⅲ式罐圈足（T65②B：389）　3.Ac型Ⅰ式罐圈足（T91②B：518）　4.Ac型Ⅱ式罐圈足（T2②B：380）　5.Ac型Ⅲ式罐圈足（T4A②B：22）　6.Ac型Ⅲ式罐圈足（T4②B：395）　7.Ac型Ⅲ式罐圈足（T84②B：33）　8.Ac型Ⅲ式罐圈足（T61②B：520）　9.Ac型Ⅲ式罐圈足（T48②B：521）　10.Ac型Ⅲ式罐圈足（T40②B：383）　11.Ad型罐圈足（T6C②B：506）　12.B型罐圈足（T29②BH42：384）　13.B型罐圈足（T61②B：389）　14.B型罐圈足（T3B②B：393）

　　B型　足壁外斜近直，足沿内勾，圈足上接罐圜底。标本T29②BH42：384，表红褐色，素面抹光。足径12、足高3厘米（图四二七：12）。标本T61②B：389，表灰红，磨光。下腹拍印规整曲折纹。足径12、足高2.6厘米（图四二七：13）。标本T3B②B：393，表橙红色，青灰胎。圈足内凸旋纹。足径10、足高2.5厘米（图四二七：14）。

　　敛口罐　圆唇，敛口，无领或矮领，广肩，仅见3件残片，不分型式。标本T29②BH42：11，表橙黄色。圆唇，口沿外有2周弦纹，肩部拍印曲折纹。口径14.2厘米（图四二八：1）。标本T6B②B：87，

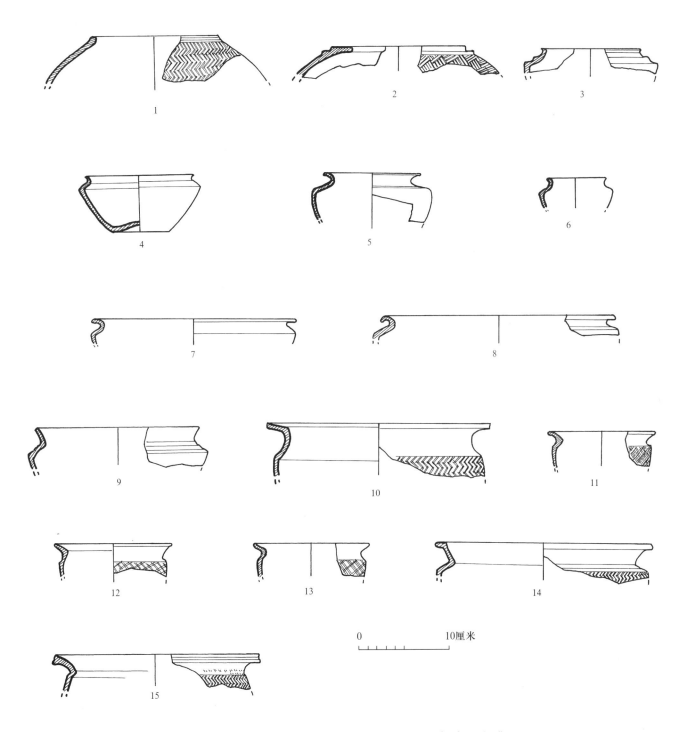

图四二八 石峡三期中期Ⅱ段敛口罐、大口折肩凹底罐

1.敛口罐（T29②B H42：11） 2.敛口罐（T6B②B：87） 3.Ⅲ式大口折肩凹底罐（T70②B：415） 4.Ⅰ式大口折肩凹底罐（T47②B：7） 5.Ⅰ式大口折肩凹底罐（T6B②B：66） 6.Ⅰ式大口折肩凹底罐（T7C②B：47） 7.Ⅰ式大口折肩凹底罐（T70②B：44） 8.Ⅰ式大口折肩凹底罐（T72②B：418） 9.Ⅰ式大口折肩凹底罐（T70②B：348） 10.Ⅱ式大口折肩凹底罐（T5B②B：40） 11.Ⅱ式大口折肩凹底罐（T6B②B：63） 12.Ⅱ式大口折肩凹底罐（T6B②B：64） 13.Ⅱ式大口折肩凹底罐（T5D②B：7） 14.Ⅲ式大口折肩凹底罐（T5C②B：67） 15.Ⅳ式大口折肩凹底罐（T6B②B：62）

青灰色。圆唇，敛口平，作二层台到肩部。肩部拍印席纹。口径15厘米（图四二八：2）。标本T70②B：415，表里青灰色，质地坚硬。尖唇，敛口，折肩，素面。口径11厘米（图四二八：3）。

大口折肩凹底罐　尖唇或圆唇，敞口，卷沿或折沿，束颈，小折肩，斜腹，凹底，仅1件完整。依口径和肩径大小，分为4式。

I式　尖唇，卷沿，敞口，折肩，斜腹，凹底，多数底部已残。肩径略大于口径，器身素面。标本T47②B：7，灰色。尖唇，卷沿，小折肩，斜腹，凹底。通高6、口径12、肩径13.6厘米（图四二八：4；图版一九一：3）。标本T6B②B：66，青灰色。卷沿，折肩。口径10.8、肩径13.2厘米（图四二八：5）。标本T7C②B：47，灰色软陶。口径6.5、肩径8.2厘米（图四二八：6）。标本T70②B：44，青灰色硬陶。腹壁内有细密轮旋纹。表素面。口径21.4、肩径23厘米（图四二八：7）。标本T72②B：418，表青灰。尖唇外翻，束颈，口径26、肩径28厘米（图四二八：8）。标本T70②B：348，表灰黄、胎深灰。颈部有3条凸旋纹，口径18、肩径20厘米（图四二八：9）。

II式　与I式区别在于口径比肩径略大，宽沿外翻，小折肩，器腹拍印几何纹。标本T5B②B：40，表灰红色。方唇，卷沿外翻，领稍高，折肩不明显，肩下拍印规整曲折纹。口径25、肩径23.4厘米（图四二八：10）。标本T6B②B：63，表橙黄，胎青灰。肩下拍印复线长方格纹。口径12、肩径11厘米（图四二八：11）。标本T6B②B：64，表橙黄，胎青灰。肩下拍印双线菱格纹。口径13.4、肩径12.4厘米（图四二八：12）。标本T5D②B：7，表橙黄。肩下拍印复线长方格纹。口径13.4、肩径12.4厘米（图四二八：13）。

III式　标本T5C②B：67，表橙黄色。肩下部拍印细密规整曲折纹。圆唇，宽折沿，折肩上一周弦纹。口径和肩径大小一致。口径24、肩径24厘米（图四二八：14）。

IV式　标本T6B②B：62，表青灰色。唇部被修整成双唇。束颈颈部有1～2周刺点纹，肩下部拍印规整曲折纹。口径22.6、肩径20厘米（图四二八：15）。

陶盂　尖唇，敛口，折腹，弧腹急收为凹底、圜底或小平底，一种为半球腹，一种为折腹，器体小型。分四型。

A型　尖唇，敛口，折弧腹，口沿内外有平行弦纹。标本T35②B：414，青灰色硬陶。口径12厘米（图四二九：1）。标本T34②B：4，青灰色。内腹壁有轮旋纹道。口径12.8厘米（图四二九：2）。标本T98②B：413，青灰色软陶。腹壁内外有凸棱纹道。口径11厘米（图四二九：3）。标本T63②B：416，青灰色软陶。口近似子口，斜壁深腹。口径9厘米（图四二九：4）。标本T68②B：74，表灰色。子口。鼓腹，特深盘。口径10厘米（图四二九：5）。

B型　尖唇，侈口，束颈，弧腹向下急收，厚壁。标本T84②B：354，青灰色，质坚致。口径10厘米（图四二九：6）。标本T93②B：419，灰色软陶。器壁特厚，尖唇，敛口直。口径10厘米（图四二九：7）。T45②B：421，青灰色。尖唇，敛口。口径11厘米（图四二九：8）。

C型　尖唇，敛口，弧腹似半球腹，圜底，仅1件完整。标本T10②B：362，表灰黄。口径15厘米（图四二九：9）。标本T5D②B：12，表灰黄。口径13厘米（图四二九：10）。标本T4C②B：88，灰色软陶。尖唇，敛口，半球腹，圜底。薄胎。口径8、高5厘米（图四二九：11）。

D型　标本T98②B：12，灰黑软陶。圆唇，敛口，折弧腹，平底。高13、口径5.5厘米（图

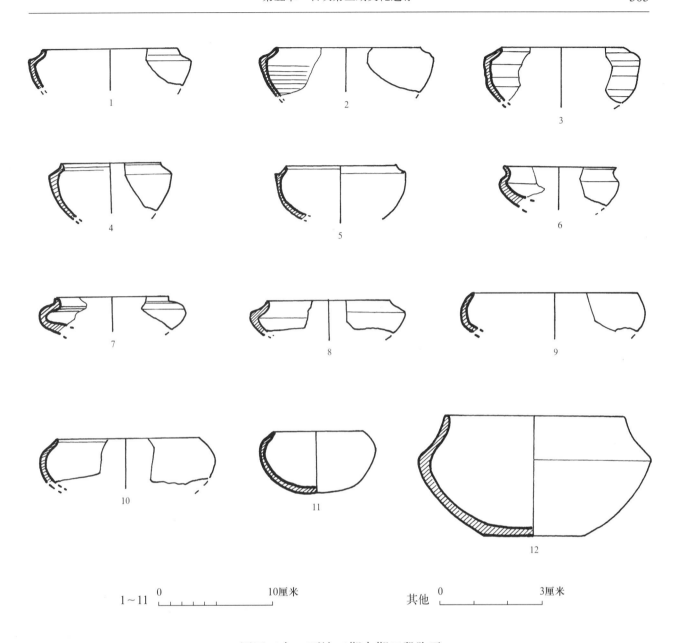

图四二九　石峡三期中期Ⅱ段陶盂

1.A型陶盂（T35②B：414）　　2.A型陶盂（T34②B：4）　　3.A型陶盂（T98②B：413）　　4.A型陶盂（T63②B：416）　　5.A型陶盂（T68②B：74）　　6.B型陶盂（T84②B：354）　　7.B型陶盂（T93②B：419）　　8.B型陶盂（T45②B：421）　　9.C型陶盂（T10②B：362）　　10.C型陶盂（T5D②B：12）　　11.C型陶盂（T4C②B：88）　　12.D型陶盂（T98②B：12）

四二九：12；图版一九一：4）。

陶豆　从早期延续到中期。形制特点发生变化。口沿外无一周凸棱，推测豆盘口沿和腹部一次成形；口沿为侈口；豆的高喇叭形足比石峡三期早期要细；出现新型陶豆。

Ac型　圆唇，侈口，弧腹，圜底，矮圈足。

Ⅱ式　标本T61②B：1，灰黑色夹细砂，圆唇内勾。斜腹略深，足残，口径23厘米（图四三○：1）。标本T99②B：2，灰红色，表抹光。矮圈足不外撇。口径18.5、高6、足径10.5厘米（图四三〇：2；图版一九一：1）。

C型　豆盘下接高喇叭形足。

Ⅱ式　标本T6B②B：332，表橙红色，磨光。方唇内勾，唇外有一周凸棱。斜腹，浅盘平底。下接喇叭形细高柄。柄上两处划多条细弦纹。口径20.5、盘深4.6；足高10、足底径10.6厘米（图四三〇：3；图版一九一：2）。标本T5D②B：11，青灰色。柄内有凹凸痕道，残高9厘米（图四三〇：8）。

D型　标本T4C②B：5，表灰色。圆唇，敞口，口沿外折，弧腹，深盘，圜底，下接细喇叭形足，已残。口径10、盘深3.2厘米（图四三〇：4）。

E型　尖唇，侈口，口沿呈亚腰形，沿与盘腹之间一周折棱，斜腹，浅盘，足已残。标本T58②B：422，表青灰。口径22厘米（图四三〇：5）。标本T2A②B：8，表橙红、胎深灰，磨光。口径24.8厘米（图四三〇：6）。标本T49②B：355，表里深灰，圆唇，折盘腹，浅盘。口径11厘米（图四三〇：7）。

豆圈足　标本T5D②B：525，表青灰色，质坚。圈足内有细密轮旋纹。足高3.4、底径11厘米（图四三〇：9）。

圈足盘　T38②B：3，表灰褐色，素面。圆唇，口近直，弧腹，平底，底部有轮旋纹道。矮圈足稍内敛。通高5、口径14.5、足径10厘米（图四三〇：10）。

捏流宽把壶　有7件，其中6件为残片。圆唇外翻，敞口，高领外沿有1~2周凸棱，一侧捏成流口，与流口对称为扁平条状把手，跨连于领和肩部，广平折肩，下腹缓收，平底，矮圈足外撇。石峡三期中期Ⅰ段墓曾出土3件。标本T9②B：20，颈上饰2道凸棱，肩、腹拍印细方格纹。口径9~10、通高13、领高3.4、足径9.2、足高1.2厘米（图四三一：1；图版一九二：1；彩版三四：3）。标本T6B②B：75，为壶口沿残片（图四三一：2）。

捏流圈足罐　标本T83②B：16，表黄灰，胎灰色，夹细砂。敞口，高领，一侧扭出流口。鼓腹，大圜底。矮圈足。素面。口横径9、直径8.4、腹径8.4、高7.5、足径5.5厘米（图四三一：3；图版一九二：2）。

圜底罐　敞口，宽沿，斜肩或圆肩，折腹或扁圆腹，圜底，素面。分2式。

Ⅰ式　宽口折沿外翻，口径稍大于腹径，标本T5A②B：14，磨光红陶。器底已残。口径10厘米（图四三一：4）。标本T46②B：4，灰陶。宽沿外折，束颈，斜肩，折腹，圜底。口径6.2、高3厘米（图四三一：5；图版一九三：3）。

Ⅱ式　口沿不如Ⅰ式宽，口径比腹径要小或相当扁圆腹，标本T2②B：13，灰黄色软陶。盘形口，折沿，器底已残。口径13厘米（图四三一：6）。标本T1Ⅰ②B：14，灰黄色软陶。敞口，折沿，扁圆腹，圜底。口径8.4、高8厘米（图四三一：7；图版一九三：2）。

陶钵　尖唇，大口，折腹，圜底。素面。分2式。

Ⅰ式　直壁，深折腹，圜底。标本T47②BH41：167，灰色软陶。口径4.5、高3厘米（图四三一：8；图版一九三：5）。标本T38②B：15，深灰色软陶，表面光滑。侈口，直壁，折腹，圜底。口径12、高5.2厘米（图四三一：9）。

Ⅱ式　标本T3B②B：359，表里青灰色，质坚硬。敞口，折腹，浅盘，圜底近平。内腹有几条

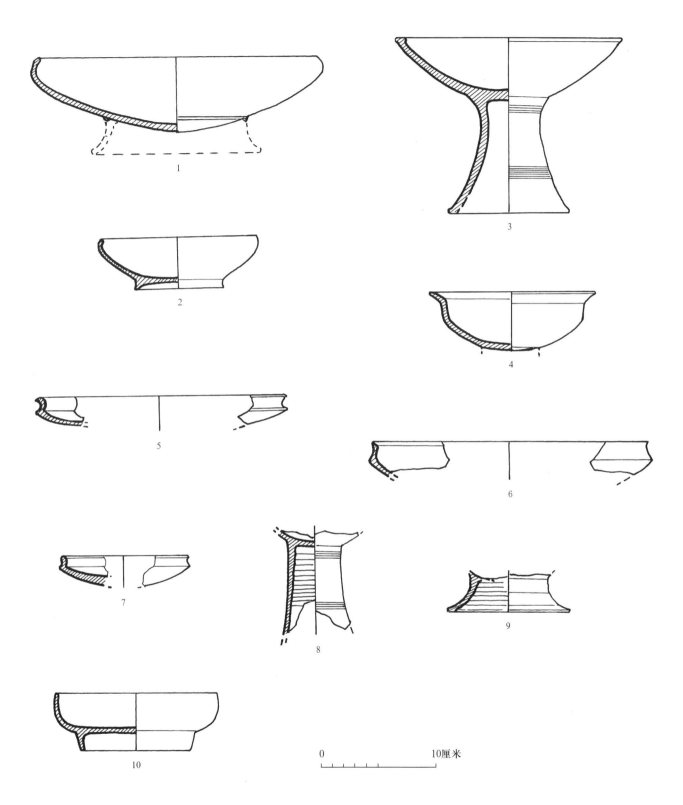

图四三〇　石峡三期中期Ⅱ段陶豆、圈足盘

1.Ac型Ⅱ式豆（T61②B：1）　　2.Ac型Ⅱ式豆（T99②B：2）　　3.C型Ⅱ式豆（T6B②B：332）　　4.D型豆（T4C②B：5）　　5.E
型豆（T58②B：422）　　6.E型豆（T2A②B：8）　　7.E型豆（T49②B：355）　　8.C型Ⅱ式豆喇叭足（T5D②B：11）　　9.豆圈足
（T5D②B：525）　　10.圈足盘（T38②B：3）

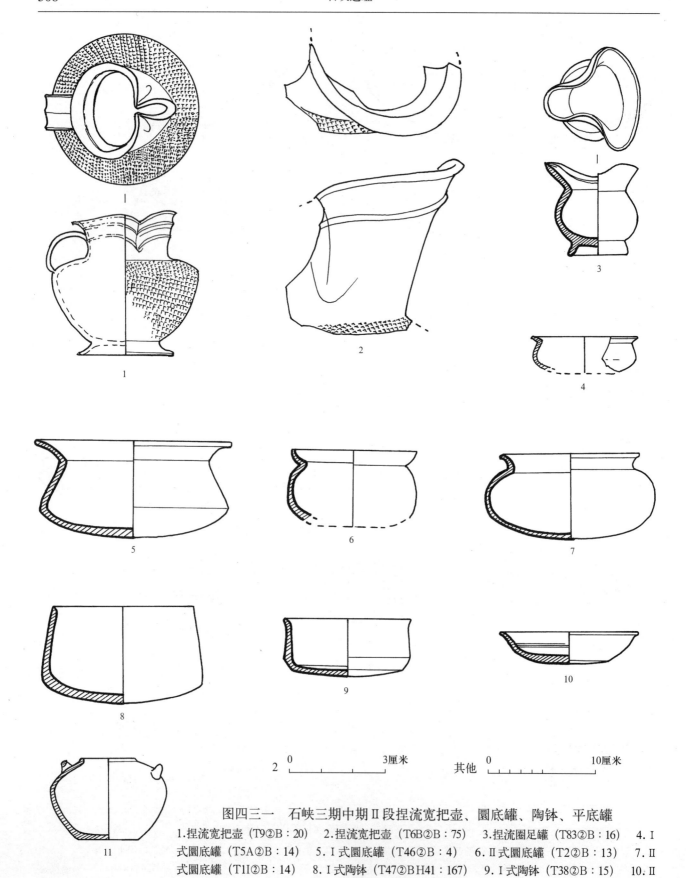

图四三一　石峡三期中期Ⅱ段捏流宽把壶、圜底罐、陶钵、平底罐

1.捏流宽把壶（T9②B：20）　　2.捏流宽把壶（T6B②B：75）　　3.捏流圈足罐（T83②B：16）　　4.Ⅰ
式圜底罐（T5A②B：14）　5.Ⅰ式圜底罐（T46②B：4）　6.Ⅱ式圜底罐（T2②B：13）　　7.Ⅱ
式圜底罐（T1Ⅰ②B：14）　8.Ⅰ式陶钵（T47②BH41：167）　9.Ⅰ式陶钵（T38②B：15）　10.Ⅱ
式陶钵（T3B②B：359）　　11.小口双耳平底罐（T41②B：10）

阴弦纹。口径13、高3厘米（图四三一：10；图版一九三：6）。

小口双耳平底罐 标本T41②B：10，表灰褐，磨光，胎红褐色。圆唇，小口，广肩，深腹，平底，肩部附对称环形耳。上腹拍印较浅曲折纹，双耳下有一条阴弦纹。口径5、高7.5、底径6厘米（图四三一：11；图版一九三：4）。

器盖 仅存捉手，多数为小型。标本T6B②B：77，灰黄色软陶。盖纽呈喇叭形。顶宽4.8、纽高2.4厘米（图四三二：1）。T54②B：471，表黄褐，胎深灰色。圆饼形纽，顶面中央微凹。顶面宽3、纽高1厘米（图四三二：9）。T51②B：475，表灰褐，胎深灰色。夹细砂。顶为扁圆形纽。残高3.7、顶宽1.4厘米（图四三二：5）。标本T1Ⅰ②B：1，把手喇叭形，表有一薄层灰白色陶衣，胎深灰色。器壁厚胎。残高5、顶宽9.4厘米（图四三二：8）。

尖锥状短足 标本T18②B：379，表灰黄，胎青灰色，质坚致。实心足，上接一器物圜底。高6.5厘米（图四三二：10）。

扁方体器足 标本T2B②B：380，表橙红，胎青灰色，质地坚硬。足面宽约3厘米（图四三二：2）。

鸟头形饰 标本T6B②B：76，青灰色，质地坚硬。石峡三期中期Ⅰ段墓M110：1，折肩部分有鸟头形饰。最宽1.3厘米（图四三二：7）。

不知名器 标本T14②B：29，灰黄色细砂陶。底面略呈八边形，穿2小孔。底长6.5厘米（图四三二：3）。

器把手 标本T6C②B：470，青灰色，素面，应是捏流壶的把手。上宽4.4厘米（图四三二：11）。

小袋足 标本T8②B：472，表灰黄，胎青灰色，残高2.3厘米（图四三二：6）。

长管状器足 标本T82②B：79，砖红色，质坚致，表面光素，高5厘米（图四三二：4）。

陶纺轮 193件，其中残件40件。陶质可分夹砂陶和泥质陶，以泥质陶为多。陶色驳杂不一。夹砂以灰褐色、灰黑色居多，泥质陶多为灰黄色、灰褐色和灰色。基本上都无纹饰、石峡三期早期和中期。

这批陶纺轮，多出土于遗址发掘区东北部的T2A～T5A、T2B～T6B、T4C～T7C等探方。出土于其他探方的较少，也较分散。一个探方同一地层出土5～8件以上的有T3A、T4A、T4B、T5B、T7B和T5C等。较完好的153件陶纺轮可分为四型。

A型 扁鼓形，周边外弧形有一周折棱，断面六边形。分三亚型。

Ａa型 17件。平面宽。器身薄。标本T5B②B：8，灰黑色泥质陶。一面有一周阴弦纹。上下径2.8，腰宽3.4、厚0.7厘米（图四三三：3）。标本T2②B：15，橙红色细砂陶。上下径3、腰径3.5、厚0.4厘米（图四三三：1）。标本T39②B：5，灰黄色泥质陶。上下径1.8、腰径2.5、厚0.9厘米（图四三三：5）。标本T6C②B：32，灰色泥质陶。腰下部外折。上径1.8、腰宽2.4、底径2、厚0.8厘米（图四三三：4；图版一九四：7）。

Ａb型 25件。器身厚。标本T78②B：77，灰色泥质陶。上下径2.1、腰径3.3、厚2厘米。重15克（图四三三：6；图版一九四：1）。标本T93②B：16，灰黑色夹砂陶。上下径1.8、腰径3.5、厚1.6厘米。重11.6克（图四三三：2）。

4～6、9、11　0＿＿＿＿＿3厘米　　　1～3、7、8、10　0＿＿＿＿＿10厘米

图四三二　石峡三期中期Ⅱ段器盖、袋足残片

1.器盖（T6B②B：77）　2.扁方体器足（T2B②B：380）　3.不知名器（T14②B：29）　4.长管状器足（T82②B：79）
5.器盖（T51②B：475）　6.小袋足（T8②B：472）　7.鸟头形饰（T6B②B：76）　8.器盖（T1I②B：1）　9.器盖
（T54②B：471）　10.尖锥状短足（T18②B：379）　11.器把手（T6C②B：470）

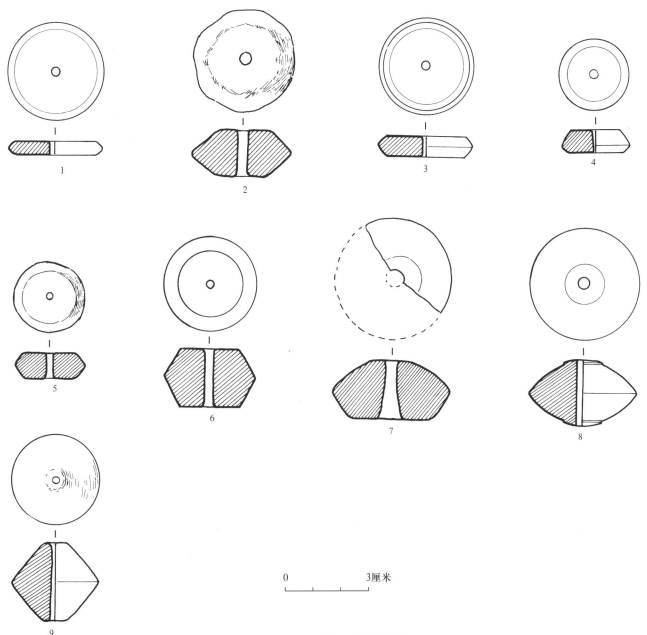

图四三三　石峡三期陶纺轮

1.Aa型陶纺轮（T2②B：15）　2.Ab型陶纺轮（T93②B：16）　3.Aa型陶纺轮（T5B②B：8）　4.Aa型陶纺轮（T6C②B：32）　5.Aa型陶纺轮（T39②B：5）　6.Ab型陶纺轮（T78②B：77）　7.Ad型陶纺轮（T32②B：1）　8.Ac型陶纺轮（T3A②B：80）　9.Ac型陶纺轮（T29②BH42：81）

Ac型　4件。平面窄，器身厚，正视如算珠。标本T29②BH42：81，灰褐色夹砂陶。重21.3克。上下径0.7~0.8、腰径3.1、厚2.8厘米（图四三三：9；图版一九四：2）。标本T3A②B：80，红褐色泥质陶。上下孔周边突起，有轮旋纹。重33.1克。上下径1.3、腰径3.8、厚2.3厘米（图四三三：8；图版一九四：5）。

Ad型　标本T32②B：1，灰褐色泥质陶。剖面虽略呈六边形，但线条圆弧，个体较厚大。顶面宽4.2、底宽3、厚3厘米（图四三三：7；图版一九四：3）。

B型　13件。扁圆形，断面扁平，薄体，椭圆形，直径3.3～5、厚0.6～1.1厘米。标本T41②B：4，灰褐色夹砂陶。上下径3.1、腰宽3.6、厚1厘米（图四三四：1）。标本T5C②B：19，灰黄色泥质陶。上下径3.1、腰宽3.5、厚0.6厘米。重10.4克（图四三四：3）。标本T24②B：11，灰黄色泥质陶。直径3、厚0.4厘米（图四三四：2）。

C型　正视上小下大，似覆斗形，周边外斜。断面梯形。分四亚型式。

Ca型　33件。薄身覆盆形。标本T19②B：54，灰色泥质陶。底宽3.4、厚0.8厘米。重7.1克（图四三四：8）。标本T74②B：35，上径2.9、底径4、厚0.8厘米。重15克（图四三四：5）。标本T4B②B：34，上径2.8、下径3.6、厚0.7厘米。重10.8克（图四三四：4）。标本T5B②B：31，灰褐色夹砂陶。上径2、下径3、厚1厘米。重10克（图四三四：6；图版一九四：7）。标本T29②BH42：33，灰褐色夹砂陶。边沿略有弧度。上径1.4、下径1.9、厚1厘米。重6.5克（图四三四：7）。标本T2②B：30，灰褐色细砂陶。面径2.1、底径3、厚1.3厘米。重10.7克（图四三四：11；图版一九四：7）。

Cb型　18件。厚身覆斗形，顶部稍内凹。标本T19②B：61，灰褐细砂陶。顶面微凹。顶宽1.8、底宽3.2、厚0.6厘米。重8.7克（图四三四：10）。标本T5C②B：62，泥质陶。顶部灰色，底部浅红色。顶部微凹。上径2、底径3.7、厚0.8厘米。重9.3克（图四三四：9）。标本T3A②B：66，灰黄色夹砂陶。顶部微凹。上径2、底径3、厚0.6厘米。重7克（图四三四：14）。标本T84②B：7，灰褐色泥质陶。顶面微凹。上径2、底径3.5、厚1.2厘米。重16.9克（图四三四：12；图版一九四：6）。标本T4A②B：36，灰红色泥质陶。顶面微凹。上径2.2、底径3.6、厚0.9厘米。重10.5克（图四三四：13）。

Cc型　13件。厚身覆斗形。标本T1E②B：76，砖红色夹砂陶。正视覆斗形，线条圆弧，个体较大，罕见，重52.4克。顶面宽1、底径4.7、厚3.2厘米（图四三五：1；图版一九四：4）。标本T1B②B：73，顶径1.1、底径3.9、厚1.1厘米。重8.8克（图四三五：2）。标本T19②B：62，顶宽1.1、底宽2.8、厚1.2厘米（图四三五：3）。

Cd型　3件。T19出3件。器缘弧形翘起，正视觉如斗笠。标本T19②B：71，灰褐色泥质陶。顶宽0.7、底宽3、厚1.2厘米。重8.7克（图四三五：6；图版一九四：8）。标本T19②B：74，灰黄色泥质陶。顶宽0.9、底宽3.3、厚1厘米。重5.3克（图四三五：4；图版一九四：8）。标本T19②B：75，灰黄色泥质陶。顶宽0.8、底宽3.4、厚1.1厘米。重6.3克（图四三五：5；图版一九四：8）。

D型　截圆柱体形，周边平直。断面长方形。分二亚型。

Da型　15件。器身薄。断面薄体长方形。标本T2A②B：23，灰色泥质陶。正面有两周阴弦纹。直径3、厚0.4厘米。重5.8克（图四三六：1）。标本T6B②B：31，灰黄色泥质陶。正面有一周阴弦纹。直径3.1、厚0.65厘米。重9.9克（图四三六：2）。标本T4B②B：25，灰褐色泥质陶。正面有两周阴弦纹。直径3、厚0.4厘米。重5.5克（图四三六：4）。标本T4A②B：22，灰色泥质陶。两面都有一周阴弦纹。直径2.8、厚0.4厘米。重5.3克（图四三六：3）。

Db型　12件。器身厚。标本T27②B：8，灰色夹砂陶。上下径3、厚1.8厘米。重17克（图

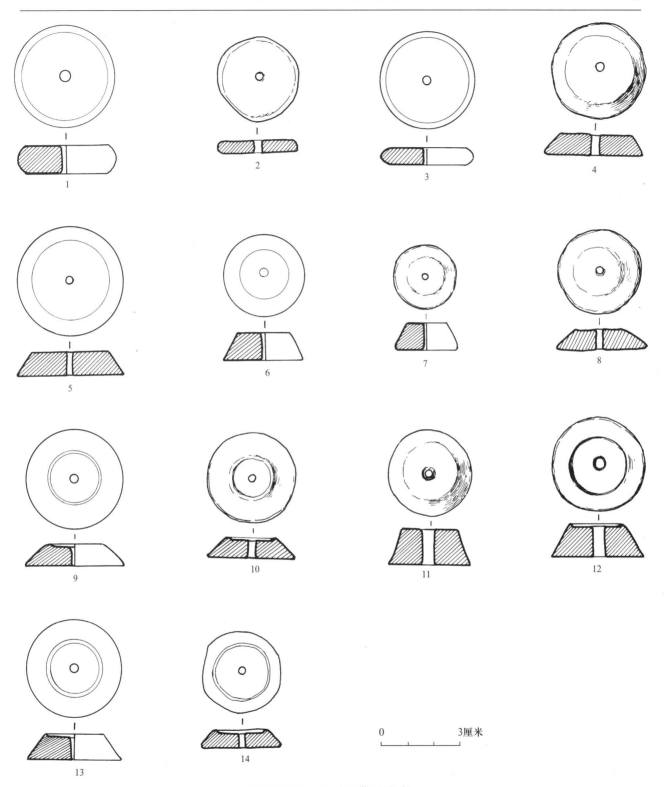

图四三四　石峡三期陶纺轮

1.B型陶纺轮（T41②B∶4）　　2.B型陶纺轮（T24②B∶11）　　3.B型陶纺轮（T5C②B∶19）　　4.Ca型陶纺轮（T4B②B∶34）　　5.Ca型陶纺轮（T74②B∶35）　　6.Ca型陶纺轮（T5B②B∶31）　　7.Ca型陶纺轮（T29②BH42∶33）　　8.Ca型陶纺轮（T19②B∶54）　　9.Cb型陶纺轮（T5C②B∶62）　　10.Cb型陶纺轮（T19②B∶61）　　11.Ca型陶纺轮（T2②B∶30）　　12.Cb型陶纺轮（T84②B∶7）　　13.Cb型陶纺轮（T4A②B∶36）　　14.Cb型陶纺轮（T3A②B∶66）

四三六：7）。标本T6B②B：29，灰色泥质陶。两面各有一周阴弦纹。上下径2.8、厚1厘米。重
11.8克（图四三六：5）。标本T3D②B：4，红褐色泥质陶。两面各有一周阴弦纹。上下径2.9、厚1
厘米。重12.7克（图四三六：6）。

　　陶环　4件。据肉的横断面形态分二型。

　　A型　1件。圆角方形。标本T48②B：1，夹砂陶。灰黑色。肉宽1、厚1.1厘米。外径5.3、孔径
3.2厘米（图四三七：4；图版一九五：1）。

　　B型　3件。"T"字形。亦称突唇环、有肩环、钏、特种璧等，名异实同，标本T36②B：9，青

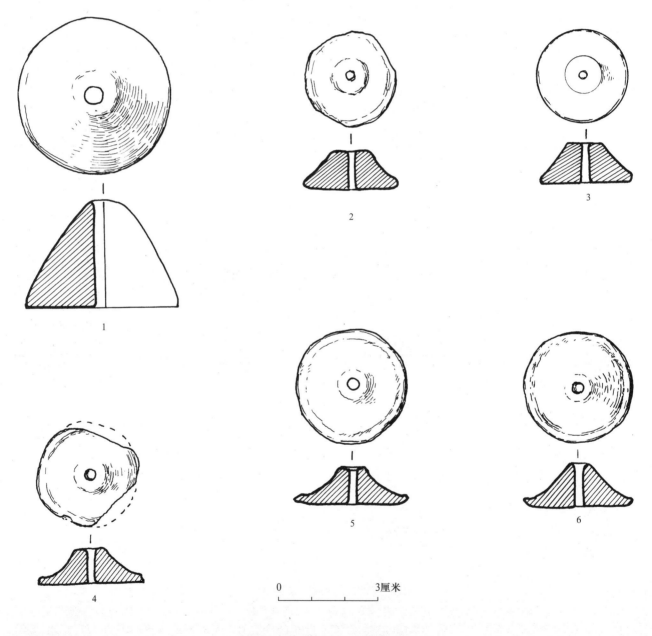

图四三五　石峡三期陶纺轮

1.Cc型陶纺轮（T1E②B：76）　2.Cc型陶纺轮（T1B②B：73）　3.Cc型陶纺轮（T19②B：62）　4.Cd型陶纺轮（T19
②B：74）　5.Cd型陶纺轮（T19②B：75）　6.Cd型陶纺轮（T19②B：71）

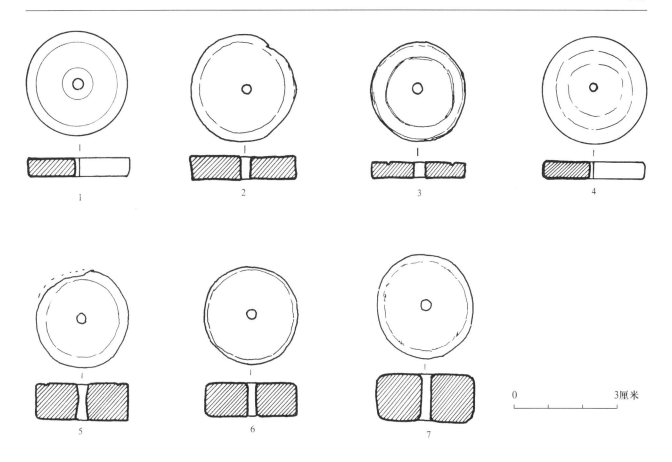

图四三六 石峡三期陶纺轮

1.Da型陶纺轮（T2A②B：23） 2.Da型陶纺轮（T6B②B：31） 3.Da型陶纺轮（T4A②B：22） 4.Da型陶纺轮（T4B②B：25） 5.Db型陶纺轮（T6B②B：29） 6.Db型陶纺轮（T3D②B：4） 7.Db型陶纺轮（T27②B：8）

灰色细泥陶。外径10、孔径6.3、孔内沿高1.3厘米（图四三七：1）。标本T5C②B：11，灰红色泥质陶。形制规整，制作精细。外径12.6、孔径8.4、孔高2.3厘米（图四三七：3；图版一九五：2）。标本T5B②B：5，灰黄色细泥质。形制规整。外径13.4、孔径7.5、孔高4.5、孔壁厚0.4厘米（图四三七：2；图版一九五：3）。

圆陶片 38件。所谓圆陶片是指有意识地将陶器残片主要是腹片，个别为肩片打琢成圆形，除个别边缘加磨制外都不加工磨圆，表面保留原来陶器的花纹，剖面均有一定的弧度，而不是如陶纺轮制成坯件后烧制的。因用途未明，暂名圆陶片。陶质几乎全为泥质陶，仅出土1件夹砂陶。T6B②B出土12件，数量最多。不分型式。

标本T6B②B：85，曲折纹罐腹片，直径4.8、厚0.5厘米（图四三八：1）。标本T6B②B：86，曲折纹罐腹片。直径4.2、厚0.6厘米（图四三八：2；图版一九五：4）。标本T6B②B：87，曲折纹罐腹片。直径3.4、厚0.4厘米（图四三八：3）。标本T6B②B：88，方格纹罐腹片。直径4.7、厚0.3厘米（图四三八：4）。标本T6B②B：89，云雷纹罐肩部分。直径4.7、厚0.5厘米（图四三八：5）。标本T5A②B：37，素面罐腹片。直径4.1、厚0.7厘米（图四三八：6）。标本T35②B：7，席纹罐腹片。直

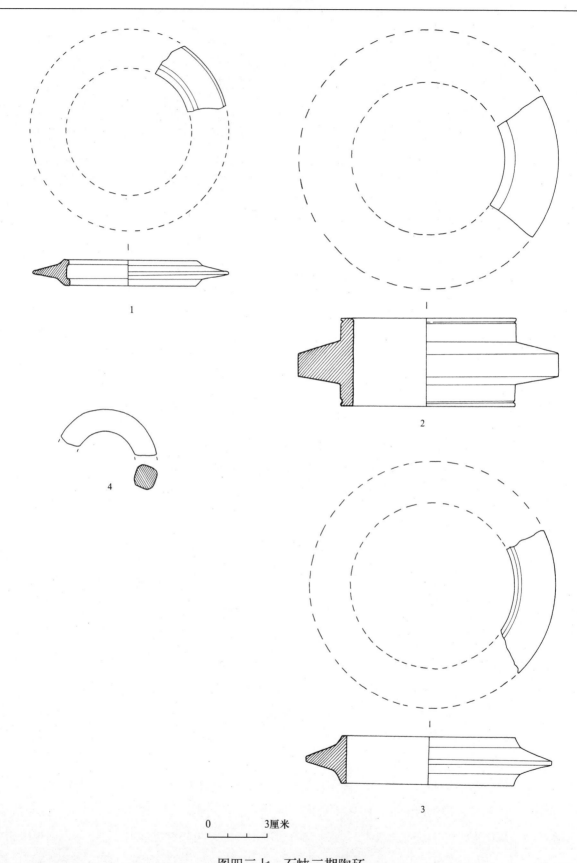

0   3厘米

图四三七　石峡三期陶环

1.陶环（T36②B∶9）　2.陶环（T5B②B∶5）　3.陶环（T5C②B∶11）　4.陶环（T48②B∶1）

径3.8、厚0.5厘米（图四三八：7；图版一九五：4）。标本T5A②B：34，曲折纹罐腹片。直径3.6、厚0.5厘米（图四三八：8；图版一九五：4）。标本T2C②B：16，席纹罐腹片。直径3.8、厚0.5厘米（图四三八：9）。标本T7C②B：9，绳纹罐腹片。直径4.4、厚0.5厘米（图四三八：10）。标本T3②B：21，席纹罐腹片。直径3.5、厚0.5厘米（图四三八：11）。标本T2B②B：40，绳纹罐腹片。直径3.8、厚0.5厘米（图四三八：12）。

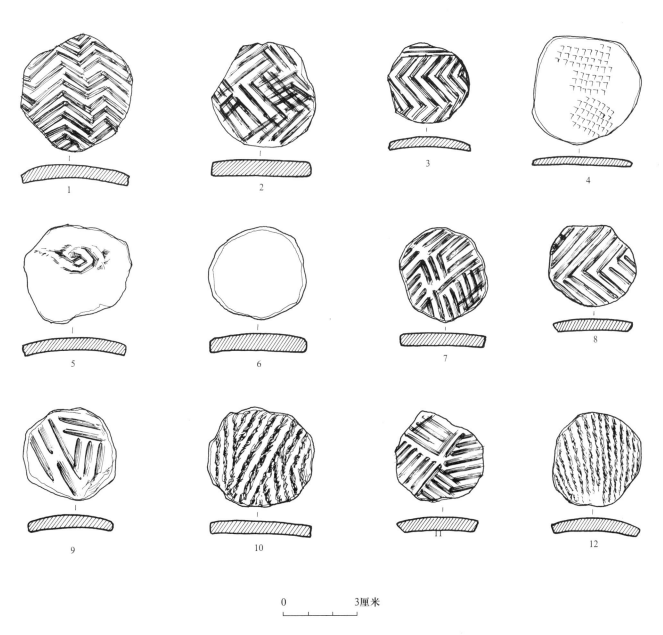

0　　　　3厘米

图四三八　石峡三期圆陶片

1.圆陶片（T6B②B：85）　2.圆陶片（T6B②B：86）　3.圆陶片（T6B②B：87）　4.圆陶片（T6B②B：88）　5.圆陶片（T6B②B：89）　6.圆陶片（T5A②B：37）　7.圆陶片（T35②B：7）　8.圆陶片（T5A②B：34）　9.圆陶片（T2C②B：16）　10.圆陶片（T7C②B：9）　11.圆陶片（T3②B：21）　12.圆陶片（T2B②B：40）

第二节 墓葬

一、概述

（一）墓葬分布

在遗址东部，以发掘区中部、东南部比较密集，发掘区西、北边和南边有零星分布，共计30座，其中12座无随葬品，11座尸骨腐朽无存，有9座墓打破石峡文化墓葬：M35→M39、M52→M53、M55→M54、M55→M56、M58→M59、M60→M61、M63→107、M92→M37、M113→M114、M117→M119。上述墓葬的墓坑打破石峡文化墓葬填土的有M35、M52、M58、M60。有墓坑打破石峡文化墓葬坑壁上半部分一角或一端的如M55、M63、M92、M133、M117。

（二）墓葬分期

根据地层出土石峡三期早期和中期陶器形制特征和地层叠压、打破关系，被三期中期地层叠压，墓葬定为中期I段，中期文化层定为中期II段。

（三）墓葬基本情况

1.墓葬形制

长方形或长方梯形浅穴土坑墓25座，有M35、M40、M50、M52、M55、M58、M60、M62、M63、M64、M65、M72、M82、M83、M92、M94、M95、M97、M106、M110、M117、M125、M126、M128、M130。其共同特点墓坑较浅，深度为20～37厘米。最浅者为14厘米，深度在14～25厘米墓坑，除去耕土层后，在铁锰淋滤层便见到墓坑里灰黑色填土，夹杂较多炭灰和红烧土碎块，土质松散，推测原墓口已被晚期破坏。墓向为东西向，70°～135°，其中M130墓坑和墓向不明。墓向90°5座、70°～88°7座、90°～95°10座、100°～135°7座。墓坑长宽比约为三比一或二比一，一般长110～180、宽50～70厘米。

石块堆砌墓5座，M1、M31、M66、M70、M113。墓葬打破三期中期地层，所以定为三期文化晚期。墓坑形制为长方形竖穴土坑墓，在墓底四周整齐放置石灰石块，填土中堆放大量大小不等石灰石，石灰石块来源于狮头山和狮尾山附近坡地，不曾加工，例如M31，填土堆放52块石灰石，骨架四周摆放7块。M70填土堆放石灰石98块，骨架四周摆放33块石灰石，大的重达二三十斤，小的约拳头大小2斤左右。墓口均在耕土层下，已见石灰石块凸现于铁锰淋滤层，填土为灰黑色，夹杂红烧土屑，土质松散。墓坑均为东西向70°～95°，墓长125～310、宽50～110、深18～70厘米。

2.埋葬习俗

流行单人一次葬，未发现二次葬墓。少年儿童葬法与成人相同，以M31少年儿童墓和M70年龄45～50岁成年人墓为例，由于填土中石灰石里的碳酸钙经几千年水的作用而溶解，随水下渗到墓中，部分碳酸钙充填到尸骨里，使其轻度钙化，尸骨保存较完整，少年和成年人葬式为头东脚西单人仰身直肢葬。绝大多数浅穴墓尸骨已腐朽，仅见碎骨和骨渣，M1、M126两座墓坑东端和东南端尚存头骨碎片。

3.墓葬介绍

M72（图四三九、四四〇），位于T30中部，表土层下，打破石峡文化层。一次葬墓，方向90°。长方形竖穴土坑墓，墓长115、宽65、深35厘米，填土灰黑色，墓底东、南、北两边均有骨碎，随葬陶豆1件，放在东北角，折肩圈足罐1件，放在西南角。

M83（图四四一～四四二；图版一九六：1），位于T89东—T90西，石峡三期中期Ⅱ段地层下，打破石峡文化层，西壁在发掘T89时被铲去。一次葬墓，方向94°。长方梯形竖穴土坑墓，残长199、墓底残长193、墓口西宽104、底宽101、墓口东宽76、底宽74、深18厘米，填土灰色杂红烧土块，墓底尸骨腐朽无存，4件随葬器物放在墓底西端，有豆1件，泥圈足罐1件，釜形鼎1件，穿孔残石器1件，器体小型。

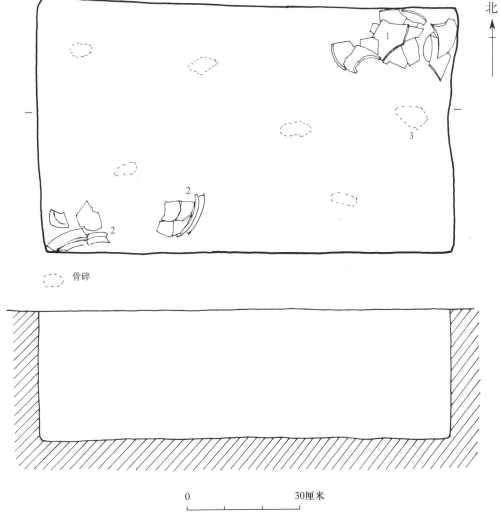

图四三九　石峡遗址三期中期Ⅰ段M72平、剖面图和随葬器物
1.Ab型I式豆（M72：1）　2.圈足罐（M72：2）　3.骨碎

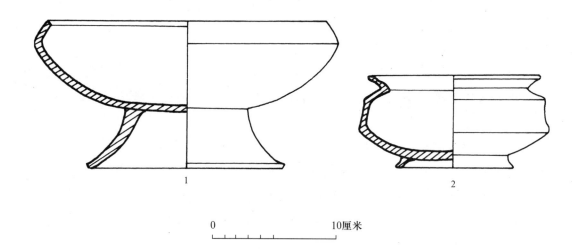

0　　　　　　　　　10厘米

图四四〇　石峡三期中期Ⅰ段M72出土陶器
1.B型豆（M72：1）　2.圈足罐（M72：2）

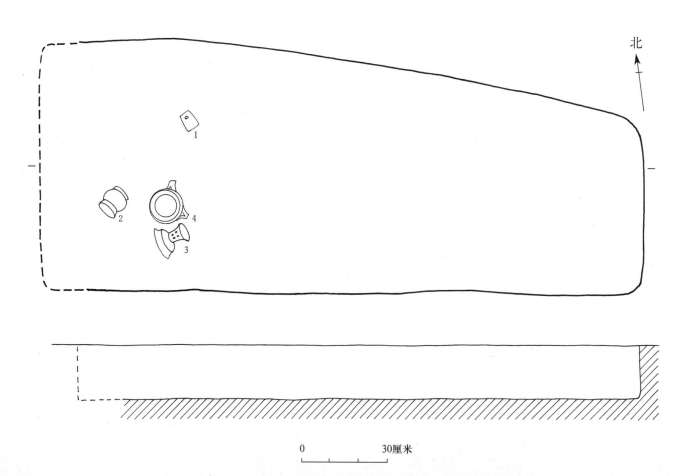

北

0　　　　　　30厘米

图四四一　石峡三期中期Ⅰ段M83平、剖面图和随葬器物
1.穿孔残石器　2.A型Ⅰ式圈足罐　3.A型陶豆　4.釜形鼎

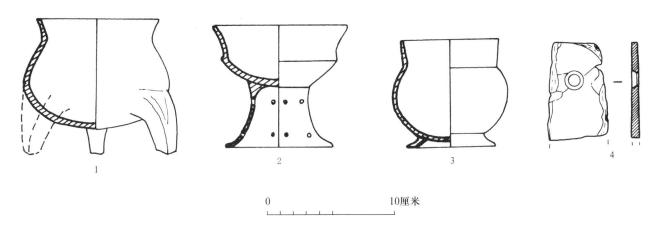

0　　　　　　　　　　10厘米

图四四二　石峡三期中期Ⅰ段M83出土器物

1.釜形鼎（M83：4）　2.A型陶豆（M83：3）　3.A型Ⅰ式圈足罐（M83：2）　4.穿孔残石器（M83：1）

M35（图四四三、四四四；图版一九六：2），位于T44东—T45西，表土层下，铁锰淋滤层已见灰土、炭和红烧土块，打破石峡文化M39北边填土上部。一次葬墓，方向95°。长方形竖穴土坑墓，墓长160、宽56、深23厘米，墓底东南见少量骨渣，9件随葬器物放在墓底西北，有残夹砂罐1件，器盖1件，小陶杯1件，陶纺轮4件，小陶管2件。其中2号陶纺轮与石峡三期中期CⅡ式陶纺轮形制一致。

M40（图四四五、四四六；图版一九七：1），位于T21南—T33北，石峡三期中期Ⅱ段文化层下，打破石峡文化层。一次葬墓，方向95°。长方形竖穴土坑墓，墓长160、宽40、深20厘米，填土灰黑色，松软，墓底尸骨腐朽无存，12件随葬器物放在墓底西边，有残盘圈足1件，陶纺轮8件，砺石1件，河卵石石棒2件。

M82（图四四七、四四八；图版一九七：2、一九八：1），位于T54西南，石峡三期中期Ⅱ段文化层下，打破石峡文化层。一次葬墓，方向125°。长方梯形竖穴土坑墓，墓长230、西宽64、东宽58、深55厘米，填土灰色，较松软，墓底尸骨腐朽无存，9件随葬器物，小盂1件、盖壶1件（8号器盖加6号壶），放在墓底东南边，圈足盘1件，捏流宽把圈足壶1件，凹底罐1件，釜1件，河砾石石棒1件，石片1件，放在墓底西端。

M92（图四四九），位于T45东南，石峡三期中期Ⅱ段文化层下，打破生土，墓坑南半部打破石峡文化M37北半边墓坑。一次葬墓，方向93°。长方形竖穴土坑墓，墓长110、宽54、深37厘米，填土灰褐色，杂红烧土末、炭屑，墓底中部东西两处有骨碎，3件随葬器物，有残细把豆柄1件，残高领罐口沿1件，刮削器1件。其陶质、陶色与M82、M110陶器相同。

M110（图四五〇、四五一），位于T87南，石峡三期中期Ⅱ段文化层下，打破石峡文化层。一次葬墓，方向80°。掘开耕土层后，便见到墓底壶圈足和铁锰淋滤层胶结一起，原墓坑已被晚期破坏，填土灰色，夹杂红烧土末，松软，以填土为界，该墓为长方梯形竖穴土坑墓，墓长39、西宽81、东宽70、深20厘米。墓底尸骨无存，9件随葬器物，放在东端至中部偏南，有折肩圈足罐1件，捏流宽把壶1件，小方格纹椭圆形凹底罐2件，小凹底盂1件，小圆底盂1件，小平底罐1件，残器镂孔

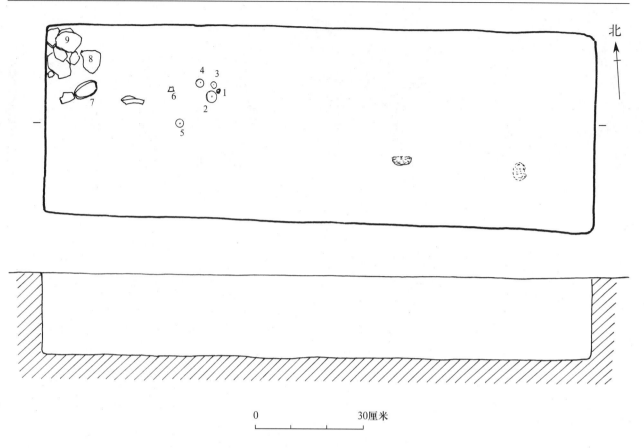

0　　　　　　　　30厘米

图四四三　石峡三期中期I段M35平、剖面图和随葬器物

1、6.陶管　2.A型Ⅱ式陶纺轮　3—5.A型Ⅰ式陶纺轮　7.器盖　8.夹砂罐（残）　9.小杯

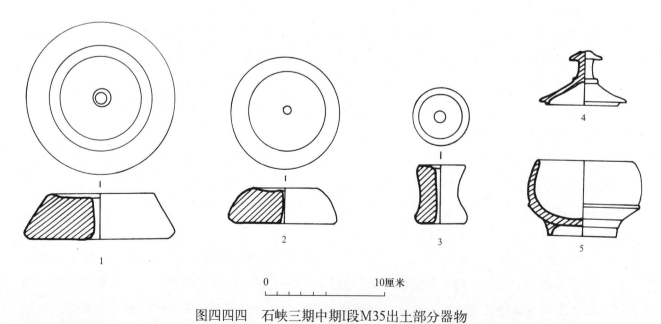

0　　　　　　　　10厘米

图四四四　石峡三期中期I段M35出土部分器物

1.A型Ⅱ式陶纺轮（M35∶2）　2.A型Ⅰ式陶纺轮（M35∶5）　3.陶管（M35∶6）　4.器盖（M35∶7）　5.小杯（M39∶9）

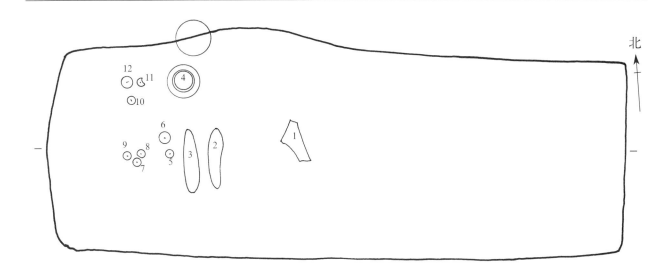

北

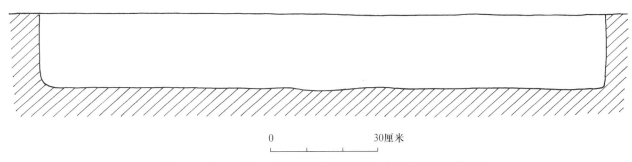

0　　　　　　　30厘米

图四四五　石峡三期中期I段M40平、剖面图和随葬器物

1.砺石　2、3.河卵石石棒　4.残盘圈足　5、12.B型陶纺轮　6、7、9、10.陶纺轮（残）8.C型陶纺轮　11.A型Ⅱ式陶纺轮

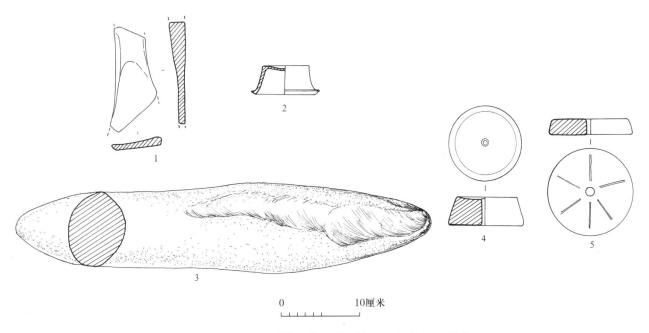

0　　　　　　　10厘米

图四四六　石峡三期中期I段M40出土部分器物

1.砺石（M40：1）　2.残盘圈足（M40：4）　3.河卵石石棒（M40：3）　4.A型Ⅱ式陶纺轮（M40：11）　5.B型陶纺轮（M40：5）

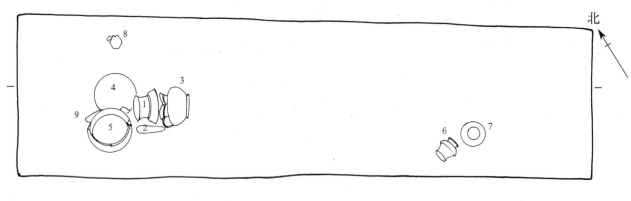

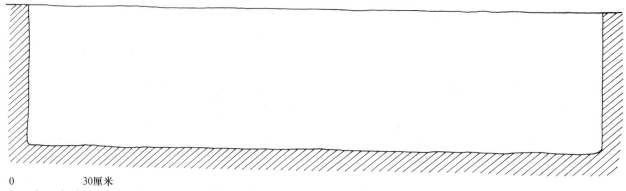

0　　　　30厘米

图四四七　石峡三期中期I段M82平、剖面图和随葬器物

1.圈足盘　2.河卵石石棒　3.捏流宽把壶　4.凹底罐（残）　5.釜　6.B型Ⅰ式圈足罐　7.A型小盂　8.器盖（残）　9.石片

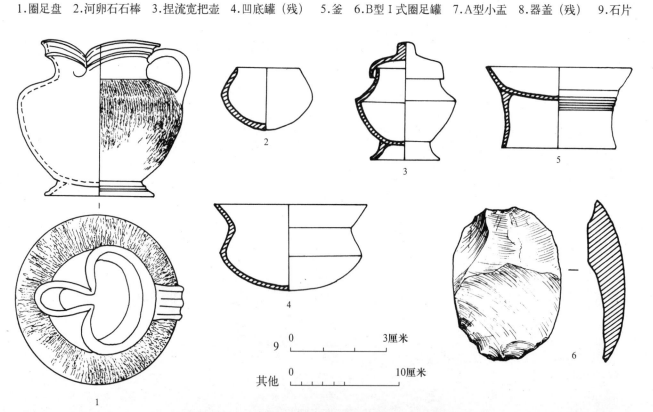

9　　0　　　　3厘米

其他　0　　　　10厘米

图四四八　石峡三期中期I段M82出土部分器物

1.捏流宽把壶（M82：3）　2.A型小盂（M82：9）　3.B型Ⅰ式圈足罐（M82：6）　4.釜（M82：5）　5.圈足盘（M82：1）　6.石片（M82：9）

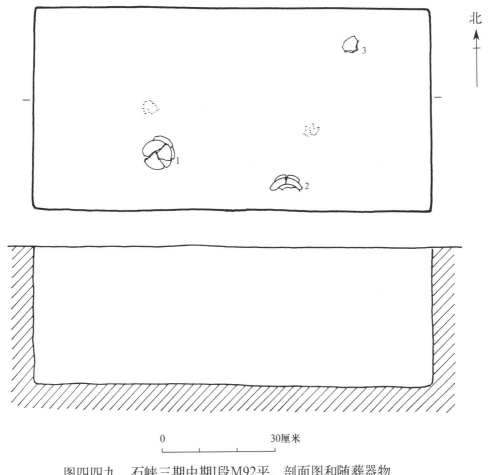

图四四九　石峡三期中期I段M92平、剖面图和随葬器物
1.残豆喇叭形足　2.罐残片　3.石片

圈足1件，残镞1件。

　　M125（图四五二、四五三），位于T98南，石峡三期中期Ⅱ段文化层下，打破石峡文化层。次葬墓，方向92°。长方形竖穴土坑墓，墓长166、东宽68、西宽78、残深36厘米，墓口已被石峡三期中期Ⅱ段文化层破坏，灰褐色填土，夹杂较多红烧土粒，墓底尸骨无存，3件随葬器物，放在墓底中部，有镂圆孔圈足盘1件，椭圆形小方格凹底罐1件，梯形锛1件。

　　M126（图四五四），位于T7C北，为发掘区最北边探方，石峡三期中期Ⅱ段文化层下，打破石峡文化层，一次葬墓，方向105°。长方梯形竖穴土坑墓，墓长105、西宽67、东宽57、深20厘米，填土为炭灰土，夹杂较多木炭块，墓底东南有头骨碎片，东南角一块红烧土，7件随葬器物，放在墓底东、南和西北角，有折肩圈足罐1件（已残），打制石片4片，残石片1件，盘形鼎口沿1片（属石峡文化层遗物）。

　　M128（图四五五、四五六；图版一九八：2），位于T5D北边，石峡三期中期Ⅱ段文化层下，打破石峡文化层。一次葬墓，方向135°。长方形竖穴土坑墓，墓长220、宽74、残深25厘米，填土灰褐色，夹杂较多红烧土块，墓底尸骨腐朽无存，6件随葬器物放在墓底东边和西边，有长方格纹凹底罐1件，捏流宽带壶1件，豆1件，釜2件，锛1件，用扁长条形河砾石的一端磨制成单面齐刃，填土

北

0　　　　　　　　30厘米

图四五〇　石峡三期中期I段M110平、剖面图和随葬器物

1.B型Ⅱ式圈足罐　2.捏流宽把壶　3、4.A型Ⅱ式凹底罐（方格纹）5.残镂孔圈足　6.A型小盂　7.B型小盂　8.平底罐　9.残石镞

还出石峡文化残柳叶形镞、豆、圈足盘残片。

M130（图四五七、四五八；图版一九九：1），位于T4B西南，石峡三期中期Ⅱ段文化层下，打破石峡文化层。一次葬墓，方向不明，墓坑长、宽不清楚，仅见器物附近灰褐土中夹杂较多红烧土粒，3件随葬器物，罐形鼎1件，残圈足盘1件（与M82：1相同），石圭（或石戈）1件。

石峡三期晚期墓葬

M1（图四五九；图版一九九：2），位于T4东北角，表土层下，打破石峡三期中期文化层。一次葬墓，方向95°。石灰石堆砌长方形墓，为1973年10月第一次试掘时发现的第一座墓葬，未能清理出墓坑，待见到排列整齐石灰石块和灰褐色填土时，仍不知是何类遗迹，直至发现头盖骨碎片，才知道是从未见过的以石灰石块环绕尸体的墓葬，石灰石块大小高低不一，高的20、低的4厘米，共13块，以东西两端和南北两侧石灰石为墓葬长宽界线，墓长125、宽61、残深18厘米，头盖骨碎片于墓底东端发现，中部靠南有一小块上肢骨，6件随葬器物，有夹砂方格纹圜底罐1件，出土时放在墓

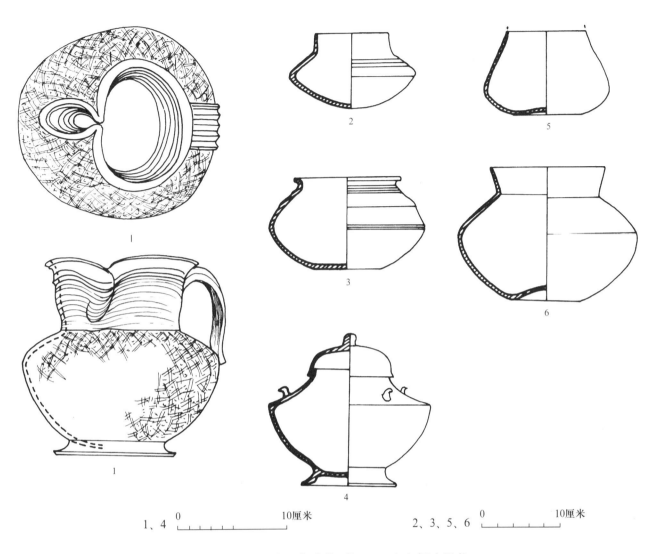

图四五一　石峡三期中期I段M110出土部分器物

1.捏流宽把壶（M110：2）　2.A型小盂（M110：6）　3.平底罐（M110：8）　4.B型Ⅱ式圈足罐（M110：1）　5.B型小盂（M110：7）　6.A型Ⅱ式凹底罐（M110：3）

西端，罐口向下，圜底朝上，玉珠4件置于中部北侧手腕部位，玉块1件在头骨碎片附近出土。

M31（图四六〇、四六一；图版二〇〇：1、2），位于T44西南，表土层下，打破石峡三期中期文化层。一次葬墓，方向70°。石灰石堆砌不规则长方形土坑墓，墓口长223、墓底长215、墓口宽85～102、墓底西宽69、东宽79、深70厘米，耕土层下，已见石灰石突现在铁锰淋滤层上，出现不规则长方形墓坑，填土灰色，松软，坑内散布大小不等石灰石52块至墓底，填土中出土石峡三期中期Ⅱ段文化层常见的曲折纹、长方格纹、云雷纹陶片和细把豆喇叭足，因填土中的石灰石块，致使尸骨轻度钙化，墓底尸骨架保存较完整，头东脚西，面朝南，已压扁，门齿未换，下肢胫骨、腓骨腐朽不见，7块石灰石环绕尸骨架摆放，随葬玉块4件，2件放在尸骨右侧肩部和手臂附近，2件被下颌骨压着。

M50　位于T21东北端，石峡四期文化层下，打破石峡三期中期文化层。一次葬墓，方向103°。

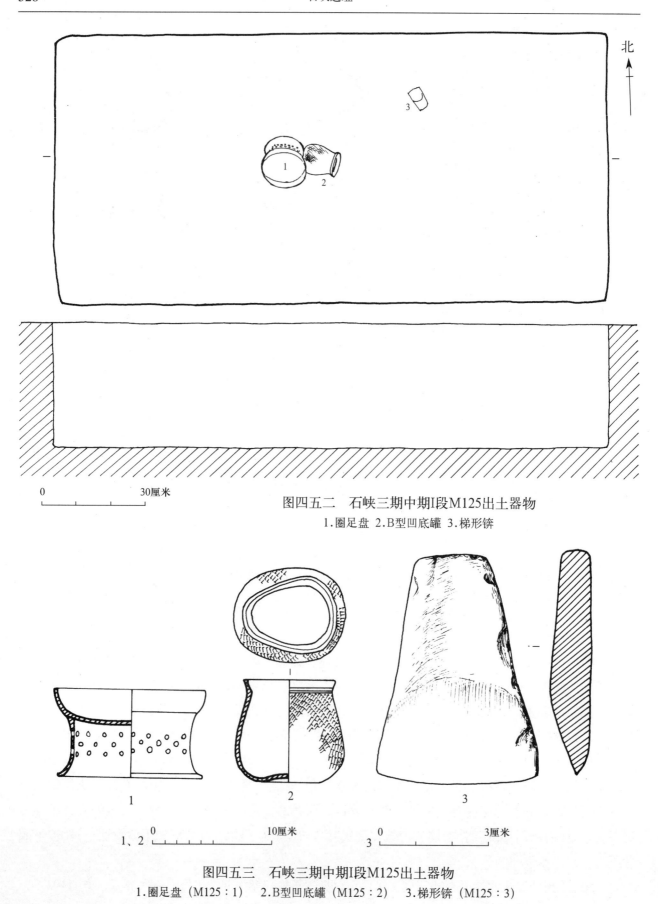

0   30厘米

北

图四五二　石峡三期中期I段M125出土器物

1.圈足盘 2.B型凹底罐 3.梯形锛

1　　　　　　　　2　　　　　　　　　3

1、2　0　　　　　　　　　10厘米　　　3　0　　　　　　3厘米

图四五三　石峡三期中期I段M125出土器物

1.圈足盘（M125∶1）　2.B型凹底罐（M125∶2）　3.梯形锛（M125∶3）

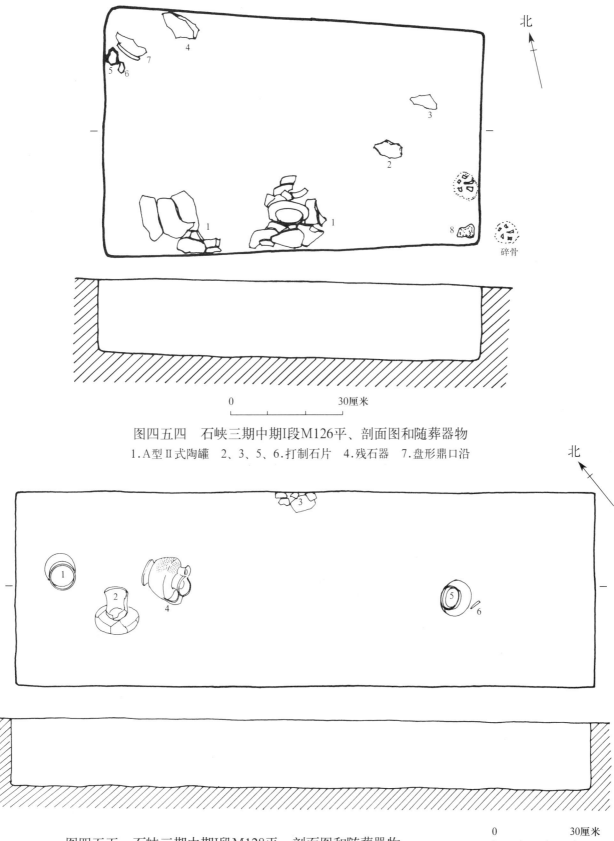

图四五四　石峡三期中期I段M126平、剖面图和随葬器物

1.A型Ⅱ式陶罐　2、3、5、6.打制石片　4.残石器　7.盘形鼎口沿

图四五五　石峡三期中期I段M128平、剖面图和随葬器物

1.釜　2.C型陶豆　3.釜　4.捏流宽把壶　5.A型Ⅰ式凹底罐　6.石锛　7.残石镞（填土）

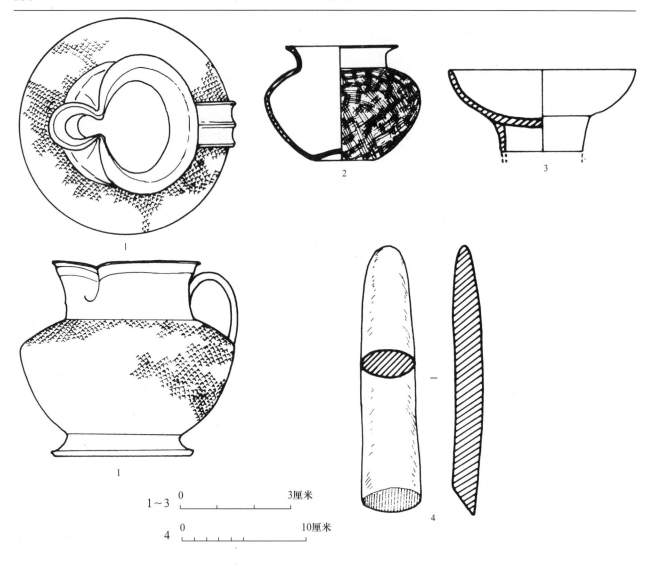

1～3
0 _____ 3厘米

4
0 _____ 10厘米

图四五六　石峡三期中期I段M128出土部分器物
1.捏流宽把壶（M128：4）　2.A型Ⅰ式凹底罐（M128：5）　3.B型陶豆（M128：2）　4.石锛（河卵石磨制，M128：6）

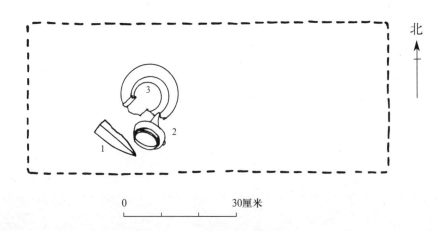

0 _____ 30厘米

图四五七　石峡三期中期I段M130平面图和随葬器物
1.石圭　2.罐形鼎　3.圈足盘

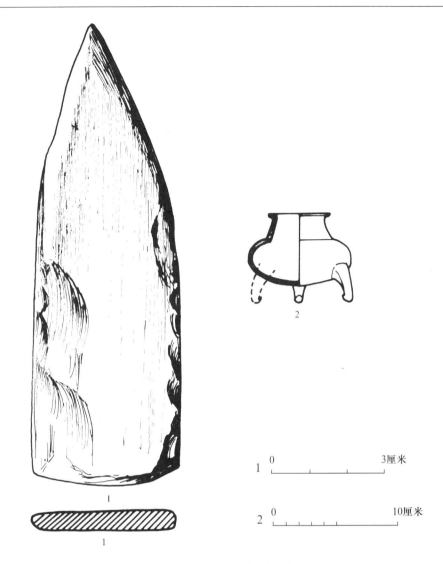

图四五八　石峡三期中期I段M130出土部分器物
1.石圭（M130:1）　2.罐形鼎（M130:2）

长方形竖穴土坑墓，墓长144、宽52、深20厘米，灰黑色填土，仅见墓底东端零星骨碎，无随葬器物。

M52　位于T11南—T21北，石峡四期文化层下，打破石峡三期中期文化层，叠层在石峡文化M53之上，墓底打破M53，深入上层填土15厘米。一次葬墓，方向103°。长方形竖穴土坑墓，墓长165、宽48、深22厘米，填土灰黑色，墓底一层4厘米灰土炭屑，尸骨无存，无随葬器物。

M55　位于T22东南，表土层下，打破石峡三期中期文化层，墓坑西南打破石峡文化M56，墓坑东北角打破石峡文化M54西南角上层。一次葬墓，方向90°。长方形竖穴土坑墓，墓长190、宽68、深22厘米，填土灰黑色，墓底有少量骨碎，无随葬器物。

M58　位于T21西边，石峡四期文化层下，打破石峡三期中期文化层灰沟，该灰沟打破石峡文化M59上层填土。一次葬墓，方向92°。长方形竖穴土坑墓，墓长130、宽48、深20厘米，填土灰黑色，松软，墓底有一层4厘米灰土炭屑，尸骨无存，无随葬器物。

M60（图四六二），位于T58中部，表土层下，打破石峡三期中期文化层，并打破石峡文化M61

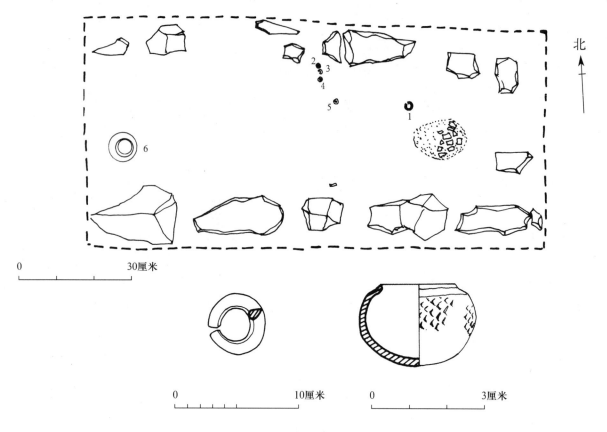

图四五九　石峡三期晚期M1平面图和随葬器物
1.A型玉玦　2~5.玉珠　6.小圆底罐

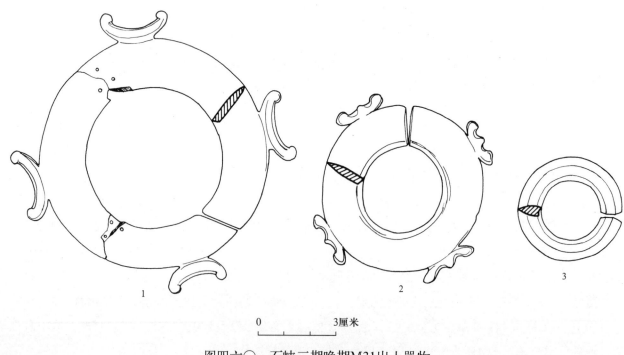

图四六○　石峡三期晚期M31出土器物
1、2.B型玉玦　3.A型玉玦

北

0　　　　　30厘米

图四六一　石峡三期晚期M31填土石灰石平、剖面图和随葬器物

1~3.B型玉玦　4.A型玉玦

上层填土。一次葬墓，方向71°。长方形竖穴土坑墓，墓长142、宽42、深38厘米，填土灰黑色，松软，墓底东端尚存少量骨碎，随葬子口小陶盂1件，玉管2件。

M62 位于T70东南角—T71西南角，表土层下，打破石峡三期中期文化层。一次葬墓，方向88°。长方形竖穴土坑墓，墓长100、宽74、深36厘米，填土灰黑色，松软，墓底西北尚存少量骨碎，无随葬器物。

M63 位于T71北边，表土层下，打破石峡三期中期文化层，墓坑西南边叠压和打破石峡文化M107东北部上层填土。一次葬墓，方向82°。长方形竖穴土坑墓，墓长110、宽70、深24厘米，填土灰黑色，松软，夹杂大量木炭，墓底东端有零星骨碎，无随葬器物。

M64 位于T71东南角，表土层下，打破石峡三期中期文化层。一次葬墓，方向90°。长方形竖穴土坑墓，墓长110、宽60、深24厘米，填土灰黑色，松软，墓底中部、东北角有零星骨碎，随葬大口折肩罐，已残。

M65 位于T59东北，表土层下，打破石峡三期中期文化层。一次葬墓，方向80°。长方形竖穴土坑墓，墓长110、宽65、深28厘米，填土灰黑色夹杂红烧土、炭屑，松软，墓底西北有零星骨碎，无随葬器物。

M66（图四六三），位于T72北边，表土层下，打破石峡三期中期文化层，耕土层下见到墓坑南北两侧放置的石灰石块。一次葬墓，方向90°。长方形竖穴土坑墓，墓长137、宽60、深28厘米，推测原墓口被后期破坏，填土灰黑色，松软，墓底尸骨无存，有11块大小不等石灰石块放在墓底，随葬菱格纹双耳圜底小罐1件。

M70（图四六四；图版二〇一：1、2），位于T50北，表土层下，打破石峡一期文化层。一次葬墓，方向92°。长方形竖穴土坑墓，墓长310、宽110、深37厘米，取耕土层后，见到石灰石凸现在铁锰淋滤层上，有大小不等98块石灰石堆放在墓坑里，大石块重20～30斤，小的2斤，墓底保存完整骨架，四周环绕石灰石33块，填土石灰石与尸骨之间有15厘米黑灰土，人骨经中国科学院考古研究所研究员潘其风先生鉴定，墓主人为中年男性，身高163厘米，年龄45～50岁，牙齿完整，牙面磨蚀较甚，左额角翼部有一圆形伤洞，前额骨有伤痕，具有蒙古人种的基本特征。曲江县人民医院傅振国医生鉴定意见：该女性尸体大概是30岁以前年轻妇女（附录十一）。无随葬器物，填土中出土陶纺轮2件，残石锛2件。

M94 位于T34东北，表土层下，打破石峡三期中期文化层，一次葬墓，方向90°。长方形竖穴土坑墓，墓葬长76、宽58、深16厘米，填土灰黑色，墓底中部见少量骨碎，无随葬器物。

M95 位于T34东北角，同M94并排，表土层下，打破石峡三期中期文化层。一次葬墓，方向90°。长方形竖穴土坑墓，残长100、宽50、深16厘米，填土灰黑色，墓底西端见少量骨碎，2件随葬器物，棱形坠饰1件，残圈足盘口沿1片。

M97（图四六五），位于T23东北角—T24西北角，表土层下，打破石峡三期中期文化层。一次葬墓，方向95°。长方形竖穴土坑墓，墓135、宽55、深25厘米，填土灰黑色，墓底有少量骨碎，随葬2件玉玦，放在墓底南侧偏东。

M106 位于T59西南—T71西北，表土层下，打破石峡三期中期文化层。一次葬墓，方向73°。

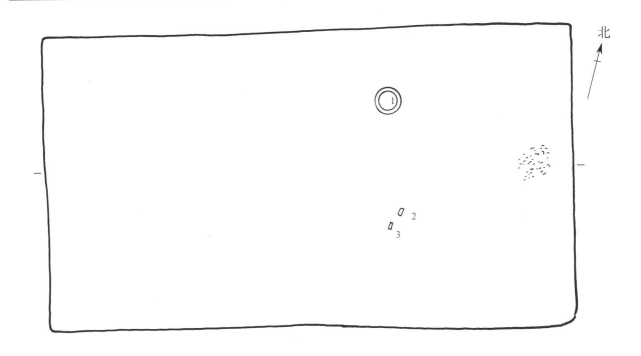

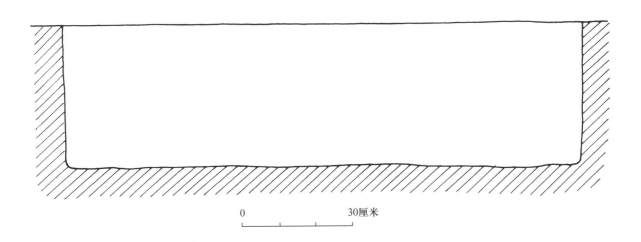

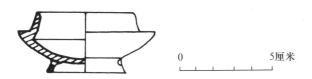

图四六二　石峡三期晚期M60平、剖面图和随葬器物

1.小盂　2、3.玉管

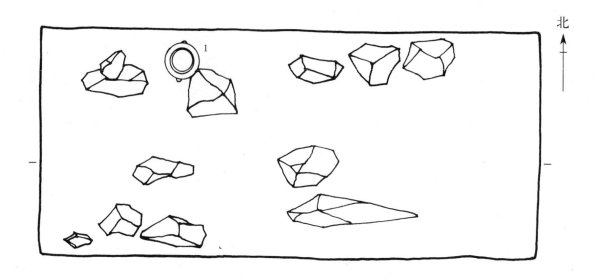

北

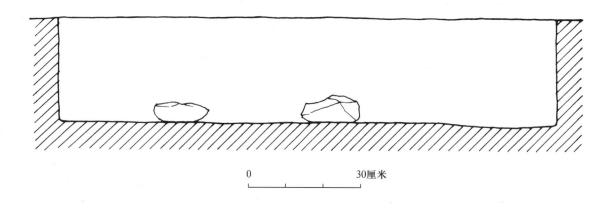

0　　　　　　30厘米

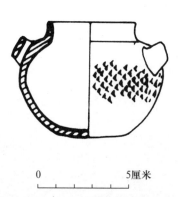

0　　　　5厘米

图四六三　石峡三期晚期M66平、剖面图和随葬器物
1.双耳圜底小罐

北

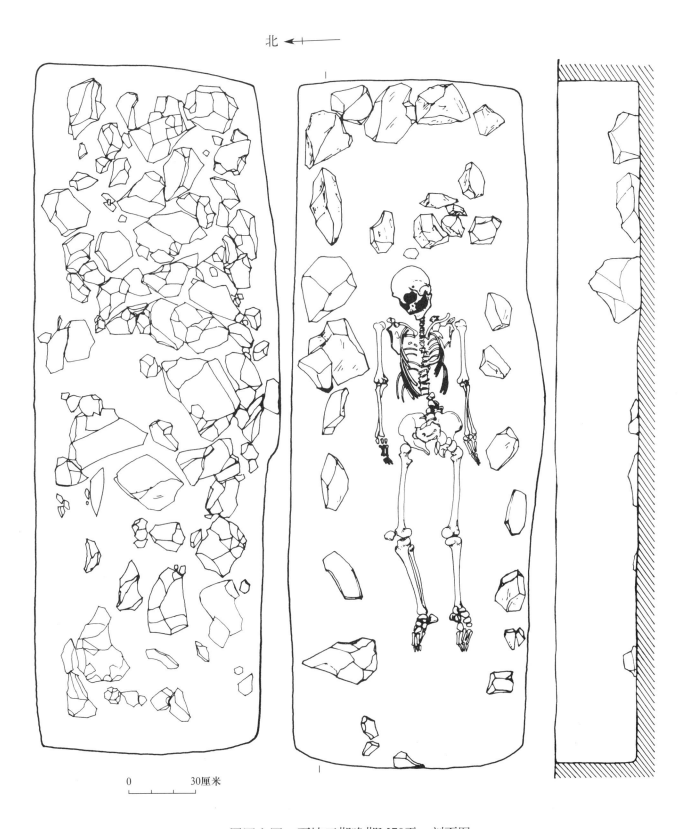

0   30厘米

图四六四 石峡三期晚期M70平、剖面图

长方形竖穴土坑墓，墓长105、宽63、深30厘米，填土灰黑色，杂红烧土、炭屑和石峡三期中期文化层曲折纹、云雷纹陶片，墓底仅存两片碎骨，无随葬器物。

M113（图四六六），位于T1G西—T1H东，表土层下，打破石峡三期中期文化层，西半段叠压在石峡文化M114上层，M113墓底与M114之间有相距12厘米的石峡三期中期文化层堆积。发掘时墓口已被后期破坏，墓边不清楚，填土灰色，较松软，以填土范围为墓坑边进行清理。一次葬墓，方向117°。长方形竖穴土坑墓，墓长235、宽69、残深30厘米，墓底尸骨无存，4件随葬器物，方格纹折肩凹底罐3件，均已残，放在墓底西南，玉玦1件，放在墓底东端。填土里出土曲折纹、方格纹、云雷纹等石峡三期中期Ⅱ段陶片，墓底南侧有一块石灰石。玉玦形制与M31相同。

M117 位于T9东—T10西，表土层下，打破石峡三期中期文化层，墓坑西北角叠压在石峡文化M119之上，M117墓底与M119相距27厘米。一次葬墓，方向93°。长方形竖穴土坑墓，墓长180、东宽56、西宽62、深25厘米，铁锰淋滤层面已见墓坑灰褐色填土，松软，墓底靠北壁有骨碎，无随葬器物。

4.随葬器物种类和数量

30座墓中12座无随葬器物，有M50、M52、M55、M58、M62、M63、M64、M65、M70、M94、M106、M117。其余M1、M31、M35、M40、M60、M66、M72、M82、M83、M92、M95、M97、M110、M113、M125、M126、M128、M130等18座有随葬器物出土，石器16件，陶器43件，陶纺轮12件，装饰品17件，共计89件。随葬石器的墓有9座，随葬陶器的16座，随葬陶纺轮的2座，随葬装饰品的7座。石器种类有梯形锛、长条形河卵石棒、打制石片、砺石、残石镞、残石器及M130出土石圭等。陶器有釜、釜形鼎、罐形鼎、盖罐、捏流宽把壶、罐、圈足盘、盂、豆、杯、器盖。装饰品有玉玦、玉珠、陶管等。随葬器物1～2件的有M66、M72、M95、M97共4座，3～4件的有M31、M60、M83、M92、M113、M125、M130等7座，5～7件的有M1、M126、M128共3座，9件的有M35、M82、M110共3座，仅M40有12件随葬器物，其中陶纺轮有8件。除装饰品外，通体磨光完整石器不多，多数陶器器体小型，器胎单薄，无实用价值，是用于随葬的明器。

5.随葬器物陈放位置

除M31、M70之外，绝大多数墓底尸骨已腐朽，只能视器物置于墓坑某一部位，推测当时陈放位置。

（1）放在墓底东端和头骨附近

M1尚存头盖骨碎片和南壁附近中部一小块上肢骨，发现头部右侧玉玦1件。M31尸骨保存较完整，头骨左侧玉玦2件。M72圈足盘1件置墓底东北端。M82尸骨无存，盖罐1件，陶小盂1件，置墓底东南端。M92，1件有使用痕迹石片置墓底东北。M110平底罐1件置墓底东端中部。M113玉玦1件置墓底东端。M126打制石片2件置墓底东端。

（2）放在上肢附近

M1 玉珠4颗置右手腕部位。M31玉玦1件置右上臂附近，另1件玉玦置右手腕附近。以M31仰身直肢葬时人骨摆放位置作参考，以下5座墓部分随葬品推测其摆放位置在上肢附近。M60小盂1件置右上肢附近，2件玉管置左上肢部位。M97玉玦2件置左上肢附近。M125梯形锛1件置右上肢附近。

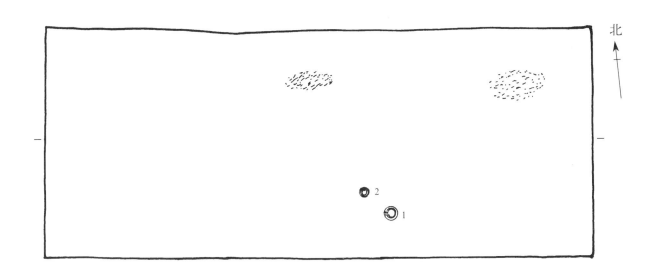

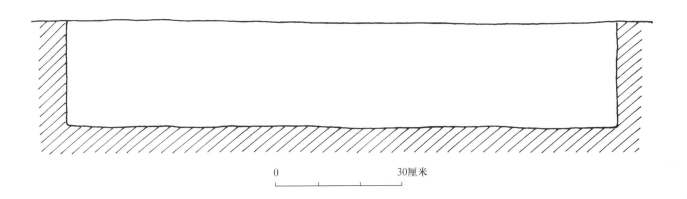

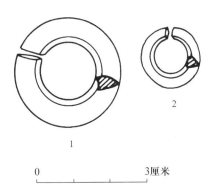

图四六五　石峡三期晚期M97平、剖面图和随葬器物
1、2.A型玉玦

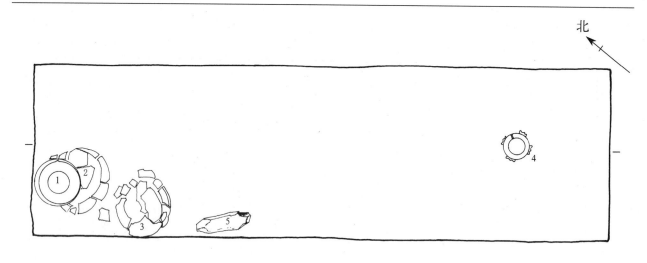

北

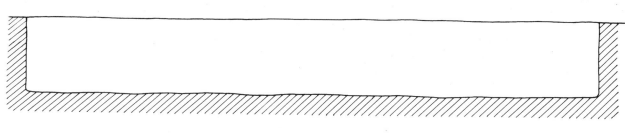

0   30厘米

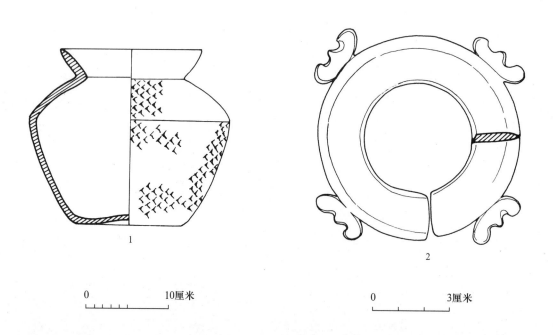

0   10厘米   0   3厘米

图四六六 石峡三期晚期M113平、剖面图和随葬器物
1~3.折肩凹底罐（M113：2） 4.B型玉玦（M113：4） 5.石灰石块

（3）放在墓底中间和西端

M1　夹砂方格纹小釜1件置墓底西端，口朝下，圜底朝上。M35残夹砂罐1件，器盖1件，小陶杯1件，陶纺轮4件，小陶管2件，陶器已破碎置西北角，陶纺轮和陶管置西边。M40陶纺轮8件，河卵石石棒2件，残盘圈足1件置墓底西端。M72陶罐1件置墓底西南角。M82捏流宽把壶1件，圈足盘1件，凹底罐1件，釜1件，石棒1件，石片1件，置墓底西端。M83豆1件，罐1件，釜鼎1件，残穿孔石器1件，置墓底西端。M110小盂2件置中部偏东，盖罐1件，捏流宽把壶1件，凹底罐2件，残镂足圈足1件置墓底中部偏南。M113折肩凹底罐3件置墓底西南角。M125镂孔圈足盘1件，长方格纹凹底罐1件置墓底中间。M126陶罐1件置墓底中间和西边的南壁，残石器、石片置西北角。M128釜1件，残圈足盘1件，捏流宽把壶1件，置墓底西边，釜1件置墓底北壁中间。

二、随葬器物

随葬器物总计89件，有石器、陶器、装饰品等。

（一）石器

17件。出自石峡三期中期Ⅰ段9座墓。器类有梯形锛、石圭、河卵石石棒、残石镞、石片、砺石、残石器等。石器种类和制法均不如石峡文化。

梯形锛　1件。标本M125：3（图四六七：1；图版二〇二：1），弧顶，上窄，刃部宽，正面平直，单面齐刃，刃端呈弧形，背面下段稍拱起，下斜磨面至刃部。长6.3、顶宽2.1、刃宽4.6、厚1.1厘米。

长条形锛　1件。标本M128：6（图四六七：2），用一块扁长条形砾石制成，一端磨成单面齐开，刃端弧形已残，横断面椭圆形。残长7.1、刃宽1.7厘米。

石圭　1件。标本M130：1（图四六七：3；图版二〇二：3），用扁长石片加工而成，锋部经磨制呈不对称三角形，圭身打制成形，未经磨制，无脊、无阑、无内、无穿。为早期石戈或石圭。长12.2、身宽4.1、厚0.5厘米。

残石镞　2件。标本M110：9（图四六七：5），柳叶形，前锋已残，断面为菱形，镞身两面凸脊通铤，无后锋尖角。残长5.4、铤长2.2厘米。标本M128：7（图四六七：6），柳叶形，断面菱形，前锋和铤均残。残长4.2厘米。该两座墓均打破石峡文化层，残石镞可能是石峡文化遗物。

砺石　1件。标本M40：1（图四六七：4），扁平梯形，上下均已残断，下半段双平面下凹，有摩擦使用痕迹，横截面为长方形。红色砂岩石料制成。残长13、宽5.2、厚0.7~1.2厘米。

石棒　3件。用长条圆形砾石制成。标本M40：3（图四六七：8；图版二〇二：2），保留自然面，器身遗留三处打制后剥落破裂面，石棒断面近圆形。长18.1厘米。相同两件石棒并排置墓底西端和陶纺轮放在一起。

石片　6件。打制圆形或椭圆形砾石的一边或石面而成。一面是河砾石光滑面，一面是打制后的粗糙面，石片边缘较锐利。标本M82：9（图四六七：9），椭圆形小砾石的半边，边缘经加工较为锐利，因使用过，已部分磨损。长4.7、宽3.5、厚0.5~1.1厘米。标本M92：3（图四六七：10），从砾石一端打制的石片，砾石面边缘再打制加工，较为锐利。长4.6、宽3.4、厚0.2~1.4厘米。标本M126：5（图四六七：11），从砾石上打制的石片，未进一步加工，长4、宽3厘米，该墓出土4件

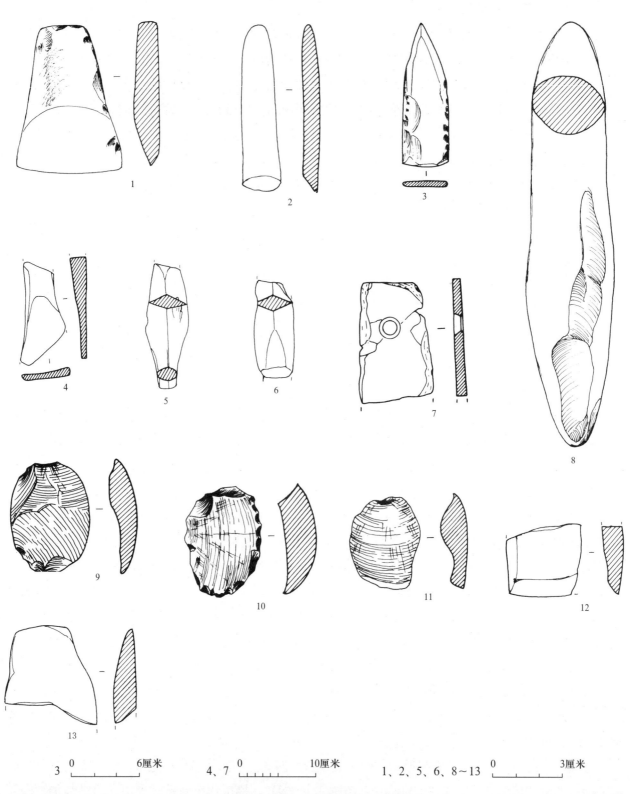

图四六七　石峡三期中期I段墓葬石器

1.梯形锛（M125：3）　2.长条形锛（M128：6）　3.石圭（M130：1）　4.砺石（M40：1）　5.残石镞（M110：9）　6.残石镞（M128：7）　7.残石器（M83：1）　8.石棒（M40：3）　9.石片（M82：9）　10.石片（M92：3）　11.石片（M126：5）　12.残石器（M70：3填土）　13.残石器（M70：4填土）

石片。

残石器　2件。标本M83：1（图四六七：7），顶部磨平，双面管钻一孔。长7.3、宽3.3～4.5、厚0.6厘米。标本M70：3（图四六七：12），残长3、残宽3.3、厚0.9厘米。标本M70：4（图四六七：13），似有肩石器，残长4、宽4、厚1厘米。在M70填土出土。

（二）陶器

43件。其中36件已修复，或可辨认出器形，7件残损厉害。经过对数量有限陶器的分析，其特点如下：

陶器制法，手制、模制和轮修兼用。捏流宽带壶高领和圈足盘的圈足根部分遗留经轮旋后平行纹或阴阳弦纹。常见陶器折肩或折腹处有一周棱脊。陶质以泥质为主33件，占陶器的76.7%。夹砂陶10件，占陶器的23.3%。夹砂陶器用夹细砂制成，泥质陶器的陶胎土质细腻，器壁较薄，部分盂、凹底小罐器壁厚0.1～0.2厘米。陶色以灰陶为主，夹砂灰陶和泥质灰陶器29件，占陶色的67.4%，其次有红陶6件，占14%。还有夹砂褐陶，泥质灰黄陶、橙黄陶、黑陶等。在同一件器表上，陶色纯净，不再出现陶色斑驳不一现象。陶器以素面无纹陶器较多见，为23件，占陶器53.5%，几何印纹陶11件，占25.6%，圈足饰小圆镂孔3件，占7%，饰绳纹仅1件。几何印纹有方格纹、小方格纹、长方格纹、复线长方格纹、双线方格凸点纹，三期晚期墓有菱格纹、大方格纹（图四六八：1～7）。特点是花纹线条较纤细，排列整齐且密集，印痕比前期要深，每组花纹之间的交错叠压现象，均比石峡文化时期有很大程度减少。其他纹饰有圈足盘圈足饰小圆形镂孔，壶的宽把上饰瓦纹、刻划纹及壶肩上鸟啄形饰，盘、豆圈足根饰凹凸平行纹。陶器形制流行敞口，折沿、折肩或折腹凹底罐；壶矮圈足外撇；圈足盘的盘身为浅盘呈钵形；部分罐、盂为圜凹底，少数为平底。较具明显特征陶器为捏流宽把壶和扁圆腹、圜凹底罐。

现将石峡三期文化墓葬陶器作如下介绍。

折肩圈足罐　1件。标本M72：2（图四六九：1；图版二〇二：5），圆唇，敞口外折，束颈，斜折肩，直腹下部折腹内收，圜底，下接矮圈足外撇，折肩和折腹外壁两周凸棱。素面，泥质灰陶。通高7.3、口径14、腹径14.8、底径9.5厘米。

釜形鼎　1件。标本M83：4（图四六九：5；图版二〇二：6），圆唇，侈口，束颈，削肩，扁圆腹，圜底，下腹部接三角形楔形足，横截面呈梯形，正面有凹槽。素面，夹砂红陶。通高10.8、口径10、腹径11.8、足高5.2厘米。

釜　3件，出自两座墓。敞口，折沿折腹，圜底。标本M82：5（图四七〇：2；图版二〇三：1），尖唇，敞口，宽沿外折，束颈，削肩，折腹，圜底。素面，薄胎，夹砂灰陶。通高8、口径15、腹径13.6厘米。

豆　3件，出自3座墓。分三型。

A型　标本M83：3（图四六九：4；图版二〇二：8；彩版三五：2），尖唇，敞口，浅盘，折腹，外壁一周折棱，底近平，盘底下接喇叭形圈足。足上有两排圆镂孔，泥质红陶。通高9.6、口径11、盘深4.8、足高4.8、足径8.8厘米。

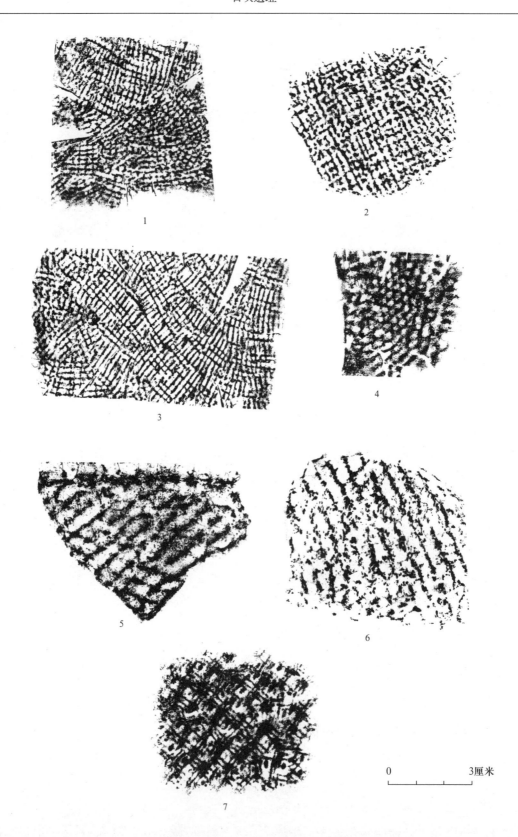

图四六八　石峡三期中期I段、晚期墓葬陶器花纹拓片

1.长方格纹（M125：2）　2、4.小方格纹（M128：4、M66：1）　3.复线长方格纹（M28：5）　5、6.菱格纹（M113：2、3）　7.双线方格凸点纹（M110：2）

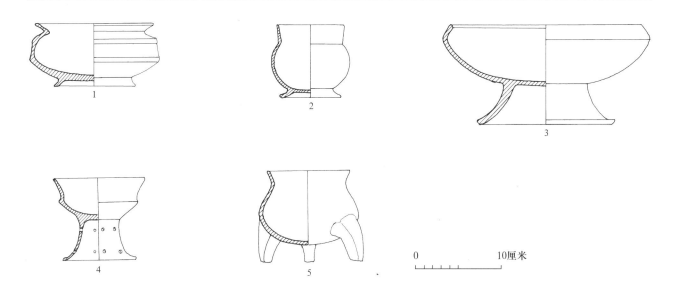

图四六九　石峡三期中期Ⅰ段墓葬陶豆、圈足罐、釜形鼎

1.折肩圈足罐（M72：2）　2.A型圈足罐（M83：2）　3.B型陶豆（M72：1）　4.A型陶豆（M83：3）　5.釜形鼎
（M83：4）

　　B型　陶豆1件。标本M72：1（图四六九：3；图版二〇二：4；彩版三五：1），圆唇，敛口，外沿内折，有一周折棱，弧壁，深盘，圜底近平，下接大喇叭形圈足，足沿外撇有一周凸棱。素面，泥质灰陶。与地层出土石峡三期早期AbⅠ式豆相同。通高11.6、口径23、盘深7.2、足高4.4、足径16厘米。

　　C型　2件，均残。标本M128：2（图四七一：3；图版二〇三：4），圜唇，敞口，弧腹，圜底，浅盘为钵形，盘底下接喇叭形足，已残。素面，泥质灰陶，陶胎较薄易碎。残高6.5、口径15.1、盘深4.4厘米。

　　罐形鼎　1件。标本M130：2（图四七〇：1；图版二〇三：3；彩版三五：4），圆唇外折，小口微敛，领稍高，斜领上小下大，圆肩，腹部扁圆，圜底，腹下部接三条锥形足，足尖内捏似鸟嘴。素面，泥质红陶胎，器表青灰色。通高7.1、口径5.2、腹深5.4、腹径8.8、足高3厘米。小型明器。

　　圈足罐　4件，出自4座墓。分二型。

　　A型　2件。无器盖。标本M83：2（图四六九：2；图版二〇二：7），圆唇，侈口，圆肩，圆腹，圜底近平，下接矮圈足外撇。素面，薄胎，泥质灰黄陶。通高8.4、口径8、腹径9.3、足径7.2厘米。标本M126：1（图四七〇：10），圆唇，敞口，高领，束颈，斜折肩，弧腹，圜底，下接圈足外撇，器腹残。素面，泥质灰陶。残高19、口径4.3、肩径19、足径11.5厘米。

　　B型　2件。标本M82：6（图四七〇：4；图版二〇三：2），圆唇，敛口，口沿和肩相连，折肩，肩部向内弧，斜弧腹，平底，下接圈足外撇。斗笠形器盖，圆形纽。素面，泥质灰黄陶，器壁较薄。通高10.9、壶高8.5、盖高3.4、壶口径6、壶肩径9.5、足径6.6、盖口径7厘米。标本M110：1（图四七〇：3；图版二〇四：1），圆唇，敛口，口沿和肩部相连，肩径特宽，广折肩内弧，圆弧腹，平底，下接矮圈足外撇，肩部饰三个对称鸟啄形饰，口沿覆置斗笠形器盖，圆形纽。素面，泥

9、10　 0 _____ 6厘米

其他　 0 _____ 10厘米

图四七〇　石峡三期中期I段墓葬罐形鼎、釜、圈足罐、捏流宽把壶

1.罐形鼎（M130：2）　2.釜（M82：5）　3.B型圈足罐（M110：1）　4.B型圈足罐（M82：6）　5.捏流宽把壶
（M82：3）　6.捏流宽把壶（M128：4）　7.捏流宽把壶（M110：2）　8.A型凹底罐（M128：5）　9.A型凹底罐
（M110：3）　10.A型圈足罐（M126：1）　11.B型凹底罐（M125：2）

质灰陶。通高14、壶高10.8、盖高4、壶口径15.2、足径9、盖口径8.2厘米。

捏流宽把壶　3件，出自3座墓。有流，高领，广折肩，深圆腹，下接圈足外撇，扁平条状把连接在器肩和高领间，与流口对称，由口沿和高领一侧捏成流口。标本M82：3（图四七〇：5；图版二〇四：2；彩版三五：3），尖唇，窄沿外折，高领外斜有两周凸棱，广肩折，深弧腹，圆底，下接矮圈足外撇，口沿和圈足均留有轮旋痕迹。肩、腹、底部拍印绳纹，器把上压有瓦纹，泥质灰陶。通高14.3、口径10～11.8、肩径15.6、足径10.6厘米。M128：4（图四七〇：6；图版二〇四：3；彩版三五：5），尖唇，窄沿稍外折，高领外斜，有一周凸棱，平折肩，扁圆腹，圆底，下接矮圈足外撇。肩、腹、底部饰小方格纹，器把上压印瓦纹，泥质灰陶。通高15.5、口径11～12.2、肩径17.8、足径11.8厘米。标本M110：2（图四七〇：7；图版二〇四：4；彩版三六：4），尖唇，口沿外折，领特高稍外斜，内捏流口较甚，圆广肩，扁圆腹，圜底，下接矮圈足外撇，壶身横截面近椭圆形。领部有轮修留下凹凸弦纹，器身饰双线方格凸点纹，扁平壶把饰瓦纹和纵向横向及方格刻划纹，泥质灰陶。通高18.4、口径12～14.8、肩径17.8～19、足径11.4厘米。

凹底罐　5件。出自4座墓。分两型。

A型　4件。敞口或侈口，圆肩或折肩，扁圆腹，凹底。分二式。

标本M128：5（图四七〇：8；图版二〇四：5；彩版三五：6），圆唇，敞口外折，矮颈，圆肩，弧腹，凹底，颈和肩连接口痕迹清晰。通体饰复线长方格纹，泥质灰陶，陶质较硬。高9.2、口径9.2、腹径12.6、底径5厘米。其他3件折肩，均残，器壁甚薄。标本M110：3（图四七〇：9；图版二〇六：1），尖唇，侈口，斜领，削肩，折弧腹，凹底，器身横截面为椭圆形。器身饰小方格纹，印痕浅，泥质红陶。另一件相同形制为M110：4凹底罐。高8、口径7、肩径11、底径5厘米。

B型　1件。标本M125：2（图四七〇：11；图版二〇四：6；彩版三六：1），平唇，侈口，口沿内壁一周凸棱，矮领，斜削肩，折弧腹近器底，凹底，横截面呈椭圆形。器表饰长方格纹，泥质灰陶，陶质较硬。高8.5、口径8、腹径9.5、底径5厘米。

圈足盘　3件，出自3座墓。钵形盘身，下接大直径亚腰形圈足，圈足饰凹凸弦纹或镂孔。标本M82：1（图四七一：1；图版二〇三：5），尖薄唇，敞口，浅盘，弧腹，圜底，下接亚腰大圈足。足根有3周凸弦纹，泥质灰陶，器表灰褐色，器胎薄。通高7.5、口径14、足径11厘米。同一形制还有M130：3，圈足盘，已残。标本M125：1（图四七一：2；图版二〇三：6；彩版三六：2），方唇，敞口，浅盘，弧腹，圜底，下接亚腰大圈足。足沿外撇。圈足饰3周小圆孔，泥质灰陶。通高7.3、口径13、足径12.5厘米。

平底罐　1件。标本M110：8（图四七一：5；图版二〇六：4），尖唇，敞口，折沿，束颈，广肩，扁圆腹，小平底。肩部和折腹有2～3周弦纹，泥质灰陶，薄胎。高5.6、口径6.8、腹径9.8、底径4厘米。

杯　1件。标本M35：9（图四七一：4；图版二〇六：2），尖唇，敛口，弧腹，圜底，下接矮圈足。器身下腹部一周附加堆纹，泥质橙黄陶。器里底部有制作时留下的手指印痕。通高6.2、口径8.2、底径6厘米。

盂　3件，出自2座墓。小口，圜底或凹底，小型明器。分二型。

A型　2件。小口，圜底。标本M82：7（图四七一：6；图版二〇五：1），尖唇，小口敛，圆

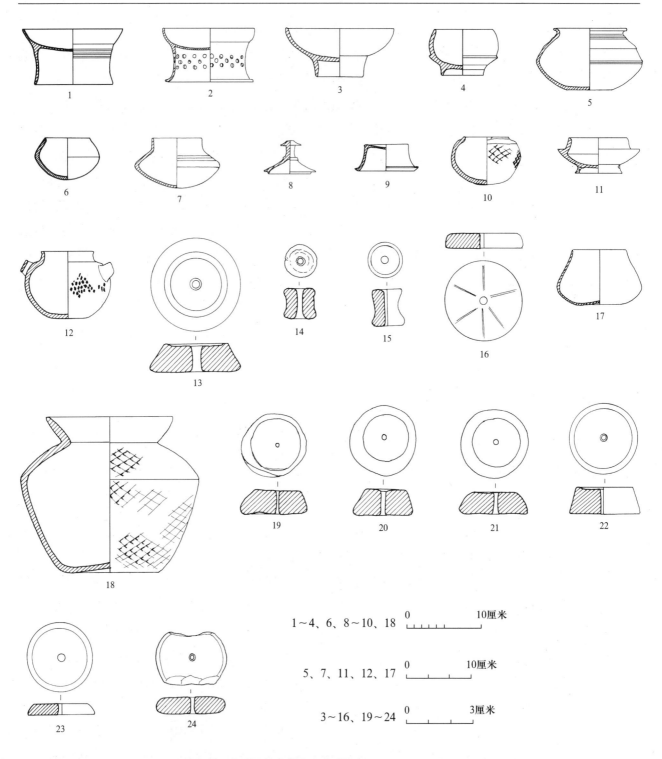

图四七一　石峡三期中期I段、晚期墓葬圈足盘、陶豆、杯、盂、凹底罐、陶纺轮、陶管

1.圈足盘（M82：2）　2.圈足盘（M125：1）　3.B型豆（M128：2）　4.杯（M35：9）　5.平底罐（M110：8）　6.A型盂（M82：7）　7.A型盂（M110：6）　8.器盖（M35：7）　9.残圈足（M40：4）　10.圜底罐（M1：6）　11.子口小盂（M60：1）　12.双耳罐（M66：1）　13.A型陶纺轮（M35：2）　14.陶管（M35：1）　15.陶管（M35：6）　16.B型陶纺轮（M40：5）　17.B型盂（M110：7）　18.折肩凹底罐（M113：2）　19.A型陶纺轮（M35：3）　20.A型陶纺轮（M35：4）　21.A型陶纺轮（M35：5）　22.A型陶纺轮（M40：11）　23.B型陶纺轮（M40：12）　24.C型陶纺轮（M40：8）

肩，折腹，圜底。素面，泥质灰陶，器胎薄。高5.5、口径6.1厘米。标本M110：6（图四七一：7；图版二〇五：2），尖唇，小口，直领，斜折肩，斜腹，圜底。素面，泥质灰陶。高4.5、口径4.6、腹径8厘米。

B型　1件。标本M110：7（图四七一：17；图版二〇五：3），口沿已残，小口，斜肩，弧腹，凹底。素面，泥质灰陶，器胎薄。残高5、残口径5、腹径8厘米。

器盖　1件。标本M35：7（图四七一：8；图版二〇五：4），高斗笠形，纽似蘑菇状，子口覆盘形盖身。素面，泥质灰陶。通高4.6、盖径6厘米。

残圈足　1件。标本M40：4（图四七一：9），圈足沿外撇，推测是圈足罐的足。素面，泥质灰陶。残高3.6、底径7.7厘米。

陶纺轮　12件，出自2座墓。圆形中间穿一孔，断面为梯形或椭圆形。分三型。

A型　8件。覆盆形，断面为梯形。

覆盆形，上小下大，斜边不整齐，中间穿一小孔，断面梯形较厚身，个体小型。标本M35：2（图四七一：13；图版二〇五：5），素面，夹砂黑陶。直径3、厚1厘米。标本M35：4（图四七一：20；图版二〇五：5），素面，夹砂黑陶。直径3、厚1.2厘米。标本M35：5（图四七一：21；图版二〇五：5），素面，夹砂黑陶。直径3.1、厚1厘米。标本M35：3（图四七一：19），素面，泥质灰陶。直径4.2、厚1.3厘米。标本M40：11（图四七一：22），斜边平直，素面，泥质灰陶。直径3.4、厚1.2厘米。

B型　2件。矮身覆盆形，上小下大，周边斜弧。断面薄身梯形。标本M40：5（图四七一：16；图版二〇五：6），平顶与斜边呈圆弧形，底部饰六条做放射状刻纹。泥质灰陶。直径3.6、厚0.7厘米。标本M40：12（图四七一：23；图版二〇五：6），薄体，素面，泥质灰陶。直径3.2、厚0.5厘米。

C型　1件。标本M40：8（图四七一：24），已残，扁平圆形，周边圆弧，断面为扁平椭圆形。素面，泥质灰陶。直径3.3、厚0.8厘米。

陶管　2件，为装饰品，出自同一座墓。圆形，两头大，中间穿一孔，用夹砂黑陶制成。标本M35：6（图四七一：15），直径1.6、长1.6厘米。标本M35：1（图四七一：14），直径1.5、长1.4厘米。

石峡三期晚期墓葬19座，除M70填土出土陶纺轮2件、残石器2件之外，有陶器7件、玉玦8件、玉珠4件、玉管2件、棱形坠饰1件，共计22件，其中三件陶器残缺。

陶器　7件。出自5座墓，多数为器体小型明器。其中M95的1件圈足盘已残。不分型式。

小圜底罐　1件。标本M1：6（图四七一：10），小口，口沿已残，折肩，鼓腹，圜底。拍印方格纹，夹砂灰陶，器胎较厚。高6.5、残口径6厘米。

双耳罐　1件。标本M66：1（图四七一：12；图版二〇六：5；彩版三三：3），圆唇，小口，斜领。圆肩，鼓腹，圜底折平，亦有花纹，肩部附对称双贯耳。器表饰菱格纹，经观察为粘接双耳之后压印菱格纹，泥质灰陶，器胎较厚。高6.2、口径4.8、厚0.25厘米。

小盂　1件。标本M60：1（图四七一：11；图版二〇六：6），圆唇，子口微敛，斜腹，圜底近平，下接矮圈足外撇，足根有对称小圆孔。素面，泥质灰陶。通高3.2、口径5.6厘米。

折肩凹底罐　3件，仅一件修复。标本M113：2（图四七一：18；图版二〇六：3），圆唇，敞口，宽沿外折，束颈，广折肩，斜腹，凹底。通体拍印大方格纹，夹砂红陶。高21.1、口径17.5、腹径25、底径14厘米。

装饰品 15件。出自6座墓。有玉玦、玉珠、玉管、坠饰等。

玉玦 8件。扁环形，一侧有缺口。分二型。

A型 4件。环形，肉宽而扁薄，缺口整齐，内孔为双面钻成，玦边薄，孔壁稍厚，小型。标本M1：1（图四七二：2；图版二○七：2；彩版三七：5），小型，在头骨片附近出土。直径1.6、内径0.8、厚0.2厘米。标本M97：2（图四七二：3；图版二○七：3；彩版三六：5），周边薄，小型。直径1.6、内径1、厚0.35厘米。标本M97：1（图四七二：1；图版二○七：4；彩版三六：6），直径3、内径1.9、厚0.4厘米。标本M31：4（图四七二：4；图版二○七：5；彩版三七：1），出土时置头骨左侧。直径4、内径2.3、厚0.7厘米。

B型 4件。环形，肉宽且扁薄，内缘较厚，外缘薄似利刃，一侧有切割整齐的缺口，内孔为单面钻，周边透雕四个对称的"山"字形或"C"形凸饰。标本M31：2（图四七二：8；图版二○八：1；彩版三七：3），周边透雕四个"山"字形凸饰。直径6.4、内径3.7、肉厚0.3厘米。标本M31：1（图四七二：9；图版二○七：6，彩版三七：6），周边透雕四个"C"形凸饰，肉面两处断

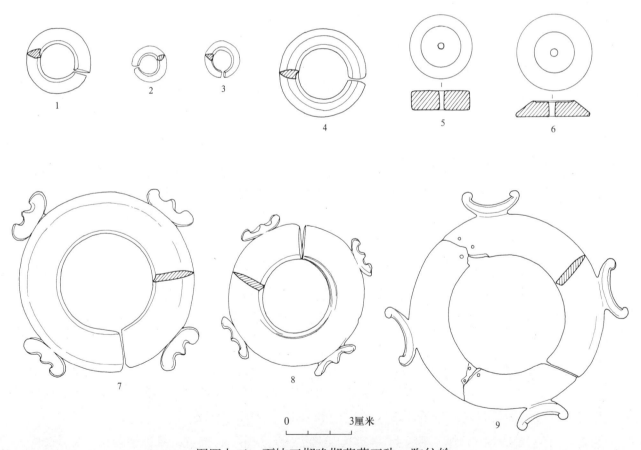

图四七二 石峡三期晚期墓葬玉玦、陶纺轮

1.A型玉玦（M97：1） 2.A型玉玦（M1：1） 3.A型玉玦（M97：2） 4.A型玉玦（M31：4） 5.陶纺轮（M70：2填土）
6.陶纺轮（M70：1填土） 7.B型玉玦（M113：4） 8.B型玉玦（M31：2） 9.B型玉玦（M31：1）

裂各穿出3个用于接驳用的小孔，直径9、内径5.4、肉厚0.3厘米。标本M113：4（图四七二：7；图版二〇八：2；彩版三七：4），周边透雕四个"山"字形凸饰。直径8.2、内径4.3、厚0.4厘米。标本M31：3（图版二〇八：3；彩版三七：2），直径8.1、内径4.6、肉厚0.3厘米。

玉管　2件。出自同一座墓。标本M60：2、3。

玉珠　4件。同出M1，出土时置墓底右手腕部位，3件完整，1件已残。标本M1：2、3、4。

棱形坠饰　1件。标本M95：1（图版二〇七：1）。

残有肩石器　1件，M70填土出土，该墓为表土层下，打破石峡文化层，无随葬品。标本M70：4（图四六七：13），弧顶，钝角肩，肩部不明显，正面平直，背面微拱，刃部已残。残长4.2厘米。标本M70：3（图四六七：12），残锛刃部，正面平直，背面微拱，单面斜刃。残长3、刃残宽2.6厘米。

陶纺轮　2件。M70填土出土。标本M70：1（图四七二：6），斗笠形，薄体，中间穿一孔，顶部小且稍下凹，斜边，底部平，断面梯形。素面，泥质黑陶。直径3.5、厚0.7厘米。标本M70：2（图四七二：5），截圆柱形，中间穿一孔，正面有一周刻划纹，直边，平底，断面长方形。泥质灰陶。直径2.8、厚0.8厘米。

第三节　小　结

一、层位堆积

本期的层位堆积，是四个时期之中分布较为普遍的。有些探方中还可以分出上下两层，即②B晚段（中期Ⅱ段）和②B早段（三期早期），这在相当一部分探方的遗物统计表中也有所反映：有些遗迹如T64Y1和灰坑T29②ＢH42等，可以从遗物主要是陶器的特征判别其分属于②B早段（三期早期）和②B晚段（三期中期Ⅱ段），报告文字中分为石峡三期早期和石峡三期中期Ⅱ段。总之，本期的层位堆积是清楚的。

二、遗迹

本期遗迹有红烧土遗迹、灰坑、柱洞和窑址等。

红烧土遗迹在许多探方都有发现。有些探方可断断续续地连接成层、成片；有些红烧土硬块，明显是木骨泥墙的构件，有的还掺和有稻谷壳或稻草碎片，还无法确定与房址的关系。

灰坑　本期灰坑从坑口形状可分圆形、椭圆形，数量较多，灰坑中出土陶器残片和少量石器、陶纺轮等。其中以T29②ＢH42出土的陶器最为丰富，是三期中期Ⅱ段典型灰坑，并从这些典型单位陶器共存关系去比较其他陶器。

柱洞　本期的柱洞数量众多，难于统计。最深的为70～80厘米，最浅的仅10厘米左右；一般的为30～50厘米不等。许多柱子洞填土中夹杂有红烧土碎块和陶片，可作为判断其年代的一个参考。本期的许多探方在不同深度的同一平面上，出现大小不一、深浅不等、疏密不均的柱子洞群，看似呈圆形、椭圆形、不规则形，但缺乏规律性，加上当时绘图、记录资料不详和缺乏比较研究，因而也难以判断它们属什么性质的建筑遗迹。

灶坑　明确的仅有3个，分别发现于T2、T3和T4A等探方。

窑坑　发现4座，均为残窑。T64Y1底部为长方坑窑；3座为椭圆形穴窑，即T4C～T4DY2、T2GY3和T5CY4，其中以T64Y1的出土陶器最为丰富，可作为三期早期的典型单位，并由此去比较其他探方出土的同类器物。

三、文化遗物

本期的文化遗物有：石质生产工具和石戈、玉石饰物、陶纺轮、陶器生活器皿和其他遗物。由于分布和遗留的文化堆积比较普遍，本期出土的文化遗物是较为丰富的。除墓葬中少量陶器较完整，可供修复的陶器不多。

（一）生产工具和武器有：锛、凿、斧、磨盘、磨研器、镞、矛、刀、戈、石片石器和砺石等，其中以石锛数量最多，石镞次之。

石斧仅6件，可分长方梯形、双肩型、有肩有段型和穿孔型。以有肩有段型的比较特殊。

石锛　计627件。是本期石器中最多的一类，可分：①长身锛（121件）；②梯形锛（172件），梯形锛中此次还分出一种两端刃锛9件；③有段锛19件，数量反比第二期文化（特别是石峡文化墓葬的）少；④有肩锛（33件，其中双肩的占25件），肩角多呈溜肩和钝角，呈直角的很少；⑤有肩有段锛（计11件），是新出现的锛，在珠江三角洲地区是与高领罐、凹底罐共存的石器，如东莞村头遗址[1]、高要金利茅岗遗址[2]、深圳市南山向南村遗址[3]、佛山河宕遗址[4]。石峡文化未见此类石锛。本期有肩有段锛中，以长柄短身、肩角近于直角、石料为粗砂岩的石器较有特色。这种型式和石料的锛，它不同于霏细岩的双肩石锛，该类石锛应属石峡三期中期，源自珠江三角洲地区同期遗址。本期以长身锛和梯形锛为主，与石峡文化同类锛形制最大的区别是背部的下段磨出一个斜面而形成隆背，有些其弧形横脊虽然相当明显，但我们没有将这种弧脊明显的隆背锛划分为有段锛。

武器有石戈、石矛和石镞等。石料多数为深灰色千枚岩。

石戈（计16件），均残件，仅存内和穿，无阑，内后缘斜或平，不见援部。广东东莞村头遗址、深圳向南村遗址出土较为完整石戈，广东高要茅岗遗址在水塘里采集的1件石戈、广东珠海平沙棠下环商时期遗存[5]，其内部与石峡三期石戈内部相同。该类石戈与凹底罐、高领罐共存，是石峡三期中期的遗物。

石镞　计176件，约占本期石器总数的16%左右。从器身外形分，可分为扁菱型（柳叶形）、三棱型（三角形）和多棱型（剖面四边形或五边形）三类。第Ⅰ类共同特点器身剖面呈扁棱形或方菱形，铤部都不是圆铤；第Ⅱ类器身剖面呈等边三角形，铤部大多数为圆铤，即三棱圆铤镞；第Ⅲ类器身前段为四棱形，还有少量为五棱体，有些器身后段为圆柱体，多为圆铤。以上三类，第Ⅰ类多见于石峡文化同类镞；第Ⅱ类、第Ⅲ类不见于石峡文化，从这个意义上说，第Ⅱ类、第Ⅲ类石镞是

[1]　广东省文物考古研究所等：《东莞村头遗址第二次发掘简报》，《文物》2000年9期。

[2]　杨豪等：《广东高要县茅岗水上建筑遗址》，《文物》1983年12期。

[3]　叶杨等：《深圳市南山向南村遗址的发掘》，《考古》1997年6期。

[4]　广东省博物馆等：《佛山河宕遗址》，广东人民出版社，2006年8月。

[5]　广东省文物考古研究所等：《珠海平沙棠下环遗址发掘简报》，《文物》1998年7期。

本期最富特点的镞型。同类镞在广东佛山河宕遗址见于兽骨制作的骨镞，三水银洲2组[1]有骨镞和石镞。石刀中有一件长方形穿孔石刀比较典型。

（二）玉石、陶质饰物

器类有：环、玦、镯和"T"字环以及环芯等。

玉环、石环共16件，可分三型：A型器形较大，横剖面呈五边、六边、八边形，边沿平薄，外径7～12.8，孔径3.8～6厘米不等。孔径4厘米以下的，似不能作手环。B型器形较小，窄带扁平体，边沿或薄尖或钝圆。C型器形更小，剖面略呈方形或圆角方形，厚1厘米左右。石料有云母石英岩、石英岩和乳白色透闪石。石镯2件，同石峡文化A型石环相似。玉、石玦4件。比较特殊的是本期出现有3件断面呈"T"字陶环[2]。质料为灰黄色、灰红色细泥陶，所谓"T"字环是指这种环的孔沿上下突起，其剖面似英文字母T字，亦有称有肩环、突唇环、"T"字环、钏和特种璧者或有领璧形器。质料有玉、石、青铜等，年代属夏、商、周均有，唯陶质者罕见。"T"字环在珠江三角洲地区古遗址有较多发现，如广州南沙鹿颈村遗址、东莞村头遗址、深圳向南村遗址、珠海平沙棠下环商时期遗存、香港马湾岛东湾仔北遗址第二期遗存[3]，香港大屿山蟹地角、南丫岛大湾[4]，南海鱿鱼岗遗址。用泥质陶烧成的，村头遗址较多，其他遗址为石质"T"字环，与之共存的陶器有圈足器、凹底罐（前期无凹底罐）和高领罐，因而推测"T"字陶环是石峡三期早期沿至中期II段的遗物，南沙鹿颈村和村头遗址均出土石、骨牙璋。珠海鸡山遗址[5]、中山市中珠排洪渠[6]各出土1件与夔纹陶罐共存的青铜"T"字形环。它是夏、商、周文化因素南传的一种物证。

（三）陶纺轮和圆陶片

本期出土陶纺轮193件，分为四型。其中C型II式—IV式；D型I式、II式为本期有特色陶纺轮。在深圳向南村、香港东湾仔北、高要茅岗、河宕②层和③层、东莞村头、三水银洲2组均有出土。

圆陶片本期出土38件，所谓圆陶片是指当时人们有意识地把陶器的破碎残片打琢成圆形、椭圆形，边沿稍加磨制而成。一面保留原来花纹，质地大多为泥质陶，因用途未明，暂称圆陶片。石峡遗址第一期、第二期文化已有发现。但并非同期遗址均有出土，高要茅岗遗址曾出土32件，其他遗址未见有出土的文字资料记载。

（四）生活用具——陶器

本期陶器的陶系、器形、纹饰和制法，在第四章已作过较详细的叙述。

1.陶系：本期的陶质，包括夹砂陶和泥质陶。据1980年统计，共出陶片49794片，其中夹砂陶17408片，占陶片总数的34.96%；泥质陶32386片，占陶片总数的65.04%，泥质陶数量比石峡二期有所增加。夹砂陶陶色主要是红褐色和灰黑色，驳杂不一，与石峡二期基本一致；泥质陶已基本没有石峡二期文化的黑皮磨光陶，而以灰色、灰红色和灰黄为主，表明灰红、灰黄色薄胎陶较石峡二期有较多的增加，泥质陶主要是罐类中有一部分青灰色陶，陶质坚致，可能已属硬陶。这些是本期陶

[1] 广东省文物考古研究所等：《广东三水市银洲贝丘遗址发掘简报》，《考古》2000年6期。

[2] 吉开将人：《论"T字玉环"》，《南中国及邻近地区古文化研究》，香港中文大学出版社，1994年。

[3] 香港古迹古物办事处：《香港马湾岛东湾仔北史前遗址发掘简报》，《考古》1999年6期。

[4] 《岭南古越族文化论文集》，第216、217页。香港博物馆编制、香港市政局出版，1993年11月。

[5] 李子文：《唐家镇大坞环、鸡山遗址》，《珠海考古发现与研究》，广东人民出版社，1991年11月。

[6] 中山市博物馆编：《中山历史文物图集》，香港大公报印，1991年11月。

质陶色的基本特点。

2.器形与制法：石峡三期的陶器群和器形特点及其制法，与石峡二期陶器从总体看来有根本的区别。石峡文化盛行的、富有特色的三足鼎、三足盘、圈足盘、盖豆和直口高颈扁腹圈足壶等，本期几乎消失殆尽，取而代之的是具有本期文化特点的陶器群。

夹砂陶主要有：圜底釜罐类、圈足罐、豆和器座。泥质陶以敞口宽沿凹底罐（石峡三期早期无凹底罐）、敞口高颈圈足罐（尊）为主，还有折肩罐、细把弦纹豆、有流罐、捏流宽把壶等；在文化层和同期的墓葬中，出现了一些小型明器。在制法上应出现慢轮制作或慢轮修整，主要表现在敞口宽沿、敞口高颈罐尊的口沿、圈足、折肩上可见明显规整的轮旋纹道，器形较大的罐、尊类胎壁甚薄等等，这些特点也与石峡文化的陶器有着根本的区别。

3.纹饰：本期夹砂陶的纹饰有：绳纹、曲折纹、重圈纹、方格纹、篮纹（条纹）和少量刻划纹；泥质陶花纹多样，印纹发达，精细美观，组合纹盛行。主要有规整的曲折纹、复线长方格纹、双线菱格或方格纹、双线或复线方格凸点纹、重方格对角线交叉纹、重圈纹、各种云雷纹、各种方格纹以及叶脉纹、编织纹、鱼鳞纹、小圆圈纹（连珠纹）等二十多种纹样。其中以规整曲折纹、复线长方格纹、双线菱格纹、双线或复线方格凸点纹、云雷纹普遍盛行，也最富时代特色。本期开始出现组合纹为主，即一件陶器上拍印两种或两种以上的花纹。印纹的特点是纹样清晰精致，线条细密，拍印较浅，单位（母题）较细小，这也与石峡文化的印纹风格不同。

有关石峡三期文化遗存，发现发掘区东北部分探方，以红烧土层为界，可分为②B层上，②B层下，其陶器形制特点有延续关系，但又有差别，于是以T64Y1出土陶器为石峡三期早期的标尺，排比后靠拢。石峡三期中期Ⅱ段以T29②ＢＨ42出土大量陶器为标尺。三期中期Ⅱ段有叠压该期墓葬和被该期墓葬打破的关系，由此分出石峡三期中期Ⅰ段和中期Ⅱ段和晚期墓葬。同时将早期和中期Ⅰ段、Ⅱ段不同陶器群与已发掘的广东东莞村头遗址、三水银洲2组和3组遗存、南海鲶鱼岗二期[1]、南海大同灶岗遗址[2]、深圳南山向南村遗址、珠海平沙棠下环、后沙湾二期[3]、草塘湾二期[4]、宝镜湾二期[5]、高要茅岗遗址等出土陶器进行排比。亦找到它们所属的组别。现将两组陶器组合作重点介绍。

石峡三期文化遗存，是该遗址变迁较频繁时期。同石峡文化（石峡二期文化）之间有较大的缺环。石峡三期早期时，有居民在遗址活动，发现了窑址、灰坑、地层堆积。仅在发掘区南缘和西边发现11座墓葬。发掘区东南和中部是当时墓葬区，共8座，其余3座零星分布在发掘区东北部分，部分墓葬被中期Ⅱ段打破，推测当时居民人数有限。石峡三期中期Ⅱ段，属石峡三期发达时期，人数众多居民在石峡遗址生活，清理出灰坑、红烧土面、灶坑等，多数已残缺不全，出土遗物较多，尚未发现中期Ⅱ段墓葬。石峡三期晚期19座墓葬，其中12座无随葬品。打破三期中期Ⅱ段文化层，分布在发掘区东南边和中部。该期居址，未曾找到。石峡遗址西边、西北和紧连发掘区的东边尚未发掘。

[1] 广东省文物考古研究所等：《广东南海南鲶鱼岗贝丘遗址的发掘》，《考古》1997年6期。

[2] 广东省博物馆：《广东南海县灶岗贝丘遗址发掘简报》，《考古》1984年3期。

[3] 李子文：《淇澳岛后沙湾遗址发掘》，《珠海考古发现与研究》，广东人民出版社，1991年。

[4] 梁振兴、李子文：《三灶岛草堂湾遗址发掘》，《珠海考古发现与研究》，广东省人民出版社，1991年。

[5] 广东省文物考古研究所等：《珠海宝镜湾》，科学出版社，2004年。

1.石峡三期早期陶器

陶器以夹砂陶较多，陶色为红褐色和灰黑色。烧制火候比后期要低，夹砂陶器易碎。泥质陶器以灰色、灰红色和灰黄色为主。推测制陶技术处在手制和轮修阶段。形制特点：敞口，多数卷沿，少数折沿，直领或领稍高和盘形口，广肩或不明显的折肩，大鼓腹，矮圈足或圈足稍高，口沿、圈足内外壁开始出现凸棱。陶釜为圜底，不见凹底器和捏流器。器类不多，有陶釜、圈足罐、陶器座，泥质陶有圈足罐和陶豆。

石峡三期早期夹砂陶

A型陶釜为卷沿敞口，领稍外翻，扁圆腹，圜底。B型陶釜为盘形口，束颈，折肩，圜底。早期陶器座为素面，器壁较厚，多数在T64Y1中出土。夹砂陶器纹饰，比较粗犷，线条粗，花纹显得大气，如大重圈纹、大曲折纹、席纹、条纹、大长方纹。而绳纹仍是陶釜常见的纹饰。

石峡三期早期泥质陶器类：圈足罐、陶豆。形制特点，圈足罐分两类，一类为小口，卷沿或折沿，直领，鼓腹，矮圈足，腹部饰1~5周附加堆纹。陶器纹饰有曲折纹、交错曲折纹、条纹。另一A型、B型陶罐，敞口，卷沿，高领，广肩。器腹和器底的形制，因无完整器，不得而知。陶器花纹有曲折纹、条纹、方格纹、三线方格纹和素面无纹。推测该类陶罐圈足比小口罐的圈足要高，前者高1厘米，后者高2厘米以上。陶豆形制特点：尖唇或圆唇，折沿呈敛口，斜弧腹，深盘，圜底近平，矮喇叭形足，同时出土弦纹细把豆足，足壁直径较粗，器表素面，少数有弦纹、附加堆纹。陶豆延续至石峡三期中期Ⅱ段。

2.石峡三期中期Ⅱ段陶器

中期Ⅱ段夹砂陶器比早期要少，而泥质陶器大增，且烧制火候比早期要高。制陶技术已从手制、轮修进入轮制阶段，陶器器形规整，口沿、领部、圈足均保留着轮制时的凹凸平行纹和向内勾的凸棱。形制特点，流行高领外翻，折沿，圆肩或折肩，高圈足，陶尊的领和圈足比三期早期的高1倍以上，新出现凹底器，这一形制特点的出现，十分重要。

石峡三期中期Ⅱ段夹砂陶器有陶釜、陶器座和夹细砂锥形足、袋足等残片，还有方格纹鼎足，断面圆形。该期夹砂陶釜形制特点为敞口，折沿，高领外翻，领部内外有凹凸平行纹，口沿内面有一周向内勾的凸棱，广肩。陶器座是早期延续下来的，与早期不同之处，其形状修长，器壁变薄，口部和底部外敞，中段束腰变小，器表饰绳纹，亦见素面无纹。

石峡三期中期Ⅱ段泥质陶器有高领圈足尊、凹底罐、小口直领罐、盘形口罐、圈足罐、盂、豆、圈足盘、钵、平底罐等。流行纹饰曲折纹为主，有双线方格纹、方格纹、复线长方格纹、双线方格凸点纹、重圈纹。新出现组合花纹，有复线长方格、曲折纹组合，曲折纹、复线方格凸点组合等，少量叶脉纹、云雷纹、弦纹。除罐的领部，从肩部至器底均拍印纹饰。器类中的尊、大口小折肩凹底罐、盂、平底罐、残鬲足、鼎足等是新出现的。

四、墓葬

墓葬分布在遗址东部，以发掘区东南和西北部比较密集，北边和南边有零星分布。清理30座墓葬。其中12座无随葬品，11座尸骨腐朽无存，只有M31、M70，由于填土里堆放大量石灰石块，致使尸骨轻度钙化，骨架保存较好，其余墓里仅见很少骨渣。根据墓葬与墓葬；墓葬与地层之间叠压、打破关系，拟将有随葬品的墓葬，分为石峡三期中期Ⅰ段11座、石峡三期晚期19座。其陶器组合有共性又有区别，同石峡文化差别较大，可供研究的实物资料不丰富，但比较重要。

（一）文化面貌

1.埋葬习俗

（1）墓葬形制：长方形或长方梯形浅穴土坑墓。深度为20～37厘米。因被晚期扰乱，最浅的墓深才14厘米。墓向为东西向，少数为东南—西北向，方向70°～135°。一般长110～180、宽50～70厘米。不再见到有烧烤过的红烧土壁土坑墓。

石块堆砌墓有5座，墓坑形制为长方形竖穴土坑墓，不同的是在墓底骨架四周整齐摆放石灰石块。M31少年墓，骨架四周摆放7块，填土堆放52块。M70成人墓，骨架四周摆放33块，填土堆放98块，大石块重达二三十斤，小的约2斤，石灰石块来源于狮头山和狮尾山附近坡地。此类型墓属石峡三期晚期墓。

（2）葬式

流行单人一次葬，未发现二次葬墓。以M31少年墓和M70成人墓为例，均为头东脚西单人仰身直肢葬，尚能辨认出头骨碎片的M1儿童墓和M126，在墓坑东端和东南端出土。

2.随葬器物

18座墓出土随葬器物89件，平均4.9件，若以30座墓计算，平均不到3件。出土梯形锛、长条形石棒、打制石片、砺石、残石镞和石圭等17件。石器器类少，制作粗糙，部分是残石器、打制石片。陶器有釜、釜形鼎、罐形鼎、圈足罐、捏流宽把壶、凹底罐、平底罐、圈足盘、盂、豆、杯、器盖等43件。陶纺轮12件。玉玦、陶管17件。陶器制法为手制、模制和轮修兼用，陶质以泥质为主，占陶器的76.7%，夹砂陶占23.3%。陶色以灰陶为主，占67.4%，红陶占14%，还有夹砂褐陶、泥质灰黄陶、橙黄陶、黑陶等，陶色较纯净，不再出现陶色斑驳不一现象。陶器器表仍以素面为主，几何印纹陶比前期石峡文化增加，占花纹的25.6%，有方格纹、小方格纹、长方格纹、复线长方格纹、双线方格凸点纹。石峡三期晚期墓陶器有菱格纹、大方格纹。花纹线条纤细，排列整齐且密集，印痕比前期要深。器形流行敞口或敛口，无子口，折肩或折腹，三期中期Ⅰ段墓出现凹底罐和少数平底罐。陶器中少数为实用器，多数陶器烧制火候不高，器体小型易破碎，无实用价值，是用于随葬用的明器。装饰品三期晚期墓出土B型玉玦为石峡文化没有的，形制为肉宽且扁薄，内缘较厚，外缘薄似利刃，周边透雕四个对称的"山"字形或"C"形凸饰。

（二）墓葬分期与年代

由于地层堆积厚薄不一，多数探方并非均能见到石峡一期到四期的堆积。常见墓葬层位为表土层下打破石峡文化层或石峡文化墓葬填土。有M35、M52、M55、M58、M60、M63、M92、M113、M117共9座。M40、M82、M110、M125、M126、M128、M130共7座，为石峡三期中期Ⅱ段文化层下，打破石峡文化层。上述16座墓中，4座墓坑打破石峡文化墓葬填土，有M35、M52、M58、M60。另有4座打破石峡文化墓葬坑壁上半部分一角或一端，有M55、M63、M92、M117。M72，为一座表土层下，打破石峡第一期文化堆积。石峡三期晚期墓葬为表土层下，打破石峡三期中期Ⅱ段文化堆积，有M1、M31、M50、M52、M55、M58、M60、M62、M63、M64、M65、M66、M95、M97、M106、M113、M117等18座，另外M70所处层位是表土层下，打破石峡第一期文化堆积，其墓葬形制与M1、M31相同，且填土里出土石峡三期中期Ⅱ段文化遗存陶片，由此归入晚期墓葬。综上所述，石峡三期文化遗存，要分为4个时段：石峡三期早期；石峡三期中期Ⅰ段墓葬；石峡三期中期Ⅱ段；石峡三期晚期墓葬。

石峡三期中期Ⅰ段墓葬以M82、M110、M125、M126、M128、M130为例，陶器组合：罐、壶、盘、豆，还有罐形鼎。多见凹底、敞口折肩、圈足、小圆底罐，个别平底罐，小型三足鼎。新出现小型凹底罐，高领捏流宽把圈足壶，浅盘大圈足盘，浅盘喇叭足豆等。陶器器表饰几何印纹，有方格纹、细方格纹、双线方格纹、双线方格凸点纹等，少数陶器素面无纹。石峡三期中期Ⅰ段墓出土凹底罐，均为小型陶器，同捏流宽把壶、折肩圈足罐、浅盘豆、浅盘大圈足盘共存。除捏流宽把壶，在石峡三期中期Ⅱ段地层有少量出土，是实用器，其中B型Ⅰ、Ⅱ式折肩圈足罐、大圈足的圈足盘、椭圆形凹底罐、平底罐、罐形小鼎等，不见地层出土。究其原因，一是墓葬陶器是随葬的明器；二是石峡三期中期Ⅰ段墓葬的年代，比石峡三期早期Ⅰ段晚，石峡三期中期Ⅰ段墓葬陶器中的泥质灰陶盘、豆、圆肩或折肩罐，从陶色、陶质、陶胎是一致的。

石峡第三期晚期墓葬，以M1、M31、M66、M113为例。首先石块堆砌是晚期墓葬重要特征之一，其次随葬品少，8座墓22件，平均2.8件，无石器，陶器仅6件，其他有玉玦、玉管、玉珠。陶器有3件敞口，折沿，束颈，折肩凹底罐，其余3件是小型圆底罐和子口小盂。M70、M113打破三期中期Ⅱ段地层，填土中有三期中期Ⅱ段陶片。M113随葬3件折肩凹底罐，是石峡三期最晚的时段。与其共存的玉玦，在M31儿童墓出土3件。

石峡三期中期Ⅱ段和三期中期Ⅰ段墓葬相比较，无论从陶器形制特点和纹饰、器类等诸方面都存在着传承的因素，但同时又有差异。

石峡三期文化遗存年代，其断代分歧较大。三期早期相当于中原地区夏代或夏商之际，有学者将其归为新石器时代末期。三期中期Ⅰ段墓葬，相当于商代早期。三期中期Ⅱ段敞口、高领、折肩、深腹、高圈足尊，小口直领圈足罐，凹底罐和修长绳纹陶器座、高喇叭足细把豆共存。开始出现罕见平底罐，此是粤北地区该期有代表性的陶器组合。出土了少量的柱状鼎足、袋形足、锥形足、器盖、长管状器足、鸟头形錾饰等，说明同期与岭北江西吴城文化有过交流。年代相当于中原地区商代中期墓葬年代，到了商代末期至西周初。断代是否准确，有待今后的考古发现和研究（图四七三石峡三期分化陶器分期）。

五、与周边地区同期文化遗存的关系

石峡三期早期文化遗存，同珠江三角洲地区同期文化来往较多。石峡三期中期文化遗存，同北边江西吴城文化有交流。M83：3镂孔圈足折腹豆不见石峡三期早、中期文化层出土。M83：4罐形鼎，虽然三足鼎可能是石峡文化的延续，但从共存折腹豆、圈足罐形制特点分析，不是同一文化的传承。其文化面貌特点，有待今后考古新发现。

石峡三期早期A型Ⅰ式、Ⅱ式小口圈足陶罐（T47②BH41：1）形制特点，同珠江三角洲地区同

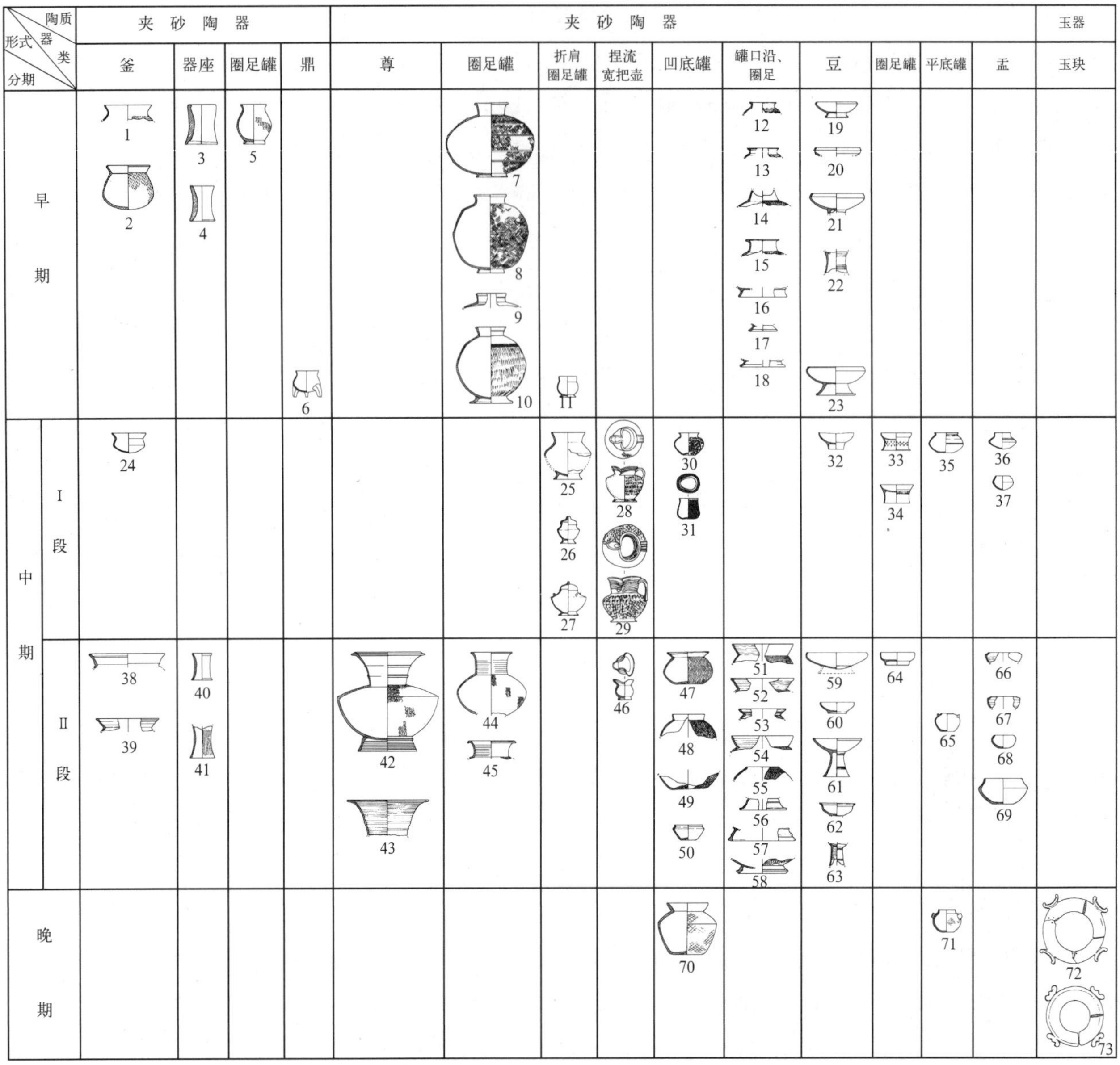

分期	段	夹砂陶器 釜	夹砂陶器 器座	夹砂陶器 圈足罐	鼎	夹砂陶器 尊	圈足罐	折肩圈足罐	捏流宽把壶	凹底罐	罐口沿、圈足	豆	圈足罐	平底罐	盂	玉器 玉玦
早期		1 2	3 4	5	6		7 8 9 10	11			12 13 14 15 16 17 18	19 20 21 22 23				
中期	Ⅰ段	24						25 26 27	28 29	30 31		32	33 34	35	36 37	
中期	Ⅱ段	38 39	40 41			42 43	44 45	46		47 48 49 50	51 52 53 54 55 56 57 58	59 60 61 62 63	64	65	66 67 68 69	
晚期										70				71		72 73

图四七三　石峡三期文化陶器分期图

1.A型Ⅰ式釜（T64Y1：17）　2.A型Ⅱ式釜（T64Y1：1）　3.Ab型Ⅰ式器座（T64Y1：84）　4.Aa型Ⅰ式器座（T64Y1：51）　5.夹砂圈足罐（T5C②B：8）　6.釜形鼎（M83：4）　7.A型Ⅱ式小口圈足罐（T49②BH41：1）　8.B型Ⅰ式小口圈足罐（T64Y1：30）　9.B型Ⅱ式小口圈足罐口沿（T64Y1：7）　10.B型Ⅱ式小口圈足罐（T88西扩方②B：4）　11.A型Ⅰ式圈足罐（M83：2）　12.A型Ⅰ式罐口沿（T6B②B：42）　13.A型Ⅱ式罐口沿（T72②B：350）　14.A型Ⅴ式罐口沿（T64Y1：44）　15.A型Ⅰ式罐口沿（T70②B：38）　16.图足罐圈足（T64Y1：23）　17.圈足罐圈足（T64Y1：43）　18.圈足罐圈足（T64Y1：65）　19.Ab型Ⅰ式足（T3F②B：1）　20.Ab型Ⅳ式盘足（T64Y1：330）　21.C型豆（T64Y1：331）　22.C型Ⅰ式豆喇叭足（T6B②B：73）　23.B型豆（M72：1）　24.釜（M82：5）　25.A型圈足罐（M126：1）　26.B型圈足罐（M82：3）　27.B型圈足罐（M110：1）　28.捏流宽把壶（M82：3）　29.捏流宽把壶（M110：2）　30.A型凹底罐（M128：5）　31.B型凹底罐（M125：2）　32.B型豆（M128：2）　33.圈足盘（M125：1）　34.圈足盘（M80：2）　35.平底罐（M110：8）　36.A型盂（M110：6）　37.A型盂（M82：7）　38.釜（T4A②B：18）　39.釜（T72②B：482）　40.Aa型Ⅴ式器座（T6B②B：79）　41.B型Ⅰ式陶器座（T6B②B：80）　42.陶尊（T29②BH42：10）　43.陶尊高领残生（T29②BH42：464）　44.小口直领罐（T29②BH42：44）　45.小口直领罐（T29②BH42：35）　46.捏流圈足罐（T83②B：16）　47.A型凹底罐（T29②BH42：3）　48.B型凹底罐（T29②BH42：4）　49.B型凹底罐（T29②BH42：407）　50.Ⅰ式大口折肩凹底罐（T47②B：7）　51.B型Ⅰ式罐口沿（T29②BH42：5）　52.B型Ⅰ式罐口沿（T29②BH42：437）　53.C型Ⅰ式罐口沿（T29②BH42：10）　54.A型Ⅱ式盘形口罐口沿（T29②BH42：45）　55.敛口罐（T29②BH42：11）　56.Ac型Ⅱ式罐圈足（T2②B：380）　57.Ac型Ⅲ式罐圈足（T4②B：395）　58.Ac型Ⅲ式罐圈足（T61②B：520）　59.Ac型Ⅰ式陶豆（T61②B：1）　60.Ac型Ⅱ式陶豆（T99②B：2）　61.C型Ⅱ式陶豆（T6B②B：332）　62.D型陶豆（T4C②B：5）　63.C型Ⅱ式陶豆喇叭足（T5D②B：11）　64.圈足盘（T38②B：3）　65.小口双耳平底罐（T41②B：10）　66.A型陶盂（T34②B：4）　67.A型陶盂（T98②B：413）　68.C型陶盂（T4C②B：88）　69.D型陶盂（T98②B：12）　70.折肩凹底罐（M113：2）　71.双耳罐（M66：1）　72.B型玉玦（M31：1）　73.B型玉玦（M113：4）

期遗址出土陶器相近，如珠海后沙湾二期Ⅰ式罐、宝镜湾二期Ａａ型罐（T1③B：3）、Ａb型罐（T1③B：53）、佛山河宕③层矮圈足罐。石峡三期早期B型Ⅱ式陶罐（T88西扩方②B：4），同广州市南沙鹿颈村遗址[1]出土陶圈足罐、河宕③层甲T11③H1：24罐，形制相似。石峡三期早期Ａａ型Ⅰ式、Ⅱ式、Ⅲ式B型敛口豆，同南海鱿鱼岗遗址二期Ⅱ式豆（M9：2）、南海大同灶岗陶豆、河宕③层泥质盘豆类、珠海宝镜湾二期A型Ⅰ式豆（T9③B：158）近似。B型Ⅱ式豆（T2A②B：9）同珠海宝镜湾A型Ⅰ式豆（T1②5B：23），其形制大同小异，且不见凹底罐、高领尊。推测在石峡文化时期，北江中游与珠江三角洲古代居民之间早已有交往。因此，到了石峡三期早期，受珠江三角洲同期文化很大影响。除上述陶器之外，在陶器器表拍印或压印花纹作法，亦源自珠江三角洲同期考古学文化。石峡三期早期年代未经测定。可资参考年代数据有：珠海后沙湾④层（二期）陶片标本热释光年代为距今3898±390年，南海鱿鱼岗遗址F1（二期）两个木炭标本的^{14}C年代分别为3455±150年、3840±125年（均为树轮校正值）[2]。珠海宝镜湾遗址T19③B出土夹砂陶片（编号ＢＡ00071）经加速器质谱计数测年结果是距今4200±120年、T9③B层采集的炭土经中国科学院广州地球化学研究所实验室进行^{14}C测定，年代为距今3460±170年。另有四块陶器标本显示的数据范围在距今4360～4090年，认为宝镜湾二期为新石器时代晚期晚段[3]。推测石峡三期早期年代在距今4000～3500年。而石峡文化盛行的三足器、子口器、大圈足镂孔盘等陶器组合，几乎荡然无存。说明同石峡文化之间存在缺环。

石峡三期中期Ⅱ段陶器形制特点中的高领、折肩、凹底，原是中原地区商时期陶罐、原始瓷器常见的形制。虽然说两地相距甚远，而广东以北的江西吴城文化[4]、新干商代大墓[5]和湖北省盘龙城遗址[6]等，出土大量商代和当地商时期青铜器，有明确的断代标准。石峡三期中期Ⅱ段和与其同期的文化遗存，尚未发现青铜器共存。不过在珠海棠下环遗址出土了两件铸铜石范。商文化向南传播，粤北是重要的"中转站"之一。为此，以下文中初步分析探讨吴城文化对石峡三期中期文化之间的交流、影响，以及石峡三期中期具有的地方特色。以出土陶器为例。

①圆柱状鼎足，吴城文化空心多见，石峡三期中期实心多，有1件空心鼎足。吴城文化联裆鬲、分裆鬲多达七十多件，石峡三期中期仅出土1片联裆鬲足、1片瘪裆鬲足残片。

②高领折肩凹底深腹盆、浅腹盆、小口折肩凹底罐及各类凹底陶罐，是吴城文化常见。石峡三期中期Ⅱ段有折肩凹底罐，新出现敞口、高领、折肩、高圈足尊。陶罐流行敞口、高领、高圈足。其中敞口折肩小口直领罐同吴城文化Ａａ型Ⅰ式小口长颈罐相似，高领上均有凹凸平行纹。

③两地出土陶盂，吴城文化出土饼足盂和平底盂，石峡三期中期圜底盂，也见平底盂，均为敛口、弧腹。吴城文化假腹豆，石峡三期中期只有真腹豆，D型豆同吴城文化Ａａ型Ⅰ式（1974秋QSWT7⑤：24）真腹豆相同。敞口、斜腹、浅盘细把豆和墓葬出土大圈足盘为石峡三期中期特有。

④石峡三期陶器座是受珠江三角洲地区同期文化的影响，吴城文化所不见的。

[1] 广州市文物考古研究所：《铢积寸累》，文物出版社，2005年。

[2] 北京大学考古系碳十四实验室：《标本年代测定报告单》，编号BK88008、88009。

[3] 广东省文物考古研究所等：《珠海宝镜湾》，科学出版社，2004年。

[4] 江西省文物考古研究所：《吴城——1973～2002年考古发掘报告》，科学出版社，2005年。

[5] 江西省文物考古研究所：《新干商代大墓》，文物出版社，1997年。

[6] 湖北省文物考古研究所：《盘龙城——1963～1994年考古发掘报告》，文物出版社，2001年。

⑤陶鸟头形在石峡三期中期Ⅰ段M110：1号陶罐肩部出现，地层出土1件。这种勾啄陶鸟头，在吴城文化出土，用作磨研棒把手和器物把手。

⑥吴城文化常见的纹饰：云雷纹，在石峡三期中期出现。而纹饰中曲折纹、方格纹、复线长方格条纹、叶脉叶纹等，是受珠江三角洲同期文化影响。

以敞口，高领，折肩或广肩，高圈足或凹底为形制特点的陶器，是受到珠江三角洲地区同期文化遗存的影响。经过发掘的遗址有高要茅岗、佛山河宕②层、东莞村头、珠海棠下环、深圳向南村、屋背岭商代墓葬、香港马湾岛东湾仔北第二期。其中东莞村头遗址陶器形制特点流行敞口、折肩、圜底、凹底、圈足，二期（村头③层）还出土高领、折肩、高圈足尊，还有大量圈足盘和石、骨牙璋和石戚，同石峡三期中期Ⅱ段陶器风格类似，但有本地特点。村头有两个 ^{14}C测定数据可参考：④层贝壳，距今3920±95年；③层木炭，距今3650±90年[1]。

石峡三期遗存在粤北地区分布较广，有始兴澄陂村窑址、翁源下角垄二期[2]、连平县黄潭寺二期[3]、曲江县乌石床板岭二期[4]。石峡三期中期的年代，推测距今3400～3200年，而三期晚期墓葬年代更晚些。

[1]　朱非素：《珠江三角洲贝丘、沙丘遗址和聚落形态》，《南中国及邻近地区古文化研究》，香港中文大学出版社，1994年。

[2]　李子文：《翁源县下角垄新石器时代遗址》，《中国考古学年鉴》1988年，文物出版社，1989年。

[3]　李子文：《连平县黄潭寺遗址发掘的主要收获》，《广东文博》，1990年1期。

[4]　刘成德：《曲江乌石床板样发现的石峡文化遗址》，《纪念马坝人化石发现三十周年文集》，文物出版社，1988年。

石峡遗址

——1973～1978年考古发掘报告

下册

广东省文物考古研究所
广东省博物馆 编著
广东省韶关市曲江区博物馆

文物出版社

北京·2014

第六章　石峡第四期文化遗存

第一节　生活遗迹和遗物

　　该期文化遗存被后期破坏,所剩无几。常见到表土层下铁锰淋滤层出土该期陶片和柱洞、灰坑打破石峡三期文化层。其中有灰坑打破石峡三期文化层、少数灰坑打破石峡文化墓葬。在发掘区内有较完整石峡四期文化层的探方,西南T83、T84、T90、T91、T92;东南T82、T96、T97、T99;中部偏西T19、T20、T21、T32、T33、T34等15个探方,其中8个探方仅存较薄地层堆积。该期柱洞和2处灰土沟附近不见房屋居址遗迹,本报告不详细叙述。

一、遗迹

（一）灰坑

　　灰坑　有8个,主要分布在发掘区中部,坑口平面圆形、椭圆形和长方圆角形。现简介如下。

　　H69　位于T46北边,距表土0.3米,打破石峡三期文化层,灰坑西端打破石峡文化M42红烧土壁和填土。坑口平面长方圆角形。长3.06、宽0.5~0.6、深0.4米。填土灰黑色,松。出土夔纹、勾连云雷纹、方格纹、云雷方纹组合纹陶片和方格纹钵形鼎1件、青铜钺1件、青铜刮刀1件。石器有大三棱石镞1件、残石锛1件、残砺石2件、打制石片1件（图四七四）。

　　H70　位于T47北边。距表土0.16米,打破石峡三期文化层,进而打破石峡文化M47填土0.15米。坑口平面呈椭圆形。长2.4、宽1.34、深0.4米。填土灰黑色,夹杂红烧土块,坑底一层灰土和少量木炭块。出土夔纹、双圈纹、菱格纹、云雷粗方格纹、凸方块纹和釉陶片。还有石峡三期中方格纹、细方格纹和曲折纹陶片（图四七五）。

　　H71　位于T23南边。距表土0.24米,打破石峡三期文化层,坑口平面呈椭圆形。长1.1、宽0.44、深0.43米。填土灰黑色,土质松。出土残铜镞1件,同出夔纹、菱格形、勾连云雷粗方格纹、圈点纹陶片。同时出土石峡三期长方格和复线长方格、曲折纹陶片、器座和石峡文化釜、釜形鼎等,说明石峡三期打破石峡二期（石峡文化层）,而石峡四期灰坑又打破石峡三期,将4000年前的地层陶片翻上来（图四七六）。

　　H72　位于T69中间,距表土0.16米,坑口平面呈圆形。表土层下,打破石峡文化层,灰坑南边打破石峡文化1期2组墓葬M44填土0.16米。长1.24、宽1.1、深0.16米,填土灰黑,土质松,出土菱格纹、云雷纹、粗方格纹、菱形方格纹、中方格纹陶片和罐片（图四七七）。

　　H73　位于T82北边,距表0.24米,坑口平面椭圆形。表土层下,打破石峡三期文化层。长

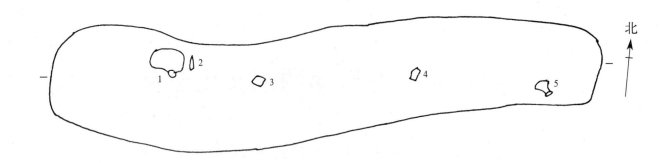

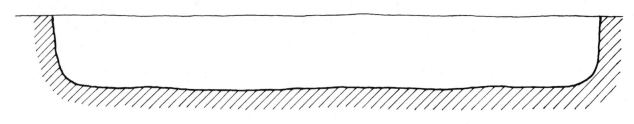

图四七四　石峡四期H69平、剖面图

1.夹砂红陶鼎　2.青铜刮刀　3.砺石　4.砺石　5.青铜钺

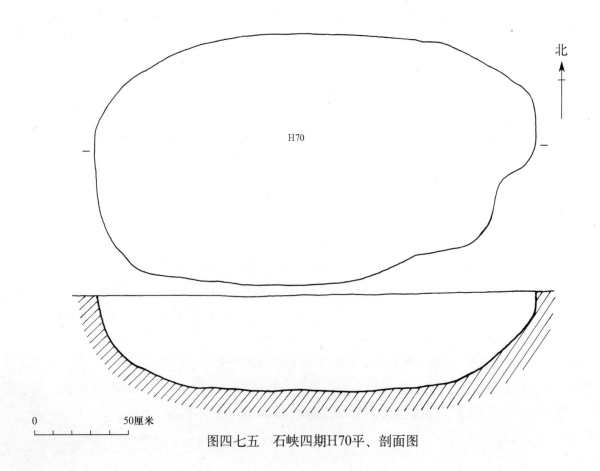

图四七五　石峡四期H70平、剖面图

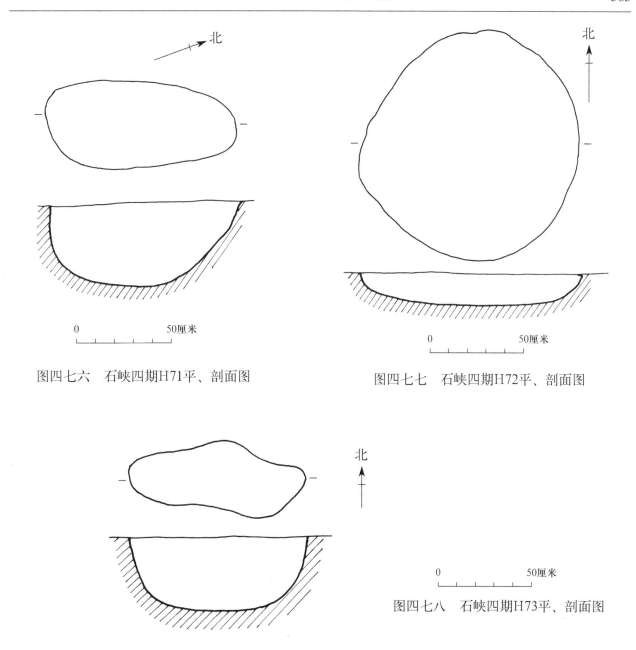

图四七六 石峡四期H71平、剖面图

图四七七 石峡四期H72平、剖面图

图四七八 石峡四期H73平、剖面图

0.98、宽0.4、深0.38米。填土灰黑色，土质松。出土夔纹、云雷纹和粗方格组合纹等陶片，还有石峡三期复线长方格纹、双线方格纹、曲折纹陶片（图四七八）。

H74 位于T97南边，距表土0.18米，坑口平面呈椭圆形，表土层下，打破石峡三期文化层。长2.28、宽1.24、深0.5米，填土灰黑色，土质松，出土夹砂陶釜、器座、罐，夹砂陶花纹有重圈纹、粗绳纹陶片，泥质陶花纹有夔纹菱格纹组合，菱格纹、云雷、方格组合纹、粗方格纹、凸方块纹、篦点纹陶片等（图四七九）。

H75 位于T41东边，距表土0.35米。坑口平面长椭圆形，表土层下，打破石峡三期文化层。长2.6、宽0.88、深0.4米。填土灰黑色，土质松。出土夔纹方格纹、夔纹菱格纹、云雷粗方格纹陶片。釉陶碟、双耳罐1件（图四八〇）。

H76 位于T92东北，距表土0.18米。坑口平面近圆形。长2.6、宽2.5、深0.4米。表土层下打破

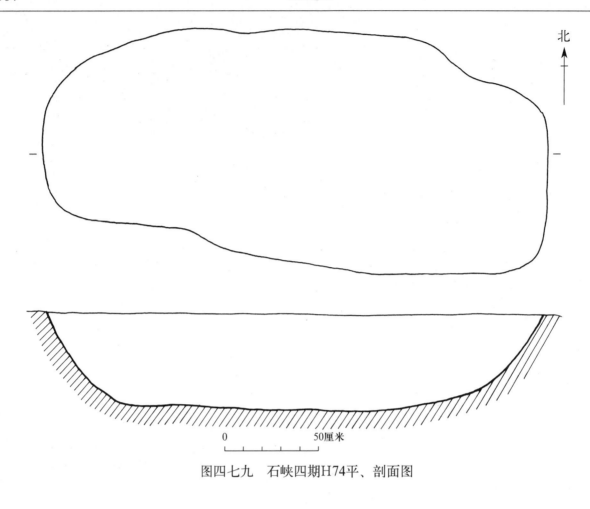

北

图四七九　石峡四期H74平、剖面图

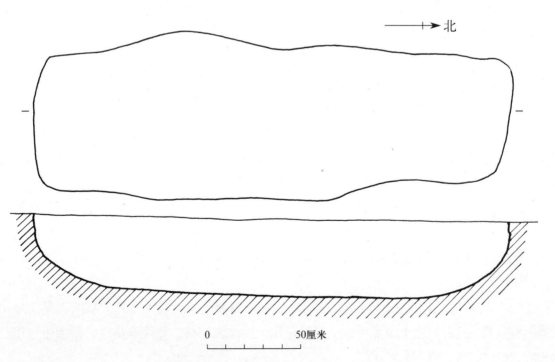

北

图四八〇　石峡四期H75平、剖面图

石峡三期文化层。填土灰黑色，土质松软，夹杂较多的红烧土块。出土双耳陶釜、罐、青铜刮刀，粗方格纹、篦点、圆圈组合纹、菱格纹陶片，还有石峡三期复线长方格、曲折纹、重叠曲折纹陶片。

（二）柱洞

本期的柱洞数量不多，分布也不够普遍，约有60多个探方没有发现本期的柱子洞；有一些探方只发现有很少数量几个柱洞。有较多柱洞的探方如T5C、T4D、T4C、T3E、T3D、T3C、T16、T21、T22、T28、T36等。对于这些柱洞可能构成什么形状的房址已不清楚。

本期的柱洞，按平面形状分，大致有圆形、椭圆形和不规则形三种。从剖面看，一种是口大底小的圆形洞；一种是口径与底径相差不多，一般较浅；再一种是近似漏斗形，洞分二级：第一级洞口大而浅，第二级洞口小而深。大而浅的第一级应是埋土用以加固柱子的部分。

还有一些柱洞，如T1KD2打破了下文化层，洞壁有红烧土，填土也有火烧土碎粒碎屑，洞内出土夔纹、云雷纹陶片。又如T2H②A层有D1、D2、D3三个柱洞打破石峡三期灰坑，又打破石峡文化层。灰坑出土曲折纹、复线长方格纹陶片。

（三）红烧土

较成片的仅发现4处。如位于T83探方北部，在铁锰淋滤层上部已出现，面积5平方米，厚25厘米，红烧土多为碎粒，也有小方块状的，但比较零散。又如T5B、T7C、T16、T91、T92等探方都有成块小片面积的红烧土遗迹。

二、遗物

（一）石器

1979～1980年整理时统计有280件。器类包括斧、锛、凿、刀、镞、锤、砺石、石片石器、穿孔石器和残石戈等。有一个现象值得注意，即由于②A层的部分遗迹往往破坏以下的②B层或③层，所以本期的遗物包括石器中会有某些早期的遗物，如某些石锛、石镞和石戈等，我们还未能明确地把它们剔除出来。

斧 6件。可分二型。

A型 长方梯形，双面下斜刃，横截面椭圆形。标本T37②A：1（图四八一：1）。灰色，石质中含有天蓝色斑纹，或为板岩。两面及边侧磨光较好。刃部使用残损。长13、刃宽6.4、厚2厘米。重300克。标本T88②A：6（图四八一：2）。青灰色砂质板岩。刃稍宽于首部，两面加磨，其余磨制粗糙。长12.8、刃宽5、厚2厘米。重200克。

B型 标本T84②A：1（图四八一：3）。双肩型，平顶，双面下斜刃，肩角为钝角。灰黄色板岩，磨光较好，长9、刃残宽5、厚2厘米。

锛 158件，其中较完整的90件。可分长身锛、梯形锛、有肩锛、有段锛、有肩有段锛和穿孔有段锛等五种类型。

长身锛 22件。可分二型。

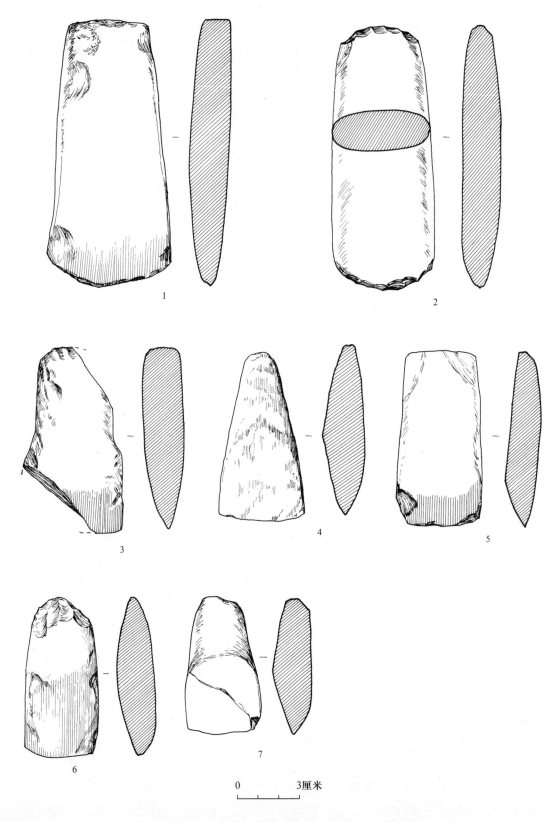

0　　　　　3厘米

图四八一　石峡四期石斧、长身石锛、梯形石锛

1.A型斧（T37②A：1）　2.A型斧（T88②A：6）　3.B型斧（T84②A：1）　4.A型长身锛（T22②A：1）　5.B型长身锛（T2②A：4）　6.B型长身锛（T24②A：3）　7.A型Ⅰ式梯形锛（T2H②A：1）

　　A型　标本T22②A：1（图四八一：4）。深灰色砂岩。器身风化粗糙。背部中间隆起。长8.2、刃宽4.3、厚2厘米。

　　B型　正面呈长方梯形，厚体。标本T2②A：4（图四八一：5）。青灰色砂质板岩。长方体，器身磨光较细。长8.5、刃宽4.3、厚1.5厘米、重130克。标本T24②A：3（图四八一：6）。灰色泥质板岩。背部隆起，刃部稍残。长7.8、刃宽3.6、厚1.8厘米。

　　梯形锛　47件。身高不及刃宽2倍者为梯形锛。有大、中、小型号之别。分三型。

　　A型　厚身梯形，背面中隆起，下部磨出大斜面，正面单面下斜刃，身高6厘米以上。分3式。

　　Ⅰ式　标本T2H②A：1（图四八一：7）。斜顶，隆背特厚。长6.7、刃宽3.8、厚1.9厘米。

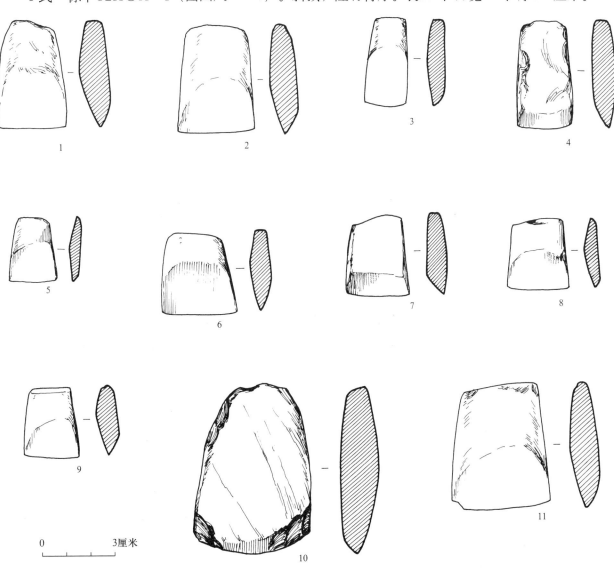

图四八二　石峡四期梯形石锛

1.A型Ⅱ式梯形锛（T5②A：1）　2.A型Ⅱ式梯形锛（T2②A：1）　3.B型梯形锛（T4A②A：3）　4.B型梯形锛（T6B②A：2）　5.C型梯形锛（T4B②A：1）　6.C型梯形锛（T5D②A：1）　7.C型梯形锛（T83②A：1）　8.C型梯形锛（T6B②A：4）　9.C型梯形锛（T24②A：2）　10.A型Ⅲ式梯形锛（T88②A：3）　11.A型Ⅱ式梯形锛（T2H②A：3）

Ⅱ式　长方梯形，斜顶或弧顶，背面中部稍隆起。弧顶，下半段斜磨面不明显，正面单面下斜刃。标本T5②A：1（图四八二：1）。灰白色泥质粉砂岩。隆背不突脊。长4.4、刃宽3、厚1.2厘米。标本T2②A：1（图四八二：2）。灰黑色长英砂岩，较坚硬。平首平刃，磨光较好。长4.4、刃宽3.3、厚1.1厘米。标本T2H②A：3（图四八二：11）。灰色砂质板岩。长5.1、刃宽4、厚1.2厘米。

Ⅲ式　标本T88②A：3（图四八二：10）。青灰色细砂岩。隆背，弧刃。长7、刃宽5、厚1.6厘米。

B型　长身梯形，正面平直，单面下斜刃，高3.3~6厘米。标本T4A②A：3（图四八二：3）。灰褐色细砂岩。身较窄长，背部大斜面磨得高。长3.6、刃宽1.7、厚0.8厘米。标本T6B②A：2（图四八二：4）。灰黑色泥质粉砂岩。长4.4、刃宽2.2、厚1厘米。

C型　近方体梯形，身高3.3厘米以下。薄身。背面稍隆起，下接斜面，正面下斜刃。标本T83②A：1（图四八二：7）。灰色细砂岩。背部较平不隆起。长3.3、刃宽2.6、厚0.8厘米。标本T5D②A：1（图四八二：6）。表灰白色细砂岩。长3.3、厚1厘米。标本T24②A：2（图四八二：9）。灰褐色细砂岩。磨光较好。长2.8、刃宽2.3、厚0.9厘米。标本T6B②A：4（图四八二：8）。青灰色泥质粉砂岩。体较薄，磨制较精。长2.9、刃宽2.5、厚0.5厘米。标本T4B②A：1（图四八二：5）。青灰色泥质板岩，磨制较细。长2.6、刃宽2.1、厚0.5厘米。

有肩石锛　13件。单肩的仅1件，余为双肩锛。均溜肩，单面下斜刃。标本T16②A：1（图四八三：1）。青灰色细砂岩。一侧肩角不太明显。长7.4、身长占3.8、刃宽3.2、厚1.3厘米。标本T34②A：1（图四八三：2）。灰青色泥质板岩。平顶，溜肩，薄体。长4.5、刃残宽2.5、厚0.5厘米。标本T88②A：1（图四八三：3）。灰黄色砂岩。正、背两面下段均加磨，使刃部似斧似锛或谓斧刃锛。长6、刃宽3.8、厚1.5厘米。标本T83②A：2（图四八三：4）。深灰色泥质板岩。通体磨光，器身较薄。长5、身长占3厘米；刃宽3.7、厚0.7厘米。

有段石锛　7件。厚体，斜顶，背面段呈弧形凸出，段以下磨制成大斜面或弧形面，正面单面下斜刃。标本T99②A：3（图四八三：5）。灰色泥质板岩，通体磨光。背面正视为弧形顶和刃端弧形，因使用过，刃部已钝。长7.7、刃残宽3.2、厚2.3厘米。标本T83②A：3（图四八三：6）。灰色泥质板岩。上部横截面为半球形，刃部有使用痕迹，已断。残长6.8、刃残宽3.6、厚2.9厘米。

有肩有段石锛　5件，多数已残。厚体，柄小，下部器体宽且短，有明显双肩，肩呈钝角，背面有弧形凸出段，双肩与段部相连。正面单面下斜刃。标本T90②A：8(图四八三：7)。灰白色细砂岩。斜顶，锛体下段已残，仍保留有肩有段和柄部。残长5.2、厚1.9厘米。标本T2A②A：5（图四八三：8）。灰黄色长石砂岩。器体下段已残。残长8、厚2.4厘米。标本T97②A：1（图四八三：9）。灰白色长石砂岩。通体磨光，短身器身基本完好。长5、刃残宽2.5、厚1.1厘米。

石戈　均为残件，仅存内部和穿孔，无阑，援部已残，个别戈尚存残援。扁长方形直内，有一穿，均为双面穿孔，后缘斜，多数无阑，少数似双溜肩，同援部相连。分三型。

A型　扁长方形内，一穿，后缘斜。标本T48②A：5（图四八四：1）。深灰色千枚岩。内穿1孔，后缘斜。内残长8.6、宽3.5、厚1.3厘米。标本T50②A：2（图四八四：2）。深灰色千枚岩。内部上缘和下缘向后缘收小，后缘斜。内残长5.3、前宽4、后宽3、厚1.2厘米。标本T5C②A：2（图四八四：3）。深灰色泥质板岩。磨制精致。内穿一孔，后缘斜。内残长5.3、宽3.7、厚1.2厘

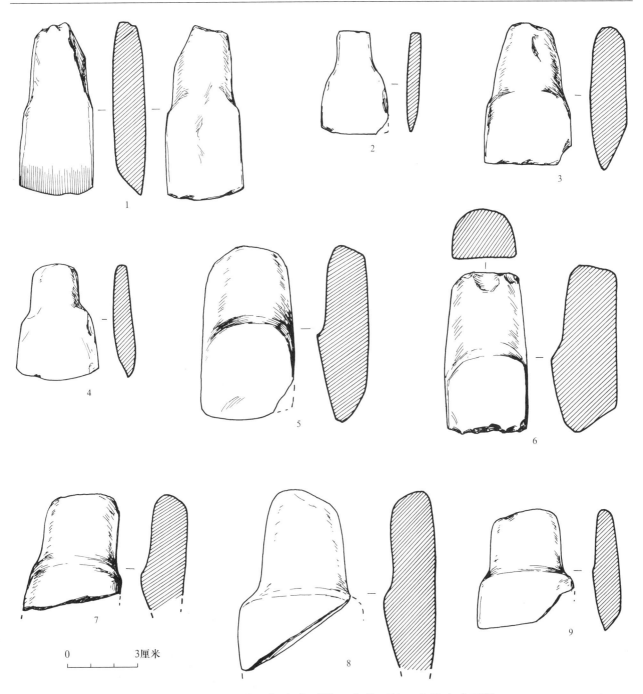

图四八三　石峡四期有肩石锛、有段石锛、有段有肩石锛

1.有肩锛（T16②A：1）　　2.有肩锛（T34②A：1）　　3.有肩锛（T88②A：1）　　4.有肩锛（T83②A：2）　　5.有段锛（T99②A：3）　　6.有段锛（T83②A：3）　　7.有肩有段锛（T90②A：8）　　8.有肩有段锛（T2A②A：5）　　9.有肩有段锛（T97②A：1）

米。标本T6C②A：02（图四八四：4）。灰色板岩，石质较坚。残长6.1、宽3.6、厚0.7厘米，两面钻孔。标本T83②A：8（图四八四：5）。深灰色千枚岩。内穿1孔，后缘斜。内残长6.1、宽4、厚1.3厘米。标本T4A②A：4（图四八四：6）。灰色千枚岩，表面风化，不坚硬。薄体，内部较长，后缘斜。内残长7.5、宽4.3、厚0.8厘米。

　　B型　内为扁体长方形，向后缘收窄，内援之间分界处为钝角，似双肩，长内，援比内宽。标本T7C ②A：3（图四八四：7）。灰黑色千枚岩，岩石结构呈片状。单面钻孔，内无孔，孔的位置在援后部。援残长1.3、内残长8.3、残宽3、厚1.8厘米。标本T2②A：12（图四八四：8；图版二○九：1）。深灰色千枚岩。磨光较佳，双面钻孔，穿孔位置在援和内之间。残援长1.9、内长7.5、宽3.5、厚1.1厘米。

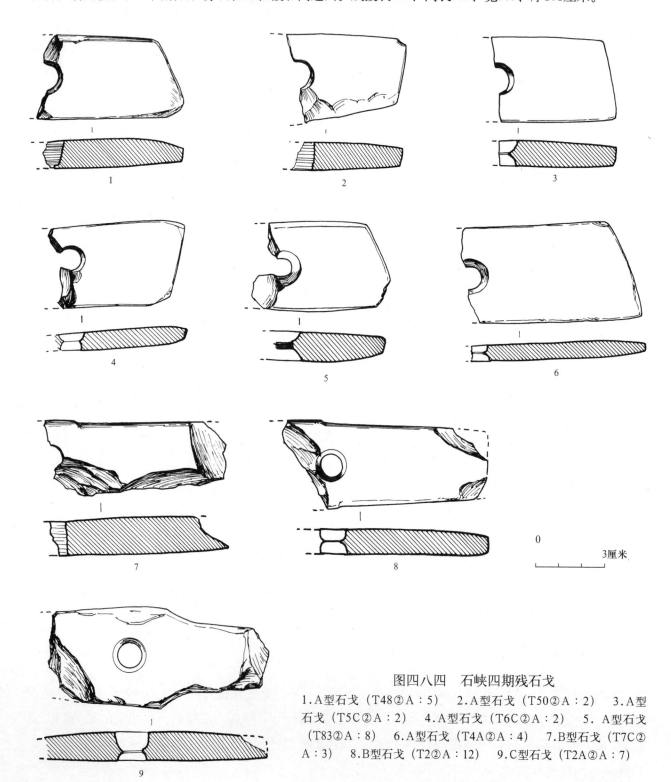

　　图四八四　石峡四期残石戈

1.A型石戈（T48②A：5）　2.A型石戈（T50②A：2）　3.A型石戈（T5C②A：2）　4.A型石戈（T6C②A：2）　5.A型石戈（T83②A：8）　6.A型石戈（T4A②A：4）　7.B型石戈（T7C②A：3）　8.B型石戈（T2②A：12）　9.C型石戈（T2A②A：7）

　　C型　标本T2A②A：7（图四八四：9；图版二〇九：1）。深灰色千枚岩。内为窄长方形，已残，援比内宽，且向前微收，内与援之间形成钝角，双面钻孔一穿，位于援后部。残长10.1、援长5.3、内残长4.9、厚1.3厘米。

　　石钺　标本T6B②A：6（图四八五：1；图版二〇九：2）。灰色千枚岩，磨制精致。长方形内，后缘斜，内有一穿和一凹槽，钺身比内宽且厚，内和钺身之间有段，便于捆绑用。钺身宽体长方形，背面稍拱起，正内稍内凹，单面斜刃。通长14.5、内长7.4、宽5.5、体长7.1、宽6、刃宽

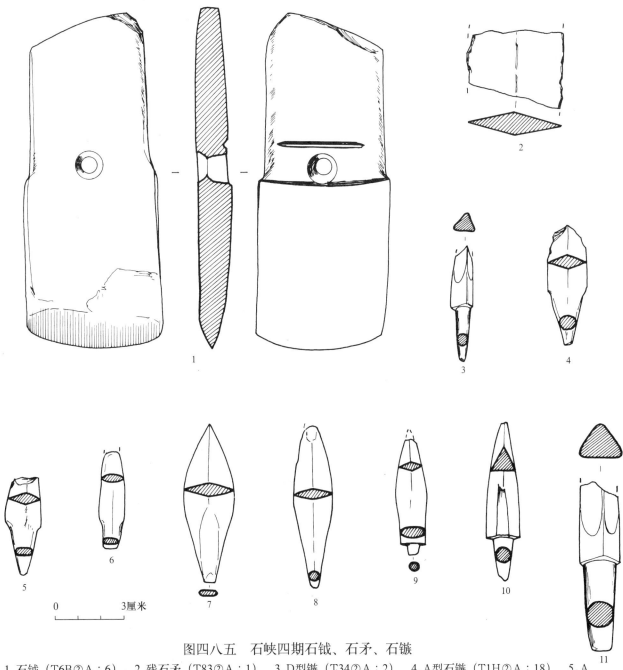

图四八五　石峡四期石钺、石矛、石镞

1.石钺（T6B②A：6）　2.残石矛（T83②A：1）　3.D型镞（T34②A：2）　4.A型石镞（T1H②A：18）　5.A型石镞（T93②A：2）　6.A型镞（T5A②A：3）　7.B型镞（T2②A：23）　8.B型镞（T83②A：16）　9.C型镞（T23②A：13）　10.D型镞（T2②A：22）　11.D型镞（T46②A：18）

5.8、厚0.7厘米，重230克。

　　矛　标本T83②A：1（图四八五：2）。已残，灰褐色千枚岩。仅存矛身一段，薄叶已残，双面有凸脊，断面扁菱形。残长3.3、宽4.3厘米。

　　镞　37件。较完整的17件。另有坯件6件。石料多为灰色千枚岩。形式较杂乱，究其原因是其中夹杂着石峡文化石镞。分四型，D型才是四期石镞，也有可能是石峡三期的。

　　A型　柳叶形，宽叶或窄叶，镞身两面有凸脊，短铤。标本T1H②A：18（图四八五：4）。锋残，铤部断面圆形。残长5.3、宽1.8厘米。标本T93②A：2（图四八五：5）。锋残，尖铤，断面椭圆形。残长4.3、宽1.6厘米。标本T5A②A：3（图四八五：6）。窄身锋残，短铤，身和铤断面为椭圆形。残长4.3、宽1.1厘米。该型与石峡文化A型石镞相同。

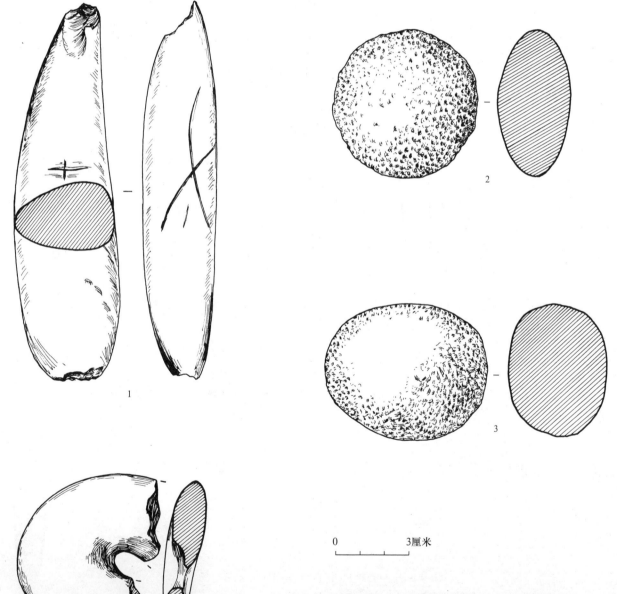

0　　　　　3厘米

图四八六　石峡四期石锤、石球、穿孔砾石器

1.石锤（T28②A：1）　2.石球（T2②A：26）　3.石球（T2②A：1）　4.穿孔砾石器（T21②A：17）

B型　香椿叶形，镞身和铤无明显分界。宽叶，锐锋，两面凸脊通铤，铤身断面扁菱形。与石峡文化C型石镞相同。标本T2②A：23（图四八五：7）。锐锋，铤部断面扁薄。长7.1、叶宽2.3厘米。标本T83②A：16（图四八五：8）。锋残，铤部断面圆形。残长7.2、叶宽1.7厘米。

C型　标本T23②A：13（图四八五：9）。锋残，镞身分两段，前半段柳叶形，断面菱形，后半段两侧无刃，断面椭圆形，后接细圆形铤。残长5.1、叶宽1.4、直径0.4厘米。

D型　镞身三棱形，断面三角形，即三个叶，铤部圆形。标本T34②A：2（图四八五：3）。锋残，铤部圆形向下渐细呈尖状。残长5.1、镞长面宽1、铤长2.4厘米。标本T2②A：22（图四八五：10）。锋残，残长7、镞身一面宽1.1、铤残长1.9厘米。标本T46②A：18（图四八五：11）。个体大型，镞身已残，铤特粗，铤端平。残长7.5、镞身一面宽1.8、铤长4、直径1.2厘米。

球　2件。扁圆形河砾石，表面粗糙，有使用痕迹。标本T2②A：26（图四八六：2）。灰褐色粗砂岩。长6.2、厚3厘米。标本T2②A：1（图四八六：3）。灰黄色砂岩。长6.8、厚4.1厘米。

锤砸器　标本T28②A：1（图四八六：1）。红砂岩。长条形河砾石，一头粗一头细。粗大的一头有锤砸使用痕迹。器身两面的2个记号不像是碰撞所致。长15.4厘米。

穿孔砾石器　3件。标本T21②A：17（图四八六：4）。红砂岩，器身呈椭圆形。中间两面对钻穿孔。残长5.8、宽6.8、厚1.5、孔径0.9厘米。

砺石　32件。标本T15②A：1（图四八七：1）。灰褐色页岩，岩石结构呈片状。一面有两个磨砺的凹窝；另一面仅有一个凹窝，并有2条直沟道。长9.3、宽5.5、厚1.6厘米。标本T7C②A：4（图四八七：2）。青灰色细砂岩。呈不规则方形。三面均有较光滑的磨砺面。长7.8、宽7.1、厚1.4厘米。

（二）玉、石装饰品

璜　2件。标本T2G②A：7（图四八七：5；图版二一○：1）。蜡黄色，透明黄白玉，磨光发亮。残半，一端穿一小孔，两面对穿，残长3.2、厚0.6厘米。标本T68②A：1（图四八七：4）。灰黑色板岩，磨光精细，表面发亮。弧形薄体，两端穿孔，其中一端穿大小两孔。长2.8、宽0.9、厚0.2厘米。

环　4件。标本T25②A：1（图四八七：7）。深灰色千枚岩。已残，磨制粗糙。残长4、宽1.6、厚1厘米，剖面圆角三角形。标本T40②A：16（图四八七：8）。深灰色千枚岩。已残，环表面粗糙。残长4、宽1.8、厚0.5厘米。标本T38②A：8（图四八七：6）。表面光滑，磨光精细。外径6.3、内径5.5、高1.2、厚0.4厘米。标本T82②A：1（图四八七：3；图版二一○：2）。似黄褐玛瑙颜色，有透明感。两面好周缘突起，剖面似"T"字形，故称"T"形玉石环、突唇环、特种璧等名。外径10.7、内孔径7.2、高1.4厘米。

（三）陶器

1.陶质陶色

按陶质可分夹砂陶、泥质陶和原始瓷三类。泥质陶以几何印纹硬陶为主要特色，原始瓷是本期新出现的。夹砂陶数量少，陶色主要是红褐色。泥质陶有硬陶和软陶之分，硬陶占82.11%，软陶占11.89%。泥质硬陶烧成火候高达1200°C以上，吸水性弱，叩之有声，坚实不易破碎。器壁厚达0.5～

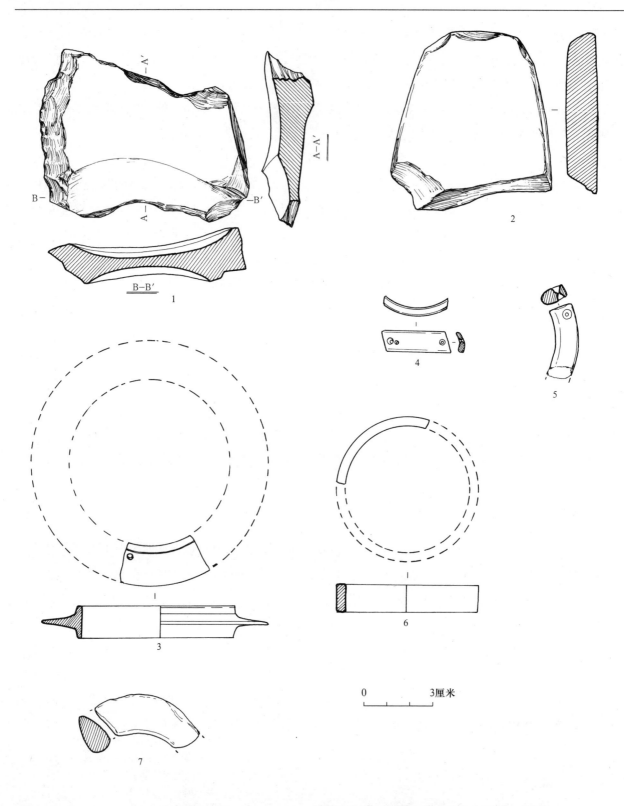

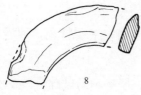

图四八七 石峡四期砺石、玉璜、石环

1.砺石 (T15②A：1) 2.砺石 (T7C②A：4) 3.B型石环 (T82②A：1) 4.玉璜 (T68②A：1) 5.玉璜 (T2G②A：7) 6.A型石环 (T38②A：8) 7.A型石环 (T25②A：1) 8.A型石环 (T40②A：16)

1.5厘米，胎虽厚，却表里一致。陶色以灰色为主，还有褐色、红色。泥质软陶，火候不高，胎和表为砖红色，不坚硬。新出现的原始瓷器，数量最少，胎骨灰白色，质硬，器表施青绿色釉或黄绿色釉，厚薄不匀，釉面自然开裂，极易剥落。

2.制法和纹饰

陶器制法以手制和轮制并存，并以手制为主，慢轮用于修口和圈足及小型陶豆和原始瓷豆、瓷碟。施纹方法有压印、拍印和刻划等。大型陶器内留泥条盘筑的痕迹和在拍印花纹时，内壁因用陶支垫而遗留麻点状垫痕。

本期的纹饰，大致有如下几个特点：一是以几何形印纹为主；二是本期盛行组合纹，即一件陶器上装饰着二、三种以上的花纹，有的多至四、五种，有印纹的，也有非印纹的，后者如弦纹、戳印小圆圈纹、刻划纹等；三是多拍印在泥质硬陶或软陶上，夹砂陶器另有自身的纹样；四是不同种类的陶器拍印或装饰什么花纹，是有规律可循的。如瓮罐类以拍印夔纹、各种云雷纹、方格或菱格突块纹及方格纹组合纹为主。而盘、豆、器盖等则以弦纹、篦点纹和小圆圈纹为主。直壁豆腹底也有方格纹，纹样粗而深的方格纹，与瓮罐器底常见组合细而浅的方格纹是不同的；五是某一种陶器主要是瓮罐器上虽有多种纹样，但应有主要（主体）和次要（搭配）花纹之分，一件或一种陶器的主体印纹只有一种或两种，其余都是搭配组合纹。如瓮罐器的夔纹或云雷纹或方格或菱格突块纹为主纹，其余如弦纹、篦点纹乃至方格纹是组合和搭配的。这样看，就能更好地抓住本时期以至早于它的时代几何印纹陶的主要特点。分述如下：

①云雷纹：主要是方形雷纹，也有称回纹的，是本期印纹陶罐和Ⅰ型豆的一种主要纹饰。计有186片，其中硬陶172片，软陶14片，约占瓮罐类纹饰总数2097片的8.87%。它与第三期文化的云雷纹的区别是：基本图样的形状（母题）是方形或近于菱形的；圆形或正菱形的很少，基本不见第三期文化的重圈纹和螺旋形纹。阳文有单线的，也有双线的。印纹单位（单元）一般较小，如以四个小格作为一个印模单元，其直径一般为2～3厘米。个别的如T99②A的菱形云雷纹将近4厘米。与云雷纹组合的花纹有：粗而深方格纹、篦点纹、弦纹（旋纹）、戳印小圆圈纹、方格纹和夔纹等。

②勾连云雷纹：见于短颈鼓腹圜底罐上。有的称变体夔纹，其云雷纹以灰色软陶为主。数量不多，计有33片（件），约占瓮罐类花纹总数的1.57%，其中硬陶9片，软陶24片。与夔纹陶同时，其组合与云雷纹大致相同（图四八八、四八九）。

③夔纹：亦称夔龙纹，计344片，约占瓮罐类花纹陶片总数的16.35%，其中硬陶288片，软陶56片。它是本期文化一种最典型、最富时代特色的几何形印纹。其基本单元即母题为类似英文字母的f或F的背靠背，故有"双F纹"的叫法（"Double-F"）。具体的图案变化多样，或单线阳纹或双线阳纹，以单线为多；有阳文、阴文，以阳文为主；线条或长或短（一般长2.5～3.5厘米），其弯勾或圆或尖，变化多端，不拘一格。它在陶器上的排列，一般多是单个竖向的连续排列，勾连的极少（图四八九）。其组合花纹有：方格凸块、菱格凸块、方格纹、篦点纹、弦纹、刻划纹（口部）等。腹部组合纹之间以弦纹相间隔。从颈部至底部，浑然一体，繁缛而不紊乱、华丽而又井然。本遗址出土的夔纹，只拍印于瓮罐器上，尤以陶瓮最具特色。陶质多硬陶，也有砖红色软陶。特别是几件砖红色软陶大瓮，火候较低，质地不坚，不能复原。其宽口面刻划有图案花纹（篦划纹样），

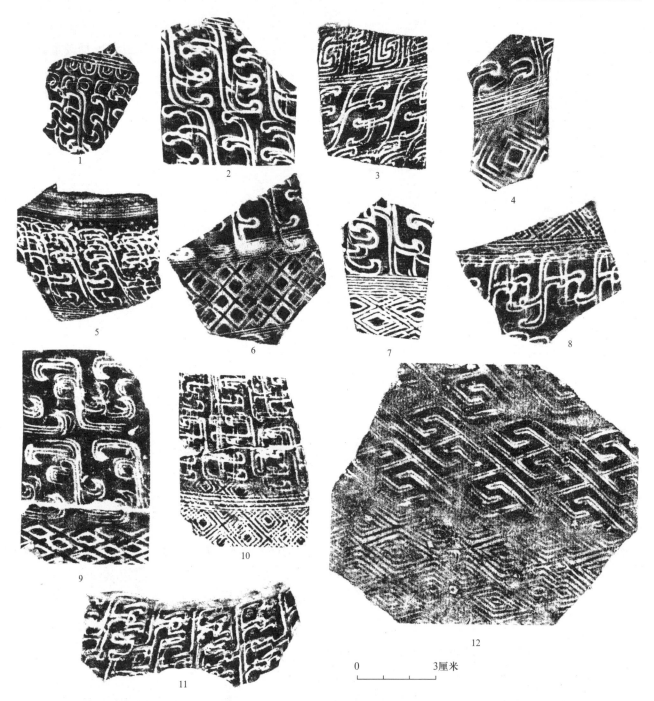

图四八八　石峡四期陶器纹饰拓片

1.纹、重圈纹、弦纹组合（T11②A）　2、5.夔纹、弦纹组合（T27②A、T83②A）　3.夔纹、勾连云雷纹组合（T22②A）　4、8、10.重方格凸块纹、夔纹组合（T88②A、T83②A、T97②A）　6.夔纹、方格凸块纹组合（T2H②A）　7.夔纹、重菱格纹、弦纹组合（T64②A）　9.夔纹、菱格凸块纹组合（T47②A）　11.夔纹（T46②A H69）　12.勾连云雷纹、重菱格纹组合（T46②A H69）

背面有浅方格纹，亦颇具特色。具有南方地区特色图案化了的夔纹陶，可能源自中原商周两代青铜器等器物的夔龙纹之类。如安阳侯家庄出土的一件殷代虎斑纹石磬，其纹样颇似夔纹。它分布于粤、桂东、闽西南以及湘南赣南等地，而以粤地发现最多（含香港地区）。

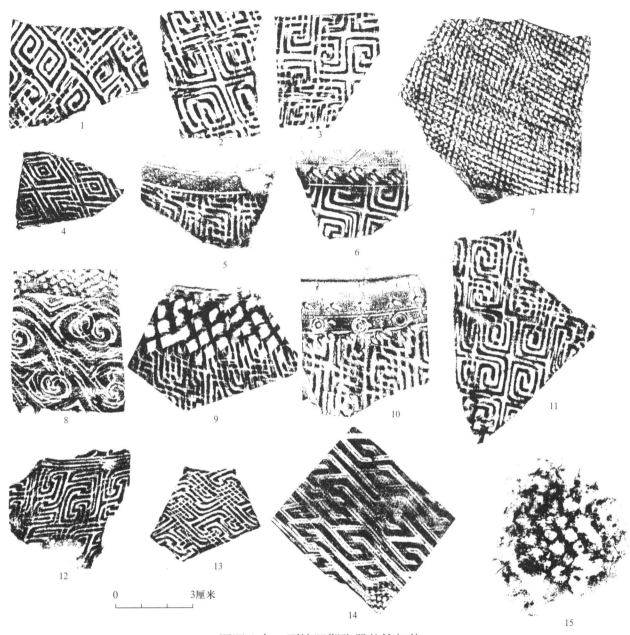

图四八九　石峡四期陶器纹饰拓片

1~3.云雷纹（T88②A、T27②A、T5A②A）　4.重菱格纹（T5B②A）　5、6.云雷纹、篦点纹组合（T88②A、T61②A）
7.方格纹（T46②AH69）10.云雷纹、篦点纹、重圈纹、弦纹组合（T88②A）　8、14.勾连云雷纹、方格纹组合（TT83②A、T46②AH69）　9、11.方格纹、云雷纹组合（T31②A）　12、13.勾连云雷纹（T24②A、T88②A）　15.夹砂陶鼎方格纹（T46②AH69）

④方格或菱形格凸块纹：计有259片，约占瓮罐类花纹的12.31%。其中硬陶251片，软陶8片。它是一种与夔纹为主的搭配的印纹，也有的是作为主要纹饰与方格纹、篦点纹等组合。主要有两种：一种是中间凸块之外就是方格或菱形格。另一种是由2~4条阳纹构成的菱形格纹，中间有凸块的，也有空心的。后者如以4个小单位作为一个印模单位的话，直径有2厘米、2.5厘米或3厘米不等（图四九〇）。

⑤戳印小双圈纹：亦称连珠纹。计有86片，约占罐类花纹的4.10%（不含硬陶豆和器盖上戳印小

双圈纹）。应是用某种工具戳印上去的。形状有小圈点纹及圆角方形等3～4种。前者见于豆、器盖和一部分罐上，多与弦纹、篦点纹组合，在两条弦纹之间，或疏或密。圆角方形或方圆形的较大一些，主要是见于罐类，并与其他纹饰组合。如果分开作为两种纹样亦可（图四九一）。

⑥方格纹：方格纹或网格纹，在本遗址等第二期文化即石峡文化已有少量发现。本期文化的方格纹，计有426片，约占瓮罐类花纹总数的20.25%，多为腹片。一般作为组合纹出现。有粗、细之分，且多拍印于瓮罐等器物的下腹及底部、一般印纹比较深刻清晰；少量出现于瓮罐口沿背面的浅方格纹是如何拍印上去的，尚不甚明了。粗方格纹多与方形云雷纹组合，细方格纹则多与勾连雷纹、菱形格凸块纹、小双圈纹等组合（图四九〇）。

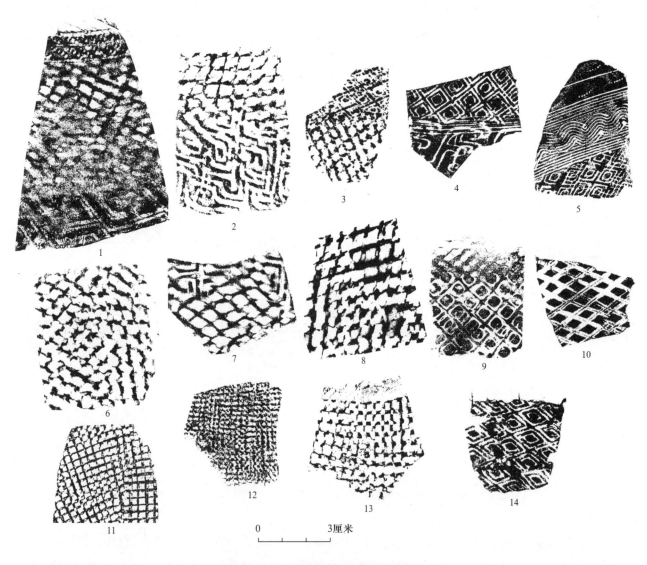

图四九〇　石峡四期陶器纹饰拓片

1.篦点纹、方格纹、勾连云雷纹组合（T45②A）　2、7.方格纹、云雷纹组合（T40②A、T3D②A）　3.重菱格纹、方格纹组合（T95②A）　4.重方格凸块纹、夔纹组合（T83②A）　5.重菱格凸块纹、水波纹、弦纹、篦点纹组合（T32②A）　6、8、11～13.方格纹（T5D②A、T34②A、T99②A、T25②A、T21②A）　9.方格凸块纹、方格纹组合（T88②A）　10.菱格凸块纹（T60②A）　14.重菱格凸块纹（T88②A）

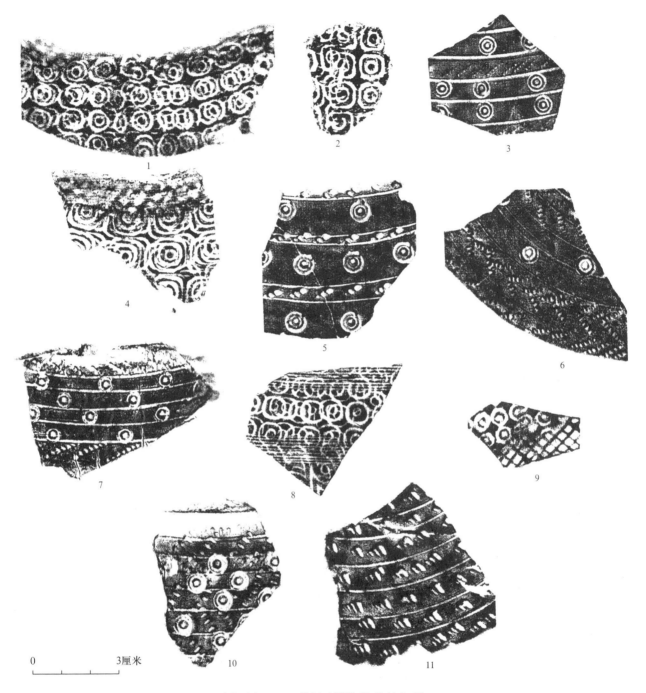

图四九一　石峡四期陶器纹饰拓片

1、4.重圈纹、篦点纹组合（T83②A，T88②A）　2.重圈纹（T27②A）　3、5～7、10.重圈纹、篦点纹、弦纹组合（T20②A、T23②A、T88②A、T27②A：2件）　8.重圈纹、弦纹组合（T65②A）　9.重圈纹、文格纹组合（T27②A）　11.弦纹、篦点纹组合（T60②A）

　　⑦粗而深方格纹：计322片，约占罐类花纹总数的15.30%。其中软陶168片，硬陶154片。主要饰于罐类的上腹，下腹为方形云雷纹。也见于灰色软陶直壁豆盘下腹部。这种粗而深的方格形纹饰，似乎不是印纹，而是用一种工具戳刺上去的（图四九〇）。

　　⑧细方格纹：计340片，约占罐类花纹总数的16.16%。均为硬陶，主要拍印于青灰色薄胎小凹底

罐上，有些方格布纹细如布纹（图四九〇）。

⑨篦点纹：本遗址第一期、第二期、第三期文化已经出现，本期更为常见。表现为一种组合纹，为盘、豆、器盖上的重要纹饰，也常见于罐类的口颈以下。且多与细弦（旋）纹配合，是用一种多齿的尖锐的梳篦工具刺压而成，因此，篦点有多有少。多作点点的一周、短线点纹或"人"字形点纹。瓮罐类上篦点纹计有108片，占瓮罐器花纹总数的5.13%（图四九一）。

⑩刻划纹：指用一种尖锐的单齿或多齿（1～6齿）工具，在陶瓮、罐口沿面，特别是在宽敞口沿上刻划花纹。有波浪纹、曲线纹、长短直线纹和少数云雷形纹等。如果用单齿或多齿工具在陶器坯件上某个位置刻划某种记号，便可成为刻划符号或记号，这说明刻划纹样与刻划记号有着密切关系（图四九二、四九三）。

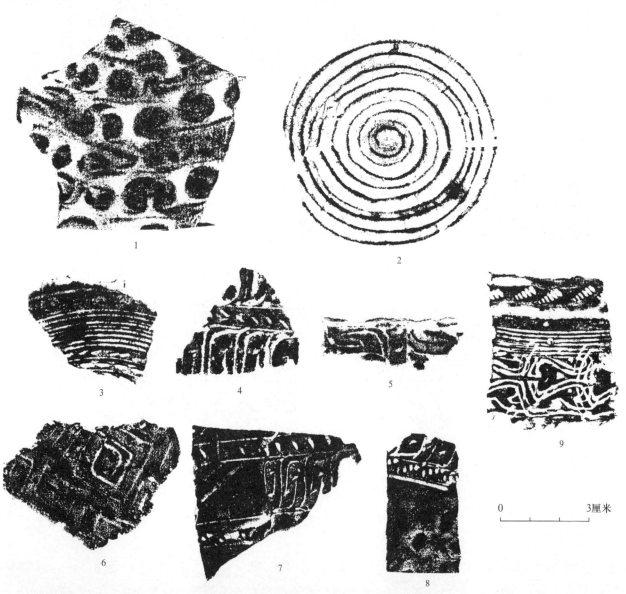

图四九二　石峡四期陶器、釉陶器纹饰拓片

1.逗点纹（T37②A）　2、3.原始瓷碟、豆内壁旋纹（T40②A）　4～8.原始瓷器刻划云雷纹（T60②A、T15②A、T33②A、T20②A：2件）　9.刻划、篦点纹（T61②A）

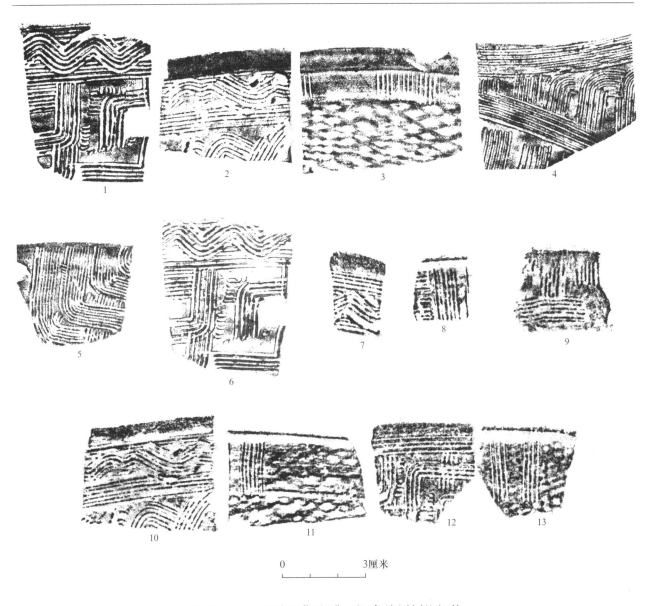

图四九三　石峡四期陶罐口沿内外刻划纹拓片

1、2、4~7、9、10、12.口沿内刻划纹（T5A②A、T20②A、T93②A、T11②A、T5A②A、T11②A、T7C②A、T41②A、T36②A）　　3、8、11、13.口沿外面刻划纹（T41②A、T11②A、T41②A、T36②A）

刻划记号或陶文

刻划记号亦称刻划符号、陶符，也有统称陶文的。是制陶匠人在陶器坯件的某个位置上有意识地刻划上去的，表示某种数码或具有某种含义，参照民族学的材料，同样的符号或文字的含义是不尽相同的。本遗址第三期文化已发现4个。

本期已见到有刻划记号的陶器26件，约有15种以上的不同记号。大致可分三种形态：一种是单线单个的，计8个，主要见于罐类的口沿或上腹和豆足内。另一种是两个或三个联文的，见于硬陶豆或原始瓷豆足内。再一种是2~5条篦划线的，计15个。主要见于豆类的足内，也有见于罐、盘类的。只不过使用多齿篦划工具刻划的，自然形成多线的现象（图四九四）。

3.形制和器类

形制流行敞口，折沿，溜肩或圆肩，垂腹，最大径在腹下部，圜底，圈足，双耳和平底，三足器只见于夹砂鼎。器类有釜、鼎、器座、罐、圈足盘、豆、器盖、原始瓷豆、原始瓷碟、原始瓷罐残片、陶纺轮、圆陶片。

①夹砂陶

共2822片。据1977年以后发掘的ＴＡＢＣ行探方统计，出土夹砂陶1439片，其中素面的1317片，占总数的91.52%；有纹饰的122片，占总数8.48%。纹饰有绳纹85片，方格纹12片，曲折纹15片，重

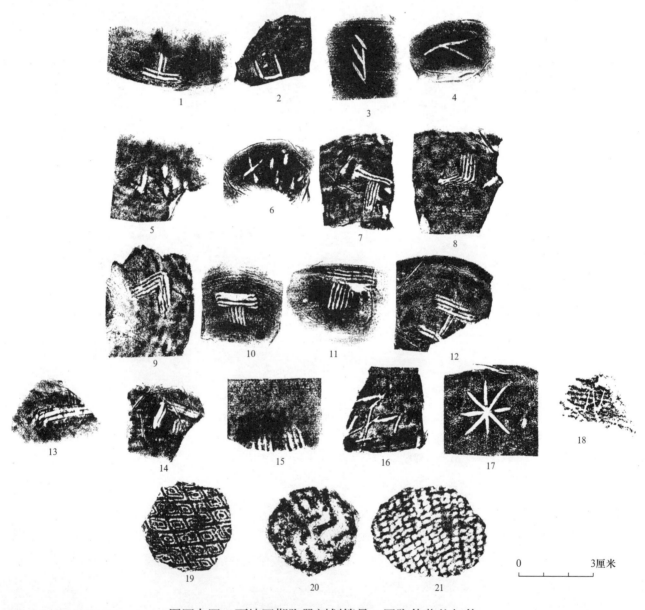

图四九四　石峡四期陶器刻划符号、圆陶片花纹拓片

1、13.刻划符号（T83②A）　2.刻划符号（T7C②A）　3、6、10.刻划符号（T88②A）　4.刻划符号（T64②A）　5.刻划符号（T20②A）　7.刻划符号（T11②A）　8.刻划符号（T6B②A）　9.刻划符号（T99②A）　11、12.刻划符号（T21②A）　14、15.豆足刻符号（T1H②A、T27②A）　16～18.刻划符号（T29②A、T3F②A、TT27②A）　19～21.圆陶片纹饰（T5D②A：4、T8②A：14、T4A②A：6）

圈纹2片，篮纹8片。但这些夹砂陶，大多为具有前两期文化特征的遗物，能确认为本期的器物不过数百片。器形主要是鼎和釜等。陶色主要是红褐色。

鼎　可辨形态的仅2件，形状为钵形鼎，标本T46②AH69：3（图四九五：1；图版二一〇：3）。红褐色。尖唇，侈口。深腹圆底。腹底残留有残破孔洞，素面。正与T5D②A出土的1件鼎足大小、颜色相符，鼎足上端呈榫头状，可嵌入鼎腹底部。钵身高8.8、口径14.2厘米。标本T92②A：1（图四九五：2；图版二一〇：4）。红褐色陶。素面。形态与T46②AH69：3同，唯多双环状耳。口径15.5、残高14.8厘米。

鼎足　数量少，可分二型。

A型　圆柱体。数量少。标本T88②A：552（图四九五：3）。表红褐，胎深灰色。长条圆柱体，上大下小。高15、足径5.6～3厘米。标本T5A②A：4（图四九五：4）。砖红色，夹粗砂粒，火候较高。足跟有嵌入鼎底的部分。外表饰粗绳纹。残长8厘米。标本T22②A：2（图四九五：7）。表灰红、灰黄杂色，胎灰黑。表面有方格纹，圆柱形，残高10.5、足径4厘米。

B型　数量较多。圆锥体。足跟作榫头状，用以嵌入鼎腹底部。标本T88②A：3（图四九五：6）。红皮、红褐胎。通长10、榫头长2厘米。标本T5D②A：3（图四九五：5）。砖红色皮，青灰色胎。通长10、榫头长1.6厘米。

双耳釜　标本T3C②A：1（图四九五：8）。表灰黑，胎红褐，腹部似经火烧煮过。器身似釜，敞口，圆底，扁环状双耳连接于口沿上，腹部拍细方格纹。底部有无三足不明，故名釜。口径13厘米。

器座　标本T2②A：16（图四九五：16）。红褐色。素面。筒形。足外撇。残高6.8、足径7.2厘米。

②泥质陶

2358片，其中硬陶2249片占90.47%。软陶109片占4.48%。是本期陶器中富有特征的陶器。硬陶，也有称为炻陶的，其制作工艺技术较前有很大进步。表现在陶土多经淘洗，胎质致密，呈灰白色，有些应为高岭土。胎壁比较均匀，一般厚度在0.5～1.5厘米。烧结好，胎色表里基本一致，质地坚硬，吸收率小。几何印纹规整、精美、繁丽、清晰，已见的主要印纹有夔纹、变形夔纹、云雷纹、菱格凸块纹与方格纹的组合，以夔纹最富时代特征和最富典型性。在图案化中有些仍显出商周青铜器花纹的神秘感，如夔纹、变体夔纹或勾连云雷纹。

罐瓮类　口径在13～25厘米的称为罐。口径达25厘米以上者称为瓮，最大的口径可达30厘米。其中罐2011片（硬陶1948片，软陶63片）。瓮93片（硬陶54片，软陶39片），缺乏完整器。罐瓮的特点一是器形几乎都是圆底器；二是口沿多有慢轮修整痕迹，三是一般都拍印繁丽的几何形印纹，其他盘、豆、器盖等并不施行几何印纹。统一分型描述。根据口沿肩形态分五型。

A型　尖唇，折沿，领外翻，口沿内侧平斜或呈盘口状。分3式。

I式　尖唇，折沿，口沿内侧平斜，束颈，溜肩，垂腹，圆底。标本T83②A：3（图四九五：9；图版二一一：1）。青灰色硬陶。尖唇。折沿，内沿面平直，外沿面鼓起，深腹圆底，最大径在下腹。肩部饰篦点纹，上腹勾连云雷纹，下腹至底为方格纹。口径26.3、高21厘米。标本T16②A：4（图四九五：13）。灰色硬陶。颈部刺篦点纹，以下素面。口径15厘米。标本T88②A：4（图四九五：11）。灰褐色硬陶。口沿面有刻划符号。主体印纹为方格凸块纹。口径15.5厘米。标本T65②A：5（图四九五∶10）。青灰色硬陶。口沿背面有浅而细方格纹。腹部的主体纹饰为方格凸块纹。口径16厘米。标本T44②A∶3（图四九五∶12）。灰褐色硬陶。颈饰篦点纹，肩部拍印夔纹。口径18.4厘米。标本T20②A∶89（图四九五∶14）。青灰色硬陶，颈下饰一周篦点纹，以下为素面。口径14.5厘米。标

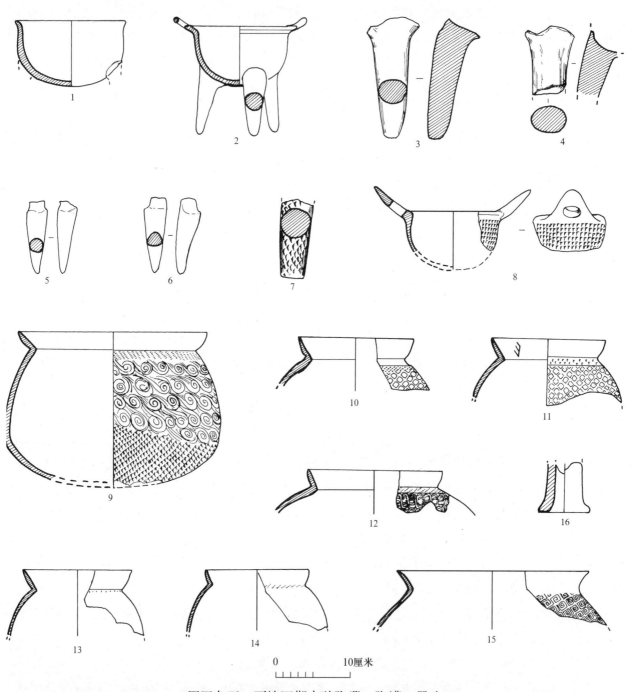

0　　　　　　　10厘米

图四九五　石峡四期夹砂陶鼎、陶罐、器座

1.夹砂陶鼎（T46②A H69∶3）　　2.夹砂陶鼎（T92②A∶1）　　3.A型鼎足（T88②A∶552）　　4.A型鼎足（T5A②A∶4）　　5.B型鼎足（T5D②A∶3）　　6.B型鼎足（T88②A∶3）　　7.A型鼎足（T22②A∶2）　　8.双耳釜（T3C②A∶1）　　9.A型Ⅰ式陶罐（T83②A∶3）　　10.A型Ⅰ式陶罐（T65②A∶5）　　11.A型Ⅰ式陶罐（T88②A∶4）　　12.A型Ⅰ式陶罐（T44②A∶3）　　13.A型Ⅰ式陶罐（T16②A∶4）　　14.A型Ⅰ式陶罐（T20②A∶89）　　15.A型Ⅰ式陶罐（T16②A∶2）　　16.器座（T2②A∶16）

本T16②A：2（图四九五：15）。颈下饰一周箆点纹，主体纹样为方形云雷纹。口径26.8厘米。

Ⅱ式　折沿，口沿内侧呈盘口形内凹，外侧沿面外弧，束颈，广肩，腹部已残。标本T3D②A：78（图四九六：1）。青灰色硬陶。口沿面有一个刻划符号，颈饰箆点纹，之下为粗方格纹、菱格凸块纹。口径16.5厘米。标本T83②A：4（图四九六：2）。青灰胎软陶。肩部拍印双圈纹。口径18厘米。标本T16②A：3（图四九六：3）。青灰色，泥质软陶。尖唇，口沿外一周凸棱，肩部饰重菱格纹。口径18.8厘米。标本T74②A：2（图四九六：4）。灰褐色硬陶，器表有一薄层铁褐色带黑斑点，应是陶土中的矿物质经锻造形成的，也是夔纹陶阶段硬陶表皮的一个特点。肩部的主体纹样是方格凸块纹。口径18厘米。标本T20②A：546（图四九六：5）。青灰色硬陶。内沿面有一个刻划符号，外沿面饰浅而细方格纹。肩部拍满重圈凸点纹。口径20厘米。标本T46②AH69：68（图四九六：6）。青

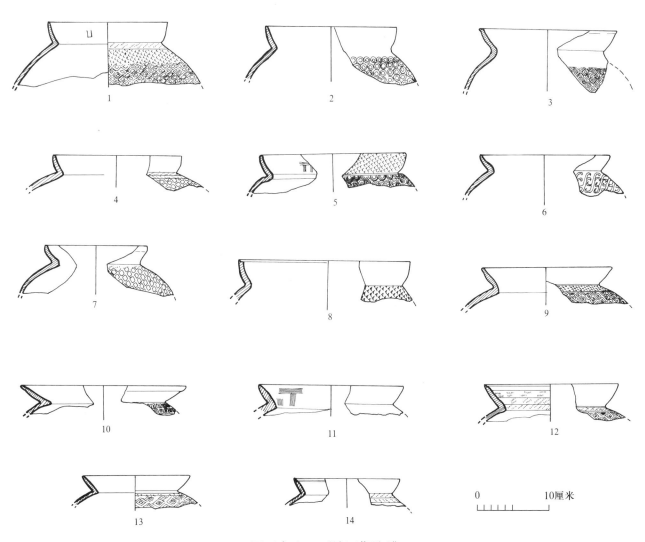

图四九六　石峡四期陶罐

1.A型Ⅱ式陶罐（T3D②A：78）　2.A型Ⅱ式陶罐（T83②A：4）　3.A型Ⅱ式陶罐（T16②A：3）　4.A型Ⅱ式陶罐（T74②A：2）　5.A型Ⅱ式陶罐（T20②A：546）　6.A型Ⅱ式陶罐（T46②AH69：68）　7.A型Ⅱ式陶罐（T39②A：77）　8.A型Ⅱ式陶罐（T7C②A：6）　9.A型Ⅲ式陶罐（T83②A：9）　10.A型Ⅲ式陶罐（T64②AH65：69）　11.A型Ⅲ式陶罐（T5C②A：33）　12.A型Ⅲ式陶罐（T37②A：2）　13.A型Ⅲ式陶罐（T74②A：21）　14.A型Ⅲ式陶罐（T21②A：5）

灰色硬陶。肩、腹部拍印双线夔纹。口径18厘米。标本T39②A：77（图四九六：7）。灰白色胎硬陶。颈下一周篦点纹，以下以菱格凸块纹为主体纹。口径14.4厘米。标本T7C②A：6（图四九六：8）。灰褐色软陶。肩部拍印粗而深方格纹。口径23.8厘米。

Ⅲ式　尖唇，折沿，大敞口外翻。标本T83②A：9（图四九六：9）。青灰色硬陶。肩部饰细方格纹，以下为方格凸块纹。口径18厘米。标本T64②A H65：69（图四九六：10）。表灰黄，胎青灰，硬陶。肩部拍印方形云雷纹。口径23厘米。标本T5C②A：33（图四九六：11）。砖红色软陶。口沿面有一个6条篦划线刻划记号。口径20厘米。标本T37②A：2（图四九六：12）。灰褐色硬陶。内沿面饰细弦（旋）纹和篦点纹。肩部拍印细方格纹和方形云雷纹。口径18.4厘米。标本T74②A：21（图四九六：13）。青灰色硬陶。肩部刺篦点纹，以下为重菱格纹。口径15厘米。标本T21②A：5（图四九六：14）。青灰色硬陶。肩部饰篦点纹和细弦纹。口径14.8厘米。

B型　尖唇外翻呈钩状，沿面圆鼓，与尖唇之间有一周小凹痕，折沿，敞口，外沿面外弧。分3式。

Ⅰ式　尖唇外翻呈钩状，外沿面外弧，广肩。标本T65②A：66（图四九七：1）。表和胎均为青灰色，胎质坚致。肩部拍印粗而深的方格纹，以下为方形云雷纹。口径28厘米。标本T4A②A：7（图四九七：2）。青灰色硬陶。尖唇外折。肩部拍印粗方格纹。口径21.4厘米。标本T22②A：3（图四九七：3）。青灰色硬陶。肩部拍印粗方格纹，以下花纹残缺。口径23.8厘米。标本T33②A：1（图四九七：4）。青灰色软陶。肩部拍印粗方格纹，以下为云雷纹。口径23厘米。标本T21②A：1（图四九七：5）。青灰色硬陶。肩部拍印粗方格纹。口径18厘米。标本T83②A：8（图四九七：6）。青灰色硬陶。肩部拍印篦点纹，弦纹之间戳刺小圈点纹。口径20厘米。标本T64②A：67（图四九七：7）。青灰色硬陶。颈下刺一周篦点纹，折肩上下饰弦纹，弦纹之间饰小圈点纹。口径19.5厘米。

Ⅱ式　标本T21②A：2（图四九七：12）。尖唇稍外翻，沿面一周凹痕比Ⅰ式深，束颈有一周凹槽，广肩。灰白色硬陶。颈下拍印方格纹，以下方形云雷纹。口径12.5厘米。

Ⅲ式　尖唇稍外翻，卷沿，大敞口，内沿面弧形，溜肩。标本T15②A：2（图四九七：18）。青灰色硬陶。肩以下拍印方形云雷纹。口径21厘米。标本T61②A：71（图四九七：19）。灰白色硬陶。唇被修饰勾尖，沿面圆鼓。颈部下刺篦点纹，以下为方形云雷纹。口径20厘米。

C型　侈口，尖唇，折沿，矮领，窄沿较直，广肩。标本T88②A：6（图四九七：8）。青灰色硬陶。口沿收直。颈部下饰篦点纹，以下为粗条阴弦纹，比较少见。口径13.5厘米。标本T80②A：1（图四九七：9）。青灰色硬陶。颈上1周篦点纹，2周弦纹中间戳刺小圈点纹，以下为主体纹方形云雷纹。口径18厘米。标本T68②A：7（图四九七：10）。灰红色软陶。颈下饰篦点纹弦纹，小圈点纹，肩、腹的主体印纹为方形云雷纹。口径15厘米。标本T45②A：4（图四九七：11）。口微敛，广肩。灰白色硬陶。花纹由上而下：篦点纹，粗方格纹，方形云雷纹。口径17厘米。

D型　圆唇，卷折，侈口，器体稍小。同博罗横岭山墓地出土的甲类圜底陶罐相似，垂肩，扁圆腹，圜底或圜平底，即器底也拍印花纹。标本T83②A：5（图四九七：14）。青灰硬陶。颈、肩部饰两周篦点纹，以下为细方格纹。口径13.5厘米。标本T73②A：1（图四九七：15）。灰色硬陶，素面。口径10.6厘米。标本T83②A：10（图四九七：16）。灰褐色硬陶，表面赤褐色。肩部饰5周弦纹，弦纹间刺篦点纹。口径12.5厘米。标本T28②A：2（图四九七：17）。青灰色硬陶。纹饰的特

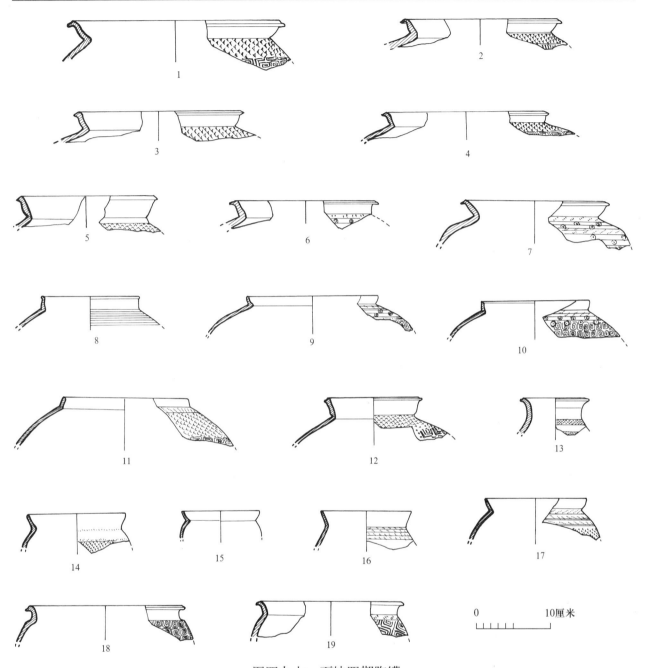

图四九七　石峡四期陶罐

1.B型Ⅰ式陶罐（T65②A∶66）　2.B型Ⅰ式陶罐（T4A②A∶7）　3.B型Ⅰ式陶罐（T22②A∶3）　4.B型Ⅰ式式陶罐（T33②A∶1）
5.B型Ⅰ式式陶罐（T21②A∶1）　6.C型陶罐（T83②A∶8）　7.B型Ⅰ式陶罐（T62②A∶67）　8.B型Ⅰ式陶罐（T88②A∶
6）9.C型陶罐（T80②A∶1）　10.C型陶罐（T68②A∶7）　11.C型陶罐（T45②A∶4）　12.B型Ⅱ式陶罐（T21②A∶
2）　13.E型陶罐（T2H②A∶9）　14.D型陶罐（T83②A∶5）　15.D型陶罐（T73②A∶1）　16.D型陶罐（T83②A∶
10）17.D型陶罐（T28②A∶2）　18.B型Ⅲ式陶罐（T15②A∶2）　19.B型Ⅲ式陶罐（T61②A∶71）

点是3周弦纹中间刺篦点纹，以下为细方格纹。口径14厘米。

E型　标本T2H②A∶9（图四九七∶13）。青灰色硬陶。小口，颈部较高。领部和肩部饰篦点纹和阴弦纹，口径9厘米。

双耳陶罐　尖唇或圆唇，削肩，侈口或盘形口，长圆腹或扁圆腹，肩部有半环形双耳。器体大

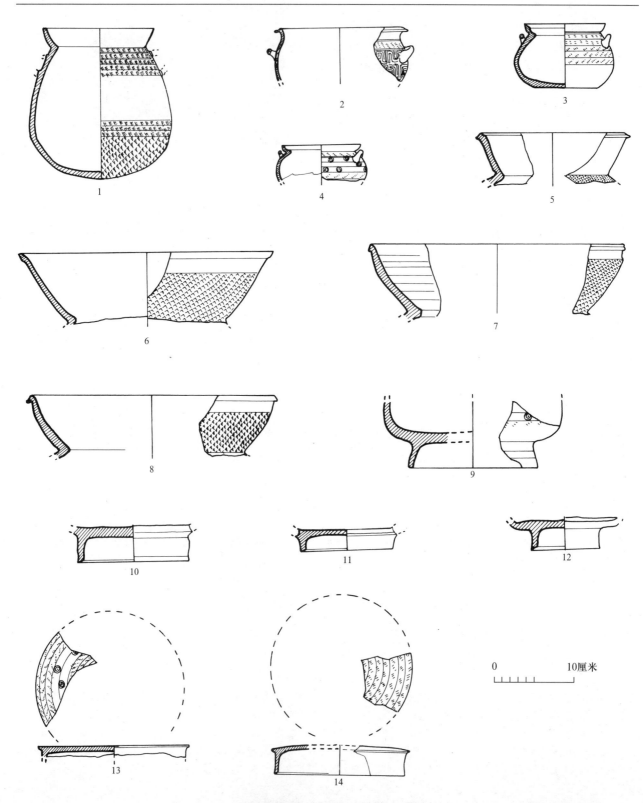

图四九八　石峡四期双耳陶罐、陶瓮、圈足盘、器盖

1.A型双耳罐（T29②A：1）　2.B型双耳罐（T83②A：11）　3.C型双耳罐（T16②A：5）　4.C型双耳罐（T5D②A：5）　5.陶瓮（T36②A：2）　6.陶瓮（T45②A：1）　7.陶瓮（T64②A：70）　8.陶瓮（T36②A：71）　9.圈足盘（T64②A：30）　10.圈足盘（T4C②A：11）　11.圈足盘（T97②A：85）　12.圈足盘（T88②A：11）　13.器盖（T88②A：13）　14.器盖（T60②A：1）

小不一，器底以圆底为主，个别为平底。双耳陶罐在四期较少见，分三型。

A型 标本T29②A：1（图四九八：1；图版二一一：2；彩版三八：1）。圆唇，侈口，削肩，圆底。硬陶。表面赤褐色，胎青灰色。器身略呈椭圆形，最大径在下腹，器身自上而下饰八周篦点纹，间以细弦纹，下腹拍方格纹至圆底。口径13.8、最大腹径18、高18厘米。

B型 标本T83②A：11（图四九八：2）。青灰色硬陶。尖唇外折，大口，卷沿，削肩，扁圆腹，肩部附有两个对称环形耳。饰弦纹、篦点纹，腹部饰云雷纹。口径22厘米。

C型 尖唇或方唇，盘形口，折沿，扁圆腹，平底。标本T16②A：5（图四九八：3；图版二一二：1）。灰色硬陶。尖唇，盘口，束颈，鼓腹，平底。最大径在下腹。肩部附一对对称半环耳。上腹饰6条弦纹，弦纹之间加篦点纹。底部有方格纹痕迹。口径10.2、底径9.5、腹径12、高7.8厘米。标本T5D②A：5（图四九八：4）。青灰色硬陶。腹至底饰篦点纹、弦点、小圈点纹、篦点纹。肩部附一对环形耳。口径9.8、腹径11.6厘米。

瓮 尖唇外折，折沿，高领外敞，内侧内凹，外侧弧出并拍印粗方格纹，似盘口形口沿，未见完整瓮出土。标本T36②A：2（图四九八：5）。青灰色硬陶。表面有一种赤褐色，应为陶土中矿物元素烧煅后形成现象。颈下拍细方格纹，比较少见。口径18.3厘米。标本T45②A：1（图四九八：6）。泥质软陶，表和胎砖红色。火候不高，胎质不坚硬。从残片看，器身拍印双线夔纹，单线菱格纹和方格纹组合纹。口径32厘米。标本T64②A：70（图四九八：7）。泥质软陶。口沿和领部表面有一层灰白色，中间胎为灰色。口沿外领部饰细而浅的方格纹。口径31.87厘米。标本T36②A：71（图四九八：8）。青灰色硬陶，表面有一点点细小的铁黑色黑点。口沿外领部饰细而浅的方格纹。口径30.5厘米。

圈足盘圈足 35片。均为残片，浅盘，盘底平，下接直圈足。不分型。标本T64②A：30（图四九八：9）。灰褐色硬陶。腹部饰两条弦纹，弦纹中间戳印圈点纹，上下有篦点纹，圈足稍外撇，饰2周弦纹，口径21、足径17厘米。标本T4C②A：11（图四九八：10）。灰色硬陶。盘底平，圈足壁近直。足径14厘米。标本T97②A：85（图四九八：11）。灰色硬陶。盘底平，圈足直，稍内收。足径11.6厘米。标本T88②A：11（图四九八：12）。青灰色硬陶。足径8.3厘米。

圈足 器身已残，较难判断是盘或是陶瓿的圈足。标本T84②A：11（图四九九：17）。青灰色硬陶。足外撇。足径12.3厘米。标本T16②A：42（图四九九：18）。灰黄色硬陶。足径11.4厘米。标本T88②A：9（图四九九：19）。青灰色硬陶。表面光滑，底部表面有浅方格纹。足径14.8厘米。标本T88②A：10（图四九九：20）。灰白色胎硬陶，陶土细密质优。足径14.4厘米。

器盖 8片。有时代特色。圆盘形，顶面平整或微鼓，泥塑环形纽残缺，子母口较直。硬陶，轮制。标本T60②A：1（图四九八：14）。顶面有多条同心圆阴弦（旋）纹，旋纹之间刺篦点纹。面径17.6、口径16.4、高2.6厘米。标本T88②A：13（图四九八：13）。表紫褐色，似是一层薄薄的酱褐色釉，实为陶土中的矿物质经高温煅烧所致，它是本期一部分硬陶表面颜色的共同特点。胎为青灰色，质地坚硬。顶面较平，中间缺纽饰。顶面多道同心圆弦（旋）纹之间，饰"人"字形篦点纹和稀疏的戳印小圈点纹。面径19厘米。

豆 283片。其中硬陶187片，软陶31片，原始瓷豆65片。依形制特点，分为直壁豆、曲壁豆和原始瓷豆。

　　直壁豆　尖唇或方唇，直口，弧腹，圜底，下接矮喇叭形圈足。标本T88②A：12（图四九九：1；图版二一二：2）。青灰色硬陶。方唇，厚壁，矮喇叭足，足底外沿微起棱，腹饰一周弦纹，腹底拍印粗方格纹。口径12、高5.7、足径8厘米。标本T22②A：7（图四九九：2）。青灰色硬陶。尖唇，口沿面有1道阴弦纹、矮喇叭足，足底外沿有突棱。盘腹饰一周弦纹、篦点纹，盘底拍印粗深方格纹。口径14、高8.8、足径6.4厘米。标本T88②A：55（图四九九：3）。灰白胎硬陶。圈足已残。口径7.2厘米。标本T88②A：551（图四九九：4）。青灰色硬陶。尖唇，口沿面有1道阴弦纹。盘腹

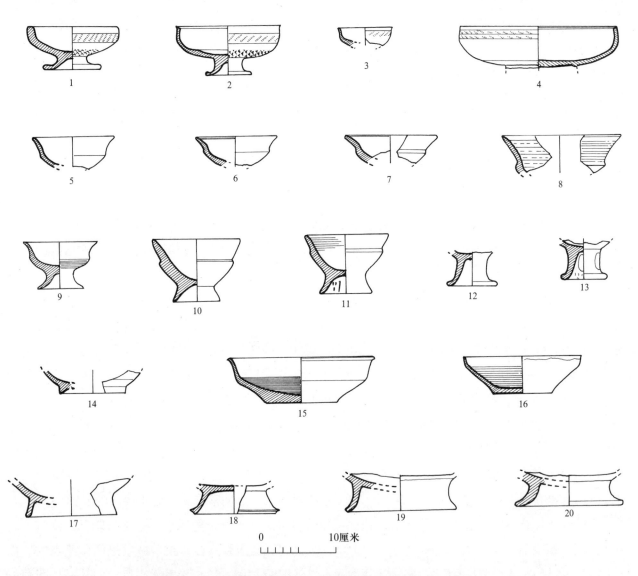

图四九九　石峡四期直壁豆、曲壁豆、原始瓷碟、圈足

1.直壁豆（T88②A：12）　2.直壁豆（T22②A：7）　3.直壁豆（T88②A：55）　4.直壁豆（T88②A：551）　5.曲壁豆（T3B②A：46）　6.曲壁豆（T58②A：44）　7.曲壁豆（T19②A：1）　8.原始瓷豆（T83②A：66）　9.原始瓷豆（T88②A：17）　10.原始瓷豆（T28②A：3）　11.曲壁豆（T88②A：545）　12.残豆圈足（T88②A：15）　13.残豆圈足（T88②A：14）　14.原始瓷残圈足（T88②A：535）　15.原始瓷碟（T41②AH76：1）　16.原始瓷碟（T40②A：11）　17.圈足（T84②A：11）　18.圈足（T16②A：42）　19.圈足（T88②A：9）　20.圈足（T88②A：10）

饰3周弦纹，2周篦点纹。圈足残。口径21、盘深4厘米。

曲壁豆　尖唇或圆唇，敞口，器腹内外见曲壁或外壁为曲，内壁斜弧，盘略深，圜底，下接矮喇叭形圈足。分二型。

A型　器身内外均曲壁。标本T3B②A：46（图四九九：5）。表青灰间砖红色，胎深灰，软陶。素面。口径11.2厘米。标本T58②A：44（图四九九：6）。灰黄色硬陶。盘内口及底有细密轮旋纹，盘底外饰篦点纹。口径11厘米。标本T19②A：1（图四九九：7）。灰黄色硬陶。圆唇。素面。口径12厘米。

B型　标本T88②A：545（图四九九：11）。灰褐色硬陶。圆唇，口沿内外有轮旋纹。器身外为曲壁，内为斜弧形，圜底，下接矮喇叭形圈足，足内壁有刻划符号，器胎较厚。口径11.4、盘深4.8、高7.8、足径7厘米。

原始瓷器残片　74片，占陶片3.05%。

原始瓷豆　其形制与曲壁豆相同。豆盘内外施浅绿色釉，器胎灰白或灰黄色，部分表面釉已剥落。标本T83②A:66(图四九九：8)。盘内外施浅绿厚层釉，透明，保存甚好。盘内施弦纹、篦点纹，盘外壁饰细密弦纹。口径16厘米。标本T88②A：17（图四九九：9）。尖唇，外曲壁不太明显，浅盘，圜底，下接矮喇叭形足。盘内外施浅绿色釉，盘内有细弦纹、篦点纹，盘底有轮旋纹。口径10、足径6、高6厘米。标本T28②A：3（图四九九：10；图版二一三：1）。尖唇，外曲壁，内斜弧腹，深盘，圜底，下接矮喇叭足。青灰色硬陶，厚胎，表面釉已剥落。口径12、盘深5.4、高8厘米。

原始瓷碟　2件。标本T41②AH76：1（图四九九：15；图版二一三：2；彩版三八：2）。尖唇，敞口，下腹折收成平底。内底有明显的螺旋纹。表施浅绿釉，透明。口径13、底径6.5、高4厘米。标本T40②A：11（图四九九：16；图版二一四：1）。胎质和釉色与T41②AH76：1原始瓷碟相同，已残缺，部分釉层已剥落。口径16、底径8、高5厘米。

原始瓷残圈足　标本T88②A:535(图四九九：14)。硬陶，胎色灰白，施浅绿釉。足径9厘米。

豆圈足　圈足稍高，足底外沿起棱。标本T88②A:15(图四九九：12)。灰褐色硬陶。足径7、高4.5厘米。标本T88②A：14（图四九九：13）。灰褐色硬陶。足壁有镂孔。足径6.5、高4.5厘米。

陶纺轮　10件。以泥质陶为主（以下标本为泥质者不再注出），陶色驳杂，有灰褐、灰黄、红褐、灰黑等，个别表面与底部颜色也不一。按横截面形态可分三型。

A型　6件。斗笠形。横截面梯形。分2式。

Ⅰ式　标本T7C②A：10（图五〇〇：1）。红褐色夹砂陶。顶面边缘不起棱。面径0.7、底径2.8、厚1厘米。

Ⅱ式　顶面边缘起棱。标本T15②A：8（图五〇〇：2）。顶面黄褐，底部灰深色。面径1.2、底径3.2、厚1厘米。标本T2②A：1（图五五〇〇：3）。灰褐色夹砂陶。面径1、底径2.6、厚0.8厘米。标本T2②A：11（图五〇〇：4）。灰白、灰色夹杂。面径1、底径2.6、厚1厘米。

B型　1件。标本T4②A：13（图五〇〇：5）。高身，六边形横截面，棱角明显。表面黄褐，胎灰黑夹砂陶。顶面和底部稍内凹。面径和底径2.4、厚1.5厘米。

C型　3件。分2式。

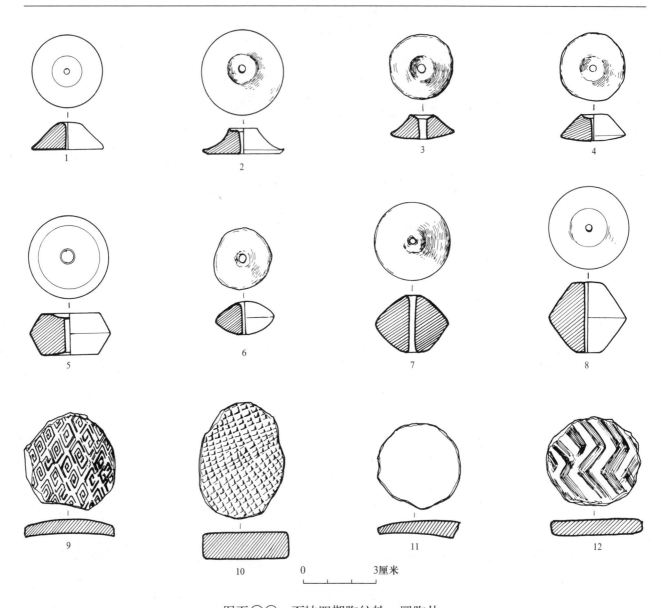

图五〇〇 石峡四期陶纺轮、圆陶片

1.A型Ⅰ式陶纺轮（T7C②A：10） 2.A型Ⅱ式陶纺轮（T15②A：8） 3.A型Ⅱ式陶纺轮（T2②A：1） 4.A型Ⅱ式陶纺轮（T2②A：11） 5.B型陶纺轮（T4②A：13） 6.C型Ⅰ式陶纺轮（T28②A：12） 7.C型Ⅱ式陶纺轮（T4②A：99） 8.C型Ⅱ式陶纺轮（T41②AH76：14） 9.圆陶片（T5D②A：4） 10.圆陶片（T4A②A：6） 11.圆陶片（T88②A：2） 12.圆陶片（T8②A：21）

Ⅰ式 1件。标本T28②A：12（图五〇〇：6）。灰黄色。横截面椭圆形，上下径0.8、厚1.5厘米。

Ⅱ式 2件。高身六边形，棱角不明显。标本T4②A：99（图五〇〇：7）。灰黑色，个体较大。面径0.5、底径0.8、厚2.2厘米。重23克。标本T41②AH76：14（图五〇〇：8）。砖红色夹砂陶。面径1、底径1.3、厚2.8厘米。

上述陶纺轮中，B型和C型才是石峡四期的陶纺轮，博罗横岭山墓地有3座出土B型陶纺轮，横岭山归为A型陶纺轮。有21座墓出土C型陶纺轮。

圆陶片 4件。为打琢边缘而不加磨的圆形陶片，均有厚器物残片纹饰。标本T5D②A：4（图五

○○：9；图版二一四：2）。表面灰褐、胎青灰色，泥质硬陶。陶片稍有弧度，表面原拍印菱形云雷纹，直径3.8、厚0.5厘米。标本T4A②A：6（图五○○：10；图版二一四：2）。泥质硬陶。表面灰黄色、胎青灰色，表面拍印方格纹，是本期文化所独有的几何印纹硬陶的方格纹，胎壁较厚。椭圆形，边缘打琢而成。直径4.6～3.4、厚1厘米。标本T88②A：2（图五○○：11；图版二一四：2）。泥质硬陶。表面青灰色，灰色，印有浅条纹。陶片厚薄不一。直径3.4、厚0.4～0.6厘米。标本T8②A：21（图四○○：12；图版二一四：2）。灰褐色夹砂陶，外表原拍印粗线条曲折纹。直径3.4、厚0.6厘米。该圆陶片属石峡三期遗物，在②A层出土。

（四）青铜器

共27件。可辨器形的有21件，余为碎块。有兵器和工具。均为小件铜器，锈蚀严重，易碎。除刮刀一种保存较好，表面有一种浅黑色光泽外，其余都不同程度的残损或破碎。

钺 2件。标本T46②AH69：1（图五○一：3；图版二一五：1；彩版三九：2）。扇形钺，銎较长，銎口中间稍内凹，两侧端略高，銎口截面长方形，銎内残存小块朽木。双面近銎口部分有一条细阳线。合范铸成，从銎口至器身两侧留有合范铸出的棱线。残长8.6、銎口宽1.5厘米。另一种为靴形钺，已残，在T38②A：2出土。

匕首 1件。亦有称短剑者。标本T15②A：7（图五○一：1；图版二一六：1；彩版四○：1）。腊为长三角形，薄腊，锈蚀严重，手触即碎，刚出土时锋尖利，剑身前窄后宽内收，两面有中脊，脊通至茎，扁茎较短，后端有一圆孔，腊与茎之间有一长方形剑格。腊的两面各铸刻一人面纹，圆头颅，浓眉大眼，张口竖耳，其中一面的人面纹头上饰两组方形云雷纹发型。通长16.3、腊身长12、茎长3.5厘米。

矛 1件。标本T15②A：5（图五○一：2；图版二一五：3；彩版四○：2）。身作柳叶形，长叶短骹，叶两侧有刃，刺为实心扁平，中脊起棱，骹截面椭圆形中空，后端一侧有一小孔。器身素面无纹。通长10.5、骹长4、叶宽2.4厘米。

镞 8件。多残损，可辨的有5件。分三型。

A型 1件。标本T86②A：1（图五○一：4）。柳叶形，长身短铤，无后锋，前锋锐利，双翼亚腰形，中间脊凸起直接铤部，扁短铤有一穿，截面扁椭圆形，铤端平。通长15.2、铤长2.7厘米。

B型 2件。柳叶形，双翼窄，无后锋，残。镞身前段有中脊凸起，至中段分成"人"字形脊至铤部，中间有微凹的血槽。标本T23②A：11（图五○一：5）。残长7.4厘米。标本T86②A：21（图五○一：6）。"人"字形开始处血槽上有一个椭圆形小孔。残长6.2厘米。

C型 2件。已残。短实铤，双翼张开有后锋，中脊圆形实心，铤端尖利。标本T5D②A：7（图五○一：7）。仅存圆形实心脊和尖铤。残长5.8厘米。标本T83②A：63（图五○一：8）。残长4厘米。

刮刀 6件，保存较好的有4件。亦称削刀、篾刀、笔刀、铧镞。器身似窄长的树叶形，器身稍弧，剖面略呈"人"字形，前有尖锋；背部有脊，两侧有刃，后端有短而扁的柄部，用以捆绑在木柄上手持使用。标本T46②AH69：2（图五○二：1）。残长8、厚0.2厘米。标本T92②A：2（图五○二：2；图版二一五：2；彩版三九：1）。前段两侧呈弧形，后段残断。残长8.5、身宽2.5、厚0.1厘米。标本T4②A：11（图五○二：3）。残存器身一段。残长3.3、宽2.3、厚0.1厘米。标本T15

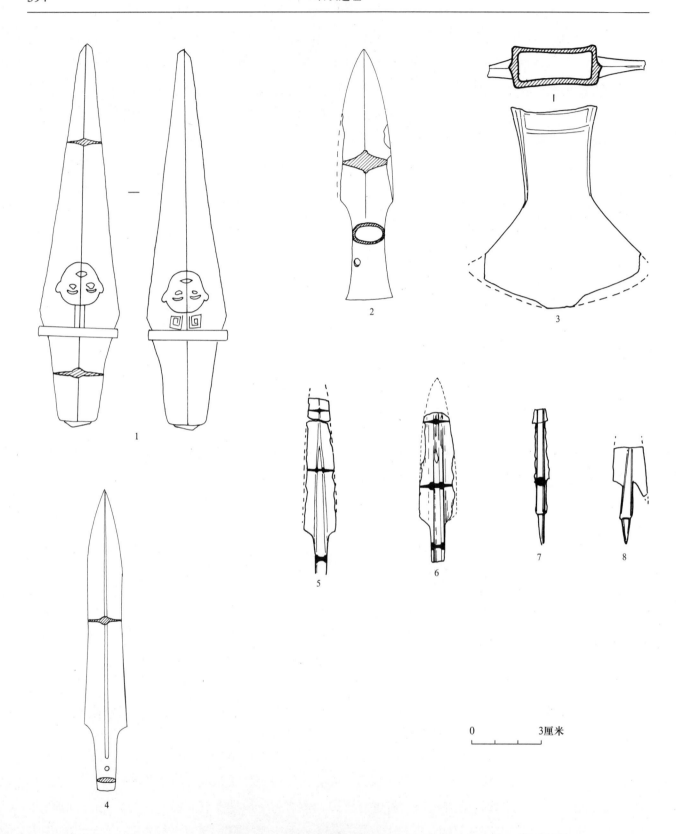

图五〇一 石峡四期青铜匕首、矛、钺

1.人面纹匕首（T15②A：7） 2.铜矛（T15②A：5） 3.铜钺（T46②A H69：1） 4.A型铜镞（T86②A：1） 5.B型铜镞（T23②A：11） 6.B型铜镞（T86②A：21） 7.C型铜镞（T5D②A：7） 8.C型铜镞（T83②A：63）

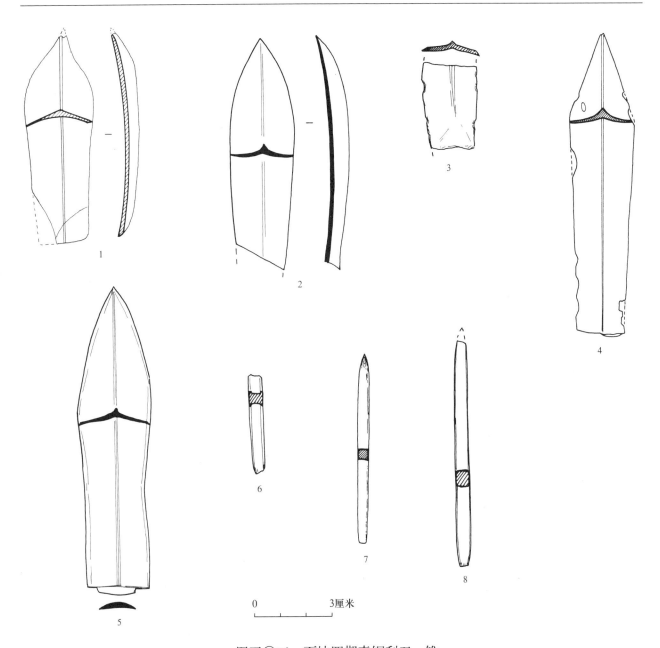

图五〇二　石峡四期青铜刮刀、锥

1.铜刮刀（T46②A H69：2）　　2.铜刮刀（T92②A：2）　　3.铜刮刀（T4②A：11）　　4.铜刮刀（T15②A：6）　　5.铜刮刀（T29②A：2）　　6.铜锥（T71②A：1）　　7.铜锥（T81②A：1）　　8.铜锥（T68②A：2）

②A：6（图五〇二：4）。前锋锐利，呈三角形，器身斜直向后收。长11.5、宽2.6、厚0.2厘米。标本T29②A：2（图五〇二：5；图版二一五：2；彩版三九：1）。器身前段两侧呈弧边，后段两侧较直，后端平直，下接有柄部，柄部稍残。残长11.7、身长11.3、宽2.9、柄残长0.4、宽1.5厘米。

　　锥　3件。均长条方体，后头平，前端有尖锋。标本T71②A：1（图五〇二：6）。残，长条形方体，两面微凹。残长3.8、厚0.5厘米。标本T81②A：1（图五〇二：7）。尖锋，方体。长7.2、厚0.4厘米。标本T68②A：2(图五〇二：8)。尖锋稍残，方体。残长9、厚0.6厘米。

第二节　小结

本期地层堆积仅见于发掘区内的西南、东南、中部偏西部分。因被后期破坏，常见表土层下的铁锰淋滤层出土陶片和灰坑、柱洞、红烧土遗迹等打破石峡三期文化遗存，上下层关系清楚。没有发现房基和墓葬。

一、文化特征

1.陶器

陶器可分为夹砂陶、泥质陶（含软陶和硬陶）和原始瓷。

（1）夹砂陶数量不少，但从器形上能确认属于本期的并不多。器形主要是别具特点的鼎和釜。鼎有釜形鼎和双耳釜形鼎。釜形鼎如（T46②ＡH69：3）的一件，短唇外侈，深腹圜底，足残，底部留有残破孔洞，正与（T5D②Ａ：3）出土的一种圆柱足其上端带榫状头可嵌入鼎底部。在T46②ＡH69共出的器物还有石锛、石镞、青铜钺和青铜刮刀等，可佐证这种釜形鼎的年代。双耳釜形鼎如T92②Ａ：1的一件，双环状耳连接于口沿上，三足残断。但腹底同样见有残破的安装足的位置。双耳釜，T3C②Ａ：1有一种复原器，双耳连接于口沿上，圜底，腹部拍细方格纹，底部有无附足不明。双耳釜在博罗梅花墩窑址[1]亦有发现。

（2）泥质陶：本期的泥质陶包括软陶、硬陶和原始瓷，是本期最富有特征的陶器。共计出土2432片。其中硬陶2249片，软陶109片，原始瓷74片（件），即硬陶占92.47%，软陶占4.48%，原始瓷占3.05%。

本期陶器在制作工艺技术上比新石器晚期、新石器末期和青铜时代早期（相当商代中晚期至西周早中期）都有很大进步。表现在烧制温度火候、胎质硬度、表里胎色和印纹结构等方面都有很大的改进和提高。陶土多经淘洗，胎质细密，呈灰白色，有些应为高岭土，烧结好，胎色表里一致，质地坚硬，吸水率低，烧成温度硬陶当在1200℃以上，胎壁均匀，厚度在0.5~1.5厘米。一般称为硬陶，亦有称为炻陶的。但仍有一部分为软陶的。本期的几何印纹陶，花纹规整、细密、繁丽、精美、清晰，且富于变化。在图案化中仍有一些显出商周青铜器花纹的神秘感。主要印纹有夔纹、变体夔纹、各种云雷纹、菱格凸块纹，多与方格纹组合，还有常见的非印纹的旋纹、篦点纹组合，以夔纹最富时代特征和最富典型性。遗址至今未发现米字格纹。本期泥质陶器主要器形有：瓮、罐、盘、豆和器盖等。

（3）原始瓷：一是胎质多为灰白色，坚硬细密，应为高岭土；二是釉色绝大多数为青绿色或黄绿色玻璃釉，而不是酱褐色釉（如浮滨文化釉陶）。器形有碟、豆、碗和其他的罐片。原始瓷碟可复原2件。如（T41②ＡH76：1）的一件，敞口缓折腹急收成平底，底较厚。内底有明显的螺旋纹，灰白胎，器表施青绿色玻璃釉，均匀润莹，精致罕见。原始瓷豆计65片（件），大多数为曲壁豆，敞口，外折腹，浅盘或深盘，矮喇叭足，盘内除多有细密轮旋纹外，轮旋纹间有篦点纹，制作

---

[1]　广东省文物考古研究所等：《广东博罗县园洲梅花墩窑址的发掘》，《考古》1998年7期。

精致。表面透明绿色釉，多已剥落，有些则保存较好，厚薄不匀。有部分足内有刻划记号。复原器如T88②A：17的一件原始瓷豆。又如T7C②A：20的一件残原始瓷豆与青铜镞、夔纹陶、云雷纹、篦点纹等陶片共存。值得一提的是博罗梅花墩窑址出土的原始瓷豆与石峡四期的直壁豆、曲壁豆、短圈足盘相似或近似，只是前者的种类多了一些。在T33②A：124，一件原始瓷器物比较特殊，残长5.5、残宽4.8、厚0.8～1厘米，一边切割整齐，另一边已残，不似器物腹片，倒似瓦片，内面为素面硬陶，表面有弧度，施青绿透明玻璃釉，釉下坯件表面刻方形云雷纹。如果属建筑构件瓦类，是值得重视的。在始兴白石坪遗址[1]，曾发现过绳纹板瓦和一件有纹样的半瓦当。广东先秦遗址这方面的建筑遗存和瓦类材料尚十分薄弱。

（4）刻划记号或陶文

刻划记号、符号，或统称陶文（在第三期文化陶器上已有少量发现，较少见的是一个"米"字形符号）。本期已见的刻划记号有26个，约15种以上的不同记号。"夔纹陶类型"阶段的刻划符号比后期"米字纹类型"阶段的数量更多，更为普遍，但各地都有区别，是值得比较研究的。

2.青铜器

本期已发现青铜器27件。器形有：钺2件（扇形和靴形）、人面纹扁茎匕首1件，圆形筒长柄矛1件，各种型式的镞12件，刮刀7件和长条方体尖锋青铜锥3件。从这些青铜器的器形和特点看，均属于兵器和工具类，除人面纹匕首外，基本上是素面无纹的，如刮刀、矛等均无花纹。若与岭南地区同期遗存发现的青铜器种类和特征相比较可谓大同小异，或说有同有异。石峡四期文化遗存，暂不见青铜剑、戈、云雷纹刮刀，亦未发现青铜食器和容器。

3.石器

①石质生产工具：包括斧、锛、凿等。其中以石锛为大宗。石锛计158件，可分长身锛（部分分为凿）、梯形锛、有肩锛、有段锛和有肩有段锛五类型。

②狩猎武器和兵器。石钺1件（T6B②A：6）。斜首，直柄，直身，有肩有段，柄与身交界处中间穿一孔，孔的上下各有一条明显沟段，构成一横向浅凹槽，用以绑柄，弧刃。完整器，比较特殊。通长14.5、厚0.7厘米。石戈14件，均为残件，仅存内部和穿孔，无阑，援部已残，个别戈尚存残援。石镞37件。以三棱圆铤型、四棱型和五棱型为主，但这些型式的石镞，多数在第三期文化已出现，故无法确指哪几型石镞是本期所特有的。

4.玉石饰物

种类有璜、环、玦和"T"字形环，数量不多。T82②A：1的一件"T"字形环，黄褐玛瑙色玉质、半透明。"T"字形环在石峡第三期文化已有发现，但多为陶质。不过，这种"T"字环在岭南的下限年代可至东周时期，如中山市中珠排洪渠遗址[2]、珠海鸡山遗址[3]，出土1件与夔纹陶罐共存的青铜"T"字形环。广西壮族自治区田东锅盖岭战国墓[4]出土宽肉"T"字形环。

[1]　广东省文物管理委员会：《广东增城、始兴的战国遗址》，《考古》1964年3期。
[2]　广东省文物考古研究所等《唐家镇大坞环、鸡山遗址调查》，《珠海考古发现与研究》，广东人民出版社　1991年11月。
[3]　广西壮族自治区文物工作队：《广西田东发现战国墓葬》，《考古》1979年6期。
[4]　广东省文物考古研究所：《博罗横岭山》，科学出版社，2005年4月。

5.陶纺轮32件。分三型，其中10件为石峡四期陶纺轮。经过比对，横岭山墓地[1]有3座墓出土B型陶纺轮，21座墓出土C型陶纺轮。

二、文化性质及年代

上面已将石峡第四期的陶器、青铜器作了描述和说明。下面再作一些相关问题的比较，以窥其异同。

第一，广东迄今发现"夔纹陶类型"文化的遗址约有400～500处，墓葬400多座，并出土有600件左右的各种青铜器。但就遗址来说，石峡遗址一处发现27件青铜器。

第二，石峡第四期文化的青铜器，包括钺、匕首、矛、镞、刮刀和锥等6类，它们均属于小型的武器、工具和生活用器，而未见如墓葬或窖藏出土的较大型精美的水器、礼器和乐器，甚至尚未见长剑、戈等长兵器。就已知的出有青铜器的遗址来说，如1933～1937年发现的香港南丫岛大湾遗址和大濠岛（大屿山岛）东湾发现的3件有阑带方穿青铜戈、2件铸人面纹越式匕首和刮刀、斧、钺等。1936～1940年海丰汕尾宝楼遗址等发现有青铜戈、刮刀和石范等。1962年大屿山石壁发现的1件"人面纹弓形格短剑"，这种独具特征的"人面纹弓形格短剑"，在香港赤立角、广州郊区暹岗、柳江县木罗村以至越南等也有相似的发现。1974～1976年，在南丫岛深湾Ca层出土过10多件各式矢镞和刮刀[2]。1982年以来，在深圳大梅沙遗址Ⅰ区[3]，出土过1双翼青铜镞和1件似有人面纹的铜戈。在广州暹岗遗址出有4件青铜器[4]，如"人面纹弓形格短剑"、带云雷纹刮刀和戈等。深圳南头叠石山遗址[5]、观澜追树岭遗址[6]、和平县龙子山一号墓[7]、惠东县安墩区大埔顶山出土青铜器[8]，器身两面铸有勾连雷纹、惠来县城北四香里林场饭钵山[9]发现夔纹陶瓮内陈放青铜戈和矛。2000年博罗横岭山墓地[10]发掘发现商周至春秋时期墓葬302座，"对于广东地区相当于中原夏商周时期的考古学年代分期标尺来说，它的发现填补了西周至春秋时期的缺环"[11]。由此，为石峡四期文化遗存的断代提供了依据。

第三，石峡第四期文化出土的扇形钺、靴形钺、人面纹扁茎匕首、圆形筒长柄矛、刮刀、叶形镞和双翼形镞及长条方体铜锥等越式青铜器，计有27件。它们的特征与广东以至岭南"夔纹陶类型"文化遗址及墓葬出土的同类青铜器，虽有某些区别，但属于大同小异。其中一个区别是石峡四期目前所出的青铜武器和工具，都是素面无纹的。不像有些遗址和墓葬的矛、刮刀、镞、刀等器身上刻铸有纹饰。如"王"字形纹样，这是较大的区别。又如石峡缺少戈类、人面纹弓形格短剑和云雷纹单刃刀（广州暹岗等处）。如与同类同时期的墓葬相比，却有明显的差异。主要表现在石峡四期遗存，缺乏如墓葬出土的鼎（扁撇足和圆柱状足的）、缶等炊煮器、容器、水器、酒器、甬钟、铎等。在青铜器的种类和数量上也有很大差异。如果说广东"夔纹陶类型"遗存发现有600件左右的

[1] 广东省文物考古研究所：《博罗横岭山》，科学出版社，2005年4月。
[2] 《南丫岛深湾——考古遗址调查报告》，《香港考古学会专刊第三本》，1978年6月。
[3] 深圳博物馆：《广东深圳大梅沙遗址发掘简报》，《文物》1993年11期。
[4] 广州市文管处：《广州郊区暹岗古遗址调查》，《文物资料丛刊》第一辑，1977年。
[5] 深圳博物馆：《深圳市叠石山遗址发掘简报》，《文物》1990年11期。
[6] 深圳博物馆：《深圳市先秦遗址调查与试掘》，《深圳考古发现与研究》，文物出版社，1994年。
[7] 广东省博物馆等：《广东省和平县古文化遗址调查》，《考古》1991年7期。
[8] 谢帝水等：《惠东县安墩发现青铜戈》，《广东省博物馆刊》1期，1988年。
[9] 黄坤池：《惠来发现春秋瓮棺葬》，《广东省博物馆刊》1期，1988年。
[10] 广东省文物考古研究所：《博罗横岭山》，科学出版社，2005年4月。
[11] 李伯谦：《博罗横岭山——商周时期墓地2000年发掘报告》序二。科学出版社，2005年4月。

青铜器，那么，遗址和墓葬出土的数量大概是1：6。但共存的均以夔纹陶为代表的陶器和原始瓷，这究竟是反映了墓葬与遗址青铜器种类和用途上的差别、抑或是表明遗址与墓葬年代早晚的关系，也是需要进一步研究的一个问题。

第四，石峡第四期文化遗存，其瓮罐类的共同特点是：一是几乎都是圜底器，这与博罗县园洲梅花墩窑址[1]、博罗县龙溪镇银岗遗址第一期遗存[2]、横岭山墓地[3]、粤西封开杏花牛围山[4]瓮罐葬的瓮罐形制基本相似。均未发现米字纹陶瓮罐。银岗遗址已发现以米字纹、网络纹、方格纹、弦纹、水波纹、篦点纹组合的罐、釜、盒、三足盒碗、杯和铁锸、铁斧、青铜斧等为特征的文化层叠压在夔纹陶罐、曲壁豆为主的文化层之上。瓮罐器则以平底器为特点。此外，在米字纹陶阶段增城西瓜岭、始兴白石坪窑址[5]，还有一种带双錾的平底三短足罐。二是本期瓮罐器的口沿多有慢轮修整的轮旋纹，而米字纹陶阶段则出现了快轮。三是这个时期花纹繁丽的夔纹、云雷纹、菱形凸块纹等，主要拍印在瓮罐器上；在盘、豆、器盖上少见和不拍印几何印纹，而米字纹陶阶段的几何印纹已走向衰落，瓮罐器上的印纹主要是米字格纹、简化米字纹和方格纹。由于快轮的兴起，故瓮罐、盒等器物上的旋纹、水波纹更为盛行。

与石峡四期相类似的文化遗存在广东——岭南及其周邻省区都有分布，但不均衡，也不普遍。从1982年以来，全省文物普查材料可知（可参看《中国文物地图集·广东分册》遗址和墓葬部分）。在广东地区，以北江、西江、梅江——东江和环珠江口区（含香港地区）分布较多且较为普遍；韩江、漠阳江则分布很少；海南省基本没有发现。就一个地区来说，粤北区北江流域以曲江、乐昌、翁源、英德、清远等发现为多；梅江——东江流域以梅州、五华、惠州、汕尾、和平、博罗等发现最多；粤西区西江流域以封开、德庆、罗定、四会等发现最多；广州地区以飞鹅岭区、番禺、增城发现较多；环珠江口区以珠海、深圳（宝安）及香港地区分布最多。

关于石峡第四期文化的年代，现将石峡四期出土的C型陶罐和青铜刮刀、青铜锥与博罗横岭山墓地出土的甲类圜底陶罐Gb型Ⅰ式、Ⅱ式作对比，其年代分别属于横岭山墓地四期7段A和8段A。石峡四期出土青铜刮刀和锥，属横岭山墓地四期7段B、8段A。石峡四期少数器物属横岭山墓地三期，例如石峡四期C型双耳罐（T16②A：5）与横岭山墓地乙类圜底C型（M133：3）相近，属横岭山墓地三期6段A。从陶器花纹分析夔纹，石峡四期出土过与横岭山墓地M081：5Ⅲ式瓮器身上拍印的等粗钩边阴线双F纹，属Ⅲ式5段B。夔纹中以横岭山常见的圆头阳线双F纹变体纹为主，属Ⅳ期7段。石峡四期出土较多云雷纹和勾连云雷、方格组合纹，均不见在横岭山墓地出土，后者见于罗定南门垌M1：138陶缶[6]、罗定背夫山M1：47硬陶瓮[7]，器身拍印斜体勾连雷纹，为此，推断石峡四期相当于西周晚期至春秋早期或春秋时期。绝对年代因没有经14C等自然科学方法测定，还不能作进一步的推断。博罗园洲梅花墩窑址对陶片和原始瓷片测定，平均年代为距今2800年即约在春秋早期可资参考。

[1]　广东省文物考古研究所等：《广东博罗县园洲梅花墩窑址的发掘》，《考古》1998年7期。
[2]　广东省文物考古研究所：《广东博罗银岗遗址发掘简报》，《文物》1998年7期。
[3]　广东省文物考古研究所：《博罗横岭山》，科学出版社，2005年4月。
[4]　杨式挺等：《广东封开县杏花河两岸古遗址调查与试掘》，《考古学集刊》(6)，中国社会科学出版社，1989年。
[5]　广东省文物管理委员会：《广东增城、始兴的战国遗址》，《考古》1964年3期。
[6]　广东省博物馆：《广东罗定出土一批战国青铜器》，《考古》1983年1期。
[7]　广东省博物馆等《广东罗定背头山战国墓》，《考古》1986年3期。

第七章 结 语

石峡遗址位于五岭以南曲江盆地，四周有高低错落的丘陵和低岗，石灰岩孤山拔地而起，遗址在狮子岩山腰，北边马坝河从东向西于白土墟注入北江干流。遗址发掘面积3666平方米。

苏秉琦先生在《石峡文化初论》[1]一文中谈到石峡遗址的发现，认为是"为我们进一步探索岭南地区从原始社会到秦汉以前的社会文化的发展找到了一把重要的钥匙；还为我们探索这一地区社会发展诸阶段与我国其他诸文化发达地区之间的关系找到了一个重要的环节"。

石峡遗址四大期文化遗存之间叠压和打破关系，为研究粤北地区乃至广东境内新石器时代晚期至春秋时期文化遗存提供了相当丰富的资料，尤其是石峡文化墓葬的发现，在广东境内尚属首次。

一、文化面貌

现将遗址四大期文化遗存的文化面貌简介如下。

1.石峡第一期文化遗存

该层堆积分布于整个发掘区，被石峡文化墓葬和第三期文化遗存柱洞、灰坑所打破，出土遗物少，未发现房基、灰坑和墓葬。1985年在遗址东部发掘，堆积厚达1.5米，自下而上有较完整的一期至四期文化遗存堆积。陶器器类有釜、罐、圈足盘、器盖、圆陶片。陶质以夹细砂陶为主，多数为青灰色、灰褐色，还有泥质黄白陶袋形器足。陶器烧制火候不高，易破碎。形制流行圜底和圈足，不见子口和三足器。陶器制法为手制。夹砂釜和夹细砂圜底罐从领部至器底饰绳纹、细绳纹，同时流行刻划纹、刺点纹、小圆圈纹组成不同的图形。圈足盘圈足饰1~2周圆形镂孔和刺点纹、刻划纹，不见几何印纹陶。属新石器时代晚期前段。

2.石峡第二期文化遗存——石峡文化

该层堆积分布整个发掘区，被石峡三期遗存叠压和打破，导致房基遗迹已经残缺不全，但仍能看出大概的轮廓，为长形隔成小间和方形地面上建筑。长形房南基槽西边打破石峡文化早期Ⅰ段墓M131填土，说明F1~F5建筑时间，在石峡文化早期Ⅰ段墓之后，中期墓之前。当时石峡遗址曾是古代居民的居址，而不是墓地。同期发现的灰坑、红烧土遗迹、灶坑等，出土遗物少，多数是碎陶片和石器，在石峡三期文化堆积里，出土许多石峡文化残陶器碎片。说明石峡文化堆积层，被后期扰乱较甚。较重要的发现是清理102座墓葬，墓葬区位于遗址中部稍高处，墓坑均打破第一期文化遗存堆积或生土层。埋葬习俗流行二次迁葬，葬坑为东西向长方形竖穴土坑墓，大多数墓坑经火烧烤过，共66座，占总数64.7%，墓壁红烧土层厚达0.5~2厘米，填土里夹杂炭屑、炭条和红烧土等。这种用火烧烤的墓坑，多数为大、中型深穴墓。一次葬墓为头东脚西单人仰身直肢葬；一次葬已迁墓里残

[1] 苏秉琦：《石峡文化初论》，《文物》1978年7期。

留尸骨和陶器残片；二次葬墓里尸骨集拢成堆置墓底东南隅、偏东位置，尸骨腐朽呈豆腐渣状。二次葬墓里有两套随葬品，一套随葬品由一次葬墓同尸骨一起迁到二次葬墓里，放置在填土或墓底，除石器、玉器、装饰品外，多数陶器已破碎残缺不全，另一套是二次葬时较完整的陶器、石器、玉器、装饰品等随葬品，放置在墓底尸骨堆附近。两套随葬品陈放于二次葬墓坑里，形成石峡文化较特殊的葬制。陶器形制流行圜底器、三足器和子口器、圈足器，仅见一件平底罐。夹砂陶占52.79%、泥质陶占47.61%，器类有夹砂陶釜、盘形鼎、釜形鼎、盆形鼎、夹砂盖豆，泥质陶器有三足盘、圈足盘、豆、壶、罐。夹砂盖豆和泥质陶豆可单独使用，亦可用作鼎、盘的器盖。各种型式泥质圈足盘和三足盘是石峡文化早期墓至晚期墓里最常见随葬品，从而反映出不同时期发展变化。制作陶器多采用手制、模制和轮修技术。陶器烧制火候不高，出土时多数已破碎。遗址地层出土陶器形制与墓葬相同。夹砂盘形鼎足个体比墓中出土的要大型。陶器器表以素面为主，占陶器73.9%，常见纹饰有绳纹、镂孔、刻划纹、附加堆纹、凹凸弦纹、压点纹等。几何印纹有小大方格纹、条纹、重圈纹、曲折纹，印痕较浅，其中曲折纹较清晰，是受珠江三角洲地区同期几何印纹制作方法影响的产品。占总数87.5%的墓随葬石器，有石铲、梯形石锛、长身石锛、石凿、有段石锛、有肩石锛、石镞和大型掘土工具石镬、大型长身石锛。石镞数量最多，占石器总数的59.36%。石器制作过程，由选料、切割、琢打成型到通体磨光或抛光，并根据不同器形进行细部加工，已有一套较完整的工艺技术，钻孔部分以双面管钻多见，个别用实心钻。地层堆积出土玉器很少，常见大型墓里随葬玉礼器、装饰品，有玉钺、玉琮、玉璧、玉龙首环、玉玦、锥形器、环形琮、环、璜、珠、管、坠饰等，用透闪石制成，出土时因受沁，变为灰白色或黄白色，少数装饰品用绿松石和水晶石制成。上述玉器随葬时多数陈放在二次葬尸骨堆上或附近。有15座墓里发现已炭化的稻谷或稻米，多数是用作祭食，同其他随葬品一起陈放墓底。证明石峡文化先民已从事原始农业栽培稻谷。石峡文化年代属新石器时代晚期后段，有三个木炭标本^{14}C测定数据可资参考：一期墓1组M79（BK76024）公元前2270±110年（树轮校正公元前2730±155年）、二期墓M26（BK75050）公元前2070±100年（树轮校正公元前2480±150年）、M43（BK75046）公元前2380±90年（树轮校正公元前2865±185年）。

3. 石峡第三期文化遗存

地层堆积遍布整个发掘区，并发现残房基和灰坑、柱洞、红烧面、灶坑、窑址、墓葬等遗迹。部分灰坑、柱洞和墓葬打破石峡文化墓葬填土或墓壁。亦见到该层被石峡第四期文化遗存灰坑和柱洞所打破。清理墓葬30座，墓葬在发掘区中部和东南比较密集，西、北、南部有零星分布。石峡三期遗存，从地层叠压、关系，可以分为石峡三期早期和石峡三期中期。根据从墓葬叠压、打破关系，石峡三期中期，又分为石峡三期中期Ⅰ段墓和石峡三期晚期墓。石峡遗址在三期中期Ⅱ段阶段，是古代居民活动频繁的时期，出土陶器和石器从数量到质量，均排在石峡三期遗存首位，但暂未发现该期墓葬。

石峡三期早期，从陶器形制特点、器类、花纹、制陶技术等方面分析与对比，同前期石峡文化有较大的区别，它们之间有缺环，是石峡文化古代居民迁走之后才来到的。三期早期陶器形制，敞口，多数卷沿，少数折沿，直领或领稍高，广肩或不明显的折肩，大鼓腹，矮圈足或圈足稍高，未见凹底器，口沿和圈足内外壁有1~2周凸棱。

石峡三期中期Ⅰ段墓葬，有M125、M126、M128、M130,分布在发掘区东北和东部边缘，被石峡三期中期Ⅱ段文化层叠压。所以将M82、M110也归到中期Ⅰ段。陶器形制，新出现凹底罐、盂、折肩圈足盖罐、捏流宽把壶、平底罐、钵形浅盘大圈足盘、敞口浅盘细把豆等。M130出土罐形小鼎呈葫芦形，鼎的三足似鸟首内勾，出土1件制作粗糙的石圭。地层出土捏流宽把壶不多。

石峡三期中期Ⅰ段墓主人的生活区，推测在石峡遗址西边未曾发掘的部分。

石峡三期中期Ⅱ段文化遗存，属石峡三期发展时期，但遗迹已残缺不全。拟重点叙述陶器部分。陶器器类出现新组合：大型敞口高领折肩高圈足尊、小口直领罐、侈口广肩或垂肩凹底罐、敛口盂、平底罐、残鬲足、柱状鼎足等。还有三期早期延续下来的陶器座和弦纹细把豆。陶器制作进入轮制阶段，在陶器高领、高圈足上留下明显的凹凸平行纹，同时罐口沿和圈足有外凸和内勾的凸棱。凹底罐在三期中期Ⅰ段墓里已出现，到了三期Ⅱ段，器形增大。日常器皿均见大型陶罐，形制为敞口，折沿，束颈，广肩，圈足，有不少盘形口陶罐。泥质陶器烧制火候比三期早期要高，不易破碎。常见器肩至器底饰几何印纹，以曲折纹为主，其次是复线长方格、复线方格、方格纹、双线方格凸点纹、重圈纹。新出现组合花纹，有复线长方格、曲折纹组合，复线方格凸点纹、曲折纹组合等。少量叶脉纹、云雷纹、弦纹和素面无纹。上文提到几何印纹流行，是受珠江三角洲地区同期文化影响。不过它们之间花纹风格和线条有区别，石峡三期中期Ⅱ段遗存在陶器上的几何印纹线条纤细、规整、密集。珠江三角洲该期文化遗存陶器花纹线条粗犷、豪放、印痕深。三期中期石器磨制技术精良，有大小长身石锛、梯形石锛、有肩石锛、石凿、石镞等，其中以梯形石锛数量较多，三棱石镞比石峡文化时增加。新出现无阑石戈、石矛、石圭。有段石锛的段部已不见前期横向阶梯状，而是弧形突出的段。已不见石峡文化常见的薄体石铲、大型有段石凿和石钺。装饰品有薄肉矮身石环和内缘凸棱"T"字陶环及大小玉玦，玉珠等，其中少数内缘凸棱陶环和长柄双肩呈直角有段石锛共存，来源于珠江三角洲同期遗址。

石峡三期晚期墓有19座，打破石峡三期中期Ⅱ段文化层，填土中出土三期中期Ⅱ段陶片。其墓葬形制均为长方形竖穴土坑墓，出现较少见的埋葬习俗，如M31、M70为例，在尸体四周放置石灰石块，然后在填土中放置许多大小不等石灰石，大的重达20多斤。致使两座墓里尸骨轻度钙化，保存较好。其他17座不见填土有石块，尸骨已无存，仅M1有小块头骨片。目前在广东境内尚未发现有相同的葬俗。该期墓葬出土3件敞口折肩凹底罐和1件小口双耳平底罐，可能是三期中期Ⅱ段的延续，而共存的玉玦，其形制外缘特薄，透雕出4个对称"山"形和"C"形，为该期墓特有的玉器。

石峡三期遗存年代，分歧较大。三期早期相当中原地区夏代或夏商之际。有学者将其归为新石峡时代末期。石峡三期中期，相当中原地区商代中期。其中石峡三期中期Ⅰ段墓葬又稍早一些。相当于商代早期。石峡三期晚期年代到了商代晚期至西周初。断代是否准确，有待今后更多的考古发现和研究。

4.石峡第四期文化遗存

该期是遗址发掘区最薄的一层，仅在东南端和西南较低处和中部偏西有地层堆积。而发掘区探方所见到多数是灰坑、柱洞打破前期文化层和残破红烧土遗迹，无墓葬发现。出土陶器为广东境内常见的几何印纹陶器、原始瓷与小型青铜器共存。陶器形制为圜底、圈足和少量锥形足夹砂鼎，平底器、桥形附耳、蝶形附耳、仿铜器铆钉附加堆纹开始流行。不见前期高领、高圈足和凹底罐、尊。新出现原始瓷豆、瓷碟、罐等。陶器和原始瓷器烧制火候较高，泥质陶器器表均饰花纹，有夔纹、云雷纹、勾连云雷纹、方格纹、凸方块纹、菱形纹、双圈纹、圈点纹、弦纹、篦点纹，在大瓮宽领内外饰刻划纹，大多数陶器器身上饰两种以上组合花纹。前期流行的曲折纹、复线长方纹、复线方格凸点纹已不再见到。少数陶器口沿、圈足上刻划符号。与之共存的小型青铜器有钺、人面纹匕首、矛、镞、刮刀、锥等。2000年博罗横岭山墓地发掘[1]，填补了两周至春秋时期的缺环，为石峡四期文化遗存的断代提供了依据。石峡四期年代为西周晚期至春秋早期。

二、与相关文化遗存的关系

从二十世纪七十年代中至二十世纪末，对珠江三角洲地区和海滨、岛屿进行考古调查和发掘。进而对石峡遗址四个文化期段同珠江三角洲同期文化遗存之间的关系探讨，才有了较丰富的实物资料。

南部与南海相连是珠江三角洲，原是一个多岛屿的古海湾，由西江、北江、东江带来泥沙堆积，形成珠江三角洲，其间河网密布。石峡遗址位于粤北山地的曲江盆地内，其间丘陵起伏交错，石灰岩孤山平地拔起，北江中上游支流的马坝河于遗址北边流过。粤北和珠江三角洲同属岭南，地理环境却迥然不同，其结果必然会影响当时古代居民的生产和生活。而不同群体的文化经过河流附近的河谷通道得以交流、借鉴和影响。诸多原因引发的迁徙时，河谷通道是必经之路。距今五六千年前的新石器时代晚期至两千五百年前的春秋时期，南北两地同期古代居民曾经于北江、东江、西江河谷进行频繁交往。

1.石峡第一期文化遗存（简称石峡一期——下同）同珠江三角洲地区和海滨、岛屿新石器时代晚期前段文化遗存的关系。与珠江三角洲该期文化遗存特点相同的有：（1）陶器以夹砂陶为主，器胎厚薄不一，陶器用手制，烧制火候不高。泥质陶少，陶色各有不同。（2）陶器器表花纹，夹砂陶以绳纹、细绳纹为主，罐、釜领部亦用绳纹，在领部、肩部刻划花纹，其花纹图案各有不同。花纹均不见几何印纹。（3）陶器器类有夹砂陶釜罐、泥质陶圈足盘。珠江三角洲有夹砂陶器座和支脚，石峡一期不见器座和支脚，有夹砂绳纹器盖和泥质灰白陶尖锥空心器足（可能是盖纽），均不见三足器。（4）珠江三角洲从三角洲顶端到海滨和珠江口海岛沙丘、贝丘遗址发现出土夹砂陶釜、器座、支脚、彩陶盘、罐等[2][3][4][5]。石峡一期不见彩陶盘、罐。珠江三角洲曾发现比彩陶盘、罐文化遗存稍晚的珠海草塘湾一期、香港涌浪南区早期文化层[6]、深圳大黄沙②层，出土细绳纹、绳纹、刻划纹夹砂陶釜和泥质圈足盘共存，圈足上戳印圈点纹、弦纹、刻划纹、小圆形镂孔，同石峡一期圈足上刻划、镂孔、小圆圈戳印纹制作手法相似，花纹图案区别却很大。其原因制造者是两地不同的群体，而相似之处，除文化交流和影响的因素之外，更多的可能是同时代文化所具有的共同特征。石峡一期文化遗存，同珠江三角洲同期文化遗存比较，比出土彩陶、白陶器遗存要晚，同草塘湾[7]、香港深

[1] 广东省文物考古研究所：《博罗横岭山——商周时期墓地2000年发掘报告》，科学出版社，2005年。

[2] 李子文：《淇澳岛后沙湾遗址发掘》，《珠海考古发现与研究》，广东人民出版社，1991年。

[3] 深圳市博物馆：《广东深圳市大黄沙沙丘遗址发掘简报》，《文物》1990年11期。

[4] 李海荣：《2006年度深圳咸头岭遗址考古的重要发现》，《古代文明研究通讯》总第三十二期，2007年3月。

[5] 广东省博物馆等：《广东高要县蚬壳洲发现新石器时代贝丘遗址》，《考古》1990年6期。

[6] 香港古物古迹办事处：《香港涌浪新石器时代遗址发掘简报》，《考古》1997年6期。

[7] 梁振兴等：《三灶岛草塘湾遗址发掘》，《珠海考古发现与研究》，广东人民出版社，1991年。

湾F层相当[1]。有以下几组[14]C测定和热释光测定可作参考。深圳大黄沙遗址T101④层炭化粮食标本2K2513 [14]C年代为距今6255±260（树轮校正值）、珠海后沙湾⑥层（一期）陶片标本热释光测年代为距今4828±483年，高要蚬壳洲M3人骨标本[14]C测定为距今5130±100（树轮校正值）、香港深湾F层陶片标本热释光测定年代为2900B.C.。年代定为新石器时代中期晚或新石器时代晚期早段。

2.石峡第二期文化遗存即石峡文化，是广东境内粤北地区新石器时代晚期后段具有代表性的考古学文化。马坝石峡是石峡文化重要遗址，推测为一处中心聚落。该期文化遗存在本省境内的南部分布界限尚不清晰，不过至今未发现到达珠江三角洲地区。珠江三角洲地区同期遗存的陶器形制流行圈足器、圜底器，器类有釜、罐、豆、罐等，不见子口、镂孔圈足盘、三足盘。三水银洲一组M30曾出土一件盘口鼎，其形制为本地特有。夹砂陶器和泥质陶器均饰几何印纹，石峡文化几何印纹仅占陶器花纹0.5%。两地埋葬习俗不同，珠江三角洲流行长方形东西向竖穴土坑墓，随葬品少，仅1～4件。石峡文化流行二次迁葬墓和墓坑经火烧烤过，随葬品数量、种类，同墓坑大小深浅成正比。珠江三角洲同期墓里尚未发现玉礼器琮、璧、龙首环、钺等。但仍能找到南北之间文化交流遗留的痕迹。石峡文化中期墓M67出土1件珠江三角洲中心地区南海西樵山石器制作的霏细岩直角双肩石锛。香港涌浪上文化层出土大型薄体石钺，其形制同石峡文化中期大墓M42∶7、M104∶3号玉钺相似。上文提到石峡文化流行三足器，其影响范围南部到达珠江三角洲，银洲一组、河宕早期及园洲一、二组，出土少量的釜形鼎的夹砂瓦形足，足沿外贴边的做法为本地特点数量很少。石峡文化晚期M21、M45、M78出土饰附加堆纹的矮圈足罐，器表的颈肩压印条纹，通体饰曲折纹的做法，很明显是受珠江三角洲地区和海滨同期文化影响。南北地理环境虽然不同，有北江河谷相通。

石峡文化和良渚文化及岭北赣江中下游筑卫城文化或称樊城堆文化的关系，是学术界热门话题。有学者曾经提出"樊城堆——石峡文化"的命题[2]，我们认为五岭南北之间有河谷和山隘相通，同期文化之间的交流肯定存在，但不能等同于一个考古学文化[3]。石峡文化有6座墓出土6件玉琮，其形制、花纹均具良渚文化特点，还有双鼻壶也是良渚文化标准陶器。因此有学者提出"石峡文化是良渚文化的一个亚区，石峡文化的命名亦可以取消[4]"，并说正其名为"良渚文化樊城石峡类型"。首先谈与江西拾年山二、三期的关系[5]。①埋葬习俗：相同之处，有圹墓，用火烤墓坑；有两套随葬品。不同之处，拾年山二、三期墓还有无圹墓和瓮棺葬墓。随葬品仅有1～4件，最多11件。②陶器组合，相同之处，形制流行子口，三足，圈足，圜底。不同之处，拾年山二、三期陶器组合以鼎、豆、壶为主，其中壶为平底器，拾年山鼓腹圈足壶，石峡文化将其归类为罐。石峡文化陶器组合以鼎、豆、盘为主，仅见1件平底器。各种型式圈足盘、三足盘是石峡文化早期墓至晚期墓里常见随葬品，反映出不同时期发展变化。拾年山陶鼎足形制和花纹较为繁杂，鼎足有扁管形足、长舌形足、各类锥形鼎足，在鼎足正面、侧面拍印几何纹。石峡文化鼎足以瓦形为主，多见素面。石峡文化晚期墓M54，曾出土3件捏口袋足鬶，同筑卫城下层袋足鬶（T5③∶1）相似[6]。③拾年山二、三期墓

[1] 香港考古学会：《南丫岛深湾考古遗址调查报告》，1978年，香港出版社。
[2] 江西博物馆等：《江西考古五十年》，文物出版社，1999年。
[3] 朱非素：《试论石峡遗址与珠江三角洲古文化的关系》，《建所十周年文集》，岭南美术出版社。2001年。
[4] 区家发：《浅谈长江中下游诸原始文化向广东地区传播和消亡》，《岭南古越文化论文集》，香港市政局出版，1993年。
[5] 江西省文物考古所：《江西新余拾年山遗址》，《考古学报》1991年3期。
[6] 江西省博物馆等：《江西筑卫城遗址发掘简报》，《考古》1976年6期。

葬，个别墓里有石器随葬。石峡文化占总数87.5%的墓随葬石器。石峡文化早、中、晚期墓陶器群发展变化较清楚，其中不同形式的三足盘、圈足盘、盆形鼎、壶和曲折纹矮圈足陶罐为石峡文化具有代表性陶器，不见在樊城堆文化中出现。石峡文化墓葬出土的玉礼器、装饰品和陶贯耳壶，它们无疑具有良渚文化因素，且出现时间均在石峡文化早期Ⅱ段墓，有学者认为是良渚文化古代居民，曾翻过南岭进入粤北。另有学者认为良渚文化中、晚期时，两地曾有过直接交往。石峡遗址和太湖地区之间无高山大岭阻隔，有赣江、长江中下游河谷平原可相通，石峡人拥有玉琮、龙首纹玉环、锥形器、宽带臂环等制作技术，是向良渚文化玉工那里学到的，但制玉技术远不如良渚文化的高超，上述玉器形制，花纹特点，亦非"原装"输入。两者之间从陶器组合、形制特点和埋葬习俗迥然不同，究其原因应是两地考古学文化在社会发展阶段、生产技术、意识形态、传统习俗存在区别的缘故。相比之下石峡文化同岭北赣江中下游樊城堆文化的关系较为密切，有学者提出樊城堆文化年代要早，石峡文化年代要晚[1]。

从曲江盆地的石峡遗址到五岭南坡的东江上游、北江上游或支流附近山冈，近年来陆续发现石峡文化遗存。如曲江乌石镇床板岭一期[2]、连平黄潭寺早期[3]、翁源下角垄一期[4]、仁化覆船岭早期[5]、和平县小片山墓地、简头、井头山遗址、始兴县城南中镇村、曲江葡勺岭早期。石峡文化粤西类型封开鹿尾村对面岗M1、罗伞岗M1[6]、乌骚岭墓地[7]。

3.石峡第三期文化遗存。该期同广东境内和相邻地区同期文化遗存有着较为广泛和复杂的关系。

从地层和墓葬叠压和打破关系，该期可分为4个时段：石峡三期早期；石峡三期中期Ⅰ段墓葬；石峡三期中期Ⅱ段；石峡三期晚期墓葬。石峡三期早期少数陶罐形制与珠江三角洲地区同期出土陶器比较，如A型Ⅰ式、Ⅱ式陶罐同珠海后沙湾二期Ⅰ式罐[8]、宝镜湾二期Ab型罐[9]、佛山河宕③层矮圈足罐[10]相似。B型Ⅱ式陶罐同广州南沙鹿颈村遗址[11]出土陶圈足罐、佛山河宕③层罐的形制相差不远。三期早期敛口豆同南海鱿鱼岗二期陶豆[12]、大同灶岗陶豆[13]、佛山河宕③层盘豆、珠海宝镜湾二期陶豆，其形制大同小异。两地共同特点是不见凹底器和高领、折肩、高圈足尊。三期早期夹砂陶器座和几何印纹，受珠江三角洲地区同期或早期文化遗存的影响。此时属新石器时代晚期的三水银洲1组[14]、南海鱿鱼岗一期、东莞圆洲一、二组[15]已经有发达的几何印纹陶。

[1] 李家和等：《再论樊城堆——石峡文化》，《东南文化》1989年3期。
[2] 李子文：《曲江县床板岭石峡文化墓地》，《中国考古学年鉴》1989年，文物出版社，1990年。
[3] 广东省博物馆等：《广东连平县黄潭寺遗址发掘简报》，《考古》1992年2期。
[4] 李子文：《翁源县下角垄新石器时代遗址》，《中国考古学年鉴》1989年，文物出版社，1990年。
[5] 广东省文物考古研究所：《广东仁化覆船岭遗址发掘》，《文物》1998年7期。
[6] 杨式挺：《封开县鹿尾村新石器时代墓葬》，《中国考古学年鉴》1989年，文物出版社，1990年。
[7] 广东省文物考古研究所：《封开县乌骚岭新石器时代墓葬群发掘简报》，《文物》1991年1期。
[8] 李子文：《淇澳岛后沙湾遗址发掘》、《珠海考古发现与研究》，广东人民出版社，1991年。
[9] 广东省文物考古研究所等：《珠海宝镜湾》，科学出版社，2004年。
[10] 广东省博物馆等：《佛山河宕遗址》，广东人民出版社，2006年。
[11] 广州市文物考古研究所：《铢积寸累》，文物出版社，2005年。
[12] 广东省文物考古研究所等：《广东南海市鱿鱼岗贝丘遗址的发掘》，《考古》1997年6期。
[13] 广东省博物馆：《广东南海县灶岗贝丘遗址发掘简报》，《考古》1984年3期。
[14] 广东省文物考古研究所等：《广东三水市银洲贝丘遗址发掘简报》，《考古》2000年6期。
[15] 广东省文物考古研究所等：《广东东莞市圆洲贝丘遗址的发掘》，《考古》2000年6期。

　　石峡三期中期Ⅰ段墓葬，新出现凹底罐、捏流宽把壶、折肩圈足盖罐、平底罐、钵形浅盘圈足盘、浅盘细把豆等。捏流宽把壶在粤东北东江上游和平河东岸的和平县城子顶山遗址[1]发现3件。值得注意的是它与粤东普宁池尾后山遗址[2]出土的鸡形壶、凹底钵共存。沿着东江向南到深圳市屋背岭遗址[3]的商时期墓葬出土带把圈足罐（M040：3），带把凹底罐（M042：1），与其共存的有A型、B型尊。高领，敞口，折肩不明显。珠海淇澳岛亚婆湾采集1件捏流宽把罐[4]，其形制与石峡三期中期Ⅰ段墓葬M128：4壶相近。广东北面邻省江西鹰潭角山窑址[5]，出土过宽把凹底捏流带把罐，学者称作角山文化类型或万年文化，认为是赣东北商文化，此类带把罐可能是受到石峡三期中期Ⅰ段捏流宽把壶影响，角山商代窑址其他器类不见在石峡三期中期Ⅰ段出土。

　　石峡三期中期Ⅱ段是石峡三期繁荣阶段，北边同五岭以北江西吴城文化有交流。同期在珠江三角洲中心地区河网附近低岗、海滨及岛屿的沙丘和山冈，遗址分布密度增加，南北两地文化交流比前期活跃。首先在陶器制作技术，从慢轮修整进入轮制阶段，罐和尊的高领部分有凹凸平行纹，口沿和圈足下沿均见凸棱或勾棱。高领，折沿，凹底或高圈足。而折肩部分各有异同。以高领尊为例，东莞村头③层[6]出土高领尊，领高7～10厘米，其中1件泥质灰陶大口尊，高领，折圆肩，高圈足。与其共存的是折肩圈足罐、凹底罐、小折肩垂腹凹底罐、大量圈足盘、细把豆、器座和少数捏流凹底罐、盘。高要县茅岗遗址[7]出土大口高领尊残件，与其共存垂腹凹底罐、素面圈足罐、圈足盘、细把豆、器座等。珠海前山镇水涌[8]遗址，采集到1件大口折肩矮圈足尊。3处遗址大口尊形制同石峡三期中期Ⅱ段大口尊异大于同，后者有自身特点。若以凹底罐为陶器的标准器来进一步排比，还有三水银洲三组、河宕三期（甲M1、M19）、深圳向南村遗址[9]、珠海淇澳岛东澳湾遗址[10]、棠下环遗址[11]，该遗址③层（K8③：3）和④层（T26④：16），出土2件石范，一件为合范的一半，有凹形浇铸口，所铸器物器体较薄，范长14.5厘米。另1件正面近铲形，残长4.3厘米，可以肯定是铸小型青铜工具的石范。有学者认为这2件铸铜器石范为孤证，不足为据。南北两地同期文化遗存陶器器表花纹，常见曲折纹、复线长方格纹、双线方格凸点纹、双线方格纹、云雷纹、变体云雷纹、叶脉纹（南多北少）。石峡三期中期Ⅱ段几何印纹线条纤细、规整。珠江三角洲陶器花纹线条粗犷、豪放、印痕深。两地石器均以中小型锛类为主，新出现有肩有段石锛、厚身石锛，背面磨出大斜面，还有无阑石戈、石矛、牙璋和"T"字环。

　　（四）石峡第四期文化遗存，为广东境内常见，陶器器表饰的夔纹、云雷纹、方格凸点纹、方格凸块、菱格凸块纹同大叉粗方格纹、弦纹组合纹大陶瓮、罐和原始瓷豆、钵（碟）、罐共存。石

[1] 广东省文物考古研究所等：《广东和平县文化遗存的发掘和调查》，《文物》2000年6月。
[2] 广东省文物考古研究所等：《广东普宁市池尾后山遗址发掘简报》，《考古》1998年7期。
[3] 深圳博物馆：《深圳市屋背岭商时期墓葬群》，《华南考古》1期。
[4] 李子文等：《淇澳岛亚婆湾、南芒湾遗址调查》，《珠海考古发现与研究》，广东人民出版社，1991年。
[5] 江西省文物考古研究所：《江西鹰潭角山窑址试掘简报》，《华夏考古》1990年1期。
[6] 广东省文物考古研究所：《东莞村头遗址第二次发掘简报》《文物》2000年9期。
[7] 广东省博物馆：《广东高要县茅岗水上木构建筑遗址》，《文物》1983年12期。
[8] 赵善德：《前山镇水涌、猫地遗址调查》，《珠海考古发现与研究》，广东人民出版社，1991年。
[9] 深圳市博物馆：《深圳市南山向南村遗址的发掘》，《考古》1997年6期。
[10] 广东省博物馆：《广东珠海市淇澳岛东澳湾遗址发掘简报》，《考古》1990年9期。
[11] 广东省文物考古研究所：《珠海平沙棠下环遗址发掘简报》，《文物》1998年7期。

峡第四期遗存与上述陶器、原始瓷共同出土少量青铜器，有扇形钺、斧、矛、人首纹匕首、镞、锥等，年代定为西周晚期至春秋早期。该期特有文化遗存，遍布广东全境。马坝镇马鞍山坡下农田曾出土1件西周早期青铜铙。东江下游北岸博罗县有梅花墩春秋时期窑址[1]、龙溪镇银岗春秋——战国窑址[2][3]、罗阳镇横岭山西周中期——春秋期墓群。南部到海滨，如珠海鸡山、南屏烟墩环[4]，深圳发现25处以夔纹陶瓮、罐和青铜戈、钺为代表的遗址[5]；珠江口内岛屿，如香港深湾[6]、南丫岛大湾、外伶仃岛，均见到该期遗存。此外还有粤西封开县杏花镇牛围山有瓮棺葬[7]、粤北乐昌河南乡对面山东周墓[8]、清远马头岗春秋墓[9]，东江上游和平县城郊龙子山M1春秋墓[10]，粤东惠来县发现春秋瓮棺葬[11]。出土夔纹陶瓮、罐和原始瓷器，有福建漳浦、江西赣州以南、湖南永州西部[12]、广西东北部等相邻地区[13]。梅花墩窑③、④层陶片、原始瓷标本曾作热释光测定，分别为距今2920±230、2790±220、2680±210、2859±220，年代约为春秋早期[14]。

综上所述，石峡遗址一至四期文化遗存的特点和内涵，虽然之间有年代缺环，但早晚时段清楚，本身是考古学文化研究的重要标尺，它向人们揭示了广东境内距今六千年至二千七百年前古代居民生活、生产活动的地理环境；反映出同期南北两地不同考古学文化内涵和特点。它们之间的文化交流早已有之，经过几千年相互影响、融合的历史，从而逐步趋向文化面貌的大同小异。石峡遗址的发现和发掘，无疑是岭南地区重要的考古发现，而石峡文化大批墓葬和随葬陶器、石器、玉器等，让人们看到距今四千多年前新石器时代晚期后段的岭南，并非一片蛮荒之地。随之而来的是对石峡文化渊源的追溯，将在探讨中深化。

[1]　广东省文物考古研究所等：《广东博罗县园洲梅花墩窑址的发掘》，《考古》1998年7期。

[2]　广东省文物考古研究所等：《广东博罗银岗遗址发掘简报》，《考古》1998年7期。

[3]　广东省文物考古研究所等：《广东博罗银岗第二次发掘》，《文物》2000年6期。

[4]　广东省文物考古研究所等：《唐家镇大坞环、鸡山遗址调查》、《南屏镇烟墩环遗址调查》，《珠海考古发现与研究》，广东人民出版社，1991年。

[5]　杨跃林等：《深圳市先秦遗址调查与试掘》，《深圳考古发现与研究》，文物出版社，1994年。

[6]　香港考古学会：《南丫岛深湾考古遗址调查报告》，香港出版社，1978年。

[7]　杨式挺等：《广东封开杏花河两岸古遗址调查与试掘》，《考古学集刊》第6集。

[8]　广东省文物考古研究所等：《广东乐昌市对面山东周秦汉墓》，《考古》2000年6期。

[9]　广东省文管会：《广东清远发现周代青铜器》，《考古》1963年2期。《广东清远东周墓葬》，《考古》1964年3期。

[10]　广东省博物馆：《广东和平县古文化遗存调查》，《考古》1991年3期。

[11]　黄坤池：《惠东发现春秋瓮棺葬》，《广东省博物馆刊》1期，1988年。

[12]　唐解国：《永州市印纹陶种类及分布》，《湖南考古辑刊》（7），1999年。

[13]　广西壮族自治区文物工作队：《广西几何印纹陶的公布概况》《文物集刊》（3），文物出版社，1981年。

[14]　杨兆禧等：《博罗梅花墩春秋窑址的古瓷研究》，《华南理工大学学报（自然科学版）》第25卷第5期。

附表

附表一　石峡遗址地层文化性质和探方地层关系对应表

文化性质	近现代耕土层	石峡第四期文化	石峡第三期文化	石峡第二期文化	石峡第一期文化
T13 ~ T23 ~ T35 ~ T45	①	—	② B	③	④
T21	①	② A	② B		③
T42	①	—	—	②	③
T92	①	② A	② B	③	④
T7C	①	② A	② B	③	④
T27	①	② A	② B		③
T1A	①	② A	② B	③	④
T2A	①	② A	② B	③	④
T3A	①	—	② B	③	④
T4A	①	② A	② B	③	④
T5A	①	② A	② B	③	④
T1B	①	—	—	③	④
T2B	①	—	② B	③	④
T3B	①	—	② B	③	—
T4B	①	—	② B	③	—
T5B	①	② A	② B	③	—
T6B	①	② A	② B	③	—
T1C	①	—	—	③	④
T2C	①	—	② B	③	④
T3C	①	② A	② B	③	④
T4C	①	—	② B	③	④
T5C	①	—	② B	③	④
T6C	①	② A	② B	③	④
T1D	①	—	② B	③	—
T2D	①	—	② B	③	—
T3D	①	—	② B	③	④
T4D	①	—	② B	③	④

续附表一

文化性质	近现代耕土层	石峡第四期文化	石峡第三期文化	石峡第二期文化	石峡第一期文化
T5D	①	② A	② B	③	④
T1E	①	—	② B	③	—
T2E	①	—	—	③	④
T3E	①	—	—	③	④
T1F	①	—	② B	③	④
T2F	①	—	② B	③	④
T3F	①	—	② B	③	—
T1G	①	—	② B	③	—
T2G	①	② A	② B	③	④
T1H	①	② A	② B	③	④
T2H	①	② A	② B	③	④
T1I	①	—	②B	③	④
T1J	①	—	②B	③	④
T1K	①	—	—	③	—
T4	①	②A	②B	—	—
T5	①	—	②B	③	④
T6	①	—	—	③	—
T7	①	—	②B	③	④
T8	①	—	—	③	④
T9	①	—	②B	③	④
T10	①	—	②B	③	④
T11	①	②A	②B	③	④
T12	①	②A	②B	③	—
T13	①	②A	②B	③	—
T14	①	②A	②B	③	—
T15	①	②A	—	③	④
T16	①	—	—	③	④
T17	①	②A	②B	③	④
T18	①	②A	②B	③	④
T19	①	②A	②B	③	—

续附表一

文化性质	近现代耕土层	石峡第四期文化	石峡第三期文化	石峡第二期文化	石峡第一期文化
T20	①	②A	②B	③	④
T22	①	②A	②B	③	—
T23	①	②A	②B	③	—
T24	①	②A	②B	③	—
T25	①	②A	②B	③	—
T26	①	②A	②B	③	—
T28	①	②A	②B	③	—
T29	①	②A	②B	③	—
T30	①	—	②B	③	④
T31	①	—	②B	③	—
T32	①	—	②B	③	④
T33	①	②A	②B	③	—
T34	①	—	②B	—	④
T35	①	②A	②B	③	④
T36	①	—	②B	③	—
T37	①	②A	②B	③	—
T38	①	②A	②B	③	—
T39	①	②A	②B	③	—
T40	①	②A	②B	③	—
T41	①	—	②B	③	—
T43	①	—	②B	③	④
T44	①	②A	②B	③	—
T45	①	②A	②B	—	—
T46	①	②A	②B	③	—
T47	①	②A	②B	③	—
T48	①	②A	②B	—	④
T49	①	—	②B	③	④
T50	①	—	②B	③	④
T51	①	—	—	③	④
T52	①	—		③	④

续附表一

文化性质	近现代 耕土层	石峡 第四期文化	石峡 第三期文化	石峡 第二期文化	石峡 第一期文化
T53	①	－	－	③	④
T54	①	②A	②B	③	④
T55	①	②A	②B	－	－
T56	①	－	②B	－	－
T57	①	②A	②B	③	－
T58	①	－		③	④
T59	①	②A	②B	③	④
T60	①	②A	②B	③	－
T61	①	②A	②B	③	④
T62	①	②A	②B	③	④
T63	①	－	②B	③	④
T64	①	－	②B	③	④
T65	①	②A	②B	③	－
T66	①	②A	②B	③	
T67	①	②A	②B	③	
T68	①	②A	②B	③	
T69	①	－	－	③	
T70	①	②A	②B	③	－
T71	①	②A	②B	③	－
T72	①	②A	②B	③	④
T73	①	②A	②B	③	－
T74	①	②A	②B	③	－
T75	①	②A	②B	③	－
T76	①	②A	②B	③	－
T77	①	－	②B	③	④
T78	①	－	②B	③	④
T79	①	②A	②B	③	④
T80	①	－	－	②	③
T81	①	②A	②B	③	－
T82	①	②A	②B	③	－

续附表一

文化性质	近现代耕土层	石峡第四期文化	石峡第三期文化	石峡第二期文化	石峡第一期文化
T83	①	②A	②B	③	－
T84	①	②A	②B	③	④
T85	①	②A	②B	③	④
T86	①	－	②B	③	－
T87	①	②A	②B	③	－
T88	①	②A	②B	③	－
T89	①	②A	②B	③	－
T90	①	－	②B	③	④
T91	①	－	②B	③	④
T93	①	－	②B	③	④
T94	①	－	②B	③	④
T95	①	－	②B	③	④
T96	①	②A	②B	－	－
T97	①	②A	②B	－	－
T98	①	－	②B	③	④
T99	①	②A	②B	③	④

注：表中"－"表示该层缺失

附表二　石峡遗址灰坑登记表

编号	探方号	形状	尺寸（厘米）长×宽-深	出土遗物	时代	备注
H01	T1D④	椭圆形	130×120-23	细绳纹小型深腹罐1件、素面、绳纹罐及泥质灰色、红色罐134、均为残片	石峡一期	
H02	T98④	椭圆形	86×50-23	夹细砂细绳纹罐3、均为残片	石峡一期	石峡二期灰洞打破、深20厘米
H03	T98④	椭圆形	94×66-65	夹砂细绳纹陶3、泥质灰黄黑素面陶3、均为残片	石峡一期	石峡二期3个灰洞打破、深14~24厘米
H04	T15④	不规则形	140×92-14~34	夹砂绳纹陶6、泥质灰黄陶碎片	石峡一期	
H05	T15④	不规则形	240×200-35	夹砂绳纹陶4、泥质盘圈足、灰黄陶碎片	石峡一期	
H06	T15④	不规则形	184×110-15~70	夹砂绳纹陶、泥质灰黄陶碎片	石峡一期	
H07	T16④	圆形	72×68-30	夹砂绳纹陶2、泥质灰黑陶碎片	石峡一期	
H08	T16④	椭圆形	90×72-40	夹砂绳纹陶5、泥质灰黄陶碎片	石峡一期	
H09	T7C	不规则形	114×61-12~18	盘形鼎瓦形足3、釜、夹砂盖豆残片、另有石峡一期绳纹刻划罐4、泥质灰黄薄胎陶片	石峡二期	
H10	T7C	不规则形	136×132-10~20	夹砂鼎足5、釜、夹砂盖豆残片、泥质三足盘2、长身石铲1、石球1、另有石峡一期绳纹刻划陶片、均为残片	石峡二期	
H11	T5D	椭圆形	长200×96-70	AaⅠ盘形鼎、釜形鼎瓦形足、BⅡ釜形鼎、CⅠ釜、B型罐、A型豆、泥质错叠曲折纹罐4、长身石铲、另有石峡一期泥质米黄陶罐13、镂孔盘4、均为残片	石峡二期	
H12	T3E	椭圆形	长403×144-60	AaⅠ、Ⅱ盘形鼎、瓦形足、AbⅣ盘形鼎足、B型盘形鼎、泥质瓦形足、鹅头状、凿形、楔形鼎、罐6、豆4、均为残片	石峡二期	
H13	T1G	椭圆形	长128×74-21	A型罐、盘形鼎、釜形鼎残片17、A型豆1、泥质素面罐6、三足盘口沿1、圈足盘口沿2片、AⅠ陶纺轮1、均为残片	石峡二期	
H14	T2G	不规则形	130×120-50	盘形鼎10、釜8、圈足罐35、夹砂素面陶20、泥质陶罐3、三足盘口沿1、陶豆3、均为残片	石峡二期	

614　　　　　　　　　　　　　　　　　石峡遗址

续附表二

编号	探方号	形状	尺寸（厘米）长×宽-深	出土遗物	时代	备注
H15	T2G	近圆形	78×76-20	盘形鼎6、釜2、夹砂盖盖豆、圈足罐10、夹砂素面陶16、陶豆1，均为残片	石峡二期	
H16	T19	近圆形	84×82-30	AⅡ圈足盘、长身石铲1	石峡二期	
H17	T29	椭圆形	250×60-52	AaI盘形鼎、瓦形足、楔形足、CI梯形足、三足盘1、AI瓦形足三足盘、夹砂盖豆、Ca圈足盘、A型豆、直领附加堆纹镂圈足罐1、石峡一期夹砂刻划刺点纹罐，均为残片	石峡二期	
H18	T29扩方	椭圆形	70×50-35	夹砂盖豆2、豆1、壶盖夹砂素面红、黑、灰陶片20、石峡一期泥质灰黄薄胎陶片5、镂孔圈足盘5，均为残片	石峡二期	
H19	T29扩方	椭圆形	68×32-35	豆2、夹砂素面红、黑、灰陶片13、石峡一期泥质灰黄薄胎陶片10，均为残片	石峡二期	
H20	T31	近圆形	77×66-30	大镂孔圈足盘1、石峡一期夹砂器盖1	石峡二期	
H21	T47	圆角方形	54×54-68	炭化稻米数百粒、夹砂陶碎片	石峡二期	
H22	T49	圆角长方形	94×44-64	AbI盘形鼎2、瓦形鼎足1、素面夹砂陶、小石凿1、残石器1，均为残片	石峡二期	
H23	T49	长方形	200×56-60	AaI盘形鼎1、瓦形鼎足2、素面夹砂陶、残石镞1、打制石片1，均为残片	石峡二期	
H24	T49	椭圆形	110×40-62	盘形鼎、盆形鼎、釜形鼎残片、泥质罐、盘形器片，均为残片	石峡二期	
H25	T1D	圆形	154×154-64	夹砂陶釜残片32、绳纹陶36、泥质镂孔圈足盘13、罐、豆48、石峡一期绳纹刻划罐13、砺石1，均为残片	石峡二期	
H26	T1D	圆形	130×130-50	夹砂罐、盖豆20、泥质三足盘、圈足盘、圈足盘圈足16、石峡一期绳纹刻划纹罐、泥质黄白薄胎、石灰石4及动物碎骨，均为残片	石峡二期	
H27	T1D	椭圆形	80×50-46	夹砂盖豆、罐、三足盘、圈足盘口沿24、石峡一期绳纹刻划罐、泥质黄白陶24，均为残片	石峡二期	
H28	T2F	椭圆形	284×194-70	AaI盘形鼎、AbⅣ盘形鼎、B型釜形鼎、盘形黑口沿50、瓦形足三足盘、少量石峡一期镂孔圈足盘、杯，均为残片	石峡二期	H28打破H30

续附表二

编号	探方号	形状	尺寸（厘米）长×宽-深	出土遗物	时代	备注
H29	T2E～T2F	椭圆形	326×196-75	盘形鼎、釜、夹砂盖盘豆、豆、大镂孔A型圈足盘、瓦形鼎足、白陶杯等86片，石镞2，石峡一期绳纹陶，均为残片	石峡二期	H29打破H30、H31、F1北墙基槽大灰槽
H30	T2F	椭圆形	110×84-80	石灰石3块、夹砂碎陶片	石峡二期	F3西北墙基槽大灰槽坑
H31	T2F	圆形	100×92-66	鼎足、夹砂陶片，均为残片	石峡二期	F3西北墙基槽大灰槽坑
H32	T2C	椭圆形	158×64-27～28	圈足盘、泥质陶碎片、石峡一期绳纹陶片	石峡二期	F1北墙基槽外侧
H33	T1I	椭圆形	100×80-30	盘形鼎口沿、瓦形足、罩形足6、釜8、夹砂盖盘豆1、瓦形足三足盘口沿和泥质素面陶40、石峡一期绳纹刻划纹陶罐片40、米黄色陶罐8、圈足盘10、均为残片	石峡二期	
H34	T1F	长方形	174×60-21	A型釜、灰色泥质陶罐6、豆1、夹砂泥质陶片67、石峡一期米黄色薄胎陶罐8、镂孔圈足盘3、均为残片	石峡二期	
H35	T1F	长方形	180×50-16	夹砂灰陶、泥质灰陶、橙红陶片、绳纹陶6、石峡一期泥质黄素面陶6、均为残片	石峡二期	
H36	T1H	不规则形	236×124-43	盘形鼎4、釜8、夹砂盖盘豆2、器座6、泥质陶罐15、三足盘1、泥质素面陶片30、夹砂素面陶18、石峡一期绳纹刻划陶6、镂孔圈足盘片8、陶纺轮1、均为残片	石峡二期	
H37	T1H	不规则形	90×64-47	盘形鼎足3、釜4、泥质陶罐14、三足盘2、泥质素面陶20、石峡一期绳纹刻划纹5、镂孔圈足盘9、均为残片	石峡二期	
H38	T29	不规则形	200×110-38	盘形鼎口沿及瓦形足、楔形足、夹砂盖盘豆、釜、釜形鼎。泥质豆、石峡一期绳纹、篦点纹罐、刻划改罐、均为残片	石峡二期	
H39	T50	圆角长方形	140×35-22	盘形鼎、釜形鼎、陶器座、夹砂盖盘豆、三足盘、石峡一期绳纹、均为残片	石峡二期	
H40	T40	椭圆形	210×100-34	夹砂陶釜、陶器座、重圈纹陶罐、残石镞、砺石、砾石	石峡三期	
H41	T47	椭圆形	240×134-42	长32厘米木炭、陶片、小陶杯1	石峡三期早期中期II段	

续附表二

编号	探方号	形状	尺寸（厘米）长×宽-深	出土遗物	时代	备注
H42	T29	椭圆形	200×80-15~80	泥质陶曲折纹、长方格、复线长方格、双线方格凸点纹、云雷纹、叶脉纹陶片、大口高领折肩圈足尊、直口宽沿圆腹回底罐、长身锛、梯形锛、三棱镞、砺石等	石峡三期中期Ⅱ段	
H43	T4D	不规则形	146×38-94~42	泥质陶曲折纹、云雷纹、长方格纹和刻划纹、素面陶片、罐口沿	石峡三期中期Ⅱ段	
H44	T5C	圆形	92×88-54	泥质陶长方格纹、规整曲折纹、重叠曲折纹陶片和石峡文化盘形鼎口沿	石峡三期中期	
H45	T5C	椭圆形	150×82-68	夹砂绳纹、间断绳纹、曲折纹、泥质陶复线长方格纹和石峡文化豆足、石峡一期划纹	石峡三期早期	
H46	T3B	椭圆形	120×92-37	泥质陶曲折纹、复线长方格纹陶片和陶座	石峡三期中期Ⅱ段	
H47	T2H	不规则形	318×168-58	夹砂陶曲折纹、方格纹、云雷纹、泥质陶中方格纹、细方格纹、复线长方格纹、卷草和复线方格组合纹、曲折纹、重叠曲折纹、重圈纹、叶脉纹、云雷纹等陶片、陶器座类有陶把、尊、罐、石器有锤1、砺石及残石器、还有石峡文化釜形鼎、盘形鼎、豆、夹砂盖豆和石峡一期陶罐	石峡三期中期Ⅱ段	
H48	T2C	圆形	68×62-48	泥质陶复线长方格纹、复线方格纹、曲折纹、云雷纹、绳纹陶罐、器类有罐、尊和石峡一期刻划纹、圈足盘	石峡三期中期Ⅱ段	
H49	T21	椭圆形	260×90-30	遗物少，泥质陶曲折纹、复线长方格纹陶片	石峡三期中期Ⅱ段	
H50	T21	不规则形	282×156-80	夹砂陶罐、釜、陶器座、细把豆和泥质陶复线长方格纹、曲折纹、重叠曲折纹、篮纹、网结纹、重圈纹、云雷纹、绳纹等陶片，还有石峡文化三足盘	石峡三期早期	打破石峡文化中期墓M59
H51	T12	圆形	118×108-70	泥质陶复线长方格纹、双线方格纹、曲折纹、重圈纹、云雷纹、栏栅纹、篮纹等陶罐碎片、陶器座和石峡文化釜形鼎、夹砂盖豆、圈足盘、豆等	石峡三期早期	打破石峡文化中期墓M57
H52	T9	不规则形	140×50-30	三片陶片、曲折纹、方格纹	石峡三期中期Ⅱ段	

续附表二

编号	探方号	形状	尺寸（厘米）长×宽-深	出土遗物	时代	备注
H53	T19	不规则形	160×80-52	泥质陶复线长方格纹、交叉长方格纹、双线方格纹、曲折纹、重叠曲折纹、篮纹等陶片，还有石峡文化圈足圈足盘、豆。	石峡三期中期Ⅱ段	
H54	T28	椭圆形	112×94-12~41	夹砂曲折纹、泥质曲折纹陶片	石峡三期早期	
H55	T58	圆角方形	88×76-50	泥质陶复线长方格纹、曲折纹、重叠曲折纹网结纹、云雷纹、器类有夹砂罐、陶器座、盂、弦纹细把豆和石峡文化盘形盘形鼎、罐	石峡三期中期Ⅱ段	
H56	T93	椭圆形	100×70-32	泥质陶中方格纹、双线方格纹、曲折纹、篮纹陶片、器类有盂、器座、细把豆、罐和石峡文化盆、釜形鼎、盘形盘、夹砂盖豆等	石峡三期中期Ⅱ段	
H57	T43	圆　形	80×72-56	夹砂陶罐、陶器座、泥质陶罐、陶器花纹有曲折纹、重叠曲折纹、绳纹、篮纹、素面等，陶器座和石峡文化夹砂盖豆	石峡三期中期Ⅱ段	
H58	T44	圆　形	56×54-34	泥质陶复线长方格、双线方格纹、曲折纹、重叠曲折纹、云雷纹、绳纹陶片、器类有罐、釜、器座、尊、圈足盘	石峡三期中期Ⅱ段	
H59	T59	圆　形	82×74-35	泥质陶曲折纹、长方格纹陶片和夹砂陶器座、罐等	石峡三期中期Ⅱ段	
H60	T61	椭圆形	140×70-43	夹砂陶器座、泥质陶罐、器座、细把豆和复线长方格纹、曲折纹、篮纹等陶片，还有石峡文化釜、盘形鼎、夹砂盖豆等	石峡三期中期Ⅱ段	
H61	T65	圆　形	70×50-38	夹砂陶器座、泥质陶罐、细把豆和中方格纹、细方格纹、格纹、曲折纹、重圈纹、绳纹等陶片	石峡三期早期	
H62	T75	椭圆形	130×80-94	夹砂碎陶片、泥质陶片、篮纹、方格纹、敞口圆底罐和石峡文化夹砂鼎足	石峡三期中期Ⅱ段	
H63	T75	椭圆形	150×90-88	泥质陶片有双线方格、曲折陶片、泥质陶罐、曲折纹陶片，还有石峡文化瓦形足	石峡三期中期Ⅱ段	
H64	T76	不规则形	180×76-70~100	大量夹砂、泥质碎陶片、陶器花纹有复线长方格纹、曲折纹、云雷纹、器类有罐、重叠曲折纹、陶器座和石峡文化盆形鼎口沿	石峡三期中期Ⅱ段	
H65	T64	圆角长方形	160×60-40	夹砂陶釜、曲折纹、重圈纹	石峡三期早期	

续附表二

编号	探方号	形状	尺寸（厘米）长×宽－深	出土遗物	时代	备注
H66	T79	圆角方形	110×90－100	夹砂陶釜、器座、罐，泥质陶罐、细把豆，陶器花纹有中方格纹、绳纹，还有石峡文化壶、罐、圈足盘 曲折纹、重叠曲折纹	石峡三期中期Ⅱ段	
H67	T88	圆　形	68×58－42	夹砂绳纹器座、罐，泥质陶罐、细把豆，陶片花纹有中方格纹、细 方格纹、复线长方格纹、曲折纹	石峡三期中期Ⅱ段	
H68	T83	椭圆形	172×90－28	夹砂陶罐片和泥质陶曲折纹、编织纹，素面	石峡三期早期	
H69	T46北边	长方圆角形	306×50～69－40	夔纹、勾连云雷纹方格纹组合纹陶片，方格纹钵形鼎1，青铜钺1，青铜刮刀1，大三棱形镞，残砺石、石片等	石峡四期	
H70	T47北边	椭圆形	240×134－40	夔纹、双圈纹、菱格纹，云雷纹粗方格纹和釉陶片，还有石峡三期中方格纹、细方格纹、曲折纹陶片	石峡四期	打破M47
H71	T23南边	椭圆形	110×44－43	残铜镞1，夔纹、勾连云雷粗方格纹、圈点纹陶片，同时出土石峡三期长方格纹、复线长方格纹陶片，器座和石峡文化釜、盆形鼎残片	石峡四期	
H72	T69中间	圆　形	124×110－16	菱格纹、云雷纹、粗方格纹、菱形方格、中方格纹陶片、罐片	石峡四期	打破石峡文化M44填土
H73	T82北边	椭圆形	98×40－38	夔纹、云雷纹组合方格纹陶片，还有石峡三期复线长方格纹、曲折纹陶片	石峡四期	
H74	T97南边	椭圆形	228×124－50	夹砂陶釜、器座、罐，有重圈纹、粗绳纹，云雷纹、菱格纹，云雷粗方格组合纹、粗方格纹、凸块纹、圈点纹陶片	石峡四期	
H75	T41东边	长椭圆形	260×88－40	夔纹方格纹，夔纹菱格纹、云雷粗方格陶片，釉陶碟1，双耳罐1	石峡四期	
H76	T92东北	圆　形	260×250－40	双耳陶釜、青铜刮刀，粗方格纹、篦点圆圈组合纹、菱格纹陶片，还有石峡三期复线长方格、曲折纹陶片	石峡四期	
H77	T80西南	椭圆形			石峡二期	

附表三　石峡文化G（灰沟）、墙基槽登记表

编号	探方号	形状	尺寸（厘米）"长×宽-深"	出土遗物	时代	备注
G1	T7C	长条形	312×24-46	AaⅠ型盘形鼎6、釜形鼎3、釜7、夹砂盖豆5、瓦形、凿形鼎足、有肩石斧、残石器石料3、石峡一期绳纹刻划纹罐17，均为残片	石峡二期	
F1	T2C、T2D、T2E	长条形	1400×30~40-30~50	盘形鼎、釜形鼎足、有肩石斧、凿形鼎足、盘形鼎口沿6、瓦形足2、凿形足、豆5、夹砂盖豆4、泥质三足盘3、圈足盘1、石峡一期刻划绳纹陶矮圈足盘等，均为残片	石峡二期	北边墙基槽
F1	T14、T15、T16	长条形	1000×60-25~40	釜形鼎口沿1、釜2、圈足盘底1、陶杯、夹砂盖豆2、石峡一期绳纹刻划纹罐4、篦点纹2、薄胎镂孔圈足盘2，均为残片	石峡二期	南边墙基槽
F1~F2	T1F	长条形	240×60-20~80	三足盘口沿1、夹砂釜口沿1、泥质素面灰陶10、夹砂褐陶7、石峡一期绳纹刻划纹罐口沿1，均为残片	石峡二期	F1~F2南北向隔墙基槽
F2	T1F、T1G、T1H	长条形	1450×25-40~50	夹砂、泥质素面陶片、石峡一期刻划绳纹陶，均为残碎片	石峡二期	南边墙基槽，T1G东段墙基槽打破石峡文化M131南半边上层墓壁和填土
F3	T1I、T1J	长条形	950×50-43~60	夹砂釜形鼎3、夹砂盖豆4、豆2、三足盘口沿1、瓦形足1、石峡一期夹砂绳纹刻划、淡黄薄胎陶陶盖，均为残片	石峡二期	南边墙基槽
F2~F3	T1I	长条形	200×50-48~50	夹砂粗绳纹陶片、砺石、石峡一期细绳纹刻划纹陶片，均为碎片	石峡二期	南北向F2和F3之间隔墙基槽

续附表三

编号	探方号	形状	尺寸（厘米）长 × 宽 − 深	出土遗物	时代	备注
F3	T1J	长条形	300 × $\dfrac{30}{50}$ − $\dfrac{40}{50}$	泥质瓦形足1，三足盘口沿2，豆圈足，长身锛1，残石镞1，石峡一期绳纹刻划纹陶片，均为残片	石峡二期	F3两边墙基槽
T4	T94	长方形	残长1440 × $\dfrac{25}{44}$ − 40	夹砂陶碎片，瓦形足三足盘2，夹砂凿形足1件，红烧土块，夹砂陶罐、豆，泥质陶陶碎片	石峡二期	南边墙基槽
F4	T42、T30	长条形	残长900 × 40 − $\dfrac{20}{30}$	少量夹砂陶、泥质陶碎片	石峡二期	东边墙基槽
F5	T77	长条形	残长400 × $\dfrac{20}{34}$ − 30	釜形鼎2，盆形鼎1，釜5，绳纹罐7，壶1，圈足盘3，三足盘4，杯1，石峡一期绳纹刻划纹、刻划圈足纹陶片，均为残片	石峡二期	

附表四　石峡文化房基柱洞登记表

房号	墙基槽	房基内	编号	形状	口径（厘米）	深度（厘米）	出土器物	备注
F1	北　边		1	圆　形	70	30		
			2	圆　形	50	30		
			3	圆　形	40	30		
	南　边		4	圆　形	35	30		
			5	椭圆形	70	30		
		中西边	6	椭圆形	60	16		
			7	椭圆形	50	28		
			8	圆　形	30	10		
			9	椭圆形	65	20		
			10	椭圆形	40	10		
			11	椭圆形	60	20		
			12	椭圆形	70	20		
			13	圆　形	60	30		
F2			1	圆　形	90	35		
			2	圆　形	70	45		
			3	圆　形	60	45		
			4	圆　形	60	45		
		中　部	5	椭圆形	100	26		
			6	圆　形	60	18		
			7	圆　形	50	25		
			8	椭圆形	90	30		
		西　南	9	椭圆形	50	20		
			10	椭圆形	60	20		
			11	椭圆形	70	25		
			12	椭圆形	60	20		
F3			1	圆　形	40	32		
			2	圆　形	40	30		
		南　边	3	椭圆形	40	30		
			4	圆　形	30	40		
			5	圆　形	30	40		
	中　边		6	圆　形	40	25		
			7	圆　形	35	20		
			8	椭圆形	30	20		

续附表四

房号	墙基槽	房基内	编号	形状	口径（厘米）	深度（厘米）	出土器物	备注
F3			9	椭圆形	40	25		
			10	椭圆形	30	20		
			11	椭圆形	30	20		
F4			1	圆形	42	85		
		南边	2	圆形	38	90		打破5号红烧土堆
			3	不规则形	48～54	85		打破3号红烧土堆西端
			4	圆形	24	50		位于东墙槽北边
			5	椭圆形	40～90	30		
			6	椭圆形	100～110	40		南北被2个小洞打破，小洞平圆形，口径40、深30厘米，该柱洞基槽已不存
		东边	7	不规则形	40	30		
			8	圆形	70	50		
			9	圆形	30	30		
			10	椭圆形	30～70	40		
			11	椭圆形	70～120	63		
			12	圆形	80	50		
			13	圆形	30	30		
			14	椭圆形	50～100	35		
			15	圆形	50	40		
			16	圆形	70	35		
			17	椭圆形	40～70	40		
	东边		18	圆形	70	30		
			19	圆形	30	30		
			20	圆形	60	40		
	东南		21	椭圆形	44	31		
			22	圆形	34	30		
			23	椭圆形	35	30		
	北边		24	圆形	60	50		
F5	残存		1	圆形	42	40		
			2	圆形	38～54	50		
			3	圆形	22	40		

附表五　石峡文化柱洞登记表

单位	编号	形状	口径（厘米）	深度（厘米）	出土器物	备注
T8	1	椭圆形	52	30	盘形鼎、夹砂陶、石峡一期绳纹陶	柱洞口被红烧土堆叠压
	2	圆　形	24	34	少量碎陶片	
	3	圆　形	22	28	无遗物	
	4	圆　形	22	26	无遗物	
	5	圆　形	20	18	残石锛1	
	6	圆　形	20	25	夹砂红陶1	
	7	圆　形	26	18	石峡一期绳纹陶	
	8	椭圆形	44	30	无遗物	
	9	圆　形	24	18	少量碎陶片	
	10	圆　形	46	18	石峡一期绳纹陶、镂孔圈足残片	
T3E	1	圆　形	36	40	石峡一期绳纹、白陶碎片	
	2	圆　形	38	18	石峡一期绳纹、泥质红陶	
	3	椭圆形	54	10	石峡一期素面刻划纹陶片	
	4	椭圆形	48	28	错叠曲折纹、残豆足	
	5	椭圆形	36	28	石峡一期夹砂绳纹陶碎片	
	6	圆　形	40	25	石峡一期夹砂绳纹陶泥质陶碎片	
	7	圆　形	18	17	石峡一期泥质素面陶片	
	8	圆　形	24	17	石峡一期泥质素面陶片	
	9	圆　形	22	18	石峡一期夹砂绳纹陶片	
	10	圆　形	20	18	无陶片	
	11	圆　形	18	12	石峡一期夹砂绳纹、泥质素面陶	
	12	圆　形	18	50	石峡一期夹砂素面陶片	
T1B	1	圆　形	28	34	石峡一期夹砂、泥质陶片	
	2	圆　形	20	10	无	
	3	圆　形	38	26	石峡一期泥质黄白陶片	
	4	圆　形	24	15	无遗物	
	5	圆　形	26	24	无遗物	
	6	圆　形	20	24	石峡一期泥质素面黄白陶片	
	7	圆　形	32	38	石峡一期夹砂绳纹、泥质灰白陶片	
	8	圆　形	30	20	石峡一期泥质黄白陶	

续附表五

单位	编号	形状	口径（厘米）	深度（厘米）	出土器物	备注
T1A	1	圆　形	40	20	无遗物	
	2	圆　形	20	8	无遗物	
	3	圆　形	44	33	残石器 1	
	4	椭圆形	58	30	石峡一期夹砂绳纹陶片	
	5	圆　形	30	7	石峡一期夹砂陶片	
	6	圆　形	34	10	石峡一期夹砂绳纹陶片	
T34	1	圆　形	60	42	夹砂黑陶碎片	
	2	椭圆形	44	65	夹砂黑陶、凿形鼎足、豆残片	
	3	圆　形	28	20	泥质陶碎片	
	4	不规则形	44	10—20	石峡一期夹砂绳纹、泥质淡黄陶碎片	
	5	圆　形	22	14	无陶片	
	6	圆　形	32	32	石峡一期夹砂绳纹刻划纹陶、泥质淡黄陶碎片	
	7	圆　形	42	40－56	少量夹砂陶碎片	
	8	椭圆形	40	60	卷瓦形釜鼎足、罐口沿	
	9	椭圆形	36	40	凿形足 1	
	10	不规则形	80	84	夹砂黑陶片、圈足盘足残片、残镞 1	

附表六　石峡文化墓葬一览表

墓号	所在探方	层位	墓坑形状和结构（长×宽－深）	方向	葬式	性别年龄	随葬器物	期别	备注
M2	T5西北	②B→M2→④	长方形红烧壁土坑竖穴 160×82－103	90°	二次葬	不明	二次葬：陶器：C盘形鼎1，AⅡ釜1，BaⅠ夹砂罐1，CⅡ式壶1，CⅡ、DⅠ瓦形足三足盘各1，AcⅠ夹砂器盖（夹砂罐器盖）1 石器：AⅢ梯形石铲1	早期－Ⅰ	
M3	T43东－T5西	②B→M3→④	长方形红烧壁土坑竖穴 190×100－120	93°	二次葬	不明	一次葬：陶器：AbⅡ盘形鼎1，AⅡ釜1，AⅡ瓦形足三足盘1，AⅢ三角形足三足盘1，AⅠ钺1 二次葬：陶器：AbⅠ盘形鼎1，AbⅡ盘形鼎1，残夹砂陶罐1，AaⅡ豆1，AcⅠ豆1，BaⅠ豆1，AⅡ三角形足三足盘2，AⅢ瓦形足三足盘2，BaⅠ双耳圆底罐1 石器：C型有段石锛1，AⅡ石铲7 玉器：AⅠ双孔玉钺1	早期－Ⅰ	
M4	T32南	②B→M4→④	长方形土坑竖穴 160×80－58	95°	一次葬	不明	一次葬：陶器：BⅠ盘形鼎1，AⅠ梯形足三足盘1，BbⅠ盆形鼎1，CⅡ釜2，BⅡ釜2，AⅢ瓿1，DⅠ型夹砂罐1，CⅡ豆2，AbⅢ器盖1，CcⅠ圈足罐2 石器：AⅢ，BⅠ三角形足三足盘各1，石泥质陶罐：AⅡ石铲1 玉器：CⅠ玉钺1	中期	
M5	T4东南	②B→M5→④	长方形红烧壁土坑竖穴 206×100－92	113°	二次葬	不明	二次葬：陶器：AaⅠ，BⅠ盘形鼎各1，AⅠ釜1，AⅠ式夹砂豆1，残釜形鼎1，残瓦形足三足盘1，AⅣ瓦形足三足盘1，残釜形鼎1，残瓦形足三足盘3 石器：Ⅱ石铲1，残石锛1	早期－Ⅰ	

续附表六

墓号	所在探方	层位	墓坑形状和结构（长×宽－深）	方向	葬式	性别年龄	随葬器物	期别	备注
M6	T32中部	②B→M6→④	长方形红烧壁土坑竖穴 175×52－38	108°	一次葬	不明	陶器：BⅢ釜1 玉器装饰品：玉环形琮1，B型Ⅱ式玉环1 其他：炭化稻谷5团	晚期	M13→M6东北壁，↓M20北部
M7	T51中部	①→M7→④	长方形红烧壁土坑竖穴 206×62－38	112°	一次葬 已迁墓	不明	陶器：残釜形鼎1，残盘形鼎2，DⅡ釜1，残壶1，残豆3，CⅣ瓦形足三足盘1，B型陶纺轮2，AⅡ陶纺轮3，CⅡ陶纺轮3 石器：AⅠ石镞1 玉器装饰品：AⅡ玉环1 其他：河卵石2，炭化稻谷凝结块1	中期	M22→M7→M8→M25，M29，DⅡ釜领部有刻划曲折纹
M8	T51中部	①→M8→M9	长方形土坑竖穴 186×88－45	92°	一次葬 已迁	不明	陶器：残AⅠ型Ⅱ式瓦形足三足盘1，残AbⅣ圈足盘2，残圈足盘1，残Ab型Ⅱ式豆2 石器：AⅢ玉钺1，AⅡ长身石锛1，B梯形石锛1，AⅠ石镞1，打制石片2	中期	M7→M8→M9，29
M9	T51中西部	①→M9→④	长方形红烧壁土坑竖穴 208×72－122	90°	二次葬	不明	二次葬： 陶器：AⅠ釜形鼎1，AⅠ、BⅠ夹砂盖豆各1，BⅡ瓦形足三足盘1，AⅡ梯形足三足盘2，BⅡ梯形足三足梯1，BⅢ三角洲形足三足盘1，AaⅡ豆2，AaⅠ豆2，AⅠ豆3，BaⅠ豆2，Ⅰ杯1，AⅠ武泥质陶罐1，AaⅠ武器盖1，AⅠ武，DⅠ武陶纺轮2 其他：山枣核4枚，桃核1枚 一次葬： 陶器：AaⅠ盘形鼎3，BⅡ盘形鼎1，Ⅰ釜形鼎1，AaⅠ盆形鼎各1，AⅠ釜1，BⅠ夹砂盖豆2，BⅢ武夹砂盖豆1，AⅡ梯形足三足盘3，AaⅠ豆1，AaⅡ豆3，BbⅠ豆1，E型贯耳壶1，BⅠ大盆2，AⅠ陶纺轮4	早期－Ⅱ	M8→M9东北角，M29→M9东端，AⅠ泥质陶罐同，AⅠ泥质陶罐饰涡纹

续附表六

墓号	所在探方	层位	墓坑形状和结构（长×宽－深）	方向	葬式	性别年龄	随葬器物	期别	备注
M10	T51西南	①→M10→④	长方形红烧壁土坑竖穴 206×115－122	90°	二次葬	不明	二次葬：陶器：AcⅠ盘形鼎1、AⅡ釜3、AⅠ甑1、AbⅣ圈足盘1、AbⅠ豆2、BbⅠ豆1、Ⅲ式杯1、BⅡ型器盖1、白陶鼎1、AaⅠ器盖1、Ⅰ式盂1、AⅠ陶纺轮6、AⅡ陶纺轮5 石器：BⅢ石镯1、AⅢ长身石锛1、B型梯形石锛1、C型梯形石锛2、AⅢ石凿1、打制石片1、小石锛1 玉器：玉琮1 其他：山枣核53粒、桃核1粒	中期	AⅡ釜饰绳纹
M11	T43东南－T5西南	②B→M11→④	长方形梯形红烧壁土坑竖穴 190×82－西88东82	90°	二次葬	不明	一次葬：陶器：AcⅠ盆形鼎2、AⅡ釜2、AⅢ釜1、AⅠ夹砂生豆2、AbⅣ圈足豆2、Ab型Ⅴ式圈足盘1、AbⅠ豆3、残豆3、Ⅲ杯1 二次葬：陶器：AbⅠ盘形鼎1、AⅡ瓦形足三足盘1、AⅢ瓦形足三足盘2、BbⅠ泥质陶罐1 玉器：AⅡ玉钺1	早期－Ⅰ	
M12	T32东－T33西	②B→M12→④	长方形红烧壁土坑竖穴	92°	一次葬	不明	陶器：AⅡ釜1、DⅠ釜1、残盘形鼎1、残釜形器1、残瓦形足三足盘3、残瓦形足三足盘1、AbⅠ盆形鼎1、CⅡ陶纺轮1、E陶纺轮1	中期	M12→M14东南壁
M13	T32东－M33西	②B→M13→③	长方形土坑竖穴 143×46－26	91°	一次葬	不明	陶器：碎陶片2片 其他：炭化稻谷凝结块1	晚期	M13→M6东北壁，↓M20
M14	T32东北－T33西北	②B→M14→④	长方形土坑竖穴 161×59－27	92°	一次葬	不明	陶器：残釜1 其他：炭化稻谷凝结块1	早期－Ⅱ	M12→M14东南壁

续附表六

墓号	所在探方	层位	墓坑形状和结构（长×宽-深）	方向	葬式	性别年龄	随葬器物	期别	备注
M15	T33中部东—T34中部南	②B→M15→④	长方形红烧壁土坑竖穴 142×50-10	90°	一次葬	不明	陶器：AⅡ釜形鼎1 石器：Ⅱ式石铲1 玉器装饰品：DⅡ玉环1	中期	M15→M17西南角
M16	T34西南	①→M16→④	长方形红烧壁土坑竖穴 115×75-55	90°	二次葬	不明	二次葬：陶器：BⅠ釜形鼎1、AⅠ釜1、AⅢ瓦形足三足盘1、AaⅠ圈足盘1、BaⅠ豆1 石器：CⅠ石凿1、AⅠ石镞2、AⅡ石镞19、CⅢ石镞1、AⅡ石钺1 一次葬：陶器：BⅠ盘形鼎2、残盘形鼎1、AⅠ釜1、AⅠ夹砂盖形豆1、AⅢ瓦形足三足盘1、AaⅡ圈足盘1	早期-Ⅱ	AⅠ釜饰绳纹，另1件领颈部刻划纹
M17	T34西	②B→M17→④	长方形红烧壁土坑竖穴 148×70-78	92°	二次葬	不明	二次葬：陶器：BⅠ釜1、BⅡ盘形豆1、BⅢ夹砂盖豆1、AⅢ瓦形足三足盘1、AaⅡ圈足盘各1、AaⅠ、AaⅠ豆豆各1、残豆1、BaⅡ泥质陶罐1 石器：CⅠ长身石锛1、AⅠ、AⅡ梯形石锛、AⅠ石锛各1、AⅠ石镞4、AⅡ石镞13、BⅠ石镞1 玉器：玉琮1、AⅠ玉环1 一次葬：陶器：BⅡ盘形鼎1、BⅠ釜1、AⅢ瓦形足三足盘、AaⅠ盖豆1、BⅠ釜1、CⅡ夹砂1、AⅢ夹砂陶罐1、圈足盘2、AaⅡ夹砂陶罐2、AⅡ石钺1 石器：AaⅡ石镞2、AⅡ石钺1	早期-Ⅱ	M17西南角被M15打破，BⅠ釜腹有烟苔
M18	T52西南	①→M18→④	长方形土坑竖穴 190×70-40	90°	一次葬 已扰	不明	陶器：残豆碎片 石器：AⅡ石镞1、石锥1、残石器1	早期	

续附表六

墓号	所在探方	层位	墓坑形状和结构（长×宽-深）	方向	葬式	性别年龄	随葬器物	期别	备注
M19	T32东北—T32西北	②B→M19→④	长方形红烧壁土坑竖穴 145×55-90	90°	二次葬	不明	二次葬：陶器：BI盘形鼎1，BI三角形足三足盘2　石器：CI长身石锛1，AI梯形石锛1　玉器：AI玉钺1　一次葬：石器：AII梯形石锛1，AI石锛2，AII石镞5	早期－Ⅰ	玉钺变形与填土结一起
M20	T32中部	②B→M20→④	长方形红烧壁土坑竖穴 150×70-72	93°	二次葬	不明	二次葬：陶器：BbII圈足盘2，BaII豆2，BaⅢ豆1，平底罐1　石器：B型梯形石锛1，AI石锛5，AII石镞1，AIV石镞1，CⅢ石斧1　玉器装饰品：玉钺（已变形残缺）1，水晶块2　一次葬：陶器：CII釜1，CcII圈足盘1，CI豆1，残圈足盘2，残夹砂陶罐1	中期	M6→M20
M21	T52东北	①→M21→生土	长方形红烧壁土坑竖穴 180×90-110	110°	二次葬	不明	二次葬：陶器：BII釜形鼎2，AII釜1，BⅢ釜2，CcⅢ圈足盘2，DaIV圈足盘1，DbII圈足盘3，AcIV豆3，BdI豆3，残豆，器盖各1　玉器：玉斤（锥形器）1　一次葬：陶器BⅢ釜1，CbⅢ圈足盘1，DaⅢ圈足盘2，DbII圈足盘1，曲折纹圈足罐1，BdII豆2	晚期	二次葬：在红烧土块里有炭化稻谷，BⅢ釜饰绳纹　一次葬：BⅢ釜饰绳纹
M22	T51东南	①→M22→④	长方形土坑竖穴 156×60-24	97°	一次葬	不明	无随葬器物	晚期	M22南壁→M27北壁及上层填土，M22北壁→M7
M23	T32北	②B→M23→④	长方形土坑竖穴 170×55-20	98°	一次葬	不明	陶器：残釜碎片	中期	贴北边墓坑黑色土块里有炭化稻谷

续附表六

墓号	所在探方	层位	墓坑形状和结构（长×宽−深）	方向	葬式	性别年龄	随葬器物	期别	备注
M24	T32东北	②B→M24→④	长方形土坑竖穴 180×84−74	95°	二次葬	不明	二次葬：陶器：AbIV圈足盘2，BaII，BcI圈足盘各1，BaII豆1，BcII豆2，残泥质黑皮陶罐1 玉器装饰品：圆片形饰1 一次葬：陶器：残釜形鼎1，AbIV圈足盘1，BcII豆1，II式盂1，残豆1，鼎足1	中期	
M25	T51东—T52西	①→M25→④	长方形红烧壁土坑竖穴 190×100−117	100°	二次葬	不明	二次葬：陶器：AaI盘形鼎1，AIV瓦形足三足盘2，AI壶1 一次葬：石器：AII梯形石锛1	早期－I	M7→M25西南上层填土 M29→M25西北角
M26	T53北	①→M26→④	长方形土坑竖穴 154×70−18	90°	一次葬	不明	玉器装饰品：BI玉环1	中期	木炭标本经14C测定（BK75050）为公元前2070±100年（树轮校正：2480±150年）
M27	T51东南	①→M27→④	长方形红烧壁土坑竖穴 200×90−116	105°	二次葬	不明	二次葬：陶器：BII，CI釜形鼎各1，AbI盆形鼎3，BII釜1，有流绳纹釜1，AII甗1，BIV夹砂盖豆2，AIV夹砂盖豆1，BIV三角形足三足盘1，AbIV，AbV圈足盘各1，AbI豆1，AbII豆3，AI陶纺轮1，AII陶纺轮5，C陶纺轮1 石器：DI梯形石锛1 玉器：CII玉钺1，BI玉环1 一次葬：陶器：AbIV盘形鼎1，BII盆形鼎1，残釜形鼎1，AbIII盆形鼎1，AII釜2，AII甗1，BIV夹砂盖豆1，AbIII，AbIV圈足盘各1，AaII器盖1，AbI豆1，残豆1，残夹砂盖豆1 石器：CII石镯2，AIII长身石锛1，BI有肩石锛1	中期	M22→M27北墓口填土

续附表六

墓号	所在探方	层位	墓坑形状和结构（长×宽-探）	方向	葬式	性别年龄	随葬器物	期别	备注
M28	T51东—T52西	①→M28→④	长方形红烧壁土坑竖穴 190×75-117	85°	二次葬	不明	二次葬：陶器：AbⅡ盘形鼎1，AⅡ瓦形足三足盘3 石器：AⅡ石镞2 一次葬：陶器：AⅠ釜1 石器：AⅡ石镞3	早期-Ⅰ	M28西南角被M29东北角打破
M29	T51中部	①→M29→④	长方形红烧壁土坑竖穴 200×196-90	90°	二次葬	不明	二次葬：陶器：AbⅤ盘形鼎1，AⅡ，BⅢ釜形鼎各1，AbⅡ盆形鼎1，G夹砂盖豆1，BbⅡ，CcⅡ圈足盘各1，BbⅡ，BcⅡ豆各1，BⅡ壶1，CⅡ陶纺轮1 一次葬：陶器：AⅡ釜形鼎2，BⅡ，CⅡ釜形鼎各1，AbⅡ盆形鼎1，AⅡ釜1，CaⅠ，CaⅡ圈足盘各1，CaⅢ圈足盘2，AaⅤ圈足盘1，残圈足盘5，AbⅡ豆2，CⅠ，CⅡ豆各1，残圈足3，D白陶罐1，BbⅢ夹砂陶罐1，BⅡ壶1，残纺轮1，AⅡ陶纺轮5，BⅡ陶纺轮4，CⅠ陶纺轮1，CⅡ陶纺轮4 石器：AⅡ长身石锛1，C型梯形石锛1，AⅡ有肩石锛1，AⅡ有段石锛1，AⅢ石镞2，玉器：AⅢ玉钺1，玉芽（锥形饰）1，装饰品：AⅢ玉饰（锥形饰）1，坠饰1	中期	M29东北角→M28西南，东南角→M25西北角，西壁→M9东壁，被M7，M8叠压 AⅡ釜饰大方格纹

续附表六

墓号	所在探方	层位	墓坑形状和结构（长×宽-深）	方向	葬式	性别年龄	随葬器物	期别	备注
M30	T66东西—T67西	①→M30→④	长方形红烧土坑竖穴 墓口190×80-72 墓底173×58-62	90°	二次葬	不明	二次葬：陶器：AcⅡ盘形鼎1，AⅢ夹砂盖豆1，AbⅢ、AbⅤ、AbⅥ圈足盘各1，AbⅠ豆2，AbⅡ豆2 石器：AⅠ梯形石锛1，AⅠ石镞9，AⅡ石镞1，AⅢ石镞3，DⅡ石镞4 一次葬：陶器：AbⅡ盘形鼎2，AⅡ、BⅡ釜形鼎各1，AⅢ夹砂盖豆2，DⅠ夹砂盖豆1，AⅢ釜1，AbⅣ圈足豆2，AbⅠ豆2，残豆1，BbⅢ泥质陶罐1 石器：残石器（有切割痕迹）1	中期	
M32	T52东南	①→M32→④	长方形红烧壁土坑竖穴 170×60-15	95°	一次葬	不明	无随葬品		
M33	T67西北	①→M33→生土	长方形红烧壁土坑竖穴 墓口180×87-86 墓底172×61	90°	二次葬	不明	二次葬：陶器：AⅡ釜1，Ⅱ杯1，AbⅣ残圈足盘2，AbⅡ残豆1 玉器：DⅣ玉玦1，CⅠ玉环1 一次葬：陶器：AbⅣ圈足盘1，AbⅡ豆1，残豆2 石器：BⅡ镞1，AⅠ、DⅠ梯形石锛各1，BⅡ石凿1	中期	AⅡ釜饰方格纹
M34	T46西南	②B→M34→④	长方形土坑竖穴 180×50-30	90°	一次葬	不明	玉器：AⅠ，AⅢ玉环各1，残玉玦1	中期	
M36	T44东南	①→M36→④	长方形红烧壁土坑竖穴 120×49-28	100°	一次葬 已迁	不明	无随葬品		

续附表六

墓号	所在探方	层位	墓坑形状和结构（长×宽-深）	方向	葬式	性别年龄	随葬器物	期别	备注
M37	T45东南	②B→M37→生土层	长方形土坑竖穴 165×60-15	85°	一次葬	不明	陶器：CⅡ陶纺轮2 石器：AⅠ有肩石锛1，DⅠ石凿1，CⅡ、CⅢ石锛各1，小石锛1，AⅠ石镞1，河卵石1，石块1 装饰品：石坠饰（河卵石）1，水晶坠饰1	早期-Ⅱ	M37东北壁被M92打破
M38	T44东—T45西	①→M38→④生土	长方形土坑竖穴 115×45-12	95°	一次葬 已迁	不明	陶器：残AⅡ釜1，残夹砂盖豆1 石器：残石锛刀部1	中期	M38→M39南壁
M39	T45西—T45东	①→M39→④	长方梯形红烧壁土坑竖穴 墓口265× 东122 西126 -138 墓底260× 东116 西122	92°	二次葬	不明	二次葬：陶器：AⅡ釜形鼎1，AⅠ釜1，AⅠ夹砂盖豆1，BⅡ梯形足三足盘1，CⅠ梯形足三足盘1，AaⅢ圈足盘1，AaⅠ、CⅡ梯形足三足盘2，DⅠ型豆豆1，AⅢ、CⅡ壶各1，Ab器盖1（壶盖）石器：BⅠ、CⅠ、DⅠ长身石锛各1，D有段石锛1，CⅡ石凿2，AⅠ石镞9，AⅡ石镞6，AⅢ石镞1，DⅠ石镞10 其他：砺石1，玉器CⅠ、玉钺1 一次葬：陶器：BⅡ釜形鼎1，残釜形鼎1，残盘形鼎1，DⅠ夹砂盖豆2，CⅠ梯形足三足盘1，残瓦形足三足盘1，AaⅠ豆2，BaⅠ豆1，残豆2，Ⅱ式泥质陶罐1 石器：AⅠ石镞1，AⅡ石镞1，DⅠ石镞13 其他：石棒1（河卵石）	早期-Ⅱ	M35→M39北填土，南壁被M38打破，墓底灰炭层里有炭化稻谷，AⅠ釜饰灰绳纹

续附表六

墓号	所在探方	层位	墓坑形状和结构（长×宽×深）	方向	葬式	性别年龄	随葬器物	期别	备注
M41	T45东北—T46西北	②B→M41→④	长方形红烧壁土坑竖穴 墓口180×66—55 墓底177×64	94°	一次葬已迁	不明	无随葬器物	中期	M41→M42西北角
M42	T45东北—T46西北	②B→M42→④	长方形红烧壁土坑竖穴 墓口350×140—180 墓底330×125	92°	二次葬	不明	二次葬：陶器：BIV盘形鼎1，CII釜2，AbI圈足盘3，BaI圈足盘1，AaII豆4，BaII豆1，BI，BII瓮各1，AII泥质陶罐1　石器：AIII石镬1，I，II石铲各1，AII有段石锛3，BI有段石锛1，AII石镞7，AII有段石锛1，AII石钺1　装饰品：BIII玉钺1，EII玉钺1，玉龙首环1，DII玉环1，玉坠饰1，玉珠1　其他：炭化稻谷　一次葬：陶器：AaIII，AbIV盘形鼎各1，残盘形鼎5，BIII盆形鼎3，残盆形鼎足6，CII釜1，AIV，EII砂盖豆各1，AII，B型瓶盖各1，CII瓦形足三足盘2，AV瓦形足三足盘1，AV瓦形足三足盘1，AbI圈足盘1，AaI豆1，AbII豆1，AbII豆1，II器盖1，残盆1，罐1，AaI器盖2，残盒1　石器：I式石铲3，AI梯形石锛1，CII石凿1，AI石镞4，AII石镞22，AIII石镞2　玉器装饰品：玉玦1，玉芊（锥形器）1，玉坠饰2	中期	二次葬：CII釜饰篮纹、绳纹各1 一次葬：CII釜饰绳纹 M42西南角→M89 东北壁

续附表六

墓号	所在探方	层位	墓坑形状和结构（长×宽×深）	方向	葬式	性别年龄	随葬器物	期别	备注
M43	T68中部	①→M43→④	长方形红烧土坑竖穴 墓口268×124－115 墓底262×119 有5层夯土	100°	二次葬	不明	二次葬： 陶器：AaⅡ、AcⅢ盘形鼎各1，BⅣ盘形鼎1，AⅡ釜形鼎2，AⅡ、CⅡ釜各1，AⅢ夹砂盖豆1，BⅣ夹砂盖豆2，F型夹砂盖豆1，AbⅡ、AbⅢ、AbⅣ、AbⅥ圈足盘各1，AaⅠ豆1，AbⅡ豆1，AbⅢ豆3，B簋1，AⅠ、AⅡ陶纺轮各1 石器：CⅢ石镤、Ⅱ、Ⅳ式石锛各1，AⅠ、BⅡ长身石锛各1，AⅠ梯形石锛1，BⅠ、BⅡ有肩石锛各1，AⅠ有段石锛1，AⅢ、CⅠ、EⅡ石凿各1，AⅡ石镞8，AⅡ石镞6，AⅢ石镞9，DⅠ石镞1 玉器：BⅠ玉玦2，DⅣ玉玦1，玉璧1 玉器装饰品：玉芽（锥形器）1，玉珠1		墓底炭灰层里出土炭化稻谷
M44	T69中偏西	①→M44→生土	长方形红烧壁土坑竖穴 226×90－90	95°	二次葬	不明	二次葬： 陶器：BⅢ盘形鼎1，AⅠ釜形鼎1，AaⅡ盆形鼎1，AⅡ釜形鼎1，AⅠ夹砂盖豆1，AⅢ瓦形足三足盘1，BⅢ夹砂盖豆1，BcⅠ豆1，AⅢ泥质盖豆1，AaⅠ圈足盘1，残豆1 石器：AⅠ石镤1，CⅢ长身石锛1，BⅠ有段石锛1，AⅡ石有段石锛2，AⅠ石镞5，AⅡ石镞14，AⅡ石铖1	早期－Ⅱ	

续附表六

墓号	所在探方	层位	墓坑形状和结构（长×宽－深）	方向	葬式	性别年龄	随葬器物	期别	备注
M45	T24中部	②B→M45→④	长方形红烧土坑竖穴 275×110－120	97°	二次葬	不明	二次葬： 陶器：DaⅢ圈足盘1、DbⅠ圈足盘1、Bd豆1、Ab器盖1、残壶1 玉器装饰品：CⅡ玉环1、玉珠4、玉管1、玉笄（锥形器）1、绿松石2 其他：铁锰豆611粒、小石英颗粒18 一次葬： 陶器：AⅤ釜形鼎2、D簋2、曲折纹陶罐2、陶泥质陶罐1、DⅢ釜1、DaⅢ圈足盘1、残豆1 石器：AⅣ有肩石铲1 玉器装饰品：AⅡ玉璜3、玉管8	晚期	
M46	T36东北—T37西北	②B→M46→④	长方形红烧土坑竖穴 219×60－56	102°	二次葬	不明	二次葬： 陶器：E型梯形三足盘1、BaⅡ圈足盘1、CaⅡ、CaⅢ圈足盘各1、AaⅡ豆1、AbⅠ豆2、AbⅢ豆1、AcⅢ豆1、BaⅢ豆1、BbⅠ豆1 一次葬： 陶器：AⅡ釜1、残盘形鼎1、AⅢ三角形三足盘1、残盂1、残豆3、CⅣ瓦形足三足盘1、AⅢ夹砂盖豆1	中期	AⅡ釜饰大方格纹

续附表六

墓号	所在探方	层位	墓坑形状和结构（长×宽×深）	方向	葬式	性别年龄	随葬器物	期别	备注
M47	T37南	②B→M47→④	长方形红烧壁土坑竖穴 墓口290×128－130 墓底280×110	96°	二次葬	不明	二次葬：陶器：AⅡ、BⅡ釜形鼎各1，EⅡ盘形鼎1，CⅡ夹砂盖豆2，CⅣ瓦形足三足盘2，AbⅥ圈足盘2，AaⅠ豆1，AbⅠ豆1，BbⅢ、BbⅣ罐各1，AaⅡ、AcⅡ器盖各1（罐盖），EⅡ夹砂盖豆1，AbⅡ豆3，CbⅡ圈足盘2，BaⅢ、BbⅠ豆各1 石器：BⅠ石凿1，BⅡ石锛3，EⅡ石凿1，AⅣ有肩石锛1，AⅠ石镞1，AⅢ石镞2 玉器、装饰品：DⅡ玉钺2，DⅢ玉钺4，AⅠ玉环2，BⅢ玉环1，AⅠ玉璜1，BⅠ玉璜1，玉芋（锥形器）1，玉珠1，玉组形饰2 一次葬：陶器：EⅡ夹砂盖豆1，残夹砂盖豆1，CbⅠ圈足盘2，瓦形鼎足1 石器：BⅠ、CⅡ、D型长身石锛各1，AⅠ梯形石锛3，AⅢ梯形石锛1，AⅡ有段石锛1，双刃小石锛1，DⅡ石凿1，EⅡ石凿2，AⅠ石镞8，AⅡ石镞27，AⅢ石镞9 玉器装饰品：DⅡ玉钺1，残玉块4，玉芋（锥形器）1	中期	二次葬器物之间撒放一撮稻米
M48	T20东南 — T21西南	②B→M48→④	长方形红烧壁土坑竖穴 170×50－52	102°	二次葬	不明	二次葬：陶器：D型盘形鼎1，AⅡ釜形鼎2，BⅢ夹砂盖豆1，CⅡ泥质陶罐1，EⅡ豆1，BaⅡ圈足盘1，Ⅱ盂1，BⅡ器盖1（盖盖），AⅡ簋1，CⅡ陶纺轮1 一次葬：陶器：BⅡ、BⅢ釜形鼎各1，BⅡ夹砂盖豆2，AbⅣ圈足盘1，残圈足盘1，AdⅠ豆1，AaⅠ器盖1 装饰品：器盖形石坠饰2	中期	

续附表六

墓号	所在探方	层位	墓坑形状和结构（长×宽−深）	方向	葬式	性别年龄	随葬器物	期别	备注
M49	T12东南—T13西南	②B→M49→④	长方形土坑竖穴 190×67−44	95°	一次葬	不明	残玉块1、石块2	中期	
M51	T22西北	②B→M51→生土	长方形红烧壁土坑竖穴 230×100−128	90°	二次葬	不明	二次葬：陶器：CⅡ釜1、残盘形鼎1、DⅢ夹砂盖豆1、BaⅡ圈足盘1、BbⅡ豆3、BⅠ壶1、AⅡ夹砂陶罐1、AⅣ簋1、Ac器盖1（壶盖），AⅡ陶纺轮4、B陶纺轮1、CⅠ陶纺轮1、CⅡ陶纺轮2　玉器装饰品：BⅡ玉环1、绿松石2（实为9片）、菱形石片饰1、圆形玉片饰1、圆形石坠饰2　一次葬：陶器：BⅢ釜形鼎2、残楔形鼎足1、残盘形鼎足1、DⅢ夹砂盖豆1、BaⅡ圈足盘1、残豆4、AⅡ泥质陶罐1、BbⅣ夹砂陶罐1　石器：残石锛1、打制石片1　其他：砺石1	中期	
M53	T11南—T21北	②B→M53→④	长方形红烧壁土坑竖穴 170×51−74	100°	二次葬	不明	二次葬：石器：Ⅱ石铲1　玉器装饰品：AⅠ玉环1　一次葬：陶器：BⅠ盘形鼎1、AⅡ梯形足三足盘1、残夹砂盖豆1	早期−Ⅱ	M52→M53

续附表六

墓号	所在探方	层位	墓坑形状和结构（长×宽－深）	方向	葬式	性别年龄	随葬器物	期别	备注
M54	T22东—T23西	②B→M54→生土	长方形红烧壁土坑竖穴 240×东88－105 240×西89－105	107°	二次葬	不明	二次葬：陶器：AV釜形鼎1、陶鬶1、DⅢ釜1、DⅣ夹砂盖豆1、BcⅡ圈足盘1、CbⅢ圈足盘1、DaⅠ圈足盘2、BaⅣ豆1、BcⅢ豆1、BdⅠ豆2、CⅢ泥质陶罐1 石器：DⅠ梯形石锛1、AⅣ石镞14 玉器：DⅤ玉钺1、玉琮1	晚期	M55东北角→M54 西南角角填土
M56	T22东南	②B→M56→④	长方形红烧壁土坑竖穴 180×70－28	104°	一次葬	儿童	一次葬：陶器：AV釜形鼎1、CⅢ釜1、残陶鬶2（整和分裆）、D三角形足盘1、AbⅥ圈足盘1、CbⅢ圈足盘1、DaⅠ圈足盘1、残圈足盘1、BdⅠ豆2、CⅢ豆1、CⅢ泥质陶罐1、残豆1、DⅡ陶纺轮 石器：BⅢ长身石锛1、DⅠ梯形石锛1、残石锛1、AⅣ石镞18、残石镞1 玉器：玉环形琮1 小河陈石1	晚期	
M57	T12西南—T22西北	②B→M57→生土	长方形红烧壁土坑竖穴 213×100－93	100°	二次葬	不明	二次葬：陶器：AaⅠ盘形鼎1、CⅡ夹砂盖豆1、AⅠ瓦形足三足盘2、CⅢ角形足三足盘1、BaⅠ豆2、BbⅠ豆1、AaⅠ圈足盘1、觯形器1 石器：AⅡ石镞1、AⅠ长身石锛5、D有段石锛1、CⅠ、DⅠ石凿各1 玉器装饰品：AⅢ玉钺1、BⅠ玉环1、玉珠5（锥形器）2、玉管2、玉珠5 一次葬：陶器：AaⅠ盘形鼎1、AⅠ釜1、CⅢ夹砂盖豆1、AⅢ瓦形足三足盘2、AaⅠ圈足盘4、AaⅠ豆2、BaⅠ豆2、BbⅢ泥质陶罐1 石器：AⅠ梯形石锛1、AⅠ石凿1、残石凿1、石锥1、AⅢ石钺1 玉器装饰品：BⅠ玉环1、玉珠7	早期－Ⅱ	AⅠ釜饰绳纹

续附表六

墓号	所在探方	层位	墓坑形状和结构（长×宽×深）	方向	葬式	性别年龄	随葬器物	期别	备注
M59	T20东西—T21西	②B→M59→④	长方形红烧壁土坑竖穴 250×150—117	92°	二次葬	不明	二次葬：陶器：残盘形鼎2、AⅢ瓶1、残夹砂盖豆1、Ac盆形鼎1、直腹罐1、BbⅢ泥质陶罐3、BI罐盖1、AbⅡ圈足盘1、AbⅣ圈足盘1、AbV圈足盘2、AbVI圈足盘3、BbI圈足盘1、AbI豆3、AbⅡ豆1、CⅢ盂1、Ⅲ盂2、AⅡ陶纺轮6、B陶纺轮2 石器：CⅢ石镂1 玉器：BI玉钺1、DⅡ玉钺2、AI、BI、BⅡ玉环各1、桂叶形玉珏1、玉笄（锥形器）1、残玉块1、玉管3、玉珠1、玉坠饰2 一次葬：陶器：残釜形鼎3、残鼎足2、AV、BV夹砂盖豆各1、BIV夹砂盖豆2、残夹砂盖豆4、AbIV圈足盘2、AbI豆2、AbⅡ豆6、F豆1、残夹砂陶罐2、C盂1、残盂1、残豆5、CⅡ盂盖1、C盂1、B陶纺轮3 石器：CⅡ长身石镂1 玉器：DⅡ玉钺1 其他：牛齿1枚、山枣核4粒	中期	M58→M59东南填土、M59西北角→M84东南角
M61	T58中部	①→M61→④	长方形红烧壁土坑竖穴 墓口180×（东95—西88）—104 墓底170×（东90—西80）	94°	二次葬	不明	二次葬：陶器：BI盘形鼎2、AI釜1、AI瓦形足三足3、BaⅢ豆1 石器：AⅢ、BI有段石锛各1 玉器：BI玉钺1 一次葬：陶器：AI瓦形足三足盘2、CI瓦形足三足盘1、残壶1 石器：I石铲1（一半在填土，一半在墓底）、CI长身石锛1、AI、AⅡ、EI石镞各1、残石器1	早期-I	M60→M61填土，墓底炭层有炭化稻谷

640　　石峡遗址

续附表六

墓号	所在探方	层位	墓坑形状和结构（长×宽·深）	方向	葬式	性别年龄	随葬器物	期别	备注
M67	T70西	②B→M67→生土	长方形红烧壁土坑竖穴 190×120−109	96°	二次葬	不明	二次葬：陶器：BⅡ釜形鼎1，AbⅠ盆形鼎1，AⅣ、DⅡ夹砂盖豆各1，AⅥ圈足盘2，AbⅠ豆2，BbⅡ夹砂陶罐1 石器：D长身石锛1，AⅠ梯形石锛1，BⅢ有肩石锛1，B梯形石锛2，AⅡ有肩石锛1，BⅢ有肩石锛（靠细岩）1，小石锛1，CⅡ石凿1，AⅠ石镞9，AⅡ石镞1，CⅠ石镞1，DⅢ石镞1，GⅠ石镞1，玉器，装饰品：DⅠ石钺1，AⅡ玉环1 一次葬：BⅡ釜形鼎1，残盘形鼎1，AbⅠ盆形鼎1，AⅡ釜1，残夹砂盖豆3，AbⅡ圈足盘1，BcⅡ豆1，残瓮1，残豆1 石器：B梯形石锛2，CⅠ梯形石锛2，DⅠ梯形石锛1，AⅠ、EⅡ石凿各1，残石凿1，AⅠ石镞6，AⅡ石镞1，BⅢ石镞3，DⅠ石镞1，打制石片2 玉器：AⅡ玉钺1	中期	AⅡ釜饰绳纹
M68	T49中部	②B→M68→④	长方梯形红烧壁土坑竖穴 东80 180× −30 西65	79°	一次葬 已迁	不明	陶器：残C盘形鼎1，残CⅡ瓦形足三足盘2，残EⅡ瓦形足三足盘1	早期－Ⅱ	

续附表六

墓号	所在探方	层位	墓坑形状和结构（长×宽×深）	方向	葬式	性别年龄	随葬器物	期别	备注
M69	T11中部	②B→M69→④	长方形红烧壁二层台土坑竖穴 墓口220×124－124～140 墓底205×77	92°	二次葬	不明	二次葬： 陶器：BI盘形鼎2，AI釜形鼎1，CI、CII夹砂盖豆各1，BI三角形足三足盘4，AaI豆2，AaII豆2，BbII泥质陶罐1，大口罐1 石器：AII、CI石锛各1，I石铲2，AI长身石锛1，CI石镞 玉器，装饰品：玉琮，BI玉环1，CI玉环2，玉鸟形坠饰1、悬胆形坠饰1、玉珠1 一次葬： 陶器：AaII盆形鼎1，BI三角形足三足盘1，AaI圈足盘1，残豆4 石器：AI有段石锛1、残石器1 其他：砺石1	早期－II	M101→M69西南，出土大口罐饰戳点纹
M71	T31南	②B→M71→④	长方形土坑竖穴 150×49－残10	87°	一次葬	不明	无随葬器物		
M73	T30南－T42北	②B→M73→④	长方形土坑竖穴 墓口155×60－50 墓底158×62	100°	一次葬 已迁	不明	陶器：残BII盘形鼎1、残AI、CI釜各1，残圈足盘2、残夹砂陶罐1 其他：河卵石1	早期－II	
T74	T30中部	②B→M74→④	长方形土坑竖穴 98×65－10	87°	一次葬	不明	无随葬器物		
T75	T30北	②B→M75→④	长方形土坑竖穴 120×75－15	95°	一次葬	不明	无随葬器物		
M76	T41南	②B→M75→④	长方形红烧壁土坑竖穴 195×60－41	74°	一次葬 已迁	不明	陶器：残C型盘形鼎1，残BI瓦形足三足盘2	早期－I	

续附表六

墓号	所在探方	层位	墓坑形状和结构（长×宽×深）	方向	葬式	性别年龄	随葬器物	期别	备注
M77	T13东—T14西	①→M77→生土	长方形红烧壁土坑竖穴 200× 东92 西88 −118	96°	二次葬	不明	二次葬： 陶器：BⅡ釜形鼎1，DⅠ釜1，AⅠ夹砂形盖豆2，CⅢ梯形足三足盘2，AaⅠ圈足盘1，BaⅠ豆3 石器：AⅠ石锛1，AⅡ长身石锛1，B、C梯形石锛各1，AⅠ、BⅠ有段石锛各1，未分型石锛13 一次葬： 陶器：AbⅢ盘形鼎1，残盘形鼎1，BⅡ梯形足三足盘1，AaⅠ圈足盘1，残盉1，残鼎足1 石器：CⅠ石锛1，CⅠ石锛1，CⅡ石凿1，AⅡ长身石器1，AⅡ石镞4，残石器1 其他：砺石1	早期-Ⅱ	
M78	T35东北—T36西北	②B→M78→③、④	长方形土坑竖穴 墓口184×东75—东55 西46 墓底180×东73 西60	96°	一次葬	不明	陶器：DaⅢ圈足盘1，曲折纹陶罐1 石器：DⅠ、DⅡ梯形足石锛各1，AⅡ石镞3	晚期	
M79	T58西北	②B→M79→④	长方形梯形红烧壁土坑竖穴 150× 东54 西60 −65	82°	二次葬	不明	二次葬： 陶器：AbⅡ盘形鼎1，AⅡ釜1，AⅡ瓦形足三足盘2，DⅡ瓦形足三足盘1，DⅠ壶1 一次葬： 陶器：AbⅠ盘形鼎1，AⅡ、CⅠ、DⅡ瓦形三足盘各1 石器：残AⅠ长身石器1	早期-Ⅰ	AⅡ釜饰绳纹

续附表六

墓号	所在探方	层位	墓坑形状和结构（长×宽－深）	方向	葬式	性别年龄	随葬器物	期别	备注
M80	T58南	②B→M80→④	长方形红烧壁土坑竖穴 208×100－110	95°	二次葬	不明	二次葬：陶器：AbIV盘形鼎2、AbIV圈足盘1、BII器盖1（壶盖）豆1、CIV壶1、AaI石器：CIII石铲1、IV石铲1、AI、BI、CIII、D长身石锛各1、AIII、BII有段石锛各1、C梯形石锛1、AI石镞1、AII石镞11、AIII石镞1、CIII石锛2玉器：DIII玉玦1、磨光小圆石片1装饰品：DIII玉玦1、磨光小圆石片1	中期	墓底灰层有炭化稻谷
M81	T56西北	②B→M81→生土	长方梯形土坑竖穴 东78　－88 西72 140×	90°	二次葬	不明	二次葬：陶器：AaⅢ盘形鼎2、Ab型IV式盘形鼎1、DII釜2、AIII夹砂盖豆1、BIII夹砂盖豆4、CII夹砂盖豆1、残瓦形足三足盘1、AaI豆1、残豆1一次葬：陶器：AII釜形鼎1、AII釜1、CI瓦形足三足盘1、CIII瓦形足三足盘2、BbI豆1、BbV泥质陶罐1、觯形器1石器：AI石铲1	中期	AII釜饰绳纹
M84	T20东北	②B→M84→④	长方形土坑竖穴 220×70－40	103°	一次葬	不明	陶器：AcII盘形鼎1、AI釜形鼎1、AI釜1、AI三角形足三足盘1、AI壶1	早期－Ⅰ	M59→M84东南角
M85	T35南 M45北	②B→M85→④	不规则长方形 墓边用夹砂陶片、黑烧土块围绕 东32　－10 西24 150×	90°	一次葬	2~3岁幼儿头骨片	无随葬器物		

续附表六

墓号	所在探方	层位	墓坑形状和结构（长×宽-深）	方向	葬式	性别年龄	随葬器物	期别	备注
M86	T35西南	②B→M86→④	长方形红烧壁土坑竖穴 115×60-40	95°	一次葬	不明	陶器：DI陶纺轮1 石器：AII石镞1、打制河砾石石片14 玉器：DII玉钺1、BI玉环1、玉圆形小石片5	中期	最大型玉钺
M87	T34东—T35西	②B→M87→④	长方形红烧壁土坑竖穴 160×62-17	92°	一次葬	不明	陶器：CI陶纺轮1 石器：C梯形石铲1	中期	M87→M88
M88	T34东—T35西	M87→M88→ M90	长方形土坑竖穴 95×52-32	90°	一次葬	不明	石器：DI梯形石铲1 装饰品：AI玉钺1、CI玉环1	中期	M87东半边→M88
M89	T45东	②B→M89→生土	长方形红烧壁土坑竖穴 170×65-80	94°	二次葬	不明	二次葬：陶器：AbI盘形鼎1、AII、AIII瓦形足三足盘2、AI壶1、AbII器盖1、（壶盖） 一次葬：陶器：AbI盘形鼎1、AII、DI瓦形足三足盘各1、BI釜形鼎1、残盆1	早期-I	M42→M89东北角
M90	T34东—T35西	③→M90→④、生土	长方形土坑竖穴 145×64-24	93°	一次葬	不明	陶器：AbII盘形鼎1、EI釜1、未分型釜1、AI瓦形足三足盘2 石器：C有段石铲1 玉器：玉玦1	早期-I	M88→M90上层部分填土，未分型釜饰细绳纹
M91	T67南	①→M91→④	长方形梯形土坑竖穴 东72 96× -30 西64	90°	一次葬	不明	陶器：FI圈足盘1、CIV豆1 石器：打制石片5	晚期	
M93	T21东南—T22西南	②B→M93→④	长方形土坑竖穴 240×160-34		一次葬	不明	无随葬器物		
M96	T45南	②B→M96→④	长方形土坑竖穴 140×55-20	92°	一次葬	不明	陶器：BI陶纺轮3	早期-II	

续附表六

墓号	所在探方	层位	墓坑形状和结构（长×宽×深）	方向	葬式	性别年龄	随葬器物	期别	备注
M98	T36东	②B→M98→③	长方形土坑竖穴 146×东60-28 146×西58-28	90°	一次葬	儿童 头骨残片	陶器：直口双耳罐1、残夹砂陶罐1 石器：AⅠ石镂1、AⅠ、AⅡ梓形石锛各1、BⅠ双肩石锛1、AⅠ有肩石锛1、残石锛4、磨光石锛1、磨光石块1、残石镞1 玉器装饰品：AⅠ玉璜2、圆石片饰2、残石饰1 其他：山枣核8枚、残砺石1	早期－Ⅱ	
M99	T13东北—T14西北	①→M99→生土	长方形红烧壁土坑竖穴 墓口230×100-90 东92 西94 墓底210×	97°	二次葬	不明	二次葬：陶器：AaⅠ盘形鼎1、AaⅠ、AaⅠ、AbⅠ、BaⅠ盆形鼎各1、AⅡ、BⅠ釜各1、AaⅠ夹砂盖豆1、AⅢ夹砂盖豆1、AⅠ瓦形足三足盘1、BⅠ三角形足三足盘1、AaⅡ、BaⅠ豆各1 石器：BⅠ长身石锛1 玉器：CⅠ玉钺1 一次葬：陶器：BⅠ盘形鼎1、AaⅠ盆形鼎2、Bb盆形鼎1、BⅢ夹砂盖豆1、CⅡ夹砂盖豆4、AⅠ瓦形足三足盘1、AaⅡ圈足盘1、AbⅡ豆1、BaⅠ豆1（三足盘盖）、残夹砂陶罐1、A大瓮1 石器：BⅠ长身石锛1、BⅡ石镞2、残石器1、打制石片1 玉器：玉龙首环1	早期－Ⅱ	AⅠ大瓮饰方格纹
M100	T21东南	②B→M100→④	长方形红烧壁土坑竖穴 110×50-30	91°	一次葬 已迁	不明	陶器：小陶圆球6、残陶纺轮1	中期	
M101	T11中部	②B→M101→④	长方形坑竖穴 110×60-55	85°	二次葬	不明	二次葬：陶器：AⅢ、BⅢ瓦形足三足盘各1 一次葬：陶器：AaⅢ盘形鼎2、残夹砂盖豆2、残夹砂陶1、残瓦形足三足盘1	中期	M101→M69西南

续附表六

墓号	所在探方	层位	墓坑形状和结构（长×宽-深）	方向	葬式	性别年龄	随葬物	期别	备注
M102	T36东—T37南	②B→M102→生土	长方形坑竖穴 220×80-34	87°	二次葬	不明	二次葬：陶器：AbⅡ盘形鼎1，AⅣ瓦形足三足盘1，DⅠ壶1，CⅠ泥质陶罐1，AⅠ陶纺轮2 一次葬：陶器：AbⅠ盘形鼎1，BⅡ、EⅡ瓦形足三足盘各1，未分型盉1	早期-Ⅱ	
M103	T24东南角	②B→M103→生土	长方形坑竖穴 东85 西75 100×—15~18	102°	一次葬	不明	陶器：AⅡ盉1，AⅠ、CⅡ陶纺轮各1 石器：AⅡ石锛1，残石锛1，半成品石器3，砺石2 其他：砺石2	中期	
M104	T26东—T27西	②B→M104→④	长方形红烧壁土坑竖穴 227×118-135	102°	二次葬	不明	二次葬：陶器：BⅡ釜形鼎1，BaⅡ、Ac盆形鼎各1，AⅡ釜2，BⅢ夹砂盖豆1，BⅣ夹砂盖豆2，AbⅣ、AbⅤ圈足盘各1，AbⅡ豆2 石器：BⅢ有镡1，Ⅲ、Ⅳ石铲各1，AⅢ长身石铲2，BⅡ长身石铲1，AⅠ、AⅡ、B、C梯形石锛各1，AⅡ有段石锛1，AⅢ有段石锛2，BⅡ有段石锛2，AⅣ石凿1，CⅠ石凿2，AⅠ石镞4，AⅡ石镞5，AⅢ石镞5，BⅢ石镞2，DⅠ石镞12，EⅡ石镞1，FⅡ石镞1，BⅡ、CⅡ石钺各1 玉器装饰品：BⅢ玉钺1，玉琮1，CⅠ玉环1，玉芽（锥形器）1玉块1，玉珠1 一次葬：陶器D盘形鼎1，AbⅠ、BaⅡ盆形鼎各1，CⅡ夹砂盖豆3，残鼎足2，AbⅢ圈足盘2，AbⅡ豆1，残豆1，AⅣ壶1 石器：AⅡ石镞29，DⅡ石镞32，FⅡ石镞1，残石镞27 其他：石棒1，石饼1（均为河卵石），石片1，炭化稻谷和稻米	中期	AⅡ釜饰绳纹

续附表六

墓号	所在探方	层位	墓坑形状和结构（长×宽÷深）	方向	葬式	性别年龄	随葬器物	期别	备注
M105	T26东南—T27西南	②B→M105→④	长方形红烧壁土坑竖穴　东100　西96　208×　—120	90°	二次葬	不明	二次葬：陶器：Aa I 盘形鼎3、A II 釜形鼎1、A I 釜1、D I 夹砂盖三足罐1、C II 梯形足三足盘1　石器：B I 石镶2、C II 石锛1、A I 长身石锛2、A I 有段石锛1、A I 石锛2、A II 石镶1、A III 石锛1、石钺1　玉器：大玉琮1　一次葬：陶器：Aa I 盘形鼎1、A I 釜1、B III 夹砂盖豆1、残豆2　石器：A I 有段石锛1、A I 石锛7、A II 石镶7、A III 石镶5、A III 石镶7、A II 石镶1、C II 石钺1	早期－II	
M107	T71北	②B→M107→④	长方梯形土坑竖穴　东84　西90　170×　—50	83°	二次葬	不明	二次葬：陶器：Aa II 盘形鼎1、Ba II 盆形鼎1、异形鼎1、A II、A III、A V、B III 瓦形足三足盘各1、Ba I 豆5、G圈足盘1、C II 壶1、A I 泥质陶罐1　玉器：I 石铲¹1　玉器装饰品：A I 玉环　其他：炭化稻谷　一次葬：陶器：A b II 盘形鼎1、C II 夹砂盖豆2、A I 瓦形足三足盘1、Ba I 豆1　石器：I 石铲¹1、C II 石镶6　其他：扁圆形河砾石1	早期－II	A III 瓦形足三足盘的瓦足有3条直刻划纹

续附表六

墓号	所在探方	层位	墓坑形状和结构（长×宽—深）	方向	葬式	性别年龄	随葬器物	期别	备注
M108	T68东北—T56东南	②B→M108→生土	长方形土坑竖穴 墓口182×102—80 墓底192×104	100°	二次葬	不明	二次葬： 陶器：AcⅢ盘形鼎1、AbⅢ、Ad盆形鼎各1，CⅣ梯形足三足盘1，AⅠ、AⅤ、BⅢ夹砂盖豆各1，CⅢ壶1，AbⅠ、BbⅡ豆各1，BbⅣ夹砂陶罐2，AbⅡ圈足盘1，AcⅠ器盖1，BⅡ器盖1（壶盖） 石器：CⅢ长身石锛1，AⅡ梯形石锛2，AⅠ梯形石锛2，AⅠ石镞5，AⅡ石镞15，AⅢ石镞1 其他：炭化稻谷4团	中期	
M109	T81北—T71南	②B→M109→生土	长方形土坑竖穴 160×80—70	90°	二次葬	不明	二次葬： 陶器：AaⅡ盘形鼎1、AⅢ釜1，AⅣ瓦形足三足盘2，DⅡ壶1 石器：AⅠ梯形石锛1，AⅡ石锛1，AⅢ石镞1 一次葬： 陶器：AaⅡ盘形鼎1、AⅢ釜1、AⅣ瓦形足三足盘2，DⅡ壶1 石器：AⅠ梯形石锛1，AⅡ石锛1 一次葬： 陶器：AaⅡ盘形鼎1、残盘形鼎1、AⅡ釜1，AⅠ瓦形足三足盘1，残泥质陶罐1，AⅠ石镞1	早期－Ⅰ	

续附表六

墓号	所在探方	层位	墓坑形状和结构（长×宽×深）	方向	葬式	性别年龄	陶葬器物	期别	备注
M111	T84中部	②B→M111→④	长方形红烧壁土坑竖穴 墓口190×东69-68 西68 墓底180×62	98°	二次葬	不明	二次葬：陶器：AaⅠ盘形鼎1，AⅡ三角形足三足盘1，BaⅠ豆1，CⅠ壶1 一次葬：陶器：AaⅠ盘形鼎，AⅠ夹砂盖豆1，AⅢ瓦形足三足盘1	早期-Ⅰ	
M112	T74中部	②B→M112→生土	长方形红烧壁土坑竖穴 东65 130×50- 西42	95°	二次葬	不明	二次葬：陶器：AⅣ，AⅤ釜形鼎各1，DaⅡ圈足盘3，BcⅣ豆2，BdⅡ豆1 一次葬：陶器：残盘形鼎足1，DaⅡ圈足盘4，BcⅣ豆3 其他：炭化稻谷、米一团	晚期	
M114	T1H东—T1G西	②B→M112→生土	长方形红烧壁土坑竖穴 220×100-110	98°	二次葬	不明	二次葬：陶器：AaⅠ盘形鼎1，BⅡ釜形鼎1，BⅡ釜形鼎1，BⅡ釜形鼎1，BⅡ夹砂盖豆1，AⅠ，EⅠ瓦形足三足盘各1，BⅠ，D梯形足三足盘各1，AbⅠ豆2，BcⅠ豆1，AⅡ壶1，AⅡ夹砂陶罐1，泥质陶鼎1，AaⅠ器盖1 石器：AⅡ，CⅠ长身石锛各1，AⅠ，B梯形石锛各1 装饰品：BⅠ玉玦1，有肩玉锛1，BⅠ玉环1 一次葬：陶器：BⅠ盘形鼎1，AⅠ釜形鼎1，残盘形鼎2，残釜形鼎1，BⅡ夹砂盖豆3，残圈足盘1，残夹砂陶罐1，BaⅡ泥质陶罐1 石器：AⅠ长身石锛1，AⅡ小石凿1，AⅠ石锛3，BⅠ，BⅡ，DⅡ，EⅠ石镞各1，残石器1，打制石片5 玉器：装饰品：BⅠ玉玦1，磨光小石片饰1 其他：砺石1	早期-Ⅰ	

续附表六

墓号	所在探方	层位	墓坑形状和结构（长×宽×深）	方向	葬式	性别年龄	随葬器物	期别	备注
M115	T15南—T25北	②B→M115→④	长方梯形红烧壁土坑竖穴 170×东48/西56—46	88°	一次葬已迁	不明	无随葬器物		
M116	T1E西北—T1F东北	②B→M116→④	长方形土坑竖穴 160×90-35	122°	二次葬	不明	二次葬：陶器：AaⅡ、BⅠ盘形鼎各1，Bb盆形鼎1，AⅣ夹砂盖豆1，AaⅠ圈足盘1，AaⅠ豆1 一次葬：陶器：BⅠ盘形鼎1，AⅣ夹砂盖豆1 石器：AⅠ石镰8，AⅡ石镰4，DⅠ石镞1	早期-Ⅱ	
M118	T10西南	②B→M118→④	长方梯形土坑竖穴 234×东90/西78—95	100°	二次葬	不明	一次葬：陶器：AⅣ釜形鼎1，BdⅢ圈足盘2，CaⅣ圈足盘2，BcⅢ豆1，CⅣ豆1，BⅢ壶1，Ab器盖1（壶盖），BⅡ陶纺轮1 二次葬：陶器：残盘形鼎1，AⅣ釜形鼎2，BⅢ釜形鼎1，DⅣ夹砂盖豆2，AⅢ甗1，BaⅢ圈足盘1，CaⅢ、CaⅣ、DaⅠ圈足盘各1，CⅢ豆1，残豆3，BbⅣ泥质陶罐1，泥质陶鼎1，BⅠ器盖1，Ⅲ盂1，残圈足盘1，残壶形足1，BⅡ陶纺轮1，CⅡ陶纺轮2 石器：AⅡ、DⅡ梯形石锛各1，AⅣ有肩石锛1，AⅠ石镰1，残石锛1 玉器装饰品：AⅢ玉璜2，Ⅱ玉琮形饰（锥形器）1，玉坠饰3，石片饰1 其他：兽骨1，圆石夹小河卵石470颗	晚期	
M119	T9东	②B→M119→④	长方形土坑竖穴 83×40-34	100°	二次葬	不明	二次葬：陶器：BⅠ三角形足三足盘2 石器：Ⅱ石铲1 一次葬：陶器：BⅠ三角形足三足盘1 石器：AⅠ梯形石锛1	早期-Ⅰ	

续附表六

墓号	所在探方	层位	墓坑形状和结构（长×宽－深）	方向	葬式	性别年龄	随葬器物	期别	备注
M120	T10东南	②B→M120→④	长方形土坑竖穴 185×东52 西45 －17	104°	一次葬已迁	不明	陶器：残盘形鼎瓦足1、残豆1 石器：AI、DII梯形石锛各1、CII石镞2、打制石片2 其他：砺石3	中期	
M121	T3E西—T3F东	①→M121→④	长方形土坑竖穴 98×东58 西60 －30	96°	一次葬	不明	陶器：AⅢ、AIV簋各1 石器：C梯形石锛1	中期	
M122	T27东—T28西北	②B→M122→④	长方形红烧壁土坑竖穴 160×55－60	90°	一次葬	不明	无随葬器物	中期	
M123	T6西	①→M123→③	长方形红烧壁土坑竖穴 170×58－33	95°	一次葬已迁	不明	无随葬器物	中期	M123→M124
M124	T6西	M123→M124→④	长方形红烧壁土坑竖穴 175×70－73	97°	二次葬	不明	二次葬：陶器：AaI盘形鼎1、AII、AIV瓦形足三足盘各1、AI壶1 石器：AI石镞1 玉器：AII玉环1 一次葬：陶器：BI盘形鼎1、残釜形鼎2、AI簋1、残豆1、BI瓮1 石器：AI石镞4、石片1	早期－I	被M123叠压，之间相距8厘米，AI釜形方格纹
M127	T91西	①→M127→④	长方形梯形红烧土坑竖穴 152×东62－70 152×西72－70	85°	一次葬已迁	不明	石器：AI梯形石锛1、石锥1 陶器：釜形鼎、豆盘、夹砂盖豆残片	中期	填土中有釜形鼎、夹砂盖豆、豆的碎片

续附表六

墓号	所在探方	层位	墓坑形状和结构（长×宽－深）	方向	葬式	性别年龄	随葬器物	期别	备注
M129	T1J东北—T1J西北	①→M129→④	长方形红烧土坑竖穴 185×东84－78 185×西86－78	84°	二次葬	不明	二次葬：陶器：BⅡ釜形鼎1，CⅡ夹砂盖豆1，BⅠ梯形足三足盘1，BⅠ三角形足三足盘2，BⅡ三角形足三足盘1，AaⅠ豆3，BaⅠ豆1，CⅡ壶1，泥质陶鼎1，AaⅠ器盖1（鼎盖），BaⅡ泥质陶罐1，AⅠ陶纺轮2，CⅠ，CⅡ陶纺轮各1，DⅠ陶纺轮1 石器：AⅡ梯形石锛1 玉器：玉芋（锥形器）1 一次葬：陶器：AbⅡ盘形鼎1，BⅡ梯形足三足盘1，BⅠ三角形足三足盘1，BaⅠ豆2，BaⅡ泥质陶罐1，AⅠ，BⅠ陶纺轮各1	早期－Ⅰ	
M131	T1G东南	②B→M131→④	长方形红烧土坑竖穴 185×85－100	90°	二次葬	不明	二次葬：陶器：BⅠ盘形鼎1，AⅠ瓦形足三足盘1，BⅠ梯形足三足盘1，AaⅠ豆1，BaⅡ泥质陶罐2，AaⅠ器盖1（罐盖）石器：AⅠ梯形石锛2，AⅠ石镞6 一次葬：陶器：BⅡ釜形鼎1，BⅠ盘形鼎1，AⅠ，AⅡ釜各1，残夹砂盖豆1，AⅣ瓦形足三足盘1，BⅠ梯形足三足盘1，BaⅠ豆1，Ⅱ杯1 石器：AⅠ长身石锛1，AⅠ梯形石锛1，AⅡ石镞10	早期－Ⅰ	东、西、南边墓壁上段和填土被石峡文化F2南基石槽打破，AⅡ釜饰绳纹
M132	T1J南	②B→M132→④	长方形土坑竖穴 150×80－13	93°	一次葬	不明	陶器：AcⅠ盘形鼎1，AⅡ釜形鼎1，DⅡ釜1，CⅠ梯形足三足盘1，残豆1	早期－Ⅰ	

附表七　石峡三期文化墓葬一览表

墓号	所在探方	层位	墓坑形状和结构（长×宽-深）	方向	葬式	性别年龄	随葬器物	期别	备注
M1	T4东北	表土→M1→石峡三期中期文化层	长方形石块堆砌墓 125×61-18	95°	一次葬	儿童	圜底罐1、A型玉玦1、玉珠4	石峡三期晚期	
M31	T4东北	表土→M31→石峡三期中期文化层	长方形石块堆砌墓 215×79-70	70°	一次葬	儿童	A型玉玦1、B型玉玦3	石峡三期晚期	填土有三期2组陶片
M35	T45西	表土→M35→M39填土	长方形竖穴土坑墓 160×56-23	95°	一次葬		A型I式陶纺轮3、A型II式陶纺轮1、陶管2、器盖1、杯1、残夹砂罐1	石峡三期中期-I	M59为石峡文化墓葬
M40	T21东南	石峡中期II段文化层→M40→石峡文化层	长方形竖穴土坑墓 160×残宽40-20	95°	一次葬	不明	A型I式陶纺轮3、B型陶纺轮3、A型II式陶纺轮1、残C型陶纺轮1、圈足1、砺石1、石棒2	石峡三期中期-I	
M50	T21东北	石峡四期文化层→M50→石峡三期中期文化层	长方形竖穴土坑墓 163×36-22	100°	一次葬	不明	无	石峡三期晚期	
M52	T11西南	石峡四期文化层→M52→石峡三期中期文化层	长方形竖穴土坑墓 165×48-22	103°	一次葬	不明	无	石峡三期晚期	
M55	T22东南	表土→M55→石峡三期中期文化层	长方形竖穴土坑墓 190×68-22	90°	一次葬	不明	无	石峡三期晚期	墓底打破石峡文化 M54、M56
M58	T21西边	石峡四期文化层→M58→石峡三期中期文化层	长方形竖穴土坑墓 130×48-20	92°	一次葬	不明	无	石峡三期晚期	M59为石峡文化墓
M60	T58中	表土→M60→石峡三期中期文化层和M61	长方形竖穴土坑墓 142×84-38	71°	一次葬	不明	子口小盂1、玉管2	石峡三期晚期	M60→M61 M61为石峡文化墓

续附表七

墓号	所在探方	层位	墓坑形状和结构（长×宽～深）	方向	葬式	性别年龄	随葬器物	期别	备注
M62	T71西南	表土→M62→石峡三期中期文化层	长方形竖穴土坑墓 100×74-36	88°	一次葬	不明	无	石峡三期晚期	墓底有碎骨
M63	T71东北	表土→M63→石峡三期中期文化层	长方形竖穴土坑墓 110×70-24	82°	一次葬	不明	无	石峡三期晚期	墓底有碎骨
M64	T71东南	表土→M64→石峡三期中期文化层	长方形竖穴土坑墓 110×60-24	90°	一次葬	不明	残大口折肩罐	石峡三期晚期	墓底有碎骨
M65	T59东	表土→M64→石峡三期中期文化层	长方形竖穴土坑墓 110×65-28	80°	一次葬	不明	无	石峡三期晚期	墓底有碎骨
M66	T72北	表土→M66→石峡三期中期	长方形石块堆砌墓 137×60-28	90°	一次葬	不明	双耳小罐1	石峡三期晚期	
M70	T50北	表土→M70→石峡三期中期	长方形石块堆砌墓 310×110-37	92°	一次葬	男性？45～50岁	填土中陶纺轮2	石峡三期晚期	
M72	T30中	表土→M72→石峡文化层	长方形竖穴土坑墓 115×65-35	90°	一次葬	不明	折肩圈足罐1，Ab型I式陶豆1	石峡三期中期I段	
M82	T54西南	石峡三期中期II段文化层→M82→石峡文化层	长方形竖穴土坑墓 230×64-55	125°	一次葬	不明	捏流宽把壶1、圈足盘1、釜1、盂、B型I式圈足罐盖1、残回底罐1、残器盖1、石片1	石峡三期中期I段	
M83	T90西	石峡三期中期II段→M83→石峡文化层	长方梯形竖穴土坑墓 残长190×104-18	94°	一次葬	不明	釜形鼎1、A型豆1、A型I式圈足罐1、穿孔残石器1	石峡三期中期I段	
M92	T45东南	石峡三期中期II段文化层→M92→M37、石峡文化层	长方形竖穴土坑墓 110×54-37	93°	一次葬	不明	残豆把1、残罐片1	石峡三期中期I段	M37为石峡文化墓

续附表七

墓号	所在探方	层位	墓坑形状和结构（长×宽一深）	方向	葬式	性别年龄	随葬器物	期别	备注
M94	T34东北	表土→M94→石峡三期中期文化层	长方形竖穴土坑墓残长76×残宽58—15	90°	一次葬	不明	无	石峡三期晚期	墓底有碎骨
M95	T34东北	表土→M95→石峡三期中期文化层	长方形竖穴土坑墓100×65—16	90°	一次葬	不明	石棱形坠饰1，残圈足盘口沿1	石峡三期晚期	
M97	T23东北	表土→M97→石峡三期中期文化层	长方形竖穴土坑墓135×55—25	95°	一次葬	不明	A型玉玦2	石峡三期晚期	
M106	T59西南	表土→M106→石峡三期中期文化层	长方形竖穴土坑墓105×63—30	73°	一次葬	不明	无	石峡三期晚期	
M110	T87南	石峡三期中期Ⅱ段文化层→M110→石峡文化层	长方形梯形竖穴土坑墓 东71 150× —20 西81	80°	一次葬	不明	B型Ⅱ式罐1，捏流宽把壶1，A型Ⅱ式凹底罐2，A、B型小盂各1，A型Ⅱ平底罐1，残销孔圈足1，残石镞1	石峡三期中期Ⅰ段	
M113	T1H东—T1G西	表土→M113→石峡三期中期文化层	长方形石块堆砌墓235×69—残深30	117°	一次葬	不明	C型折肩凹底罐3，B型玉玦1	石峡三期晚期	石块所剩无几
M117	T9东	表土→M117→石峡三期中期文化层	长方形梯形竖穴土坑墓 西62 180× —25 东65	93°	一次葬	不明	无	石峡三期晚期	
M125	T98南	石峡三期中期Ⅰ段文化层→M125→石峡文化层	长方形竖穴土坑墓166×78—36	92°	一次葬	不明	梯形石锛1，圈足盘1，B型凹底罐1	石峡三期中期Ⅰ段	

续附表七

墓号	所在探方	层位	墓坑形状和结构 (长×宽-深)	方向	葬式	性别 年龄	随葬器物	期别	备注
M126	T7C北	石峡三期中期Ⅱ段 文化层→M126→ 石峡文化层	长方梯形竖穴土坑墓 105× 西67 东57 -20	105°	一次葬	小孩	打制石片4、残石器1、A型Ⅱ式圈 足罐1、残釜口沿1	石峡三期 中期Ⅰ段	仅存小片头骨
M128	T5D北	石峡三期中期Ⅱ段 文化层→M128→ 石峡文化层	长方形竖穴土坑墓 220×74-25	135°	一次葬	不明	残釜2、B型豆1、捏流觉把壶1、A 型Ⅰ式凹底罐1、残石镜1、石铲1	石峡三期 中期Ⅰ段	
M130	T4B西南	石峡三期中期Ⅱ段 文化层→M130→ 石峡文化层	不明	不明	不明	不明	石圭1、罐形鼎1、残圈足盘1	石峡三期 中期Ⅰ段	

附表八 石峡文化出土栽培稻遗迹登记表

序号	出土单位	保存状况	鉴定品种	共存遗物	备注
1	T47③H1	籽粒多数较完好，数量在300粒以上，已炭化成黑色，有少量灰土和烧土	多数为籼型稻，少数为粳型稻		详见《文物》1978年7期
2	T26③灶坑	在灶坑口面上敷贴的儿块红烧土块中有稻谷壳稻草秆			
3	T2②柱洞	红烧土块中有稻谷印痕	Oryza Sativa L. 种	残石器	
4	T5③灶坑	在灶坑泥巴块中有稻谷壳遗迹		灶坑后沿有陶釜，豆残件；灶坑	详见附录
5	T1J③南隔梁	在炭屑、灰土凝结块中含有炭化稻米粒	米粒瘦长细小，应为籼型稻		前有儿段烧骨
6	T1E~T1F③隔梁	红烧土块内有稻谷壳印痕			
7	T53③	零星红烧土块中有稻谷壳印痕			
8	T4B~T5B③	红烧土块（泥墙构件）中含有稻谷壳完稻秆末			
9	M23	一次葬墓，墓坑黑色土块里有炭化稻谷			
10	M42	二次葬墓底随葬器物间撒放一撮稻米粒	籼型稻		详见附录
11	M61	二次葬墓底随葬器物间撒放一撮稻米粒	籼型稻		详见附录
12	M47	二次葬墓底随葬器物间撒放一撮稻米粒			详见附录
13	M80	二次葬墓底随葬器物间撒放一撮稻米粒			详见附录
14	M43	二次葬墓底随葬器物间撒放一撮稻米粒			
15	M21	二次葬墓底随葬器物间撒放一撮稻米粒			

续附表八

序号	出土单位	保存状况	鉴定品种	共存遗物	备注
16	M39	二次葬墓底随葬器物间撒放一撮稻米粒			
17	M104	二次葬墓底随葬器物间撒放一撮稻米粒			
18	M108	二次葬墓底随葬器物间稻谷粒 4 团			
19	T3 ③ B 灶坑	烧烧后沿有一堆炭化稻谷	栽培稻 Oryza Sativa L. 种		详见《文物》1978 年 7 期
20	T1F ② B	红烧土块中有稻谷完印痕			
21	M112	二次葬墓随葬器物间有炭化稻谷米一团			
22	M107	二次葬墓随葬器物间一堆炭化稻谷			
23	M6	一次葬墓，有炭化稻谷 5 团	栽培稻 Oryza Sativa L. 种		详见《文物》1978 年 7 期
24	M7	一次葬已迁墓，炭化稻谷凝结块 1			
25	M13	一次葬墓炭化稻谷凝结块 1			
26	M14	一次葬墓炭化稻谷凝结块 1			

附表九　石峡遗址石器石料鉴定表

编号	名称	出土层位	鉴定意见	硬度	备注
1	砺石	T86③：20	长石石英砂岩	5	
2	砺石	T32②B：34	红色细砂岩	3	
3	砺石	T86②A：8	云母石英砂岩	5	
4	砺石	T34②B：25	粉砂岩	3	
5	砺石	T88②B：53	细砂岩	3	
6	残辗轮	T33③：13	长英质角岩	6～7	磨研器
7	石锛	T6B：24	风化长石石英砂岩	3～4	长身型
8	石锛	T5B②A	风化长石石英砂岩	3～4	
9	砺石	T85②B	云母石英砂岩	5	
10	残石器	T83②B：35	风化长石石英砂岩	3～4	
11	残石锛	T3B③	泥质长石石英细砂岩	3～4	长身型
12	残石锛	T3B③	砂质板岩	2	长身型
13	残石锛	T6B③	长英质角岩	6	
14	残石戈	T2H②B	长英质角岩	5	
15	残锛	T40②A：2	长英质角岩	7	梯形
16	残石镢	T16③	板岩	5～6	
17	石锛	T91③	板岩	5～6	长身型
18	石料	T6B②B	板岩	5～6	经切割
19	石锛	T45③：5	千枚岩	1～2	长身型
20	镞石料	T1K③	片岩	3	
21	石锛	T70②B：4	粉砂质板岩	2	长身型
22	石锛	T4B②B	浅灰色板岩	2	长身型
23	有肩锛	T20②A：9	浅灰色板岩	2	
24	长身锛	T48③：7	页岩	2	
25	长身锛	T4B②B	板岩	5～6	
26	残石器	T48③	灰色页岩	2～3	
27	石锛	T6B②B	砂质页岩	2～3	梯形
28	石锛	T4B②B	砂质页岩	2～3	长身型
29	残石锛	T4①B：7	角岩	4	
30	残石环（镯）	T84③	透闪石	1	

续附表九

编号	名称	出土层位	鉴定意见	硬度	备注
31	矿石	T53③	褐铁矿（红色为赤铁矿）	6	曲江-六矿有此种矿石
32	残石铲（或钺）	M34③：3	石英片岩	6～7	
33	残石铲（或钺）	M57③：26	透闪石	1	
34	石琮	M105：1	矽卡岩	5	
35	石琮	M10：11	矽卡岩	5	
36	石环（镯）	M51：8	长英角岩	6～7	
37	有段锛	T4B②B：51	砂质板岩	2	隆背锛
38	石锛	M2：7	泥质粉砂岩	3	
39	铲（钺）	M2：10	粉砂质板岩	2	
40	铲（钺）	M3：1	长石石英砂岩	3～4	
41	锛	M3：2	粉砂岩	3	
42	锛	M3：18	石英岩	6～7	
43	石镞	M3：23	灰黑色板岩	2	
44	石镞	M4：10	长石砂岩	3～4	
45	石镞	M5：7	粉砂岩	3	
46	石锛	M5：9	灰色粉砂岩	3	
47	石锛	T1②：1	板岩	2	
48	残石锛	T2②A：9	砂岩	3	
49	残石锛	T2②A：16	砂岩	3	
50	石斧	T2②A：17	砂岩	3	
51	长身锛	T4③：2	页岩	2～3	
52	长身锛	T5②B：20	页岩	2～3	厚体、隆背
53	长身锛	T1②：2	粉砂岩	3	
54	长身锛	T2②A：5	粉砂岩	3	
55	梯形锛	T2②A：6	粉砂岩	3	
56	石锛	T2②A：10	粉砂岩	3	
57	石锛	T2②A：14	粉砂岩	3	
58	石锛	T2②A：18	粉砂岩	3	长身锛
59	石锛	T2②A：27	粉砂岩	3	
60	有肩锛	T3②A：10	粉砂岩	3	
61	长身锛	T3②B：16	粉砂岩	3	

续附表九

编号	名称	出土层位	鉴定意见	硬度	备注
62	石锛	T3②B：1	粉砂岩	3	
63	梯形锛	T3②B：20	粉砂岩	3	
64	石锛	T3②B：5	粉砂岩	3	
65	长身锛	T3甲③：6	板岩	5～6	
66	长身锛	T3甲③：12	粉砂岩	3	
67	梯形锛	T4②B：1	粉砂岩	3	小型
68	长身锛	T4②B：6	泥质板岩	2	
69	长身锛	T5③：2	粉砂岩	3	原写T5②
70	长身锛	T5③：6	粉砂岩	3	原写T5②
71	长身锛	T5③：8	粉砂岩	3	原写T5②
72	长身锛	T5③：3	粉砂岩	3	小型
73	长身锛	T3②B：4	粉砂岩	3	小型
74	梯形锛	T2②A：8	长石砂岩	3～4	
75	梯形锛	T4②B：4	长石砂岩	3～4	
76	梯形锛	T4②B：8	长石砂岩	3～4	小型
77	梯形锛	T5③：5	长石砂岩	3～4	
78	梯形锛	T3②B：2	角岩（热力变质）	6	
79	梯形锛	T4②A：7	角岩	6	
80	梯形锛	T5③：4	角岩	6	
81	长身锛	T2②A：1	石英砂岩	3～4	
82	长身锛	T2②A：4	石英砂岩	3～4	
83	长身锛	T2②A：7	石英砂岩	3～4	
84	石锛	T5③：1	石英石	5	原写T5②
85	有段锛	T5③：18	细砂岩	2	原写T5②
86	石锛	T2②A：15	板岩	5～6	
87	石锛	T2②B：31	板岩	5～6	
88	石锛	T3②B：7	板岩	5～6	
89	石锤	T5③：15	角岩	6	
90	长身锛	T2③：1	细砂岩	3	
91	梯形锛	T4②B：5	细砂岩	3	
92	梯形锛	T2②B：29	细砂岩	3	

续附表九

编号	名称	出土层位	鉴定意见	硬度	备注
93	长身锛	T2②A：19	细砂岩	3	
94	梯形锛	T3③：17	细砂岩	3	
95	穿孔残石器（戈）	T2②B	千枚岩	2	
96	穿孔残石器（戈）	T2②B	板岩	5～6	
97	穿孔残石器（戈）	T2②B：13	板岩	5～6	
98	穿孔残石器（戈）	T4②B：3	砂岩	5～6	
99	穿孔残石器（戈）	T2②B：33	砂质板岩	5～6	
100	残石锛	T2②A：2	砂质板岩	3～4	
101	石铲	T5③：7	板岩	3～4	
102	石铲	T2②B：32	砂岩	5～6	
103	石铲	T2②A：21	砂岩	5～6	
104	砺石	T5③：13	长石砂岩	3～4	
105	石镞	T5③：10	板岩	5～6	
106	石镞	T3③：12	板岩	5～6	
107	石镞	T2②A	板岩	5～6	
108	石镞	T2②B：35	板岩	5～6	
109	石镞	T5③：17	板岩	5～6	
110	石片石器	T2②B：39	石英砂岩	3～4	
111	石片石器	T2②B：40	石英砂岩	3～4	
112	打制刮削器	T5③：11	燧石	5～6	
113	打制刮削器	T5③：12	燧石	5～6	
114	磨轮	T4③	砂质页岩	2～3	
115	圆饼状石器	T2②B：38	砂岩	5～6	
116	圆饼状石器	T3②B：19	石英	7	
117	有肩小石锛	T2②B：28	长石砂英	3～4	
118	砾石石器	T2③	砂岩	5～6	
119	有肩石器	T2②A：24	粗砂岩	5～6	
120	有肩石器	T2②A：25	粉砂岩	3	

1973、1977年经广东省地质陈列馆吕立仁先生鉴定

附表十　　　石峡三期文化遗存陶器刻划记号登记表

序号	器物号	记号	器名	刻划部位	备注
1	T3F②B：299	米	罐	口部内	灰红色印纹软陶
2	T27②B	N	罐	口沿面	长方格纹软陶
3	T28②BH54	孑	罐	口沿面	

附表十一　　　　石峡四期文化遗存文化遗存陶器刻划记号登记表

序号	器物号	记号	器名	刻划部位	备　注
1	T27	二	罐	上腹部	
2	T64②A：34		豆	喇叭足内	
3	T5D②A	乙 Z	盘	腹外	
4	T3D②A：78	凵	罐	口沿面	
5	T27～T38②A	小	罐	上腹部	
6	T88②A：32		豆	喇叭足内	
7	T7C②A：544	凸	罐	口沿面	
8	T88②A		罐	口沿面	
9	T88西扩方②A		豆	喇叭足内	
10	T20：549		原始瓷豆	喇叭足内	
11	T83②A		豆	喇叭足内	
12	T83②A：38		豆	喇叭足内	
13	T83②A		罐	喇叭足内	
14	T83②A：183		豆	喇叭足内	
15	T88②A		豆	喇叭足内	
16	T88②A		罐	口沿面	
17	T1I②A：0542		豆	喇叭足内	
18	T1H②A：033		豆	喇叭足内	
19	T5C②A：033		罐	口沿面	
20	T21②A：0548		豆	喇叭足内	
21	T4B②A：039		豆	喇叭足内	记号略残
22	T99②A：0547		宽足豆（盘）	圈足内	
23	T1H②A		豆	喇叭足内	
24	T6B②A：543		宽足豆	喇叭足内	
25	T27②A：29	川 川	豆	喇叭足内	记号有残缺
26	T20②A：546		罐	口沿面	重圈凸点纹

附表十二　石峡四期文化遗存青铜器一览表

序号	器名	器物号	尺寸（厘米）	整残	共存器物	备注
1	扇形钺	T46H69：1	残高8.6、刃残宽7、銎口宽1.5	略残	铜刮刀、砺石、釜形鼎等	銎内残存朽木
2	靴形钺	T38②A		残		
3	匕首	T15②A：7	通长16.3、柄长4	完整		器身近格处刻铸一个"人面纹"
4	镞	T86②A：1	通长15.2、柄长1.7、身宽1.8	完整		
5	矛	T15②A：5	通长10.5、柄长4、叶宽2.4	完整	云雷纹等印纹硬陶	
6	镞	T86②A：21	残长6.2、柄长1.7、身宽1.6	锋残		
7	镞	T23②A	残长7.4、柄长1.7、身宽1.5	锋残	夔纹、勾连云纹等硬陶	
8	镞	T5D②A：7	残长5.8、柄长1.3	残	夔纹、菱格凸块纹等硬陶	共2件
9	镞	T83②A：63	残长4、柄长1.3	残		双翼型
10	镞	T7C②A：30	残长4.3	残	梯形锛、砺石、夔纹等硬陶、原始陶豆	
11	镞	T33②A：6		残	石镞、砺石、原始瓷豆	
12	镞	T88②A：61		残		
13	刮刀	T15②A：6	残长11.5、身宽2.6、厚0.2	柄残		
14	刮刀	T29②A：2	残长11.7、身长11.3、身宽2.9	柄残	菱格纹等硬菱格陶	
15	刮刀	T92②A：2	残长8.5、身宽2.5、厚0.1～0.15	柄残	双耳釜、菱格纹等硬陶	
16	刮刀	T4②A：11	残长3.3、身宽2.3	残	残石斧、砺石	
17	刮刀	H46②AH69：2	残长8、厚0.2			
18	刮刀	T6B②A：9		残	有段锛、有肩锛、鼎足、夔纹陶片等	
19	锥	T68②A：2	长9、直径0.5～0.6	稍残	夔纹、云雷纹陶片	尖锋、方体、长条形
20	锥	T81②A：1	长7.2、直径0.5	完整	云雷纹、菱格纹陶片	
21	锥	T71②A：1	残长3.8、直径0.5	残	方格纹、曲折纹软陶	

续附表十二

序号	器名	器物号	尺寸（厘米）	整残	共存器物	备注
22	碎块	T27				2块
23	碎块	T6B②A、T15②A				
24	碎块	T5A②A				
25	碎块	T1A②A				
26	碎块	T3D②A				

附录

附录一　石峡文化初论

苏秉琦

在1973和1975年两次发掘石峡遗址期间，我们就已经了解到这个遗址发掘工作所取得的一些成果。突出的是，它不同于我们过去所接触过的岭南地区的考古材料，感到新颖、重要。1976年的发掘取得了更多的收获。在1975年底、1976年初，我有机会到工地和参加发掘的同志们一道，对以往积累的全部材料，连同刚刚出土的部分材料，粗略地进行了对比分析整理，做了些笔记，使我在较短的时间内能和参加工作的同志们一起分享丰收的喜悦。同志们对工作的勤奋精神与对我的热情帮助，使我永生难忘。

石峡遗址的发掘，是我国考古工作取得的一项新成果。这处遗址范围约3万平方米。同类遗址在韶关附近已发现几处。这次发表的是已发掘的1660平方米面积的材料，发掘工作还在进行中。应该说，对这一新发现所提出的、所涉及的诸问题尚在探索之中，对它的认识还是很不完全的。因此，大家会有不同的看法是很自然的。

去年6月14日，新华社报道了石峡遗址的消息，提出了"石峡文化"这一名称。在我看来，"石峡文化"的命名不仅是有理由的，也是很必要的。

岭南地区在我国历史上无疑有着很重要的地位，但是单从文献记载来看，这里的历史只能上溯到两千几百年前。前些年，岭南地区做了不少考古工作，普查中发现了数以千计的遗址，多种材料也有相当数量的积累。但是石峡遗址发现前，这方面还存在许多重要的缺环，发现"马坝人"化石，却没有发现与之共存的文化遗存；发现了南海西樵山遗址（这是一处范围很大，内涵相当丰富的文化遗址），工作却做得不多；广州市郊发现了数百座古墓，最早的不过上溯到"南越"建国或稍早一些的时代；相当战国时期的含有铁器的遗址发现过一些，但早于战国的青铜文化遗址还缺乏正规的发掘工作。至于普查中发现的大量古文化遗址，大多使用砂陶、软陶、硬陶、印纹陶等术语来概括报道，对它们后面的"历史之谜"却一直没能揭开。因此，广东学术界曾对岭南地区的社会发掘是否曾经历过"奴隶制"阶段进行讨论，充分说明这一地区古代社会的研究，急需考古工作者们开展多方面的工作解开这个"历史之谜"。

我们之所以重视石峡遗址的发现，一是它与过去掌握的材料相比，确有其明显的特征，一是它的发现，为我们进一步探索岭南地区从原始社会到秦汉以前的社会文化的发展找到了一把重要的钥匙；还为我们探索这一地区社会发展诸阶段与我国其他诸文化发达地区之间的关系找到了一个重要的环节。不言而喻，它也是我们进一步探索我国与东南亚各国人民自古以来相互关系的一个出发点。

为此，利用我在广州停留的几个月时间，和广东省博物馆的同志们一道，在整理石峡遗址的材料的同时，有重点地、尽可能全面地将历年工作成果和馆藏有关资料检查一遍，把它们联系起来，对广东地区从原始社会至秦汉以前的文化发展的全貌进行了初步考察，以期对今后有目的、有计划地开展工作有益处。现在，借发掘简报发表的机会，《文物》编辑部的同志让我谈谈个人的初步看法，作为简报的补白，我也就欣然同意了。不过，文中所用材料若有出入之处，当以正式报告为准；论点如有不妥的地方，请同志们批评指正。

文化特征

过去我们对我国江南东部几省的原始文化曾使用过"印纹陶文化"或类似的名称，其由来，不外是根据当时调查所得的极为零星的材料，发现这一地区的诸古文化遗址中大多含有印纹陶。

随着田野考古工作的开展，有同志提出过对这一名称应重新审定。这主要是根据我们在宁（南京）、沪（上海）、杭地带若干古遗址的发掘，常常被认为与东周时代相当的文化层中发现这类遗物。我们暂不谈这些所谓的东周时期的文化层实际跨越的年代有多长（有些遗址含有印纹陶的层次显然比估计的年代要长），但不宜称它为原始文化。

那么，我们过去曾经泛称为"印纹陶文化"的这一地区的原始文化究竟如何呢？近年来，从闽北沿海、经浙江的宁（波）绍（兴）平原、长江三角洲、太湖流域到宁镇山脉地区、鄱阳湖附近，已有相当数量的发掘资料可以作为进一步探讨的依据，在这种情况下，岭南地区原始文化问题就显得格外突出了。

以石峡遗址下层（包括墓葬）为代表的这类文化遗存，挖掘的面积还不算大；它在岭南的分布范围目前了解的还不很确切，但它的文化特征，有几点值得注意。

（一）印纹陶。它不仅是石峡遗址下层整个时期的特征之一，还可以追溯到更早的时期。

（二）石器中的有肩石锛，镬类，也可以追溯到更早的时期；亚腰（两侧呈缓凹弧线）斧、钺类石器比较普遍，出现时间较早，发展过程比较清楚。

（三）陶器中的鼎以平底盘式为主，盘类器圈足与三足并用。

由此可见"石峡文化"是岭南地区重要原始文化之一，它在东南数省广泛含有印纹陶的诸原始文化中，也具有重要地位。

年代与分期

关于石峡文化的年代与分期，我们现在依据的主要是石峡遗址下层（包括开口于下文化层的墓葬）的材料。截至1975年度工作结束，石峡遗址发掘的范围集中在遗址中部即岗丘顶部。那里墓葬密集、错叠，下文化的遗存十分破碎，给我们对它的文化全貌的认识、年代与分期的探讨带来困难。因为属居住址部分的遗迹保存较少；将墓葬与居住址材料对比、结合研究还有困难，看来现已发现墓葬中最早的要略晚于居住址中最早的。因此，仅就石峡遗址所涉及的问题，也还有待于进一步做大范围的发掘。

石峡文化有其自己的特征，前边已经讲到。它与江西、苏南、浙北诸文化具有许多共性，说明它们之间的关系特别密切。由于石峡遗址的发掘开始不久，对它的年代分期问题的探索是初步的。在这里，我们还不得不将其与属于同类文化遗址及一些文化关系较近的遗址做些比较分析。

（一）突出的例子是石峡54号墓与江西修水山背一号房子。两者共有的器物如陶鬶、陶盘、陶豆、陶器盖、有段石锛、弓背石锛和石凿等，形制都很相似。像这样两组在组合与形制上如此相似，在同一遗址的两个单位之间也是罕见的。

（二）江西清江筑卫城遗址下层，包括（3）（4）（5）层，晚于修水山背房子遗址而早于清江吴城遗址。三个堆积层的器物形制的变化，明显地表现于鼎足的序列。第五层鼎足的横断面外圆里尖，似乳钉形；第四层的外平里尖，似卯钉形；第三层的呈外凹平里尖，似图钉形；第四、三层中还有呈扁平状（侧面呈三角形）的，石峡遗址部分墓葬的鼎足形制变化也有与此相似的序列。

（三）筑卫城遗址第三层出土的一件残陶鬶，与浙江嘉兴雀墓桥出土的一组陶器中的陶鬶具有相似发展阶段的特征。

修水山背房子出土木炭，由碳14测定，并经树轮校正后的年代为2690－2970BC，雀幕桥遗址与陶器共生的木炭经碳14测定并经树轮校订的代为2170～2540BC，依此类推，石峡文化中这一部分的年代，估计距今约四至五千年间。

（四）上海市青浦县崧泽遗址下文化层中出的盘豆类圈足，特征明显，类似三级塔式，加饰一组三角排列的小穿孔。石峡下文化层底部遗存中，也有相似的器物。

（五）近年在发展崧泽遗址时，对过去定为中层部分的墓葬又发现若干层位叠压关系，为进一步分期提供了新的依据。崧泽中层墓葬陶器中，常见的组合是鼎和盘，与石峡下层墓有相似之处。崧泽中层鼎的器体变化的序列，大致是从流行罐式到流行盘、盆式，器足的发展序列，大致是从厚重的瓦式逐渐减轻、减薄，再变成鳍式。器体特征与石峡大部分墓出土的鼎类有明显不同，器足部分则两者都经历了类似的、为适合实用目的而逐步改变的序列。崧泽中层的盘足，是在下层的三级塔式的基础上，先是把中间的一级改为鼓形，再把三级连接为近斜直壁的喇叭筒形，继之使喇叭筒变为弧线曲壁。这一变化过程显然是由于技术上改进所产生的。在石峡墓出土的盘类圈足部分也可看到与此相似的全过程。崧泽下层出土的木炭经碳14测定并经树轮校正的年代为3880－4190BC。

根据以上的比较分析，我们可以得出如下结论：一、以石峡遗址下文化层为代表的石峡文化所跨越的年代，不仅包括距今五至四千年的这一段时间（与修水山背、房子和清江筑卫城下层相应的那部分）；它的早期还可上溯到距今六至五千年期间，即约与崧泽下层和中层的较早阶段相应的那一部分。还可以据此在每个阶段内分析其发展变化。二、石峡文化的分期，不仅对该地区原始文化发展阶段的认识具有重要意义，同时对于它的不同阶段与其他地区，其他原始文化相应阶段之间的相互关系，影响和作用等问题的探索，也提供了初步的依据。

“来龙”和“去脉”

长期以来，我们对岭南地区新石器时代，青铜时代的认识，犹如被蒙着一层纱布处于若明若暗的状态。现在，由于石峡遗址的发展，并与过去工作积累的成果经过初步综合对比之后，它的大致轮廓也显露出来。它和我国其他古文化发达地区之间，原是紧密相连、息息相通的，石峡文化的来龙去脉也是有线索可寻的。

与石峡遗址下文化层（“石峡文化”的代表遗址）相类似的遗址，在其附近已发现多处。它是岭南地区新石器时代晚期文化之一。

　　早于石峡文化，代表岭南地区新石器早期的、并且看来与它有一定或较密切的关系的遗址有三处，一、位于珠江三角洲的南海西樵山；二、位于北江中游的英德青塘；三、位于韶关东北始兴平坝、北江上游之一浈江南侧的洞穴与河滩。

　　西樵山是一座位于珠江三角洲的孤山，古代是珠江口外的一座孤岛，面积约十二平方公里。古文化遗存分布在周围的缓坡，出土的石器多为燧石、霏细岩打制精细的石片石器。有的肩部、刃部经过琢磨，有夹粗砂带细绳纹、划纹的陶片。无疑，它跨越的年代很长。但是，因缺乏可靠的层位关系，哪些石器与陶器共生；它的年代的上限、下限可到什么时候，与它年代衔接、文化上有直接联系的遗存是什么？这些问题都不清楚，需要我们今后去那里进行正式的勘查与发掘。

　　位于北江中游的英德青塘石灰炭地区有一种灰褐色硬土堆积层，出土用河卵石打制的石器，也有经过简单磨制的斧、锛及粗砂陶，有的陶器上带有绳纹。尽管工作做得不多，材料有限，但可说明它和绍兴一带发现的属中石器——新石器早期的文化遗存之间有较密切的联系。

　　始兴县城位于江西通往广东的重要通道上，是北江上游支流之一浈江中段一个相当开阔的盆地的北部边缘。城南的盆地边缘有一座有名的玲珑岩，原来的洞穴被开凿利用，原始堆积几被掏挖殆尽。

　　韶关南边的马坝河（北江的支流之一）南侧，在出土"马坝人"化石的狮子岩东边不远，有个矮石洞，还保留了大部分原始堆积。里面最下层为软黄色土；中层为深灰色胶结层，出过人类化石（未经鉴定）；近洞口上层为灰色土，含大量螺壳。这两处都未经发掘。在玲珑岩洞壁坑凹处，还留有与矮石洞中层类似的胶结层堆积，其中含有小块陶片（未经鉴定）。始兴城南的澄陂村北，在灌渠断面的近代土层下的细砂土层中，曾采集到打制的尖状刮削器。

　　以上三处遗址发现的人类化石、石器和陶片，虽无共生关系，却为我们探索韶关地区新石器时代早期（包括中石器时代）遗存，提供了重要线索。

　　始兴城南的新村北，灌渠断层露出的淤土层中有较厚的文化层与居址遗迹。据试掘的层位关系与文化内容，可看出从下到上几个连续发展的阶段：

　　（一）只出打制的石核和石片石器；

　　（二）利用石材先打制成斧、锛形，再磨光刃部的石器；

　　（三）出有全部磨光的石锛和体厚笨重的铲形石器。

　　和它们共生的陶器，其基本组合是：釜、鼎、盘、钵等，均为粗砂陶。突出的一点是，上层的陶器和通体磨光的石器共生，这些陶器上印有较大的同心圆印纹。这种印纹圆圈五层，印痕较浅，阳纹较粗，直径达6厘米。

　　值得注意的是：在石峡遗址下文化层的底部，也出有近似的同心圆印纹陶片，直径近6厘米，也是五层圆圈。差异在于它的中心加有圆点，阳纹较窄，印痕略深。

　　由此可见，两者在文化和时间上有一定的连续关系。而石峡文化中稍后的同类陶器的印纹，变为径为4厘米的五重圆圈纹、径约3厘米的四重圆圈纹，然后则出现径约2厘米的三重圆圈纹的印纹软陶。

　　长期以来，我国新石器时代考古存在的问题之一，是新石器时代早期（包括中石器）与晚期之间存在着缺环。上述新发现，在学术上无疑是一个突破。就对我国东南地区广泛分布的印纹陶来说，如果江西万年仙人洞的材料还不足以作为它的原始阶段的典型，那么，从始兴新村到石峡下文化层的具有较明确发展序列的印纹，似乎可以把印纹陶作为某些原始文化的物证因素之一，它的时间则至少可远溯到六千年以前了。

以石峡遗址下文化层为代表的石峡文化的"前身"，根据现有的材料与线索，如果说从始兴发现的一系列代表新石器早期几个阶段中的最后阶段与石峡文化的开始阶段之间，在年代和文化上具有相当密切的衔接关系，那么，石峡文化的"下文"是否可以从石峡遗址中层为代表的文化找到答案呢？乍看起来，石峡文化晚期阶段与石峡中层文化之间的差异太明显了，很难说两者在年代和文化上可以密切衔接起来。

（一）石峡下文化层中已出现直径约2厘米、三重阳纹的印纹软陶；而在中文化层中则出有直径略大于1厘米、二重阳纹、中心加圆点的印纹软陶。此外，在始兴、梅县地区的兴宁、平远等地与它相当阶段的遗址中则含有界于两者间的印纹软陶（直径2－1厘米、二重圆圈、中心加圆点）。石峡上文化层出土的外圈为圆角方形的二重中加圆点的印纹硬陶，则与河南偃师二里头出土的同类印纹陶极为相似。

石峡文化中已出现雷纹软陶（由一对双钩阳纹构成，每单位边长约2厘米）。石峡中文化层则出现由一对单线阳纹相对构成、每单位边长约1.5厘米的雷纹软陶。石峡上文化层中出现的是单线阳纹构成的雷纹硬陶，河南偃师二里头出的雷纹陶中有的与它相似。

由此可见，石峡文化与石峡中文化层之间虽然文化面貌有较大差异，年代上似有缺环，但结合同类遗址看来，还可以说是具有连续发展关系的。

（二）崧泽中层墓的晚期部分，在器物组合与形制特征上与其较早部分之间有较明显的变革。这种变革又恰和石峡中文化层墓与下文化层墓之间的变革颇相近似。这情况也恰和二里头文化在与当地较早文化对照比较具有明显的较大变革相似。可见这种现象在当时一个相当大的地区范围内是带有普遍性的，不是石峡或岭南一个地区的特殊情况。

（三）具有和石峡中、上文化层相似的阶段变化，并与其文化特征相似的遗址，在广东东部的韶关、惠阳、梅县、汕头等地也有发现。它们的共同特点主要是：包含有类似的印纹软陶与硬陶，还有釉陶；几种不同类型的石戈；为数不多的青铜器。

（四）近年来在广东西部（西江流域）的封开、怀集、清远、四会、德庆、肇庆等地陆续发现了一些出有青铜器的墓，包括的时代大约从西周到春秋战国之际，其葬制与铜器的风格具有自己的地方特征。

综合以上几点，可以看出岭南地区与中原地区在差不多的时期内，曾经历过相似的青铜时代的早晚几个阶段。不过，在广东省内的不同地区间又有较大的差异。例如：在石峡中、上文化层以及附近曲江境内几处同类遗址（龙归葡萄山、周田月岭、马坝肖屋山等）中均出有原始型石戈（无栏）和靴式青铜钺（现在只在石峡一处发现）；汕头地区饶平则出有与中原商代铜戈颇为相似的石（或玉）戈，还出过近似原始型的铜戈；在梅县、惠阳出的石戈形制相当特殊；至于西江流域几具墓葬中的青铜兵器，主要是一种带着地方色彩的矛。值得注意的是，在珠江三角洲地区，迄今还没有发现早到战国以前的青铜器。这说明广东境内几个大的地区之间，这一时期的文化发展是相当复杂的。

社会发展阶段

石峡文化不仅可以作为岭南地区新石器时代晚期文化的一个典型，还为我们研究原始社会解体总过程的阶段性发展提供了一批重要资料。

石峡文化与"前石峡文化"

始兴发现的属于几个不同发展阶段的新石器早期文化遗存，它的较后阶段在年代和文化上，跟石峡文化大致是衔接的。我们暂时把它叫做"前石峡文化"，不过，两者之间具有划时代的变化。

一、两类遗址分布的地理条件不同。"前石峡文化"分布在北江上游支流的水源地盆地；石峡文化遗址则分布在北江干流支流附近的岗丘。

二、"前石峡文化"较晚阶段新出现的石铲不很厚重，厚度不下1.5厘米；石峡文化中的较早阶段中出土的石铲或石锄的厚度一般仅几毫米至1厘米。前者陶器均属较厚重的手制砂陶；后者的较早阶段出土的泥质钵类底部和盘、豆类的圈足部分可以见到旋纹。

从磨制的笨重石铲的出现到相当轻便锐利的铲、锄、镬类石质生产工具加工技术的产生，估计发生在约距今六千年前后。

在此之前，人们还只有安装木柄的锤斧、石锛之类用于砍伐树木的工具，当时的农业，还处于"刀耕火种"（或叫"吹倒烧光"）阶段。当用于起土、翻土、疏松土壤的工具出现之后，情况就不同了，"耕作农业"代替了原始农业。原来以女子为主要劳动力的农业变为以男子为主要劳动力的农业，从而社会关系不能不随之发生相应的变化，即恩格斯所说的"毫无例外地一直盛行到野蛮中级阶级（按：指农业与手工业大分工之前）的原始共产制的共同家庭经济。"从上述生产技术的发展中既可以看到这种社会经济形态存在的条件，又可以从石峡文化早期阶段的随葬品出现差异中，看到人与人之间的平等关系在发生变化，反映出原始公社氏族制解体过程的开始。

石器加工工艺的进一步发展，除反映在农用工具的改进与多样化之外，还表现于专用木工工具（如小石锛、圆刃锉刀等）与多种型号的石镞以及玉、石类饰品的出现；制陶工艺的进一步发展，出现全轮制小型陶钵与陶器印纹的多样化。

与此同时，随葬生产工具成为常见现象，值得注意的是随葬多种木工专用工具的主人在墓制与随葬品方面，均比同时期其他墓葬为突出，（如墓坑特大，积炭多，红烧土壁；有二层台，承托葬具，填土夯打；随葬品特多，包括贵重玉器、其他生产工具、成组陶器）说明手工业至少已部分地从农业中分化出来，成为独立的生产部门。而这种掌握一定专门技术的手工业者在氏族中享有比其他成员更突出的地位。随着分工与交换的发展，出现私有制、财富分配及社会关系的不平等。但另一方面，除去少数人的特殊化之外，其余多数人则保持着大体的一致。由此可见，这一社会关系的变化只能理解为直接从分工、交换以及私有制产生的结果。原始氏族的解体还处于开始阶段，也即石峡文化的前期所反映的社会发展阶段。

石峡文化的后期，社会经济、技术有了新的发展。出现若干种显然属于外来形制的陶器（袋足鬶、高柄杯、薄胎黑陶壶、贯耳黑陶壶等）；专用的兵器（镞、钺）出现了；某些特殊用途的器物

（如石琮等）出现了。

从墓葬形制与随葬品种类的不同，明显地反映出社会关系的新变化，出现等级。一类是随葬石钺、伴以若干特殊玉石器（璜、瑗、环、玦等），墓坑构筑特殊；一类主要是随葬木工专用工具，伴以石琮、石带状环、石笄以及外来形制的陶器等；一类只随葬少量生产工具或无生产工具，另有少量一般日用陶器。

与前期明显不同的是，随着经济文化交流范围与规模的扩大，社会内部的关系发生了大的变化——有了类似阶级社会的"士"、"庶"之分。原始公社氏族制的解体过程又进入一个新阶段。

社会经济的进一步发展，在物质文化上表现为以下几个特点：

一、主要生产工具在形制上的变化所反映的功能改进：①斧、锛、镬类器身减薄、锋刃加宽，刃呈弧形；②锄、铲类工具的外面呈弧形，里面平凹，使入土锐利；③部分斧类的亚腰更加明显，接近金属斧形制；④所有器类前后两部分的比例或比重更加合理有效。

二、钺加阑，更接近青铜钺的形制；石戈的原始型至迟在石峡中文化层已经出现。

三、石（玉）琮向加高、多层（节）发展。

四、玉石工艺的发展进入新阶段，如雕刻精细花纹的玉（石）琮，动物形象的玉坠、成组玉器的制作。

与此相应的是墓葬所反映的阶级分化的倾向。一类：主要随葬品是石钺和镞，伴以成组玉器、大量生产工具及成组陶器；墓坑特殊，或主要随葬石琮和石镞，伴以玉石瑗、环、坠等及成组陶器。二类：主要随葬石镞，伴以相当数量的生产工具，墓坑规模较小；三类：只随葬少量生产工具，伴以少量陶器。墓坑规模又小于前者。四类：只随葬少量陶器。四类墓葬的明显差别在于前两类集中随葬大量兵器与生产工具，以及象征主人特殊地位的钺与琮及其他贵重物品；后两类则只有少量生产工具和陶器而无任何兵器及贵重物品。生产技术与财富集中于少数人之手，与暴力手段的垄断相结合，这是阶级社会的特征。社会分裂为剥削者与被剥削者、压迫者与被压迫者的条件已初步具备，原始社会的解体到了最后阶段。

类似石峡文化所反映的原始社会解体的两个大阶段的发展过程的材料，在我国其他新石器晚期诸文化中还是罕见的。因此，我们殷切地期待着广东同志们在今后的工作中取得更加丰硕的成果。

简短的结语

我们根据石峡遗址发掘的初步成果，以石峡文化为中心，结合其他有关材料，对广东地区新石器时代到青铜时代进行初步探索，结果说明它在此漫长的时期中，社会经济发展的规律性与阶段性，有其自身的特点，并与我国其他文化发达地区之间有着紧密的联系。由此可见，在距今两千多年以前，秦在岭南设郡，其性质与秦并六国相同，是在其他条件业已具备的条件下实现了政治上的统一，而南越地方政权的建立不过是一段插曲而已。

附录二　石峡文化^{14}C测定年代数据

地19（11）	BK	马坝　石峡（木炭）	113°36′，24°41′	M43墓底四周出土
地19（11）	4330±90	Maba　Shixia	广东省文管处	《文物》1987年7期
		4205±90　4815±185		
	2380	BC2255BC　2865BC	1976年5月	（B三）
	BK	马坝　石峡（木炭）	113°36′，24°41′	M26
	75050	Maba　　Shixia	广东省文管会	《文物》1978年7期
	4020±100	3905±100　4430±150	1976年5月	
	200BC	1955BC　2480BC		（B一）
地19（11）	BK	马坝　石峡（木炭）	113°36′，24°41′	M79墓底出土
	76024	Maba　　Shixia	广东省文管会	《文物》1978年7期
	4220±110	4110±110　4680±155		（B三）
	2270BC	2150BC　2730BC		

附录三 关于栽培稻遗迹

（1）T3②B灶坑和T2③柱洞出土标本

试验Ⅰ：

取T3②层（灶坑）和T2③层样品，经粉碎、缩分后，各称取10克分别置试管中，然后各加入蒸馏水2毫升，搅匀，再加入浓H_2SO_4（A·R）5毫升，在100℃恒温水浴箱中保温15分钟，每隔5分钟取样一次作碘试验，结果均无特殊颜色反应。试验初步证明样品不含淀粉类物质，而可能是纤维类物质。

试验Ⅱ：

取T3②层和T2③层样品，经研碎、缩分后，各称取2克置试管中，然后分别加入蒸馏水2毫升，搅匀，再加入浓H_2SO_4（A·R）2毫升，放在100℃恒温水浴箱中保温2小时半，其中每隔30分钟搅拌一次，然后取上清液10毫升，用20%NaOH5毫升中和调PH2，作下列方法鉴定：

1. 各取样品15滴，加入碘试剂2滴，结果无任何特殊颜色反应，因此，样品若为部分炭化的稻谷壳，则已水解完全了。

2. 取已水解完全的样品各5滴，加入班氏试剂（Benedit）5滴至20滴，均无Cu_2O↓沉淀。用20%NaOH调PH8，在沸水浴中保温20分钟，静置冷却，溶液微浑，Cu_2O↓沉淀不明显。试验初步证明样品可能含少量的还原糖醛类物质。

3. 取已水解完全的样品各10滴，加入莫氏试剂（Molish）4滴，然后沿管壁加入浓H_2SO_4（A·R）20滴，静止观察，发现在介面处有不很明显的紫色环。试验证明样品已部分水解为糖醛类物质。

本试验可以证明样品为含有不完全炭化的稻谷壳，经强酸水解后，具班氏反应和莫氏反应含有还原糖和糖醛类物质。

试贴Ⅲ：

取T3②层和T2③层样品，经研碎、过筛（60目）缩分后，各精确称取2克，分别置试管中，然后各加入蒸馏水2毫升，浸湿搅匀，再加入H_2SO_4（A·R）2毫升，在100℃恒温水浴箱中保温2小时，静置48小时，取上清液0.5毫升，稀释到1毫升，然后按下列操作进行鉴定：

1. 取水解样品0.5毫升置试管中，加入莫氏试剂（Molish）2滴，沿管壁加入浓H_2SO_4（A·R）1毫升，两相介面出现淡紫色环。

2. 取水解样品0.2毫升置试管中，加入托氏试剂（Tollen）0.5毫升，在沸水浴中加热，溶液迅速变成橘红色，取出直接煮沸，即有红色沉淀析出，证明样品经水解后有戊糖类物质存在。

结论：从上述试验结果可以初步证实，T3②层和T2③层柱洞中的两块（红烧土）标本确实含有部分炭化稻谷壳和部分未炭化的稻谷壳。

中山大学生物微生物教研室
1974.8.26

附录四　谷物标本鉴定意见书

　　由广东省博物馆提供的马坝石峡遗址（T3②灶坑和T2③柱子洞）出土掺有谷壳碎片及秆屑的土块，经初步观察，谷壳多已碎断。现只就碎断谷壳考察，提出初步意见如下：

　　从印在土块的谷壳痕迹及碎断的谷壳，可见谷壳为椭圆形，表面有整齐格子形中的颗粒突起，可区别内外颖，并见碎断的桴毛痕迹，粒长约6～7毫米，粒阔约3毫米。完整的护颖及颖尖与芒还未看见。根据以上观察，认为出土的谷壳从粒形、大小及表面的纹理与现在我国栽培稻相同，属于O·Sativa L·种。

广东省农业科学院

粮食作物研究所

1974年12月9日

附录五　T47下层窖穴出土稻米标本的鉴定意见

　　由广东省博物馆提供的马坝石峡遗址T47第③层窖穴出土的炭化米粒标本，从外观看，大部分籽粒非常完整，米粒形状轮廓清楚，表面的纹理和米沟深浅尚可看见，大部分粒胚已脱落，个别米粒还可见粒胚。全部米粒已炭化。标本的米粒形状，大致可分为两种类型：一种籽较窄，长度约5.1~5.8毫米，阔度约2.5~2.9毫米，厚度1.7~2.1毫米。这类型与现今常为食用的籼稻品种粒形非常相似。另一种籽粒较阔，长度为4.9~5.3毫米，阔度为3.0~3.2毫米，厚度2.1~2.4毫米。与南方粳稻品种粒形接近。可见当时的品种籽粒较短，从粒形看包括籼、粳两大类。在这两类型之间，不同长、阔、厚度的米粒都有，反映当时品种比较混杂，纯度较差，人工栽培程度较为原始。近似粳稻一类的米粒属黏米或秈米，因标本已炭化，无法鉴定。

广东省农业科学院

粮食作物研究所

1977年2月26日

附录六　石峡遗址42号、47号墓稻米的鉴定意见

"根据观察和测量，47号墓谷粒印痕较细长，长宽比为2.25倍，是籼稻型。"

"42号墓米粒照片左起第二粒较完整，长宽比为2.05倍（注）米粒较宽似粳稻，但从实物看，米粒虽较宽，但较薄，综合来看，还应是籼稻。由于实物已炭化，仅能看到粒形。无法根据稃毛和芒的情况作更确切的鉴定。从红烧土中看到谷粒或米粒的大小、形状很不一致，反映了当时品种的纯度很差，农业耕作技术还比较原始。"

华南农学院农学系

1977年5月21日

注：从一般稻粒形态说，长宽比在2倍以上的是籼；2倍以下是粳。

附录七　广东省粮食作物研究所（现改水稻研究所）
钱诵文关于石峡遗址栽培稻的意见（摘要）

　　两次来信早已收到了，你给我的61号和80号墓的标本我都看了，两个标本都有米粒，籽粒较小，基本上是籼稻，其中有个别粒稍阔，但很扁，仍属籼稻。

　　从几次出土的标本看，对研究我国稻作的起源和历史都是很有意义的。一是量多，说明已普遍栽培；二是大多数是米粒，看来已成为常作食用的粮食而不是饲料，三是基本上是籼稻，与华南地区普遍发现的野生稻有一定的联系；四是粒籽并不很充实饱满，纯度不一，说明当时耕作水平还是较粗放；五是有些粒子像粳，这个粳是黏是糯，还无法考察，然则籼、粳在哪些年代、哪个地方已经开始分化也不甚清楚。

　　从马坝遗址出土的许多标本看，有籼稻或说籼亚种的存在是肯定的。此外还有像粳稻的米粒除长幅比之外，还有厚度与粳稻相似，特别与华南的粳稻粒形更为接近。这些似粳的粒形很可能是粳糯。一是山区多种粳稻，二是少数民族地区多种粳籼。由于米粒都已炭化，属黏属糯无法查考。在栽培耕作水平比较原始的山区，品种一般都较混杂。如现今云南边远地区，或粤北连山连南一带，这种情况普遍存在。

钱诵文　1977年

附录八　关于铁锰质淋滤层标本的鉴定

日前送来样品，已化验过。由于样品很不一致，我们把它分成三部分进行化验，结果如下：

第一号　Fe %＝33.39%

　　　　Mn %＝10.89%

第二号　Fe %＝56.25%

　　　　Mn %＝0.38%

第三号　Fe %＝6.38%

　　　　Mn %＝1.48%

广东矿冶学院分析系

1975年9月26日

附录九 关于M47石钺和M86石钺石料的鉴定

（实验号码233~234）

M86：该岩石由极为细小的透闪石组成，这些透闪石呈定向排列，形成片构造。由于矿物很细，重重叠叠使得矿物的光学性质不易看清。

经X光粉晶鉴定，该标本矿物属角闪石类，经光谱半定量分析，主要元素是：

$CaO=10\%$ $MgO>10\%$ $Fe_2O_3=8\%$ $SiO_2>10\%$ $MnO_2=1\%$ $Ae_2O_3=0.3\%$

光谱分析的结果显示岩石中的矿物元素含量是闪石类矿物的透闪石，因此岩石可定为透闪石片岩，矿物的硬度为5.5~6。

M47 标本中的矿物成分和M86的一样，经X光粉晶分析鉴定结果也是闪石类矿物，光谱半定量分析和M86相似，仅铁的含量较低（3%），但这一样品，泡水能松散，说明它已经是风化了的岩石，或者是由风化了的岩石产物做成的。

广东省地质局中习实验室

鉴定人：施纯溪

1976年9月6日

附录十　关于46号墓和51号墓木炭标本的鉴定

今经石蜡包埋制片结果初步鉴定：M46出土木炭为菜豆树属，学名Radermachera sp.。M51出土木炭为黄叶树属，学名anthophgllum sp.

华南农学院林学系

木材小组　鉴定人：何天相

1979年2月9日

附录十一　关于石峡遗址70号墓尸体骨架鉴定意见

一、据目所见印象是：

1.该尸体骨架之骨腔短而宽。

2.骶骨宽而平直。

3.盆骨薄而平滑。

4.耻骨亏可能大于90°（因左侧耻骨已不存在，未行测量）。

5.尸体骨架的上肢只有59厘米长，比同等高度成年男子短2～3厘米。

因此，从上面五点，判断该尸体骨架是女性的。

二、该尸体骨架的上下颌牙齿保存得很好，非常完整。上颌齿共八对，下颌齿共七对，总共十五对。本来全部出齐，应该十六对。根据资料记载，一般最后一对磨牙应在17～18岁长齐，亦有个别的在40岁以前才长齐。由此可以推断该女性尸体大概是30岁以前的年轻妇女。

鉴定人：曲江县人民医院

傅振国

1975年12月30日

附录十二　曲江石峡建筑遗址现象的管见

建筑遗址处于丘陵地上，地下水位较低，因此没有做干栏式的必要；现存柱洞已证明不是打桩。

原认为是"灰沟"的沟槽，不止一处拐直角；相邻的几条常见平行的现象，而且都顺等高线布置；沟底隔一定距离有柱洞（沟底无淤泥），尽管残破（有的宽度不一，柱洞残缺等），仍可证明它是木骨泥墙栽柱（骨架）的基槽。按现有材料，墙基槽不完整的长度，最长的有十余米（？），估计完整的房屋还要长许多。即使按现有材料，我们也可判断石峡的这些建筑遗迹反映它原是建于丘陵地上的长屋，可能和河南淅川的类似。

建筑遗址代为距今四千多年（根据同期墓葬），与建筑形制（长室）所反映的社会情况相吻合。

以上几点供参考。

中国社会科学院考古研究所

杨鸿勋

1979年12月4日

后　　记

　　《石峡遗址》发掘报告的最后完成，得到了国家文物局、广东省文化厅、广东省文物局、韶关市文化局、曲江区文化局、广东省博物馆等领导和单位的大力关怀和支持。

　　在报告编写过程中，严文明先生和赵辉、赵善德等专家都亲临整理现场指导，对报告编写提出了宝贵意见。严文明先生审阅全稿，为本书作序。本报告的最终完成是同广东省文物考古研究所领导和诸多同仁的大力支持和协助分不开的。

　　编写前的室内整理工作参加人员有：杨式挺、彭如策、朱非素、李子文、赵善德、刘成德。器物绘图由曹子钧、陈红冰完成。器物拼对修复工作由彭如策、刘成德、陈新兰承担。田野工作照片为彭如策拍摄，器物照相由黎飞艳、刘谷子完成。黎飞艳负责图版编排，谢蔚宁负责报告文本输入电脑和打印。参加报告编写工作的还有赵善德、李岩、方小燕、黄青松、龚海珍。

　　本报告文字编写分工：第一章、第二章、第三章、第四章第一节、第五章一节、第六章由杨式挺撰写；第四章第二节至第五节、第五章第二节、第三节、第七章由朱非素撰写，最后由朱非素负责报告的统稿。

　　本报告编写宗旨，是对三十年前石峡遗址三次发掘工作的初步总结，亦为一直关心石峡遗址的考古学界同仁提供研究资料。鉴于发掘与编写报告时间相隔长，报告编写者水平有限，尚有不尽如人意之处，望各位专家指正之。

狮子山远景

彩版一　狮子山远景

石峡遗址

彩版二　石峡遗址

1. 炭化稻谷

2. 山枣核

彩版三　石峡文化炭化稻谷、山枣核

1. B型Ⅰ式镢（M105：6）　　2. C型Ⅰ式镢（M69：7）　　3. C型Ⅱ式镢（M105：4）

4. C型Ⅲ式镢（M59：1）　　5. Ⅱ式铲（M119：3）　　6. Ⅲ式铲（M104：14）

7. Ⅳ式铲（M43：56）　　8. Ⅳ式铲（M80：25）　　9. A型Ⅰ式长身锛（M105：7）

彩版四　石峡文化随葬石镢、石铲、长身石锛

1．A型Ⅰ式长身锛（M43：7）　　2．B型Ⅱ式长身锛（M43：4）　　3．C型Ⅰ式长身锛（M17：30）

4．A型Ⅰ式梯形锛（M119：4）　　5．B型梯形锛（M114：9）　　6．A型Ⅰ式有段锛（M105：3）

7．A型Ⅱ式有段锛（M42：17）　　8．A型Ⅲ式有段锛（M61：9）　　9．B型Ⅰ式有段锛（M77：2）

彩版五　石峡文化随葬梯形石锛、有段石锛、长身石锛

1．B型Ⅱ式有段锛（M104：49）　　2．B型Ⅱ式有段锛（M80：1）　　3．B型Ⅰ式有肩锛（M43：57）

4．B型Ⅱ式有肩锛（M43：10）　　5．B型Ⅲ式有肩锛（M67：18）　　6．C型有肩锛（M114：07）

7．A型Ⅲ式凿（M10：17）　　8．C型Ⅰ式凿（M104：22）　　9．C型Ⅱ式凿（M67：24）

彩版六　石峡文化随葬有段石锛、有肩石锛、石凿

1、D型Ⅱ式凿（M57∶25）

2、D型Ⅱ式凿（M47∶61）

3、E型Ⅱ式凿（M67∶28）

4．A型Ⅰ式长身锛（M57∶5）

彩版七　石峡文化随葬石凿、长身石锛

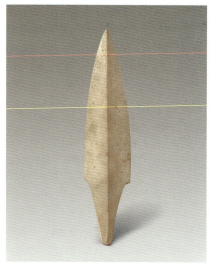

1．A型Ⅰ式镞（M30：3）

2．A型Ⅰ式镞（M47：68）

3．A型Ⅱ式石镞（M108：20）

4．A型Ⅳ式石镞（M54：7、60）

5．B型Ⅲ式石镞（M108：66）

6、C型Ⅰ式石镞（M69：30）

7．D型Ⅰ式石镞（M39：29、62、50）

8．D型Ⅲ式石镞（M43：60、61）

彩版八　石峡文化随葬石镞

1. A型Ⅲ式玉钺（M29：17）及局部

2. B型Ⅲ式玉钺（M104：3）   3. B型Ⅲ式玉钺（M42：7）

彩版九 石峡文化随葬玉钺

1．B型Ⅰ式玉钺（M43∶6）

2．C型Ⅲ式石钺（M80∶24）

3．C型Ⅲ式石钺（M80∶23）

4．D型Ⅲ式玉钺（M47∶28）

5、D型Ⅳ式玉钺（M43∶47）

6．E型玉钺（M42∶2）

7．D型Ⅳ式玉钺（M33∶2）

彩版一○　石峡文化随葬玉钺

1. 玉琮（M10：11）

2. 玉琮局部（M10：11）

彩版一一　石峡文化随葬玉琮

1. 玉琮 (M17 : 13)

2. 玉琮 (M17 : 13)

彩版一二　石峡文化随葬玉琮

1. 玉琮（M54：1）

2. 玉琮（M104：2）

3. 玉琮（M69：28）

4. 玉琮局部（M69：28）

5. 玉环形琮（M6：2）

6. 玉璧（M43：2）

彩版一三　石峡文化随葬玉琮、环形琮、玉璧

1. 玉琮（M105：1）

2. 玉琮局部（M105：1）

3. 玉琮钻孔断痕（M105：1）

彩版一四　石峡文化随葬玉琮、玉琮钻孔断痕

1、玉龙首环（M99：5）

2．A型Ⅰ式玉环（M17：12）

3．A型Ⅰ式玉环（M47：34）

4．A型Ⅱ式玉环（M67：14）

5．B型Ⅰ式玉环（M57：8）

6、B型Ⅰ式（M57：33）

7、B型Ⅰ式玉环（M69：4）

彩版一五　石峡文化随葬玉龙首环、玉环

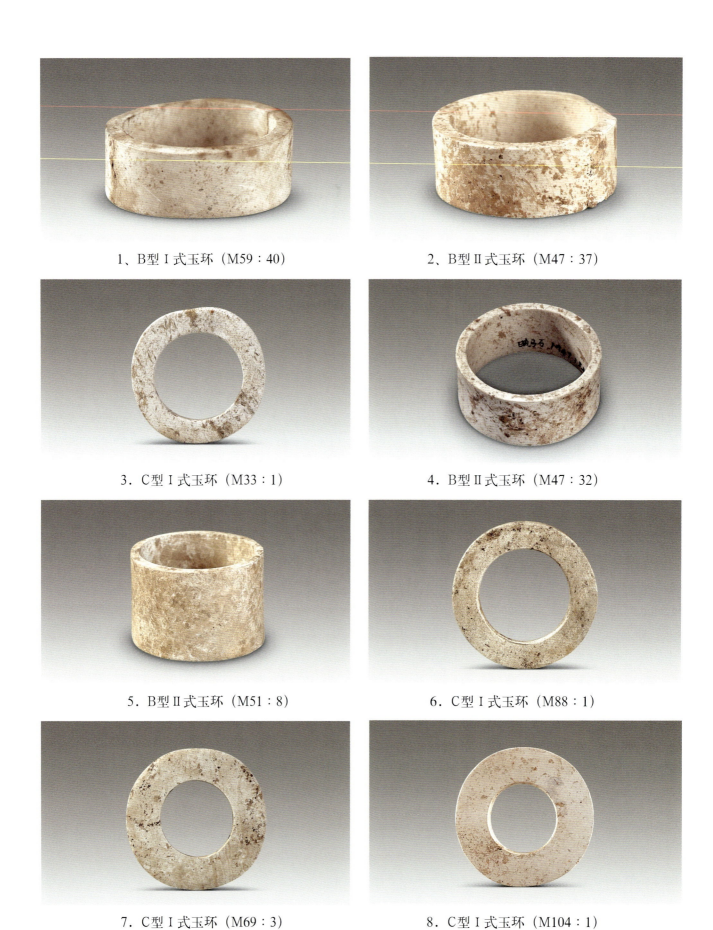

1、B型Ⅰ式玉环（M59：40）

2、B型Ⅱ式玉环（M47：37）

3．C型Ⅰ式玉环（M33：1）

4．B型Ⅱ式玉环（M47：32）

5．B型Ⅱ式玉环（M51：8）

6．C型Ⅰ式玉环（M88：1）

7．C型Ⅰ式玉环（M69：3）

8．C型Ⅰ式玉环（M104：1）

彩版一六　石峡文化随葬玉环

1. D型Ⅱ式玉环（M42∶3）

2. A型Ⅲ式玉璜（M118∶40、39）

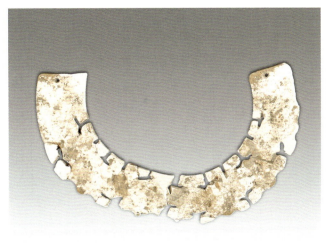

3. B型玉璜（M47∶36）

4. 水晶玦（M20∶2）

5. 玉玦（M59∶70）

6. 玉玦（M90∶3）

彩版一七　石峡文化随葬玉环、玉璜、水晶玦、玉玦

1. 锥形器（M21：1）   2. 锥形器（M27：27）

3. 锥形器（M57：22）   4. 锥形器（M59：32）

彩版一八　石峡文化随葬锥形器

1．锥形器（M104：5）

2．玉坠饰（M59：66、M118：12）

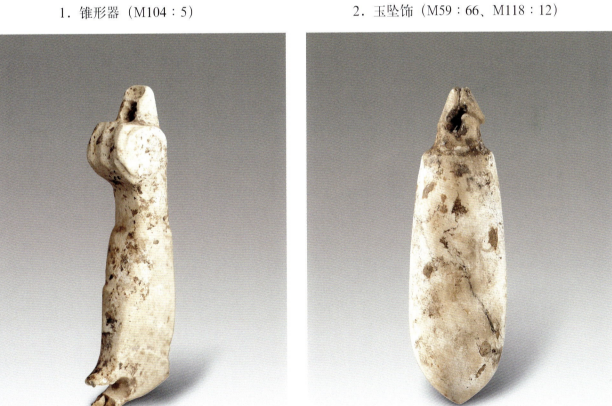

3．玉坠饰（M69：2）

4．玉坠饰（M69：19）

彩版一九　石峡文化随葬锥形器、玉坠饰

1. 石片饰（M24：6）

2. 绿松石片（M45：13、14，M51：25～27）

彩版二〇　石峡文化随葬石片饰、绿松石片饰

1. Aa型Ⅰ式盘形鼎（M105：14）

2. Aa型Ⅱ式盘形鼎（M109：2）

3. Ac型Ⅱ式盘形鼎（M84：3）

4. B型Ⅲ式盘形鼎（M44：5）

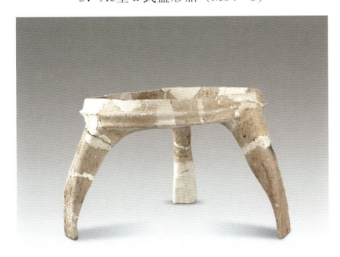

5. B型Ⅳ式盘形鼎（M43：3）

6. C型盘形鼎（M2：4）

彩版二一　石峡文化随葬盘形鼎

1. B型Ⅱ式釜形鼎（M27：12）

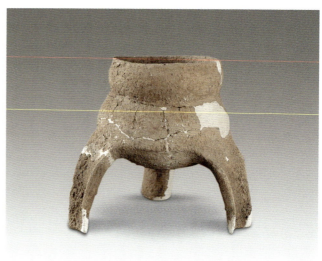

2. C型Ⅰ式釜形鼎（M27：13）

3. Aa型Ⅱ式盆形鼎（M44：2）

4. Ab型Ⅰ式盆形鼎（M27：10）

5. Ab型Ⅱ式盆形鼎（M29：4）

6. Ba型Ⅰ式盆形鼎（M99：22）

彩版二二　石峡文化随葬釜形鼎、盆形鼎

1．Ba型Ⅱ式盆形鼎（M107：16）

2．B型Ⅰ式釜（M99：4）

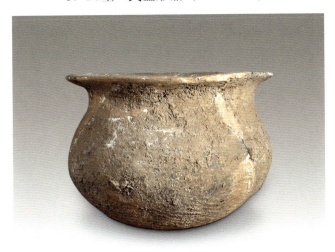

3．C型Ⅱ式釜（M42：23）

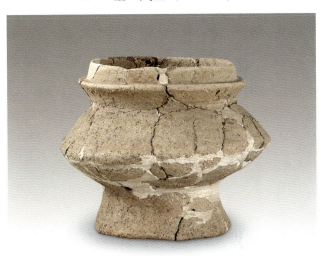

4．A型Ⅱ式陶甑（M27：11）

5．A型Ⅱ式夹砂盖豆（M99：20）

6．B型Ⅳ式夹砂盖豆（M27：7）

彩版二三　石峡文化随葬盆形鼎、陶釜、陶甑、夹砂盖豆

1．Ⅲ式陶盂（M59：45）

2．A型Ⅰ式瓦形足三足盘（M131：1）

3．B型Ⅰ式瓦形足三足盘（M9：10）

4．A型Ⅲ式瓦形足三足盘（M109：6）

5．A型Ⅱ式梯形足三足盘（M9：16）

6．B型Ⅰ式梯形足三足盘（M129：20）

彩版二四　石峡文化随葬陶盂、瓦形足三足盘、梯形足三足盘

1. C型Ⅲ式梯形足三足盘（M77∶21）

2. A型Ⅱ式三角形足三足盘（M3∶4）

3. B型Ⅱ式三角形足三足盘（M129∶19）

4. Aa型Ⅰ式圈足盘（M116∶1）

5. Aa型Ⅰ式圈足盘（M17∶27）

6. Ab型Ⅵ式圈足盘（M67∶4）

彩版二五　石峡文化随葬梯形足三足盘、三角形足三足盘、圈足盘

1. B型Ⅲ式三角形足三足盘（M9：6）

2. B型Ⅰ式三角形足三足盘（M129：21）

3. Aa型Ⅰ式圈足盘（M57：28）

4. Ab型Ⅵ式圈足盘（M47：6）

5. Ab型Ⅵ式圈足盘（M59：22）

6. Bb型Ⅱ式圈足盘（M29：11）

彩版二六　石峡文化随葬三角形足三足盘、圈足盘

1. Da型Ⅰ式圈足盘（M54：15）

2. Da型Ⅱ式圈足盘（M112：12）

3. Da型Ⅲ式圈足盘（M45：26）

4. Da型Ⅲ式圈足盘（M45：19）

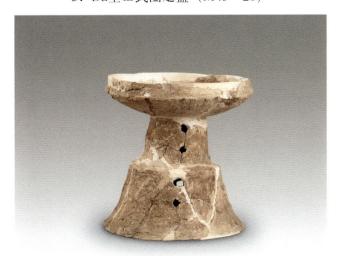

5. Da型Ⅲ式圈足盘（M78：5）

6. Db型Ⅰ式圈足盘（M45：21）

彩版二七　石峡文化随葬圈足盘

1. Bb型Ⅲ式圈足盘（M118:6）

2. Aa型Ⅰ式陶豆（M129:11）

3. Cc型Ⅱ式圈足盘（M29:6）

4. Ca型Ⅳ式圈足盘（M118:41）

5. Aa型Ⅱ式陶豆（M3:3）

6. Ba型Ⅰ式陶豆（M9:8）

彩版二八　石峡文化随葬圈足盘、陶豆

1. Bc型Ⅲ式陶豆（M118：4）

2. A型Ⅰ式陶壶（M25：4）

3. A型Ⅲ式陶壶（M39：1）

4. B型Ⅱ式陶壶（M29：9）

5. B型Ⅲ式陶壶（M118：2）

6. C型Ⅰ式陶壶（M111：1）

彩版二九　石峡文化随葬陶豆、陶壶

1．C型Ⅱ式陶壶（M129：14）

2．C型Ⅲ式陶壶（M108：14）

3．E型陶壶（M44：4）

4．D型Ⅰ式陶壶（M79：1）

5．A型Ⅱ式陶罐（M107：3）

彩版三〇　石峡文化随葬陶壶、陶罐

1．Bb型Ⅰ式陶罐（M11：3）

2．Bb型Ⅲ式陶罐（M59：38）

3．几何印纹陶罐（M45：31）

4．平底罐（M20：8）

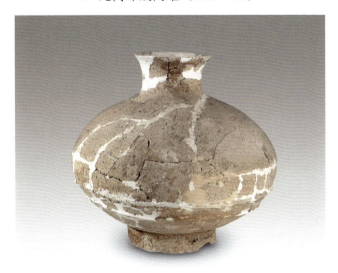

5．B型Ⅰ式陶瓮（M42：25）

6．B型Ⅱ式陶瓮（M42：24）

彩版三一　石峡文化随葬陶罐、陶瓮

1. Ⅰ式陶杯（M9：13）

2. 觯形器（M57：14）

3. 泥质陶鼎（M114：27、1）

4. 白陶鼎（M10：9）

5. C型Ⅰ式器盖（M48：8）

彩版三二　石峡文化随葬陶杯、觯形器、泥质陶鼎、器盖

1. Aa型Ⅰ式器座（T64Y1：51）

2. Ab型Ⅰ式器座（T64Y1：86）

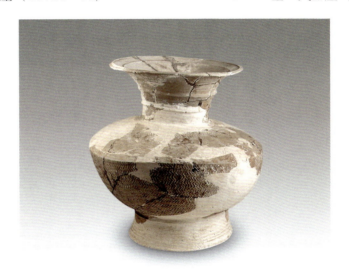

3. 陶尊（T29H42：10）

4. Aa型Ⅴ式器座（T6B②B：79）

5. B型Ⅰ式器座（T6B②B：80）

彩版三三　石峡三期早期陶器座和中期Ⅱ段陶尊、陶器座

1．A型Ⅱ式陶釜（T64Y1：11）

2．A型凹底罐（T29H42：3）

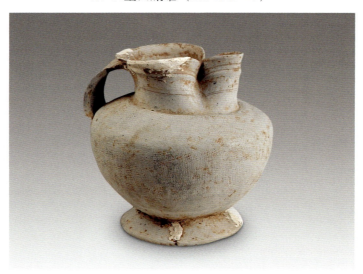

3．捏流宽把壶（T9②B：20）

彩版三四　石峡三期早期陶釜和中期Ⅱ段陶罐、壶

1. B型陶豆（M72：1）

2. A型陶豆（M83：3）

3. 捏流宽把壶（M82：3）

4. 罐型鼎（M130：2）

5. 捏流宽把壶（M128：4）

6. A型凹底罐（M128：5）

彩版三五　石峡三期中期Ⅰ段和Ⅱ段1组墓葬陶豆、罐、鼎、壶

1. B型凹底罐（M125：2）

2. 圈足盘（M125：1）

3. 双耳罐（M66：1）

4. 捏流宽把壶（M110：2）

5. A型玉玦（M97：2）

6. A型玉玦（M97：1）

彩版三六　石峡三期中期Ⅰ段墓葬陶罐、盘、壶和晚期墓葬玉玦、双耳罐

1. A. 型玉玦（M31：4）

2. B型玉玦（M31：3）

3. B型玉玦（M31：2）

4. B型玉玦（M113：4）

5. A型玉玦（M1：1）

6. B型玉玦（M31：1）

彩版三七　石峡三期晚期墓葬玉玦

1. 双耳陶罐（T29②A：1）

2. 原始瓷碟（T41H76：1）

彩版三八　石峡四期双耳陶罐、原始瓷碟

1. 刮刀 (T92②A：2、T29②A：2)

2. 钺 (T46H69：1)

彩版三九　石峡四期青铜刮刀、钺

1. 匕首 (T15②A：7)

2. 矛 (T15②A：5)

彩版四〇　石峡四期青铜匕首、矛

1. 狮子山远景

2. 石峡遗址

图版一　狮子山远景、石峡遗址

1. 1977~1978年发掘探方

2. 苏秉琦、商承祚教授在石峡

图版二 苏秉琦、商承祚教授在石峡

1. Ba型、Bb型釜（T1E④：173、T85④：196）

2. Ab型、Cb型釜（T2E④：195、T2D④：164）

3. Ac型、Aa型、Aa型釜（T6C④：188、T90④：01、T80④：192）

图版三　石峡第一期文化陶釜

1. Ba型、Cb型釜（T91④：143、T80④：193、T1J④：174）

2. 圈足盘圈足（T90④：250、T6C④：24、T4D④：254）

图版四　石峡第一期文化釜、圈足盘圈足

1. 圈足盘圈足 （T6C④：240、T8④：268）

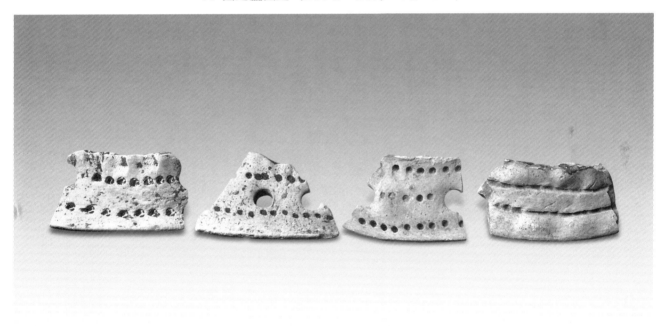

2. 圈足盘圈足 （T88④：252、T3C④：154、T32④：1、T89④：6）

图版五　石峡第一期文化圈足盘圈足

1. Ca型釜（T4D④：1）

2. Ab型釜（T90④：176）

3. Bc型釜（T90④：2）

4. Ab型圈足盘（T3C④：153）

图版六　石峡第一期文化陶釜、圈足盘

1．Ba型圈足盘（T1A③D4：1）

2．袋型器足（T85④：197）

3．器盖（T31④H20：139）

图版七　石峡第一期文化圈足盘、袋型器足、器盖

1．F2南墙基槽和柱洞（E→W）

2．F3南、西墙基槽和柱洞（W→E）

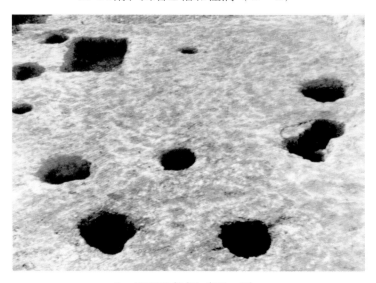

3．T3E③柱洞（W→E）

图版八　石峡文化F2南墙基槽与F3南墙、西墙基槽和柱洞、T3E③柱洞

1. 炭化籼型稻出土情况（T47③：H21）

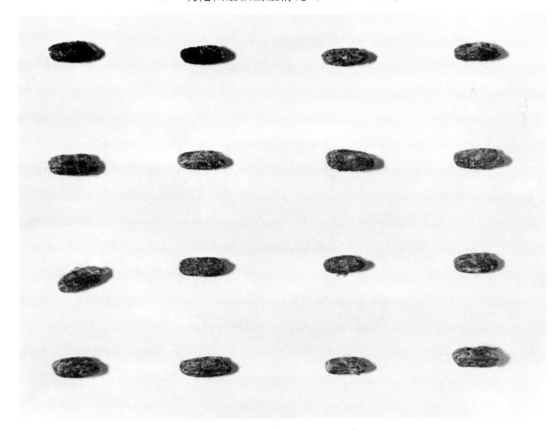

2. 籼型稻（T47③：H21）

图版九　石峡文化出土炭化米粒

1. 红烧土块（T26③：1）

2. 红烧土块（T6B③）

3. 红烧土块（T6B③）

4. 木骨泥墙构件（T4B③S1）

图版一○　石峡文化木骨泥墙构件和红烧土块

1. C型Ⅱ式镢（T11③：47）

2. C型Ⅱ式镢（T49③：04）

3. Ⅰ式铲（T83③：1）

4. Ⅱ式铲（T50③：1）

图版一一　石峡文化石镢、石铲

1. 有肩有段石斧（T7C③：71）

2. B型Ⅰ式双肩锛（T1J③：5）

3. 单肩锛（T11③：48）

4. A型Ⅰ式双肩锛（T12③：5）

5. A型Ⅱ式双肩锛（T89③：16）

6. A型Ⅰ式双肩锛（T4B③：2）

图版一二　石峡文化有肩有段石斧、单肩锛、双肩石锛

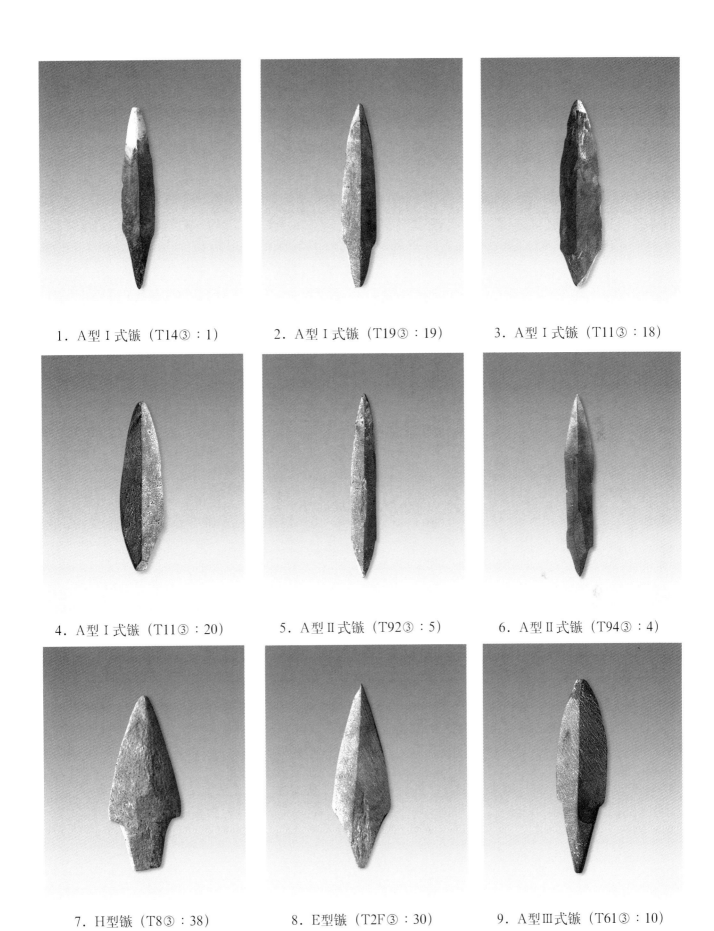

1. A型Ⅰ式镞（T14③：1）　　　2. A型Ⅰ式镞（T19③：19）　　　3. A型Ⅰ式镞（T11③：18）

4. A型Ⅰ式镞（T11③：20）　　　5. A型Ⅱ式镞（T92③：5）　　　6. A型Ⅱ式镞（T94③：4）

7. H型镞（T8③：38）　　　8. E型镞（T2F③：30）　　　9. A型Ⅲ式镞（T61③：10）

图版一三　石峡文化石镞

1. B型 I 式双肩锛（T45③：6）　　　　　　2. F型有段锛（T86③：19）

3. 磨研器（T1 I ③：1）

图版一四　石峡文化双肩石锛、有段石锛、磨研器

1. 石磨盘（T1H③：1）

2. 石锤（T2F③：2）

3. 石磨盘（T4B③：1）

4. 石坠（T94③：19）

图版一五　石峡文化石磨盘、石锤、石坠

1. 穿孔小玉钺 (T11③:1)

2. 穿孔小石铲 (T91③:1)

3. 穿孔小石铲 (T90③D1:35)

4. 石环芯 (T11③:44)

5. 石环芯 (T11③:46)

6. 石环芯 (T11③:45)

图版一六　石峡文化玉钺、小石铲、石环芯

1. Aa型Ⅰ式盘形鼎（T7C③：277）

2. Ab型Ⅰ式盘形鼎（T37③：278）

3. E型盘形鼎（T67③：1）

图版一七　石峡文化盘形鼎

1. A型Ⅲ式瓦形足三足盘（T3D③：1）

2. A型Ⅱ式圈足盘（T19H16：4）

3. Ba型Ⅱ式圈足盘盘（T2F③：25）

4. 圈足罐(T29H17:9)

5. 圈足罐（T33③:11）

图版一八　石峡文化三足盘、圈足罐、圈足盘

1. 壶盖（T29H18：4）

2. A型Ⅰ式陶纺轮（T50H39：5）

3. D型Ⅱ式陶纺轮（T1H③：22）

4. B型陶纺轮（T29③：7）

5. C型Ⅰ式陶纺轮（T75③：21）

6. C型Ⅰ式陶纺轮（T55③：20）

图版一九　石峡文化壶盖、陶纺轮

1. C型Ⅱ式陶纺轮（T93③：24）

2. C型Ⅱ式陶纺轮（T24③：23）

3. F型陶纺轮（T9③：15）

4. E型陶纺轮（T1G③：25）

5. B型陶纺轮（T77③：6）

6. D型Ⅰ式陶纺轮（T89③：1）

7. B型陶纺轮（T15③：12）

8. F型陶纺轮（T1H③：14）

图版二〇　石峡文化陶纺轮

1. 炭化稻谷

2. 山枣核

图版二一 石峡文化炭化稻谷、山枣核

1. M84 （S→N）

2. M90 （E→W）

图版二二　石峡文化早期Ⅰ段墓葬

1. M2 (S→N)

2. M3 (E→W)

图版二三　石峡文化早期Ⅰ段墓葬

1. M5 (W→E)

2. M11 (W→E)

图版二四　石峡文化早期 I 段墓葬

1. M19 （W→E）

2. M25 （N→S）

图版二五　石峡文化早期Ⅰ段墓葬

1. M28 （N→S）

2. M61 （E→W）

图版二六　石峡文化早期 I 段墓葬

1. M79 (W→E)

2. M89 (W→E)

图版二七　石峡文化早期 I 段墓葬

1. M111 (W→E)

2. M114 (E→W)

图版二八　石峡文化早期Ⅰ段墓葬

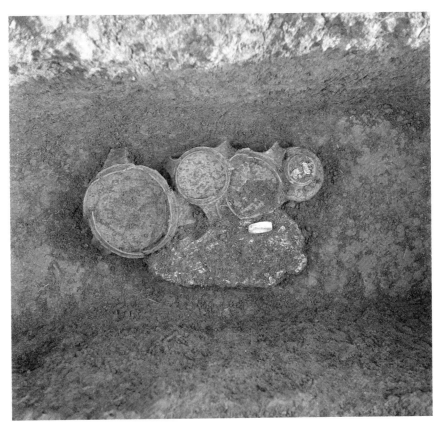

1. M124 (S→N)

2. M131 (W→E)

图版二九 石峡文化早期Ⅰ段墓葬

1. M9 (W→E)

2. M16 (W→E)

图版三〇　石峡文化早期Ⅱ段墓葬

1. M17 (W→E)

2. M39 (E→W)

图版三一 石峡文化早期II段墓葬

1. M53 (W→E)

2. M44 (W→E)

图版三二　石峡文化早期Ⅱ段墓葬

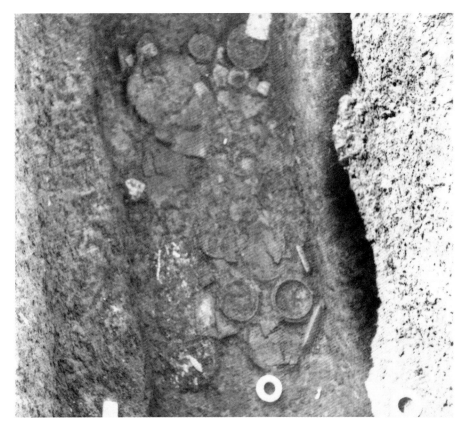

1. M69 (E→W)

2. M57 (E→W)

图版三三　石峡文化早期II段墓葬

1. M99 (N→S)

2. M77 (E→W)

图版三四　石峡文化早期II段墓葬

1. M107 (N→S)

2. M102 (E→W)

图版三五　石峡文化早期Ⅱ段墓葬

1. M105上层木炭

2. M105（E→W）

图版三六　石峡文化早期II段墓葬

1. M105局部

2. M129（E→W）

图版三七　石峡文化早期II段墓葬

1. M86（E→W）

2. M88（E→W）

图版三八　石峡文化中期墓葬

1. M103 (E→W)

2. M8 (E→W)

图版三九　石峡文化中期墓葬

1. M10（W→E）

2. M20（W→E）

图版四〇　石峡文化中期墓葬

1. M27 (W→E)

2. M80 (W→E)

图版四一　石峡文化中期墓葬

1. M33（N→S）

2. M42（E→W）

图版四二　石峡文化中期墓葬

1. M42局部

2. M43（W→E）

图版四三　石峡文化中期墓葬

1. M43局部

2. M46（E→W）

图版四四　石峡文化中期墓葬

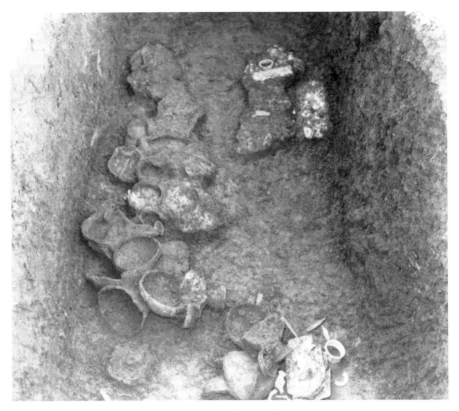

1. M47（W→E）

2. M47局部

图版四五　石峡文化中期墓葬

1. M48（W→E）

2. M51（E→W）

图版四六　石峡文化中期墓葬

1. M59（E→W）

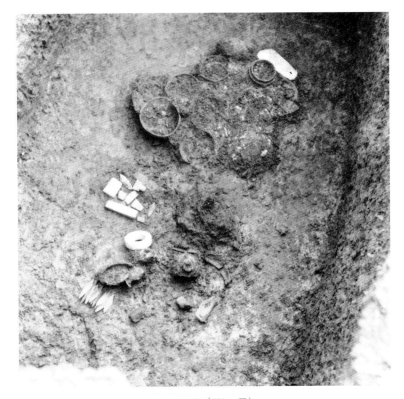

2. M67（W→E）

图版四七　石峡文化中期墓葬

1. M81填土一次葬器物（E→W）

2. M81墓底二次葬器物（E→W）

图版四八　石峡文化中期墓葬

1. M101 (W→E)

2. M104 (E→W)

图版四九　石峡文化中期墓葬

1. M108 （W→E）

2. M6 （S→N）

图版五○　石峡文化中期、晚期墓葬

1. M78（W→E）

2. M91（E→W）

图版五一　石峡文化晚期墓葬

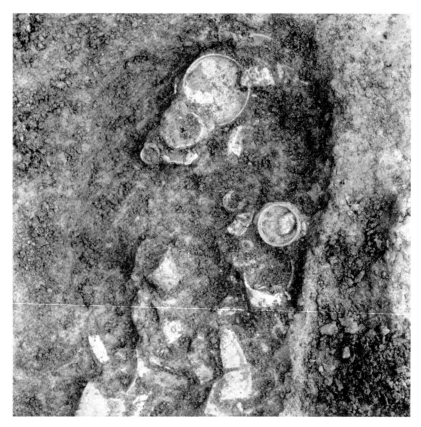

1．M21填土一次葬器物

2．M21墓底二次葬器物（WS→EN）

图版五二　石峡文化晚期墓葬

1. M45（E→W）

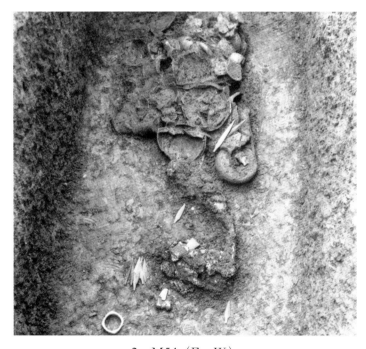

2. M54（E→W）

图版五三　石峡文化晚期墓葬

1. M112 (E→W)

图版五四　石峡文化晚期墓葬

1．A型Ⅰ式长身锛（M77：7）

2．A型Ⅱ式长身锛（M57：2）

3．A型Ⅲ式长身锛（M42：15）

4．B型Ⅰ式长身锛（M105：6）

5．B型Ⅲ式长身锛（M104：27）

6．C型Ⅰ式长身锛（M69：7）

7．C型Ⅱ式长身锛（M105：4）

8．C型Ⅲ式长身锛（M80：17）

9．C型Ⅲ式长身锛（M59：1）

图版五五　石峡文化随葬石锛

1. I式铲（M69：11）　　　　2. I式铲（M77：29）　　　　3. I式铲（M107：17）

4. I式铲（M81：1）　　　　5. I式铲（M53：2）　　　　6. II式铲（M119：3）

7. III式铲（M104：14）　　　8. IV式铲（M43：56）　　　9. IV式铲（M80：25）

图版五六　石峡文化随葬石铲

1. A型I式长身锛（M57：5）

2. A型I式长身锛（M57：1）

3. A型I式长身锛（M57：4）

4. A型I式长身锛（M105：7）

5. A型I式长身锛（M131：18）

6. A型I式长身锛（M43：7）

7. A型I式长身锛（M77：5）

8. A型I式长身锛（M114：4）

9. A型I式长身锛（M105：5）

图版五七　石峡文化随葬长身石锛

1. A型Ⅱ式长身锛（M29：19）　　2. A型Ⅱ式长身锛（M8：3）　　3. A型Ⅲ式长身锛（M10：12）

4. A型Ⅲ式长身锛（M104：15）　　5. B型Ⅰ式长身锛（M99：3）　　6. A型Ⅲ式长身锛（M27：32）

7. B型Ⅰ式长身锛（M39：22）　　8. B型Ⅱ式长身锛（M43：4）　　9. B型Ⅱ式长身锛（M104：17）

图版五八　石峡文化随葬长身石锛

1．Ⅳ式铲（M104∶42）　　　2．B型Ⅲ式长身锛（M54∶49）　　　3．C型Ⅰ式长身锛（M114∶8）

4．C型Ⅰ式长身锛（M17∶30）　　5．C型Ⅰ式长身锛（M19∶5）　　6．C型Ⅱ式长身锛（M108∶71）

7．C型Ⅲ式长身锛（M44∶11）　　8．C型Ⅲ式长身锛（M80∶2）　　9．D型长身锛（M39∶19）

图版五九　石峡文化随葬长身石锛、石铲

1．A型Ⅰ式梯形锛（M114：10）　　2．A型Ⅰ式梯形锛（M119：4）　　3．A型Ⅰ式梯形锛（M131：8）

4．A型Ⅰ式梯形锛（M131：19）　　5．A型Ⅰ式梯形锛（M30：1）　　6．A型Ⅰ式梯形锛（M33：10）

7．A型Ⅰ式梯形锛（M42：37）　　8．A型Ⅰ式梯形锛（M43：51）　　9．A型Ⅰ式梯形锛（M109：1）

图版六〇　石峡文化随葬梯形石锛

1．A型Ⅱ式梯形锛（M17：15）

2．A型Ⅱ式梯形锛（M104：40）

3．A型Ⅱ式梯形锛（M108：16）

4．A型Ⅲ式梯形锛（M2：7）

5．A型Ⅲ式梯形锛（M47：57）

6．B型梯形锛（M8：4）

7．B型梯形锛（M114：9）

8．B型梯形锛（M77：6）

9．B型梯形锛（M67：23）

图版六一　石峡文化随葬梯形石锛

1．B型梯形锛（M67：33）

2．B型梯形锛（M67：22）

3．B型梯形锛（M104：9）

4．C型梯形锛（M29：16）

5．C型梯形锛（M80：3）

6．C型梯形锛（M67：35）

7．C型梯形锛（M104：19）

8．C型梯形锛（M121：3）

图版六二　石峡文化随葬梯形石锛

1. D型Ⅰ式梯形锛（M33：12）

2. D型Ⅰ式梯形锛（M88：2）

3. D型Ⅰ式梯形锛（M54：11）

4. D型Ⅰ式梯形锛（M67：31）

5. D型Ⅱ式梯形锛（M78：3）

6. A型Ⅰ式有段锛（M69：33）

7. A型Ⅰ式有段锛（M105：3）

8. A型Ⅰ式有段锛（M43：11）

9. A型Ⅱ式有段锛（M44：13）

图版六三　石峡文化随葬梯形石锛、有段石锛

1. A型Ⅱ式有段锛（M44：12）

2. A型Ⅱ式有段锛（M104：26）

3. A型Ⅱ式有段锛（M42：17）

4. A型Ⅲ式有段锛（M47：59）

5. A型Ⅲ式有段锛（M61：9）

6. A型Ⅲ式有段锛（M104：51）

7. B型Ⅰ式有段锛（M77：2）

8. B型Ⅰ式有段锛（M61：10）

9. B型Ⅰ式有段锛（M44：14）

图版六四　石峡文化随葬有段石锛

1. B型I式有段锛（M42：19） 2. B型II式有段锛（M104：49） 3. B型II式有段锛（M80：1）

4. B型II式有段锛（M104：50） 5. C型有段锛（M3：2） 6. C型有段锛（M90：4）

7. D型有段锛（M39：23） 8. D型有段锛（M57：6） 9. A型II式有肩锛（M67：19）

图版六五 石峡文化随葬有段石锛、有肩石锛

1. A型Ⅲ式有肩锛（M47：44）

2. B型Ⅰ式有肩锛（M27：33）

3. B型Ⅰ式有肩锛（M43：57）

4. B型Ⅱ式有肩锛（M43：10）

5. B型Ⅲ式有肩锛（M67：18）

6. C型有肩锛（M114：7）

7. 小石锛（M10：15）

8. 小石锛（M67：16）

图版六六　石峡文化随葬有肩石锛、小石锛

1. A型Ⅰ式凿（M57：35）　　2. A型Ⅰ式凿（M77：4）　　3. A型Ⅱ式凿（M114：11）

4. A型Ⅲ式凿（M43：8）　　5. A型Ⅲ式凿（M10：17）　　6. B型Ⅰ式凿（M77：8）

7. B型Ⅰ式凿（M47：43）　　8. B型Ⅱ式石凿（M47：39）　　9. B型Ⅱ式石凿（M47：40）

图版六七　石峡文化随葬石凿

1. B型Ⅰ式凿（M33：13）　　　2. B型Ⅱ式凿（M47：42）　　　3. C型Ⅰ式凿（M16：5）

4. C型Ⅰ式凿（M57：24）　　　5. C型Ⅰ式凿（M43：9）　　　6. C型Ⅰ式凿（M104：10）

7. C型Ⅰ式凿（M104：22）　　　8. C型Ⅱ式凿（M39：21）　　　9. C型Ⅱ式凿（M67：24）

图版六八　石峡文化随葬石凿

1. C型Ⅱ式凿（M42：36）　　2. C型Ⅱ式凿（M77：43）　　3. D型Ⅰ式凿（M37：1）

4. D型Ⅱ式凿（M57：25）　　5. D型Ⅱ式凿（M47：61）　　6. E型Ⅰ式凿（M44：20）

7. E型Ⅱ式凿（M43：12）　　8. E型Ⅱ式凿（M67：28）　　9. E型Ⅱ式凿（M47：62）

图版六九　石峡文化随葬石凿

1. E型Ⅱ式凿（M47：60）　　2. A型Ⅰ式镞（M30：3）　　3. A型Ⅰ式镞（M43：74）

4. A型Ⅰ式镞（M47：68）　　5. A型Ⅰ式镞（M67：39、43）　　6. A型Ⅱ式镞（M16：37）

7. A型Ⅱ式镞（M44：40）　　8. A型Ⅱ式镞（M43：67）　　9. A型Ⅲ式镞（M104：70）

图版七〇　石峡文化随葬石凿、石镞

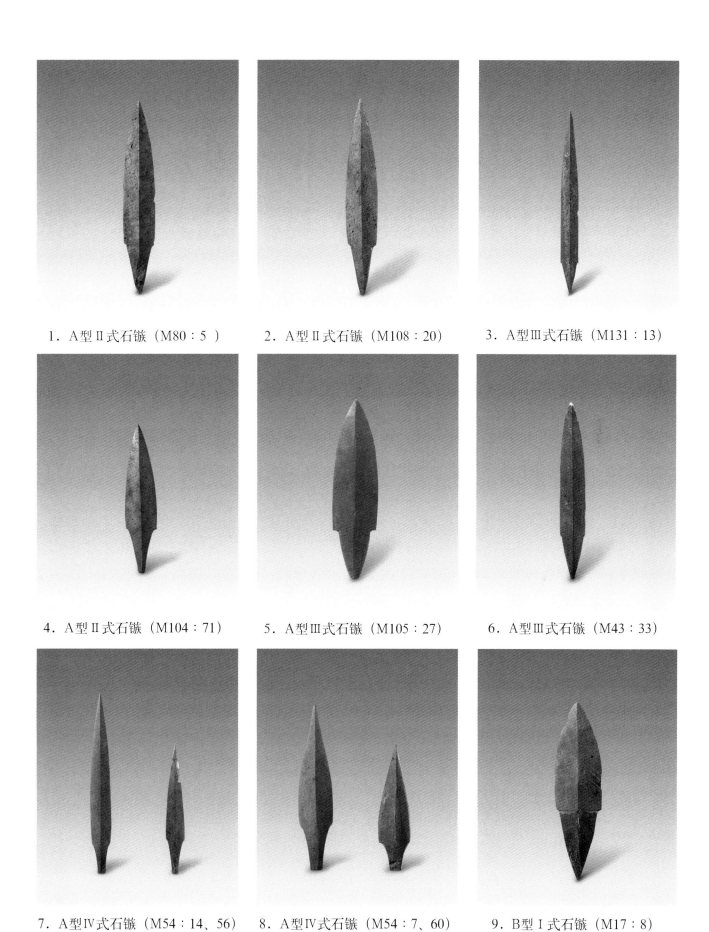

1. A型Ⅱ式石镞（M80∶5）　　　2. A型Ⅱ式石镞（M108∶20）　　　3. A型Ⅲ式石镞（M131∶13）

4. A型Ⅱ式石镞（M104∶71）　　　5. A型Ⅲ式石镞（M105∶27）　　　6. A型Ⅲ式石镞（M43∶33）

7. A型Ⅳ式石镞（M54∶14、56）　　8. A型Ⅳ式石镞（M54∶7、60）　　9. B型Ⅰ式石镞（M17∶8）

图版七一　石峡文化随葬石镞

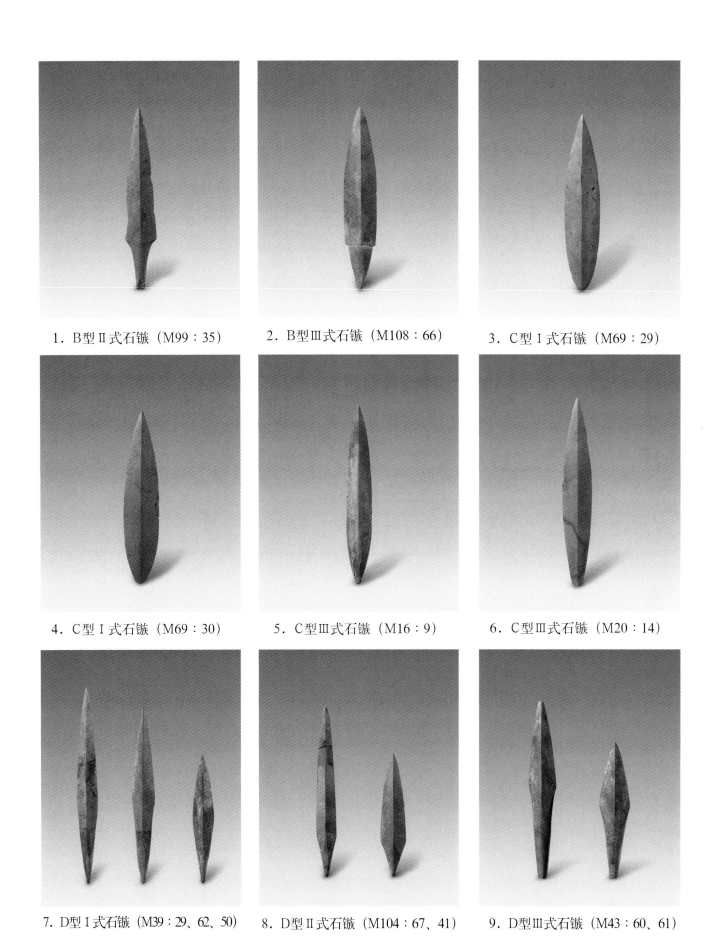

1. B型Ⅱ式石镞（M99：35）　　2. B型Ⅲ式石镞（M108：66）　　3. C型Ⅰ式石镞（M69：29）

4. C型Ⅰ式石镞（M69：30）　　5. C型Ⅲ式石镞（M16：9）　　6. C型Ⅲ式石镞（M20：14）

7. D型Ⅰ式石镞（M39：29、62、50）　　8. D型Ⅱ式石镞（M104：67、41）　　9. D型Ⅲ式石镞（M43：60、61）

图版七二　石峡文化随葬石镞

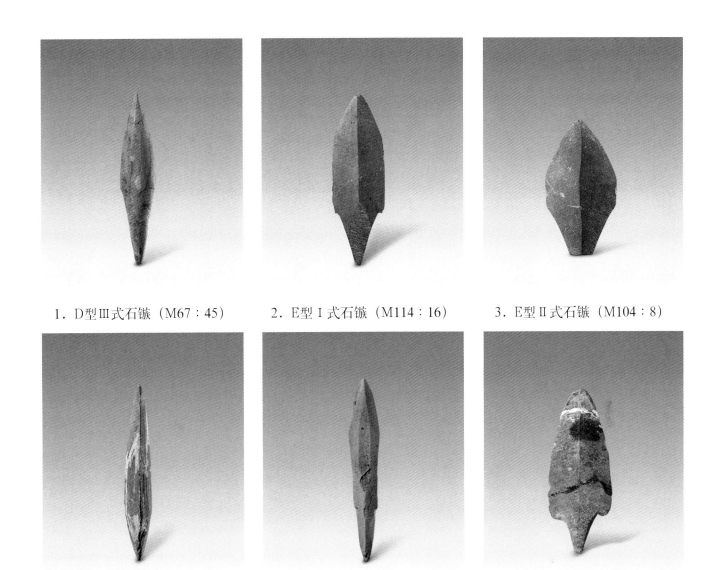

1. D型Ⅲ式石镞（M67：45）　　2. E型Ⅰ式石镞（M114：16）　　3. E型Ⅱ式石镞（M104：8）

4. F型石镞（M104：48）　　5. G型石镞（M67：44）　　6. 矛（M67：36）

图版七三　石峡文化随葬石镞、石矛

1. 石锥 (M57：34)

2. 砺石 (M39：17)

4. 石棒 (M104：64)

3. 石锤 (M107：30)

5. 石锤 (M104：65)

6. 石棒 (M39：74)

图版七四　石峡文化随葬石锥、石锤、石棒、砺石

1. A型I式石钺（M2：10）　　2. A型I式玉钺（M3：1）　　3. A型II式石钺（M17：2）

4. A型II式石钺（M44：9）　　5. A型II式石钺（M42：10）　　6. A型III式石钺（M57：32）

7. A型III式玉钺（M29：17）　　8. A型III式玉钺局部（M29：17）　　9. A型III式玉钺（M8：2）

图版七五　石峡文化随葬玉钺、石钺

1. B型Ⅰ式玉钺（M114∶3）　　　2. B型Ⅲ式玉钺（M104∶3）　　　3. B型Ⅲ式玉钺（M42∶7）

4. C型Ⅰ式玉钺（M99∶2）　　　5. C型Ⅱ式玉钺（M105∶13）　　　6. C型Ⅱ式玉钺（M27∶28）

7. B型Ⅰ式玉钺（M59∶37）　　　8. B型Ⅰ式玉钺（M43∶6）　　　9. B型Ⅱ式玉钺（M104∶53）

图版七六　石峡文化随葬玉钺

1. C型Ⅱ式石钺（M104：4）

2. C型Ⅲ式石钺（M80：24）

3. D型Ⅰ式玉钺（M67：1）

4. D型Ⅱ式玉钺（M47：103）

5. D型Ⅱ式玉钺（M47：30）

6. D型Ⅱ式玉钺（M86：6）

7. C型Ⅲ式石钺（M105：2）

8. C型Ⅲ式石钺（M80：23）

图版七七　石峡文化随葬玉钺、石钺

1. D型Ⅲ式玉钺（M47：28）　　2. D型Ⅲ式玉钺（M47：19）　　3. D型Ⅳ式玉钺（M43：47）

4. D型Ⅴ式玉钺（M54：2）　　5. E型玉钺（M42：2）　　6. D型Ⅳ式玉钺（M33：2）

图版七八　石峡文化随葬玉钺

1．玉琮（M10：11）

2．玉琮局部（M10：11）

3．玉琮（M17：13）

4．玉琮（M17：13）

图版七九　石峡文化随葬玉琮

1. 玉琮（M54：1）

2. 玉琮（M104：2）

3. 玉琮（M69：28）

4. 玉琮局部（M69：28）

图版八〇　石峡文化随葬玉琮

1. 玉琮（M105：1）

2. 玉琮局部（M105：1）

3.玉琮钻孔断痕（M105：1）

图版八一　石峡文化随葬玉琮

1.玉璧（M43：2）

2.玉龙首环（M42：4）

3.玉环形琮（M6：2）

4.玉环形琮（M56：1）

图版八二　石峡文化随葬玉璧、玉环形琮、玉龙首环

1. 玉龙首环（M99：5）

2. A型I式玉环（M17：12）

3. A型I式玉环（M107：4）

4. A型I式玉环（M47：20）

5. A型I式玉环（M47：34）

图版八三　石峡文化随葬玉龙首环、玉环

1. A型Ⅰ式玉环（M59：48）

2. A型Ⅰ式玉环（M124：6）

3. A型Ⅰ式玉环（M53：1）

4. A型Ⅱ式玉环（M67：14）

5. B型Ⅰ式玉环（M57：33）

6. B型Ⅰ式玉环（M57：8）

图版八四　石峡文化随葬玉环

1. B型Ⅰ式玉环（M69：4）

2. B型Ⅰ式玉环（M59：40）

3. B型Ⅱ式玉环（M6：1）

4. B型Ⅱ式玉环（M47：32）

5. B型Ⅱ式玉环（M47：37）

6. B型Ⅱ式玉环（M51：8）

图版八五　石峡文化随葬玉环

1. B型Ⅱ式玉环（M59：39）

2. C型Ⅰ式玉环（M33：1）

3. C型Ⅰ式玉环（M88：1）

4. C型Ⅰ式玉环（M69：3）

5. C型Ⅰ式玉环（M104：1）

6. C型Ⅱ式玉环（M45：15）

图版八六　石峡文化随葬玉环

1. D型Ⅰ式玉环（M15：2）

2. D型Ⅱ式玉环（M42：3）

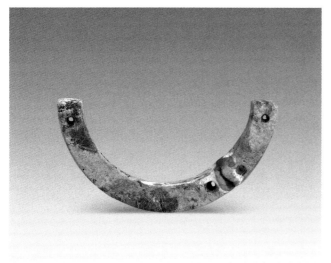

3. A型Ⅰ式玉璜（M98：1）

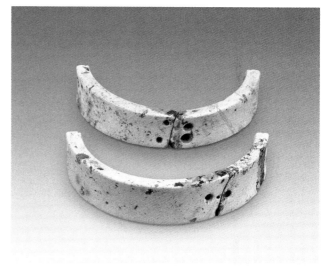

4. A型Ⅱ式玉璜（M45：36、37）

5. A型Ⅲ式玉璜（M118：40、39）

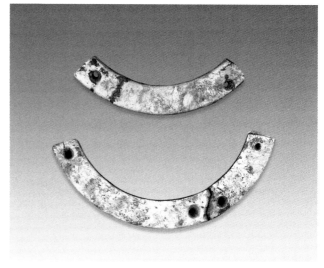

6. A型Ⅰ式玉璜（M47：48、49）

图版八七　石峡文化随葬玉环、玉璜

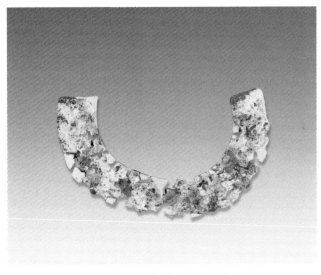

1. B型玉璜（M47：36）

2. 水晶玦（M20：2）

3. 玉玦（M47：33）

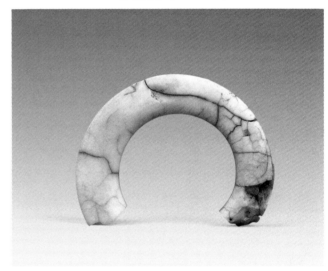

4. 玉玦（M47：27）

5. 玉玦（M59：70）

6. 玉玦（M90：3）

图版八八　石峡文化随葬玉璜、玉玦、水晶玦

1. 锥形器（M21：1）　　2. 锥形器（M27：27）　　3. 锥形器（M29：33）

4. 锥形器（M43：5）　　5. 锥形器（M47：115）　　6. 锥形器（M57：22）

7. 锥形器（M59：32）　　8. 锥形器（M104：5）　　9. 坠饰（M37：9）

图版八九　石峡文化随葬锥形器、坠饰

1．坠饰（M42：56、1）

2．玉坠饰（M42：120）

3．玉坠饰（M47：51）

4．玉坠饰（M48：13、12）

5．玉坠饰（M51：29）、石片饰（M86：1－4、10）

图版九〇　石峡文化随葬坠饰、石片饰

1、玉坠饰（M51：24）

2、玉坠饰（M59：66、M118：12）

3、玉坠饰（M59：68、M118：36）

4、玉坠饰（M69：2）

5、玉坠饰（M69：19）

图版九一　石峡文化随葬坠饰

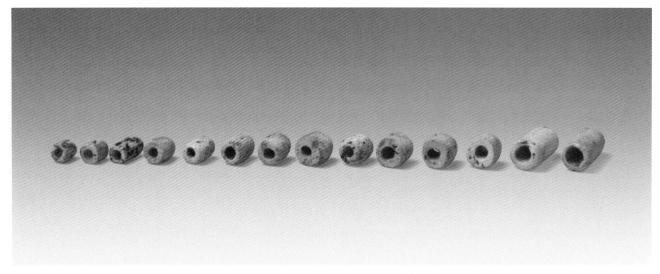

1、玉珠、玉管（M57、M45）

2、石片饰（M80：26）

3、石片饰（M24：6）

4、绿松石片（M45：13、14，M51：25-27）

图版九二　石峡文化随葬玉珠、玉管、石片饰、绿松石片

1. Aa型Ⅰ式盘形鼎（M105∶14）

2. Aa型Ⅰ式盘形鼎（M57∶45）

3. Aa型Ⅰ式盘形鼎（M99∶21）

4. Aa型Ⅰ式盘形鼎（M124∶4）

5. Aa型Ⅱ式盘形鼎（M107∶12）

6. Aa型Ⅱ式盘形鼎（M116∶4）

图版九三　石峡文化随葬盘形鼎

1．Aa型Ⅲ式盘形鼎（M42：74）

2．Aa型Ⅲ式盘形鼎（M80：38）

3．Aa型Ⅰ式盘形鼎（M25：3）

4．Aa型Ⅲ式盘形鼎（M101：3）

5．Ab型Ⅰ式盘形鼎（M89：2）

6．Ab型Ⅰ式盘形鼎（M102：8）

7．Aa型Ⅱ式盘形鼎（M109：2）

图版九四　石峡文化随葬盘形鼎

1. Ab型 I 式盘形鼎 (M44:31)

2. Ab型 II 式盘形鼎 (M2:8)

3. Ab型 II 式盘形鼎 (M11:5)

4. Ab型 II 式盘形鼎 (M90:2)

5. Ab型 II 式盘形鼎 (M79:6)

6. Ab型 III 式盘形鼎 (M77:38)

图版九五　石峡文化随葬盘形鼎

1．Ab型Ⅳ式盘形鼎（M42：75）

2．Ab型Ⅳ式盘形鼎（M27：19）

3．Ab型Ⅴ式盘形鼎（M29：5）

4．AC型Ⅰ式盘形鼎（M132：3）

5．AC型Ⅰ式盘形鼎（M10：3）

6．AC型Ⅱ式盘形鼎（M84：3）

图版九六　石峡文化随葬盘形鼎

1、AC型Ⅱ式盘形鼎（M30：23）

2、AC型Ⅲ式盘形鼎（M108：10）

3、AC型Ⅲ式盘形鼎（M43：19）

4、B型Ⅰ式盘形鼎（M61：2）

5、B型Ⅰ式盘形鼎（M5：5）

6、B型Ⅰ式盘形鼎（M131：5）

图版九七　石峡文化随葬盘形鼎

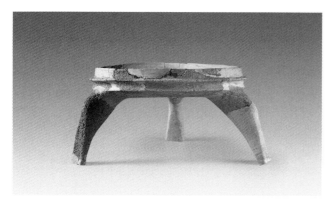

1. B型 I 式盘形鼎（M114：33）

2. B型 I 式盘形鼎（M124；10）

3. B型 II 式盘形鼎（M17：29）

4. B型 II 式盘形鼎（M17：39）

5. B型 III 式盘形鼎（M44：5）

6. B型 III 式盘形鼎（M44：32）

图版九八　石峡文化随葬盘形鼎

1. B型Ⅳ式盘形鼎（M43：3）

2. C型盘形鼎（M2：4）

3. D型Ⅲ式盘形鼎（M48：9）

4. B型Ⅰ式釜形鼎（M44：1）

5. A型Ⅰ式釜形鼎（M9：18）

6. A型Ⅱ式釜形鼎（M29：2）

图版九九　石峡文化随葬盘形鼎、釜形鼎

1.A型Ⅱ式釜形鼎（M15∶3）

2.A型Ⅳ式釜形鼎（M118∶7）

3.A型Ⅳ式釜形鼎（M112∶6）

4.A型Ⅴ式釜形鼎（M54∶23）

5.B型Ⅰ式釜形鼎（M16∶11）

6.B型Ⅱ式釜形鼎（M27∶12）

图版一〇〇　石峡文化随葬釜形鼎

1. B型 Ⅲ式釜形鼎（M29：1）

2. C型Ⅰ式釜形鼎（M27：13）

3. C型Ⅱ式釜形鼎（M29：38）

4. C型Ⅱ式釜形鼎（M29：13）

5. 异形鼎（M107：2）

图版一〇一　　石峡文化随葬釜形鼎、异形鼎

1. Aa型 I 式盆形鼎（M99：18、19）

2. Aa型 II 式盆形鼎（M44：2、3）

3. Aa型 II 式盆形鼎（M9：21）　　　　　4. Ab型 I 式盆形鼎（M99：17）

图版一○二　石峡文化随葬盆形鼎

1. Ab型Ⅰ式盆形鼎（M27：8）

2. Ab型Ⅰ式盆形鼎（M27：21）

3. Ab型Ⅰ式盆形鼎（M108：43）

4. Ab型Ⅰ式盆形鼎（M67：10）

5. Ab型Ⅱ式盆形鼎（M29：14）

6. Ab型Ⅱ式盆形鼎（M29：4）

7. Ab型Ⅰ式盆形鼎（M27：10）

图版一〇三　石峡文化随葬盆形鼎

1．Ab型Ⅲ式盆形鼎（M108：3）

2．Ac型Ⅰ式盆形鼎（M59：77）

3．Ac型Ⅰ式盆形鼎（M10：50）

4．Ac型Ⅱ式盆形鼎（M104：36）

5．Ad型盆形鼎（M108：1）

图版一〇四　石峡文化随葬盆形鼎

1．Ba型Ⅰ式盆形鼎（M99：22）

2．Ba型Ⅲ式盆形鼎（M4：11）

3．Bb型Ⅰ式盆形鼎（M99：32）

4．Ba型Ⅱ式盆形鼎（M107：16）

5．A型Ⅱ式釜（M2：5）

6．A型Ⅰ式釜（M16：12）

图版一〇五　石峡文化随葬盆形鼎、陶釜

1. A型Ⅱ式釜（M99：23）

2. A型Ⅱ式釜（M108：70）

3. A型Ⅱ式釜（M43：29）

4. B型Ⅰ式釜（M99：4）

5. A型Ⅲ式釜（M109：7）

6. A型Ⅲ式釜（M10：51）

图版一○六　石峡文化随葬陶釜

1. B型I式釜 (M17：4)

2. B型II式釜 (M27：15)

3. B型III式釜 (M21：15)

4. C型I式釜 (M73：4)

5. C型II式釜 (M42：27)

6. C型II式釜 (M43：15)

图版一〇七　石峡文化随葬陶釜

1. C型Ⅱ式釜（M108：45）

2. C型Ⅱ式釜（M43：23）

3. D型Ⅰ式釜（M77：39）

4. D型Ⅰ式釜（M132：5）

5. D型Ⅱ式釜（M45：24）

6. E型Ⅰ式釜（M90：6）

图版一〇八　石峡文化随葬陶釜

1. E型Ⅱ式釜（M4：13）   2. 有流陶釜（M27：24）

3. E型Ⅱ式釜（M4：12）

4. 未分型釜（M90：1）   5. 未分型釜（M102：9）

图版一〇九　石峡文化随葬陶釜

1. A型Ⅰ式陶甑（10：1）

2. A型Ⅱ式陶甑（M27：11）

3. A型Ⅲ式陶甑（M59：21）

4. B型陶甑（M42：71）

5. A型Ⅲ式陶甑（M4：6）

图版一一〇　石峡文化随葬陶甑

1. A型Ⅰ式夹砂盖豆（M39：12）

2. A型Ⅰ式夹砂盖豆（M44：3）

3. A型Ⅰ式夹砂盖豆（M77：40）

4. A型Ⅰ式夹砂盖豆（M9：15）

5. A型Ⅰ式夹砂盖豆（M108：2）

6. A型Ⅰ式夹砂盖豆（M43：100）

图版一一一　石峡文化随葬夹砂盖豆

1. A型Ⅲ式夹砂盖豆（M99∶18）

2. A型Ⅲ式夹砂盖豆（M99∶16）

3. A型Ⅲ式夹砂盖豆（M30∶25）

4. A型Ⅲ式夹砂盖豆（M43∶16）

5. A型Ⅳ式夹砂盖豆（M116∶21）

6. A型Ⅳ式夹砂盖豆（M67∶9）

7. A型Ⅱ式夹砂盖豆（M99∶20）

图版一一二　石峡文化随葬夹砂盖豆

1．A型IV式夹砂盖豆（M42：69）

2．A型V式夹砂盖豆（M108：42）

3．A型V式夹砂盖豆（M108：13）

4．A型V式夹砂盖豆（M59：82）

5．B型I式夹砂盖豆（M9：1）

6．B型I式夹砂盖豆（M9：32）

图版一一三　石峡文化随葬夹砂盖豆

1. B型Ⅱ式夹砂盖豆（M44：36）

2. B型Ⅱ式夹砂盖豆（M114：26）

3. B型Ⅲ式夹砂盖豆（M99：29）

4. B型Ⅲ式夹砂盖豆（M114：37）

5. B型Ⅲ式夹砂盖豆（M104：43）

6. B型Ⅲ式夹砂盖豆（M48：5）

图版一一四　石峡文化随葬夹砂盖豆

1. B型Ⅳ式夹砂盖豆（M27：7）

2. B型Ⅳ式夹砂盖豆（M27：5）

3. B型Ⅳ式夹砂盖豆（M43：102）

4. B型Ⅳ式夹砂盖豆（M43：17）

5. B型Ⅴ式夹砂盖豆（M59：83）

6. C型Ⅰ式夹砂盖豆（M69：21）

图版一一五　石峡文化随葬夹砂盖豆

1. C型Ⅱ式夹砂盖豆（M99：26）

2. C型Ⅱ式夹砂盖豆（M99：28）

3. C型Ⅱ式夹砂盖豆（M107：18）

4. C型Ⅱ式夹砂盖豆（M99：25）

5. C型Ⅱ式夹砂盖豆（M17：19）

6. C型Ⅱ式夹砂盖豆（M43：34）

图版一一六　石峡文化随葬夹砂盖豆

1. C型Ⅱ式夹砂盖豆（M47：5）

2. D型Ⅰ式夹砂盖豆（M105：22）

3. D型Ⅰ式夹砂盖豆（M39：65）

4. D型Ⅰ式夹砂盖豆（M30：22）

5. D型Ⅱ式夹砂盖豆（M67：7）

6. D型Ⅱ式夹砂盖豆（M108：52）

图版一一七　石峡文化随葬夹砂盖豆

1．D型Ⅲ式夹砂盖豆（M51∶33）

2．D型Ⅲ式夹砂盖豆（M51∶31）

3．D型Ⅳ式夹砂盖豆（M118∶11）

4．E型夹砂盖豆（M42∶70）

5．F型夹砂盖豆（M43∶38）

6．G型夹砂盖豆（M29∶3）

图版一一八　石峡文化随葬夹砂盖豆

1. Ⅰ式陶盂（M10：16）

2. Ⅲ式陶盂（M59：41）

3. Ⅰ式陶盂（M48：8、10）

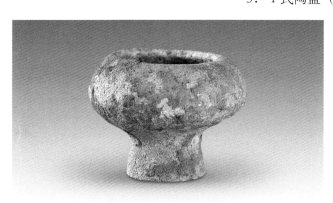

4. Ⅲ式陶盂（M59：45）

5. 陶鬶（M54：25）

图版一一九　石峡文化随葬陶盂、陶鬶

1. A型Ⅰ式瓦形足三足盘（M114：21）

2. A型Ⅰ式瓦形足三足盘（M61：18）

3. A型Ⅰ式瓦形足三足盘（M57：19）

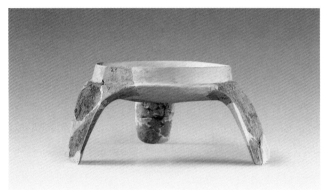

4. A型Ⅰ式瓦形足三足盘（M61：20）

5. A型Ⅰ式瓦形足三足盘（M131：1）

6. A型Ⅱ式瓦形足三足盘（M28：1）

图版一二〇　石峡文化随葬瓦形足三足盘

1．A型Ⅱ式瓦形足三足盘（M107：11）

2．A型Ⅱ式瓦形足三足盘（M124：2）

3．A型Ⅱ式瓦形足三足盘（M89：5）

4．A型Ⅱ式瓦形足三足盘（M89：8）

5．A型Ⅱ式瓦形足三足盘（M11：2）

6．A型Ⅱ式瓦形足三足盘（M79：2）

图版一二一　石峡文化随葬瓦形足三足盘

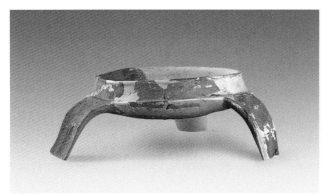

1．A型Ⅲ式瓦形足三足盘（M16∶15）

2．A型Ⅲ式瓦形足三足盘（M17∶25）

3．A型Ⅲ式瓦形足三足盘（M3∶5）

4．A型Ⅲ式瓦形足三足盘（M44∶18）

5．A型Ⅲ式瓦形足三足盘（M79∶10）

6．A型Ⅳ式瓦形足三足盘（M5∶4）

7．A型Ⅲ式瓦形足三足盘（M109∶6）

图版一二二　石峡文化随葬瓦形足三足盘

1. A型IV式瓦形足三足盘（M25：2）

2. A型IV式瓦形足三足盘（M124：3）

3. A型IV式瓦形足三足盘（M109：4）

4. A型V式瓦形足三足盘（M107：15）

5. A型V式瓦形足三足盘（M42：14）

6. B型I式瓦形足三足盘（M9：10）

图版一二三　石峡文化随葬瓦形足三足盘

1. B型Ⅰ式瓦形足三足盘（M76：2）

2. B型Ⅱ式瓦形足三足盘（M102：7）

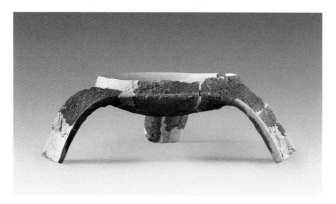

3. B型Ⅲ式瓦形足三足盘（M101：1）

4. C型Ⅰ式瓦形足三足盘（M61：19）

5. C型Ⅰ式瓦形足三足盘（M81：9）

6. C型Ⅰ式瓦形足三足盘（M79：9）

图版一二四　石峡文化随葬瓦形足三足盘

1. C型Ⅱ式瓦形足三足盘（M2：2）

2. C型Ⅱ式瓦形足三足盘（M5：3）

3. C型Ⅱ式瓦形足三足盘（M109：9）

4. C型Ⅲ式瓦形足三足盘（M42：80）

5. C型Ⅱ式瓦形足三足盘（M107：22）

6. C型Ⅲ式瓦形足三足盘（M81：8）

图版一二五　石峡文化随葬瓦形足三足盘

1. C型Ⅲ式瓦形足三足盘（M81：6）

2. C型Ⅳ式瓦形足三足盘（M47：11）

3. C型Ⅳ式瓦形足三足盘（M47：12）

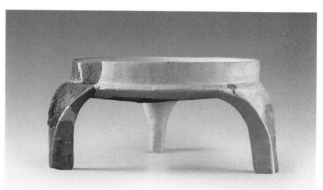

4, D型Ⅰ式瓦形足三足盘（M89：9）

5. D型Ⅱ式瓦形足三足盘（M79：5）

6. D型Ⅱ式瓦形足三足盘（M79：8）

7. D型Ⅰ式瓦形足三足盘（M2：3）

图版一二六　石峡文化随葬瓦形足三足盘

1．E型Ⅱ式瓦形足三足盘（M102∶10）　　　2．A型Ⅰ式梯形足三足盘（M3∶26）

3．A型Ⅱ式梯形足三足盘（M9∶2）　　　4．A型Ⅱ式梯形足三足盘（M9∶28）

5．B型Ⅰ式梯形足三足盘（M131∶6）　　　6．B型Ⅰ式梯形足三足盘（M129∶20）

7．A型Ⅱ式梯形足三足盘（M9∶16）

图版一二七　石峡文化随葬瓦形足三足盘、梯形足三足盘

1. B型Ⅱ式梯形足三足盘（M39：4）

2. B型Ⅱ式梯形足三足盘（M77：37）

3. B型Ⅱ式梯形足三足盘（M114：20）

4. C型Ⅰ式梯形足三足盘（M39：70）

5. C型Ⅰ式梯形足三足盘（M39：8）

6. C型Ⅱ式梯形足三足盘（M39：68）

图版一二八　石峡文化随葬梯形足三足盘

1. C型Ⅰ式梯形足三足盘（M132：1）

2. C型Ⅱ式梯形足三足盘（M39：69）

3. C型Ⅱ式梯形足三足盘（M105：18）

4. C型Ⅲ式梯形足三足盘（M77：23）

5. C型Ⅳ式梯形足三足盘（M108：5）

6. D型梯形足三足盘（M114：24）

7. C型Ⅲ式梯形足三足盘（M77：21）

图版一二九　石峡文化随葬梯形足三足盘

1. E型梯形足三足盘（M46：18）

2. A型Ⅰ式三角形足三足盘（M84：2）

3. A型Ⅱ式三角形足三足盘（M3：27）

4. A型Ⅱ式三角形足三足盘（M3：7）

5. A型Ⅱ式三角形足三足盘（M3：8）

6. A型Ⅱ式三角形足三足盘（M111：3）

7. A型Ⅱ式三角形足三足盘（M3：4）

图版一三〇　石峡文化随葬梯形足三足盘、三角形足三足盘

1．A型Ⅲ式三角形足三足盘（M2：11）

2．B型Ⅰ式三角形足三足盘（M69：10）

3．B型Ⅰ式三角形足三足盘（M69：9）

4、B型Ⅰ式三角形足三足盘（M119：2）

5．B型Ⅰ式三角形足三足盘（M119：1）

6．B型Ⅲ式三角形足三足盘（M9：6）

7．B型Ⅱ式三角形足三足盘（M129：19）

8．B型Ⅰ式三角形足三足盘（M129：21）

图版一三一　石峡文化随葬三角形足三足盘

1．B型Ⅳ式三角形足三足盘（M27：20）

2．C型三角形足三足盘（M57：17）

3．D型三角形足三足盘（M54：39）

4．Aa型Ⅰ式圈足盘（M16：14）

5．Aa型Ⅰ式圈足盘（M57：28）

6．Aa型Ⅰ式圈足盘（M17：27）

7．Aa型Ⅰ式圈足盘（M116：1）

图版一三二　石峡文化随葬三角形足三足盘、圈足盘

1. Aa型Ⅱ式圈足盘（M16：19）

2. Aa型Ⅲ式圈足盘（M39：5）

3. Ab型Ⅰ式圈足盘（M42：21）

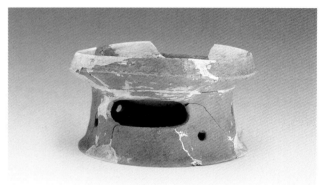

4. Ab型Ⅰ式圈足盘（M42：32）

5. Ab型Ⅱ式圈足盘（M43：21）

6. Ab型Ⅱ式圈足盘（M108：11）

图版一三三　石峡文化随葬圈足盘

1．Ab型Ⅱ式圈足盘（M59：28）

2．Ab型Ⅲ式圈足盘（M104：54）

3．Ab型Ⅲ式圈足盘（M30：30）

4．Ab型Ⅲ式圈足盘（M43：26）

5．Ab型Ⅳ式圈足盘（M80：28）

图版一三四　石峡文化随葬圈足盘

1. Ab型Ⅳ式圈足盘（M104：31）

2. Ab型Ⅳ式圈足盘（M59：44）

3. Ab型Ⅳ式圈足盘（M10：6）

4. Ab型Ⅴ式圈足盘（M59：5）

5. Ab型Ⅴ式圈足盘（M104：30）

6. Ab型Ⅴ式圈足盘（M29：40）

图版一三五　石峡文化随葬圈足盘

1．Ab型Ⅵ式圈足盘（M43∶30）

2．Ab型Ⅵ式圈足盘（M59∶22）

3．Ab型Ⅵ式圈足盘（M47∶6）

4．Ab型Ⅵ式圈足盘（M67∶4）

5．Ba型Ⅱ式圈足盘（M46∶3）

6．Ba型Ⅱ式圈足盘（M48∶6）

图版一三六　石峡文化随葬圈足盘

1. Ba型Ⅱ式圈足盘（M24：4）

2. Ba型Ⅱ式圈足盘（M51：4）

3. Ba型Ⅲ式圈足盘（M118：34）

4. Bb型Ⅰ式圈足盘（M59：26）

5. Bb型Ⅱ式圈足盘（M20：6）

6. Bb型Ⅱ式圈足盘（M29：11）

图版一三七　石峡文化随葬圈足盘

1. Bb型Ⅲ式圈足盘（M118：3）

2. Bc型Ⅰ式圈足盘（M24：7）

3. Bc型Ⅱ式圈足盘（M54：18）

4. Ca型Ⅰ式圈足盘（M29：45）

5. Ca型Ⅱ式圈足盘（M29：12）

6. Ca型Ⅱ式圈足盘（M46：5）

7. Bb型Ⅲ式圈足盘（M118：6）

图版一三八　石峡文化随葬圈足盘

1．Ca型Ⅲ式圈足盘（M46：6）

2．Ca型Ⅲ式圈足盘（M29：42）

3．Ca型Ⅳ式圈足盘（M118：41）

4．Ca型Ⅳ式圈足盘（M118：9）

5．Ca型Ⅳ式圈足盘（M118：1）

6．Cb型Ⅰ式圈足盘（M47：13）

图版一三九　石峡文化随葬圈足盘

1. Cb型Ⅱ式圈足盘（M47：3）　　　　2. Cb型Ⅲ式圈足盘（M54：24）

3. Cc型Ⅰ式圈足盘（M4：7）　　　　4. Cc型Ⅰ圈足盘（M4：8）

5. Cc型Ⅱ式圈足盘（M29：6）　　　　6. Cc型Ⅲ式圈足盘（M21：12）

图版一四〇　石峡文化随葬圈足盘

1. Da型Ⅰ式圈足盘（M54：15）

2. Da型Ⅰ式圈足盘（M54：17）

3. Da型Ⅱ式圈足盘（M112：11）

4. Da型Ⅲ式圈足盘（M45：26）

5. Da型Ⅰ式圈足盘（M118：24）　6. Da型Ⅱ式圈足盘（M112：12）　7. Da型Ⅱ式圈足盘（M112：4）

图版一四一　石峡文化随葬圈足盘

1. Da型Ⅲ式圈足盘（M21：7）

2. Da型Ⅲ式圈足盘（M45：19）

3. Da型Ⅳ式圈足盘（M21：26）

4. Db型Ⅰ式圈足盘（M45：21）

5. Db型Ⅱ式圈足盘（M21：19）

6. Db型Ⅱ式圈足盘（M21：22）

7. Da型Ⅲ式圈足盘（M78：5）

图版一四二　石峡文化随葬圈足盘

1. E型圈足盘（M107：6）

2. F型圈足盘（M91：1）

3. Aa型Ⅰ式陶豆（M9：5）

4. Aa型Ⅰ式陶豆（M108：44）

5. Aa型Ⅰ式陶豆（M43：14）

6. Aa型Ⅰ式陶豆（M42：96）

7. Aa型Ⅰ式陶豆（M129：11）

图版一四三　石峡文化随葬圈足盘·陶豆

1. Aa型Ⅱ式陶豆（M3：3）

2. Aa型Ⅱ式陶豆（M69：25）

3. Aa型Ⅱ式陶豆（M9：25）

4. Aa型Ⅱ式陶豆（M46：9）

5. Aa型Ⅱ式陶豆（M42：28）

6. Ab型Ⅰ式陶豆（M114：28）

7. Ab型Ⅰ式陶豆（M67：6）

图版一四四　石峡文化随葬陶豆

1. Ab型Ⅰ式陶豆（M59∶47）

2. Ab型Ⅰ式陶豆（M30∶29）

3. Ab型Ⅱ式陶豆（M99∶6）

4. Ab型Ⅱ式陶豆（M46∶11）

5. Ab型Ⅱ式陶豆（M59∶4）

6. Ab型Ⅱ式陶豆（M43∶43）

图版一四五　石峡文化随葬陶豆

1．Ab型Ⅱ式陶豆（M 27：6）

2．Ab型Ⅱ式陶豆（M104：29）

3．Ac型Ⅰ式陶豆（M3：9）

4．Ac型Ⅱ式陶豆（M42：66）

5．Ac型Ⅲ式陶豆（M46：4）

6．Ac型Ⅳ式陶豆（M21：17）

图版一四六　石峡文化随葬陶豆

1. Ac型Ⅲ式陶豆（M21：10）

2. Ad型陶豆（M48：17）

3. Ba型Ⅰ式陶豆（M77：41）

4. Ba型Ⅰ式陶豆（M17：26）

5. Ba型Ⅰ式陶豆（M107：13）

6. Ba型Ⅰ式陶豆（M9：4）

7. Ba型Ⅰ式陶豆（M9：8）

图版一四七　石峡文化随葬陶豆

1. Ba型Ⅱ式陶豆（M20：18）

2. Ba型Ⅱ式陶豆（M42：20）

3. Ba型Ⅱ式陶豆（M24：8）

4. Ba型Ⅲ式陶豆（M20：16）

5. Ba型Ⅲ式陶豆（M46：8）

6. Ba型Ⅲ式陶豆（M47：26）

图版一四八　石峡文化随葬陶豆

1. Ba型Ⅳ式陶豆（M54：36）

2. Bb型Ⅰ式陶豆（M9：24）

3. Bb型Ⅰ式陶豆（M57：16）

4. Bb型Ⅰ式陶豆（M10：7）

5. Bb型Ⅱ式陶豆（M51：9）

6. Bb型Ⅱ式陶豆（M108：4）

图版一四九　石峡文化随葬陶豆

1. Bc型Ⅰ式陶豆（M114：25）

2. Bc型Ⅰ式陶豆（M44：37）

3. Bc型Ⅱ式陶豆（M24：1）

4. Bc型Ⅳ式陶豆（M112：5）

5. Bc型Ⅳ式陶豆（M112：9）

6. Bd型Ⅰ式陶豆（M54：37）

7. Bc型Ⅲ式陶豆（M118：4）

图版一五〇　石峡文化随葬陶豆

1. Bd型Ⅱ式陶豆 (M54：34)

2. Bd型Ⅱ式陶豆 (M21：9)

3. Bd型Ⅱ式陶豆 (M45：22)

4. Bd型Ⅱ式陶豆 (M112：8)

5. C型Ⅰ式陶豆 (M29：35)

6. C型Ⅱ式陶豆 (M4：1)

图版一五一　石峡文化随葬陶豆

1．C型Ⅱ式陶豆（M4∶5）

2．C型Ⅱ式陶豆（M29∶49）

3．C型Ⅲ式陶豆（M118∶33）

4．C型Ⅳ式陶豆（M91∶2）

5．C型Ⅳ式陶豆（M118∶5）

6．C型Ⅳ式陶豆（M118∶20）

1. D型陶豆（M39：13）

2. E型陶豆（M48：3）

3. F型陶豆（M59：88）

4. A型Ⅰ式陶壶（M89：1）

5. A型Ⅰ式陶壶（M25：4）

6. A型Ⅱ式陶壶（M114：2）

图版一五三　石峡文化随葬陶豆、陶壶

1. A型Ⅳ式陶壶（M104：57）

2. B型Ⅱ式陶壶（M29：9）

3. B型Ⅲ式陶壶（M118：2）

4. A型Ⅲ式陶壶（M39：1）

5. C型Ⅰ式陶壶（M2：1）

6. C型Ⅰ式陶壶（M111：1）

图版一五四　石峡文化随葬陶壶

1．C型Ⅱ式陶壶（M129：14）

2．C型Ⅱ式陶壶（M107：1）

3．C型Ⅲ式陶壶（M108：14）

4．C型Ⅳ式陶壶（M80：30）

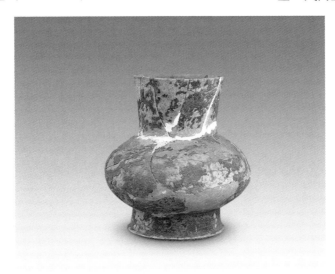

5．C型Ⅱ式陶壶（M39：2）

图版一五五　石峡文化随葬陶壶

1. D型Ⅰ式陶壶（M102：1）

2. D型Ⅱ式陶壶（M109：5）

3. D型Ⅰ式陶壶（M79：1）

4. E型陶壶（M44：4）

5. Ba型Ⅱ式陶罐（M131：7）

6. Ba型Ⅰ式双耳圜底罐（M3：11）

7. A型Ⅰ式陶罐（M9：3）

图版一五六　石峡文化随葬陶壶、陶罐

1. Bb型Ⅱ式陶罐（M69：16）

2. Bb型Ⅰ式陶罐（M11：3）

3. A型Ⅱ式陶罐（M107：3）

4. Bb型Ⅲ式陶罐（M59：38）

5. Bb型Ⅲ式陶罐（M67：5）

6. Bb型Ⅳ式陶罐（M108：9）

图版一五七　石峡文化随葬陶罐

1. Bb型Ⅴ式陶罐（M81：2）

2. C型Ⅰ式陶罐（M102：4）

3. C型Ⅱ式陶罐（M48：7）

4. C型Ⅲ式陶罐（M54：13）

5. D型陶罐（M4：2）

6. D型陶罐（M29：58）

图版一五八　石峡文化随葬陶罐

1. 几何印纹陶罐（M45：31）

2. 几何印纹陶罐（M45：30）

3. 大口罐（M69：20）

4. 平底罐（M20：8）

5. 直身罐（M59：20）

6. A型陶瓮（M99：27）

图版一五九　石峡文化随葬陶罐、陶瓮

1. B型 I 式陶瓮（M42：25）

2. B型 II 式陶瓮（M42：24）

3. I 式陶杯（M9：13）

图版一六〇　石峡文化随葬陶瓮、陶杯

1. Ⅲ式陶杯（M10：39）

2. A型Ⅲ式陶簋（M121：2）

3. A型Ⅳ式陶簋（M121：1）

4. A型Ⅳ式陶簋（M51：32）

5. B型陶簋（M43：36）

6. D型陶簋（M45：32）

7. A型Ⅱ式陶簋（M48：4）

图版一六一　石峡文化随葬陶杯、陶簋

1．C型陶簋（M59：16）

2．D型陶簋（M45：33）

3．觶形器（M57：14）

4．觶形器（M81：3）

5．泥质陶鼎（M129：10、15）

图版一六二　石峡文化随葬陶簋、觶形器、泥质陶鼎

1. 泥质陶鼎（M114：27、1）

2. 泥质陶鼎（M118：10）

3. 白陶鼎（M10：9）

4. Ⅱ式陶杯（M33：9）

图版一六三　石峡文化随葬泥质陶鼎、白陶鼎、陶杯

1. Aa型 I 式器盖（M131：4）

2. Aa型 II 式器盖（M89：4）

3. Aa型 II 式器盖（M47：116）

4. Ac型 I 式器盖（M108：8）

5. Ac型 II 式器盖（M51：30）

6. B型 I 式器盖（M59：89）

图版一六四　石峡文化随葬器盖

1. B型Ⅱ式器盖（M118：26）

2. C型Ⅰ式器盖（M48：8）

3. C型Ⅱ式器盖（M80：29）

4. A型Ⅰ式陶纺轮（M129：7、5、6、4、8）

5. A型Ⅰ式陶纺轮（M43：55）

6. A型Ⅰ式陶纺轮（M10：34）

图版一六五　石峡文化随葬器盖、陶纺轮

1．A型Ⅰ式陶纺轮（M27：26）

2．A型Ⅱ式陶纺轮（M7：4）

3．A型Ⅱ式陶纺轮（M59：61、8、46）

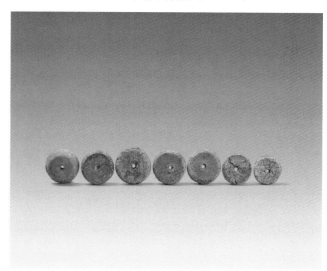

4．A型Ⅱ式陶纺轮（M27：4、26、3、25、2、22、1）

5．A型Ⅱ式陶纺轮（M43：54）

6．A型Ⅱ式陶纺轮（M10：30）

图版一六六　石峡文化随葬陶纺轮

1. A型II式陶纺轮（M51：21. 22、18、20、23、16）

2. B型陶纺轮（M96：3）

3. B型陶纺轮（M59：64）

4. C型I式陶纺轮（M87：2）

5. B型陶纺轮（M118：15、38、8）

图版一六七　石峡文化随葬陶纺轮

1. C型Ⅱ式陶纺轮（M37∶10）

2. E型陶纺轮（M12∶1）

3. C型Ⅱ式陶纺轮（M29∶27、30）

图版一六八　石峡文化随葬陶纺轮

1. T35②B柱洞

2. T66②B柱洞

图版一六九　石峡三期柱洞

1. Y1 (E→W)

2. Y1 (W→E)

图版一七〇　石峡三期早期Y1

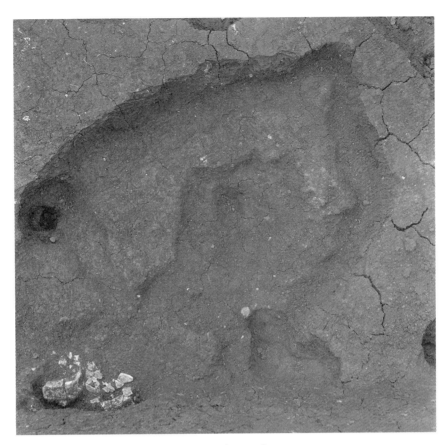

1. Y3（S→N）

2. T4B②B第一层红烧土遗迹（E→W）

图版一七一　石峡三期早期Y3、中期Ⅱ段红烧土遗迹

1. A型大型长身石锛（T5A②B：1）

图版一七二　石峡三期大型长身石锛

1．A型Ⅰ式双肩锛（T32②B：6）　　　　2．A型Ⅱ式双肩锛（T2②B：31）

3．B型双肩锛（T4B②B：5）　　　　4．有肩有段锛（T33②B：12）

5．B型双肩锛（T6B②B：17）

图版一七三　石峡三期双肩石锛、有肩有段石锛

1．有肩有段锛（T4B②B：6）

2、有肩有段锛（T4B②B：7）

3．C型石凿（T83②B：27）

4．B型石凿（T3C②B：1）

5．B型石凿（T2②B：32）

图版一七四　石峡三期有肩有段石锛、石凿

1. C型有段石凿、有肩有段石锛（T29②BH42：82、T6B②B：14、T2②B：10）

2. 石矛（T1H②B：1）

图版一七五　石峡三期有肩有段石锛、有段石凿、石矛

1. 磨轮（T6B②B：27）

2. 石刀（T2A②B：2）

图版一七六　石峡三期磨轮、石刀

1. 石杵 (T43②B∶1)

2. 石网坠 (T3②B∶1)

3. 磨研器 (T5A②B∶1)

图版一七七　石峡三期石杵、石网坠、磨研器

1. A型石环（T4②B：10）

2. A型石环（T37②B：9）

图版一七八　石峡三期石环

1. C型石环（T4D②B：18）

2. 石镯（T18②B：01）、T24②B：44)

3. C型石环（T43②B H57：03）

图版一七九　石峡三期石环、石镯

1. 四方形器（T99②B：1、T5②B：09）

2. 砺石（T3②B：09）

图版一八〇 石峡三期四方形器、砺石

1. B型Ⅱ式釜（T64Y1：11）

2. A型Ⅱ式釜（T64Y1：01）

图版一八一　石峡三期早期陶釜

1. A型I式陶釜 (T64Y1：16)

2. A型II式陶釜 (T64Y1：11)

3. A型II式陶釜 (T64Y1：50)

图版一八二　石峡三期早期陶釜

1. 夹砂圈足罐（T2B②B：91）

2. 夹砂圈足罐（T5C②B：8）

3. 夹砂圈足罐（T82②B：15）

图版一八三　石峡三期早期夹砂圈足罐

1. Aa型Ⅰ式器座 （T64Y1：51）

2. Ab型Ⅰ式器座 （T64Y1：86）

3. Aa型Ⅱ式器座 （T40②B H40：21）

4. Ab型Ⅱ式器座 （T40②B H40：22）

图版一八四　石峡三期早期陶器座

1. A型I式小口圈足罐（T62H60：7）

2. A型II式小口圈足罐（T47②B H41：1）

3. B型I式小口圈足罐（T64Y1：30）

图版一八五　石峡三期早期小口圈足罐

1. Ab型Ⅰ式陶豆（T86②B：1）

2. Ab型Ⅰ式陶豆（T3F②B：1）

3. Ab型Ⅳ式陶豆（T64Y1：330）

图版一八六　石峡三期早期陶豆

1. C型Ⅰ式陶豆（T64Y1：331）

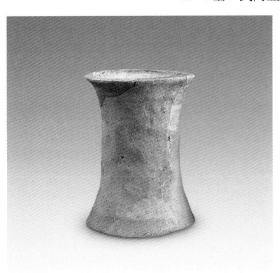

2. Aa型Ⅴ式器座（T6B②B：78）

3. Aa型Ⅴ式器座（T6B②B：79）

4. B型Ⅰ式器座（T6B②B：80）

图版一八七　石峡三期早期陶豆、Ⅱ段陶器座

1. 陶尊（T29②BH42∶10）

2. 陶尊口沿（T29②B H42∶464）

3. 陶尊口沿（T29②B H42∶58、2）

图版一八八　石峡三期中期Ⅱ段陶尊

1. 高领圜底罐（T6B②B：25）

2. 凹底罐（T29②B H42 ：03）

3. 凹底罐残片（T6B②B：61、T7C②B：450）

图版一八九　石峡三期中期Ⅱ段高领圜底罐、凹底罐

1. A型Ⅲ式陶罐（T29②B H42：23）

2. A型Ⅰ式陶罐（T29②B H42：20）

3. A型Ⅱ式陶罐（T29②B H42：21）

4. B型Ⅱ式盘形口罐（T29②B H42：22）

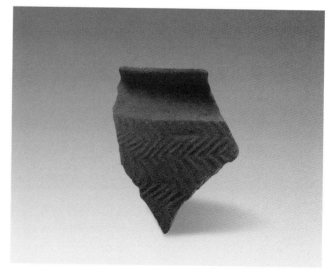

5. E型Ⅰ式陶罐（T29②B H42：34）

图版一九〇　石峡三期中期Ⅱ段陶罐口沿

1. Ac型Ⅱ式陶豆（T99②B：2）

2. C型Ⅱ式陶豆（T6B②B：332）

3. Ⅰ式大口折肩凹底罐（T47②B：7）

4. D型陶盂（T98②B：12）

图版一九一　石峡三期中期Ⅱ段陶豆、大口折肩凹底罐、陶盂

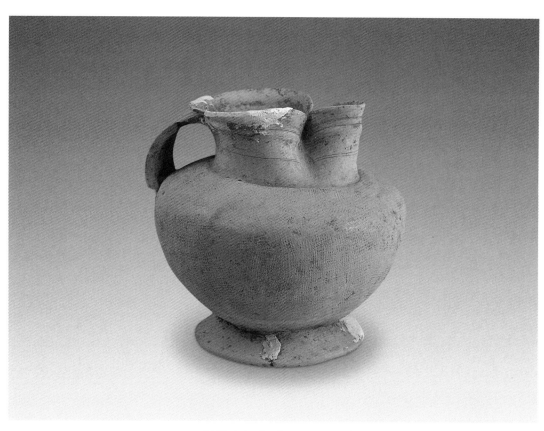

1. 捏流宽把壶（T9②B：20）

2. 捏流夹砂圈足罐（T83②B：16）

图版一九二　石峡三期中期Ⅱ段捏流宽把壶、捏流夹砂圈足罐

1. 圈足盘（T38②B：3）

2. Ⅱ式圜底罐（T1Ⅰ②B：14）

3. Ⅰ式圜底罐（T46②B：4）

4. 小口双耳平底罐（T41②B：10）

5. Ⅰ式陶钵（T47H41：167）

6. Ⅱ式陶钵（T3B②B：359

图版一九三　石峡三期中期Ⅱ段圈足盘、圜底罐、平底罐、陶钵

1．Aa型Ⅱ式陶纺轮（T78②B：77）　　2．Ab型陶纺轮（T29②B：81）　　3．AC型陶纺轮（T32②B：1）

4．Cc型Ⅲ式陶纺轮（T1E②B：76）　5．Ab型陶纺轮（T3A②B：80）　6．Cb型陶纺轮（T84②B：7）

7．C型Ⅰ式陶纺轮（T5B②B：31、T2②B：30）Aa型Ⅰ式陶纺轮（T6C②B：32）

8．Cd型陶纺轮（T19②B：74、75、71）

图版一九四　石峡三期陶纺轮

1. A型陶环（T48②B：1）　　　　　　2. B型陶环（T5C②B：11）

3. B型陶环（T5B②B：5）

4. 圆陶片（T6B②B：86、T5A②B：34、T35②B：7）

图版一九五　石峡三期中期Ⅱ段陶环、圆陶片

1. M83（E→W）

2. M35（E→W）

图版一九六　石峡三期中期Ⅰ段M83、M35

1. M40 （S→N）

2. M82 （W→E）

图版一九七　石峡三期中期I段M40、M82

1. M82局部

2. M128（W→E）

图版一九八　　石峡三期中期I段M82局部、M128

1. M130 (E→W)

2. M1：1 (E→W)

图版一九九　石峡三期中期I段M130、晚期M1

1. M31（W→E）

2. M31小孩骨架（N→S）

图版二〇〇　石峡三期晚期M31

1. M70填土石灰石（W→E）

2. M70墓底骨架（N→S）

图版二〇一　石峡三期晚期M70

1. 梯形锛（M125：3）

2. 石棒（M40：3）

3. 石圭（M130：1）

4. B型陶豆（M72：1）

5. 折肩圈足罐（M72：2）

6. 釜形鼎(83：4)

7. A型式圈足罐（M83：2）

8. A型陶豆(M83：3)

图版二〇二　石峡三期中期Ⅰ段墓葬陶豆、釜形鼎、圈足罐和石器

1. 釜（M82：5）

2. B型圈足罐（M82：6）

3. 罐型鼎（M130：2）

4. B型豆（M128：2）

5. 圈足盘（82：1）

6. 圈足盘（M125：1）

图版二○三　石峡三期中期Ⅰ段和Ⅱ段1组墓葬陶釜、圈足罐、陶豆、圈足盘、罐型鼎

1. B型圈足盘 (M110 : 1)

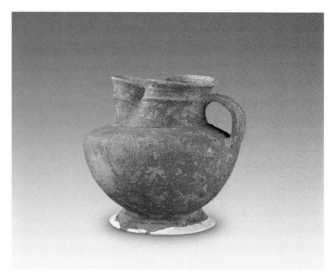

2. 捏流宽把壶 (M82 : 2)

3. 捏流宽把壶 (M128 : 4)

4. 捏流宽把壶 (M110 : 2)

5. A型凹底罐 (128 : 5)

6. B型凹底罐 (M125 : 2)

图版二〇四　石峡三期中期I段墓葬圈足盘、凹底罐、捏流宽把壶

1．A型盂（M82：7）

2．A型盂（M110：6）

3．B型盂（M110：7）

4．器盖（M35：7）

5．A型Ⅰ式陶纺轮（M35：5、4、3）

6．B型陶纺轮（M40：5、6、12）

图版二○五　石峡三期中期I段墓葬盂、器盖、陶纺轮

1. A型Ⅱ式凹底罐（M110∶3）

2. 杯（M35∶9）

3. 折肩凹底罐（M113∶2）

4. 平底罐（M110∶80）

5. 双耳罐（M66∶1）

6. 小盂（M60∶1）

图版二〇六　石峡三期中期Ⅰ段、晚期墓葬凹底罐、杯、双耳罐、盂

1. 棱型坠饰（M95：1）

2. A型玉玦（M1：1）

3. A型玉玦（M97：2）

4. A型玉玦（M97：1）

5. A型玉玦（M31：4）

6. B型玉玦（M31：1）

图版二○七　石峡三期晚期墓葬玉玦、坠饰

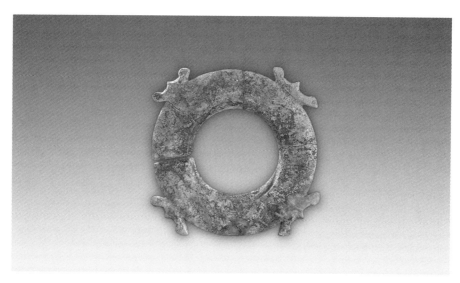

1. B型玉玦（M31∶2）

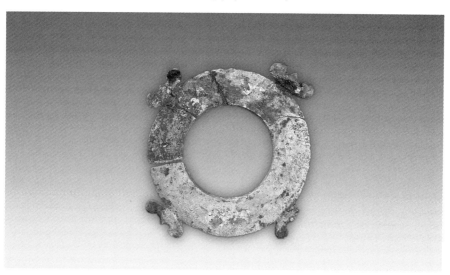

2. B型玉玦（M113∶4）

3. B型玉玦（M31∶3）

图版二〇八　石峡三期晚期墓葬玉玦

1. 棱型坠饰（M95：1）

2. A型玉玦（M1：1）

3. A型玉玦（M97：2）

4. A型玉玦（M97：1）

5. A型玉玦（M31：4）

6. B型玉玦（M31：1）

图版二〇七　石峡三期晚期墓葬玉玦、坠饰

1. B型玉玦（M31：2）

2. B型玉玦（M113：4）

3. B型玉玦（M31：3）

图版二〇八 石峡三期晚期墓葬玉玦

1. 残石戈（T2②A：12、T2A②A：7）

2. 石钺（T6B②A：6）

图版二〇九　石峡四期残石戈、石钺

1. 玉璜（T2G②A∶7）

2. 玉环（T82②A∶1）

3. 夹砂陶鼎（T46H69∶3）

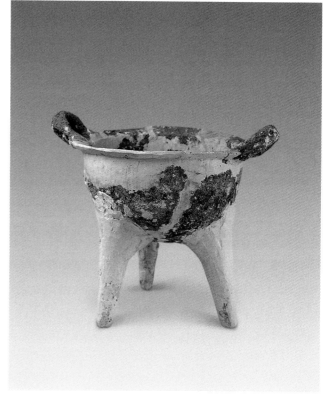

4. 夹砂陶鼎（T92②A∶1）

图版二一〇　石峡四期玉璜、玉环、夹砂陶鼎

1. A型式陶罐（T83②A：2）

2. 双耳陶罐（T29②A：1）

图版二一一　石峡四期陶罐

1. 双耳陶罐（T16②A：5）

2. 直壁豆（T88②A：12）

图版二一二　石峡四期陶罐、直壁豆

1. 原始瓷豆（T28②A：3）

2. 原始瓷碟（T41H76：1）

图版二一三　石峡四期原始瓷豆、原始瓷碟

1. 原始瓷碟 （T40②A：11）

2. 圆陶片 （T5D②A：11）

图版二一四　石峡四期原始瓷碟、圆陶片

1. 钺（T46H69∶1）

2. 刮刀（T92②A∶2、T29②A∶2）

3. 矛（T15②A∶5）

图版二一五　石峡四期青铜钺、刮刀、矛

1. 匕首（T15②A：7）

图版二一六　石峡四期青铜匕首